CALCULATRICE TI

Fonctions

f est la fonction définie sur $\mathbb{R}$ par $f(x) = 3x^2 - 12x + 5$.

① Saisir la fonction

f(x) Saisir l'expression de $f(x)$ en utilisant la touche X,T,θ,n puis entrer

```
Graph1  Graph2  Graph3
\Y1=3X²-12X+5
\Y2=
\Y3=
\Y4=
\Y5=
\Y6=
\Y7=
\Y8=
```

② Régler la fenêtre

fenêtre Saisir les valeurs

```
FENêTRE
 Xmin=-2
 Xmax=6
 Xgrad=1
 Ymin=-8
 Ymax=10
 Ygrad=1
 Xrés=1
 ΔX=0.03030303030303
 PasTrace=0.06060606060606
```

③ Tracer la courbe

graphe

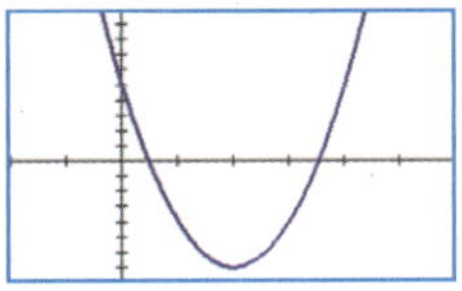

④ Lire les coordonnées de points de la courbe

trace ▶ et ◀

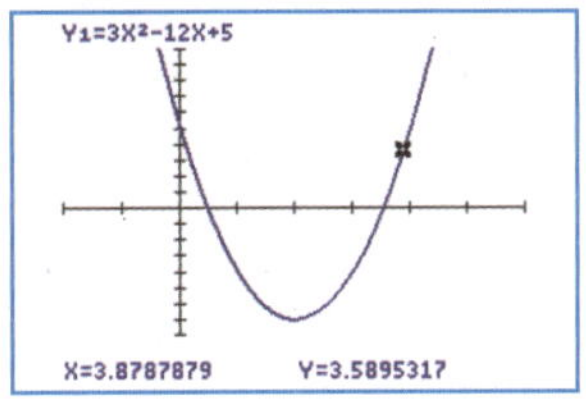

⑤ Tabuler la fonction

2nde fenêtre (déf table f2)

On règle le début et le pas de la table.

2nde graphe (table f5)

X	Y1
-2	41
-1	20
0	5
1	-4
2	-7
3	-4
4	5
5	20
6	41
7	68
8	101

⑥ Étudier l'intersection de deux courbes

g est la fonction défnie sur $\mathbb{R}$ par :

$$g(x) = -x^2 + 4x + 1$$

On trace les courbes représentatives de f et g dans un même repère.

2nde trace (calcul f4) (5:intersection), on renseigne la 1re fonction, la 2e fonction et on choisit une valeur initiale pour obtenir un point d'intersection.

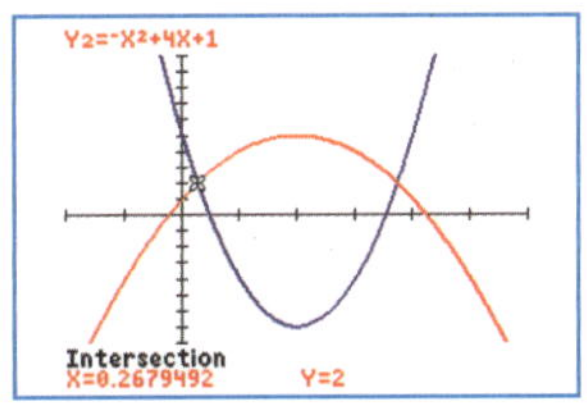

Écrire un programme en langage Python

① Donner le nom du script

2nde resol (apps) ▼ (PyAdaptr) entrer zoom (f3) (Nouv)

Saisir le nom du script graphe (f5) (Ok)

```
Nom=SURFACE

Échap                    Ok
```

② Saisir le programme dans l'éditeur

```
def Rectangle(x,y):
  s=x*y
  return s
def Carre(x):
  s=x**2
  return s
Fns...| a A # |Outils| Exéc |Script
```

③ Exécuter le programme dans la console

trace (f4) (Exéc)

```
>>>
>>> # L'exécution de SURFACE
>>> from SURFACE import *
>>> Rectangle(2.5,7)
17.5
>>> Carre(8.3)
68.89000000000002
>>> |
Fns...| a A # |Outils|Éditer|Script
```

Les ressources numériques incluses **dans le manuel**

La plateforme de **CALCUL MENTAL**

COMPATIBLE SMARTPHON

C'EST QUOI ?

1 800 exercices autocorrectifs sur une plateforme numérique dédiée au calcul mental

→ Pour s'entraîner au calcul mental

→ Pour vérifier les acquis des classes de 2de et 1re

→ Pour réviser en autonomie (à la maison, dans les transports, etc.)

UNE NAVIGATION SIMPLE

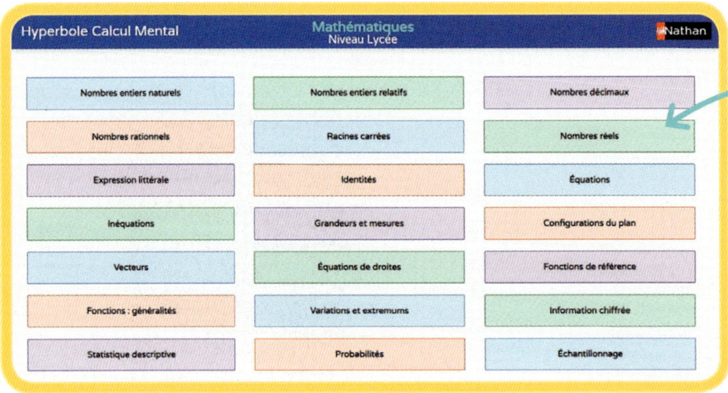

- 28 thèmes pour s'entraîner tout au long de l'année
- Chaque thème est divisé en sous-thèmes, pour cibler précisément les points à travailler

Pour se repérer facilement dans le module de calcul mental

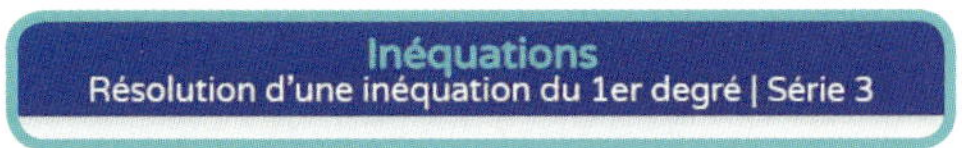

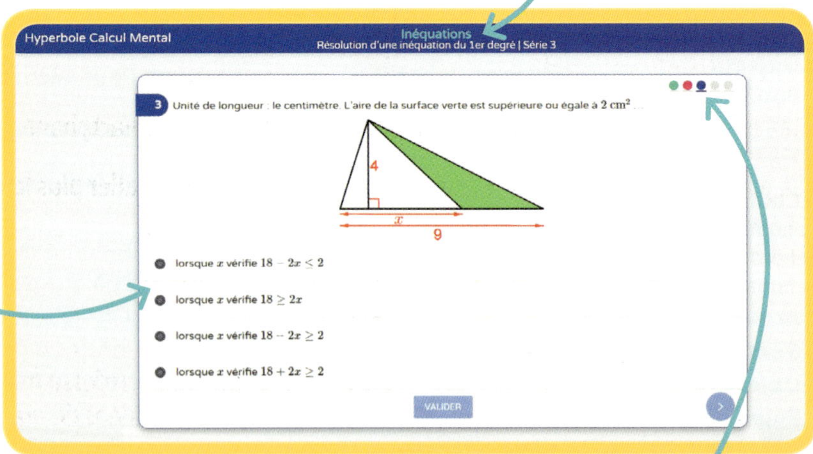

Plus de 1 800 exercices pour s'exercer en autonomie ou en classe

Un affichage clair de la progression au sein de la série

Les vidéos JAICOMPRIS.COM

C'EST QUOI ?

90 vidéos réalisées pour Hyperbole par les professeurs de mathématiques de la chaîne YouTube jaicompris.com

- Toutes les démonstrations au programme
- Des exercices d'algorithmique résolus et commentés
- Des exercices du manuel corrigés et expliqués
- Les notions clés du cours

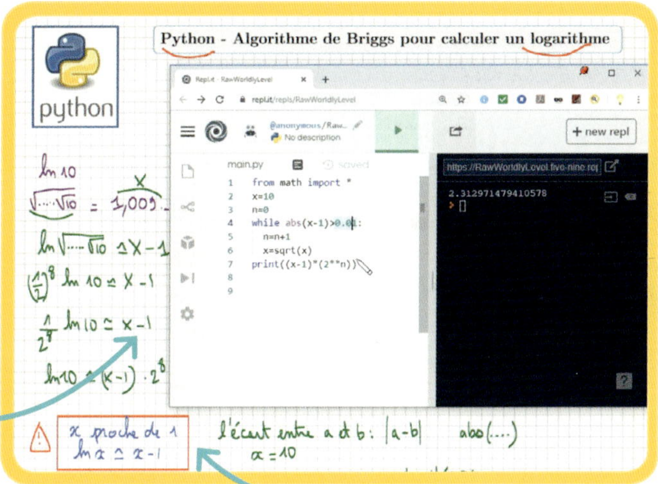

Des explications détaillées pour bien comprendre

Des conseils, des techniques et les erreurs à éviter pour réussir

SUR QUELS SUPPORTS ?

COMPATIBLE SMARTPHONE

- Les vidéos accessibles facilement sur ordinateur, tablette et smartphone
- La possibilité de travailler chez soi pour revoir des notions ou aller plus loin

En bref c'est quoi ?

JAICOMPRIS.COM

Créée en 2014 par deux professeurs agrégés de mathématiques

c'est :
- 1 000 vidéos de maths de la 6e à la Terminale
- 140 000 abonnés
- 1 million de vues par mois

Les ressources numériques incluses **dans le manuel**

Les corrigés des sujets de Bac blanc

Les corrigés détaillés des 4 sujets de Bac blanc

→ Le sujet dans le manuel

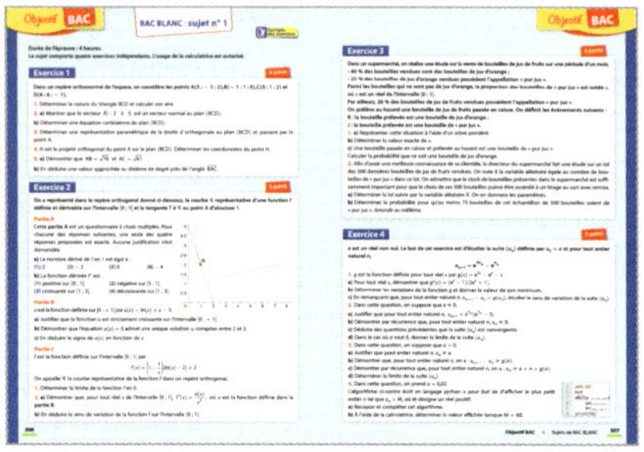

→ Le corrigé à télécharger

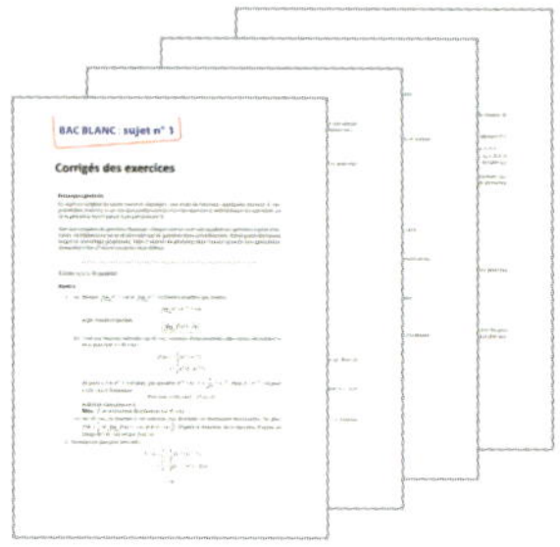

Les exercices interactifs

COMPATIBLE SMARTPHONE

200 exercices interactifs pour s'entraîner en toute autonomie

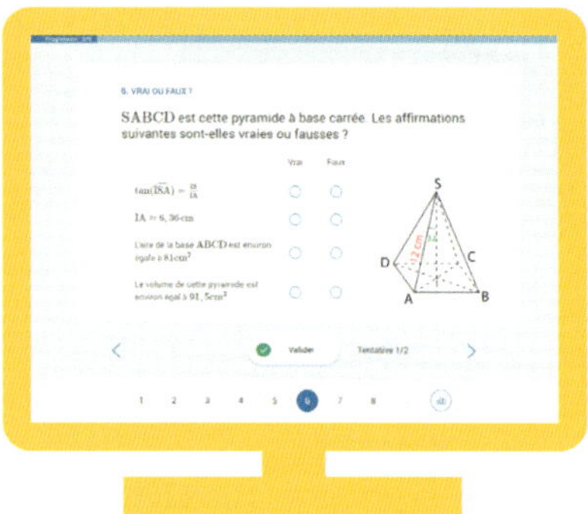

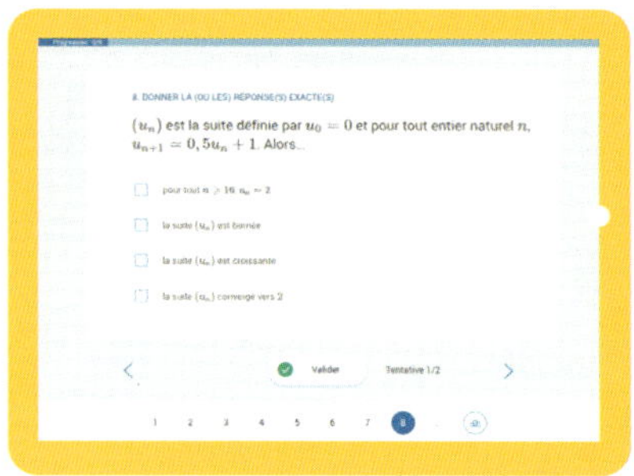

Les fichiers **Algo** et **Tice**

Pour gagner du temps, les données pré-remplies

PYTHON

GEOGEBRA

TABLEUR

Comment repérer les ressources au fil du manuel ?

Vos ressources numériques sont indiquées dans votre manuel par différents pictos

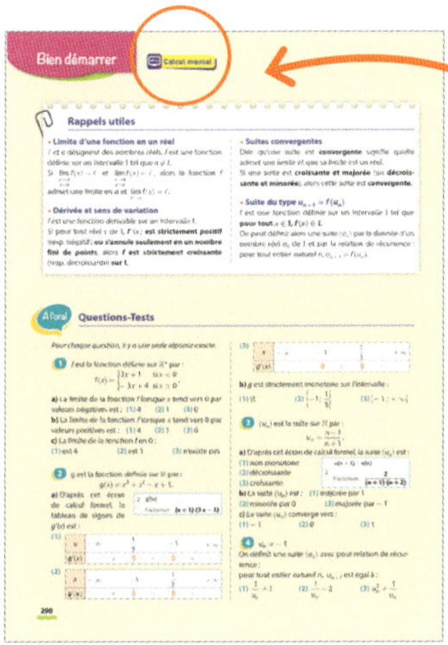

- Calcul mental
- Vidéo
- EXO Exercices interactifs
- Corrigés des exercices

→ Indique le type de ressources numériques proposées dans la page

→ Indique également que la ressource est disponible sur smartphone ou tablette en flashant la page avec Nathan Live

Où trouver les ressources de mon manuel ?

Toutes les ressources élèves accessibles via différents outils :

Nathan live !

NOUVEAU !

- Scannez les pages directement avec **Nathan Live** pour accéder aux ressources gratuitement !

1. Téléchargez **l'application gratuite Nathan live** disponible sur votre smartphone ou votre tablette (Appstore, GooglePlay).
2. Ouvrez l'application. Scannez les pages de l'ouvrage où apparaît un picto en plaçant votre appareil au dessus de la page. Vous accédez directement à la ressource !

(!) L'application nécessite une connexion Internet.

Site compagnon → https://lyceen.nathan.fr/

Manuel numérique élève

À la découverte de votre manuel

Ouverture du chapitre

- Une entrée historique pour situer les notions du chapitre dans l'**histoire des mathématiques** et le contexte de l'époque.

Des parcours d'exercices sont proposés en liaison avec les capacités attendues du programme officiel.

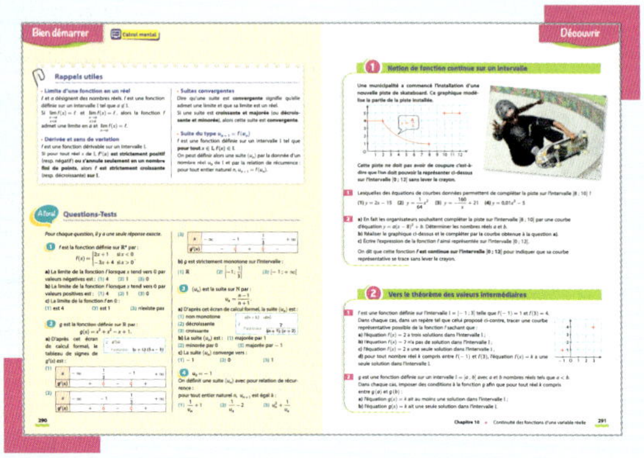

Bien démarrer

- Des **rappels** et des **exercices rapides** pour réactiver les acquis.

Découvrir

- Deux activités pour **introduire** en douceur les **notions étudiées** dans le chapitre.

Cours

- Un cours synthétique et rigoureux en vis-à-vis des Savoir-faire.

*Les **définitions** et les **propriétés** sont mises en avant.*

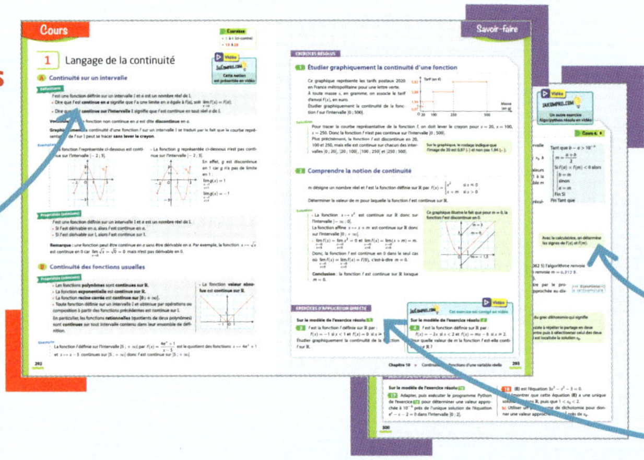

Savoir-faire

- Des exercices résolus pour commencer à **acquérir des automatismes.**
- Dans chaque chapitre, un **exercice d'algorithmique résolu.**

Des conseils méthodologiques sont donnés au fur et à mesure de l'exercice.

Des exercices d'application directe pour utiliser les nouvelles méthodes.

LES DIFFÉRENTES RUBRIQUES D'EXERCICES

Acquérir des automatismes

- Des **exercices d'application directe** des notions vues en cours.

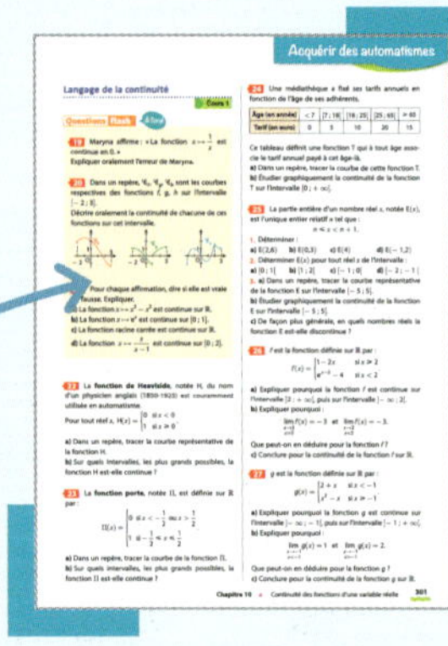

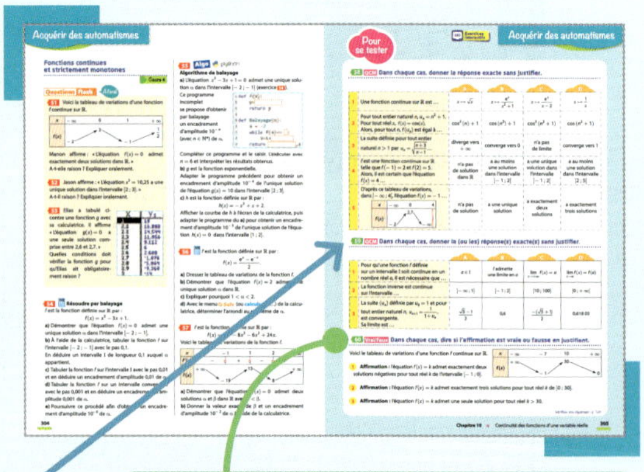

Des Questions flash à l'oral pour démarrer chaque capacité.

Des QCM pour faire un point au milieu du chapitre.

60 → Retrouvez à la fin de votre manuel et sur le site compagnon les corrigés de tous les exercices avec une pastille verte.

S'entraîner

- Des exercices de niveau intermédiaire, classés dans différentes rubriques aux intitulés clairs.

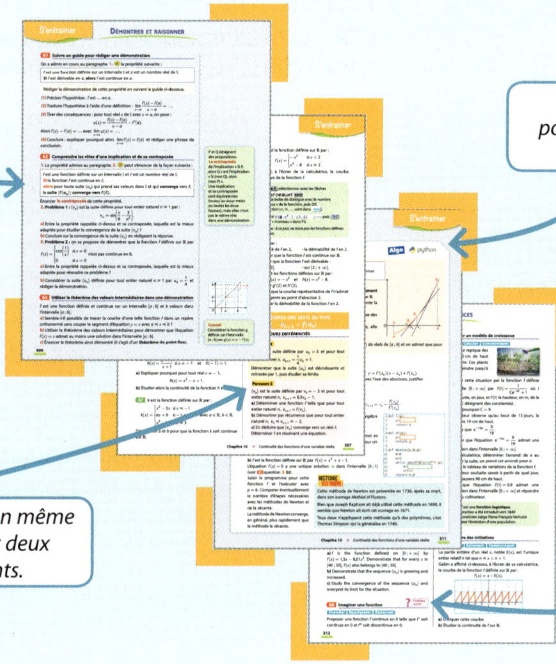

Des travaux pratiques pour travailler avec les Tice ou en algorithmique.

Une page entière consacrée à la démonstration et au raisonnement.

Pour chaque notion, un même type d'exercice avec deux parcours différents.

Des exercices pour prendre des initiatives, résoudre des problèmes ouverts, etc.

Objectif BAC

- Des exercices chronométrés **type Bac**, pour s'entraîner dans des conditions réelles.

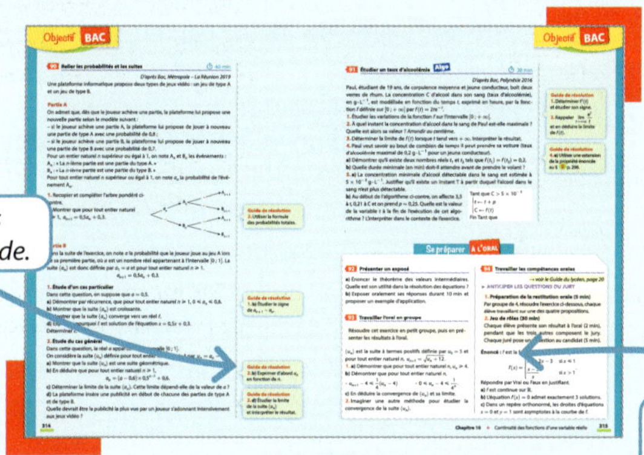

+ 4 sujets de Bac blanc à la fin du manuel.

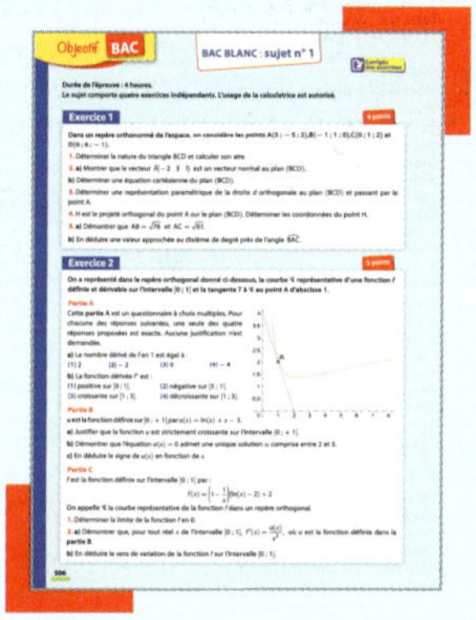

Des conseils et de la méthode.

Des exercices spécifiques pour se préparer à l'épreuve orale.

Pour aller plus loin

- Les **approfondissements** proposés par le programme et des problèmes pour faire un premier pas vers les **études supérieures**.

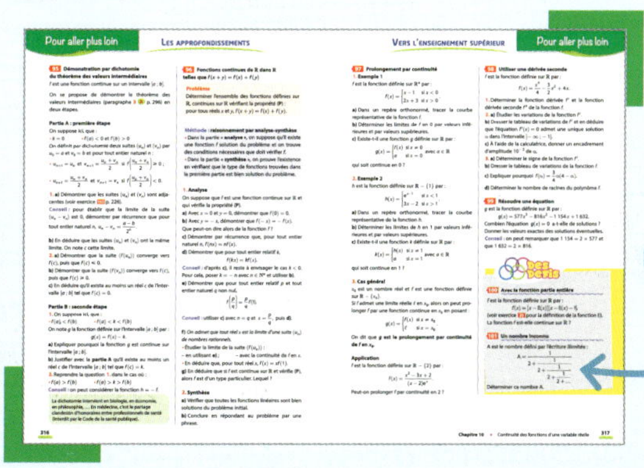

De « vrais » défis à relever.

ALGÈBRE ET GÉOMÉTRIE

Combinatoire et dénombrement

Contenus

- Principe additif : nombre d'éléments d'une réunion d'ensembles deux à deux disjoints.
- Principe multiplicatif : nombre d'éléments d'un produit cartésien. Nombre de k-uplets (ou k-listes) d'un ensemble à n éléments.
- Nombre des parties d'un ensemble à n éléments. Lien avec les n-uplets de $\{0,1\}$, les mots de longueur n sur un alphabet à deux éléments, les chemins dans un arbre, les issues dans une succession de n épreuves de Bernoulli.
- Nombre des k-uplets d'éléments distincts d'un ensemble à n éléments. Définition de $n!$. Nombre de permutations d'un ensemble fini à n éléments.
- Combinaisons de k éléments d'un ensemble à n éléments : parties à k éléments de l'ensemble. Représentation en termes de mots ou de chemins.
- Pour $0 \leqslant k \leqslant n$, formules :

$$\binom{n}{k} = \frac{n(n-1)\dots(n-k+1)}{k!} = \frac{n!}{(n-k)!k!}.$$

- Explicitation pour $k = 0, 1, 2$. Symétrie. Relation et triangle de Pascal.

Capacités attendues

- Dans le cadre d'un problème de dénombrement, utiliser une représentation adaptée (ensembles, arbres, tableaux, diagrammes) et reconnaître les objets à dénombrer.
- Effectuer des dénombrements simples dans des situations issues de divers domaines scientifiques (informatique, génétique, théorie des jeux, probabilités, etc.).

Démonstrations

- Démonstration par dénombrement de la relation :

$$\sum_{k=0}^{n}\binom{n}{k} = 2^n.$$

- Démonstrations de la relation de Pascal (par le calcul, par une méthode combinatoire).

Approfondissement possible

- Combinaisons avec répétitions.

Exemples d'algorithme

- Pour un entier n donné, génération de la liste des coefficients $\binom{n}{k}$ à l'aide de la relation de Pascal.
- Génération des permutations d'un ensemble fini, ou tirage aléatoire d'une permutation.
- Génération des parties à 2, 3 éléments d'un ensemble fini.

Manipulation des vecteurs, des droites et des plans de l'espace

Contenus

- Vecteurs de l'espace. Translations.
- Combinaisons linéaires de vecteurs de l'espace.
- Droites de l'espace. Vecteurs directeurs d'une droite. Vecteurs colinéaires.
- Caractérisation d'une droite par un point et un vecteur directeur.
- Plans de l'espace. Direction d'un plan de l'espace.
- Caractérisation d'un plan de l'espace par un point et un couple de vecteurs non colinéaires.
- Bases et repères de l'espace. Décomposition d'un vecteur sur une base.

Capacités attendues

- Représenter des combinaisons linéaires de vecteurs donnés.
- Exploiter une figure pour exprimer un vecteur comme combinaison linéaire de vecteurs.
- Décrire la position relative de deux droites, d'une droite et d'un plan, de deux plans.
- Lire sur une figure si deux vecteurs d'un plan, trois vecteurs de l'espace, forment une base.
- Lire sur une figure la décomposition d'un vecteur dans une base.
- Étudier géométriquement des problèmes simples de configurations dans l'espace (alignement, colinéarité, parallélisme, coplanarité).

Approfondissements possibles

- Barycentre d'une famille d'un système pondéré de deux, trois ou quatre points. Exemples d'utilisation des barycentres, en particulier de la propriété d'associativité, pour résoudre des problèmes de géométrie.
- Fonction vectorielle de Leibniz.

Orthogonalité et distances dans l'espace

Contenus

- Produit scalaire de deux vecteurs de l'espace. Bilinéarité, symétrie.
- Orthogonalité de deux vecteurs. Caractérisation par le produit scalaire.
- Base orthonormée, repère orthonormé.
- Coordonnées d'un vecteur dans une base orthonormée. Expressions du produit scalaire et de la norme. Expression de la distance entre deux points.
- Développement de $\|\vec{u}+\vec{v}\|^2$, formules de polarisation.
- Orthogonalité de deux droites, d'un plan et d'une droite.
- Vecteur normal à un plan. Étant donnés un point A et un vecteur non nul $\vec{n}$, plan passant par A et normal à $\vec{n}$.
- Projeté orthogonal d'un point sur une droite, sur un plan.

Capacités attendues

- Utiliser le produit scalaire pour démontrer une orthogonalité, pour calculer un angle, une longueur dans l'espace.
- Utiliser la projection orthogonale pour déterminer la distance d'un point à une droite ou à un plan.
- Résoudre des problèmes impliquant des grandeurs et mesures : longueur, angle, aire, volume.
- Étudier des problèmes de configuration dans l'espace : orthogonalité de deux droites, d'une droite et d'un plan ; lieux géométriques simples, par exemple plan médiateur de deux points.

Démonstration

- Le projeté orthogonal d'un point M sur un plan $\mathcal{P}$ est le point de $\mathcal{P}$ le plus proche de M.

Approfondissements possibles

- Intersection d'une sphère et d'un plan, plan tangent à une sphère en un point.
- Sphère circonscrite à un tétraèdre.
- Fonction scalaire de Leibniz.

Représentations paramétriques et équations cartésiennes

Contenus

- Représentation paramétrique d'une droite.
- Équation cartésienne d'un plan.

Capacités attendues

- Déterminer une représentation paramétrique d'une droite. Reconnaître une droite donnée par une représentation paramétrique.
- Déterminer l'équation cartésienne d'un plan dont on connaît un vecteur normal et un point. Reconnaître un plan donné par une équation cartésienne et préciser un vecteur normal à ce plan.
- Déterminer les coordonnées du projeté orthogonal d'un point sur un plan donné par une équation cartésienne, ou sur une droite donnée par un point et un vecteur directeur.
- Dans un cadre géométrique repéré, traduire par un système d'équations linéaires des problèmes de types suivants : décider si trois vecteurs forment une base, déterminer les coordonnées d'un vecteur dans une base, étudier une configuration dans l'espace (alignement, colinéarité, parallélisme, coplanarité, intersection et orthogonalité de droites ou de plans), etc. Dans des cas simples, résoudre le système obtenu et interpréter géométriquement les solutions.

Démonstration

- Équation cartésienne du plan normal au vecteur $\vec{n}$ et passant par le point A.

Approfondissements possibles

- Déterminer l'intersection de deux plans.
- Déterminer un vecteur orthogonal à deux vecteurs non colinéaires.
- Équation d'une sphère dont on connaît le centre et le rayon.
- Intersection d'une sphère et d'une droite.

ANALYSE

Suites

Contenus

- La suite (u_n) tend vers $+\infty$ si tout intervalle de la forme $[a\,;+\infty[$ contient toutes les valeurs u_n à partir d'un certain rang. Cas des suites croissantes non majorées. Suite tendant vers $-\infty$.
- La suite (u_n) converge vers le nombre réel ℓ si tout intervalle ouvert contenant ℓ contient toutes les valeurs u_n à partir d'un certain rang.
- Limites et comparaison. Théorèmes des gendarmes.
- Opérations sur les limites.
- Comportement d'une suite géométrique (q^n) où q est un nombre réel.
- Théorème admis : toute suite croissante majorée (ou décroissante minorée) converge.

Capacités attendues

- Établir la convergence d'une suite, ou sa divergence vers $+\infty$ ou $-\infty$.
- Raisonner par récurrence pour établir une propriété d'une suite.
- Étudier des phénomènes d'évolution modélisables par une suite.

Démonstrations

- Toute suite croissante non majorée tend vers $+\infty$.
- Limite de (q^n), après démonstration par récurrence de l'inégalité de Bernoulli.
- Divergence vers $+\infty$ d'une suite minorée par une suite divergeant vers $+\infty$.
- Limite en $+\infty$ et en $-\infty$ de la fonction exponentielle.

Exemples d'algorithme

- Recherche de seuils.
- Recherche de valeurs approchées de π, e, $\sqrt{2}$, $\frac{1+\sqrt{5}}{2}$, $\ln(2)$, etc.

Approfondissements possibles

- Propriétés et utilisation des suites adjacentes.
- Exemples de suites vérifiant une relation de récurrence linéaire d'ordre 2 à coefficients constants.
- Exemples d'application de la méthode de Newton. Étude de la convergence de la méthode de Héron.

Limites des fonctions

Contenus

- Limite finie ou infinie d'une fonction en $+\infty$, en $-\infty$, en un point. Asymptote parallèle à un axe de coordonnées.
- Limites faisant intervenir les fonctions de référence étudiées en classe de première : puissances entières, racine carrée, fonction exponentielle.
- Limites et comparaison.
- Opérations sur les limites.

Capacités attendues

- Déterminer dans des cas simples la limite d'une suite ou d'une fonction en un point, en $\pm\infty$, en utilisant les limites usuelles, les croissances comparées, les opérations sur les limites, des majorations, minorations ou encadrements, la factorisation du terme prépondérant dans une somme.
- Faire le lien entre l'existence d'une asymptote parallèle à un axe et celle de la limite correspondante.

Démonstration

- Croissance comparée de $x \mapsto x^n$ et exp en $+\infty$.

Approfondissements possibles

- Asymptotes obliques. Branches infinies.

Compléments sur la dérivation

Contenus

- Composée de deux fonctions, notation $v \circ u$. Relation $(v \circ u)' = (v' \circ u) \times u'$ pour la dérivée de la composée de deux fonctions dérivables.
- Dérivée seconde d'une fonction.
- Fonction convexe sur un intervalle : définition par la position relative de la courbe représentative et des sécantes. Pour une fonction deux fois dérivable, équivalence admise avec la position par rapport aux tangentes, la croissance de f', la positivité de f''.
- Point d'inflexion.

Capacités attendues

- Calculer la dérivée d'une fonction donnée par une formule simple mettant en jeu opérations algébriques et composition.
- Calculer la fonction dérivée, déterminer les limites et étudier les variations d'une fonction construite simplement à partir des fonctions de référence.

- Démontrer des inégalités en utilisant la convexité d'une fonction.
- Esquisser l'allure de la courbe représentative d'une fonction f à partir de la donnée de tableaux de variations de f, de f' ou de f''.
- Lire sur une représentation graphique de f, de f' ou de f'' les intervalles où f est convexe, concave, et les points d'inflexion. Dans le cadre de la résolution de problème, étudier et utiliser la convexité d'une fonction.

Démonstration

- Si f'' est positive, alors la courbe représentative de f est au-dessus de ses tangentes.

Approfondissements possibles

- Courbe de Lorenz.
- Dérivée n-ième d'une fonction.
- Inégalité arithmético-géométrique.

Continuité des fonctions d'une variable réelle

Contenus

- Fonction continue en un point (définition par les limites), sur un intervalle. Toute fonction dérivable est continue.
- Image d'une suite convergente par une fonction continue.
- Théorème des valeurs intermédiaires. Cas des fonctions continues strictement monotones.

Capacités attendues

- Étudier les solutions d'une équation du type $f(x) = k$: existence, unicité, encadrement.
- Pour une fonction continue f d'un intervalle dans lui-même, étudier une suite définie par une relation de récurrence $u_{n+1} = f(u_n)$.

Exemples d'algorithme

- Méthode de dichotomie.
- Méthode de Newton, méthode de la sécante.

Approfondissements possibles

- Démonstration par dichotomie du théorème des valeurs intermédiaires.
- Fonctions continues de $\mathbb{R}$ dans $\mathbb{R}$ telles que $f(x+y) = f(x) + f(y)$ pour tous réels x, y.
- Prolongement par continuité.

Fonction logarithme

Contenus

- Fonction logarithme népérien, notée ln, construite comme réciproque de la fonction exponentielle.
- Propriétés algébriques du logarithme.
- Fonction dérivée du logarithme, variations.
- Limites en 0 et en $+\infty$, courbe représentative. Lien entre les courbes représentatives des fonctions logarithme népérien et exponentielle.
- Croissance comparée du logarithme népérien et de $x \mapsto x_n$ en 0 et en $+\infty$.

Capacités attendues

- Utiliser l'équation fonctionnelle de l'exponentielle ou du logarithme pour transformer une écriture, résoudre une équation, une inéquation.
- Dans le cadre d'une résolution de problème, utiliser les propriétés des fonctions exponentielle et logarithme.

Démonstration

- Calcul de la fonction dérivée de la fonction logarithme népérien, la dérivabilité étant admise.
- Limite en 0 de $x \mapsto \ln(x)$.

Exemple d'algorithme

- Algorithme de Briggs pour le calcul du logarithme.

Approfondissements possibles

- Pour α dans $\mathbb{R}$, fonction $x \mapsto x^\alpha$.
- Pour x dans $\mathbb{R}$, limite de $\left(1+\frac{x}{n}\right)^n$.

Fonctions sinus et cosinus

Contenus

- Fonctions trigonométriques sinus et cosinus : dérivées, variations, courbes représentatives.

Capacités attendues

- Résoudre une équation du type $\cos(x) = a$, une inéquation de la forme $\cos(x) \leqslant a$ sur $[-\pi ; \pi]$.
- Dans le cadre de la résolution de problème, notamment géométrique, étudier une fonction simple définie à partir de fonctions trigonométriques, pour déterminer des variations, un optimum.

Approfondissement possible

- Fonction tangente.

Primitives, équations différentielles

Contenus

- Équation différentielle $y' = f$. Notion de primitive d'une fonction continue sur un intervalle. Deux primitives d'une même fonction continue sur un intervalle diffèrent d'une constante.
- Primitives des fonctions de référence : $x \mapsto x^n$ pour $n \in \mathbb{Z}$, $x \mapsto \frac{1}{\sqrt{x}}$, exponentielle, sinus, cosinus.
- Équation différentielle $y' = ay$, où a est un nombre réel ; allure des courbes. Équation différentielle $y' = ay + b$.

Capacités attendues

- Calculer une primitive en utilisant les primitives de référence et les fonctions de la forme $(v' \circ u) \times u'$.
- Pour une équation différentielle $y' = ay + b$ $(a \neq 0)$: déterminer une solution particulière constante ; utiliser cette solution pour déterminer toutes les solutions.
- Pour une équation différentielle $y' = ay + f$: à partir de la donnée d'une solution particulière, déterminer toutes les solutions.

Démonstrations

- Deux primitives d'une même fonction continue sur un intervalle diffèrent d'une constante.
- Résolution de l'équation différentielle $y' = ay$ où a est un nombre réel.

Approfondissements possibles

- Autres exemples d'équations différentielles, éventuellement en lien avec une modélisation, par exemple l'équation logistique.

Exemple d'algorithme

- Résolution par la méthode d'Euler de $y' = f$, de $y' = ay + b$.

Calcul intégral

Contenus

- Définition de l'intégrale d'une fonction continue positive définie sur un segment $[a\,;b]$, comme aire sous la courbe représentative de f. Notation $\int_a^b f(x)\mathrm{d}x$.
- Théorème : si f est une fonction continue positive sur $[a\,;b]$, alors la fonction F_a définie sur $[a\,;b]$ par $\mathrm{F}_a = \int_a^x f(t)\mathrm{d}t$ est la primitive de f qui s'annule en a.
- Sous les hypothèses du théorème, relation $\int_a^b f(x)\mathrm{d}x = \mathrm{F}(b) - \mathrm{F}(a)$ où F est une primitive quelconque de f. Notation $[F(x)]_a^b$.
- Théorème : toute fonction continue sur un intervalle admet des primitives.
- Définition par les primitives de $\int_a^b f(x)\mathrm{d}x$ lorsque f est une fonction continue de signe quelconque sur un intervalle contenant a et b.
- Linéarité, positivité et intégration des inégalités. Relation de Chasles.
- Valeur moyenne d'une fonction.
- Intégration par parties.

Capacités attendues

- Estimer graphiquement ou encadrer une intégrale, une valeur moyenne.
- Calculer une intégrale à l'aide d'une primitive, à l'aide d'une intégration par parties.
- Majorer (minorer) une intégrale à partir d'une majoration (minoration) d'une fonction par une autre fonction.
- Calculer l'aire entre deux courbes.
- Étudier une suite d'intégrales, vérifiant éventuellement une relation de récurrence.
- Interpréter une intégrale, une valeur moyenne dans un contexte issu d'une autre discipline.

Démonstrations

- Pour une fonction positive croissante f sur $[a\,;b]$, la fonction $x \mapsto \int_a^x f(t)\mathrm{d}t$ est une primitive de f. Pour toute primitive F de f, relation $\int_a^b f(x)dx = \mathrm{F}(b) - \mathrm{F}(a)$. .
- Intégration par parties.

Approfondissements possibles

- Approximation d'une aire par l'utilisation de suites adjacentes.
- Encadrement de Hn $= \sum_{k=1}^{n} \frac{1}{k}$ par des intégrales.

Exemples d'algorithme

- Méthodes des rectangles, des milieux, des trapèzes.
- Méthode de Monte-Carlo.
- Algorithme de Brouncker pour le calcul de $\ln(2)$.

PROBABILITÉS

Succession d'épreuves indépendantes, schéma de Bernoulli

Contenus

- Modèle de la succession d'épreuves indépendantes : la probabilité d'une issue $(x_1, \ldots, x_n)$ est égale au produit des probabilités des composantes x_i. Représentation par un produit cartésien, par un arbre.
- Épreuve de Bernoulli, loi de Bernoulli.
- Schéma de Bernoulli : répétition de n épreuves de Bernoulli indépendantes.
- Loi binomiale $\mathcal{B}(n, p)$: loi du nombre de succès. Expression à l'aide des coefficients binomiaux.

Capacités attendues

- Modéliser une situation par une succession d'épreuves indépendantes, ou une succession de deux ou trois épreuves quelconques. Représenter la situation par un arbre. Calculer une probabilité en utilisant l'indépendance, des probabilités conditionnelles, la formule des probabilités totales.
- Modéliser une situation par un schéma de Bernoulli, par une loi binomiale.
- Utiliser l'expression de la loi binomiale pour résoudre un problème de seuil, de comparaison, d'optimisation relatif à des probabilités de nombre de succès.
- Dans le cadre d'une résolution de problème modélisé par une variable binomiale X, calculer numériquement une probabilité du type $\mathrm{P}(\mathrm{X} = k)$, $\mathrm{P}(\mathrm{X} \leqslant k)$, $\mathrm{P}(k \leqslant \mathrm{X} \leqslant k')$, en s'aidant au besoin d'un algorithme ; chercher un intervalle I pour lequel la probabilité $\mathrm{P}(\mathrm{X} \in \mathrm{I})$ est inférieure à une valeur donnée α, ou supérieure à $1 - \alpha$.

Démonstration

- Expression de la probabilité de k succès dans le schéma de Bernoulli.

Exemples d'algorithme

- Simulation de la planche de Galton.
- Problème de la surréservation. Étant donné une variable aléatoire binomiale X et un réel strictement positif α, détermination du plus petit entier k tel que $\mathrm{P}(\mathrm{X} > k) \leqslant \alpha$.
- Simulation d'un échantillon d'une variable aléatoire.

Approfondissements possibles

- Loi géométrique.
- Introduction de la loi de Poisson comme limite de lois binomiales. Interprétation (événements rares).

Sommes de variables aléatoires

Contenus

- Somme de deux variables aléatoires. Linéarité de l'espérance : $\mathrm{E}(\mathrm{X} + \mathrm{Y}) = \mathrm{E}(\mathrm{X}) + \mathrm{E}(\mathrm{Y})$ et $\mathrm{E}(a\mathrm{X}) = a\mathrm{E}(\mathrm{X})$.
- Dans le cadre de la succession d'épreuves indépendantes, exemples de variables indépendantes X, Y et relation d'additivité $\mathrm{V}(\mathrm{X} + \mathrm{Y}) = \mathrm{V}(\mathrm{X}) + \mathrm{V}(\mathrm{Y})$.
  Relation $\mathrm{V}(a\mathrm{X}) = a\mathrm{V}(\mathrm{X})$.
- Application à l'espérance, la variance et l'écart type de la loi binomiale.
- Échantillon de taille n d'une loi de probabilité : liste $(\mathrm{X}_1, \ldots, \mathrm{X}_n)$ de variables indépendantes identiques suivant cette loi. Espérance, variance, écart type de la somme $\mathrm{S}_n = \mathrm{X}_1 + \ldots + \mathrm{X}_n$ et de la moyenne $\mathrm{M}_n = \frac{\mathrm{S}_n}{n}$.

Capacités attendues

- Représenter une variable comme somme de variables aléatoires plus simples.
- Calculer l'espérance d'une variable aléatoire, notamment en utilisant la propriété de linéarité.
- Calculer la variance d'une variable aléatoire, notamment en l'exprimant comme somme de variables aléatoires indépendantes.

Démonstrations

- Espérance et variance de la loi binomiale.

Approfondissements possibles

- Relation $E(XY) = E(X)E(Y)$ pour des variables aléatoires indépendantes X, Y. Application à la variance de $X + Y$.

Concentration, loi des grands nombres

Contenus

- Inégalité de Bienaymé-Tchebychev. Pour une variable aléatoire X d'espérance μ et de variance V, et quel que soit le réel strictement positif δ : $P(|X - \mu| \geqslant \delta) \leqslant \frac{V(X)}{\delta^2}$.
- Inégalité de concentration. Si M_n est la variable aléatoire moyenne d'un échantillon de taille n d'une variable aléatoire d'espérance μ et de variance V, alors pour tout $\delta > 0$, $P(|M_n - \mu| \geqslant \delta) \leqslant \frac{V}{n\delta^2}$.
- Loi des grands nombres.

Capacité attendue

- Appliquer l'inégalité de Bienaymé-Tchebychev pour définir une taille d'échantillon, en fonction de la précision et du risque choisi.

Exemples d'algorithme

- Calculer la probabilité de $(|S_n - pn| > n)$, où S_n est une variable aléatoire qui suit une loi binomiale $\mathcal{B}(n, p)$. Comparer avec l'inégalité de Bienaymé-Tchebychev.
- Simulation d'une marche aléatoire.
- Simuler N échantillons de taille n d'une variable aléatoire d'espérance μ et d'écart type σ. Calculer l'écart type s de la série des moyennes des échantillons observés, à comparer à $\frac{\sigma}{\sqrt{n}}$. Calculer la proportion des échantillons pour lesquels l'écart entre la moyenne et μ est inférieur ou égal à ks, ou à, $\frac{k\sigma}{\sqrt{n}}$, pour $k = 1, 2, 3$.

Approfondissements possibles

- Estimation.
- Marche aléatoire.
- Exemples d'application issus d'autres disciplines pour diverses valeurs de n : sondage (par exemple $n = 1\ 000$), étude du sex-ratio (par exemple $n = 10^6$), demi-vie d'atomes radioactifs ($n = 10^{23}$).

ALGORITHMIQUE ET PROGRAMMATION

Notion de liste

La génération des listes en compréhension et en extension est mise en lien avec la notion d'ensemble. Les conditions apparaissant dans les listes définies en compréhension permettent de travailler la logique. Afin d'éviter des confusions, on se limite aux listes sans présenter d'autres types de collections.

Capacités attendues

- Générer une liste (en extension, par ajouts successifs ou en compréhension).
- Manipuler des éléments d'une liste (ajouter, supprimer…) et leurs indices.
- Parcourir une liste.
- Itérer sur les éléments d'une liste.

VOCABULAIRE ENSEMBLISTE ET LOGIQUE

L'apprentissage des notations mathématiques et de la logique est transversal à tous les chapitres du programme. Aussi, il importe d'y travailler d'abord dans des contextes où ils se présentent naturellement, puis de prévoir des temps où les concepts et types de raisonnement sont étudiés, après avoir été rencontrés plusieurs fois en situation.

Les élèves doivent connaître les notions d'élément d'un ensemble, de sous-ensemble, d'appartenance et d'inclusion, de réunion, d'intersection et de complémentaire et savoir utiliser les symboles de base correspondants : $\in$, $\subset$, $\cap$, $\cup$ ainsi que la notation des ensembles de nombres et des intervalles. Ils rencontrent également la notion de couple et celle de produit cartésien de deux ensembles.

Pour le complémentaire d'un sous-ensemble A de E, on utilise la notation $\overline{A}$ des probabilités, ou la notation E\A.

Les élèves apprennent en situation à :

- lire et écrire des propositions contenant les connecteurs logiques « et », « ou » ;
- mobiliser un contre-exemple pour montrer qu'une proposition est fausse ;
- formuler une implication, une équivalence logique, et à les mobiliser dans un raisonnement simple ;
- formuler la réciproque d'une implication ;
- employer les expressions « condition nécessaire », « condition suffisante » ;
- identifier le statut des égalités (identité, équation) et celui des lettres utilisées (variable, inconnue, paramètre) ;
- utiliser les quantificateurs (les symboles $\forall$ et $\exists$ ne sont pas exigibles) et repérer les quantifications implicites dans certaines propositions, particulièrement dans les
- propositions conditionnelles ;
- formuler la négation de propositions quantifiées.

Par ailleurs, les élèves produisent des raisonnements par disjonction des cas, par l'absurde, par contraposée, et en découvrent la structure.

LE GUIDE DU LYCÉEN

L'année de Terminale vient clore votre scolarité et est marquée par une série d'examens : vous allez passer la troisième série d'épreuves communes de contrôle continu, des épreuves terminales en philosophie et dans vos deux spécialités et le Grand oral. C'est aussi le moment de faire des choix pour vos études supérieures.

Ce cahier va vous aider à bien entamer l'année de Terminale. Vous y trouverez :

- Des pages, réalisées en partenariat avec l'ONISEP, pour vous aider à vous orienter en Terminale et dans le futur : calendrier de l'année, présentation des grandes lignes de l'enseignement supérieur, mode d'emploi pour Parcoursup...

- Des conseils et des méthodes concrètes pour apprendre à réviser efficacement et pour préparer le Grand oral.

Nous vous souhaitons une très bonne année de Terminale !

Sommaire

LA TERMINALE VERS LE BAC

Vos disciplines

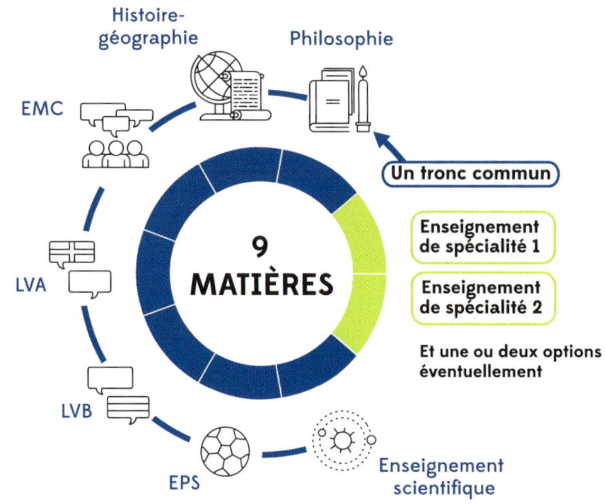

Votre calendrier*

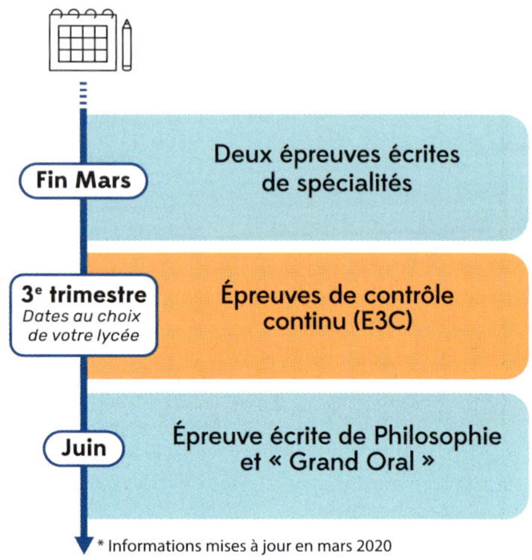

* Informations mises à jour en mars 2020

Toutes importantes, les disciplines seront évaluées et compteront dans votre note du Bac*

Le bulletin
10 % DE LA NOTE

Vos bulletins pour valoriser votre travail régulier de première et terminale — **Coefficient** 10

Les épreuves communes de contrôle continu (E3C)
30 % DE LA NOTE

Dont épreuve de spécialité arrêtée en première
Coefficient 5

Histoire-Géographie et Enseignement scientifique
Épreuves écrites
Coefficient 5
pour chaque matière
y compris E3C de première

LVA et LVB
Épreuves écrites et orales
Coefficient 5
pour chaque langue
y compris E3C de première

EPS
Évaluation tout au long de l'année
Coefficient 5

Les épreuves terminales
60 % DE LA NOTE

Dont notes des Épreuves anticipées de français passées en première
Coefficient 10

Une épreuve écrite de 3 ou 4 heures pour **vos deux enseignements de spécialité**

+ Numérique et Sciences Informatiques, Physique-Chimie Biologie et écologie et SVT
Une épreuve pratique de 1 heure

+ Arts, Langues littérature et cultures étrangères et régionales
Une épreuve orale

Coefficient 16
pour chaque enseignement de spécialité

Philosophie
Épreuve écrite de 4 heures — **Coefficient** 8

Le « Grand Oral »
20 minutes de préparation
+ 20 minutes d'épreuve

› Sur une question adossée à l'une de vos spécialités
› Échange sur votre projet d'orientation

Coefficient 10

Total des coefficients 100

* Informations mises à jour en mars 2020

... PUIS VERS LE SUPÉRIEUR

Les grands itinéraires de l'Enseignement supérieur

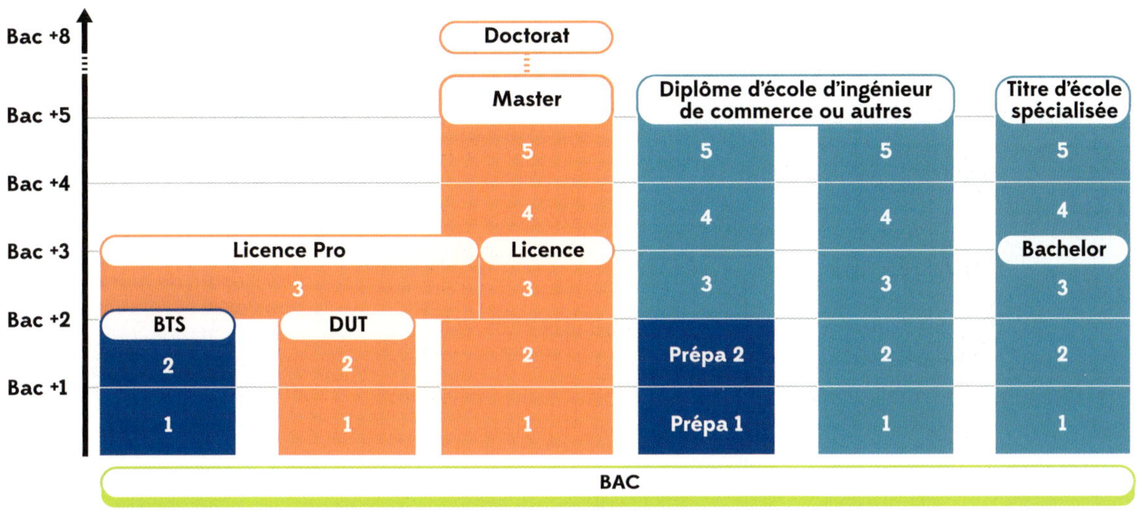

Ils témoignent de leur première année après le Bac

THÉO,
Première année de licence de Sciences de la Vie

« J'ai choisi l'Université car elle offre plusieurs parcours d'études et des matières nouvelles pour moi. Même si nous sommes plus encadrés que je ne l'imaginais, il faut travailler en autonomie et bien s'organiser entre les cours théoriques et les TP. J'espère partir en échange à l'étranger dès la L3. »

ZINEB
Première année de Prépa économique et commerciale

« Je voulais faire une école de commerce. Je craignais la prépa, j'en ai discuté avec des profs pendant les Portes ouvertes qui m'ont convaincue que je pouvais y arriver. Chaque semaine, 31 heures de cours, des colles orales, des devoirs sur table, et beaucoup de boulot à la maison pour assimiler des contenus volumineux très vite. Mais je ne regrette pas ! Il y a beaucoup de solidarité dans la classe. C'est stimulant. »

MAELLE,
IUT Info-Comm

« Grâce à mon dossier, j'ai pu entrer en IUT : un cursus court à l'Université, bien encadré avec la possibilité de poursuivre mes études. Je découvre des disciplines théoriques (marketing, droit...) et pratiques (graphisme, infographie...). C'est passionnant. J'ai hâte de débuter mon premier stage ! »

DIMITRI,
IFSI

« J'ai toujours voulu être infirmier en bloc opératoire. Mon dossier était un peu juste mais ma motivation et mes activités associatives m'ont permis de réussir l'entretien d'entrée. On alterne les cours théoriques et cliniques à la Fac ou dans l'IFSI et on a beaucoup de travail. J'ai effectué un premier stage et je suis encore plus motivé ! »

SARAH,
École d'ingénieur

« J'aimais les sciences et les TP au lycée, je voulais devenir ingénieure sans savoir dans quel domaine. J'ai réussi à intégrer une école généraliste qui me permettra de me spécialiser plus tard. Dans l'école, j'apprécie les projets en groupe, l'accès permanent à un matériel de pointe et la vie associative. »

Un lien ONISEP utile pour votre orientation *Ma première année en...*

Nathan onisep

PARCOURSUP, QU'EST-CE QUE C'EST ?

C'est la plateforme nationale de préinscription à l'enseignement supérieur pour tous les élèves de terminale. En 2019, 97% des bacheliers généraux ont reçu au moins une proposition.

1 UN LARGE CHOIX DE VŒUX NON HIÉRARCHISÉS ET DES INFORMATIONS

- **Quasiment toutes les formations du supérieur** sont sur Parcoursup (15.000 formations !) avec de très **nombreuses informations** et des possibilités de contacts directs pour **poser vos questions** sur les contenus, les critères d'examen des vœux, les débouchés.
- Vous disposez de **10 vœux (et 20 sous-vœux)** : soyez **réaliste** et **ambitieux** (tentez des filières sélectives !). Tous les candidats, comme vous, déposent de nombreuses candidatures : les établissements vont très loin dans leurs classements pour proposer une admission.
- **Les attendus nationaux et locaux** sont là pour vous motiver (pas pour vous inquiéter), tout comme les questionnaires d'auto-évaluation.
- Enfin, vous avez **le droit à l'erreur** : il existe de nombreuses passerelles en cours de formation et un changement d'orientation est possible pour tous les Bac + 1 qui sont accueillis sur Parcoursup.

> *Astuce*
>
> **Pas besoin de hiérarchiser vos vœux** et l'établissement de la formation que vous demandez n'est pas informé de vos autres vœux.

2 UNE PROCÉDURE AVEC UN CALENDRIER PRÉCIS ET DES OBLIGATIONS

Calendrier et check-list

- **Un calendrier**
Ce calendrier vous laisse du temps de réflexion, coordonné avec le Bac et adapté à votre intégration dans le Supérieur.
- **Des modalités d'inscription**
▸ Pour constituer votre dossier personnel à partir de votre INE, vous fournissez :
- des informations sur votre état civil,
- vos coordonnées, celles de vos représentants légaux (si vous êtes mineurs),
- des informations sur votre scolarité passée en complément de celles fournies par votre lycée (bulletins de 1ère et Term, Fiche Avenir avec les appréciations de vos enseignants et l'avis du chef d'établissement).
- Vous rédigez un **Projet de formation motivé** personnalisé adapté à chaque formation.
- Vous remplissez soigneusement la rubrique « **Mes activités et centres d'intérêt** » qui peut renforcer vos candidatures.
▸ Vous envoyez les documents complémentaires que demandent parfois certaines formations.

> *À savoir*
>
> Le respect de la procédure par tous les élèves et les établissements est la condition de son bon fonctionnement.

3 DES ENSEIGNANTS QUI ÉTUDIENT VOTRE DOSSIER ET VOUS RÉPONDENT

- **Parcoursup n'est pas un robot ni un algorithme qui déciderait de votre orientation ! Toutes les formations vous répondront** mais pas forcément en même temps : **surveillez les réponses** (sms, mail...) et votre compte Parcoursup.
- **N'oubliez pas de répondre** à chaque proposition dans les délais indiqués. Si plusieurs propositions vous sont faites il vous faudra choisir puis valider votre choix final et **vous inscrire définitivement**.

VOUS INFORMER SUR LES FORMATIONS

UNE DÉMARCHE À ANTICIPER

Votre démarche d'orientation ne doit évidemment pas attendre l'ouverture de Parcoursup.

Vous ne savez pas encore vraiment ce que vous voulez faire mais vous aimez bien les mathématiques ?	Vous avez déjà plusieurs idées, par exemple « *J'aimerais travailler dans le domaine scientifique* » ou « *dans la gestion* » ?	Vous avez une idée assez nette de ce que vous voulez faire : « *Je veux travailler biosatisticien(ne)* » ou « *Je veux être expert-comptable* » ?

S'INFORMER AVEC L'ONISEP

Dans tous les cas, **vous devrez vous informer sur les formations, leurs contenus, leurs modalités** (durée, sélective/non sélective, privée/publique, possibilité d'alternance ou de poursuite d'études, proximité...) et **leurs débouchés**.

L'ONISEP (**Office national d'information sur les enseignements et les professions**) vous fournit toute l'info sur les métiers et les formations :

- Le site onisep.fr, notamment la rubrique *Ma première année en...*
- monorientationenligne.fr vous met en contact avec un conseiller par téléphone, mail ou par tchat.
- Le site *Terminales* à retrouver sur orientation-lycees.fr
- Des revues, des guides, des Salons...
- Vous disposez de beaucoup de sources d'informations potentielles : contacts sur Parcoursup, Journées Portes Ouvertes, salons, forums, sites, Semaines de l'orientation et bien entendu vos enseignants, et les conseillers près de chez vous...

Notez bien que vos motivations pour une formation ou des débouchés ainsi que vos démarches d'orientation vous seront aussi utiles lors du Grand Oral.

FOCUS SUR... des formations et métiers en lien avec votre spécialité

DES ÉTUDES FACILITÉES PAR LA SPÉCIALITÉ MATHÉMATIQUES

Site Horizons sur orientation-lycees.fr

- **Licences** Économie, Gestion, Physique, Mathématiques, Sciences pour l'ingénieur, Sciences et technologies, Informatique, Mathématiques appliquées aux sciences humaines et sociales, Études de santé...
- **Classes préparatoires** scientifiques, économiques et commerciales, DCG ; **Écoles** de commerce, d'ingénieurs, d'informatique...
- **BTS** Gestion, Banque, Production, Conception de produits industriels, Systèmes numériques, Services informatiques...
- **DUT** Gestion des entreprises, Commercialisation, Génie industriel et maintenance, Électrotechnique, Statistique et informatique décisionnelle, Métiers du multimédia et de l'internet...

onisep

Nathan

COMPRENDRE ET GÉRER SON STRESS

Comprendre le stress, identifier ce qui le déclenche et apprendre à le gérer pour ne plus en être victime est primordial pour aborder les années de 1re et T^{erm}.

1 QU'EST-CE QUE LE STRESS ?

Le stress est d'abord une réaction de l'organisme à une agression brusque. Face à un danger, notre cerveau déclenche une production d'hormones qui vont mobiliser nos différents organes le plus rapidement possible. Le stress, qui existe chez tous les animaux, est donc avant tout fait pour échapper à des prédateurs (« réels » ou « dans notre tête » : échec, dispute, punition…).

2 LE STRESS EST UN SIGNAL

- Sous l'emprise du stress, nous n'arrivons plus à réfléchir correctement et nous n'agissons pas de manière adaptée. Notre créativité disparaît et l'esprit s'embrouille.
- Lorsque nous ressentons du stress et qu'il n'y a pas de « vrais » prédateurs, le stress est un signal nous indiquant que nous ne pensons pas de manière adéquate et que nos réactions et comportements risquent d'être inadaptés.
- Tout comme la douleur, le stress est un signal désagréable qui nous alerte que quelque chose ne tourne pas rond.

Conseil

Analysez les annotations sur vos copies, repérez les erreurs que vous avez faites et réfléchissez à la manière de les éviter à l'avenir.

3 COMMENT LE STRESS SE MANIFESTE-T-IL ?

Tout comme les animaux, nous avons trois manières différentes d'échapper aux prédateurs :

Comportement à adopter	La fuite	La lutte	L'inhibition
-1- Reconnaitre et accepter son état de stress, verbaliser	« Je me sens stressé(e) et anxieux(se). Pour le moment, je ne suis pas en état d'organiser, de gérer, de faire face… »	« Je suis en colère, c'est pour ça que je veux avoir raison à tout prix. Pour le moment, je ne suis pas en état de… »	« Pour le moment, je n'ai pas l'énergie pour décider ou agir… »
-2- Respirer	Consciemment, avec l'abdomen, de manière sonore et en ralentissant le rythme, prolonger l'expiration, compter mentalement, bâiller…	Consciemment, avec l'abdomen, de manière sonore et en ralentissant le rythme, prolonger l'expiration, compter mentalement, bâiller	Consciemment, avec l'abdomen, de manière sonore et en ralentissant le rythme, prolonger l'expiration, compter mentalement, bâiller…
-3- Évacuer par le corps	Marcher en balançant fort les bras, faire de grands pas, dépenser beaucoup d'énergie ou appuyer fort contre un mur pour « décharger ».	Crier très fort, boxer dans l'air, utiliser son énergie pour faire quelque chose d'utile.	Cocooner, pleurer, se chouchouter.
-4- Passer à l'action	• Décompresser : se donner un délai pour réfléchir, relativiser ; • Mettre de l'ordre dans ses idées : faire une liste, un plan, un planning, écrire sur des post-its…	Reformuler le problème de manière claire et objective, décrire uniquement les faits, sans jugement ni interprétation	• Changer sa posture : se redresser, lever les bras, adopter une attitude de vainqueur • Établir un plan d'attaque : baliser clairement les étapes, avancer progressivement, petit à petit, se fixer un premier petit objectif.

4 COMMENT EN FINIR AVEC LE STRESS ?

Voici quelques conseils pour vous permettre de gérer votre stress.

A. LA PYRAMIDE MOYENS/EXIGENCES

- Faire une pyramide permet de visualiser le rapport entre nos exigences et les moyens mis en œuvre pour y parvenir. Si vos exigences sont plus importantes que vos moyens, cela va engendrer du stress.
- Pour éliminer le stress, il faut que vos exigences se transforment en objectifs ou ambitions. Pour ce faire, il faut comprendre que vous ne pouvez agir que sur ce qui ne dépend que de vous. Par exemple, pour l'objectif « réussir mon bac », ce qui dépend de vous, c'est « étudier mes cours » ; en revanche, ce qui ne dépend pas de vous, c'est le choix du sujet, donc il ne sert à rien de perdre du temps et de l'énergie à essayer de deviner ce qui va tomber le jour de l'examen.

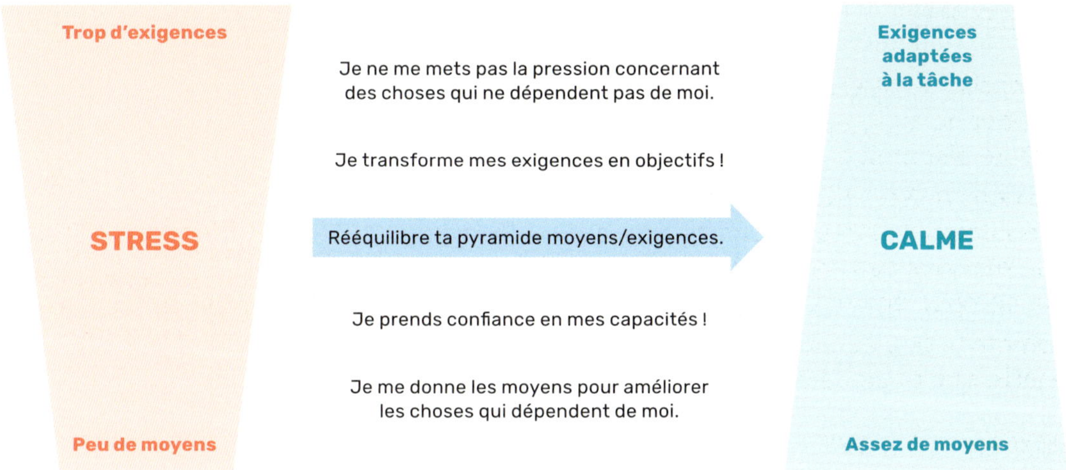

B. LES PENSÉES APAISANTES

- Quand vous vous sentez stressé(e), lisez les phrases ci-dessous, apprenez-les par cœur pour pouvoir les évoquer à tout moment.

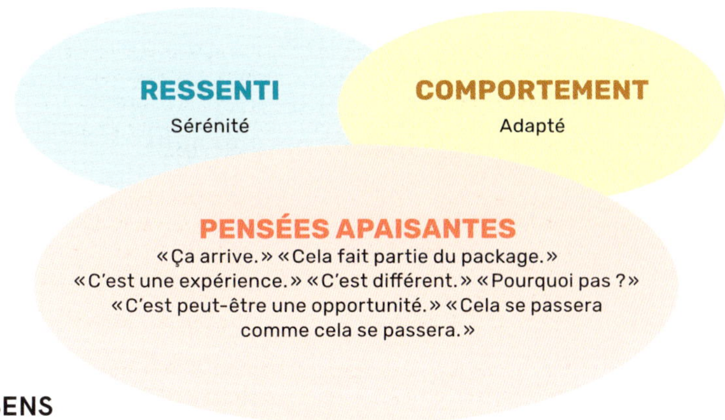

C. LA SYMPHONIE DES SENS

- Cet exercice est à faire au moment des épreuves du bac, quand vous prenez connaissance du sujet ou le soir dans votre lit pour trouver le sommeil. Il permet de changer d'état d'esprit pour être calme et serein(e).
- Concentrez-vous d'abord sur un son, puis sur un deuxième, différent du premier, puis sur un troisième, comme s'ils étaient des instruments de musique. Gardez bien à l'esprit ces trois sons tout en prenant conscience du contact de votre corps sur la chaise, de vos pieds sur le sol, de la sensation des vêtements sur votre peau, du goût que vous avez dans la bouche, de la qualité de l'air que vous respirez. Détente assurée !

RÉVISER EFFICACEMENT

Il est plus facile de se mettre au travail lorsque l'on a choisi et fait son planning soi-même. De plus, le faire dès le début de l'année facilitera la mémorisation.

1 FAIRE UN EMPLOI DU TEMPS (par mois/par jour)

- Notez le temps passé au lycée et celui que vous consacrez à d'autres activités régulières (sport, loisirs, transports, etc.).
- Identifiez les moments où vous pouvez placer des temps de révision d'environ 30 minutes.
- Réalisez un emploi du temps d'abord par mois, puis par semaine, et enfin par jour, selon la proximité des épreuves.

2 mois avant
Révisez une à deux matières par jour, à raison de 15 minutes par matière. Le week-end, vous pouvez prévoir des temps plus longs.

1 mois avant les épreuves
Révisez une matière par jour mais en y consacrant au moins 20 minutes. Ciblez en particulier les notions qui vous paraissent difficiles.

1 semaine avant les épreuves
Planifiez des périodes de révisions plus longues, environ 50 minutes par matière.

1 jour avant les épreuves
Repos !

D-DAY

Conseil

- Ne mélangez pas les activités : si vous êtes sur un temps de révision, éteignez votre téléphone de manière à ne pas être tenté(e) de répondre à des messages.
- Essayez de respecter les horaires de votre planning. Avoir écrit noir sur blanc votre programme de révision vous évitera de vous dire « j'ai mieux à faire ».
- Soyez à l'écoute de votre corps : si vous sentez que le rythme est trop soutenu, faites une pause supplémentaire.

2 GARDER DES TRACES DE SON TRAVAIL

- Relisez quotidiennement les notes de vos cours pour vous assurer que vous avez bien compris. Surlignez les éléments importants.
- Analysez les annotations sur vos copies, repérez les erreurs que vous avez faites et réfléchissez à la manière de les éviter à l'avenir.
- Notez les remarques (souvent à l'oral) des professeurs et leurs conseils.

Conseil

- Cette phase d'analyse vous permet d'identifier vos points forts et vos points faibles et d'organiser vos révisions en conséquence.
- Vous pouvez créer un carnet spécial intitulé « Carnet de révision » pour y reporter ces éléments.

3 CHOISIR LES OUTILS QUI TE CORRESPONDENT

Les fiches

Les fiches sont particulièrement efficaces pour tout ce qui relève des contenus culturels et de la méthodologie :
- optez pour des fiches au format A5 afin d'aller à l'essentiel ;
- choisissez une couleur par type de fiches (axe du programme, méthodologie, grammaire) ;

▸ Titrez vos fiches et écrivez de manière synthétique (pas de phrases complètes) ;
▸ Choisissez un système de rangement (boîte, classeur...) qui vous permette de retrouver rapidement la fiche que vous cherchez.

Conseil

Pensez à faire vos fiches au fur et à mesure de votre découverte des notions.

Les flashcards

Les *flashcards* permettent de réviser de manière ludique et de mémoriser un grand nombre d'informations par cœur. Elles sont donc particulièrement adaptées pour le vocabulaire et la grammaire. Pour faire des *flashcards* efficaces :
▸ sélectionnez bien les informations que vous allez y faire figurer en fonction de votre type de mémoire ;
▸ utilisez une couleur pour chaque catégorie de cartes ;
▸ inscrivez un élément au recto et les informations associées au verso (une question et sa réponse, un mot et sa définition...).

Conseil

- Vous avez une mémoire auditive ? Écrivez un mot associé à sa définition.
- Vous avez une mémoire visuelle ? Associez un mot à une image ou un schéma.
- Vous n'avez pas le temps de faire vos propres fiches ? Utilisez **Lexiquiz** !

Les affiches

Réaliser une affiche permet de fabriquer ses outils pour apprendre une leçon, cela convient bien aux personnes qui apprennent mieux en étant en activité. Cela permet aussi de développer sa créativité et de fixer son attention sur les informations essentielles à comprendre. Pour faire une affiche efficace :
▸ au brouillon : notez le titre de votre fiche, les idées essentielles sous forme de mots-clés, le vocabulaire associé à retenir ;
▸ choisissez des images parlantes pour illustrer ces idées ;
▸ faites un crayonné de votre affiche au brouillon en plaçant les éléments ci-dessus ;
▸ réalisez votre affiche sur une grande feuille : écrivez gros et utilisez différentes couleurs pour mettre en évidence les mots-clés.

Conseil

Placez votre affiche dans votre chambre à un endroit où vous pourrez la relire pour mémoriser.

Les nuages de mots ou les cartes mentales

Si vous avez une mémoire visuelle, ces outils vous seront très utiles. Ce type d'outil vous permet de donner une image d'ensemble d'une notion ou d'un champs lexical :
▸ choisissez le thème de votre nuage de mots ou votre carte mentale et listez tous ce qui devra y figurer : mots, dates, expressions, repères géographiques, etc. ;
▸ classez et hiérarchisez ces mots : repérez les thèmes majeurs et sous-thèmes dans des couleurs différentes ;
▸ créez votre nuage de mots en respectant cette hiérarchie (couleurs, taille de caractère).

RÉUSSIR LE GRAND ORAL : SE PRÉPARER

En fin d'année, vous allez passer la nouvelle épreuve du Grand oral.

Cette épreuve ne doit pas vous stresser : votre préparation vous mettra en confiance.
- ▶ C'est vous qui choisissez des questions qui vous intéressent.
- ▶ Vous avez l'appui de vos professeurs, des autres élèves, du CDI…
- ▶ Vous pouvez compter sur la bienveillance du jury qui est là pour écouter, vous encourager et échanger avec vous.

ÉTAPE 1 CHOISIR ET FORMULER SA QUESTION

Les deux questions doivent vous intéresser : c'est la clé de votre réussite !

▶ Ces questions doivent « mettre en lumière un des grands enjeux du programme » et « sont adossées à tout ou partie du programme de Première et Terminale ».
▶ Il est fondamental de choisir une question qui vous intéresse. Elle doit vous inspirer des idées, des arguments, des exemples, des sources… qui rendront votre présentation attractive et convaincante.
▶ Établissez des liens entre les questions et votre projet d'orientation. Par exemple, si vous vous destinez à des études de sociologie, choisissez plutôt une question en lien avec cette partie du programme de SES.
▶ Demandez-vous s'il est réaliste d'y répondre en 5 minutes.
▶ Ne choisissez pas un sujet trop vaste, ni trop pointu. Plus votre question sera personnelle, plus vous serez à l'aise.

Conseil

Quelques types de questions : *Comment ? Pourquoi ? Depuis quand ? Peut-on ? Doit-on ? Dans quelle mesure ? Et si ? Est-il souhaitable ? Est-il vrai que ? Faut-il ? Pour quelles raisons ? Quelles sont ? Quelles seraient les conséquences ? …*

ÉTAPE 2 PRÉPARER SON EXPOSÉ

Vous n'êtes pas seul pour préparer. Interrogez vos professeurs, ils sont là pour vous aider !

SE DOCUMENTER

▶ Élargissez et variez vos sources d'information : ouvrages documentaires (manuels scolaires, revues, essais…), personnes (votre professeur de spécialité, le ou la professeur(e) documentaliste, vos camarades…), ressources numériques (internet, ressources numériques du manuel…).
▶ Sélectionnez vos sources en fonction de leur fiabilité et de leur pertinence par rapport à votre sujet.
▶ Conservez et classez vos sources (par types, par date…) afin de les citer lors du Grand oral.

ORGANISER VOTRE RÉPONSE

En introduction :
▶ Expliquez pourquoi vous avez choisi cette question.
▶ Éveillez la curiosité du jury par une accroche bien choisie.
Vous êtes libre du choix de votre plan.
▶ Dégagez 2 ou 3 idées qui éclairent votre question. Chaque idée est soutenue par plusieurs arguments qui sont illustrés par un exemple ou un fait.

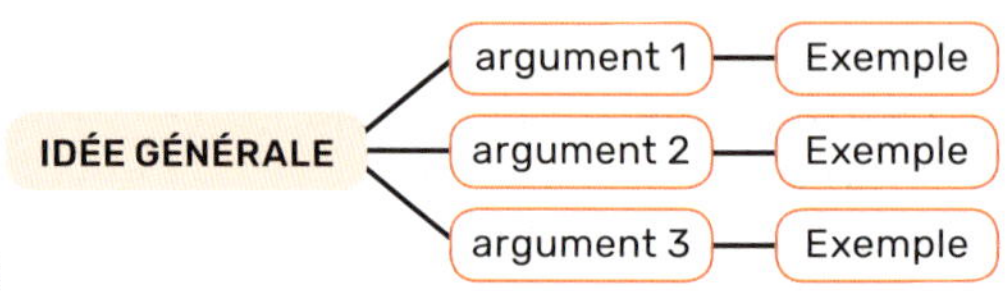

▶ Recherchez des exemples, des liens qui vous concernent personnellement ou avec l'actualité…
En conclusion :
▶ Suggérez des pistes, faites le lien avec l'actualité, votre orientation, avec un autre point de programme d'une de vos spécialités…
▶ Montrez que la question posée reste ouverte : en sciences humaines, on ne clôt jamais une question.

Conseil

Pensez à l'actualité : créez un dossier dans lequel vous regrouperez toutes les actualités qui se rapportent à votre sujet.

Conseil

Vous pouvez choisir entre plusieurs types de plan : thématique, analytique, chronologique, dialectique…

Les différents types de plan

Conseil

Vous pouvez profiter de la conclusion pour « tendre une perche au jury », en posant une autre question par exemple. Réfléchissez à ce que vous pourriez répondre.

ÉTAPE 3 PRÉPARER UN SUPPORT À REMETTRE AU JURY

Même s'il n'est ni obligatoire ni évalué, prenez le temps de remettre un support au jury. Il prouvera la qualité de votre préparation.

▶ Vous devez préparer ce support manuscrit à l'avance et le reproduire durant la préparation. Cela clarifiera vos idées avant la présentation.
▶ Faites apparaître votre plan, les mots-clés, vos arguments, vos exemples, vos sources les plus originales, vos choix d'orientation...
▶ Écrivez, dessinez, soulignez proprement, relisez et évitez les fautes d'orthographe.

Conseil

Toutes les formes sont possibles : plan détaillé, fiche mémo, carte mentale, organigramme, tableau, schéma...

Des exemples de support

ÉTAPE 4 PRÉPARER VOTRE PRISE DE PAROLE

Le jour J, vous devrez parler debout, sans note, pendant 5 minutes. Ce n'est pas un exercice facile, mais avec un peu d'entraînement, vous allez rapidement progresser.

ÉTAPE 5 PRÉPARER LA DISCUSSION AVEC LE JURY

Contrairement à ce que vous pourriez croire, il est possible d'anticiper une partie des questions du jury et de s'y préparer. Ici encore, tout est une question d'entraînement ! Multipliez les séances de travail à plusieurs et alternez les rôles : candidat, jury...

▶ Lors de vos entraînements en public : notez les questions, contre-arguments, objections, discussions, demandes de précisions qui reviennent le plus souvent... et préparez-vous à y répondre !
▶ Apprenez les définitions de toutes les notions que vous utilisez.
▶ Tout au long de l'année, surveillez l'actualité liée à votre question.
▶ Si vous ne connaissez pas une réponse : ne restez pas muet, essayez de faire le lien avec ce que vous savez.

Conseil

N'oubliez pas de réviser le programme de vos deux spécialités !

Grille d'évaluation pour l'entretien

Liste de questions à anticiper

ÉTAPE 6 ÉCHANGER SUR SON PROJET D'ORIENTATION

Vous savez que le jury vous demandera : « En quoi la question que vous avez choisie éclaire vos choix d'orientation, voire votre projet professionnel ». Soyez prêt à répondre à cette question.

▶ Au moment du Grand oral, en juin, vous connaîtrez vos choix d'orientation. Entraînez-vous à les exprimer précisément : intitulé exact et lieu de la formation, mode d'accès (non sélectif, sélectif, concours...).
▶ Le jury ne vous demandera pas nécessairement de savoir quel métier vous voulez faire, mais quelle voie vous emprunterez après le bac.
▶ Rappelez comment vous êtes informé (infos fournies par Parcoursup, ONISEP, salons, rencontres, Portes ouvertes, sites...), faites le lien entre la spécialité et les attendus de la formation.
▶ Enfin, utilisez vos activités associatives, sportives, artistiques, engagements, jobs, stages... pour mettre en avant certaines de vos qualités en phase avec vos choix d'orientation voire votre projet professionnel.

Conseil

Exprimez votre motivation en vous appuyant sur votre Projet de formation motivé.

Conseil

Vous devez connaître le contenu des formations visées : consultez les plaquettes, sites internet, allez aux Journées Portes ouvertes...

Grille d'évaluation du Grand oral

Rendez-vous sur le site Nathan.fr/grand-oral

1 Dénombrement. Récurrence

HISTOIRE DES MATHS

Vers 300 avant notre ère, **Euclide** démontre que l'ensemble des nombres premiers est arbitrairement grand.

La notion d'ensembles infinis divise les mathématiciens et mène à des paradoxes connus, tel que « à chaque nombre entier, on peut faire correspondre un nombre pair ; pourtant il y en a deux fois plus... »

Au Moyen-Âge, des mathématiciens utilisent un raisonnement par récurrence sans le dire. Ainsi, vers 1200, **Leonardo Fibonacci** établit un algorithme de décomposition d'un nombre rationnel en une somme de fractions distinctes de numérateur 1. En 1654, **Blaise Pascal** énonce le principe de récurrence dans son *Traité du triangle arithmétique*.

En 1874, **Georg Cantor** formalise la définition d'un ensemble : « Par ensemble, on entend un groupement en un tout, d'objets bien distincts de notre intuition ou de notre pensée. ».

▶ **Georg Cantor** (1845-1918), mathématicien allemand, est le père de la théorie des ensembles. Son théorème le plus célèbre montre l'infinité d'infinis.

▶ **Giuseppe Peano** (1898-1932) est un mathématicien italien. En 1889, dans un court traité, il a pour objectif de donner aux mathématiques une rigueur irréprochable. En particulier, il construit $\mathbb{N}$ axiomatiquement, le 5e axiome étant le raisonnement par récurrence.

1596 Naissance de Descartes qui donne son nom au produit cartésien.

1654 Pascal est le premier à énoncer le principe de récurrence, dit alors principe d'induction.

1873 Cantor démontre qu'il existe autant de nombres rationnels que de nombres entiers naturels.

1881 John Venn introduit une représentation des ensembles.

1595 Invention du microscope par Janssen

1655 Invention du jeu de la roulette par Pascal

1715 Sacre de Louis XV

1815 Création de l'agence Reuters à Londres

1875 Ouverture de la 1re salle de cinéma à La Ciotat

1600 — 1675 — 1750 — 1825 — 1900

Deux hexagrammes du *Yi Jing*.

Apparu dès 1000 avant notre ère, le *Yi Jing* est le plus ancien des « classiques » chinois. Sa lecture fut imposée aux étudiants de l'empire pendant de nombreux siècles. Il s'agit d'un manuel de divination qui se fonde sur l'utilisation d'hexagrammes, composés de la superposition de six lignes dont chacune est continue ou discontinue. Les 2^6 possibilités sont présentées dans l'ouvrage.

Les contenus et capacités travaillés dans ce chapitre

	Savoir-faire	Exercices
• Utiliser le principe additif. Nombre d'éléments d'une réunion.	1, 3	17, 19, 20
• Définir le produit cartésien. Utiliser le principe multiplicatif.	2, 4	18, 21 à 26
• Déterminer le nombre de *k*-uplets d'un ensemble à *n* éléments.	6, 9, 10	27 à 33
• Démontrer par récurrence.	5, 7, 8, 15, 16	34 à 58
• Déterminer le nombre de parties d'un ensemble à *n* éléments.	11 à 14	59 à 71

Bien démarrer

Calcul mental

Vidéo
JaiCompris.com
Cette notion est expliquée en vidéo

Rappels utiles

- **Dénombrer**

Dénombrer un ensemble revient à déterminer le nombre d'éléments qui le constituent. On peut pour cela s'aider de représentations graphiques :

- diagramme de Venn
- arbre

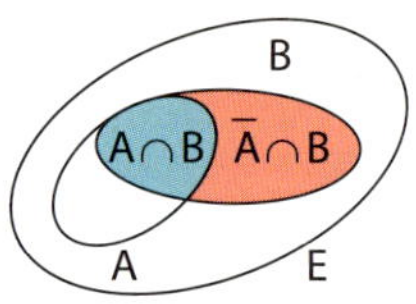

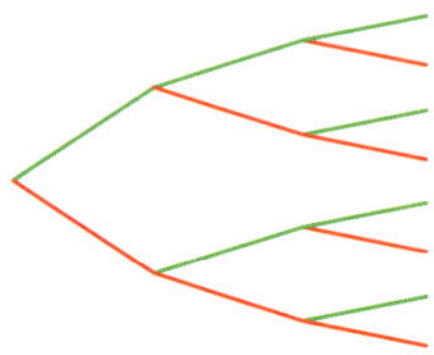

- tableau croisé

	1	2	3	4	…
a	$(a\,;1)$	$(a\,;2)$	…		
b	$(b\,;1)$	…			
…					

- **Suites**

Une suite (u_n) est une fonction définie sur l'ensemble $\mathbb{N}$ des nombres entiers naturels.
L'image de tout nombre n de $\mathbb{N}$ par cette suite est un nombre réel, noté u_n, appelé terme d'indice n de la suite.

- **Suites géométriques**

Dire qu'une suite (u_n) est géométrique de raison q signifie que pour tout entier naturel n, $\boldsymbol{u_{n+1} = q \times u_n}$.
Alors, pour tous entiers naturels n et p,

- $\boldsymbol{u_n = q^{n-p} \times u_p}$
- $\boldsymbol{u_n = q^n \times u_0}$

- **Somme de termes**

Pour tout entier naturel n et pour tout réel $q \neq 1$,

$$1 + q + q^2 + \ldots + q^n = \frac{1 - q^{n+1}}{1 - q}.$$

À l'oral Questions-Tests

Pour chaque question, il y a une seule réponse exacte.

1 Une classe de 32 élèves se répartit comme suit :
- 15 élèves ont choisi l'option musique ;
- 17 élèves ont choisi l'option danse ;
- 3 élèves ont choisi les deux options.

a) Le nombre d'élèves qui ont choisi l'option musique mais pas l'option danse est :
(1) 3 (2) 14 (3) 12

b) Le nombre d'élèves qui ont choisi l'option danse mais pas l'option musique est :
(1) 3 (2) 14 (3) 12

c) Le nombre d'élèves qui n'ont choisi aucune de ces options :
(1) 3 (2) 29 (3) 26

2 On lance trois fois de suite une pièce.
Le nombre d'issues possibles est :
(1) 3 (2) 4 (3) 8

3 (u_n) est la suite définie sur $\mathbb{N}$ par $u_n = \dfrac{7n}{n+1}$.
Pour tout entier naturel n, u_{n+1} est égal à :
(1) $\dfrac{7n}{n+1} + 1$ (2) $\dfrac{7n+1}{n+2}$ (3) $\dfrac{7n+7}{n+2}$

4 **a)** (v_n) est la suite définie par $v_0 = 2$ et pour tout entier naturel n, $v_{n+1} = 2v_n - 4$. Alors :
(1) $v_1 = -4$ (2) $v_2 = -4$ (3) $v_3 = -4$

b) (w_n) est la suite définie par $w_0 = 0$ et pour tout entier naturel n,

$$w_{n+1} = w_n^2 + 1.$$

W est la fonction ci-contre écrite en langage Python.

```python
def W(n):
    w=0
    for i in range(n):
        w=w**2+1
    return w
```

W(10) renvoie pour résultat :
(1) le terme w_{10} de la suite ;
(2) le terme w_{11} de la suite ;
(3) le plus petit entier n tel que $w_n > 10$.

5 **a)** (v_n) est la suite géométrique de raison 2 telle que $v_0 = 5$. Pour tout entier naturel n, v_n est égal à :
(1) 2×5^n (2) $5 + 2n$ (3) 5×2^n

b) (w_n) est la suite géométrique de raison 0,5 telle que $w_0 = 2$. Alors w_3 est égal à :
(1) 0,5 (2) 0,25 (3) 0,125

6 La somme $1 + 2^2 + 2^3 + \ldots + 2^{10}$ est égale à :
(1) 1 023 (2) 2 047 (3) $-$2 049

1 Nombre de parties d'un ensemble

E est l'ensemble à trois éléments $\{a\,;b\,;c\}$.
Une partie de l'ensemble E est un ensemble formé par certains éléments de E ou aucun. Par exemple, l'ensemble $\{a\,;c\}$ est une partie de E.
L'arbre ci-contre permet de dénombrer celles-ci.

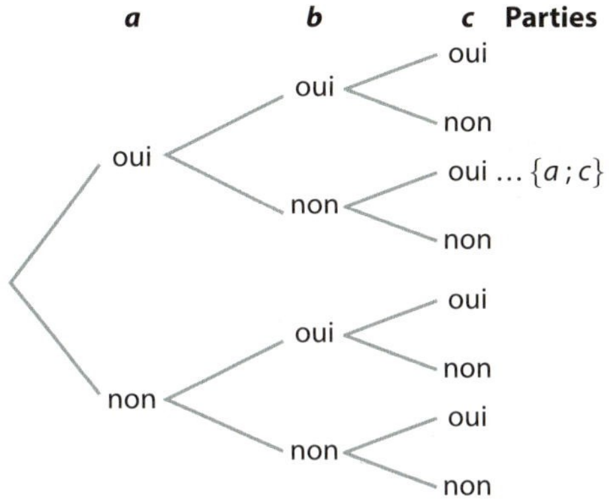

1 **a)** Recopier et compléter l'arbre afin de déterminer toutes les parties de l'ensemble E.
b) Combien de parties possède l'ensemble E ?

2 On considère l'ensemble $F = \{a\,;b\,;c\,;d\}$.
a) Comment modifier l'arbre pour déterminer l'ensemble des parties de F ?
b) Par quel nombre multiplie-t-on le nombre de parties de E pour obtenir le nombre de parties de F ? Combien de parties possède l'ensemble F ?

3 n désigne un nombre entier naturel.
Conjecturer une formule donnant le nombre de parties d'un ensemble à n éléments.

2 Raisonnement par récurrence

Le motif qui orne la coquille du *Cymbiola innexa*, un mollusque indonésien, intrigue les chercheurs car il s'apparente à une fractale appelée triangle de Sierpinski (du nom d'un mathématicien polonais).
On part d'un triangle équilatéral plein de côté 1.
À chaque étape, on partage chaque triangle plein en 4 triangles équilatéraux de même côté et on colorie en blanc le triangle central.

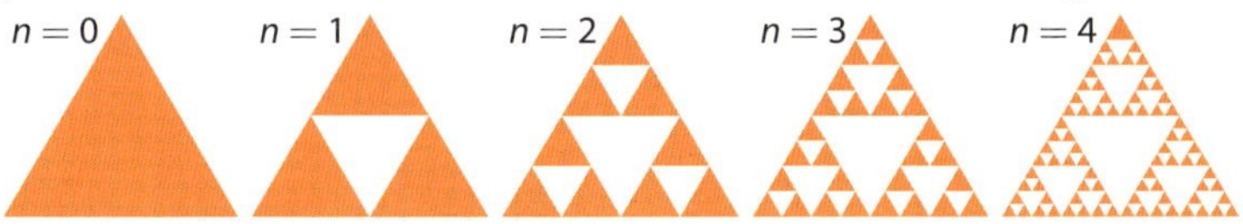

On note p_n le périmètre total des triangles blancs à la n-ième étape.

$p_0 = 0$ et on admet que pour tout entier naturel n, $p_{n+1} = p_n + \left(\frac{3}{2}\right)^{n+1}$.

1 Déterminer p_1, puis p_2.

2 On se propose de démontrer que pour tout entier naturel n, la propriété $P(n)$: « $p_n = 3\left(\left(\frac{3}{2}\right)^n - 1\right)$ » est vraie.
a) La propriété $P(0)$ est-elle vraie ?
b) On suppose que, pour un entier naturel k, la propriété $P(k)$ est vraie. Expliciter cette propriété $P(k)$.
c) Exprimer p_{k+1} en fonction de p_k et démontrer qu'alors la propriété $P(k+1)$ est vraie.
Ce raisonnement, appelé **raisonnement par récurrence**, permet de conclure que pour tout entier naturel n, la propriété $P(n)$ est vraie.

> Si un ensemble E d'entiers naturels contient 0 et contient le successeur de chacun de ses éléments, alors $E = \mathbb{N}$.

Cours

Exercices
- **1** à **4** (ci-contre)
- **17** à **33**

1 Ensembles finis

A Principe additif

Définition

Un **ensemble fini** est un ensemble qui possède un nombre fini d'éléments.

Principe additif

Si **A et B** sont **deux parties disjointes** d'un ensemble fini E, constituées respectivement de m et n éléments, alors le **nombre** d'éléments **de la réunion A ∪ B** est la **somme $m + n$**.

Notation et cas général : Card(A) (lire « cardinal de A ») désigne le nombre d'éléments d'une partie A d'un ensemble fini E. Pour toutes parties A et B de E :

$$\textbf{Card}(\mathbf{A} \cup \mathbf{B}) = \textbf{Card}(\mathbf{A}) + \textbf{Card}(\mathbf{B}) - \textbf{Card}(\mathbf{A} \cap \mathbf{B}).$$

En effet, $A \cup B$ est la réunion des ensembles disjoints A et $B \cap \overline{A}$.

Ainsi $\text{Card}(A \cup B) = \text{Card}(A) + \text{Card}(B \cap \overline{A}) = \text{Card}(A) + \text{Card}(B) - \text{Card}(A \cap B)$.

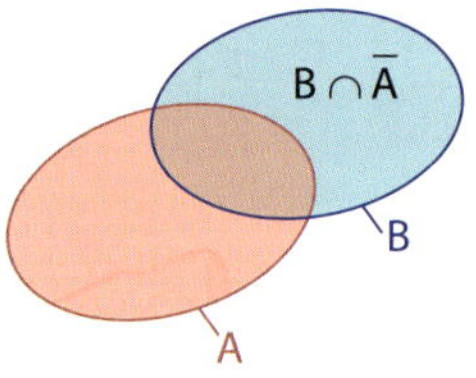

B Principe multiplicatif

Définition

Le **produit cartésien** de deux ensembles finis E et F, noté **E × F**, est l'ensemble des **couples** $(x\,;y)$ où x est un élément de E et y un élément de F.

Exemple

$E = \{a\,;b\}$ et $F = \{1\,;2\,;3\}$.

$E \times F = \{(a\,;1)\,;(a\,;2)\,;(a\,;3)\,;(b\,;1)\,;(b\,;2)\,;(b\,;3)\}$

On peut représenter cela grâce au tableau croisé ci-contre ou à un arbre.

E \ F	1	2	3
a	$(a\,;1)$	$(a\,;2)$	$(a\,;3)$
b	$(b\,;1)$	$(b\,;2)$	$(b\,;3)$

Principe multiplicatif

Si E et F sont deux ensembles finis constitués respectivement de m et n éléments, alors $E \times F$ est un ensemble fini dont le **nombre d'éléments** est le **produit mn**.

En effet, un tableau avec m lignes et n colonnes contient mn cases.

C Ensemble des *k*-uplets (ou *k*-listes) d'un ensemble fini E

Définition

E est un ensemble fini à n éléments, k est un nombre entier naturel non nul.

Un ***k*-uplet** d'éléments de E est une **liste ordonnée** de k éléments de E, distincts ou confondus.

L'ensemble de tous les k-uplets de E est l'ensemble $E \times E \times \ldots \times E$ (k fois) ; on le note $\mathbf{E}^k$.

Exemple

$E = \{a\,;b\,;c\}$. Cet arbre permet de lister les triplets de E^3.

- $(a\,;b\,;a) \in E^3$
- $(b\,;c\,;a)$ et $(c\,;a\,;b)$ sont des triplets différents de E^3.

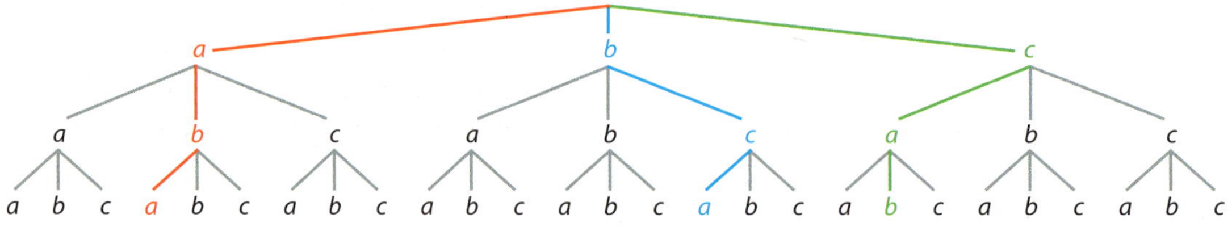

EXERCICES RÉSOLUS

1 Utiliser le principe additif

Dans une classe de 25 élèves, 15 élèves s'inscrivent à l'atelier théâtre, 8 élèves s'inscrivent à l'atelier musique et 4 élèves s'inscrivent à ces deux ateliers.

a) Déterminer le nombre d'élèves s'inscrivant dans au moins l'un des deux ateliers.

b) Combien d'élèves ne s'inscrivent ni à l'atelier théâtre ni à l'atelier musique ?

Solution

a) A est l'ensemble des élèves de la classe s'inscrivant à l'atelier théâtre.
B est l'ensemble des élèves de la classe s'inscrivant à l'atelier musique.
Ainsi, $\text{Card}(A) = 15$, $\text{Card}(B) = 8$ et $\text{Card}(A \cap B) = 4$.
$A \cup B$ est l'ensemble des élèves s'inscrivant à au moins l'un des deux ateliers.
$\text{Card}(A \cup B) = \text{Card}(A) + \text{Card}(B) - \text{Card}(A \cap B)$
$\text{Card}(A \cup B) = 15 + 8 - 4 = 19$
19 élèves de la classe s'inscrivent dans au moins l'un des deux ateliers.

b) $25 - 19 = 6$ donc 6 élèves ne s'inscrivent ni à l'atelier théâtre ni à l'atelier musique.

On peut schématiser la situation à l'aide d'un diagramme de Venn.

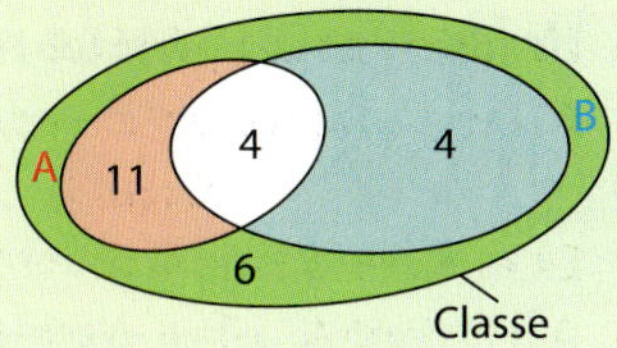

2 Utiliser le principe multiplicatif

On dispose d'un jeu de cartes habituel, composé des valeurs as, 2, 3, … , 9, 10, valet, dame, roi dans les quatre couleurs (cœur, carreau, trèfle et pique).

a) Déterminer deux ensembles E et F qui permettent de considérer chacune des cartes de ce jeu comme un élément du produit cartésien $E \times F$.

b) Déterminer le nombre de cartes de ce jeu.

Solution

a) E peut être l'ensemble des treize valeurs $\{as ; 2 ; \dots ; roi\}$ et F l'ensemble des quatre couleurs $\{cœur ; carreau ; trèfle ; pique\}$.

b) L'ensemble E a 13 éléments et l'ensemble F en a 4.
$13 \times 4 = 52$ ainsi, il y a 52 cartes dans ce jeu.

Le cardinal du produit cartésien $E \times F$ est le produit des cardinaux des ensembles E et F.

EXERCICES D'APPLICATION DIRECTE

Sur le modèle de l'exercice résolu 1

3 Dans un centre accueillant 120 personnes, 24 personnes pratiquent le football, 15 le handball, et 6 personnes pratiquent les deux sports.

a) Déterminer le nombre de personnes pratiquant au moins l'un des deux sports.

b) Combien de personnes ne pratiquent aucun des deux sports ?

c) Combien de personnes pratiquent un seul de ces deux sports ?

Sur le modèle de l'exercice résolu 2

4 Jeanne se rend dans un magasin pour acheter un ordinateur portable et un sac pour le protéger.
On lui propose le choix entre cinq ordinateurs portables de mêmes dimensions et entre dix sacs.

a) Déterminer deux ensembles E et F qui permettent de considérer chaque choix possible de Jeanne comme un élément d'un produit cartésien $E \times F$.

b) Combien de possibilités s'offrent à Jeanne ?

Exercices
- **5** à **10** (ci-contre)
- **34** à **58**

2 Le raisonnement par récurrence

A Illustration

Question : quelles sont les deux conditions pour que tous les dominos se renversent ?

Réponse : on renverse le premier domino et on s'assure que chaque domino renverse le suivant.

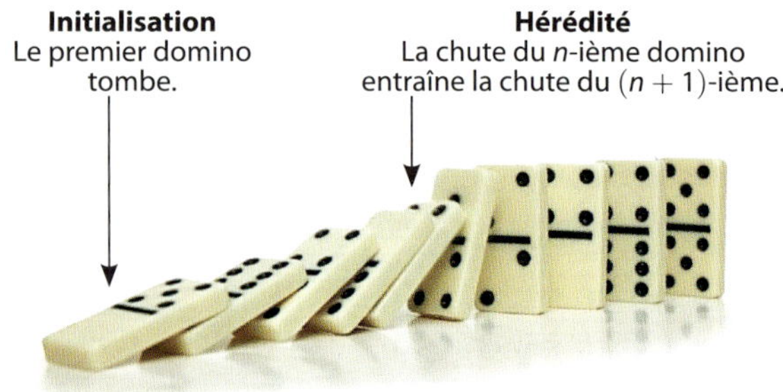

B Principe du raisonnement par récurrence

Axiome de récurrence

$\mathrm{P}(n)$ est une propriété qui dépend d'un nombre n de $\mathbb{N}$ et n_0 désigne un nombre de $\mathbb{N}$.
Si la propriété $\mathrm{P}(n)$ vérifie les deux conditions suivantes :
1 – Initialisation : $\mathrm{P}(n_0)$ est vraie ;
2 – Hérédité : si $\mathrm{P}(k)$ est vraie pour un nombre entier naturel $k \geqslant n_0$, alors $\mathrm{P}(k+1)$ est vraie ;
alors, **pour tout entier naturel** $\boldsymbol{n \geqslant n_0}$, $\mathrm{P}(n)$ est vraie.

Vidéo
JAICOMPRIS.COM
Cette notion est présentée en vidéo

Remarques
- La propriété $\mathrm{P}(n)$ peut être une égalité, une inégalité, une propriété exprimée par une phrase, …
- La condition d'hérédité est une implication : on suppose que $\mathrm{P}(k)$ est vraie pour un nombre entier naturel k supérieur ou égal à n_0 (c'est **l'hypothèse de récurrence**) et on montre qu'alors $\mathrm{P}(k+1)$ est vraie elle aussi.
Une propriété $\mathrm{P}(n)$ qui vérifie cette deuxième condition est dite héréditaire à partir du rang n_0 ; en effet, elle se transmet du nombre entier k à son « successeur » $k+1$.

Résumé :

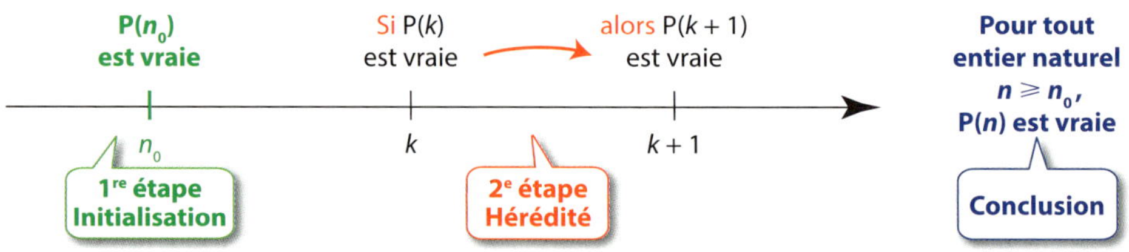

C Application : nombre d'éléments de E^k

Propriété

k est un nombre entier naturel, $k \geqslant 1$ et E un ensemble fini à n éléments ($n \in \mathbb{N}$).
Le nombre de k-uplets de E est n^k, c'est-à-dire $\mathbf{Card(E^{\mathit{k}})} = \boldsymbol{n^k}$.

Démonstration

On démontre par récurrence que pour tout entier naturel $k \geqslant 1$, la propriété $\mathrm{P}(k)$: « $\mathrm{Card}(\mathrm{E}^k) = n^k$ » est vraie.
- **Initialisation :** pour $k = 1$, $\mathrm{E}^1 = \mathrm{E}$. Son nombre d'éléments est n, c'est-à-dire n^1. La propriété $\mathrm{P}(1)$ est donc vraie.
- **Hérédité :** on suppose que pour un entier naturel $i \geqslant 1$, la propriété $\mathrm{P}(i)$ est vraie, c'est-à-dire que $\mathrm{Card}(\mathrm{E}^i) = n^i$ (hypothèse de récurrence). Or, E^{i+1} est le produit cartésien $\mathrm{E}^i \times \mathrm{E}$, donc $\mathrm{Card}(\mathrm{E}^{i+1}) = n^i \times n = n^{i+1}$.
La propriété $\mathrm{P}(i+1)$ est donc vraie.
- **Conclusion :** pour tout entier naturel $k \geqslant 1$, la propriété $\mathrm{P}(k)$ est vraie, c'est-à-dire $\mathrm{Card}(\mathrm{E}^k) = n^k$.

EXERCICES RÉSOLUS

5 Démontrer par récurrence

(u_n) est la suite définie par $u_0 = 0$ et pour tout entier naturel n, $u_{n+1} = 2u_n + 1$.
Démontrer par récurrence que pour tout entier naturel n, $u_n = 2^n - 1$.

Solution

Pour tout entier naturel n, on note $P(n)$ la propriété : « $u_n = 2^n - 1$ ».

• **Initialisation :** pour $n = 0$, $u_0 = 0$ et $2^0 - 1 = 1 - 1 = 0$.
La propriété $P(0)$ est donc vraie.

• **Hérédité :** on suppose que pour un entier naturel k, la propriété $P(k)$ est vraie, c'est-à-dire que $u_k = 2^k - 1$ (hypothèse de récurrence).
On démontre qu'alors $P(k+1)$ est vraie, c'est-à-dire que $u_{k+1} = 2^{k+1} - 1$.
Or, $u_{k+1} = 2u_k + 1$. Ainsi, d'après l'hypothèse de récurrence, $u_{k+1} = 2(2^k - 1) + 1 = 2^{k+1} - 1$.
La propriété $P(k+1)$ est donc vraie.

• **Conclusion :** pour tout entier naturel n, la propriété $P(n)$ est vraie, c'est-à-dire, pour tout entier naturel n, $u_n = 2^n - 1$.

> L'initialisation est essentielle. Certaines propriétés peuvent être héréditaires sans qu'elles ne soient vraies initialement.

> Pour passer du rang k au rang $k+1$, on utilise la définition de la suite et l'hypothèse de récurrence.

6 Déterminer le nombre de *k*-uplets

E est l'ensemble des lettres de l'alphabet français (sans tenir compte de l'accentuation).
Un mot de cinq lettres est une succession de cinq lettres de l'alphabet ; les répétitions sont possibles.
a) Écrire un 5-uplet d'éléments de E.
b) Combien de mots de 5 lettres, ayant un sens ou non, peut-on écrire à partir de l'alphabet ?

Solution

a) $(a\,;a\,;t\,;z\,;b)$ est un 5-uplet d'éléments de E.
b) L'ensemble E contient 26 éléments.
Ainsi, le nombre d'éléments de E^5 est 26^5 soit 11 881 376.

> Si E est un ensemble à n éléments, le nombre d'éléments de E^k est n^k. Ici, $n = 26$ et $k = 5$.

EXERCICES D'APPLICATION DIRECTE

Sur le modèle de l'exercice résolu 5

7 (v_n) est la suite définie par $v_0 = 0$ et pour tout entier naturel n, $v_{n+1} = v_n + 2n + 2$.
Démontrer par récurrence que pour tout entier naturel n, $v_n = n(n+1)$.

8 (w_n) est la suite définie par $w_0 = 0$ et pour tout entier naturel n, $w_{n+1} = 2w_n - 3$.
Démontrer par récurrence que pour tout entier n de $\mathbb{N}$,
$w_n = 3(1 - 2^n)$.s

Sur le modèle de l'exercice résolu 6

9 E est l'ensemble des dix chiffres de 0 à 9.
a) Écrire un 4-uplet d'éléments de E.
b) Combien de numéros de 4 chiffres (pouvant éventuellement commencer par 0) peut-on écrire ?

10 Un code secret comporte 6 symboles choisis parmi ★, #, ▲.
Combien de codes secrets différents peut-on composer ?

Cours

Exercices
- 11 à 14 (ci-contre)
- 59 à 71

3 Nombre de parties d'un ensemble

A Ensemble des parties d'un ensemble

- **Signe d'inclusion** : E et A sont deux ensembles.

La notation **A ⊂ E** (lire « A est inclus dans E ») signifie que tout élément de A appartient à E.

Autrement dit, A est une **partie** (ou sous-ensemble) de E.

- On note $\mathcal{P}(E)$ l'ensemble des parties d'un ensemble E.

L'ensemble vide, noté ∅, **est une partie de tout ensemble**.

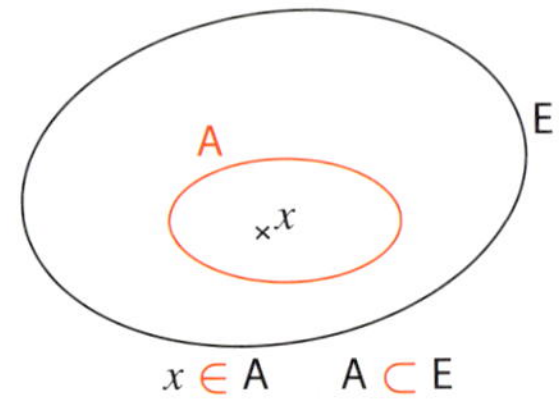

Exemple 1

Les parties de l'ensemble $E = \{a ; b\}$ ont :

- 0 élément : ∅
- 1 élément : $\{a\}$, $\{b\}$
- 2 éléments : $\{a ; b\}$

Donc E a 4 parties et $\mathcal{P}(E) = \{\varnothing ; \{a\} ; \{b\} ; \{a ; b\}\}$.

Exemples

L'ensemble vide $E = \varnothing$ a une partie à 0 élément, ∅ lui-même, et $\mathcal{P}(E) = \{\varnothing\}$.

B Nombre de parties d'un ensemble

Propriété

n désigne un nombre entier naturel.

Un ensemble fini E à *n* éléments possède $\mathbf{2^n}$ **parties**, c'est-à-dire **Card** $(\mathcal{P}(\mathbf{E})) = \mathbf{2^n}$.

Démonstration

On raisonne par récurrence : pour tout *n* de $\mathbb{N}$, $P(n)$ est : « Un ensemble à *n* éléments a 2^n parties ».

- **Initialisation :** pour $n = 0$, $E = \varnothing$ donc Card $(\mathcal{P}(E)) = 1$. Or, $2^0 = 1$ donc $P(0)$ est vraie.
- **Hérédité :** on suppose que pour un entier naturel *k*, $P(k)$ est vraie, c'est-à-dire qu'un ensemble E à *k* éléments a 2^k parties (hypothèse de récurrence).

Alors $E' = E \cup \{x\}$, avec $x \notin E$, a $k + 1$ éléments. Il y a deux familles de parties de E' :

– celles qui ne contiennent pas x, c'est-à-dire les parties de l'ensemble E : il y en a 2^k ;

– celles qui contiennent x. Celles-ci sont obtenues en adjoignant x à chaque partie de E : il y en a 2^k également.

Ainsi, le nombre de parties de E' est égal à 2×2^k soit 2^{k+1}. La propriété $P(k + 1)$ est donc vraie.

- **Conclusion :** pour tout entier naturel *n*, la propriété $P(n)$ est vraie, c'est-à-dire un ensemble à *n* éléments possède 2^n parties.

Liens entre parties d'un ensemble à *n* éléments, *n*-uplets de {0 ; 1}, …

$E = \{x_1 ; x_2 ; \ldots ; x_n\}$ est un ensemble à *n* éléments, avec $n \in \mathbb{N}$.

À chaque partie de E correspond un unique *n*-uplet de $\{0 ; 1\}$, et inversement. En effet :

- si x_1 appartient à la partie, on affecte 1 en 1re position du *n*-uplet et 0 sinon ;
- si x_2 appartient à la partie, on affecte 1 en 2e position du *n*-uplet et 0 sinon ;
- et ainsi de suite jusqu'à x_n et la *n*-ième position.

Par exemple, le *n*-uplet $(1 ; 0 ; 1 ; 0 ; \ldots ; 0)$ correspond à la partie $\{x_1 ; x_3\}$;

le *n*-uplet $(0 ; 0 ; 0 ; \ldots ; 0)$ correspond à ∅, …

Ainsi, il y a autant de parties de l'ensemble E que de *n*-uplets de l'ensemble $\{0 ; 1\}$, c'est-à-dire 2^n.

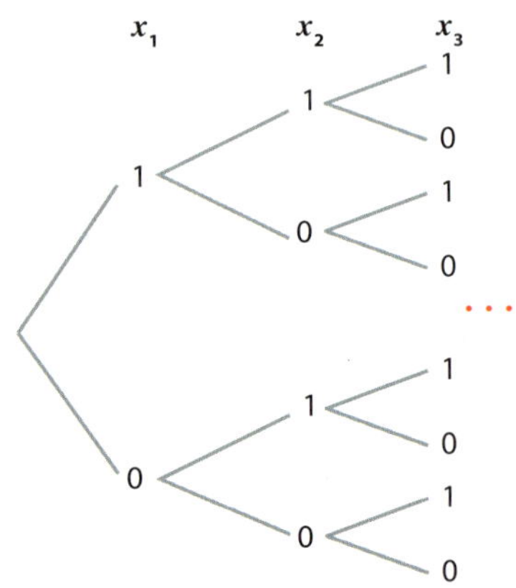

EXERCICES RÉSOLUS

11 Relier deux situations de dénombrement

Situation 1 : $E = \{x_1 ; x_2 ; x_3 ; x_4 ; x_5\}$. Combien cet ensemble a-t-il de parties ?
Situation 2 : On écrit des mots de 5 lettres prises dans l'alphabet $\{A ; B\}$. Combien de mots différents peut-on écrire ?

Expliquer pourquoi les réponses à ces deux questions sont identiques.

Solution

Situation 1 : le nombre de parties de E est 2^5 soit 32.
Situation 2 : chaque mot de 5 lettres prises dans $\{A ; B\}$ est un 5-uplet de $\{A ; B\}$.
On convient que la présence d'un A (resp. B) en *i*-ème position dans le 5-uplet, avec $1 \leqslant i \leqslant 5$, signifie la présence (resp. l'absence) de x_i dans la partie de E correspondante.
Par exemple : au mot (A ; B ; B ; A ; B) correspond la partie $\{x_1 ; x_4\}$ et à la partie $\{x_2 ; x_4 ; x_5\}$ correspond le mot (B ; A ; B ; A ; A).
Il y a donc autant de parties de E que de mots de 5 lettres prises dans l'alphabet $\{A ; B\}$.

> Dans un tel mot, il y a des répétitions et l'ordre intervient. Donc on modélise un tel mot par un 5-uplet d'éléments de $\{A ; B\}$.

> Pour dénombrer ces mots, on peut aussi utiliser un arbre.

12 Modéliser une situation de dénombrement

Un site propose dix produits à la vente. Le client peut mettre dans son panier au plus un article de chaque produit.
Déterminer le nombre de paniers différents que le client peut réaliser.

Solution

Réaliser un panier revient à se demander pour chaque produit si on le prend (1) ou si on ne le prend pas (0).
On modélise un panier par un 10-uplet d'éléments de $\{0 ; 1\}$.
On peut donc réaliser 2^{10} soit 1 024 paniers différents.

> Un panier peut aussi être modélisé par une partie de l'ensemble E des 10 produits.

EXERCICES D'APPLICATION DIRECTE

Sur le modèle de l'exercice résolu 11

13 **Situation 1 :** $E = \{x_1 ; x_2 ; \ldots ; x_8\}$ est un ensemble à 8 éléments.
Combien cet ensemble a-t-il de parties ?
Situation 2 : Mia lance 8 fois une pièce de monnaie et observe si elle obtient Pile (P) ou Face (F).
Combien de résultats différents Mia peut-elle obtenir ?

Expliquer pourquoi les réponses à ces deux questions sont identiques.

Sur le modèle de l'exercice résolu 12

14 Dans une fête foraine, une machine contient cinq surprises différentes : le joueur peut en attraper aucune, une ou plus en une seule fois.
Combien de lots différents peut-on réaliser avec ces surprises ?

Savoir-faire Algo python

Vidéo JAICOMPRIS.COM
Un autre exercice Algo/python résolu en vidéo

EXERCICE RÉSOLU

15 Conjecturer avec Python, puis démontrer

Voici les premières étapes d'une construction.
On note u_n le nombre de points présents sur la figure à l'étape n. Ainsi $u_0 = 1$.

Étape 0 **Étape 1** **Étape 2**

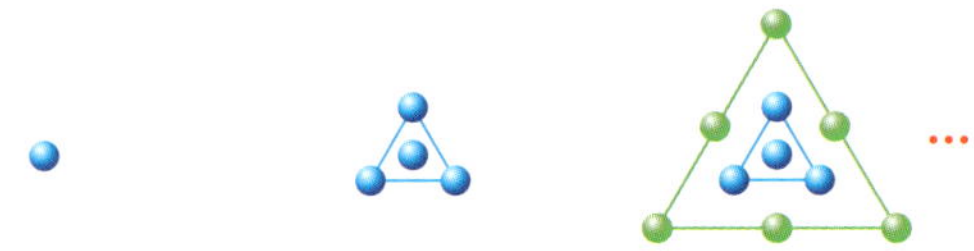

a) Démontrer que pour tout entier naturel n,

$$u_{n+1} = u_n + 3(n+1).$$

b) Compléter la fonction **U** ci-contre écrite en langage Python de paramètre un nombre entier naturel n et qui affiche les n premiers termes de la suite (u_n). La saisir et la tester pour $n = 100$.

c) Démontrer par récurrence que pour tout entier naturel n,

$$u_n = \frac{3}{2}n^2 + \frac{3}{2}n + 1.$$

```
from pylab import *

def U(n):
    u=1
    plot(0,u,'r.')
    for i in range(n):
        u=
        plot(i+1,u,'r.')
    show()
    return
```

Solution

a) À l'étape n, on a $n + 1$ points sur chaque côté du triangle extérieur.
À l'étape $n + 1$, on ajoute $3(n + 1)$ points sur le nouveau triangle extérieur, comme illustré ci-contre.
Donc pour tout entier naturel n, $u_{n+1} = u_n + 3(n + 1)$.

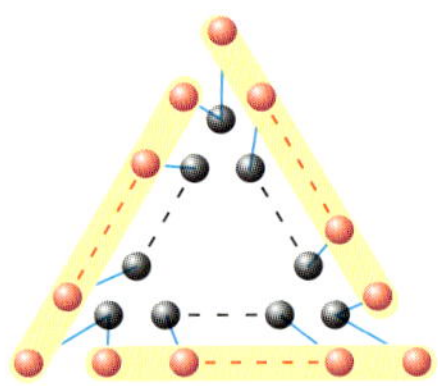

b) Cadre rouge : $u{+}3{*}(i{+}1)$
On exécute **U(100)** et on obtient le graphique ci-contre.

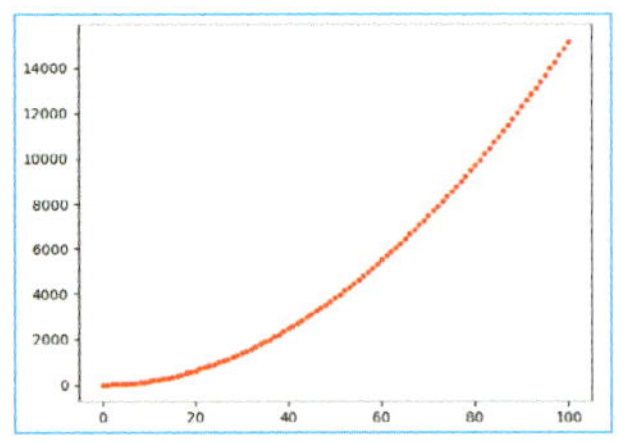

c) Pour tout n de $\mathbb{N}$, on note P(n) la propriété : « $u_n = \frac{3}{2}n^2 + \frac{3}{2}n + 1$ ».

Initialisation : pour $n = 0$, $u_0 = 1$ et $\frac{3}{2} \times 0^2 + \frac{3}{2} \times 0 + 1 = 1$. P(0) est vraie.

Hérédité : on suppose que pour un entier naturel k, P(k) est vraie, c'est-à-dire que $u_k = \frac{3}{2}k^2 + \frac{3}{2}k + 1$.

- $u_{k+1} = u_k + 3(k+1) = \frac{3}{2}k^2 + \frac{3}{2}k + 1 + 3k + 3 = \frac{3}{2}k^2 + \frac{9}{2}k + 4$
- $\frac{3}{2}(k+1)^2 + \frac{3}{2}(k+1) + 1 = \frac{3}{2}k^2 + 3k + \frac{3}{2} + \frac{3}{2}k + \frac{3}{2} + 1 = \frac{3}{2}k^2 + \frac{9}{2}k + 4$

Donc la propriété P($k + 1$) est vraie.

Conclusion : pour tout entier naturel n, $u_n = \frac{3}{2}n^2 + \frac{3}{2}n + 1$.

L'allure de la courbe permet de conjecturer que u_n est de la forme $an^2 + bn + c$. On peut trouver a, b, c en utilisant les valeurs de u_0, u_1, u_2.

EXERCICE D'APPLICATION DIRECTE

Sur le modèle de l'exercice résolu 15

16 Voici les premières étapes d'une construction.

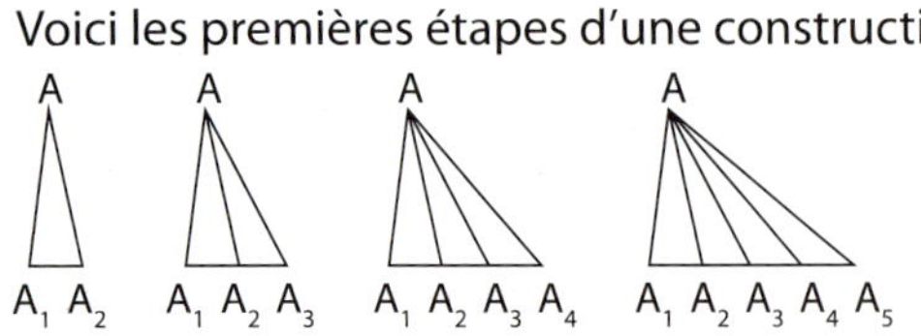

a) Pour tout entier $n \geqslant 2$, u_n est le nombre de triangles pour n points de base. Ainsi $u_2 = 1$ et $u_3 = 3$.
Déterminer les deux termes suivants.

b) Démontrer que pour tout entier naturel $n \geqslant 2$,

$$u_{n+1} = u_n + n.$$

c) Adapter à cette situation la fonction **U** écrite en langage Python de l'exercice 15.
La saisir et la tester pour $n = 100$.

d) Démontrer par récurrence que pour tout entier naturel $n \geqslant 2$,

$$u_n = \frac{1}{2}n^2 - \frac{1}{2}n.$$

Ensembles finis et k-uplets

Cours 1

Questions flash À l'oral

17 E $= \{1 ; 2 ; 3\}$ et F $= \{3 ; 4\}$.
Le nombre d'éléments de l'ensemble E $\cup$ F est égal à :
(1) 4 **(2)** 1 **(3)** 5

18 Au restaurant, Luc a le choix entre 4 entrées, 5 plats de résistance et 7 desserts. Luc a le choix entre :
(1) 16 repas **(2)** 140 repas **(3)** 63 repas

19 On s'intéresse aux défauts de freinage et d'éclairage de 500 véhicules d'un réseau d'entreprises. Parmi eux, 65 ont un défaut de freinage, 150 un défaut d'éclairage et 50 présentent les deux défauts.
a) Représenter cette situation par un diagramme de Venn.
b) Déterminer le nombre de véhicules ne présentant aucun des deux défauts.

20 Un centre sportif compte 80 adhérents, 55 pratiquent la course à pied, 33 la natation, et 16 ne pratiquent aucun de ces deux sports.
a) Représenter cette situation par un diagramme de Venn.
b) Déterminer le nombre de personnes pratiquant les deux sports à la fois.

21 E $= \{a ; b\}$ et F $= \{1 ; 2 ; 3\}$.
a) Déterminer le nombre d'éléments de E $\times$ F.
b) Déterminer ses éléments.

22 E $= \{0 ; 1 ; 2 ; 3\}$ et F $= \{0 ; 1 ; 2 ; 3 ; 4\}$.
Dans un repère du plan, on considère l'ensemble G des points de coordonnées $(x ; y)$ avec $x \in$ E et $y \in$ F.
a) Déterminer le nombre de points de l'ensemble G.
b) Représenter cet ensemble.

23 À la médiathèque de son village, Alix peut emprunter trois livres différents : un parmi 5 bandes dessinées, un parmi 3 romans policiers et un parmi 10 journaux.
Déterminer le nombre d'emprunts possibles qu'il peut effectuer.

24 Le plan ci-dessous représente les routes reliant quatre villes.
Déterminer le nombre de parcours permettant de relier la ville A à la ville D (sans retour en arrière).

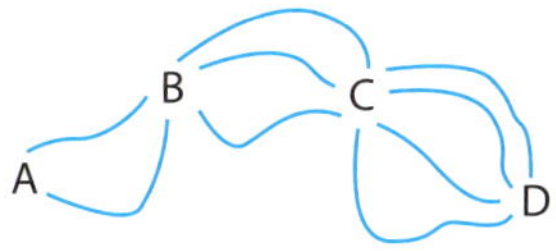

25 La plaque d'immatriculation d'une voiture comporte :

- deux lettres distinctes de O, I, U pour éviter les confusions avec 0, 1, V ;
- trois chiffres entre 0 et 9 ;
- puis encore deux lettres distinctes de O, I, U.

Déterminer le nombre de plaques d'immatriculation différentes possibles.

26 Dans chaque cas, déterminer le nombre de codes possibles selon les contraintes données.
Les lettres et les chiffres peuvent être répétés.
a) Un code se compose de 4 lettres.
b) Un code se compose de 4 lettres suivies de 3 chiffres.
c) Un code se compose de 4 lettres suivies de 3 chiffres et se termine par 0.

27 E est l'ensemble $\{a ; b ; c ; d ; e ; f ; g\}$.
a) Déterminer un 6-uplet d'éléments de E.
b) Déterminer le nombre d'éléments de E^6.

28 E est l'ensemble $\{$M ; A ; T ; H ; S$\}$.
a) Déterminer un triplet d'éléments de E.
b) Combien de triplets peut-on former ?

29 E est l'ensemble $\{$Fille ; Garçon$\}$.
a) Déterminer à l'aide d'un arbre l'ensemble des triplets d'éléments de E.
b) En tenant compte de l'ordre d'arrivée des naissances, déterminer le nombre de compositions différentes des familles à trois enfants.

30 En informatique, un octet est un 8-uplet d'éléments de E $= \{0 ; 1\}$.
a) Donner un exemple d'octet.
b) Combien y a-t-il d'octets possibles ?

31 Le code d'un cadenas comporte trois chiffres (distincts ou non) de 0 à 9.
Déterminer le nombre de codes différents possibles.

32 On colorie en rouge, vert ou bleu chaque case d'un quadrillage en comportant 30.
Déterminer le nombre de coloriages différents possibles.

33 Un professeur construit la liste des identifiants pour le réseau informatique d'une école composée de 700 élèves. Chaque identifiant est composé de deux lettres : les initiales de l'élève.
Est-il possible que chaque élève ait un identifiant différent ?

Raisonnement par récurrence

Cours 2

Questions flash À l'oral

34 Pour tout entier naturel n, $P(n)$ est la propriété : « $n^2 + 3$ est divisible par 3 ».
Pour chaque affirmation, dire si elle est vraie ou fausse.
a) $P(0)$ est vraie.
b) $P(1)$ est vraie.
c) Pour tout entier naturel n, $P(n)$ est vraie.

35 (u_n) est la suite définie par $u_0 = 1$ et pour tout entier naturel n, $u_{n+1} = 3u_n + 2$.
Pour tout entier naturel n, on note $P(n)$ la propriété : « $u_n = 2 \times 3^n - 1$ ».
On suppose que pour un nombre entier naturel k, la propriété $P(k)$ est vraie.
Laquelle de ces affirmations est exacte ?
(1) $P(k+1)$ est la propriété : « $u_{k+1} = 2 \times 3^k - 1$ ».
(2) $P(k+1)$ est vraie. **(3)** $P(k+1)$ est fausse.

36 (u_n) est la suite définie par $u_0 = 0$ et pour tout entier naturel n, $u_{n+1} = \sqrt{u_n + 2}$.
Pour tout entier naturel n, on note $P(n)$ la propriété : « $0 \leqslant u_n \leqslant 2$ ».
a) Vérifier que $P(0)$ est vraie.
b) On suppose la propriété vraie pour un nombre entier naturel k.
Démontrer qu'alors la propriété $P(k+1)$ est vraie.
c) Que peut-on conclure des questions précédentes ?

37 Pour tout entier naturel n, on note $P(n)$ la propriété : « $4^n + 1$ est un multiple de 3 ».
a) On suppose la propriété vraie pour un nombre entier naturel k.
Démontrer que la propriété $P(k+1)$ est vraie.
b) La propriété $P(0)$ est-elle vraie ?
c) Peut-on affirmer : « Pour tout entier naturel n, $4^n + 1$ est un multiple de 3 » ?

38 (u_n) est la suite définie par son premier terme u_0 et pour tout entier naturel n, $u_{n+1} = u_n + 6n$.
k désigne un nombre entier naturel.
a) Démontrer que si u_k est pair, alors u_{k+1} est pair.
b) Démontrer que si u_k est multiple de 3, alors u_{k+1} est multiple de 3.
c) À quelle condition les termes de la suite (u_n)
• sont-ils pairs ? • sont-ils des multiples de 3 ?

39 (u_n) est la suite définie par $u_0 = 120$ et pour tout entier naturel n, $u_{n+1} = 1{,}14\, u_n - 7$.
Démontrer par récurrence que pour tout entier naturel n,
$$u_n = 70 \times 1{,}14^n + 50.$$

40 (v_n) est la suite définie par $v_0 = -1$ et pour tout entier naturel n, $v_{n+1} = v_n + 2n + 2$.
Démontrer par récurrence que pour tout entier naturel n,
$$v_n = n^2 + n - 1.$$

Pour les exercices 41 à 45, démontrer la proposition par récurrence.

41 Pour tout entier naturel $n \geqslant 1$,
$$1 + 2 + 3 + \ldots + n = \frac{n(n+1)}{2}.$$

42 Pour tout entier naturel $n \geqslant 1$,
$$1^2 + 2^2 + 3^2 + \ldots + n^2 = \frac{n(n+1)(2n+1)}{6}.$$

43 Pour tout entier naturel $n \geqslant 1$,
$$1 + 3 + 5 + \ldots + (2n-1) = n^2.$$

44 Pour tout entier naturel $n \geqslant 1$,
$$1^2 + 3^2 + 5^2 + \ldots + (2n-1)^2 = \frac{1}{3}n(4n^2 - 1).$$

45 Pour tout entier naturel $n \geqslant 2$,
$$\left(1 - \frac{1}{2^2}\right) \times \left(1 - \frac{1}{3^2}\right) \times \ldots \times \left(1 - \frac{1}{n^2}\right) = \frac{n+1}{2n}.$$

46 **a)** Résoudre dans $\mathbb{N}$ l'inéquation $4n > 2(n+1)$.
b) Démontrer par récurrence que pour tout entier naturel $n \geqslant 3$, $2^n > 2n$.

47 (w_n) est la suite définie par $w_0 = 2$ et pour tout entier naturel n, $w_{n+1} = \sqrt{7w_n}$.
a) Démontrer par récurrence que pour tout entier naturel n, $0 \leqslant w_n \leqslant w_{n+1} \leqslant 7$.
b) En déduire le sens de variation de la suite (w_n).

Vidéo

JAICOMPRIS.COM Cet exercice est corrigé en vidéo

48 Voici les quatre premiers nombres triangulaires :

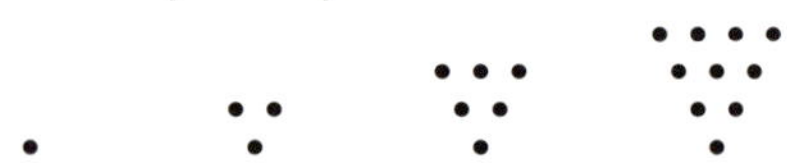

$T_1 = 1$ $T_2 = 3$ $T_3 = 6$ $T_4 = 10$

1. Représenter T_5 et T_6.
2. a) Pour tout entier naturel $n \geqslant 1$, exprimer T_{n+1} en fonction de T_n.
b) Conjecturer l'expression de $2T_n$, puis de T_n en fonction de n.
c) Valider cette conjecture par récurrence.

Pour les exercices 49 à 51, démontrer la propriété par récurrence

49 Pour tout entier naturel n, $4^n - 1$ est divisible par 3.

50 Pour tout entier naturel n, $4^n - 1 - 3n$ est divisible par 9.

51 Pour tout entier naturel n, $7 \times 3^{5n} + 4$ est divisible par 11.

52 (v_n) est la suite définie par $v_0 = 0{,}25$ et pour tout entier naturel n, $v_{n+1} = 5v_n - 1$.
Démontrer par récurrence que la suite (v_n) est constante.

53 Sur cette figure :
- $OA_0 = 1$;
- $A_0A_1 = A_1A_2 = \ldots = 2$;
- les triangles OA_0A_1, OA_1A_2, … sont rectangles.

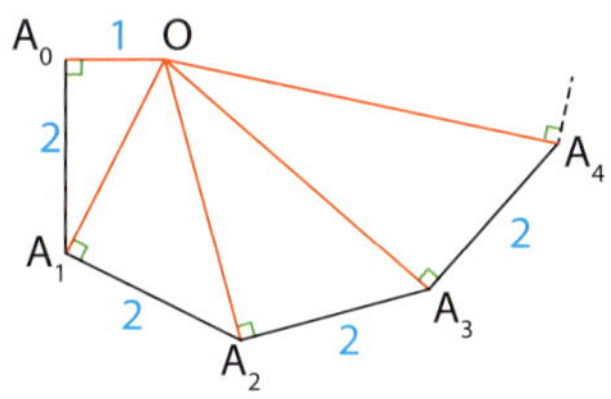

Démontrer par récurrence que pour tout entier naturel n, $OA_n = \sqrt{4n+1}$.

54 À la fin du mois de janvier 2019, 280 voitures ont été louées dans une société de location. On modélise le nombre de voitures louées chaque mois par une suite (u_n), où pour tout entier naturel n, u_n représente le nombre de voitures louées le n-ième mois après le mois de janvier 2019. On admet que cette modélisation conduit à l'égalité $u_{n+1} = 0{,}9u_n + 42$.

a) Démontrer par récurrence que pour tout entier naturel n, $u_n = -140 \times 0{,}9^n + 420$.

b) Déterminer le mois à partir duquel le nombre de voitures louées dépassera 400.

55 Algo python

(u_n) est la suite définie par $u_0 = 1$ et pour tout entier naturel n, $u_{n+1} = \dfrac{u_n}{\sqrt{u_n^2+1}}$.

Le programme suivant écrit en langage Python affiche les termes u_k et $\dfrac{1}{u_k^2}$ pour $k \in \{0\,;1\,;2\,;\ldots\,;n\}$.

a) Saisir et exécuter ce programme avec $n = 8$.

b) Conjecturer l'expression de $\dfrac{1}{u_n^2}$, puis de u_n en fonction de n.

```python
from math import *

n=int(input("n="))
u=1
print(0,u,1/u**2)
for i in range(1,n+1):
    u=u/sqrt(u**2+1)
    print(i,u,1/u**2)
```

c) Démontrer cette conjecture par récurrence.

56 (u_n) est la suite définie par $u_0 = 0$ et pour tout entier naturel n,
$$u_{n+1} = 4 + 5u_n.$$
Manon a réalisé la feuille de calcul ci-contre.

	A	B	C
1	n	u_n	u_n+1
2	0	0	1
3	1	4	5
4	2	24	25
5	3	124	125
6	4	624	625
7	5	3124	3125

a) Émettre une conjecture sur l'expression de u_n en fonction de n.

b) Démontrer cette conjecture par récurrence.

57 Algo python

Voici deux fonctions écrites en langage Python par des élèves.

Paul

```python
def U(n):
    u=7
    for i in range(1,n+1):
        u=10*u-18
    return u
```

Pauline

```python
def V(n):
    v=5*10**n+2
    return v
```

a) Décrire les suites (u_n) et (v_n) dont ces fonctions permettent de calculer les termes.

b) Les deux élèves remarquent que les valeurs affichées pour un même entier naturel n saisi sont identiques pour les deux programmes.
Émettre alors une conjecture et la démontrer.

58 Algo python

Le programme ci-dessous écrit en langage Python permet de comparer les premiers termes de deux suites (u_n) et (v_n) définies pour tout entier naturel $n \geqslant 1$.

```python
n=int(input("n="))
u=1/2
for i in range(1,n+1):
    u=(i+1)/(2*i)*u
    v=(i+1)/(2**(i+1))
    if u==v:
        print("Vrai")
    else:
        print("Faux")
```

a) Décrire les deux suites (u_n) et (v_n).

b) Saisir et exécuter ce programme pour $n = 15$.

c) Émettre alors une conjecture et la démontrer.

d) Comment expliquer les résultats obtenus pour $n = 30$?

Acquérir des automatismes

Parties d'un ensemble

Cours 3

Questions flash À l'oral

59 E est l'ensemble $\{a\,;b\,;c\,;d\}$.
Une partie de E est :
(1) l'ensemble $\{a\,;a\}$;
(2) le quadruplet $(a\,;b\,;c\,;d)$;
(3) l'ensemble $\{a\,;c\,;d\}$.

60 E est l'ensemble $\{0\,;1\,;2\,;3\,;4\}$.
Alice affirme : « E a 16 parties ».
A-t-elle raison ? Expliquer.

61 E est l'ensemble $\{0\,;1\}$.
a) Déterminer le nombre de parties de l'ensemble E.
b) Écrire toutes ces parties.

62 E est l'ensemble $\{a\,;b\,;c\,;d\}$.
a) Déterminer le nombre de parties de l'ensemble E.
b) Écrire toutes ces parties.

63 Dans un casino, à chaque manche d'un jeu, le gain peut être de -3 €, 1 € ou 5 €.
Un client joue entre 0 et 3 manches.
a) Déterminer le nombre de parties de l'ensemble $E=\{-3\,;1\,;5\}$.
b) Écrire ces parties.
c) En déduire les gains possibles du client.

64 Expliquer comment l'arbre ci-dessous permet de retrouver l'ensemble des parties de l'ensemble $E=\{a\,;b\,;c\}$.

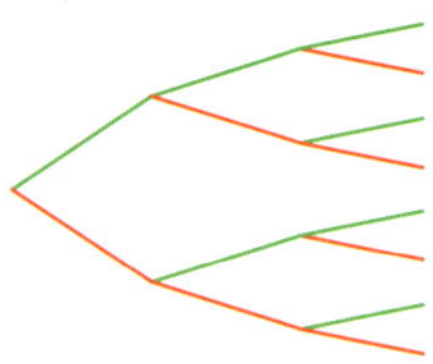

65 E est l'ensemble $\{0\,;1\,;2\,;3\}$.
Recopier et compléter par $\in$, $\notin$, $\subset$ ou $\not\subset$.

a) $0\ \ldots\ E$
b) $\{4\}\ \ldots\ E$
c) $\{0\}\ \ldots\ E$
d) $\{0\,;1\,;2\}\ \ldots\ E$
e) $4\ \ldots\ E$
f) $\{0\,;1\,;5\}\ \ldots\ E$

66 On considère les ensembles $E=\{1\,;2\}$ et $F=\{0\}$.
a) Déterminer l'ensemble $G=E\times F$.
b) Déterminer le nombre de parties de l'ensemble G.
c) Déterminer l'ensemble $H=F\times E$.

67 E est l'ensemble $\{u\,;v\,;w\,;x\,;y\,;z\}$.
a) Déterminer le nombre de parties de E.
b) On fait correspondre chaque partie de E à un 6-uplet de l'ensemble $\{0\,;1\}$.
À quel 6-uplet correspond la partie $\{u\,;w\,;z\}$?
c) À quelle partie de E correspond le 6-uplet $(1\,;1\,;1\,;1\,;1\,;0)$?

68 On donne $E=\{0\,;1\,;2\,;3\,;4\,;5\,;6\,;7\,;8\,;9\}$.
a) Déterminer le nombre de parties de E.
b) À quelle partie de E correspond le 10-uplet de l'ensemble $\{0\,;1\}$ suivant : $(0\,;1\,;0\,;1\,;0\,;1\,;0\,;1\,;0\,;1)$?

69 **Algo** python
E est un ensemble à n éléments avec $n\in\mathbb{N}$.
1. a) Déterminer le nombre de parties de E.
b) Justifier qu'ajouter un nouvel élément à l'ensemble E, distinct des autres, revient à multiplier le nombre de ses parties par 2.
2. Henri voudrait connaître le plus petit nombre N d'éléments d'un ensemble E afin qu'il ait au moins m parties, avec m entier naturel donné. Voici une fonction **Seuil** écrite en langage Python qui renvoie le nombre N cherché.

```
def Seuil(m):
    N=0
    nb_parties=1
    while nb_parties[ ]m:
        nb_parties=[          ]
        N=N+1
    return N
```

a) Saisir ce programme en complétant les cadres rouge et vert.
b) Exécuter cette fonction pour $m=10\,000$ puis pour $m=1\,000\,000$. Interpréter les résultats.

70 Le braille est un système d'écriture tactile à points saillants. On représente chaque caractère braille par une grille composée de 6 points (sur deux colonnes) saillants ou non. Sur les exemples ci-dessous, les points saillants sont noirs.
Une grille sans point saillant représente un espace et non pas un caractère.

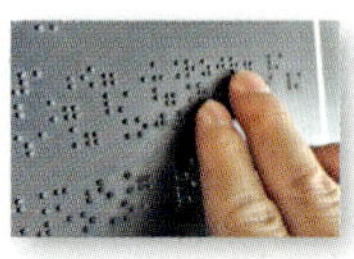

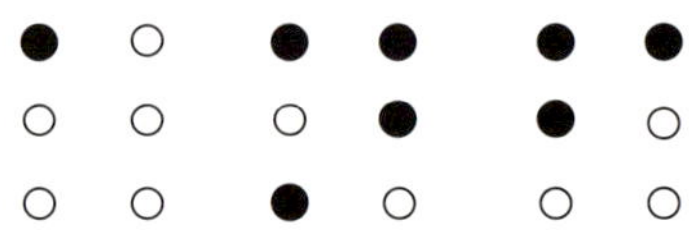

A N 6

Déterminer le nombre de caractères braille que l'on peut former.

71 Un enfant pioche dans un sac composé de 10 jetons de couleurs différentes.
Combien de poignées différentes, éventuellement vides, cet enfant peut-il extraire du sac ?

72 QCM **Dans chaque cas, donner la réponse exacte sans justifier.**

		A	B	C	D
1	$E = \{1 ; 2 ; 3\}$ et $F = \{3 ; 4\}$. Le nombre d'éléments de $E \cup F$ est …	1	4	5	6
2	$E = \{1 ; 2\}$ et $F = \{1 ; 2 ; 3\}$. Alors le nombre d'éléments de $E \times F$ est égal à …	5	6	1	2
3	Le nombre de parties de l'ensemble $E = \{R ; V ; B\}$ est égal à …	27	17 576	8	3
4	E est un ensemble à n éléments. Si $n \neq k$ alors le nombre d'éléments de E^k est égal à …	n^k	k^n	2^n	k
5	Pour tout entier naturel n, on note $P(n)$: « $10^n + 1$ est multiple de 9 ». Alors …	$P(0)$ est vraie	$P(1)$ est vraie	pour tout $n \in \mathbb{N}$, $P(n)$ est vraie	pour tout $k \in \mathbb{N}$, si $P(k)$ est vraie, alors $P(k+1)$ est vraie

73 QCM **Dans chaque cas, donner la (ou les) réponse(s) exacte(s) sans justifier.**

		A	B	C	D
1	Un quadruplet de l'ensemble $E = \{a ; b ; c ; d\}$ est …	$\{b ; a ; c ; d\}$	$(b ; a ; c ; d)$	$(a ; a ; a ; a)$	$(a ; b)$
2	Une partie de l'ensemble $E = \{1 ; 2 ; 3 ; 4 ; 5\}$ est …	$\varnothing$	$\{5\}$	$\{5 ; 4 ; 3\}$	$\{1 ; 6\}$
3	La propriété $P(0)$ est vraie lorsque pour $n \in \mathbb{N}$, $P(n)$ est …	« $2^n = n^2$ »	« 2^n est pair »	« 2^n est impair »	« $2^n \geqslant 2$ »
4	Pour $n \in \mathbb{N}$, la propriété $P(n)$ est héréditaire lorsque $P(n)$ est …	« $2^n = n^2$ »	« 2^n est pair »	« 2^n est impair »	« $2^n \geqslant 2$ »
5	Pour tout entier naturel $n \geqslant 1$, la propriété $P(n)$ est vraie lorsque $P(n)$ est …	« $2^n = n^2$ »	« 2^n est pair »	« 2^n est impair »	« $2^n \geqslant 2$ »

74 Vrai/Faux **Dans chaque cas, dire si l'affirmation est vraie ou fausse en justifiant.**

1 (u_n) est la suite définie par $u_0 = 0$ et pour tout entier naturel n, $u_{n+1} = 0{,}5u_n + 1$.
Affirmation : pour tout entier naturel n, $u_n \leqslant 2$.

2 E est l'ensemble des nombres à quatre chiffres pris dans l'ensemble $\{1 ; 2 ; 3 ; 4\}$.
Affirmation : le nombre d'éléments de E est 4 444.

3 E est un ensemble à n éléments, avec $n \in \mathbb{N}$, et F est l'ensemble $\{0 ; 1\}$.
Affirmation : le nombre de parties de E est égal au nombre d'éléments de F^n.

Vérifiez vos réponses : p. 529

75 Démontrer avec une récurrence forte

Pour démontrer qu'une propriété $\mathrm{P}(n)$ est vraie pour tout entier naturel $n \geqslant n_0$, on doit quelquefois utiliser **une récurrence forte** :

> **Initialisation :** on vérifie que $\mathrm{P}(n_0)$ est vraie.
> **Hérédité :** on suppose que $\mathrm{P}(n_0), \mathrm{P}(n_0+1), \ldots, \mathrm{P}(k)$ avec $k \geqslant n_0$ sont vraies.
> On démontre alors que $\mathrm{P}(k+1)$ est vraie.
> **Conclusion :** pour tout entier naturel n, $\mathrm{P}(n)$ est vraie.

(u_n) est la suite définie par $u_1 = 1$ et pour tout entier naturel $n \geqslant 1$,

$$u_{n+1} = \frac{1}{n}(u_1 + u_2 + \ldots + u_n).$$

On se propose de démontrer par récurrence forte que pour tout entier naturel $n \geqslant 1$, la propriété $\mathrm{P}(n)$: « $u_n = 1$ » est vraie.

Rédiger la démonstration en suivant le guide ci-dessous.

(1) Initialisation : $u_1 = \ldots$ donc …

(2) Hérédité : on … que pour un entier naturel $k \geqslant 1$, $\mathrm{P}(1), \mathrm{P}(2), \ldots, \mathrm{P}(k)$ sont vraies, c'est-à-dire que $u_1 = \ldots, u_2 = \ldots, \ldots, u_k = \ldots$.

On se propose de … que $\mathrm{P}(\ldots)$ est vraie c'est-à-dire que … = … .

$$u_{k+1} = \frac{1}{k}(\ldots + \ldots + \ldots + \ldots) = \frac{1}{k} \times \ldots = \ldots.$$

(3) Conclusion : rédiger une phrase de conclusion.

Conseil
Penser à utiliser les hypothèses de récurrence ; ici, elles permettent de remplacer $u_1, \ldots, u_k$ par leurs valeurs dans l'expression de u_{k+1}.

76 Démontrer avec une récurrence double

Pour démontrer qu'une propriété $\mathrm{P}(n)$ est vraie pour tout entier naturel $n \geqslant n_0$, on doit quelquefois utiliser une récurrence double :

> **Initialisation :** on vérifie que $\mathrm{P}(n_0)$ et $\mathrm{P}(n_0+1)$ sont vraies.
> **Hérédité :** on suppose que pour un entier naturel $k \geqslant n_0$, $\mathrm{P}(k)$ et $\mathrm{P}(k+1)$ sont vraies.
> On démontre alors que $\mathrm{P}(k+2)$ est vraie.
> **Conclusion :** pour tout entier naturel $n \geqslant n_0$, $\mathrm{P}(n)$ est vraie.

(u_n) est la suite définie par $u_0 = 1$, $u_1 = -5$ et pour tout entier naturel n,

$$u_{n+2} = 5u_{n+1} - 6u_n.$$

On se propose de démontrer par récurrence double que pour tout entier naturel n, la propriété $\mathrm{P}(n)$: « $u_n = 4 \times 2^{n+1} - 7 \times 3^n$ » est vraie.

a) Vérifier que $\mathrm{P}(0)$ et $\mathrm{P}(1)$ sont vraies.

b) Supposer que pour un entier naturel k, $\mathrm{P}(k)$ et $\mathrm{P}(k+1)$ sont vraies, et démontrer qu'alors $\mathrm{P}(k+2)$ est vraie.

c) Conclure.

Conseil
Ici, il y a deux hypothèses de récurrence ; elles permettent de remplacer u_k et u_{k+1} par leurs expressions dans l'expression de u_{k+2}.

77 Démontrer de deux façons

1. Démontrer par récurrence que pour tout entier naturel n, $2^n \geqslant n+1$.

2. E est un ensemble à n éléments.

a) Justifier que l'ensemble E possède au moins $n+1$ parties.

b) Déterminer le nombre de parties de l'ensemble E.

c) En déduire la propriété établie à la question **1**.

Manipuler et dénombrer des ensembles

78 **PARCOURS DIFFÉRENCIÉS**

Parcours 1

Un code secret est composé de 6 chiffres, distincts ou non, compris entre 0 et 9.
Déterminer le nombre de codes possibles.

Parcours 2

Un mot est composé de 6 lettres, distinctes ou non, de l'alphabet.
a) Justifier qu'un de ces mots est un élément de E^6 où E est l'ensemble des lettres de l'alphabet.
b) Déterminer le nombre d'éléments de E^6.
c) En déduire le nombre de mots possibles.

79 **a)** Démontrer que si A, B et C sont trois parties d'un ensemble fini E, $\text{Card}(A \cup B \cup C)$ est égal à :
$$\text{Card}(A) + \text{Card}(B) + \text{Card}(C) - \text{Card}(A \cap B) - \text{Card}(A \cap C) - \text{Card}(B \cap C) + \text{Card}(A \cap B \cap C).$$
b) On note M la spécialité de Mathématiques, SP celle de Sciences Physiques et SVT celle de Sciences et Vie de la Terre.
Les 36 élèves d'une classe de Seconde choisissent leurs spécialités de Première : 13 ont choisi M, 10 SP et 7 SVT. De plus, 6 ont choisi M et SP, 2 M et SVT, et 3 SP et SVT. Enfin, 2 ont pris ces 3 spécialités.
Combien d'élèves n'ont pris aucune de ces trois spécialités ?

80 $A = \{1\,;2\,;4\}$, $B = \{3\,;4\}$, $C = \{0\,;1\,;4\}$, $D = \{0\,;3\}$.
a) Déterminer $A \times B$, $C \times D$, puis $(A \times B) \cap (C \times D)$.
b) Déterminer $A \cap C$, $B \cap D$, puis $(A \cap C) \times (B \cap D)$.
c) Quel résultat peut-on conjecturer ?
d) On admet que cette conjecture est vraie.
Déterminer $(A \times B) \cap (C \times D)$ pour :
$A = \{2\,;3\,;\,...\,;10\}$, $B = \{11\,;12\,;\,...\,;100\}$, $C = \{0\,;1\,;2\}$ et $D = \{3\,;4\,;\,...\,;11\}$.

81 On considère des grilles carrées de mots croisés de 16 cases noires ou blanches. On suppose que les grilles comportant 16 cases noires ou aucune case noire sont également des grilles de mots croisés.
Déterminer le nombre de ces grilles de mots croisés possibles.

82 En informatique, un caractère peut être une lettre minuscule ou majuscule, un chiffre, un espace, des guillemets ... La norme ASCII est un système de codage associant chaque caractère à un 7-uplet d'éléments de l'ensemble $\{0\,;1\}$.
a) Le nombre de caractères utilisés par les anglophones est égal à 95. Ce codage est-il adapté ?
b) Les langues latines nécessitent 191 caractères.
Déterminer la valeur minimum de k telle que chaque caractère puisse être associé à un k-uplet d'éléments de l'ensemble $\{0\,;1\}$. Un de ces k-uplets est appelé un octet et la norme de codage est appelée Latin-1.

83 Raymond Queneau a intitulé un de ses ouvrages *Cent mille milliards de poèmes*. Celui-ci est composé de 14 pages comprenant chacune 10 vers.

Pour composer un poème, il suggère de choisir un vers dans chaque page : le vers choisi à la page 1 est le premier vers du poème, le vers choisi à la page 2 est le deuxième vers du poème, et ainsi de suite.
L'intitulé du livre est-il exact ?

84 Le morse est un système de codage utilisant deux signaux, le point • et le trait –.
Par exemple, – – • – – • • • • signifie MATH.
On dit que cette séquence est de longueur 9.
1. a) Déterminer le nombre de séquences de longueur n, avec n nombre entier naturel non nul.
b) Déterminer la valeur minimum de n de façon à pouvoir coder les vingt-six lettres de l'alphabet par des séquences de longueur n.
c) Pour cette valeur de n, combien y a-t-il de séquences inutilisées ?
2. On se propose donc d'optimiser le choix des séquences.
a) Démontrer que le nombre de séquences de longueur au plus n est égal à $2^{n+1} - 2$.
b) En déduire la valeur minimum de n de façon à pouvoir coder les vingt-six lettres de l'alphabet par des séquences de longueur au plus n.
c) Afin d'optimiser la taille des messages, on ne conserve que les plus courtes séquences. Déterminer le nombre de séquences de longueur 4 inutilisées.
3. Les dix chiffres sont codés par des séquences de longueur 5. Par exemple, – – – – – signifie 0.
a) Déterminer le nombre de séquences inutilisées.
b) Proposer un codage pour chacun des 10 chiffres.

Démontrer par récurrence

85 **PARCOURS DIFFÉRENCIÉS**

Parcours 1

(u_n) est la suite définie par $u_1 = 2$ et pour tout entier naturel $n \geqslant 1$, $u_{n+1} = u_n - \dfrac{1}{n^2 + n}$.

Démontrer que pour tout entier naturel $n \geqslant 1$,

$$u_n = \frac{n+1}{n}.$$

Parcours 2

(u_n) est la suite définie par $u_0 = 0$ et pour tout entier naturel n, $u_{n+1} = \sqrt{0{,}5u_n^2 + 8}$.

Pour tout entier naturel n, on note $\mathrm{P}(n)$ la propriété : « $0 \leqslant u_n \leqslant 8$ ».

a) Vérifier que la propriété $\mathrm{P}(0)$ est vraie.

b) On suppose que pour un entier naturel k, la propriété $\mathrm{P}(k)$ est vraie.
Démontrer qu'alors la propriété $\mathrm{P}(k+1)$ est vraie.

c) Que peut-on conclure des questions précédentes ?

86 n est un nombre entier naturel. On considère n droites du plan sécantes deux à deux et trois quelconques d'entre elles ne sont pas concourantes.

a) Déterminer le nombre de points d'intersection entre ces droites lorsque : • $n = 2$, • $n = 3$, • $n = 4$.

b) On note u_n le nombre de points d'intersection entre n telles droites.
Justifier que pour tout entier naturel $n \geqslant 1$, $u_{n+1} = u_n + n$.

c) Démontrer par récurrence que pour tout entier naturel $n \geqslant 1$, $u_n = \dfrac{n(n-1)}{2}$.

87 Pour tout entier naturel $n \geqslant 1$, u_n est le nombre de carrés nécessaires à la construction d'une pyramide comme ci-contre à n étages. Ainsi, $u_1 = 1$.

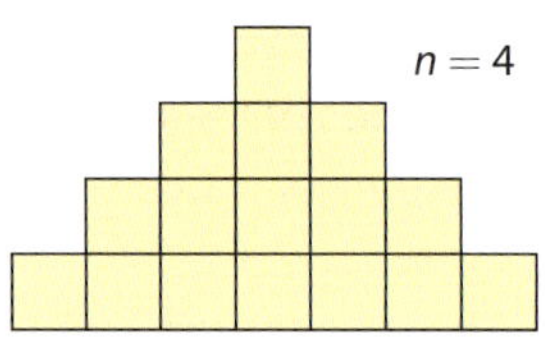

$n = 4$

1. a) Déterminer u_2, puis u_3.

b) Justifier que les nombres de carrés à la base de la pyramide sont les termes d'une suite arithmétique.

c) En déduire que pour tout entier naturel $n \geqslant 1$,

$$u_{n+1} = u_n + 2n + 1.$$

d) Démontrer par récurrence que pour tout entier naturel $n \geqslant 1$, $u_n = n^2$.

2. Retrouver ce résultat à l'aide de la somme des termes d'une suite arithmétique.

88 Pour tout entier naturel $n \geqslant 3$, d_n est le nombre de diagonales d'un polygone convexe à n sommets.

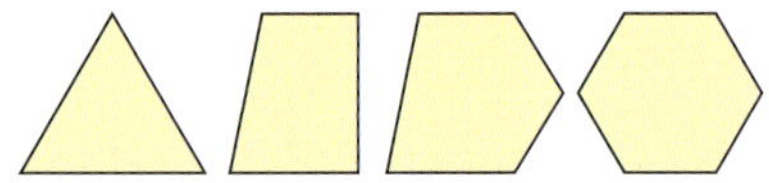

1. a) Pour chaque polygone convexe ci-dessus, déterminer son nombre de diagonales, puis compléter ce tableau.

n	3	4	5	6
d_n	0			

b) Dans un repère, quelle est l'allure du nuage de points représentant la suite (d_n) ?

c) On admet alors qu'il existe deux réels a et b tels que $d_n = an^2 + bn$. Déterminer a et b.

2. a) Combien de nouvelles diagonales sont créées lors de l'ajout d'un sommet au polygone convexe ?

b) En déduire, pour tout entier naturel $n \geqslant 3$, l'expression de d_{n+1} en fonction de d_n.

c) Retrouver alors le résultat obtenu à la question **1. c)** par récurrence.

89 Pour tout entier naturel $n \geqslant 3$, s_n est la somme des mesures des angles, en degré, d'un polygone convexe à n sommets.

a) En reprenant les figures de l'exercice précédent, compléter un tel tableau.

n	3	4	5	6
s_n	180			

b) Émettre une conjecture sur l'expression de s_n en fonction de n.

c) Démontrer cette conjecture par récurrence.

90 (s_n) est la suite définie par $s_0 = 0$ et pour tout entier naturel n,

$$s_{n+1} = s_n + \frac{1}{4(n+1)^2 - 1}.$$

On se propose de déterminer une expression explicite de s_n en fonction de n.

a) Déterminer s_1, s_2, s_3, s_4 sous forme de fractions irréductibles.

b) Émettre une conjecture pour une expression de s_n en fonction de n.
Vérifier si cette expression est cohérente avec les valeurs obtenues au **a)**.
Tester cette expression en déterminant s_5.

c) Démontrer cette conjecture par récurrence.

91 **a)** Démontrer par récurrence que pour tout entier naturel $n \geqslant 1$,

$$\frac{1}{1\times 2}+\frac{1}{2\times 3}+\ldots+\frac{1}{n\times(n+1)}=\frac{n}{n+1}.$$

b) Pour tout entier naturel $k \geqslant 1$, simplifier la différence $\frac{1}{k}-\frac{1}{k+1}$. Retrouver alors le résultat précédent.

Vidéo

JAICOMPRIS.COM — Cet exercice est corrigé en vidéo

92 Un roi distribue des pièces d'or à ses ministres : au premier ministre, il donne cinq pièces ; au second ministre, il donne le double du premier moins deux pièces ; au troisième ministre, il donne le double du second moins trois pièces ; et ainsi de suite …

Pour tout entier naturel $n \geqslant 1$, on note a_n le nombre de pièces d'or distribuées au n-ième ministre.

a) Pour tout entier naturel $n \geqslant 1$, exprimer a_{n+1} en fonction de a_n.

b) Démontrer par récurrence que, pour tout entier naturel $n \geqslant 1$, $a_n = 2^n + n + 2$.

c) Combien de pièces d'or recevra le 10e ministre ?

93 **Algo** python

(u_n) est la suite définie par $u_0 = -1$, $u_1 = 1$ et pour tout entier naturel n, $u_{n+2} = u_{n+1} - \frac{u_n}{4}$.

1. Voici un programme écrit en langage Python qui calcule et affiche les n premiers termes de la suite (u_n).

```
n=int(input("n="))
uprecedent=-1
u=1
print(uprecedent)
print(u)
for i in range(2,n):
    temp=□
    u=□
    uprecedent=temp
    print(u)
```

a) Indiquer ce qui est caché sous chacun des deux cadres colorés.

b) Modifier le programme afin qu'il affiche également les n premiers termes de la suite définie sur $\mathbb{N}$ par :

$$v_n = 2^n \times u_n.$$

c) Le saisir et le tester pour $n = 10$.

Quelle conjecture peut-on émettre pour la suite (v_n) ?

d) Selon cette conjecture, exprimer v_n puis u_n en fonction de n.

2. Démontrer ce résultat par récurrence double (voir exercice **76**).

94 (u_n) est la suite définie pour tout entier naturel n par $u_n = \frac{n(n^2+5)}{6}$.

Démontrer par récurrence que pour tout entier naturel n, u_n est un entier naturel.

95 (u_n) est la suite définie par $u_0 = 0$, $u_1 = 1$ et pour tout entier naturel n, $u_{n+2} = 4u_{n+1} - 3u_n$.

a) Calculer u_2 et u_3.

b) Démontrer par récurrence double (voir exercice **76**) que pour tout entier naturel n, $u_n = \frac{3^n - 1}{2}$.

96 (F_n) est la suite de Fibonacci définie par $F_0 = 1$, $F_1 = 1$ et pour tout entier naturel n, $F_{n+2} = F_{n+1} + F_n$.

a) Calculer F_2 et F_3.

b) Démontrer par récurrence double que pour tout entier naturel n, $F_n \leqslant \left(\frac{5}{3}\right)^n$.

c) Démontrer par récurrence que pour tout entier naturel n,

$$F_0^2 + F_1^2 + \ldots + F_n^2 = F_n \times F_{n+1}.$$

97 (u_n) est la suite définie par $u_0 = 1$ et pour tout entier naturel n, $u_{n+1} = u_0 + u_1 + \ldots + u_n$.

Démontrer par récurrence forte (voir exercice **75**) que pour tout entier naturel n, $u_n \leqslant 2^n$.

S'entraîner à la logique

→ p. 525

98 **Utiliser un contre-exemple**

Chaque affirmation suivante est fausse. Le justifier à l'aide d'un contre-exemple.

E et F sont deux ensembles et on note $\mathcal{P}(E)$ l'ensemble des parties de E.

a) L'ensemble $\mathcal{P}(E \cup F)$ est inclus dans l'ensemble $\mathcal{P}(E) \cup \mathcal{P}(F)$.

b) Si E possède deux fois plus d'éléments que F, alors $\mathcal{P}(E)$ possède deux fois plus d'éléments que $\mathcal{P}(F)$.

99 **Négation**

Pour chacune des affirmations ci-dessous, écrire sa négation, puis dire si celle-ci est vraie ou fausse.

a) Pour tout entier naturel n, la propriété P(n) : « $n^2 - 2$ est positif » est vraie.

b) Il existe un entier naturel n tel que la propriété P(n) : « $n^3 - n$ est un multiple de 3 » est fausse.

100 GÉNÉRATION DE L'ENSEMBLE DES PARTIES D'UN ENSEMBLE À 2 ÉLÉMENTS OU PLUS

Algo python

1. Passage au binaire

a) E est l'ensemble $\{a\,;b\,;c\,;d\,;e\}$.

L'écriture du nombre décimal 14 en binaire sur 5 chiffres est 01110 car $14 = 0 \times 2^4 + 1 \times 2^3 + 1 \times 2^2 + 1 \times 2^1 + 0 \times 2^0$.

On associe ce code binaire au 5-uplet $(0\,;1\,;1\,;1\,;0)$ et donc à la partie $\{b\,;c\,;d\}$ de l'ensemble E.

Recopier et compléter le tableau ci-contre.

Entier	Entier en binaire	n-uplet associé	Partie associée
14	01110	$(0\,;1\,;1\,;1\,;0)$	$\{b\,;c\,;d\}$
25			
	01101		
			$\varnothing$
$2^5 - 1$			

b) Déterminer les nombres à convertir en binaire afin de leur associer l'ensemble des parties de E.

2. Codage en Python

a) La commande **bin(i)[2:].zfill(n)** retourne la conversion du nombre entier naturel i en binaire sur n chiffres sous forme d'une chaîne de caractères.

Vérifier les valeurs trouvées dans le tableau précédent.

```
>>> bin(14)[2:].zfill(5)
'01110'
```

b) Voici une fonction **Parties** qui a pour paramètre le nombre n d'éléments de E et qui retourne la liste des codes binaires associés aux parties de E en chaînes de caractères.

Que doit-on saisir dans les cadres colorés ?

```
def Parties(n):
    P=[]
    for i in range([    ]):
        code=[    ]
        P.append(code)
    return P
```

c) La saisir et l'exécuter pour $n = 5$.

d) Il ne reste plus qu'à associer à chaque code sa partie.

Voici une fonction **Traduction** qui a pour paramètres un code binaire sous forme de chaîne de caractères et un ensemble E sous forme d'une liste et qui retourne la partie de E associée au code binaire.

Que doit-on saisir dans les cadres colorés ?

```
def Traduction(code,E):
    partie=[]
    l=len(code)
    for i in range([ ]):
        if code[i]==[   ]:
            partie.append(E[i])
    return partie
```

e) Modifier la fonction **Parties** afin qu'elle ait pour paramètre l'ensemble E sous forme d'une liste et retourne la liste des parties de E.

f) Exécuter alors la fonction **Parties** pour E = [0, 1], puis E = [0, 1, 2].

3. Application : algorithme glouton

Alice a cinq livres de poids différents : 200 g, 250 g, 600 g, 1 250 g et 1 650 g.

Le poids des livres de son sac doit être de 2 100 g.

On considère alors l'ensemble $E = \{200\,;250\,;600\,;1\,250\,;1\,650\}$ à 5 éléments.

a) Afficher l'ensemble des parties de E.

b) Calculer le poids des livres correspondant à la partie $\{200\,;600\,;1\,250\}$.

c) Compléter la fonction **Poids** ci-contre qui a pour paramètre une partie de E sous forme de liste et retourne le poids des livres correspondant.

Par exemple, **Poids**([**200,600,1250**]) retourne 2 050.

```
def Poids(partie):
    somme=0
    for poids in partie:
        somme=somme+[    ]
    return somme
```

d) Modifier la fonction **Parties** afin qu'elle retourne la liste de tous les poids possibles à partir des 5 livres.

e) Tester la commande **Parties**([**200,250,600,1250,1650**]) et repérer le rang des poids égaux à 2 100 g. En déduire les parties de E correspondantes à l'aide du tableau de la question **1.**.

f) Quels livres Alice peut-elle mettre dans son sac ?

Ce type d'algorithme est appelé « algorithme glouton » car le but n'est pas de rechercher la solution de manière méthodique, mais plutôt de construire tous les cas possibles, puis de repérer une solution au problème.

101 ÉTUDE DE DEUX SUITES LIÉES

Algo python

(u_n) et (v_n) sont deux suites définies par $u_0 = 2$, $v_0 = 1$ et pour tout entier naturel n,

$$u_{n+1} = \frac{u_n + v_n}{2} \text{ et } v_{n+1} = \frac{u_{n+1} + v_n}{2}.$$

1. Premiers calculs à la « main »

a) Calculer u_1, puis v_1.

b) Calculer $u_1 + 2v_1$, puis $u_1 - v_1$.

c) Recopier et compléter le tableau suivant.

n	0	1	2	3	4
u_n					
v_n					
$u_n + 2v_n$					
$u_n - v_n$					

2. Première conjecture sur les termes $u_n + 2v_n$

(t_n) est la suite définie sur $\mathbb{N}$ par $t_n = u_n + 2v_n$.

Voici un programme écrit en langage Python qui calcule et qui affiche les n premiers termes de la suite (t_n).

```
n=int(input("n="))
u=2
v=1
for i in range(1,n+1):
    t=
    print(t)
    u=
    v=
```

a) Compléter les trois cadres colorés.

b) Saisir ce programme et l'exécuter pour $n = 10$.

c) Quelle conjecture peut-on émettre pour la suite (t_n) ?

d) Démontrer cette conjecture par récurrence.

3. Deuxième conjecture sur les termes $u_n - v_n$

(w_n) est la suite définie sur $\mathbb{N}$ par $w_n = u_n - v_n$.

a) Modifier le programme afin qu'il affiche les n premiers termes de la suite (w_n).

b) Le saisir et l'exécuter pour $n = 10$.

c) Quelle conjecture peut-on émettre pour la suite (w_n) ?

d) Démontrer cette conjecture par récurrence.

4. Expressions de u_n et v_n en fonction de n

a) Résoudre dans $\mathbb{R}^2$ le système :

$$\begin{cases} a + 2b = 4 \\ a - b = \left(\frac{1}{4}\right)^n \end{cases} \quad (n \text{ entier naturel donné}).$$

b) En déduire, pour tout entier naturel n, les expressions de u_n et v_n en fonction de n.

102 Déterminer un minimum

Problème ouvert

Représenter **Raisonner**

Combien d'éléments peut contenir un ensemble E possédant au moins 1 000 parties et tel qu'il y ait moins de 250 000 cinq-uplets d'éléments de E ?

103 Use the golden number

Représenter **Calculer** **Communiquer**

The golden number is the irrational real number defined as $\varphi = \dfrac{1+\sqrt{5}}{2}$.

(b_n) is the sequence defined by $b_1 = \dfrac{1}{\varphi}$ and for any integer n, $b_{n+1} = b_n \times \varphi$.

a) Compute the first seven terms of the sequence (b_n) and give the answers in the form $\alpha + \beta\sqrt{5}$ where α and β are rational numbers.

b) Check, using the exact values, that for any integer n lower than 5, $b_n + b_{n+1} = b_{n+2}$.

Deduce the probable values of b_8, b_9 and b_{10}.

c) Check that $\dfrac{1}{\varphi} + 1 = \varphi$ and deduce that for any positive integer n, $\varphi^n + \varphi^{n+1} = \varphi^{n+2}$.

d) In a table, compare the approximate values of the sums $b_1 + b_2$, $b_1 + b_2 + b_3$, $b_1 + b_2 + b_3 + b_4$ with the values of φ^2, φ^3, φ^4.

Deduce from the previous question a possible formula for $b_1 + b_2 + \ldots + b_n$. Prove the formula.

104 Prendre des initiatives

Chercher **Raisonner**

(u_n) est la suite définie par $u_0 = 2$ et pour tout entier naturel n, $u_{n+1} = 2u_n + 2n^2 - n$.

(v_n) est la suite définie pour tout entier naturel n par :

$$v_n = u_n + 2n^2 + 3n + 8.$$

Déterminer une expression de (v_n), puis de (u_n) en fonction de n.

105 Comparer par récurrence

Narration de recherche

Raisonner **Communiquer**

Rédiger les différentes étapes de la recherche, sans omettre les fausses pistes et les changements de méthode.

Problème

Démontrer que pour tout entier naturel $n \geqslant 4$, le nombre de parties d'un ensemble E à n éléments est supérieur ou égal au nombre d'éléments de E^2.

106 Imaginer une stratégie

Chercher **Représenter**

n désigne un nombre entier naturel non nul.

Dans une grille carrée de n^2 carrés, on considère les rectangles dont les côtés sont portés par les lignes du quadrillage comme sur la figure ci-dessous.

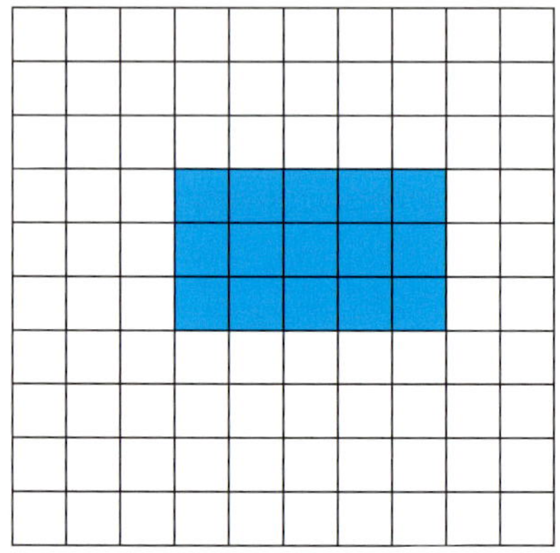

a) Démontrer que le nombre de tels rectangles est égal à $\left(\dfrac{1}{2}(n+1)n\right)^2$.

b) Comparer ce nombre à $1^3 + 2^3 + 3^3 + \ldots + n^3$.

107 Étudier un produit

Tice

Chercher **Représenter**

(u_n) est la suite définie par $u_1 = \dfrac{1}{2}$ et pour tout entier naturel n, $u_{n+1} = \dfrac{1}{2 - u_n}$. Pour tout entier naturel $n \geqslant 1$, on se propose de déterminer l'expression du produit :

$$P_n = \prod_{k=1}^{n} u_k = u_1 \times \ldots \times u_n$$

Partie A : exploration du problème

a) À l'aide du tableur, calculer les premiers termes des suites (u_n) et (P_n) et représenter les nuages de points associés.

Expliquer pourquoi les allures obtenues incitent à travailler sur les écritures fractionnaires de u_n et P_n.

b) Écrire un programme Python qui affiche les premiers termes des suites (u_n) et (P_n).

c) Émettre deux conjectures, l'une sur l'expression de u_n et l'autre sur l'expression de P_n en fonction de n.

Partie B : traitement mathématique

1. Démontrer par récurrence l'expression conjecturée pour u_n.

2. a) Exprimer P_{n+1} en fonction de P_n et de u_{n+1}.

b) Démontrer par récurrence l'expression conjecturée pour P_n.

108 **Raisonner par récurrence avec des suites** Algo 30 min

D'après Bac, Antilles-Guyane 2019

Les **parties A** *et* **B** *de cet exercice sont indépendantes.*

Partie A

Indiquer si l'affirmation suivante est vraie ou fausse, en justifiant la réponse.
(V_n) est la suite définie par $V_0 = 0$ et pour tout entier naturel n,

$$V_{n+1} = \frac{1}{3}\sqrt{V_n^2 + 8}.$$

Affirmation : pour tout entier naturel n,

$$V_n = 1 - \frac{1}{9^n}.$$

> **Guide de résolution**
> Pour $n \in \mathbb{N}$, on note $P(n)$ la propriété :
> « $V_n = 1 - \frac{1}{9^n}$ ».
> $P(n)$ est-elle vraie pour $n = 0$? $n = 1$?

Partie B

On considère la suite (U_n) définie par $U_0 = \frac{1}{2}$ et pour tout entier naturel n,

$$U_{n+1} = \frac{2U_n}{1 + U_n}.$$

1. Calculer U_1 que l'on écrira sous la forme d'une fraction irréductible.

2. Démontrer par récurrence que pour tout entier naturel n,

$$U_n = \frac{2^n}{1 + 2^n}.$$

> **Guide de résolution**
> **2.** Rédiger chacune des étapes de la démonstration par récurrence : Initialisation, Hérédité et Conclusion.

3. On considère les trois algorithmes suivants dans lesquels les variables n, p et u sont du type nombre.
Pour un seul de ces trois algorithmes, la variable u ne contient pas le terme U_n en fin d'exécution.
Déterminer lequel en justifiant votre choix.

Algorithme 1 : au début, on affecte la valeur $\frac{1}{2}$ à la variable u et la valeur 0 à la variable i. On donne une valeur à n.

```
Tant que i < n
    u ← 2u/(u + 1)
    i ← i + 1
Fin Tant que
```

Algorithme 2 : au début, on affecte la valeur $\frac{1}{2}$ à la variable u.
On donne une valeur à n.

```
Pour i allant de 0 à n
    u ← 2u/(u + 1)
Fin Pour
```

Algorithme 3 : on donne une valeur à n.

```
p ← 2^n
u ← p/(p + 1)
```

> **Guide de résolution**
> **3.** On peut par exemple tester chaque algorithme pour une valeur de n fixée.

109 Raisonner par récurrence en probabilités

30 min

D'après Bac, Liban 2003

Une urne contient quatre boules noires et deux boules blanches.
Soit n un entier naturel supérieur ou égal à 2. On répète n fois l'épreuve qui consiste à tirer au hasard une boule puis la remettre dans l'urne ; on suppose que toutes les boules ont la même probabilité d'être tirées et que les tirages sont indépendants.
On note p_n la probabilité de tirer exactement une boule blanche lors des $n-1$ premiers tirages et une boule blanche lors du n-ième tirage.

1. Calculer les probabilités p_2, p_3 et p_4.

2. On considère les événements suivants :
B_n : « On tire une boule blanche lors du n-ième tirage »,
U_n : « On tire une boule blanche et une seule lors des $n-1$ premiers tirages ».

a) Calculer la probabilité de l'événement B_n.

b) Démontrer que la probabilité de l'événement U_n est égale à :

$$(n-1)\times\frac{1}{3}\times\left(\frac{2}{3}\right)^{n-2}.$$

c) En déduire l'expression de p_n en fonction de n et vérifier l'égalité :

$$p_n=\frac{n-1}{4}\times\left(\frac{2}{3}\right)^{n}.$$

3. Pour tout entier naturel $n \geqslant 2$, on pose $S_n = p_2 + p_3 + \ldots + p_n$.
Démontrer par récurrence que pour tout entier naturel $n \geqslant 2$,

$$S_n = 1-\left(\frac{n}{2}+1\right)\times\left(\frac{2}{3}\right)^{n}.$$

> **Guide de résolution**
> **1.** Réaliser un arbre pondéré.

> **Guide de résolution**
> **2. b)** Sur $n-1$ épreuves, on peut obtenir une boule blanche à la première, ou à la deuxième, ou …, ou à la $(n-1)$-ième épreuve.

> **Guide de résolution**
> **3.** Attention, l'initialisation se fait pour $n = 2$.

110 Étudier une suite définie par récurrence — Algo

30 min

D'après Bac, Polynésie 2012

Partie A

On considère l'algorithme ci-contre.
Au début, on affecte la valeur 0 à la variable U et on donne une valeur à N. En fin d'exécution, l'algorithme renvoie la valeur de U.
Que renvoie l'algorithme pour N = 3 ?

```
Pour k allant de 0 à N − 1
 | U ← 3U − 2k + 3
Fin Pour
```

Partie B

(u_n) est la suite définie par $u_0 = 0$ et pour tout entier naturel n,

$$u_{n+1} = 3u_n - 2n + 3.$$

1. Calculer u_1 et u_2.

2. Démontrer par récurrence que pour tout entier naturel n, $u_n \geqslant n$.

3. Démontrer par récurrence que pour tout entier naturel n, $u_n = 3^n + n - 1$.

4. p est un nombre entier naturel non nul.
On suppose qu'il existe au moins un entier n_0 tel que pour tout entier naturel $n \geqslant n_0$,

$$u_n \geqslant 10^p.$$

a) Justifier que $n_0 \leqslant 3p$.

b) Déterminer à l'aide de la calculatrice cet entier n_0 pour la valeur $p = 3$.

c) Proposer un algorithme qui, pour une valeur de p donnée, renvoie la valeur du plus petit entier n_0 tel que pour tout $n \geqslant n_0$, on ait $u_n \geqslant 10^p$.

> **Guide de résolution**
> **4. a)** Démontrer que $u_{3p} \geqslant 27^p$, puis conclure.

111 Étudier deux suites imbriquées Algo

30 min

D'après Bac, Asie 2012

1. On considère l'algorithme ci-contre.
Les variables a, b et N ont des valeurs données. Au début, on affecte la valeur 0 à la variable n.
Reproduire et compléter le tableau suivant, en faisant fonctionner cet algorithme pour $a = 4$, $b = 9$ et $N = 2$. Les valeurs successives de u et v seront arrondies au millième.

n	u	v	a	b
0	╳	╳	4	9
1				
2				

```
Tant que n < N :
    n ← n + 1
    u ← (a + b)/2
    v ← √((a² + b²)/2)
    a ← u
    b ← v
Fin Tant que
```

Dans la suite, a et b sont deux réels tels que $0 < a < b$.

2. On considère les suites (u_n) et (v_n) définies par $u_0 = a$, $v_0 = b$ et pour tout entier naturel n :

$$u_{n+1} = \frac{u_n + v_n}{2} \text{ et } v_{n+1} = \sqrt{\frac{u_n^2 + v_n^2}{2}}.$$

a) Démontrer par récurrence que pour tout entier naturel n,

$$u_n > 0 \text{ et } v_n > 0.$$

b) Démontrer que pour tout entier naturel n,

$$v_{n+1}^2 - u_{n+1}^2 = \left(\frac{u_n - v_n}{2}\right)^2.$$

c) En déduire que pour tout entier naturel n, $u_n \leqslant v_n$.

Guide de résolution
2. a) Ne faire qu'une seule démonstration par récurrence dans laquelle, pour un nombre entier naturel n, la propriété est $P(n)$: « $u_n > 0$ et $v_n > 0$ ».

Se préparer À L'ORAL

112 Présenter un exposé

a) Pour deux ensembles finis E et F, rappeler les définitions des ensembles $E \times F$ et E^k (avec $k \in \mathbb{N}$).
Proposer deux situations concrètes de dénombrement où interviennent ces ensembles.
b) Dans un exposé oral de 10 min, présenter son travail.

113 Travailler l'oral en groupe

Résoudre cet exercice en petit groupe, puis en présenter les résultats à l'oral.

(u_n) est la suite définie par $u_0 = 1$ et pour tout entier naturel n, $u_{n+1} = u_n + 2n + 3$.
a) À l'aide de la calculatrice ou d'un algorithme, déterminer les dix premiers termes de la suite (u_n).
b) Conjecturer une expression de u_n en fonction de n.
c) Valider cette conjecture à l'aide d'une démonstration par récurrence.

114 Travailler les compétences orales

▶ ANTICIPER LES QUESTIONS DU JURY

1. Préparation de la restitution orale (5 min)
Par groupe de 4, résoudre l'exercice ci-dessous, chaque élève travaillant sur une des quatre propositions.
2. Jeu de rôle (30 min)
Chaque élève présente son résultat à l'oral (2 min), pendant que les trois autres composent le jury. Chaque juré pose une question au candidat (5 min).

Énoncé : E est l'ensemble $\{1 ; a ; 2 ; b ; 3\}$.
Répondre par Vrai ou Faux en justifiant.
a) $\{1 ; 2 ; 3\}$ est une partie de E.
b) Un élément de E^5 est une partie de E.
c) Le nombre de parties de E est égal à 2^5.
d) Pour ajouter 224 parties à l'ensemble des parties de E, il suffit d'ajouter 8 éléments à E.

115 Par récurrence forte

(u_n) est la suite de nombres réels positifs telle que $u_1 = 1$ et pour tout entier naturel $n \geqslant 2$,

$$u_n^2 = u_1 + u_2 + \ldots + u_{n-1}.$$

Démontrer que pour tout entier naturel $n \geqslant 1$, $u_n \geqslant \frac{n}{4}$ (voir exercice **75**).

116 Par récurrence double

(u_n) est la suite définie par $u_0 = u_1 = 1$ et pour tout entier naturel n,

$$u_{n+2} = u_{n+1} + \frac{2}{n+2}u_n.$$

Démontrer que, pour tout entier naturel $n \geqslant 1$, $1 \leqslant u_n \leqslant n^2$ (voir exercice **76**).

117 Autour de la fonction cos

(u_n) est la suite définie par $u_0 = 0$ et pour tout entier naturel n, $u_{n+1} = \sqrt{2 + u_n}$.

On donne la formule suivante : pour tout réel x,

$$1 + \cos(2x) = 2\cos^2(x).$$

Démontrer par récurrence que pour tout entier naturel n, $u_n = 2\cos\left(\frac{\pi}{2^{n+1}}\right)$.

Conseil : observer le signe de $\cos\left(\frac{\pi}{2^{n+2}}\right)$ pour tout entier naturel n.

118 Suites extraites (1)

(x_n) et (y_n) sont deux suites définies par $x_0 = 3$, $y_0 = 1$ et pour tout entier naturel n,

$$\begin{cases} x_{n+1} = 4 - 2y_n \\ y_{n+1} = x_n - 2 \end{cases}.$$

a) Représenter dans un repère orthonormé les points M_n de coordonnées $(x_n\,;y_n)$ pour $0 \leqslant n \leqslant 3$.

b) On pose pour tout entier naturel n, $v_n = x_{2n}$.
Démontrer par récurrence que pour tout entier n,

$$v_n = \frac{1}{3}(-2)^n + \frac{8}{3}.$$

c) On pose pour tout entier naturel n, $w_n = x_{2n+1}$.
Démontrer par récurrence que pour tout entier naturel n,

$$w_n = -\frac{2}{3}(-2)^n + \frac{8}{3}.$$

d) Pour tout entier naturel n, en déduire les coordonnées des points M_{2n} et M_{2n+1} en fonction de n.

119 Suites extraites (2)

f est la fonction définie sur $]0\,;+\infty[$ par $f(x) = 2 + \frac{1}{x}$.

(u_n) est la suite définie par $u_0 = 1$ et pour tout entier naturel n, $u_{n+1} = f(u_n)$.

1. a) Représenter dans un repère orthonormé la courbe représentative de la fonction f ainsi que la droite d'équation $y = x$.

b) Représenter alors les quatre premiers termes de la suite (u_n) sur l'axe des abscisses sans effectuer de calcul.

c) Émettre une conjecture sur le sens de variation de la suite (u_{2n}), puis de la suite (u_{2n+1}).

2. a) Résoudre dans $]0\,;+\infty[$ l'équation $f(x) = x$.

b) Étudier les variations de la fonction $g : x \mapsto f(f(x))$ sur $]0\,;+\infty[$.

c) Démontrer que la suite (u_{2n}) est positive et croissante, puis que pour tout entier n, $u_{2n} \leqslant 1 + \sqrt{2}$.

d) Démontrer que la suite (u_{2n+1}) est positive et décroissante, puis que pour tout entier n, $u_{2n+1} \geqslant 1 + \sqrt{2}$.

120 Algo python

Une suite étrange

(u_n) est la suite définie pour tout entier naturel $n \geqslant 1$ par $u_n = 1 + \frac{1}{2} + \ldots + \frac{1}{n}$.

1. Calculer les cinq premiers termes de la suite (u_n).

2. Démontrer que la suite (u_n) est croissante.

3. Voici une fonction **L** écrite en langage Python qui a pour paramètre un nombre entier naturel $n \geqslant 2$ et qui renvoie le n-ième terme de la suite (u_n).

```
def L(n):
    u=1
    for i in range(     ):
        u=
    return u
```

a) Que doit-on saisir dans les cadres colorés ?

b) La saisir, puis l'exécuter pour $n = 10^8$ et $n = 1 + 10^8$.

c) Quelle conjecture peut-on émettre ?

4. a) Démontrer que pour tout entier naturel $n \geqslant 1$,

$$u_{2n} - u_n \geqslant \frac{1}{2}.$$

b) Démontrer alors, par récurrence, que pour tout entier naturel k, $u_{2^k} \geqslant 1 + \frac{k}{2}$.

c) A désigne un nombre réel positif.
Démontrer qu'il existe un entier naturel p tel que $u_p \geqslant$ A.

d) En déduire qu'il existe un entier naturel p tel que pour tout entier naturel $n \geqslant p$, $u_n \geqslant$ A.

e) Ainsi, les termes (u_n) dépassent à partir d'un certain indice n'importe quel nombre réel positif donné A.
Que dire de la conjecture émise à la question **3.** ?

121 Algo python

Fonctions et suites

f est la fonction définie sur $\mathbb{R}$ par :

$$f(x)=\begin{cases}0 & \text{si } x<0\\ 1-e^{-x} & \text{si } x\geqslant 0\end{cases}.$$

On considère la suite (u_n) définie par $u_1=1$ et pour tout entier naturel $n\geqslant 1$, $u_{n+1}=f(u_n)$.

1. a) Étudier les variations de la fonction g définie sur $\mathbb{R}$ par $g(x)=e^x-x-1$.

b) En déduire que pour tout réel x, $e^x\geqslant x+1$ et que l'égalité a lieu si, et seulement si, $x=0$.

c) Démontrer que pour tout entier naturel $n\geqslant 1$, $u_n>0$.

2. Voici une fonction **U** écrite en langage Python qui a pour paramètre un nombre entier naturel n non nul et qui représente les $n+1$ premiers termes de la suite (u_n).

```
from pylab import *
from math import *

def U(n):
    u=1
    plot(1,u,'r.')
    for i in range(1,n+1):
        u=[          ]
        plot(i,u,'r.')
    show()
    return
```

a) Que doit-on saisir dans le cadre rouge ?

b) La saisir et l'exécuter pour $n=100$.

c) Quelle conjecture émettre sur le sens de variation de la suite (u_n) ?

d) Démontrer cette conjecture.

3. a) Démontrer que pour tout entier naturel $n\geqslant 1$,

$$u_{n+1}\geqslant\frac{u_n}{1+u_n}.$$

b) En déduire que pour tout entier naturel $n\geqslant 1$,

$$\frac{1}{u_{n+1}}\leqslant 1+\frac{1}{u_n}.$$

c) Démontrer que pour tout entier naturel $n\geqslant 1$,

$$u_n\geqslant\frac{1}{n}.$$

d) Ajouter une ligne au programme précédent afin de visualiser ce résultat.

122 **Réciproque**

(u_n) est une suite définie sur $\mathbb{N}^*$ à termes non nuls.

a) Démontrer que si pour tout entier naturel $n\geqslant 1$, $u_n=n$ alors $u_1^3+u_2^3+\ldots+u_n^3=(u_1+u_2+\ldots+u_n)^2$.

b) Énoncer la réciproque de cette implication et la démontrer.

123 **Rangs pairs et impairs**

f est la fonction définie sur $]0\,;+\infty[$ par $f(x)=\dfrac{e^{-x}}{x}$.

(u_n) est la suite définie par $u_0=1$ et pour tout entier naturel n, $u_{n+1}=f(u_n)$.

1. a) Déterminer le tableau de variations de f.

b) Démontrer que pour tout entier naturel n, $u_n>0$.

2. a) Établir les deux inégalités : $u_2>u_0$ et $u_3<u_1$.

b) En déduire les variations des suites (u_{2n}) et (u_{2n+1}).

124 **Nombre de solutions entières**

n désigne un nombre entier naturel.

Les équations suivantes sont à inconnues dans $\mathbb{N}$.

a) Combien l'équation $x_0+x_1=n$ a-t-elle de couples solutions $(x_0\,;x_1)$ dans $\mathbb{N}^2$?

b) Combien l'équation $x_0+x_1+x_2=n$ a-t-elle de triplets solutions $(x_0\,;x_1\,;x_2)$ dans $\mathbb{N}^3$?

125 **Avec une relation de récurrence**

Relation de récurrence : pour tout entier naturel n,

$$u_{n+1}=1+\frac{1}{u_n}.$$

Dans chaque cas, déterminer si l'on définit ou non une suite (u_n) en prenant :

a) $u_0=-\dfrac{3}{5}$ **b)** $u_0=2$

Des Défis

126 **Établir un résultat de Paul Erdös**

f est une fonction strictement croissante définie sur $\mathbb{N}$ et à valeurs dans $\mathbb{N}$ telle que $f(2)=2$ et pour tous entiers naturels p et q, $f(pq)=f(p)\times f(q)$.

Démontrer que pour tout entier naturel n, $f(n)=n$.

HISTOIRE DES MATHS

Paul Erdös (1913-1996) est un mathématicien hongrois. Il s'agit d'un chercheur très prolifique (1 500 publications).

127 **Démontrer une inégalité**

(u_n) est une suite de nombres réels strictement positifs définie sur $\mathbb{N}^*$.

Démontrer que pour tout entier naturel $n\geqslant 1$,

$$(u_1+u_2+\ldots+u_n)\left(\frac{1}{u_1}+\frac{1}{u_2}+\ldots+\frac{1}{u_n}\right)\geqslant n^2.$$

2 Combinatoire et dénombrement

HISTOIRE DES MATHS

La combinatoire étudie le nombre de façons différentes de choisir des éléments dans une collection. Dès le 3e siècle, une formule du nombre de façons de choisir deux éléments distincts parmi n est attestée.

En 1150, le mathématicien indien **Bhaskara** connaît la formule générale des combinaisons (choix de p éléments distincts parmi n).

Au début du 14e siècle, le philosophe **Levi ben Ghersom**, qui a vécu dans le sud de la France, connaît les arrangements (nombre de choix de p éléments ordonnés pris parmi n).

Au 17e siècle, **Blaise Pascal** et **Pierre de Fermat** retrouvent la formule des combinaisons. Les notations « à la française » C_n^p pour les combinaisons et A_n^p pour les arrangements apparaissent en 1904 dans *L'Encyclopédie des sciences mathématiques pures et appliquées* publiée par **Jules Molk**.

Blaise Pascal

Édouard Lucas

▶ **Blaise Pascal** (1623-1662) est un mathématicien et philosophe français. En 1654, dans le *Traité du triangle arithmétique*, il présente un procédé de calcul des combinaisons de proche en proche ; ce procédé semble connu des Arabes dès le 11e siècle et des Chinois au 13e siècle.

▶ **Édouard Lucas** (1842-1891) est un mathématicien français. Il enseigne dans plusieurs lycées. En 1882, il publie les *Récréations mathématiques* dont la combinatoire est un objet de prédilection.

1150 Bhaskara donne plusieurs formules de combinatoire dans son ouvrage *Lilavati*.

1321 Levi ben Ghersom présente un travail de pionnier en combinatoire et utilise la preuve par induction.

1654 Pascal réactive le procédé désormais nommé triangle de Pascal.

1808 Christian Kramp, mathématicien français, introduit la notation n ! (factorielle) dans *Éléments d'arithmétique universelle*.

1271 Marco Polo part vers la Chine

1492 Premier voyage de Christophe Colomb

1610 Louis XIII est sacré roi

1776 Déclaration d'indépendance américaine

1990 Premier navigateur web

1200 — 1400 — 1600 — 1800 — 2000

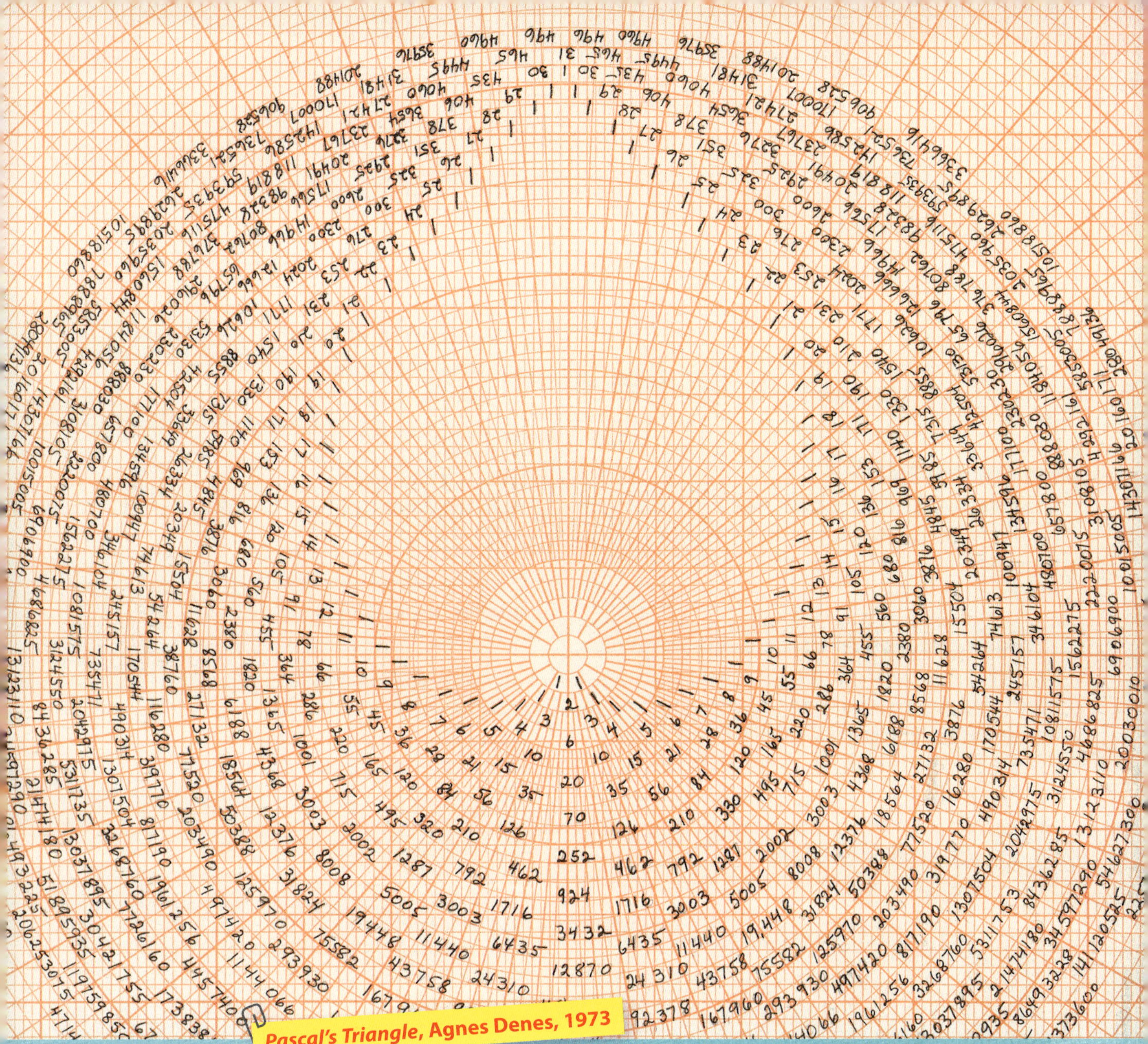

Pascal's Triangle, **Agnes Denes, 1973**

Les résultats et les méthodes de combinatoire ont inspiré de nombreux artistes contemporains. Ces derniers en ont tiré des œuvres littéraires, plastiques et même audiovisuelles !

Les contenus et capacités travaillés dans ce chapitre

	Savoir-faire	Exercices
• Nombre de k-uplets d'éléments distincts d'un ensemble à n éléments.	1, 3, 4	18 à 26
• Factorielle et permutations d'un ensemble à n éléments.	2, 5, 6, 15, 17	28 à 33
• Combinaisons de k éléments d'un ensemble à n éléments. Représentation en termes de mots ou de chemins.	7 à 9, 14, 16	34 à 43, 45 à 48
• Relation et triangle de Pascal. Symétrie.	10 à 13	49 à 54
• Utiliser une représentation adaptée et reconnaître les éléments à dénombrer.		60 à 66
• Effectuer des dénombrements simples dans divers domaines scientifiques.		27, 44, 67

Bien démarrer

Calcul mental

Rappels utiles

E et F sont des ensembles finis qui contiennent respectivement n et m éléments.

• Principe additif

Si E et F sont **disjoints** ($E \cap F = \varnothing$), alors le nombre d'éléments de leur réunion $E \cup F$ est $n + m$.

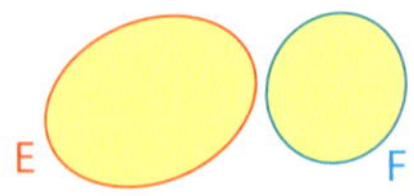

• Principe multiplicatif

Le **produit cartésien** de E et F, noté $\mathbf{E \times F}$, est l'ensemble des couples $(a\,;b)$ où $a \in E$ et $b \in F$.

Le nombre d'éléments du produit cartésien $E \times F$ est $\boldsymbol{n \times m}$.

• Produit cartésien de trois ensembles ou plus

On définit de même le produit cartésien de trois ensembles ou plus. Le nombre d'éléments d'un produit cartésien de plusieurs ensembles est le produit des nombres d'éléments de ces ensembles.

• Nombre de k-uplets d'un ensemble

k désigne un nombre entier naturel, $k \geqslant 1$.

Un **k-uplet** (ou k-liste) d'éléments de E est une liste ordonnée $(a_1\,;a_2\,;\ldots;a_k)$ de k éléments de E, distincts ou confondus.

On note $\mathbf{E^k}$ l'ensemble de tous les k-uplets de E.

Le nombre d'éléments de E^k est $\boldsymbol{n^k}$.

• Couples d'éléments de E

E^2 est l'ensemble des 2-uplets de E, c'est-à-dire des **couples** $(a_1\,;a_2)$ d'éléments de E.

Le nombre d'éléments de E^2 est n^2.

• Triplets d'éléments de E

E^3 est l'ensemble des 3-uplets de E, c'est-à-dire des **triplets** $(a_1\,;a_2\,;a_3)$ d'éléments de E.

Le nombre d'éléments de E^3 est n^3.

À l'oral — Questions-Tests

Pour chaque question, il y a une seule réponse exacte.

1 $E = \{1\,;2\,;3\,;4\}$ et $F = \{5\,;6\,;7\,;8\,;9\,;10\}$.

a) (1) $E \cap F = \{1\,;10\}$ (2) $E \cap F = \varnothing$
(3) $E \cap F = \{1\,;2\,;3\,;4\,;5\,;6\,;7\,;8\,;9\,;10\}$

b) Le nombre d'éléments de $E \cup F$ est :
(1) 0 (2) 10 (3) 24

2 $E = \{a\,;b\,;c\}$ et $F = \{0\,;1\,;2\,;3\,;4\}$.

a) Un élément de $E \times F$ est :
(1) $(4\,;b)$ (2) $(1\,;1)$ (3) $(b\,;2)$

b) Le nombre d'éléments de $E \times F$ est :
(1) 8 (2) 15 (3) 3^5

3 Pour son repas au self, Étienne doit choisir une entrée parmi 3, puis un plat de résistance parmi 3 et enfin un dessert parmi 5.

a) Étienne a le choix entre :
(1) 45 repas (2) 11 repas (3) 30 repas

b) À la fin du repas, Étienne a le choix entre un expresso, un café allongé, un thé ou ne rien prendre. Au total, Étienne a le choix entre :
(1) 49 repas (2) 135 repas (3) 180 repas

4 $E = \{a\,;b\,;c\,;d\,;e\,;f\,;g\}$

a) Un 5-uplet d'éléments de E est :
(1) $(a\,;a\,;b\,;b\,;c)$ (2) $(c\,;a\,;b\,;g\,;e\,;f)$
(3) $(a\,;b\,;c\,;d)$

b) Le nombre d'éléments de E^5 est :
(1) 35 (2) 78 125 (3) 16 807

5 $E = \{0\,;1\,;2\,;3\,;4\,;5\}$

Dans un repère du plan, on considère l'ensemble G des points de coordonnées $(x\,;y)$ avec $x \in E$ et $y \in E$.

Le nombre de points dans l'ensemble G est :
(1) 25 (2) 10 (3) 36

6 Un digicode d'entrée dans un immeuble est un triplet de chiffres de 0 à 9.

a) Un digicode qui **n'est pas possible** est :
(1) 000 (2) 1234 (3) 025

b) Le nombre de digicodes possibles est :
(1) 30 (2) 100 (3) 1 000

c) Le nombre de digicodes possibles commençant par 5 est :
(1) 30 (2) 100 (3) 1 000

1 Permutations d'un ensemble fini

Maya (M), Lenka (L) et Gabriel (G) veulent s'asseoir sur un banc. On se propose de déterminer de combien de façons différentes ils peuvent s'asseoir côte à côte sur ce banc.
Pour modéliser le situation :
– on représente chaque place par une case ;
– on note LMG la disposition représentée ci-contre.

Place 1	Place 2	Place 3
L	M	G

1 Écrire le plus grand nombre possible de dispositions de ces personnes sur le banc.

2 **a)** Combien y a-t-il de choix possibles pour la place 1 ?
b) Pour chacun de ces choix, combien de personnes différentes peuvent être positionnées à la place 2 ?
En déduire le nombre de façons de compléter les places 1 et 2.
c) Pour chacun de ces choix, combien reste-t-il de façons de compléter la place 3 ?
d) En déduire le nombre total de dispositions différentes de ces trois personnes sur le banc.
Chacune de ces dispositions est **une permutation** de l'ensemble $E = \{L ; M ; G\}$.

> L'expression « pour chacun de ces choix » indique qu'il faut utiliser le principe multiplicatif, qui a été vu au chapitre 1.

3 On imagine qu'une quatrième personne, Anaïs, souhaite aussi s'asseoir sur ce banc.
Déterminer le nombre total de dispositions différentes de ces quatre personnes sur le banc.

2 Combinaisons d'éléments d'un ensemble fini

Pour s'occuper pendant un long trajet en train, Mélina décide de charger des films sur son téléphone. Elle a le choix parmi cinq films. L'espace libre sur son téléphone l'oblige à en choisir seulement trois, ce qui revient à cocher trois des cinq cases représentées ci-contre.

1 **a)** Combien y a-t-il de choix possibles pour le premier film, c'est-à-dire de façons différentes de cocher l'une des cinq cases ci-dessus ?
b) Pour chacun de ces choix, combien y a-t-il de façons possibles de choisir le deuxième film ?
c) Les deux premiers films ayant été choisis, combien reste-t-il de choix pour le troisième et dernier film ?
d) En déduire le nombre total de façons de choisir ces trois films, en tenant compte de l'ordre dans lequel ils sont choisis.

2 Finalement, l'ordre dans lequel Mélina a choisi les trois films n'a pas d'importance, car elle ne les regardera pas forcément dans cet ordre.
a) Lister tous les choix de la question **1** pour lesquels les films 1, 3 et 5 ont été choisis. Combien y en a-t-il ?
b) De manière générale, combien de choix de la question **1** donnent le même ensemble de trois films ?
c) En déduire le nombre total de façons de choisir ces trois films.

Ce nombre est appelé **nombre de combinaisons de trois éléments parmi cinq** et noté $\binom{5}{3}$ (lire « 3 parmi 5 »).

Exercices
- **1** à **6** (ci-contre)
- **18** à **33**

1 k-uplets d'éléments distincts. Permutations

n désigne un nombre entier naturel avec $n \geqslant 1$.

A Nombre de k-uplets d'éléments distincts d'un ensemble E

Propriété

k désigne un nombre entier naturel tel que $1 \leqslant k \leqslant n$.
Le nombre de k-uplets d'éléments distincts d'un ensemble E à n éléments est :

$$\boldsymbol{n \times (n-1) \times \ldots \times (n-k+1)}.$$

Démonstration

Choisir un k-uplet revient à remplir k cases avec des éléments distincts de E.
- Il y a n choix pour la 1re case.
- Un choix étant fait, il y a $n-1$ choix possibles pour la 2e case.

Case 1	Case 2		Case k
n choix	$n-1$ choix	…	$n-k+1$ choix

Il y a donc $n(n-1)$ choix pour remplir les cases 1 et 2.
- Ainsi de suite, les cases 1, 2, …, $k-1$ étant complétées, il reste $n-(k-1)$ choix possibles pour la case k.

Le nombre de k-uplets est donc $n \times (n-1) \times \ldots \times (n-k+1)$.

On écrit k facteurs à partir de n en enlevant 1 à chaque fois.

Exemple

Le nombre de 5-uplets d'éléments distincts d'un ensemble à 8 éléments est 6 720. En effet :

$$8 \times 7 \times 6 \times 5 \times 4 = 6\,720.$$

B Permutations des éléments d'un ensemble E

Définition

E est un ensemble fini à n éléments.
Une **permutation** des éléments de E est un n-uplet d'éléments distincts de E.

Remarque : lister toutes les permutations de E, c'est écrire les éléments de E dans tous les ordres possibles.
La propriété énoncée au § A, appliquée avec $k = n$, permet d'énoncer la propriété suivante.

Propriété

Le nombre de permutations d'un ensemble fini à n éléments est :

$$\boldsymbol{n \times (n-1) \times \ldots \times 2 \times 1}.$$

On note ce nombre $\boldsymbol{n\,!}$ (lire « factorielle n »).

Remarque : par convention, $\mathbf{0\,! = 1}$.

Exemple

Le nombre de permutations de l'ensemble $\{A\,;B\,;C\}$ est 6. En effet, $3\,! = 3 \times 2 \times 1 = 6$.

Conséquence

Le nombre de k-uplets d'éléments distincts d'un ensemble à n éléments s'écrit aussi $\dfrac{\boldsymbol{n!}}{\boldsymbol{(n-k)!}}$.

En effet, $\dfrac{n!}{(n-k)!} = \dfrac{n(n-1)\ldots(n-(k-1)) \times (n-k)!}{(n-k)!} = n(n-1)\ldots(n-k+1)$.

EXERCICES RÉSOLUS

1 Reconnaître et dénombrer des k-uplets d'éléments distincts

Sur son piano, Hugo joue avec sept notes : Do, Ré, Mi, Fa, Sol, La, Si.
Combien de mélodies différentes peut-il obtenir avec cinq notes distinctes de cet ensemble ?

Solution

Dans une mélodie, l'ordre des notes est important. De plus, la contrainte de l'énoncé impose de ne pas utiliser deux fois la même note. Une telle mélodie est donc un 5-uplet de notes distinctes parmi les sept notes.

$$7 \times 6 \times 5 \times 4 \times 3 = 2\,520$$

Donc, Hugo peut obtenir 2 520 mélodies différentes de cinq notes distinctes prises parmi les sept notes.

On commence par modéliser une mélodie à l'aide d'un outil de combinatoire, ici un 5-uplet.
En effet, **les notes ne peuvent pas être répétées** et **leur ordre dans la mélodie est important**.

Remarque : une mélodie de cinq notes peut aussi être représentée par une succession de 5 cases comme ci-contre.

Note 1	Note 2		Note 5
7 choix	6 choix	…	3 choix

2 Reconnaître et dénombrer des permutations

8 athlètes s'élancent au départ d'une course de 100 m.
Combien y a-t-il d'ordres d'arrivée possibles en supposant qu'il n'y a ni abandon ni ex-aequo ?

Solution

Il s'agit d'ordonner les 8 athlètes, c'est-à-dire de déterminer le nombre de permutations d'un ensemble à 8 éléments.

$$8\,! = 8 \times 7 \times \ldots \times 2 \times 1 = 40\,320$$

Donc, le nombre d'ordres d'arrivée possibles est 40 320.

On peut calculer 8! à l'aide de la calculatrice.

TI : 8 math ▶▶▶ (PROB)4(!) entrer

Casio : 8 OPTN F6 (▷) F3 (PROB) F1 (x!) EXE

NumWorks : 8 alpha . (!) EXE

EXERCICES D'APPLICATION DIRECTE

Sur le modèle de l'exercice résolu 1

3 Les élèves de Valérie, professeure en classe de CE1, ont dix objets distincts posés sur leur table.
Ils doivent en choisir cinq et les ranger par ordre de préférence.
Combien de rangements différents peuvent-ils effectuer ?

4 75 chansons différentes sont enregistrées dans une playlist. Léo écoute dix chansons distinctes de cette playlist, rangées aléatoirement.
Déterminer le nombre de listes de dix chansons possibles. *Donner la notation scientifique.*

Sur le modèle de l'exercice résolu 2

5 Zofia a cinq devoirs à faire dans cinq matières différentes.
Déterminer le nombre d'organisations différentes qu'elle peut adopter pour faire ces cinq devoirs.

6 Dans la langue française, un des mots les plus longs, sans répétition de lettres, est le mot contemporain :

DIVULGACHERONS.

Sans tenir compte de la signification, combien y a-t-il d'anagrammes de ce mot, c'est-à-dire de façons différentes d'en ordonner les lettres ?

Cours

Exercices
- 7 à 9 (ci-contre)
- 34 à 48

2 Combinaisons

A Combinaisons de k éléments parmi n

Définition

E est un ensemble à n éléments (avec $n \in \mathbb{N}$) et k un nombre entier naturel avec $0 \leqslant k \leqslant n$.
Une **combinaison** de k éléments de l'ensemble E est une **partie** (ou sous-ensemble) de k éléments de E.
Le nombre de combinaisons de k éléments parmi les n éléments de E est noté $\binom{n}{k}$ (lire « k parmi n »).

Remarques : l'ordre n'intervient pas : $\{a\,;b\} = \{b\,;a\}$. Il n'y a pas de répétitions : $\{a\,;a\} = \{a\}$.

Exemple

$\{2\,;3\}$ est une combinaison de deux éléments de l'ensemble $\mathrm{E} = \{1\,;2\,;3\,;4\,;5\,;6\,;7\,;8\}$.

Cas particuliers :
- $\binom{n}{n} = 1$ car la seule partie de E à n éléments est E lui-même.
- $\binom{n}{0} = 1$ car l'ensemble vide est la seule partie de E qui n'a pas d'élément.
- $\binom{n}{1} = n$ car il y a n parties de E à un seul élément.

B Nombre de combinaisons

Propriété

Pour tous entiers naturels n et k,

$$\binom{n}{k} = \frac{n!}{k!(n-k)!} \text{ si } 0 \leqslant k \leqslant n \text{ soit } \binom{n}{k} = \frac{n(n-1)\dots(n-k+1)}{k!} \text{ si } 1 \leqslant k \leqslant n.$$

Démonstration

- Si $1 \leqslant k \leqslant n$, à une combinaison $\mathrm{F} = \{a_1\,;a_2\,;\dots\,;a_k\}$ de k éléments de E, on associe $k!$ permutations de F ; on obtient les k-uplets d'éléments distincts de F.
En faisant de même pour toutes les autres combinaisons de k éléments de E, on obtient tous les k-uplets d'éléments distincts de E.
Ainsi, $\binom{n}{k} \times k! = n(n-1)\dots(n-k+1)$ soit $\binom{n}{k} = \dfrac{n(n-1)\dots(n-k+1)}{k!}$.
D'après la conséquence établie au § B p. 58, $\binom{n}{k} = \dfrac{n!}{(n-k)!k!}$.
- Si $n \geqslant 1$ et $k = 0$, on a vu ci-dessus que $\binom{n}{0} = 1$. Or, $\dfrac{n!}{0!(n-0)!} = 1$.
- Si $n = k = 0$, $\mathrm{E} = \varnothing$ et sa seule partie est $\varnothing$, $\binom{0}{0} = 1$. Or, $\dfrac{0!}{0!0!} = 1$.

Représentation en termes de chemins dans un arbre

De chaque nœud de cet arbre partent deux branches : S (succès) et E (échec).
Un chemin peut être représenté par une succession de n cases où l'on inscrit S ou E.

□ □ … □

Le nombre de chemins avec k succès ($0 \leqslant k \leqslant n$) est le nombre de choix de k cases parmi n où l'on inscrit la lettre S. Ces choix sont les combinaisons de k positions parmi n (pas de répétition et pas d'ordre).

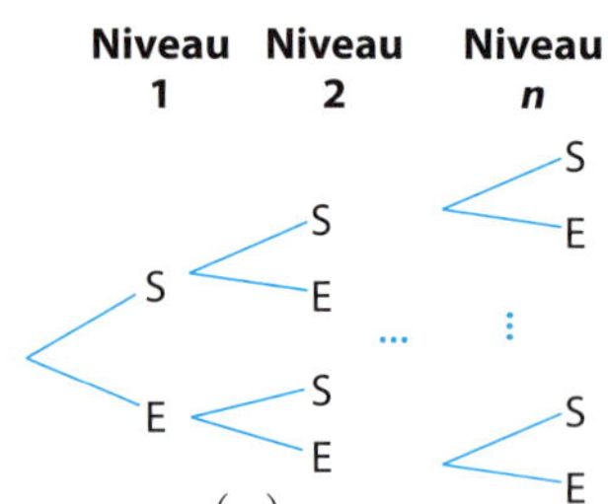

Dans un arbre « succès-échec » à n niveaux, le nombre de chemins avec k succès est $\binom{n}{k}$.

EXERCICE RÉSOLU

7 Reconnaître et dénombrer des combinaisons

Olivia a installé 10 jeux sur sa console : 5 jeux d'aventure, 3 jeux de course de voitures et 2 jeux sportifs. On s'intéresse ici aux groupes de 5 jeux différents qu'Olivia choisit chaque week-end.

a) Parmi combien de groupes de 5 jeux effectue-t-elle son choix chaque week-end ?

b) Combien de ces groupes comportent exactement 2 jeux de course de voitures ?

c) Combien de ces groupes comportent au moins un jeu d'aventure ?

Solution

a) Dans un groupe de 5 jeux, les jeux sont différents et l'ordre n'intervient pas. On modélise donc un groupe de 5 jeux par une combinaison de 5 jeux parmi les 10 d'Olivia.

$$\binom{10}{5} = \frac{10\times9\times8\times7\times6}{5\,!} = \frac{2\times5\times9\times2\times4\times7\times6}{5\times4\times3\times2\times1} = 9\times4\times7 = 252.$$

Donc Olivia a le choix parmi 252 groupes de 5 jeux.

> Il est judicieux de simplifier la fraction autant que possible avant d'effectuer le calcul.

b) Le nombre de choix de 2 jeux parmi les 3 jeux de course est $\binom{3}{2} = 3$.

Pour chacun de ces choix, on complète le groupe en choisissant 3 jeux parmi les 7 qui ne sont pas des jeux de course.

Le nombre de façons d'effectuer ce choix est : $\binom{7}{3} = \frac{7\times6\times5}{3\,!} = 35$.

Or, $\binom{3}{2}\times\binom{7}{3} = 3\times35 = 105$ donc il y a 105 groupes de 5 jeux dont 2 jeux de course de voitures.

> Pour répondre à une telle question, on « idéalise » la situation : on veut 2 jeux de course, on commence par les choisir parmi les jeux de course, puis on complète par des jeux autres que de course.

c) Le contraire de « au moins un jeu d'aventure » est « aucun jeu d'aventure », c'est-à-dire « 5 jeux autres que d'aventure ».

Le nombre de groupes de 5 jeux autres que d'aventure est : $\binom{5}{5} = 1$.

$\binom{10}{5} - \binom{5}{5} = 252 - 1 = 251$ donc il y a 251 groupes de 5 jeux avec au moins un jeu d'aventure.

> On aurait pu dénombrer les groupes avec 1, 2, 3, 4 ou 5 jeux d'aventure, mais c'était plus long.

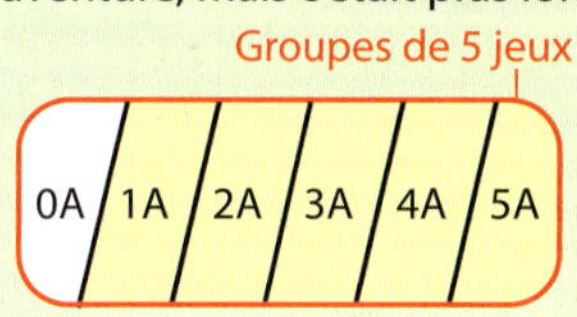

On peut utiliser la calculatrice pour calculer un nombre de combinaisons, par exemple $\binom{10}{5}$.

TI : 10 math ▶▶▶ (PROB) 3 (Combinaison) 5 entrer

Casio : 10 OPTN F6 (▷) F3 (PROB) F3 (nCr) 5 EXE

NumWorks : Dénombrement ▷ binomial(n,k) k parmi n EXE 10▼5 EXE.

EXERCICES D'APPLICATION DIRECTE

Sur le modèle de l'exercice résolu 7

8 Une urne contient 6 boules vertes, 4 boules rouges et 2 boules bleues. On tire au hasard simultanément 6 de ces boules. Combien y a-t-il de tirages :

a) au total ? **b)** avec exactement 3 boules rouges ?

c) avec au moins une boule rouge ?

9 Raphaël choisit au hasard un groupe de 4 livres parmi 4 romans de fantasy, 3 livres scientifiques et 3 biographies.

Combien de choix a-t-il :

a) au total ?

b) avec exactement 2 romans de fantasy ?

c) avec au moins une biographie ?

Exercices
- 10 à 13 (ci-contre)
- 49 à 54

3 Propriétés des nombres de combinaisons

A Symétrie des nombres de combinaisons

Propriété

Pour tous entiers naturels n et k tels que $0 \leqslant k \leqslant n$, $\dbinom{n}{k} = \dbinom{n}{n-k}$.

Démonstration

Dans un arbre « succès-échec » à n niveaux, il y a autant de chemins qui réalisent k succès que de chemins qui réalisent k échecs, c'est-à-dire qui réalisent $n - k$ succès.

B La relation de Pascal

Propriété

Pour tous entiers naturels n et k tels que $1 \leqslant k \leqslant n - 1$, $\dbinom{n}{k} = \dbinom{n-1}{k-1} + \dbinom{n-1}{k}$.

Démonstration

Dans un arbre « succès-échec » à n niveaux, le nombre de chemins réalisant k succès est $\dbinom{n}{k}$. Parmi ces chemins, on peut distinguer ceux qui commencent par :

- un succès ; il faut donc ensuite $k - 1$ succès en $n - 1$ épreuves. Leur nombre est $\dbinom{n-1}{k-1}$;
- un échec ; il faut donc ensuite k succès en $n - 1$ épreuves. Leur nombre est $\dbinom{n-1}{k}$.

Donc $\dbinom{n}{k} = \dbinom{n-1}{k-1} + \dbinom{n-1}{k}$.

Vidéo
JAICOMPRIS.COM
Cette démonstration est présentée en vidéo

Remarque : une autre démonstration, par le calcul, est proposée à l'exercice 58 p. 70.

C Le triangle de Pascal

On peut calculer les $\dbinom{n}{k}$ de proche en proche, à l'aide du tableau ci-contre. Pour cela :

- on convient que $\dbinom{0}{0} = 1$;
- on place des 1 sur la colonne « $k = 0$ » du fait que $\dbinom{n}{0} = 1$;
- on place des 1 sur la diagonale du fait que $\dbinom{n}{n} = 1$;
- on obtient un autre nombre du tableau en additionnant le nombre juste au-dessus et celui situé à gauche sur la ligne précédente d'après la relation de Pascal.

$$\dbinom{n-1}{k-1} + \dbinom{n-1}{k}$$
$$\dbinom{n}{k}$$

n \ k	0	1	2	3	4	5	6	7
0	1							
1	1	1						
2	1	2	1					
3	1	3	3	1				
4	1	4	6	4	1			
5	1	5	10	10	5	1		
6	1	6	15	20	15	6	1	
7	1	7	21	35	35	21	7	1

EXERCICES RÉSOLUS

10 Utiliser les propriétés des nombres de combinaisons

On sait que $\binom{7}{1} = 7$ et $\binom{7}{2} = 21$. En déduire la valeur de : **a)** $\binom{8}{2}$ **b)** $\binom{8}{6}$.

Solution

a) D'après la relation de Pascal :

$$\binom{8}{2} = \binom{8-1}{2-1} + \binom{8-1}{2} = \binom{7}{1} + \binom{7}{2} = 7 + 21 = 28.$$

b) Par symétrie des nombres de combinaisons : $\binom{8}{6} = \binom{8}{8-6} = \binom{8}{2} = 28.$

Ces propriétés des nombres de combinaisons ont un intérêt surtout théorique. En effet, de nos jours, la calculatrice permet de **calculer aisément ces coefficients**.

11 Algo python Générer la liste des coefficients $\binom{n}{k}$ à l'aide de la relation de Pascal

Vidéo JAICOMPRIS.COM

Voici un algorithme qui pour un entier naturel n donné, $n \geqslant 2$, génère les coefficients $\binom{n}{k}$ pour $0 \leqslant k \leqslant n$.

Au début, on affecte la liste [1, 1] à la variable L ainsi qu'à la variable M, et la variable n a une valeur donnée.

a) Dresser un tableau de suivi des variables lorsque $n = 3$.
Interpréter le résultat obtenu.

b) Coder cet algorithme en langage Python avec une fonction **Coefficients** de paramètre n.
Saisir ce programme et l'exécuter avec $n = 10$.

```
1 Pour i allant de 2 à n
2   M[i + 1] ← 1
3   Pour k allant de 1 à i − 1
4     M[k + 1] ← L[k + 1] + L[k]
5   Fin Pour
6   L ← M
7 Fin Pour
```

Solution

a)

i		2	2	2	3	3	3	3
k			1	1	1	1	2	2
L	[1, 1]	[1, 1]	[1, 1]	[1, 2, 1]	[1, 2, 1]	[1, 2, 1]	[1, 2, 1]	[1, 3, 3, 1]
M	[1, 1]	[1, 1, 1]	[1, 2, 1]	[1, 2, 1]	[1, 2, 1, 1]	[1, 3, 1, 1]	[1, 3, 3, 1]	[1, 3, 3, 1]

[1, 3, 3, 1] est la liste des coefficients $\binom{3}{k}$ pour $k \in \{0 ; 1 ; 2 ; 3\}$.

b) Voici ci-contre la fonction **Coefficients** écrite en langage Python. Pour $n = 10$, on obtient les coefficients de la ligne 10 du triangle de Pascal.

```
>>> Coefficients(10)
[1, 10, 45, 120, 210, 252, 210, 120, 45, 10, 1]
```

```python
def Coefficients(n):
    L=[1,1]
    M=L
    for i in range(2,n+1):
        M=M+[1]
        for k in range(i-1):
            M[k+1]=L[k+1]+L[k]
        L=M
    return L
```

EXERCICES D'APPLICATION DIRECTE

Sur le modèle de l'exercice résolu 10

12 On sait que $\binom{10}{1} = 10$ et $\binom{10}{2} = 45$.

En déduire la valeur de :

a) $\binom{11}{2}$ **b)** $\binom{11}{9}$

Sur le modèle de l'exercice résolu 11

13 Dans l'algorithme de l'exercice 11, on remplace les lignes 3 à 5 par celles-ci.
Quel est leur intérêt ?

```
Pour k allant de 1 à E(i/2)
  M[k+1]←L[k+1]+L[k]
  M[i–(k+1)]←M[k+1]
Fin Pour
```

EXERCICES RÉSOLUS

14 Générer les parties à deux éléments d'un ensemble fini

Cours 2. A

Cette fonction **Paires** en langage Python renvoie toutes les parties à deux éléments d'un ensemble à n éléments (avec $n \geqslant 2$), représenté par une liste L.

On rappelle que la fonction **len** renvoie la longueur (le nombre d'éléments) d'une liste.

a) Dresser un tableau de suivi de i, P[0], k et P lorsque L = [1, 2, 3, 4].

b) Saisir cette fonction et l'exécuter lorsque L = [1, 2, 3, 4].

```
def Paires(L):
    n=len(L)
    P=[0,0]
    for i in range(1,n):
        P[0]=L[i-1]
        for k in range(i+1,n+1):
            P[1]=L[k-1]
            print(P)
    return
```

Solution

a)

i	1	1	1	2	2	3
P[0]	1	1	1	2	2	3
k	2	3	4	3	4	4
P	[1, 2]	[1, 3]	[1, 4]	[2, 3]	[2, 4]	[3, 4]

b) Voici ci-contre un montage de l'affichage obtenu.

```
>>> L=[1,2,3,4,5]
>>> Paires(L)
[1, 2]   [2, 4]
[1, 3]   [2, 5]
[1, 4]   [3, 4]
[1, 5]   [3, 5]
[2, 3]   [4, 5]
```

15 Tirer aléatoirement une permutation d'un ensemble fini

Cours 1. B

Cette fonction **PermutAlea** en langage Python renvoie une permutation aléatoire d'un ensemble à n éléments (avec $n \geqslant 1$), représenté par une liste L.

L'instruction **P=[0]*n** signifie que la liste P contient n termes égaux à 0 et l'instruction **del L[k]** signifie que l'on supprime cet élément de la liste L.

Dresser un tableau de suivi des variables lorsque L = [1, 2, 3, 4] et indiquer la permutation renvoyée.

```
from random import*

def PermutAlea(L):
    n=len(L)
    m=n
    P=[0]*n
    for i in range(1,n+1):
        k=randint(0,m-1)
        P[i-1]=L[k]
        del L[k]
        m=m-1
    return P
```

Solution

m	4	3	2	1
i	1	2	3	4
k	2	1	2	1
L	[1, 2, 4]	[1, 4]	[1]	[ ]
P	[3, 0, 0, 0]	[3, 2, 0, 0]	[3, 2, 4, 0]	[3, 2, 4, 1]

Parmi les 4 ! (soit 24) permutations de $\{1\,;2\,;3\,;4\}$, la fonction a tiré au hasard la permutation $(3\,;2\,;4\,;1)$.

On génère ci-contre un nombre entier aléatoire k à l'aide de la calculatrice : nbrAléatEnt(a,b) (TI), RandInt# (Casio), randint(a,b) (NumWorks).

EXERCICES D'APPLICATION DIRECTE

Sur le modèle de l'exercice résolu 14

16 Écrire une fonction qui génère les parties à 3 éléments d'un ensemble à n éléments avec $n \geqslant 3$.

Sur le modèle de l'exercice résolu 15

17 Saisir la fonction Python de l'exercice 15 et l'exécuter avec L = [1, 2, 3, 4, 5].

k-uplets et permutations

Cours 1

Questions flash À l'oral

18 E est l'ensemble des lettres de l'alphabet, écrites en minuscules. Parmi les listes ci-dessous, dire oralement lesquelles sont des 4-uplets d'éléments distincts de E.

(1) (f ; t ; u) **(2)** (z ; a ; f ; p)
(3) (A ; B ; C ; D) **(4)** (a ; 1 ; b ; 2)
(5) (a ; b ; c ; d ; e) **(6)** (a ; b ; d ; c)
(7) (a ; a ; b ; c) **(8)** (a ; b ; c ; d)

19 E est l'ensemble $\{1 ; 2 ; 3 ; 4 ; 5\}$.
a) Chaque couple d'éléments distincts de cet ensemble peut être écrit sous la forme d'un nombre à deux chiffres.
Donner oralement le plus petit et le plus grand de ces nombres.
b) On peut de même écrire les triplets d'éléments distincts sous forme de nombres à trois chiffres.
Donner oralement le plus petit et le plus grand de ces nombres.

20 E est l'ensemble des voyelles accentuées de la langue française :
$$E = \{é ; è ; ê ; ë ; à ; â ; ô ; î ; ï ; ù ; û ; ü\}.$$
Calculer mentalement le nombre de couples d'éléments distincts de cet ensemble.

21 Noam construit un train en accrochant deux wagons à une locomotive. Il possède en tout cinq wagons, qui sont de couleurs différentes.

a) Combien de trains différents peut-il construire ?
b) Il s'exclame : « Si je mettais un troisième wagon, j'aurais trois fois plus de possibilités ! ». A-t-il raison ?

22 Le jeu *Mario Kart 8 Deluxe* propose de concourir sur 48 circuits différents.
a) Victor décide de faire un championnat de quatre circuits différents, choisis aléatoirement.
Combien existe-t-il de tels championnats, en tenant compte de l'ordre d'apparition des circuits ?
b) Léah, quant à elle, choisit un championnat de huit circuits aléatoires.
Combien y a-t-il de possibilités différentes ?

23 Alexandra joue au Scrabble. Elle a devant elle un ensemble de sept lettres, toutes différentes.
Elle assemble certaines de ces lettres.
Sans tenir compte de la signification du mot constitué, déterminer le nombre de mots :
a) de trois lettres ; **b)** de cinq lettres.

24 Un algorithme de résolution du Rubik's cube consiste en une suite de mouvements. Il y a 18 mouvements différents possibles, par exemple :

U : tourner la face supérieure d'un quart de tour dans le sens des aiguilles d'une montre ;
R : tourner la face de droite d'un quart de tour dans le sens des aiguilles d'une montre ;
U′ et **R′** : mêmes mouvements que **U** et **R** mais dans le sens inverse des aiguilles d'une montre.
a) Combien y a-t-il d'algorithmes différents constitués de deux mouvements distincts ?
b) Un des algorithmes les plus importants dans la résolution du cube est RUR′U′.
Combien y a-t-il d'algorithmes de même longueur que celui-ci constitués de mouvements distincts ?

25 Delphine doit choisir un code secret composé de cinq chiffres distincts compris entre 0 et 6.
a) Combien a-t-elle de choix possibles ?
b) Parmi tous les codes possibles, combien se terminent par le chiffre 0 ?

Vidéo
JAICOMPRIS.COM Cet exercice est corrigé en vidéo

26 On dispose des cinq lettres du mot NIMES.
a) Combien de mots peut-on constituer avec trois lettres différentes de ce mot, sans tenir compte de leur signification éventuelle ?
b) Parmi ces mots de trois lettres, combien comportent la lettre M en deuxième position ?
c) Parmi ces mots de trois lettres, combien contiennent la lettre S ?

27 La séquence d'un brin d'ADN est la succession des nucléotides qui le constituent. Ces nucléotides sont notés A (adénine), C (cytosine), G (guanine) et T (thymine).
a) Combien y a-t-il de séquences de deux nucléotides différents possibles ?
b) Lister toutes ces séquences de deux nucléotides.
c) Donner le nombre de séquences de trois, puis de quatre, nucléotides différents.

28 E est l'ensemble $\{7\,;8\,;2\,;9\,;3\,;1\}$.

a) Les permutations de cet ensemble peuvent être écrites sous la forme de nombres entiers à six chiffres. Donner le plus petit et le plus grand de ces nombres.

b) Calculer le nombre total de permutations de E.

29 Le drapeau français est constitué de trois bandes verticales de couleur bleu, blanc, rouge, dans cet ordre.

a) Combien de drapeaux différents peut-on réaliser en changeant l'ordre de ces trois bandes verticales ?

b) Rechercher sur Internet lesquelles de ces permutations correspondent à des drapeaux existants, toujours avec trois bandes verticales.

30 Un sac contient quatre jetons de poker, marqués 5, 10, 50 et 100. On tire, successivement et sans remise, tous les jetons de ce sac.

a) Combien de tirages différents peut-on effectuer ?

b) Combien de tirages commencent par le jeton 50 ?

Conseil : « successivement » sous-entend que l'ordre intervient ; il y a un 1er jeton tiré, un 2e, un 3e, un 4e.

31 On s'intéresse aux anagrammes du mot DIJON, sans tenir compte du fait qu'ils aient une signification ou non.

a) Combien y a-t-il de telles anagrammes ?

b) Combien de ces anagrammes commencent par la lettre D ?

c) Combien de ces anagrammes commencent par une consonne ?

32 Ruben doit trouver un code secret constitué de huit symboles distincts. Il connait les huit symboles utilisés, mais ne sait pas dans quel ordre il doit les placer.

1. Quel est le nombre de codes possibles ?

2. Deux des symboles sont ◆ et ∞.

a) Combien y-a-t-il de codes qui commencent par ◆ ?

b) Combien y a-t-il de codes qui commencent par ◆ et se terminent par ∞ ?

33 Une classe de 12 élèves rassemble 7 filles et 5 garçons. Un professeur range les copies de ces 12 élèves dans un ordre aléatoire.

a) Combien y a-t-il de façons de ranger ces copies ?

b) Combien y a-t-il de façons de ranger les copies en commençant par les copies des filles ?

c) Si on commence par les copies des garçons, cela modifie-t-il le nombre de façons de ranger les copies ?

Combinaisons

Cours 2

Questions flash — À l'oral

34 E = {Cœur ; Pique ; Trèfle ; Carreau}.
E est l'ensemble des quatre différentes familles de cartes d'un jeu de poker.
Parmi les ensembles ci-dessous, dire oralement lesquels sont des combinaisons de 2 éléments de l'ensemble E.

(1) {Cœur ; Cœur} **(2)** {Cœur ; Carreau}
(3) {Noir ; Rouge} **(4)** {Cœur ; Pique ; Carreau}

35 E est l'ensemble des chiffres de 0 à 9.
Pour toute combinaison de deux de ces chiffres, on peut effectuer leur somme.
Dans chaque cas, dire oralement si le nombre est l'une des sommes possibles.

a) 8 **b)** 18 **c)** 13 **d)** 1 **e)** 0 **f)** 4

36 L'arbre ci-contre présente toutes les possibilités quand on répète deux fois une expérience à deux issues, A et B.

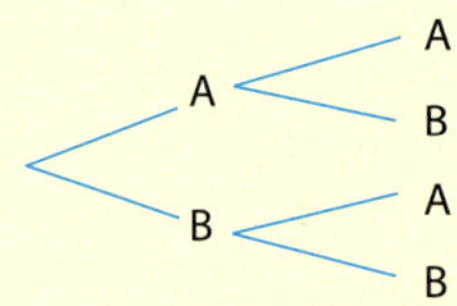

En comptant le nombre de chemins, retrouver oralement la valeur de :

a) $\binom{2}{0}$ **b)** $\binom{2}{1}$ **c)** $\binom{2}{2}$

37 Pour partir en vacances, Valentina souhaite emporter cinq livres parmi huit qu'elle n'a pas encore lus.

a) Combien a-t-elle de façons de choisir ces 5 livres ?

b) Elle se rend finalement compte qu'elle a déjà lu l'un de ces livres.
Quel est alors le nombre de façons de choisir les cinq livres parmi ceux qu'elle n'a pas encore lus ?

38 Lorenz possède dix cartes de fidélité de différents magasins. Malheureusement, son portefeuille ne comporte que cinq emplacements pour les cartes.

a) Combien Lorenz a-t-il de façons de choisir les cinq cartes à glisser dans son portefeuille, sans se soucier de l'ordre dans lequel il les placera ?

b) Il se rend compte que l'un des emplacements doit être réservé pour sa carte de crédit.
Combien a-t-il de façons de choisir les cartes pour les emplacements restants ?

39 **Algo** python

La fonction écrite en langage Python ci-dessous compte le nombre d'entiers pairs dans une liste L de vingt nombres entiers naturels.

```
1 def Pairs(L):
2     m=0
3     for i in range(20):
4         if(L[i]%2)==0:
5             m=m+1
6     return m
```

a) Expliquer le rôle des lignes 4 et 5.

b) Si m vaut 2 en sortie, cela signifie qu'il y a deux nombres pairs parmi les 20 nombres.
Combien y a-t-il de possibilités pour les positions de ces deux nombres pairs dans la liste ?

c) Même question dans le cas où $m = 10$.

40 On lance 6 fois de suite une pièce de monnaie équilibrée et on observe si le côté visible est Pile ou Face.
On imagine représenter cette situation par un arbre.

1. a) Combien y aurait-il de chemins sur cet arbre ?

b) Dans cet arbre, combien y aurait-il de chemins contenant :

- six fois Pile ?
- six fois Face ?

c) Pour k allant de 1 à 5, calculer le nombre de chemins qui contiendraient k fois Pile.

2. Dans chaque cas, déterminer le nombre de chemins répondant à la contrainte indiquée.

a) On a obtenu Pile au 4e lancer.

b) On a obtenu Pile au 2e lancer et Face au 5e.

41 Dans un lycée, les 36 délégués de classe doivent élire un comité de trois élèves.

1. On suppose que les trois élèves ont le même rôle.

a) Combien y a-t-il de comités différents possibles ?

b) On sait de plus que, parmi les délégués, 20 sont des filles et 16 sont des garçons.
Calculer le nombre de comités possibles dans lesquels il y a davantage de filles que de garçons.

2. On suppose que les trois élèves du comité peuvent être président, adjoint, secrétaire.
Reprendre alors les questions **a)** et **b)** de **1**.

42 La gamme de Do est constituée des sept notes Do, Ré, Mi, Fa, Sol, La, Si. Un accord est un ensemble de notes différentes jouées simultanément.

a) Combien existe-t-il d'accords :

- de deux notes ?
- de trois notes ?

b) Combien existe-t-il d'accords de trois notes qui contiennent la note Do ?

43 Un jeu de dominos classique comprend 28 pièces différentes. Chaque joueur en pioche une poignée de sept au début de la partie.

a) Combien y a-t-il de tirages de sept dominos possibles ?

b) Dans le cas de deux joueurs, combien y a-t-il de tirages possibles (un tirage est l'ensemble de toutes les pièces tirées par les joueurs) ?

44 En informatique, un raccourci clavier est un ensemble de touches que l'on actionne simultanément pour effectuer une certaine action. Un exemple classique est Ctrl+C qui permet de copier du texte ou une image.
On se limite dans cet exercice aux 26 touches des lettres et aux touches Ctrl, Alt et Shift.

a) Combien y a-t-il de raccourcis de deux touches ?

b) Combien y a-t-il de raccourcis de trois touches qui contiennent la touche Ctrl ?

c) Combien y a-t-il de raccourcis de trois touches ?

45 Au poker, on utilise un jeu de cinquante-deux cartes : treize valeurs (du 1 au 10 puis valet, dame, roi) en quatre familles (Cœur, Carreau, Pique, Trèfle).
Une main est un ensemble de 5 cartes différentes.

1. Combien de mains différentes peut recevoir un joueur ?

2. Une couleur est constituée de 5 cartes de la même famille.

a) Combien y a-t-il de mains de ce type en Cœur ?

b) Combien y a-t-il de mains de ce type en tout ?

3. Un carré est une main composée de 4 cartes de la même valeur et d'une cinquième carte quelconque.

a) En considérant la cinquième carte, déterminer combien de carrés présentent le numéro 10 répété quatre fois.

b) Combien y a-t-il de carrés en tout ?

46 Un sac contient six boules noires, deux boules blanches et quatre boules rouges.
On tire au hasard simultanément trois boules du sac.
a) Combien y a-t-il de tirages possibles ?
b) Combien de tirages sont constitués de trois boules de couleurs différentes ?
c) Combien de tirages sont constitués de trois boules de la même couleur ?

47 Le Kinball est un sport dans lequel plusieurs équipes se passent un gros ballon. Le but du jeu est d'obliger une équipe adverse à laisser tomber le ballon au sol. Dans ce sport, tous les joueurs d'une équipe ont le même rôle.

Alice entraine un club de Kinball qui compte 42 adhérents. Avant un championnat, elle doit choisir 10 personnes qui y participeront.
1. Combien de choix possibles s'offrent à Alice pour cette sélection de 10 joueurs ?
2. Parmi les 42 adhérents, il y a 22 filles et 20 garçons.
Combien Alice a-t-elle de choix possibles pour une équipe :
a) qui ne comporte que des filles ?
b) qui comporte un seul garçon ?
c) qui comporte autant de garçons que de filles ?
d) qui comporte deux garçons de plus que de filles ?

48 Dans une classe, il y a autant de garçons que de filles. Chaque semaine, pendant plusieurs semaines, on tire au sort un élève de la classe et on note s'il s'agit d'un garçon ou d'une fille. Chaque tirage est indépendant des précédents. Ainsi, un-e même élève peut être tiré-e au sort plusieurs fois.
On a représenté cette situation par un arbre, dont voici les premiers niveaux.

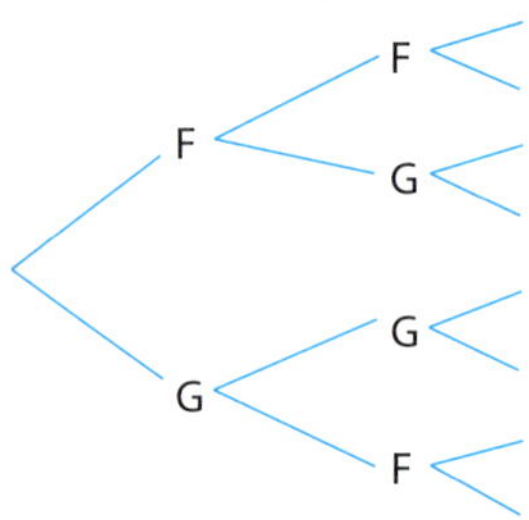

a) On sait qu'il y a 12 chemins qui contiennent exactement une fois la lettre G.
En déduire le nombre de semaines, et donc de tirages, qui ont été effectués.
b) Calculer alors le nombre de chemins qui contiennent exactement autant de F que de G.
c) Calculer le nombre de tirages possibles dans lesquels il y a strictement plus de filles que de garçons.

Propriétés des nombres de combinaisons

Cours 3

Questions flash — À l'oral

49 Donner oralement la valeur de :
a) $\binom{150}{0}$ **b)** $\binom{150}{1}$ **c)** $\binom{150}{149}$ **d)** $\binom{150}{150}$

50 On donne $\binom{12}{5} = 792$. En déduire $\binom{12}{7}$.

51 On donne $\binom{10}{3} = 120$ et $\binom{10}{4} = 210$.

En déduire, oralement, la valeur de $\binom{11}{4}$.

52 Voici une ligne du triangle de Pascal, qui donne les valeurs des nombres de combinaisons $\binom{n}{k}$ (avec $0 \leqslant k \leqslant n$) pour une certaine valeur de n. L'un des nombres a été effacé.

1 6 15 20 15 ... 1

a) Quelle est la valeur de n pour cette ligne ?
b) Donner la valeur du nombre manquant.
c) En déduire la ligne suivante du triangle de Pascal.

53 Voici trois lignes successives du triangle de Pascal, où l'on a caché certains nombres.

1 1
1 10 45 120 210 252 210 120 45 10 1
1 1

Recopier et compléter :
a) la troisième ligne ; **b)** la première ligne.

54 **Déterminer** $\sum_{k=0}^{n} \binom{n}{k}$

Asia additionne les coefficients de chaque ligne du triangle de Pascal.
1. a) Effectuer le calcul indiqué pour chacune des 5 premières lignes du triangle de Pascal.
b) Quelle conjecture Asia peut-elle émettre ?
2. On considère la ligne n du triangle de Pascal.
a) Quelle est la signification de chaque coefficient $\binom{n}{0}, \binom{n}{1}, \binom{n}{2}, \ldots, \binom{n}{n}$ pour un ensemble E à n éléments ?
b) Quel est le nombre total de parties de E ?
c) Prouver alors la conjecture d'Asia.

55 QCM **Dans chaque cas, donner la réponse exacte sans justifier.**

		A	B	C	D
1	E est l'ensemble $\{a ; e ; i ; o ; u\}$. Le nombre de permutations de cet ensemble est …	5	15	120	240
2	Dans une troupe de théâtre, il y a 3 rôles différents à distribuer parmi les 20 personnes de la troupe. Le nombre de distributions possibles est …	3	1 140	6 840	12^3
3	Le nombre de combinaisons de 4 éléments parmi 8 est égal à …	70	56	0,5	40 320
4	$\binom{100}{80}$ est égal à …	$\binom{10}{8}$	$\binom{100}{20}$	$\binom{5}{4}$	$\binom{180}{100}$
5	Le nombre de parties à deux éléments d'un ensemble à n éléments, $n \geqslant 1$, est …	$\dfrac{n(n-1)}{2}$	$\dfrac{n(n+1)}{2}$	$\dfrac{(n-1)(n+1)}{2}$	$n(n-1)$

56 QCM **Dans chaque cas, donner la (ou les) réponse(s) exacte(s) sans justifier.**

		A	B	C	D
1	Tous les coefficients d'une ligne du triangle de Pascal sont impairs lorsque …	$n = 3$	$n = 5$	$n = 7$	$n = 9$
2	(1 ; 2 ; 3) est une permutation de l'ensemble …	$\{1 ; 2 ; 3\}$	$\{3 ; 2 ; 1\}$	$\{1 ; 2 ; 3 ; 4\}$	$\{1 ; 2\}$
3	Un ukulélé a 4 cordes. Le nombre de façons de les jouer l'une après l'autre est …	4	4!	$4 + 3 + 2 + 1$	24
4	4 des 14 lignes de métro d'une ville vont être modernisées. Le nombre de façons de les choisir, dans un ordre précis, est …	un multiple de 132	4!	24 024	36 036
5	$\dfrac{20!}{12!\,8!}$ est égal à …	125 975	$\binom{20}{12}$	$30 \times 19 \times 17 \times 13$	$\binom{20}{8}$

57 Vrai/Faux **Dans chaque cas, dire si l'affirmation est vraie ou fausse en justifiant.**

1 **Affirmation :** pour un ensemble à 8 éléments, il y a plus de 7-uplets d'éléments distincts que de permutations.

2 Un sac contient dix jetons numérotés de 1 à 10. On pioche ces dix jetons l'un après l'autre, sans remise, et on les aligne.
Affirmation : il y a 10 alignements différents possibles.

3 **Affirmation :** pour tout entier naturel $n \geqslant 2$, $\binom{n+3}{n}$ est un multiple de 5.

4 Alina a reçu 20 messages mais n'a le temps de lire qu'un ensemble de 5 de ces messages.
Affirmation : le nombre de façons de les choisir est supérieur à dix-mille.

Vérifiez vos réponses : p. 529

58 Démontrer des propriétés du cours

Dans le cours, page 62, on a démontré deux propriétés des nombres de combinaisons en s'appuyant sur les nombres de chemins dans un arbre « succès-échec ».
On peut aussi démontrer ces propriétés par le calcul.

1. La symétrie

On se propose de démontrer que pour tous entiers naturels n et k tels que $0 \leqslant k \leqslant n$, $\binom{n}{k} = \binom{n}{n-k}$.

Rédiger la démonstration en suivant le guide ci-dessous.

(1) Exprimer $\binom{n}{k}$: $\binom{n}{k} = \dfrac{n!}{(\ldots - \ldots)!k!}$ **(2)** Exprimer $\binom{n}{n-k}$: $\binom{n}{n-k} = \dfrac{n!}{\ldots!\ldots!} = \dfrac{n!}{\ldots}$

(3) Conclure par une phrase.

2. La relation de Pascal

Pour tous entiers naturels n et k tels que $1 \leqslant k \leqslant n-1$,

$$\binom{n-1}{k-1} + \binom{n-1}{k} = \frac{(n-1)!}{(n-k)!(k-1)!} + \frac{(n-1)!}{(n-1-k)!k!}$$

$$\binom{n-1}{k-1} + \binom{n-1}{k} = \frac{k(n-1)!}{(n-k)!k!} + \frac{(n-k)(n-1)!}{(n-k)!k!}$$

$$\binom{n-1}{k-1} + \binom{n-1}{k} = \frac{k(n-1)! + (n-k)(n-1)!}{(n-k)!k!}$$

$$\binom{n-1}{k-1} + \binom{n-1}{k} = \frac{n!}{(n-k)!k!} = \binom{n}{k}$$

a) Expliquer la nécessité de la condition $1 \leqslant k \leqslant n-1$.

b) Expliquer chacune des expressions écrites en vert.

59 Éviter une erreur courante

Énoncé : Dans un jeu de 32 cartes, combien y a-t-il de mains de 5 cartes qui contiennent au moins un roi ?

Voici la réponse d'Ambra.

Il faut au moins un roi donc il y a 4 possibilités.

Puis, on tire 4 cartes parmi les 31 restantes. Il y a $\binom{31}{4}$ choix possibles.

Le nombre de tirages qui contiennent au moins un roi est donc $4 \times \binom{31}{4} = 125\,860$.

a) On considère la main : roi de Pique, roi de Trèfle, as de Cœur, valet de Carreau, 7 de Cœur.
Expliquer pourquoi Ambra a compté deux fois une telle main dans son dénombrement.

b) Réaliser ce schéma, colorier l'ensemble des mains avec au moins un roi.

c) Déterminer alors le nombre de mains avec au moins un roi.

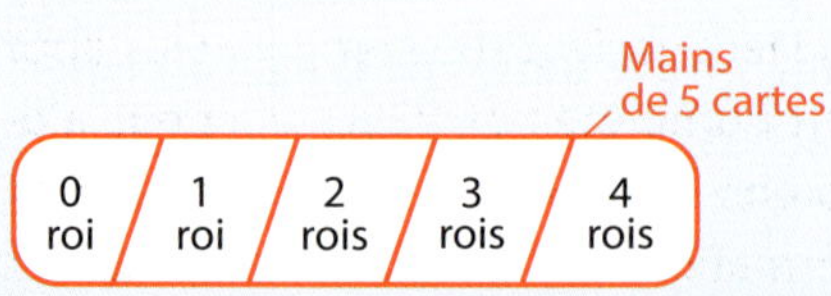

▷ Vidéo

JaiCompris.com

Toutes les démonstrations au programme en vidéo

Liste des démonstrations :

- Démonstration par dénombrement de la relation : $\sum_{k=0}^{n} \binom{n}{k} = 2^n$.
- Démonstration de la relation de Pascal.

Conseil

Pour traiter un « au moins », un schéma de ce type permet de choisir le procédé le plus efficace. Par exemple ici, vaut-il mieux calculer le nombre de mains contenant 1 roi ou 2 rois ou 3 rois ou 4 rois, ou bien vaut-il mieux calculer le nombre de mains contenant 0 roi ?

Reconnaître les objets à dénombrer

60 **PARCOURS DIFFÉRENCIÉS**

Parcours 1

On tire simultanément deux boules de l'urne A et on les place dans l'urne B.
Puis, on tire simultanément trois boules de l'urne B.

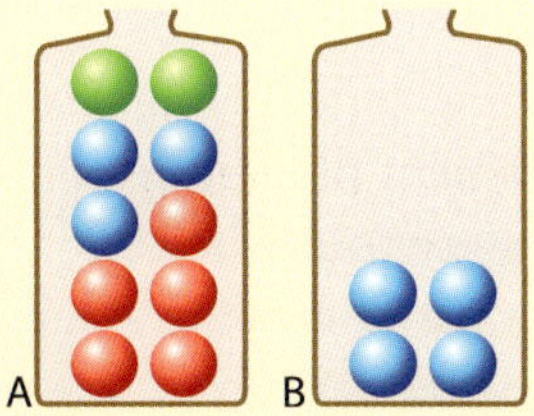

Quel est le nombre de tirages tricolores possibles ?

Parcours 2

Au Sénégal, des chercheurs ont mis des gerbilles en élevage : 4 mâles dont 2 de l'espèce gracilis, et 6 femelles dont 3 de l'espèce pygargus.
Ces animaux sont indiscernables à l'œil.
Les chercheurs sélectionnent un groupe de quatre de ces gerbilles.
On se propose de déterminer le nombre de choix possibles avec exactement un mâle gracilis et une femelle pygargus.

a) Combien y a-t-il de choix possibles :
- d'un mâle gracilis ?
- d'une femelle pygargus ?

b) Combien de gerbilles reste-t-il à choisir ? Parmi lesquelles ? Combien cela fait-il de choix ?

c) Conclure sur le nombre de choix possibles pour les chercheurs.

61 Pendant un cours d'EPS, les membres d'une même équipe doivent porter le même maillot.
Avant le match, ils prennent un maillot parmi les douze qui sont disponibles.

1. Dans un premier temps, on suppose que les maillots sont indiscernables les uns des autres.
Déterminer le nombre de façons de distribuer ces maillots lorsque l'équipe est constituée de :
a) cinq élèves ; **b)** douze élèves.

2. On suppose maintenant que les maillots sont numérotés de 1 à 12.
Déterminer le nombre de façons de distribuer ces maillots lorsque l'équipe est constituée de :
a) cinq élèves ; **b)** douze élèves.

3. Emma affirme : « Le nombre de façons de distribuer les maillots est différent s'ils sont numérotés ou non, dans tous les cas sauf si l'on ne prend qu'un maillot. »
Que peut-on penser de cette affirmation ?

62 Un robot se déplace le long du quadrillage ci-dessous, de côtés 10 et 4. Il ne peut se déplacer que vers la droite ou vers le haut. Ainsi, en partant du point M, il ne peut se rendre qu'en P ou en Q. On s'intéresse au nombre de chemins d'un point à un autre.

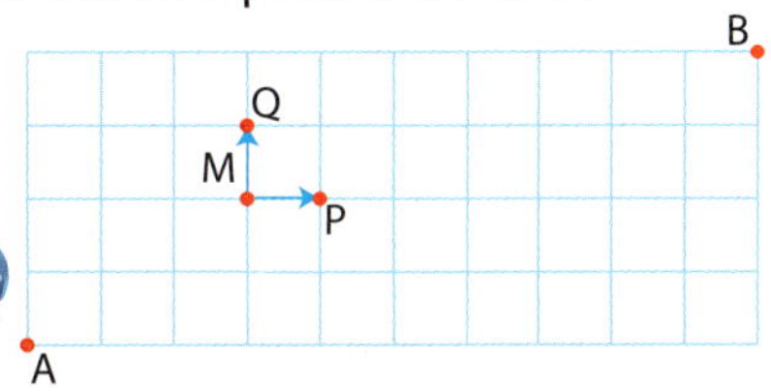

a) Quels points se trouvent à deux unités de A ?
Déterminer le nombre de chemins qui relient A à chacun de ces points.

b) Comparer les nombres de chemins qui relient A à M, A à P, A à Q.

c) Déterminer le nombre de chemins qui relient A à B.

Vidéo

JAICOMPRIS.COM — Cet exercice est corrigé en vidéo

63 Carla s'occupe du rayon Sciences d'une librairie. Elle doit mettre en avant 5 livres sur un présentoir. Pour cela, elle doit choisir 3 livres d'astronomie parmi 4 possibles, et 2 livres de mathématiques parmi 5 possibles.

a) Combien a-t-elle de façons de choisir les livres :
- d'astronomie ?
- de mathématiques ?

b) Après avoir choisi les livres qu'elle va présenter, elle doit ensuite décider de l'ordre dans lequel elle va les placer. Combien de dispositions peut-elle adopter ?

c) En déduire le nombre total de choix possibles pour organiser son présentoir.

64 **a)** Un musicien part en tournée. Il doit emporter 5 guitares parmi sa collection, qui en comporte 30 différentes. Combien a-t-il de choix possibles ?

b) Pour les quatre premières chansons qu'il joue lors d'un concert, il doit choisir quatre guitares différentes et dans quel ordre il va les utiliser.
Combien de choix différents peut-il effectuer ?

c) Il se rend compte que l'une de ses 4 guitares est plus appropriée pour jouer la première chanson. Il ne peut alors plus l'utiliser pendant les trois chansons suivantes. Combien a-t-il alors de façons de choisir les guitares pour les quatre premières chansons ?

65 Un voyagiste organise une croisière touristique en 7 étapes.

- 3 étapes doivent avoir lieu dans des ports importants où le ravitaillement est possible. Il doit choisir ces ports parmi 6 possibilités.
- Les autres étapes doivent offrir des visites pittoresques, choisies parmi 10 possibilités.

Combien y a-t-il de façons de concevoir cette croisière ?

66 Dix personnes sont assises à une table ronde.
Dans chaque cas, de combien de façons différentes ces personnes peuvent-elles s'asseoir ?
a) Les chaises sont numérotées.
b) Les chaises ne sont pas numérotées.

67 Un polygone convexe (tel que celui ci-contre) a n côtés (avec n nombre entier naturel, $n \geqslant 3$).

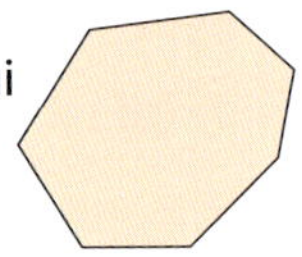

Exprimer en fonction de n son nombre de diagonales.

Utiliser les formules

68 n désigne un nombre entier naturel, $n \geqslant 2$.
Dans chaque cas, exprimer le nombre en fonction de n sans utiliser la notation factorielle.

$A = \dfrac{n!}{(n-2)!}$ $\quad B = \dfrac{(n-1)!}{(n+2)!}$ $\quad C = \dfrac{n!}{(n+1)!} - \dfrac{(n-1)!}{n!}$

69 n désigne un nombre entier naturel.
Dans chaque cas, résoudre l'équation.

a) $\dbinom{n}{5} = 17\dbinom{n}{4}$ avec $n \geqslant 5$.

b) $\dbinom{2n}{1} + \dbinom{2n}{2} + \dbinom{2n}{3} = 387n$ avec $n \geqslant 2$.

70 n désigne un nombre entier naturel, $n \geqslant 1$.
Une urne contient n boules blanches et n boules rouges. On tire simultanément n boules de l'urne.
a) Exprimer en fonction de n le nombre de tirages possibles.
b) p désigne un nombre entier naturel tel que $0 \leqslant p \leqslant n$.
Démontrer que le nombre de tirages avec exactement p boules blanches est $\dbinom{n}{p}^2$.
c) En déduire la somme : $S = \dbinom{n}{0}^2 + \dbinom{n}{1}^2 + \ldots + \dbinom{n}{n}^2$.

Utiliser le dénombrement en probabilités

71 **PARCOURS DIFFÉRENCIÉS**

Parcours 1

Une urne contient cinq boules vertes et trois boules bleues. On tire au hasard, simultanément, deux boules de cette urne.
X est la variable aléatoire qui compte le nombre de boules vertes obtenues.
Présenter dans un tableau la loi de probabilité de X.

Parcours 2

Une urne contient quatre boules numérotées 10, 20, 30, 40.
On tire au hasard, simultanément, deux boules de l'urne.
X est la variable aléatoire qui compte le nombre de boules dont le numéro est divisible par 4.
a) Combien y a-t-il de tirages différents possibles ?
b) Quelles sont les valeurs prises par X ?
c) Décrire par une phrase l'événement $\{X=0\}$, puis calculer sa probabilité.
d) De même, calculer la probabilité de chacun des événements $\{X=2\}$ et $\{X=1\}$.
e) En déduire la loi de probabilité de X.

72 Dans un lycée, une classe de 32 élèves (20 filles et 12 garçons) doit être dédoublée pour les cours de sciences.
On doit donc constituer un groupe de 16, que l'on appelle groupe A, l'autre groupe étant alors constitué des élèves restants.
Marina affirme : « Il y a une chance sur deux que le groupe A comporte autant de filles que de garçons ».
A-t-elle raison ? Justifier.

73 Mehdi a 1 an. Il joue avec des cubes alphabétiques en bois.
Il dispose d'un cube pour chaque lettre de l'alphabet et en prend cinq au hasard.

a) Quelle est la probabilité qu'il empile des cubes qui forment, de haut en bas, le mot PRIME ?
b) Quelle est la probabilité qu'il empile des cubes dont les lettres sont celles du mot CIBLE, éventuellement dans le désordre ?
c) Quelle est la probabilité qu'il empile cinq cubes dont les lettres appartiennent au mot ABDOMEN ?

74 Il y a dans un tiroir trois paires de chaussures de couleurs différentes.
On tire au hasard deux chaussures.
Calculer la probabilité de chaque événement.
A : « Elles appartiennent à la même paire. »
B : « Il y a un pied droit et un pied gauche. »

75 On lance 100 fois une pièce équilibrée et on note le côté obtenu (Pile, Face).
Calculer la probabilité d'obtenir cinq fois Pile.
Arrondir au centième.

76 On dispose de deux urnes :
- urne A : dix boules bleues et dix boules rouges ;
- urne B : cinq boules bleues et quinze boules rouges.

1. On tire au hasard, simultanément, trois boules de l'urne A.
a) Calculer le nombre de tirages possibles.
b) Quelle est la probabilité de tirer :
- trois boules bleues ?
- trois boules rouges ?

c) En déduire la probabilité de tirer trois boules de la même couleur.
2. On tire au hasard, simultanément, trois boules de l'urne B.
Calculer la probabilité de tirer trois boules de la même couleur.
3. On lance une pièce équilibrée. Si l'on obtient Pile, on tire, simultanément, trois boules de l'urne A, sinon, on les tire de l'urne B.
a) Représenter cette expérience aléatoire par un arbre pondéré de probabilités.
b) Déterminer la probabilité de tirer trois boules de la même couleur.

77 Youri utilise une application pour tirer au hasard, sans les ordonner, trois nombres entiers différents de l'ensemble $\{0\,;1\,;2\,;3\,;4\}$.
X est la variable aléatoire qui donne la somme des nombres obtenus.
a) Combien y a-t-il de tirages possibles ?
b) L'un des nombres tirés au sort est 0.
Combien y a-t-il alors de façons de tirer au sort les deux autres nombres ?
c) Le 0 n'a pas été tiré au sort.
Combien y a-t-il de façons de tirer les trois nombres dans ce cas ?
d) En énumérant tous les tirages possibles, déterminer les valeurs prises par la variable aléatoire X.
e) En déduire la loi de probabilité de X.

78 Carolina joue avec un bilboquet. À chaque tentative, la probabilité qu'elle gagne est 0,7. Elle effectue trois tentatives successives et X est la variable aléatoire qui compte le nombre de succès.
1. Représenter cette situation par un arbre pondéré de probabilités.
2. Calculer la probabilité qu'elle réussisse trois fois.
3. a) Quel est le nombre de chemins dans lesquels elle réussit une fois exactement ?
b) Calculer la probabilité le long d'un de ces chemins.
c) En déduire la probabilité qu'elle réussisse exactement une fois.
4. En s'inspirant de la méthode de la question **3.**, déterminer la probabilité que Carolina réussisse exactement deux fois.
5. Donner la loi de probabilité de la variable aléatoire X.

Dans cette situation, on dit que la variable aléatoire X suit une **loi binomiale**. Ce type de situation sera étudié au chapitre 15.

S'entraîner à la logique

→ p. 525

79 **Implication**

Dans chaque cas, trouver une conclusion logique pour compléter l'implication, en utilisant la notion entre parenthèses.
a) (Nombre de permutations) Si un ensemble a huit éléments, alors …
b) (Nombre de triplets) Si n et n' sont deux nombres naturels avec $n \leqslant n'$, alors …
c) (Nombre de combinaisons) Si n et k sont deux nombre entiers naturels égaux, alors …
d) (Nombre de parties) Si n et m sont deux nombres entiers naturels tels que $n = 2m$ et si E et F sont des ensembles à n et m éléments respectivement, alors …

80 **Négation**

Pour chacune des affirmations ci-dessous, écrire sa négation, puis dire si celle-ci est vraie ou fausse.
a) Il existe des entiers naturels n et k tels que $0 \leqslant k \leqslant n$ et $\binom{n}{k} = 7$.
b) Pour tout entier naturel $n \geqslant 3$,
$$\binom{n}{1} + \binom{n}{2} = \binom{n}{3}.$$

81 CARRÉS MAGIQUES

Algo python

Objectif
Appliquer les méthodes de dénombrement aux carrés magiques d'ordre 3.

Un carré magique d'ordre 3 est un tableau carré de neuf nombres tel que les sommes des nombres de chaque ligne, de chaque colonne et de chaque diagonale soient toutes égales.

7	12	5
6	8	10
11	4	9

1. Carrés quelconques avec les nombres de 1 à 9

Dans cette première partie, on s'intéresse aux carrés contenant les nombres de 1 à 9, qu'ils soient magiques ou non.

a) Déterminer le nombre de carrés de ce type.

b) Dans chacun des cas ci-dessous, déterminer le nombre de carrés qui vérifient la contrainte.

Contrainte 1 : le nombre 5 est au centre du carré ;

Contrainte 2 : les quatre nombres pairs sont aux quatre coins ;

Contrainte 3 : les quatre nombres impairs différents de 5 sont au milieu des quatre côtés du carré.

c) Calculer le nombre total de carrés différents qui vérifient les trois contraintes.

2. Carrés magiques avec les nombres de 1 à 9

On s'intéresse maintenant uniquement aux carrés magiques constitués des nombres de 1 à 9.

a) Calculer la somme des nombres de 1 à 9, et en déduire la « somme magique », c'est-à-dire la somme de chaque ligne (et donc chaque colonne et chaque diagonale).

b) On admet que pour construire un tel carré magique, il faut respecter les trois contraintes de la question **1. b)**. Utiliser les contraintes et la somme magique pour trouver tous les carrés magiques avec les nombres de 1 à 9.

c) Observer les propriétés de symétrie entre ces différents carrés. Que remarque-t-on ?

3. Somme de carrés magiques

a) Prouver que quand on additionne ou soustrait case par case deux carrés magiques d'ordre 3, on obtient toujours un carré magique.
La somme magique est-elle alors modifée ?

b) Dans chaque cas, calculer le nombre de carrés magiques que l'on peut ainsi obtenir :

- en additionnant deux des carrés magiques de 1 à 9 ;
- en additionnant trois de ces carrés magiques.

On admet qu'on obtient bien ainsi des carrés différents.

HISTOIRE DES MATHS

Les carrés magiques passionnent les amateurs de mathématiques depuis des millénaires. Le plus ancien carré magique connu, qui a été retrouvé en Chine, date de 2 200 avant notre ère.

Plusieurs mathématiciens de renom, comme Fermat, ont écrit des traités sur le sujet.

En 1514, dans sa gravure *Melancolia*, Albrecht Dürer a fait figurer un carré magique d'ordre 4.

82 PARTITIONS D'UN ENSEMBLE FINI

Algo python

Objectif
Dénombrer les différentes façons de partitionner un ensemble.

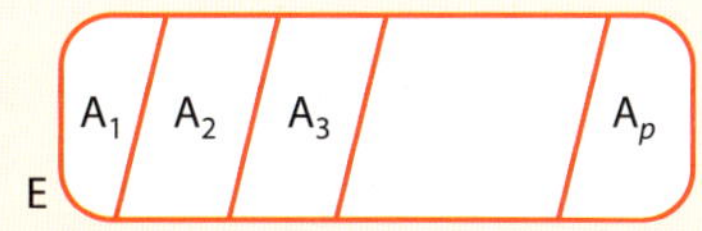

E est un ensemble fini à n éléments.

Une partition de E est la donnée de p parties non vides $A_1, A_2, \ldots, A_p$ de E, qui vérifient les deux propriétés ci-dessous :

- ces parties sont disjointes deux à deux : pour tous entiers naturels i et j distincts et inférieurs ou égaux à p, $A_i \cap A_j = \varnothing$;
- $A_1 \cup A_2 \cup \ldots \cup A_p = E$.

On se propose de déterminer le nombre de partitions de l'ensemble E.

Pour tout entier naturel p tel que $1 \leqslant p \leqslant n$, on note S_n^p le nombre de partitions de l'ensemble E en p parties.

1. Premiers exemples

a) E est un ensemble à deux éléments, par exemple $E = \{a\,;b\}$.

Déterminer les différentes partitions possibles de E et en déduire les valeurs de S_2^1 et S_2^2.

b) E est un ensemble à trois éléments, par exemple $E = \{a\,;b\,;c\}$.

Il y a trois partitions de E en deux parties. Quelles sont ces trois partitions ?

c) Préciser la valeur de S_3^p pour p allant de 1 à 3.

d) Déterminer pour tout entier naturel $n \geqslant 1$, les valeurs de S_n^1 et S_n^n.

2. Conjecturer une relation

a) Que représente le nombre S_4^2 ? Déterminer la valeur de ce nombre en listant toutes les partitions correspondantes.

b) De même, déterminer les nombres S_4^3 et S_5^3.

c) Vérifier que $S_4^2 = S_3^1 + 2S_3^2$ et que $S_4^3 = S_3^2 + 3S_3^3$.

d) Conjecturer, puis vérifier une relation entre S_5^3, S_4^2 et S_4^3.

e) Pour tous entiers naturels n et p tels que $1 \leqslant p \leqslant n$, conjecturer une relation entre les nombres S_n^p, S_{n-1}^{p-1} et S_{n-1}^p.

3. Démontrer la relation

n et p sont des nombres entiers naturels tels que $1 \leqslant p \leqslant n$.

On se propose de démontrer la relation qui lie les nombres S_n^p, S_{n-1}^{p-1} et S_{n-1}^p.

On note x l'un des n éléments d'un ensemble E et on s'intéresse aux partitions de E en p parties.

a) Quel est le nombre de telles partitions de E dont une partie est $\{x\}$?

b) Quel est le nombre de telles partitions de E dont aucune des parties n'est $\{x\}$?

c) En déduire la relation cherchée.

d) Imaginer un procédé analogue au triangle de Pascal pour déterminer de proche en proche les valeurs de S_6^k pour $1 \leqslant k \leqslant 6$.

4. Utiliser un programme

Ariane a défini une fonction **Part** en langage Python qui renvoie le nombre de partitions en p parties d'un ensemble à n éléments.

```python
def Part(n,p):
    if p==1 or p==n:
        S=1
    else:
        S=Part(n-1,p-1)+Part(n-1,p)
    return S
```

a) Ce programme est-il correct ? Si non, le corriger.

b) Utiliser le programme pour vérifier les réponses à la question **3. d)**.

83 Ranger des livres

Narration de recherche

Raisonner **Calculer** **Communiquer**

Rédiger les différentes étapes de la recherche, sans omettre les fausses pistes et les changements de méthode.

Problème

Ainhoa range au hasard, sur une étagère :

- 5 livres différents de Mathématiques ;
- 3 livres différents de Physique-Chimie ;
- 4 livres différents de Sciences de la Vie et de la Terre.

Combien y a-t-il de rangements où les livres de chaque matière sont côte à côte ?

84 Prendre des initiatives

Chercher **Modéliser** **Calculer**

On appelle mot tout assemblage ordonné de lettres de l'alphabet français, qu'il ait un sens ou non. À l'aide uniquement des lettres du mot MOULINS, combien peut-on écrire de mots de quatre lettres distinctes dont l'une des lettres est N ?

85 Retrouver le triangle de Pascal

Modéliser **Raisonner**

Une urne contient sept boules numérotées de 1 à 7. On tire simultanément trois boules de l'urne.

1. Combien y a-t-il de tirages où les trois boules :

a) portent un numéro inférieur ou égal à 3 ?

b) portent un numéro inférieur ou égal à 4 ?

2. k désigne un nombre entier naturel tel que $3 \leqslant k \leqslant 7$.

Exprimer avec une combinaison le nombre de tirages où figurent la boule n° k et deux boules de numéros inférieurs à k.

3. a) En déduire des nombres entiers naturels n et p tels que :

$$\binom{2}{2}+\binom{3}{2}+\binom{4}{2}+\binom{5}{2}+\binom{6}{2}=\binom{n}{p}.$$

b) Démontrer à nouveau cette formule avec la relation de Pascal.

86 Compter des nombres

? Problème ouvert

Raisonner **Calculer**

n désigne un nombre entier naturel, $n \geqslant 3$.

Combien peut-on écrire de nombres entiers naturels de n chiffres exactement dont deux chiffres 5 exactement ?

87 Imaginer une stratégie

Raisonner **Communiquer**

Dans une version simplifiée du jeu Dobble, on joue avec des cartes rondes qui présentent chacune trois symboles différents parmi sept : .

Le jeu est basé sur une contrainte : deux cartes quelconques ont toujours exactement un symbole en commun.

a) Sans tenir compte de cette contrainte, combien de cartes différentes pourrait-on réaliser ?

b) Déterminer le nombre de cartes qui ont exactement un symbole en commun avec la carte dessinée ci-contre.

c) La deuxième carte ci-contre a bien un unique symbole commun avec la 1re carte.

Déterminer le nombre de cartes qui ont exactement un symbole en commun avec chacune de ces deux cartes, puis le nombre total de cartes de ce jeu.

d) Les cartes du jeu sont présentées dans le schéma ci-contre. Expliquer comment est construit ce schéma.

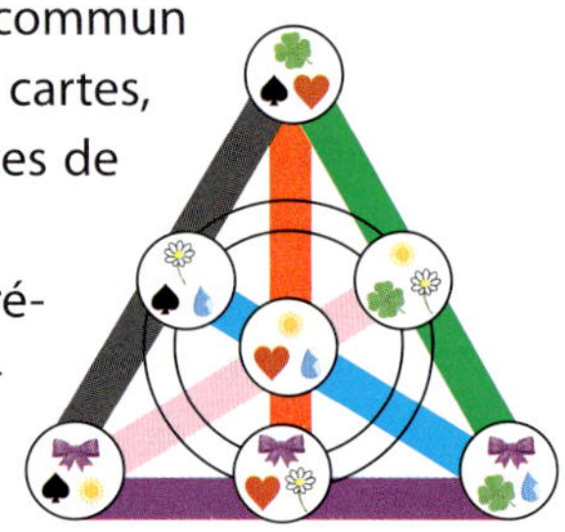

88 Compare two numbers

Calculer **Communiquer**

E is a set with n elements with $n \geqslant 2$.

Find the value(s) of n such that there are at least 15 000 more triplets in the set E^3 then there are couples of distinct elements of E.

89 Organiser des emplois du temps

Raisonner **Communiquer**

En Première, chaque élève de la voie générale suit 16 h de cours du socle de culture commune et doit choisir trois spécialités à 4 h chacune parmi dix possibilités.

a) Si un établissement propose toutes les spécialités et n'impose aucune restriction sur les choix, combien y a-t-il de façons possibles de choisir les trois spécialités ?

b) Dans un grand lycée, la direction a décidé que chaque élève peut choisir deux spécialités comme il le souhaite, mais que la troisième est alors imposée. Dans ce cas, combien y a-t-il de façons possibles de choisir les spécialités ?

c) Dans les deux cas ci-dessus, les possibilités offertes imposent a priori qu'aucun cours de spécialité n'ait lieu en même temps qu'un autre. Cette organisation est-elle réalisable dans un emploi du temps hebdomadaire ?

90 Organiser des visites

⏱ 45 min

D'après Bac, Centres étrangers 2019

Partie A : choisir des musées

Timothée passe quelques jours dans une capitale européenne. Il est intéressé par 11 musées différents dans cette capitale :

- 7 musées d'art et d'histoire ;
- 4 musées scientifiques ou technologiques.

Lors de ce séjour, il n'aura le temps de visiter que 5 musées différents.

1. Dans un premier temps, on s'intéresse aux différentes façons de choisir ces 5 musées, sans tenir compte de l'ordre dans lequel Timothée les visitera.

a) Calculer le nombre de façons que peut adopter Timothée pour choisir ces 5 musées.

b) Combien a-t-il de façons de choisir ces musées de sorte qu'il visite exactement 2 musées d'art et d'histoire ?

c) Combien a-t-il de façons de choisir ces musées de sorte qu'il visite au moins un musée scientifique ou technologique ?

2. On prend maintenant en considération l'ordre dans lequel Timothée visitera ces musées.

a) On suppose que Timothée a déjà choisi 5 musées.
Combien de façons a-t-il de les ordonner pour organiser les visites ?

b) Timothée a choisi les 5 musées et décide d'en visiter un par jour, sauf un jour au cours duquel il en visitera deux.
Combien a-t-il de façons d'organiser ces visites en respectant cette contrainte, sans préciser l'ordre des deux musées visités le même jour ?

Guide de résolution
Partie A – Pour chaque question, il faut tout d'abord identifier le type d'outil de dénombrement qui convient en se posant deux questions :
– peut-il y avoir des répétitions d'un même élément ?
– doit-on tenir compte de l'ordre ?

Partie B : étude de clientèle d'un musée

Dans l'un des musées visité par Timothée, chaque visiteur peut acheter son billet sur Internet avant sa visite ou l'acheter aux caisses du musée à son arrivée.

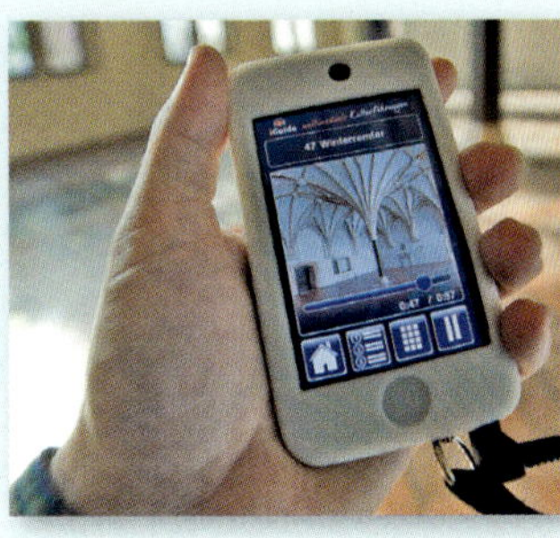

Pour l'instant, la location d'un audioguide pour la visite n'est possible qu'aux caisses du musée.
Le directeur s'interroge sur la pertinence de proposer la réservation des audioguides sur Internet.
Une étude est réalisée. Elle révèle que :

- 70 % des clients achètent leur billet sur Internet ;
- parmi les clients achetant leur billet sur Internet, 35 % choisissent à leur arrivée au musée une visite avec un audioguide ;
- parmi les clients achetant leur billet aux caisses du musée, 55 % choisissent une visite avec un audioguide.

On choisit au hasard un client du musée.

1. Représenter la situation à l'aide d'un arbre pondéré.

2. Démontrer que la probabilité de l'événement : « Le client choisit une visite avec un audioguide » est égale à 0,41.

3. On s'intéresse aux clients qui visitent le musée avec un audioguide.
Si plus de la moitié d'entre eux ont acheté leur billet sur Internet, alors le directeur proposera à l'avenir la location de l'audioguide sur le site Internet du musée.
D'après les résultats de cette étude, que va décider le directeur ? Justifier.

Guide de résolution
1. Modéliser la situation en définissant des événements.
Par exemple, I : « Le client a acheté son billet sur Internet ».

Guide de résolution
2. Penser à la formule des probabilités totales.

Guide de résolution
3. On doit calculer une probabilité conditionnelle.

91 Assister à des matchs de football

40 min

D'après Bac, Asie 2019

Partie A : différentes équipes

Un club de football est composé d'équipes adultes masculines, d'équipes adultes féminines et d'équipes d'enfants.

Chaque week-end, la présidente Claire assiste au match d'une seule des équipes du club et elle suit :

- dans 10% des cas, le match d'une équipe adulte féminine ;
- dans 40% des cas, le match d'une équipe adulte masculine ;
- dans les autres cas, le match d'une équipe d'enfants.

Lorsqu'elle assiste au match d'une équipe adulte masculine, la probabilité que celle-ci gagne est 0,6.

Lorsqu'elle assiste au match d'une équipe d'enfants, la probabilité que celle-ci gagne est 0,54.

La probabilité que Claire voie l'équipe de son club gagner est 0,58.

On choisit un week-end au hasard. On note les évènements suivants :

- F : « Claire assiste au match d'une équipe adulte féminine » ;
- M : « Claire assiste au match d'une équipe adulte masculine » ;
- E : « Claire assiste au match d'une équipe d'enfants » ;
- G : « L'équipe du club de Claire gagne le match ».

1. Représenter la situation par un arbre de probabilités, en y indiquant uniquement les données de l'énoncé.

Cet arbre sera complété dans la suite de l'exercice.

2. Déterminer la probabilité $P(M \cap G)$.

3. a) Démontrer que $P(F \cap G) = 0{,}07$.

b) En déduire $P_F(G)$.

c) La probabilité que l'équipe adulte féminine gagne un match est 0,47.

La présence de Claire semble-t-elle favoriser la victoire de l'équipe adulte féminine ?

4. Claire annonce avoir assisté à la victoire d'une équipe du club.

Quelle est la probabilité qu'elle ait suivi le match d'une équipe adulte féminine ?

Arrondir au centième.

Partie B : choisir les joueuses

Dans ce club, on compte 22 joueuses adultes, parmi lesquelles 6 ont plus de 21 ans.

Pour chaque match de l'équipe féminine, il faut choisir 14 joueuses : 11 titulaires et 3 remplaçantes.

On considère dans cet exercice que ce choix est fait au hasard.

1. Combien y a-t-il de façons de tirer au sort les 14 membres de l'équipe ?

2. Quelle est la probabilité que toutes les membres de l'équipe aient moins de 21 ans ?

3. Quelle est la probabilité qu'au moins 3 des membres de l'équipe aient plus de 21 ans ?

Guide de résolution
3. a) On connait $P(G)$ et $P(M \cap G)$, et on peut calculer $P(E \cap G)$. On peut donc déterminer $P(F \cap G)$ à l'aide de la formule des probabilités totales.

Guide de résolution
4. Penser à calculer une probabilité conditionnelle.

Guide de résolution
1. Ici, on ne tient pas compte du poste occupé par chaque membre de l'équipe, c'est-à-dire que l'on ne tient pas compte de l'ordre.

Guide de résolution
3. On peut considérer l'événement contraire : 2 membres de l'équipe ou moins ont plus de 21 ans.

92 Contrôler la qualité de rubans LED

30 min

D'après Bac, Amérique du Nord 2018

Un site Internet vend deux sortes de rubans LED flexibles : un premier modèle dit d'« intérieur » et un second modèle dit d'« extérieur ».
Le site dispose d'un grand stock de ces rubans LED.

1. On admet que :
- 20 % des rubans LED proposés à la vente sont d'extérieur ;
- 5 % des rubans LED d'extérieur sont défectueux ;
- 6,25 % des rubans LED d'intérieur sont défectueux.

On prélève au hasard un ruban LED dans le stock. On note :
- E l'évènement : « Le ruban LED est d'extérieur » ;
- D l'évènement : « Le ruban LED est défectueux ».

a) Déterminer la probabilité qu'un ruban soit défectueux.
b) Les événements E et D sont-ils indépendants ?

2. Pour décorer l'extérieur d'une salle des fêtes, Jara a commandé sur ce site un lot de 10 rubans LED d'extérieur, dont 2 sont défectueux.
Elle prend au hasard 5 rubans dans ce lot de 10.
X est la variable aléatoire qui compte le nombre de rubans défectueux.
a) Établir la loi de probabilité de X.
b) Quelle est la probabilité qu'au moins un des rubans choisis soit défectueux ?

Guide de résolution
1. b) Dire que deux événements A et B sont indépendants signifie que $P(A \cap B) = P(A) \times P(B)$.

Guide de résolution
2. a) Il s'agit, pour chaque valeur a prise par la variable aléatoire X, de calculer $P(X = a)$.

Se préparer À L'ORAL

93 Présenter un exposé

a) Quelles sont les différentes façons de tirer des boules dans une urne opaque et les outils de dénombrement associés ?
b) Dans un exposé oral de 10 min, présenter ces notions et quelques exemples d'application.

94 Travailler l'oral en groupe

Résoudre cet exercice en petit groupe, puis présenter les résultats à l'oral.

Les aéroports du monde entier sont identifiés par un code à trois lettres, attribué par l'Association Internationale du Transport Aérien.
Par exemple, le code de l'aéroport de Paris-Charles de Gaulle est CDG.
a) Sachant qu'une même lettre peut être utilisée plusieurs fois dans ce code, calculer le nombre de codes différents possibles.
b) Quel serait ce nombre si on ne pouvait pas utiliser deux fois la même lettre dans un code ?

95 Présenter un exposé

▶ **ANTICIPER LES QUESTIONS DU JURY**

1. Préparation de la restitution orale (5 min)
Par groupe de 4, résoudre l'exercice ci-dessous, chaque élève travaillant sur l'une des quatre propositions.
2. Jeu de rôle (30 min)
Chaque élève présente son résultat à l'oral (2 min) pendant que les trois autres composent le jury.
Chaque juré pose une question au candidat (5 min).

Énoncé : E est l'ensemble $\{2 ; 3 ; 5 ; 7 ; 11\}$.
Pour chaque affirmation, dire si elle est vraie ou fausse. Justifier.
a) Il y a 120 façons d'ordonner ces cinq nombres de l'ensemble E.
b) En envisageant tous les produits de trois des nombres de E, on peut obtenir 60 résultats différents.
c) Si a et n sont deux nombres distincts de E, alors il y a 20 valeurs possibles de a^n.
d) En multipliant quatre des nombres de E, éventuellement égaux, on peut obtenir 120 nombres différents.

96 Combinaisons avec répétitions

E est un ensemble à n éléments, avec $n \in \mathbb{N}^*$.

Pour tout entier naturel k, une **combinaison de k éléments de E avec répétitions** est un ensemble de k éléments de E, avec éventuellement un ou plusieurs éléments répétés plusieurs fois, sans que ces éléments soient ordonnés.

Partie A : exemples

1. E est l'ensemble de lettres $\{a\,;b\,;c\}$.

Une combinaison avec répétitions de trois éléments de cet ensemble est l'ensemble $\{a\,;a\,;b\}$, que l'on notera simplement aab, ou aba, ou encore baa, puisque l'ordre n'a pas d'importance.

Énumérer toutes les combinaisons avec répétitions de trois éléments de l'ensemble E.

2. F est l'ensemble de lettres $\{a\,;b\,;c\,;d\}$.

Il y a 20 combinaisons avec répétitions de trois éléments de l'ensemble F. Énumérer ces combinaisons.

Partie B : nombre de combinaisons avec répétitions

Pour deux nombres entiers naturels n et k, avec $n \geqslant 1$, on note $\left(\!\binom{n}{k}\!\right)$ le nombre de combinaison avec répétitions de k éléments parmi n.

1. On peut représenter une combinaison avec répétitions de k éléments parmi n en indiquant combien de fois chaque élément de l'ensemble apparaît dans la combinaison, sous la forme d'une addition. Par exemple, pour l'ensemble $E = \{a\,;b\,;c\}$, la combinaison aab peut être représentée par l'addition $2 + 1 + 0$.

Le 0 est important pour indiquer que l'élément c n'apparaît pas dans cette combinaison.

a) Donner les additions qui représentent les autres combinaisons avec répétitions de trois éléments de E (voir **A.1.**).

b) De même, donner les additions qui représentent les combinaisons avec répétitions de trois éléments de l'ensemble $F = \{a\,;b\,;c\,;d\}$ (voir **A.2.**).

c) Ainsi, le nombre de combinaisons avec répétitions de k éléments parmi n est le nombre de façons d'écrire k comme l'addition de n nombres entiers naturels, éventuellement nuls, en prenant en compte l'ordre des nombres dans l'addition.

Utiliser cette méthode pour trouver la valeur du nombre $\left(\!\binom{3}{2}\!\right)$.

2. Une autre façon de représenter les combinaisons avec répétitions est connue sous le nom de **méthode des étoiles et barres**.

Les barres délimitent les différents éléments de l'ensemble E et on représente une combinaison en plaçant dans chaque « compartiment » autant d'étoiles qu'il y a d'apparitions de chaque élément dans cette combinaison.

Par exemple, avec $E = \{a\,;b\,;c\}$, la combinaison aab est représentée comme ci-dessous.

☆ ☆ | ☆ |

En effet, l'élément a apparait deux fois, l'élément b apparait une fois, et l'élément c n'apparait pas, ce qui explique qu'il n'y ait pas d'étoile à droite de la deuxième barre.

a) Représenter de cette façon les combinaisons avec répétitions de trois éléments de l'ensemble E (voir **A.1.**), puis celles de l'ensemble F (voir **A.2.**).

b) Pour dénombrer les combinaisons avec répétitions de k éléments parmi n, il faut donc compter le nombre de façons de placer les étoiles et les bâtons. En observant les exemples précédents, préciser le nombre d'étoiles à placer et le nombre total d'éléments (étoiles et bâtons).

c) Placer les étoiles, c'est choisir où elles seront parmi l'ensemble des éléments.

Justifier que $\left(\!\binom{n}{k}\!\right) = \binom{n+k-1}{k}$.

Partie C : applications de la formule

1. À la boulangerie, Margaux doit acheter quatre viennoiseries pour elle et ses amis. Elle a le choix entre 8 types de viennoiseries différentes, et peut choisir plusieurs fois le même type, sans restriction.

Combien a-t-elle de façons de faire ce choix ?

2. L'alphabet arabe comprend 29 lettres fondamentales. Combien y a-t-il de façons de choisir cinq de ces lettres, éventuellement les mêmes ?

3. On dispose d'un alphabet limité aux lettres A, B, C, D, E et on s'intéresse aux mots de dix lettres.

Combien y a-t-il de possibilités pour les lettres qui apparaissent dans ces mots, autorisant des répétitions mais sans tenir compte de l'ordre des lettres ?

97 **Notation des permutations**

On se propose de découvrir de nouvelles façons de noter les permutations de l'ensemble $E = \{a ; b ; c ; d\}$.

1. On peut représenter chaque permutation de l'ensemble E par un tableau à deux lignes, qui indique la nouvelle position de chaque élément.

a) Quelle permutation σ_1 de E est représentée par la notation $\sigma_1 = \begin{pmatrix} 1 & 2 & 3 & 4 \\ 4 & 3 & 2 & 1 \end{pmatrix}$?

b) Énumérer toutes les permutations de l'ensemble E et donner leurs notations sur le modèle précédent.

2. On remarque que la permutation σ_1 est en fait constituée de deux **cycles disjoints** de longueur 2 : 1 et 4 sont échangés entre eux, de même que 2 et 3.
On peut alors utiliser une nouvelle notation dite **forme canonique** : $\sigma_1 = (1\ 4)(2\ 3)$.

a) Écrire sous forme de tableau les permutations représentées par chacune des notations ci-dessous :
- $\sigma_2 = (1\ 3)(2\ 4)$
- $\sigma_3 = (1)(2\ 3)(4)$
- $\sigma_4 = (1)(2)(3\ 4)$
- $\sigma_5 = (1)(2)(3)(4)$

b) La permutation σ_5 est appelée identité.
Qu'a-t-elle de spécial ?

c) La forme canonique $(1\ 2\ 3)(4)$ représente la permutation $\begin{pmatrix} 1 & 2 & 3 & 4 \\ 2 & 3 & 1 & 4 \end{pmatrix}$.
Les permutations $(1\ 2\ 3)(4)$ et $(1\ 3\ 2)(4)$ sont-elles les mêmes ?

d) Écrire toutes les permutations de l'ensemble E en utilisant la forme canonique.

e) Déterminer, pour l'ensemble E, le nombre :
- de cycles de longueur 2 ;
- de cycles de longueur 3 ;
- de cycles de longueur 4.

3. Composer la permutation $\sigma_1 = (1\ 4)(2\ 3)$ suivie de la permutation $\sigma_2 = (1\ 3)(2\ 4)$ c'est les appliquer l'une après l'autre.
Ainsi :

$$\begin{array}{cc} & 1\quad 2\quad 3\quad 4 \\ \sigma_1 & \downarrow \\ & 4\quad 3\quad 2\quad 1 \\ \sigma_2 & \downarrow \\ & 2\quad 1\quad 4\quad 3 \end{array}$$

Autrement dit, $\sigma_2 \circ \sigma_1 = (1\ 2)(3\ 4)$.

a) Vérifier que $\sigma_2 \circ \sigma_1 = \sigma_1 \circ \sigma_2$.

b) Quelle est la permutation $\sigma_1 \circ \sigma_1$?

c) Comparer les permutations $\sigma_2 \circ \sigma_3$ et $\sigma_3 \circ \sigma_2$.

4. L'inverse de la permutation $\sigma = \begin{pmatrix} 1 & 2 & 3 & 4 \\ 2 & 3 & 4 & 1 \end{pmatrix}$, notée σ^{-1}, est la permutation $\sigma^{-1} = \begin{pmatrix} 1 & 2 & 3 & 4 \\ 4 & 1 & 2 & 3 \end{pmatrix}$ obtenue en lisant la permutation σ de bas en haut.
La permutation σ^{-1} est telle que :
$$\sigma^{-1} \circ \sigma = (1)(2)(3)(4).$$

a) Vérifier que $\sigma \circ \sigma^{-1} = (1)(2)(3)(4)$.

b) Déterminer l'inverse de chacune des permutations σ_2, σ_5 et $\sigma_6 = (1\ 2\ 3)(4)$.

c) Que peut-on dire de l'inverse d'un cycle de longueur 2 ?

d) Vérifier que chaque permutation de l'ensemble E admet un inverse.

L'ensemble P des permutations d'un ensemble E admet plusieurs propriétés.
- La composée de deux permutations de P est une permutation de P.
- Il existe une permutation de P qui n'a aucun effet : l'identité.
- Toute permutation de P admet un inverse qui est une autre permutation de P.
- On peut vérifier que la composition des permutations est une opération associative, c'est-à-dire qu'on peut effectuer une série de composées en groupant les permutations de n'importe quelle façon, tant que l'ordre est respecté.

On dit alors que P muni de la loi de composition est **le groupe** des permutations de E.

Des défis

98 **Calculer une probabilité**

La playlist de Mike contient 20 chansons, dont 3 chansons des Beatles.
Calculer la probabilité que, en mode aléatoire, deux chansons des Beatles soient jouées l'une à la suite de l'autre.

99 **Trouver des formules**

m, n et k sont des nombres entiers naturels.
Trouver des formules, les plus simples possibles, pour le nombre de façons de ranger $m + n$ éléments en deux groupes de m et n objets respectivement.

3 Vecteurs, droites et plans de l'espace

HISTOIRE DES MATHS

Les premières notions de géométrie remontent à l'Égypte ancienne, à la civilisation hindoue et aux Babyloniens mais ce sont les Grecs qui formalisent les bases de cette discipline.

Euclide, 300 ans avant notre ère, dans *Les Éléments* expose les principaux travaux connus dans ce domaine à son époque. Il est l'inventeur de la méthode axiomatique et les idées qu'il développe sont à la base du raisonnement mathématique.

Au 17e siècle, **René Descartes** définit la notion de repère. L'espace est alors un ensemble de points représentés à l'aide de trois nombres et on peut traduire des problèmes géométriques en calculs algébriques.

En 1844, **Hermann Grassmann** établit les fondements de la théorie des espaces vectoriels et de l'algèbre linéaire. L'objectif des mathématiciens de l'époque est de formaliser la géométrie de l'espace. Ces travaux sont repris en 1888 par **Giuseppe Peano**.

▶ **William Rowan Hamilton** (1805-1865) est un mathématicien irlandais. En 1843, il invente de nouveaux objets mathématiques : les quaternions. Il les décrit comme une suite ordonnée de quatre nombres réels, appelle le premier la partie scalaire et les trois autres la partie vecteur.

▶ **David Hilbert** (1862-1943) est un mathématicien allemand. Il définit une nouvelle axiomatique de la géométrie euclidienne qui unifie la géométrie plane et la géométrie dans l'espace.

1836 Bellavitis désigne par « lignes équivalentes » nos vecteurs actuels.

1837 Descartes pose les bases de la géométrie analytique.

1852 Chasles expose la relation qui porte son nom.

1899 Hilbert formalise la géométrie euclidienne.

1802 Naissance de Victor Hugo

1830 Instauration de la Monarchie de Juillet en France

1848 Abolition de l'esclavage

1890 Début de l'aviation avec Ader

1904 Invention du bridge

1800 — 1825 — 1850 — 1875 — 1900

Soufflerie pour étudier l'aérodynamisme d'un coureur cycliste.

De nombreux modèles dynamiques de la physique utilisent les vecteurs. Par exemple, ils représentent les forces en mécanique, la vitesse et l'accélération d'un solide en cinématique. En mécanique des fluides, ils interviennent également dans la modélisation du comportement des fluides sous l'effet de différentes forces.

Les contenus et capacités travaillés dans ce chapitre

	Savoir-faire	Exercices
• Vecteurs de l'espace. Combinaisons linéaires de vecteurs.	1 à 4	20 à 36
• Droites de l'espace. Vecteurs directeurs d'une droite. Vecteurs colinéaires.	5 à 8	37, 39 à 43
• Plans de l'espace. Direction d'un plan.		47 à 49, 51 à 54
• Vecteurs coplanaires.	9, 11	50, 55 à 57
• Positions relatives de deux droites, d'une droite et d'un plan, de deux plans.	10, 12, 17 à 19	38, 44 à 46, 58, 59, 80
• Bases et repères de l'espace. Décomposition d'un vecteur dans une base.	13 à16	60 à 79
• Étudier géométriquement des configurations de l'espace.		85, 86 à 92

Rappels utiles

• Égalité de deux vecteurs du plan

A, B, C et D sont des points du plan.
$\overrightarrow{AB} = \overrightarrow{CD}$ si, et seulement si, ABDC est un parallélogramme.

• Relation de Chasles

Pour tous points A, B et C du plan :

$$\overrightarrow{AB} + \overrightarrow{BC} = \overrightarrow{AC}$$

• Règle du parallélogramme

A, B et C sont des points du plan.
$\overrightarrow{AD} = \overrightarrow{AB} + \overrightarrow{AC}$ si, et seulement si, ABDC est un parallélogramme.

• Coordonnées d'un vecteur

$(\vec{i}, \vec{j})$ est une base orthonormée du plan.
$\vec{u}$ a pour coordonnées $(x\,;y)$ dans la base $(\vec{i}, \vec{j})$ si, et seulement si, $\vec{u} = x\vec{i} + y\vec{j}$.

• Coordonnées de $\vec{u} + \vec{v}$ et de $\lambda\vec{u}$

$(\vec{i}, \vec{j})$ est une base orthonormée du plan.
On donne $\vec{u}(x\,;y)$, $\vec{v}(x'\,;y')$ et λ un nombre réel.
Alors $\vec{u} + \vec{v}(x + x'\,;y + y')$ et $\lambda\vec{u}(\lambda x\,;\lambda y)$.

• Vecteurs colinéaires

Dire que deux vecteurs non nuls $\vec{u}$ et $\vec{v}$ sont colinéaires signifie qu'il existe un réel λ tel que $\vec{v} = \lambda\vec{u}$.

• Parallélisme

Deux droites (AB) et (EF) sont parallèles si, et seulement si, les vecteurs $\overrightarrow{AB}$ et $\overrightarrow{EF}$ sont colinéaires.

• Alignement

Trois points A, B, C sont alignés si, et seulement si, les vecteurs $\overrightarrow{AB}$ et $\overrightarrow{AC}$ sont colinéaires.

À l'oral — Questions-Tests

Pour chaque question, il y a une seule réponse exacte.

1

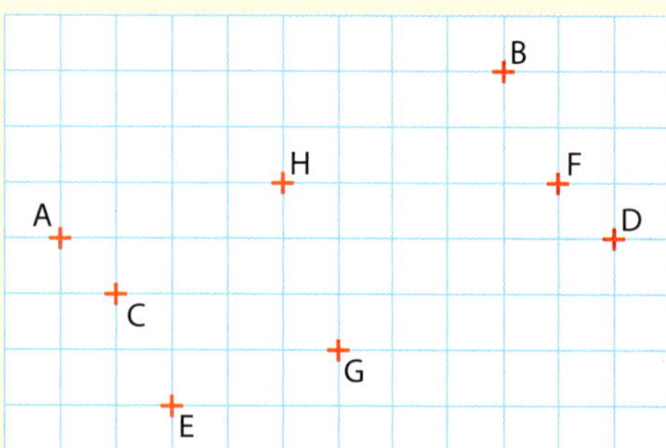

D'après la figure ci-dessus :
(1) $\overrightarrow{AB} = \overrightarrow{CF}$ (2) $\overrightarrow{AB} = \overrightarrow{ED}$ (3) $\overrightarrow{FH} = \overrightarrow{DG}$

2 ABCD et ABEF sont des parallélogrammes. Alors :

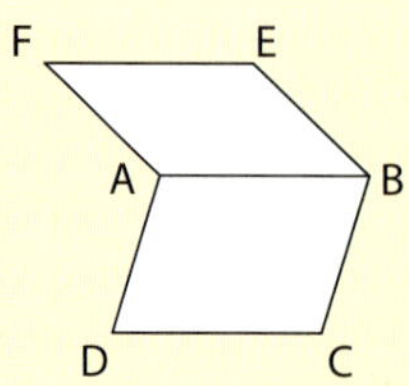

(1) $\overrightarrow{BF} = \overrightarrow{AC}$
(2) $\overrightarrow{DF} = \overrightarrow{EC}$
(3) CDFE est un parallélogramme

3 B, C, D, I sont quatre points.
On donne $\vec{u} = \overrightarrow{CD} + \overrightarrow{IC} + \overrightarrow{BI}$. Alors :
(1) $\vec{u} = \overrightarrow{CI}$ (2) $\vec{u} = \overrightarrow{CB}$ (3) $\vec{u} = \overrightarrow{BD}$

4 ABC est un triangle.
I est le milieu du côté [BC] et $\overrightarrow{AI} = \overrightarrow{IF}$. Alors :

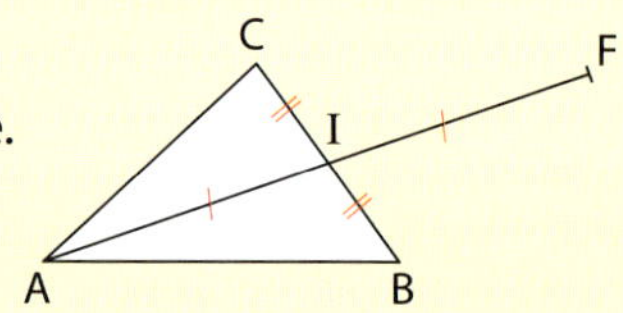

(1) $\overrightarrow{AF} = \overrightarrow{AB} + \overrightarrow{AI}$ (2) $\overrightarrow{AF} = \overrightarrow{AC} + \overrightarrow{AI}$ (3) $\overrightarrow{AF} = \overrightarrow{AB} + \overrightarrow{AC}$

5 Dans une base orthonormée $(\vec{i}, \vec{j})$, on a représenté les vecteurs $\vec{u}$ et $\vec{v}$ ci-contre.

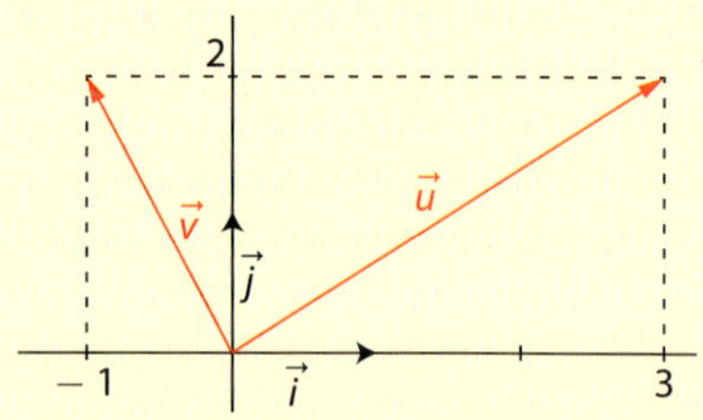

a) Alors :
(1) $\vec{u} = 2\vec{i} + 3\vec{j}$ (2) $\vec{u} = 3\vec{i} + 2\vec{j}$ (3) $\vec{v} = \vec{i} + 2\vec{j}$

b) Alors :
(1) $-\vec{u}(-2\,;-3)$ (2) $2\vec{v}(-2\,;4)$ (3) $\vec{u} + \vec{v}(4\,;2)$

c) Un vecteur colinéaire au vecteur $\vec{v}$ est :
(1) $\vec{v}'(3\,;6)$ (2) $\vec{v}'(-6\,;3)$ (3) $\vec{v}'(3\,;-6)$

6 Dans un repère orthonormé, on donne les points :
A(– 2 ; – 1), B(3 ; 1), C(– 1 ; – 2) et D(4 ; 0)
(1) A, B, C sont alignés. (2) A, B, D sont alignés.
(3) (AB) et (CD) sont parallèles.

1 Des vecteurs dans l'espace

La notion de vecteur vue en géométrie plane s'étend à l'espace.
Les opérations sur les vecteurs du plan et leurs propriétés se prolongent aux vecteurs de l'espace.

ABCDEFGH est le cube représenté ci-contre.
On donne les vecteurs de l'espace :

$$\vec{u} = \overrightarrow{EH}, \quad \vec{v} = \overrightarrow{AB} \quad \text{et} \quad \vec{w} = \overrightarrow{DF}.$$

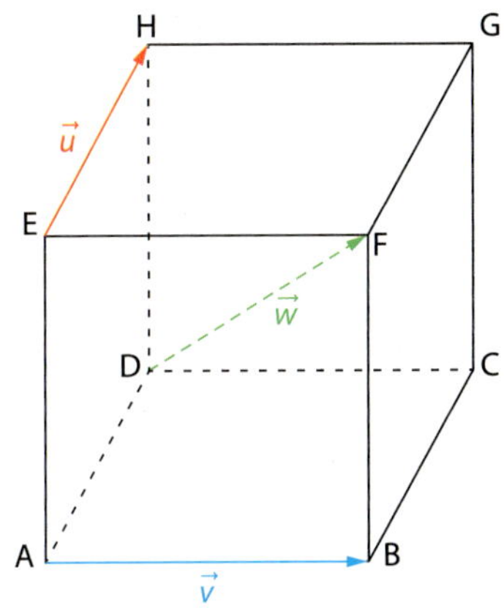

1 **a)** Justifier que $\vec{v} = \overrightarrow{EF}$ et en déduire un représentant du vecteur $\vec{u} + \vec{v}$.
b) Le vecteur $\overrightarrow{AC}$ est-il un représentant du vecteur $\vec{u} + \vec{v}$?
Justifier la réponse.

2 Donner un représentant, à l'aide des points de la figure, de chacun des vecteurs.
a) $\vec{w} + \vec{u}$ **b)** $\vec{w} - \vec{v}$ **c)** $\vec{u} + \vec{w} - \vec{v}$

3 **a)** Réaliser ce cube et placer les points O et M définis par :

$$\overrightarrow{DO} = \frac{1}{2}\vec{w} \quad \text{et} \quad \overrightarrow{EM} = \frac{1}{2}\vec{u} + \frac{1}{2}\vec{v}.$$

b) Dans le plan de la feuille, représenter le triangle BFH.
Placer les points O et M, puis justifier que $\overrightarrow{OM} = \frac{1}{2}\overrightarrow{BF}$.

2 Décomposition de vecteurs

Des vecteurs **coplanaires** de l'espace sont des vecteurs qui admettent des représentants situés dans le même plan.

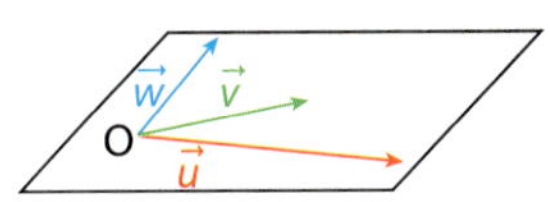

ABCDEFGH est le parallélépipède rectangle représenté ci-dessous.
I est le milieu de l'arête [CG] et K est le centre de la face ABCD.

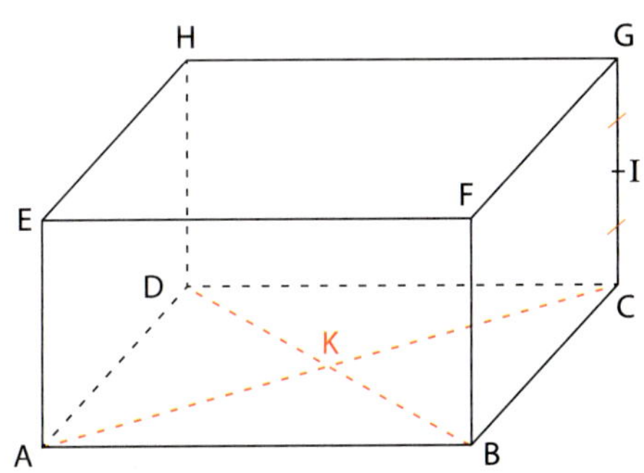

1 **a)** Les vecteurs $\overrightarrow{AB}$, $\overrightarrow{AD}$ et $\overrightarrow{AK}$ sont-ils coplanaires ?
b) Exprimer le vecteur $\overrightarrow{AK}$ en fonction des vecteurs $\overrightarrow{AB}$ et $\overrightarrow{AD}$.

2 **a)** Exprimer le vecteur $\overrightarrow{AI}$ en fonction des vecteurs $\overrightarrow{EG}$ et $\overrightarrow{AG}$.
b) Les vecteurs $\overrightarrow{AG}$, $\overrightarrow{EG}$ et $\overrightarrow{AI}$ sont-ils coplanaires ?

3 **a)** Les vecteurs $\overrightarrow{AB}$, $\overrightarrow{AD}$, $\overrightarrow{AE}$ sont-ils coplanaires ?
On dit que ces vecteurs forment une base de l'espace.
b) Dans chaque cas, décomposer le vecteur dans la base $(\overrightarrow{AB}, \overrightarrow{AD}, \overrightarrow{AE})$ c'est-à-dire sous la forme $a\overrightarrow{AB} + b\overrightarrow{AD} + c\overrightarrow{AE}$ avec a, b, c nombres réels.
- $\overrightarrow{AK}$
- $\overrightarrow{AI}$
- $\overrightarrow{DI}$

Cours

Exercices
- **1** à **4** (ci-contre)
- **20** à **36**

1 Vecteurs de l'espace

On étend à l'espace la notion de vecteur vue en géométrie plane.

A Translations et vecteurs

Définitions

M et M′ sont deux points distincts de l'espace.

La translation qui transforme M en M′ est appelée translation de vecteur $\overrightarrow{MM'}$.

Le vecteur $\overrightarrow{MM'}$ a pour **direction** celle de la droite (MM′), pour **sens** celui de M vers M′ et pour **norme** la longueur MM′.

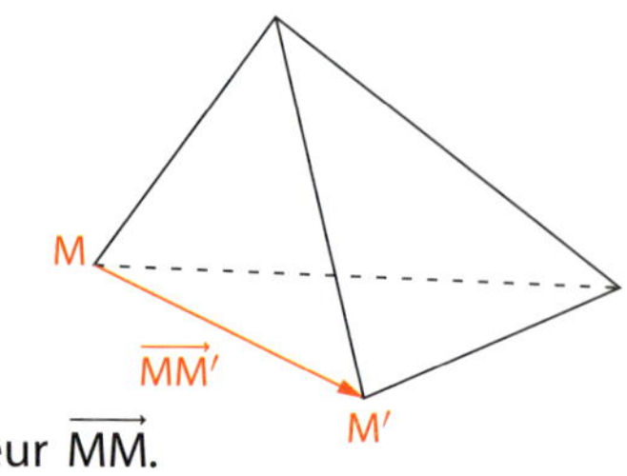

La translation qui transforme le point M en lui-même est la translation de vecteur $\overrightarrow{MM}$.
Le vecteur $\overrightarrow{MM}$ est appelé **vecteur nul** ; on le note $\vec{0}$, ainsi $\overrightarrow{MM} = \vec{0}$.

Égalité de deux vecteurs

• Lorsque la translation qui transforme M en M′ transforme également N en N′, on dit que les vecteurs $\overrightarrow{MM'}$ et $\overrightarrow{NN'}$ sont égaux.

Dans ce cas $\overrightarrow{MM'}$ et $\overrightarrow{NN'}$ sont les représentants d'un même vecteur $\vec{u}$ et on note :

$$\vec{u} = \overrightarrow{MM'} = \overrightarrow{NN'}.$$

• $\overrightarrow{MM'} = \overrightarrow{NN'}$ si, et seulement si, le quadrilatère MM′N′N est un parallélogramme (éventuellement aplati).

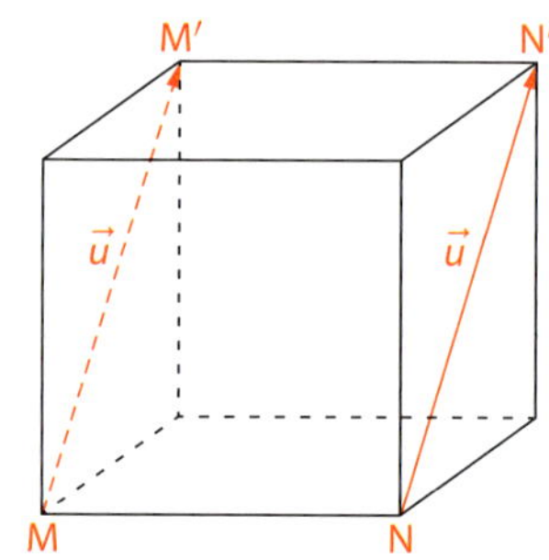

B Opérations sur les vecteurs, combinaisons linéaires

• **Somme de deux vecteurs :** A, B et C sont des points de l'espace.

Règle du parallélogramme

$\overrightarrow{AB} + \overrightarrow{AC} = \overrightarrow{AD}$ où D est le point tel que ABDC est un parallélogramme.

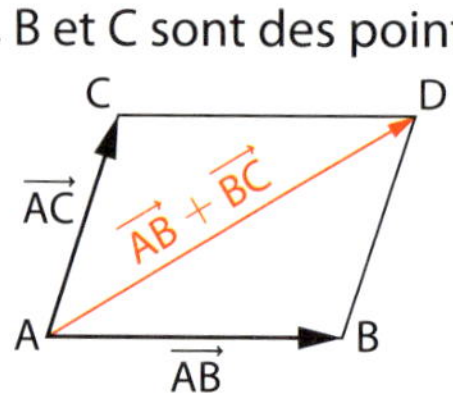

Relation de Chasles

$\overrightarrow{AB} + \overrightarrow{BC} = \overrightarrow{AC}$

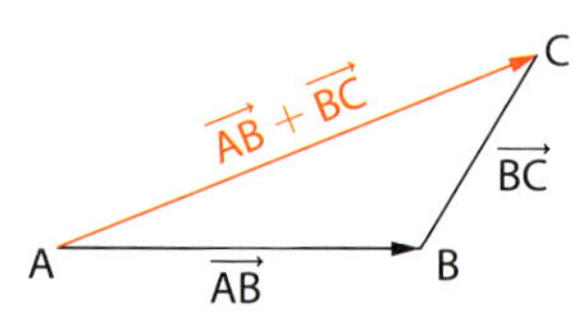

• **Produit d'un vecteur par un nombre réel :** A, B sont des points distincts de l'espace et λ un nombre réel.

Le vecteur $\overrightarrow{AC} = \lambda\overrightarrow{AB}$ est défini par :

• si $\lambda \geqslant 0$
$C \in [AB]$ et $AC = \lambda AB$

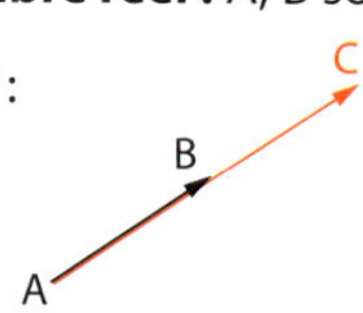

• si $\lambda < 0$
$C \in (AB)$, $C \notin [AB]$ et $AC = \lambda AB$

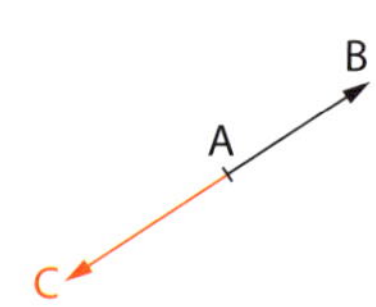

Propriétés (admises)

$\vec{u}$ et $\vec{v}$ désignent des vecteurs de l'espace, λ et λ' désignent des nombres réels.
- $\lambda\vec{u} = \vec{0}$ si, et seulement si, $\lambda = 0$ ou $\vec{u} = \vec{0}$.
- $(-1)\vec{u} = -\vec{u}$ et le vecteur $\vec{u} + (-\vec{v})$ est noté $\vec{u} - \vec{v}$
- $\lambda(\vec{u} + \vec{v}) = \lambda\vec{u} + \lambda\vec{v}$ $\quad (\lambda + \lambda')\vec{u} = \lambda\vec{u} + \lambda'\vec{u}$ $\quad \lambda(\lambda'\vec{u}) = (\lambda\lambda')\vec{u}$

Définition

Dire qu'un vecteur $\vec{u}$ est une combinaison linéaire des vecteurs $\vec{v}$, $\vec{w}$ et $\vec{t}$ signifie qu'il existe des réels x, y et z tels que $\boldsymbol{\vec{u} = x\vec{v} + y\vec{w} + z\vec{t}}$.

EXERCICES RÉSOLUS

1 Prouver des égalités de vecteurs

ABCDEFGH est le parallélépipède rectangle représenté ci-contre.
I et J sont les centres respectifs des faces ADHE et BCGF.

a) Déterminer trois vecteurs de la figure égaux au vecteur $\overrightarrow{FG}$.

b) Quelle est l'image du point I par la translation de vecteur $\overrightarrow{FJ}$?

c) Compléter l'égalité suivante $\overrightarrow{FC} - \overrightarrow{BA} = \overrightarrow{E\dots}$

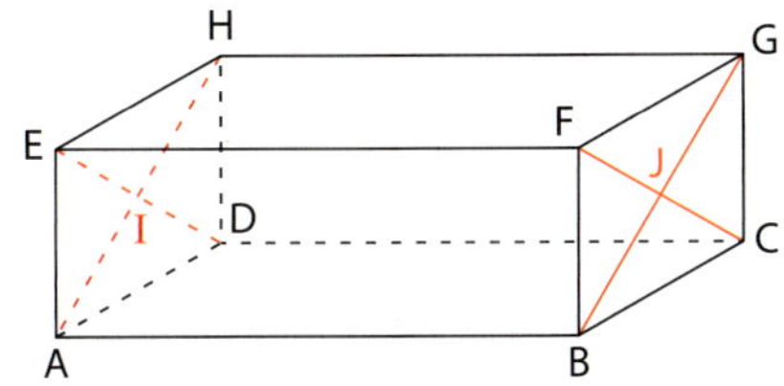

Solution

a) Les faces du parallélépipède rectangle sont des rectangles, donc $\overrightarrow{FG} = \overrightarrow{EH}$ et $\overrightarrow{FG} = \overrightarrow{BC}$.
On a aussi $\overrightarrow{BC} = \overrightarrow{AD}$ donc $\overrightarrow{FG} = \overrightarrow{AD}$.
$\overrightarrow{EH}$, $\overrightarrow{BC}$ et $\overrightarrow{AD}$ sont trois vecteurs égaux à $\overrightarrow{FG}$.

b) $\overrightarrow{ID} = \frac{1}{2}\overrightarrow{ED}$, or $\overrightarrow{ED} = \overrightarrow{FC}$ donc $\overrightarrow{ID} = \frac{1}{2}\overrightarrow{FC}$, soit $\overrightarrow{ID} = \overrightarrow{FJ}$.
Ainsi, D est l'image de I par la translation de vecteur $\overrightarrow{FJ}$.

c) $\overrightarrow{FC} - \overrightarrow{BA} = \overrightarrow{ED} - \overrightarrow{CD} = \overrightarrow{ED} + \overrightarrow{DC}$
D'après la relation de Chasles, $\overrightarrow{ED} + \overrightarrow{DC} = \overrightarrow{EC}$ donc $\overrightarrow{FC} - \overrightarrow{BA} = \overrightarrow{EC}$.

> **b)** Pour trouver l'image de I, on cherche le point qui vérifie $\overrightarrow{I\dots} = \overrightarrow{FJ}$.

2 Décomposer un vecteur

SABCD est une pyramide de sommet S dont la base est le parallélogramme ABCD de centre I.

a) Exprimer le vecteur $\overrightarrow{SB} + \overrightarrow{SD}$ en fonction du vecteur $\overrightarrow{SI}$.

b) En déduire une expression du vecteur $\overrightarrow{SI}$ comme combinaison linéaire des vecteurs $\overrightarrow{BA}$, $\overrightarrow{BC}$ et $\overrightarrow{BS}$.

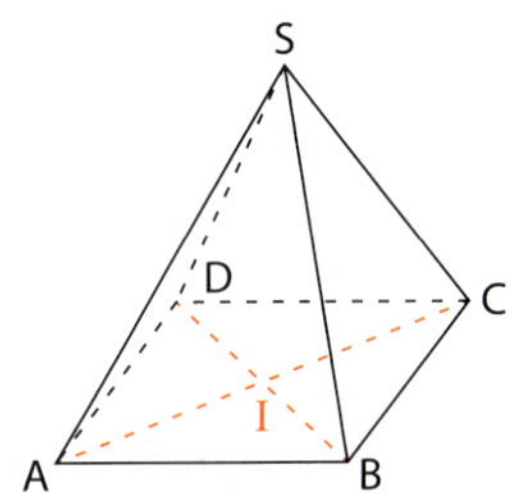

Solution

a) D'après la relation de Chasles :
$\overrightarrow{SB} + \overrightarrow{SD} = \overrightarrow{SI} + \overrightarrow{IB} + \overrightarrow{SI} + \overrightarrow{ID} = 2\overrightarrow{SI} + \overrightarrow{IB} + \overrightarrow{ID}$
I étant le milieu de [BD], les vecteurs $\overrightarrow{IB}$ et $\overrightarrow{ID}$ sont opposés, donc $\overrightarrow{IB} + \overrightarrow{ID} = \vec{0}$. Ainsi $\overrightarrow{SB} + \overrightarrow{SD} = 2\overrightarrow{SI}$.

b) D'après **a)** : $\overrightarrow{SI} = \frac{1}{2}\overrightarrow{SB} + \frac{1}{2}\overrightarrow{SD}$. Or, $\overrightarrow{SD} = \overrightarrow{SB} + \overrightarrow{BD}$ donc $\overrightarrow{SI} = \overrightarrow{SB} + \frac{1}{2}\overrightarrow{BD}$.
ABCD est un parallélogramme donc $\overrightarrow{BD} = \overrightarrow{BA} + \overrightarrow{BC}$. Ainsi, $\overrightarrow{SI} = \frac{1}{2}\overrightarrow{BA} + \frac{1}{2}\overrightarrow{BC} - \overrightarrow{BS}$.

> La relation de Chasles et la règle du parallélogramme permettent de faire apparaître les vecteurs utiles pour décomposer.

EXERCICES D'APPLICATION DIRECTE

Sur le modèle de l'exercice résolu 1

3 ABCDEFGH est le cube représenté ci-contre.
I et J sont les milieux respectifs des segments [BC] et [EH].

a) Quelle est l'image du point I par la translation de vecteur $\overrightarrow{HJ}$?

b) Compléter l'égalité : $\overrightarrow{GB} - \overrightarrow{CD} = \overrightarrow{H\dots}$

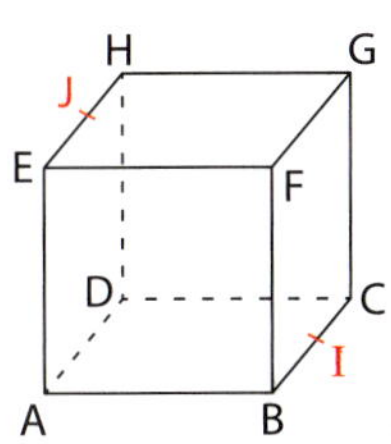

Sur le modèle de l'exercice résolu 2

4 ABCDEFGH est le cube représenté ci-contre.
Exprimer chacun des vecteurs comme combinaison linéaire des vecteurs $\overrightarrow{HD}$, $\overrightarrow{HE}$ et $\overrightarrow{HG}$.

a) $\overrightarrow{AD} + \overrightarrow{EB}$ **b)** $\overrightarrow{DF}$

c) $\overrightarrow{HB}$ **d)** $\overrightarrow{GA}$

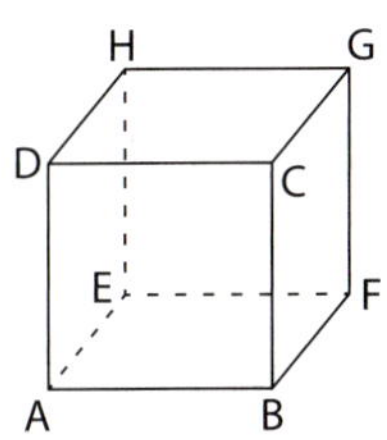

Cours

Exercices
- **5** à **8** (ci-contre)
- **37** à **46**

2 Droites de l'espace

A Vecteurs directeurs d'une droite, vecteurs colinéaires

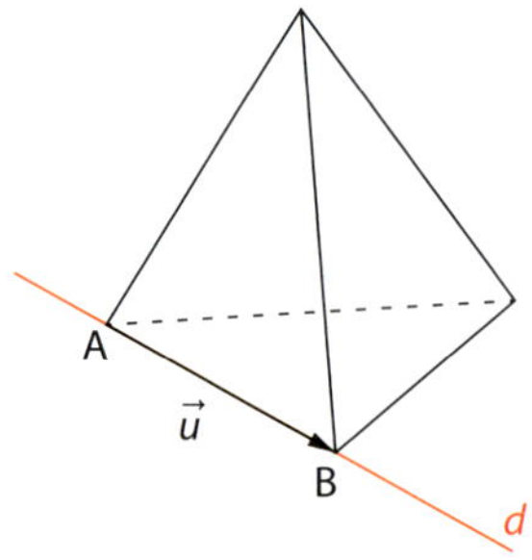

Définition

Dire qu'un vecteur non nul $\vec{u}$ est un **vecteur directeur** d'une droite d signifie qu'il existe deux points distincts A et B de la droite d tels que $\vec{u} = \overrightarrow{AB}$.

Remarque : si $\vec{u}$ est un vecteur directeur d'une droite d, alors tout vecteur $k\vec{u}$ avec $k \in \mathbb{R}^*$ est aussi un vecteur directeur de la droite d.

Définitions

- Dire que deux vecteurs non nuls $\vec{u}$ **et** $\vec{v}$ **sont colinéaires** signifie qu'il existe un réel λ tel que $\vec{v} = \lambda\vec{u}$.
- Le vecteur nul est colinéaire à tout vecteur.

Vidéo
JAICOMPRIS.COM
Cette notion est présentée en vidéo

B Positions relatives de deux droites de l'espace

d et d' sont deux droites de l'espace de vecteurs directeurs respectifs $\vec{u}$ et $\vec{u}'$.

$\vec{u}$ et $\vec{u}'$ sont colinéaires.		$\vec{u}$ et $\vec{u}'$ ne sont pas colinéaires.	
d et d' sont coplanaires et strictement parallèles.	d et d' sont coplanaires et confondues.	d et d' sont coplanaires et sécantes.	d et d' sont non coplanaires, aucun plan ne contient d et d'.
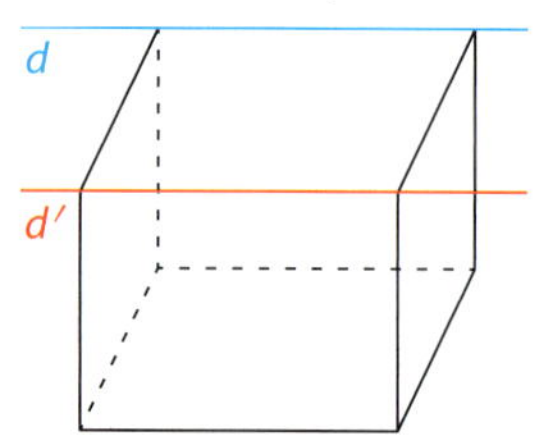 d, d'	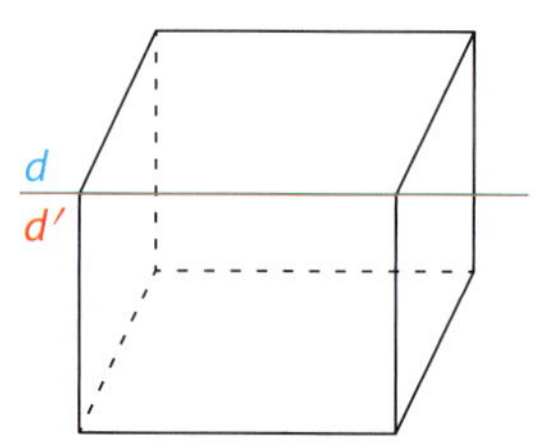 d, d'	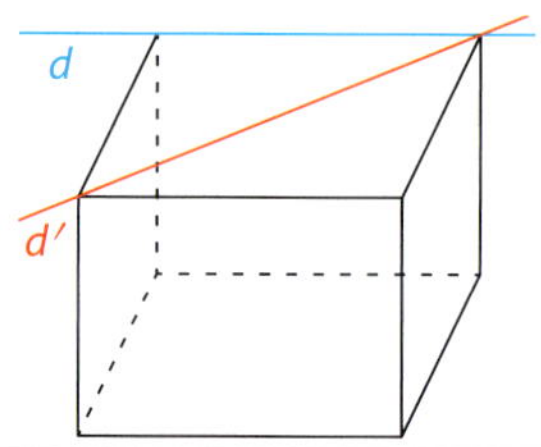 d, d'	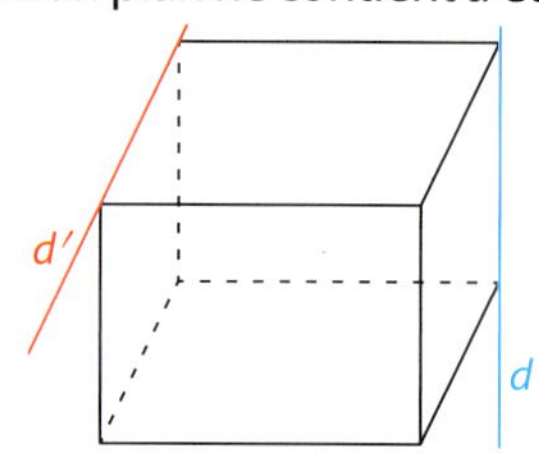 d', d

C Caractérisation d'une droite par un point et un vecteur directeur

Propriété

d est la droite passant par un point A et de vecteur directeur $\vec{u}$.
Un point **M appartient à la droite d** si, et seulement si, les vecteurs $\overrightarrow{AM}$ et $\vec{u}$ sont colinéaires, c'est-à-dire s'il existe un réel λ tel que $\overrightarrow{AM} = \lambda\vec{u}$.

D Alignement et parallélisme

Propriétés

- Trois points **A, B et C** de l'espace sont **alignés** si, et seulement si, les vecteurs $\overrightarrow{AB}$ **et** $\overrightarrow{AC}$ **sont colinéaires.**
- Des droites **(AB)** et **(CD)** **sont parallèles** si, et seulement si, les vecteurs $\overrightarrow{AB}$ **et** $\overrightarrow{CD}$ **sont colinéaires.**

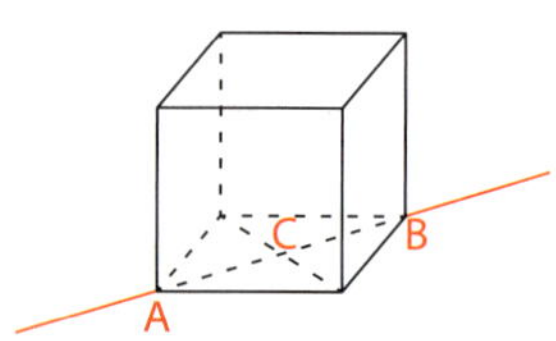

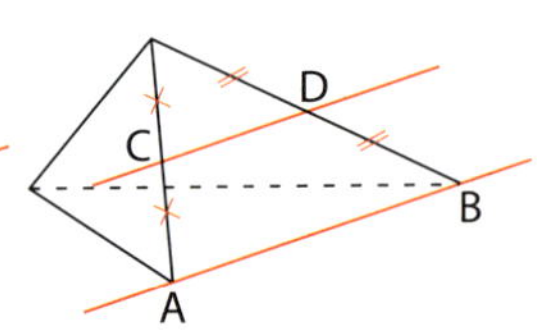

EXERCICES RÉSOLUS

5 Démontrer l'alignement de trois points

ABCD est un tétraèdre de l'espace. I est le milieu de l'arête [BD], G est le point tel que $\overrightarrow{AG} = \frac{3}{4}\overrightarrow{AD}$ et E est le point tel que $\overrightarrow{AE} = \frac{3}{2}\overrightarrow{AB}$.

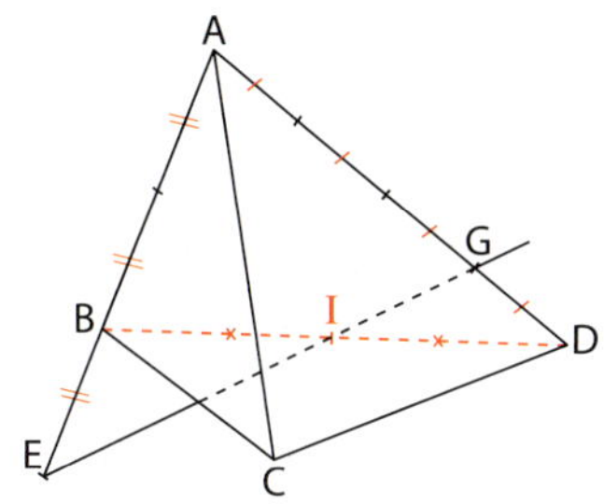

a) Exprimer chacun des vecteurs $\overrightarrow{GE}$ et $\overrightarrow{GI}$ en fonction des vecteurs $\overrightarrow{AB}$ et $\overrightarrow{AD}$.

b) En déduire que les points I, G et E sont alignés.

Solution

a) Avec la relation de Chasles :

$\overrightarrow{GE} = \overrightarrow{GA} + \overrightarrow{AE} = -\frac{3}{4}\overrightarrow{AD} + \frac{3}{2}\overrightarrow{AB}$

$\overrightarrow{GI} = \overrightarrow{GD} + \overrightarrow{DI}$; or, $\overrightarrow{GD} = \overrightarrow{GA} + \overrightarrow{AD} = -\frac{3}{4}\overrightarrow{AD} + \overrightarrow{AD} = \frac{1}{4}\overrightarrow{AD}$ et $\overrightarrow{DI} = \frac{1}{2}\overrightarrow{DB} = \frac{1}{2}(\overrightarrow{DA} + \overrightarrow{AB})$,

donc $\overrightarrow{GI} = \frac{1}{4}\overrightarrow{AD} + \frac{1}{2}(\overrightarrow{DA} + \overrightarrow{AB}) = -\frac{1}{4}\overrightarrow{AD} + \frac{1}{2}\overrightarrow{AB}$.

b) D'après **a)**, $\overrightarrow{GE} = 3\overrightarrow{GI}$. Les vecteurs $\overrightarrow{GE}$ et $\overrightarrow{GI}$ sont colinéaires donc les points I, G et E sont alignés.

On obtient la relation de colinéarité à partir des décompositions des vecteurs $\overrightarrow{GE}$ et $\overrightarrow{GI}$ en fonction de $\overrightarrow{AB}$ et $\overrightarrow{AD}$.

6 Démontrer le parallélisme de deux droites

ABCDEFGH est le cube représenté ci-contre.

I est le centre de la face BCGF, K est le milieu de [HG] et J le point tel que $\overrightarrow{BJ} = \frac{1}{4}\overrightarrow{BA}$.

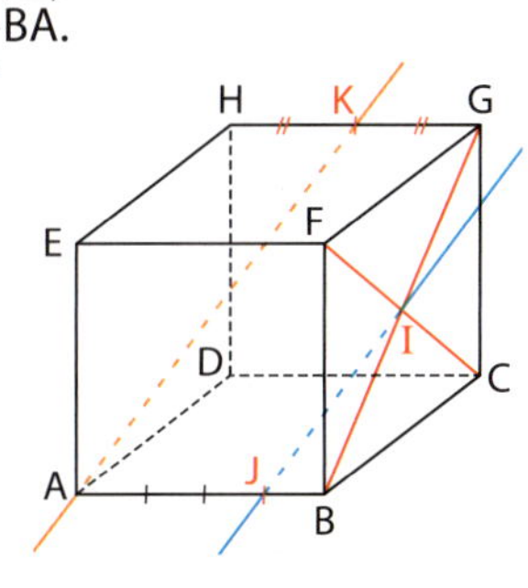

a) Exprimer chacun des vecteurs $\overrightarrow{AK}$ et $\overrightarrow{IJ}$ comme combinaison linéaire de $\overrightarrow{AB}$, $\overrightarrow{AD}$ et $\overrightarrow{AE}$.

b) En déduire que les droites (AK) et (IJ) sont parallèles.

Solution

a) Avec la relation de Chasles :

$\overrightarrow{AK} = \overrightarrow{AE} + \overrightarrow{EH} + \overrightarrow{HK} = \overrightarrow{AE} + \overrightarrow{AD} + \frac{1}{2}\overrightarrow{HG} = \frac{1}{2}\overrightarrow{AB} + \overrightarrow{AD} + \overrightarrow{AE}$

$\overrightarrow{IJ} = \overrightarrow{IB} + \overrightarrow{BJ}$; or, $\overrightarrow{IB} = \frac{1}{2}\overrightarrow{GB} = \frac{1}{2}(\overrightarrow{GF} + \overrightarrow{GC}) = -\frac{1}{2}\overrightarrow{AD} - \frac{1}{2}\overrightarrow{AE}$, donc

$\overrightarrow{IJ} = -\frac{1}{2}\overrightarrow{AD} - \frac{1}{2}\overrightarrow{AE} + \frac{1}{4}\overrightarrow{BA} = -\frac{1}{4}\overrightarrow{AB} - \frac{1}{2}\overrightarrow{AD} - \frac{1}{2}\overrightarrow{AE}$.

b) D'après **a)**, $\overrightarrow{IJ} = -\frac{1}{2}\overrightarrow{AK}$. Les vecteurs $\overrightarrow{AK}$ et $\overrightarrow{IJ}$ sont colinéaires donc les droites (AK) et (IJ) sont parallèles.

EXERCICES D'APPLICATION DIRECTE

Sur le modèle de l'exercice résolu 5

7 ABCD est un tétraèdre.

J est le milieu de [BC], H et F sont les points tels que :

$$\overrightarrow{AH} = \frac{1}{4}\overrightarrow{AB} \text{ et } \overrightarrow{AF} = -\frac{1}{2}\overrightarrow{AC}.$$

a) Exprimer chacun des vecteurs $\overrightarrow{FH}$ et $\overrightarrow{FJ}$ en fonction de $\overrightarrow{AB}$ et $\overrightarrow{AC}$.

b) En déduire que les points F, H et J sont alignés.

Vidéo

JAICOMPRIS.COM — Cet exercice est corrigé en vidéo

Sur le modèle de l'exercice résolu 6

8 ABCD est un tétraèdre. I est le milieu de [CD], J celui de [AI]. M et H sont les points tels que :

$$\overrightarrow{AM} = \frac{2}{3}\overrightarrow{AB} \text{ et } \overrightarrow{AH} = \frac{1}{3}\overrightarrow{AI}.$$

a) Exprimer chacun des vecteurs $\overrightarrow{MH}$ et $\overrightarrow{BJ}$ comme combinaison linéaire de $\overrightarrow{AB}$, $\overrightarrow{AC}$ et $\overrightarrow{AD}$.

b) En déduire que les droites (MH) et (BJ) sont parallèles.

Cours

Exercices
- 9 à 12 (ci-contre)
- 47 à 59

3 Plans de l'espace

A Caractérisation d'un plan de l'espace par un point et une direction

Notation et vocabulaire

Un plan de l'espace peut être défini par la donnée de deux droites **sécantes**, c'est-à-dire d'un point A et de deux vecteurs **non colinéaires** $\vec{u}$ et $\vec{v}$.

On note ce plan $(\mathbf{A}\,;\vec{u},\vec{v})$, on dit que $(\vec{u},\vec{v})$ est un **couple de vecteurs directeurs** du plan et qu'il définit sa **direction**.

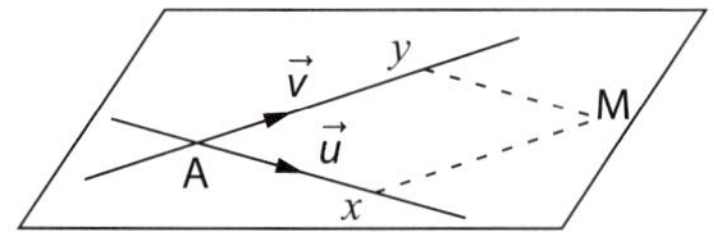

Propriété (admise)

$\mathcal{P}$ est le plan $(\mathrm{A}\,;\vec{u},\vec{v})$.
Un point M appartient au plan $\mathcal{P}$ si, et seulement si, il existe des réels x et y tels que $\overrightarrow{\mathbf{AM}} = x\vec{u} + y\vec{v}$.

B Vecteurs coplanaires

Définition

Dire que les vecteurs $\vec{u}$, $\vec{v}$ et $\vec{w}$ sont **coplanaires** signifie que pour un point O quelconque de l'espace, les points O, A, B et C où $\overrightarrow{\mathrm{OA}} = \vec{u}$, $\overrightarrow{\mathrm{OB}} = \vec{v}$, $\overrightarrow{\mathrm{OC}} = \vec{w}$ appartiennent à un même plan.

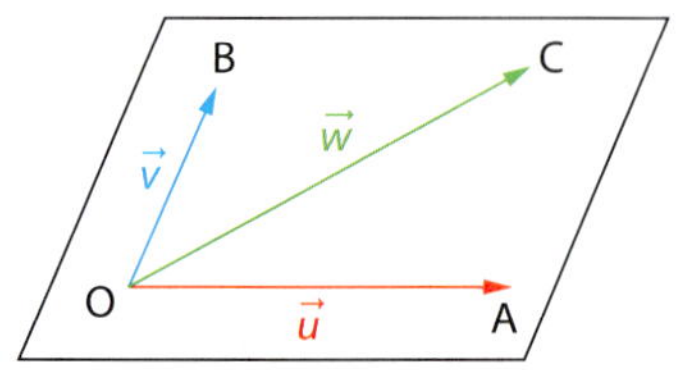

Propriété

$\vec{u}$, $\vec{v}$, $\vec{w}$ sont des vecteurs de l'espace tels que $\vec{u}$ et $\vec{v}$ ne sont pas colinéaires.
$\vec{u}$, $\vec{v}$, $\vec{w}$ sont **coplanaires** si, et seulement si, il existe des réels x et y tels que $\vec{w} = x\vec{u} + y\vec{v}$.

C Positions relatives de droites et plans de l'espace

Vidéo JAICOMPRIS.COM

- $\mathcal{P}$ est un plan de direction $(\vec{u},\vec{v})$ et d est une droite de vecteur directeur $\vec{w}$.

$\vec{u}$, $\vec{v}$, $\vec{w}$ sont coplanaires : d et $\mathcal{P}$ sont parallèles.		$\vec{u}$, $\vec{v}$, $\vec{w}$ ne sont pas coplanaires.
d est strictement parallèle à $\mathcal{P}$. 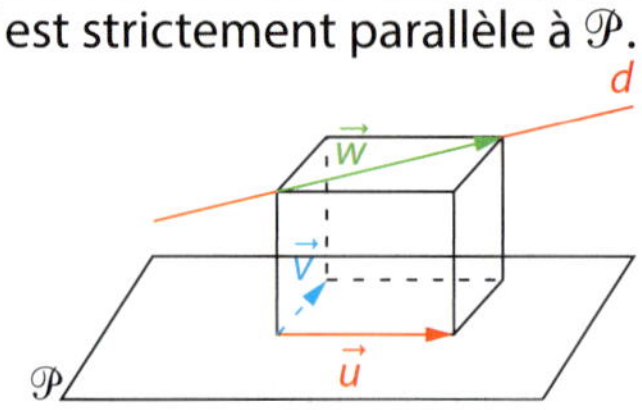	d est contenue dans $\mathcal{P}$. 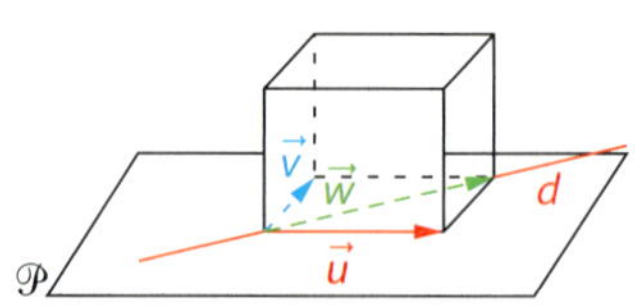	d et $\mathcal{P}$ sont sécants en M. 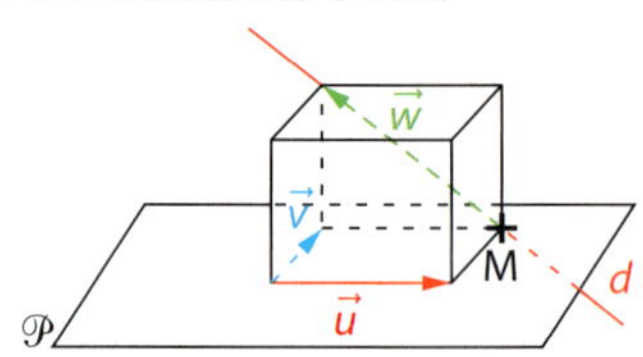

- $\mathcal{P}$ et $\mathcal{P}'$ sont deux plans

$\mathcal{P}$ et $\mathcal{P}'$ ont même direction : $\mathcal{P}$ et $\mathcal{P}'$ sont parallèles.		$\mathcal{P}$ et $\mathcal{P}'$ n'ont pas la même direction.
$\mathcal{P}$ et $\mathcal{P}'$ sont strictement parallèles. 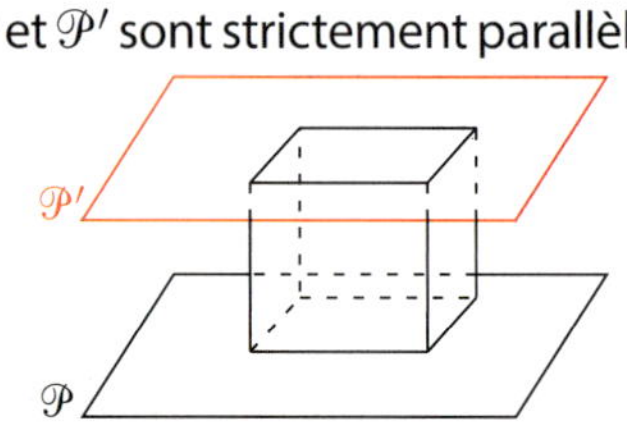	$\mathcal{P}$ et $\mathcal{P}'$ sont confondus. 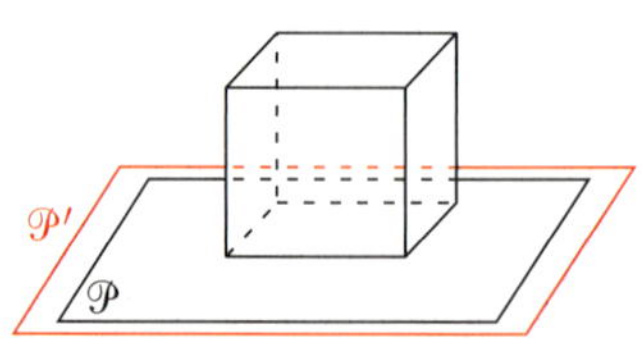	$\mathcal{P}$ et $\mathcal{P}'$ sont sécants suivant une droite d. 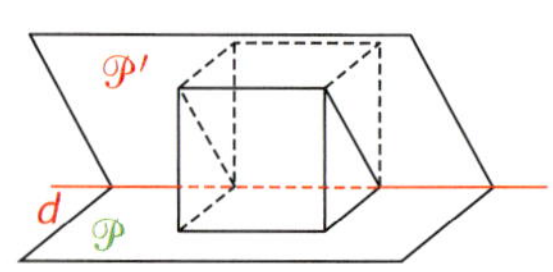

EXERCICES RÉSOLUS

9 Démontrer que des vecteurs sont coplanaires

ABCDEFGH est le parallélépipède rectangle représenté ci-contre.
I est le milieu du segment [BG] et J est le milieu du segment [DB].
Démontrer que les vecteurs $\overrightarrow{BI}$, $\overrightarrow{JG}$ et $\overrightarrow{HF}$ sont coplanaires.

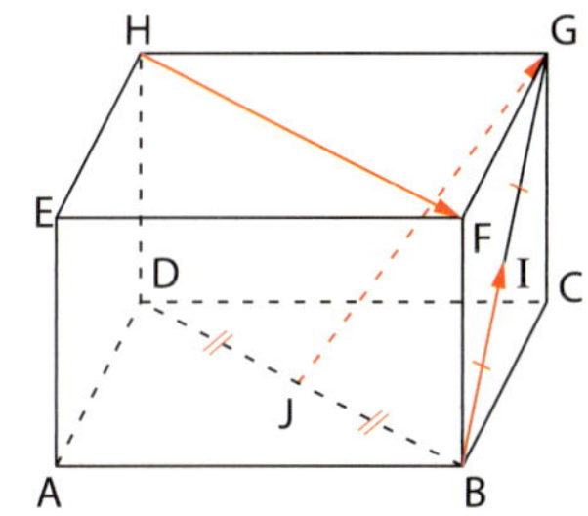

Solution

D'après la relation de Chasles, $\overrightarrow{JG} = \overrightarrow{JB} + \overrightarrow{BG}$.

BDHF est un rectangle et J est le milieu de [DB] donc $\overrightarrow{JB} = \frac{1}{2}\overrightarrow{DB} = \frac{1}{2}\overrightarrow{HF}$.

I est le milieu de [BG] donc $\overrightarrow{BG} = 2\overrightarrow{BI}$.

Alors $\overrightarrow{JG} = \frac{1}{2}\overrightarrow{HF} + 2\overrightarrow{BI}$ et les vecteurs $\overrightarrow{BI}$, $\overrightarrow{JG}$ et $\overrightarrow{HF}$ sont coplanaires (les vecteurs $\overrightarrow{BI}$ et $\overrightarrow{HF}$ sont non colinéaires).

> Pour démontrer que trois vecteurs sont coplanaires, on exprime l'un des vecteurs comme combinaison linéaire des deux autres.

10 Démontrer qu'une droite et un plan sont parallèles

ABCDEFGH est le parallélépipède rectangle représenté ci-contre.
I, J et K sont les milieux respectifs des arêtes [AD], [BC] et [FG].

a) Démontrer que $\overrightarrow{AK} = \overrightarrow{IG}$.

b) En déduire l'écriture de $\overrightarrow{AK}$ comme combinaison linéaire des vecteurs $\overrightarrow{IJ}$ et $\overrightarrow{IH}$.

c) En déduire que la droite (AK) est parallèle au plan (IJH).

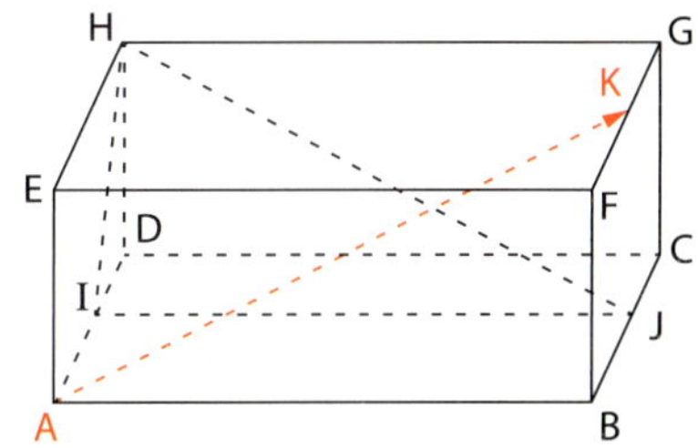

Solution

a) D'après la relation de Chasles, $\overrightarrow{AK} = \overrightarrow{AI} + \overrightarrow{IK}$.

Or $\overrightarrow{AI} = \frac{1}{2}\overrightarrow{AD} = \frac{1}{2}\overrightarrow{FG} = \overrightarrow{KG}$, donc $\overrightarrow{AK} = \overrightarrow{IK} + \overrightarrow{KG} = \overrightarrow{IG}$.

b) $\overrightarrow{AK} = \overrightarrow{IG} = \overrightarrow{IH} + \overrightarrow{HG}$; or, $\overrightarrow{HG} = \overrightarrow{IJ}$ donc $\overrightarrow{AK} = \overrightarrow{IH} + \overrightarrow{IJ}$

c) $(\overrightarrow{IH}, \overrightarrow{IJ})$ est un couple de vecteurs directeurs du plan (IJH).

D'après **b)**, $\overrightarrow{IH}$, $\overrightarrow{IJ}$ et $\overrightarrow{AK}$ sont coplanaires donc la droite (AK) est parallèle au plan (IJH).

> Pour démontrer que la droite (AK) est parallèle au plan (IJH), on montre que $\overrightarrow{AK}$ est une combinaison linéaire des vecteurs non colinéaires de (IJH).

EXERCICES D'APPLICATION DIRECTE

Sur le modèle de l'exercice résolu 9

11 ABCDEFGH est le cube représenté ci-contre.
I et J sont les centres respectifs des faces ADHE et BCGF.

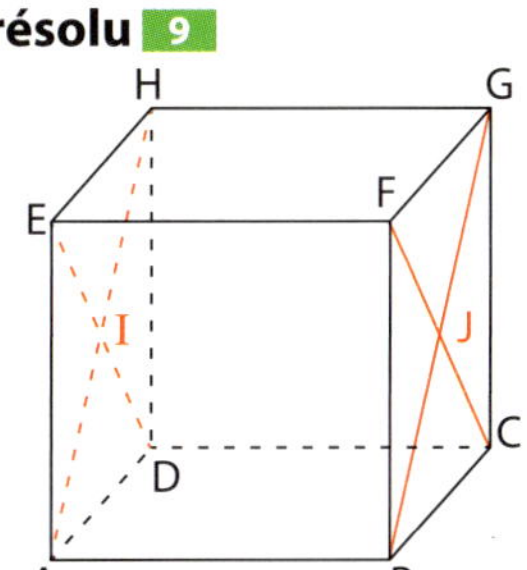

Démontrer que les vecteurs $\overrightarrow{AC}$, $\overrightarrow{HF}$ et $\overrightarrow{IJ}$ sont coplanaires.

Sur le modèle de l'exercice résolu 10

12 ABCD est un tétraèdre. G est le point tel que $\overrightarrow{DG} = \frac{2}{3}\overrightarrow{DI}$ où I est le milieu de [BC].

E et F sont tels que $\overrightarrow{BF} = \frac{1}{2}\overrightarrow{AB}$ et $\overrightarrow{AE} = \frac{3}{2}\overrightarrow{AG}$.

a) Réaliser une figure.

b) Décomposer $\overrightarrow{EF}$ comme combinaison linéaire des vecteurs $\overrightarrow{BC}$ et $\overrightarrow{BD}$.

c) En déduire que la droite (EF) est parallèle au plan (BCD).

Exercices
- **13** à **16** (ci-contre)
- **60** à **80**

4 Bases et repères de l'espace

Vidéo JAICOMPRIS.COM
Cette notion est présentée en vidéo

A Bases de l'espace

Définition

Une **base** de l'espace est un triplet $(\vec{u}, \vec{v}, \vec{w})$ formé de vecteurs **non coplanaires**.

Propriété – Définition

$(\vec{u}, \vec{v}, \vec{w})$ est une base de l'espace.
Pour tout vecteur $\vec{t}$, il existe **un unique** triplet $(a ; b ; c)$ de nombres réels tels que $\vec{t} = a\vec{u} + b\vec{v} + c\vec{w}$.
$(a ; b ; c)$ est le triplet des **coordonnées** du vecteur $\vec{t}$ dans la base $(\vec{u}, \vec{v}, \vec{w})$.

Remarque : cette propriété est démontrée à l'exercice **84** p. 101.

Exemples

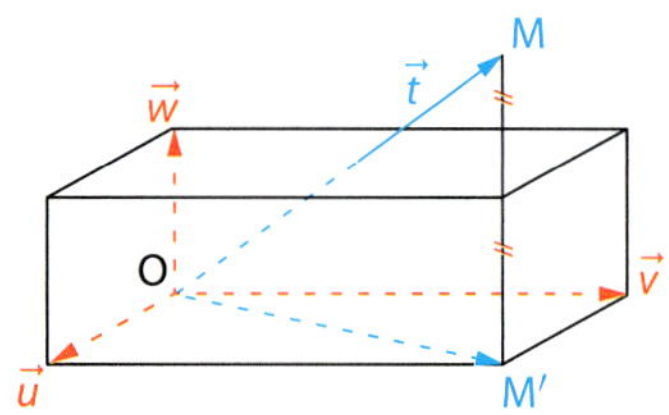

$\overrightarrow{OM} = \overrightarrow{OM'} + \overrightarrow{M'M}$
$\overrightarrow{OM} = \vec{u} + \vec{v} + 2\vec{w}$
$\vec{t}$ a pour coordonnées $(1 ; 1 ; 2)$ dans la base $(\vec{u}, \vec{v}, \vec{w})$.

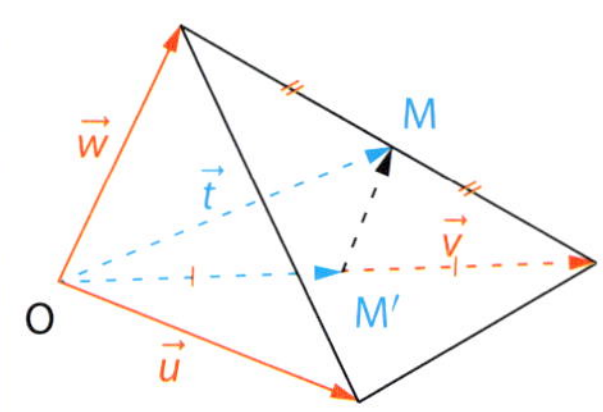

$\overrightarrow{OM} = \overrightarrow{OM'} + \overrightarrow{M'M}$
$\overrightarrow{OM} = \frac{1}{2}\vec{v} + \frac{1}{2}\vec{w}$
$\vec{t}\left(0 ; \frac{1}{2} ; \frac{1}{2}\right)$ dans la base $(\vec{u}, \vec{v}, \vec{w})$.

B Repères de l'espace

Définition

Un **repère** de l'espace, noté $(O ; \vec{i}, \vec{j}, \vec{k})$, est formé d'un point O et d'une base $(\vec{i}, \vec{j}, \vec{k})$ de vecteurs de l'espace.

Propriété

$(O ; \vec{i}, \vec{j}, \vec{k})$ est un repère de l'espace. Pour tout point M, il existe un unique triplet $(x ; y ; z)$ de réels tels que $\overrightarrow{OM} = x\vec{i} + y\vec{j} + z\vec{k}$.
$(x ; y ; z)$ est le triplet de **coordonnées** du point M dans le repère $(O ; \vec{i}, \vec{j}, \vec{k})$, x est l'**abscisse** de M, y est son **ordonnée** et z est sa **cote**.

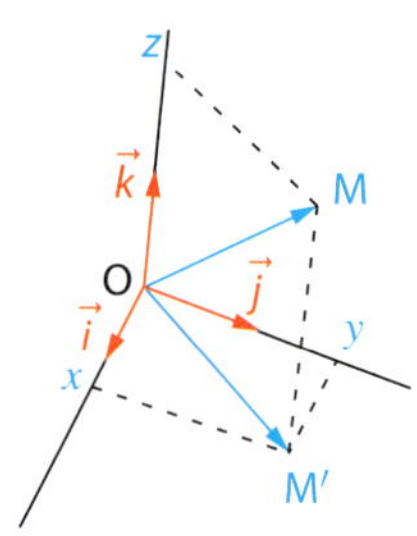

Remarque : cette propriété découle directement de la propriété du § A.

C Calculs sur les coordonnées

Propriétés

- Si $\vec{u}$ et $\vec{v}$ ont pour coordonnées respectives $(x ; y ; z)$ et $(x' ; y' ; z')$ dans une base $(\vec{i}, \vec{j}, \vec{k})$ alors :
– le vecteur $\vec{u} + \vec{v}$ a pour coordonnées $(x + x' ; y + y' ; z + z')$;
– pour tout réel λ, le vecteur $\lambda\vec{u}$ a pour coordonnées $(\lambda x ; \lambda y ; \lambda z)$.
- Si A et B ont pour coordonnées $(x_A ; y_A ; z_A)$ et$(x_B ; y_B ; z_B)$ dans un repère $(O ; \vec{i}, \vec{j}, \vec{k})$, alors :
– le vecteur $\overrightarrow{AB}$ a pour coordonnées $(x_B - x_A ; y_B - y_A ; z_B - z_A)$ dans la base $(\vec{i}, \vec{j}, \vec{k})$;
– le milieu I du segment [AB] a pour coordonnées $\left(\frac{x_A + x_B}{2} ; \frac{y_A + y_B}{2} ; \frac{z_A + z_B}{2}\right)$.

EXERCICES RÉSOLUS

13 Décomposer un vecteur dans une base

ABCDEFGH est le parallélépipède rectangle représenté ci-contre.
On note I le milieu de [AB], O le centre de la face ADHE et J le point défini par $\overrightarrow{HJ} = \frac{1}{4}\overrightarrow{HG}$.

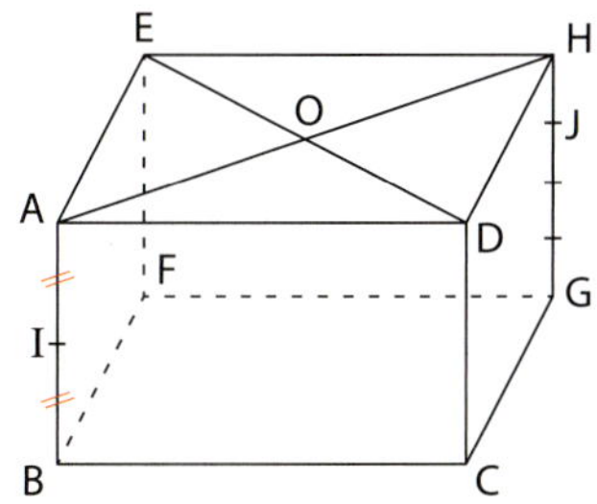

a) Justifier que $(\overrightarrow{AB}, \overrightarrow{AD}, \overrightarrow{AE})$ est une base de l'espace.

b) Décomposer les vecteurs $\overrightarrow{OI}$ et $\overrightarrow{BJ}$ dans cette base.

Solution

a) Le point E n'appartient pas au plan (ABD) donc les vecteurs $\overrightarrow{AB}$, $\overrightarrow{AD}$, $\overrightarrow{AE}$ sont non coplanaires et $(\overrightarrow{AB}, \overrightarrow{AD}, \overrightarrow{AE})$ est une base de l'espace.

Les décompositions peuvent être lues sur la figure.

b) $\overrightarrow{OI} = \overrightarrow{OA} + \overrightarrow{AI} = -\frac{1}{2}\overrightarrow{AH} + \frac{1}{2}\overrightarrow{AB}$; or, $\overrightarrow{AH} = \overrightarrow{AD} + \overrightarrow{AE}$ donc $\overrightarrow{OI} = \frac{1}{2}\overrightarrow{AB} - \frac{1}{2}\overrightarrow{AD} - \frac{1}{2}\overrightarrow{AE}$.

$\overrightarrow{BJ} = \overrightarrow{BG} + \overrightarrow{GJ}$; or, $\overrightarrow{BG} = \overrightarrow{BC} + \overrightarrow{BF} = \overrightarrow{AD} + \overrightarrow{AE}$ et $\overrightarrow{GJ} = \frac{3}{4}\overrightarrow{GH} = -\frac{3}{4}\overrightarrow{AB}$

donc $\overrightarrow{BJ} = -\frac{3}{4}\overrightarrow{AB} + \overrightarrow{AD} + \overrightarrow{AE}$.

14 Calculer des coordonnées

ABCD est un tétraèdre. I, J et K sont les milieux respectifs des arêtes [AB], [AC] et [AD]. L est le milieu du segment [JK].

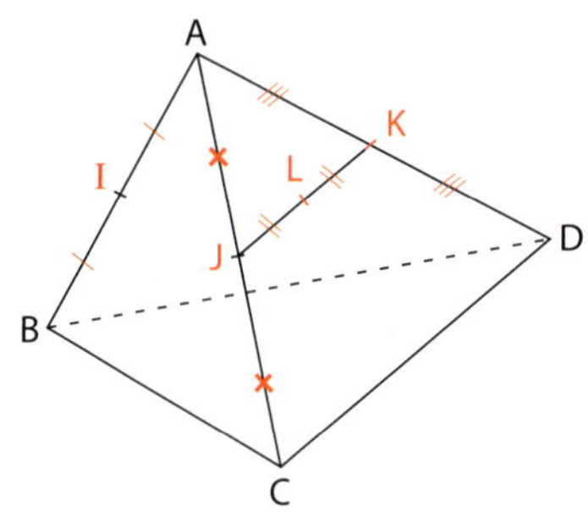

a) Déterminer les coordonnées des points I, J, K et L dans le repère $(A\,;\overrightarrow{AB}, \overrightarrow{AC}, \overrightarrow{AD})$.

b) Démontrer que les vecteurs $\overrightarrow{IL}$, $\overrightarrow{BC}$ et $\overrightarrow{CD}$ sont coplanaires.

Solution

a) • $\overrightarrow{AI} = \frac{1}{2}\overrightarrow{AB}$ donc $I\left(\frac{1}{2}\,;0\,;0\right)$; • $\overrightarrow{AJ} = \frac{1}{2}\overrightarrow{AC}$ donc $J\left(0\,;\frac{1}{2}\,;0\right)$;

• $\overrightarrow{AK} = \frac{1}{2}\overrightarrow{AD}$ donc $K\left(0\,;0\,;\frac{1}{2}\right)$;

• L est le milieu de [JK] donc $L\left(0\,;\frac{1}{4}\,;\frac{1}{4}\right)$.

b) On obtient $\overrightarrow{IL}\left(-\frac{1}{2}\,;\frac{1}{4}\,;\frac{1}{4}\right)$, $\overrightarrow{BC}(-1\,;1\,;0)$ et $\overrightarrow{CD}(0\,;-1\,;1)$ donc $\overrightarrow{IL} = \frac{1}{2}\overrightarrow{BC} + \frac{1}{4}\overrightarrow{CD}$ et les vecteurs $\overrightarrow{IL}$, $\overrightarrow{BC}$ et $\overrightarrow{CD}$ sont coplanaires.

EXERCICES D'APPLICATION DIRECTE

Sur le modèle de l'exercice résolu 13

15 ABCDEFGH est le cube représenté ci-contre.
K est le milieu de [HB].

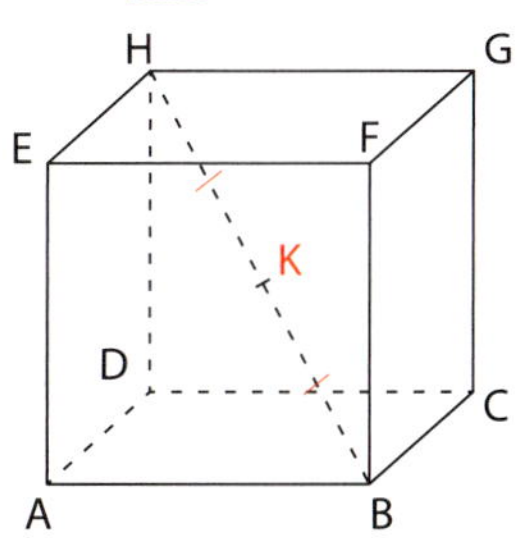

a) Justifier que $(\overrightarrow{AB}, \overrightarrow{AD}, \overrightarrow{AE})$ est une base de l'espace.

b) Décomposer les vecteurs $\overrightarrow{BK}$ et $\overrightarrow{KD}$ dans cette base.

Sur le modèle de l'exercice résolu 14

16 ABCD est un tétraèdre. I est le milieu de [BC], J celui de [ID]. K est le point défini par $\overrightarrow{AK} = \frac{1}{3}\overrightarrow{AJ}$.

a) Réaliser une figure.

b) Déterminer les coordonnées des points I, J et K dans le repère $(A\,;\overrightarrow{AB}, \overrightarrow{AC}, \overrightarrow{AD})$.

c) Les vecteurs $\overrightarrow{AK}$, $\overrightarrow{BC}$ et $\overrightarrow{CD}$ sont-ils coplanaires ?

EXERCICE RÉSOLU

17 Établir l'appartenance d'un point à une droite

Cours 4

$(O\,;\vec{i}\,,\vec{j}\,,\vec{k})$ est un repère de l'espace.
On donne le point $A(2\,;0\,;-1)$ et le vecteur $\vec{u}(1\,;2\,;4)$.
d est la droite passant par le point A et de vecteur directeur $\vec{u}$.

1. Voici une fonction **Droite** écrite en langage Python. Ses paramètres x, y et z représentent les coordonnées d'un point.

```
def Droite(x,y,z):
    r=x-2
    s=y
    t=z+1
    if r==s/2 and r==t/4:
        bool=True
    else:
        bool=False
    return bool
```

a) Dans chaque cas, indiquer la constante booléenne renvoyée par cette fonction.
- $E(3\,;2\,;3)$
- $F(0\,;-4\,;-1)$
- $G(-5\,;-14\,;-29)$

b) Expliquer le rôle de la fonction **Droite**.
Justifier la réponse et interpréter le booléen qu'elle renvoie.

2. Saisir et tester cette fonction avec d'autres points.

Solution

1. a) Voici pour chacun des points, les valeurs des variables du programme.

Nom du point	E	F	G
$(x\,;y\,;z)$	$(3\,;2\,;3)$	$(0\,;-4\,;-1)$	$(-5\,;-14\,;-29)$
$(r\,;s\,;t)$	$(1\,;2\,;4)$	$(-2\,;-4\,;0)$	$(-7\,;-14\,;-28)$
$r=\frac{s}{2}$ et $r=\frac{t}{4}$	Vrai	Faux	Vrai
bool	True	False	True

b) $M(x\,;y\,;z)$ est un point. Alors $\overrightarrow{AM}(r\,;s\,;t)$ et M appartient à la droite *d* si, et seulement si, il existe un réel λ tel que $r=\lambda$, $s=2\lambda$ et $t=4\lambda$, c'est-à-dire $r=\frac{s}{2}$ et $r=\frac{t}{4}$.
Donc la fonction **Droite** renvoie True si le point M appartient à la droite *d* et False sinon.

2. Par exemple :

```
>>> Droite(13,22,43)
True
>>> Droite(9,-18,35)
False
```

EXERCICES D'APPLICATION DIRECTE

Sur le modèle de l'exercice résolu 17

18 Reprendre l'exercice **17** en modifiant la fonction **Droite** dans chaque situation.
a) *d'* est la droite passant par le point $B(-1\,;1\,;3)$ et de vecteur directeur $\vec{v}(-2\,;0\,;1)$.
b) *d''* est la droite passant par le point $C(4\,;-3\,;0)$ et de vecteur directeur $\vec{w}(3\,;2\,;5)$.

19 Dans un repère de l'espace, on donne les vecteurs $\vec{u}(-1;7;5)$ et $\vec{v}(x\,;y\,;z)$ (avec $\vec{v}\neq\vec{0}$).
d et *d'* sont deux droites de vecteurs directeurs respectifs $\vec{u}$ et $\vec{v}$.
Écrire une fonction en langage Python qui renvoie True si *d* et *d'* sont parallèles et False sinon.
Saisir et tester cette fonction.

Vecteurs de l'espace

Cours 1

Questions flash — À l'oral

Pour les exercices 20 à 24, ABCDEFGH est le cube représenté ci-dessous.
I est le centre de la face ABCD.

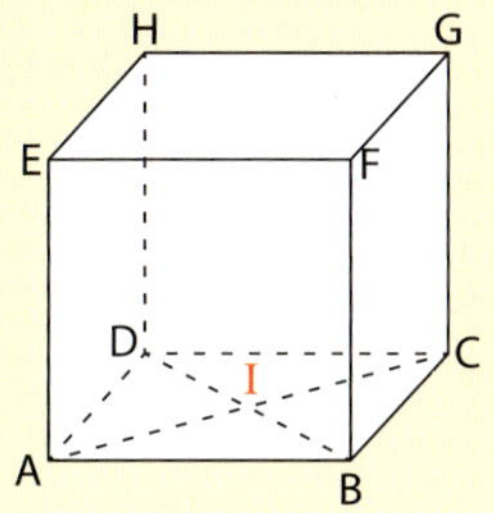

20 Donner trois représentants du vecteur $\vec{u} = \overrightarrow{AE}$.

21 Déterminer mentalement l'image du point D par la translation de vecteur $\overrightarrow{EF}$.

22 Déterminer mentalement deux représentants du vecteur $\vec{v} = \overrightarrow{EF} + \overrightarrow{EH}$.

23 Indiquer oralement le sommet manquant du cube tel que $\overrightarrow{AB} + \overrightarrow{AH} = \overrightarrow{A\bullet}$.

24 Compléter oralement chaque égalité :

$\overrightarrow{F\bullet} = 2\overrightarrow{ID}$ $\qquad$ $\overrightarrow{I\bullet} = -\frac{1}{2}\overrightarrow{EG}$

25 ABCDEFGH est le parallélépipède rectangle représenté ci-contre.
I est le milieu de l'arête [FG] et J le milieu de l'arête [CD].
Dire si chacune des égalités vectorielles suivantes est vraie ou fausse. Justifier.

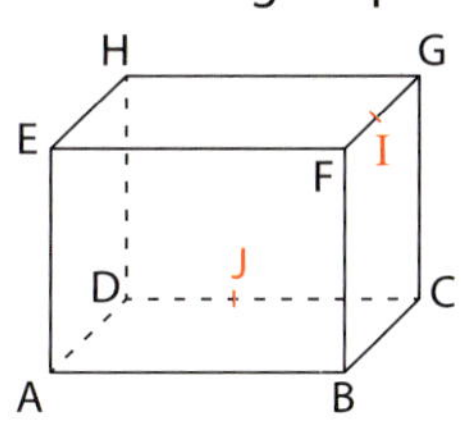

a) $\overrightarrow{AD} = \overrightarrow{EF} + \overrightarrow{FH}$ $\qquad$ **b)** $\overrightarrow{AC} = \overrightarrow{DG} + \overrightarrow{ED}$

c) $\overrightarrow{FI} = -\frac{1}{2}\overrightarrow{AD}$ $\qquad$ **d)** $\overrightarrow{FE} = -2\overrightarrow{JC}$

26 ABCDEFGH est le cube représenté ci-contre.
Réaliser la figure et construire les points P, Q, R et S tels que :

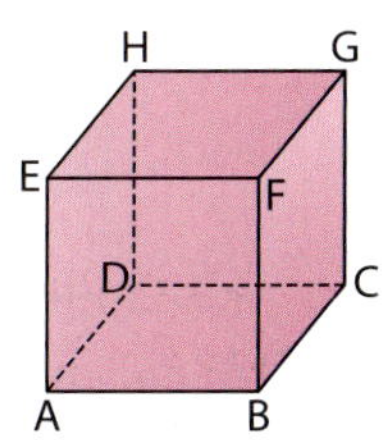

a) $\overrightarrow{AP} = \overrightarrow{AB} + \frac{1}{2}\overrightarrow{CG}$

b) $\overrightarrow{BQ} = \overrightarrow{CG} + \overrightarrow{AD} + \frac{1}{3}\overrightarrow{HD}$

c) $\overrightarrow{BR} = \overrightarrow{CD} + \frac{1}{2}\overrightarrow{BA}$

d) $\overrightarrow{HS} = \overrightarrow{DB} - \frac{1}{2}\overrightarrow{DA}$

27 ABCD est un tétraèdre.
a) Réaliser une figure.
b) Placer les points E, F, G et H définis par :

- $\overrightarrow{AE} = \frac{3}{2}\overrightarrow{AC}$
- $\overrightarrow{BF} = -\frac{3}{4}\overrightarrow{CD}$
- $\overrightarrow{GA} = \frac{2}{3}\overrightarrow{BD}$
- $\overrightarrow{CH} = \frac{1}{2}\overrightarrow{CB} - \frac{1}{3}\overrightarrow{BA}$

28 ABCDEFGH est le cube représenté ci-contre.
Démontrer chaque égalité.

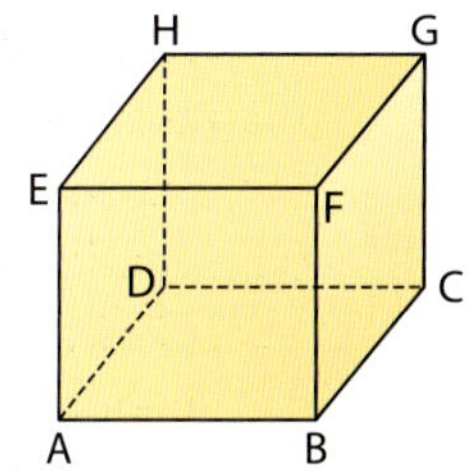

a) $\overrightarrow{EA} + \overrightarrow{EF} + \overrightarrow{CH} = \vec{0}$

b) $\overrightarrow{DE} + \overrightarrow{FC} = \vec{0}$

c) $\overrightarrow{AB} + \overrightarrow{AD} + \overrightarrow{AE} = \overrightarrow{AG}$

d) $\overrightarrow{AF} + \overrightarrow{GC} = \overrightarrow{EF}$

29 ABCDEFGH est le parallélépipède rectangle représenté ci-contre.
I et J sont les milieux respectifs des arêtes [BC] et [HG].
Recopier et compléter chaque égalité avec le point de la figure qui convient.

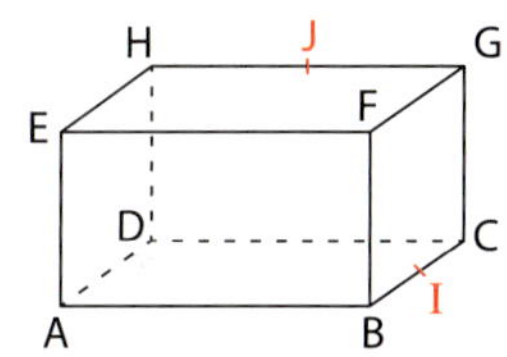

a) $\overrightarrow{F\bullet} = 2\overrightarrow{IC} - \frac{1}{2}\overrightarrow{HG}$ $\qquad$ **b)** $\overrightarrow{A\bullet} = \frac{1}{2}\overrightarrow{AD} + \overrightarrow{EF}$

c) $\overrightarrow{G\bullet} = -\overrightarrow{AE} - \frac{1}{2}\overrightarrow{AD}$ $\qquad$ **d)** $\overrightarrow{\bullet J} = \frac{1}{2}\overrightarrow{GB} - \frac{1}{2}\overrightarrow{GA}$

Pour les exercices 30 à 32, ABCD est un tétraèdre.
Si besoin, réaliser une figure telle que celle ci-contre.

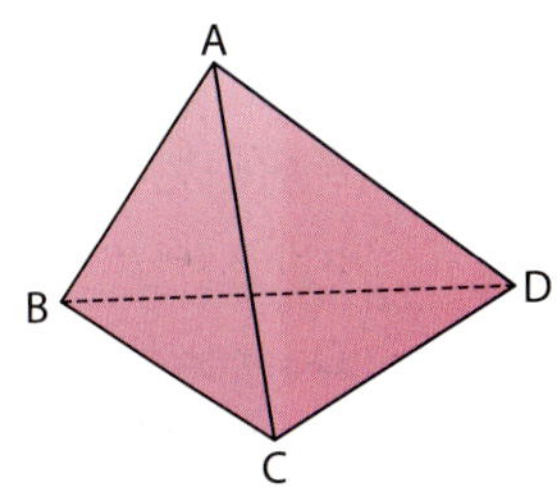

30 **a)** Recopier et compléter l'égalité :

$$\overrightarrow{AB} + \overrightarrow{CD} = \overrightarrow{AD} + \dots + \overrightarrow{CD}$$

b) En déduire que $\overrightarrow{AB} + \overrightarrow{CD} = \overrightarrow{AD} + \overrightarrow{CB}$.

31 I, J, K et L sont les milieux respectifs des arêtes [AB], [CD], [AD] et [BC].
a) Justifier que $2\overrightarrow{IL} = \overrightarrow{AC}$ et $2\overrightarrow{KJ} = \overrightarrow{AC}$.
b) En déduire la nature du quadrilatère ILJK.

32 I est le milieu de l'arête [AB], J le milieu de l'arête [CD] et O le milieu du segment [IJ].
a) Démontrer que :

$$\overrightarrow{OA} + \overrightarrow{OB} = 2\overrightarrow{OI} \quad \text{et} \quad \overrightarrow{OC} + \overrightarrow{OD} = 2\overrightarrow{OJ}.$$

b) En déduire que $\overrightarrow{OA} + \overrightarrow{OB} + \overrightarrow{OC} + \overrightarrow{OD} = \vec{0}$.

33 SABCD est une pyramide de base le parallélogramme ABCD.
K est le milieu de l'arête [SC].
Exprimer le vecteur $\overrightarrow{AK}$ comme combinaison linéaire des vecteurs $\overrightarrow{AB}$, $\overrightarrow{AD}$ et $\overrightarrow{SC}$.

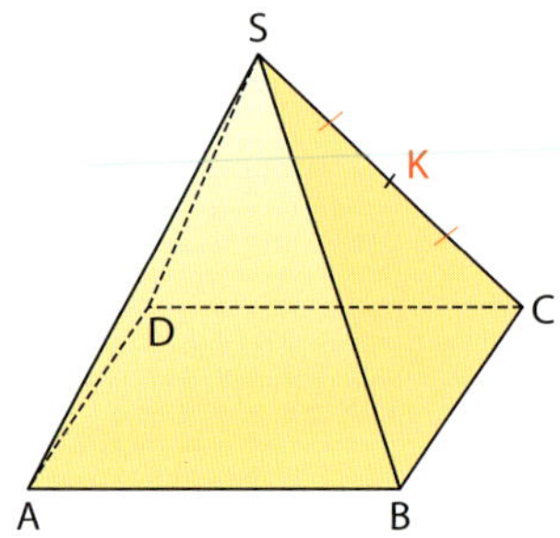

34 ABCD est un tétraèdre.
I est le milieu de l'arête [AD] et les points E et F sont définis par :

$$\overrightarrow{BE} = \overrightarrow{AB} \text{ et } \overrightarrow{IF} = \frac{3}{2}\overrightarrow{AD}.$$

a) Réaliser une figure.

b) Exprimer chacun des vecteurs $\overrightarrow{EC}$, $\overrightarrow{FC}$, $\overrightarrow{EF}$ comme combinaison linéaire des vecteurs $\overrightarrow{AB}$, $\overrightarrow{AC}$ et $\overrightarrow{AD}$.

35 ABCDEFGH est le parallélépipède rectangle représenté ci-contre.
I et J sont les points définis par :

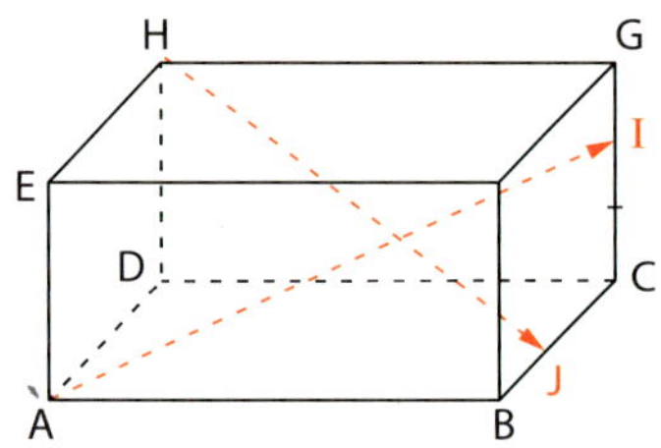

$$\overrightarrow{GI} = \frac{1}{3}\overrightarrow{EA} \text{ et } \overrightarrow{CJ} = \frac{2}{3}\overrightarrow{HE}.$$

Exprimer chacun des vecteurs $\overrightarrow{AI}$ et $\overrightarrow{HJ}$ comme combinaison linéaire des vecteurs $\overrightarrow{DA}$, $\overrightarrow{DC}$ et $\overrightarrow{DH}$.

36 La figure ci-dessous est constituée de deux cubes identiques accolés par une face.

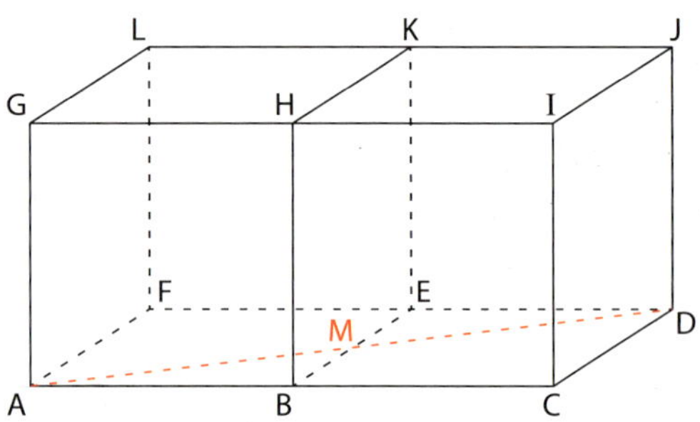

M est le point d'intersection des segments [AD] et [BE].
Dans chaque cas, exprimer le vecteur comme combinaison linéaire des vecteurs $\overrightarrow{AC}$, $\overrightarrow{AF}$ et $\overrightarrow{AG}$.

a) $\overrightarrow{AM}$ **b)** $\overrightarrow{KM}$ **c)** $\overrightarrow{MF}$

d) $\overrightarrow{LM}$ **e)** $\overrightarrow{MJ}$ **f)** $\overrightarrow{IM}$

Conseil : commencer par préciser et justifier la position du point M sur [BE].

Droites de l'espace

Cours 2

Questions flash À l'oral

37 À partir de chacune des égalités suivantes, donner oralement une relation de la forme $\overrightarrow{AC} = \lambda\overrightarrow{AB}$.

a) $\overrightarrow{AB} = -3\overrightarrow{AC}$ **b)** $2\overrightarrow{AB} + 5\overrightarrow{AC} = \vec{0}$

c) $\overrightarrow{BC} = 4\overrightarrow{AB}$ **d)** $2\overrightarrow{AB} + \overrightarrow{BC} = \vec{0}$

38 ABCDEFGH est le cube représenté ci-contre.
Chacune des affirmations suivantes est-elle vraie ou fausse ?

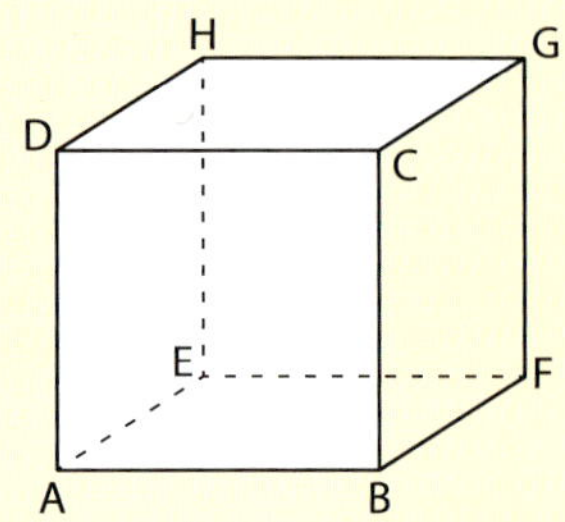

(1) Les droites (DE) et (FC) sont parallèles.
(2) Les droites (AB) et (HC) sont sécantes.
(3) Les droites (AF) et (DG) sont coplanaires.
(4) Les droites (EH) et (BF) sont coplanaires.

39 ABCDEFGH est le parallélépipède rectangle représenté ci-contre.

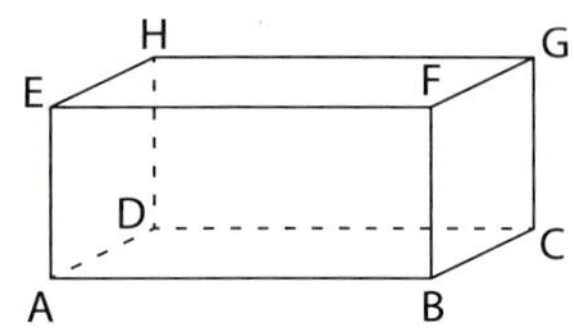

a) Réaliser cette figure et placer les points I et J définis par $\overrightarrow{DI} = \frac{1}{3}\overrightarrow{AE}$ et $\overrightarrow{AJ} = \frac{1}{3}\overrightarrow{AB} + \overrightarrow{AD}$

b) Dans chaque cas, déterminer si le vecteur est colinéaire au vecteur $\overrightarrow{IJ}$?

- $\overrightarrow{HC}$
- $\overrightarrow{AF}$
- $\overrightarrow{BG}$
- $\overrightarrow{BE}$

Pour les exercices 40 à 42, ABCDEFGH est le parallélépipède rectangle représenté ci-dessous.

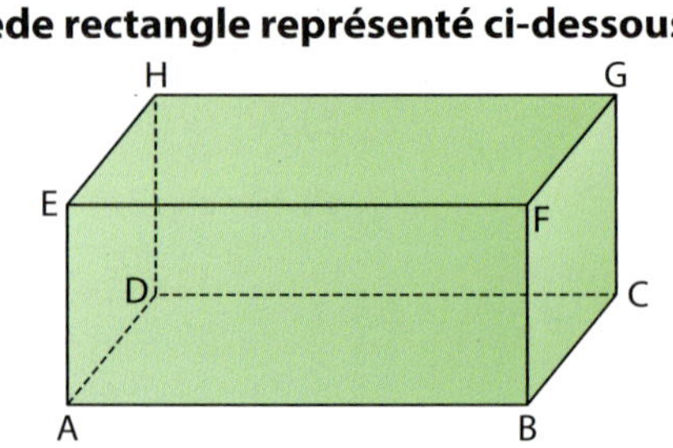

40 Démontrer que les vecteurs $\overrightarrow{DA} + \overrightarrow{BD} + \overrightarrow{FB}$ et $\overrightarrow{DG}$ sont colinéaires.

41 Démontrer que les vecteurs $\overrightarrow{FE} + \overrightarrow{FG}$ et $\overrightarrow{HF} + \overrightarrow{DB}$ sont colinéaires.

42 P est le point tel que $\overrightarrow{BP} = 2\overrightarrow{BA} + \overrightarrow{FG}$.
Démontrer que les vecteurs $\overrightarrow{AP}$ et $\overrightarrow{HF}$ sont colinéaires.

43 ABCD est un tétraèdre.
I est le milieu de [BC], les points E, F et G sont définis par :
$$\overrightarrow{AE} = \frac{3}{2}\overrightarrow{AI},\ \overrightarrow{BF} = \frac{1}{2}\overrightarrow{AB} \text{ et } \overrightarrow{CG} = -\frac{1}{2}\overrightarrow{CA}.$$
a) Réaliser une figure.
b) Démontrer que $\overrightarrow{FG} = 2\overrightarrow{FE}$.
c) Le point E appartient-il à la droite (FG) ? Justifier la réponse.

44 ABCDEFGH est le cube représenté ci-contre.

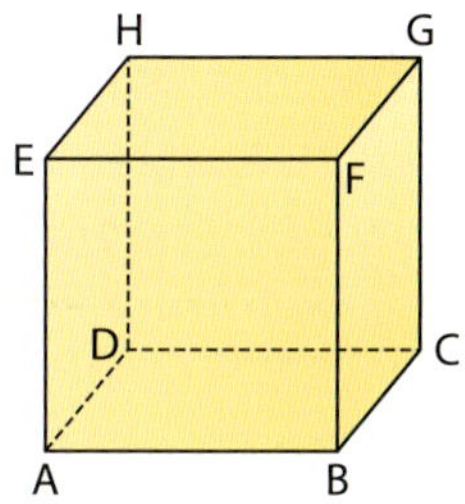

I, J et K sont les points définis par :
- $\overrightarrow{AI} = \frac{1}{2}\overrightarrow{AB} + \overrightarrow{AC}$,
- $\overrightarrow{AJ} = \overrightarrow{AC} + \frac{1}{2}\overrightarrow{AE}$,
- $\overrightarrow{AK} = \overrightarrow{AB} + \frac{1}{2}\overrightarrow{AE}$.

a) Réaliser la figure et construire les points I, J et K.
b) Démontrer que $\overrightarrow{IJ} = \frac{1}{2}\overrightarrow{BE}$.
Que peut-on en déduire pour les droites (IJ) et (BE) ?
c) Les droites (JK) et (BC) sont-elles parallèles ? Justifier.

45 ABCDEFGH est le parallélépipède rectangle représenté ci-dessous.

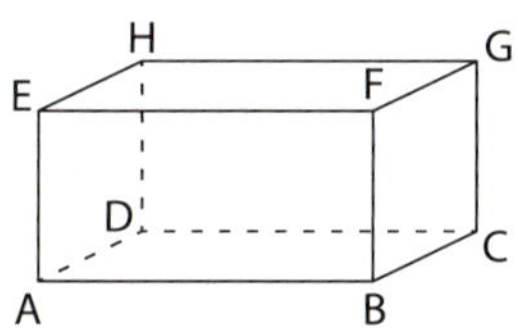

Les points I et J sont définis par :
$$\overrightarrow{AI} = \frac{1}{2}\overrightarrow{AB} + \frac{1}{3}\overrightarrow{AD} \text{ et } \overrightarrow{BJ} = \frac{1}{2}\overrightarrow{BC} + \frac{1}{4}\overrightarrow{BF}.$$
a) Réaliser une figure.
b) Décomposer chacun des vecteurs $\overrightarrow{IJ}$ et $\overrightarrow{AG}$ comme combinaison linéaire des vecteurs $\overrightarrow{AB}$, $\overrightarrow{AD}$ et $\overrightarrow{AE}$.
c) Les droites (IJ) et (AG) sont-elles :
- parallèles ?
- coplanaires ?

46 ABCD est un tétraèdre.

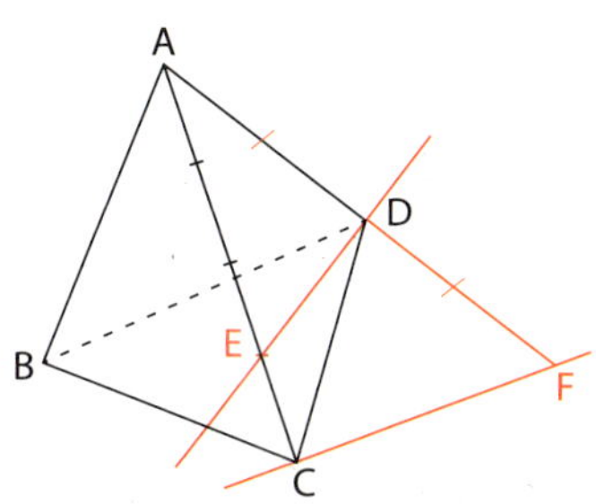

Les points E et F sont définis par : $\overrightarrow{AE} = \frac{3}{4}\overrightarrow{AC}$ et $\overrightarrow{DF} = \overrightarrow{AD}$.
a) Justifier que les droites (DE) et (CF) sont coplanaires.
b) Démontrer que ces deux droites sont sécantes.

Plans de l'espace

Cours 3

Questions flash À l'oral

Pour les exercices 47 à 51, ABCDEFGH est le cube représenté ci-dessous.

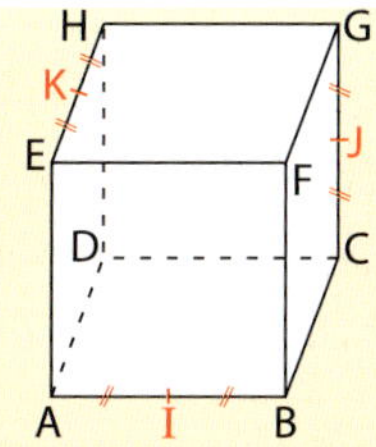

I, J et K sont les milieux respectifs des arêtes [AB], [GC] et [EH].

47 Citer oralement trois points du plan $(A\,;\overrightarrow{EF}, \overrightarrow{EH})$.

48 Donner les nombres réels a et b tels que :
$$\overrightarrow{AK} = a\overrightarrow{AD} + b\overrightarrow{AE}$$

49 Existe-t-il des nombres réels x et y tels que :
$$\overrightarrow{GJ} = x\overrightarrow{GK} + y\overrightarrow{GE}\ ?$$

50 Les vecteurs $\overrightarrow{DA}$, $\overrightarrow{DH}$ et $\overrightarrow{BJ}$ sont-ils coplanaires ?

51 Les plans $(J\,;\overrightarrow{ID}, \overrightarrow{IC})$ et $(K\,;\overrightarrow{EF}, \overrightarrow{EG})$ sont-ils parallèles ?

52 ABCDEF est le prisme droit représenté ci-contre.

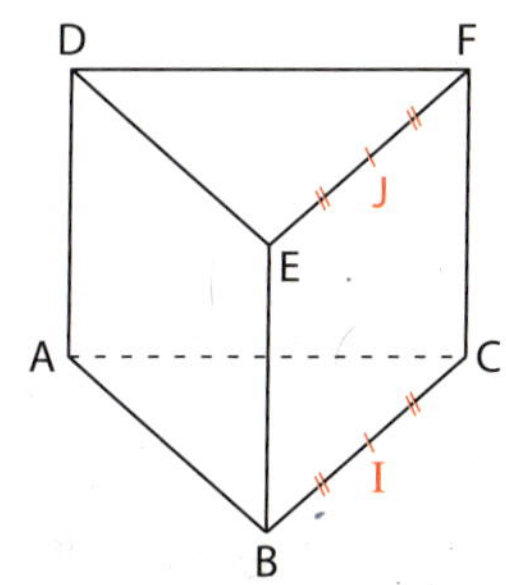

I et J sont les milieux des arêtes [BC] et [EF].
M est le point tel que $\overrightarrow{AM} = \overrightarrow{JC}$.
Démontrer que le point M appartient au plan $(A\,;\overrightarrow{AE}, \overrightarrow{AI})$.

53 SABCD est la pyramide à base rectangulaire représentée ci-contre.

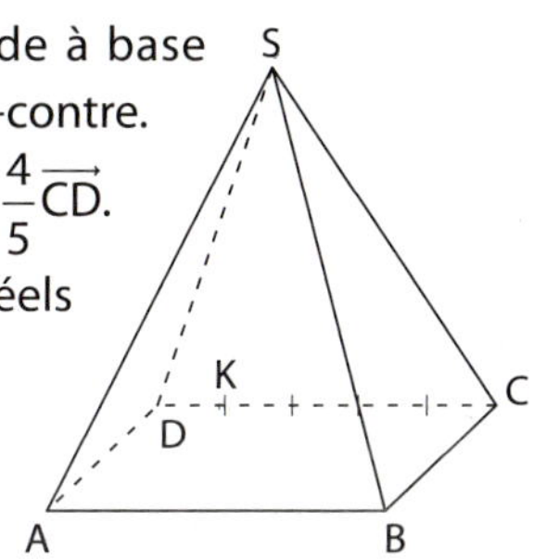

K est le point défini par $\overrightarrow{CK} = \frac{4}{5}\overrightarrow{CD}$.
a) Justifier qu'il existe deux réels x et y tels que :
$$\overrightarrow{AK} = x\overrightarrow{AB} + y\overrightarrow{BC}.$$
b) Déterminer ces deux nombres réels.

54 ABCD est un tétraèdre et M est le point défini par :
$$\overrightarrow{AM} = 3\overrightarrow{AB} - \overrightarrow{AC} - \overrightarrow{AD}.$$
a) Exprimer le vecteur $\overrightarrow{BM}$ en fonction des vecteurs $\overrightarrow{BC}$ et $\overrightarrow{BD}$.
b) À quel plan contenant une face du tétraèdre le point M appartient-il ?

55 ABCDEFGH est le parallélépipède rectangle représenté ci-contre.

K est le point défini par :

$$\overrightarrow{BK} = -\frac{1}{2}\overrightarrow{AH} - \frac{1}{3}\overrightarrow{DC}.$$

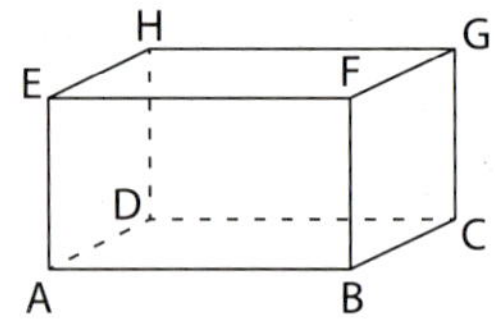

a) Écrire le vecteur $\overrightarrow{HK}$ comme combinaison linéaire des vecteurs $\overrightarrow{HA}$ et $\overrightarrow{HG}$.

b) En déduire un plan qui contient le point K.

56 ABCDEF est le prisme droit ci-contre.

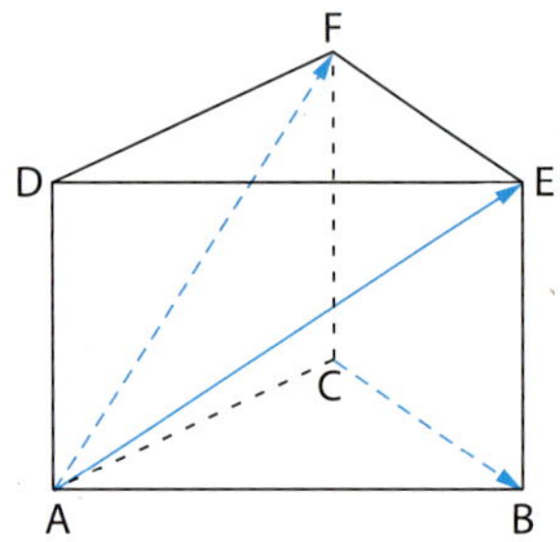

a) Exprimer le vecteur $\overrightarrow{CB}$ en fonction des vecteurs $\overrightarrow{AE}$ et $\overrightarrow{AF}$.

b) En déduire que les vecteurs $\overrightarrow{AE}$, $\overrightarrow{AF}$ et $\overrightarrow{CB}$ sont coplanaires.

57 ABCDEFGH est un parallélépipède rectangle de centre le point O.

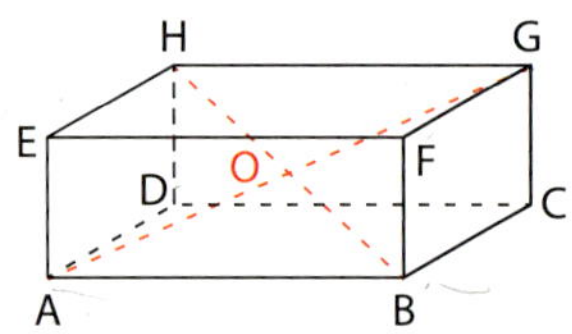

a) Démontrer que les vecteurs $\overrightarrow{OA}$, $\overrightarrow{GE}$ et $\overrightarrow{DH}$ sont coplanaires.

b) Les vecteurs $\overrightarrow{OA}$, $\overrightarrow{GE}$ et $\overrightarrow{DA}$ sont-ils coplanaires ? Justifier la réponse.

58 ABCDEFGH est le parallélépipède rectangle représenté ci-contre.

I et J sont les points définies par $\overrightarrow{AI} = \frac{1}{4}\overrightarrow{AD}$ et $\overrightarrow{DJ} = \frac{1}{3}\overrightarrow{DH}$.

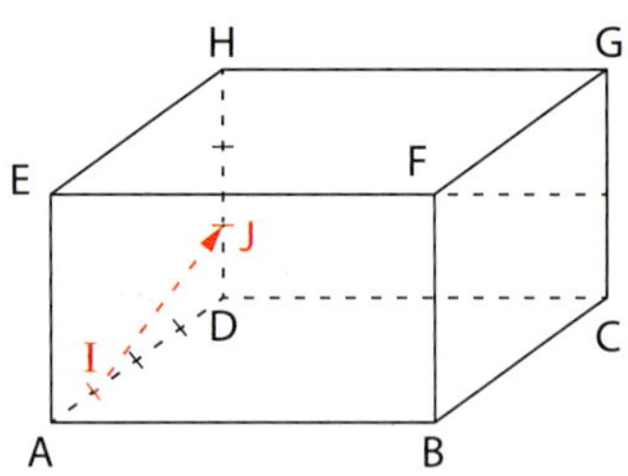

a) Démontrer que les vecteurs $\overrightarrow{IJ}$, $\overrightarrow{BC}$ et $\overrightarrow{BF}$ sont coplanaires.

b) En déduire la position relative de la droite (IJ) et du plan (BCG).

59 ABCD est un tétraèdre.

I, J et K sont les points définies par :

$\overrightarrow{AI} = \frac{1}{3}\overrightarrow{AB}$, $\overrightarrow{AJ} = \frac{1}{3}\overrightarrow{AC}$,

et $\overrightarrow{AK} = \frac{1}{3}\overrightarrow{AD}$.

Démontrer que les plans (IJK) et (BCD) sont parallèles.

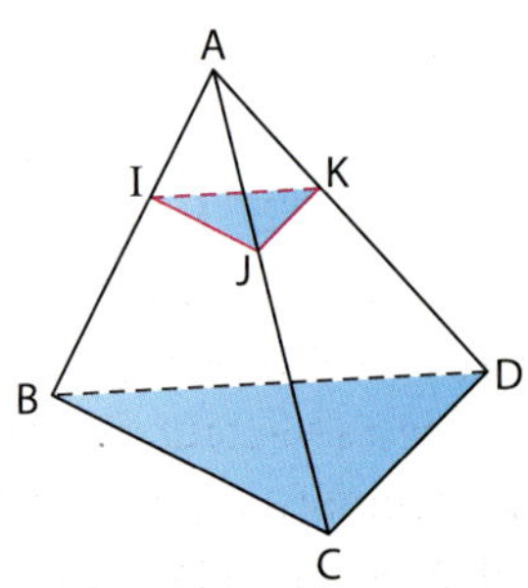

Bases et repères de l'espace

Cours 4

Questions flash À l'oral

60 SABCD est la pyramide à base carrée représentée ci-contre.

I est un point de [AB] distinct des points A et B.

Dire dans chaque cas si le triplet de vecteurs est une base de l'espace.

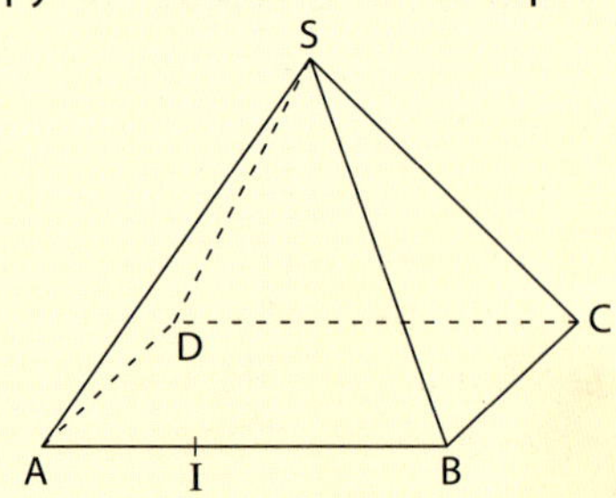

a) $(\overrightarrow{AB}, \overrightarrow{AD}, \overrightarrow{AS})$ **b)** $(\overrightarrow{SA}, \overrightarrow{SB}, \overrightarrow{SI})$

c) $(\overrightarrow{AB}, \overrightarrow{AC}, \overrightarrow{AD})$ **d)** $(\overrightarrow{SA}, \overrightarrow{SC}, \overrightarrow{SD})$

61 ABCDEFGH est le cube représenté ci-contre.

Dans chaque cas, donner la décomposition du vecteur dans la base $(\overrightarrow{AB}, \overrightarrow{AD}, \overrightarrow{AE})$.

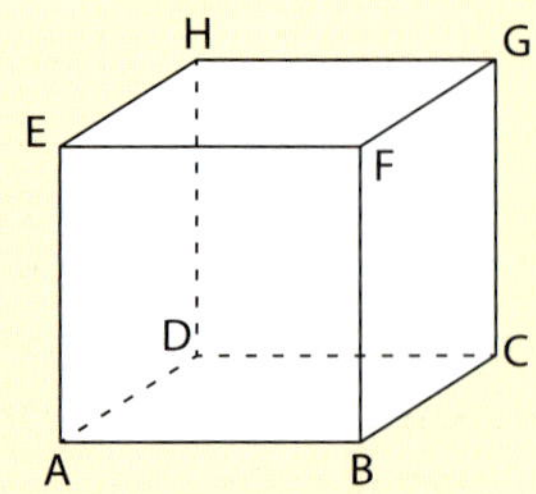

a) $\overrightarrow{AC}$ **b)** $\overrightarrow{AG}$ **c)** $\overrightarrow{GB}$ **d)** $\overrightarrow{DF}$

62 Dans le repère $(O;\vec{i},\vec{j},\vec{k})$ représenté ci-dessous, lire les coordonnées de chacun des points A, B, C, D et E.

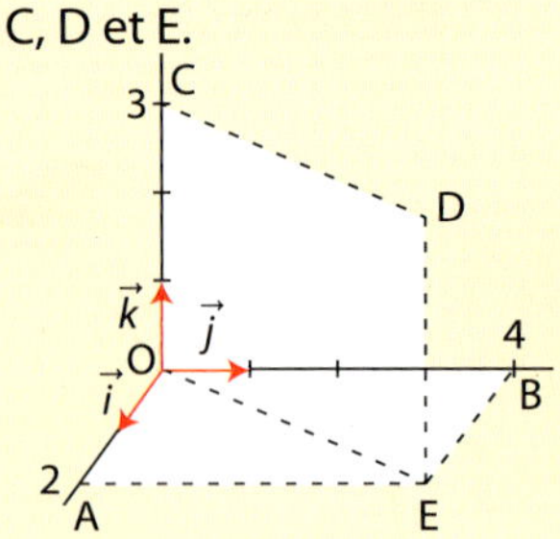

63 ABCDEFGH est le cube représenté ci-contre.

Donner les coordonnées de chacun des sommets du cube dans le repère $(D;\overrightarrow{DA},\overrightarrow{DC},\overrightarrow{DH})$.

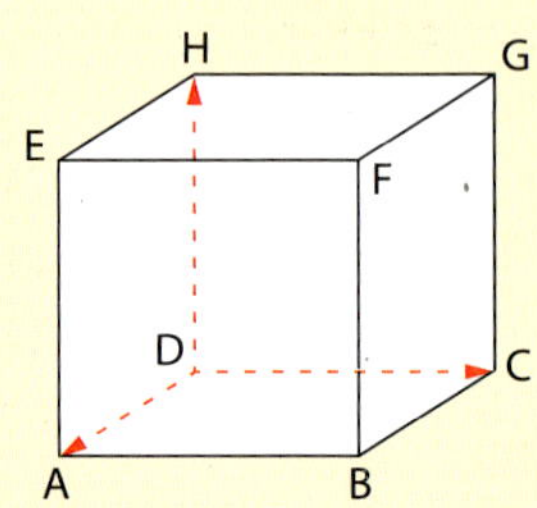

64 Dans un repère de l'espace, on donne les points $A(-3;5;7)$ et $B(2;-3;5)$.

a) Donner les coordonnées du vecteur $\overrightarrow{AB}$.

b) Donner les coordonnées du milieu I de [AB].

65 ABCDEFGH est le cube représenté ci-contre, K et L sont les points tels que :

$\overrightarrow{DK} = \frac{3}{4}\overrightarrow{DH}$ et $\overrightarrow{GL} = \frac{2}{3}\overrightarrow{GC}$.

Décomposer les vecteurs $\overrightarrow{AK}$ et $\overrightarrow{AL}$ dans la base $(\overrightarrow{AB}, \overrightarrow{AD}, \overrightarrow{AE})$.

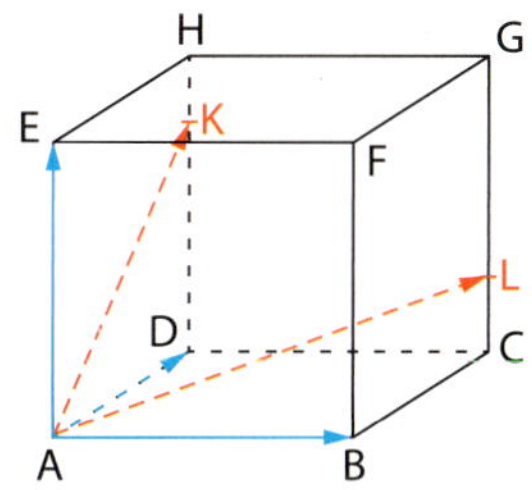

66 SABCD est une pyramide de base un parallélogramme ABCD.
K est le centre de ABCD et L le milieu de [SC].

a) Justifier que $(\overrightarrow{AB}, \overrightarrow{AD}, \overrightarrow{AS})$ est une base de l'espace.

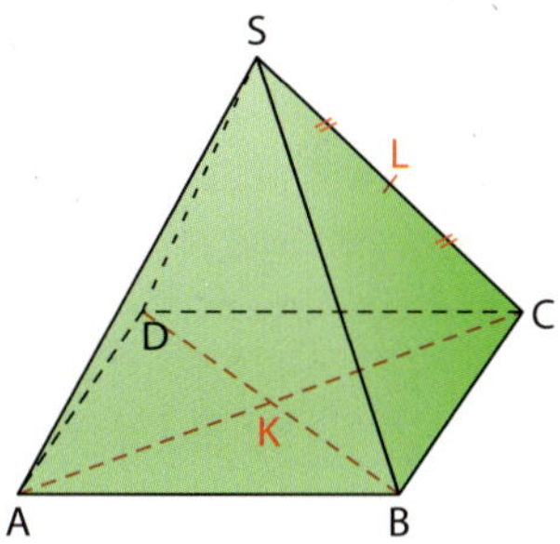

b) Décomposer chacun des vecteurs $\overrightarrow{AK}$, $\overrightarrow{AL}$ et $\overrightarrow{KL}$ dans cette base.

67 ABCD est un tétraèdre. I est le milieu de l'arête [BC] et K est le milieu du segment [ID].

a) Démontrer que :

$\overrightarrow{AK} = \frac{1}{4}\overrightarrow{AB} + \frac{1}{4}\overrightarrow{AC} + \frac{1}{2}\overrightarrow{AD}$.

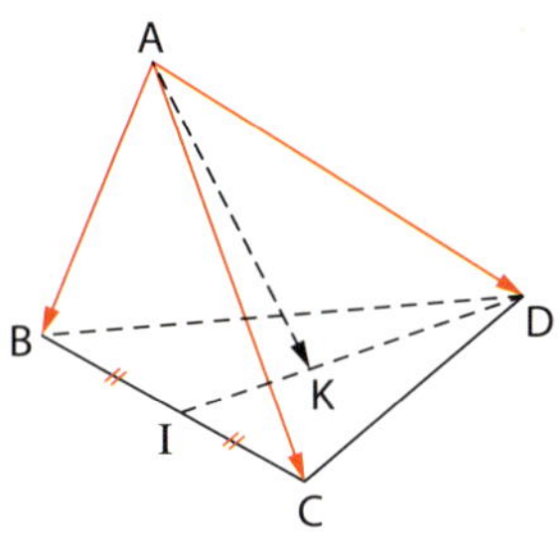

b) Quelles sont les coordonnées du point K dans le repère $(A ; \overrightarrow{AB}, \overrightarrow{AC}, \overrightarrow{AD})$?

68 SABC est un tétraèdre. I est le milieu de l'arête [BC].
On se place dans le repère $(A ; \overrightarrow{AB}, \overrightarrow{AC}, \overrightarrow{AS})$.
Déterminer les coordonnées des vecteurs $\overrightarrow{IB}$, $\overrightarrow{IC}$ et $\overrightarrow{IS}$.

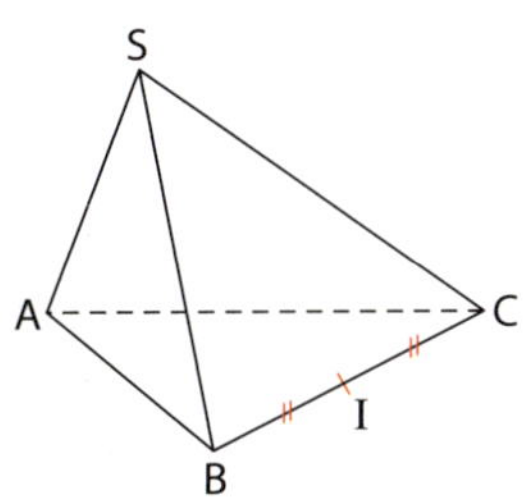

Pour les exercices 69 à 71, un repère de l'espace est donné et on considère les points suivants : A(1 ; 5 ; 2) ; B(– 2 ; 3 ; 4) ; C(– 2 ; - 2 ; 0) et D(7 ; – 3 ; 1).

69 Calculer les coordonnées :

a) des vecteurs $\overrightarrow{AB}$ et $\overrightarrow{CD}$.

b) des milieux des segments [AB] et [CD].

70 Déterminer les coordonnées du point K tel que ABCK soit un parallélogramme.

71 Calculer les coordonnées de chacun des vecteurs :

a) $\vec{u} = \frac{1}{2}\overrightarrow{AB} + 3\overrightarrow{CD}$ **b)** $\vec{v} = -\frac{1}{3}\overrightarrow{AD} - 2\overrightarrow{BC}$

72 Dans un repère de l'espace, on donne les points : A(3 ; 2 ; – 1), B(– 3 ; 0 ; 5), C(1 ; 1 ; – 2) et D(– 11 ; – 3 ; 10).
Les vecteurs $\overrightarrow{AB}$ et $\overrightarrow{CD}$ sont-ils colinéaires ?

73 Dans un repère de l'espace, on donne les points :
A(2 ; – 1 ; 4), B(3 ; 2 ; – 5) et C(– 11 ; – 40 ; 121).
Ces points sont-ils alignés ?

74 Dans un repère de l'espace, on donne les points : A(– 4 ; – 3 ; 1), B(0 ; 3 ; – 5), C(2 ; 1 ; 1) et D(3 ; 5 ; – 5).
Les droites (AC) et (BD) sont-elles parallèles ?

75 $(O ; \vec{i}, \vec{j}, \vec{k})$ est un repère de l'espace.
On donne les points :
A(– 2 ; 1 ; 0), B(1 ; 3 ; 5) et C(15 ; 20 ; 25).

a) Calculer les coordonnées des vecteurs $\overrightarrow{AB}$ et $\overrightarrow{AC}$.

b) Le point C appartient-il à la droite (AB) ?

76 Dans une base de l'espace, trouver des nombres réels x et y tels que les vecteurs $\vec{u}(1 ; x ; 5)$ et $\vec{v}(2 ; -3 ; y)$ soient colinéaires.

77 $(O ; \vec{i}, \vec{j}, \vec{k})$ est un repère de l'espace.
On donne les points :
A(1 ; 0 ; 3), B(3 ; – 1 ; 2) et M(x ; y ; – 2)
avec x et y nombres réels.
Existe-t-il des valeurs de x et y telles que les points A, B et M soient alignés ?

78 Dans une base de l'espace, on donne les vecteurs
$\vec{u}(1 ; -2 ; 0)$, $\vec{v}(3 ; 1 ; 3)$ et $\vec{w}(-1 ; -5 ; -3)$.

a) Calculer les coordonnées du vecteur $2\vec{u} - \vec{v} - \vec{w}$.

b) En déduire que les vecteurs $\vec{u}$, $\vec{v}$ et $\vec{w}$ sont coplanaires.

79 Dans un repère de l'espace, on donne le point A(– 1 ; 2 ; 3), les vecteurs $\vec{u}(1 ; 0 ; 3)$ et $\vec{v}(0 ; 1 ; 3)$.
$\mathcal{P}$ est le plan $(A ; \vec{u}, \vec{v})$.

a) Démontrer que le point B(1 ; – 1 ; 0) appartient au plan $\mathcal{P}$.

b) Le point C(– 2 ; 7 ; 10) appartient-il au plan $\mathcal{P}$?

80 Dans un repère de l'espace, on donne les points A(1 ; – 1 ; 2), B(0 ; 3 ; – 4) et les vecteurs $\vec{u}(1 ; 0 ; 1)$, $\vec{v}(0 ; 3 ; 5)$, $\vec{w}(1 ; 3 ; 6)$, $\vec{t}(2 ; -3 ; -3)$.
On note $\mathcal{P}$ le plan $(A ; \vec{u}, \vec{v})$, $\mathcal{Q}$ le plan $(B ; \vec{w}, \vec{t})$ et d une droite de vecteur directeur $\vec{w}$.

a) Démontrer que la droite d est parallèle au plan $\mathcal{P}$.

b) Déterminer la position relative des plans $\mathcal{P}$ et $\mathcal{Q}$.

81 QCM **Dans chaque cas, donner la réponse exacte sans justifier.**

ABCDEFGH est le parallélépipède rectangle représenté ci-contre.
I est le milieu de [EH], J celui de [DC] et K est le centre de la face EFGH.

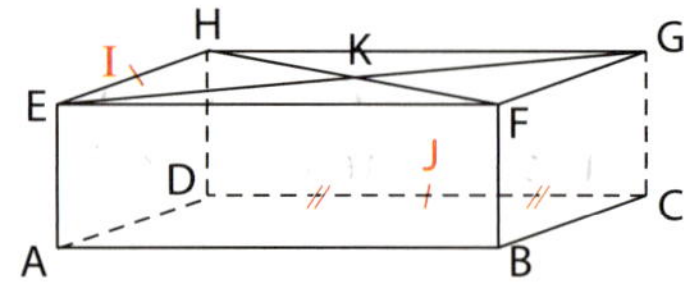

		A	B	C	D
1	La somme $\overrightarrow{BD}+\overrightarrow{AE}$ est égale au vecteur …	$\overrightarrow{BE}$	$\overrightarrow{AD}$	$\overrightarrow{BH}$	$\overrightarrow{FD}$
2	Le vecteur $-\frac{1}{2}\overrightarrow{AB}+\overrightarrow{DH}+\frac{1}{2}\overrightarrow{GF}$ est égal à …	$\frac{1}{2}\overrightarrow{AF}$	$\overrightarrow{JI}$	$\overrightarrow{DK}$	$\overrightarrow{AI}$
3	Le vecteur $\overrightarrow{AJ}$ est coplanaire avec les vecteurs …	$\overrightarrow{AB}$ et $\overrightarrow{BF}$	$\overrightarrow{AE}$ et $\overrightarrow{AH}$	$\overrightarrow{JH}$ et $\overrightarrow{JC}$	$\overrightarrow{FG}$ et $\overrightarrow{FI}$
4	La décomposition du vecteur $\overrightarrow{IK}$ en fonction des vecteurs $\overrightarrow{GI}$ et $\overrightarrow{GF}$ s'écrit …	$-\frac{1}{2}\overrightarrow{GI}+\frac{1}{4}\overrightarrow{GF}$	$\frac{1}{2}\overrightarrow{GI}+\frac{1}{2}\overrightarrow{GF}$	$\overrightarrow{GI}+\overrightarrow{GF}$	$\frac{1}{2}\overrightarrow{GI}-\frac{1}{2}\overrightarrow{GF}$
5	$(\overrightarrow{IK},\overrightarrow{FG})$ définit la direction du plan …	(BFG)	(IKJ)	(ABC)	(CGK)

82 QCM **Dans chaque cas, donner la (ou les) réponse(s) exacte(s) sans justifier.**

ABCDEFGH est le parallélépipède rectangle représenté ci-contre.
I est le milieu de [BC] et K est le point tel que $\overrightarrow{HK}=\frac{3}{4}\overrightarrow{HG}$.

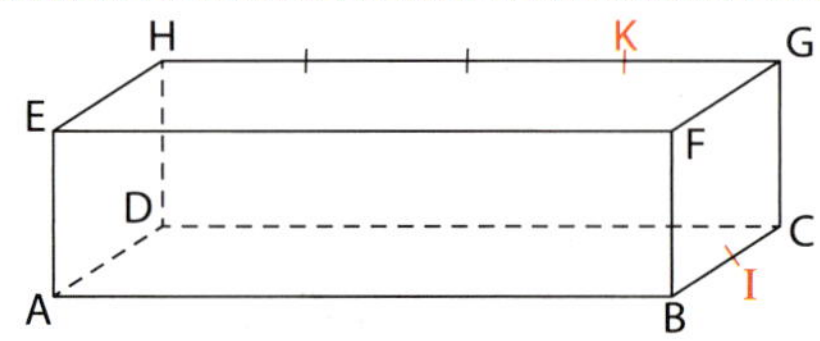

		A	B	C	D
1	Un repère de l'espace est …	$(A\,;\overrightarrow{AB},\overrightarrow{AC},\overrightarrow{AD})$	$(A\,;\overrightarrow{AB},\overrightarrow{AD},\overrightarrow{AE})$	$(C\,;\overrightarrow{CD},\overrightarrow{CG},\overrightarrow{CB})$	$(D\,;\overrightarrow{DH},\overrightarrow{DG},\overrightarrow{DC})$
2	On se place dans $(A\,;\overrightarrow{AB},\overrightarrow{AD},\overrightarrow{AE})$. Le vecteur $\overrightarrow{IK}$ …	a pour coordonnées $\begin{pmatrix}-\frac{1}{4}\,;\frac{1}{2}\,;1\end{pmatrix}$	a pour coordonnées $\begin{pmatrix}\frac{1}{4}\,;-\frac{1}{2}\,;-1\end{pmatrix}$	n'est pas coplanaire avec les vecteurs $\overrightarrow{CB}$ et $\overrightarrow{CH}$	est coplanaire avec les vecteurs $\overrightarrow{CB}$ et $\overrightarrow{CH}$
3	La droite (KI) est …	parallèle au plan (ADE)	coplanaire avec la droite (FG)	sécante avec le plan (ADC)	non coplanaire avec la droite (AD)

83 Vrai/Faux **Dans chaque cas, dire si l'affirmation est vraie ou fausse en justifiant.**

Voici des points dans un repère $(O\,;\vec{i},\vec{j},\vec{k})$:

$$A(-2\,;3\,;1)\,;B(0\,;-1\,;-2)\,;C(4\,;-2\,;3)\text{ et }D(1\,;-3\,;6).$$

1 **Affirmation** : les vecteurs $\overrightarrow{AB}$ et $\overrightarrow{AC}$ sont colinéaires.

2 **Affirmation** : les vecteurs $\overrightarrow{AB}$, $\overrightarrow{AC}$ et $\overrightarrow{AD}$ sont coplanaires.

3 **Affirmation** : le point $E(-3\,;-2\,;1)$ est un point du plan qui passe par D et dont la direction est définie par le couple de vecteurs $(\overrightarrow{AB},\overrightarrow{AC})$.

Vérifiez vos réponses : p. 529

84 Suivre un guide pour rédiger une démonstration

Voici une propriété énoncée en cours au paragraphe 4 A.

> $(\vec{u}, \vec{v}, \vec{w})$ est une base de l'espace.
> Pour tout vecteur $\vec{t}$, il existe un unique triplet $(a\,;b\,;c)$ de nombres réels tels que $\vec{t} = a\vec{u} + b\vec{v} + c\vec{w}$.

Recopier et compléter la démonstration.

1. Existence

O est un point de l'espace, $\mathscr{P}$ est le plan $(\mathrm{O}\,;\vec{u}, \vec{v})$ et on pose $\vec{t} = \overrightarrow{\mathrm{OM}}$.

La droite d passant par M de vecteur directeur $\vec{w}$ et le plan $\mathscr{P}$ ne sont pas parallèles car …

On note M′ leur point d'intersection.

M′ appartient à … donc il existe des réels a et b tels que $\overrightarrow{\mathrm{OM'}} = a\vec{u} + b\vec{v}$.

D'autre part, $\overrightarrow{\mathrm{OM}} = \overrightarrow{\mathrm{OM'}} + \ldots$, $\overrightarrow{\mathrm{M'M}}$ et $\vec{w}$ sont … donc il existe un réel c tel que $\overrightarrow{\mathrm{M'M}} = c\vec{w}$.

Finalement, $\vec{t} = \ldots$

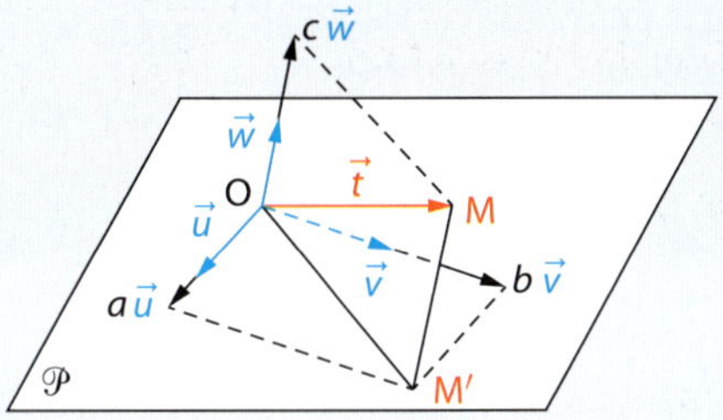

2. Unicité

On suppose qu'il existe deux triplets $(a\,;b\,;c)$ et $(a'\,;b'\,;c')$ de nombres réels tels que $\vec{t} = a\vec{u} + b\vec{v} + c\vec{w} = a'\vec{u} + b'\vec{v} + c'\vec{w}$.

Si $c \neq c'$, alors $\vec{w} = \ldots\vec{u} + \ldots\vec{v}$, or ceci n'est pas possible car …, donc $c = c'$.

On obtient alors $a\vec{u} + b\vec{v} = a'\vec{u} + b'\vec{v}$, donc $a = a'$ et $b = b'$ car ….

Conseil
On démontre d'abord l'existence du triplet $(a\,;b\,;c)$, puis ensuite son unicité.

85 Démontrer la coplanarité de vecteurs

ABCDEFGH est le cube représenté ci-contre.
I, J, K, L sont les milieux respectifs des segments [AE], [BG], [EG] et [AB].
Voici la démonstration du fait que les points I, J, K et L sont coplanaires.

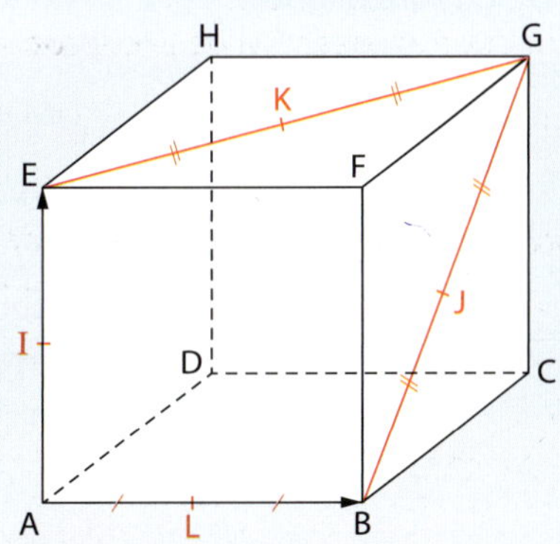

> On décompose les vecteurs $\overrightarrow{\mathrm{IK}}$, $\overrightarrow{\mathrm{IL}}$ et $\overrightarrow{\mathrm{IJ}}$ dans la base $(\overrightarrow{\mathrm{AB}}, \overrightarrow{\mathrm{AD}}, \overrightarrow{\mathrm{AE}})$.
>
> **(1)** $\overrightarrow{\mathrm{IK}} = \frac{1}{2}(\overrightarrow{\mathrm{AB}} + \overrightarrow{\mathrm{AD}} + \overrightarrow{\mathrm{AE}})$ et $\overrightarrow{\mathrm{IL}} = \frac{1}{2}\overrightarrow{\mathrm{AB}} - \frac{1}{2}\overrightarrow{\mathrm{AE}}$
>
> $\overrightarrow{\mathrm{IJ}} = \overrightarrow{\mathrm{IA}} + \overrightarrow{\mathrm{AB}} + \overrightarrow{\mathrm{BJ}} = -\frac{1}{2}\overrightarrow{\mathrm{AE}} + \overrightarrow{\mathrm{AB}} + \frac{1}{2}(\overrightarrow{\mathrm{AD}} + \overrightarrow{\mathrm{AE}}) = \overrightarrow{\mathrm{AB}} + \frac{1}{2}\overrightarrow{\mathrm{AD}}$
>
> **(2)** On remarque que $\overrightarrow{\mathrm{IJ}} = \overrightarrow{\mathrm{IK}} + \overrightarrow{\mathrm{IL}}$ donc les vecteurs $\overrightarrow{\mathrm{IJ}}$, $\overrightarrow{\mathrm{IK}}$ et $\overrightarrow{\mathrm{IL}}$ sont coplanaires.
>
> **(3)** Donc les points I, J, K et L sont coplanaires.

Lire la démonstration et expliquer les passages écrits en vert.

Conseil
Pour démontrer que $\overrightarrow{\mathrm{IJ}}$, $\overrightarrow{\mathrm{IK}}$, $\overrightarrow{\mathrm{IL}}$ sont coplanaires, on exprime $\overrightarrow{\mathrm{IJ}}$ comme combinaison linéaire de $\overrightarrow{\mathrm{IK}}$ et $\overrightarrow{\mathrm{IL}}$.

Utiliser des droites et plans de l'espace

86 PARCOURS DIFFÉRENCIÉS

Parcours 1

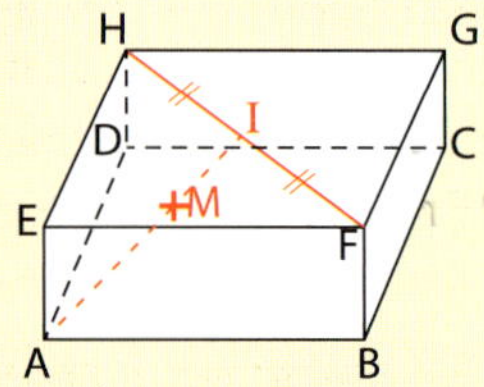

ABCDEFGH est le parallélépipède rectangle représenté ci-contre.
I est le milieu de [HF] et M est le point défini par $3\overrightarrow{AM} = 2\overrightarrow{AI}$.
Démontrer que les points E, C, M sont alignés.

Parcours 2

ABCDEFGH est un cube. On note O_1 et O_2 les centres respectifs des faces ADHE et BCGF.

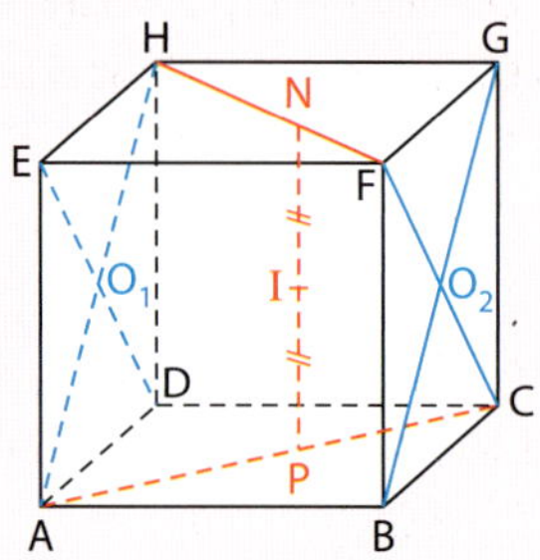

N est le point du segment [HF] et P le point du segment [AC] définis par $\overrightarrow{HN} = k\overrightarrow{HF}$ et $\overrightarrow{AP} = k\overrightarrow{AC}$ où k est un nombre réel de l'intervalle [0 ; 1].
I est le milieu du segment [NP].

a) Démontrer que :
- $\overrightarrow{O_1I} = \dfrac{k}{2}(\overrightarrow{HF} + \overrightarrow{AC})$.
- $\overrightarrow{O_2I} = \dfrac{k-1}{2}(\overrightarrow{HF} + \overrightarrow{AC})$.

b) En déduire que les points I, O_1, O_2 sont alignés.

87 ABCD est un tétraèdre. E est le milieu de [AC] et I celui de [CD].
K est le point tel que $\overrightarrow{DK} = \overrightarrow{AB}$ et G est le point tel que $\overrightarrow{BG} = \dfrac{2}{3}\overrightarrow{BI}$.
Démontrer que les points E, G et K sont alignés.

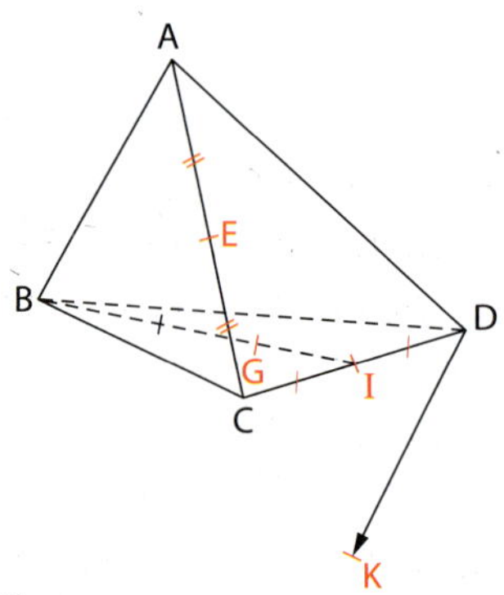

88 ABCD est un tétraèdre.
M, N, P et Q sont les points définis par :
$\overrightarrow{AM} = \dfrac{2}{3}\overrightarrow{AB}$, $\overrightarrow{AN} = \dfrac{3}{4}\overrightarrow{AC}$, $\overrightarrow{CP} = -\dfrac{1}{2}\overrightarrow{CD}$ et $\overrightarrow{AQ} = \dfrac{1}{2}\overrightarrow{AD}$.

a) Réaliser une figure et placer les points M, N, P et Q.

b) Décomposer les vecteurs $\overrightarrow{MN}$, $\overrightarrow{MP}$, $\overrightarrow{MQ}$ dans la base $(\overrightarrow{AB}, \overrightarrow{AC}, \overrightarrow{AD})$.

c) Démontrer que les points M, N, P et Q sont coplanaires.

89 ABCDEFGH est le cube représenté ci-contre.
I, J et K sont les milieux respectifs des arêtes [AE], [FG] et [BF].

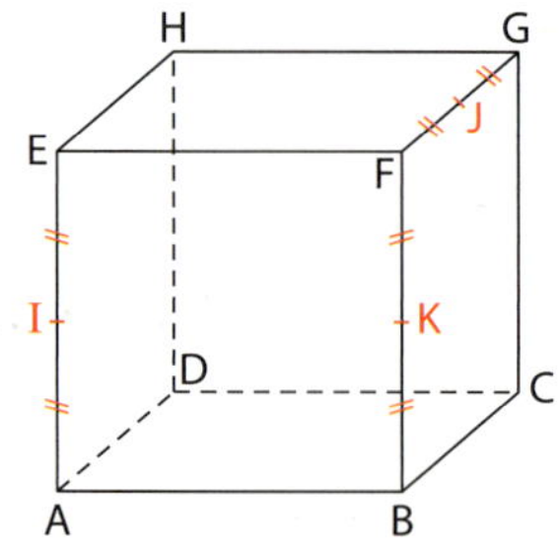

a) Démontrer que $\overrightarrow{IJ}$ peut s'écrire comme une combinaison linéaire des vecteurs $\overrightarrow{AK}$ et $\overrightarrow{AD}$.

b) En déduire la position relative de la droite (IJ) par rapport au plan (AKD).

90 SABCD est une pyramide à base carrée. Les points I, J, K et L sont définis par : $\overrightarrow{AI} = \dfrac{1}{5}\overrightarrow{AS}$,
$\overrightarrow{BJ} = \dfrac{2}{5}\overrightarrow{BS}$, $\overrightarrow{CK} = \dfrac{3}{5}\overrightarrow{CS}$
et $\overrightarrow{DL} = \dfrac{4}{5}\overrightarrow{DS}$.

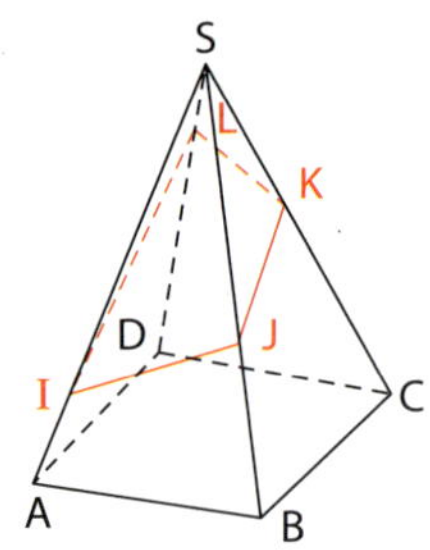

a) Justifier que $(\overrightarrow{AS}, \overrightarrow{AB}, \overrightarrow{AD})$ est une base de l'espace.

b) Décomposer chacun des vecteurs $\overrightarrow{IJ}$, $\overrightarrow{IK}$ et $\overrightarrow{IL}$ dans cette base.

c) Les points I, J, K et L sont-ils coplanaires ? Justifier.

91 ABCDEFGH est le cube représenté ci-contre.
M et J sont les points définis par :
$\overrightarrow{DM} = \dfrac{1}{3}\overrightarrow{DC}$ et $\overrightarrow{BJ} = \dfrac{2}{3}\overrightarrow{BC}$.

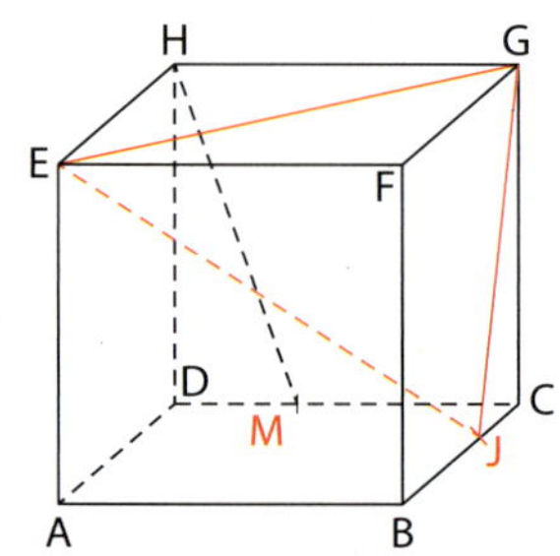

a) Décomposer le vecteur $\overrightarrow{HM}$ en fonction des vecteurs $\overrightarrow{GE}$ et $\overrightarrow{GJ}$.

b) En déduire la position relative de la droite (HM) et du plan (EGJ).

92 ABCDEFGH est le parallélépipède rectangle représenté ci-contre.
K et L sont les points définis par :

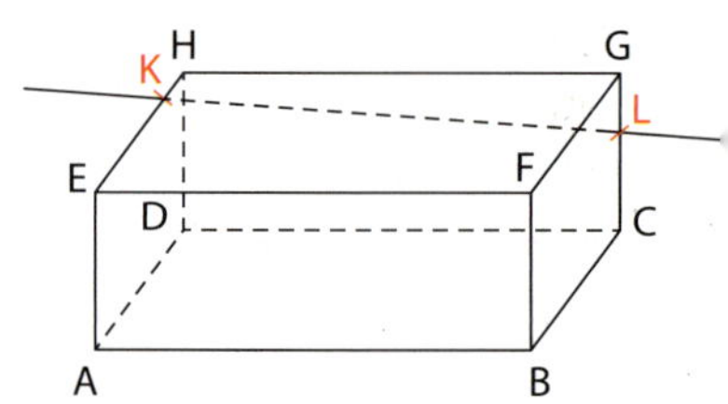

$\overrightarrow{HK} = \lambda\overrightarrow{HE}$ et $\overrightarrow{GL} = \lambda\overrightarrow{GC}$ où λ est un nombre réel.

a) Décomposer le vecteur $\overrightarrow{KL}$ dans la base $(\overrightarrow{AB}, \overrightarrow{AD}, \overrightarrow{AE})$.

b) Les vecteurs $\overrightarrow{FE}$, $\overrightarrow{FC}$ et $\overrightarrow{KL}$ sont-ils coplanaires ?

c) Déterminer la position relative de la droite (KL) et du plan (CEF).

Travailler avec des coordonnées

L'espace est muni d'un repère $(O ; \vec{i}, \vec{j}, \vec{k})$.

93 **PARCOURS DIFFÉRENCIÉS**

Parcours 1

On donne les points :
$A(1 ; -2 ; -1)$, $B(2 ; -1 ; -2)$ et $C(1 ; 3 ; -2)$.
On note d la droite qui passe par le point $D(2 ; 1 ; 0)$ et de vecteur directeur $\vec{u}(-1 ; 2 ; 1)$.
Justifier que les points A, B et C définissent un plan et démontrer que la droite d et ce plan sont sécants.

Parcours 2

On donne les points $A(2 ; 1 ; 0)$, $B(0 ; 1 ; 1)$ et $C(0 ; 3 ; 2)$.
a) Démontrer que les points A, B et C ne sont pas alignés.
b) Démontrer que les vecteurs $\overrightarrow{AB}$, $\overrightarrow{AC}$ et $\vec{k}$ ne sont pas coplanaires.
c) En déduire que la droite d passant par le point $D(-1 ; 1 ; 2)$, de vecteur directeur $\vec{k}$ et le plan (ABC) sont sécants.

94 On donne les points $A(-3 ; 4 ; 5)$, $B(1 ; -2 ; 3)$ et $M(-1 ; a ; b)$ où a et b sont des nombres réels.
Déterminer les valeurs de a et b telles que le point M appartienne à la droite (AB).

Vidéo

JaiCompris.com Cet exercice est corrigé en vidéo

95 ABCDEFGH est le cube représenté ci-dessous.
I est le milieu de l'arête [AE], J le centre de la face CDHG, P et Q sont les points définis par :

$$\overrightarrow{EP} = \frac{1}{3}\overrightarrow{EH} \text{ et } \overrightarrow{AQ} = \frac{1}{3}\overrightarrow{AC}$$

et K est le milieu du segment [PQ].
On se place dans le repère $(A ; \overrightarrow{AB}, \overrightarrow{AD}, \overrightarrow{AE})$.

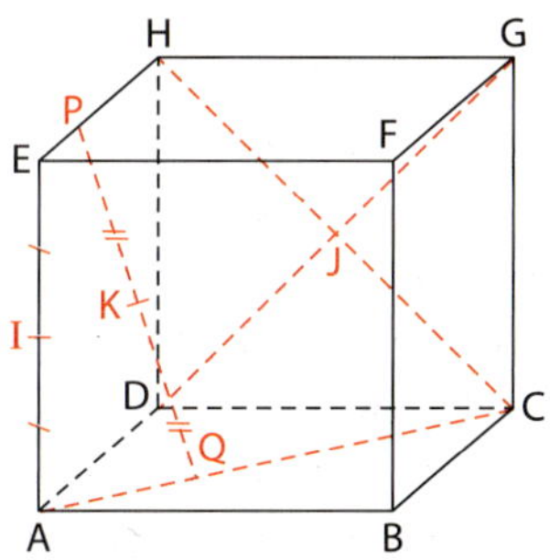

1. Calculer les coordonnées des points I et J.
2. a) Calculer les coordonnées des points P et Q, puis celles du point K.
b) Démontrer que les points I, K et J sont alignés.

96 d est la droite qui passe par le point $A(-1 ; 2 ; 2)$ et de vecteur directeur $\vec{u}(1 ; 0 ; 3)$.
d' est la droite qui passe par le point $B(-4 ; 5 ; 7)$ et de vecteur directeur $\vec{v}(-2 ; 6 ; 22)$.
M est le point de coordonnées $(-3 ; 2 ; -4)$.
a) Démontrer que le point M appartient à la droite d.
b) Le point M appartient-il à la droite d' ?
c) En déduire la position relative des droites d et d'.

97 On donne le point $A(2 ; -1 ; -3)$ et les vecteurs $\vec{u}(2 ; 1 ; 0)$ et $\vec{v}(-1 ; 4 ; 5)$.
$\mathcal{P}$ désigne le plan $(A ; \vec{u}, \vec{v})$.
1. a) Le point $B(-2 ; 6 ; 7)$ appartient-il au plan $\mathcal{P}$?
b) M est le point tel que B soit le milieu de [AM].
Justifier que M appartient au plan $\mathcal{P}$.
2. On donne le point $C(12 ; -8 ; -11)$.
a) Ce point appartient-il au plan $\mathcal{P}$?
b) Déterminer la position relative de la droite (MC) et du plan $\mathcal{P}$.

98 ABCD est un tétraèdre.
I, J, K, L, M et N sont les milieux respectifs des arêtes [AB], [CD], [BC], [DA], [BD] et [AC].

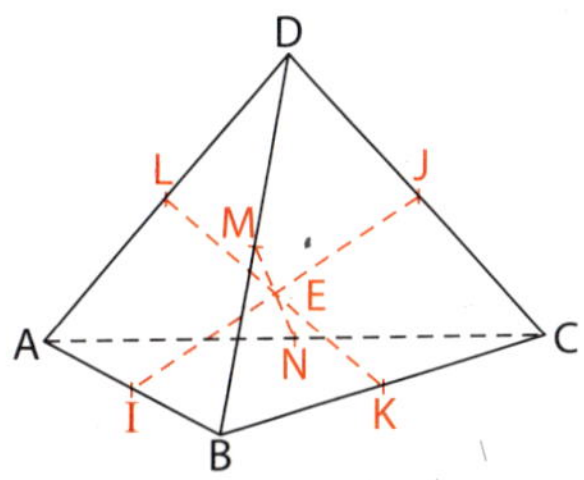

1. Démontrer que les segments [IJ], [KL] et [MN] ont le même milieu E.
2. En déduire que $\overrightarrow{EA} + \overrightarrow{EB} + \overrightarrow{EC} + \overrightarrow{ED} = \vec{0}$.
3. Quelles sont les coordonnées du point E dans le repère $(A ; \overrightarrow{AB}, \overrightarrow{AC}, \overrightarrow{AD})$?
4. a) Décomposer chacun des vecteurs $\overrightarrow{EI}$, $\overrightarrow{EK}$, $\overrightarrow{EM}$ dans la base $(\overrightarrow{AB}, \overrightarrow{AC}, \overrightarrow{AD})$.
b) Vérifier que $(E ; \overrightarrow{EI}, \overrightarrow{EK}, \overrightarrow{EM})$ est un repère de l'espace.
5. Quelles sont, dans ce repère, les coordonnées de chacun des sommets A, B, C et D du tétraèdre ?

99 On donne le point $A(1 ; -1 ; 3)$ et les vecteurs $\vec{u}(1 ; 1 ; 0)$ et $\vec{v}(2 ; -1 ; 3)$.
$\mathcal{P}$ désigne le plan $(A ; \vec{u} ; \vec{v})$.
Déterminer l'intersection du plan $\mathcal{P}$ et du plan :
a) $(O ; \vec{i} ; \vec{j})$ **b)** $(O ; \vec{i} ; \vec{k})$ **c)** $(O ; \vec{j} ; \vec{k})$

100 On donne les points A(3 ; 0 ; 5), $B\left(0\,;-\frac{3}{2}\,;\frac{1}{2}\right)$ et C(1 ; 0 ; 2).

1. a) Démontrer que les points A, B et C définissent un plan.

b) Donner un couple de vecteurs directeurs de ce plan.

2. On donne les points $E\left(2\,;0\,;\frac{1}{2}\right)$ et $F\left(1\,;-\frac{3}{2}\,;-1\right)$.

Démontrer que la droite (EF) est parallèle au plan (ABC).

101 On considère les points A(0 ; 0 ; 1), B(– 3 ; 0 ; 0), C(– 1 ; – 2 ; 0), D(6 ; 0 ; – 1) et E(0 ; 3 ; 1).

1. a) Démontrer que les points A, B et C déterminent un plan, on le note $\mathcal{P}_1$.

b) Démontrer que les points O, D et E déterminent aussi un plan, on le note $\mathcal{P}_2$.

2. a) Démontrer que les vecteurs $\overrightarrow{AB}$, $\overrightarrow{AC}$ et $\overrightarrow{OD}$ ne sont pas coplanaires.

b) Que peut-on en déduire pour les plans $\mathcal{P}_1$ et $\mathcal{P}_2$?

102 $\mathcal{P}_1$ est le plan qui passe par le point A(1 ; 0 ; – 1) et de vecteurs directeurs $\vec{u}(2;1;-1)$ et $\vec{v}(0;2;1)$.
$\mathcal{P}_2$ est le plan qui passe par le point B(– 2 ; 3 ; 5) et de vecteurs directeurs $\vec{t}(-2;5;4)$ et $\vec{w}(4;0;-3)$.

1. a) Démontrer que chacun des vecteurs $\vec{t}$ et $\vec{w}$ peut s'exprimer en fonction des vecteurs $\vec{u}$ et $\vec{v}$.

b) Que peut-on en déduire pour les plans $\mathcal{P}_1$ et $\mathcal{P}_2$?

2. a) Le point B appartient-il au plan $\mathcal{P}_1$?

b) Déterminer la position relative des plans $\mathcal{P}_1$ et $\mathcal{P}_2$.

103 $\mathcal{P}$ est le plan qui passe par le point M(2 ; 1 ; – 1) et de vecteurs directeurs $\vec{u}(1;-1;0)$ et $\vec{v}(2;0;1)$.
d est la droite qui passe par le point N(– 2 ; 3 ; 5) et de vecteur directeur $\vec{w}(-1;2;-3)$.

a) Démontrer que la droite *d* et le plan $\mathcal{P}$ sont sécants.

b) Justifier que leur point d'intersection est le point K(– 4 ; 7 ; – 1).

104 ABCDEFGH est le cube représenté ci-dessous.
L'espace est muni du repère $(D\,;\overrightarrow{DA}\,;\overrightarrow{DC}\,;\overrightarrow{DH})$.

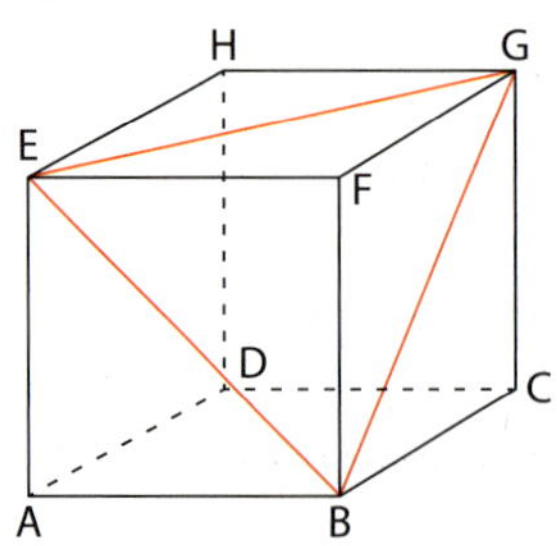

1. Donner les coordonnées :

a) d'un vecteur directeur de la droite (DF) ;

b) de deux vecteurs directeurs du plan (EBG).

2. Déterminer les coordonnées du point d'intersection de la droite (DF) et du plan (EBG).

105 $\mathcal{P}$ est le plan qui passe par le point A(– 2 ; 3 ; 0) et de vecteurs directeurs $\vec{u}(2;0;-2)$ et $\vec{v}(1;-3;0)$.
d est la droite qui passe par le point B(5 ; 0 ; – 2) et de vecteur directeur $\vec{w}(-2;-1;1)$.

1. a) Démontrer que la droite *d* et le plan $\mathcal{P}$ sont sécants.

b) Justifier que déterminer les coordonnées du point d'intersection K de la droite *d* et du plan $\mathcal{P}$ revient à résoudre le système :

$$\begin{cases} 2a + b + 2c = 7 \\ -3b + c = -3 \\ -2a - c = -2 \end{cases}.$$

2. À l'aide d'un logiciel de calcul formel, on a obtenu le résultat suivant :

1 Résoudre({2 a + b + 2 c = 7, –3 b + c = –3, –2 a – c = –2})
→ $\left\{\left\{a = -\frac{1}{2}, b = 2, c = 3\right\}\right\}$

Donner alors les coordonnées du point K.

S'ENTRAÎNER À LA LOGIQUE → p. 525

106 Implications

A et B sont deux points de l'espace.
$\vec{u}$, $\vec{v}$ et $\vec{w}$ sont trois vecteurs de l'espace tels que $\vec{u}$ et $\vec{v}$ ne sont pas colinéaires, $\vec{u}$ et $\vec{w}$ ne sont pas colinéaires.
Pour chacune des propositions suivantes, dire si elle est vraie ou fausse.
Justifier chaque réponse.

a) Si $\vec{u}$, $\vec{v}$, $\vec{w}$ sont coplanaires, alors les plans $\mathcal{P}(A\,;\vec{u},\vec{v})$ et $\mathcal{Q}(A\,;\vec{u},\vec{w})$ sont confondus.

b) Si $\vec{u}$, $\vec{v}$, $\vec{w}$ sont coplanaires, alors les plans $\mathcal{P}(A\,;\vec{u},\vec{v})$ et $\mathcal{R}(B\,;\vec{u},\vec{w})$ sont parallèles.

c) Si $\vec{u}$, $\vec{v}$, $\vec{w}$ ne sont pas coplanaires, alors les plans $\mathcal{P}(A\,;\vec{u},\vec{v})$ et $\mathcal{R}(B\,;\vec{u},\vec{w})$ sont sécants.

d) Si $\vec{u}$, $\vec{v}$, $\vec{w}$ sont coplanaires, alors la droite $d(B\,;\vec{w})$ et le plan $\mathcal{P}(A\,;\vec{u},\vec{v})$ sont parallèles.

107 Réciproque d'une implication

Voici une implication :
P : « Si $\vec{u}$, $\vec{v}$, $\vec{w}$ sont des vecteurs deux à deux non colinéaires, alors ces vecteurs sont non coplanaires »

a) P est-elle vraie ?

b) Énoncer la réciproque de P.
Est-elle vraie ?

108 ÉTUDE D'UNE CONFIGURATION

Tice

Objectif
Étudier des propriétés du centre de gravité d'un tétraèdre.

ABCD est un tétraèdre. Le point G, appelé centre de gravité du tétraèdre est défini par :

$$\overrightarrow{GA} + \overrightarrow{GB} + \overrightarrow{GC} + \overrightarrow{GD} = \vec{0}.$$

Partie A : conjecturer avec un logiciel de géométrie dans l'espace

1. Créer le tétraèdre ABCD (utiliser [Tétraèdre])

2. a) Établir que $\overrightarrow{AG} = \vec{u}$ où $\vec{u} = \dfrac{1}{4}(\overrightarrow{AB} + \overrightarrow{AC} + \overrightarrow{AD})$.

b) Créer le vecteur $\vec{u}$ en saisissant : $u = \dfrac{1}{4}$ (Vecteur(A, B) + Vecteur(A, C) + Vecteur(A, D)), puis créer le point G image du point A par la translation de vecteur $\vec{u}$ (utiliser [Représentant]).

3. a) Créer les milieux I, J, K, L, M et N des arêtes respectives [BC], [CD], [AD], [AB], [AC] et [BD].

b) Créer le centre de gravité du triangle BCD, c'est-à-dire le point G′ défini par $\overrightarrow{DG'} = \dfrac{2}{3}\overrightarrow{DI}$.

c) Construire de même les centres de gravité G″, G_1 et G_2 des triangles respectifs ACD, ABD et ABC.

4. a) Conjecturer que le point G est le point de concours des droites (AG′), (BG″), (CG_1) et (DG_2).

b) Conjecturer que les droites (IK), (JL) et (MN) sont concourantes en G.

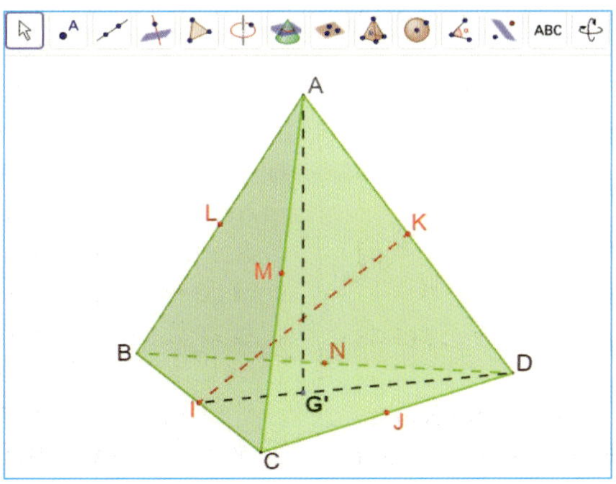

Partie B : démontrer

1. a) Démontrer que $\overrightarrow{AG} = \dfrac{3}{4}\overrightarrow{AG'}$. En déduire que le point G appartient à la droite (AG′).

b) Démontrer que le point G appartient également aux droites (BG″), (CG_1) et (DG_2).

c) Énoncer le résultat obtenu.

2. a) À partir de l'égalité $\overrightarrow{GA} + \overrightarrow{GB} + \overrightarrow{GC} + \overrightarrow{GD} = \vec{0}$, démontrer que $\overrightarrow{GI} + \overrightarrow{GK} = \vec{0}$.
En déduire la position du point G sur le segment [IK].

b) Démontrer de même que le point G est le milieu des segments [LJ] et [MN].

c) Énoncer la propriété obtenue.

109 Prendre des initiatives

Représenter | Raisonner

SABCD est une pyramide de base le carré ABCD de centre O.
I est le milieu de l'arête [SA] et G est le point défini par :

$$\overrightarrow{SG} = \frac{2}{3}\overrightarrow{SO}.$$

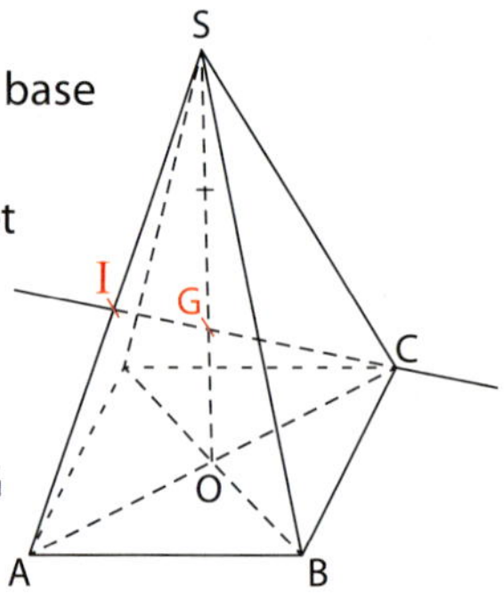

Démontrer que les points C, G et I sont alignés.

110 Imaginer une stratégie

Représenter | Raisonner

ABCDEFGH est le cube représenté ci-contre.
I et J sont les milieux des arêtes respectives [AE] et [FG].
M est le milieu du segment [IG].

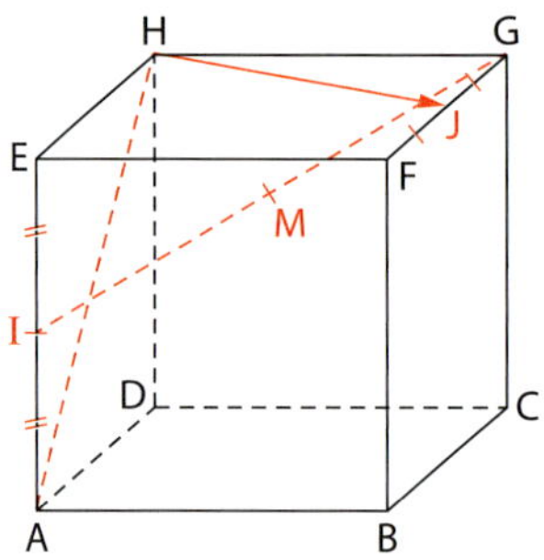

a) Démontrer que le point M appartient au plan (AHJ).
b) En déduire la position relative de la droite (IG) et du plan (AHJ).

111 Démontrer que deux plans coïncident

Représenter | Raisonner

ABCDEFGH est le cube représenté ci-dessous.
I est le centre de la face ADHE, J celui de la face ABCD et K le milieu du segment [IJ].

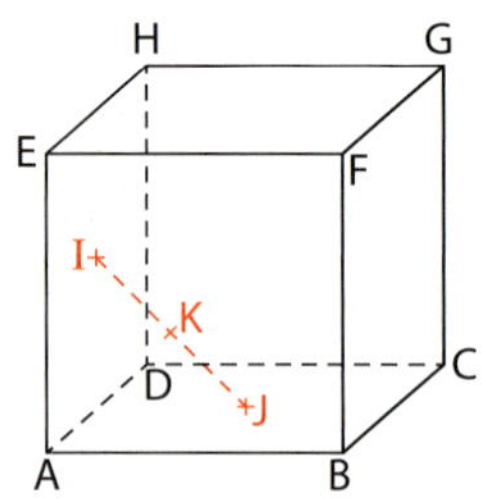

Démontrer que les plans (AKG) et (ADF) coïncident.

112 Situer une droite et un plan

Calculer | Communiquer

$(\vec{i}, \vec{j}, \vec{k})$ is a base in space.
$\mathcal{P}$ is the plane that goes through the point A(5 ; – 2 ; 1) and led by $\vec{u}(1;2;0)$ and $\vec{v}(-2;0;1)$.
Prove that line d that goes through the point B(– 1 ; 0 ; 3) and led by $\vec{w}(4;4;-1)$ is parallel to $\mathcal{P}$.

113 Étudier une configuration

Problème ouvert

Représenter | Raisonner

ABCDEFGH est le cube représenté ci-contre.
K et L sont les points définies par $\overrightarrow{AK} = \frac{2}{3}\overrightarrow{AD}$ et $\overrightarrow{DL} = \frac{1}{3}\overrightarrow{DF}$.

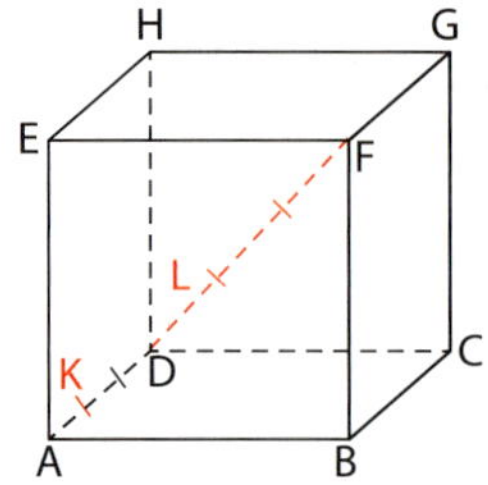

Le point L appartient-il au plan (CGK) ?

114 Démontrer que des droites sont concourantes

Raisonner | Calculer

ABCD est un tétraèdre.
P, Q et R sont les points tels que les quadrilatères ABPC, ABQD et ACRD soient des parallélogrammes.

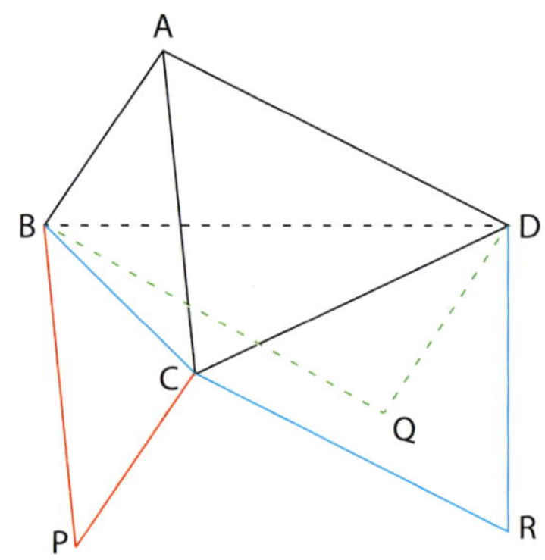

On se place dans le repère $(A ; \overrightarrow{AB}, \overrightarrow{AC}, \overrightarrow{AD})$.
a) Calculer les coordonnées des points P, Q et R.
b) Démontrer que les droites (BR) et (DP) sont sécantes et donner les coordonnées de leur point d'intersection.
c) Démontrer que les trois droites (BR), (CQ) et (DP) sont concourantes.

115 Démontrer la coplanarité de quatre points

Narration de recherche

Représenter | Raisonner | Calculer

Rédiger les différentes étapes de la recherche, sans omettre les fausses pistes et les changements de méthode.

Problème
ABCDEFGH est le cube représenté ci-contre.
I et J sont les centres respectifs des faces ABCD et BCGF.
M est le milieu du segment [IJ].

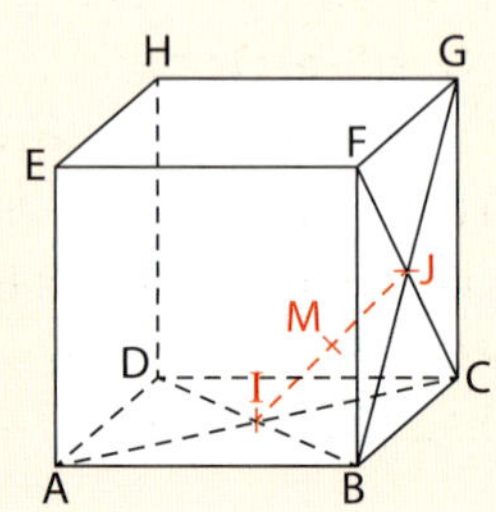

Démontrer que les points B, C, M et H sont coplanaires.

116 Étudier une configuration

40 min

D'après Bac, Centres étrangers 2012

ABCDEFGH est le cube représenté ci-dessous.

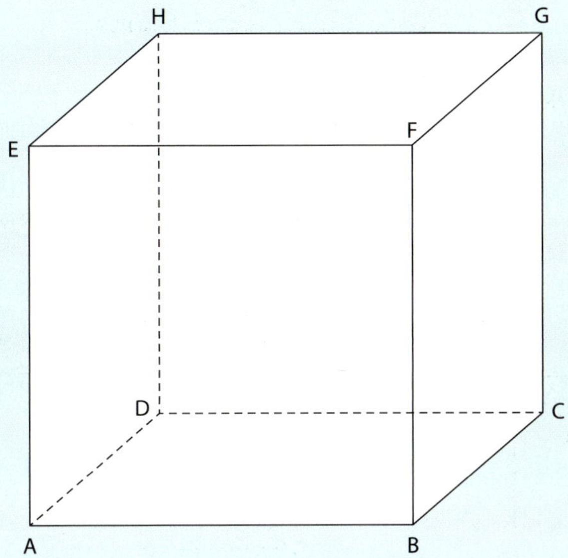

Réaliser cette figure avec AB $=$ 6 cm et la compléter au fur et à mesure.
On se place dans le repère $(A\,;\overrightarrow{AB}, \overrightarrow{AD}, \overrightarrow{AE})$.

Partie A

1. a) Construire les points I, J et K définis par :

$$\overrightarrow{AI} = \overrightarrow{AB} + \frac{1}{3}\overrightarrow{AD}, \quad \overrightarrow{AJ} = \frac{2}{3}\overrightarrow{AD} + \overrightarrow{AE}, \quad \overrightarrow{AK} = \frac{3}{4}\overrightarrow{AB} + \overrightarrow{AE}.$$

b) Déterminer les coordonnées de chacun des points I, J et K.
c) Déterminer les coordonnées d'un vecteur directeur de chacune des droites (IJ) et (IK).
2. L est un point de l'arête [CD].
a) Justifier que les coordonnées de L sont de la forme $(a\,;1\,;0)$ où a est un nombre réel de l'intervalle $[0\,;1]$.
b) Pour quelle valeur de a, le point L appartient-il au plan (IJK) ?

Partie B

Dans cette partie, on pose $a = \frac{1}{4}$ et le point L a pour coordonnées $\left(\frac{1}{4};1;0\right)$.
1. a) Démontrer que le quadrilatère IKJL est un parallélogramme.
b) Calculer les coordonnées du centre de IKJL.
c) Quelle est la position relative des droites (IJ) et (KL) ?
2. a) Démontrer que les droites (IJ) et (BH) sont sécantes.
b) Le centre du cube appartient-il au plan (IJK) ?
3. a) Déterminer un point M de la droite (HG) tel que les droites (MF) et (IL) soient parallèles.
b) Justifier que la droite (MF) est parallèle au plan (IJK).

Guide de résolution
2. b) L appartient au plan (IJK) si, et seulement si, les vecteurs $\overrightarrow{IJ}$, $\overrightarrow{IK}$ et $\overrightarrow{IL}$ sont coplanaires.

Guide de résolution
3. a) (MF) et (IL) sont parallèles si, et seulement si, les vecteurs $\overrightarrow{FM}$ et $\overrightarrow{IL}$ sont colinéaires.

Objectif **BAC**

117 Étudier des droites, des plans

40 min

D'après Bac, Métropole – La Réunion 2019

La partie **C** est indépendante des parties **A** et **B**.
ABCDEFGH est le cube représenté ci-dessous.

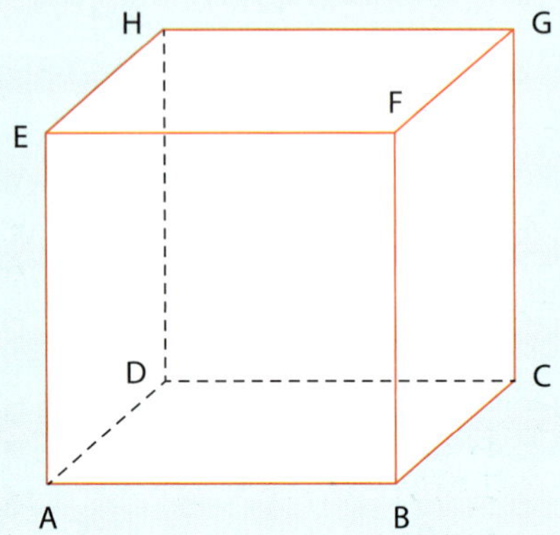

Partie A : premiers résultats

1. Réaliser la figure et construire les points I, J et K :
- I le milieu de [EF] ;
- J le milieu de [EH] ;
- K le point tel que $\overrightarrow{AK} = \frac{1}{4}\overrightarrow{AD}$.

2. On munit l'espace du repère $(A ; \overrightarrow{AB}, \overrightarrow{AD}, \overrightarrow{AE})$.

a) Déterminer les coordonnées d'un vecteur directeur de la droite (AE).

b) Déterminer un couple de vecteurs directeurs du plan (FHK).

c) Démontrer que la droite (AE) et le plan (FHK) ne sont pas parallèles.

Partie B : étude de l'intersection

1. a) M est un point de la droite (AE).
Justifier qu'il a pour coordonnées $(0 ; 0 ; a)$ où a est un nombre réel.

b) Justifier que le point M appartient au plan (FHK) s'il vérifie :

$$\overrightarrow{HM} = x\overrightarrow{HF} + y\overrightarrow{HK} \text{ où } x \text{ et } y \text{ sont deux nombres réels.}$$

c) Vérifier que le point d'intersection M de (AE) et (FHK), a pour coordonnées $\left(0 ; 0 ; -\frac{1}{3}\right)$. En déduire les valeurs de x et y.

2. Placer le point M sur la figure.

Partie C : justifier des affirmations

Pour chaque affirmation, indiquer si elle est vraie ou fausse et justifier.
$(O ; \vec{i}, \vec{j}, \vec{k})$ est un repère.
$\mathcal{P}$ est le plan qui passe par $A(1 ; 0 ; -2)$ et de vecteurs directeurs $\vec{u}(-1 ; 0 ; -3)$ et $\vec{v}(0 ; 1 ; 2)$.

1. Affirmation : le point $M(-1 ; -1 ; -10)$ est un point du plan $\mathcal{P}$.

2. Affirmation : la droite d qui passe par le point $B(0 ; -1 ; 3)$ et de vecteur directeur $\vec{w}(1 ; -2 ; 4)$ est parallèle au plan $\mathcal{P}$.

3. Le plan $\mathcal{Q}$ est le plan qui passe par $C(-1 ; 2 ; -1)$ et de vecteurs directeurs $\vec{u}'(-1 ; 1 ; -1)$ et $\vec{v}'(-3 ; 2 ; -5)$.
Affirmation : le plan $\mathcal{Q}$ est parallèle au plan $\mathcal{P}$.

> **Guide de résolution**
> **2. c)** On démontre que le vecteus $\overrightarrow{AE}$ et deux vecteurs directeurs du plan (FHK) ne sont pas coplanaires.

> **Guide de résolution**
> **1. a)** M est un point de (AE) si, et seulement si, $\overrightarrow{AM}$ et $\overrightarrow{AE}$ sont colinéaires.

> **Guide de résolution**
> **3.** Démontrer que les quatre vecteurs $\vec{u}$, $\vec{v}$, $\vec{u}'$ et $\vec{v}'$ sont coplanaires.

118 Trouver la bonne réponse

30 min

Cet exercice est un questionnaire à choix multiple. Pour chaque question, une seule proposition est correcte. Indiquer cette réponse. On ne demande pas de justifier.

L'espace est muni d'un repère $(O;\vec{i},\vec{j},\vec{k})$. On considère les points :

$A(1;2;0)$, $B(0;3;1)$, $C(1;1;-1)$, $D(-1;4;2)$ et $E(1;5;1)$.

a)

(1) $D \in (ABC)$	**(2)** $E \in (ABC)$	**(3)** $E \in (BCD)$

b)

(1) A, B, E sont alignés	**(2)** B, D, E sont alignés	**(3)** A, B, D sont alignés

c) Un vecteur directeur de la droite (AB) a pour coordonnées …

(1) $(-1;1;-1)$	**(2)** $(2;-2;-2)$	**(3)** $(1;5;1)$

d) Le plan qui passe par le point E et de vecteurs directeurs …

(1) $\vec{u}(-2;2;2)$ et $\vec{v}(0;-1;-1)$ est sécant avec (ABC)	**(2)** $\vec{u}(-2;2;2)$ et $\vec{v}(0;-1;-1)$ est parallèle à (ABC)	**(3)** $\vec{u}(0;3;1)$ et $\vec{v}(-1;1;1)$ est parallèle à (ABC)

Guide de résolution
c) Deux vecteurs directeurs d'une droite sont colinéaires.

Guide de résolution
d) Déterminer des vecteurs directeurs du plan (ABC) et les comparer aux vecteurs $\vec{u}$ et $\vec{v}$.

Se préparer À L'ORAL

119 Présenter un exposé

a) Lister les positions relatives de deux droites de l'espace, de deux plans et d'une droite et d'un plan.

b) Dans un exposé oral de 10 min, présenter ces notions. On pourra s'appuyer sur les solides usuels (parallélépipèdes rectangles, pyramides, etc.). On s'attachera à décrire la nature des intersections lorsqu'elles existent.

120 Travailler l'oral en groupe

Résoudre cet exercice en groupe, puis en présenter les résultats à l'oral. Certains groupes travailleront avec les vecteurs, d'autres avec les coordonnées dans un repère choisi de l'espace.
Les élèves analyseront les avantages et inconvénients de chacune des méthodes.

ABCD est un tétraèdre.
Les points I, J, K sont les milieux respectifs de [AD], [BD] et [BC].

Le point E est tel que D est le milieu de [EC] et le point G est défini par $\overrightarrow{AG} = \frac{2}{3}\overrightarrow{AK}$.

Démontrer que le point E appartient au plan (IJG).

121 Travailler des compétences orales

▶ **ANTICIPER LES QUESTIONS DU JURY**

a) Par groupe de 4, chaque élève choisit une des affirmations et l'étudie (10 min).
b) Chaque élève présente sa réponse à l'oral aux 3 autres élèves du groupe, qui composent le jury. Chaque élève du jury pose une question au candidat.

$(O;\vec{i},\vec{j},\vec{k})$ est un repère. On considère les points $A(-2;1;1)$, $B(-4;0;-5)$, $C(0;3;-1)$, $D(1;0;-2)$ et $E(1;0;-5)$.

On note P le plan qui passe par A et de vecteurs directeurs $\vec{u}(-1;1;0)$ et $\vec{v}(0;1;2)$.

Pour chacune des affirmations ci-dessous, indiquer si elle est vraie ou fausse et justifier la réponse.

Affirmation 1 : le point B est un point de P.

Affirmation 2 : le point A est un point de la droite qui passe par C et de vecteur directeur $\vec{u}'(-4;5;-1)$

Affirmation 3 : la droite *d* qui passe par D et de vecteur directeur $\vec{v}'(2;-1;3)$ est parallèle au plan P.

Affirmation 4 : le plan Q qui passe par E et qui est dirigé par les vecteurs $\vec{w}(1;0;2)$ et $\vec{t}(0;-2;-4)$ est parallèle au plan P.

122 Barycentre d'une famille d'un système de points pondérés

Partie A : barycentre de deux points pondérés

A et B sont deux points de l'espace et a, b sont deux nombres réels tels que $a + b \neq 0$.

1. a) M désigne un point de l'espace.
Démontrer que $a\overrightarrow{MA} + b\overrightarrow{MB} = \vec{0}$ équivaut à :

$$\overrightarrow{AM} = \frac{b}{a+b}\overrightarrow{AB}.$$

b) En déduire qu'il existe un unique point G tel que $a\overrightarrow{GA} + b\overrightarrow{GB} = \vec{0}$.
G est appelé **barycentre** des points pondérés (A, a) et (B, b).

2. a) Démontrer que si G est barycentre des points pondérés (A, a) et (B, b), alors pour tout réel $k \neq 0$, G est barycentre des points pondérés (A, ka) et (B, kb).
b) Lorsque $a = b$, que peut-on dire du point G ?

3. Application
[AB] est un segment de longueur 6 cm.
Dans chaque cas, construire le barycentre indiqué.
a) G_1 est le barycentre de $(A, 2)$ et $(B, 1)$;
b) G_2 est le barycentre de $(A, 7)$ et $(B, -1)$;
c) G_3 est le barycentre de $(A, -6)$ et $(B, -2)$.

Partie B : barycentre de trois, quatre points pondérés

A, B et C sont trois points de l'espace et a, b, c sont trois nombres réels tels que $a + b + c \neq 0$.

1. Démontrer qu'il existe un unique point G tel que :

$$a\overrightarrow{GA} + b\overrightarrow{GB} + c\overrightarrow{GC} = \vec{0}.$$

G est appelé **barycentre** des points pondérés (A, a), (B, b) et (C, c).

Remarque : on peut étendre cette définition à quatre points de l'espace.

2. a) Démontrer que si G est barycentre des points pondérés (A, a), (B, b) et (C, c), alors pour tout réel $k \neq 0$, G est barycentre des points pondérés (A, ka), (B, kb) et (C, kc).
b) Dans le cas où $a = b = c$, démontrer que :

$$\overrightarrow{AG} = \frac{1}{3}\overrightarrow{AB} + \frac{1}{3}\overrightarrow{AC}.$$

G est appelé **centre de gravité du triangle ABC.**

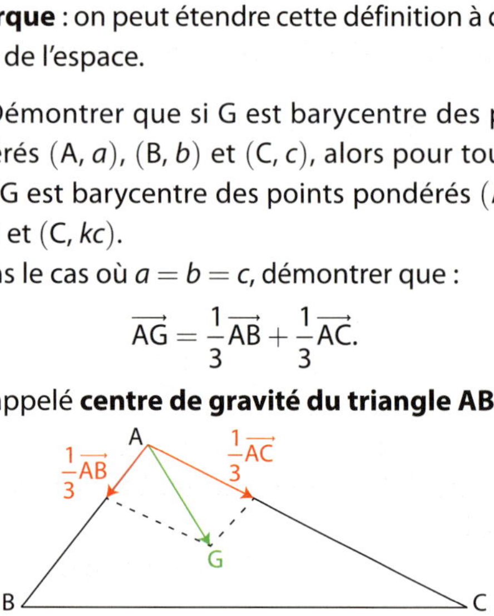

3. On suppose que G est le barycentre des points pondérés (A, a), (B, b) et (C, c) et que H est le barycentre des points pondérés (A, a) et (B, b) avec $a + b \neq 0$.
a) Démontrer que $(a + b)\overrightarrow{GH} + c\overrightarrow{GC} = \vec{0}$.
b) En déduire que G est le barycentre des points pondérés $(H, a + b)$ et (C, c).

Remarque : cette propriété s'appelle **propriété d'associativité** du barycentre.

4. Dans un repère de l'espace, on donne les coordonnées de A, B et C :

$$A(x_A\,; y_A\,; z_A),\ B(x_B\,; y_B\,; z_B) \text{ et } C(x_C\,; y_C\,; z_C).$$

Calculer les coordonnées du point G en fonction des coordonnées de A, B et C.

5. Application
ABC est un triangle de centre de gravité G.
I est le milieu du côté [BC].
a) À l'aide de la propriété d'associativité, démontrer que G est barycentre des points pondérés $(A, 1)$ et $(I, 2)$.
En déduire que G appartient à la médiane (AI).
b) Démontrer que les médianes du triangle ABC sont concourantes en G.

123 Application de la propriété d'associativité

ABCD est un tétraèdre.
G est le barycentre des points pondérés

$$(A, 1), (B, 1), (C, 1) \text{ et } (D, 1).$$

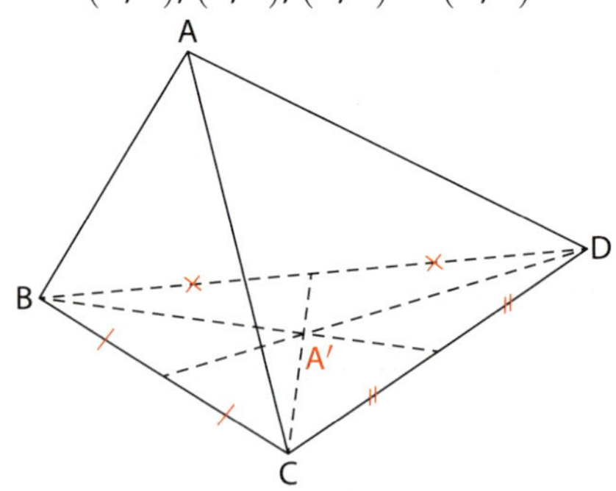

1. a) A′ est le centre de gravité du triangle BCD.
Démontrer que G appartient au segment [AA′].
Réaliser la figure et construire le point G.
b) De façon analogue, citer trois autres segments qui passent par G.
c) Énoncer la propriété ainsi démontrée.

2. I, J, K, L, M, N sont les milieux respectifs des arêtes [AB], [AC], [AD], [BC], [CD], [BD].
Démontrer que les segments qui joignent les milieux de deux côtés opposés du tétraèdre sont concourants.

1 Produit scalaire du plan à l'espace

Pour calculer le produit scalaire $\vec{u} \cdot \vec{v}$ de deux vecteurs de l'espace, on choisit trois points O, M, N tels que $\vec{u} = \overrightarrow{OM}$ et $\vec{v} = \overrightarrow{ON}$, puis on calcule $\overrightarrow{OM} \cdot \overrightarrow{ON}$ dans un plan $\mathscr{P}$ contenant les points O, M, N.

On modélise un Rubik's cube par un cube ABCDEFGH d'arête 1 représenté ci-dessous.

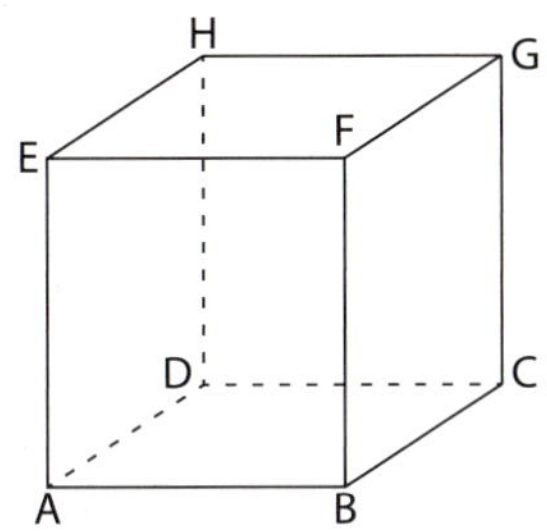

1 **a)** Dans chaque cas, calculer le produit scalaire.
- $\overrightarrow{AD} \cdot \overrightarrow{AH}$ (utiliser le plan (ADE))
- $\overrightarrow{AD} \cdot \overrightarrow{AB}$
- $\overrightarrow{AD} \cdot \overrightarrow{AG}$ (utiliser le plan du rectangle AFGD)

b) En déduire que dans l'espace, on a également $\overrightarrow{AD} \cdot (\overrightarrow{AH} + \overrightarrow{AB}) = \overrightarrow{AD} \cdot \text{AH} + \overrightarrow{AD} \cdot \overrightarrow{AB}$.

2 Les vecteurs $\vec{u}$ et $\vec{v}$ sont tels que $\vec{u} = \overrightarrow{AF}$ et $\vec{v} = \overrightarrow{BG}$.
a) Choisir des représentants des vecteurs $\vec{u}$ et $\vec{v}$ dont les extrémités appartiennent à un même plan.
b) Calculer alors $\vec{u} \cdot \vec{v}$.

3 Calculer $\overrightarrow{EA} \cdot \overrightarrow{DC}$. Que peut-on dire des vecteurs $\overrightarrow{EA}$ et $\overrightarrow{DC}$?
On dit alors que **les droites (EA) et (DC) sont orthogonales**.

2 Produit scalaire et repère orthonormé

ABCDEFGH est le cube d'arête 1 de l'activité précédente.
On se place dans le repère $(D\,;\overrightarrow{DA}, \overrightarrow{DC}, \overrightarrow{DH})$.

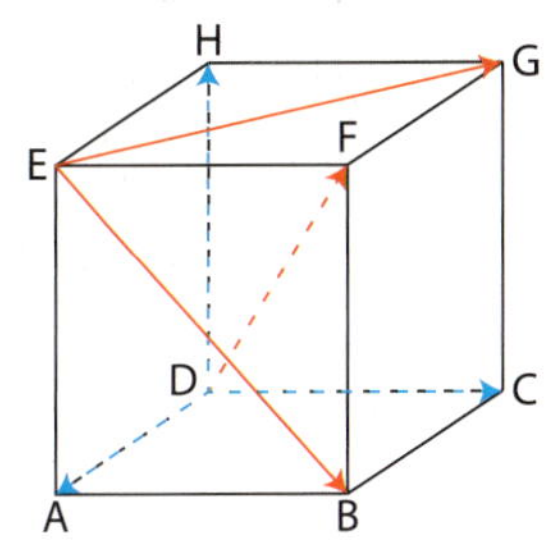

1 **a)** Justifier que les droites (DA), (DC) et (DH) sont perpendiculaires deux à deux et que DA = DC = DH.
On dit que le repère $(D\,;\overrightarrow{DA}, \overrightarrow{DC}, \overrightarrow{DH})$ est **orthonormé**.
b) $\vec{u}$ et $\vec{v}$ sont deux vecteurs de coordonnées respectives $(x\,;y\,;z)$ et $(x'\,;y'\,;z')$ dans le repère orthonormé $(D\,;\overrightarrow{DA}, \overrightarrow{DC}, \overrightarrow{DH})$.
- Exprimer les vecteurs $\vec{u}$ et $\vec{v}$ en fonction des vecteurs $\overrightarrow{DA}$, $\overrightarrow{DC}$ et $\overrightarrow{DH}$.
- Développer le produit scalaire $\vec{u} \cdot \vec{v}$ en utilisant le fait que dans l'espace, le produit scalaire est encore bilinéaire et symétrique. En déduire que $\vec{u} \cdot \vec{v} = xx' + yy' + zz'$.

2 **a)** Utiliser la formule précédente pour démontrer que les vecteurs $\overrightarrow{EB}$ et $\overrightarrow{DF}$ sont orthogonaux.
b) Démontrer que les vecteurs $\overrightarrow{EG}$ et $\overrightarrow{DF}$ sont orthogonaux.
On dit alors que **la droite (DF) est orthogonale au plan (EBG)**.

Cours

Exercices
- **1** à **4** (ci-contre)
- **20** à **42**

1 Produit scalaire dans l'espace

Vidéo
JAICOMPRIS.COM
Cette notion est présentée en vidéo

A Extension du produit scalaire à l'espace

On étend aux vecteurs de l'espace la définition du produit scalaire dans le plan vue en classe de Première.

Définition

$\vec{u}$ et $\vec{v}$ sont deux vecteurs de l'espace. A, B et C sont trois points de l'espace tels que $\vec{u} = \overrightarrow{AB}$ et $\vec{v} = \overrightarrow{AC}$.
Il existe au moins un plan $\mathscr{P}$ contenant les points A, B et C.
Le produit scalaire des vecteurs $\vec{u}$ et $\vec{v}$, noté $\boldsymbol{\vec{u} \cdot \vec{v}}$, est le produit scalaire $\overrightarrow{AB} \cdot \overrightarrow{AC}$ calculé dans le plan $\mathscr{P}$.

Propriétés

$\vec{u} = \overrightarrow{AB}$ et $\vec{v} = \overrightarrow{AC}$ sont deux vecteurs non nuls de l'espace.

- $\boldsymbol{\vec{u} \cdot \vec{v} = \overrightarrow{AB} \cdot \overrightarrow{AC} = AB \times AC \times \cos(\widehat{BAC})}$

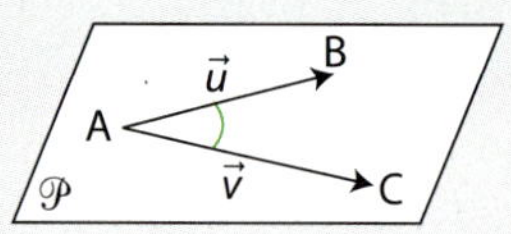

- Si H est le projeté orthogonal de C sur la droite (AB), alors $\boldsymbol{\vec{u} \cdot \vec{v} = \overrightarrow{AB} \cdot \overrightarrow{AC} = \overrightarrow{AB} \cdot \overrightarrow{AH}}$.

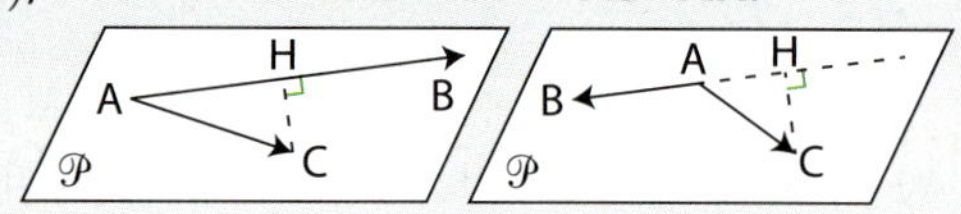

Définition

Le **carré scalaire** d'un vecteur $\vec{u}$, noté $\boldsymbol{\vec{u}^2}$, est le produit scalaire $\boldsymbol{\vec{u} \cdot \vec{u}}$.

Ainsi, pour tout vecteur $\vec{u}$, $\boldsymbol{\vec{u}^2 = \|\vec{u}\|^2}$ et pour tous points A et B, $\boldsymbol{\overrightarrow{AB}^2 = \|\overrightarrow{AB}\|^2 = AB^2}$.

B Extension des propriétés algébriques

$\vec{u}$ et $\vec{v}$ sont deux vecteurs de l'espace et k est un nombre réel.

Propriété

$\boldsymbol{\vec{u}}$ **est orthogonal à** $\boldsymbol{\vec{v}}$ équivaut à $\boldsymbol{\vec{u} \cdot \vec{v} = 0}$.

Remarque : le vecteur nul $\vec{0}$ est orthogonal à tout vecteur de l'espace.

Propriétés : Symétrie et bilinéarité

(1) $\vec{u} \cdot \vec{v} = \vec{v} \cdot \vec{u}$ **(2)** $\vec{u} \cdot (k\vec{v}) = k(\vec{u} \cdot \vec{v})$ **(3)** $\vec{u} \cdot (\vec{v} + \vec{w}) = \vec{u} \cdot \vec{v} + \vec{u} \cdot \vec{w}$

Remarque : la bilinéarité n'est pas une extension banale du plan à l'espace ; en effet, les vecteurs $\vec{u}$, $\vec{v}$ et $\vec{w}$ ne sont pas nécessairement coplanaires. Pour une démonstration, voir l'exercice **77** p. 130.

Propriétés

(1) $\boldsymbol{\|\vec{u} + \vec{v}\|^2 = \|\vec{u}\|^2 + 2\vec{u} \cdot \vec{v} + \|\vec{v}\|^2}$ **(2)** $\boldsymbol{\|\vec{u} - \vec{v}\|^2 = \|\vec{u}\|^2 - 2\vec{u} \cdot \vec{v} + \|\vec{v}\|^2}$

En effet, ces formules se déduisent immédiatement des développements de $(\vec{u} + \vec{v})^2$ et $(\vec{u} - \vec{v})^2$.

Propriétés : Formules de polarisation

(1) $\boldsymbol{\vec{u} \cdot \vec{v} = \frac{1}{2}(\|\vec{u}\|^2 + \|\vec{v}\|^2 - \|\vec{u} - \vec{v}\|^2)}$ **(2)** $\boldsymbol{\vec{u} \cdot \vec{v} = \frac{1}{2}(\|\vec{u} + \vec{v}\|^2 - \|\vec{u}\|^2 - \|\vec{v}\|^2)}$

Ces formules se déduisent immédiatement de la propriété précédente.

En particulier, pour trois points A, B, C de l'espace, $\boldsymbol{\overrightarrow{AB} \cdot \overrightarrow{AC} = \frac{1}{2}(AB^2 + AC^2 - BC^2)}$.

EXERCICES RÉSOLUS

1 Calculer un produit scalaire

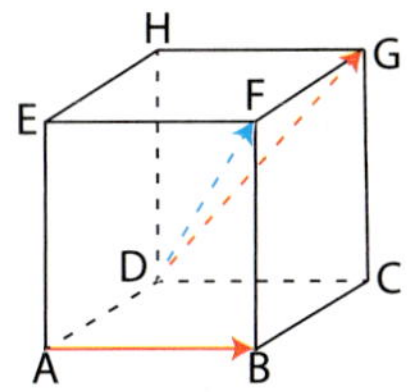

ABCDEFGH est un cube d'arête 1.

a) Calculer $\overrightarrow{AB} \cdot \overrightarrow{DG}$.

b) Utiliser la décomposition $\overrightarrow{DF} = \overrightarrow{DG} + \overrightarrow{GF}$ pour calculer $\overrightarrow{AB} \cdot \overrightarrow{DF}$.

Solution

a) $\overrightarrow{AB} = \overrightarrow{DC}$ donc $\overrightarrow{AB} \cdot \overrightarrow{DG} = \overrightarrow{DC} \cdot \overrightarrow{DG}$.

Or, C est le projeté orthogonal de G sur (DC), donc $\overrightarrow{AB} \cdot \overrightarrow{DG} = \overrightarrow{DC} \cdot \overrightarrow{DC} = DC^2 = 1$.

b) $\overrightarrow{AB} \cdot \overrightarrow{DF} = \overrightarrow{AB} \cdot (\overrightarrow{DG} + \overrightarrow{GF}) = \overrightarrow{AB} \cdot \overrightarrow{DG} + \overrightarrow{AB} \cdot \overrightarrow{GF}$.

Or, $\overrightarrow{AB} = \overrightarrow{EF}$ donc $\overrightarrow{AB} \cdot \overrightarrow{GF} = \overrightarrow{EF} \cdot \overrightarrow{GF}$. EFGH est un carré donc $\overrightarrow{EF}$ et $\overrightarrow{GF}$ sont orthogonaux et $\overrightarrow{AB} \cdot \overrightarrow{GF} = 0$.

De plus, $\overrightarrow{AB} \cdot \overrightarrow{DG} = 1$ d'après **a)**, donc $\overrightarrow{AB} \cdot \overrightarrow{DF} = 1 + 0 = 1$.

> Le produit scalaire est indépendant des représentants choisis pour les vecteurs : $\overrightarrow{AB} = \overrightarrow{DC} = \overrightarrow{EF}$.

2 Utiliser le produit scalaire pour déterminer un angle

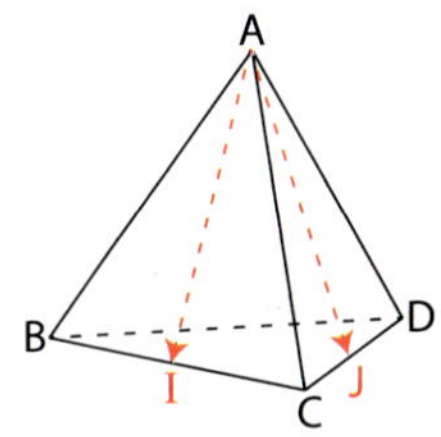

ABCD est un tétraèdre régulier (chaque face est un triangle équilatéral) d'arête 6.
I et J sont les milieux respectifs des arêtes [BC] et [CD].

a) Calculer $\overrightarrow{AB} \cdot \overrightarrow{AC}$, $\overrightarrow{AB} \cdot \overrightarrow{AD}$ et $\overrightarrow{AC} \cdot \overrightarrow{AD}$, puis AI et AJ.

b) Calculer $\overrightarrow{AI} \cdot \overrightarrow{AJ}$ en utilisant les égalités $\overrightarrow{AB} + \overrightarrow{AC} = 2\overrightarrow{AI}$ et $\overrightarrow{AC} + \overrightarrow{AD} = 2\overrightarrow{AJ}$.

c) Exprimer ce produit scalaire en fonction de $\cos(\widehat{IAJ})$ et en déduire la mesure, en degré, de l'angle $\widehat{IAJ}$. *Arrondir au dixième.*

Solution

a) $\overrightarrow{AB} \cdot \overrightarrow{AC} = \dfrac{1}{2}(AB^2 + AC^2 - BC^2) = \dfrac{1}{2}(6^2 + 6^2 - 6^2) = 18$.

De même, $\overrightarrow{AB} \cdot \overrightarrow{AD} = 18$ et $\overrightarrow{AC} \cdot \overrightarrow{AD} = 18$.

Dans le triangle AIC rectangle en I, $AI^2 = AC^2 - IC^2$ soit $AI^2 = 6^2 - 3^2 = 27$ et $AI = 3\sqrt{3}$. De même $AJ = 3\sqrt{3}$.

> Autre façon de calculer $\overrightarrow{AB} \cdot \overrightarrow{AC}$:
> $\overrightarrow{AB} \cdot \overrightarrow{AC} = 6 \times 6 \times \cos(60°) = 18$.

b) $\overrightarrow{AI} \cdot \overrightarrow{AJ} = \dfrac{1}{2}(\overrightarrow{AB} + \overrightarrow{AC}) \cdot \dfrac{1}{2}(\overrightarrow{AC} + \overrightarrow{AD}) = \dfrac{1}{4}(\overrightarrow{AB} \cdot \overrightarrow{AC} + \overrightarrow{AB} \cdot \overrightarrow{AD} + AC^2 + \overrightarrow{AC} \cdot \overrightarrow{AD})$

Donc $\overrightarrow{AI} \cdot \overrightarrow{AJ} = \dfrac{1}{4}(18 + 18 + 6^2 + 18) = \dfrac{1}{4} \times 90 = 22{,}5$.

c) $\overrightarrow{AI} \cdot \overrightarrow{AJ} = AI \times AJ \times \cos(\widehat{IAJ})$. Ainsi, $22{,}5 = 3\sqrt{3} \times 3\sqrt{3} \times \cos(\widehat{IAJ})$.

Donc $\cos(\widehat{IAJ}) = \dfrac{22{,}5}{27} = \dfrac{5}{6}$ et avec la calculatrice, $\widehat{IAJ} \approx 33{,}6°$.

EXERCICES D'APPLICATION DIRECTE

Sur le modèle de l'exercice résolu 1

3 On reprend le cube d'arête 1 de l'exercice 1.

a) Calculer $\overrightarrow{BE} \cdot \overrightarrow{CG}$.

b) Utiliser la décomposition $\overrightarrow{BH} = \overrightarrow{BE} + \overrightarrow{EH}$ pour calculer $\overrightarrow{BH} \cdot \overrightarrow{CG}$.

Sur le modèle de l'exercice résolu 2

4 On reprend le tétraèdre d'arête 6 de l'exercice 2.

a) Calculer $\overrightarrow{DA} \cdot \overrightarrow{DI}$.

b) Déterminer $\cos(\widehat{ADI})$ et en déduire la mesure, en degré, de l'angle $\widehat{ADI}$. *Arrondir au dixième.*

Cours

Exercices
- 5 à 8 (ci-contre)
- 43 à 49

2 Base orthonormée. Repère orthonormé

A Bases et repères orthonormés

Définitions

- Dire qu'une **base** $(\vec{i}, \vec{j}, \vec{k})$ de l'espace est **orthonormée** signifie que ses vecteurs sont deux à deux orthogonaux et de même norme choisie pour unité ($\|\vec{i}\| = \|\vec{j}\| = \|\vec{k}\| = 1$).
- O étant un point de l'espace, le repère $(\mathrm{O}\,;\vec{i}, \vec{j}, \vec{k})$ est **orthonormé** lorsque la base $(\vec{i}, \vec{j}, \vec{k})$ est orthonormée.

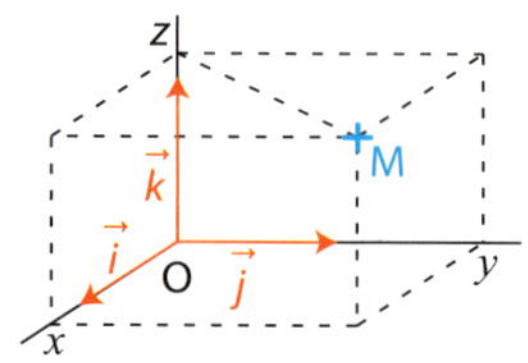

B Expression analytique du produit scalaire

Propriété

Dans une base orthonormée $(\vec{i}, \vec{j}, \vec{k})$, si $\vec{u}(x\,;y\,;z)$ et $\vec{v}(x'\,;y'\,;z')$, alors $\boldsymbol{\vec{u}\cdot\vec{v} = xx' + yy' + zz'}$.

Démonstration

$\vec{u} = x\vec{i} + y\vec{j} + z\vec{k}$ et $\vec{v} = x'\vec{i} + y'\vec{j} + z'\vec{k}$, donc $\vec{u}\cdot\vec{v} = (x\vec{i} + y\vec{j} + z\vec{k})\cdot(x'\vec{i} + y'\vec{j} + z'\vec{k})$.
D'où $\vec{u}\cdot\vec{v} = xx'\vec{i}^2 + yy'\vec{j}^2 + zz'\vec{k}^2 + (xy' + yx')\vec{i}\cdot\vec{j} + (xz' + zx')\vec{i}\cdot\vec{k} + (zy' + yz')\vec{j}\cdot\vec{k}$.
$(\vec{i}, \vec{j}, \vec{k})$ est orthonormée donc $\vec{i}\cdot\vec{j} = \vec{i}\cdot\vec{k} = \vec{j}\cdot\vec{k} = 0$ et $\vec{i}^2 = \vec{j}^2 = \vec{k}^2 = 1$, donc $\vec{u}\cdot\vec{v} = xx' + yy' + zz'$.

Exemple

Si $\vec{u}(1\,;4\,;0)$ et $\vec{v}(-2\,;5\,;1)$ alors $\vec{u}\cdot\vec{v} = 1\times(-2) + 4\times5 + 0\times1 = 18$.

Propriétés

Dans une base orthonormée $(\vec{i}, \vec{j}, \vec{k})$, $\vec{u}(x\,;y\,;z)$ et $\vec{v}(x'\,;y'\,;z')$ sont deux vecteurs.
(1) $\vec{u}$ et $\vec{v}$ sont **orthogonaux** équivaut à $\boldsymbol{xx' + yy' + zz' = 0}$; **(2)** $\boldsymbol{\|\vec{u}\| = \sqrt{x^2 + y^2 + z^2}}$.

Démonstrations

(1) $\vec{u}(x\,;y\,;z)$ et $\vec{v}(x'\,;y'\,;z')$ sont orthogonaux équivaut à $\vec{u}\cdot\vec{v} = 0$, c'est-à-dire $xx' + yy' + zz' = 0$.
(2) $\|\vec{u}\|^2 = \vec{u}\cdot\vec{u} = x^2 + y^2 + z^2$. Ainsi $\|\vec{u}\| = \sqrt{x^2 + y^2 + z^2}$.

Exemples

- Les vecteurs $\vec{u}(1\,;-2\,;5)$ et $\vec{v}(1\,;3\,;1)$ sont orthogonaux car $\vec{u}\cdot\vec{v} = 1\times1 + (-2)\times3 + 5\times1 = 0$.
- Si $\vec{u}(1\,;2\,;3)$, alors $\|\vec{u}\| = \sqrt{1^2 + 2^2 + 3^2} = \sqrt{14}$.

Propriété

Dans un repère orthonormé $(\mathrm{O}\,;\vec{i}, \vec{j}, \vec{k})$, $\mathrm{A}(x_\mathrm{A}\,;y_\mathrm{A}\,;z_\mathrm{A})$ et $\mathrm{B}(x_\mathrm{B}\,;y_\mathrm{B}\,;z_\mathrm{B})$ sont deux points.

$$\mathbf{AB} = \sqrt{(x_\mathrm{B} - x_\mathrm{A})^2 + (y_\mathrm{B} - y_\mathrm{A})^2 + (z_\mathrm{B} - z_\mathrm{A})^2}.$$

Démonstration

$\overrightarrow{\mathrm{AB}}\,(x_\mathrm{B} - x_\mathrm{A}\,;y_\mathrm{B} - y_\mathrm{A}\,;z_\mathrm{B} - z_\mathrm{A})$. Ainsi $\mathrm{AB} = \|\overrightarrow{\mathrm{AB}}\| = \sqrt{(x_\mathrm{B} - x_\mathrm{A})^2 + (y_\mathrm{B} - y_\mathrm{A})^2 + (z_\mathrm{B} - z_\mathrm{A})^2}$.

Exemple

$\mathrm{A}(-1\,;5\,;3)$ et $\mathrm{B}(9\,;5\,;-2)$ sont deux points dans un repère orthonormé.
La longueur AB est égale à : $\mathrm{AB} = \sqrt{(9+1)^2 + (5-5)^2 + (-2-3)^2} = \sqrt{125} = 5\sqrt{5}$.

EXERCICES RÉSOLUS

5 Calculer une distance dans un repère orthonormé

ABCDEFGH est un parallélépipède rectangle tel que AD = AE = 1 et AB = 2.
I est le centre du carré ADHE et J est le milieu de l'arête [DC].

a) Justifier que le repère $(D\,;\overrightarrow{DA},\overrightarrow{DJ},\overrightarrow{DH})$ est orthonormé.

b) Donner les coordonnées des points B et I dans ce repère.

c) En déduire la longueur BI.

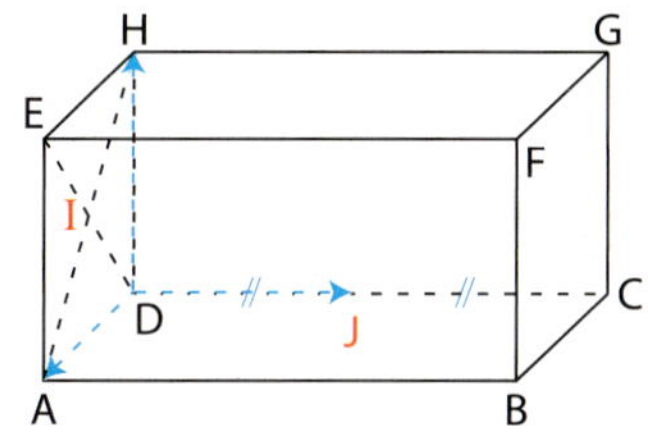

Solution

a) ABCDEFGH est un parallélépipède rectangle donc les vecteurs $\overrightarrow{DA}$, $\overrightarrow{DJ}$ et $\overrightarrow{DH}$ sont orthogonaux deux à deux. De plus, DA = DJ = DH = 1, donc le repère $(D\,;\overrightarrow{DA},\overrightarrow{DJ},\overrightarrow{DH})$ est orthonormé.

b) $\overrightarrow{DB}=\overrightarrow{DA}+\overrightarrow{DC}=\overrightarrow{DA}+2\overrightarrow{DJ}$ donc $B(1\,;2\,;0)$.

$\overrightarrow{DI}=\frac{1}{2}\overrightarrow{DE}=\frac{1}{2}(\overrightarrow{DA}+\overrightarrow{DH})=\frac{1}{2}\overrightarrow{DA}+\frac{1}{2}\overrightarrow{DH}$

donc $I\left(\frac{1}{2}\,;0\,;\frac{1}{2}\right)$.

> Les coordonnées $(x\,;y\,;z)$ d'un point M dans le repère $(D\,;\overrightarrow{DA},\overrightarrow{DJ},\overrightarrow{DH})$ sont les nombres tels que $\overrightarrow{DM}=x\overrightarrow{DA}+y\overrightarrow{DJ}+z\overrightarrow{DH}$.

c) Donc $\overrightarrow{BI}\left(\frac{1}{2}-1\,;0-2\,;\frac{1}{2}-0\right)$, soit $\overrightarrow{BI}\left(-\frac{1}{2}\,;-2\,;\frac{1}{2}\right)$.

Ainsi, $BI=\sqrt{\left(-\frac{1}{2}\right)^2+(-2)^2+\left(\frac{1}{2}\right)^2}=\sqrt{\frac{9}{2}}=\frac{3\sqrt{2}}{2}$.

> $\sqrt{\frac{9}{2}}=\frac{\sqrt{9}}{\sqrt{2}}=\frac{3}{\sqrt{2}}=\frac{3\sqrt{2}}{\sqrt{2}\sqrt{2}}=\frac{3\sqrt{2}}{2}$

6 Étudier l'orthogonalité dans un repère orthonormé

ABCDEFGH est un cube d'arête 1.
On se place dans le repère orthonormé $(D\,;\overrightarrow{DA},\overrightarrow{DC},\overrightarrow{DH})$.

a) Donner les coordonnées des sommets du cube dans ce repère.

b) Démontrer que les vecteurs $\overrightarrow{AG}$ et $\overrightarrow{HF}$ sont orthogonaux.

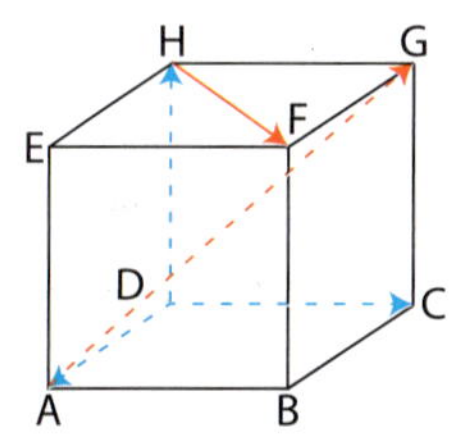

Solution

a) $D(0\,;0\,;0)$, $A(1\,;0\,;0)$, $C(0\,;1\,;0)$, $H(0\,;0\,;1)$, $B(1\,;1\,;0)$, $E(1\,;0\,;1)$, $G(0\,;1\,;1)$, $F(1\,;1\,;1)$.

b) $\overrightarrow{AG}(-1\,;1\,;1)$ et $\overrightarrow{HF}(1\,;1\,;0)$ donc $\overrightarrow{AG}\cdot\overrightarrow{HF}=-1\times1+1\times1+1\times0=0$.

Ainsi, les vecteurs $\overrightarrow{AG}$ et $\overrightarrow{HF}$ sont orthogonaux.

EXERCICES D'APPLICATION DIRECTE

Sur le modèle de l'exercice résolu 5

7 On reprend la figure de l'exercice 5.
On se place dans le repère $(C\,;\overrightarrow{CB},\overrightarrow{CJ},\overrightarrow{CG})$.

a) Justifier que ce repère est orthonormé.

b) K est le centre de la face EFGH et L celui de la face BCGF.
Donner les coordonnées des points K et L dans ce repère.

c) En déduire la longueur KL.

Sur le modèle de l'exercice résolu 6

8 On reprend la figure de l'exercice 6. On se place dans le repère orthonormé $(B\,;\overrightarrow{BA},\overrightarrow{BC},\overrightarrow{BF})$.

a) Donner les coordonnées des sommets du cube dans ce repère.

b) Démontrer que les vecteurs $\overrightarrow{CA}$ et $\overrightarrow{BH}$ sont orthogonaux.

c) Démontrer que les vecteurs $\overrightarrow{HA}$ et $\overrightarrow{EC}$ sont orthogonaux.

Exercices
- 9 à 12 (ci-contre)
- 50 à 68

3 Orthogonalité dans l'espace

A Orthogonalité de deux droites

Définition

Dire que deux droites sont **orthogonales** signifie que leurs parallèles passant par un même point quelconque sont perpendiculaires.

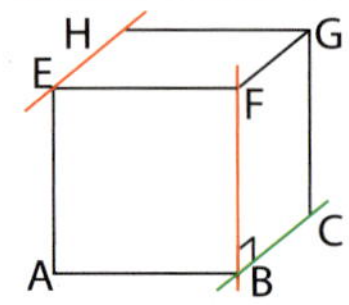

Exemple

Dans ce cube ABCDEFGH, les droites (BF) et (EH) sont orthogonales car la parallèle (BC) à la droite (EH) est perpendiculaire en B à la droite (BF).

Propriété

Deux **droites** d et d' de vecteurs directeurs $\vec{u}$ et $\vec{u}'$ sont **orthogonales** si, et seulement si, $\vec{\boldsymbol{u}} \cdot \vec{\boldsymbol{u}}' = \mathbf{0}$.

Démonstration

A est un point de l'espace, Δ et Δ' sont les parallèles aux droites d et d' passant par A. Les droites Δ et Δ' admettent respectivement $\vec{u}$ et $\vec{u}'$ comme vecteurs directeurs. Par définition, les droites d et d' sont orthogonales si, et seulement si, les droites Δ et Δ' sont perpendiculaires, c'est-à-dire $\vec{u} \cdot \vec{u}' = 0$.

B Orthogonalité d'une droite et d'un plan

Définition

Dire qu'une droite est **orthogonale** à un plan signifie qu'elle est orthogonale à toute droite de ce plan.

Propriété

Une droite d est **orthogonale** à un plan $\mathcal{P}$ si, et seulement si, elle est orthogonale à **deux droites sécantes** de ce plan. Autrement dit :
une droite d de vecteur directeur $\vec{n}$ est orthogonale à un plan $\mathcal{P}$ si, et seulement si, il existe deux vecteurs non colinéaires $\vec{u}$ et $\vec{v}$ de ce plan tels que $\vec{u} \cdot \vec{n} = 0$ et $\vec{v} \cdot \vec{n} = 0$.

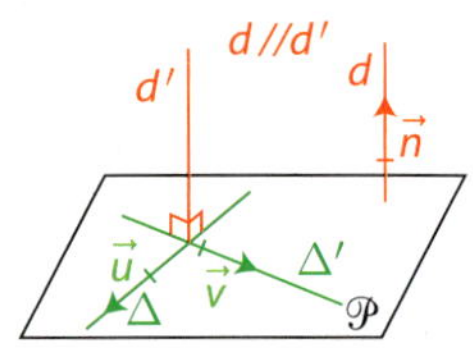

Démonstration

- On suppose que d est orthogonale à un plan $\mathcal{P}$, c'est-à-dire que d est orthogonale à toute droite de ce plan. En particulier, d est orthogonale à deux droites sécantes de ce plan. Ce qui est équivalent à dire qu'il existe deux vecteurs non colinéaires $\vec{u}$ et $\vec{v}$ de $\mathcal{P}$ tels que $\vec{u} \cdot \vec{n} = 0$ et $\vec{v} \cdot \vec{n} = 0$.
- Réciproquement, on suppose qu'il existe deux vecteurs non colinéaires $\vec{u}$ et $\vec{v}$ du plan $\mathcal{P}$ tels que $\vec{u} \cdot \vec{n} = 0$ et $\vec{v} \cdot \vec{n} = 0$.

On note D une droite quelconque de vecteur directeur $\vec{w}$ contenue dans ce plan. Ainsi les vecteurs $\vec{u}$, $\vec{v}$ et $\vec{w}$ sont coplanaires, donc il existe deux réels α et β tels que $\vec{w} = \alpha\vec{u} + \beta\vec{v}$.
Ainsi, $\vec{n} \cdot \vec{w} = \vec{n} \cdot (\alpha\vec{u} + \beta\vec{v}) = \alpha\vec{n} \cdot \vec{u} + \beta\vec{n} \cdot \vec{v} = 0$. Donc toute droite D de $\mathcal{P}$ est orthogonale à d.
Ainsi d est orthogonale à $\mathcal{P}$.

Exemple

ABCDEFGH est un cube.
- La droite (DA) est perpendiculaire aux deux droites sécantes (DC) et (DH) du plan (DCH). Donc la droite (DA) est orthogonale au plan (DCH).
- La droite (DA) est orthogonale au plan (DCH), elle est donc orthogonale à toute droite du plan (DCH), en particulier à la droite (HC).

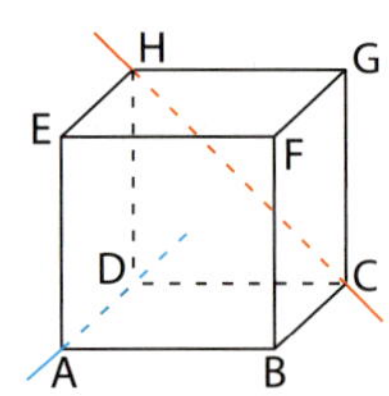

EXERCICES RÉSOLUS

9 Démontrer l'orthogonalité avec le produit scalaire

ABCD est un tétraèdre régulier d'arête un nombre réel $a > 0$.
I est le milieu du segment [AB].

a) Exprimer $\overrightarrow{AB} \cdot \overrightarrow{AC}$ et $\overrightarrow{AB} \cdot \overrightarrow{AD}$ en fonction de a.

b) Utiliser la relation de Chasles pour calculer $\overrightarrow{AB} \cdot \overrightarrow{CD}$.

c) En déduire que les droites (AB) et (CD) sont orthogonales.

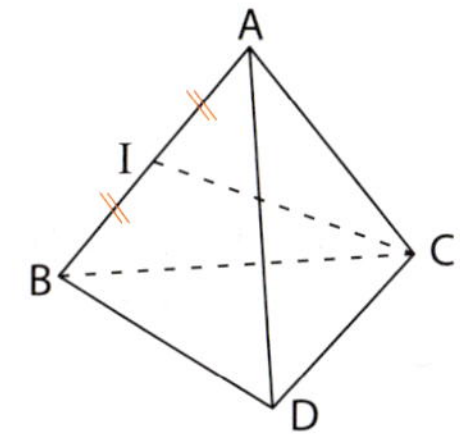

Solution

a) Dans le triangle équilatéral ABC, la droite (CI) est aussi médiatrice du segment [AB].

Donc $\overrightarrow{AB} \cdot \overrightarrow{AC} = \overrightarrow{AB} \cdot \overrightarrow{AI} = AB \times AI = a \times \frac{a}{2} = \frac{a^2}{2}$. De même, $\overrightarrow{AB} \cdot \overrightarrow{AD} = \frac{a^2}{2}$.

b) D'après la relation de Chasles, $\overrightarrow{CD} = \overrightarrow{CA} + \overrightarrow{AD} = -\overrightarrow{AC} + \overrightarrow{AD}$.

Donc, $\overrightarrow{AB} \cdot \overrightarrow{CD} = \overrightarrow{AB} \cdot (-\overrightarrow{AC} + \overrightarrow{AD}) = -\overrightarrow{AB} \cdot \overrightarrow{AC} + \overrightarrow{AB} \cdot \overrightarrow{AD} = -\frac{a^2}{2} + \frac{a^2}{2} = 0$.

c) Les vecteurs $\overrightarrow{AB}$ et $\overrightarrow{CD}$ sont donc orthogonaux. Ainsi, les droites (AB) et (CD) sont orthogonales.

10 Démontrer l'orthogonalité sans le produit scalaire

ABCD est un tétraèdre régulier. I est le milieu du segment [AB].

a) Démontrer que la droite (AB) est orthogonale au plan (CID).

b) En déduire que les droites (AB) et (CD) sont orthogonales.

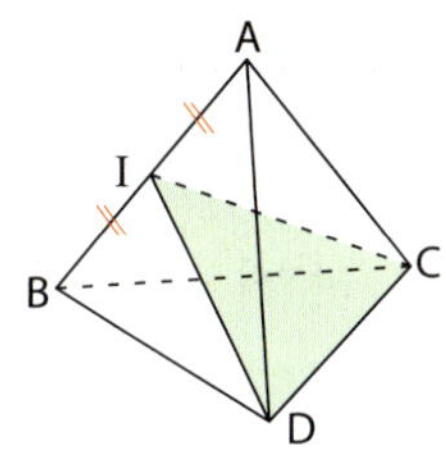

Solution

a) Dans le triangle équilatéral ABC, la droite (CI) est aussi médiatrice du segment [AB]. Ainsi les droites (CI) et (AB) sont orthogonales.
De même, les droites (DI) et (AB) sont orthogonales. La droite (AB) est donc orthogonale à deux droites sécantes du plan (CID). La droite (AB) est donc orthogonale au plan (CID).

b) La droite (AB) est orthogonale au plan (CID), donc elle est orthogonale à toute droite de ce plan. En particulier, la droite (AB) est orthogonale à la droite (CD).

On vient ainsi de démontrer que dans un tétraèdre régulier, les arêtes opposées sont deux à deux orthogonales.

EXERCICES D'APPLICATION DIRECTE

Sur le modèle de l'exercice résolu 9

11 ABCDEFGH est un cube d'arête un nombre réel a, avec $a > 0$.

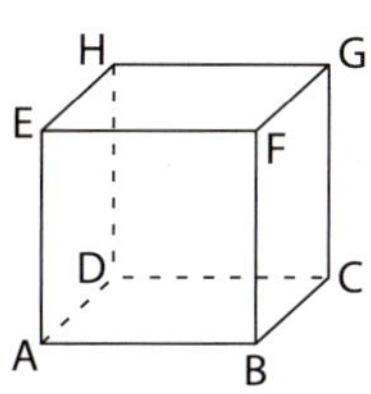

a) Exprimer $\overrightarrow{DA} \cdot \overrightarrow{BG}$ et $\overrightarrow{DH} \cdot \overrightarrow{BG}$ en fonction de a.

b) Utiliser $\overrightarrow{DF} = \overrightarrow{DA} + \overrightarrow{DC} + \overrightarrow{DH}$ pour calculer $\overrightarrow{DF} \cdot \overrightarrow{BG}$.

c) En déduire que les droites (DF) et (BG) sont orthogonales.

Sur le modèle de l'exercice résolu 10

12 ABCD est un tétraèdre tel que le triangle ABD est isocèle en A et le triangle BCD est isocèle en C.
I est le milieu du segment [BD].

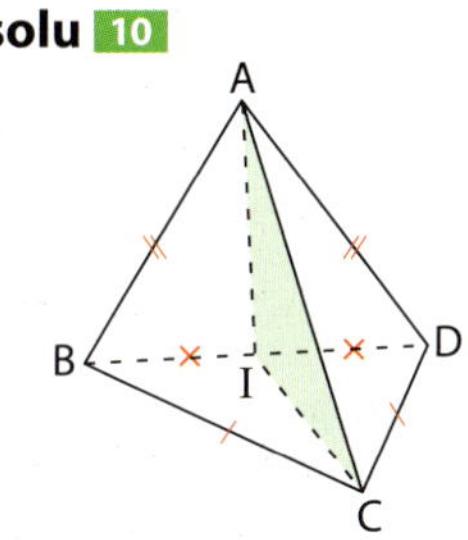

a) Démontrer que la droite (BD) est orthogonale au plan (AIC).

b) En déduire que les droites (BD) et (AC) sont orthogonales.

Exercices
- 13 à 16 (ci-contre)
- 69 à 73

4 Projections orthogonales dans l'espace

A Projection orthogonale d'un point sur une droite

Définition

Le **projeté orthogonal** d'un point M sur une droite d est le point d'intersection H de d avec le plan passant par M et orthogonal à d.

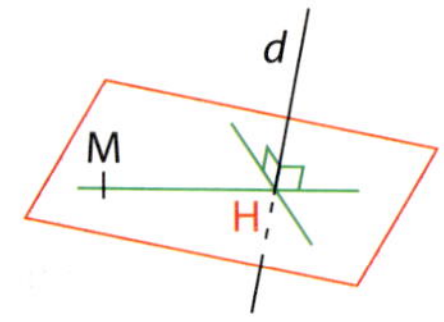

Remarques : • Le plan passant par M et orthogonal à d est unique.
• Lorsque $M \in d$, le projeté orthogonal de M sur d est le point M.

Propriété – Définition

Le projeté orthogonal H d'un point M sur une droite d est le point de d **le plus proche** de M.
On dit que MH est la **distance** du point M à la droite d.

Démonstration

• Si $M \in d$, alors $MH = 0$ et H est le point de d le plus proche de M.
• Si $M \notin d$, alors pour tout point M′ de d, le triangle MHM′ est rectangle en H, donc son hypoténuse est le côté le plus long soit $MM' > MH$.
Donc H est le point de d le plus proche de M.

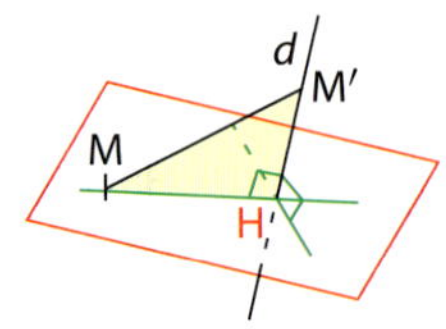

B Projection orthogonale d'un point sur un plan

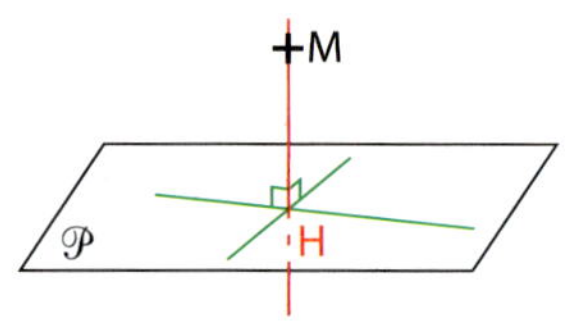

Définition

Le **projeté orthogonal** d'un point M sur un plan $\mathcal{P}$ est le point d'intersection H du plan $\mathcal{P}$ et de la droite passant par M orthogonale à $\mathcal{P}$.

Remarque : lorsque $M \in \mathcal{P}$, le projeté orthogonal de M sur $\mathcal{P}$ est le point M.

Propriété – Définition

Le projeté orthogonal H d'un point M sur un plan $\mathcal{P}$ est le point de $\mathcal{P}$ **le plus proche** de M.
On dit que MH est la **distance** du point M au plan $\mathcal{P}$.

Démonstration

• Si $M \in \mathcal{P}$, alors $MH = 0$ et H est le point de $\mathcal{P}$ le plus proche de M.
• Si $M \notin \mathcal{P}$, alors pour tout point M′ de $\mathcal{P}$, le triangle MHM′ est rectangle en H, donc son hypoténuse est le côté le plus long, soit $MM' > MH$.
Donc H est le point de $\mathcal{P}$ le plus proche de M.

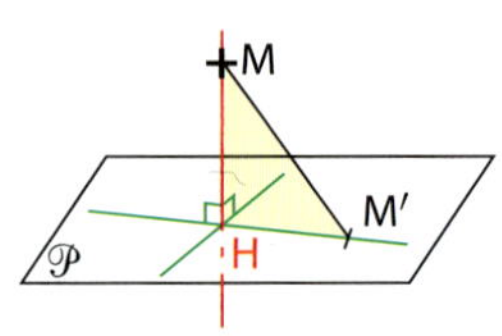

Vidéo
JAICOMPRIS.COM
Cette démonstration est présentée en vidéo

Exemples

ABCDEFGH est un parallélépipède rectangle.
• Le projeté orthogonal du point E sur le plan (ABC) est le point A. En effet, la droite (EA) est orthogonale au plan (ABC).
• Le projeté orthogonal du point E sur la droite (CG) est le point G.
En effet, le plan (EFG) est orthogonal à la droite (CG) et passe par E.

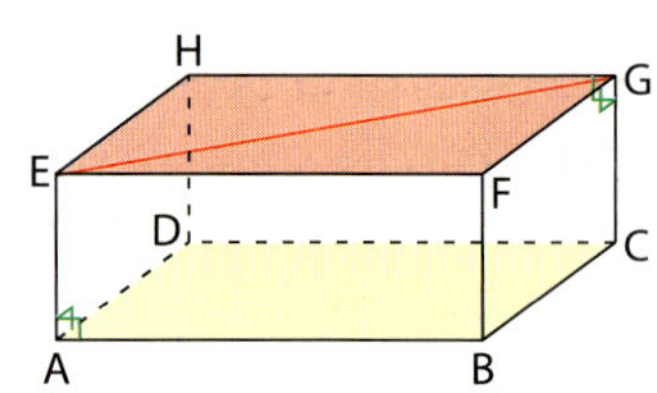

EXERCICES RÉSOLUS

13 Déterminer un projeté orthogonal

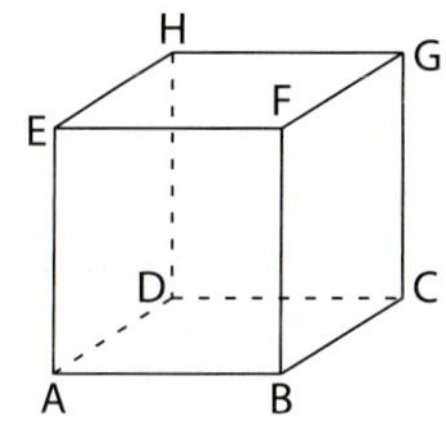

ABCDEFGH est un cube.

a) Déterminer le projeté orthogonal du point E sur le plan (CDG).

b) Déterminer le projeté orthogonal du point F sur la droite (CD).

Solution

a) La droite (EH) est orthogonale aux deux droites sécantes (HG) et (HD) du plan (CDG). Ainsi, la droite passant par le point E et orthogonale au plan (CDG) est la droite (EH). Elle coupe le plan (CDG) en H.
Ainsi, H est le projeté orthogonal du point E sur le plan (CDG).

b) Le plan (BCG) contient deux droites sécantes (CB) et (CG) orthogonales à la droite (CD). De plus, F appartient à ce plan. Donc (BCG) est le plan passant par F et orthogonal à (CD). Il coupe la droite (CD) en C.
Ainsi, C est le projeté orthogonal du point F sur la droite (CD).

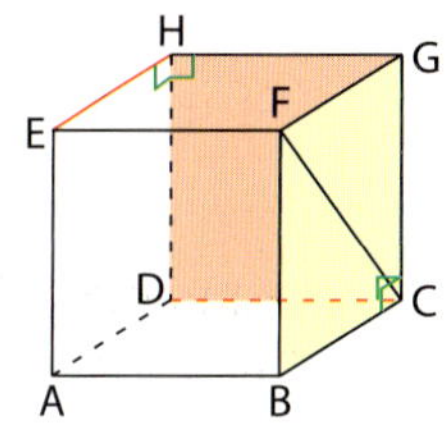

14 Calculer une distance

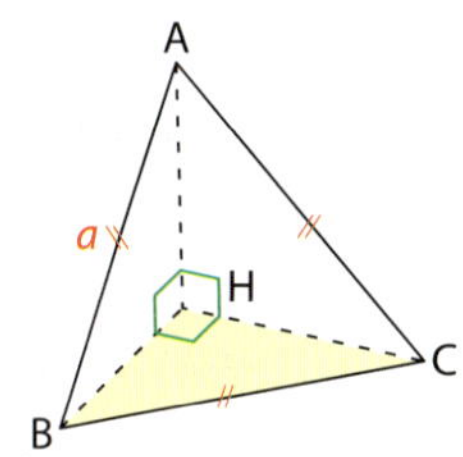

ABCH est un tétraèdre tel que ABC est un triangle équilatéral d'arête a (avec $a > 0$), et les autres faces sont des triangles rectangles en H.

a) Déterminer le produit scalaire $\overrightarrow{HB} \cdot \overrightarrow{HC}$.

b) Développer et réduire le produit scalaire $(\overrightarrow{HA} + \overrightarrow{AB}) \cdot (\overrightarrow{HA} + \overrightarrow{AC})$.

c) Exprimer la distance du point A au plan (BHC) en fonction de a.

Solution

a) Le triangle HBC est rectangle en H donc $\overrightarrow{HB} \cdot \overrightarrow{HC} = 0$.

b) $(\overrightarrow{HA} + \overrightarrow{AB}) \cdot (\overrightarrow{HA} + \overrightarrow{AC}) = HA^2 + \overrightarrow{HA} \cdot \overrightarrow{AC} + \overrightarrow{AB} \cdot \overrightarrow{HA} + \overrightarrow{AB} \cdot \overrightarrow{AC}$

Donc

$(\overrightarrow{HA} + \overrightarrow{AB}) \cdot (\overrightarrow{HA} + \overrightarrow{AC}) = HA^2 - HA^2 - HA^2 + a \times a \times \cos(60°)$.

D'où $(\overrightarrow{HA} + \overrightarrow{AB}) \cdot (\overrightarrow{HA} + \overrightarrow{AC}) = \dfrac{a^2}{2} - HA^2$.

> $\overrightarrow{HA} \cdot \overrightarrow{AC} = -\overrightarrow{AH} \cdot \overrightarrow{AC}$
> Or, H est le projeté orthogonal de C sur (AH) donc $\overrightarrow{HA} \cdot \overrightarrow{AC} = -HA^2$.

c) H est le projeté orthogonal du point A sur le plan (BHC), donc la distance du point A au plan (BHC) est égale à HA.

Or, $(\overrightarrow{HA} + \overrightarrow{AB}) \cdot (\overrightarrow{HA} + \overrightarrow{AC}) = \overrightarrow{HB} \cdot \overrightarrow{HC} = 0$ donc $\dfrac{a^2}{2} - HA^2 = 0$ et $HA = \dfrac{a}{\sqrt{2}}$.

EXERCICES D'APPLICATION DIRECTE

Sur le modèle de l'exercice résolu 13

15 ABCDEFGH est un cube.
M est le centre de la face EFGH.

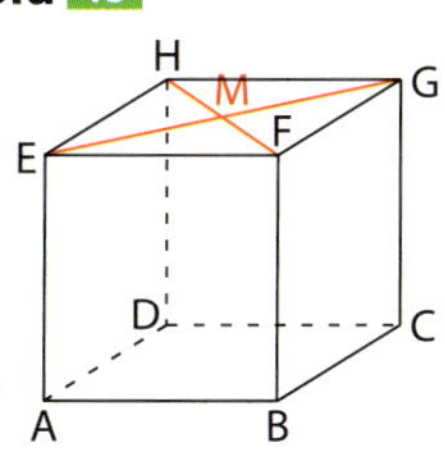

a) Déterminer le projeté orthogonal du point M sur le plan (ABC).

b) Déterminer le projeté orthogonal du point M sur la droite (FB).

Vidéo

JAICOMPRIS.COM Cet exercice est corrigé en vidéo

Sur le modèle de l'exercice résolu 14

16 ABCD est un tétraèdre régulier d'arête 1.
I et J sont les milieux respectifs de [AB] et [CD].

a) Démontrer que les droites (IJ) et (CD) sont orthogonales.

b) En déduire la distance du point I à la droite (CD).

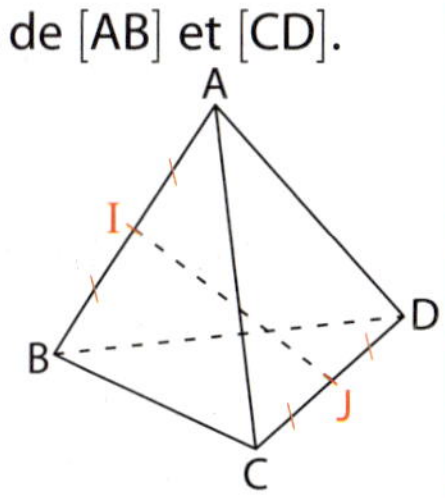

EXERCICE RÉSOLU

17 Reconnaître des droites orthogonales

Cours 3. A

L'espace est muni d'un repère orthonormé.

a) A, B, C, D sont quatre points de l'espace dont les coordonnées sont connues.
Écrire une fonction **Sont_orthogonales** en langage Python qui a pour paramètres les coordonnées successives des points A, B, C, D et qui renvoie si les droites (AB) et (CD) sont orthogonales ou non.

b) On donne $A\left(1\,;1\,;\frac{3}{4}\right)$, $B\left(0\,;\frac{1}{2}\,;1\right)$, $C\left(1\,;0\,;-\frac{5}{4}\right)$, $D\left(1\,;\frac{3}{4}\,;\frac{1}{4}\right)$.
Saisir et exécuter la fonction précédente afin d'étudier l'orthogonalité des droites (AB) et (CD).

Solution

a) Les droites (AB) et (CD) sont orthogonales si, et seulement si, les vecteurs $\overrightarrow{AB}$ et $\overrightarrow{CD}$ sont orthogonaux.
La fonction **Sont_orthogonales** calcule les coordonnées des vecteurs $\overrightarrow{AB}$ et $\overrightarrow{CD}$, puis calcule le produit scalaire $\overrightarrow{AB}\cdot\overrightarrow{CD}$.
Enfin on teste si ce produit scalaire est nul ou non.

```
def Sont_orthogonales(xA,yA,zA,xB,yB,zB,xC,yC,zC,xD,yD,zD):
    a=xB-xA
    b=yB-yA
    c=zB-zA
    d=xD-xC
    e=yD-yC
    f=zD-zC
    w=a*d+b*e+c*f
    if w==0:
        M='(AB) et (CD) sont orthogonales'
    else:
        M='(AB) et (CD) ne sont pas orthogonales'
    return M
```

Les variables *a*, *b*, *c* ont pour valeurs les coordonnées du vecteur $\overrightarrow{AB}$ et les variables *d*, *e*, *f* celles du vecteur $\overrightarrow{CD}$.
La valeur de la variable *w* est le produit scalaire $\overrightarrow{AB}\cdot\overrightarrow{CD}$.
Le test compare alors la variable *w* à 0 afin de définir la chaîne M.

b) L'affichage obtenu ci-dessous montre que les droites (AB) et (CD) sont orthogonales.

```
>>> Sont_orthogonales(1,1,0.75,0,0.5,1,1,0,-1.25,1,0.75,0.25)
'(AB) et (CD) sont orthogonales'
```

EXERCICES D'APPLICATION DIRECTE

Sur le modèle de l'exercice résolu 17

18 L'espace est muni d'un repère orthonormé.
E, F et G sont trois points de l'espace dont les coordonnées sont connues.
Écrire une fonction **Est_rectangle** en langage Python qui a pour paramètres les coordonnées de ces points et qui renvoie si le triangle EFG est rectangle ou non. Dans le cas où le triangle est rectangle, prévoir d'afficher en quel sommet.
Tester cette fonction.

19 L'espace est muni d'un repère orthonormé.
A et B sont deux points distincts de l'espace dont les coordonnées sont connues.
$\vec{u}$ et $\vec{v}$ sont deux vecteurs non colinéaires dont les coordonnées sont connues.
Écrire une fonction **Est_orthogonale** en langage Python qui a pour paramètres les coordonnées de A, B, $\vec{u}$, $\vec{v}$ et qui renvoie si la droite (AB) est orthogonale ou non à un plan dont $(\vec{u}\,;\vec{v})$ est un couple de vecteurs non colinéaires.
Tester cette fonction.

Produit scalaire dans l'espace

Cours 1. A

Questions flash À l'oral

20 ABCD est le tétraèdre ci-contre et H est le pied de la hauteur issue de A du triangle ABD. Déterminer mentalement le produit scalaire $\overrightarrow{BA} \cdot \overrightarrow{BD}$.

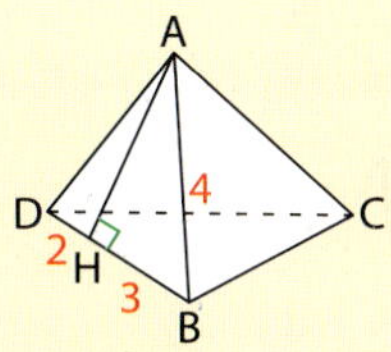

21 ABCD est le tétraèdre ci-contre. Déterminer mentalement le produit scalaire $\overrightarrow{DB} \cdot \overrightarrow{DC}$.

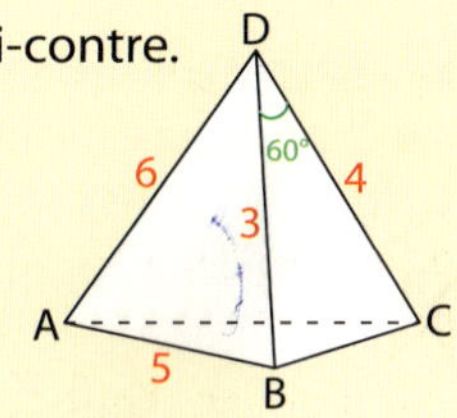

22 ABCD est le tétraèdre ci-contre. Jeanne affirme : « $\overrightarrow{AB} \cdot \overrightarrow{AD} = 26$ ». A-t-elle raison ?

23 A, B, C sont trois points non alignés de l'espace et on se place dans le plan (ABC). Le projeté orthogonal H du point C sur la droite (AB) n'appartient pas à la demi-droite [AB). Sachant que AB = 6 et AH = 2, calculer le produit scalaire $\overrightarrow{AB} \cdot \overrightarrow{AC}$.

Pour les exercices 24 à 26, le cube a pour arête a avec $a > 0$.
J est le milieu de l'arête [FG].
Déterminer chaque produit scalaire en précisant l'expression et le plan utilisés.

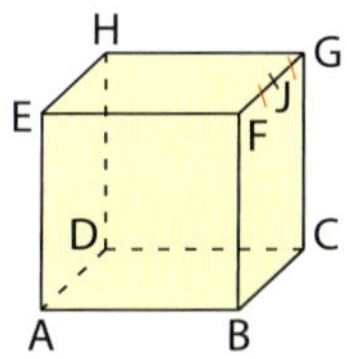

24 **a)** $\overrightarrow{AB} \cdot \overrightarrow{AC}$ **b)** $\overrightarrow{AB} \cdot \overrightarrow{EG}$ **c)** $\overrightarrow{AB} \cdot \overrightarrow{EH}$

25 **a)** $\overrightarrow{AB} \cdot \overrightarrow{AD}$ **b)** $\overrightarrow{AG} \cdot \overrightarrow{AB}$ **c)** $\overrightarrow{AH} \cdot \overrightarrow{AB}$

26 **a)** $\overrightarrow{FJ} \cdot \overrightarrow{FA}$ **b)** $\overrightarrow{FJ} \cdot \overrightarrow{GD}$ **c)** $\overrightarrow{BJ} \cdot \overrightarrow{EH}$

27 ABCDEFGH est un parallélépipède rectangle.
Calculer :
a) $\overrightarrow{AB} \cdot \overrightarrow{AC}$
b) $\overrightarrow{AB} \cdot \overrightarrow{AD}$
c) $\overrightarrow{EG} \cdot \overrightarrow{BC}$

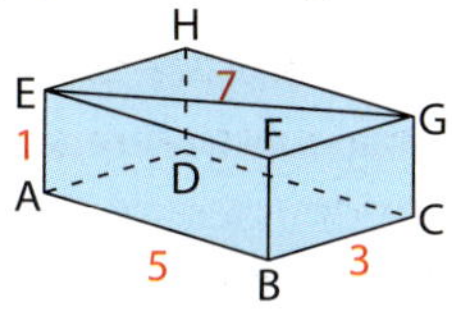

28 ABCD est un tétraèdre régulier d'arête 2. I et J sont les milieux respectifs des segments [BC] et [AC].
Calculer chaque produit scalaire.
a) $\overrightarrow{AD} \cdot \overrightarrow{AJ}$ **b)** $\overrightarrow{AB} \cdot \overrightarrow{AC}$
c) $\overrightarrow{AB} \cdot \overrightarrow{IJ}$ **d)** $\overrightarrow{DI} \cdot \overrightarrow{DC}$

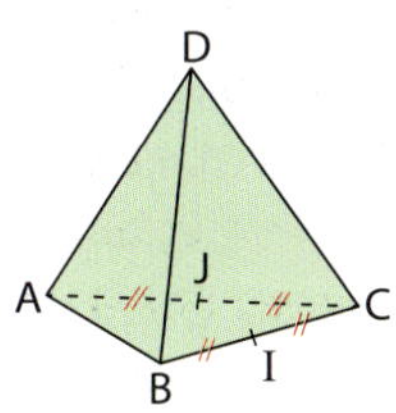

29 ABCD est un tétraèdre.
Dans chaque cas, calculer le produit scalaire.
a) $\overrightarrow{AB} \cdot \overrightarrow{AC}$ **b)** $\overrightarrow{BD} \cdot \overrightarrow{BA}$
c) $\overrightarrow{CA} \cdot \overrightarrow{CD}$ **d)** $\overrightarrow{AD} \cdot \overrightarrow{AB}$

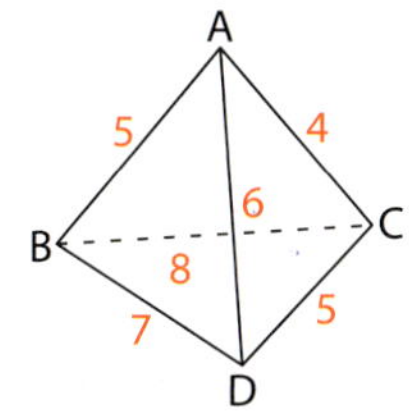

30 $\vec{u}$ et $\vec{v}$ sont deux vecteurs de l'espace tels que :
$$\|\vec{u}\| = 3,\ \|\vec{v}\| = 5,\ \|\vec{u} + \vec{v}\| = 4.$$
Calculer $\vec{u} \cdot \vec{v}$.

31 $\vec{u}$ et $\vec{v}$ sont deux vecteurs de l'espace tels que :
$$\|\vec{u}\| = 1,\ \|\vec{v}\| = 2,\ \|\vec{v} - \vec{u}\| = \sqrt{5}.$$
Calculer $\vec{u} \cdot \vec{v}$.

32 **Algo** python

A, B, C sont trois points de l'espace.
Que renvoie cette fonction écrite en langage Python lorsque $a = BC$, $b = AC$ et $c = AB$?

```python
def P(a,b,c):
    p=(1/2)*(a**2+b**2-c**2)
    return p
```

33 ABCDEFGH est un cube d'arête a et I est le centre de la face EFGH.
a) Donner la nature du triangle DCI.
b) Calculer le produit scalaire $\overrightarrow{ID} \cdot \overrightarrow{IC}$.
c) Exprimer ce produit scalaire en fonction de $\cos(\widehat{DIC})$ et en déduire la mesure en degré de l'angle $\widehat{DIC}$.
Arrondir au dixième.

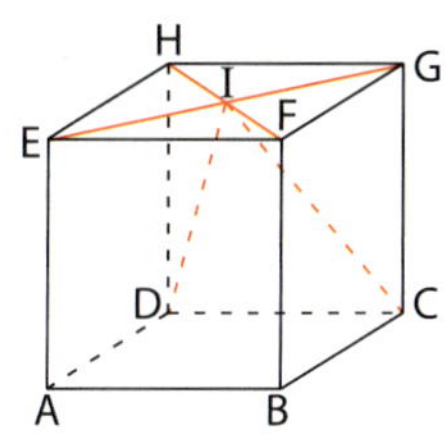

34 ABCD est le tétraèdre ci-contre.
a) On donne $\overrightarrow{AB} \cdot \overrightarrow{AC} = 6$.
Déterminer la mesure, en radian, de l'angle $\widehat{BAC}$.
b) On donne $\overrightarrow{AC} \cdot \overrightarrow{AD} = 8$.
Déterminer la longueur AD.
Arrondir au dixième.

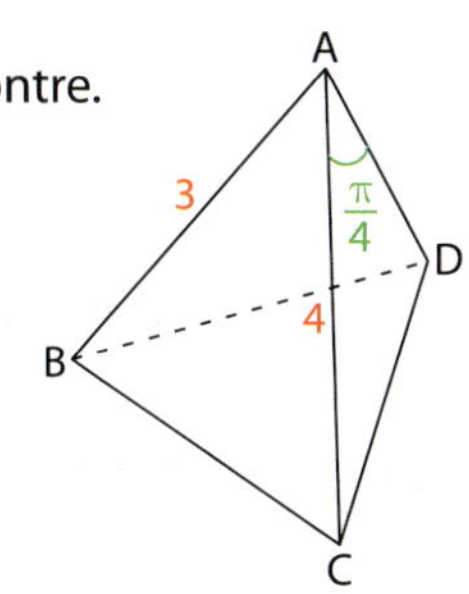

35 ABCDEFGH est un cube d'arête a, avec $a > 0$.
Les points M et N sont les centres des faces BCGF et EFGH.
a) Vérifier que $AM^2 = \frac{3}{2}a^2$.
b) Exprimer AN^2 et MN^2 en fonction de a.
c) En déduire la valeur du produit scalaire $\overrightarrow{AM} \cdot \overrightarrow{AN}$.

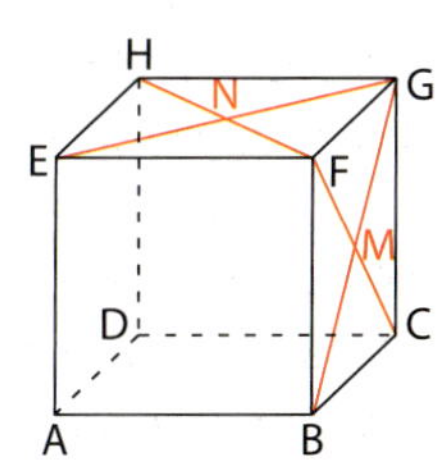

Acquérir des automatismes

Règles de calculs

Cours 1. B

Questions flash À l'oral

36 Dans l'espace, $\vec{u}$ et $\vec{v}$ sont deux vecteurs tels que $\vec{u} \cdot \vec{v} = 2$.
Dans chaque cas, déterminer mentalement le produit scalaire.

a) $(3\vec{u}) \cdot \vec{v}$ **b)** $\vec{u} \cdot (-\vec{v})$ **c)** $\left(\frac{1}{2}\vec{u}\right) \cdot (-\vec{v})$

37 Dans l'espace, $\vec{u}$ et $\vec{v}$ sont deux vecteurs tels que $\|\vec{u}\| = 2$, $\|\vec{v}\| = 3$, et $\vec{u} \cdot \vec{v} = 1$.
Franck affirme : « $(\vec{u} + \vec{v})^2 = 14$ ». A-t-il raison ?

38 ABCD est un tétraèdre régulier d'arête a et I, J, K sont les milieux respectifs des arêtes [BC], [CD], [BD].

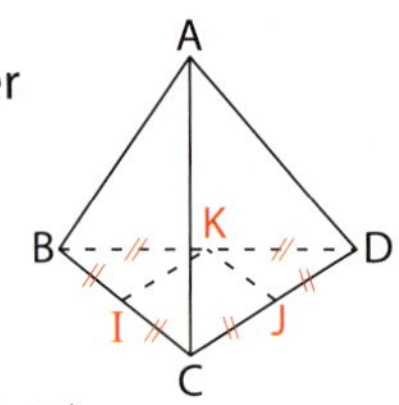

a) Calculer chacun des produits scalaires $\overrightarrow{AB} \cdot \overrightarrow{IJ}$ et $\overrightarrow{AB} \cdot \overrightarrow{JK}$.
b) En déduire le produit scalaire $\overrightarrow{AB} \cdot \overrightarrow{IK}$.

39 Ce cube a pour arête 2.
I est le point de l'arête [AE] tel que $\overrightarrow{AI} = \frac{1}{3}\overrightarrow{AE}$ et J est le milieu de l'arête [FG].

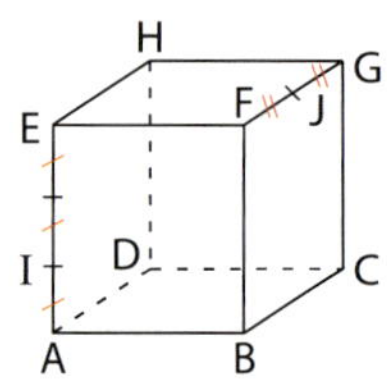

Calculer le produit scalaire $\overrightarrow{BI} \cdot \overrightarrow{BJ}$.
Conseil : écrire que $\overrightarrow{BI} = \overrightarrow{BA} + \overrightarrow{AI}$ et $\overrightarrow{BJ} = \overrightarrow{BA} + \overrightarrow{AJ}$.

40 ABCDEFGH est un cube d'arête a.
I est le centre de la face EFGH et J est le milieu de l'arête [CG].
Utiliser la relation de Chasles pour exprimer en fonction de a chaque produit scalaire.

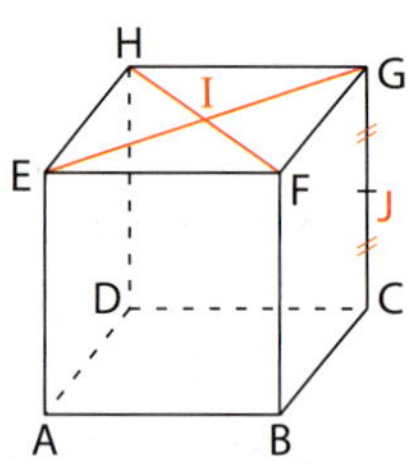

a) $\overrightarrow{AI} \cdot \overrightarrow{FB}$ **b)** $\overrightarrow{IJ} \cdot \overrightarrow{DB}$.

41 ABCD est un tétraèdre régulier d'arête a.
I et J sont les milieux respectifs des arêtes [AB] et [DC].

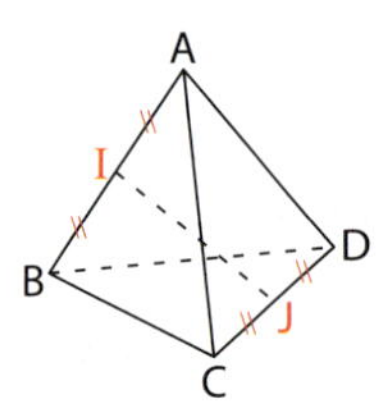

a) Exprimer $\overrightarrow{AB} \cdot \overrightarrow{AD}$ et $\overrightarrow{AB} \cdot \overrightarrow{AC}$ en fonction de a.
b) En déduire $\overrightarrow{AJ} \cdot \overrightarrow{AI}$.

42 Dans l'espace, $\vec{u}$ et $\vec{v}$ sont deux vecteurs de même norme.
Démontrer que les vecteurs $\vec{u} - \vec{v}$ et $\vec{u} + \vec{v}$ sont orthogonaux.

Repère orthonormé

Cours 2

Questions flash À l'oral

43 Dans un repère orthonormé, calculer mentalement la norme du vecteur $\vec{u}\,(1\,;3\,;-1)$.

44 Dans un repère orthonormé, calculer mentalement la longueur AB avec A(1 ; 0 ; 2) et B(0 ; 1 ; 1).

45 On munit l'espace d'un repère orthonormé. Dans chaque cas, déterminer la longueur AB.
a) A(3 ; 1 ; 2) et B(5 ; – 1 ; 1)
b) A(– 4 ; 3 ; – 2) et B(3 ; – 1 ; 7)

46 Justifier l'affichage de la ligne 4 ci-dessous obtenu avec un logiciel de calcul formel.

```
1  A := (1, 2, −1)
   → A := (1, 2, −1)
2  B := (0, 1, −2)
   → B := (0, 1, −2)
3  C := (1, 2, 3)
   → C := (1, 2, 3)
4  ProduitScalaire(vecteur(A, B), vecteur(A, C))
   → −4
```

47 ABCDEFGH est un cube d'arête 1. On munit l'espace du repère orthonormé $(D\,;\overrightarrow{DA}, \overrightarrow{DC}, \overrightarrow{DH})$.

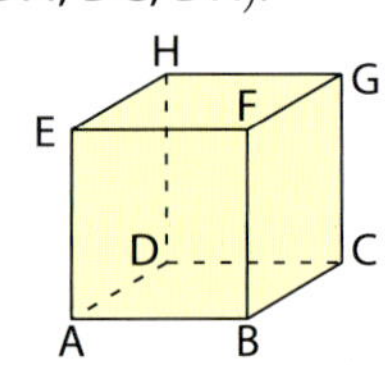

a) Déterminer les coordonnées des vecteurs $\overrightarrow{AB}$, $\overrightarrow{AG}$, $\overrightarrow{DH}$ et $\overrightarrow{BH}$.
b) Calculer la longueur AG.
c) Calculer chaque produit scalaire.
• $\overrightarrow{AB} \cdot \overrightarrow{AG}$ • $\overrightarrow{DH} \cdot \overrightarrow{AG}$ • $\overrightarrow{BH} \cdot \overrightarrow{DH}$

Vidéo

JAiCOMPRIS.COM Cet exercice est corrigé en vidéo

48 ABCDEFGH est le parallélépipède rectangle représenté ci-contre.

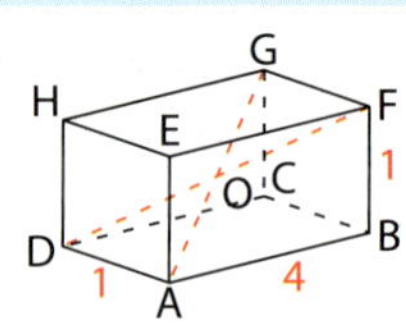

a) Choisir un repère orthonormé de l'espace d'origine A.
b) Calculer $\overrightarrow{OA} \cdot \overrightarrow{OF}$.
c) Déterminer la mesure, en degré, de l'angle $\widehat{AOF}$. *Arrondir au dixième.*

49 Déterminer $\overrightarrow{AB} \cdot \overrightarrow{AC}$, puis la mesure, en degré, de l'angle $\widehat{BAC}$. *Arrondir au centième si besoin.*
a) A(3 ; 1 ; 5) B(3 ; 5 ; 1) C(– 1 ; 5 ; 5)
b) A(0 ; 1 ; 0) B(7 ; 1 ;– 1) C(10 ; 0 ; 0)

Orthogonalité dans l'espace

Cours 3

Questions flash À l'oral

Pour les exercices 50 à 52, ABCDEFGH est un cube.

50 Charles affirme : « Les droites (FG) et (FB) sont orthogonales donc la droite (FG) est orthogonale au plan (HFB) ».
A-t-il raison ?

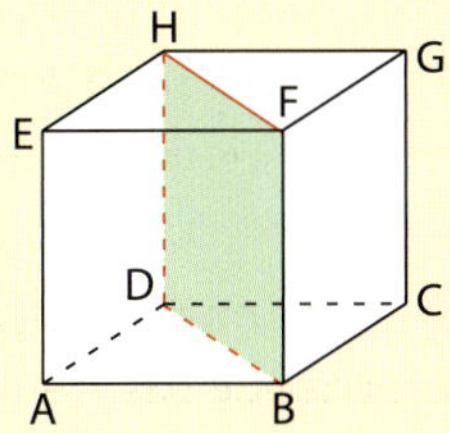

51 Lily affirme : « La droite (EG) est orthogonale au plan (HFB) ». A-t-elle raison ?

52 Déterminer mentalement celui de ces produits scalaires qui est nul.
(1) $\overrightarrow{BA}\cdot\overrightarrow{BD}$ **(2)** $\overrightarrow{AB}\cdot\overrightarrow{CG}$ **(3)** $\overrightarrow{ED}\cdot\overrightarrow{FC}$

53 Alix affirme : « Dans un repère orthonormé, les vecteurs $\vec{u}(1;1;1)$ et $\vec{v}(-1;-1;-1)$ sont orthogonaux. » A-t-il raison ?

54 Dans un repère orthonormé, déterminer mentalement celui de ces vecteurs qui est orthogonal au vecteur $\vec{u}(0;1;2)$.
(1) $\vec{v}(0;1;-2)$ **(2)** $\vec{w}(1;2;1)$ **(3)** $\vec{z}(10;-6;3)$

55 Dans un repère orthonormé de l'espace, étudier mentalement l'orthogonalité de $\vec{u}$ et $\vec{v}$.
a) $\vec{u}(2;3;-1)$ et $\vec{v}(1;0;2)$
b) $\vec{u}(-1;0;3)$ et $\vec{v}(3;2;1)$
c) $\vec{u}(0;-2;5)$ et $\vec{v}(6;1;1)$
d) $\vec{u}(2;1;1)$ et $\vec{v}(6;2;-14)$
e) $\vec{u}(1-\sqrt{2};1;-1)$ et $\vec{v}(1+\sqrt{2};0;-3)$

56 L'espace est muni d'un repère orthonormé.
Dans chaque cas, déterminer la ou les valeurs de α pour que les vecteurs $\vec{u}$ et $\vec{v}$ soient orthogonaux.
a) $\vec{u}(-3\alpha;1;\alpha)$ et $\vec{v}(1;2\alpha;3)$
b) $\vec{u}(-1;3\alpha;2)$ et $\vec{v}(0;\alpha;3\alpha)$
c) $\vec{u}(1;\alpha;\alpha)$ et $\vec{v}(1;2;\alpha)$

57 L'espace est muni d'un repère orthonormé.
Dans chaque cas, indiquer les éventuelles droites orthogonales parmi (AB), (AC) et (BC).
a) $\overrightarrow{AB}(3;0;1)$, $\overrightarrow{AC}(-5;10;15)$, $\overrightarrow{BC}(-8;10;14)$
b) $\overrightarrow{AB}(-7;5;-5)$, $\overrightarrow{AC}(-5;10;0)$, $\overrightarrow{BC}(2;1;5)$
c) $\overrightarrow{AB}(4;1;2)$, $\overrightarrow{AC}(0;3;-1)$, $\overrightarrow{BC}(-4;2;-3)$

58 L'espace est muni d'un repère orthonormé.
$A(0;1;2)$, $B(1;2;3)$, $C(5;-3;-2)$ et $D(7;-4;-3)$ sont quatre points de l'espace.
Démontrer que les droites (AB) et (CD) sont orthogonales.

59 L'espace est muni d'un repère orthonormé.
Dans chaque cas, dire si la droite d de vecteur directeur $\vec{u}$ est orthogonale au plan (ABC).
a) $\vec{u}(2;1;3)$, $\overrightarrow{AB}(5;-4;-2)$, $\overrightarrow{AC}(0;-6;2)$
b) $\vec{u}(1;2;0)$, $\overrightarrow{AB}(-4;2;3)$, $\overrightarrow{AC}(1;1;1)$
c) $\vec{u}(0;3;-1)$, $\overrightarrow{AB}(5;1;2)$, $\overrightarrow{AC}(7;2;6)$.

60 ABCDEFGH est un cube d'arête 1.
a) Choisir un repère orthonormé de l'espace d'origine A.
b) Dans ce repère, donner les coordonnées du vecteur $\overrightarrow{DF}$.
c) Démontrer que la droite (DF) est orthogonale au plan (EBG).

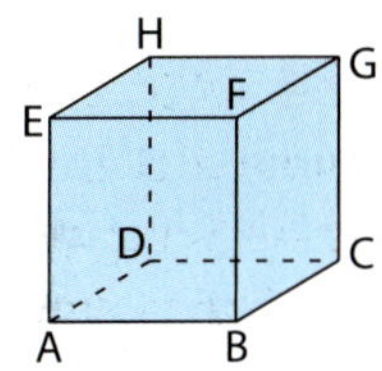

61 L'espace est muni d'un repère orthonormé.
ABCD est un tétraèdre avec $A(2;2;2)$, $B(2;-2;-2)$, $C(-2;2;-2)$ et $D(-2;-2;2)$.
a) Vérifier que le tétraèdre ABCD est régulier.
b) Calculer les coordonnées du point I milieu du segment [AB].
c) Démontrer que la droite (AI) est orthogonale à la droite (CD).

62 ABCDEFGH est un cube de côté 1.
O est le centre de la face EFGH et I est le milieu de l'arête [AE].
On se place dans le repère orthonormé $(A;\overrightarrow{AB},\overrightarrow{AD},\overrightarrow{AE})$.
a) Donner les coordonnées des points D, O, B et I dans ce repère.
b) Démontrer que les vecteurs $\overrightarrow{DO}$ et $\overrightarrow{BI}$ sont orthogonaux.

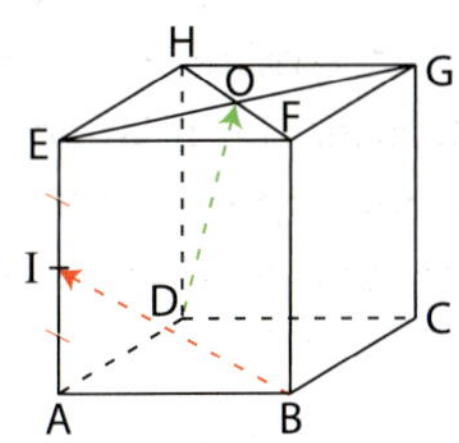

63 ABCDEFGH est un cube.
Dans chaque cas, justifier l'orthogonalité de la droite et du plan.
a) (AE) et (FGH).
b) (AB) et (GCF).
c) (BE) et (ADG).

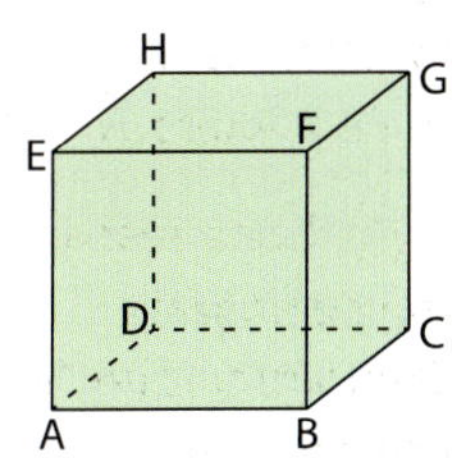

64 ABCDEFGH est un cube.
M est un point de l'arête [BC].

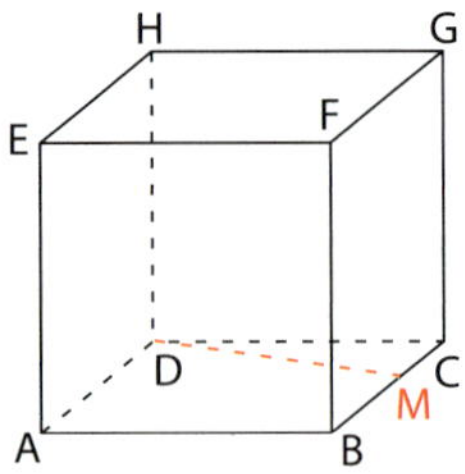

a) En utilisant la définition, démontrer que la droite (FB) est orthogonale au plan (ABC).

b) En déduire que la droite (FB) est orthogonale à la droite (DM).

65 ABCDEFGH est un cube.
M est un point de la droite (AD).
Démontrer que le triangle GCM est rectangle.

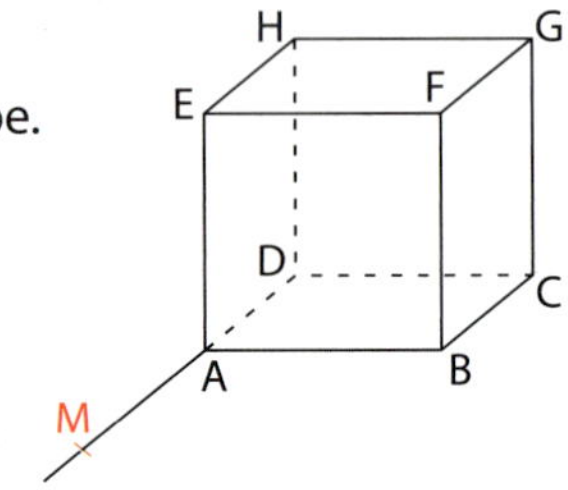

66 ABCDEFGH est un cube.

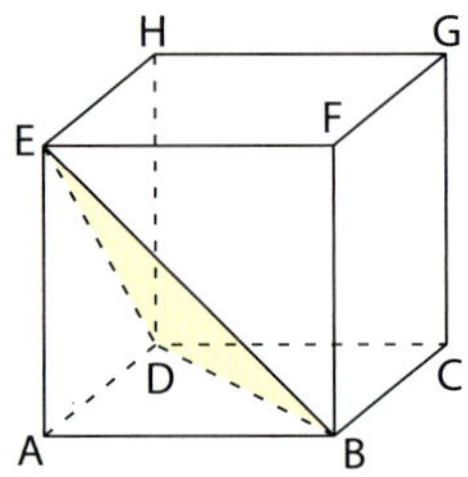

a) Utiliser $\overrightarrow{AG} = \overrightarrow{AF} + \overrightarrow{FG}$ pour calculer $\overrightarrow{AG} \cdot \overrightarrow{EB}$.

b) Calculer $\overrightarrow{AG} \cdot \overrightarrow{ED}$.

c) Que peut-on en déduire pour la droite (AG) et le plan (BDE) ?

67 ABCD est un tétraèdre tel que la droite (DH) est orthogonale au plan (ABC) où H est le point d'intersection des hauteurs du triangle ABC.

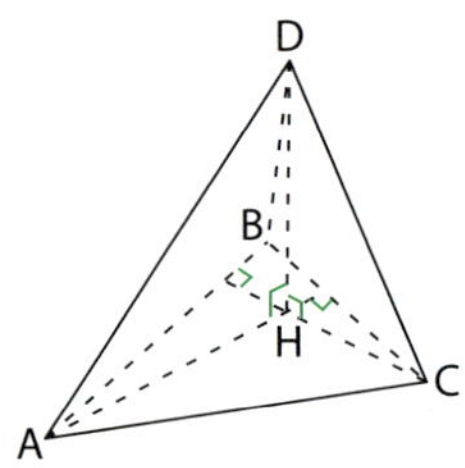

a) Calculer le produit scalaire $\overrightarrow{DH} \cdot \overrightarrow{AB}$, puis $\overrightarrow{HC} \cdot \overrightarrow{AB}$.

b) En déduire que les droites (DC) et (AB) sont orthogonales.

68 ABCD est un tétraèdre tel que AB = CD.
I, J, K et L sont les milieux respectifs des arêtes [BC], [BD], [CA] et [DA].

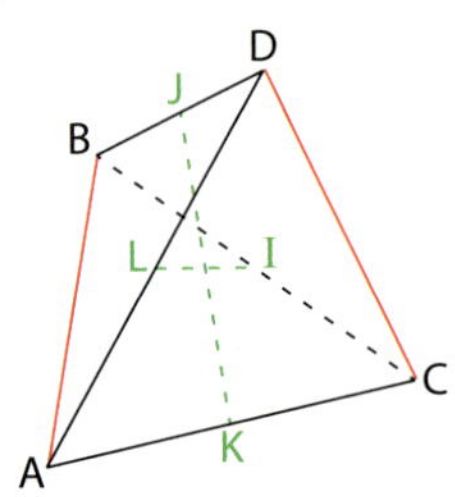

a) Démontrer que $\overrightarrow{LI} = \frac{1}{2}\overrightarrow{AB} + \frac{1}{2}\overrightarrow{DC}$.

b) Exprimer de même $\overrightarrow{KJ}$ en fonction de $\overrightarrow{AB}$ et $\overrightarrow{DC}$.

c) En déduire que les droites (LI) et (KJ) sont orthogonales.

Projections orthogonales

Cours 4

Questions flash À l'oral

69 ABCDEFGH est un cube.
Rémi affirme : « Le projeté orthogonal du point G sur le plan (ABE) est E ». A-t-il raison ?

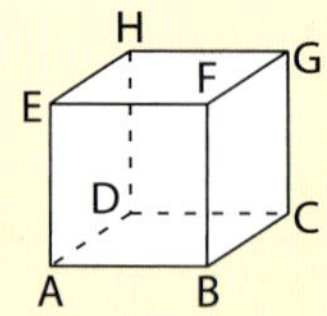

70 ABCD est un tétraèdre.
La distance entre le point D et le plan (ABC) est :
(1) DA **(2)** DE **(3)** DH

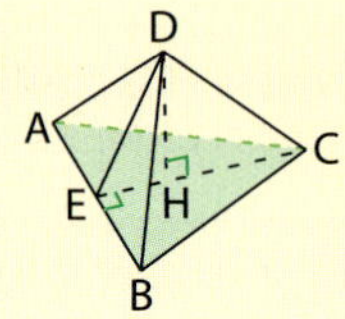

71 ABCDEFGH est un cube.
M est un point de l'arête [EF].
On se propose de construire le projeté orthogonal M′ du point M sur la droite (DC).

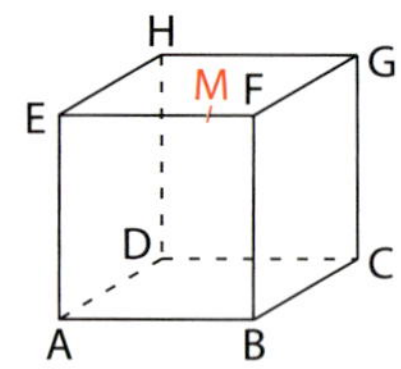

a) Démontrer que les droites (FC) et (DC) sont orthogonales.

b) Démontrer que les droites (MM′) et (FC) sont parallèles.

c) Réaliser cette figure et construire le point M′.

72 $\mathcal{P}$ est un plan contenant une droite *d* de vecteur directeur $\vec{u}$. A est un point n'appartenant pas au plan $\mathcal{P}$ qui se projette orthogonalement en B sur ce plan.
B se projette orthogonalement en C sur la droite *d*.

a) Représenter cette situation.

b) Déterminer les produits scalaires $\overrightarrow{AB} \cdot \vec{u}$ et $\overrightarrow{BC} \cdot \vec{u}$.

c) En déduire que C est le projeté orthogonal de A sur la droite *d*.

73 ABCDEFGH est un cube d'arête 1.
On munit l'espace du repère orthonormé $(A\,;\overrightarrow{AB}, \overrightarrow{AD}, \overrightarrow{AE})$.

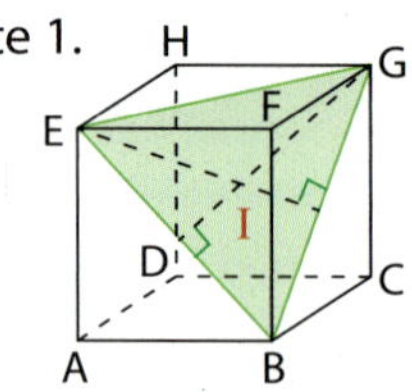

a) Déterminer les coordonnées des points B, E, G, F.

b) Déterminer les coordonnées des vecteurs $\overrightarrow{EB}$ et $\overrightarrow{EG}$.

c) On admet que le point d'intersection I des médiatrices du triangle équilatéral EGB vérifie l'égalité :

$$\overrightarrow{IE} + \overrightarrow{IG} + \overrightarrow{IB} = \vec{0}.$$

Déterminer les coordonnées du point I.

d) Démontrer que I est le projeté orthogonal du point F sur le plan (EGB).

e) Déterminer la distance du point F au plan (EGB).

74 QCM Dans chaque cas, donner la réponse exacte sans justifier.

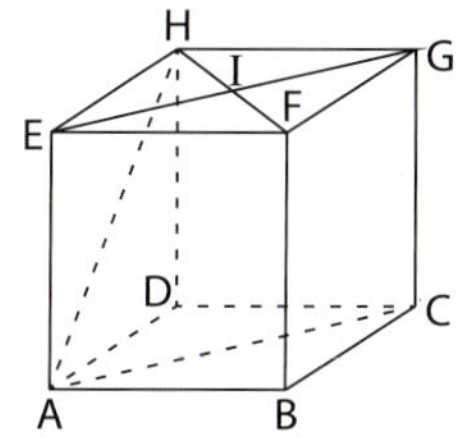

ABCDEFGH est le cube d'arête 1 représenté ci-contre.
I est le centre de la face EFGH.

		A	B	C	D
1	Le produit scalaire $\overrightarrow{AC} \cdot \overrightarrow{AG}$ est égal à …	AG^2	2	0	GC
2	Une mesure, en degré, de l'angle $\widehat{CAG}$, arrondie au centième, est …	0,62°	90°	35,26°	30°
3	Le produit scalaire $\overrightarrow{AB} \cdot \overrightarrow{GC}$ est égal à …	1	AG^2	0	$\sqrt{3}$
4	Le produit scalaire $\overrightarrow{AH} \cdot \overrightarrow{AC}$ est égal à …	0	1	2	$\sqrt{3}$
5	Le produit scalaire $\overrightarrow{AI} \cdot \overrightarrow{AC}$ est égal à …	$\overrightarrow{AI}^2$	1	$\overrightarrow{IE} \cdot \overrightarrow{AC}$	0
6	La distance entre le point I et le plan (ABC) est égale à …	IH	IA	1	0

75 QCM Dans chaque cas, donner la ou les réponse(s) exacte(s) sans justifier.

A(3 ; 0 ; 0), B(0 ; 3 ; 0), C(0 ; 0 ; 3) sont trois points dans un repère orthonormé $(O ; \vec{i}, \vec{j}, \vec{k})$.

		A	B	C	D
1	Les vecteurs $\vec{i}$, $\vec{j}$, $\vec{k}$ vérifient …	$(\vec{i}+\vec{j}) \cdot \vec{k} = 2$	$\|\vec{i}+\vec{j}+\vec{k}\| = 3$	$(\vec{i}+\vec{j}) \cdot \vec{j} = 1$	$(\vec{i}+\vec{j}) \cdot (\vec{i}+\vec{k}) = 1$
2	Le triangle ABC est …	rectangle	isocèle	équilatéral	quelconque
3	I est le point défini par $\overrightarrow{AI} = \frac{1}{3}\overrightarrow{AB} + \frac{1}{3}\overrightarrow{AC}$. Alors …	I appartient au plan (ABC)	I a pour coordonnées (1, 1, 1)	I a pour coordonnées (– 1, – 1, – 1)	le vecteur $\overrightarrow{OI}$ est orthogonal au plan (ABC)
4	La distance du point O au plan (ABC) est …	nulle	OI	$\sqrt{3}$	3

76 Vrai/Faux Dans chaque cas, dire si l'affirmation est vraie ou fausse en justifiant.

1 Une droite d est orthogonale à une droite d' contenue dans un plan $\mathcal{P}$.
Affirmation : la droite d est nécessairement orthogonale au plan $\mathcal{P}$.

2 A, B et C sont trois points de l'espace tels que AB = 2 et AC = 3.
Affirmation : si $\overrightarrow{AB} \cdot \overrightarrow{AC} = -3$, alors $\widehat{BAC} = \frac{\pi}{3}$ rad.

3 A(1 ; 2 ; 0), B(2 ; 3 ; 0), C(2 ; 1 ; 0) et D(2 ; 2 ; – 1) sont des points dans un repère orthonormé.
Affirmation : $(A ; \frac{1}{\sqrt{2}}\overrightarrow{AB}, \frac{1}{\sqrt{2}}\overrightarrow{AC}, \frac{1}{\sqrt{2}}\overrightarrow{AD})$ est un repère orthonormé de l'espace.

Vérifiez vos réponses : p. 529

77 Suivre un guide pour rédiger une démonstration

On a admis en cours (p. 116) la propriété suivante :

> Pour tous vecteurs $\vec{u}$, $\vec{v}$ et $\vec{w}$ de l'espace, $\vec{u}\cdot(\vec{v}+\vec{w})=\vec{u}\cdot\vec{v}+\vec{u}\cdot\vec{w}$

Cette propriété n'est pas une extension banale du plan à l'espace ; en effet, les vecteurs $\vec{u}$, $\vec{v}$ et $\vec{w}$ ne sont pas nécessairement coplanaires.
On se propose de la démontrer ici.

Rédiger la démonstration de cette propriété en suivant le guide ci-dessous.

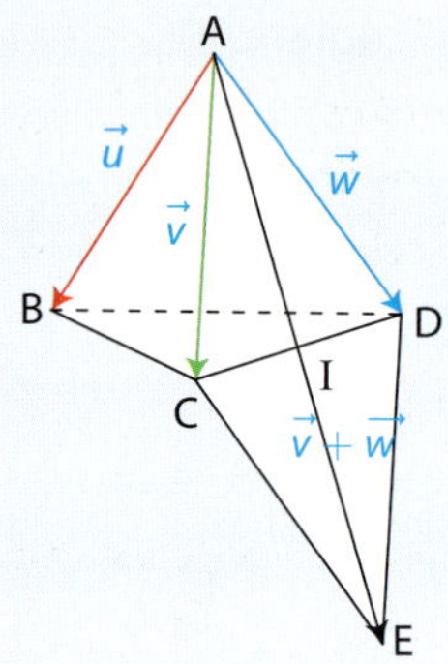

$\vec{u}$, $\vec{v}$ et $\vec{w}$ sont trois vecteurs de l'espace, et A, B, C, D et E sont quatre points tels que :

$$\vec{u}=\overrightarrow{AB},\ \vec{v}=\overrightarrow{AC},\ \vec{w}=\overrightarrow{AD} \text{ et } \vec{v}+\vec{w}=\overrightarrow{AE}.$$

(1) Écrire ce que l'on cherche à démontrer :

$$\overrightarrow{AB}\cdot\overrightarrow{A...}=\overrightarrow{AB}\cdot\overrightarrow{A...}+\overrightarrow{AB}\cdot\overrightarrow{A...}$$

(2) Transformer $\overrightarrow{AB}\cdot\overrightarrow{AC}+\overrightarrow{AB}\cdot\overrightarrow{AD}$:

$\overrightarrow{AB}\cdot\overrightarrow{AC}=\frac{1}{2}(AB^2+AC^2-...^2)$

$\overrightarrow{AB}\cdot\overrightarrow{AD}=\frac{1}{2}(...^2+...^2-BD^2)$

$\overrightarrow{AB}\cdot\overrightarrow{AC}+\overrightarrow{AB}\cdot\overrightarrow{AD}=...^2+\frac{1}{2}(...^2+...^2)-\frac{1}{2}(...^2+...^2)$

(3) Utiliser le théorème de la médiane dans le triangle ACD : on note I le milieu de [CD] et alors $AC^2+AD^2=2AI^2+....$

(4) Utiliser le théorème de la médiane dans le triangle BCD :

$$BC^2+BD^2=2\ ...^2+....$$

(5) Remplacer dans l'égalité obtenue en **(2)** :

$$\overrightarrow{AB}\cdot\overrightarrow{AC}+\overrightarrow{AB}\cdot\overrightarrow{AD}=AB^2+...^2-...^2.$$

(6) Transformer $\overrightarrow{AB}\cdot\overrightarrow{AE}$: $\overrightarrow{AE}=...\overrightarrow{AI}$ donc $\overrightarrow{AB}\cdot\overrightarrow{AE}=...\overrightarrow{AB}\cdot\overrightarrow{AI}$.

D'après le théorème de la médiane dans le triangle ABI, $\overrightarrow{AB}\cdot\overrightarrow{AE}=...^2+...^2-...^2$.

(7) Conclure : expliquer pourquoi $\vec{u}\cdot(\vec{v}+\vec{w})=\vec{u}\cdot\vec{v}+\vec{u}\cdot\vec{w}$ et rédiger une phrase de conclusion.

78 Déterminer un lieu géométrique : le plan médiateur

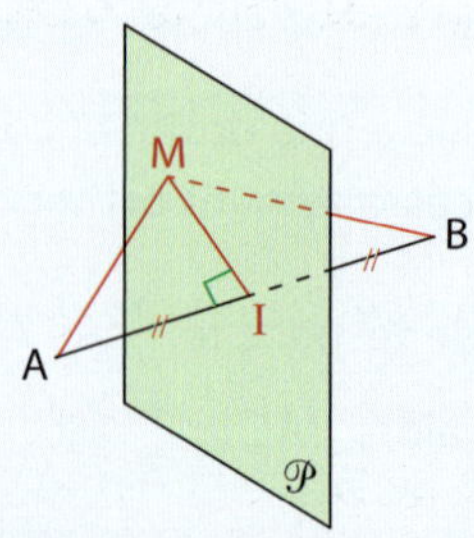

A et B sont deux points de l'espace.
I est le milieu du segment [AB].
$\mathscr{P}$ est le plan orthogonal à la droite (AB) passant par I.
On se propose de démontrer que l'ensemble $\mathscr{E}$ des points M équidistants de A et B est le plan $\mathscr{P}$.

a) M est un point équidistant de A et B signifie que MA = MB.

Démontrer que MA = MB équivaut à $\overrightarrow{MA}^2-\overrightarrow{MB}^2=0$.

b) Démontrer que cela est équivalent à $\overrightarrow{BA}\cdot\overrightarrow{MI}=0$.

c) Conclure.

Le plan $\mathscr{P}$ est appelé **le plan médiateur** du segment [AB].

Vidéo
JAICOMPRIS.COM
Toutes les démonstrations au programme en vidéo

Liste des démonstrations :
- Le projeté orthogonal d'un point M sur un plan $\mathscr{P}$ est le point de $\mathscr{P}$ le plus proche de M.

Rappel
On rappelle un théorème de la médiane établi en classe de Première dans le plan.
A et B sont deux points et I le milieu du segment [AB].
Alors pour tout point M, $\mathbf{MA^2+MB^2}$ est égal à
$$\mathbf{2MI^2+\frac{1}{2}AB^2}.$$

Conseil
Pour démontrer l'égalité de deux ensembles, ici $\mathscr{E}=\mathscr{P}$, on peut :
– soit raisonner par implication : si $M\in\mathscr{E}$, alors $M\in\mathscr{P}$ (soit $\mathscr{E}\subset\mathscr{P}$) et si $M\in\mathscr{P}$, alors $M\in\mathscr{E}$ (soit $\mathscr{P}\subset\mathscr{E}$)
– soit raisonner par équivalence (c'est le cas ici) : $M\in\mathscr{E}$ si, et seulement si, $M\in\mathscr{P}$.

Calculer des angles, des longueurs

79 **PARCOURS DIFFÉRENCIÉS**

Parcours 1

Dans un repère orthonormé, $A(2\,;-4\,;1)$, $B(-5\,;-1\,;0)$ et $C(1\,;3\,;-1)$ sont des points.
Déterminer la mesure, en degré, de l'angle $\widehat{BAC}$.
Arrondir au dixième.

Parcours 2

Dans un repère orthonormé, $M(3\,;0\,;1)$, $N(-1\,;3\,;0)$ et $P(0\,;2\,;-1)$ sont des points.

a) Déterminer les coordonnées des vecteurs $\overrightarrow{MN}$ et $\overrightarrow{MP}$. En déduire les longueurs MN et MP.

b) Calculer le produit scalaire $\overrightarrow{MN}\cdot\overrightarrow{MP}$.

c) Exprimer ce produit scalaire en fonction de $\cos(\widehat{NMP})$ et en déduire la mesure, en degré, de l'angle $\widehat{NMP}$. *Arrondir à l'unité.*

80 M, N, I sont trois points de l'espace. I′ est le projeté orthogonal de I sur la droite (MN) et I′ se trouve entre les points M et N. On donne :

$MN = 5$, $MI = 4$ et $MI' = 2$.

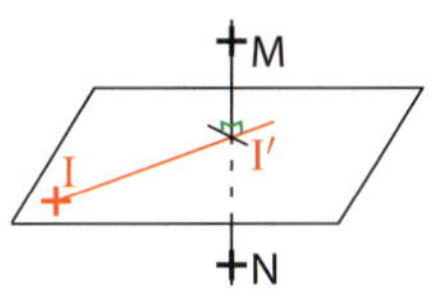

a) Calculer $\overrightarrow{MN}\cdot\overrightarrow{MI}$.

b) En déduire la mesure, en degré, de l'angle $\widehat{IMN}$.

c) Calculer la longueur NI. *Arrondir au dixième.*

81 ABCDEFGH est un cube d'arête 1.
L'espace est muni du repère orthonormé $(B\,;\overrightarrow{BC},\overrightarrow{BA},\overrightarrow{BF})$.
Les points M et N sont les centres des faces BCFG et EFGH.

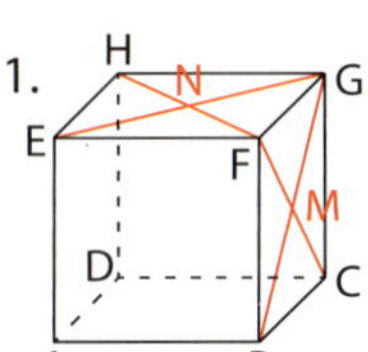

a) Déterminer les coordonnées des points D, M et N.

b) Calculer $\overrightarrow{DM}\cdot\overrightarrow{DN}$.

c) En déduire la mesure, en degré, de l'angle $\widehat{MDN}$.
Arrondir au dixième.

82 $(O\,;\overrightarrow{OA},\overrightarrow{OB},\overrightarrow{OC})$ est un repère orthonormé dans lequel le point D a pour coordonnées $(2\,;\sqrt{2}\,;\sqrt{2})$.
Déterminer la mesure, en radian, de chacun des angles $\widehat{AOD}$, $\widehat{BOD}$ et $\widehat{COD}$.

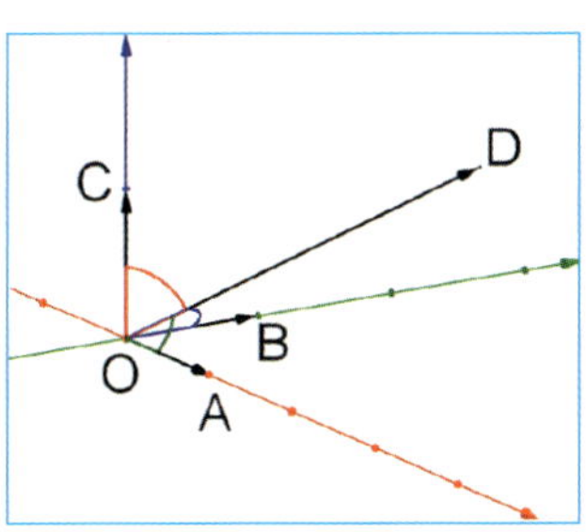

83 ABCDEFGH est le parallélépipède rectangle représenté ci-contre.
Utiliser le repère orthonormé $(A\,;\overrightarrow{AK},\overrightarrow{AD},\overrightarrow{AE})$ pour :

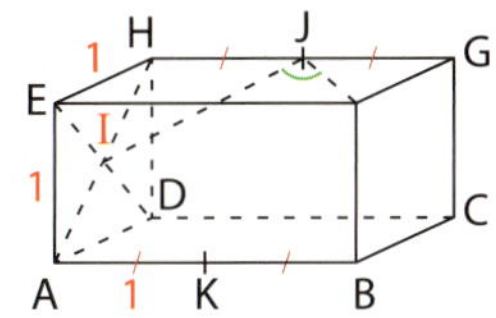

a) calculer le produit scalaire $\overrightarrow{JI}\cdot\overrightarrow{JF}$;

b) déterminer la mesure, en degré, de l'angle $\widehat{IJF}$.
Arrondir au dixième.

84 ABCDEFGH est un cube d'arête 4. I est le milieu de l'arête [EA], J est le point défini par $\overrightarrow{FJ} = \frac{1}{4}\overrightarrow{FG}$.

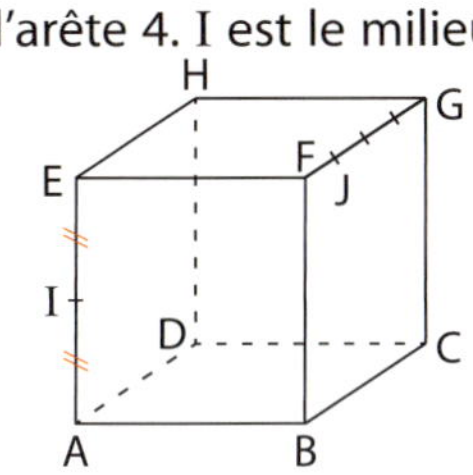

a) Démontrer que les droites (FI) et (FJ) sont orthogonales.

b) En déduire la longueur IJ.

85 SABCD est une pyramide régulière dont la base carrée ABCD a pour centre O et pour côté a. Sa hauteur [SO] a pour longueur h.

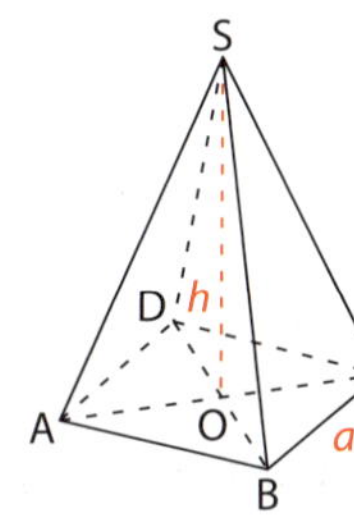

a) Exprimer le produit scalaire $\overrightarrow{SB}\cdot\overrightarrow{SD}$ en fonction de a et h.

b) Déterminer h pour que le volume de la pyramide soit égal à $\frac{a^3}{3\sqrt{2}}$.

c) Que dire alors des droites (SB) et (SD) ?

86 Alice réalise la maquette d'un toit représentée ci-dessous par le polyèdre ABCDST inscrit dans le parallélépipède rectangle ABCDEFGH.
Les faces ADS et BCT sont des triangles isocèles identiques et on connaît les dimensions :

$AB = 4$ dm, $BC = 2$ dm, $AE = 2$ dm, $ST = 1$ dm.

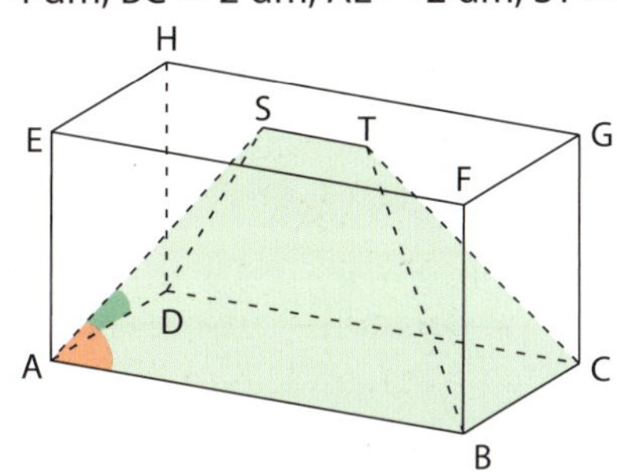

a) Choisir un repère orthonormé de l'espace d'origine A, puis déterminer les coordonnées du point S dans ce repère.

b) Déterminer la mesure, en degré, de chacun des angles $\widehat{SAB}$ et $\widehat{SAD}$. *Arrondir au dixième.*

Étudier l'orthogonalité

87 **PARCOURS DIFFÉRENCIÉS**

Parcours 1

Dans un repère orthonormé, $A(3\,;2\,;1)$, $B(3\,;-2\,;1)$, $C(0\,;4\,;2)$, $D(-1\,;1\,;5)$ sont des points.

La droite (AB) est-elle orthogonale au plan (BCD) ?

Parcours 2

Dans un repère orthonormé, $E(7\,;-1\,;14)$, $F(0\,;3\,;1)$, $G(2\,;0\,;-1)$, $H(-3\,;1\,;2)$ sont des points.

a) Démontrer que les vecteurs $\overrightarrow{FG}$ et $\overrightarrow{FH}$ ne sont pas colinéaires.

b) Calculer chacun des produits scalaires $\overrightarrow{EF}\cdot\overrightarrow{FG}$ et $\overrightarrow{EF}\cdot\overrightarrow{FH}$. Que peut-on en déduire pour la droite (EF) et le plan (FGH) ?

88 Deux cubes sont accolés comme sur la figure ci-contre.

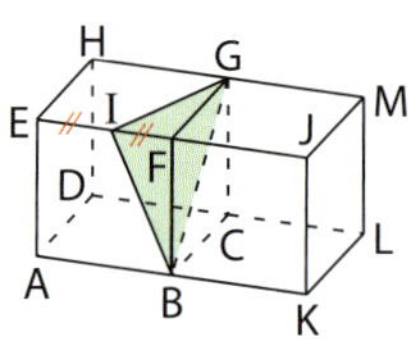

I est le milieu du segment [EF].

On se propose de démontrer que la droite (DJ) est orthogonale au plan (BGI) de deux façons.

Méthode 1 : géométriquement

1. a) En écrivant $\overrightarrow{AJ}=\overrightarrow{AK}+\overrightarrow{KJ}$, calculer $\overrightarrow{BI}\cdot\overrightarrow{AJ}$.

b) Justifier que $\overrightarrow{BI}\cdot\overrightarrow{AJ}=0$.

c) En déduire que $\overrightarrow{BI}\cdot\overrightarrow{DJ}=0$.

2. Démontrer de même que $\overrightarrow{GI}\cdot\overrightarrow{DJ}=0$. Conclure.

Méthode 2 : analytiquement

1. a) Choisir un repère orthonormé de l'espace d'origine A.

b) Calculer les produits scalaires $\overrightarrow{BI}\cdot\overrightarrow{DJ}$ et $\overrightarrow{GI}\cdot\overrightarrow{DJ}$.

2. Conclure.

89 ABCDEFGH est un cube.

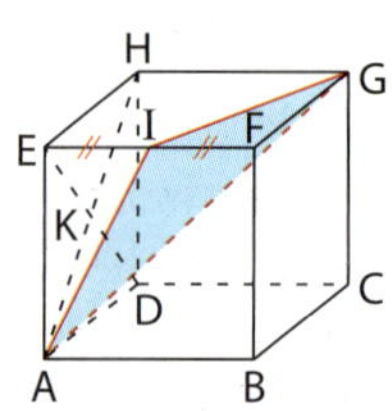

I est le milieu de [EF] et K est le centre de la face ADHE.

1. a) En écrivant $\overrightarrow{BK}=\overrightarrow{BA}+\overrightarrow{AK}$ et $\overrightarrow{AG}=\overrightarrow{AB}+\overrightarrow{BG}$, calculer $\overrightarrow{BK}\cdot\overrightarrow{AG}$.

b) En écrivant $\overrightarrow{BK}=\overrightarrow{BA}+\overrightarrow{AK}$ et $\overrightarrow{AI}=\overrightarrow{AE}+\overrightarrow{EI}$, calculer $\overrightarrow{BK}\cdot\overrightarrow{AI}$.

c) En déduire que la droite (BK) est orthogonale au plan (AIG).

2. Se placer dans un repère orthonormé d'origine A et retrouver le résultat précédent.

Calculer des distances

90 **PARCOURS DIFFÉRENCIÉS**

Parcours 1

Dans un repère orthonormé, $A(1\,;2\,;3)$, $B(0\,;1\,;1)$, $C(-1\,;2\,;0)$, $D(5\,;0\,;3)$ sont des points.

La distance du point A au plan (BCD) est-elle égale à AH, avec $H\left(\frac{18}{13}\,;\frac{11}{13}\,;\frac{19}{13}\right)$?

Parcours 2

Dans un repère orthonormé, $E(-1\,;-1\,;4)$, $F(0\,;0\,;1)$, $G(2\,;-1\,;0)$, $H(1\,;2\,;3)$ et $M(-1\,;1\,;2)$ sont des points.

a) Démontrer que les vecteurs $\overrightarrow{FG}$ et $\overrightarrow{FH}$ ne sont pas colinéaires.

b) Déterminer des nombres réels a et b tels que :

$$\overrightarrow{FM}=a\overrightarrow{FG}+b\overrightarrow{FH}.$$

c) Démontrer que la droite (EM) est orthogonale au plan (FGH).

d) En déduire la distance de E au plan (FGH).

91 ABCDEFGH est un cube d'arête 1.

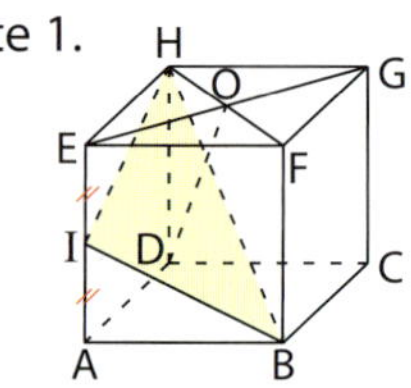

O est le centre de la face EFGH.

I est le milieu de l'arête [AE].

On se place dans le repère orthonormé $(A\,;\overrightarrow{AB},\overrightarrow{AD},\overrightarrow{AE})$.

1. a) Déterminer les coordonnées des points B, D, H, O et I.

b) Démontrer que les droites suivantes sont orthogonales :

- (DO) et (BI) ;
- (DO) et (BH).

c) En déduire que la droite (DO) est orthogonale au plan (BIH).

2. a) Justifier que les droites (DO) et (BH) sont sécantes en un point K.

b) Déterminer l'aire du triangle BDH.

c) En déduire la distance du point O au plan (BIH).

92 ABCDEFGH est un cube d'arête a, avec $a > 0$.

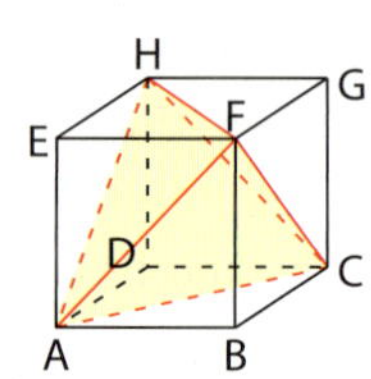

a) Que peut-on dire des faces du tétraèdre AFCH ?

b) Déterminer le volume du tétraèdre AFHE.

c) En déduire le volume $\mathcal{V}$ du tétraèdre AFCH.

d) En déduire la distance du point F au plan (HAC).

93 La Maladrerie Saint-Lazare, à Beauvais, accueille une sculpture formée de 693 pièces de zinc. On modélise cette œuvre par un tétraèdre régulier ABCD d'arête 1.

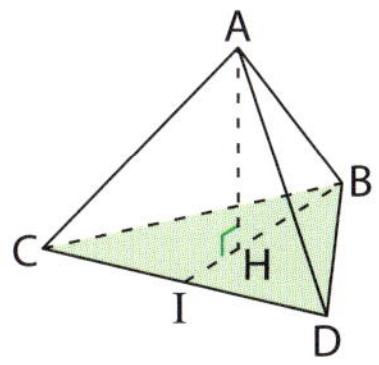

1. a) Calculer chacun des produits scalaires : • $\overrightarrow{BA}\cdot\overrightarrow{BD}$ • $\overrightarrow{BA}\cdot\overrightarrow{BC}$

b) En déduire le produit scalaire $\overrightarrow{BA}\cdot\overrightarrow{CD}$.

2. H est le projeté orthogonal du point A sur le plan (BCD). I est le point d'intersection des droites (BH) et (CD).

a) En écrivant $\overrightarrow{BH} = \overrightarrow{BA} + \overrightarrow{AH}$, calculer $\overrightarrow{BH}\cdot\overrightarrow{CD}$.

b) En déduire les longueurs BI et AI, ainsi que le produit scalaire $\overrightarrow{BA}\cdot\overrightarrow{BI}$.

c) Écrire $\overrightarrow{BA}\cdot\overrightarrow{BI}$ d'une autre façon et en déduire la longueur BH.

3. En déduire la distance du point A au plan (BCD).

94 ABCDEFGH est un cube d'arête 1.

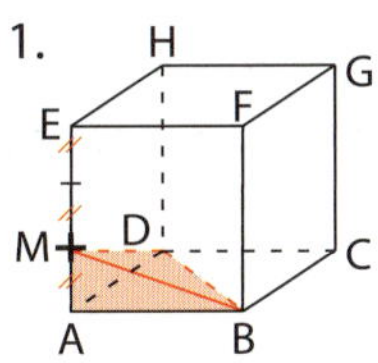

M est le point défini par $\overrightarrow{AM} = \frac{1}{3}\overrightarrow{AE}$

et K par $\overrightarrow{BK} = \frac{9}{11}\overrightarrow{BM} + \frac{1}{11}\overrightarrow{BD}$.

1. Déterminer le volume du tétraèdre ABDM.

2. a) Calculer les produits scalaires $\overrightarrow{BK}\cdot\overrightarrow{AM}$ et $\overrightarrow{BK}\cdot\overrightarrow{AD}$.

b) En déduire le produit scalaire $\overrightarrow{BK}\cdot\overrightarrow{MD}$.
Que peut-on en déduire ?

c) On admet que les droites (DK) et (MB) sont orthogonales. Que dire du point K ?

3. a) Démontrer que $\overrightarrow{AK}\cdot\overrightarrow{MB} = 0$ et $\overrightarrow{AK}\cdot\overrightarrow{MD} = 0$.

b) En déduire que le point K est le projeté orthogonal du point A sur le plan (BDM).

4. a) Démontrer que le triangle BDM est isocèle.

b) Justifier que son aire est égale à $\frac{\sqrt{11}}{6}$.

c) En déduire, à l'aide de la question **1.**, la distance du point A au plan (BDM).

95 ABCDEFGH est un cube d'arête 1.

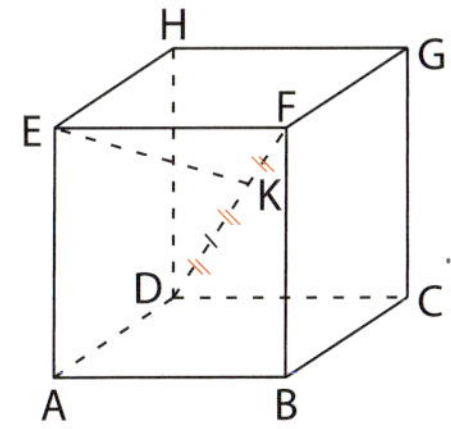

L'espace est muni d'un repère orthonormé $(D\,;\overrightarrow{DA},\overrightarrow{DC},\overrightarrow{DH})$.
K est le point de la droite (DF) défini par $\overrightarrow{DK} = \frac{2}{3}\overrightarrow{DF}$.

a) Déterminer les coordonnées du point K.

b) Montrer que le point K est le projeté orthogonal du point E sur la droite (DF).

c) Calculer la distance du point E à la droite (DF).

96 L'espace est muni d'un repère orthonormé d'origine O.
Les points B et C ont pour coordonnées respectives $(-2\,;-6\,;5)$ et $(-4\,;0\,;-3)$.
H est le projeté orthogonal du point O sur la droite (BC). On pose $\overrightarrow{BH} = t\overrightarrow{BC}$ où t est un nombre réel.

a) Démontrer que $\overrightarrow{BO}\cdot\overrightarrow{BC} = t\|\overrightarrow{BC}\|^2$.

b) En déduire le nombre réel t.

c) Calculer la distance du point O à la droite (BC).

S'ENTRAÎNER À LA LOGIQUE → p. 525

97 Propositions réciproques

Dans chaque cas, énoncer la proposition réciproque.
Dire si la proposition et sa réciproque sont vraies ou fausses.

a) Si $\vec{u}\cdot\vec{v} = 0$, alors $\vec{u} = \vec{0}$ ou $\vec{v} = \vec{0}$.

b) Si $\vec{u}\cdot\vec{v} \neq 0$, alors $\vec{u} \neq \vec{0}$ et $\vec{v} \neq \vec{0}$.

c) Si $\vec{u}\cdot\vec{v} < 0$, alors il existe un réel $k < 0$ tel que $\vec{u} = k\vec{v}$.

98 Contre-exemple

Chacune des implications suivantes est fausse. Le démontrer à l'aide d'un contre-exemple.

a) Dans l'espace, si deux droites sont orthogonales à une même troisième, alors elles sont parallèles.

b) Si une droite (AB) est orthogonale à un plan $\mathscr{P}$, alors le projeté orthogonal du point A sur le plan $\mathscr{P}$ est le point B.

c) d est une droite contenue dans un plan $\mathscr{P}$. Si M est un point de l'espace n'appartenant pas au plan $\mathscr{P}$, alors la distance du point M à la droite d est égale à la distance du point M au plan $\mathscr{P}$.

99 DÉTERMINER LA DISTANCE ENTRE DEUX DROITES

Tice

Objectif
Conjecturer à l'aide d'un logiciel de géométrie dynamique, puis établir une méthode pour calculer la distance entre deux droites.

L'espace est muni d'un repère orthonormé d'origine O.
OABC est un tétraèdre avec A$(0 ; 6 ; 0)$, B$(0 ; 0 ; 8)$ et C$(4 ; 0 ; 8)$.
M est un point mobile du segment [OB] ; on note OM $= k$ où k est un nombre réel de l'intervalle $[0 ; 8]$.
Le plan $\mathcal{P}$, orthogonal à la droite (OB) passant par M, coupe les droites (OC), (AC) et (AB) respectivement en N, P et Q.
On se propose de déterminer la position du point M telle que la droite (MP) soit orthogonale aux droites (OB) et (AC).

1. Réaliser une figure à l'aide d'un logiciel

a) Dans la fenêtre 3D d'un logiciel de géométrie dynamique, placer les points O, A, B et C, puis créer le tétraèdre OABC.
b) Créer un curseur k allant de 0 à 8 avec pour incrément 0,001 en saisissant k=Curseur(0,8,0.001), puis placer le point M de coordonnées $(0, 0, k)$ en saisissant M=(0,0,k).
c) Placer les points N, P et Q.
d) Afficher la mesure de l'angle $\widehat{\text{MPC}}$.

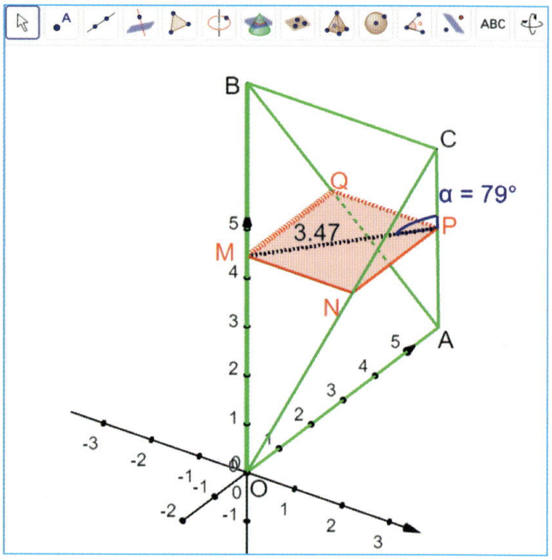

2. Conjecturer

a) Conjecturer la valeur de k pour laquelle les droites (PM) et (AC) sont orthogonales.
b) Afficher la distance PM.
Conjecturer la valeur de k pour laquelle la distance PM est minimum. Quel résultat peut-on conjecturer ?

3. Démontrer

a) Démontrer que les droites (PM) et (OB) sont orthogonales.
b) Exprimer le produit scalaire $\overrightarrow{\text{PM}} \cdot \overrightarrow{\text{AC}}$ en fonction de k.
c) Déterminer la valeur de k pour laquelle la droite (PM) est orthogonale aux droites (OB) et (AC).
On dit alors que la droite (PM) est la **perpendiculaire commune** aux droites (OB) et (AC).

4. a) Exprimer la distance PM^2 en fonction de k.
b) Déterminer la valeur de k pour laquelle la distance PM est minimum.

5. Étudier la notion de distance entre deux droites

On admet que si d et d' sont deux droites non coplanaires, alors il existe une unique droite Δ perpendiculaire à d et d'.
Si Δ coupe d en I et d' en J, la distance IJ est appelée **distance de d à d'**, c'est la plus petite distance qui sépare deux points sur chacune des deux droites.

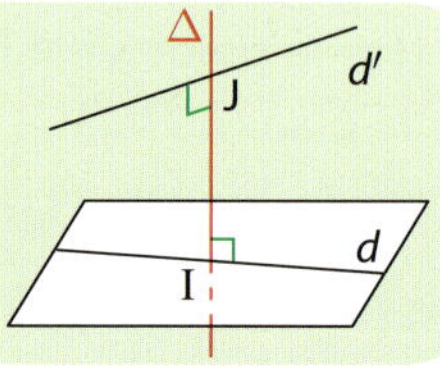

Déterminer la distance entre les droites (OB) et (AC).

100 OPTIMISER LA MESURE D'UN ANGLE

Tice

Objectif
Conjecturer à l'aide d'un logiciel de géométrie dynamique, puis établir une méthode pour déterminer la mesure maximum d'un angle.

L'espace est muni d'un repère orthonormé.
SABC est un tétraèdre avec S(0 ; 0 ; 0), A(2 ; 0 ; 0), B(0 ; 2 ; 0) et C(0 ; 0 ; 2).
M est un point du segment [AB].

1. Conjecturer

a) Réaliser une figure à l'aide d'un logiciel de géométrie dynamique.

b) Conjecturer la position du point M pour laquelle la mesure de l'angle $\widehat{SMC}$ est maximum.

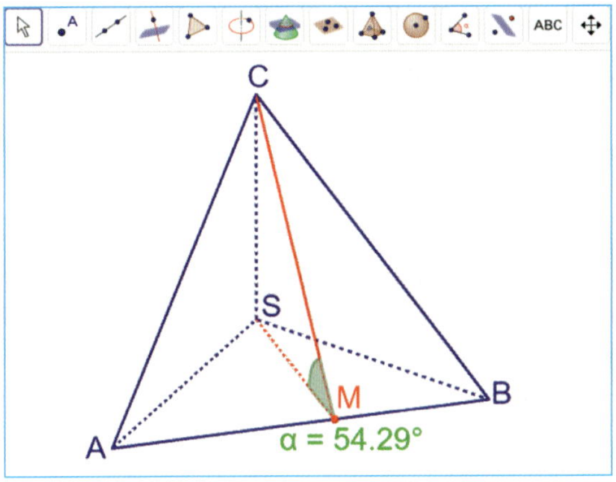

2. Démontrer

a) On pose $\overrightarrow{AM} = t\overrightarrow{AB}$ avec t nombre réel.
À quel intervalle appartient le nombre réel t ?

b) Exprimer les coordonnées du point M en fonction de t.

c) Exprimer en fonction de t, le produit scalaire $\overrightarrow{MS} \cdot \overrightarrow{MC}$, puis les longueurs MS et MC.

En déduire que $\cos(\widehat{SMC}) = \sqrt{\dfrac{2t^2 - 2t + 1}{2t^2 - 2t + 2}}$.

d) f est la fonction définie sur l'intervalle [0 ; 1] par :

$$f(t) = \frac{2t^2 - 2t + 1}{2t^2 - 2t + 2}.$$

Étudier les variations de cette fonction.

e) En déduire la position du point M pour laquelle la mesure de l'angle $\widehat{SMC}$ est maximum.
Quelle est cette mesure maximum de l'angle $\widehat{SMC}$? *Arrondir au dixième.*

On admet que si u est une fonction strictement positive sur un intervalle I, alors les fonctions u et $\sqrt{u}$ ont même sens de variation sur I.

101 Find a distance

Représenter | Calculer | Communiquer

ABCDEFGH is a cube of side length 1. Let K be the orthogonal projection of G on the line EC. What is the distance between the point G and the line EC ?

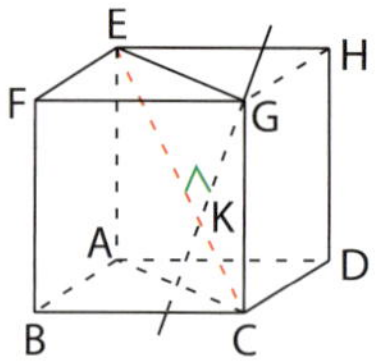

102 Prendre des initiatives

Chercher | Raisonner

Déterminer le(s) point(s) M de la diagonale [AG] du cube ci-contre tel(s) que l'angle $\widehat{BMD}$ soit droit.
On peut munir l'espace du repère orthonormé $(A\,;\overrightarrow{AB}, \overrightarrow{AD}, \overrightarrow{AE})$.

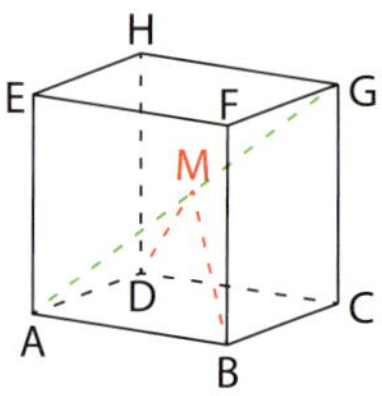

103 Déterminer un projeté

Narration de recherche

Raisonner | Communiquer

Rédiger les différentes étapes de la recherche, sans omettre les fausses pistes et les changements de méthode.

Problème
L'espace est muni d'un repère orthonormé.
On considère les points $A(-1\,;2\,;3)$ et $B(5\,;1\,;0)$.
Déterminer les coordonnées du point C, projeté orthogonal du point $D(6\,;3\,;8)$ sur la droite (AB).

104 Imaginer une stratégie

Raisonner | Calculer

Voici un cube d'arête 1.
I est le milieu de l'arête [BF].

a) Calculer l'aire du triangle GCI, puis le volume du tétraèdre GCIE.

b) En déduire la distance du point G au plan (ICE).

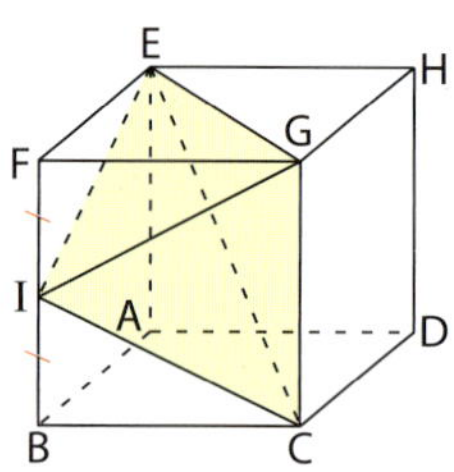

105 Trouver les bonnes positions

Problème ouvert

Raisonner | Calculer

ABCDEFGH est un cube d'arête 1.
M est un point de la droite (ED) et N est un point de la droite (AC).
On pose $\overrightarrow{DM} = a\overrightarrow{DE}$ et $\overrightarrow{AN} = b\overrightarrow{AC}$ où a et b sont des nombres réels.

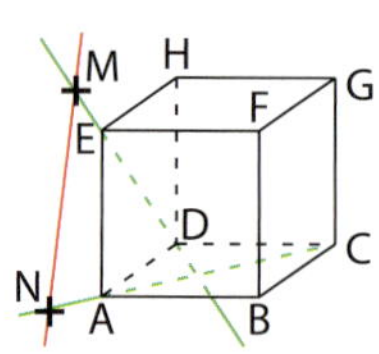

Déterminer les valeurs de a et b pour que la droite (MN) soit perpendiculaire aux droites (AC) et (DE).

106 Identifier une perpendiculaire commune

Représenter | Calculer

ABCDEFGH est un cube d'arête 1.
M et N sont les points définis par $\overrightarrow{AM} = \frac{1}{3}\overrightarrow{AC}$ et $\overrightarrow{BN} = \frac{1}{3}\overrightarrow{BE}$.

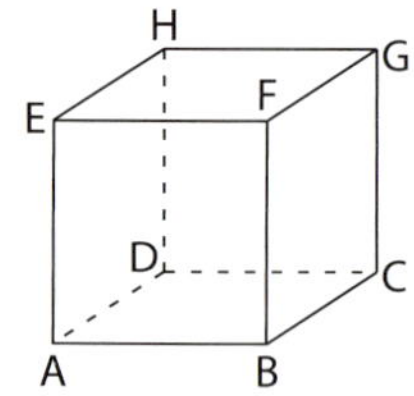

1. a) I est le milieu de l'arête [BF].
Vérifier que $\overrightarrow{AN} = \frac{2}{3}\overrightarrow{AI}$.

b) J est le milieu de l'arête [AD].
Vérifier que $\overrightarrow{BM} = \frac{2}{3}\overrightarrow{BJ}$.

c) Réaliser une figure, placer les points I, J, M et N et tracer la droite (MN).

2. On se propose de démontrer de deux façons différentes que la droite (MN) est perpendiculaire commune aux diagonales (EB) et (AC).

1re méthode : analytiquement

On munit l'espace du repère orthornomé

$$(A\,;\overrightarrow{AB}, \overrightarrow{AD}, \overrightarrow{AE}).$$

a) Déterminer les coordonnées du point M.

b) Déterminer les coordonnées du point N.

c) Calculer les produits scalaires $\overrightarrow{MN}\cdot\overrightarrow{EB}$ et $\overrightarrow{MN}\cdot\overrightarrow{AC}$, puis conclure.

2e méthode : vectoriellement

a) À l'aide de la relation de Chasles, démontrer que $\overrightarrow{MN} = \frac{1}{3}\overrightarrow{DF}$.

b) Démontrer que $\overrightarrow{DF}\cdot\overrightarrow{EB} = 0$.

c) Démontrer que $\overrightarrow{DF}\cdot\overrightarrow{AC} = 0$.

d) Conclure.

107 Calculer des distances, des aires, des volumes

Raisonner | Calculer

L'espace est muni d'un repère orthonormé $(O\,;\vec{i}, \vec{j}, \vec{k})$.
On considère les points :
$A(3\,;-2\,;2)$, $B(6\,;1\,;5)$, $C(6\,;-2\,;-1)$, $D(0\,;4\,;-1)$.

1. a) Montrer que le triangle ABC est rectangle.

b) Montrer que la droite (AD) est perpendiculaire au plan (ABC).

2. a) Calculer le volume du tétraèdre ABCD.

b) Expliquer pourquoi l'angle $\widehat{BDC}$ a pour mesure $\frac{\pi}{4}$ rad.

3. a) Expliquer pourquoi l'aire S du triangle BDC est $S = \frac{1}{2} \times DB \times DC \times \sin\left(\frac{\pi}{4}\right)$. Calculer cette aire.

b) En déduire la distance du point A au plan (BDC).

108 Étudier un tétraèdre orthocentrique

⏱ 60 min

D'après Bac, Métropole-La Réunion 2018

Le but de cet exercice est d'examiner, dans différents cas, si les hauteurs d'un tétraèdre sont concourantes, c'est-à-dire d'étudier l'existence d'un point d'intersection de ses quatre hauteurs.

On rappelle que dans un tétraèdre MNPQ, la hauteur issue de M est la droite passant par M et orthogonale au plan (NPQ).

Partie A : étude de cas particuliers

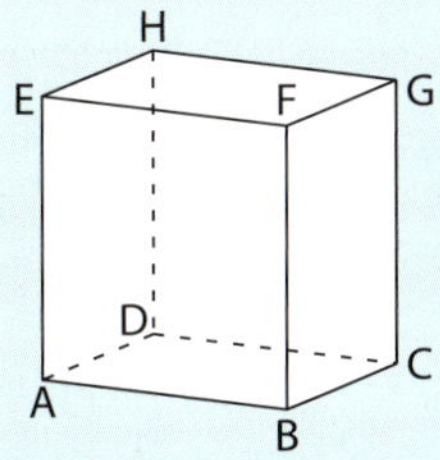

On considère un cube ABCDEFGH. On admet que les droites (AG), (BH), (CE) et (FD), appelées « grandes diagonales » du cube, sont concourantes.

1. On considère le tétraèdre ABCE.

a) Préciser la hauteur issue de E et la hauteur issue de C dans ce tétraèdre.

b) Les quatre hauteurs du tétraèdre ABCE sont-elles concourantes ?

2. On considère le tétraèdre ACHF et on se place dans le repère orthonormé $(A\,;\overrightarrow{AB}, \overrightarrow{AD}, \overrightarrow{AE})$.

a) Calculer les produits scalaires $\overrightarrow{FD}\cdot\overrightarrow{AC}$ et $\overrightarrow{FD}\cdot\overrightarrow{AH}$.

b) En déduire que (FD) est la hauteur issue de F du tétraèdre ACHF.

c) Par analogie avec le résultat précédent, préciser les hauteurs du tétraèdre ACHF issues respectivement des sommets A, C et H.

Les quatre hauteurs du tétraèdre ACHF sont-elles concourantes ?

Dans la suite de cet exercice, un tétraèdre dont les quatre hauteurs sont concourantes sera appelé un tétraèdre orthocentrique.

Partie B : une propriété des tétraèdres orthocentriques

Dans cette partie, on considère un tétraèdre MNPQ dont les hauteurs issues des sommets M et N sont sécantes en un point K. Les droites (MK) et (NK) sont donc orthogonales aux plans (NPQ) et (MPQ) respectivement.

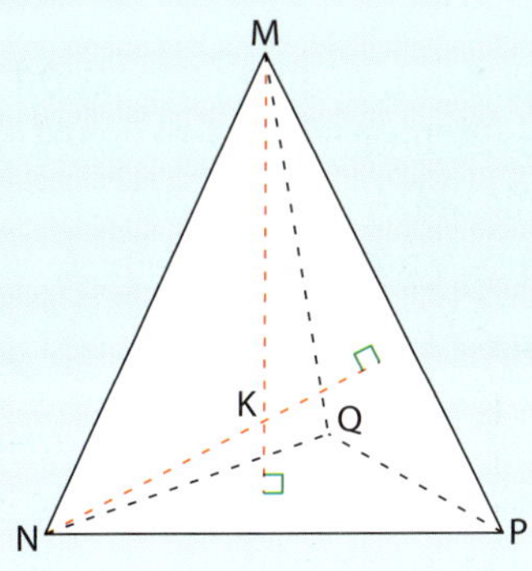

1. a) Justifier que la droite (PQ) est orthogonale à la droite (MK).

On admet de même que les droites (PQ) *et* (NK) *sont orthogonales.*

b) Que peut-on déduire de la question précédente relativement à la droite (PQ) et au plan (MNK) ? Justifier la réponse.

2. Montrer que les arêtes [MN] et [PQ] sont orthogonales.

Ainsi, on obtient la propriété suivante :

Si un tétraèdre est orthocentrique, alors ses arêtes opposées sont orthogonales deux à deux.

Partie C : application

Dans un repère orthonormé, on considère les points :

$$R(-3\,;5\,;2),\ S(1\,;4\,;-2),\ T(4\,;-1\,;5) \text{ et } U(4\,;7\,;3)$$

Le tétraèdre RSTU est-il orthocentrique ? Justifier.

Guide de résolution
2. a) Déterminer tout d'abord les coordonnées des points F, D, A, C et H.
b) Traduire les égalités précédentes par une relation d'orthogonalité entre la droite (FD) et deux droites sécantes du plan (ACH).

Guide de résolution
1. a) Utiliser le fait que la droite (MK) est orthogonale au plan (NPQ).

Guide de résolution
Utiliser la contraposée de la propriété établie à la **partie B**.

109 Rechercher un angle de mesure maximum

40 min

D'après Bac, Centres étrangers 2011

La figure ci-dessous représente un cube ABCDEFGH d'arête 1.
I et J sont les milieux respectifs des arêtes [BC] et [CD].
M est un point du segment [CE] tel que $\overrightarrow{CM} = t\overrightarrow{CE}$ $(0 \leq t \leq 1)$.

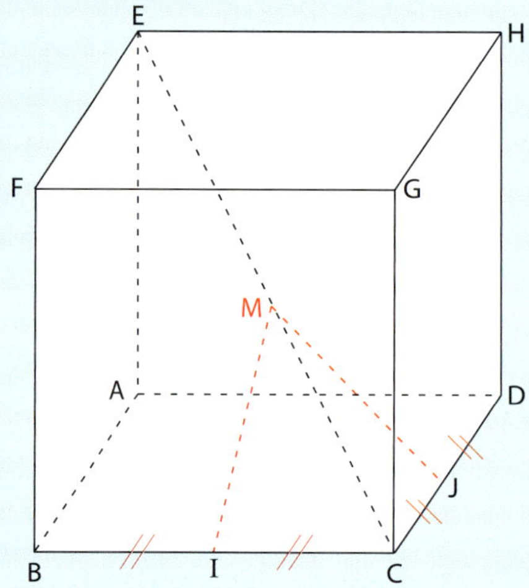

Dans tout l'exercice, on se place dans le repère orthonormé $(A\,;\overrightarrow{AB}, \overrightarrow{AD}, \overrightarrow{AE})$.

1. a) Donner, sans justification, les coordonnées des points C, E, I et J.
b) Justifier que les coordonnées du point M sont $(1-t\,;1-t\,;t)$.
2. a) On rappelle que le plan médiateur du segment [IJ] est l'ensemble des points équidistants des points I et J.
Démontrer que les points C et E appartiennent au plan médiateur du segment [IJ].
b) En déduire que le triangle MIJ est un triangle isocèle en M.
c) Exprimer IM^2 en fonction de t.
3. Le but de cette question est de déterminer la position du point M sur le segment [CE] pour laquelle la mesure de l'angle $\widehat{IMJ}$ est maximum.
θ est la mesure, en radian, de l'angle $\widehat{IMJ}$.
a) En admettant que la mesure θ appartient à l'intervalle $[0\,;\pi]$, démontrer que la mesure θ est maximum lorsque $\sin\left(\frac{\theta}{2}\right)$ est maximum.
b) En déduire que la mesure θ est maximum lorsque la longueur IM est minimum.
c) Étudier les variations de la fonction f définie sur l'intervalle $[0\,;1]$ par :

$$f(t) = 3t^2 - t + \frac{1}{4}.$$

d) En déduire qu'il existe une unique position M_0 du point M sur le segment [EC] telle que la mesure de l'angle $\widehat{IMJ}$ soit maximum.
e) Démontrer que le point M_0 est le projeté orthogonal du point I sur le segment [EC].

Guide de résolution
1. b) Noter $(x_M\,;y_M\,;z_M)$ les coordonnées de M et traduire l'égalité $\overrightarrow{CM} = t\overrightarrow{CE}$ par un système d'équations.

Guide de résolution
3. a) Considérer le triangle MHI rectangle en H où H est le milieu de [IJ].

Guide de résolution
3. d) La fonction f est strictement positive sur $[0\,;1]$, donc f et $\sqrt{f}$ ont le même sens de variation sur $[0\,;1]$.
En effet, $(\sqrt{f})' = \frac{f'}{2\sqrt{f}}$.

110 Relier Mathématiques et Chimie

⏱ 40 min

D'après Bac, Polynésie 2017

Les interactions électriques conduisent à modéliser la molécule de méthane CH_4 de la façon suivante :

- les noyaux d'atomes d'hydrogène occupent les positions des quatre sommets d'un tétraèdre régulier ;
- le noyau de carbone au centre de la molécule est à égale distance des quatre atomes d'hydrogène.

L'objectif est de déterminer une mesure de l'angle entre deux liaisons carbone-hydrogène.

1. a) Justifier qu'on peut inscrire ce tétraèdre dans le cube ABCDEFGH ci-contre en positionnant deux atomes d'hydrogène sur les sommets A et C du cube et les deux autres atomes d'hydrogène sur deux autres sommets du cube.

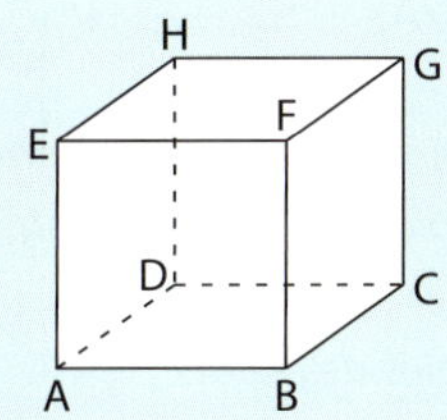

b) Reproduire le cube et représenter la molécule dans celui-ci.

2. Dans la suite de l'exercice, l'espace est muni du repère orthonormé $(D ; \overrightarrow{DA}, \overrightarrow{DC}, \overrightarrow{DH})$.

a) Démontrer que l'atome de carbone est au centre Ω du cube.

b) Déterminer la mesure, en degré, de l'angle que forment entre elles les liaisons carbone-hydrogène, c'est-à-dire l'angle $\widehat{A\Omega C}$. *Arrondir au dixième.*

> **Guide de résolution**
> **1. a)** Les quatre faces d'un tétraèdre régulier sont des triangles équilatéraux.

> **Guide de résolution**
> **2. a)** Aucun calcul n'est à effectuer. Se souvenir d'une propriété du centre d'un cube.
> **b)** Lire les coordonnées de Ω sur la figure.

Se préparer À L'ORAL

111 Présenter un exposé

a) Citer deux méthodes permettant de démontrer qu'une droite est orthogonale à un plan.

b) Dans un exposé de 10 min, présenter ces deux méthodes sur quelques exemples.

112 Travailler l'oral en groupe

Résoudre cet exercice en petit groupe, puis en présenter les résultats à l'oral.

ABCDEFGH est un cube d'arête 1.
I et J sont les milieux respectifs des arêtes [EH] et [EF].
Démontrer que la droite (FI) est orthogonale au plan (GCJ).

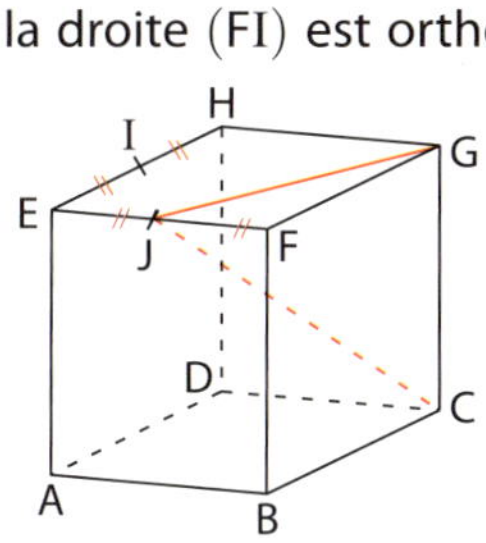

113 Travailler oralement un Vrai-Faux

▶ **SAVOIR PRÉSENTER ORALEMENT UNE DÉMARCHE**

1. Préparation (5 min) : Pour chaque affirmation un membre du groupe prépare le résultat de cours qui permet de la valider ou non.

2. Jeu de rôle (15 min) : Les autres membres du groupe composent le jury et guident si nécessaire le candidat qui traite oralement une affirmation.

Énoncé : ABCDEFGH est un cube d'arête 1.
O est le centre de la face ABCD.
Pour chaque affirmation, dire si elle est vraie ou fausse. Justifier.

a) Les droites (OC) et (BD) sont orthogonales.

b) Les droites (OC) et (BF) sont orthogonales.

c) O est le projeté orthogonal du point C sur le plan (FBD).

d) La distance du point C au plan (FBD) est égale à $\sqrt{2}$.

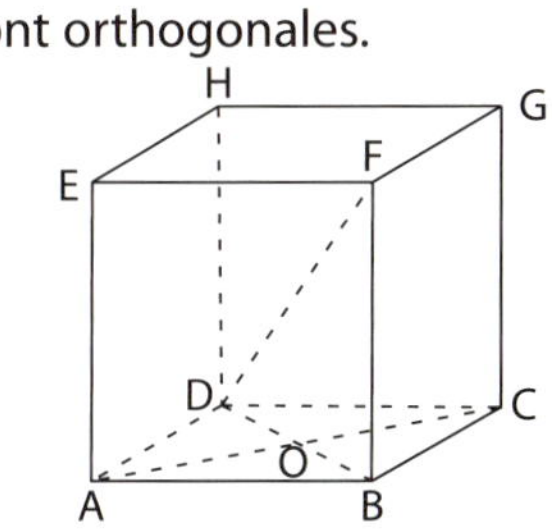

114 Fonction scalaire de Leibniz

n désigne un nombre entier naturel, $n \geqslant 1$.

$A_1, A_2, \ldots, A_n$ sont n points de l'espace associés respectivement aux poids (nombres réels) $\alpha_1, \alpha_2, \ldots, \alpha_n$.

On considère alors la fonction f qui à tout point M de l'espace associe le nombre réel $f(M)$ défini par :

$$f(M) = \alpha_1 MA_1^2 + \alpha_2 MA_2^2 + \ldots + \alpha_n MA_n^2.$$

f est appelée **fonction scalaire de Leibniz**.

1. En utilisant la relation de Chasles, démontrer que pour tout point N de l'espace :

$$f(M) = f(N) + (\alpha_1 + \alpha_2 + \ldots + \alpha_n)MN^2 + 2\overrightarrow{MN} \cdot (\alpha_1 \overrightarrow{NA_1} + \alpha_2 \overrightarrow{NA_2} + \ldots + \alpha_n \overrightarrow{NA_n}).$$

Pour réduire l'expression de $f(M)$ deux cas sont à envisager selon que la somme des poids est nulle ou non. On se propose d'étudier chacun de ces cas sur des exemples de recherche d'ensembles de points.

2. Exemple 1 : $\alpha_1 + \alpha_2 + \ldots + \alpha_n = 0$

ABC est un triangle équilatéral de côté 1 et D le point de l'espace défini par $\overrightarrow{BD} = \overrightarrow{BA} + \overrightarrow{BC}$.

On se propose de déterminer l'ensemble $\mathscr{E}_1$ des points M de l'espace tels que $MA^2 + MB^2 - MC^2 - MD^2 = 3$.

a) Réaliser une figure puis vérifier que la somme des poids est nulle.

b) Démontrer, à l'aide de la question **1.**, que, pour tout point N de l'espace,

$$MA^2 + MB^2 - MC^2 - MD^2 = NA^2 + NB^2 - NC^2 - ND^2 + 2\overrightarrow{MN} \cdot (\overrightarrow{NA} + \overrightarrow{NB} - \overrightarrow{NC} - \overrightarrow{ND}).$$

c) Vérifier que $\overrightarrow{NA} + \overrightarrow{NB} - \overrightarrow{NC} - \overrightarrow{ND} = 2\overrightarrow{CB}$.

d) Démontrer que $DA^2 + DB^2 - DC^2 = 3$ et donc que $D \in \mathscr{E}_1$.

e) En déduire que $M \in \mathscr{E}_1$ si, et seulement si,

$$\overrightarrow{MD} \cdot \overrightarrow{CB} = 0.$$

f) Conclure alors que $\mathscr{E}_1$ est un plan à préciser.

3. Exemple 2 : $\alpha_1 + \alpha_2 + \ldots + \alpha_n \neq 0$

SABCD est une pyramide : sa base ABCD est un carré de côté 1 et sa hauteur est l'arête [SA] de longueur $\dfrac{\sqrt{2}}{2}$.

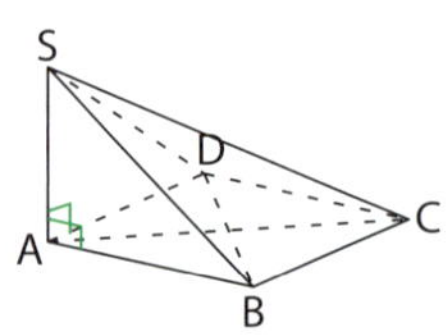

On se propose de déterminer l'ensemble $\mathscr{E}_2$ des points M de l'espace tels que :

$$MA^2 + 2MB^2 - MC^2 + 2MD^2 = 4.$$

a) Vérifier que la somme des poids est non nulle.

b) G est le point défini par :

$$\overrightarrow{GA} + 2\overrightarrow{GB} - \overrightarrow{GC} + 2\overrightarrow{GD} = \vec{0}.$$

Démontrer que $\overrightarrow{AG} = \dfrac{1}{4}\overrightarrow{AC}$.

Réaliser la figure et placer le point G.

c) Démontrer que $GA^2 + 2GB^2 - GC^2 + 2GD^2 = \dfrac{3}{2}$.

d) Démontrer, à l'aide de la question **1.**, que :

$$MA^2 + 2MB^2 - MC^2 + 2MD^2 = GA^2 + 2GB^2 - GC^2 + 2GD^2 + 4MG^2.$$

e) En déduire que $M \in \mathscr{E}_2$ si, et seulement si,

$$MG = \sqrt{\frac{5}{8}}.$$

f) Quelle est alors la nature de $\mathscr{E}_2$? Préciser ses éléments caractéristiques.

g) Le point S appartient-il à cet ensemble ? Justifier.

115 Sphère circonscrite à un tétraèdre

ABCD est un tétraèdre non aplati.

Savoir si les quatre sommets A, B, C, D appartiennent à une même sphère revient à savoir s'il existe un point O situé à égale distance des points A, B, C, D.

1. Le plan médiateur de l'arête [AB] est le plan $\mathscr{P}$ perpendiculaire à cette arête en son milieu I.

Un point M appartient à $\mathscr{P}$ si, et seulement si, $\overrightarrow{MI} \cdot \overrightarrow{BA} = 0$.

En déduire que M appartient à $\mathscr{P}$ si, et seulement si, $MA = MB$.

Conseil : factoriser la différence $\overrightarrow{MA}^2 - \overrightarrow{MB}^2$ avec le produit scalaire.

2. On se propose de déterminer d'abord l'ensemble Δ des points de l'espace équidistants des trois points A, B, C.

a) Il existe un point O, et un seul, du plan (ABC) qui appartient à Δ. Lequel ?

b) Montrer que Δ est une droite. Préciser sa position par rapport au plan (ABC).

3. Démontrer que Δ coupe le plan médiateur de l'arête [AD].

Conseil : pour cela, raisonner par l'absurde : supposer que Δ et ce plan ne se coupent pas et trouver une contradiction.

Il existe donc un unique point Ω de l'espace, équidistant des sommets du tétraèdre, et donc une sphère, et une seule, qui passe par ses quatre sommets. Cette sphère est dite **circonscrite au tétraèdre**.

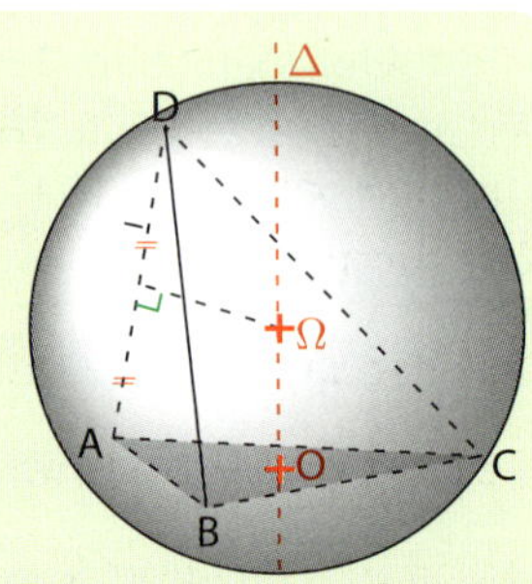

116 Le point de Monge

ABCD est un tétraèdre. O est le centre de la sphère circonscrite au tétraèdre (voir exercice 115).

I et J sont les milieux respectifs des arêtes opposées [AB] et [CD].

1. Le centre de gravité du tétraèdre ABCD est le point G défini par la relation :

$$\overrightarrow{GA}+\overrightarrow{GB}+\overrightarrow{GC}+\overrightarrow{GD}=\vec{0}.$$

Démontrer G est le milieu du segment [IJ].

On en déduit que les trois droites joignant les milieux des arêtes opposées sont concourantes en G.

2. Le point de Monge est le point M défini par la relation $\overrightarrow{OM}=2\overrightarrow{OG}$.

a) Démontrer que $\overrightarrow{MA}+\overrightarrow{MB}+\overrightarrow{MC}+\overrightarrow{MD}=2\overrightarrow{MO}$.

b) En déduire que $\overrightarrow{MA}+\overrightarrow{MB}=\overrightarrow{CO}+\overrightarrow{DO}$.

c) En déduire que $(\overrightarrow{MA}+\overrightarrow{MB})\cdot\overrightarrow{CD}=0$.

d) Démontrer que M appartient au plan passant par le milieu I du segment [AB] et orthogonal à la droite (CD).

On peut montrer que le point de Monge M appartient aux cinq autres plans passant par le milieu d'une arête d'un tétraèdre et orthogonal à l'arête opposée.

117 Mesure d'un angle dans un tétraèdre

ABCD est un tétraèdre régulier d'arête a, avec $a > 0$.

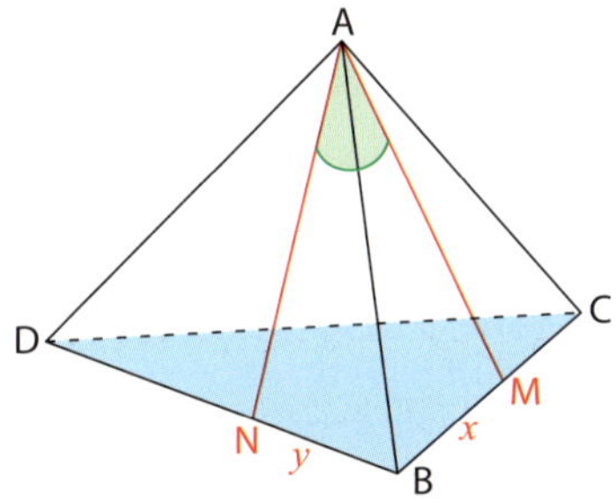

Problème

On se propose de montrer que quelles que soient les positions du point M sur l'arête [BC] et du point N sur l'arête [BD], la mesure de l'angle $\widehat{MAN}$ est inférieure ou égale à $\frac{\pi}{3}$.

On note $x = \text{BM}$ et $y = \text{BN}$.

1. a) Démontrer que $\text{MA}^2 = a^2 + x^2 - ax$.

b) Démontrer que $\text{NA}^2 = a^2 + y^2 - ay$.

c) En déduire que $\overrightarrow{AM}\cdot\overrightarrow{AN}=\dfrac{a^2+(a-x)(a-y)}{2}$.

2. a) En déduire chacune des inégalités suivantes :

- $\text{AM} \leqslant a$
- $\text{AN} \leqslant a$
- $\overrightarrow{AM}\cdot\overrightarrow{AN} \geqslant \dfrac{a^2}{2}$

b) Conclure pour le problème initial.

118 Projection d'un angle droit

ABC est un triangle rectangle en A.

M, N et P sont les projetés orthogonaux respectifs des points A, B et C sur un plan $\mathcal{P}$ tel que la distance AM de A à $\mathcal{P}$ soit égale à 1.

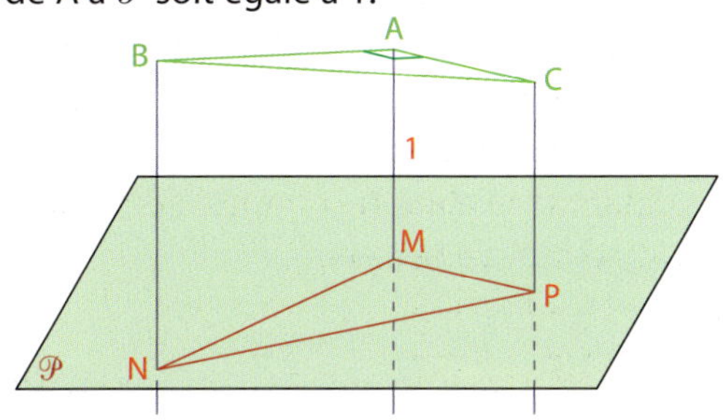

On se propose de savoir si l'angle droit $\widehat{BAC}$ se projette en un angle $\widehat{NMP}$ droit.

On admet qu'il existe deux nombres réels s et t tels que $\overrightarrow{MN}=\overrightarrow{AB}+s\overrightarrow{MA}$ et $\overrightarrow{MP}=\overrightarrow{AC}+t\overrightarrow{MA}$.

1. a) Exprimer le produit scalaire $\overrightarrow{MN}\cdot\overrightarrow{MA}$ en fonction de s et t.

b) En déduire que $s=-\overrightarrow{AB}\cdot\overrightarrow{MA}$.

c) De même, démontrer que $t=-\overrightarrow{AC}\cdot\overrightarrow{MA}$.

2. a) Démontrer que

$$\overrightarrow{MN}\cdot\overrightarrow{MP}=-(\overrightarrow{AB}\cdot\overrightarrow{MA})\times(\overrightarrow{AC}\cdot\overrightarrow{MA}).$$

b) En déduire que l'angle $\widehat{NMP}$ est droit si, et seulement si, la droite (AB) ou la droite (AC) sont parallèles au plan $\mathcal{P}$.

Des défis

119 Établir une inégalité

A, B, C et D sont quatre points de l'espace tels que $\overrightarrow{BA}\cdot\overrightarrow{BD}\leqslant 0$ et $\overrightarrow{DB}\cdot\overrightarrow{DC}\leqslant 0$.

Démontrer que $\text{AC} \geqslant \text{BD}$.

120 Déterminer une valeur minimale

ABCD est un tétraèdre tel que les arêtes [AB], [AC] et [AD] sont deux à deux orthogonales.

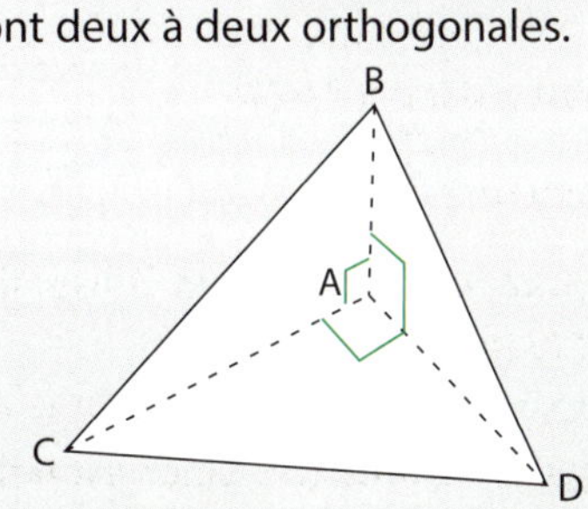

Sachant que $\text{AB} = 3$ et $\text{CD} = \sqrt{2}$, déterminer la valeur minimum de $\text{BC}^6 + \text{BD}^6 - \text{AC}^6 - \text{AD}^6$.

5 Représentations paramétriques et équations cartésiennes

HISTOIRE DES MATHS

Avec l'introduction des coordonnées dans un repère du plan, **René Descartes** fait basculer des objets jusque-là purement géométriques (points, droites, segments, etc.) dans le domaine algébrique. Ces objets peuvent désormais être décrits par leurs **coordonnées** ou leurs équations. Mais la méthode de Descartes reste limitée au plan, c'est-à-dire à deux coordonnées.

Plus d'un siècle plus tard, vers 1760, **Euler** et **Lagrange** développent ces notions dans l'espace et établissent les équations de droites et de plans de l'espace, en utilisant des repères à trois axes de coordonnées.

Durant cette période, la géométrie analytique continue de se développer, notamment avec **Gaspard Monge**, qui propose plusieurs mémoires à l'Académie des Sciences. Il résout ainsi divers problèmes géométriques de manière analytique.

René Descartes

Gaspard Monge

▶ **René Descartes** (1596-1650) est célèbre pour la formule « *Je pense, donc je suis* ». Il est considéré comme l'un des fondateurs de la philosophie moderne. En mathématiques, il est à l'origine de la géométrie analytique (et de l'adjectif « cartésien »).

▶ **Gaspard Monge** (1746-1818) est un mathématicien et homme politique français. Il joue un rôle décisif lors de la Révolution française, notamment par la création d'un nouveau système éducatif ou encore en instaurant un système de poids et mesures fondé sur le système décimal.

1637 Descartes publie *La Géométrie* : avec le concept de repère, débute l'ère de la géométrie analytique.

1670 Leibniz et Newton développent le calcul infinitésimal.

1760 Euler publie des travaux fondamentaux sur la géométrie des surfaces.

1799 Monge invente la géométrie descriptive (à l'origine du dessin industriel).

1598 L'édit de Nantes est promulgué par Henri IV

1633 Galilée est condamné par l'Inquisition

1683 Mort de Colbert

1748 *De l'Esprit des lois* de Montesquieu

1794 Création de l'École polytechnique

1550 — 1600 — 1650 — 1700 — 1750

Passage de la comète de Hale-Bopp en 1997 au-dessus des observatoires du Mauna Kea à Hawaï (USA).

Chaque année, des centaines de comètes, visibles au télescope, traversent le système solaire. Chacune d'elles a plusieurs queues. La plus visible est formée de gaz et de poussières qui se consument à l'approche du Soleil. Une autre, formée d'ions, est modélisée, à chaque instant *t*, par une droite décrite grâce aux coordonnées de la comète et d'un vecteur d'extrémités le Soleil et la comète.

Les contenus et capacités travaillés dans ce chapitre

	Savoir-faire	Exercices
• Déterminer une représentation paramétrique d'une droite. Reconnaître une droite de représentation paramétrique donnée.	1 à 4	16 à 26
• Déterminer un vecteur normal à un plan, une équation cartésienne d'un plan.	5 à 8	27 à 46
• Résoudre un système simple d'équations linéaires illustrant une situation de géométrie dans l'espace, puis interpréter les solutions.	9 à 11	47 à 59
• Déterminer les coordonnées du projeté orthogonal d'un point sur une droite ou sur un plan.	12 à 15	60 à 62, 86

Calcul mental

Rappels utiles

• Droites et plans de l'espace

Une droite peut être caractérisée par un point et un vecteur directeur.

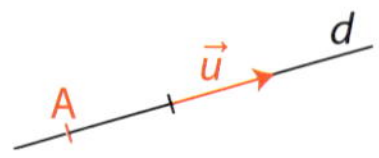

Un plan peut être caractérisé par un point et deux vecteurs non colinéaires.

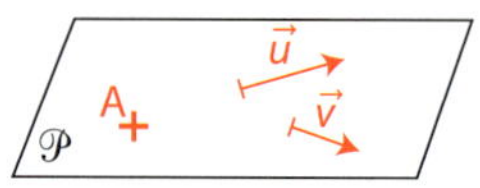

• Vecteurs de l'espace et coordonnées

$(\vec{i}, \vec{j}, \vec{k})$ est une base orthonormée de l'espace.

Produit scalaire de $\vec{u}(x\,;y\,;z)$ et $\vec{v}(x'\,;y'\,;z')$:

$$\vec{u}\cdot\vec{v} = xx' + yy' + zz'.$$

$\vec{u}(x\,;y\,;z)$ et $\vec{v}(x'\,;y'\,;z')$ sont colinéaires si, et seulement si, il existe un réel λ tel que :

$$x' = \lambda x,\ y' = \lambda y,\ z' = \lambda z.$$

• Projection orthogonale sur une droite

Le projeté orthogonal d'un point A sur une droite d est le point H d'intersection de d et du plan orthogonal à d passant par A.

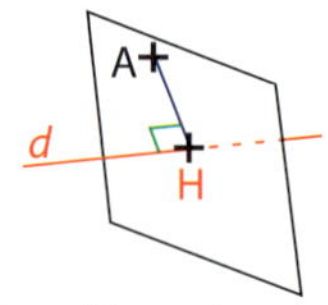

Si $\vec{u}$ est un vecteur directeur de d, alors H est le point de d tel que $\overrightarrow{AH}\cdot\vec{u} = 0$.

• Projection orthogonale sur un plan

Le projeté orthogonal d'un point A sur un plan $\mathscr{P}$ est le point H d'intersection de $\mathscr{P}$ et de la droite orthogonale à $\mathscr{P}$ passant par A.

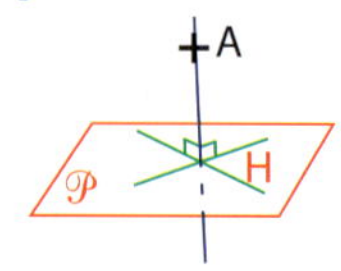

En notant $\vec{u}$ et $\vec{v}$ deux vecteurs non colinéaires de $\mathscr{P}$, H est le point de $\mathscr{P}$ tel que $\overrightarrow{AH}\cdot\vec{u} = 0$ et $\overrightarrow{AH}\cdot\vec{v} = 0$.

À l'oral — Questions-Tests

Pour chaque question, il y a une seule réponse exacte.

1 A, B, C sont trois points distincts et non alignés de l'espace.

a) La droite (AB) est caractérisée par :

(1) le point C et le vecteur directeur $\overrightarrow{AB}$

(2) le point B et le vecteur directeur $\overrightarrow{BA}$

(3) le point A et le vecteur directeur $\overrightarrow{BC}$

b) Le plan (ABC) est caractérisé par :

(1) le point A et les vecteurs $\overrightarrow{AB}$ et $\overrightarrow{BA}$

(2) le point C et les vecteurs $\overrightarrow{BC}$ et $2\overrightarrow{BC}$

(3) le point C et les vecteurs $\overrightarrow{AB}$ et $\overrightarrow{AC}$

2 M, N et P sont les points du repère orthonormé $(O\,;\vec{i},\vec{j},\vec{k})$ représenté ci-dessous.

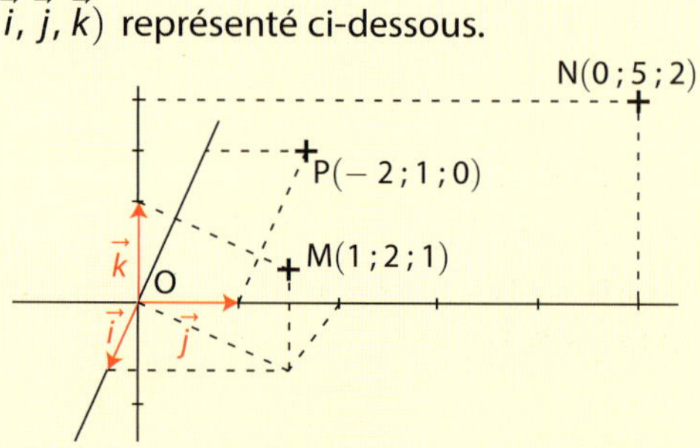

a) Le vecteur $\overrightarrow{MN}$ a pour coordonnées :

(1) (1 ; 7 ; 2) (2) (– 1 ; 3 ; 1) (3) (1 ; – 3 ; – 1)

b) Le vecteur $\overrightarrow{MP}$ a pour coordonnées :

(1) (– 3 ; – 1 ; – 1) (2) (3 ; 1 ; – 1) (3) (– 1 ; 3 ; 1)

c) Les vecteurs $\overrightarrow{MN}$ et $\overrightarrow{MP}$ sont :

(1) orthogonaux (2) colinéaires (3) ni l'un ni l'autre

d) Les vecteurs $\overrightarrow{OM}$ et $\overrightarrow{OP}$ sont :

(1) orthogonaux (2) colinéaires (3) ni l'un ni l'autre

3 ABCDEFGH est le pavé droit représenté ci-contre. I et J sont les milieux respectifs des segments [EF] et [BF]. K est le centre de la face BCGF.

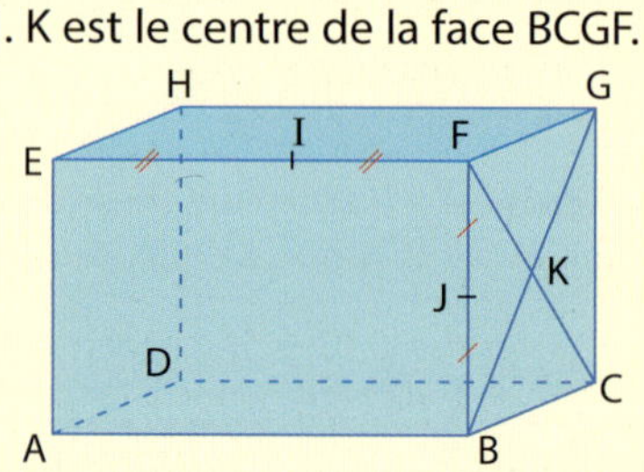

a) Le projeté orthogonal du point I sur le plan (ADE) est :

(1) le point A (2) le point D (3) le point E

b) Le projeté orthogonal de K sur la droite (DH) est :

(1) le point D (2) le milieu de [DH] (3) le point J

1 Représentations paramétriques d'une droite

À l'affût sur une branche (au point A), un martin-pêcheur a repéré un poisson (au point P). Il s'élance vers sa proie selon une trajectoire que l'on modélise par la droite *d*. La situation est schématisée ci-dessous.

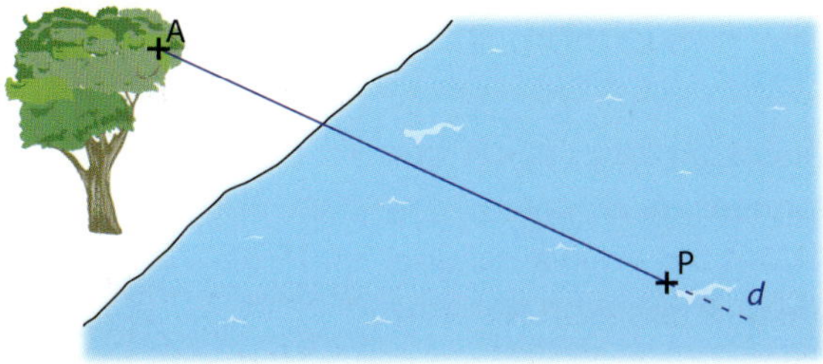

Dans un repère de l'espace, on donne A$(1\,;6\,;4)$ et P$(3\,;12\,;-2)$.

1 Déterminer les coordonnées d'un vecteur directeur de la droite *d*.

2 Une seconde après son envol, le martin-pêcheur se trouve au point B de coordonnées $(2\,;9\,;1)$.

a) Déterminer les coordonnées du vecteur $\overrightarrow{AB}$.

b) Justifier que l'oiseau se trouve sur la bonne trajectoire, c'est-à-dire sur la droite *d*.

3 À un instant de son vol, le martin-pêcheur se trouve en un point M de coordonnées $(x\,;y\,;z)$ de la droite *d*.

a) Que peut-on dire des vecteurs $\overrightarrow{AM}$ et $\overrightarrow{AP}$?

b) Démontrer que M$(x\,;y\,;z)$ appartient à la droite *d* si, et seulement si, il existe un nombre réel *t* tel que :
$\begin{cases} x = 1 + 2t \\ y = 6 + 6t \\ z = 4 - 6t \end{cases}$. On dit que ce système est **une représentation paramétrique de la droite *d***.

c) Pour quelle valeur de *t*, le martin-pêcheur atteint-il sa proie ?

2 Vecteur normal et équations cartésiennes d'un plan

On considère le cube ABCDEFGH d'arête 1 représenté ci-contre. On se place dans le repère orthonormé $(D\,;\overrightarrow{DA}, \overrightarrow{DC}, \overrightarrow{DH})$.

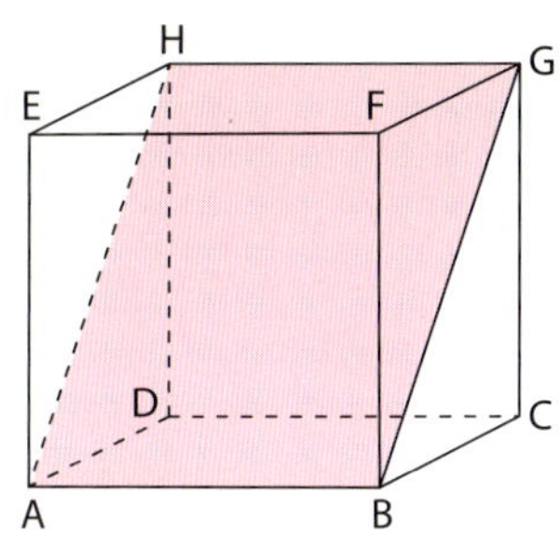

1 **a)** Déterminer les coordonnées des points A, B, F, G.

b) Déterminer les coordonnées des vecteurs $\overrightarrow{AB}$, $\overrightarrow{BG}$ et $\overrightarrow{CF}$.

c) Calculer chacun des produits scalaires $\overrightarrow{CF} \cdot \overrightarrow{AB}$ et $\overrightarrow{CF} \cdot \overrightarrow{BG}$ en utilisant l'expression analytique du produit scalaire dans l'espace.

d) Que peut-on en déduire pour la droite (CF) et le plan (ABG) ?

On dit que $\overrightarrow{CF}$ est un **vecteur normal** au plan (ABG).

2 M désigne un point de coordonnées $(x\,;y\,;z)$ appartenant au plan (ABG).

a) Sans effectuer de calculs, déterminer le produit scalaire $\overrightarrow{AM} \cdot \overrightarrow{CF}$. Justifier.

b) Démontrer que M$(x\,;y\,;z)$ appartient au plan (ABG) si, et seulement si, $x + z - 1 = 0$.

On dit que $x + z - 1 = 0$ est **une équation cartésienne du plan (ABG)**.

c) Le point N$(9\,;-20\,;7)$ appartient-il au plan (ABG) ?

Exercices
- 1 à 4 (ci-contre)
- 16 à 26

Vidéo
JAICOMPRIS.COM
Cette notion est présentée en vidéo

1 Représentations paramétriques d'une droite

$(O\,;\vec{i},\vec{j},\vec{k})$ est un repère orthonormé de l'espace.

A Principe

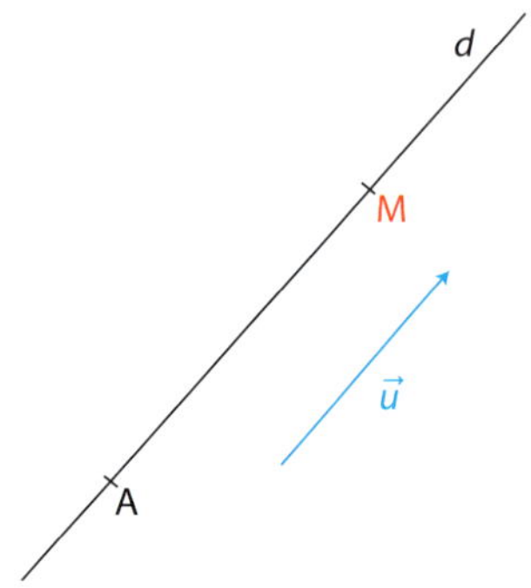

d est la droite qui passe par le point A de coordonnées $(x_A\,;y_A\,;z_A)$ et qui admet pour vecteur directeur le vecteur $\vec{u}$ de coordonnées $(a\,;b\,;c)$.
Dire qu'**un point M de coordonnées $(x\,;y\,;z)$ appartient à d**, équivaut à dire que les vecteurs $\overrightarrow{AM}$ et $\vec{u}$ sont colinéaires, c'est-à-dire qu'il existe un réel t tel que $\overrightarrow{AM} = t\vec{u}$, autrement dit tel que :

$$(\mathbf{S})\begin{cases} x = x_A + ta \\ y = y_A + tb. \\ z = z_A + tc \end{cases}$$

Définition

Le système (S) est une **représentation paramétrique** de la droite d.
t est le **paramètre** de cette représentation.

Exemple

d est la droite qui passe par le point A$(2\,;-3\,;1)$ et de vecteur directeur $\vec{u}(3\,;4\,;2)$.

Une représentation paramétrique de d est $\begin{cases} x = 2 + 3t \\ y = -3 + 4t \;(t \in \mathbb{R}). \\ z = 1 + 2t \end{cases}$

coordonnées de A — coordonnées de $\vec{u}$

B Utiliser une représentation paramétrique

Une droite d admet une infinité de représentations paramétriques. En effet, on peut choisir un point de d autre que A ou choisir un vecteur non nul colinéaire à $\vec{u}$ et autre que $\vec{u}$.

Exemple

On reprend l'exemple du paragraphe A.

- Le point B$(5\,;1\,;3)$ (obtenu pour $t = 1$) appartient à d, donc une autre représentation paramétrique de d est $\begin{cases} x = 5 + 3t' \\ y = 1 + 4t' \;(t' \in \mathbb{R}) \\ z = 3 + 2t' \end{cases}$.
- Le vecteur $\vec{v}(-6\,;-8\,;-4)$ est un autre vecteur directeur de d, donc une autre représentation paramétrique de d est $\begin{cases} x = 2 - 6t'' \\ y = -3 - 8t'' \;(t'' \in \mathbb{R}). \\ z = 1 - 4t'' \end{cases}$

Remarque : par un raisonnement analogue à celui du paragraphe A, on obtient une représentation paramétrique d'un plan à partir d'un de ses points et d'un couple de vecteurs non colinéaires de ce plan (voir exercice 75 p. 160).

EXERCICES RÉSOLUS

1 Déterminer une représentation paramétrique d'une droite

Dans un repère orthonormé de l'espace, on donne les points A$(-2 ; 4 ; 0)$ et B$(2 ; -3 ; 2)$.

a) Déterminer une représentation paramétrique de la droite (AB).

b) Le point C$(-10 ; 18 ; -4)$ appartient-il à la droite (AB) ?

Solution

a) $\overrightarrow{AB}(4 ; -7 ; 2)$ est un vecteur directeur de la droite (AB) et A$(-2 ; 4 ; 0)$ est un point de la droite (AB).
Une représentation paramétrique de la droite (AB) est :

$$\begin{cases} x = -2 + 4t \\ y = 4 - 7t \\ z = 2t \end{cases} \quad (t \in \mathbb{R}).$$

b) Dire que le point C appartient à la droite (AB) équivaut à dire qu'il existe un réel t tel que

$$\begin{cases} -10 = -2 + 4t \\ 18 = 4 - 7t \\ -4 = 2t \end{cases} \quad \text{c'est-à-dire} \quad \begin{cases} t = -2 \\ t = -2. \\ t = -2 \end{cases}$$

Donc le point C appartient à la droite (AB).

Lorsque les trois équations ont pour solutions au moins deux valeurs différentes de t, alors le point n'appartient pas à la droite.

2 Reconnaître une droite de représentation paramétrique donnée

Dans un repère orthonormé, d est la droite de représentation paramétrique $\begin{cases} x = 5 - 2t \\ y = -1 + 3t \\ z = 2 \end{cases} (t \in \mathbb{R})$.

a) Déterminer les coordonnées de deux points de d.

b) Déterminer les coordonnées de deux vecteurs directeurs de d.

Solution

a) • Pour $t = 0$, on obtient le point A$(5 ; -1 ; 2)$ de d.
• Pour $t = -1$, on obtient le point B$(7 ; -4 ; 2)$ de d.

b) • On utilise les nombres écrits devant le paramètre t :
$\vec{u}(-2 ; 3 ; 0)$ est un vecteur directeur de d.
• On choisit un vecteur non nul colinéaire à $\vec{u}$:
par exemple $\vec{v} = -\frac{1}{2}\vec{u}$ de coordonnées $\left(1 ; -\frac{3}{2} ; 0\right)$ est un autre vecteur directeur de d.

À chaque valeur de t correspond un point M de (AB). Et à chaque point M de (AB) correspond une valeur de t.

Dans la représentation paramétrique de d, on remarque que $z = 2$, c'est-à-dire $z = 2 + 0t$.

EXERCICES D'APPLICATION DIRECTE

Sur le modèle de l'exercice résolu 1

3 Dans un repère orthonormé de l'espace, on donne les points I$(-1 ; 0 ; 2)$ et J$(3 ; 4 ; -1)$.

a) Déterminer une représentation paramétrique de la droite (IJ).

b) Dans chaque cas, dire si le point appartient à la droite (IJ).

• S$(1 ; 4 ; 2)$ • T$(7 ; 8 ; -4)$

Sur le modèle de l'exercice résolu 2

4 Dans un repère orthonormé, d est la droite de représentation paramétrique $\begin{cases} x = -2 + 2t \\ y = 5t \\ z = -3 - 4t \end{cases} (t \in \mathbb{R})$.

a) Déterminer les coordonnées de deux points de d.

b) Déterminer les coordonnées de deux vecteurs directeurs de d.

Cours

Exercices
- **5** à **8** (ci-contre)
- **27** à **46**

2 Équations cartésiennes d'un plan

A Vecteur normal à un plan

Définition

Dire qu'un vecteur non nul $\vec{n}$ est **normal** à un plan $\mathscr{P}$ signifie que toute droite de vecteur directeur $\vec{n}$ est orthogonale au plan $\mathscr{P}$.

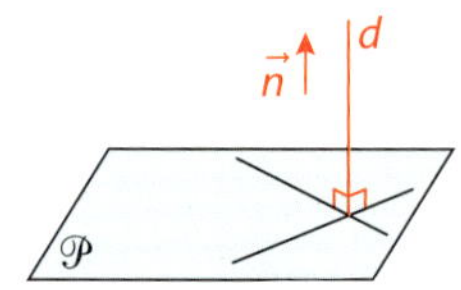

Propriété

A est un point de l'espace et $\vec{n}$ est un vecteur non nul.
L'ensemble des points M de l'espace tels que $\overrightarrow{AM} \cdot \vec{n} = 0$ est le plan $\mathscr{P}$ passant par A et de vecteur normal $\vec{n}$.

Démonstration

On note B le point distinct de A tel que $\vec{n} = \overrightarrow{AB}$ et H le projeté orthogonal d'un point M sur la droite (AB). Avec ces notations : $\overrightarrow{AM} \cdot \vec{n} = \overrightarrow{AM} \cdot \overrightarrow{AB} = \overrightarrow{AH} \cdot \overrightarrow{AB}$.
Ainsi $\overrightarrow{AM} \cdot \vec{n} = 0$ si, et seulement si, $\overrightarrow{AH} \cdot \overrightarrow{AB} = 0$, c'est-à-dire A = H car les vecteurs $\overrightarrow{AH}$ et $\overrightarrow{AB}$ sont colinéaires.

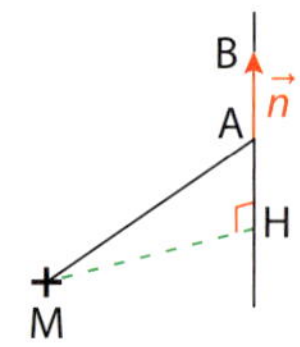

Autrement dit, $\overrightarrow{AM} \cdot \vec{n} = 0$ si, et seulement si, A est le projeté orthogonal de M sur la droite (AB).
L'ensemble cherché est donc le plan passant par A et orthogonal à (AB).

B Équations cartésiennes d'un plan

Propriétés – Définition

L'espace est muni d'un repère **orthonormé**.
(1) Un plan de vecteur normal $\vec{n}(a\,;b\,;c)$ a une équation de la forme $\boldsymbol{ax + by + cz + d = 0}$, où d désigne un nombre réel. On dit que c'est une **équation cartésienne** de ce plan.
(2) Réciproquement, a, b, c et d étant quatre nombres réels donnés avec a, b et c **non tous nuls**, l'ensemble des points $M(x\,;y\,;z)$ tels que $\boldsymbol{ax + by + cz + d = 0}$ est un plan de vecteur normal $\vec{n}(a\,;b\,;c)$.

Démonstrations

Vidéo
JaiCompris.com
Cette démonstration est présentée en vidéo

(1) Un point $M(x\,;y\,;z)$ appartient au plan $\mathscr{P}$ passant par $A(x_A\,;y_A\,;z_A)$ et de vecteur normal $\vec{n}$ si, et seulement si, $\overrightarrow{AM} \cdot \vec{n} = 0$, c'est-à-dire

$$a(x - x_A) + b(y - y_A) + c(z - z_A) = 0.$$

En posant $d = -(ax_A + by_A + cz_A)$, on obtient $ax + by + cz + d = 0$.
(2) $\mathscr{E}$ est l'ensemble des points $M(x\,;y\,;z)$ qui vérifie $ax + by + cz + d = 0$ où a, b et c sont des nombres réels non tous nuls. On peut supposer, par exemple, $a \neq 0$.
Le point $A\left(-\dfrac{d}{a}\,;0\,;0\right)$ est alors un point de $\mathscr{E}$ et l'équation équivaut à $a\left(x + \dfrac{d}{a}\right) + by + cz = 0$, c'est-à-dire $\overrightarrow{AM} \cdot \vec{n} = 0$ avec $\vec{n}(a\,;b\,;c)$.
$\mathscr{E}$ est donc le plan passant par A et de vecteur normal $\vec{n}(a\,;b\,;c)$.

Cas particuliers des plans (xOy), (yOz) et (xOz)

- Le plan (xOy) passe par l'origine $O(0\,;0\,;0)$ du repère et le vecteur $\vec{k}(0\,;0\,;1)$ est un vecteur normal à ce plan.
Ainsi, une équation cartésienne du plan (xOy) est de la forme $0x + 0y + 1z + d = 0$.
Or, $O(0\,;0\,;0)$ appartient à (xOy) donc $1 \times 0 + d = 0$ et $d = 0$.
Ainsi, une équation cartésienne du plan (xOy) est $z = 0$.

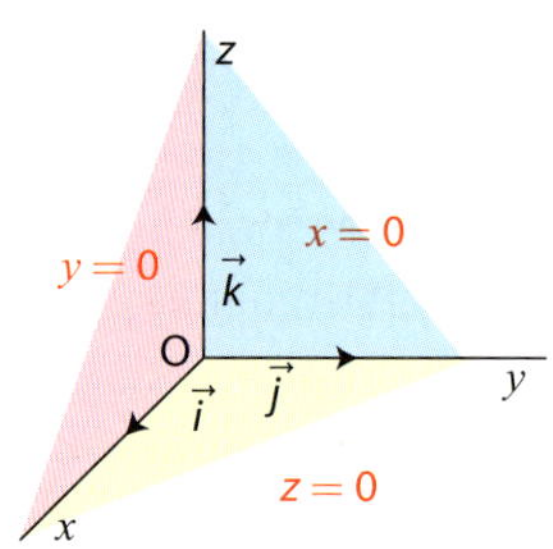

- De même, le plan (yOz) a pour équation cartésienne $x = 0$ et le plan (xOz) a pour équation cartésienne $y = 0$.

EXERCICES RÉSOLUS

5 Déterminer une équation cartésienne d'un plan

Dans un repère orthonormé de l'espace, $\mathcal{P}$ est le plan passant par le point E$(1\,;4\,;-2)$ et de vecteur normal $\vec{n}(2\,;-3\,;-1)$.

a) Déterminer une équation cartésienne du plan $\mathcal{P}$.

b) Le point F$(2\,;5\,;-1)$ appartient-il au plan $\mathcal{P}$?

c) Déterminer les coordonnées d'un point G du plan $\mathcal{P}$.

Solution

a) $\vec{n}(2\,;-3\,;-1)$ est un vecteur normal de $\mathcal{P}$, donc une équation cartésienne de $\mathcal{P}$ est de la forme $2x-3y-1z+d=0$.
De plus, le point E$(1\,;4\,;-2)$ appartient au plan $\mathcal{P}$ donc $2\times1-3\times4-1\times(-2)+d=0$ soit $-8+d=0$ et $d=8$.
Ainsi, $2x-3y-z+8=0$ est une équation cartésienne du plan $\mathcal{P}$.

b) Le point F$(2\,;5\,;-1)$ appartient au plan $\mathcal{P}$ si, et seulement si, les coordonnées de F vérifient l'équation de $\mathcal{P}$.
Or, $2\times2-3\times5-(-1)+8=-2$ et $-2\neq0$ donc le point F n'appartient pas au plan $\mathcal{P}$.

c) On considère un point G de coordonnées $(0\,;0\,;z_G)$. G appartient au plan $\mathcal{P}$ si, et seulement si, $2\times0-3\times0-z_G+8=0$ c'est-à-dire $z_G=8$. Donc, le point G$(0\,;0\,;8)$ appartient à $\mathcal{P}$.

> Pour déterminer une équation cartésienne $ax+by+cz+d=0$ d'un plan $\mathcal{P}$, on remplace a, b et c dans cet ordre par les coordonnées d'un vecteur normal à $\mathcal{P}$ et on détermine d à l'aide d'un point du plan.

> Pour déterminer un point qui appartient à un plan d'équation donnée, on choisit deux de ses coordonnées (0 par exemple) et on détermine la troisième.

6 Reconnaître un plan donné par une équation cartésienne

Dans un repère orthonormé de l'espace, $\mathcal{P}$ est le plan d'équation cartésienne $x-2y-z-1=0$.

a) Déterminer un vecteur normal $\vec{n}$ à ce plan.

b) Déterminer les coordonnées d'un point A de ce plan.

Solution

a) Par lecture des nombres écrits devant x, y, z dans l'équation cartésienne $1x-2y-1z-1=0$, on obtient le vecteur $\vec{n}(1\,;-2\,;-1)$ normal au plan $\mathcal{P}$.

b) En remplaçant, par exemple, x par 0 et y par 0 dans l'équation cartésienne de $\mathcal{P}$, on obtient $-z-1=0$ soit $z=-1$.
Donc le point A$(0\,;0\,;-1)$ appartient à $\mathcal{P}$.

> Pour $x=2$ et $z=1$, on obtient $y=0$, donc B$(2\,;0\,;1)$ est un autre point de $\mathcal{P}$.

EXERCICES D'APPLICATION DIRECTE

Sur le modèle de l'exercice résolu 5

7 Dans un repère orthonormé de l'espace, $\mathcal{P}$ est le plan passant par A$(-2\,;1\,;3)$ et de vecteur normal $\vec{n}(5\,;4\,;1)$.

a) Déterminer une équation cartésienne du plan $\mathcal{P}$.

b) Le point B$(2\,;0\,;-7)$ appartient-il au plan $\mathcal{P}$?

Sur le modèle de l'exercice résolu 6

8 Dans un repère orthonormé de l'espace, $\mathcal{P}$ est le plan d'équation cartésienne $5x-y+z+2=0$.

a) Déterminer un vecteur normal $\vec{n}$ à ce plan.

b) Déterminer les coordonnées d'un point A qui appartient à ce plan.

Exercices
- **9** à **11** (ci-contre)
- **47** à **62**

3 Traduire un problème par un système d'équations linéaires

A Déterminer l'intersection de deux droites

Exemple

Dans un repère orthonormé, on se propose de démontrer que les droites d et d' de représentations paramétriques respectives **(S)** $\begin{cases} x = 5 + t \\ y = 2 + t\ (t \in \mathbb{R}) \\ z = -2t \end{cases}$ et **(S′)** $\begin{cases} x = 17 + 2t' \\ y = -2 - 2t'\ (t' \in \mathbb{R}) \\ z = -4 + t' \end{cases}$ sont sécantes.

Les droites d et d' sont sécantes si, et seulement si, le système ci-contre de six équations à cinq inconnues t, t', x, y, z a une seule solution.

$$\begin{cases} x = 5 + t \\ y = 2 + t \\ z = -2t \\ x = 17 + 2t' \\ y = -2 - 2t' \\ z = -4 + t' \end{cases}$$

Autrement dit, d et d' sont sécantes si, et seulement si, il existe un unique couple $(t\,;t')$ tel que **(T)** $\begin{cases} 5 + t = 17 + 2t' \\ 2 + t = -2 - 2t' \\ -2t = -4 + t' \end{cases}$ c'est-à-dire $\begin{cases} t - 2t' = 12 & \textbf{(1)} \\ t + 2t' = -4 & \textbf{(2)} \\ -2t - t' = -4 & \textbf{(3)} \end{cases}$.

- Par addition membre à membre des équations **(1)** et **(2)**, on obtient $2t = 8$ soit $t = 4$.
- On remplace t par 4 dans l'équation **(1)**, on obtient $4 - 2t' = 12$ soit $t' = -4$.
- On vérifie que les valeurs de t et t' obtenues sont solutions de l'équation **(3)** : $-2 \times 4 - (-4) = -4$.
- On remplace t par 4 dans le système **(S)** ou t' par -4 dans **(S′)** et on obtient les coordonnées du point d'intersection de d et d' : $\mathrm{M}(9\,;6\,;-8)$.

Pour résoudre ce système **(T)** de trois équations à deux inconnues, on commence par résoudre un système formé par deux de ces équations, par exemple **(1)** et **(2)** comme ci-contre. Ce système ayant un seul couple solution, on vérifie qu'il est aussi solution de **(3)**. On conclut que ce couple est solution de **(T)**.

Remarque : il est important de noter l'utilité d'avoir nommé différemment les paramètres t et t'. En effet, le point commun M à d et d' est atteint sur d pour $t = 4$, alors qu'il est atteint sur d' pour $t' = -4$.

B Étudier l'intersection d'une droite et d'un plan

Exemple

Dans un repère orthonormé, le plan $\mathcal{P}$ a pour équation cartésienne $5x + y - z + 3 = 0$ et la droite d pour représentation paramétrique $\begin{cases} x = t \\ y = 1 - 6t\ (t \in \mathbb{R}). \\ z = 3 - t \end{cases}$

On se propose d'étudier l'intersection du plan $\mathcal{P}$ et de la droite d.

Pour cela, on résout le système **(S)** ci-contre de quatre équations à quatre inconnues x, y, z, t.

(S) $\begin{cases} x = t \\ y = 1 - 6t \\ z = 3 - t \\ 5x + y - z + 3 = 0 \end{cases}$

Ce système **(S)** équivaut à :

$$\begin{cases} x = t \\ y = 1 - 6t \\ z = 3 - t \\ 5t + 1 - 6t - 3 + t + 3 = 0 \end{cases} \quad \text{c'est-à-dire} \quad \begin{cases} x = t \\ y = 1 - 6t \\ z = 3 - t \\ 0t = -1 \end{cases}$$

Or, la quatrième équation n'a pas de solution donc le système **(S)** n'a pas de solution.

La droite d et le plan $\mathcal{P}$ n'ont pas de point commun, donc d est strictement parallèle à $\mathcal{P}$.

Pour étudier l'intersection de $\mathcal{P}$ et d, on commence par remplacer x, y, z dans l'équation de $\mathcal{P}$ par leurs expressions en fonction de t.

Remarque : aux exercices **66** et **67** p. 158, on étudie les différentes positions relatives de deux droites de l'espace, ainsi, que d'une droite et d'un plan.

EXERCICE RÉSOLU

9 Étudier l'intersection de deux droites

Dans un repère orthonormé de l'espace, d et d' sont les droites de représentations paramétriques respectives :

$$\begin{cases} x = 1 + 2t \\ y = 2 + t \\ z = -1 + 2t \end{cases} (t \in \mathbb{R}) \quad \text{et} \quad \begin{cases} x = 4t' \\ y = -2 - t' \\ z = 2 + t' \end{cases} (t' \in \mathbb{R}).$$

a) Montrer que les droites d et d' ne sont pas parallèles.

b) Étudier l'intersection de d et d' en résolvant un système d'équations.

Solution

a) d admet pour vecteur directeur $\vec{u}(2\,;1\,;2)$ et d' admet pour vecteur directeur $\vec{u}'(4\,;-1\,;1)$.
Or $\vec{u}$ et $\vec{u}'$ ne sont pas colinéaires (car leurs coordonnées ne sont pas proportionnelles).
Donc les droites d et d' ne sont pas parallèles.

b) Pour étudier l'intersection de d et d', on résout le système :

$$\textbf{(T)} \begin{cases} 1 + 2t = 4t' \\ 2 + t = -2 - 2t' \\ -1 + 2t = 2 + t' \end{cases} \text{ c'est-à-dire } \begin{matrix} \textbf{(1)} \\ \textbf{(2)} \\ \textbf{(3)} \end{matrix} \begin{cases} 2t - 4t' = -1 \\ t + 2t' = -4 \\ 2t - t' = 3 \end{cases}.$$

On résout par substitution le système $\begin{cases} t + 2t' = -4 \\ 2t - t' = 3 \end{cases}$ formé par les équations **(2)** et **(3)**.

- **(2)** s'écrit $t = -4 - 2t'$.
- On reporte cette expression dans **(3)** ; on obtient $2(-4 - 2t') - t' = 3$, c'est-à-dire $-8 - 5t' = 3$, soit $t' = -\frac{11}{5}$.
- On reporte cette valeur de t' dans **(2)** ; on obtient $t + 2\left(-\frac{11}{5}\right) = -4$ soit $t = \frac{2}{5}$.
- On remplace t par $\frac{2}{5}$ et t' par $-\frac{11}{5}$ dans **(1)** ; on obtient $2 \times \frac{2}{5} - 4\left(-\frac{11}{5}\right) = \frac{48}{5}$.

Or, $\frac{48}{5} \neq -1$, donc le système **(T)** n'a pas de solution.
Les droites d et d' ne sont pas parallèles et n'ont pas de point commun.
Donc les droites d et d' sont **non coplanaires**.

Deux droites non parallèles de l'espace peuvent être sécantes ou non coplanaires. Pour le savoir, il faut connaître en plus leur nombre de points communs (0 ou 1).

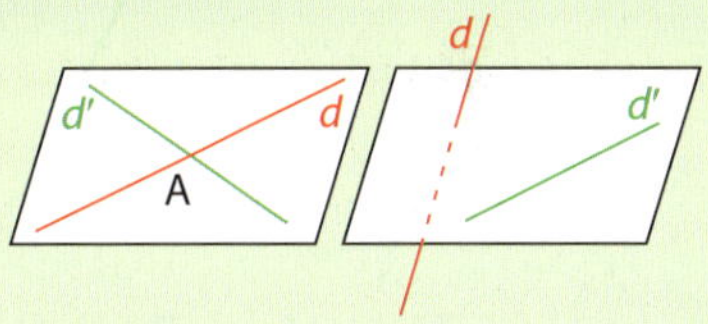

EXERCICES D'APPLICATION DIRECTE

Sur le modèle de l'exercice résolu 9

10 Dans un repère orthonormé de l'espace, d et d' sont les droites de représentations paramétriques respectives :

$$\begin{cases} x = 1 + t \\ y = 3 + t \\ z = -4 - 2t \end{cases} (t \in \mathbb{R}) \quad \text{et} \quad \begin{cases} x = 2t' \\ y = 1 + t' \\ z = 3 + t' \end{cases} (t' \in \mathbb{R}).$$

Déterminer le point d'intersection des droites d et d'.

Vidéo

JAICOMPRIS.COM Cet exercice est corrigé en vidéo

11 Dans un repère orthonormé de l'espace, d et d' sont les droites de représentations paramétriques respectives :

$$\begin{cases} x = 3 + t \\ y = 2t \\ z = 1 - t \end{cases} (t \in \mathbb{R}) \quad \text{et} \quad \begin{cases} x = 1 - \frac{1}{2}t' \\ y = -2 - t' \\ z = 3 + \frac{1}{2}t' \end{cases} (t' \in \mathbb{R}).$$

Étudier la position relative des droites d et d'.

EXERCICES RÉSOLUS

12 Déterminer le projeté orthogonal d'un point sur un plan

Dans un repère orthonormé de l'espace, $\mathcal{P}$ est le plan d'équation cartésienne $x - 2y + 3z - 17 = 0$ et A le point de coordonnées $(2 ; 5 ; -1)$.

a) Déterminer une représentation paramétrique de la droite Δ passant par A et orthogonale à $\mathcal{P}$.

b) En déduire les coordonnées du point H, projeté orthogonal de A sur $\mathcal{P}$.

Solution

a) $\vec{n}(1 ; -2 ; 3)$ est un vecteur normal à $\mathcal{P}$, c'est donc un vecteur directeur de la droite Δ.
Voici, ci-contre, une représentation paramétrique de la droite Δ.

$$\begin{cases} x = 2 + t \\ y = 5 - 2t \\ z = -1 + 3t \end{cases} \quad (t \in \mathbb{R})$$

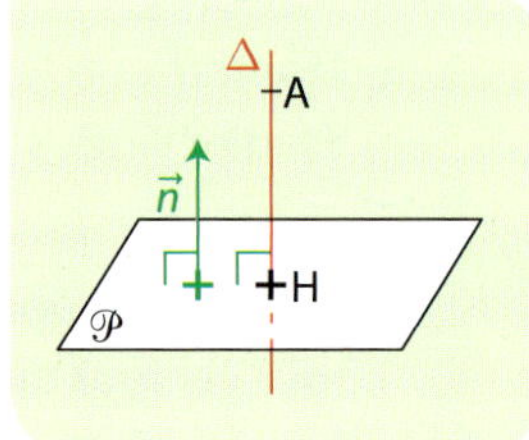

b) Le projeté orthogonal H du point A sur $\mathcal{P}$ est le point d'intersection de Δ et $\mathcal{P}$.

On résout le système **(S)** $\begin{cases} x = 2 + t \\ y = 5 - 2t \\ z = -1 + 3t \\ x - 2y + 3z - 17 = 0 \end{cases}$ c'est-à-dire $\begin{cases} x = 2 + t \\ y = 5 - 2t \\ z = -1 + 3t \\ 2 + t - 2(5 - 2t) + 3(-1 + 3t) - 17 = 0. \end{cases}$

La 4e équation s'écrit $14t - 28 = 0$ soit $t = 2$. On remplace t par 2 dans les trois premières équations du système **(S)**, on obtient $x = 4$, $y = 1$ et $z = 5$. Les coordonnées du point H sont donc $(4 ; 1 ; 5)$.

13 Déterminer le projeté orthogonal d'un point sur une droite

Dans un repère orthonormé de l'espace, d est la droite qui passe par le point $A(1 ; 3 ; 0)$ et dont $\vec{u}(-2 ; 1 ; 5)$ est un vecteur directeur. B est le point de coordonnées $(2 ; 0 ; 7)$.

a) Déterminer une équation cartésienne du plan $\mathcal{P}$ passant par B et orthogonal à d.

b) En déduire les coordonnées du point K, projeté orthogonal de B sur d.

Solution

a) $\vec{u}(-2 ; 1 ; 5)$ est un vecteur directeur de d, c'est donc un vecteur normal à $\mathcal{P}$.
Le plan $\mathcal{P}$ a donc une équation cartésienne de la forme $-2x + y + 5z + d = 0$.
Or $B \in \mathcal{P}$, c'est-à-dire $-2 \times 2 + 0 + 5 \times 7 + d = 0$, soit $d = -31$.
$\mathcal{P}$ admet donc pour équation cartésienne $-2x + y + 5z - 31 = 0$.

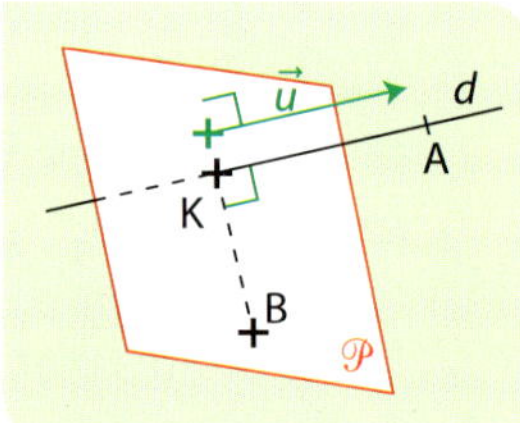

b) Le projeté orthogonal K du point B sur d est le point d'intersection de d et $\mathcal{P}$.

Une représentation paramétrique de d est **(S)** $\begin{cases} x = 1 - 2t \\ y = 3 + t \\ z = 5t \end{cases} \quad (t \in \mathbb{R})$.

On reporte ces expressions de x, y, z dans $-2x + y + 5z - 31 = 0$,
on obtient $-2(1 - 2t) + (3 + t) + 5 \times 5t - 31 = 0$, soit $t = 1$.
On remplace t par 1 dans les trois premières équations du système **(S)**, on obtient $x = -1$, $y = 4$ et $z = 5$.
Les coordonnées du point K sont donc $(-1 ; 4 ; 5)$.

EXERCICES D'APPLICATION DIRECTE

Sur le modèle de l'exercice résolu 12

14 Reprendre l'énoncé de l'exercice 12 avec le plan $\mathcal{P}$ d'équation cartésienne $-x + 2y + z + 5 = 0$ et le point A de coordonnées $(2 ; -3 ; 5)$.

Sur le modèle de l'exercice résolu 13

15 Reprendre l'énoncé de l'exercice 13 avec la droite d qui passe par $A(1 ; 0 ; 2)$ et de vecteur directeur $\vec{u}(2 ; -1 ; -3)$.
B est le point de coordonnées $(-1 ; 2 ; 4)$.

Représentations paramétriques d'une droite

Cours 1

L'espace est muni d'un repère orthonormé.

Questions flash À l'oral

16 d et d' sont deux droites de représentations paramétriques respectives :

$$\begin{cases} x = 1 + 2t \\ y = -3 + t \\ z = 5t \end{cases} (t \in \mathbb{R}) \quad \text{et} \quad \begin{cases} x = 2 - 3t' \\ y = -2t' \\ z = 1 - t' \end{cases} (t' \in \mathbb{R}).$$

Indiquer oralement les coordonnées d'un point et d'un vecteur directeur de chacune des droites d et d'.

17 d est la droite de représentation paramétrique :

$$\begin{cases} x = -t + 1 \\ y = 5 + 3t \\ z = -2 - 2t \end{cases} (t \in \mathbb{R}).$$

Déterminer mentalement les coordonnées de quatre points de la droite d.

18 On donne les points :

A(1 ; 2 ; 1) et B(4 ; 5 ; – 2).

Parmi ces systèmes, une représentation paramétrique de la droite (AB) est :

(1) $\begin{cases} x = 1 + 3t \\ y = 2 + 3t \\ z = 1 - 3t \end{cases} (t \in \mathbb{R})$ **(2)** $\begin{cases} x = 3 + t' \\ y = 3 + 2t' \\ z = -3 + t' \end{cases} (t' \in \mathbb{R})$

(3) $\begin{cases} x = 4 + 3m \\ y = 5 + 3m \\ z = -2 - 3m \end{cases} (m \in \mathbb{R})$ **(4)** $\begin{cases} x = 4 - k \\ y = 5 - k \\ z = -2 + k \end{cases} (k \in \mathbb{R})$

19 d et d' sont deux droites de représentations paramétriques respectives :

$$\begin{cases} x = -1 + t \\ y = 5 + 2t \\ z = 2 - 3t \end{cases} (t \in \mathbb{R}) \quad \text{et} \quad \begin{cases} x = 2t' \\ y = -1 + 4t' \\ z = -6t' \end{cases} (t' \in \mathbb{R}).$$

Luca affirme « Ces deux droites sont parallèles ». A-t-il raison ? Expliquer oralement.

20 On donne les points A(1 ; 0 ; – 3) et B(2 ; 5 ; 0).

a) Déterminer une représentation paramétrique de la droite (AB).

b) Les points C(– 1 ; 2 ; – 3) et D(3 ; 10 ; 3) appartiennent-ils à la droite (AB) ? Justifier.

21 d est la droite qui passe par le point A(2 ; 4 ; 0) et de vecteur directeur $\vec{u}(1 ; 7 ; -2)$.

a) Déterminer une représentation paramétrique de la droite d.

b) Dans chaque cas, indiquer si le point appartient ou non à la droite d.

- C(– 1 ; – 17 ; 6) • D(5 ; 10 ; – 14) • E(3 ; 11 ; – 2).

22 On donne les points M(2 ; – 1 ; 4) et N(1 ; 2 ; 3).

a) Déterminer une représentation paramétrique de la droite (MN).

b) Les points M, N et P(– 1 ; 4 ; – 2) sont-ils alignés ? Justifier.

23 On donne les points E(1 ; 0 ; 3), F(3 ; – 1 ; 2) et M(a ; b ; – 2) avec a et b nombres réels.

a) Déterminer une représentation paramétrique de la droite (EF).

b) Existe-t-il des valeurs de a et b pour lesquelles le point M appartient à la droite (EF) ?

24 On donne les points :

A(1 ; – 1 ; 2), B(2 ; 2 ; 3) et C(– 1 ; 3 ; 0).

a) Déterminer une représentation paramétrique de chacune des droites :

- (AB) • (AC) • (BC)

b) Le point D(– 4 ; 4 ; – 3) appartient-il à l'une de ces droites ? Justifier.

25 ABCDEFGH est le cube représenté ci-contre.

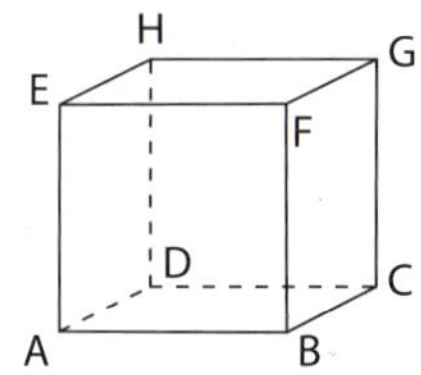

a) Déterminer les coordonnées de chacun des sommets dans le repère $(A ; \overrightarrow{AB}, \overrightarrow{AD}, \overrightarrow{AE})$.

b) Déterminer une représentation paramétrique de chacune des droites (AG) et (BH).

26 **a)** d et d' sont les droites de représentations paramétriques respectives :

$$\begin{cases} x = -4 + 2t \\ y = 1 - t \\ z = 5 + 3t \end{cases} (t \in \mathbb{R}) \quad \text{et} \quad \begin{cases} x = 3 - 4t' \\ y = 4t' \\ z = 2 + 4t' \end{cases} (t' \in \mathbb{R}).$$

Les droites d et d' sont-elles parallèles, orthogonales ou ni l'un, ni l'autre ?

b) Reprendre la question précédente avec les représentations paramétriques :

$$\begin{cases} x = -1 + 2t \\ y = 5t \\ z = -3 - 3t \end{cases} (t \in \mathbb{R}) \quad \text{et} \quad \begin{cases} x = 1 - 4t' \\ y = 2 - 10t' \\ z = 6t' \end{cases} (t' \in \mathbb{R}).$$

Équations cartésiennes d'un plan

Cours 2

L'espace est muni d'un repère orthonormé.

Questions flash — À l'oral

27 $\mathcal{P}$ est le plan d'équation cartésienne :

$$2x - 3y + 5z + 1 = 0.$$

Déterminer mentalement les coordonnées de deux vecteurs normaux au plan $\mathcal{P}$.

28 ABCDEFGH est le cube représenté ci-contre.

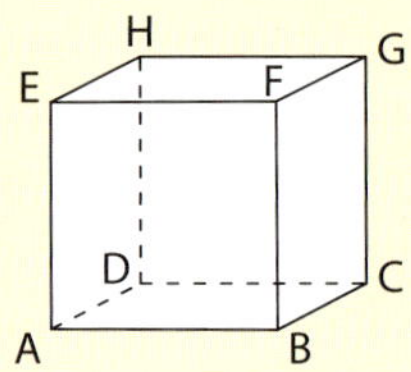

Pour chacun des plans ci-dessous, indiquer oralement deux vecteurs normaux.

a) (ABC) **b)** (BCF) **c)** (ADF)

29 $\mathcal{P}$ est le plan d'équation cartésienne :

$$x - 2y + z + 4 = 0.$$

Dans chaque cas, indiquer oralement si l'affirmation est vraie ou fausse.

a) $\vec{n}(2\,;3\,;4)$ est un vecteur normal du plan $\mathcal{P}$.

b) $\vec{m}(1\,;-2\,;1)$ est un vecteur normal du plan $\mathcal{P}$.

c) Le point $A(2\,;1\,;-4)$ appartient au plan $\mathcal{P}$.

d) Le point $B(1\,;2\,;5)$ appartient au plan $\mathcal{P}$.

30 Déterminer mentalement une équation cartésienne du plan $\mathcal{P}$ passant par l'origine O du repère et de vecteur normal $\vec{n}(1\,;2\,;1)$.

31 $\mathcal{P}$ est le plan de vecteur normal $\vec{n}(2\,;-3\,;4)$ et passant par le point $A(1\,;0\,;2)$.

Leyla affirme « Une équation cartésienne du plan $\mathcal{P}$ est $2x - 3y + 4z - 10 = 0$ ». A-t-elle raison ?

32 Déterminer une équation cartésienne du plan :

a) $\mathcal{P}$ coloré en rouge passant par le point A et orthogonal à l'axe des ordonnées ;

b) $\mathcal{Q}$ coloré en bleu passant par le point B et orthogonal à l'axe des côtes.

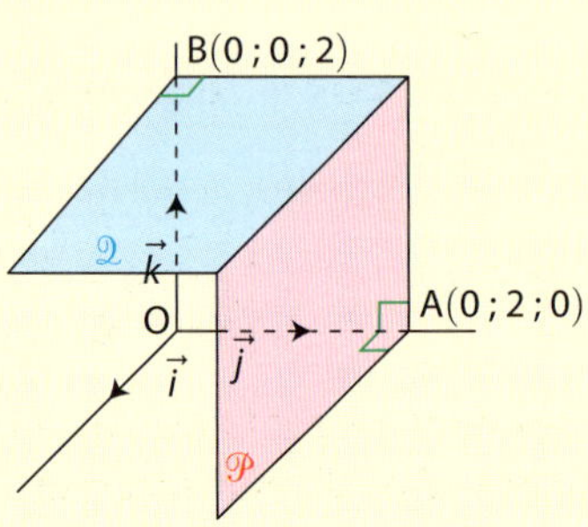

33 $\mathcal{P}$ est le plan d'équation cartésienne :

$$2x - 3y + z - 5 = 0.$$

Dans chaque cas, indiquer si le point appartient ou non au plan $\mathcal{P}$.

- $A(1\,;-1\,;0)$
- $B(2\,;-1\,;3)$
- $C\left(\frac{3}{2}\,;\frac{2}{3}\,;5\right)$

34 $\mathcal{P}$ est le plan d'équation cartésienne :

$$x - y + 2z + 1 = 0.$$

a) Donner les coordonnées de trois points A, B, C qui appartiennent au plan $\mathcal{P}$.

b) En déduire les coordonnées de deux vecteurs non colinéaires de $\mathcal{P}$.

35 $\mathcal{P}$ est le plan passant par le point $A(2\,;-1\,;3)$ et de vecteur normal $\vec{n}(1\,;1\,;-2)$.

a) Déterminer une équation cartésienne du plan $\mathcal{P}$.

b) Les points $B(-2\,;0\,;1)$ et $C(3\,;0\,;4)$ appartiennent-ils au plan $\mathcal{P}$? Justifier.

36 Dans chaque cas, donner une équation cartésienne du plan passant par le point A et de vecteur normal $\vec{n}$.

a) $A(2\,;1\,;5)$ et $\vec{n}(-1\,;1\,;4)$.

b) $A(0\,;0\,;0)$ et $\vec{n}(2\,;-1\,;1)$.

c) $A(3\,;-1\,;-1)$ et $\vec{n}(0\,;0\,;1)$.

d) $A(-2\,;1\,;5)$ et $\vec{n}(-3\,;2\,;0)$.

37 On donne les points $A(3\,;0\,;0)$ et $B(3\,;1\,;2)$.

$\mathcal{P}$ est le plan qui passe par le point B et est orthogonal à la droite (AB).

a) Déterminer les coordonnées d'un vecteur normal à $\mathcal{P}$.

b) Déterminer une équation cartésienne de $\mathcal{P}$.

38 $\mathcal{P}$ est le plan d'équation cartésienne :

$$5x - y + z + 2 = 0.$$

$\mathcal{Q}$ est le plan parallèle à $\mathcal{P}$ et passant par $A(1\,;-1\,;-2)$.

a) Déterminer les coordonnées d'un vecteur normal à $\mathcal{Q}$.

b) Déterminer une équation cartésienne de $\mathcal{Q}$.

39 On se place dans le repère orthonormé $(A\,;\overrightarrow{AB}, \overrightarrow{AD}, \overrightarrow{AE})$.

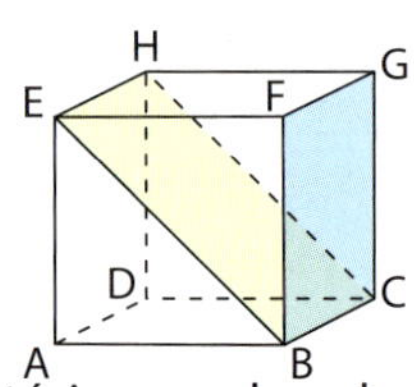

a) Déterminer les coordonnées d'un vecteur normal au plan (BCF), puis au plan (BCE).

b) Déterminer une équation cartésienne du plan (BCF), puis du plan (BCE).

40 $\mathcal{P}$ est le plan d'équation $x - 3y + z - 5 = 0$.

Déterminer une représentation paramétrique de la droite d passant par $A(2\,;-3\,;5)$ et orthogonale à $\mathcal{P}$.

41 $\mathcal{P}$ est le plan passant par $A(3\,;1\,;-2)$ et de vecteur normal $\vec{n}(4\,;6\,;3)$.

a) Donner une équation cartésienne du plan $\mathcal{P}$.

b) Donner une équation cartésienne du plan $\mathcal{P}'$ parallèle à $\mathcal{P}$ et passant par le point $C(-5\,;0\,;7)$.

42 On donne les points :

$A(1\,;2\,;3)$, $B(-1\,;0\,;4)$, $C(5\,;1\,;-2)$.

Déterminer une équation cartésienne du plan qui passe par C et orthogonal à la droite (AB).

43 On donne les points $I(1\,;2\,;0)$, $J(-1\,;0\,;-2)$, $K(2\,;3\,;0)$, $L(-1\,;-2\,;-1)$.

1. Vérifier que les points I, J, K ne sont pas alignés.

2. a) Démontrer que le vecteur $\vec{n}(2\,;-2\,;0)$ est un vecteur normal au plan (IJK).

b) Déterminer une équation cartésienne du plan (IJK).

3. Les points I, J, K, L sont-ils coplanaires ? Justifier.

44 $A(-1\,;2\,;-1)$ et $B(3\,;2\,;3)$ sont deux points de l'espace.

Déterminer l'ensemble des points $M(x\,;y\,;z)$ de l'espace tels que $\overrightarrow{AB}\cdot\overrightarrow{AM}=0$.

45 On a placé quatre points A, B, C, D dans le repère orthonormé ci-dessous.

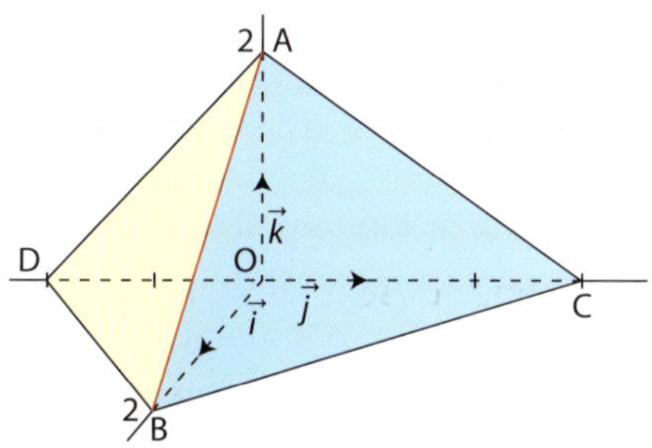

a) Lire les coordonnées des points A, B, C, D.

b) Démontrer que le vecteur $\vec{n}(3\,;2\,;3)$ est normal au plan (ABC) ; puis que le vecteur $\vec{m}(1\,;-1\,;1)$ est normal au plan (ABD).

c) Déterminer une équation cartésienne du plan (ABC), puis du plan (ABD).

d) Alix affirme « Le point $E(-10\,;-15\,;-3)$ appartient à l'un des deux plans ». A-t-elle raison ?

46 Dans l'espace, le plan médiateur d'un segment est le plan orthogonal à ce segment en son milieu.

On donne les points $A(1\,;-2\,;3)$ et $B(3\,;2\,;1)$.

a) Déterminer une équation cartésienne du plan médiateur du segment [AB].

b) Vérifier que les points A et B sont équidistants de $\mathcal{P}$.

Traduire un problème par un système d'équations linéaires

Cours 3

L'espace est muni d'un repère orthonormé.

Questions flash À l'oral

47 d et d' sont les droites de représentations paramétriques respectives :

$$\begin{cases} x=t \\ y=1+t \\ z=3-t \end{cases} (t\in\mathbb{R}) \quad \text{et} \quad \begin{cases} x=2-t' \\ y=t' \\ z=-2+3t' \end{cases} (t'\in\mathbb{R}).$$

Déterminer mentalement lequel de ces systèmes on est amené à résoudre pour déterminer l'intersection de d et d'.

$$\textbf{(1)}\ \begin{cases} t+t'=2 \\ t-t'=1 \\ t+3t'=-5 \end{cases} \qquad \textbf{(2)}\ \begin{cases} t+t'=2 \\ t-t'=-1 \\ t+3t'=5 \end{cases}$$

48 $\mathcal{P}$ est le plan d'équation cartésienne $x+y+z=0$ et d est la droite de représentation paramétrique $\begin{cases} x=2t \\ y=1-t \\ z=4 \end{cases} (t\in\mathbb{R})$.

Déterminer mentalement le point d'intersection de la droite d et du plan $\mathcal{P}$.

49 d et d' sont les droites de représentations paramétriques respectives :

$$\begin{cases} x=1-t \\ y=2+2t \\ z=-1+t \end{cases} (t\in\mathbb{R}) \quad \text{et} \quad \begin{cases} x=2+t' \\ y=-2-t' \\ z=-2t' \end{cases} (t'\in\mathbb{R}).$$

a) Déterminer les coordonnées d'un vecteur directeur $\vec{u}$ de d et d'un vecteur directeur $\vec{u}'$ de d'.

b) En déduire que d et d' ne sont pas parallèles.

Quelle peut être la position relative de d et d' ?

c) Déterminer le point d'intersection de d et d' en résolvant un système d'équations.

50 d et d' sont les droites de représentations paramétriques respectives :

$$\begin{cases} x=1-t \\ y=2+3t \\ z=-4t \end{cases} (t\in\mathbb{R}) \quad \text{et} \quad \begin{cases} x=-3+4t' \\ y=4-t' \\ z=-6+5t' \end{cases} (t'\in\mathbb{R}).$$

a) Justifier que d et d' ne sont pas parallèles.

b) Démontrer que d et d' sont sécantes en résolvant un système d'équations.

51 Voici les représentations paramétriques respectives de deux droites d et d' sécantes.
Déterminer leur point d'intersection.

$$\begin{cases} x = 1 - t \\ y = 2t \\ z = 4 \end{cases} (t \in \mathbb{R}) \quad \text{et} \quad \begin{cases} x = 2 + t' \\ y = -2 - 2t' \\ z = t' \end{cases} (t' \in \mathbb{R}).$$

52 d et d' sont les droites de représentations paramétriques respectives :

$$\begin{cases} x = 5 - t \\ y = 2 + t \\ z = 1 - 3t \end{cases} (t \in \mathbb{R}) \quad \text{et} \quad \begin{cases} x = t' \\ y = 2 - 2t' \\ z = 1 + t' \end{cases} (t' \in \mathbb{R}).$$

a) Démontrer que d et d' ne sont pas parallèles.

b) Démontrer que d et d' ne sont pas coplanaires en résolvant un système d'équations.

53 Voici les représentations paramétriques respectives de deux droites d et d'.
Démontrer que d et d' sont non coplanaires.

$$\begin{cases} x = 3t \\ y = -1 + t \\ z = 2 - t \end{cases} (t \in \mathbb{R}) \quad \text{et} \quad \begin{cases} x = 1 + t' \\ y = t' \\ z = 3 - t' \end{cases} (t' \in \mathbb{R}).$$

54 d est la droite de représentation paramétrique :

$$\begin{cases} x = 1 + 2t \\ y = 3 - t \\ z = -1 - 2t \end{cases} (t \in \mathbb{R}).$$

a) Parmi les plans ci-dessous, indiquer celui qui est orthogonal à la droite d.

- $\mathcal{P}$ d'équation cartésienne $x + 2y - z + 5 = 0$.
- $\mathcal{Q}$ d'équation cartésienne $4x - 2y - 4z + 1 = 0$.

b) Déterminer le point d'intersection de d et de ce plan en résolvant un système d'équations.

55 $\mathcal{P}$ est le plan d'équation cartésienne :

$$x + 4y - 5z - 16 = 0$$

et $\mathcal{D}$ la droite de représentation paramétrique :

$$\begin{cases} x = -5 + t \\ y = 4 - t \\ z = 5 - 3t \end{cases} (t \in \mathbb{R}).$$

a) Démontrer que la droite $\mathcal{D}$ et le plan $\mathcal{P}$ sont sécants.

b) Déterminer leur point d'intersection en résolvant un système d'équations.

56 Expliquer pourquoi la droite d et le plan $\mathcal{P}$ ci-dessous sont sécants. Déterminer leur point d'intersection en résolvant un système.

$$d : \begin{cases} x = 5 - 2t \\ y = 3 + t \\ z = 4t \end{cases} (t \in \mathbb{R}) \text{ et } \mathcal{P} : 4x - 3z + 20 = 0$$

57 On donne quatre vecteurs :

$\vec{u}(-5\,;0\,;0)$, $\vec{v}(0\,;2\,;3)$, $\vec{w}(-1\,;0\,;1)$, $\vec{m}(1\,;2\,;3)$.

On se propose de déterminer s'il existe des réels a, b, c tels que $\vec{m} = a\vec{u} + b\vec{v} + c\vec{w}$.

a) S'il existe de tels nombres, expliquer pourquoi :

$$\begin{cases} -5a - c = 1 \\ 2b = 2 \\ 3b + c = 3 \end{cases}.$$

b) Résoudre ce système et conclure.

58 a et b désignent des nombres réels. On donne les points A$(1\,;1\,;a)$, B$(3\,;a\,;b)$, C$(-3\,;b\,;2a+1)$.
On se propose de déterminer a et b afin que les points A, B, C soient alignés.

a) Déterminer les coordonnées des vecteurs $\overrightarrow{AB}$ et $\overrightarrow{AC}$.

b) Montrer que les points A, B, C sont alignés si, et seulement si, $\begin{cases} b - 1 = -2(a+1) \\ a + 1 = -2(b - a) \end{cases}$.

c) Résoudre ce système et conclure en donnant les coordonnées de A, B, C.

59 $\mathcal{P}$ est un plan d'équation cartésienne :

$ax + by + z + d = 0$ (avec a et b nombres réels).

Existe-t-il des nombres a et b tels que les points A$(3\,;1\,;2)$, B$(-1\,;2\,;0)$, C$(0\,;0\,;-4)$ appartiennent au plan $\mathcal{P}$.

60 $\mathcal{P}$ est le plan d'équation cartésienne :

$$2x + y - z + 3 = 0.$$

A est le point de coordonnées $(2\,;0\,;-1)$.

a) Déterminer une représentation paramétrique de la droite Δ passant par A et perpendiculaire au plan $\mathcal{P}$.

b) En déduire les coordonnées du point H, projeté orthogonal du point A sur le plan $\mathcal{P}$.

61 $\mathcal{P}$ est le plan d'équation cartésienne :

$$x + y + 2z - 3 = 0.$$

I est le point de coordonnées $(2\,;3\,;2)$.

a) Déterminer une représentation paramétrique de la droite Δ passant par I et orthogonale à $\mathcal{P}$.

b) En déduire les coordonnées du point H, projeté orthogonal du point A sur le plan $\mathcal{P}$.

62 d est la droite passant par le point E$(1\,;2\,;-4)$ et de vecteur directeur $\vec{u}(1\,;2\,;1)$. $\mathcal{P}$ est le plan passant par le point F$(0\,;2\,;1)$ et orthogonal à la droite d.

a) Déterminer une équation cartésienne du plan $\mathcal{P}$.

b) En déduire les coordonnées du point H, projeté orthogonal du point F sur la droite d.

Pour les exercices 63 et 64, l'espace est muni d'un repère orthonormé.

63 QCM Dans chaque cas, donner la réponse exacte sans justifier.

		A	B	C	D
1	Le point $B(2\,;-4\,;7)$ appartient à la droite de représentation paramétrique (avec $t \in \mathbb{R}$) …	$\begin{cases} x=1+t \\ y=-4+t \\ z=7+t \end{cases}$	$\begin{cases} x=2-t \\ y=-4+2t \\ z=6+t \end{cases}$	$\begin{cases} x=-3+t \\ y=1-t \\ z=2+t \end{cases}$	$\begin{cases} x=2-t \\ y=1+t \\ z=3+2t \end{cases}$
2	$\vec{n}(-1\,;2\,;-3)$ est un vecteur normal au plan d'équation cartésienne …	$x-2y+z-3=0$	$-x-2y-3z=0$	$x+2y-3z+1=0$	$x-2y+3z+4=0$
3	$\mathcal{P}$ est le plan d'équation : $2x-y+z+4=0$. Un point A de $\mathcal{P}$ et un vecteur normal $\vec{n}$ de $\mathcal{P}$ sont …	$A(2\,;4\,;-4)$ et $\vec{n}(2\,;-1\,;1)$	$A(1\,;1\,;-5)$ et $\vec{n}(2\,;-1\,;1)$	$A(2\,;4\,;-4)$ et $\vec{n}(4\,;2\,;-1)$	$A(1\,;1\,;-5)$ et $\vec{n}(2\,;3\,;4)$

64 QCM Dans chaque cas, donner la (ou les) réponse(s) exacte(s) sans justifier.

		A	B	C	D
1	Le plan d'équation cartésienne $2x-y+3z-4=0$ …	passe par $C(1\,;1\,;1)$	passe par $D(5\,;6\,;0)$	a pour vecteur normal $\vec{n}(-2\,;1\,;-3)$	a pour vecteur normal $\vec{n}(2\,;1\,;3)$
2	d est la droite qui passe par $A(0\,;0\,;-2)$ et de vecteur directeur $\vec{u}(-1\,;-3\,;2)$. $\mathcal{P}$ est le plan d'équation $5x+y+4z+8=0$. Alors …	d et $\mathcal{P}$ sont parallèles	d est orthogonale à $\mathcal{P}$	d est incluse dans $\mathcal{P}$	d et $\mathcal{P}$ sont sécants

65 Vrai/Faux Dans chaque cas, dire si l'affirmation est vraie ou fausse en justifiant.

ABCDEFGH est le cube représenté ci-contre.

L'espace est muni du repère orthonormé $(A\,;\overrightarrow{AB}, \overrightarrow{AD}, \overrightarrow{AE})$.

I est le point du segment [EF] tel que $IF = \frac{1}{4}EF$.

H est le projeté orthogonal du point I sur la droite (CE).

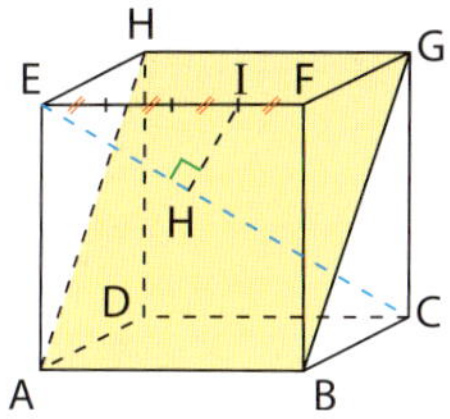

1 Affirmation : le plan (ABG) a pour équation cartésienne $y-z=0$.

2 Affirmation : $\begin{cases} x=1-2t \\ y=1-2t \\ z=2t \end{cases}$ $(t \in \mathbb{R})$ est une représentation paramétrique de la droite (CE).

3 Affirmation : le point H a pour coordonnées $\left(\frac{1}{2}\,;\frac{1}{2}\,;\frac{1}{2}\right)$.

Vérifiez vos réponses : p. 529

66 Raisonner avant de résoudre : position relative de deux droites

1. Voici les quatre positions relatives possibles de deux droites d et d' de l'espace.

a) Dans chaque cas, décrire la position relative de ces droites.

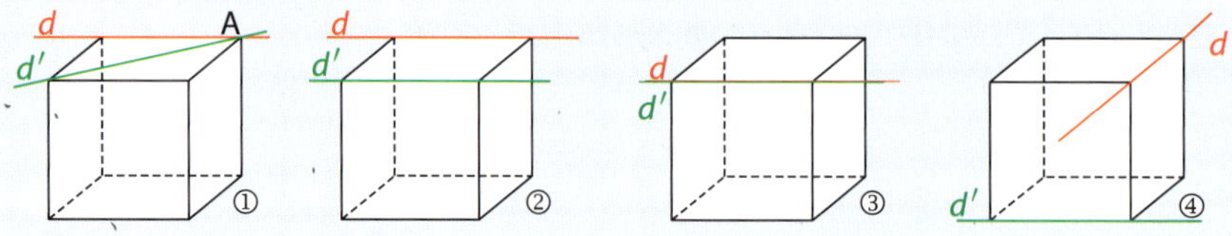

b) $\vec{u}$ est un vecteur directeur de d et $\vec{v}$ un vecteur directeur de d'.

- Lorsque $\vec{u}$ et $\vec{v}$ sont colinéaires, quelles sont les positions relatives possibles de d et d' ? Combien de points d'intersection peuvent alors avoir d et d' ?
- Lorsque $\vec{u}$ et $\vec{v}$ ne sont pas colinéaires, combien de points d'intersection peuvent avoir d et d' ?

2. Dans un repère orthonormé de l'espace, on considère les deux droites de représentations paramétriques :

$d : x = -t$; $y = 1 + 2t$; $z = 4 - 3t$ $(t \in \mathbb{R})$

$d' : x = -4 + 2t'$; $y = 9 - 4t'$; $z = -8 + 6t'$ $(t' \in \mathbb{R})$

a) Étudier la colinéarité ou non de vecteurs directeurs de d et d'.

b) Choisir un point de d. Appartient-il à d' ? Conclure sur la position relative de d et d'.

3. Dans chaque cas, étudier la position relative des deux droites données par leurs représentations paramétriques ($t \in \mathbb{R}$ et $t' \in \mathbb{R}$) dans un repère orthonormé.

a) $d : x = \frac{1}{3} + t$; $y = 2 - \frac{1}{4}t$; $z = 3t$

$d' : x = -1 - 2t'$; $y = 5 + t'$; $z = -4 - 6t'$

b) $d : x = -5 + \frac{1}{2}t$; $y = 1 + 3t$; $z = 1 + t$

$d' : x = 1 - 4t'$; $y = 2 - 24t'$; $z = -8t'$

c) $d : x = 5 + 3t$; $y = 2 + t$; $z = 1 - 4t$

$d' : x = 1 + 2t'$; $y = 10 - 2t'$; $z = 4 + t'$

67 Raisonner avant de résoudre : position relative d'une droite et d'un plan

1. Voici les trois positions relatives possibles d'une droite d et d'un plan $\mathcal{P}$ de l'espace.

a) Dans chaque cas, décrire la position relative de la droite d et du plan $\mathcal{P}$.

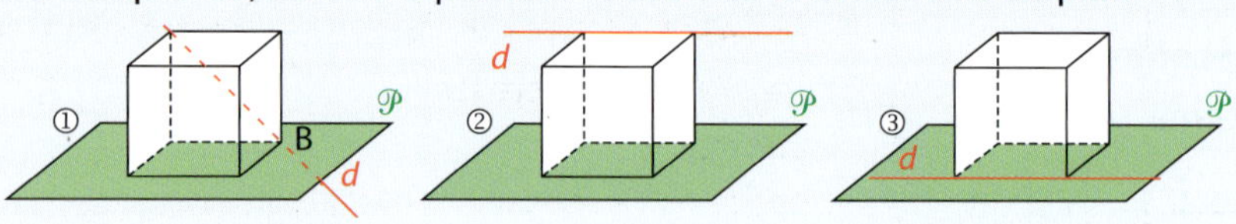

b) $\vec{u}$ est un vecteur directeur de la droite d et $\vec{n}$ un vecteur normal au plan $\mathcal{P}$.

- Lorsque $\vec{u} \cdot \vec{n} = 0$, quelles sont les positions relatives possibles de d et $\mathcal{P}$? Combien de points d'intersection peuvent alors avoir d et $\mathcal{P}$?
- Lorsque $\vec{u} \cdot \vec{n} \neq 0$, combien de points d'intersection peuvent avoir d et $\mathcal{P}$?

2. Dans un repère orthonormé de l'espace, on considère une droite d de représentation paramétrique donnée et un plan $\mathcal{P}$ d'équation cartésienne donnée.
Dans chaque cas, étudier la position relative de d et $\mathcal{P}$.

a) $\mathcal{P} : 2x + 3y + z + 3 = 0$
$d : \begin{cases} x = -3 + 4t \\ y = 4 - t \\ z = -9 - 5t \end{cases} \quad (t \in \mathbb{R})$

b) $\mathcal{P} : x - y + 2z + 3 = 0$
$d : \begin{cases} x = 1 + 4t \\ y = -1 + 6t \\ z = -2 + 2t \end{cases} \quad (t \in \mathbb{R})$

c) $\mathcal{P} : 3x + 4y - 5z = 0$
$d : \begin{cases} x = 1 - t \\ y = 2t \\ z = -1 + t \end{cases} \quad (t \in \mathbb{R})$

Vidéo JAICOMPRIS.COM

Toutes les démonstrations au programme en vidéo

Liste des démonstrations :
- Équation cartésienne du plan normal au vecteur $\vec{n}$ et passant par le point A.

Conseil
Il faut comprendre que la représentation paramétrique de d, par exemple, est écrite en ligne au lieu d'être écrite avec le système :
$\begin{cases} x = -t \\ y = 1 + 2t \\ z = 4 - 3t \end{cases}$

Étudier des droites et des plans

68 **PARCOURS DIFFÉRENCIÉS**

Parcours 1

Dans un repère orthonormé de l'espace, $\mathcal{P}$ est le plan d'équation cartésienne $2x - y + 4z + 8 = 0$ et A est le point de coordonnées $(2\,;-5\,;1)$.
H est le projeté orthogonal du point A sur le plan $\mathcal{P}$.
Déterminer les coordonnées du point H.

Parcours 2

Dans un repère orthonormé de l'espace, $\mathcal{Q}$ est le plan d'équation cartésienne $x + y + z = 0$ et B est le point de coordonnées $(3\,;1\,;0)$. K est le projeté orthogonal du point B sur le plan $\mathcal{Q}$.

a) Déterminer les coordonnées d'un vecteur directeur de la droite (BK).
En déduire une représentation paramétrique de la droite (BK).

b) Déterminer les coordonnées de K en résolvant un système.

69 La figure ci-dessous est constituée de deux cubes identiques.
I, J et K sont les milieux respectifs des arêtes [AL], [DM] et [AB].
L'espace est muni du repère orthonormé $(A\,;\overrightarrow{AB}, \overrightarrow{AD}, \overrightarrow{AE})$.

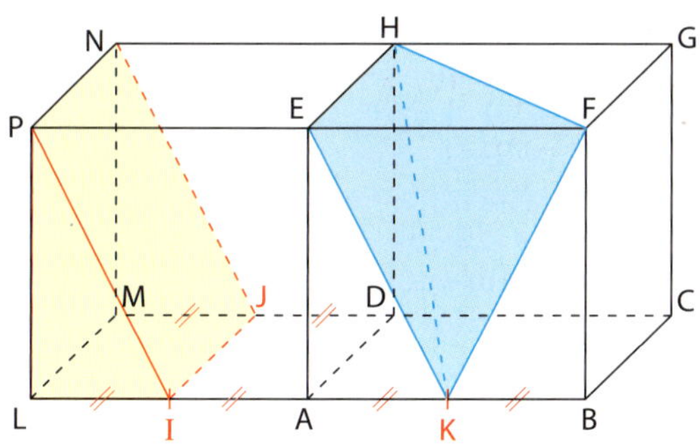

1. Calculer le volume du prisme droit ILPJMN.

2. a) Déterminer les coordonnées des points E, F, H et K.

b) Démontrer que le vecteur $\vec{n}(2\,;0\,;1)$ est un vecteur normal au plan (EHK).

c) En déduire une équation cartésienne du plan (EHK).

d) Déterminer une représentation paramétrique de la droite passant par F et orthogonale au plan (EHK).

e) En déduire les coordonnées du projeté orthogonal de F sur le plan (EHK).

3. Comparer les volumes des solides EFHK et ILPJMN.

Vidéo

JaiCompris.com — Cet exercice est corrigé en vidéo

70 ABCDEFGH est le cube représenté ci-contre.
I est le milieu de l'arête [AE], J est le centre de la face CDHG, P et Q sont les points définis par :

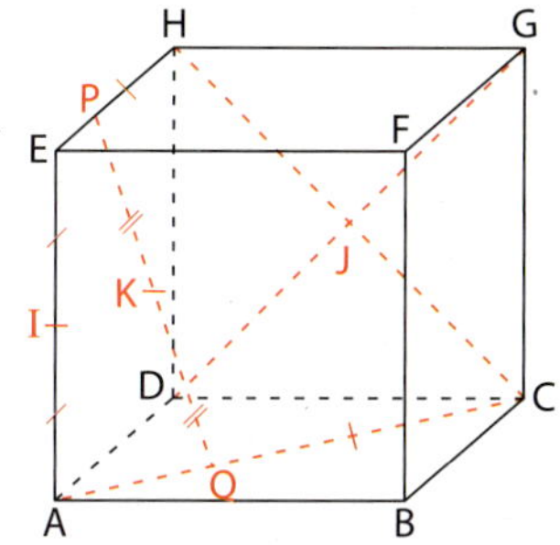

$$\overrightarrow{EP} = \frac{1}{3}\overrightarrow{EH} \text{ et } \overrightarrow{AQ} = \frac{1}{3}\overrightarrow{AC}$$

et K est le milieu du segment [PQ].
On se place dans le repère $(A\,;\overrightarrow{AB}, \overrightarrow{AD}, \overrightarrow{AE})$.

1. a) Calculer les coordonnées des points I et J.

b) Déterminer une représentation paramétrique de la droite (IJ).

2. a) Calculer les coordonnées des points P, Q et K.

b) Démontrer que les points I, K et J sont alignés.

71 Dans un repère de l'espace, on donne les points :
$A(2\,;-4\,;3)$, $B(-4\,;2\,;5)$ et $C(-2\,;-2\,;5)$.

a) Calculer les coordonnées des milieux respectifs I, J, K des segments [AB], [AC] et [BC].

b) Déterminer une représentation paramétrique de chacune des trois médianes du triangle ABC.
Une médiane d'un triangle est une droite passant par un sommet et le milieu du côté opposé.

c) Déterminer les coordonnées du point d'intersection G de deux de ces médianes.
Vérifier que G appartient à la troisième médiane.
On dit que G est **le centre de gravité** de ABC.

72 ABCDEFGH est le cube d'arête 1 représenté ci-contre.
L'espace est muni du repère orthonormé $(D\,;\overrightarrow{DA}, \overrightarrow{DC}, \overrightarrow{DH})$.

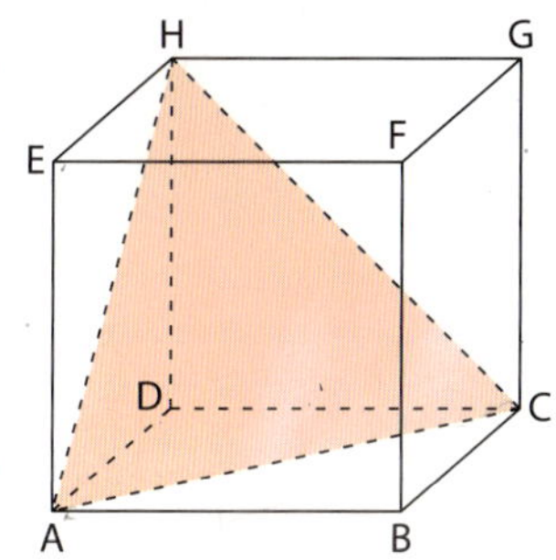

1. Déterminer une équation cartésienne du plan (ACH).

2. On note d la droite passant par le point F et orthogonale au plan (ACH).

a) Déterminer une représentation paramétrique de la droite d.

b) Calculer les coordonnées du projeté orthogonal K du point F sur le plan (ACH).

3. Calculer la distance du point F au plan (ACH).

73 ABCDEFGH est un parallélépipède rectangle tel que AB = 12, AD = 18 et AE = 6.
L'espace est muni du repère orthonormé d'origine A dans lequel les points B, D et E ont pour coordonnées respectives $(12\,;0\,;0)$, $(0\,;18\,;0)$ et $(0\,;0\,;6)$.

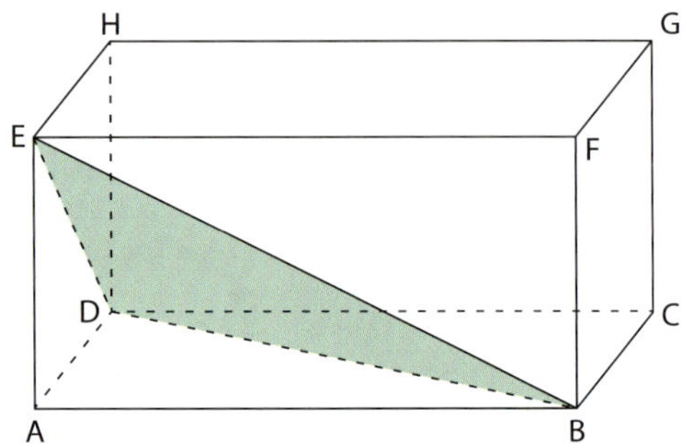

1. Vérifier que le plan (EBD) a pour équation cartésienne $3x+2y+6z-36=0$.
2. a) Déterminer une représentation paramétrique de la droite (AG).
b) Déterminer les coordonnées du point d'intersection de la droite (AG) et du plan (EBD). On note K ce point.
3. La droite (AG) est-elle orthogonale au plan (EBD) ? Justifier.
4. On note $\mathcal{P}$ le plan parallèle au plan (ADE) passant par le point K.
a) Démontrer que le plan $\mathcal{P}$ coupe le plan (EBD) selon une droite d parallèle à la droite (ED).
b) Réaliser une figure et construire d.

74 ABCDEFGH est le cube représenté ci-contre.
I et J sont les centres respectifs des faces ABCD et ADHE.
K est le milieu de [IJ].
On se place dans le repère orthonormé $(A\,;\overrightarrow{AB},\overrightarrow{AD},\overrightarrow{AE})$.

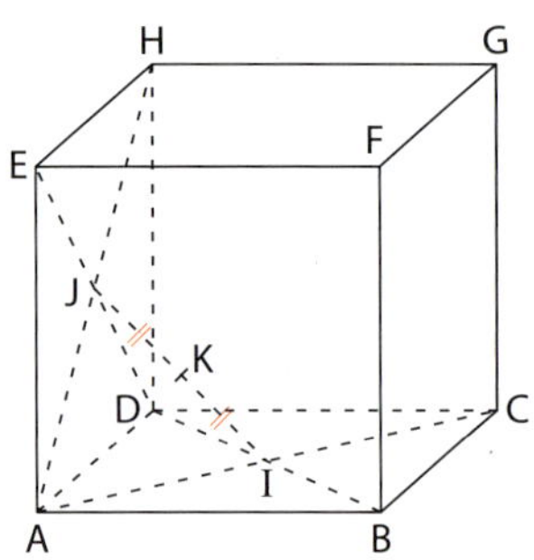

a) Déterminer les coordonnées de tous les points de la figure.
b) Déterminer une équation cartésienne de chacun des plans :
- (ADF)
- (AKG)

c) Démontrer que les plans (ADF) et (AKG) sont parallèles.
d) Préciser si ces deux plans sont strictement parallèles ou confondus.

75 Dans un repère orthonormé de l'espace, $\mathcal{P}$ est le plan passant par le point $A(1\,;-1\,;2)$ et dont deux vecteurs non colinéaires sont $\vec{u}(-3\,;1\,;0)$ et $\vec{v}(2\,;0\,;1)$.
On note $(x\,;y\,;z)$ les coordonnées d'un point M de $\mathcal{P}$.
Ainsi, il existe des réels t et t' tels que :
$$\overrightarrow{AM}=t\vec{u}+t'\vec{v}.$$
a) Expliquer pourquoi $\begin{cases} x=1-3t+2t' \\ y=-1+t \\ z=2+t' \end{cases}$ $(t\in\mathbb{R}, t'\in\mathbb{R})$.

On dit que ce système est **une représentation paramétrique du plan** $\mathcal{P}$.
b) Déduire de ce système, une équation cartésienne du plan $\mathcal{P}$.

Modéliser d'autres problèmes par un système d'équations

76 **PARCOURS DIFFÉRENCIÉS**

Parcours 1

L'espace est muni d'un repère orthonormé.
On donne les vecteurs :
$$\vec{u}(-1\,;2\,;0),\ \vec{v}(2\,;0\,;1),\ \vec{w}(0\,;2\,;-1).$$
Démontrer que le triplet $(\vec{u},\vec{v},\vec{w})$ de vecteurs est une base de l'espace.

Parcours 2

Dans un repère orthonormé, on donne les vecteurs $\vec{m}(-1\,;1\,;0)$, $\vec{n}(0\,;-1\,;1)$, $\vec{p}(1\,;0\,;1)$.
a) Vérifier que les vecteurs $\vec{m}$ et $\vec{n}$ ne sont pas colinéaires.
b) S'il existent, on note a et b des nombres réels tels que $\vec{p}=a\vec{m}+b\vec{n}$.
Traduire cette égalité par un système de trois équations à deux inconnues.
c) Résoudre ce système et expliquer pourquoi $(\vec{m},\vec{n},\vec{p})$ est une base de l'espace.

Pour les exercices 77 et 78, déterminer si le triplet $(\vec{u},\vec{v},\vec{w})$ de vecteurs donnés par leurs coordonnées dans un repère orthonormé, forme une base de l'espace.

77 $\vec{u}(1\,;2\,;3)$, $\vec{v}(-5\,;1\,;0)$, $\vec{w}(-2\,;7\,;9)$

78 $\vec{u}\left(-2\,;\dfrac{1}{2}\,;1\right)$, $\vec{v}(1\,;1\,;3)$, $\vec{w}(4\,;-1\,;2)$

79 Dans un repère orthonormé de l'espace, on donne les points A(2 ; 4 ; 1), B(0 ; 4 ; – 3) et C(3 ; 1 ; – 3).

a) Déterminer les coordonnées des vecteurs $\overrightarrow{AB}$ et $\overrightarrow{AC}$. Vérifier que les trois points A, B, C ne sont pas alignés.

b) On note $\vec{n}(a\,;b\,;c)$ les coordonnées d'un vecteur normal au plan (ABC).

Expliquer pourquoi cette information se traduit par le système :

$$\begin{cases} 2a + 4c = 0 \\ a - 3b - 4c = 0 \end{cases}.$$

c) Ce système a plus d'inconnues que d'équations. On le résout en considérant que *c*, par exemple, est un paramètre et en exprimant les deux inconnues *a* et *b* en fonction de *c*.

Déterminer ces expressions de *a* et *b*.

d) Choisir une valeur de *c*, autre que 0, et déterminer un vecteur normal $\vec{n}$ au plan (ABC).

e) En déduire une équation cartésienne du plan (ABC).

Pour les exercices 80 et 81, l'espace est muni d'un repère orthonormé. Vérifier que les points A, B, C ne sont pas alignés et déterminer une équation cartésienne du plan (ABC).

80 A(3 ; – 5 ; 1), B(– 1 ; 0 ; 2), C(2 ; 1 ; 3)

81 A(– 1 ; 0 ; 2), B(5 ; – 4 ; 1), C(2 ; 2 ; 1)

82 ABCDEFGH est le cube représenté ci-contre.
I est le centre de la face ADHE et J celui de la face ABCD.
K est le milieu du segment [IJ].

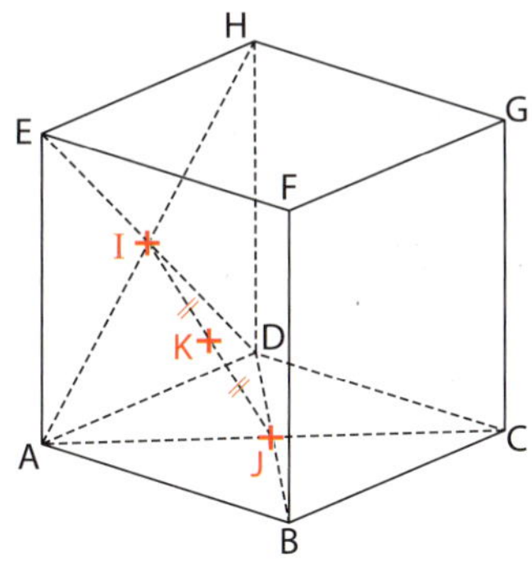

L'espace est muni du repère orthonormé $(A\,;\overrightarrow{AB}, \overrightarrow{AD}, \overrightarrow{AE})$.

1. a) Déterminer les coordonnées des points I, J, K.

b) Les points A, K et G sont-ils alignés ?

2. Démontrer que les vecteurs $\overrightarrow{AD}$, $\overrightarrow{AG}$ et $\overrightarrow{AK}$ sont coplanaires, c'est-à-dire déterminer des réels α et β tels que $\overrightarrow{AK} = \alpha\overrightarrow{AD} + \beta\overrightarrow{AG}$.

3. a) Justifier l'existence de nombres réels *a* et *b* tels que $\overrightarrow{KA} = a\overrightarrow{KD} + b\overrightarrow{KG}$.

b) Déterminer les nombres *a* et *b*.

83 ABCDEFGH est le cube représenté ci-dessous.
I est le centre de la face BCGF.
J, K et L sont les milieux respectifs de [GH], [AB] et [AE].
L'espace est muni du repère orthonormé $(A\,;\overrightarrow{AB}, \overrightarrow{AD}, \overrightarrow{AE})$.

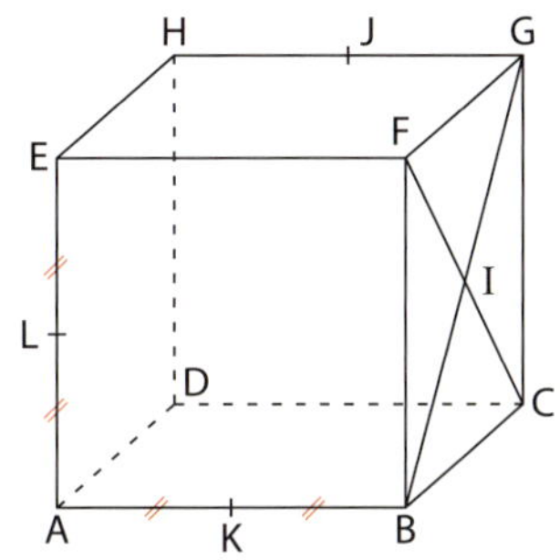

a) Justifier que les vecteurs $\overrightarrow{LK}$, $\overrightarrow{LI}$ et $\overrightarrow{LJ}$ forment une base de l'espace.

b) Expliquer pourquoi déterminer des réels *a*, *b*, *c* tels que $\overrightarrow{AB} = a\overrightarrow{LK} + b\overrightarrow{LI} + c\overrightarrow{LJ}$ revient à résoudre :

$$\begin{array}{l} \textbf{(1)} \\ \textbf{(2)} \\ \textbf{(3)} \end{array} \begin{cases} a + 2b + c = 2 \\ \quad b + 2c = 0 \\ \quad -a + c = 0 \end{cases}.$$

c) Exprimer *a* en fonction de *c* à l'aide de l'équation **(3)**. Remplacer *a* par cette expression dans l'équation **(1)**. Déterminer alors les valeurs de *b* et *c*, puis de *a*.

d) En déduire les coordonnées du vecteur $\overrightarrow{AB}$ dans la base $(\overrightarrow{LK}\,;\overrightarrow{LI}\,;\overrightarrow{LJ})$.

S'ENTRAÎNER À LA LOGIQUE → p. 525

84 Compléter avec l'hypothèse manquante

L'espace est muni d'un repère orthonormé.
A et B sont deux points. $\mathcal{P}$ est un plan passant par A et de vecteur normal $\vec{n}$; *d* est une droite de vecteur directeur $\vec{u}$. Le point B n'appartient ni à $\mathcal{P}$, ni à *d*.
Recopier et compléter chacune des propriétés ci-dessous afin qu'elle soit vraie.

a) La droite *d* est incluse dans le plan $\mathcal{P}$ si, et seulement si, $\vec{n} \cdot \vec{u} = 0$ et ...

b) Le point H est le projeté orthogonal du point B sur le plan $\mathcal{P}$ si, et seulement si, $H \in \mathcal{P}$ et ...

c) Le point K est le projeté orthogonal du point B sur la droite *d* si, et seulement si, $\vec{u} \cdot \overrightarrow{BK} = 0$ et ...

85 LES TRAJECTOIRES DES ENGINS D'EXPLORATION

Algo python

Deux engins d'exploration sous-marine (notés S_1 et S_2) doivent se rendre sur des épaves (notées E_1 et E_2).
Ils se déplacent en ligne droite et à vitesse constante.
La situation est schématisée ci-dessous.
L'espace est muni d'un repère orthonormé $(O\,;\vec{i},\vec{j},\vec{k})$ (*unité* : le mètre).
Le niveau de la mer est représenté par le plan $(O\,;\vec{i},\vec{j})$.

Partie A : repérage des deux sous-marins

1. Le premier sous-marin

À chaque instant t, en min, le premier sous-marin est repéré par le point $S_1(t)$ de coordonnées données ci-contre.

$$\begin{cases} x(t) = 140 - 60t \\ y(t) = 105 - 90t \\ z(t) = -170 - 30t \end{cases}$$

a) Déterminer les coordonnées du point qui correspond au début de l'observation.

b) L'épave E_1 se trouve au point de coordonnées $(-1\,060\,;-1\,695\,;-770)$.
Combien de temps le sous-marin mettra-t-il pour l'atteindre ?

c) Justifier que, pour tout réel t de $[0\,;20]$, la distance qui sépare le sous-marin de l'épave est :

$$d_1(t) = 30\sqrt{14}(20-t).$$

2. Le second sous-marin

Au début de l'observation, le second sous-marin est situé au point $S_2(0)$ de coordonnées $(68\,;135\,;-68)$ et atteint, 3 min plus tard, le point $S_2(3)$ de coordonnées $(-202\,;-405\,;-248)$.

a) Justifier qu'à chaque instant t, en min, le second sous-marin est repéré par le point $S_2(t)$ de coordonnées données ci-contre.

$$\begin{cases} x(t) = 68 - 90t \\ y(t) = 135 - 180t \\ z(t) = -68 - 60t \end{cases}$$

b) L'épave E_2 se trouve au point de coordonnées $(-1\,615\,;-3\,231\,;-1\,190)$.
Combien de temps le sous-marin mettra-t-il pour l'atteindre ?

c) Exprimer en fonction de t, avec $t \in [0\,;18{,}7]$, la distance qui le sépare de l'épave E_2.

Partie B : résolution d'un problème

On se propose de déterminer l'instant auquel les deux sous-marins se trouvent à la même distance de leurs épaves respectives.

1. Résolution par un algorithme

a) Au début des observations, quel sous-marin est le plus proche de l'épave qu'il doit explorer ?

b) Voici un programme incomplet en langage Python qui permet de trouver, avec une marge d'erreur de 0,1 min, l'instant t auquel les deux sous-marins se trouvent à la même distance de leurs épaves respectives.

- Indiquer les expressions cachées dans les cadres.
- Saisir le programme et l'exécuter.
- Conclure en donnant le résultat à la seconde près.

```
from math import*

def MêmeDistance():
    t=0
    d_1=600*sqrt(14)
    d_2=
    while d_1<d_2:
        t=t+0.1
        d_1=30*sqrt(14)*(20-t)
        d_2=
    return t
```

2. Résolution algébrique

Le programme donne un résultat approximatif.
Déterminer le résultat exact par le calcul.

86 Démontrer une formule

Raisonner **Calculer**

L'espace est muni d'un repère orthonormé.

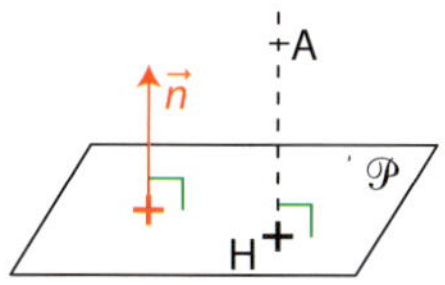

1. $\mathscr{P}$ est un plan d'équation cartésienne $ax + by + cz + d = 0$ avec a, b, c non tous nuls.

On note $A(x_A ; y_A ; z_A)$ un point n'appartenant pas à $\mathscr{P}$ et $\vec{n}$ un vecteur normal à $\mathscr{P}$.

On note H le projeté orthogonal du point A sur le plan $\mathscr{P}$.

a) Justifier qu'il existe un réel λ tel que $\overrightarrow{AH} = \lambda\vec{n}$.

b) Déterminer une représentation paramétrique de la droite (AH) en prenant λ pour paramètre.

c) Quelle valeur de λ correspond au point H ?

d) En utilisant le fait que $AH = |\lambda| \|\vec{n}\|$, démontrer que la distance de A au plan $\mathscr{P}$ est donnée par la formule :

$$AH = \frac{|ax_A + by_A + cz_A + d|}{\sqrt{a^2 + b^2 + c^2}}$$

2. Application

a) Calculer la distance du point $A(1 ; -1 ; 2)$ au plan $\mathscr{P}$ d'équation cartésienne $x + y - z - 1 = 0$.

b) Le point $H(2 ; 0 ; 1)$ est-il le projeté orthogonal du point A sur le plan $\mathscr{P}$?

87 Déterminer un ensemble de points

Raisonner **Calculer**

Dans l'espace muni d'un repère orthonormé $(O ; \vec{i}, \vec{j}, \vec{k})$, on donne les points :

$A(2 ; 1 ; 3)$, $B(-3 ; -1 ; 7)$, $C(3 ; 2 ; 4)$.

1. Montrer que les points A, B et C ne sont pas alignés.

2. d est la droite de représentation paramétrique :

$$\begin{cases} x = -7 + 2t \\ y = -3t \\ z = 4 + t \end{cases} \quad (t \in \mathbb{R}).$$

a) Montrer que la droite d est orthogonale au plan (ABC).

b) Donner une équation cartésienne du plan (ABC).

3. a) Déterminer les coordonnées du point d'intersection H de la droite d et du plan (ABC).

b) Déterminer des nombres réels non nuls a, b, c tels que :

$$a\overrightarrow{HA} + b\overrightarrow{HB} + c\overrightarrow{HC} = \vec{0}.$$

4. Déterminer la nature de l'ensemble Γ des points M de l'espace tels que :

$$(-2\overrightarrow{MA} - \overrightarrow{MB} + 2\overrightarrow{MC}) \cdot (\overrightarrow{MB} - \overrightarrow{MC}) = 0.$$

Conseil : penser à utiliser la relation de Chasles dans la 1re parenthèse de façon à exploiter la relation obtenue à la question **3. b)**.

88 Prendre des initiatives

Chercher **Raisonner** **Communiquer**

Dans la célèbre saga Star Wars, les ailes des vaisseaux de combat sont portés par des plans parallèles. Dans un repère orthonormé de l'espace (*unité* : 1 m), à un instant donné, ces deux plans ont pour équations cartésiennes respectives :

$$2x - 3y + z + 1 = 0 \text{ et } -4x + 6y - 2z - 58 = 0.$$

Sachant que la cabine de pilotage est la sphère centrale dont le diamètre est égal au tiers de la distance entre les ailes, calculer le volume, en m^3, de la cabine de pilotage. *Arrondir au dixième.*

89 Déterminer une section

Chercher **Raisonner** **Calculer**

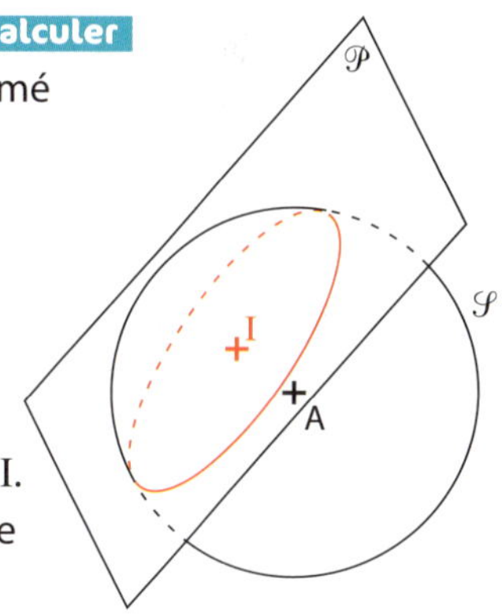

Dans un repère orthonormé de l'espace, le plan $\mathscr{P}$ d'équation cartésienne $2x - 4y + z + 6 = 0$ coupe la sphère $\mathscr{S}$ de centre $A(1 ; 2 ; -1)$ et de rayon 4 suivant le cercle rouge de centre I. Calculer le rayon du cercle rouge.

90 Imaginer une stratégie

Raisonner **Calculer**

Une libellule vole en ligne droite. Dans un repère orthonormé (*unité* : 1 cm), sa trajectoire peut être modélisée par la droite d de représentation paramétrique :

$$\begin{cases} x = -4 + 2t \\ y = 3 - t \\ z = -8 + 3t \end{cases} \quad (t \in \mathbb{R}).$$

Un caméléon se trouve au point $C(26 ; -17 ; 32)$.

a) Déterminer les coordonnées du point en lequel la trajectoire de la libellule passera au plus près du caméléon.

b) Ce type de caméléon peut étirer sa langue jusqu'à une distance de 40 cm.

Attrapera-t-il la libellule ?

S'entraîner

91 Reconnaître des plans sécants

Raisonner | Calculer

Dans un repère orthonormé, $\mathcal{P}$ et $\mathcal{Q}$ sont les plans d'équations cartésiennes respectives :

$2x+5y-3z-15=0$ et $-7x+2y+z+18=0$.

a) Démontrer que les plans $\mathcal{P}$ et $\mathcal{Q}$ sont sécants.

b) Expliquer pourquoi déterminer l'intersection de ces plans revient à résoudre le système :

$$\begin{cases} 2x+5y=15+3z \\ -7x+2y=-18-z \end{cases}.$$

c) Justifier que ce système équivaut à :

$$\begin{cases} x=\dfrac{40}{13}+\dfrac{11}{39}z \\ y=\dfrac{23}{13}+\dfrac{19}{39}z. \\ z=0+1z \end{cases}$$

d) En déduire un point et un vecteur directeur de la droite d'intersection de $\mathcal{P}$ et $\mathcal{Q}$.

92 Calculer des coordonnées

Narration de recherche

Chercher | Raisonner | Calculer

Rédiger les différentes étapes de la recherche, sans omettre les fausses pistes et les changements de méthode.

Problème

Dans un repère orthonormé, voici les équations cartésiennes de trois plans :

$\mathcal{P}: 4x+3y+z+2=0$

$\mathcal{Q}: x+2y+z-5=0$

$\mathcal{R}: 3x+5y+2z-9=0$

Démontrer que ces trois plans ont un seul point commun.

93 To study a point of intersection

Raisonner | Calculer | Communiquer

In an orthonormal frame of origin O, we give the points : $A(-3\,;0\,;0)$, $B(3\,;0\,;0)$, $C(0\,;3\sqrt{3}\,;0)$ et $D(0\,;\sqrt{3}\,;2\sqrt{6})$.

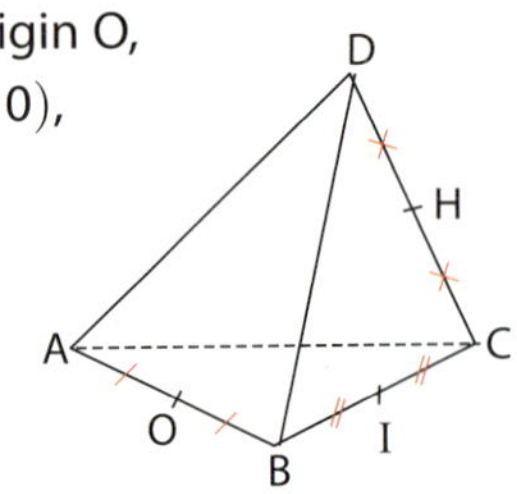

The points H, I and O are the respective midpoints of the segments [CD], [BC], [AB].

$\mathcal{P}$ is the plane of normal vector $\overrightarrow{OH}$ and going through I.

Demonstrate that the plane $\mathcal{P}$ and the line (BD) are intersecting at J, midpoint of the segment [BD].

94 Algo python

Programmer des boucles imbriquées

Raisonner | Calculer

Dans un repère orthonormé de l'espace, on considère, pour tout réel m, le plan $\mathcal{P}_m$ d'équation cartésienne :

$$\frac{1}{4}m^2x+(m-1)y+\frac{1}{2}mz-3=0.$$

1. Montrer que les plans $\mathcal{P}_m$ et $\mathcal{P}_n$ (où $n\in\mathbb{R}$) sont orthogonaux si, et seulement si :

$$\left(\frac{mn}{4}\right)^2+(m-1)(m-1)+\frac{mn}{4}=0.$$

2. Voici un programme écrit en langage Python.

```
for m in range(-10,11):
    for n in range(-10,11):
        if (m*n)**2+16*(m-1)*(n-1)+4*m*n==0:
            print(m,n)
```

a) Quel est le rôle de ce programme ?

b) Saisir et exécuter ce programme.

95 Choisir un repère orthonormé

Problème ouvert

Représenter | Raisonner | Calculer

ABCF est le tétraèdre inscrit dans un cube ABCDEFGH d'arête 1 cm.

Les points I, J, K, L, M et N sont les milieux respectifs des segments [AB], [BC], [CF], [AF], [BF] et [AC].

a) Réaliser une figure. Noter les sommets du cube comme à l'exercice 83.

b) Les droites (IK), (JL) et (MN) sont-elles concourantes ?

96 Étudier la configuration du toit

Raisonner | Calculer

Dans un repère orthonormé, voici trois plans :

$\mathcal{P}: 3x-4y+7z-11=0$, $\mathcal{Q}: x+2y-z+1=0$, $\mathcal{R}: -2x-19y+17z-5=0$.

1. a) Résoudre le système formé par ces trois équations à l'aide de la calculatrice.

- Casio : ALPHA A (Equations) F1 (Système) F2 (3), entrer les coefficients, puis F1 (Solve)
- **TI** : résol 2(PlySmlt2) 2(SOLVEUR SYST D'ÉQUATIONS) indiquer "3 équations" à "3 inconnues", graphe, entrer les coefficients, puis graphe

Numworks :

Equations OK, entrer les équations en cliquant à chaque fois sur Ajouter une équation Vide, puis Résoudre le système OK

b) Que peut-on en déduire pour ces trois plans ?

2. a) Déterminer une représentation paramétrique de chaque droite : d_1 intersection de $\mathcal{P}$ et $\mathcal{Q}$, d_2 intersection de $\mathcal{P}$ et $\mathcal{R}$, d_3 intersection de $\mathcal{Q}$ et $\mathcal{R}$.

b) Vérifier que ces trois droites sont parallèles.

97 Étudier un tétraèdre particulier

⏱ 50 min

D'après Bac, Liban 2019

Les parties A et B peuvent être traitées de façon indépendante.

Partie A

Dans un plan $\mathcal{P}$, on considère un triangle ABC rectangle en A.
Soit d la droite orthogonale au plan $\mathcal{P}$ et passant par le point B.
On considère un point D de cette droite, distinct de B.

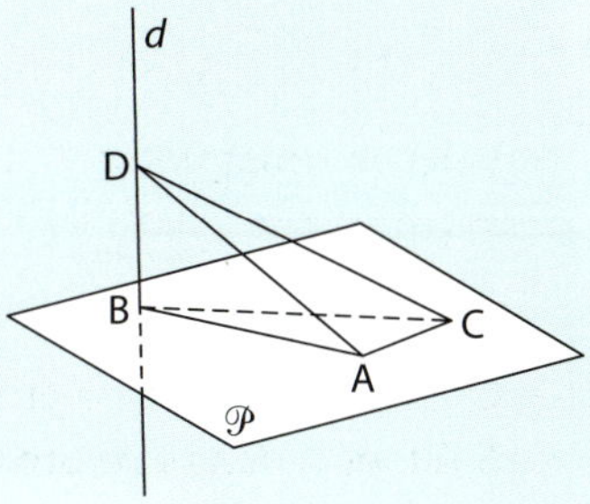

1. Montrer que la droite (AC) est orthogonale au plan (BAD).

2. On appelle *bicoin* un tétraèdre dont les quatre faces sont des triangles rectangles.
Montrer que le tétraèdre ABCD est un bicoin.

3. a) Justifier que l'arête [CD] est la plus longue arête du bicoin ABCD.

b) On note I le milieu de l'arête [CD].
Montrer que le point I est équidistant des quatre sommets du bicoin ABCD.

Guide de résolution
1. Pour montrer qu'une droite est orthogonale à un plan, il suffit de montrer qu'elle est orthogonale à deux droites sécantes de ce plan.

Guide de résolution
3. b) I est le milieu de l'hypoténuse des triangles rectangles BCD et ACD.

Partie B

Dans un repère orthonormé de l'espace, on considère le point $A(3\,;1\,;-5)$ et la droite d de représentation paramétrique $\begin{cases} x = 2t+1 \\ y = -2t+9 \\ z = t-3 \end{cases} (t \in \mathbb{R})$.

1. Déterminer une équation cartésienne du plan $\mathcal{P}$ orthogonal à la droite d et passant par le point A.

2. Montrer que le point d'intersection du plan $\mathcal{P}$ et de la droite d est le point $B(5\,;5\,;-1)$.

3. Justifier que le point $C(7\,;3\,;-9)$ appartient au plan $\mathcal{P}$, puis montrer que le triangle ABC est un triangle rectangle isocèle en A.

4. Soit t un réel différent de 2 et M le point de paramètre t appartenant à la droite d.

a) Justifier que le triangle ABM est rectangle.

b) Montrer que le triangle ABM est isocèle en B si, et seulement si, le réel t vérifie l'équation $t^2 - 4t = 0$.

c) En déduire les coordonnées des points M_1 et M_2 de la droite d tels que les triangles rectangles ABM_1 et ABM_2 soient isocèles en B.

Guide de résolution
4. b) Utiliser le fait que $AM = BM$ équivaut à $AM^2 = BM^2$.

Partie C

On donne le point $D(9\,;1\,;1)$ qui est un des deux points solutions de la question **4. c)** de la **partie B**.
Les quatre sommets du tétraèdre ABCD sont situés sur une sphère.
En utilisant les résultats des questions des **parties A** et **B** précédentes, déterminer les coordonnées du centre de cette sphère et calculer son rayon.

98 Respecter une contrainte

40 min

D'après Bac, Antilles – Guyane 2018

Un artiste souhaite réaliser une sculpture composée d'un tétraèdre posé sur un cube de 6 m d'arête.
Ces deux solides sont représentés par le cube ABCDEFGH et par le tétraèdre SELM ci-dessous.

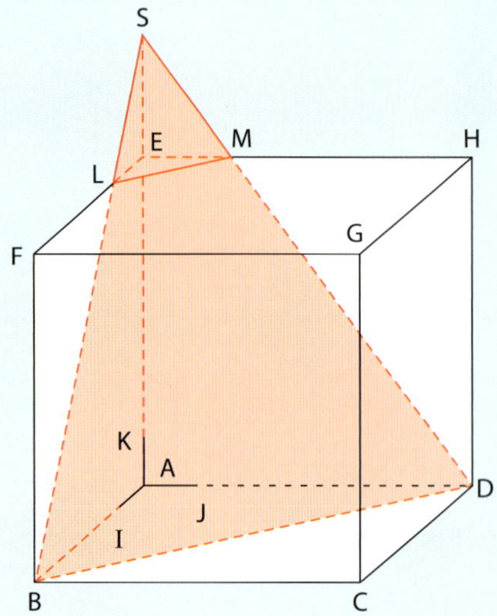

On munit l'espace du repère orthonormé $(A ; \overrightarrow{AI}, \overrightarrow{AJ}, \overrightarrow{AK})$ tels que :

$$I \in [AB], J \in [AD], K \in [AE] \text{ et } AI = AJ = AK = 1,$$

l'unité graphique représentant 1 mètre.
Les points L, M, S sont définis de la façon suivante :

- L est le point tel que $\overrightarrow{FL} = \frac{2}{3}\overrightarrow{FE}$;
- M est le point d'intersection du plan (BDL) et de la droite (EH) ;
- S est le point d'intersection des droites (BL) et (AK).

1. Démontrer, sans calcul de coordonnées, que les droites (LM) et (BD) sont parallèles.

2. Démontrer que les coordonnées du point L sont $(2 ; 0 ; 6)$.

3. a) Donner une représentation paramétrique de la droite (BL).

b) Vérifier que les coordonnées du point S sont $(0 ; 0 ; 9)$.

4. Soit $\vec{n}$ le vecteur de coordonnées $(3 ; 3 ; 2)$.

a) Vérifier que $\vec{n}$ est normal au plan (BDL).

b) Démontrer qu'une équation cartésienne du plan (BDL) est :

$$3x + 3y + 2z - 18 = 0.$$

c) On admet que la droite (EH) a pour représentation paramétrique : $\begin{cases} x = 0 \\ y = s \\ z = 6 \end{cases} (s \in \mathbb{R})$.

Calculer les coordonnées du point M.

5. Calculer le volume du tétraèdre SELM.

6. L'artiste souhaite que la mesure de l'angle $\widehat{SLE}$ soit comprise entre 55° et 60°.
Cette contrainte d'angle est-elle respectée ?

Guide de résolution
1. Utiliser les plans parallèles (EFG) et (ABC). Étudier leurs intersections avec le plan (BDL).

Guide de résolution
5. Le volume V d'un tétraèdre de base d'aire $\mathcal{B}$ et de hauteur h est :

$$V = \frac{1}{3} \times \mathcal{B} \times h.$$

99 Visualiser une droite d'intersection

30 min

D'après Bac, Amérique du Nord 2019

On relie les centres de chaque face d'un cube ABCDEFGH pour former un solide IJKLMN comme sur la figure ci-contre. I, J, K, L, M et N sont les centres respectifs des faces carrées ABCD, BCGF, CDHG, ADHE, ABFE et EFGH.

On se place dans le repère orthonormé $(A\,;\overrightarrow{AB}, \overrightarrow{AD}, \overrightarrow{AE})$ et on prend $N\left(\frac{1}{2}\,;\frac{1}{2}\,;1\right)$.

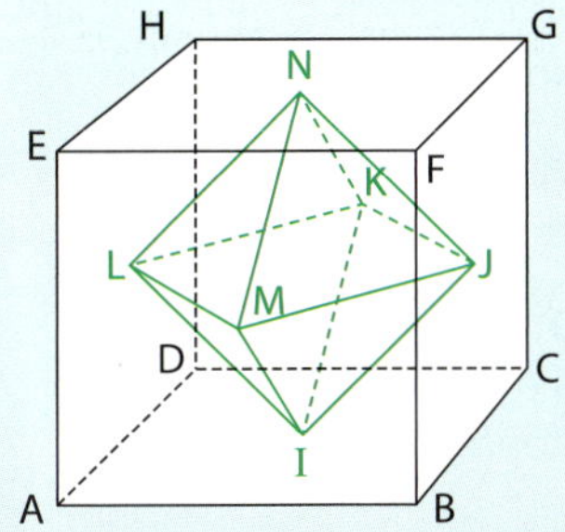

1. a) Donner les coordonnées des vecteurs $\overrightarrow{NC}$ et $\overrightarrow{ML}$.

b) En déduire que les droites (NC) et (ML) sont orthogonales.

c) Déduire des questions précédentes une équation cartésienne du plan (NCI).

2. a) Montrer qu'une équation cartésienne du plan (NJM) est $x - y + z = 1$.

b) La droite (DF) est-elle orthogonale au plan (NJM) ? Justifier.

c) Montrer que l'intersection des plans (NJM) et (NCI) est une droite dont on donnera un point et un vecteur directeur.

Nommer la droite ainsi obtenue en utilisant deux points de la figure.

Guide de résolution
1. b) Calculer le produit scalaire $\overrightarrow{NC}\cdot\overrightarrow{ML}$.

Se préparer À L'ORAL

100 Présenter un exposé

a) L'espace est muni d'un repère orthonormé. Recenser un certain nombre de situations conduisant à la résolution d'un système d'équations linéaires.

b) Dans un exposé oral de 10 min, présenter sa recherche et développer un exemple.

101 Travailler l'oral en groupe

Résoudre cet exercice en petit groupe, puis en présenter les résultats à l'oral.

Dans un repère orthonormé, on donne les points : $A(-1\,;0\,;2)$, $B(3\,;2\,;-4)$, $C(1\,;-4\,;2)$ et $D(5\,;-2\,;4)$.
I et K sont les milieux respectifs des segments [AB] et [CD]. Le point J est tel que $\overrightarrow{BJ} = \frac{1}{4}\overrightarrow{BC}$.

1. Démontrer que I, J, K ne sont pas alignés.

2. On donne les vecteurs $\vec{u}(1\,;-2\,;2)$ et $\vec{v}(3\,;-1\,;-3)$. Démontrer que les plans (IJK) et $\mathscr{P}(I, \vec{u}, \vec{v})$ sont confondus.

3. a) Déterminer une représentation paramétrique de la droite (AD).

b) Démontrer que le plan $\mathscr{P}$ et la droite (AD) sont sécants au point L de coordonnées $\left(\frac{1}{2}\,;-\frac{1}{2}\,;\frac{5}{2}\right)$.

c) Vérifier que $\overrightarrow{AL} = \frac{1}{4}\overrightarrow{AD}$.

102 Présenter un exposé

▶ **ANTICIPER LES QUESTIONS DU JURY**

1. Préparation de la restitution orale (5 min)
Par groupe de 2, résoudre l'exercice ci-dessous, chaque élève travaillant sur l'une des deux propositions.

2. Jeu de rôle (30 min)
Chaque élève présente son résultat à l'oral (2 min), pendant que l'autre a le rôle de juré. Le juré pose une question au candidat (5 min).

Énoncé : L'espace est muni d'un repère orthonormé. Pour chaque affirmation, dire si elle est vrai ou fausse. Justifier.

a) La droite de représentation paramétrique ci-contre $(t \in \mathbb{R})$, est parallèle au plan passant par $A(3\,;0\,;0)$ et dont deux vecteurs non colinéaires sont $\vec{u}(-1\,;1\,;1)$ et $\vec{v}(0\,;1\,;-2)$.

$$\begin{cases} x = t + 2 \\ y = 2t \\ z = 3t - 1 \end{cases}$$

b) Les droites de représentations paramétriques respectives :

$$\begin{cases} x = 2 - 3t \\ y = 1 + t \\ z = -3 + 2t \end{cases} (t \in \mathbb{R}) \text{ et } \begin{cases} x = 7 + 2u \\ y = 2 + 2u \\ z = -6 - u \end{cases} (u \in \mathbb{R})$$

sont sécantes.

103 Intersection de deux plans

L'espace est muni d'un repère orthonormé.

1. Première situation

$\mathcal{P}$ et $\mathcal{Q}$ sont les plans d'équations cartésiennes respectives :

$$2x - 3y + z - 1 = 0 \text{ et } -\frac{1}{2}x + \frac{3}{4}y - \frac{1}{4}z + \frac{1}{4} = 0.$$

a) Démontrer que les plans $\mathcal{P}$ et $\mathcal{Q}$ sont parallèles.

b) Déterminer les coordonnées d'un point de $\mathcal{P}$.

c) En déduire que $\mathcal{P}$ et $\mathcal{Q}$ sont confondus.

2. Deuxième situation

$\mathcal{P}$ et $\mathcal{Q}$ sont les plans d'équations cartésiennes respectives :

$$-x + 2y + \frac{1}{3}z - 1 = 0 \text{ et } 9x - 18y - 3z + 2 = 0.$$

Démontrer que les plans $\mathcal{P}$ et $\mathcal{Q}$ sont strictement parallèles.

3. Troisième situation

$\mathcal{P}$ et $\mathcal{Q}$ sont les plans d'équations cartésiennes respectives $2x - y + z + 2 = 0$ et $-x + y + 2z + 6 = 0$.

a) Démontrer que les plans $\mathcal{P}$ et $\mathcal{Q}$ sont sécants.

On note Δ la droite d'intersection de ces deux plans.

b) Expliquer pourquoi déterminer l'intersection de ces plans revient à résoudre le système :

$$\begin{cases} 2x - y = -2 - z \\ -x + y = -6 - 2z \end{cases}.$$

c) Justifier que ce système équivaut à :

$$\begin{cases} x = -8 - 3z \\ y = -14 - 5z \\ z = 0 + 1z \end{cases}.$$

d) En déduire un point et un vecteur directeur de la droite Δ.

104 Vecteur orthogonal à deux vecteurs

L'espace est muni d'un repère orthonormé.

1. $\vec{u}$ et $\vec{v}$ sont deux vecteurs non colinéaires.

$\vec{n}$ est un vecteur orthogonal au vecteur $\vec{u}$ et au vecteur $\vec{v}$.

a) Réaliser une figure à main levée.

b) Le vecteur $\vec{n}$ est-il unique ?

2. Dans cette question, on donne $\vec{u}(-1 ; 2 ; 3)$ $\vec{v}(2 ; -2 ; -1)$ et $\vec{n}(a ; b ; c)$ avec a, b, c nombres réels non tous nuls.

a) Traduire l'orthogonalité de $\vec{n}$ aux vecteurs $\vec{u}$ et $\vec{v}$ par un système de deux équations à trois inconnues.

b) Résoudre ce système en exprimant a et b en fonction de c.

c) Proposer deux vecteurs orthogonaux à $\vec{u}$ et $\vec{v}$.

3. Application

Déterminer une équation cartésienne du plan (ABC) où $A(2 ; 1 ; 0)$, $B(1 ; 1 ; -1)$ et $C(-2 ; 0 ; -3)$.

105 Équations de sphères

L'espace est muni d'un repère orthonormé.

1. Équation d'une sphère

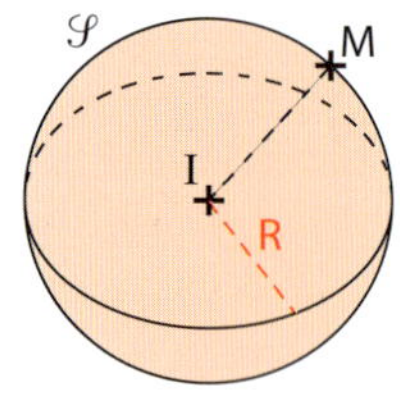

$\mathcal{S}$ est la sphère de rayon R et de centre $I(a ; b ; c)$ représentée ci-contre.

Utiliser le fait que $IM = R$, c'est-à-dire $IM^2 = R^2$ pour démontrer qu'un point $M(x ; y ; z)$ appartient à $\mathcal{S}$ si, et seulement si, $(x - a)^2 + (y - b)^2 + (z - c)^2 = R^2$.

2. Étude de cas particuliers

a) • Démontrer que, pour tous réels x, y, z :

(1) $x^2 + y^2 + z^2 + 2x - 4y + 6z + 10 = 0$ équivaut à $(x + 1)^2 + (y - 2)^2 + (z + 3)^2 = 4$.

• En déduire l'ensemble des points $M(x ; y ; z)$ qui vérifient l'équation **(1)**.

b) • Démontrer que, pour tous réels x, y, z :

(2) $x^2 + y^2 + z^2 + 8x - 6y + 2z + 26 = 0$ équivaut à $(x + 4)^2 + (y - 3)^2 + (z + 1)^2 = 0$.

• En déduire que l'ensemble des points $M(x ; y ; z)$ qui vérifient l'équation **(2)** est un point dont on précisera les coordonnées.

c) • Démontrer que, pour tous réels x, y, z :

(3) $x^2 + y^2 + z^2 + 10x + 2y - 4z + 70 = 0$ équivaut à $(x + 5)^2 + (y + 1)^2 + (z - 2)^2 = -40$.

• En déduire que l'ensemble des points $M(x ; y ; z)$ qui vérifient l'équation **(3)** est vide.

106 Intersection d'une sphère et d'une droite

L'espace est muni d'un repère orthonormé.

d est la droite passant par le point $A(x_A ; y_A ; z_A)$ et de vecteur directeur $\vec{u}(a ; b ; c)$.

$\mathcal{S}$ est la spère de centre $I(2 ; -3 ; 1)$ et de rayon 5.

1. Démontrer qu'un point M de coordonnées $(x ; y ; z)$ appartient à la sphère $\mathcal{S}$ si, et seulement si :

$$(x - 2)^2 + (y + 3)^2 + (z - 1)^2 = 25.$$

2. Première situation

Dans cette question, $A(1 ; 1 ; 2)$ et $\vec{u}(-1 ; 3 ; 2)$.

a) Déterminer une représentation paramétrique de la droite d.

b) Justifier $P(x ; y ; z) \in \mathcal{S} \cap d$ si, et seulement si,

$$(\mathbf{S}) \begin{cases} x = 1 - t \\ y = 1 + 3t \\ z = 2 + 2t \\ (x - 2)^2 + (y + 3)^2 + (z - 1)^2 = 25 \end{cases} \quad (t \in \mathbb{R}).$$

c) Résoudre ce système (**S**) et déterminer les coordonnées des deux points d'intersection de la sphère $\mathcal{S}$ et de la droite d.

3. Deuxième situation

Dans cette question, $A(5\,;-3\,;5)$ et $\vec{u}(4\,;0\,;-3)$.

a) Déterminer une représentation paramétrique de la droite d.

b) Résoudre le système analogue à celui de la question **2. b)**. Que peut-on en conclure ?

c) Calculer la distance du point I à la droite $\mathscr{D}$.

Pouvait-on prévoir ce résultat ?

4. Troisième situation

Dans cette question, $A(1\,;10\,;-2)$ et $\vec{u}(1\,;2\,;1)$.

a) Déterminer une représentation paramétrique de la droite d.

b) Calculer la distance du point I à la droite d.

Que peut-on en conclure ?

107 Application de l'espace dans lui-même

Vocabulaire : Une **application** d'un ensemble E vers un ensemble F fait correspondre à chaque élément de E un unique élément de F.

L'espace est muni d'un repère orthonormé.

f est l'application de l'espace dans lui-même qui à un point M de coordonnées $(x\,;y\,;z)$ associe le point M′ de coordonnées $(x'\,;y'\,;z')$ telles que :

$$\begin{cases} x' = \frac{2}{3}x + \frac{1}{3}y - \frac{1}{3}z \\ y' = \frac{1}{3}x + \frac{2}{3}y + \frac{1}{3}z \\ z' = -\frac{1}{3}x + \frac{1}{3}y + \frac{2}{3}z \end{cases}.$$

1. a) Démontrer que l'ensemble des points $M(x\,;y\,;z)$ qui sont leur propre image par f est un plan $\mathscr{P}$ dont on donnera une équation cartésienne.

b) Démontrer que l'image $M(x'\,;y'\,;z')$ d'un point $M(x\,;y\,;z)$ par l'application f appartient toujours au plan $\mathscr{P}$.

c) Démontrer que le vecteur $\overrightarrow{MM'}$ est normal au plan $\mathscr{P}$.

d) Réaliser une figure à main levée qui illustre les résultats des questions précédentes.

Quel nom donne-t-on à l'application f ?

2. a) Vérifier que le point $A(10\,;1\,;-7)$ n'appartient pas au plan $\mathscr{P}$.

b) Calculer les coordonnées de l'image A′ du point A par l'application f.

c) Déterminer une représentation paramétrique de l'ensemble des points qui ont pour image A′ par l'application f.

108 Équations cartésiennes des plans bissecteurs

Vocabulaire : Les **plans bissecteurs** (en rouge) de deux plans sécants $\mathscr{P}$ et $\mathscr{Q}$ (en bleu) sont les deux plans constitués des points équidistants des plans $\mathscr{P}$ et $\mathscr{Q}$.

L'espace est muni d'un repère orthonormé. $\mathscr{P}$ et $\mathscr{Q}$ sont les plans d'équations cartésiennes respectives :

$12x + 4y + 3z - 19 = 0$ et $-3x + 12y - 4z - 5 = 0$.

1. a) Démontrer que les plans $\mathscr{P}$ et $\mathscr{Q}$ sont sécants.

b) Démontrer que la droite Δ d'intersection de ces deux plans a pour représentation paramétrique :

$$\begin{cases} x = 1 - 52t \\ y = 1 + 39t \quad (t \in \mathbb{R}). \\ z = 1 + 156t \end{cases}$$

2. a) Utiliser la formule établie à l'exercice **86** pour démontrer qu'un point M de coordonnées $(x\,;y\,;z)$ appartient aux plans bissecteurs des plans $\mathscr{P}$ et $\mathscr{Q}$ si, et seulement si,

$$(12x + 4y + 3z - 19)^2 = (-3x + 12y - 4z - 5)^2.$$

b) En déduire une équation cartésienne de chacun des plans bissecteurs.

Des Défis

109 Utiliser des médiatrices

Dans un repère orthonormé de l'espace, on donne les points $A(5\,;4\,;-1)$ et $B(2\,;-1\,;3)$.

Déterminer les représentations paramétriques de toutes les droites de l'espace qui sont médiatrices du segment [AB].

110 Étudier des plans concourants

Dans un repère orthonormé de l'espace, $\mathscr{P}$ et $\mathscr{Q}$ sont les plans d'équations cartésiennes respectives :

$x - 4y + z - 3 = 0$ et $2x + y - z + 1 = 0$.

Déterminer une équation cartésienne d'un plan $\mathscr{R}$ tel que les plans $\mathscr{P}$, $\mathscr{Q}$ et $\mathscr{R}$ soient concourants, c'est-à-dire qu'ils se coupent en un même point.

6 Limites des suites

HISTOIRE DES MATHS

Dès l'Antiquité, les suites numériques apparaissent comme des procédés « illimités » de calcul et la notion de convergence est au cœur de certains travaux.

On en trouve des traces chez **Archimède** qui approche par exemple la valeur de π à l'aide d'aires de polygones réguliers inscrits et circonscrits à un cercle et possédant de plus en plus de côtés.

Jean le Rond d'Alembert et **Denis Diderot** publient dans l'*Encyclopédie ou Dictionnaire raisonné des sciences, des arts et des métiers* une définition très intuitive de la limite finie d'une suite. Ils confondent les notions de suite qui tend vers zéro et de suite définie par les sommes partielles.

En Analyse au 19e siècle, la nécessité de définir précisément les concepts se fait sentir. **Augustin Cauchy** fait de la limite une notion centrale, mais c'est **Karl Weierstrass** qui donne une définition de la limite réelle d'une suite.

- **Archimède** (vers – 287 ; – 212) est originaire de Syracuse en Sicile. Savant aux multiples productions, il explique le principe du levier, invente la vis sans fin, écrit au moins douze traités.
- **Karl Weierstrass** (1815-1897) est un mathématicien allemand, pédagogue reconnu. Ses travaux, très rigoureux, portent entre autres sur une construction des nombres réels. Vers 1850, il définit la notion de limite d'une suite (convergence).

1751 D'Alembert donne une définition très intuitive de la limite d'une suite dans l'*Encyclopédie*.

1823 Cauchy donne des critères de convergence d'une suite dans son *Cours d'analyse* à Polytechnique.

1872 Cantor anticipe la construction rigoureuse de l'ensemble $\mathbb{R}$ des nombres réels à l'aide de suites de rationnels convergentes.

1928 Collatz étudie une suite qui sera à l'origine de la conjecture de Syracuse (problème ouvert encore aujourd'hui).

1768 Bougainville découvre Tahiti à bord de l'Astrolabe

1832 Début de la ruée vers l'or aux États-Unis

1860 Ouverture du Canal de Suez

1920 Fondation du Bauhaus

1936 J.O. de Berlin : 4 médailles d'or pour Jesse Owens

1750 — 1800 — 1850 — 1900 — 1950

Le Parthénon au sommet de l'acropole d'Athènes (Grèce).

Le nombre d'or est noté φ en hommage au sculpteur Phidias (5e siècle avant notre ère) qui a réalisé des statues de l'Acropole. φ est la limite de la suite définie par les quotients successifs des termes de la suite de Fibonacci. C'est approximativement le ratio des dimensions du rectangle encadrant la face avant du Parthénon à Athènes.

Les contenus et capacités travaillés dans ce chapitre

	Savoir-faire	Exercices
• Suites dont la limite est $+\infty$ ou $-\infty$.	1 à 4	19 à 29
• Suites dont la limite est un nombre réel.	5 à 8	30 à 39
• Limites et comparaison : suite minorée par une suite de limite $+\infty$, théorème des gendarmes.	9 à 12	40 à 50
• Opérations sur les limites.	13 à 15	51 à 56, 58 à 61
• Étudier des phénomènes d'évolution modélisables par une suite.	16 à 18	57, 86, 95, 99, 101, 102, 104

Bien démarrer

Calcul mental

Rappels utiles

• Modes de génération d'une suite

On peut définir une suite (u_n) :

1. avec une formule explicite de la forme $u_n = f(n)$ où f est une fonction définie sur l'intervalle $[0\,;+\infty[$;

2. avec la donnée d'un terme, u_0 par exemple, et d'une relation de récurrence de la forme : pour tout entier naturel n, $u_{n+1} = f(u_n)$ où f est une fonction définie sur un intervalle I tel que pour tout entier naturel n, $u_n \in \mathrm{I}$.

• Suites arithmétiques

Dire qu'une suite (u_n) est **arithmétique** signifie qu'il existe un nombre réel r (la **raison**) tel que pour tout entier naturel n,

$$u_{n+1} = u_n + r.$$

Alors pour tous entiers naturels n et p,

$$u_n = u_0 + nr \qquad u_n = u_p + (n-p)r$$

Pour tout entier naturel n,

$$1 + 2 + \ldots + n = \frac{n(n+1)}{2}.$$

• Comportement d'une suite

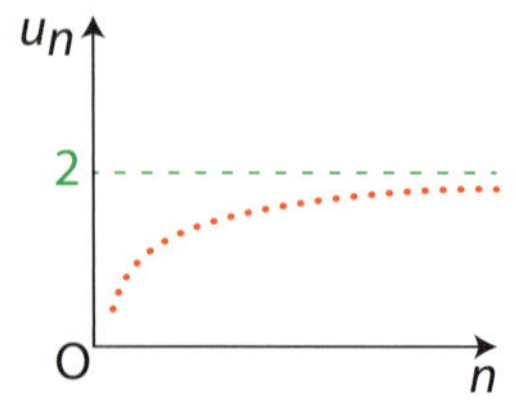

Les termes u_n sont aussi proches de 2 que l'on veut pour n suffisamment grand.

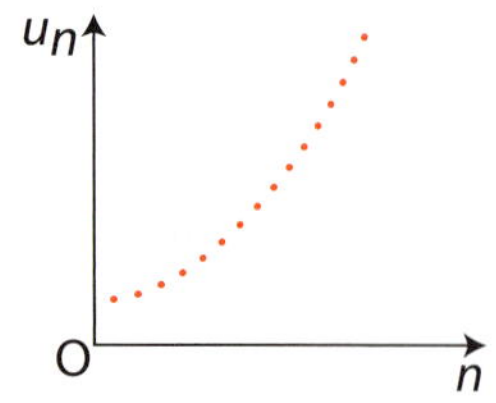

Les termes u_n sont aussi grands que l'on veut pour n suffisamment grand.

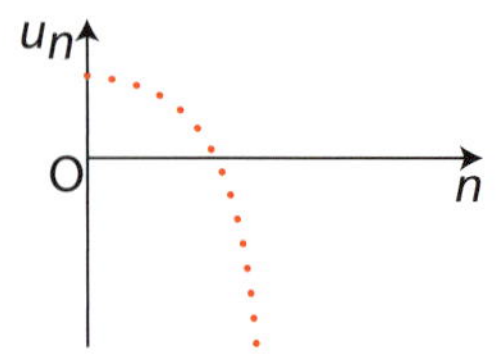

Les termes u_n sont aussi petits que l'on veut (de grandes valeurs absolues) pour n suffisamment grand.

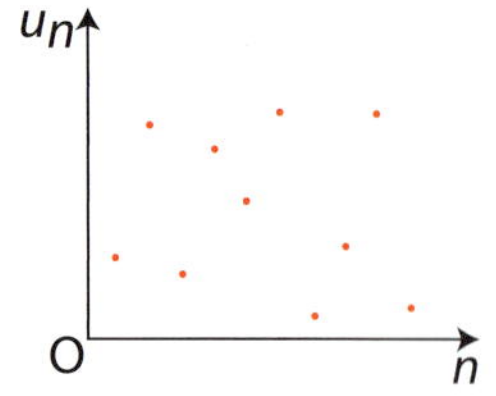

Les termes u_n se dispersent lorsque n prend de grandes valeurs.

À l'oral

Questions-Tests

Pour chaque question, il y a une seule réponse exacte.

1 (u_n) est définie sur $\mathbb{N}$ par $u_n = n^2 + 1$.

a) Le terme u_{10} est égal à : **(1)** 82 **(2)** 101 **(3)** 121

b) Pour tout entier naturel n, u_{n+1} est égal à :

(1) $n^2 + 2$ **(2)** $n^2 + 2n + 1$ **(3)** $n^2 + 2n + 2$

2 (u_n) est définie par $u_0 = 1$ et pour tout entier naturel n, $u_{n+1} = 10u_n + 1$.

a) Le terme u_3 est égal à : **(1)** 111 **(2)** 1 001 **(3)** 1 111

b) Cette suite est du type $u_{n+1} = f(u_n)$ où f est la fonction définie sur $\mathbb{R}$ par :

(1) $f(x) = 10x + 1$ **(2)** $f(x) = 10x$ **(3)** $f(x) = 10u_n + 1$

3 (u_n) est la suite arithmétique de raison 40 telle que $u_1 = 5$. Pour tout entier naturel n, u_n est égal à :

(1) $5n + 40$ **(2)** $40n - 35$ **(3)** $40n - 1 \times 5$

4 $2 + 3 + 4 + \ldots + 100$ est égal à :

(1) 5 050 **(2)** 5 150 **(3)** 5 049

5 (u_n) est représentée graphiquement ci-dessous.

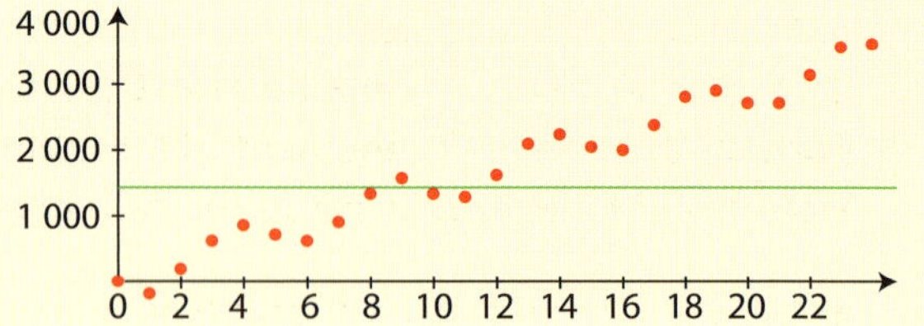

Le premier entier naturel N tel que pour tout $n \geqslant \mathrm{N}$, $u_n \geqslant 1\,500$ est : **(1)** 9 **(2)** 10 **(3)** 12

6 (w_n) est représentée graphiquement ci-dessous.

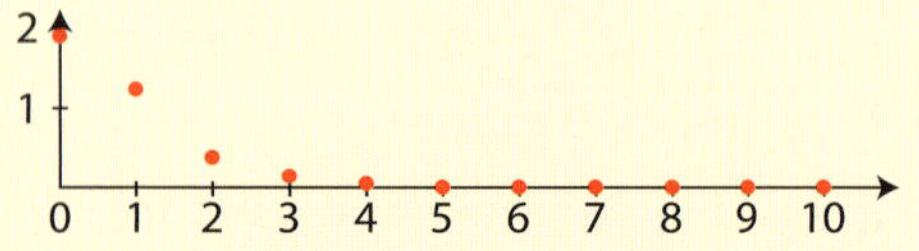

Il semble que lorsque n prend de grandes valeurs :

(1) les termes w_n sont aussi grands que l'on veut ;

(2) les termes w_n sont aussi proches de 0 que l'on veut ;

(3) les termes w_n se dispersent.

1 Notion de suite qui tend vers $+\infty$

On construit des rectangles successifs d'aire 1 ; on note x_n la longueur et h_n la hauteur (ou largeur).
Ainsi, pour tout entier naturel n, $x_n \times h_n = 1$.
Pour tout entier naturel n, $\boldsymbol{x_{n+1} = x_n + h_n}$.

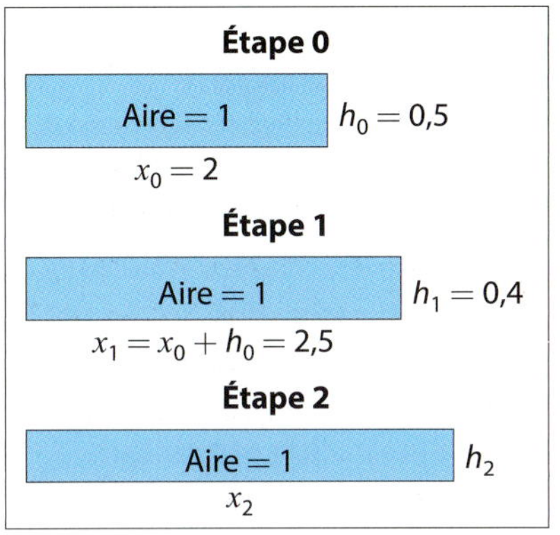

1 **a)** Calculer x_2 et h_2. *Arrondir au centième si besoin.*

b) Justifier que pour tout entier naturel n, $x_{n+1} = x_n + \dfrac{1}{x_n}$.

2 **a)** À l'aide de la calculatrice, tabuler la suite (x_n).
b) Déterminer alors le plus petit entier naturel N tel que $x_N > 10$.
Semble-t-il que pour tout entier naturel $n \geqslant \text{N}$, $x_n > 10$?

3 **a)** Vérifier que pour tout entier naturel n, $x_{n+1}^2 = x_n^2 + 2 + \dfrac{1}{x_n^2}$.

b) Démontrer par récurrence que pour tout entier naturel n, $x_n^2 \geqslant 4 + 2n$.
c) En déduire que pour tout entier naturel n, $x_n \geqslant \sqrt{4+2n}$.
d) Justifier que pour tout entier naturel $n \geqslant 48$, $x_n \geqslant 10$.
e) Déterminer un entier naturel n_0 tel que pour tout entier naturel $n \geqslant n_0$, $x_n \geqslant 1\,000$.

Pour tout seuil S, on peut montrer qu'il existe un entier naturel N à partir duquel $x_n \geqslant \text{S}$.
On dit que **la suite (x_n) a pour limite $+\infty$** et on note $\displaystyle\lim_{n\to+\infty} x_n = +\infty$.

2 Notion de suite convergente

Une immense boîte de bonbons pour grossiste est opaque : elle contient n bonbons à la violette et $n + 10$ bonbons au citron (avec $n \geqslant 1$). On suppose que tous les bonbons sont indiscernables au toucher.
On extrait au hasard de cette boîte un bonbon et on note son parfum. On note V_n l'événement « Le bonbon choisi est à la violette » et p_n la probabilité de cet événement.

1 **a)** Montrer que pour tout entier naturel $n \geqslant 1$, $p_n = \dfrac{n}{2n+10}$.

b) À l'aide de la calculatrice, tabuler cette suite, puis la représenter graphiquement (*fenêtre* : $0 \leqslant X \leqslant 100$, pas 10 et $0 \leqslant Y \leqslant 1$, pas 0,5). Décrire le comportement de p_n pour les grandes valeurs de n.

2 S'aider de l'écran de calcul formel ci-contre, pour préciser un entier naturel n_0 tel que pour tout entier naturel $n \geqslant n_0$,
a) $p_n \in]0,49\,;0,51[$; **b)** $p_n \in]0,499\,;0,501[$.

1	Résoudre$\left(0.49 < \dfrac{n}{2\,n+10} < 0.51, n, n > 0\right)$
	→ $\{n > 245\}$
2	Résoudre$\left(0.499 < \dfrac{n}{2\,n+10} < 0.501, n, n > 0\right)$
	→ $\{n > 2495\}$

Pour tout intervalle contenant 0,5 et de longueur aussi petite soit-elle, on peut montrer qu'il contient tous les p_n pour n suffisamment grand.
On dit que **la suite (p_n) a pour limite 0,5** (ou qu'elle converge vers 0,5) et on note $\displaystyle\lim_{n\to+\infty} \boldsymbol{p_n = 0,5}$.

Exercices
- **1** à **4** (ci-contre)
- **19** à **29**

1 Limite infinie d'une suite

Vidéo
JAICOMPRIS.COM
Cette notion est présentée en vidéo

A Limite égale à $+\infty$

Définition

Dire qu'une **suite (u_n) a pour limite $+\infty$ quand n tend vers $+\infty$** signifie que tout intervalle du type $]A\,;+\infty[$ (avec A nombre réel) contient toutes les valeurs u_n à partir d'un certain rang.
On note $\lim\limits_{n\to+\infty} u_n = +\infty$.

Illustration graphique

Aussi grand que soit le nombre réel A, on peut trouver un entier naturel n_0 tel que pour tout $n \geqslant n_0$, $u_n > A$.
En termes imagés « aussi haute que l'on place la barrière horizontale A, les termes u_n parviennent à passer définitivement au-dessus ».

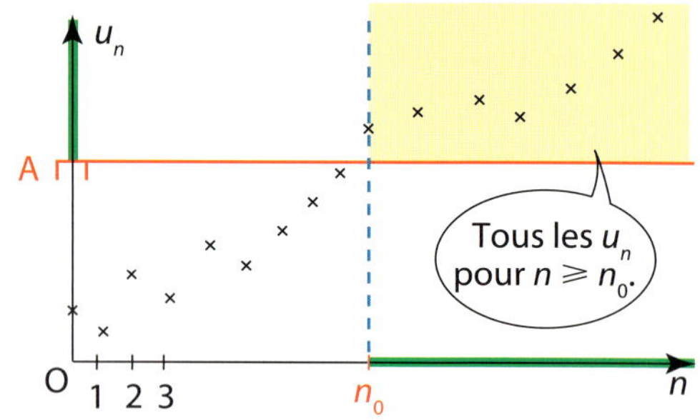

Exemples

Suites de référence de limite $+\infty$ (k désigne un nombre réel, $k > 0$).
Les suites (kn), (kn^2), (kn^3), $(k\sqrt{n})$ (voir exercice **1**) et (ke^n)(voir exercice **9**) ont pour limite $+\infty$.

B Limite égale à $-\infty$

Définition

Dire qu'une **suite (u_n) a pour limite $-\infty$ quand n tend vers $+\infty$** signifie que tout intervalle $]-\infty\,; A[$ (avec A nombre réel) contient toutes les valeurs u_n à partir d'un certain rang.
On note $\lim\limits_{n\to+\infty} u_n = -\infty$.

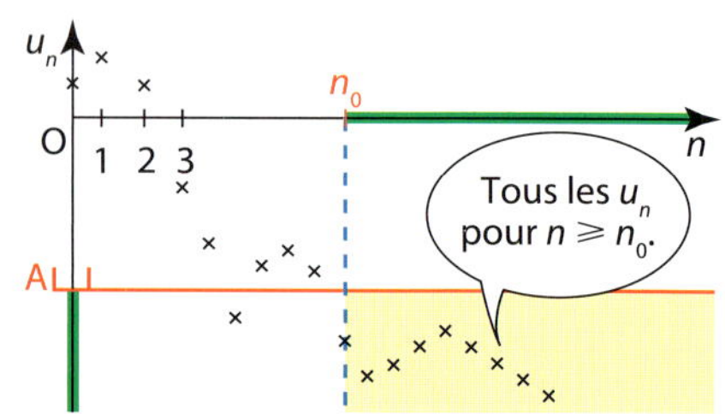

Exemples

Suites de référence de limite $-\infty$ (k désigne un nombre réel, $k > 0$).
Les suites $(-kn)$, $(-kn^2)$(voir exercice **2**), $(-kn^3)$, $(-k\sqrt{n})$, $(-ke^n)$ ont pour limite $-\infty$.

C Exemples de suites divergentes

Vocabulaire : si une suite (u_n) a pour limite $+\infty$ (resp. $-\infty$), alors on dit que (u_n) diverge vers $+\infty$ (resp. vers $-\infty$).

Propriétés (Cas particulier des suites arithmétiques)

Pour toute suite **arithmétique** (u_n) **de raison** r :
- si $r > 0$, alors (u_n) **diverge vers** $+\infty$;
- si $r < 0$, alors (u_n) **diverge vers** $-\infty$.

En effet, pour tout entier naturel n, $u_n = u_0 + nr$.
- Si $r > 0$, alors la suite de référence (rn) a pour limite $+\infty$ et il en est de même pour la suite (u_n).
- Si $r < 0$, alors la suite de référence (rn) a pour limite $-\infty$ et il en est de même pour la suite (u_n).

EXERCICES RÉSOLUS

1 Utiliser la définition d'une suite de limite $+\infty$

(u_n) est la suite définie sur $\mathbb{N}$ par $u_n = \sqrt{n}$.

a) Déterminer un entier naturel N tel que pour tout entier naturel $n > N$, $u_n > 2\,020$.

b) Démontrer que la limite de la suite (u_n) est $+\infty$.

Solution

a) Pour tout entier naturel n, $\sqrt{n} > 2020$ équivaut à $n > 2\,020^2$, c'est-à-dire $n > 4\,080\,400$.

b) On se donne un intervalle $]A\,;+\infty[$ avec $A \geqslant 0$.

Pour tout entier naturel n, $u_n \in\,]A\,;+\infty[$ équivaut à $\sqrt{n} > A$, c'est-à-dire $n > A^2$.

> $\sqrt{n} \geqslant 0$ et $A \geqslant 0$.
> La fonction carré est croissante sur $[0\,;+\infty[$.

On note N le plus petit nombre entier supérieur ou égal à A^2.

Ainsi, l'intervalle $]A\,;+\infty[$ contient tous les termes u_n, pour tout entier naturel $n > N$.

Donc $\lim\limits_{n\to+\infty} u_n = +\infty$.

Ainsi, la suite (u_n) diverge vers $+\infty$.

2 Utiliser la définition d'une suite de limite $-\infty$

La suite (u_n) est définie sur $\mathbb{N}$ par $u_n = -2n^2$.

a) Déterminer un entier naturel N tel que pour tout entier naturel $n > N$, $u_n < -10\,000$.

b) Démontrer que la limite de la suite (u_n) est $-\infty$.

Solution

a) Pour tout entier naturel n, $-2n^2 < -10\,000$ équivaut à $n^2 > 5\,000$, c'est-à-dire $n \geqslant \sqrt{5\,000}$.

Or, $\sqrt{5\,000} \approx 70{,}7$, donc $u_n < -10\,000$ pour tout entier naturel $n \geqslant 71$.

b) On se donne un intervalle $]-\infty\,;A[$ avec $A \leqslant 0$.

Pour tout entier naturel n, $u_n \in\,]-\infty\,;A[$ équivaut à $-2n^2 < A$, c'est-à-dire $n^2 > -\frac{A}{2}$, soit $n > \sqrt{-\frac{A}{2}}$.

> $A \leqslant 0$, donc $-\frac{A}{2} \geqslant 0$.
> La fonction carré est croissante sur $]0\,;+\infty[$.

On note N le plus petit nombre entier supérieur ou égal à $\sqrt{-\frac{A}{2}}$.

Ainsi, l'intervalle $]-\infty\,;A[$ contient tous les termes u_n, pour tout entier naturel $n > N$.

Donc $\lim\limits_{n\to+\infty} u_n = -\infty$.

Ainsi, la suite (u_n) diverge vers $-\infty$.

EXERCICES D'APPLICATION DIRECTE

Sur le modèle de l'exercice résolu 1

3 La suite (v_n) est définie sur $\mathbb{N}$ par $v_n = 4n^2$.

a) Déterminer un entier naturel N tel que pour tout entier naturel $n > N$, $v_n > 10^9$.

b) Démontrer que la limite de la suite (v_n) est $+\infty$.

Sur le modèle de l'exercice résolu 2

4 La suite (v_n) est définie sur $\mathbb{N}$ par $v_n = -10\sqrt{n}$.

a) Déterminer un entier naturel N tel que pour tout entier naturel $n > N$, $v_n < -10^7$.

b) Démontrer que la limite de la suite (v_n) est $-\infty$.

Cours

Exercices
- 5 à 8 (ci-contre)
- 30 à 39

2 Limite finie d'une suite

▷ Vidéo JAICOMPRIS.COM — Cette notion est présentée en vidéo

A Limite égale à un nombre réel ℓ

Définition

Dire qu'une suite (u_n) **a pour limite un nombre réel ℓ quand n tend vers $+\infty$** signifie que tout intervalle ouvert contenant ℓ contient toutes les valeurs u_n à partir d'un certain rang. On note $\lim\limits_{n \to +\infty} u_n = \ell$.
On dit aussi que la suite (u_n) **converge** vers ℓ.

Illustration graphique
Aussi petite soit la longueur d'un intervalle I contenant ℓ, on peut trouver un entier naturel n_0 tel que pour tout $n \geqslant n_0$, $u_n \in \mathrm{I}$.
En termes imagés « aussi étroite que soit la bande autour de la droite d'équation $y = \ell$, les termes u_n finissent par y entrer définitivement ».

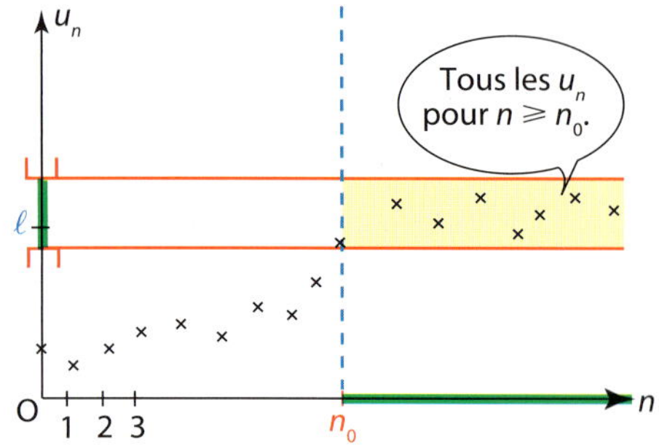

Remarque : lorsqu'elle existe, la limite ℓ d'une suite est **unique**.

Exemples
- **Suites de référence de limite 0** (k désigne un nombre réel non nul).
On admet que les suites $\left(\frac{k}{n}\right)$ (voir exercice 5), $\left(\frac{k}{n^2}\right)$, $\left(\frac{k}{n^3}\right)$, $\left(\frac{k}{\sqrt{n}}\right)$, $\left(\frac{k}{e^n}\right)$ ont pour limite 0 .

B Suites qui n'ont pas de limite

Il existe des suites qui n'admettent aucune limite.

Exemple

(u_n) est la suite définie sur $\mathbb{N}$ par $u_n = (-1)^n$.
Pour tout entier naturel n, $u_n = 1$ si n est pair et $u_n = -1$ si n est impair.

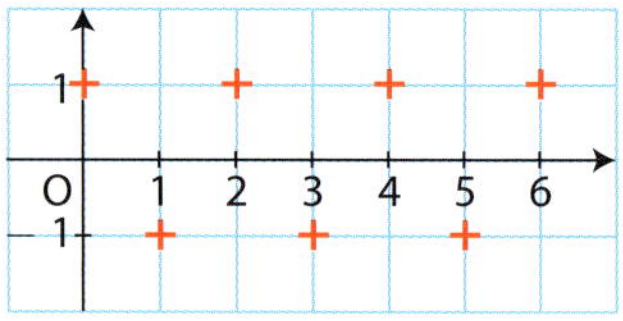

- L'intervalle $]2\,;+\infty[$ ne contient aucun terme de la suite (u_n) : celle-ci n'a pas pour limite $+\infty$.
- L'intervalle $]-\infty\,;-2[$ ne contient aucun terme de la suite (u_n) : celle-ci n'a pas pour limite $-\infty$.
- Si ℓ est un nombre réel différent de -1 et de 1, alors il existe un intervalle suffisamment étroit autour de ℓ qui ne contient ni -1 ni 1 ; un tel intervalle ne contient aucun terme de la suite (u_n). Celle-ci n'a pas pour limite ℓ.
- Enfin les intervalles $]-2\,;0[$ (qui contient -1) et $]0\,;2[$ (qui contient 1) ne contiennent pas tous les termes de la suite (u_n) à partir d'un certain rang. La suite (u_n) n'a donc pas pour limite -1 ou 1.

Finalement, la suite (u_n) n'a pas de limite.

C Vocabulaire

On distingue deux types de suites :
- les suites **convergentes** qui ont une limite finie ;
- les suites **divergentes** qui sont toutes les suites qui ne sont pas convergentes : elles peuvent soit admettre une limite infinie, soit ne pas admettre de limite.

EXERCICES RÉSOLUS

5 Utiliser la définition d'une suite de limite finie

(u_n) est la suite définie pour tout entier naturel $n \geqslant 1$ par $u_n = \dfrac{4}{n}$.

a) Déterminer un entier naturel N tel que pour tout $n > N$, $-0{,}8 < u_n < 0{,}8$.

b) Démontrer que la limite de la suite (u_n) est 0.

Solution

a) Pour tout entier naturel $n \geqslant 1$, $-0{,}8 < u_n < 0{,}8$ équivaut à $0 < \dfrac{1}{n} < 0{,}2$, c'est-à-dire $n > \dfrac{1}{0{,}2}$ soit $n > 5$.

> $\dfrac{1}{n} > 0$ et $0{,}2 > 0$.
> La fonction inverse est décroissante sur $]0 ; +\infty[$.

b) On se donne un intervalle $]-\alpha ; \beta[$ (avec $\alpha > 0$, $\beta > 0$).

Pour tout entier naturel $n \geqslant 1$, $u_n \in]-\alpha ; \beta[$ équivaut à $-\alpha < \dfrac{4}{n} < \beta$ c'est-à-dire $0 < \dfrac{1}{n} < \dfrac{1}{4}\beta$ soit $n > \dfrac{4}{\beta}$.

On note N le plus petit entier supérieur ou égal à $\dfrac{4}{\beta}$. Ainsi, l'intervalle $]-\alpha ; \beta[$ contient toutes les valeurs u_n, pour tout $n > N$. Donc $\lim\limits_{n \to +\infty} u_n = 0$.

6 Rechercher un seuil avec le tableur Tice

(v_n) est la suite définie sur $\mathbb{N}$ par $v_n = \dfrac{4n+9}{n+2}$.

a) À l'aide du tableur, tabuler la suite (v_n) et la représenter graphiquement. Conjecturer sa limite.

b) On admet que la suite (v_n) est décroissante et que pour tout entier naturel n, $v_n > 4$.

Utiliser la feuille de calcul pour déterminer un entier naturel n à partir duquel :

- $4 < v_n < 4{,}1$
- $4 < v_n < 4{,}01$

Solution

a) On conjecture que la limite de la suite (v_n) est 4.

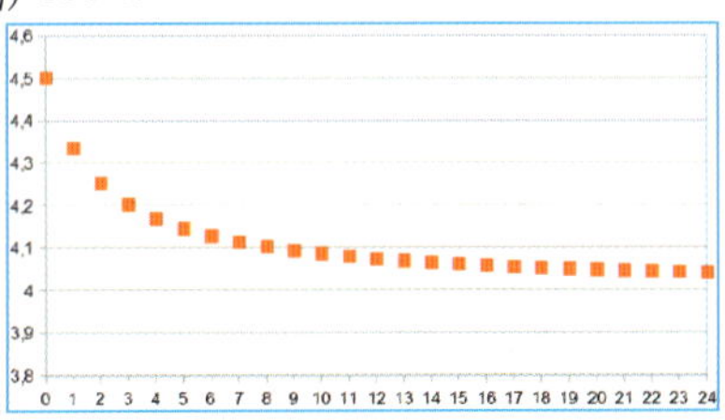

b) • Ci-contre, on lit que $u_9 \approx 4{,}09$.
Donc pour tout $n \geqslant 9$, $4 < u_n \leqslant u_9 < 4{,}1$.

• En prolongeant la feuille de calcul, on lit que $u_{99} \approx 4{,}009$.
Donc pour tout $n \geqslant 99$, $4 < u_n \leqslant u_{99} < 4{,}01$.

	A	B
1	n	v_n
2	0	4,5
3	1	4,33333333
4	2	4,25
5	3	4,2
6	4	4,16666667
7	5	4,14285714
8	6	4,125
9	7	4,11111111
10	8	4,1
11	9	4,09090909
12	10	4,08333333
99	97	4,01010101
100	98	4,01
101	99	4,00990099
102	100	4,00980392

> Dans la cellule B2, on saisit : =(4*A2+9)/(A2+2), puis on recopie vers le bas.

> On sélectionne la plage A2:B26 (par exemple), puis dans l'assistant de diagramme, on sélectionne Ligne et .
> Dans Plage des données, on coche Série de données en colonne et Première colonne comme étiquette.

EXERCICES D'APPLICATION DIRECTE

Sur le modèle de l'exercice résolu 5

7 Pour tout entier naturel $n \geqslant 1$, $u_n = \dfrac{2}{\sqrt{n}}$.
Démontrer que la suite (u_n) a pour limite 0.

Sur le modèle de l'exercice résolu 6

8 Pour tout entier naturel n, $v_n = 5 - \dfrac{1}{n^2+1}$.
Conjecturer la limite de (v_n) à l'aide du tableur.

Exercices
- 9 à 12 (ci-contre)
- 40 à 50

3 Limites et comparaison

A Théorème de comparaison : limite infinie

Propriété

Si (u_n) et (v_n) sont deux suites définies sur $\mathbb{N}$ telles que :
(1) à partir d'un certain rang, $u_n \geqslant v_n$, **(2)** $\lim\limits_{n \to +\infty} v_n = +\infty$,
alors $\lim\limits_{n \to +\infty} u_n = +\infty$.

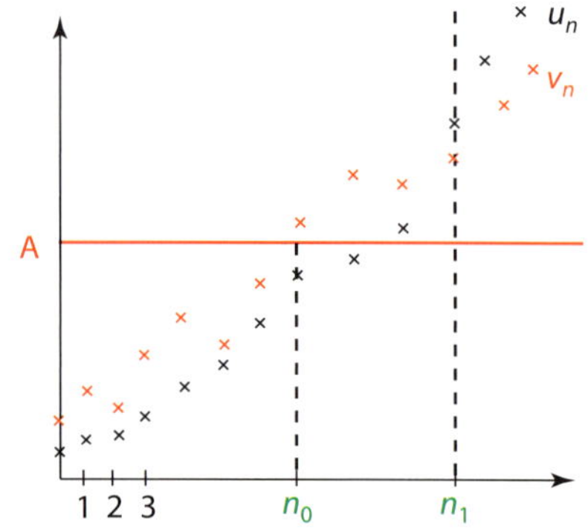

Illustration : cas où $n_1 > n_0$

Démonstration

D'après **(2)**, tout intervalle $]A\,;+\infty[$ (avec A nombre réel) contient tous les v_n à partir d'un entier naturel n_0.
Ainsi, pour tout $n \geqslant n_0$, $v_n > A$.
D'après **(1)**, pour tout $n \geqslant n_1$, $u_n \geqslant v_n$.
Donc, si l'on note N le plus grand des entiers naturels n_0 et n_1, alors pour tout $n \geqslant N$, $u_n \geqslant v_n > A$.
Donc, l'intervalle $]A\,;+\infty[$ contient tous les u_n à partir de l'entier naturel N et $\lim\limits_{n \to +\infty} u_n = +\infty$.

Vidéo
JaiCompris.com
Les démonstrations de cette page sont présentées en vidéo

Propriété

Si (u_n) et (v_n) sont deux suites définies sur $\mathbb{N}$ telles que :
(1) à partir d'un certain rang, $u_n \leqslant v_n$, **(2)** $\lim\limits_{n \to +\infty} v_n = -\infty$,
alors $\lim\limits_{n \to +\infty} u_n = -\infty$.

Cette propriété se démontre de la même façon que la propriété précédente.

B Théorème des gendarmes : limite finie

Théorème

Si (u_n), (v_n), (w_n) sont trois suites définies sur $\mathbb{N}$ telles que :
(1) à partir d'un certain rang, $v_n \leqslant u_n \leqslant w_n$, **(2)** $\lim\limits_{n \to +\infty} v_n = \lim\limits_{n \to +\infty} w_n = \ell$ (avec ℓ nombre réel),
alors $\lim\limits_{n \to +\infty} u_n = \ell$.

Démonstration

I est un intervalle ouvert quelconque contenant ℓ.

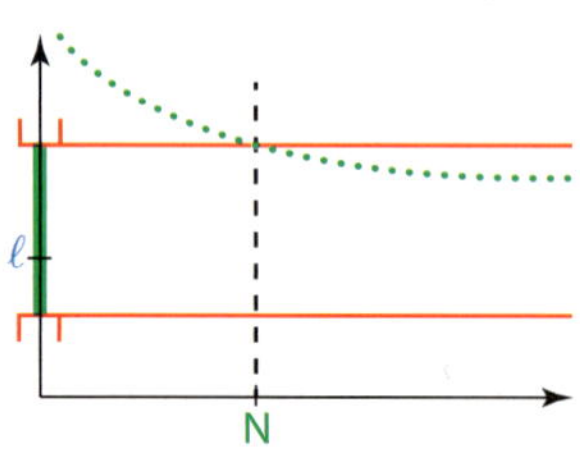

(w_n) converge vers ℓ, donc à partir d'un rang N, tous les w_n sont dans I.

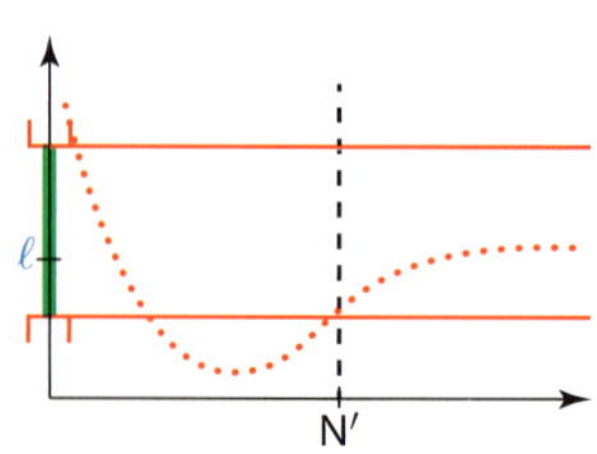

(v_n) converge vers ℓ, donc à partir d'un rang N′, tous les v_n sont dans I.

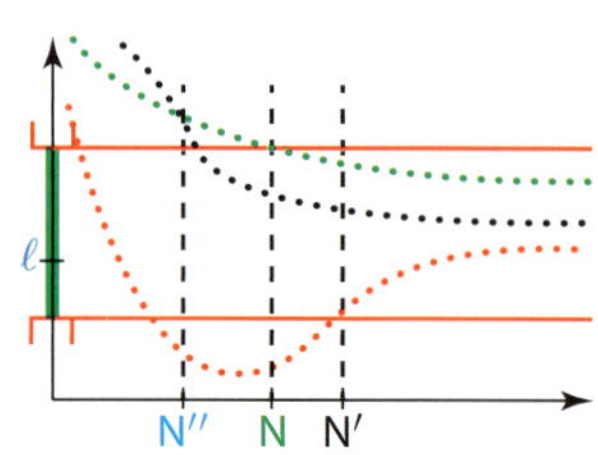

À partir d'un rang N″, $v_n \leqslant u_n \leqslant w_n$.

Donc pour tout entier naturel n supérieur à la fois à N, N′ et N″, tous les u_n appartiennent à I.
La suite (u_n) converge vers ℓ.

EXERCICES RÉSOLUS

9 Appliquer un théorème de comparaison

1. (u_n) est la suite définie sur $\mathbb{N}$ par $u_n = e^n$.

a) Démontrer par récurrence que pour tout entier naturel n, $e^n \geqslant n+1$.

b) En déduire que la suite (u_n) diverge vers $+\infty$.

2. (v_n) est la suite définie par $v_0 = 1$ et pour tout entier naturel n, $v_{n+1} = -v_n^2 - n - 1$.

a) Démontrer que pour tout entier naturel n, $v_n \leqslant -n$.

b) En déduire que la suite (v_n) diverge.

Solution

1. a) Initialisation : pour $n = 0$, $e^0 = 1$ et $0 + 1 = 1$ donc $e^0 \geqslant 0 + 1$.

Hérédité : on suppose que pour un entier naturel k, $e^k \geqslant k+1$.

On démontre qu'alors $e^{k+1} \geqslant k+2$.

Or, $e^{k+1} = e \times e^k$, donc d'après l'hypothèse de récurrence $e^{k+1} \geqslant e(k+1)$.

On remarque que $e(k+1) \geqslant k+2$; en effet, ceci équivaut à $(e-1)k \geqslant 2 - e$ et cette inégalité est vraie car $(e-1)k \geqslant 0$ et $2 - e < 0$.

Donc $e^{k+1} \geqslant e(k+1) \geqslant k+2$.

Conclusion : pour tout entier naturel n, $e^n \geqslant n+1$.

b) $\lim\limits_{n\to+\infty} (n+1) = +\infty$ donc, d'après un théorème de comparaison, $\lim\limits_{n\to+\infty} u_n = +\infty$.

2. a) Pour tout entier naturel n, $-v_n^2 \leqslant 0$, d'où $-v_n^2 - n - 1 \leqslant -n - 1$.

c'est-à-dire $v_{n+1} \leqslant -(n+1)$.

Ainsi, pour tout entier naturel n, $v_n \leqslant -n$.

b) $\lim\limits_{n\to+\infty} (-n) = -\infty$ donc, d'après un théorème de comparaison, $\lim\limits_{n\to+\infty} v_n = -\infty$.

> **1.** On détermine une suite qui minore (u_n) et de limite $+\infty$.

> **2.** On détermine une suite qui majore (v_n) et de limite $-\infty$.

10 Appliquer le théorème des gendarmes

(w_n) est la suite définie pour tout entier $n \geqslant 1$, par $w_n = \dfrac{\cos(n)}{\sqrt{n}}$. Démontrer que la suite (w_n) converge.

Solution

Pour tout entier naturel $n \geqslant 1$, $-1 \leqslant \cos(n) \leqslant 1$, d'où

$-\dfrac{1}{\sqrt{n}} \leqslant \dfrac{\cos(n)}{\sqrt{n}} \leqslant \dfrac{1}{\sqrt{n}}$.

Or, $\lim\limits_{n\to+\infty} \dfrac{-1}{\sqrt{n}} = 0$ et $\lim\limits_{n\to+\infty} \dfrac{1}{\sqrt{n}} = 0$, (suites de référence), donc d'après le théorème des gendarmes, $\lim\limits_{n\to+\infty} w_n = 0$.

> Pour tout $n \geqslant 1$, $\sqrt{n} > 0$ donc on divise chaque membre par $\sqrt{n}$ sans changer le sens des inégalités.

EXERCICES D'APPLICATION DIRECTE

Sur le modèle de l'exercice résolu 9

11 La suite (u_n) est définie sur $\mathbb{N}$ par:

$$u_n = n^2 + \frac{2n+1}{3n+2}.$$

a) Démontrer que, pour tout entier naturel n, $u_n \geqslant n^2$.

b) En déduire que (u_n) diverge vers $+\infty$.

Sur le modèle de l'exercice résolu 10

12 (w_n) est la suite définie pour tout entier naturel $n \geqslant 1$ par $w_n = \dfrac{\cos(n) + 2\sin(n)}{n^2}$.

a) Démontrer que pour tout $n \geqslant 1$, $\dfrac{-3}{n^2} \leqslant w_n \leqslant \dfrac{3}{n^2}$.

b) En déduire que (w_n) converge vers 0.

Exercices
- 13 à 15 (ci-contre)
- 51 à 61

4 Opérations et limites

Vidéo
JaiCompris.com
Ces notions sont présentées en vidéo

(u_n) et (v_n) sont deux suites numériques définies sur $\mathbb{N}$ et ℓ, ℓ' désignent des nombres réels. On admet les **règles opératoires** qui suivent.

A Somme et produit de deux suites

Si $\lim\limits_{n\to+\infty} u_n = \ldots$	ℓ	ℓ	ℓ	$+\infty$	$+\infty$	$-\infty$
et $\lim\limits_{n\to+\infty} v_n = \ldots$	ℓ'	$+\infty$	$-\infty$	$+\infty$	$-\infty$	$-\infty$
alors $\lim\limits_{n\to+\infty} (u_n + v_n) = \ldots$	$\ell+\ell'$	$+\infty$	$-\infty$	$+\infty$	FI	$-\infty$

Si $\lim\limits_{n\to+\infty} u_n = \ldots$	ℓ	$\ell>0$	$\ell>0$	$\ell<0$	$\ell<0$	$+\infty$	$+\infty$	$-\infty$	0
et $\lim\limits_{n\to+\infty} v_n = \ldots$	ℓ'	$+\infty$	$-\infty$	$+\infty$	$-\infty$	$+\infty$	$-\infty$	$-\infty$	$+\infty$ ou $-\infty$
alors $\lim\limits_{n\to+\infty} (u_n \times v_n) = \ldots$	$\ell\ell'$	$+\infty$	$-\infty$	$-\infty$	$+\infty$	$+\infty$	$-\infty$	$+\infty$	FI

Dans les cas notés FI (Forme indéterminée), on ne peut pas conclure immédiatement et tout résultat est possible. Dans un tel cas, il faut **lever l'indétermination** en changeant l'écriture.

Exemple : cas de FI « $\infty - \infty$ »

Dans chacun des cas ci-dessous, $\lim\limits_{n\to+\infty} u_n = +\infty$ et $\lim\limits_{n\to+\infty} v_n = -\infty$,

- $u_n = n$ et $v_n = -n$, alors $u_n + v_n = 0$ et $\lim\limits_{n\to+\infty} (u_n + v_n) = 0$.
- $u_n = n$ et $v_n = -2n$, alors $u_n + v_n = -n$ et $\lim\limits_{n\to+\infty} (u_n + v_n) = -\infty$.
- $u_n = 2n$ et $v_n = -n$, alors $u_n + v_n = n$ et $\lim\limits_{n\to+\infty} (u_n + v_n) = +\infty$.

B Quotient de deux suites

(v_n) est une suite telle que pour tout entier naturel n, $v_n \neq 0$.

- Cas où $\lim\limits_{n\to+\infty} v_n \neq 0$

Si $\lim\limits_{n\to+\infty} u_n = \ldots$	ℓ	ℓ	$+\infty$	$+\infty$	$-\infty$	$-\infty$	$+\infty$ ou $-\infty$
et $\lim\limits_{n\to+\infty} v_n = \ldots$	$\ell'\neq 0$	$+\infty$ ou $-\infty$	$\ell'>0$	$\ell'<0$	$\ell'>0$	$\ell'<0$	$+\infty$ ou $-\infty$
alors $\lim\limits_{n\to+\infty} \dfrac{u_n}{v_n} = \ldots$	$\dfrac{\ell}{\ell'}$	0	$+\infty$	$-\infty$	$-\infty$	$+\infty$	FI

- Cas où $\lim\limits_{n\to+\infty} v_n = 0$

Si $\lim\limits_{n\to+\infty} u_n = \ldots$	$\ell>0$ ou $+\infty$	$\ell<0$ ou $-\infty$	$\ell>0$ ou $+\infty$	$\ell<0$ ou $-\infty$	0
et $\lim\limits_{n\to+\infty} v_n = \ldots$	0 en restant positif	0 en restant positif	0 en restant négatif	0 en restant négatif	0
alors $\lim\limits_{n\to+\infty} \dfrac{u_n}{v_n} = \ldots$	$+\infty$	$-\infty$	$-\infty$	$+\infty$	FI

Exemple

(w_n) est la suite définie sur $\mathbb{N}$ par $w_n = \dfrac{1}{n^2+1}$.

$\lim\limits_{n\to+\infty} (n^2+1) = +\infty$ donc d'après une règle opératoire ci-dessus, $\lim\limits_{n\to+\infty} w_n = 0$.

EXERCICE RÉSOLU

13 Appliquer les règles opératoires sur les limites

Dans chaque cas, étudier la limite de la suite (u_n) définie sur $\mathbb{N}$ par :

a) $u_n = n^2 + 8n + 10$ **b)** $u_n = n^2 - 200n$ **c)** $u_n = \dfrac{2n^2 + 3n}{10n^2 - 4}$

Solution

a) $\lim\limits_{n \to +\infty} n^2 = +\infty$ et $\lim\limits_{n \to +\infty} 8n = +\infty$ (suites de référence)

donc $\lim\limits_{n \to +\infty} (n^2 + 8n + 10) = +\infty$ (limite d'une somme).

b) $\lim\limits_{n \to +\infty} n^2 = +\infty$ et $\lim\limits_{n \to +\infty} (-200n) = -\infty$ (suites de référence).

On ne peut pas conclure pour la limite de la suite (u_n), on est en présence d'une forme indéterminée du type « $\infty - \infty$ ».

Or, pour tout $n \geqslant 1$, $u_n = n^2\left(1 - \dfrac{200}{n}\right)$.

$\lim\limits_{n \to +\infty} \left(-\dfrac{200}{n}\right) = 0$ donc $\lim\limits_{n \to +\infty} \left(1 - \dfrac{200}{n}\right) = 1$ (limite d'une somme).

De plus, $\lim\limits_{n \to +\infty} n^2 = +\infty$ donc $\lim\limits_{n \to +\infty} u_n = \lim\limits_{n \to +\infty} n^2\left(1 - \dfrac{200}{n}\right) = +\infty$ (limite d'un produit).

> Pour l'étude de la limite d'une suite (u_n) définie par $u_n = \mathrm{P}(n)$ où P est une fonction polynôme, on aboutit parfois à une forme indéterminée.
> Il suffit alors de factoriser par le terme de plus haut degré de $\mathrm{P}(n)$.

c) $\lim\limits_{n \to +\infty} 2n^2 = +\infty$ et $\lim\limits_{n \to +\infty} 3n = +\infty$ (suites de référence) donc $\lim\limits_{n \to +\infty} (2n^2 + 3n) = +\infty$ (limite d'une somme).

$\lim\limits_{n \to +\infty} 10n^2 = +\infty$ (suite de référence) donc $\lim\limits_{n \to +\infty} (10n^2 - 4) = +\infty$ (limite d'une différence).

On ne peut pas conclure pour la limite de la suite (u_n) : on est en présence d'une forme indéterminée du type « $\dfrac{\infty}{\infty}$ ».

Or, pour tout $n \geqslant 1$, $u_n = \dfrac{n^2\left(2 + \dfrac{3}{n}\right)}{n^2\left(10 - \dfrac{4}{n^2}\right)} = \dfrac{2 + \dfrac{3}{n}}{10 - \dfrac{4}{n^2}}$.

$\lim\limits_{n \to +\infty} \dfrac{3}{n} = 0$ donc $\lim\limits_{n \to +\infty} \left(2 + \dfrac{3}{n}\right) = 2$ (limite d'une somme).

$\lim\limits_{n \to +\infty} \left(-\dfrac{4}{n^2}\right) = 0$ donc $\lim\limits_{n \to +\infty} \left(10 - \dfrac{4}{n^2}\right) = 10$ (limite d'une différence).

Donc $\lim\limits_{n \to +\infty} u_n = \dfrac{2}{10} = \dfrac{1}{5}$ (limite d'un quotient).

> Pour l'étude de la limite d'un quotient $\dfrac{a_n}{b_n}$, on aboutit parfois à une forme indéterminée du type « $\dfrac{\infty}{\infty}$ ».
> On peut alors penser à mettre en facteur dans a_n et dans b_n le terme prépondérant qui tend « le plus vite » vers l'infini.

EXERCICES D'APPLICATION DIRECTE

Sur le modèle de l'exercice résolu 13

14 Dans chaque cas, étudier la limite de la suite définie sur $\mathbb{N}$ par :

a) $u_n = 13n - 6 + \sqrt{n}$

b) $v_n = 2n - 30\sqrt{n} + 4$

c) $w_n = \dfrac{100n}{2n + 3}$

15 (u_n) et (v_n) sont les suites définies sur $\mathbb{N}$ par :

$$u_n = n^3 - n^2 - 20n + 1 \text{ et } v_n = \frac{11n^2 - 3n + 1}{13n + 10}.$$

Pour étudier la limite de chacune de ces suites :

a) justifier que l'utilisation des règles opératoires conduit à une forme indéterminée ;

b) transformer l'écriture du terme général et lever l'indétermination.

Savoir-faire **Algo** python

Vidéo JAICOMPRIS.COM
Un autre exercice Algo/python résolu en vidéo

EXERCICE RÉSOLU

16 Utiliser un algorithme de seuil

Cours 2

Une entreprise du secteur « Bâtiments et Travaux Publics » doit réduire la quantité de déchets qu'elle rejette pour respecter une norme environnementale. En 2017, elle produit 44 000 tonnes de déchets par an. La direction s'engage, à terme, à rejeter moins de 4 500 tonnes de déchets par an. On modélise par d_n la masse, en millier de tonnes, de déchets pour l'année $2017 + n$, avec $n \in \mathbb{N}$. Ainsi, $d_0 = 44$.

Une étude a montré que pour tout entier naturel n, $d_n = 4 + \dfrac{40{,}2}{0{,}005\mathrm{e}^n + 1}$.

a) Démontrer que la limite de la suite (d_n) est 4.

b) Au début de l'algorithme ci-contre, on affecte la valeur 0 à la variable n et on donne pour valeur à S un nombre réel positif.
En fin d'exécution, il renvoie le nombre d'années nécessaires n pour que la masse de déchets rejetés soit inférieure à S. Exécuter cet algorithme pas à pas avec $S = 42$.

Tant que $d \geqslant S$
  $n \leftarrow n + 1$
  $d \leftarrow 4 + \dfrac{40{,}2}{0{,}005\mathrm{e}^n + 1}$
Fin Tant que

c) Coder cet algorithme à l'aide d'une fonction écrite en langage Python.
Exécuter le programme obtenu avec $S = 4{,}5$ et interpréter le résultat renvoyé.

Solution

a) $\lim\limits_{n \to +\infty} (0{,}005\mathrm{e}^n) = +\infty$ (suite de référence), donc par quotient $\lim\limits_{n \to +\infty} \dfrac{40{,}2}{0{,}005\mathrm{e}^n + 1} = 0$ et $\lim\limits_{n \to +\infty} d_n = 4$.

b) Les valeurs de d sont arrondies au millième.

n	0	1	2	3
d	44	43,661	42,768	40,531
$d \geqslant S$	Vrai	Vrai	Vrai	Faux

On utilise la calculatrice pour déterminer les termes successifs de la suite (d_n).

D'après ce modèle, l'entreprise rejetterait moins de 42 000 tonnes de déchets au bout de 3 ans, soit en 2020.

c) Avec le programme ci-contre, on exécute **Seuil(4,5)** et on obtient 10.
L'entreprise pourrait rejeter moins de 4 500 tonnes de déchets dans 10 ans soit en 2027.

```
from math import *

def D(n):
    y=4+40.2/(0.005*exp(n)+1)
    return y

def Seuil(S):
    n=0
    while D(n)>S:
        n=n+1
    return n
```

```
>>> Seuil(4.5)
10
```

EXERCICES D'APPLICATION DIRECTE

Sur le modèle de l'exercice résolu 16

17 Le modèle de l'exercice 16 s'est avéré trop contraignant pour l'entreprise.
On modélise alors par e_n la masse, en millier de tonnes, de déchets pour l'année $2020 + n$, avec $n \in \mathbb{N}$.
Une étude a montré que pour tout entier naturel n,
$$e_n = 4{,}3 + \frac{80}{0{,}0001\mathrm{e}^n + 2{,}0966}.$$
a) Déterminer la limite de la suite (e_n).
b) Adapter, puis exécuter le programme Python de l'exercice 16 pour déterminer en quelle année l'entreprise pourrait respecter la norme.

18 Une toute nouvelle entreprise de recyclage a traité en 2019 un volume de 500 m^3 de plastique. Les dirigeants estiment pouvoir améliorer le volume recyclé tous les ans. On modélise alors par r_n le volume, en m^3, de plastique recyclé pour l'année $2019 + n$, avec $n \in \mathbb{N}$. Une étude a montré que pour tout entier naturel n, $r_n = 1000 - \dfrac{500}{\mathrm{e}^n}$.
a) Calculer le volume, en m^3, recyclé en 2020. *Arrondir à l'unité.*
b) Déterminer la limite de la suite (r_n).
c) Utiliser un programme écrit en langage Python pour déterminer en quelle année l'entreprise pourrait retraiter plus de 980 m^3 de plastique.

Limite infinie d'une suite

Cours 1

Questions flash À l'oral

19 Une suite (u_n) a pour limite $+\infty$.
Dans chaque cas, dire si l'intervalle contient tous les termes u_n à partir d'un certain rang.
a) $]-\infty\,;60[$ **b)** $]-3\,;+\infty[$ **c)** $]10^9\,;+\infty[$

20 Dans chaque cas, déterminer mentalement si la suite diverge vers $+\infty$ ou vers $-\infty$.
a) Pour tout entier naturel n, $u_n = -n + 200$.
b) Pour tout entier naturel n, $v_n = n + 200$.
c) Pour tout entier naturel n, $w_n = -n - 200$.
d) Pour tout entier naturel n, $t_n = n - 200$.

21 La suite (v_n) a pour limite $-\infty$.
Florent affirme : « Il est possible que seul un nombre fini de termes de la suite soient négatifs ».
Donner un argument à l'oral qui explique son erreur.

22 Donner à l'oral le terme général de deux suites qui divergent vers $+\infty$ et de deux autres suites qui divergent vers $-\infty$.

23 (u_n) est la suite définie sur $\mathbb{N}$ par :
$$u_n = 2n^3 + 1.$$
a) Tabuler les premiers termes de la suite à l'aide de la calculatrice.
b) Conjecturer la limite de la suite (u_n).
c) Déterminer à l'aide de la calculatrice un entier naturel n tel que $u_n \in\,]10\,000\,;+\infty[$.

24 (v_n) est la suite définie sur $\mathbb{N}$ par :
$$v_n = n^2 + n.$$
a) Résoudre dans $\mathbb{R}$ l'inéquation $x^2 + x > 10\,000$.
b) En déduire un rang à partir duquel $v_n > 10\,000$.
c) Trouver de même un rang à partir duquel $v_n > 10^9$.
d) Conjecturer la limite de la suite.

25 La suite (h_n) est définie sur $\mathbb{N}$ par :
$$h_n = 6 - 2n.$$
A désigne un nombre réel quelconque.
a) À partir de quel entier naturel n a-t-on :
- $h_n < -10$?
- $h_n < -100$?

b) À partir de quel entier naturel n a-t-on $h_n < A$?
c) En déduire la limite de la suite (h_n).

26 (t_n) est la suite définie sur $\mathbb{N}$ par $t_n = -n^2$.
A désigne un nombre réel négatif quelconque.
a) À partir de quel entier naturel n a-t-on $-n^2 < A$?
b) En déduire la limite de la suite (t_n).

27 La suite (C_n) est définie sur $\mathbb{N}$ par $C_n = \alpha n$ où α est un nombre réel non nul.
a) À l'aide de la représentation graphique ci-dessous, conjecturer la limite de (C_n) selon les valeurs de α.

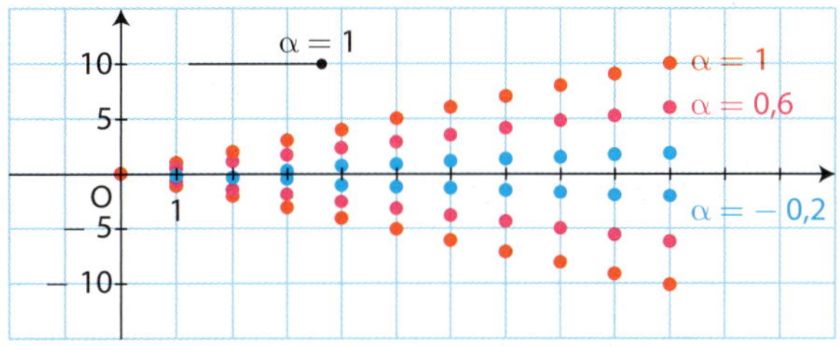

b) On suppose ici que $\alpha > 0$ et on nomme A un nombre réel positif quelconque.
À partir de quel entier naturel n a-t-on $\alpha n > A$?
c) En déduire la limite de la suite (C_n) si $\alpha > 0$.
d) Adapter les réponses aux questions **b)** et **c)** pour déterminer la limite de la suite (C_n) si $\alpha < 0$.

28 On construit une suite de figures et on nomme c_n le nombre de carreaux de la figure à l'étape n ($n \in \mathbb{N}$).

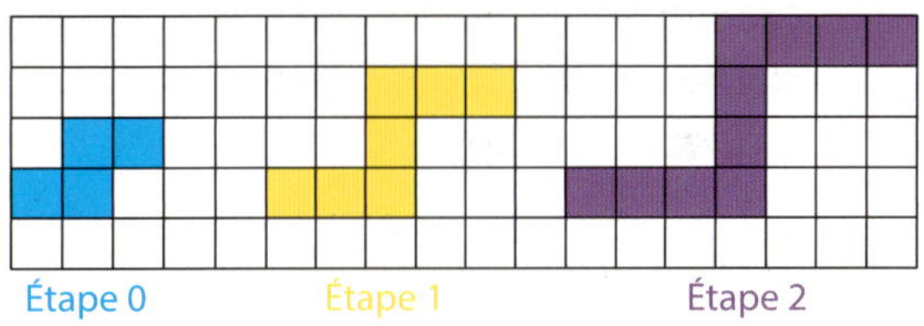

a) Exprimer c_n en fonction de n.
b) À partir de quelle étape la figure compte-t-elle plus de 10 000 carreaux ?
c) Établir la limite de la suite (c_n).

29 **Algo** python
La suite (u_n) est définie sur $\mathbb{N}$ par :
$$u_n = -\sqrt{n^2+1}.$$
On donne le programme ci-contre écrit en langage Python.

```
from math import *

def U(n):
    y=-sqrt(n**2+1)
    return y

def Seuil(S):
    n=0
    while U(n)>=S:
        n=n+1
    return n
```

a) Expliquer son rôle.
b) Saisir ce programme et exécuter la fonction **Seuil** pour $S = -100$, puis pour $S = -1\,000$.
c) Conjecturer la limite de la suite (u_n).

Limite finie d'une suite

Cours 2

Questions flash — À l'oral

30 Une suite (u_n) a pour limite 5.
Dans chaque cas, dire si l'intervalle contient tous les u_n à partir d'un certain rang.
a) $]-6\,;6[$ **b)** $]5{,}1\,;+\infty[$ **c)** $]4{,}99\,;5{,}2[$

31 Dans chaque cas, déterminer mentalement si la suite converge ou diverge.
a) Pour tout entier naturel n, $u_n = -\dfrac{n}{200}$.
b) Pour tout entier naturel $n \geqslant 1$, $v_n = \dfrac{200}{-n}$.
c) Pour tout entier naturel n, $w_n = -n+1$.
d) Pour tout entier naturel $n \geqslant 1$, $t_n = \dfrac{1}{2\sqrt{n}}$.

32 La suite (h_n) a pour limite 0,2.
Hélène affirme « À partir d'un certain rang tous les termes de la suite sont positifs ».
Justifier à l'oral son affirmation.

33 Pour tout entier naturel $n \geqslant 1$,
$$u_n = \frac{2n-3}{n+1} \text{ et } v_n = \frac{(-1)^n}{1{,}3^{n+1}}.$$

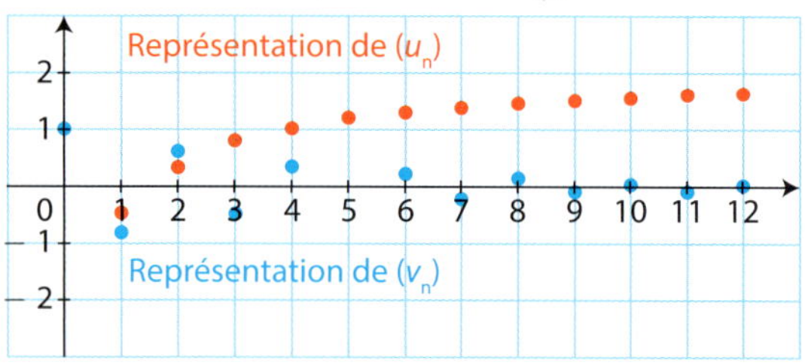

Conjecturer par lecture graphique les limites des deux suites (u_n) et (v_n).

34 (u_n) est la suite définie sur $\mathbb{N}$ par $u_n = \dfrac{n+1}{n+2}$.

n	8	98	998	9 998	10^9-2
u_n	0,9	0,99			

a) Recopier et compléter le tableau de valeurs ci-dessus.
b) Conjecturer la limite de la suite (u_n).

35 (e_n) est la suite définie sur $\mathbb{N}$ par $e_n = \dfrac{10}{n+1}$.
a) Démontrer que pour tout $n \geqslant 100$, $-10^{-1} \leqslant e_n \leqslant 10^{-1}$.
b) Déterminer à partir de quel entier naturel n,
$$-10^{-5} \leqslant e_n \leqslant 10^{-5}.$$
c) Conjecturer la limite de la suite (e_n).

36 (I_n) est la suite définie sur $\mathbb{N}^*$ par $\mathrm{I}_n = 5 - \dfrac{1}{n}$.
a) À partir de quel entier naturel n, $4{,}9 < \mathrm{I}_n < 5{,}1$?
b) À partir de quel entier naturel n, $4{,}99 < \mathrm{I}_n < 5{,}01$?
c) $\alpha > 0$ et $\beta > 0$ désignent deux nombres réels.
Démontrer que pour tout entier naturel $n \geqslant 1$,
$$5-\alpha < \mathrm{I}_n < 5+\beta \text{ équivaut à } 5-\alpha < \mathrm{I}_n < 5.$$
d) Démontrer que pour tout entier naturel $n \geqslant 1$,
$$5-\alpha < \mathrm{I}_n < 5 \text{ équivaut à } \frac{1}{\alpha} < n.$$
e) En déduire la limite de la suite (I_n).

37 Dans chaque cas, représenter graphiquement dans un repère un exemple de suite (F_n) telle que :
a) (F_n) est croissante et converge vers 4 ;
b) (F_n) est décroissante et converge vers 4 ;
c) (F_n) n'est ni croissante ni décroissante et converge vers 4.

38 Algo python
Une analyse médicale révèle une quantité de 10^6 bactéries par mL d'urine prélevée. Le médecin prescrit des antibiotiques pour guérir l'infection.
On modélise par q_n le nombre de milliers de bactéries par mL d'urine après n jours de traitement.
Ainsi, $q_0 = 1\,000$.
On estime que pour tout entier naturel n,
$$q_{n+1} = \sqrt{q_n} + \frac{q_n}{n+3}.$$
a) Calculer les termes q_1 et q_2.
b) Afficher la représentation graphique de la suite (q_n) à l'écran de la calculatrice et conjecturer sa limite.
c) Voici un programme écrit en langage Python.
Expliquer son rôle.

```
from math import *

def Seuil(S):
    n=0
    q=1000
    while q>S:
        q=sqrt(q)+q/(n+3)
        n=n+1
    return n
```

d) On estime qu'une quantité normale de bactéries est inférieure à $1{,}2 \times 10^3$ unités par mL d'urine.
Exécuter le programme en choisissant une valeur adaptée pour S afin de connaître le nombre de jours suffisant pour le traitement antibiotique.

39 Sandrine affirme : « La suite (u_n) définie sur $\mathbb{N}$ par $u_n = 2 \times (-1)^n$ converge. En effet, comme les termes sont tous compris entre -2 et 2, la limite de la suite est 0 ». A-t-elle raison ? Justifier.

Limite et comparaison

Cours 3

Questions flash À l'oral

40 Dans chaque cas, dire à quelle suite de référence on peut comparer la suite (u_n) et préciser sa limite.

a) $u_n = -n^2 - 5$ **b)** $u_n = \sqrt{n} + 3$

41 Rappeler à l'oral quel théorème (comparaison ou gendarmes) permet de démontrer qu'une suite est convergente et lequel permet de démontrer qu'une suite est divergente.

42 La suite (h_n) est définie sur $\mathbb{N}$ par $h_n = \sqrt{n^2 + n}$.

a) Tabuler les premières valeurs de la suite à l'écran de la calculatrice.

b) Conjecturer la limite de la suite (h_n).

c) Démontrer que, pour tout entier naturel n, $h_n \geqslant n$.

d) Démontrer la conjecture émise à la question **b)**.

43 La suite (t_n) est définie sur $\mathbb{N}$ par $t_n = n + 4(-1)^n$. Sa représentation graphique est donnée dans le repère ci-dessous.

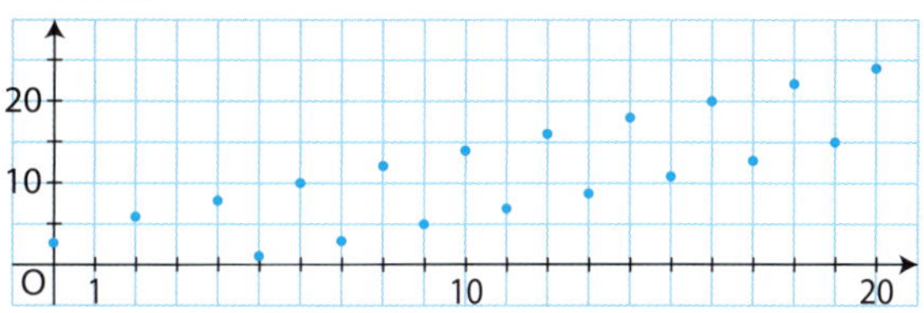

a) Conjecturer la limite de la suite (u_n).

b) Démontrer que, pour tout entier naturel n, $t_n \geqslant n - 4$.

c) En déduire que la suite (t_n) diverge vers $+\infty$.

d) Fred affirme : « Si une suite tend vers $+\infty$, alors elle est nécessairement croissante à partir d'un certain rang ». Justifier que cette affirmation est fausse.

44 (c_n) est la suite définie pour tout entier naturel $n \geqslant 1$ par $c_n = \dfrac{2^n}{n}$.

a) Tabuler la suite (c_n) à l'écran de la calculatrice et conjecturer sa limite.

b) Démontrer que, pour tout entier naturel $n \geqslant 4$,
$$n^2 - 2n - 1 \geqslant 0.$$

c) En déduire que, pour tout entier naturel $n \geqslant 4$,
$$2n^2 \geqslant (n+1)^2.$$

d) Démontrer à l'aide d'un raisonnement par récurrence que pour tout entier naturel $n \geqslant 4$, $2^n \geqslant n^2$.

e) En déduire que pour tout entier naturel $n \geqslant 4$, $c_n \geqslant n$.

f) Démontrer la conjecture émise à la question **a)**.

45 (e_n) est la suite définie sur $\mathbb{N}$ par $e_n = \dfrac{1}{n+5}$.

a) Montrer que pour tout entier naturel $n \geqslant 1$,
$$0 \leqslant e_n \leqslant \frac{1}{n}.$$

b) En déduire que la suite (e_n) converge vers 0.

46 La suite (i_n) vérifie pour tout entier naturel $n \geqslant 20$,
$$-2 - \frac{1}{n} \leqslant i_n \leqslant -2 + \frac{3}{n}.$$
Démontrer que la suite (i_n) est convergente et préciser sa limite.

47 La suite (f_n) vérifie pour tout entier naturel $n \geqslant 1$,
$$4 - \frac{2}{n} \leqslant f_n \leqslant 4 - \frac{1}{n}.$$

a) Démontrer que la suite (f_n) est convergente et préciser sa limite.

b) Proposer une expression possible d'une telle suite.

48 (c_n) est la suite définie sur $\mathbb{N}$ par $c_n = -4e^{2n+3}$.

a) Démontrer que pour tout entier naturel n,
$$c_n \leqslant -4 \times e^n.$$

b) Déterminer alors la limite de la suite (c_n).

Vidéo

JAICOMPRIS.COM Cet exercice est corrigé en vidéo

49 La suite (w_n) est définie pour tout entier naturel $n \geqslant 1$ par $w_n = \dfrac{\cos(n)}{n}$. Sa représentation graphique est donnée dans le repère ci-dessous.

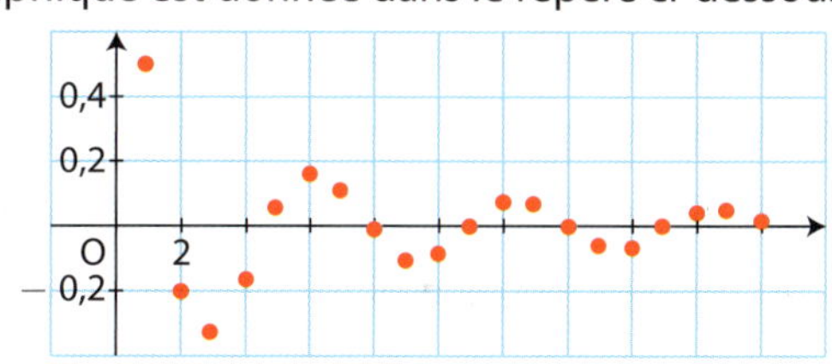

a) Conjecturer la limite de la suite (w_n).

b) Démontrer que, pour tout entier naturel $n \geqslant 1$,
$$\frac{-1}{n} \leqslant \frac{\cos(n)}{n} \leqslant \frac{1}{n}.$$

c) En déduire que (w_n) est une suite convergente.

50 Les suites (a_n), (b_n), (c_n) vérifient pour tout entier naturel n,
$$a_n \leqslant -n \leqslant n^3 b_n \leqslant 2n^2 \leqslant c_n.$$

a) Démontrer que les suites (a_n) et (c_n) sont divergentes. Préciser leurs limites.

b) Démontrer que la suite (b_n) converge. Préciser sa limite.

c) Proposer un exemple de telles suites.

Acquérir des automatismes

Opérations et limites

Cours 4

Questions flash — À l'oral

51 (u_n) et (v_n) sont deux suites telles que :
$$\lim_{n\to+\infty} u_n = 12 \text{ et } \lim_{n\to+\infty} v_n = -4.$$
Dans chaque cas, étudier mentalement la limite de la suite.

a) $(u_n + v_n)$ **b)** $(u_n - 2v_n)$ **c)** $(u_n \times v_n)$

d) $(u_n^{\,2})$ **e)** $\left(\dfrac{u_n}{v_n}\right)$ **f)** $\left(\dfrac{u_n + 3v_n}{u_n + v_n}\right)$

52 (u_n) et (v_n) sont deux suites telles que :
$$\lim_{n\to+\infty} u_n = +\infty \text{ et } \lim_{n\to+\infty} v_n = 10.$$
Dans chaque cas, donner mentalement la limite de la suite ou bien indiquer si l'on est en présence d'une forme indéterminée.

a) $(v_n - u_n)$ **b)** $(u_n(10 - v_n))$

c) $\left(\dfrac{v_n}{u_n}\right)$ **d)** $\left(\dfrac{10 - v_n}{u_n}\right)$

Pour les exercices 53 et 54, étudier la limite de chaque suite.

53 **a)** Pour tout entier naturel n, $u_n = n + n^2$.
b) Pour tout entier naturel n, $v_n = n\sqrt{n}$.
c) Pour tout entier naturel $n \geqslant 1$, $w_n = 2n - \dfrac{1}{n}$.
d) Pour tout entier naturel n, $h_n = \dfrac{1}{n^2 + 3}$.

54 **a)** Pour tout entier naturel n, $u_n = 8{,}2 - 4\sqrt{n}$.
b) Pour tout entier naturel $n \geqslant 1$, $v_n = \dfrac{4}{n} + \dfrac{2}{\sqrt{n}} + 1$.
c) Pour tout entier naturel n, $w_n = (8 - n)(2n^2 + 1)$.
d) Pour tout entier naturel $n \geqslant 1$, $a_n = \left(5 - \dfrac{1}{n}\right)(2 - \sqrt{n})$.
e) Pour tout entier naturel $n \geqslant 1$, $b_n = \dfrac{4 + n}{2 - \dfrac{1}{n}}$.
f) Pour tout entier naturel n, $c_n = \dfrac{40}{2n + 3}$.

55 (u_n) et (v_n) sont deux suites telles que :
$$\lim_{n\to+\infty} (u_n + v_n) = 4 \text{ et } \lim_{n\to+\infty} (u_n - v_n) = 6.$$
a) À l'aide d'une somme, montrer que $\lim\limits_{n\to+\infty} 2u_n = 10$.
b) En déduire que (u_n) converge et préciser sa limite.
c) Déterminer enfin la limite de la suite (v_n).

56 **a)** (u_n) et (v_n) sont définies sur $\mathbb{N}$ par :
$$u_n = 4 - 0{,}5n \text{ et } v_n = 0{,}5n.$$
Montrer $\lim\limits_{n\to+\infty} (u_n + v_n) = 4$ et $\lim\limits_{n\to+\infty} (u_n v_n) = -\infty$.
b) Définir deux suites (a_n) et (b_n) telles que :
$$\lim_{n\to+\infty} (a_n + b_n) = +\infty \text{ et } \lim_{n\to+\infty} (a_n b_n) = -7.$$

57 Algo

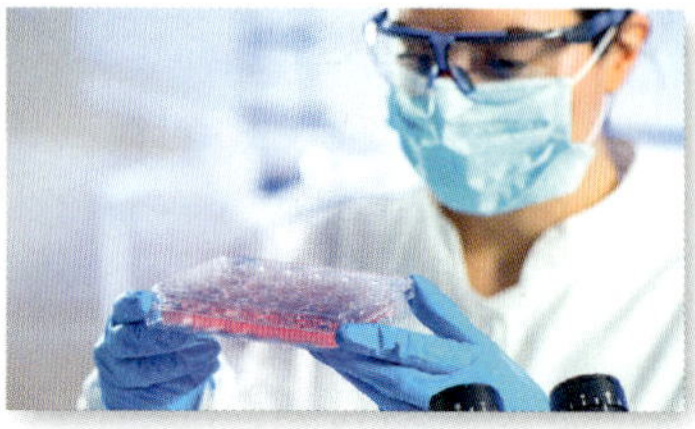

Un nouveau médicament est très efficace mais présente des effets indésirables dus à une substance agressive pour les cellules sanguines. La modélisation a permis d'évaluer la quantité q_n (en $cL \cdot L^{-1}$) de substance dans le sang, n heures après l'injection. La substance n'est plus agressive dès que son volume par litre de sang est inférieur à 0,01 cL.

On admet que pour tout n de $\mathbb{N}$, $q_n = \dfrac{100}{35e^n + 15}$.

a) À l'aide de la calculatrice, conjecturer la valeur de la quantité de substance à très long terme.
b) Déterminer la limite de (q_n).
c) Au début de l'algorithme ci-contre, on affecte la valeur 0 à n, la valeur 2 à q. En fin d'exécution, il renvoie le nombre d'heures nécessaire afin que la quantité de substance n'ait plus d'effet indésirable. Recopier et compléter cet algorithme.

```
Tant que ...
    n ← n + 1
    q ← ...
Fin Tant que
```

d) Indiquer ce nombre d'heures.

Pour les exercices 58 à 60, déterminer la limite de la suite (u_n) après avoir levé l'indétermination.

58 Pour tout entier naturel n, $u_n = -n^2 + 4n + 2$.

59 Pour tout entier naturel n, $u_n = \dfrac{n + 1}{n + 2}$.

60 Pour tout entier naturel n, $u_n = \dfrac{40n + 1}{n^2 + 2}$.

61 Voici un écran de calcul formel.

1	$u(n) := 2n\sqrt{n} - n^2$
	$\to$ $u(n) := -n^2 + 2\sqrt{n}\,n$
2	Limite(u(n), $+\infty$)
	$\to$ $-\infty$

a) Montrer que pour tout n de $\mathbb{N}$, $u_n = n\sqrt{n}(2 - \sqrt{n})$.
b) Justifier la limite obtenue.

62 QCM **Dans chaque cas, donner la réponse exacte sans justifier.**

		A	B	C	D
1	(a_n) est la suite définie sur $\mathbb{N}$ par $a_n = -6n^2 - n$. Alors …	$\lim\limits_{n\to+\infty} a_n = -\infty$	$\lim\limits_{n\to+\infty} a_n = -7$	$\lim\limits_{n\to+\infty} a_n = -6$	$\lim\limits_{n\to+\infty} a_n = +\infty$
2	Une suite (b_n) converge vers 1. Il est possible que, pour tout entier naturel $n \geqslant 1$, …	$b_n = \dfrac{1}{n}$	$b_n = \dfrac{n^2+n}{1-2n^2}$	$b_n = \dfrac{e^n}{e}$	$b_n = \dfrac{\sin(n)+n}{n}$
3	Pour tout $n \geqslant 1$, on sait que $\dfrac{2n-4}{n} \leqslant c_n \leqslant 2+\dfrac{1}{n}$. Alors …	$\lim\limits_{n\to+\infty} c_n = -\infty$	$\lim\limits_{n\to+\infty} c_n = 0$	$\lim\limits_{n\to+\infty} c_n = 2$	$\lim\limits_{n\to+\infty} c_n = +\infty$
4	(e_n) est la suite définie sur $\mathbb{N}$ par $e_n = \dfrac{n+1}{5n+2}$. Alors …	$\lim\limits_{n\to+\infty} e_n = 0$	$\lim\limits_{n\to+\infty} e_n = 0{,}2$	$\lim\limits_{n\to+\infty} e_n = 0{,}5$	$\lim\limits_{n\to+\infty} e_n = +\infty$

63 QCM **Dans chaque cas, donner la (ou les) réponse(s) exacte(s) sans justifier.**

		A	B	C	D
1	Une suite (d_n) n'a pas de limite. Il est possible que pour tout entier naturel $n \geqslant 1$, …	$d_n = n(-1)^n$	$d_n = n - 2(-1)^n$	$d_n = \cos(n)$	$d_n = \dfrac{n^2}{n+(-1)^n}$
2	Une suite (u_n) converge vers 0 et n'a aucun terme nul. Alors la suite (w_n) définie sur $\mathbb{N}$ par $w_n = \dfrac{1}{u_n}$ …	peut converger vers 0	peut diverger vers $+\infty$	peut diverger vers $-\infty$	peut ne pas avoir de limite
3	Les suites (u_n), (v_n) et (w_n) vérifient : $\lim\limits_{n\to+\infty} u_n = 4$, $\lim\limits_{n\to+\infty} w_n = 5$ et pour tout n, $u_n \leqslant v_n \leqslant w_n$. Alors il est certain que …	(v_n) est convergente	$4 \leqslant v_n \leqslant 5$ à partir d'un certain rang	$3 \leqslant v_n \leqslant 6$ à partir d'un certain rang	(nv_n) diverge vers $+\infty$

64 Vrai/Faux **Dans chaque cas, dire si l'affirmation est vraie ou fausse en justifiant.**

1 Une suite $(u_n + v_n)$ est convergente.
Affirmation : les suites (u_n) et (v_n) sont convergentes.

2 **Affirmation** : il existe deux suites (u_n) et (v_n) telles que $\lim\limits_{n\to+\infty} u_n = +\infty$, $\lim\limits_{n\to+\infty} v_n = 0$ et $\lim\limits_{n\to+\infty} u_n \times v_n = 10$.

3 (u_n) est une suite convergente et n'a aucun terme nul.
Affirmation : la suite $\left(u_n + \dfrac{1}{u_n}\right)$ est convergente.

4 (w_n) est une suite définie par $w_0 = 2$ et pour tout entier naturel n, $w_{n+1} = w_n^4 + n - 500$.
Affirmation : $\lim\limits_{n\to+\infty} w_n = +\infty$.

Vérifiez vos réponses : p. 529

65 Critiquer une conjecture

(u_n) est la suite définie pour tout entier naturel $n \geqslant 1$ par $u_n = 1 + \frac{1}{\sqrt{2}} + \frac{1}{\sqrt{3}} + \ldots + \frac{1}{\sqrt{n}}$.

Thomas affirme : « Sachant que $\lim\limits_{n \to +\infty} \frac{1}{\sqrt{n}} = 0$, je pense que la limite de la suite (u_n) est un nombre réel ».

Rédiger l'étude de la limite de la suite (u_n) en suivant le guide ci-dessous.

(1) Étudier le sens de variation de la suite $\left(\frac{1}{\sqrt{n}}\right)$: pour tout entier naturel $n \geqslant 1$, $\frac{1}{\sqrt{n+1}} - \frac{1}{\sqrt{n}} = \frac{\ldots}{\sqrt{n+1}\sqrt{n}}$. Or, la fonction racine carrée est ... sur $[0\,;+\infty[$ donc $\sqrt{n} \ldots \sqrt{n+1}$ et $\frac{1}{\sqrt{n+1}} - \frac{1}{\sqrt{n}} \ldots 0$. Donc la suite $\left(\frac{1}{\sqrt{n}}\right)$ est ...

(2) Tirer des conséquences : donc pour tout entier naturel $n \geqslant 1$ et pour tout entier naturel k tel que $1 \leqslant k \leqslant n$, $\frac{1}{\sqrt{n}} \ldots \frac{1}{\sqrt{k}} \ldots 1$.

(3) Utiliser un théorème de comparaison : donc pour tout entier naturel $n \geqslant 1$, $u_n \geqslant \ldots$ c'est-à-dire $u_n \geqslant \sqrt{n}$. Or, $\lim\limits_{n \to +\infty} \sqrt{n} = \ldots$ donc $\lim\limits_{n \to +\infty} u_n = \ldots$

(4) Conclure : rédiger une phrase de conclusion.

Vidéo

JAICOMPRIS.COM

Toutes les démonstrations au programme en vidéo

Liste des démonstrations :
- Divergence vers $+\infty$ d'une suite minorée par une suite divergeant vers $+\infty$.

66 Distinguer une implication et sa réciproque

(u_n) est une suite de nombre réels. On admet la propriété suivante :

> **Si** la suite (u_n) est convergente, **alors** il existe deux réels m et M tels que pour tout entier naturel n, $m \leqslant u_n \leqslant M$.

1. Énoncer la réciproque de la propriété encadrée.

2. Problème 1 : (v_n) est la suite définie sur $\mathbb{N}$ par $v_n = 4 + \frac{10 \times (-1)^n}{n+1}$.

a) Démontrer à l'aide du théorème des gendarmes que la suite (v_n) converge vers 4.

b) Démontrer que pour tout $n \geqslant 9$, $3 \leqslant v_n \leqslant 5$.

c) À l'aide d'un tableau de valeurs, déterminer le plus grand et le plus petit des dix premiers termes de (v_n).

d) Donner alors deux nombres réels m et M tels que pour tout entier naturel n,
$$m \leqslant v_n \leqslant M.$$

3. Problème 2 : (w_n) est la suite définie sur $\mathbb{N}$ par $w_n = 3 + 2 \times (-1)^n$.

a) Démontrer que pour tout n, $1 \leqslant w_n \leqslant 5$ mais que la suite (w_n) n'est pas convergente.

b) La réciproque énoncée à la question **1.** est-elle vraie ?

Conseil
P et Q désignent des propositions.
La **réciproque** de l'implication « Si P, alors Q » est l'implication « Si Q, alors P ».
Quand une implication et sa réciproque sont toutes les deux vraies, on dit que P et Q sont deux **propositions équivalentes**.

67 Utiliser une suite auxiliaire

(u_n) est la suite définie sur $\mathbb{N}$ par $u_n = \frac{n^2}{e^n}$.

On se propose d'étudier la limite de la suite (u_n). Pour cela, on introduit la suite (v_n) définie sur $\mathbb{N}$ par $v_n = nu_n$.

a) Démontrer que pour tout entier naturel $n \geqslant 3$, $\frac{v_{n+1}}{v_n} = \left(1 + \frac{1}{n}\right)^3 \times \frac{1}{e}$.

b) Démontrer que pour tout entier naturel $n \geqslant 3$, $\frac{v_{n+1}}{v_n} \leqslant 1$. En déduire que pour tout entier naturel $n \geqslant 3$, $v_n \leqslant v_3$.

c) En déduire la limite de la suite (u_n).

Étudier la limite d'une suite

68 **PARCOURS DIFFÉRENCIÉS**

Parcours 1

(u_n) est définie sur $\mathbb{N}$ par $u_n = \dfrac{1+2e^n}{e^n+3}$.

Démontrer que la suite (u_n) est convergente et préciser sa limite.

Parcours 2

(v_n) est la suite définie sur $\mathbb{N}$ par :

$$v_n = \frac{11n + 4\sqrt{n}}{n\sqrt{n}+5}.$$

a) Démontrer que pour tout entier naturel $n \geqslant 1$,

$$v_n = \frac{11 + \dfrac{4}{\sqrt{n}}}{\sqrt{n} + \dfrac{5}{n}}.$$

b) Étudier alors la limite de la suite (v_n).

69 (u_n) est la suite définie sur $\mathbb{N}$ par :

$$u_n = 4n^2 - 8n + 1.$$

On se propose d'étudier la limite de la suite (u_n) de trois façons différentes.

1. a) Démontrer que pour tout n, $u_n = 4(n-1)^2 - 3$.

b) En déduire la limite de la suite (u_n).

2. Pour tout $n \geqslant 1$, mettre $4n^2$ en facteur dans l'expression de u_n et conclure pour la limite de (u_n).

3. a) Démontrer que pour tout $n \geqslant 4$, $u_n \geqslant 2n^2$.

b) En déduire la limite de la suite (u_n).

70 (u_n) est la suite définie sur $\mathbb{N}$ par $u_n = an^2 + bn + c$, où $a \neq 0$, b et c sont trois nombres réels.

Discuter la limite de (u_n) selon les valeurs de a, b et c.

71 (s_n) est la suite définie par $s_0 = 0$ et pour tout entier naturel n, $s_{n+1} = s_n^2 + s_n + 4$.

a) Tabuler la suite à l'écran de la calculatrice et conjecturer la limite de la suite (s_n).

b) Prouver par récurrence que pour tout n, $s_n \geqslant n$.

c) En déduire la limite de la suite (s_n).

72 (d_n) est la suite définie sur $\mathbb{N}$ par :

$$d_n = \frac{n^2 + 2n + 6}{n+1}.$$

a) Montrer que pour tout n, $d_n = n + 1 + \dfrac{5}{n+1}$.

b) En déduire la limite de la suite (d_n).

73 (u_n) est la suite définie pour tout entier naturel $n \geqslant 1$ par :

$$u_n = \frac{1}{n^2}\sin\left(\frac{n\pi}{4}\right).$$

a) Démontrer que la suite (u_n) converge vers 0.

b) Pour tout $n \geqslant 1$, on pose $v_n = \dfrac{1}{u_n}$ si $u_n \neq 0$ et $v_n = n$ sinon. Donner les douze premiers termes de (v_n).

c) Démontrer que si n est divisible par 8, alors $v_n = n$.

d) Démontrer que si $n+1$ est divisible par 8, alors $v_n \leqslant 0$.

e) En déduire que la suite (v_n) n'a pas de limite.

74 (v_n) est la suite définie sur $\mathbb{N}$ par :

$$v_n = \frac{3e^n + 8e^{2n}}{e^n + e^{3n}}.$$

a) Justifier que pour tout n, $v_n = \dfrac{3e^{-n} + 8}{e^{-n} + e^n}$.

b) En déduire la limite de la suite (v_n).

75 Une suite (u_n) converge vers un nombre réel ℓ. (v_n) est la suite définie pour tout entier naturel $n \geqslant 1$ par $v_n = 8u_n + \dfrac{2}{n+1} + 14$.

a) Démontrer que la suite (v_n) est convergente et exprimer sa limite en fonction de ℓ.

b) Déterminer la valeur de ℓ sachant que les deux suites (u_n) et (v_n) ont la même limite.

76 (S_n) est la suite définie pour tout entier naturel $n \geqslant 1$, par :

$$S_n = \frac{1}{n} + \frac{2}{n} + \ldots + \frac{n}{n}.$$

a) Justifier que $S_1 = 1$, $S_2 = 1{,}5$ et $S_3 = 2$.

b) Démontrer que pour tout $n \geqslant 1$, $S_n = 0{,}5n + 0{,}5$.

c) En déduire la limite de la suite (S_n).

Vidéo

JaiCompris.com — Cet exercice est corrigé en vidéo

77 (u_n) est la suite définie par $u_1 = 0$ et pour tout entier naturel $n \geqslant 1$, $u_{n+1} = \dfrac{nu_n}{n+1} + n$.

a) Tabuler et représenter graphiquement la suite (u_n) à l'écran de la calculatrice. Conjecturer sa limite.

b) En s'appuyant sur la représentation graphique et sur les premiers termes, conjecturer une expression de $3u_n + 1$ en fonction de n.

c) Démontrer par récurrence que pour tout $n \geqslant 1$, $u_n = \dfrac{1}{3}n^2 - \dfrac{1}{3}$. En déduire la limite de la suite (u_n).

78 (u_n) est la suite définie par $u_0 = 1$ et, pour tout entier naturel $n \geqslant 1$, $u_{n+1} = 2u_n^2$.

1. On suppose dans cette question que (u_n) est une suite convergente vers un nombre réel ℓ.

a) Exprimer la limite de $(2u_n^2)$ en fonction de ℓ.

b) Utiliser l'unicité de la limite pour expliquer pourquoi $\ell = 0$ ou $\ell = 0{,}5$.

2. a) Démontrer par récurrence que pour tout entier naturel $n \geqslant 1$, $u_n \geqslant 1$.

b) En déduire que la suite (u_n) est divergente.

3. a) Peut-on changer le premier terme afin que la suite converge vers 0 ? Justifier.

b) Peut-on changer le premier terme afin que la suite converge vers 0,5 ? Justifier.

79 (v_n) est la suite définie définie pour tout entier naturel $n \geqslant 1$ par :

$$v_n = \frac{3}{n}[1\times 0 + 2\times 1 + \ldots + n\times(n-1)].$$

On a représenté la suite (v_n) dans le repère ci-contre.

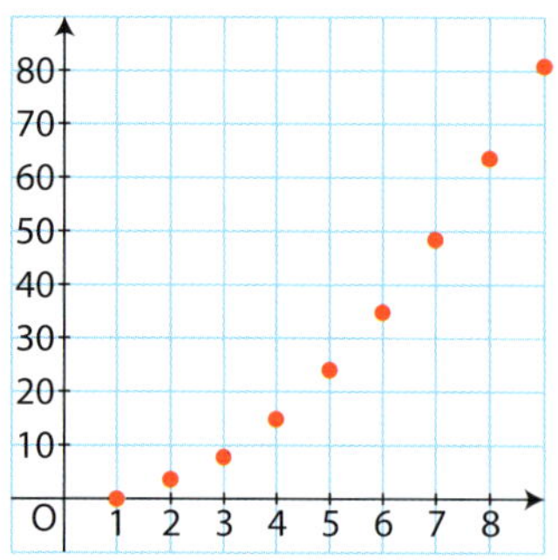

a) Conjecturer la limite de la suite (v_n).

b) Justifier que $v_1 = 0$, $v_2 = 3$ et $v_3 = 8$.

c) Conjecturer une expression de v_n en fonction de n.

d) On admet la conjecture précédente.

Étudier la limite des deux suites (v_n) et $\left(\dfrac{v_n}{n^2}\right)$.

80 (u_n) est la suite définie par $u_1 = 1$, $u_2 = 1 + \dfrac{1}{1+2}$ et, pour tout entier naturel $n \geqslant 3$,

$$u_n = 1 + \frac{1}{1+2} + \ldots + \frac{1}{1+2+\ldots+n}.$$

1. Calculer les termes u_3 et u_4.

2. Pour tout entier naturel $n \geqslant 1$, on pose

$$v_n = \frac{1}{1+2+\ldots+n}.$$

a) Démontrer que pour tout $n \geqslant 1$, $v_n = \dfrac{2}{n} - \dfrac{2}{n+1}$.

b) En déduire que pour tout $n \geqslant 1$, $u_n = 2 - \dfrac{2}{n+1}$.

c) Étudier alors les limites des suites (u_n) et (v_n).

d) Est-il vrai que : « La somme de n termes généraux qui tendent chacun vers 0 tend aussi vers 0 quand n tend vers $+\infty$ » ? Justifier.

Utiliser un théorème de comparaison

81 **PARCOURS DIFFÉRENCIÉS**

Parcours 1

(u_n) est la suite définie sur $\mathbb{N}$ par $u_n = \sqrt{e^{2n} + 3}$.
Démontrer que la suite (u_n) a pour limite $+\infty$.

Parcours 2

(v_n) est la suite définie sur $\mathbb{N}$ par $v_n = \sqrt{e^{2n} + e^n + 1}$.

a) Justifier que, pour tout n, $e^{2n} + e^n + 1 \geqslant (e^n)^2$.

b) En déduire que, pour tout n, $v_n \geqslant e^n$.

c) Employer un théorème de comparaison pour conclure sur la limite de la suite (v_n).

Pour les exercices 82 à 84, déterminer une suite (v_n) de limite $-\infty$ telle que $u_n \leqslant v_n$ à partir d'un certain rang et indiquer la limite de la suite (u_n).

82 Pour tout entier naturel $n \geqslant 1$, $u_n = -\sqrt{n^2 + n}$.

83 Pour tout entier naturel $n \geqslant 1$, $u_n = 1 - e^{12n}$.

84 Pour tout entier naturel $n \geqslant 1$, $u_n = n\sin(n) - n^2$.

85 (u_n) est la suite définie pour tout entier naturel $n \geqslant 1$ par $u_n = n\cos\left(\dfrac{\pi}{n}\right)$.

a) Lire sur la courbe représentative de la fonction cos dans un repère, son sens de variation sur $[0\,;\pi]$.

b) Justifier alors que pour tout $n \geqslant 3$, $u_n \geqslant \dfrac{n}{2}$.

c) En déduire la limite de la suite (u_n).

86 Jenny a ouvert un livret A et a déposé 5 000 €. Les intérêts composés sont de 0,5 % par an et, en chaque fin d'année, Jenny ajoutera 100 € sur son livret. On désigne par J_n la somme, en euro, sur son livret A après n années, avec $n \in \mathbb{N}$.

a) Démontrer que, pour tout n, $J_n \geqslant 5\,000 + 100n$.

b) En déduire la limite de la suite (J_n).

c) Tabuler la suite (J_n) à l'écran de la calculatrice et déterminer après combien d'années Jenny disposera de plus de 7 000 €.

87 Une suite (u_n) a pour limite $+\infty$, une suite (v_n) a pour limite 0 et ses termes sont tous positifs.
Dans chaque cas, déterminer la limite de la suite.

a) Pour tout entier naturel n, $a_n = u_n + (-1)^n v_n$.

b) Pour tout entier naturel n, $b_n = 2\sin(u_n) - \dfrac{1}{v_n}$.

88 (u_n) est la suite définie par $u_0 > 0$ et pour tout entier naturel n, $u_{n+1} = u_n + \dfrac{1}{u_n}$.
Trois amis émettent des conjectures.
Cyril affirme : « Tous les termes de la suite sont strictement positifs ».
Magali affirme : « La suite (u_n) diverge vers $+\infty$ quelle que soit la valeur du premier terme u_0 ».
Olivier rétorque : « La suite (u_n) peut converger si on choisit u_0 ni trop grand ni trop proche de 0 ».
a) L'affirmation de Cyril est-elle vraie ? Justifier.
b) Démontrer par récurrence que pour tout entier naturel n, $u_n^2 \geqslant 2n$.
c) L'une des affirmations de Magali et d'Olivier est-elle vraie ? Justifier.

89 (u_n) et (v_n) sont les suites définies par :
$$u_n = 2^n \text{ et } v_n = n^2.$$
On se propose d'étudier la limite de la suite $\left(\dfrac{u_n}{v_n}\right)$.
a) Déterminer le plus petit nombre entier naturel $n \geqslant 2$ tel que $2^n \geqslant n^3$.
b) Étudier les variations de la fonction f définie sur $[0\,;+\infty[$ par $f(x) = 2x^3 - (x+1)^3$.
c) À l'aide des questions **a)** et **b)**, démontrer par récurrence que pour tout entier naturel $n \geqslant 10$,
$$2^n \geqslant n^3.$$
d) En déduire la limite de la suite $\left(\dfrac{u_n}{v_n}\right)$.

90 (u_n) est la suite définie sur $\mathbb{N}$ par $u_n = -n$.
(v_n) est la suite définie par $v_0 = 0$ et pour tout entier naturel n, $v_{n+1} = 1{,}02\,v_n - n^2 + 4$.
Voici les représentations graphiques des deux suites.

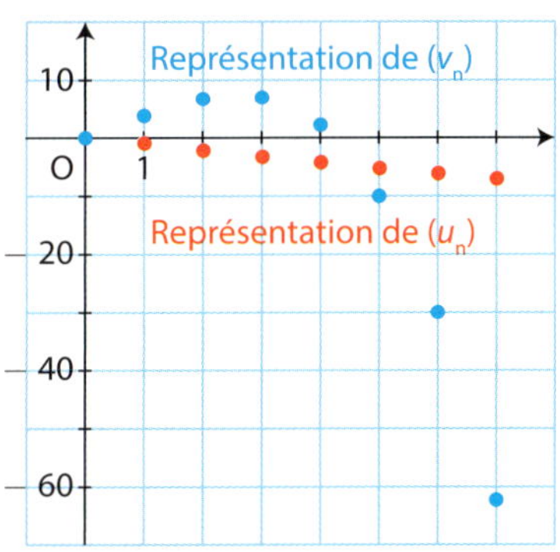

a) Quelle conjecture peut-on émettre quant à la comparaison des deux suites ?
b) Démontrer la conjecture émise.
c) En déduire la limite de la suite (v_n).

Utiliser le théorème des gendarmes

91 **PARCOURS DIFFÉRENCIÉS**

Parcours 1
(u_n) est la suite définie sur $\mathbb{N}$ par $u_n = \dfrac{n^2 + (-1)^n n}{n^2 + 6}$.
Démontrer que la suite (u_n) converge et préciser sa limite.

Parcours 2
(v_n) est la suite définie sur $\mathbb{N}$ par $v_n = \dfrac{n + \cos(n)}{n^2 + 4}$.
a) Justifier que, pour tout n, $\dfrac{n-1}{n^2+4} \leqslant v_n \leqslant \dfrac{n+1}{n^2+4}$.
b) Pour tout n, on pose $u_n = \dfrac{n-1}{n^2+4}$ et $w_n = \dfrac{n+1}{n^2+4}$.
Déterminer les limites de ces deux suites en factorisant.
c) Déterminer la limite de la suite (v_n) avec le théorème des gendarmes et conclure.

92 (u_n) est la suite définie pour tout entier naturel $n \geqslant 1$ par $u_n = \dfrac{1}{n}\sqrt{n^2 + 4}$.
a) Montrer que pour tout n, $n^2 \leqslant n^2 + 4 \leqslant (n+2)^2$.
b) En déduire que pour tout $n \geqslant 1$, $1 \leqslant u_n \leqslant 1 + \dfrac{2}{n}$.
c) En déduire la limite de la suite (u_n).

93 (u_n) est la suite définie sur $\mathbb{N}$ par :
$$u_n = \sqrt{n+1} - \sqrt{n}.$$
Un tableau de valeurs, arrondies au millième si besoin, est donné ci-dessous.

n	0	1	10	100	1 000	10 000
u_n	1	0,414	0,154	0,05	0,016	0,005

a) Conjecturer la limite de (u_n).
b) Démontrer que pour tout n, $u_n(\sqrt{n+1} + \sqrt{n}) = 1$.
c) En déduire que pour tout $n \geqslant 1$, $0 \leqslant u_n \leqslant \dfrac{1}{2\sqrt{n}}$.
d) En déduire la limite de la suite (u_n).

94 (u_n) est la suite définie pour tout entier naturel $n \geqslant 1$ par $u_n = \mathrm{e}^{\frac{8}{n}}$.
a) Démontrer que la fonction f définie sur $\mathbb{R}$ par $f(x) = \mathrm{e}^x - 4x - 1$ est décroissante sur $[0\,;1]$.
b) En déduire que pour tout réel x tel que $0 \leqslant x \leqslant 1$,
$$1 \leqslant \mathrm{e}^x \leqslant 1 + 4x.$$
c) Montrer que pour tout $n \geqslant 8$, $1 \leqslant u_n \leqslant 1 + \dfrac{1}{2n}$.
d) En déduire la limite de la suite (u_n).

95 Un créateur de parfum décide de commercialiser son nouveau produit dans des flacons ayant la forme suivante :

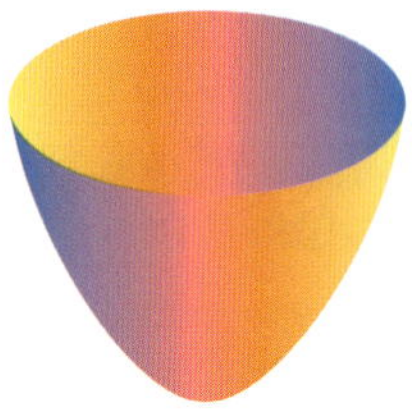

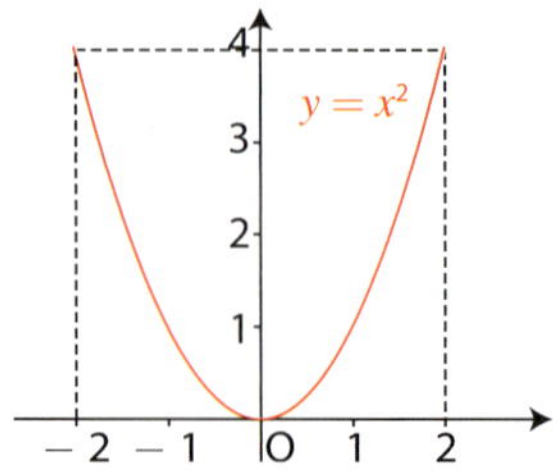

Cette forme, appelée paraboloïde, est obtenue par rotation de la parabole d'équation $y = x^2$ autour de l'axe des ordonnées d'un repère orthonormé (*unité* : 1 cm).
Le créateur souhaite calculer le volume V, en cm^3, de ce flacon.

1. Un cas particulier : $n = 4$

Pour estimer la valeur de V, le créateur découpe l'intervalle $[0\,;4]$ de l'axe des ordonnées en quatre segments de même longueur.

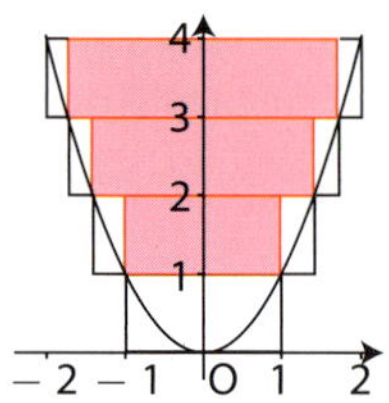

Il obtient alors des rectangles « intérieurs » et « extérieurs » à la parabole, puis, par rotation autour de l'axe des ordonnées, des cylindres.

a) Justifier que les rayons des cylindres blancs sont respectivement égaux à $\sqrt{4}$, $\sqrt{3}$, $\sqrt{2}$ et 1.

b) Montrer que $6\pi \leqslant V \leqslant 10\pi$.

2. Cas général : n quelconque

Pour n, nombre entier naturel non nul, on découpe l'intervalle $[0\,;4]$ en n segments de même longueur afin de généraliser la construction précédente.
On note u_n (resp. v_n) la somme des aires des cylindres « intérieurs » (resp. « extérieurs »).

a) Montrer que, pour tout entier naturel $n \geqslant 1$:

$$u_n = \frac{16\pi}{n^2}(1+2+3+\ldots+(n-1))$$

et

$$v_n = \frac{16\pi}{n^2}(1+2+3+\ldots+n).$$

b) En déduire que pour tout entier naturel $n \geqslant 1$:

$$u_n = \frac{16\pi(n-1)}{2n} \text{ et } v_n = \frac{16\pi(n+1)}{2n}.$$

c) Quel est le volume V du flacon ?

96 Algo python

(S_n) est la suite définie pour tout $n \geqslant 1$ par :

$$S_n = \frac{n}{n^2+1} + \frac{n}{n^2+2} + \ldots + \frac{n}{n^2+n}.$$

a) Justifier que $S_1 = \frac{1}{2}$, $S_2 = \frac{11}{15}$ et $S_3 = \frac{181}{220}$.

b) Voici une fonction écrite en langage Python qui renvoie le terme de rang n de la suite (S_n).
Saisir ce programme en le complétant.

```
def S(n):
    S=0
    for i in range(     ):
        S=
    return S
```

c) Exécuter ce programme pour donner une valeur approché au millième de S_{100}, $S_{1\,000}$ et $S_{100\,000}$.

d) Conjecturer la limite de la suite (S_n).

e) Démontrer que pour tout $n \geqslant 1$ et tout $1 \leqslant k \leqslant n$,

$$\frac{n}{n^2+n} \leqslant \frac{n}{n^2+k} \leqslant \frac{n}{n^2}.$$

f) Démontrer que pour tout $n \geqslant 1$, $\frac{n^2}{n^2+n} \leqslant S_n \leqslant 1$.

g) En déduire la limite de la suite (S_n).

S'entraîner à la logique → p. 525

97 **Implications**

(u_n) et (v_n) désignent deux suites de nombre réels. Dans chaque cas, dire si l'implication est vraie ou fausse et justifier.

a) Si (u_n) et (v_n) convergent, alors $(2u_n - 3v_n)$ converge.

b) Si (u_n) et $(u_n + v_n)$ convergent, alors (v_n) converge.

c) Si (u_n) et $(u_n v_n)$ convergent, alors (v_n) converge.

98 **Implications et équivalences**

Deux propositions P et Q sont dites équivalentes si l'implication « P ⇒Q » et sa réciproque « Q ⇒P » sont toutes les deux vraies. Dans chaque cas, dire si l'équivalence est vraie ou fausse.

a) (u_n) est une suite. (u_n) converge équivaut à $(|u_n|)$ converge.

b) (u_n) est une suite arithmétique. (u_n) diverge équivaut à $(|u_n|)$ diverge.

c) (u_n) est une suite. (u_n) converge équivaut à $\left(\frac{u_n}{n}\right)$ converge vers 0.

d) (u_n) est une suite. (u_n) diverge vers $+\infty$ équivaut à $\left(\frac{1}{u_n}\right)$ converge vers 0.

99 MÉTHODE D'APPROXIMATION DE π D'APRÈS ARCHIMÈDE ET LIU HUI

Algo python

Objectif
Écrire une méthode algorithmique d'approximation de π et majorer l'erreur commise.

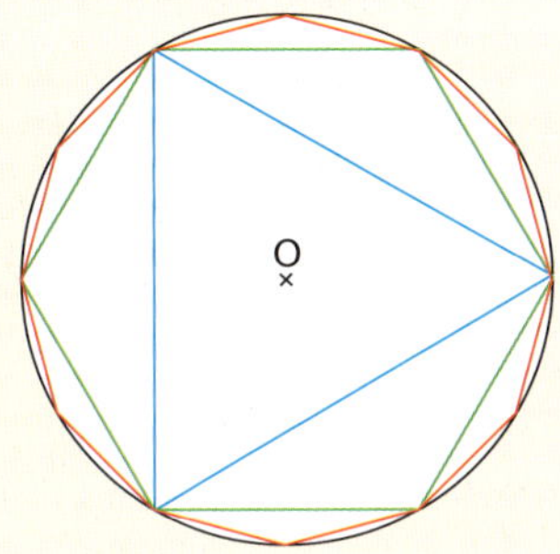

Principe de la méthode
On considère un cercle de centre O et de rayon 1.
On trace un polygone inscrit régulier à n côtés ($n \geqslant 3$) et on nomme p_n (resp. c_n) le périmètre du polygone (resp. la longueur d'un côté du polygone).
On se propose de démontrer que la suite (p_n) est convergente.

1. Conjecturer la limite de la suite (p_n)

a) En examinant la forme du polygone quand n devient grand, conjecturer le comportement de la suite (p_n).

b) En considérant des carrés inscrit et circonscrit au cercle de rayon 1, justifier que $2\sqrt{2} \leqslant \pi \leqslant 4$.

2. Démontrer la convergence de la suite (p_n)

On considère des polygones réguliers à n et $2n$ côtés, avec $n \geqslant 3$, inscrits dans le cercle.

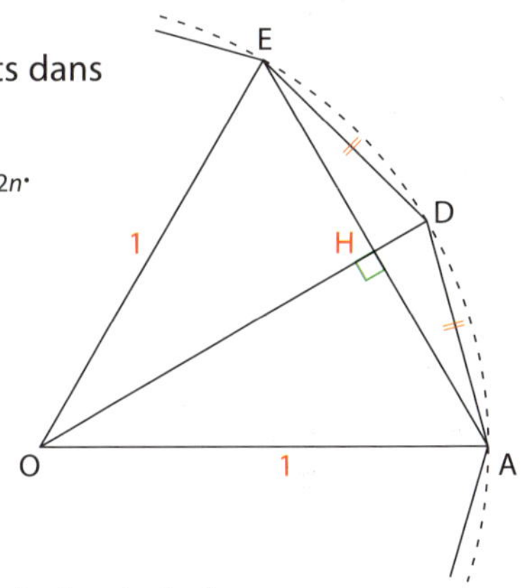

Avec les notations ci-contre : $OA = OE = OD = 1$, $AE = c_n$ et $AD = DE = c_{2n}$.

a) Donner une mesure, en radian, de l'angle $\widehat{AOD}$.

b) En déduire que $c_n = 2\sin\left(\frac{\pi}{n}\right)$, puis que $p_n = 2n\sin\left(\frac{\pi}{n}\right)$.

c) f et g sont les fonctions définies sur $\mathbb{R}$ par $f(x) = \sin(x) - x$ et $g(x) = \sin(x) - x + \frac{x^3}{6}$. On admet que f est décroissante et g croissante sur $\mathbb{R}$. En déduire que pour tout réel $x \geqslant 0$, $x - \frac{x^3}{6} \leqslant \sin x \leqslant x$.

d) En déduire que pour tout $n \geqslant 3$, $2\pi - \frac{\pi^3}{3n^2} \leqslant p_n \leqslant 2\pi$. Préciser alors la limite de (p_n).

e) En utilisant les inégalités des questions **2. d)** et **1. b)**, démontrer que $\left|\frac{1}{2}p_n - \pi\right| \leqslant \frac{32}{3n^2}$.

3. Exprimer et exploiter une relation entre c_{2n} et c_n

a) Justifier que $OH = \sqrt{1 - 0{,}25c_n^2}$, puis que $c_{2n} = AD = \sqrt{(1 - OH)^2 + 0{,}25c_n^2}$.

b) Cette fonction **Approx** écrite en langage Python renvoie une approximation de π donnée par la moitié de p_{2^n} (périmètre du polygone régulier à 2^n côtés).
Saisir le programme et l'exécuter pour une valeur de n qui assure d'obtenir 4 chiffres significatifs corrects après la virgule.

```python
from math import *

def Approx(n):
    c=sqrt(2)
    for i in range(1,n-1):
        OH=sqrt((1-0.25*c**2))
        c=sqrt((1-OH)**2+0.25*c**2)
    mp=2**(n-1)*c
    return mp
```

HISTOIRE DES MATHS

Archimède (Grèce Antique, 3e siècle avant J-C) établit que $3 < \pi < 3 + \frac{1}{7}$ à l'aide de polygones réguliers à 96 côtés.

Liu Hui (Chine, 3e siècle après J-C) parvient à l'approximation 3,1416 de π qu'il consigne dans *Les neufs chapitres sur l'Art Mathématique*.

Exploiter ses compétences

100 Algo Expliciter des suites

Raisonner | Calculer

(u_n) et (v_n) sont deux suites telles que, pour tout entier naturel n, $u_n + nv_n = 1$ et $-nu_n + v_n = \mathrm{e}^{-n}$.

1. a) Pour tout entier naturel n, exprimer u_n et v_n en fonction de n.

b) À l'aide de la calculatrice, conjecturer la limite de chacune des suites (u_n) et (v_n).

c) Déterminer la limite de chacune des suites (u_n) et (v_n).

2. Écrire un algorithme qui renvoie la plus petite valeur de n telle que $u_n < 0{,}01$ et $v_n < 0{,}01$.

101 Porter un regard critique

Raisonner | Calculer | Communiquer

Une équipe de chercheurs a modélisé la température d'une partie d'une fusée miniaturisée durant sa 1re minute de vol comme indiqué ci-dessous :

n secondes après le décollage, la température en °C, est donnée par $u_n = 2n + 35 - 2\mathrm{e}^{n-55}$.

L'équipe craint que la température dépasse 150 °C, ce qui remettrait en question la solidité de l'appareil.

Mike : « J'ai tabulé les 50 premiers termes de la suite. La température va finir par dépasser 150 °C ».

Lindsay : « Avec un programme, j'ai $u_{70} \approx -6{,}5 \times 10^6$! »

Pour décider, étudier les variations de la fonction définie sur $[0\,;100]$ par $f(x) = 2x + 35 - 2\mathrm{e}^{x-55}$.

102 Étudier un procédé répétitif

Narration de recherche

Chercher | Calculer | Communiquer

Rédiger les différentes étapes de la recherche, sans omettre les fausses pistes et les changements de méthode.

Problème

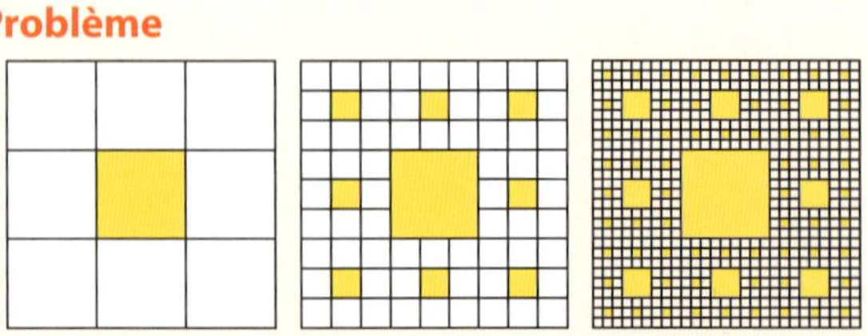

On dispose d'un carré blanc d'aire 1 m². On le partage en 9 carrés superposables comme sur la figure et on colorie le carré central. Les carrés restants sont à nouveau partagés en 9 carrés superposables. On poursuit avec la même méthode le découpage et le coloriage du carré. Quelle est la limite de la proportion d'aire coloriée ?

103 Prendre des initiatives

Chercher | Calculer | Communiquer

(u_n) est la suite définie pour tout entier naturel $n \geqslant 1$ par $u_n = \dfrac{n!}{n^n}$, où $n!$ désigne factorielle n.

Déterminer, si elle existe, la limite de la suite (u_n).

104 The growth of a plant

Calculer | Communiquer

In Nov. 2019, Sophia buys a 4 feet high plant. She is advised to trim it once a year, in Nov., and to cut half a foot so the plant would grow and increase its height by a fifth. As soon as she comes back home, Sophia trims her plant. Let h_n be the height of the plant, just before its cutting, in Nov $2019 + n$.

a) Justify that, for any integer $n \geqslant 0$, $h_{n+1} = 1{,}2h_n - 0{,}6$.

b) Prove by induction that, for any integer $n \geqslant 0$, $h_n \geqslant 4 + 0{,}2n$.

c) What would be the limit of Sophia's plant height ?

d) With your calculator, find the first rank so that $h_n \geqslant 20$.

105 Imaginer des suites

Problème ouvert

Chercher | Raisonner | Calculer

a, b, c et d sont des réels tels que $ad - bc \neq 0$.

(u_n) est la suite définie sur $\mathbb{N}$ par $u_n = \dfrac{an+b}{cn+d}$ où pour tout n, $cn + d$ reste de signe constant.

Dans chaque cas, déterminer a, b, c et d afin d'avoir :

a) $\lim\limits_{n\to+\infty} u_n = +\infty$ **b)** $\lim\limits_{n\to+\infty} u_n = \ell$ (avec $\ell \in \mathbb{R}^*$)

c) $\lim\limits_{n\to+\infty} u_n = 0$ **d)** $\lim\limits_{n\to+\infty} u_n = -\infty$

106 Imaginer une stratégie

Raisonner | Calculer

La surface S_n, avec $n \in \mathbb{N}$ et $n \geqslant 1$, est composée de n triangles identiques.

Sa base est 10 et sa hauteur est $4 + (-1)^n \dfrac{4}{n}$.

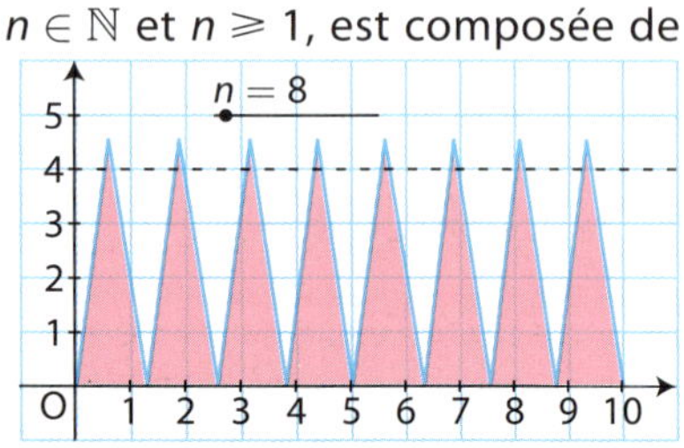

Pour tout $n \geqslant 1$, on note a_n et p_n l'aire et le périmètre de la surface S_n.

a) Quelle est la limite de la suite (a_n) ?

b) Quelle est la limite de la suite (p_n) ?

107 Utiliser une suite auxiliaire Algo

35 min

D'après Bac, Liban 2013

On considère la suite numérique (v_n) définie par $v_0 = 1$ et pour tout entier naturel n :

$$v_{n+1} = \frac{9}{6 - v_n}.$$

Partie A : expérimentation

a) On souhaite écrire un algorithme permettant d'obtenir, pour un entier naturel n donné, tous les termes de la suite du rang 0 au rang $n - 1$.

Parmi les trois algorithmes ci-dessous, un seul convient. Préciser lequel et justifier.

Algorithme n° 1

Pour i allant de 1 à n
  $v \leftarrow \frac{9}{6 - v}$
Fin Pour

Au début, on affecte 1 à la variable v. En fin d'exécution, il renvoie la valeur de v.

Algorithme n° 2

Pour i allant de 1 à n
  $v \leftarrow 1$
  Afficher v
  $v \leftarrow \frac{9}{6 - v}$
Fin Pour

Algorithme n° 3

Pour i allant de 1 à n
  Afficher v
  $v \leftarrow \frac{9}{6 - v}$
Fin Pour

Au début, on affecte 1 à la variable v.

b) Pour $n = 10$, on obtient les valeurs (arrondies au millième si besoin) suivantes :

n	2	3	4	5	6	7	8	9	10
v	1	1,800	2,143	2,333	2,455	2,538	2,600	2,647	2,684

Pour $n = 100$, on obtient les valeurs (arrondies au millième si besoin) suivantes :

n	92	93	94	95	96	97	98	99	100
v	2,967	2,968	2,968	2,968	2,969	2,969	2,969	2,970	2,970

Quelles conjectures peut-on émettre concernant la suite (v_n) ?

Guide de résolution
A. a) Examiner dans chaque algorithme combien de termes sont renvoyés et combien de termes sont attendus du rang 0 au rang n.

Partie B : une preuve

a) Démontrer par récurrence que pour tout entier naturel n,

$$0 < v_n < 3.$$

b) Démontrer que pour tout entier naturel n,

$$v_{n+1} - v_n = \frac{(3 - v_n)^2}{6 - v_n}.$$

c) La suite (v_n) est-elle monotone ? Justifier.

d) Démontrer que la suite (v_n) est convergente.

Guide de résolution
B. b) Penser à réduire la différence au même dénominateur.
c) Utiliser les opérations sur les limites pour conclure.

Partie C : recherche de la limite de la suite (v_n)

On considère la suite (w_n) définie sur $\mathbb{N}$ par $w_n = \frac{1}{v_n - 3}$.

a) Démontrer que la suite (w_n) est une suite arithmétique de raison $-\frac{1}{3}$.

b) En déduire l'expression de (w_n), puis celle de (v_n) en fonction de n.

c) Déterminer la limite de la suite (v_n).

Guide de résolution
C. a) Exprimer $w_{n+1} - w_n$ sous la forme d'un quotient et exploiter la question **B. b)**.

Objectif BAC

108 Conjecturer et prouver Algo

40 min

D'après Bac, Amérique du Nord 2017

Le but de cet exercice est d'étudier les suites de termes positifs dont le premier terme u_0 est strictement supérieur à 1 et possédant la propriété suivante :
pour tout entier naturel $n \geqslant 1$, la somme des n premiers termes consécutifs est égale au produit des n premiers termes consécutifs.
On admet qu'une telle suite existe et on la note (u_n).
Elle vérifie donc trois propriétés :

- $u_0 > 1$,
- pour tout $n \geqslant 0$, $u_n \geqslant 0$,
- pour tout $n \geqslant 1$, $u_0 + u_1 + \ldots + u_{n-1} = u_0 \times u_1 \times \ldots \times u_{n-1}$.

Partie A : un cas particulier

On choisit $u_0 = 3$.
Déterminer u_1 et u_2.

Guide de résolution
A. Résoudre l'équation $3 + u_1 = 3u_1$ dont l'inconnue est u_1.

Partie B : cas général

Pour tout entier naturel $n \geqslant 1$, on note :

$$s_n = u_0 + u_1 + \ldots + u_{n-1} = u_0 \times u_1 \times \ldots \times u_{n-1}.$$

On a en particulier $s_1 = u_0$.

a) Vérifier que pour tout entier naturel $n \geqslant 1$,

$$s_{n+1} = s_n + u_n \text{ et } s_n > 1.$$

b) En déduire que pour tout entier naturel $n \geqslant 1$,

$$u_n = \frac{s_n}{s_n - 1}.$$

c) Montrer que pour tout entier naturel $n \geqslant 0$, $u_n > 1$.

Partie C : automatisation

Voici un algorithme.
Au début les variables n et u ont des valeurs données et on affecte la valeur u à la variable s.
En fin d'exécution, il renvoie le terme u_n.

a) Recopier et compléter l'algorithme ci-dessous.

```
Pour i allant de 1 à n
  | u ← …
  | s ← …
Fin Pour
```

b) Le tableau ci-dessous donne des valeurs, arrondies au millième si besoin, de u_n pour différentes valeurs de l'entier n :

n	0	5	10	20	30	40
u_n	3	1,140	1,079	1,043	1,030	1,023

Quelle conjecture peut-on émettre sur la convergence de la suite (u_n) ?

Partie D : une preuve

a) Justifier que pour tout entier naturel $n \geqslant 1$, $s_n > n$.

b) En déduire la limite de la suite (s_n), puis celle de la suite (u_n).

Guide de résolution
D. b) Utiliser un théorème de comparaison pour déterminer la limite de (s_n). Puis factoriser le numérateur et le dénominateur de l'expression de u_n en fonction de s_n pour lever l'indétermination.

109 Étudier une suite de nombres rationnels Algo

20 min

D'après Bac, Amérique du Sud 2016

La suite (u_n) est définie par $u_0 = 0$ et pour tout entier naturel n,

$$u_{n+1} = \frac{1}{2 - u_n}.$$

1. a) À l'aide du calcul des premiers termes de la suite (u_n), conjecturer la forme explicite de u_n en fonction de n. Démontrer cette conjecture.

b) En déduire la valeur de la limite ℓ de la suite (u_n).

c) Déterminer alors la limite de la suite $(|u_{n+1} - u_n|)$.

2. Au début de cet algorithme, on affecte 0 à la variable n et à la variable a, 0,5 à la variable b. En fin d'exécution, il renvoie la valeur du plus petit entier n tel que $|u_{n+1} - u_n| \leqslant 10^{-3}$. Recopier et compléter cet algorithme.

```
Tant que |b − a| …
    n ← …
    a ← …
    b ← …
Fin Tant que
```

Guide de résolution
1. a) Employer un raisonnement par récurrence pour démontrer, pour tout entier n, la formule conjecturée.

Se préparer À L'ORAL

110 Présenter un exposé

a) Rappeler les théorèmes de comparaison permettant d'établir qu'une suite a pour limite $+\infty$ ou $-\infty$ ou un réel ℓ.

b) Dans un exposé oral de 10 min, présenter ces trois théorèmes et un exemple d'application pour chacun.

111 Travailler l'oral en groupe

Résoudre cet exercice en petit groupe, puis en présenter les résultats à l'oral.

Rappel : Pour tout réel x, $e^x \geqslant 1 + x$.

a) En déduire que pour tout entier naturel $n \geqslant 1$, les inégalités suivantes sont vraies.

(1) $e^{\frac{1}{n}} \geqslant 1 + \frac{1}{n}$ **(2)** $e^{\frac{-1}{n+1}} \geqslant 1 - \frac{1}{n+1}$

b) En utilisant l'inégalité **(1)**, démontrer que pour tout entier naturel $n \geqslant 1$, $\left(1 + \frac{1}{n}\right)^n \leqslant e$.

c) En utilisant l'inégalité **(2)**, démontrer que pour tout entier $n \geqslant 1$, $e \leqslant \left(1 + \frac{1}{n}\right)^{n+1}$.

d) En déduire un encadrement de $\left(1 + \frac{1}{n}\right)^n$, puis la limite de la suite $\left(\left(1 + \frac{1}{n}\right)^n\right)$.

112 Travailler les compétences orales

▶ **ANTICIPER LES QUESTIONS DU JURY**

1. Préparation de la restitution orale (5 min)
Par groupe de 4, résoudre l'exercice ci-dessous, chaque élève travaillant sur une des quatre propositions.

2. Jeu de rôle (30 min)
Chaque élève présente son résultat à l'oral (2 min), pendant que les trois autres composent le jury. Chaque juré pose une question au candidat.

Énoncé : Dans chaque cas, dire si l'affirmation est vraie ou fausse ? Justifier.

a) (c_n) est la suite définie sur $\mathbb{N}$ par :

$$c_n = \frac{e^n + 1}{e^n + 2}.$$

Affirmation : la suite (c_n) converge.

b) (s_n) est telle que pour tout entier naturel n,

$$n - 8 \leqslant n \times s_n \leqslant n + 1.$$

Affirmation : la suite (s_n) diverge.

c) (f_n) est la suite définie sur $\mathbb{N}$ par :

$$f_n \times e^n = (-1)^n \sin(n).$$

Affirmation : la suite (f_n) converge.

d) (b_n) est la suite définie par $b_0 = 11$ et pour tout entier naturel n, $b_{n+1} = b_n^2 + 11$.

Affirmation : la suite (b_n) convege vers 1 000.

113 Algo python Méthode de Héron

Objectif

Écrire une méthode algorithmique qui approxime $\sqrt{2}$ et estimer la précision du résultat.

On met en œuvre le processus itératif suivant :

- on considère un rectangle d'aire 2 de hauteur $h_0 = 2$,
- pour « s'approcher » d'un carré, on change les dimensions du rectangle en prenant la moyenne harmonique de la hauteur et de la longueur comme nouvelle hauteur, à savoir $h_1 = \dfrac{1}{2}\left(h_0 + \dfrac{2}{h_0}\right)$, et en adaptant la longueur pour conserver une aire de 2.

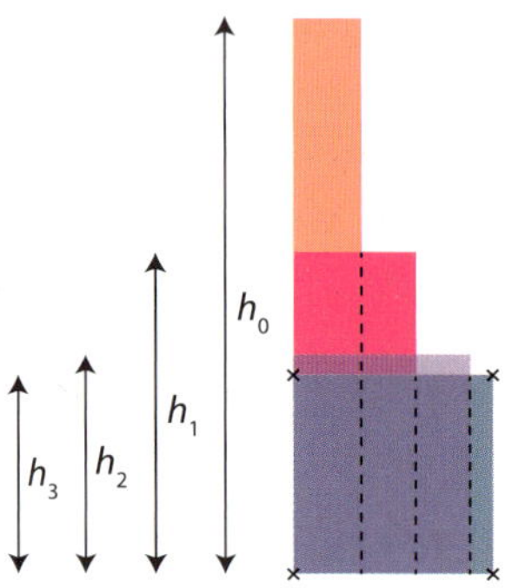

La hauteur h_n du n-ième rectangle d'aire 2 étant déterminée, on pose :

$$h_{n+1} = \frac{1}{2}\left(h_n + \frac{2}{h_n}\right).$$

1. a) Prouver que pour tout n, $h_{n+1} - \sqrt{2} = \dfrac{(h_n - \sqrt{2})^2}{2h_n}$.

b) Démontrer par récurrence que pour tout n,

$$0 \leqslant h_n - \sqrt{2} \leqslant \left(\frac{1}{2\sqrt{2}}\right)^n (h_0 - \sqrt{2}).$$

c) En déduire que (h_n) est une suite convergente et préciser sa limite.

2. a) À l'aide de la question **1. a)**, démontrer que pour tout entier naturel n, $|h_{n+1} - \sqrt{2}| \leqslant |h_n - \sqrt{2}|^2$.

b) Démontrer que pour tout n, h_n est une valeur approchée à $10^{-2^{n-1}}$ près de $\sqrt{2}$.

c) Voici une fonction **Approx** écrite en langage Python qui calcule une approximation de $\sqrt{2}$ avec la précision p souhaitée.

- Que cachent les cadres colorés ?
- Saisir le programme complété.
- Exécuter ce programme avec $p = 10^{-10}$.

```
from math import *

def Approx(p):
    h=2
    n=0
    while n<=3 and [          ]>p:
        h=[        ]
        n=n+1
    return h
```

114 Les séries numériques

(u_n) est une suite définie sur $\mathbb{N}$.

(S_n) est la suite définie sur $\mathbb{N}$ par $S_n = \sum_{k=0}^{n} u_k$ c'est-à-dire $S_n = u_0 + u_1 + \ldots + u_n$.

1. Une condition nécessaire

On suppose que la suite (S_n) converge et on note ℓ sa limite.

a) Que vaut alors $\lim\limits_{n \to +\infty} S_{n+1}$?

b) Pour tout entier naturel n, déterminer $S_{n+1} - S_n$.

c) En déduire la limite de la suite (u_n).

On vient de démontrer ainsi que « Si la suite (S_n) converge, alors la suite (u_n) a pour limite 0 ».

Ceci équivaut par contraposée à « Si la suite (u_n) n'a pas pour limite 0, alors la suite (S_n) diverge ».

2. Un exemple

(S_n) est la suite définie sur $\mathbb{N}$ par $S_n = \sum_{k=0}^{n} \dfrac{2k+1}{k+1}$.

Démontrer que la suite (S_n) diverge.

3. Et la réciproque ?

On se propose de savoir si la proposition suivante est vraie ou fausse : « Si la suite (u_n) converge vers 0, alors la suite (S_n) converge ».

Pour cela, on considère la suite (S_n) définie pour tout entier naturel $n \geqslant 1$ par $S_n = \sum_{k=1}^{n} \dfrac{1}{k}$.

On suppose que la suite (S_n) converge vers un nombre rée ℓ.

a) Quelle est alors la limite de la suite (S_{2n}) ?

En déduire que $\lim\limits_{n \to +\infty} (S_{2n} - S_n) = 0$.

b) Démontrer que pour tout $n \geqslant 1$, $S_{2n} - S_n = \sum_{k=n+1}^{2n} \dfrac{1}{k}$ et en déduire que $S_{2n} - S_n \geqslant \dfrac{1}{2}$.

c) Pourquoi cela est-il en contradiction avec le fait que la suite (S_n) converge ? Conclure.

Info

Dans l'addition d'un nombre infini de termes, « tout peut arriver » : elle peut converger vers une limite finie, tendre vers l'infini ou avoir un comportement erratique.

Ce domaine des mathématiques est appelé l'étude des séries numériques.

Les Grecs et les Babyloniens étudiaient déjà des séries d'apparence toutes simples.

La suite définie sur $\mathbb{N}^*$ par $S_n = \sum_{k=1}^{n} \dfrac{1}{k}$ est appelée la série harmonique. Ce nom vient du fait que, depuis Pythagore, on sait que si une corde de longueur L vibre à une fréquence φ, alors des cordes de longueurs $\dfrac{L}{2}, \dfrac{L}{3}, \dfrac{L}{4}, \ldots$ vibrent aux fréquences $2\varphi, 3\varphi, 4\varphi, \ldots$ qui sont les « harmoniques » de φ.

115 Un exemple de série numérique

(S_n) est la suite définie pour tout entier naturel $n \geqslant 1$ par $S_n = \sum_{k=1}^{n} \frac{2k+2}{k^2(k+1)^2}$.

a) Démontrer que pour tout entier naturel $k \geqslant 1$,
$$\frac{2k+2}{k^2(k+1)^2} = \frac{1}{k^2} - \frac{1}{(k+1)^2}.$$

b) Justifier que pour tout $n \geqslant 1$, $S_n = 1 - \frac{1}{(n+1)^2}$ et en déduire sa limite.

116 Un équivalent de $\sin\left(\frac{1}{n}\right)$

Définition

(u_n) et (v_n) sont deux suites telles que (v_n) n'a aucun terme nul après un certain rang.
Dire que u_n et v_n sont **équivalents** signifie que
$$\lim_{n \to +\infty} \frac{u_n}{v_n} = 1.$$

n est un nombre entier naturel, $n \geqslant 1$, tel que $\frac{1}{n} < \frac{\pi}{2}$.
Dans un repère orthonormé d'origine O, on considère un secteur angulaire de mesure $\frac{1}{n}$ rad.

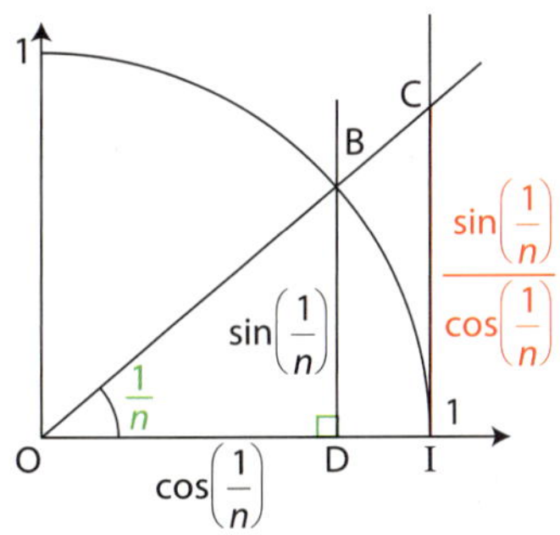

a) Justifier en comparant des aires que :
$$0 \leqslant \frac{1}{2}\sin\left(\frac{1}{n}\right) \leqslant \frac{1}{2n} \leqslant \frac{1}{2}\frac{\sin\left(\frac{1}{n}\right)}{\cos\left(\frac{1}{n}\right)}.$$

b) En déduire que $\lim_{n \to +\infty} \sin\left(\frac{1}{n}\right) = 0$.

c) En déduire que pour tout entier naturel $n \geqslant 1$,
$$\sqrt{1 - \sin^2\left(\frac{1}{n}\right)} \leqslant n\sin\left(\frac{1}{n}\right) \leqslant 1.$$

d) Démontrer que pour tout réel x tel que $0 \leqslant x \leqslant 1$, $x \leqslant \sqrt{x}$.

e) Justifier finalement que $1 - \sin^2\left(\frac{1}{n}\right) \leqslant n\sin\left(\frac{1}{n}\right) \leqslant 1$.

f) Conclure que $\sin\left(\frac{1}{n}\right)$ est équivalent à $\frac{1}{n}$.

117 Sous-suites convergentes

Définition

Une sous-suite d'une suite (u_n) est une suite $(u_{\varphi(n)})$ où φ est une fonction strictement croissante sur $\mathbb{N}$ à valeurs dans $\mathbb{N}$.

a) Démontrer que si la suite (u_n) converge vers un nombre réel ℓ, alors les deux sous-suites (u_{2n}) et (u_{2n+1}) convergent vers ℓ.

b) Démontrer que la réciproque est vraie.

c) La convergence des deux sous-suites (u_{2n}) et (u_{2n+1}) est-elle suffisante pour que (u_n) converge ? Justifier.

118 Le théorème de Césaro

(u_n) est une suite définie pour tout entier naturel $n \geqslant 1$ et qui converge vers 0.
Pour tout $n \geqslant 1$, on pose $v_n = \frac{u_1 + \ldots + u_n}{n}$.
ε est un nombre réel strictement positif.

a) Montrer qu'il existe un entier naturel N_1 tel que pour tout $n \geqslant N_1$, $|u_n| < 0{,}5\varepsilon$.

b) Montrer qu'il existe un entier naturel N_2 tel que pour tout $n \geqslant N_2$, $\frac{|u_1| + \ldots + |u_{N_1}|}{n} < 0{,}5\varepsilon$.

c) En déduire qu'à partir d'un certain rang, $|v_n| < \varepsilon$.

d) En déduire que la suite (v_n) converge et préciser sa limite.

Des Défis

119 D'une somme à une autre

(a_n) est une suite telle que pour tout entier naturel $n \geqslant 1$, $a_1 + 2a_2 + \ldots + na_n = \frac{2n+2}{n+2}$.

Déterminer la limite de la suite $\left(\sum_{k=1}^{n} a_k\right)$.

120 Suite de proportions

u_0 est un nombre réel de $[0\,;1]$. On définit la suite (u_n) par récurrence de la manière suivante : u_{n+1} est la proportion des termes de u_0 à u_n qui appartiennent à $[0\,;0{,}5]$. Autrement dit,
$$u_{n+1} = \frac{Card(\{i \in \{0\,;1\,;\ldots\,;n\} | 0 \leqslant u_i \leqslant 0{,}5\})}{n+1}.$$
La suite (u_n) converge-t-elle ?

D'après TFJM² édition 2015.

7 Compléments sur les suites

HISTOIRE DES MATHS

Dès le 3e siècle avant notre ère, **Archimède** évalue des aires et des volumes par approximations successives ; des suites géométriques apparaissent dans les calculs.

Plus tard, au 1er siècle, **Héron d'Alexandrie** approche la racine carrée de n'importe quel nombre positif de façon récursive.

En 1689, le mathématicien suisse **Jacques Bernoulli** établit l'inégalité $(1 + a)^n \geqslant 1 + na$, qui est utile pour étudier la limite des suites géométriques. Cette preuve était déjà connue du savant anglais **Isaac Barrow** en 1670.

En 1751, dans l'*Encyclopédie ou Dictionnaire raisonné des sciences, des arts et des métiers*, **Jean Le Rond d'Alembert** accorde une large place aux suites, et à leur convergence.

Au début du 19e siècle, **Augustin Cauchy** formalise la théorie des suites avec rigueur.

Bonaventura Cavalieri

Niels Henrik Abel

▶ **Bonaventura Cavalieri** (1598-1647) est un mathématicien italien. En 1635, il présente sa *méthode des indivisibles* avec laquelle il calcule des aires et des volumes. Pour cela, il décompose les surfaces ou les solides à l'aide de lignes parallèles.

▶ **Niels Henrik Abel** (1802-1829) est un mathématicien norvégien. Avec Cauchy et Dirichlet, il s'attache à définir mathématiquement la notion intuitive de limite. Il fonde ainsi l'Analyse sur des raisonnements aussi rigoureux que l'Arithmétique.

1629 Cavalieri a écrit au moins 112 lettres à Galilée.

1745 D'Alembert conçoit la plupart des articles de l'*Encyclopédie* sous la direction de Diderot.

1821 Cauchy publie son *Cours d'analyse* où il étudie notamment la convergence de suites.

2003 Le prix Abel est créé par l'Académie norvégienne des sciences et des lettres. Il récompense chaque année un mathématicien.

1637 Le *Cid* de Corneille

1721 *Lettres persanes* de Montesquieu

1800 Volta dévoile la pile électrique

1898 Becquerel découvre la radioactivité

1989 Chute du mur de Berlin

1600 — 1700 — 1800 — 1900 — 2000

Les populations de thon sont sous surveillance.

Les écologues surveillent les fluctuations du nombre d'individus au sein des espèces. En temps discret, on peut modéliser cette évolution de population à l'aide de suites. Ces études permettent la gestion durable des populations de poissons comme le thon rouge, espèce emblématique de la Méditerranée, dont le stock s'est effondré en quelques décennies suite à la surpêche.

Les contenus et capacités travaillés dans ce chapitre

	Savoir-faire	Exercices
• Étudier le sens de variation d'une suite, y compris par récurrence.	1, 3	15 à 28
• Étudier si une suite est majorée, minorée, bornée, y compris par récurrence.	2, 4	29 à 37
• Comportement d'une suite (q^n) où q est un nombre réel.	5 à 8, 13, 14	38 à 46
• Utiliser des théorèmes sur les limites pour étudier la convergence d'une suite.	9 à 12	49 à 60
• Étudier des phénomènes d'évolution modélisables par une suite.		47, 48, 61, 69 à 73

Bien démarrer

Calcul mental

Rappels utiles

• **Suites géométriques**

Dire qu'une suite (u_n) est **géométrique de raison q** signifie que pour tout entier naturel n,

$$u_{n+1} = q \times u_n.$$

Alors, pour tous entiers naturels n et p, $u_n = q^{n-p}u_p$.

• **Limite d'une suite**

Dire qu'une suite est **convergente** signifie qu'elle admet une **limite réelle**.

Dire qu'une suite est **divergente** signifie qu'elle admet une **limite infinie** ou bien qu'elle n'a **pas de limite**.

• **Théorème de comparaison**

Si (u_n) et (v_n) sont des suites telles que $u_n \geqslant v_n$ à partir d'un certain rang et $\lim\limits_{n \to +\infty} v_n = +\infty$,

alors $\lim\limits_{n \to +\infty} u_n = +\infty$.

• **Théorème des gendarmes**

Si (u_n), (v_n), (w_n) sont des suites telles que :

(1) à partir d'un certain rang, $v_n \leqslant u_n \leqslant w_n$,

(2) $\lim\limits_{n \to +\infty} v_n = \lim\limits_{n \to +\infty} w_n = \ell$ (nombre réel),

alors $\lim\limits_{n \to +\infty} u_n = \ell$.

• **Principe du raisonnement par récurrence**

$\mathrm{P}(n)$ est une propriété qui dépend d'un nombre entier naturel n et n_0 est un nombre entier naturel.

Si la propriété $\mathrm{P}(n)$ vérifie les deux conditions :

(1) $\mathrm{P}(n_0)$ est vraie (**Initialisation**),

(2) si $\mathrm{P}(k)$ est vraie pour un nombre entier naturel $k \geqslant n_0$, alors $\mathrm{P}(k+1)$ est vraie (**Hérédité**) ;

alors, **pour tout entier naturel $n \geqslant n_0$, $\mathrm{P}(n)$ est vraie.**

Vidéo
JAICOMPRIS.COM

À l'oral

Questions-Tests

Pour chaque question, il y a une seule réponse exacte.

1 Laquelle de ces suites est une suite géométrique ?

(1) $u_0 = 1$ et pour tout n de $\mathbb{N}$, $u_{n+1} + u_n = 4u_n$

(2) $v_0 = 1$ et pour tout n de $\mathbb{N}$, $v_{n+1} = 2v_n - 1$

(3) $w_0 = 1$ et pour tout n de $\mathbb{N}$, $w_{n+1} - w_n = 2$

2 (u_n) est une suite géométrique de raison -2 telle que $u_1 = 5$. Alors u_{10} est égal à :

(1) 5 120 (2) 2 560 (3) – 2 560

3 (u_n) est la suite définie sur $\mathbb{N}$ par :

$$u_n = \frac{2}{1+\mathrm{e}^{-n}}.$$

La suite (u_n) :

(1) diverge (2) converge vers 2 (3) converge vers 0

4 La suite $((-1)^n n)$:

(1) diverge vers $+\infty$

(2) diverge vers $-\infty$

(3) diverge

5 Pour tout entier naturel $n \geqslant 1$,

$$u_n = 1 + \frac{(-1)^n}{n^2}.$$

a) Pour tout entier naturel $n \geqslant 1$:

(1) $u_n \geqslant 1 + n$ (2) $u_n \leqslant 1 - n$

(3) $1 - \dfrac{1}{n^2} \leqslant u_n \leqslant 1 + \dfrac{1}{n^2}$

b) La suite (u_n) :

(1) converge vers 1 (2) diverge vers $+\infty$

(3) diverge vers $-\infty$

6 Pour tout entier naturel n,

$$u_n = n + \cos^2(n).$$

a) Pour tout entier naturel n :

(1) $u_n \geqslant n$ (2) $u_n \leqslant n - 1$ (3) $-1 \leqslant u_n \leqslant 1$

b) La suite (u_n) :

(1) converge vers 1 (2) diverge vers $+\infty$

(3) diverge vers $-\infty$

7 $n \in \mathbb{N}$ et $\mathrm{P}(n)$ est la propriété : « $2^n \geqslant n^2$ ».

Laquelle de ces affirmations est **fausse** ?

(1) $\mathrm{P}(4)$ est vraie (2) $\mathrm{P}(n)$ est vraie pour $0 \leqslant n \leqslant 3$

(3) Si $\mathrm{P}(k)$ est vraie pour $k \in \mathbb{N}$, alors $\mathrm{P}(k+1)$ est vraie

1 Représenter graphiquement une suite du type $u_{n+1} = f(u_n)$

Des chercheurs estiment que, chaque mois, la population d'une fourmilière s'accroît de 20 % et qu'en moyenne 200 fourmis ne reviennent pas à la fourmilière. Le 1er janvier 2020, la population est estimée à 4 000 fourmis.
On se propose d'étudier l'évolution de cette population.

1 On note p_n la population le 1er jour du n-ième mois après janvier 2020. Ainsi, $p_0 = 4\,000$.
a) Expliquer pourquoi pour tout entier naturel n,
$$p_{n+1} = 1{,}2p_n - 200.$$
b) Calculer la population au 1er mars 2020.

2 On représente graphiquement les premiers termes de la suite (p_n) dans le repère orthonormé ci-contre.
a) Expliciter une fonction f telle que pour tout entier naturel n, $p_{n+1} = f(p_n)$.
b) Dans le repère ci-contre, on a tracé les droites d d'équation $y = 1{,}2x - 200$ (en rouge) et d' d'équation $y = x$ (en vert).
On place p_0 sur l'axe des abscisses, puis on utilise la droite d pour placer p_1 sur l'axe des ordonnées.
On utilise la droite d' pour reporter p_1 sur l'axe des abscisses.
Réaliser ce graphique et le poursuivre pour placer, sans calculs, p_2, p_3, p_4, p_5 sur l'axe des abscisses (*unité* : 1 cm pour 1 000).
c) Conjecturer et décrire dans une phrase la monotonie et la limite de la population de cette fourmilière.

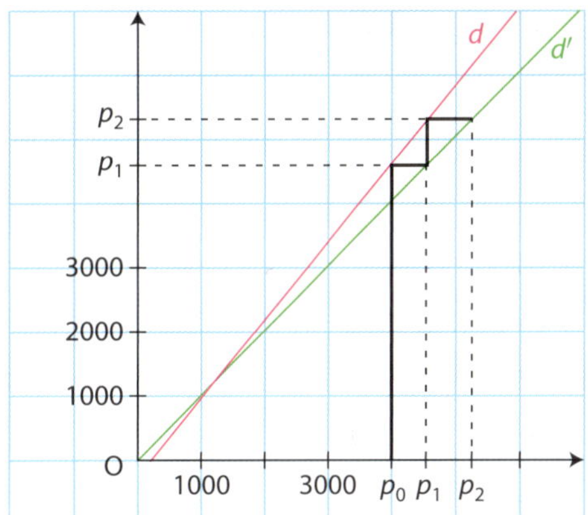

2 Une suite croissante majorée

(u_n) est la suite définie par $u_0 = 2$ et pour tout entier naturel n, $u_{n+1} = \frac{1}{2}u_n + 4$.

Katia a représenté graphiquement cette suite comme à l'activité 1, mais à l'écran de sa calculatrice.

1 Katia conjecture que la suite (u_n) est croissante et majorée par 8, c'est-à-dire que pour tout entier naturel n, $u_n \leqslant 8$.
Démontrer ces deux conjectures à l'aide d'un raisonnement par récurrence.

2 **a)** Déterminer une suite (a_n) constante qui vérifie la relation : pour tout entier naturel n, $a_{n+1} = \frac{1}{2}a_n + 4$.
b) Démontrer que la suite $(u_n - a_n)$ est géométrique et préciser sa raison.
c) Exprimer $u_n - a_n$, puis u_n en fonction de n. Conjecturer la limite de la suite (u_n).

Cours

Exercices
- **1** à **4** (ci-contre)
- **15** à **37**

1 Vocabulaire usuel des suites

Vidéo
JAICOMPRIS.COM
Cette notion est expliquée en vidéo

A Sens de variation d'une suite

Définitions

(u_n) est une suite définie sur l'ensemble $\mathbb{N}$ des nombres entiers naturels.
- Dire que la suite (u_n) est **croissante** signifie que, pour tout entier naturel n, $\boldsymbol{u_{n+1} \geqslant u_n}$.
- Dire que la suite (u_n) est **décroissante** signifie que, pour tout entier naturel n, $\boldsymbol{u_{n+1} \leqslant u_n}$.

Remarque : lorsque la suite (u_n) est définie à partir d'un rang n_0, on compare u_n et u_{n+1} pour tout entier naturel n tel que $n \geqslant n_0$.

Méthodes pour étudier le sens de variation d'une suite (u_n)
- **Signe de la différence $u_{n+1} - u_n$** : si pour tout entier naturel n, $u_{n+1} - u_n \geqslant 0$ (resp. $u_{n+1} - u_n \leqslant 0$), alors la suite (u_n) est croissante (resp. décroissante).
- **Suite telle que pour tout n de $\mathbb{N}$, $u_n = f(n)$** : si la fonction f est croissante (resp. décroissante) sur $[0\,;+\infty[$, alors la suite (u_n) est croissante (resp. décroissante).
- **Comparaison de $\dfrac{u_{n+1}}{u_n}$ à 1 pour les suites telles que pour tout n, $u_n > 0$** : si pour tout entier naturel n, $\dfrac{u_{n+1}}{u_n} > 1$ (resp. $\dfrac{u_{n+1}}{u_n} < 1$) alors la suite (u_n) est croissante (resp. décroissante).
- **Raisonnement par récurrence** : si pour tout entier naturel n, $u_{n+1} \geqslant u_n$, (resp. $u_{n+1} \leqslant u_n$), alors la suite (u_n) est croissante (resp. décroissante).

B Suites majorées, minorées, bornées

Définitions

(u_n) est une suite définie sur $\mathbb{N}$.
- Dire que la suite (u_n) est **majorée** signifie qu'il existe un réel M tel que pour tout entier naturel n, $\boldsymbol{u_n \leqslant M}$.
On dit que M est **un majorant** de la suite (u_n).
- Dire que la suite (u_n) est **minorée** signifie qu'il existe un réel m tel que pour tout entier naturel n, $\boldsymbol{m \leqslant u_n}$.
On dit que m est **un minorant** de la suite (u_n).
- Dire que la suite (u_n) est **bornée** signifie que la suite (u_n) est majorée et minorée.

Exemple

(u_n) est la suite définie, pour tout entier naturel $n \geqslant 1$, par :

$$u_n = 1 + \frac{2}{n}.$$

Pour $n \geqslant 1$, $\dfrac{2}{n} \leqslant 2$, donc $u_n \leqslant 3$. La suite (u_n) est majorée par 3.

Pour $n \geqslant 1$, $\dfrac{2}{n} > 0$, donc $u_n > 1$. La suite (u_n) est minorée par 1.

En conclusion, la suite (u_n) est bornée.

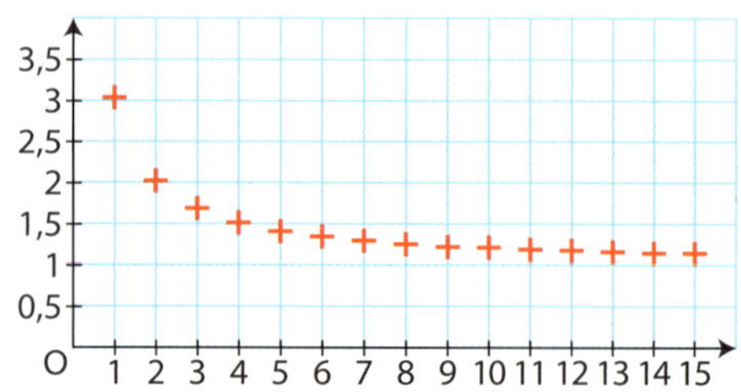

Remarques : • 3 est un majorant de la suite, donc 3,5 ; 4 ; $5\sqrt{2}$; … en sont aussi des majorants.
- Il existe des suites non majorées, non minorées. Par exemple, la suite (u_n) définie sur $\mathbb{N}$ par $u_n = (-2)^n$ n'est ni majorée ni minorée.

EXERCICES RÉSOLUS

1 Étudier le sens de variation d'une suite

Étudier le sens de variation de la suite :

a) (u_n) définie par $u_0 = 1$ et pour tout entier naturel n, $u_{n+1} = u_n - n$;

b) (v_n) définie sur $\mathbb{N}$ par $v_n = 2n^2 - 8n + 11$.

Solution

a) Pour tout entier naturel n, $u_{n+1} - u_n = -n$ et donc $u_{n+1} - u_n \leqslant 0$.

Ainsi, la suite (u_n) est décroissante.

b) Pour tout entier naturel n, $v_n = f(n)$ où f est la fonction définie sur $[0\,;+\infty[$ par $f(x) = 2x^2 - 8x + 11$.

Pour tout réel x, $f'(x) = 4x - 8$.

D'où le tableau de variations de la fonction f.

x	0		2		$+\infty$
$f'(x)$		$-$	0	$+$	
$f(x)$	11	↘	3	↗	

La fonction f est croissante sur l'intervalle $[2\,;+\infty[$, donc la suite (v_n) est croissante à partir du rang $n = 2$.

Au **b)**, on aurait pu aussi étudier le signe de $v_{n+1} - v_n$.

Pour étudier les variations d'une suite du type $u_n = f(n)$, il suffit de déterminer la fonction dérivée de f et d'étudier le signe de $f'(x)$. Attention, f est une fonction de la variable réelle x, et non pas de n.

Remarque : la 3e méthode (§ A p. 204) qui consiste à comparer $\dfrac{u_{n+1}}{u_n}$ à 1, est à privilégier lorsque des puissances figurent dans u_n, par exemple $u_n = \dfrac{2^n}{n}$ (voir exercice 21).

2 Démontrer qu'une suite est majorée

(u_n) est la suite définie par $u_0 = 1$ et pour tout entier naturel n, $u_{n+1} = 0{,}25u_n + 2$.

Démontrer par récurrence que la suite est majorée par 3.

Solution

On démontre par récurrence que pour tout entier naturel n, $u_n \leqslant 3$.

- **Initialisation** : $u_0 = 1$ donc $u_0 \leqslant 3$.
- **Hérédité** : on suppose que pour un entier naturel k, $u_k \leqslant 3$.

On démontre qu'alors $u_{k+1} \leqslant 3$.

De l'hypothèse de récurrence, $u_k \leqslant 3$, on déduit que $0{,}25u_k \leqslant 0{,}75$ et $0{,}25u_k + 2 \leqslant 2{,}75$. Ainsi $u_{k+1} \leqslant 3$.

- **Conclusion** : pour tout entier naturel n, $u_n \leqslant 3$.

La suite (u_n) est donc majorée par 3.

Pour démontrer qu'une suite (u_n) est majorée ou minorée, on peut procéder de différentes façons (voir exercices 31 à 33).

EXERCICES D'APPLICATION DIRECTE

Sur le modèle de l'exercice résolu 1

3 Étudier le sens de variation de la suite :

a) (u_n) définie par $u_0 = -2$ et pour tout n de $\mathbb{N}$, $u_{n+1} = 2n^2 + u_n$;

b) (v_n) définie sur $\mathbb{N}$ par $v_n = e^{2-3n}$.

Sur le modèle de l'exercice résolu 2

4 (v_n) est la suite définie par $v_0 = 6$ et pour tout entier naturel n, $v_{n+1} = 0{,}2v_n - 3$.

Démontrer par récurrence que la suite (v_n) est minorée par $-3{,}75$.

Cours

Exercices
- **5** à **8** (ci-contre)
- **38** à **48**

2 Comportement d'une suite géométrique (q^n)

A Un préambule

Inégalité de Bernoulli

a désigne un nombre réel **strictement positif**. Pour tout entier naturel n, $\mathbf{(1 + a)^n \geqslant 1 + na}$.

Démonstration

On utilise un raisonnement par récurrence.

Initialisation : pour $n = 0$, $(1 + a)^0 = 1$ et $1 + 0 \times a = 1$, donc $(1 + a)^0 \geqslant 1 + 0 \times a$.

Hérédité : on considère un nombre entier naturel k pour lequel $(1 + a)^k \geqslant 1 + ka$ et on montre qu'alors $(1 + a)^{k+1} \geqslant 1 + (k + 1)a$.

De $(1 + a)^k \geqslant 1 + ka$, on déduit, en multipliant chaque membre par le nombre positif $1 + a$, que $(1 + a)^{k+1} \geqslant (1 + ka)(1 + a)$, c'est-à-dire $(1 + a)^{k+1} \geqslant 1 + a + ka + ka^2$,
soit $(1 + a)^{k+1} \geqslant 1 + (k + 1)a + ka^2$. Or $ka^2 \geqslant 0$, donc $(1 + a)^{k+1} \geqslant 1 + (k + 1)a$.

Conclusion : pour tout entier naturel n, $(1 + a)^n \geqslant 1 + na$.

Vidéo JAICOMPRIS.COM
Cette démonstration est présentée en vidéo

B Comportement à l'infini de la suite (q^n)

Propriété

q désigne un nombre réel.

- Si $\mathbf{q > 1}$, alors $\lim\limits_{n \to +\infty} q^n = +\infty$.
- Si $\mathbf{q = 1}$, alors $\lim\limits_{n \to +\infty} q^n = 1$.
- Si $\mathbf{-1 < q < 1}$, alors $\lim\limits_{n \to +\infty} q^n = 0$.
- Si $\mathbf{q \leqslant -1}$, alors la suite (q^n) n'a **pas de limite**.

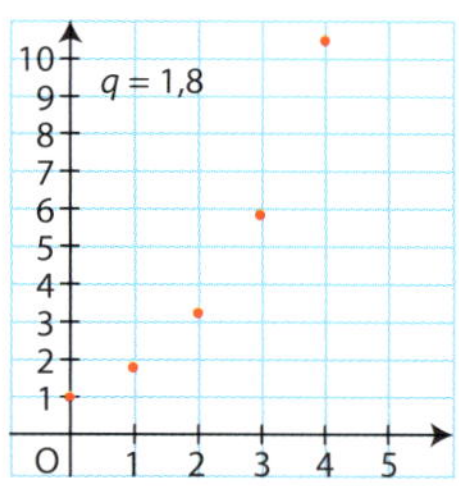

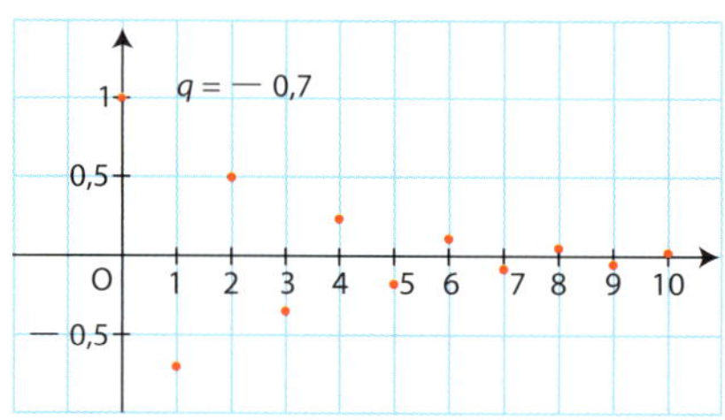

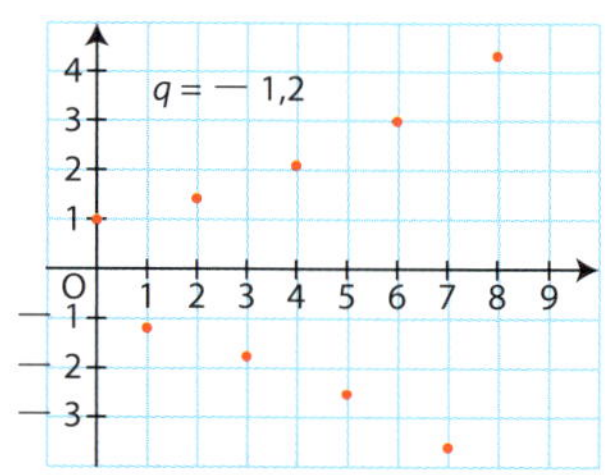

Démonstration

Cas où $q > 1$: il existe alors un réel $a > 0$ tel que $q = 1 + a$.
Alors, $q^n = (1 + a)^n$. Donc, d'après l'inégalité de Bernoulli, $q^n > 1 + na$.
Comme $a > 0$, et d'après un théorème de comparaison, $\lim\limits_{n \to +\infty} q^n = +\infty$.

Remarque : voir l'exercice **74** p. 218 pour étudier le cas $-1 < q < 1$.
Le cas $q = 1$ est trivial car pour tout n, $q^n = 1$.

Vidéo JAICOMPRIS.COM
Ces démonstrations sont présentées en vidéo

C Comportement d'une suite géométrique

Exemples

- (u_n) est la suite géométrique de raison 4 telle que $u_0 = -7$. Pour tout entier naturel n, $u_n = -7 \times 4^n$.
Or, $4 > 1$, donc $\lim\limits_{n \to +\infty} 4^n = +\infty$ et $\lim\limits_{n \to +\infty} u_n = -\infty$.
- (v_n) est la suite géométrique de raison 0,5 telle que $v_0 = 5$. Pour tout entier naturel n, $v_n = 5 \times 0{,}5^n$.
Or, $-1 < 0{,}5 < 1$ donc $\lim\limits_{n \to +\infty} 0{,}5^n = 0$ et $\lim\limits_{n \to +\infty} v_n = 0$.

EXERCICES RÉSOLUS

5 Utiliser la limite de la suite (q^n)

Étudier la limite de la suite : **a)** (u_n) définie sur $\mathbb{N}$ par $u_n = 5^n - 2$;

b) (v_n) définie sur $\mathbb{N}$ par $v_n = 1 - \left(\frac{\sqrt{2}}{2}\right)^{n+1}$; **c)** (w_n) géométrique de raison $-\frac{5}{2}$ telle que $w_0 = -3$.

Solution

a) $5 > 1$ donc $\lim\limits_{n\to+\infty} 5^n = +\infty$ et $\lim\limits_{n\to+\infty} u_n = +\infty$.

b) $\frac{\sqrt{2}}{2} \approx 0{,}7$ et $-1 < \frac{\sqrt{2}}{2} < 1$, donc $\lim\limits_{n\to+\infty}\left(\frac{\sqrt{2}}{2}\right)^{n+1} = 0$

et $\lim\limits_{n\to+\infty} v_n = 1$.

c) Pour tout entier naturel n, $w_n = -3\left(-\frac{5}{2}\right)^n$.

$-\frac{5}{2} < -1$ donc la suite (w_n) n'a pas de limite.

Au **b)**, $\left(\frac{\sqrt{2}}{2}\right)^{n+1} = \frac{\sqrt{2}}{2} \times \left(\frac{\sqrt{2}}{2}\right)^n$.

Or, $\lim\limits_{n\to+\infty}\left(\frac{\sqrt{2}}{2}\right)^n = 0$,

donc $\lim\limits_{n\to+\infty}\left(\frac{\sqrt{2}}{2}\right)^{n+1} = 0$.

6 Modéliser une situation par une suite géométrique

À partir d'un carré de côté 1, on construit successivement les rectangles colorés ci-contre.

On note S_n l'aire, en unité d'aire, de la surface colorée à l'étape n, avec $n \geqslant 1$.

Exprimer S_n en fonction de n et étudier la limite de la suite (S_n).

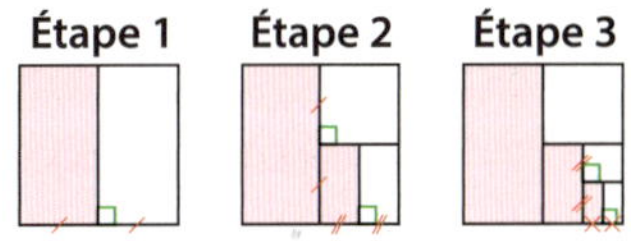

Solution

On note a_n l'aire, en unité d'aire, du rectangle ajouté à l'étape n. Ses côtés ont pour longueur la moitié des longueurs des côtés du rectangle ajouté à l'étape $n-1$.

Donc pour tout entier naturel $n \geqslant 2$, $a_n = \frac{1}{4}a_{n-1}$.

Ainsi, la suite (a_n) est géométrique de raison $\frac{1}{4}$ et $a_1 = \frac{1}{2}$.

Pour tout entier naturel $n \geqslant 1$,

$$S_n = a_1 + a_2 + \ldots + a_n = a_1\left(1 + \frac{1}{4} + \ldots + \left(\frac{1}{4}\right)^{n-1}\right)$$

$$S_n = \frac{1}{2} \times \frac{1-\left(\frac{1}{4}\right)^n}{1-\frac{1}{4}} = \frac{2}{3}\left(1-\left(\frac{1}{4}\right)^n\right).$$ Or, $\lim\limits_{n\to+\infty}\left(\frac{1}{4}\right)^n = 0$ donc $\lim\limits_{n\to+\infty} S_n = \frac{2}{3}$.

Pour tout réel $q \neq 1$,

$$1 + q + q^2 + \ldots + q^n = \frac{1-q^{n+1}}{1-q}.$$

EXERCICES D'APPLICATION DIRECTE

Sur le modèle de l'exercice résolu 5

7 Étudier la limite de la suite :

a) (u_n) définie sur $\mathbb{N}$ par $u_n = 2 - \left(\frac{3}{2}\right)^{n+1}$;

b) (v_n) géométrique de raison $1-\sqrt{2}$ telle que $v_0 = 1$.

Sur le modèle de l'exercice résolu 6

8 (u_n) est la suite définie pour tout entier naturel $n \geqslant 1$ par $u_n = 0{,}\underbrace{77\ldots7}_{n \text{ fois}}$.

Étudier la limite de la suite (u_n) en remarquant que :

$$u_n = \frac{7}{10} + \frac{7}{100} + \ldots + \frac{7}{10^n}.$$

Exercices
- **9** à **12** (ci-contre)
- **49** à **61**

3 Suites monotones et convergence

A Suites croissantes non majorées

Propriétés

(1) Si une suite est croissante et non majorée, alors elle diverge vers $+\infty$.
(2) Si une suite est décroissante et non minorée, alors elle diverge vers $-\infty$.

Démonstration

(1) (u_n) est une suite croissante non majorée. Dire que (u_n) est non majorée signifie, par négation, que quel que soit le réel A, il existe un entier naturel N tel que $u_N > A$.
La suite étant croissante, il en résulte que pour tout entier naturel $n \geqslant N$, $u_n > A$.
Quel que soit le réel A, l'intervalle $]A\,;+\infty[$ contient donc tous les termes de la suite (u_n) pour $n \geqslant N$, donc la suite (u_n) a pour limite $+\infty$.

Vidéo
JAICOMPRIS.COM
Cette démonstration est présentée en vidéo

B Suites croissantes majorées

Théorèmes de convergence (admis)

(1) Si une suite est croissante et majorée, alors cette suite converge.
(2) Si une suite est décroissante et minorée, alors cette suite converge.

Attention ! Ce théorème permet de prouver la convergence d'une telle suite mais ne fournit pas explicitement sa limite.

Propriétés

(1) Si une suite (u_n) est majorée par M et converge vers un nombre réel ℓ, alors $\ell \leqslant M$.
(2) Si une suite (u_n) est minorée par m et converge vers un nombre réel ℓ, alors $\ell \geqslant m$.

Démonstration

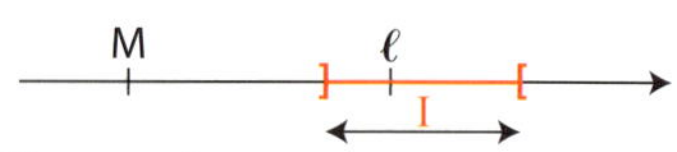

(1) On raisonne par l'absurde et on suppose que $\ell > M$.
On note I un intervalle ouvert contenant ℓ et qui est inclus dans l'intervalle $]M\,;+\infty[$.
(u_n) converge vers ℓ, donc I contient tous les u_n à partir d'un certain rang et ces u_n sont donc supérieurs à M, ce qui est en contradiction avec le fait que (u_n) est majorée par M. Donc $\ell \leqslant M$.

C Suites monotones convergentes

Propriétés

Si une suite est croissante (resp. décroissante) et converge vers un nombre réel ℓ, alors la suite est majorée (resp. minorée) par ℓ.

Démonstration

Cas où (u_n) est croissante et converge vers ℓ : on raisonne par l'absurde et on suppose qu'il existe un rang p pour lequel $u_p > \ell$. Alors $u_p = \ell + \beta$ avec $\beta > 0$. D'une part, (u_n) est croissante, donc pour tout $n \geqslant p$, $u_n \geqslant u_p$ **(1)**.
D'autre part, (u_n) converge vers ℓ, donc $]\ell - \alpha\,; u_p[$ (avec $\alpha > 0$) contient tous les u_n à partir d'un rang n_0 **(2)**.
Ainsi, si N désigne le plus grand des rangs p et n_0, alors pour tout $n \geqslant N$, on a à la fois $u_n \geqslant u_p$ (d'après **(1)**) et $u_n < u_p$ (d'après **(2)**), ce qui est impossible. Donc l'hypothèse supplémentaire « il existe un rang p pour lequel $u_p > \ell$ » est fausse et sa négation est vraie « pour tout entier naturel n, $u_n \leqslant \ell$ ».

EXERCICES RÉSOLUS

9 Étudier une suite croissante non majorée

(t_n) est la suite définie par $t_0 = 1$ et pour tout entier naturel n, $t_{n+1} = t_n + n$.

a) Justifier que la suite (t_n) est croissante.

b) Démontrer que la suite (t_n) n'est pas majorée.

c) Déterminer la limite de la suite (t_n).

Solution

a) Pour tout entier naturel n, $t_{n+1} - t_n = n$, donc $t_{n+1} - t_n \geqslant 0$.
Ainsi, la suite (t_n) est croissante.

b) On raisonne par l'absurde. On suppose que la suite (t_n) est majorée.
(t_n) étant croissante, elle converge alors vers un nombre réel ℓ.
$\lim\limits_{n \to +\infty} t_n = \ell$ donc $\lim\limits_{n \to +\infty} t_{n+1} = \ell$. Or, $\lim\limits_{n \to +\infty} (t_n + n) = +\infty$.
La limite de la suite (t_n) étant unique, on aboutit à une contradiction, donc la suite (t_n) n'est pas majorée.

c) La suite (t_n) est croissante et non majorée, donc elle admet pour limite $+\infty$.

> Pour démontrer qu'une suite n'est pas majorée, on utilise un raisonnement par l'absurde.
> On montre que l'hypothèse supplémentaire « la suite est majorée » conduit à une contradiction.

10 Étudier une suite croissante majorée

(u_n) est la suite définie par $u_0 = 30$ et, pour tout entier naturel n, $u_{n+1} = 0{,}6u_n + 20$.

a) Démontrer par récurrence que pour tout entier naturel n, $u_n \leqslant u_{n+1} \leqslant 50$.

b) En déduire que la suite (u_n) converge vers un nombre réel ℓ. Que peut-on dire de ℓ ?

Solution

a) • **Initialisation** : $u_0 = 30$ et $u_1 = 0{,}6 \times 30 + 20 = 38$.
Donc $u_0 \leqslant u_1 \leqslant 50$.

• **Hérédité** : on suppose que pour un entier naturel k, $u_k \leqslant u_{k+1} \leqslant 50$.
On démontre qu'alors $u_{k+1} \leqslant u_{k+2} \leqslant 50$.
De l'hypothèse de récurrence, $u_k \leqslant u_{k+1} \leqslant 50$, on déduit que :
$$0{,}6u_k + 20 \leqslant 0{,}6u_{k+1} + 20 \leqslant 0{,}6 \times 50 + 20$$
c'est-à-dire $u_{k+1} \leqslant u_{k+2} \leqslant 50$.

• **Conclusion** : pour tout entier naturel n, $u_n \leqslant u_{n+1} \leqslant 50$.

b) Ainsi, la suite (u_n) est croissante et majorée par 50, donc elle converge vers un nombre réel ℓ tel que $\ell \leqslant 50$.

> Pour démontrer par récurrence qu'une suite est croissante, on démontre que pour tout entier naturel n, $u_n \leqslant u_{n+1}$.

EXERCICES D'APPLICATION DIRECTE

Sur le modèle de l'exercice résolu 9

11 (a_n) est la suite définie par $a_0 = 1$ et pour tout entier naturel n, $a_{n+1} = a_n + n^2$.

a) Justifier que la suite (a_n) est croissante.

b) Démontrer que la suite (a_n) n'est pas majorée.

c) Déterminer la limite de la suite (a_n).

Sur le modèle de l'exercice résolu 10

12 (v_n) est la suite définie par $v_0 = 100$ et pour tout entier naturel n, $v_{n+1} = 0{,}4v_n + 40$.

a) Démontrer par récurrence que pour tout entier naturel n, $65 \leqslant v_{n+1} \leqslant v_n$.

b) En déduire que la suite (v_n) converge vers un nombre réel ℓ. Que peut-on dire de ℓ ?

Vidéo JAICOMPRIS.COM
Un autre exercice Algo/python résolu en vidéo

EXERCICE RÉSOLU

13 Utiliser un algorithme de seuil

Cours 2. B et C

Dans un carré de côté 1, on effectue les constructions successives ci-contre.
Le rectangle nouveau construit à chaque étape est obtenu en reliant les milieux de deux côtés opposés.
On note S_n l'aire, en unité d'aire, de la surface colorée à l'étape n, avec $n \geqslant 1$.

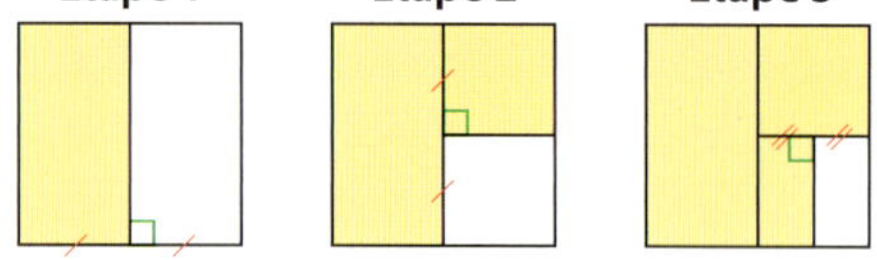

1. a) Exprimer S_n en fonction de S_{n-1} pour $n \geqslant 2$.
b) Conjecturer géométriquement la limite de la suite (S_n).
c) La fonction **Seuil** écrite en langage Python ci-contre, renvoie l'étape n et l'aire S de la surface colorée telles que S diffère de 1 de moins de 10^{-p} (avec $p \in \mathbb{N}$).
Saisir ce programme en le complétant et l'exécuter.

```
def Seuil(p):
    n=1
    S=▭
    ▭ 1-S>=10**(-p):
        n=n+1
        S=S+▭
    return n,S
```

2. Exprimer S_n en fonction de n et justifier la conjecture émise à la question **1. b)**.

Solution

1. a) À l'étape $n+1$, l'aire a_{n+1} du rectangle nouveau est la moitié de l'aire a_n du rectangle construit à l'étape n.
Donc, pour tout entier naturel $n \geqslant 1$, $a_{n+1} = \frac{1}{2}a_n$.
La suite (a_n) est géométrique de raison $\frac{1}{2}$ et $a_1 = \frac{1}{2}$, donc pour tout entier naturel $n \geqslant 1$, $a_n = \frac{1}{2} \times \left(\frac{1}{2}\right)^{n-1} = \left(\frac{1}{2}\right)^n$. Ainsi, pour tout entier naturel $n \geqslant 2$, $S_n - S_{n-1} = a_n = \left(\frac{1}{2}\right)^n$.

b) Plus n augmente, plus la surface colorée recouvre le carré. On conjecture que $\lim\limits_{n \to +\infty} S_n = 1$.

c) Voici le programme complété et l'affichage obtenu lorsqu'on exécute **Seuil(6)**.

```
>>> Seuil(6)
(20, 0.9999990463256836)
```

```
def Seuil(p):
    n=1
    S=0.5
    while 1-S>=10**(-p):
        n=n+1
        S=S+0.5**n
    return n,S
```

2. Pour tout entier naturel $n \geqslant 1$,

$$S_n = a_1 + a_2 + \ldots + a_n = a_1 \times \left(1 + \frac{1}{2} + \ldots + \left(\frac{1}{2}\right)^{n-1}\right)$$

$$S_n = \frac{1}{2} \times \frac{1-\left(\frac{1}{2}\right)^n}{1-\frac{1}{2}} = 1 - \left(\frac{1}{2}\right)^n$$

Or, $-1 < \frac{1}{2} < 1$ donc $\lim\limits_{n \to +\infty} \left(\frac{1}{2}\right)^n = 0$ et $\lim\limits_{n \to +\infty} S_n = 1$.

EXERCICE D'APPLICATION DIRECTE

Sur le modèle de l'exercice résolu 13

14 (u_n) est la suite définie par $u_0 = -1$ et pour tout entier naturel n, $u_{n+1} = \frac{1}{2}u_n + 2$.
a) Démontrer par récurrence que pour tout entier naturel n, $u_n = 4 - 5\left(\frac{1}{2}\right)^n$.
b) Déterminer la limite de la suite (u_n).
c) Au début de cet algorithme, on affecte 0 à n et -1 à u.
Cet algorithme renvoie la valeur de n à partir de laquelle $4 - u_n < 10^{-5}$.
Déterminer cette valeur.

Tant que ...
  $n \leftarrow$ ...
  $u \leftarrow$ ...
Fin Tant que

Sens de variation d'une suite

Cours 1. A

Questions flash À l'oral

15 Julia affirme : « (u_n) est une suite arithmétique de raison 3, donc elle est croissante ».
A-t-elle raison ?

16 Paolo affirme : « (v_n) est la suite définie par $v_0 = -1$ et pour tout entier naturel n, $v_n = v_{n+1} - 2$.
Donc cette suite est décroissante. »
A-t-il raison ?

17 (u_n) est la suite à termes strictement positifs, définie par $u_0 = 1$ et pour tout entier naturel n,

$$u_{n+1} = \frac{\sqrt{3}}{2}u_n.$$

Déterminer mentalement le sens de variation de la suite (u_n).

18 (u_n) est la suite définie sur $\mathbb{N}$ par :

$$u_n = 5 - (n+2)^2.$$

a) Exprimer $u_{n+1} - u_n$ en fonction de n.
b) En déduire le sens de variation de la suite (u_n).

19 (h_n) est la suite définie sur $\mathbb{N}^*$ par :

$$h_n = \frac{1}{n} - \frac{1}{n+1}.$$

a) Exprimer $h_{n+1} - h_n$ en fonction de n.
b) En déduire le sens de variation de la suite (h_n).

20 (v_n) est la suite définie sur $\mathbb{N}$ par :

$$v_n = 2n^2 + n - 3.$$

a) Déterminer une fonction f définie sur $[0\,;+\infty[$ telle que pour tout entier naturel n, $v_n = f(n)$.
b) Étudier le sens de variation de f sur $[0\,;+\infty[$.
c) En déduire le sens de variation de la suite (v_n).

21 (w_n) est la suite définie sur $\mathbb{N}^*$ par :

$$w_n = \frac{2^n}{n}.$$

a) Expliquer pourquoi pour tout entier naturel $n \geqslant 1$, $w_n > 0$.
b) Vérifier que pour tout entier naturel $n \geqslant 1$,

$$\frac{w_{n+1}}{w_n} = \frac{2n}{n+1}.$$

c) Comparer $2n$ et $n+1$. En déduire le sens de variation de la suite (w_n).

22 (t_n) est la suite définie par $t_0 = -2$ et pour tout entier naturel n, $t_{n+1} = \frac{1}{2}t_n + \frac{5}{2}$.
a) Tabuler la suite (t_n) à l'aide de la calculatrice. Conjecturer son sens de variation.
b) Utiliser un raisonnement par récurrence pour démontrer cette conjecture.

Pour les exercices 23 à 28, utiliser la méthode de son choix pour étudier le sens de variation de la suite (u_n).

23 (u_n) est la suite définie sur $\mathbb{N}$ par $u_n = \dfrac{e^{2n}}{5^{n+2}}$.

24 (u_n) est la suite définie sur $\mathbb{N}$ par :

$$u_n = 1 - \frac{2}{n+3}.$$

25 (u_n) est la suite définie sur $\mathbb{N}$ par :

$$u_n = e^n - n.$$

26 (u_n) est la suite définie sur $\mathbb{N}^*$ par $u_n = \dfrac{n!}{n^n}$.

27 (u_n) est la suite définie sur $\mathbb{N}$ par :

$$u_n = 1^2 + 2^2 + 3^2 + \ldots + n^2.$$

28 (u_n) est la suite géométrique de raison $\frac{3}{2}$ telle que $u_0 = -1$.

Suites majorées, minorées, bornées

Cours 1. B

Questions flash À l'oral

29 (u_n) est la suite définie sur $\mathbb{N}$ par :

$$u_n = 2 + (-1)^n.$$

Déterminer mentalement un majorant puis un minorant de cette suite.

30 Conjecturer, à l'aide de ce graphique, un majorant et un minorant de la suite représentée.

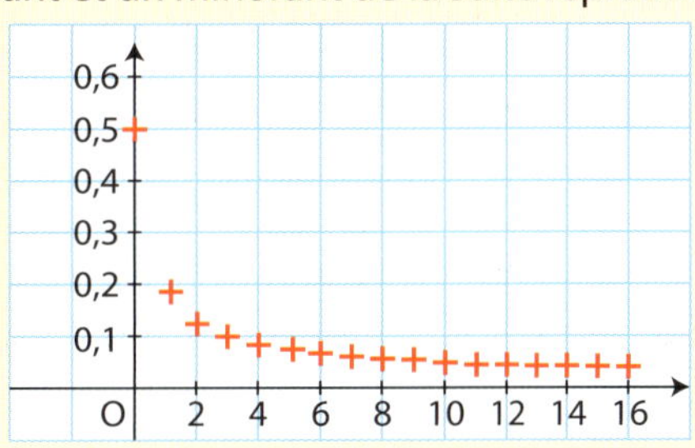

31 (u_n) est la suite définie sur $\mathbb{N}$ par :

$$u_n = \frac{2n+1}{3n-1}.$$

Démontrer que $\frac{3}{2}$ est un majorant de la suite (u_n) en étudiant le signe de la différence $u_n - \frac{3}{2}$.

32 (u_n) est la suite définie sur $\mathbb{N}$ par :

$$u_n = \frac{4n-2}{3n+1}.$$

a) Déterminer une fonction f définie sur $[0\,;+\infty[$ telle que pour tout entier naturel n, $u_n = f(n)$.
b) Étudier les variations de la fonction f sur $[0\,;+\infty[$. En déduire le sens de variation de la suite (u_n).
c) Donner un majorant et un minorant de la suite (u_n).

33 (u_n) est la suite définie par $u_0 = 5$ et pour tout entier naturel n, $u_{n+1} = -\frac{1}{2}u_n + 3$.

Utiliser un raisonnement par récurrence pour démontrer que la suite (u_n) est minorée par $\frac{1}{2}$ et majorée par 5.

34 (w_n) est la suite définie sur $\mathbb{N}$ par :

$$w_n = 5 - 2\cos(n).$$

a) Montrer que la suite (w_n) est bornée.
b) Donner trois majorants et trois minorants de la suite (w_n).

35 (v_n) est la suite définie sur $\mathbb{N}$ par :

$$v_n = -n^2 + 10n + 1.$$

a) Montrer que la suite (v_n) est majorée par 26.
b) Peut-on donner un minorant de la suite (v_n) ?

36 (t_n) est la suite définie sur $\mathbb{N}$ par :

$$t_n = \frac{30n}{25+n^2}.$$

a) Tabuler la suite (t_n) avec la calculatrice et conjecturer un majorant et un minorant de la suite (t_n).
b) Démontrer ces conjectures.

Vidéo

JAICOMPRIS.COM — Cet exercice est corrigé en vidéo

37 (u_n) est la suite définie par $u_0 = 1$ et pour tout entier naturel n, $u_{n+1} = 3 - 0{,}5u_n$.
a) Construire dans un repère orthonormé les droites d'équations $y = x$ et $y = 3 - 0{,}5x$. Placer u_0 sur l'axe des abscisses et construire u_1, u_2 et u_3 sur cet axe sans effectuer de calcul.
b) La suite (u_n) semble-t-elle bornée ?
c) Démontrer par récurrence cette conjecture.

Comportement de la suite (q^n)

Cours 2

Questions flash — À l'oral

38 Donner oralement la limite de chacune des suites définies sur $\mathbb{N}$ par :

a) $u_n = \left(\frac{1}{2}\right)^n$ **b)** $v_n = 2^n$ **c)** $w_n = \left(\frac{7}{6}\right)^n$

d) $a_n = 0{,}99^n$ **e)** $b_n = \left(\frac{3}{4}\right)^n$ **f)** $c_n = \pi^n$

39 (u_n) est la suite géométrique de raison $\frac{5}{4}$ telle que $u_0 = -1$.
Étudier mentalement la limite de la suite (u_n).

40 Pour tout entier naturel n,

$$S_n = 1 + \frac{1}{2} + \left(\frac{1}{2}\right)^2 + \ldots + \left(\frac{1}{2}\right)^n.$$

Jade affirme : « La suite (S_n) converge vers 1 ».
A-t-elle raison ?

41 Déterminer, en justifiant, la limite de chacune des suites définies sur $\mathbb{N}$ par :

a) $u_n = 4 \times \left(\frac{2}{3}\right)^n$ **b)** $v_n = 10^{-3} \times \left(\frac{5}{3}\right)^n$ **c)** $t_n = -\left(\frac{9}{4}\right)^n$

42 Déterminer, en justifiant, la limite de chacune des suites définies sur $\mathbb{N}$ par :

a) $u_n = 40 \times (1 - 0{,}1^n)$ **b)** $v_n = \left(1 + \frac{1}{100}\right)^n$

c) $w_n = \frac{3 + 0{,}3^n}{1 + 0{,}5^n}$ **d)** $t_n = \frac{3 + 3^n}{4 + 0{,}5^n}$

43 (v_n) est la suite définie sur $\mathbb{N}$ par $v_n = \frac{3^{n+1}}{2^n}$.
Étudier la limite de la suite (v_n).

44 On lance n fois de suite un dé bien équilibré et on note p_n la probabilité d'obtenir au moins une fois la face 6.
a) Exprimer p_n en fonction de n.
b) Étudier la limite de la suite (p_n).

45 (s_n) et (t_n) sont les suites définies sur $\mathbb{N}$ par :

$$s_n = \frac{4^n}{5} \quad \text{et} \quad t_n = -3 \times 4^n.$$

a) Déterminer la limite de chaque suite (s_n) et (t_n).
b) Quel est le comportement à l'infini de la suite $(s_n + t_n)$? Même question pour la suite $(s_n \times t_n)$.

46 **Algo** Au début de cet algorithme, on affecte 1 à la variable n. La variable p a une valeur entière donnée ($p \geqslant 1$).

```
Tant que 0,25^n > 10^(-p)
  | Affecter à n la valeur n + 1
Fin Tant que
```

L'algorithme renvoie la valeur de n.

a) Quel est le rôle de cet algorithme ?

b) Léa affirme : « Cet algorithme se termine pour toute valeur de $p \geqslant 1$ ».
Expliquer.

47 À l'intérieur d'un carré de côté 8, on construit une suite de carrés et on les colorie comme indiqué sur la figure ci-dessous.

Étape 1 — Étape 2 — Étape 3

On poursuit ainsi la construction et pour tout entier naturel $n \geqslant 1$, on note S_n l'aire, en unité d'aire, de la partie colorée en bleu à l'étape n.

a) On note c_n l'aire du nouveau carré construit à l'étape n. Exprimer c_n en fonction de n.

b) Montrer que $S_n = \dfrac{64}{3}\left[1 - \left(\dfrac{1}{4}\right)^n\right]$.

c) Quelle est la limite de la suite (S_n) ?

48 **Algo** python

Des biologistes étudient le développement de la bactérie *Neisseira meningitidis*, responsable de certaines méningites.
In vitro, on a constaté que le nombre de bactéries augmente de 25 % chaque heure.

Au début de l'expérience, on place 10 bactéries dans une éprouvette.

a) Modéliser cette situation à l'aide d'une suite géométrique (u_n) donnant le nombre de bactéries dans l'éprouvette, n heures après le début.

b) Quelle est la limite de la suite (u_n) ?

c) Écrire une fonction **Seuil**, en langage Python, qui permet de savoir à partir de quelle heure le nombre de bactéries dépasse un seuil p (avec $p \in \mathbb{N}$).

d) Saisir ce programme et l'exécuter lorsque :
- $p = 10^4$
- $p = 10^5$
- $p = 10^6$

Interpréter les résultats obtenus.

Suites monotones et convergence

Cours 3

Questions flash À l'oral

49 (u_n) est une suite telle que :
- pour tout entier naturel n, $u_{n+1} \leqslant u_n$;
- pour tout réel A, il existe un rang N tel que $u_N < A$.

Que peut-on dire de la limite de la suite (u_n) ?

50 (v_n) est une suite telle que pour tout entier naturel n, $-1 \leqslant v_{n+1} \leqslant v_n$.

a) Expliquer oralement pourquoi la suite (v_n) est convergente.

b) Que peut-on dire de sa limite ?

51 (v_n) est une suite telle que pour tout entier naturel n, $-3 \leqslant v_n \leqslant v_{n+1} \leqslant 5$.

a) Expliquer oralement pourquoi la suite (v_n) est convergente.

b) Que peut-on dire de sa limite ?

52 (v_n) est la suite définie sur $\mathbb{N}$ par $v_n = n^2 + 2$.

a) Démontrer que la suite (v_n) est croissante.

b) Justifier que la suite (v_n) n'est pas majorée à l'aide d'un raisonnement par l'absurde.

c) Déterminer de deux façons différentes la limite de la suite (v_n).

53 (u_n) est la suite définie sur $\mathbb{N}$ par $u_n = \dfrac{30n}{25+n}$.

a) Montrer que la suite (u_n) est majorée par 30.

b) Quel est le sens de variation de (u_n) ?

c) La suite (u_n) est-elle convergente ?

54 (u_n) est la suite définie par $u_0 = 1$ et pour tout entier naturel n, $u_{n+1} = u_n \times e^{-u_n}$.

a) Démontrer par récurrence que tous les termes de la suite sont strictement positifs.

b) Déterminer le sens de variation de la suite (u_n).

c) En déduire que la suite (u_n) est convergente.

55 (v_n) est la suite définie par $v_0 = 1$ et pour tout entier naturel n, $v_{n+1} = 0{,}75v_n + 2$.

a) Démontrer par récurrence que la suite (v_n) est majorée par 8.

b) Justifier que cette suite est croissante.

c) En déduire que la suite (v_n) converge. Que peut-on dire de sa limite ?

56 (u_n) est la suite définie par $u_0 = 1$ et pour tout entier naturel n, $u_{n+1} = 5 - 0{,}4u_n$.

1. a) Afficher à l'écran de la calculatrice, la représentation graphique de la suite (u_n) (*fenêtre* : $0 \leqslant X \leqslant 8$, pas 1 et $0 \leqslant Y \leqslant 8$, pas 1). *Voir cadre ci-dessous.*

b) Conjecturer :
- la monotonie de la suite (u_n) ;
- un majorant ou un minorant de la suite (u_n) ;
- la limite de la suite (u_n).

2. Justifier la convergence de la suite (u_n).

- **TI** : mode utiliser les flèches et mettre SUITE en surbrillance. f(x) mettre SUITE(n+1) en surbrillance puis renseigner u(n+1) et u(0) (pour écrire u(n) utiliser 2nde 7).
2nde zoom (format) mettre Toile en surbrillance puis trace et cliquer sur ► autant que nécessaire.
- **Casio** : menu 8 (Récurrence) F3 (TYPE) F2 (F2:an + 1 = Aan + Bn + C), renseigner an + 1 .
F5 (SET), renseigner 1 pour a0 EXIT .
F6 (TABLE) F4 (WEB-GPH) et cliquer sur EXE autant que nécessaire.

57 (u_n) est la suite définie par $u_0 = 0{,}4$ et pour tout entier naturel n, $u_{n+1} = u_n - u_n^2$.

1. a) Afficher à l'écran de la calculatrice la représentation graphique de la suite (u_n) (*fenêtre* : $0 \leqslant X \leqslant 0{,}5$, pas 0,1 et $0 \leqslant Y \leqslant 0{,}5$, pas 0,1).

b) Conjecturer la monotonie, un majorant ou un minorant, la limite de la suite (u_n).

2. a) Déterminer une fonction f telle que pour tout entier naturel n, $u_{n+1} = f(u_n)$.

b) Dresser le tableau de variations de la fonction f sur l'intervalle $\left[0\,;\,\dfrac{1}{2}\right]$.

c) Démontrer par récurrence que pour tout entier naturel n, $0 \leqslant u_{n+1} \leqslant u_n \leqslant \dfrac{1}{2}$.

d) En déduire la convergence de la suite (u_n).

58 (v_n) est la suite définie par $v_0 = 3$ et pour tout entier naturel n, $v_{n+1} = 0{,}3v_n + 1$.

a) Conjecturer à l'aide de la calculatrice :
- le sens de variation de la suite (v_n) ;
- un minorant de la suite (v_n).

b) Démontrer ces conjectures par récurrence.

c) En déduire la convergence de la suite (v_n).

59 (w_n) est la suite définie par $w_0 = 0$ et pour tout entier naturel n, $w_{n+1} = \sqrt{2w_n + 3}$.

1. a) Afficher à l'écran de la calculatrice la représentation graphique de la suite (w_n) (*fenêtre* : $0 \leqslant X \leqslant 4$, pas 1 et $0 \leqslant Y \leqslant 4$, pas 1).

b) Conjecturer :
- la monotonie de la suite (w_n) ;
- un majorant ou un minorant de la suite (w_n) ;
- la limite de la suite (w_n).

2. a) Déterminer une fonction f telle que pour tout entier naturel n, $w_{n+1} = f(w_n)$.

b) Dresser le tableau de variations de la fonction f sur l'intervalle $[0\,;\,3]$.

c) Démontrer par récurrence que pour tout entier naturel n, $0 \leqslant w_{n+1} \leqslant w_n \leqslant 3$.

d) En déduire la convergence de la suite (w_n).

e) À l'aide de la calculatrice, déterminer la plus petite valeur de n telle que $w_n > 2{,}999$.

60 (t_n) est la suite définie par $t_0 = 2$ et pour tout entier naturel n, $t_{n+1} = 5 - \dfrac{6}{t_n + 3}$.

a) Démontrer que pour tout entier naturel n,

$$1 \leqslant t_n \leqslant 2.$$

b) Justifier que pour tout entier naturel n,

$$t_{n+1} - t_n = -\frac{(t_n - 1)^2}{t_n + 3}.$$

En déduire le sens de variation de la suite (t_n).

c) Expliquer pourquoi la suite (t_n) converge.

61 Un sondage effectué dans un hypermarché montre que chaque mois, 70 % des clients du mois précédent restent fidèles et qu'environ 3 000 nouveaux clients se présentent.

On note u_n le nombre de clients à la fin du n-ième mois suivant janvier 2019.

On donne $u_0 = 15\,000$.

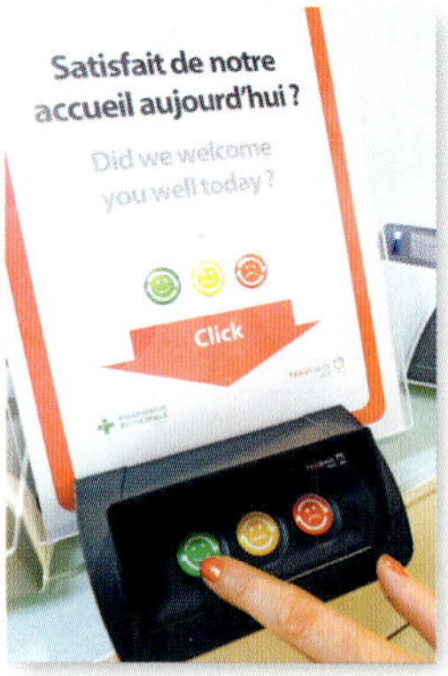

a) Exprimer u_{n+1} en fonction de u_n.

b) Démontrer, en utilisant un raisonnement par récurrence, que la suite (u_n) est minorée par 10 000 et décroissante.

c) En déduire la convergence de la suite (u_n).

d) On admet que sa limite est 10 000. Interpréter cette limite dans le contexte de cette situation.

62 QCM Dans chaque cas, donner la réponse exacte sans justifier.

		A	B	C	D
1	La suite (u_n) définie sur $\mathbb{N}$ par $u_n = 3 - \dfrac{1}{n^2+1}$ est …	croissante	décroissante	non monotone	décroissante à partir de 10
2	La suite (v_n) définie sur $\mathbb{N}$ par $v_n = -2n^2 + 3n + 1$ est …	majorée par 0	majorée par 2	minorée par 0	minorée par -100
3	La suite (w_n) définie sur $\mathbb{N}$ par $w_n = 1 + 3^{-n}$ …	n'a pas de limite	a pour limite $-\infty$	a pour limite $+\infty$	a pour limite 1
4	(t_n) est une suite telle que pour tout entier naturel n, $1 \leqslant t_{n+1} \leqslant t_n$. Alors …	$\lim\limits_{n\to+\infty} t_n = 0$	$\lim\limits_{n\to+\infty} t_n = 1$	la suite (t_n) converge	la suite (t_n) digerve

63 QCM Dans chaque cas, donner la (ou les) réponse(s) exacte(s) sans justifier.

		A	B	C	D
1	La suite (u_n) définie sur $\mathbb{N}^*$ par $u_n = \dfrac{1}{n^3}$ est …	minorée par 0	majorée par 10	majorée par 1	bornée
2	Une suite (u_n) est décroissante et converge vers 0. Alors cette suite …	est majorée par 0	est minorée par 0	est majorée par 10	est minorée par -1
3	(S_n) est la suite définie sur $\mathbb{N}$ par $S_n = 1 + \dfrac{1}{3} + \ldots + \dfrac{1}{3^n}$. Alors …	(S_n) a pour limite $\dfrac{3}{2}$	(S_n) a pour limite $+\infty$	(S_n) n'a pas de limite	(S_n) a pour limite 2
4	(u_n) est la suite définie par $u_0 = 0$ et pour tout entier naturel n, $u_{n+1} = 0{,}5u_n + 1$. Alors …	la suite (u_n) est bornée	la suite (u_n) est croissante	la suite (u_n) converge vers 2	pour tout $n \geqslant 16$, $u_n = 2$

64 Vrai/Faux Dans chaque cas, dire si l'affirmation est vraie ou fausse en justifiant.

1. **Affirmation :** (u_n) est une suite non majorée, donc elle a pour limite $+\infty$.

2. **Affirmation :** (u_n) est une suite bornée, donc elle est convergente.

3. (u_n) est la suite géométrique de raison 2 telle que $u_1 = 1$. On pose $S_n = u_1 + u_2 + \ldots + u_n$.
Affirmation : la suite (S_n) est convergente.

4. (u_n) est une suite telle que pour tout entier naturel n, $1 < u_{n+1} \leqslant u_n < 3$.
Affirmation : la suite (u_n) converge vers un nombre réel $\ell \geqslant 1$.

Vérifiez vos réponses : p. 529

65 Suivre un guide pour rédiger une démonstration

On a énoncé en cours au paragraphe 3 A la propriété suivante :

> Si une suite (u_n) est décroissante et non minorée, alors la suite (u_n) diverge vers $-\infty$.

Rédiger la démonstration de cette propriété en suivant le guide ci-dessous.

(1) Écrire la définition d'une suite minorée :
... un réel m tel que ... entier naturel n, u_n ... m.
(2) Prendre la négation de la proposition ci-dessus :
la suite (u_n) est non minorée donc ... réel m, ... un entier naturel N tel que u_N ... m.
(3) Utiliser la décroissance de (u_n) :
pour tout entier naturel $n \geqslant N$, u_n ... u_N.
(4) Tirer des conséquences :
de **(2)** et **(3)**, il résulte que pour tout entier naturel $n \geqslant N$, u_n ... m.
(5) Démontrer que $\lim\limits_{n \to +\infty} u_n = -\infty$:
on se donne un intervalle $I =]-\infty\,; m[$ (avec m nombre réel). D'après ce qui précède, pour tout entier naturel n ... N, $u_n \in I$ donc I contient ....
(6) Conclure par une phrase : ....

66 Connaître les suites du type $u_{n+1} = f(u_n)$

1. On donne $u_0 = \dfrac{8}{3}$ et pour tout entier naturel n, $u_{n+1} = \dfrac{u_n}{u_n - 2}$.

a) À l'aide de la calculatrice, déterminer u_1, u_2, u_3. Que constate-t-on ?
b) Les relations précédentes définissent-elles une suite (u_n) ?

2. Voici une propriété.

> Si f est une fonction définie sur un intervalle I tel que pour tout $x \in I$, $f(x) \in I$ et si u_0 est un nombre réel de I, alors on peut définir une suite (u_n) par u_0 et pour tout entier naturel n, $u_{n+1} = f(u_n)$.

a) Justifier cette propriété en démontrant par récurrence que pour tout entier naturel n, $u_n \in I$.
b) f est la fonction définie sur $[0\,; 2]$ par $f(x) = \dfrac{x+2}{x+1}$.

Démontrer que l'on définit une suite (u_n) par $u_0 = 2$ et pour tout entier naturel n, $u_{n+1} = f(u_n)$.

67 Étudier une suite du type $u_n = f(v_n)$

(u_n) est la suite définie sur $\mathbb{N}$ par $u_n = \dfrac{0{,}2^n - 1}{0{,}2^n + 1}$.

1. a) Préciser une fonction f et une suite géométrique (v_n) telle que pour tout entier naturel n, $u_n = f(v_n)$.
b) Utiliser le schéma de décomposition ci-contre pour étudier la limite de la suite (u_n).

$$n \longmapsto \underbrace{v_n}_{x} \longmapsto f(x)$$

2. Retrouver cette limite en utilisant les règles opératoires.

Vidéo JAICOMPRIS.COM
Toutes les démonstrations au programme en vidéo

Liste des démonstrations :
- Toute suite croissante non majorée tend vers $+\infty$.
- Inégalité de Bernoulli.
- Limite de (q^n).
- Divergence vers $+\infty$ d'une suite minorée par une suite divergeant vers $+\infty$.

Conseil
(2) La négation de :
- « pour tout x de E, P(x) » est « il existe un x de E tel que non P(x) » ;
- « il existe un x de E tel que P(x) » est « pour tout x de E, non P(x) ».

Conseil
La calculatrice affiche $u_3 \approx -4 \times 10^{-15}$. Bien vérifier le calcul de u_3.

Utiliser des suites géométriques

68 **PARCOURS DIFFÉRENCIÉS**

Parcours 1

On effectue les constructions suivantes à l'intérieur d'un disque de rayon 1.

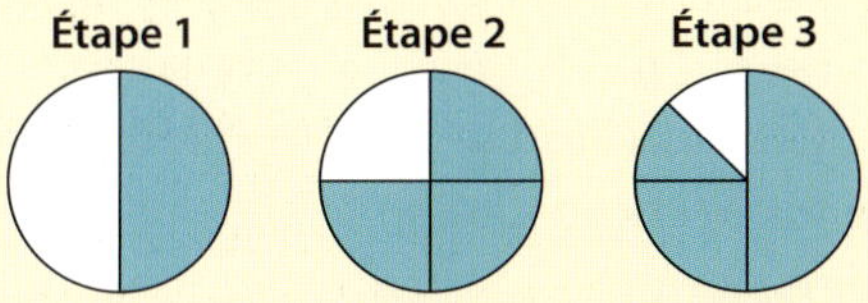

D'une étape à la suivante, on ajoute un secteur dont l'aire est la moitié de celle du secteur précédent.
On note a_n l'aire, en unité d'aire, du secteur ajouté à l'étape n, avec $n \geqslant 1$. Ainsi $a_1 = \frac{\pi}{2}$.
Étudier la limite de la suite (a_n).

Parcours 2

(b_n) est la suite définie par $b_0 = 1$ et pour tout entier naturel n, $\quad b_{n+1} + b_n = 0{,}5b_n$.

a) Démontrer que la suite (b_n) est géométrique. Préciser sa raison.
b) Exprimer b_n en fonction de n.
c) Étudier la limite de la suite (b_n).

69 **Algo** python

On construit une spirale en disposant bout à bout des diagonales d'une suite de carrés. À chaque étape, le côté du carré est divisé par 2 ; à l'étape 1, il est égal à 1.

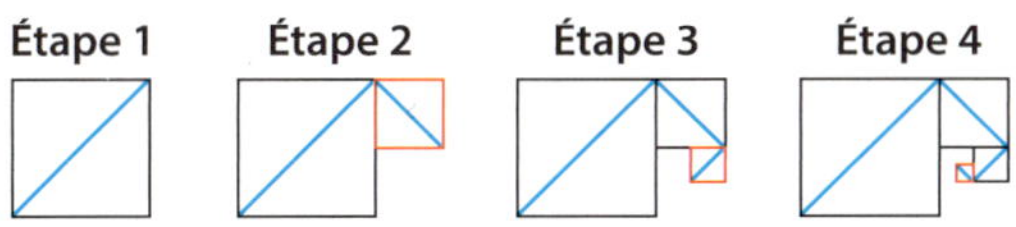

On note L_n la longueur de la spirale à l'étape n, avec $n \geqslant 1$. Ainsi, $L_1 = \sqrt{2}$.

1. a) Expliquer pourquoi la suite (c_n) des côtés des carrés successifs est géométrique. Préciser sa raison.
b) Exprimer c_n en fonction de n.
2. a) Exprimer L_n en fonction de $c_1, c_2, \ldots, c_n$.
b) Justifier que pour tout entier naturel $n \geqslant 1$,

$$L_n = 2\sqrt{2}\left(1 - \left(\frac{1}{2}\right)^n\right).$$

c) Déterminer la limite de la suite (L_n).
3. a) Écrire un algorithme afin de déterminer le rang n à partir duquel $2\sqrt{2} - L_n < 10^{-p}$ (avec $p \in \mathbb{N}$).
b) Coder cet algorithme en langage Python, le saisir et l'exécuter avec $p = 6$.

70 **Algo** python

$A_0B_0C_0D_0$ est un carré de côté ℓ_0.
On construit les points A_1, B_1, C_1, D_1 des segments $[A_0B_0]$, $[B_0C_0]$, $[C_0D_0]$, $[D_0A_0]$ situés au quart de chacun d'eux à partir de la première extrémité citée.
On recommence la construction à partir du carré $A_1B_1C_1D_1$ et ainsi de suite.
On note ℓ_n la longueur du côté du carré $A_nB_nC_nD_n$ avec n nombre entier naturel.

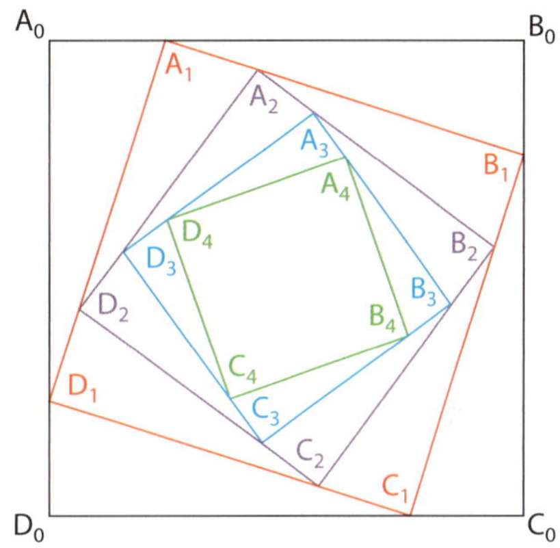

1. a) Exprimer ℓ_1 et ℓ_2 en fonction de ℓ_0.
b) Démontrer que la suite (ℓ_n) est géométrique. Préciser sa raison.
c) Pour tout entier n, exprimer ℓ_n en fonction de n.
d) En déduire la limite de la suite (ℓ_n).
2. On suppose que $\ell_0 = 1$.
a) Écrire une fonction en langage Python pour déterminer le rang à partir duquel $\ell_n \leqslant 10^{-p}$ avec p entier naturel.
b) Saisir et exécuter ce programme pour $p = 4$.

71 **Algo** python

En septembre 2019, un iceberg de 25 tonnes dérive au large du Groenland. La température locale aidant, il perd 10 % de sa masse chaque jour.

1. On note m_n la masse (en kilogramme) de l'iceberg au bout de n jours. Étudier la limite de la suite (m_n).
2. a) En déduire qu'un jour, il restera moins d'un kilogramme de glace.
b) Déterminer ce jour à l'aide d'une fonction en langage Python.

72 On administre à un patient un médicament par injection intraveineuse. La quantité de ce médicament dans le sang diminue avec le temps.
Une machine est programmée de telle façon que :
- à l'instant $t = 0$ (en heure), elle injecte 10 mL de médicament ; on admet que l'effet est instantané ;
- chaque heure suivante, elle injecte 1 mL de médicament.

On estime que 20 % de la quantité de médicament présente dans le sang est éliminée chaque heure.
a) Pour tout entier naturel n, on note q_n la quantité de médicament (en mL) présente dans le sang du patient au bout de n heures.
Justifier que pour tout entier naturel n :
$$q_{n+1} = 0{,}8q_n + 1.$$
b) Déterminer une suite constante (u_n) qui vérifie la relation :
pour tout entier naturel n, $u_{n+1} = 0{,}8u_n + 1$.
c) On considère la suite (v_n) définie sur $\mathbb{N}$ par $v_n = q_n - 5$.
Démontrer que la suite (v_n) est géométrique. Préciser sa raison.
d) Exprimer v_n, puis q_n en fonction de n.
e) Quand elle sera stabilisée, quelle sera la quantité de médicament (en mL) présente dans le sang du patient ?

73 En 2020, une ville compte 10 000 habitants.
Les études démographiques sur les dernières années ont montré que chaque année :
- 10 % des habitants de la ville meurent ou déménagent dans une autre ville ;
- 1 200 personnes naissent ou emménagent dans cette ville.

On note p_n la population, en millier d'habitants, de cette ville l'année $2020 + n$, avec n entier naturel.
Ainsi, $p_0 = 10$.
a) Expliquer pourquoi pour tout entier naturel n,
$$p_{n+1} = 0{,}9\,p_n + 1{,}2.$$
b) À l'aide de la calculatrice, représenter graphiquement la suite (p_n).
Conjecturer le comportement de cette population dans le temps.
c) Déterminer une suite constante (u_n) définie sur $\mathbb{N}$ par $u_n = k$ (avec k nombre réel) qui vérifie la relation :
pour tout entier naturel n, $u_{n+1} = 0{,}9u_n + 1{,}2$.
d) (v_n) est la suite définie sur $\mathbb{N}$ par $v_n = p_n - k$.
Démontrer que la suite (v_n) est géométrique et préciser sa raison.
e) Exprimer p_n en fonction de n et déterminer la limite de la suite (p_n).

74 On se propose de démontrer que la suite géométrique (q^n) converge vers 0 lorsque $-1 < q < 1$.
On suppose que $q \neq 0$ et on pose $p = \dfrac{1}{q}$.
a) 1er cas : $0 < q < 1$.
Comparer alors p et 1.
En déduire la limite de la suite (p^n).
Quelle est la limite de la suite (q^n) ?
b) 2e cas : $-1 < q < 0$.
On considère alors la suite de terme général $|q|^n$.
En déduire, par encadrement, la limite de la suite (q^n).
c) Conclure.

75 (u_n) et (v_n) sont deux suites définies par $u_0 = 20$, $v_0 = 60$ et pour tout entier naturel n,
$$u_{n+1} = \frac{2u_n + v_n}{4} \text{ et } v_{n+1} = \frac{u_n + 2v_n}{4}.$$
a) Montrer que les suites $(u_n + v_n)$ et $(v_n - u_n)$ sont géométriques.
b) Exprimer $u_n + v_n$ et $v_n - u_n$ en fonction de n.
c) En déduire l'expression de u_n, puis de v_n en fonction de n.
d) Déterminer la limite de chacune des suites (u_n) et (v_n).

76 **Partie A**
(u_n) est la suite définie par son premier terme u_0 et pour tout entier naturel n :
$$u_{n+1} = au_n + b$$
où a et b sont des nombres réels non nuls, $a \neq 1$.
1. a) Déterminer une suite (c_n) définie sur $\mathbb{N}$ par $c_n = k$ (avec k nombre réel) telle que pour tout entier naturel n,
$$c_{n+1} = ac_n + b.$$
b) On note (v_n) la suite définie sur $\mathbb{N}$ par $v_n = u_n - k$.
Démontrer que la suite (v_n) est géométrique de raison a.
2. En déduire que si a appartient à l'intervalle $]-1\,;1[$, alors la suite (u_n) a pour limite $\dfrac{b}{1-a}$.

Partie B
En mars 2020, Max achète une plante verte mesurant 80 cm. On lui conseille de la tailler tous les ans, au mois de mars, en coupant un quart de sa hauteur. La plante poussera alors de 30 cm au cours des douze mois suivants.
Dès qu'il rentre chez lui, Max taille sa plante.
1. Quelle sera la hauteur de la plante en mars 2021 avant que Max ne la taille à nouveau ?
2. Pour tout entier naturel n, on note h_n la hauteur de la plante, en cm, avant sa taille, en mars de l'année $(2020 + n)$.
a) Justifier que, pour tout entier naturel n,
$$h_{n+1} = 0{,}75\,h_n + 30.$$
b) La suite (h_n) est-elle convergente ? Justifier.

ÉTUDIER LA CONVERGENCE DE SUITES MONOTONES

77 PARCOURS DIFFÉRENCIÉS

Parcours 1

(u_n) est la suite définie sur $\mathbb{N}$ par $u_n = -ne^{-n}$.
Étudier la limite de la suite (u_n).

Parcours 2

(v_n) est la suite définie sur $\mathbb{N}$ par $v_n = -\dfrac{n+1}{e^n}$.

a) Tabuler la suite (v_n) avec la calculatrice.
Conjecturer la monotonie, un majorant, un minorant, la limite de la suite (v_n).

b) Étudier les variations de la fonction f définie sur $[0\,;+\infty[$ par $f(x) = -\dfrac{x+1}{e^x}$.

c) Démontrer par récurrence que pour tout n de $\mathbb{N}$, $v_n \leqslant v_{n+1} < 0$. Conclure sur la limite de la suite (v_n).

78 (u_n) est la suite définie par $u_0 = \dfrac{1}{4}$ et pour tout entier naturel n, $u_{n+1} = u_n^2$.

a) Calculer u_1 et u_2.

b) Démontrer par récurrence que, pour tout entier naturel n,

$$0 \leqslant u_{n+1} \leqslant u_n \leqslant \frac{1}{4}.$$

c) Justifier que la suite (u_n) est convergente.

79 (u_n) est la suite définie par $u_0 = 0$ et pour tout entier naturel n,

$$u_{n+1} = \sqrt{0{,}5u_n^2 + 8}.$$

1. a) Afficher à l'écran de la calculatrice la représentation graphique de la suite (u_n) (*fenêtre* : $0 \leqslant X \leqslant 5$, pas 1 et $0 \leqslant Y \leqslant 5$, pas 1).

b) Observer si cette suite semble monotone et bornée.

2. a) Démontrer par récurrence que, pour tout entier naturel n, $0 \leqslant u_n \leqslant u_{n+1} \leqslant 4$.

b) Justifier que la suite (u_n) est convergente.

3. On se propose d'obtenir l'expression de u_n en fonction de n.

a) (v_n) est la suite définie sur $\mathbb{N}$ par $v_n = u_n^2 - 16$.
Démontrer que la suite (v_n) est géométrique. Préciser sa raison.

b) En déduire l'expression de v_n, puis de u_n en fonction de n.

c) En déduire la limite de la suite (u_n).

80 Dans chaque cas, dire si l'affirmation est vraie ou fausse en justifiant. Si elle est fausse, proposer un contre-exemple.

a) Si une suite tend vers $+\infty$, alors elle est croissante.

b) Une suite non minorée a pour limite $-\infty$.

c) Toute suite strictement croissante a pour limite $+\infty$.

d) Toute suite décroissante a pour limite $-\infty$.

81 **Algo** (a_n) et (b_n) sont les suites définies par $a_0 = 45$, $b_0 = 30$ et pour tout entier naturel n,

$$\begin{cases} b_{n+1} = \dfrac{1}{2}b_n + 10 \\ a_{n+1} = \dfrac{1}{2}b_n + \dfrac{1}{2}a_n + 7 \end{cases}.$$

1. Calculer b_1 et a_1.

2. On souhaite écrire un algorithme qui renvoie les valeurs de b_n et a_n pour une valeur entière de n saisie par l'utilisateur.

Au début de l'algorithme ci-contre, on affecte 45 à la variable A, 30 à la variable B et on saisit une valeur de n.

```
Pour k allant de 1 à n
    B ← B/2 + 10
    A ← B/2 + A/2 + 7
Fin Pour
```

a) Quelles sont le valeurs des variables A et B pour $n = 1$? Ces résultats sont-ils cohérents avec ceux obtenues à la question **1.** ?

b) Expliquer comment corriger cet algorithme pour qu'il affiche les résultats souhaités.

3. a) Démontrer par récurrence que pour tout entier naturel n, $20 \leqslant b_{n+1} \leqslant b_n$.

b) En déduire que la suite (b_n) converge vers un nombre réel ℓ. Que peut-on dire de ℓ ?

c) Démontrer par récurrence que pour tout entier naturel n, $b_n = 20 + 10\left(\dfrac{1}{2}\right)^n$.

d) En déduire la valeur de ℓ.

4. On admet que pour tout entier naturel n,

$$a_n = 10n\left(\frac{1}{2}\right)^n + 11\left(\frac{1}{2}\right)^n + 34.$$

a) Montrer que, pour tout entier naturel $n \geqslant 3$,
$$2n^2 \geqslant (n+1)^2.$$

b) Démontrer par récurrence que, pour tout entier naturel $n \geqslant 4$, $2^n \geqslant n^2$.

c) En déduire que pour tout entier naturel $n \geqslant 4$,

$$0 \leqslant 10n\left(\frac{1}{2}\right)^n \leqslant \frac{10}{n}.$$

d) Étudier la convergence de la suite (a_n).

82 La médiathèque d'une petite ville a ouvert ses portes le 2 janvier 2019 et a enregistré 2 500 inscriptions cette année-là.
Ses responsables estiment que, chaque année, 80 % des anciens inscrits renouvelleront leur inscription l'année suivante, et qu'il y aura 400 nouveaux adhérents.
On modélise cette situation par une suite (a_n).
On note $a_0 = 2\,500$ le nombre d'inscrits à la médiathèque en 2019 et a_n le nombre d'inscrits à la médiathèque pendant l'année $2019 + n$, avec $n \in \mathbb{N}$.
1. a) Calculer a_1 et a_2.
b) Justifier que, pour tout entier naturel n,
$$a_{n+1} = 0{,}8a_n + 400.$$
2. a) Démontrer par récurrence que pour tout entier naturel n, $2\,000 \leqslant a_{n+1} \leqslant a_n$.
b) En déduire que la suite (a_n) est convergente.
3. a) Démontrer par récurrence que, pour tout entier naturel n,
$$a_n = 500 \times 0{,}8^n + 2\,000.$$
b) En déduire la limite de la suite (a_n).
c) Si le schéma d'inscription reste le même au cours des années à venir, que peut-on en déduire au sujet du nombre d'adhérents à la médiathèque ?

Vidéo
JaiCompris.com — Cet exercice est corrigé en vidéo

83 f est la fonction définie sur $\mathbb{R}^*$ par :
$$f(x) = \frac{1}{2}\left(x + \frac{2}{x}\right).$$
1. a) Déterminer la fonction dérivée de f et vérifier que pour tout réel $x \neq 0$,
$$f'(x) = \frac{(x-\sqrt{2})(x+\sqrt{2})}{2x^2}.$$
b) Étudier les variations de la fonction f sur $\mathbb{R}^*$.
2. (u_n) est la suite définie par $u_0 = \dfrac{3}{2}$ et pour tout entier naturel n, $u_{n+1} = f(u_n)$.
a) Démontrer par récurrence que pour tout entier naturel n,
$$\sqrt{2} < u_{n+1} < u_n \leqslant \frac{3}{2}.$$
b) En déduire que la suite (u_n) converge.
c) Démontrer que pour tout entier n,
$$u_{n+1} - \sqrt{2} < \frac{1}{2}(u_n - \sqrt{2}).$$
d) En déduire par récurrence que pour tout entier naturel n,
$$0 < u_n - \sqrt{2} \leqslant \frac{1}{2^n}(u_0 - \sqrt{2}).$$
e) En déduire la limite de la suite (u_n).

84 (u_n) est la suite définie sur $\mathbb{N}^*$ par :
$$u_n = \sum_{k=n}^{2n} \frac{1}{k} = \frac{1}{n} + \frac{1}{n+1} + \ldots + \frac{1}{2n}.$$
a) Prouver que pour tout entier naturel $n \geqslant 1$,
$$u_{n+1} - u_n = \frac{-3n-2}{n(2n+2)(2n+1)}.$$
b) En déduire le sens de variation de la suite (u_n).
c) Démontrer que la suite (u_n) converge.

85 (v_n) est la suite définie par $v_0 = 0{,}5$ et pour tout entier naturel n, $v_{n+1} = \dfrac{2v_n}{\sqrt{v_n^{\,2}+1}}$.
a) Préciser une fonction f telle que pour tout entier naturel n, $v_{n+1} = f(v_n)$.
Étudier les variations de f sur $[0\,;+\infty[$.
b) Démontrer que pour tout entier naturel n,
$$0 \leqslant v_n \leqslant v_{n+1} \leqslant 2.$$
c) En déduire que (v_n) converge et donner un encadrement de sa limite.
d) La suite (v_n) converge-t-elle vers 2 ? Justifier.

S'entraîner à la logique → p. 525

86 **Implications**

(u_n) est une suite dont tous les termes sont strictement positifs.
(v_n) est la suite définie sur $\mathbb{N}$ par $v_n = -\dfrac{2}{u_n}$.
Dire si chacune des affirmations est vraie ou fausse et justifier la réponse.
a) Si (u_n) est convergente, alors (v_n) est convergente.
b) Si (u_n) est minorée par 2, alors (v_n) est minorée par -1.
c) Si (u_n) est décroissante, alors (v_n) est croissante.
d) Si (u_n) est divergente, alors (v_n) converge vers 0.

87 **Implications et réciproques**

(u_n) est une suite définie sur $\mathbb{N}$.
Dans chaque cas, chacune des propositions :
• Si P, alors Q • Si Q, alors P
est-elle vraie ? Justifier.
a) P : « (u_n) est croissante et majorée ».
Q : « (u_n) est convergente ».
b) P : « (u_n) est croissante et n'est pas majorée ».
Q : « (u_n) a pour limite $+\infty$ ».
c) P : « (u_n) n'est pas majorée ».
Q : « (u_n) a pour limite $+\infty$ ».

88 MESURE DE LA VITESSE DE CONVERGENCE D'UNE SUITE

Tice

Objectif
Comprendre, sur des exemples, la notion de vitesse de convergence d'une suite convergente (u_n) vers sa limite ℓ.

1. Expérimentation

a) Vers quel réel les suites $\left(\frac{1}{n^2}\right)$, $(0{,}7^n)$ et $(0{,}3^n)$ convergent-elles ?

b) Réaliser, sur le modèle ci-dessous, une feuille de calcul qui indique pour quel nombre entier naturel $n \geqslant 1$, les termes de ces suites sont pour la première fois inférieurs à un seuil donné.

	A	B	C	D	E	F	G
1	**Seuil**	0,001					
2							
3	***n***	**1/*n*²**	**Seuil atteint ?**	**0,7*ⁿ***	**Seuil atteint ?**	**0,3*ⁿ***	**Seuil atteint ?**
4	1	1	FAUX	0,7	FAUX	0,3	FAUX
5	2	0,25	FAUX	0,49	FAUX	0,09	FAUX
6	3	0,1111111	FAUX	0,343	FAUX	0,027	FAUX
7	4	0,0625	FAUX	0,2401	FAUX	0,0081	FAUX
8	5	0,04	FAUX	0,16807	FAUX	0,00243	FAUX
9	6	0,0277778	FAUX	0,117649	FAUX	0,000729	OUI
10	7	0,0204082	FAUX	0,0823543	FAUX	0,0002187	OUI

c) Donner, pour les deux premières suites, la valeur de n demandée.

d) Modifier le seuil et conjecturer celle qui converge le moins rapidement vers 0.

2. Rapidité et convergence

Définition
Si une suite (u_n) converge vers un nombre réel ℓ et si $\lim\limits_{n\to+\infty}\left|\frac{u_{n+1}-\ell}{u_n-\ell}\right| = k$, alors $0 \leqslant k \leqslant 1$ et :
- si $0 < k < 1$, on dit que k est la « vitesse de convergence » de la suite (u_n) vers ℓ ;
- si $k = 0$, on parle de « convergence rapide » ;
- si $k = 1$, on parle de « convergence lente ».

a) Vérifier que la convergence de la suite $\left(\frac{1}{n^2}\right)$ est lente.

b) Comparer les vitesses de convergence des autres suites de la question 1.

3. Accélération de la convergence

(u_n) est la suite définie sur $u_0 = 1$ et pour tout entier naturel n, $u_{n+1} = \sqrt{u_n + 2}$.

a) Démontrer que la suite (u_n) est croissante et bornée par 0 et 2.
En déduire que la suite (u_n) converge vers un réel ℓ.

b) Afficher à l'écran de la calculatrice la représentation graphique de la suite (u_n).
Conjecturer la valeur de ℓ. On admet que la limite de(u_n) est bien ce nombre.

c) Calculer la vitesse de convergence de la suite (u_n).

d) Étudier la convergence de la suite (v_n) définie sur $\mathbb{N}$ par $v_n = \frac{4u_{n+1} - u_n}{3}$.

e) À l'aide du tableur, comparer, pour un seuil donné, les valeurs de n pour lesquelles les suites $(\ell - u_n)$ et $(\ell - v_n)$ deviennent inférieures à ce seuil.
Que peut-on dire des vitesses de convergence des suites (u_n) et (v_n) ?

89 Prendre des initiatives

Raisonner **Calculer**

f est la fonction définie sur $\mathbb{R}$ par $f(x) = \frac{1}{8}x^2 + \frac{1}{2}x + \frac{1}{2}$.

a) Montrer que si x appartient à $[-2\,;2]$, alors $f(x)$ appartient à $[0\,;2]$.

b) (u_n) est la suite définie par $u_0 = \frac{1}{2}$ et, pour tout entier naturel n, $u_{n+1} = f(u_n)$.

Étudier la convergence de la suite (u_n).

90 Modifier une écriture

Narration de recherche

Raisonner **Communiquer**

Rédiger les différentes étapes de la recherche, sans omettre les fausses pistes et les changements de méthode.

Problème

f est la fonction définie sur $[0\,;1]$ par :

$$f(x) = \frac{1}{2-x}.$$

a) Dresser le tableau de variations de f sur $[0\,;1]$.

b) (u_n) est la suite définie par $u_1 = 0$ et pour tout entier naturel $n \geqslant 1$, $u_{n+1} = f(u_n)$.

c) Démontrer que la suite (u_n) est croissante et majorée.

d) Déterminer une expression de u_n en fonction de n.

e) En déduire la limite de la suite (u_n).

91 Imaginer une stratégie

Chercher **Raisonner**

Pour tout entier naturel $n \geqslant 1$, u_n est le nombre obtenu en juxtaposant successivement les nombres entiers 1, 2, …, n après la virgule. Ainsi, $u_1 = 0{,}1$; $u_2 = 0{,}12$; $u_{11} = 0{,}1234567891011$.

Montrer que la suite (u_n) est convergente.

92 Bounded sequences

Raisonner **Communiquer**

f is the function defined on $[0\,;1]$ by:

$$f(x) = 1 - \frac{2}{x+2}.$$

a) Draw up the table of variations of f on $[0\,;1]$.

b) The sequence (u_n) is defined by $u_0 = 1$ and for any natural integer n, $u_{n+1} = f(u_n)$.

Prove by recurrence that the sequence (u_n) is:

- monotonous;
- decreasing.

c) What can we deduce for the sequence (u_n)?

93 Utiliser une suite intermédiaire

Problème ouvert

Raisonner **Calculer**

(u_n) est la suite définie par $u_1 = -1$ et pour tout entier naturel $n \geqslant 1$, $u_{n+1} = \frac{n}{2(n+1)}u_n + \frac{3(n+2)}{2(n+1)}$.

a) Démontrer que la suite (u_n) est convergente.

b) En considérant la suite (v_n) définie sur $\mathbb{N}$ par $v_n = n(3 - u_n)$, exprimer u_n en fonction de n.

c) Déterminer alors la limite de la suite (u_n).

94 Étudier la moyenne d'une somme

Raisonner **Calculer**

(u_n) est la suite définie par $u_0 = -1$ et pour tout entier naturel n, $u_{n+1} = \frac{u_n}{2} + 2$.

a) Démontrer que pour tout entier naturel n,

$$u_n = 4 - 5\left(\frac{1}{2}\right)^n.$$

b) On pose pour tout entier naturel n,

$$S_n = u_0 + u_1 + \ldots + u_n.$$

Déterminer la limite de la suite $\left(\frac{S_n}{n}\right)$.

95 Étudier une construction géométrique

Modéliser **Raisonner** **Calculer**

ABC est un triangle rectangle en A tel que AB = 4 cm et BC = 8 cm.

La suite de points (H_n) est définie par $H_0 = B$ et pour tout entier naturel n, H_{n+1} est le projeté orthogonal de H_n sur (AC) si n est pair et sur (BC) si n est impair.

a) Réaliser cette figure en vraie grandeur et construire les points H_n pour $n \in \{2\,;3\,;4\,;5\,;6\}$.

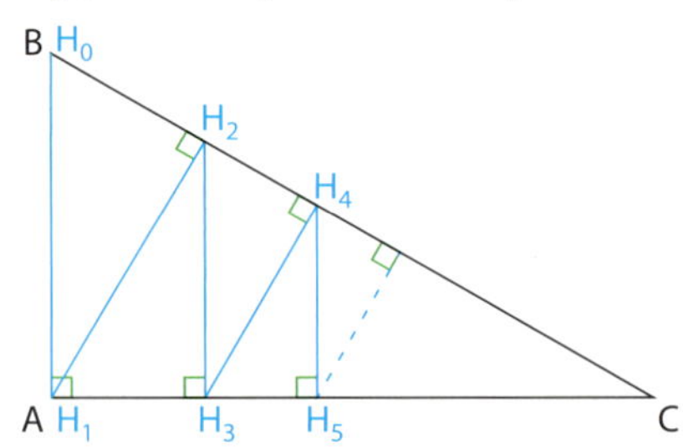

b) Déterminer la mesure de chaque angle de ABC.

c) Montrer par récurrence que pour tout entier naturel n, le triangle $H_n H_{n+1} H_{n+2}$ a des angles de mêmes mesures que le triangle ABC.

d) On note $\ell_n = H_n H_{n+1}$. En déduire que pour tout entier naturel n, $\ell_{n+1} = \frac{\sqrt{3}}{2}\ell_n$ (deux cas de figure).

e) Pour tout n, on note L_n la longueur de la ligne brisée $H_0 H_1 \ldots H_n H_{n+1}$. Quelle est la limite de la suite (L_n) ?

96 Étudier des ressources naturelles dans un étang

Algo python

45 min

D'après Bac, Polynésie 2019

Des spécialistes en environnement s'intéressent à l'évolution d'une population de grenouilles autour d'un étang.
Pour cela, ils étudient le taux de disponibilité des ressources nécessaires pour le développement de la population de grenouilles autour de l'étang.
Ce taux dépend notamment du nombre de grenouilles présentes sur les lieux, de la quantité de nourriture à disposition, de l'espace disponible et de la qualité de l'environnement.
Une étude, menée en 2018, a permis d'estimer le taux de disponibilité des ressources à 0,9 ; cela signifie que 90 % des ressources sont disponibles.
On modélise le taux de disponibilité des ressources par la suite (T_n) qui à tout entier naturel n, associe le taux de disponibilité des ressources n années après 2018.
On a ainsi $T_0 = 0{,}9$.
Le modèle choisi est tel que, pour tout entier naturel n, $T_{n+1} = T_n - 0{,}1T_n^2$.

1. a) Indiquer ce que cache chacun des cadres colorés dans le programme ci-dessous, écrit en langage Python. La fonction **T** renvoie pour résultat le terme T_n pour n fourni en paramètre.

```
def T(n):
    T=□
    for i in range(1,□):
        T=□
    return T
```

b) Recopier ce tableau et le compléter en arrondissant les valeurs de T_n au millième.

Année	2018	2019	2020	2023	…	…	…
n	0	…	…	5	10	15	20
T_n	0,9	…	…	…	…	…	…

c) De quelle valeur le taux de disponibilité des ressources sera-t-il proche en 2038 ?

2. On définit la fonction f sur l'intervalle $[0 ; 1]$ par $f(x) = x - 0{,}1x^2$.
Ainsi, la suite vérifie pour tout entier naturel n, $T_{n+1} = f(T_n)$.
a) Étudier les variations de la fonction f sur l'intervalle $[0 ; 1]$.
b) Montrer que pour tout entier naturel n, $0 \leqslant T_{n+1} \leqslant T_n \leqslant 1$.
c) La suite (T_n) est-elle convergente ? Justifier la réponse.

3. Les spécialistes cherchent à prévoir selon ce modèle, quand le taux de disponibilité des ressources sera inférieur à 0,4 au cours des vingt premières années qui suivent le début de l'étude.
a) On donne l'algorithme ci-dessous.

```
Tant que T > …
  | n ← n + 1
  | T ← …
Fin Tant que
```

Au début, on affecte la valeur 0 à la variable n et la valeur 0,9 à la variable T.
Il renvoie la valeur de n à partir de laquelle $T_n \leqslant 0{,}4$.
Recopier et compléter cet algorithme.
b) Déterminer cette valeur de n avec la calculatrice.

Guide de résolution
1. b) Utiliser la calculatrice pour compléter le tableau.

Guide de résolution
2. b) Utiliser un raisonnement par récurrence.
2. c) Utiliser la propriété d'une suite décroissante minorée.

97 Étudier trois suite imbriquées

40 min

D'après Bac, Polynésie 2018

Un lapin se déplace dans un terrier composé de trois galeries, notées A, B et C, dans chacune desquelles il est confronté à un stimulus particulier.

À chaque fois qu'il est soumis à un stimulus, le lapin reste dans la galerie où il se trouve ou change de galerie. Cela constitue une étape.

Soit n un entier naturel.

On note a_n la probabilité de l'événement : « Le lapin est dans la galerie A à l'étape n ».

On note b_n la probabilité de l'événement : « Le lapin est dans la galerie B à l'étape n ».

On note c_n la probabilité de l'événement : « Le lapin est dans la galerie C à l'étape n ».

À l'étape $n = 0$, le lapin est dans la galerie A.

Une étude antérieure des réactions du lapin face aux différents stimuli permet de modéliser ses déplacements par le système ci-contre.

L'objectif de cet exercice est d'estimer dans quelle galerie le lapin a la plus grande probabilité de se trouver à long terme.

$$\begin{cases} a_{n+1} = \frac{1}{3}a_n + \frac{1}{4}b_n \\ b_{n+1} = \frac{2}{3}a_n + \frac{1}{2}b_n + \frac{2}{3}c_n \\ c_{n+1} = \frac{1}{4}b_n + \frac{1}{3}c_n \end{cases}$$

Partie A

À l'aide d'un tableur, on obtient le tableau de valeurs ci-dessous :

	A	B	C	D
1	n	a_n	b_n	c_n
2	0	1	0	0
3	1	0,333	0,667	0
4	2	0,278	0,556	0,167
5	3	0,231	0,574	0,194
6	4	0,221	0,571	0,208
7	5	0,216	0,572	0,212
8	6	0,215	0,571	0,214
9	7	0,215	0,571	0,214
10	8	0,214	0,571	0,214
11	9	0,214	0,571	0,214
12	10	0,214	0,571	0,214

1. Quelle formule faut-il entrer dans la cellule C3 et recopier vers le bas pour remplir la colonne C ?

2. Quelle conjecture peut-on émettre ?

Partie B

1. On définit la suite (u_n), pour tout entier naturel n, par $u_n = a_n - c_n$.

a) Démontrer que la suite (u_n) est géométrique en précisant sa raison.

b) Donner, pour tout entier naturel n, l'expression de u_n en fonction de n.

2. On définit la suite (v_n), pour tout entier naturel n, par $v_n = b_n - \frac{4}{7}$.

a) Justifier que pour tout n, $a_n + b_n + c_n = 1$ et en déduire que pour tout n, $v_{n+1} = -\frac{1}{6}v_n$.

b) En déduire, pour tout entier naturel n, l'expression de v_n en fonction de n.

3. En déduire que pour tout entier naturel n,

$$a_n = \frac{3}{14} + \frac{1}{2}\left(\frac{1}{3}\right)^n + \frac{2}{7}\left(-\frac{1}{6}\right)^n,\ b_n = \frac{4}{7} - \frac{4}{7}\left(-\frac{1}{6}\right)^n \text{ et } c_n = \frac{3}{14} - \frac{1}{2}\left(\frac{1}{3}\right)^n + \frac{2}{7}\left(-\frac{1}{6}\right)^n.$$

4. Que peut-on en déduire sur la position du lapin après un très grand nombre d'étapes ?

Guide de résolution
1. a) Montrer que pour tout n de $\mathbb{N}$, il existe un réel q tel que $u_{n+1} = q\,u_n$.

Guide de résolution
4. Utiliser la limite de la suite (q^n) selon la valeur de q.

98 Étudier la convergence d'une suite

35 min

Soit f la fonction définie sur l'intervalle $[0\,;2]$ par :

$$f(x)=\frac{2+3x}{4+x}.$$

1. Montrer que la fonction f est croissante sur l'intervalle $[0\,;2]$.

2. On considère la suite (v_n) définie par $v_0=0{,}1$ et pour tout entier naturel n, $v_{n+1}=f(v_n)$.

Dans un repère orthonormé, voici la courbe représentative de la fonction f et la droite d'équation $y=x$.

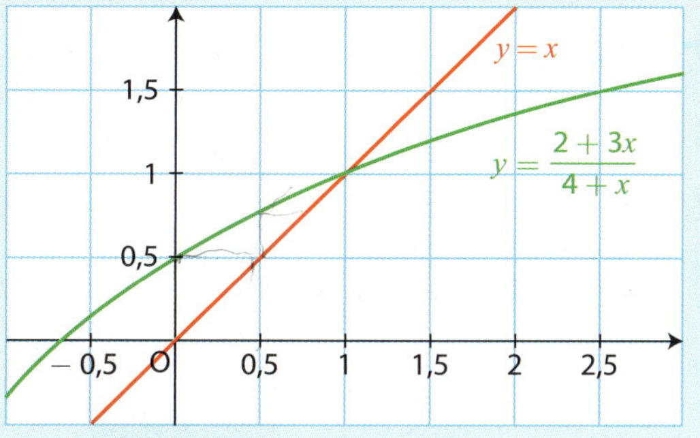

a) Réaliser ce graphique. Placer v_0 sur l'axe des abscisses puis, par construction géométrique, les termes v_1, v_2 et v_3 sur l'axe des abscisses.

b) Quelle conjecture peut-on formuler sur le sens de variation et le comportement de la suite (v_n) ?

3. Montrer que pour tout entier naturel n, $0 \leqslant v_n \leqslant v_{n+1} \leqslant 1$.

4. Que peut-on en déduire pour la suite (v_n) ?

Guide de résolution
2. a) On place v_0, on construit $v_1=f(v_0)$ puis on reporte v_1 sur l'axe des abscisses avec la droite d'équation $y=x$ et ainsi de suite.

Guide de résolution
3. Utiliser un raisonnement par récurrence.

Se préparer À L'ORAL

99 Présenter un exposé

a) Recenser différentes méthodes pour démontrer qu'une suite est majorée ou minorée.

b) Dans un exposé oral de 10 min, présenter ces méthodes et en mettre deux en œuvre sur des exemples.

100 Algo python Travailler l'oral en groupe

Résoudre l'exercice suivant en petit groupe, puis présenter les résultats obtenus à l'oral.

(u_n) est la suite définie par $u_0=\frac{1}{2}$ et pour tout entier naturel n, $u_n=\frac{2u_n}{1+u_n}$.

a) Démontrer par récurrence que pour tout entier naturel n, $u_n=\frac{2^n}{1+2^n}$.

b) Proposer un algorithme qui affiche en fin d'exécution le terme de rang n saisi en entrée.

Présenter sa programmation en langage Python.

101 Traiter oralement un Vrai-Faux

▶ **SAVOIR PRÉSENTER ORALEMENT UNE DÉMARCHE**

1. Préparation de la restitution orale (5 min)
Par groupe de 3, résoudre l'exercice ci-dessous, chaque élève travaillant sur une des trois propositions.

2. Jeu de rôle (15 min)
Chaque élève présente son résultat à l'oral (3 min), pendant que les deux autres composent le jury et guident si nécessaire le candidat.

Énoncé : Pour chaque affirmation, dire si elle est vraie ou fausse. Justifier.

a) (p_n) est la suite définie sur $\mathbb{N}$ par $p_n=n^2-42n+4$.
Affirmation : la suite (p_n) est strictement décroissante.

b) (u_n) est une suite telle que pour tout entier naturel n,
$$2 \leqslant u_n \leqslant u_{n+1} \leqslant 8.$$
Affirmation : la suite (u_n) est convergente.

c) (v_n) est la suite définie sur $\mathbb{N}$ par $v_n=4+5^n$.
Affirmation : la suite (v_n) est convergente.

102 Algo python

Propriétés et utilisation des suites adjacentes

> **Définition**
> Dire que deux suites (u_n) et (v_n) sont adjacentes signifie que :
> - l'une est croissante, l'autre est décroissante,
> - $\lim\limits_{n \to +\infty} (u_n - v_n) = 0$.

Partie A : propriété

On se propose de démontrer que si deux suites sont adjacentes, alors elles convergent et ont la même limite.

On suppose (u_n) croissante et (v_n) décroissante.

1. On considère la suite (w_n) définie par :

$$w_n = v_n - u_n.$$

Étudier son sens de variation.

2. Justifier que les termes de cette suite sont positifs.

3. Comparer u_n et v_n pour tout n de $\mathbb{N}$.

4. En comparant u_n et v_n à u_0 et v_0, justifier que les suites (u_n) et (v_n) sont convergentes.

5. En déduire que les suites (u_n) et (v_n) ont la même limite.

Partie B : application

(u_n) est la suite définie par $u_0 = 0$ et pour tout entier naturel n :

$$u_{n+1} = \frac{u_n + v_n}{2}.$$

(v_n) est la suite définie par $v_0 = 12$ et pour tout entier naturel n :

$$v_{n+1} = \frac{u_n + 2v_n}{3}.$$

1. (w_n) est la suite définie pour tout entier naturel n par :

$$w_n = v_n - u_n.$$

Démontrer que la suite (w_n) est géométrique, convergente et que ses termes sont positifs.

2. Étudier le sens de variation de chacune des suites (u_n) et (v_n).

3. Déduire des questions précédentes que les suites (u_n) et (v_n) sont adjacentes.

4. a) Écrire en langage Python une fonction **Encadrement** qui pour une valeur du paramètre $p (p \in \mathbb{N}^*)$ renvoie pour résultats les premiers termes u_n et v_n tels que :

$$v_n - u_n \leqslant 10^{-p}$$

c'est-à-dire fournit un encadrement de leur limite d'amplitude inférieure ou égale à 10^{-p}.

b) Saisir et exécuter cette fonction avec $p = 6$.

103 **Suite du type $u_{n+2} = au_{n+1} + bu_n$**

(u_n) est la suite définie par $u_0 = 4$, $u_1 = 14$ et pour tout entier naturel n par la relation **(1)** :

$$u_{n+2} = 6u_{n+1} - 8u_n.$$

a) Calculer les termes u_2, u_3, u_4 et u_5.

b) Démontrer qu'il existe exactement deux suites géométriques du type (r^n) satisfaisant à la relation **(1)** avec $r \neq 0$.

On note r_1 et r_2 les raisons de ces suites avec $r_1 < r_2$.

c) En utilisant les valeurs r_1 et r_2 obtenues, vérifier que quels que soient les réels A et B, la suite définie sur $\mathbb{N}$ par $v_n = Ar_1^n + Br_2^n$ satisfait à la relation **(1)**.

d) Déterminer les réels A et B pour que la suite (v_n) vérifie les conditions initiales $v_0 = 4$ et $v_1 = 14$.

e) On admet qu'il existe une seule suite vérifiant **(1)** et les conditions initiales données ; dans ces conditions, pour tout entier naturel n, $u_n = v_n$.

À l'aide de l'expression de u_n en fonction de n, déterminer la limite de la suite (u_n).

104 **Une autre suite du type $u_{n+2} = au_{n+1} + bu_n$**

(u_n) est la suite définie par $u_0 = -1$, $u_1 = 1$ et pour tout entier naturel n par la relation **(1)** :

$$u_{n+2} = 4u_{n+1} - 4u_n.$$

a) Calculer les termes u_2, u_3, u_4 et u_5 de cette suite.

b) Démontrer qu'il existe une unique suite géométrique du type (r^n) satisfaisant à la relation **(1)** avec $r \neq 0$.

On note r_1 la valeur de r trouvée.

c) Vérifier que quels que soient les réels A et B, la suite (v_n) définie sur $\mathbb{N}$ par $v_n = (An + B)r_1^n$ satisfait à la relation **(1)**.

d) Déterminer les nombres A et B pour que la suite (v_n) vérifie les conditions initiales $v_0 = -1$ et $v_1 = 1$.

e) On admet qu'il existe une seule suite vérifiant **(1)** et les conditions initiales données ; dans ces conditions, pour tout entier naturel n, $u_n = v_n$.

À l'aide de l'expression de u_n en fonction de n, déterminer la limite de la suite (u_n).

> Pour une suite (u_n) qui vérifie une relation de récurrence d'ordre 2 à coefficients réels constants du type :
> $$u_{n+2} = au_{n+1} + bu_n,$$
> on dit que $r^2 - ar - b = 0$ est son **équation caractéristique**.
> Aux deux exercices ci-dessus, on a envisagé les cas où son discriminant Δ est tel que $\Delta > 0$ ou $\Delta = 0$.
> Il est possible aussi que $\Delta < 0$.

105 Algo python Approximation de $\sqrt{2}$

Partie A : étude d'une suite

On considère la suite (u_n) définie par $u_0 > 0$ et pour tout entier naturel n,

$$u_{n+1} = \frac{1}{2}\left(u_n + \frac{a}{u_n}\right) \text{ (avec } a \text{ réel, } a > 0).$$

1. Montrer que pour tout entier naturel n,

$$u_{n+1}^2 - a = \frac{(u_n^2 - a)^2}{4u_n^2}.$$

2. Montrer que pour tout entier naturel $n \geqslant 1$, $u_n \geqslant \sqrt{a}$ et que la suite (u_n) est décroissante à partir du rang 1.

3. Que peut-on en déduire pour la suite (u_n) ?

Partie B : étude de la méthode de Héron

Voici la fonction **Heron** écrite en langage Python. Elle a pour paramètres a le nombre dont on veut approcher la racine carrée, u un nombre entier supérieur à $\sqrt{a}$ et e la précision attendue pour la valeur approchée de $\sqrt{a}$ renvoyée par la fonction.

```python
from math import *

def Heron(a,u,e):
    k=1
    while(u-sqrt(a)>e):
        k=k+1
        u=0.5*(u+a/u)
    return k,u
```

1. Pourquoi choisir un entier naturel $u > \sqrt{a}$? Quelle valeur de u est-il habile de choisir ?

2. Saisir ce programme et l'exécuter afin d'obtenir une valeur approchée de $\sqrt{2}$ à 10^{-6} près.

3. Recopier et compléter le tableau suivant :

Nombre de décimales exactes	Nombre d'étapes
1	…
2	…
3	…
5	…
10	…
15	…

Que peut-on dire de la rapidité de convergence de la suite décrite en **partie A** ?

HISTOIRE DES MATHS

Au 1er siècle, Héron d'Alexandrie expose dans le tome 1 de son ouvrage *Les métriques* ce procédé algorithmique d'obtention d'approximations d'une racine carrée. Cet ouvrage ne fut découvert qu'en 1896.

106 Vrai-Faux

Pour chaque affirmation, dire si elle est vraie ou fausse. Justifier la réponse.

(u_n) est une suite géométrique de premier terme $u_0 = 1$ et de raison $q > 0$.

On note $S_n = \sum_{k=0}^{n} u_k$.

a) S'il existe $n \in \mathbb{N}$ tel que $u_n > 2\,000$, alors $q > 1$.

b) Si $q < 1$, alors il existe $n \in \mathbb{N}$ tel que $0 < u_n < \frac{1}{2}$.

c) Si $q > 1$, alors $\lim_{n \to \infty} S_n = +\infty$.

d) Si $\lim_{n \to \infty} S_n = 2$, alors $q = \frac{1}{2}$.

107 Variations d'une suite du type $u_{n+1} = f(u_n)$

1. f est une fonction définie sur un intervalle I tel que pour tout $x \in \mathrm{I}$, $f(x) \in \mathrm{I}$.

(u_n) est la suite définie par $u_0 \in \mathrm{I}$ et pour tout entier naturel n, $u_{n+1} = f(u_n)$.

Étudier le sens de variation de la suite (u_n) dans chacun des cas suivants :

a) f est croissante sur I et $u_1 \geqslant u_0$;

b) f est croissante sur I et $u_1 \leqslant u_0$;

c) f est décroissante sur I et $u_1 \geqslant u_0$;

d) f est décroissante sur I et $u_1 \leqslant u_0$.

2. Application

(u_n) est la suite définie par $u_0 = 1$ et pour tout entier naturel n, $u_{n+1} = \sqrt{1 + u_n}$.

Étudier le sens de variation de la suite (u_n).

Des Défis

108 Approcher e

(u_n) est la suite définie sur $\mathbb{N}$ par :

$$u_n = 1 + \frac{1}{1!} + \frac{1}{2!} + \ldots + \frac{1}{n!}.$$

Démontrer que la suite (u_n) converge.

On admet que sa limite est le nombre e.

Conseil : majorer chaque terme de u_n par une puissance de $\frac{1}{2}$.

109 Valeur du premier terme

Discuter la convergence d'une suite (u_n) telle que $u_0 > 0$ et pour tout entier naturel n,

$$0 < u_{n+1} \leqslant 2 - \frac{1}{u_n}.$$

8 Limites des fonctions

HISTOIRE DES MATHS

On peut considérer que le concept de limite est né avec le philosophe grec **Zénon d'Élée** au 4e siècle avant notre ère. Il est l'auteur de célèbres paradoxes dont celui d'Achille et la tortue.

Aux 17e et 18e siècles, les mathématiciens ont une intuition claire de la notion de limite. Par exemple, en 1682, le mathématicien allemand **Gottfried Leibniz**, utilise des écritures telles que :

$$\pi = 4\left(1 - \frac{1}{3} + \frac{1}{5} - \frac{1}{7} + \frac{1}{9} - \frac{1}{11} + \frac{1}{13} + \ldots\right).$$

Au 19e siècle, le besoin de définir rigoureusement le concept de limite se fait sentir. Le mathématicien français **Augustin Cauchy** donne une place centrale à la notion de limite en analyse. Plus tard, le mathématicien allemand **Karl Weierstrass**, surnommé « le père de l'analyse moderne » en donne la première définition précise et introduit la notation $\lim\limits_{x \to x_0} f(x)$ pour la limite d'une fonction f en x_0.

▶ **Zénon d'Élée** (vers – 490 ; – 430), fait reposer son paradoxe d'Achille et la tortue sur la remarque suivante : « À la course, la tortue ne sera jamais rattrapée par Achille, car Achille doit toujours commencer par atteindre le point d'où est partie la tortue, de sorte que la tortue a toujours quelque avance. »

▶ **Simon L'Huilier** (1750-1840), est un mathématicien suisse. On lui doit l'abréviation lim pour désigner la limite d'une fonction (sans la précision au-dessous du comportement de la variable, qui est introduit par Weierstrass vers 1850).

1780 L'Huilier développe le concept de limite d'une fonction.

1821 Dans son *Cours d'analyse*, Cauchy formalise la notion de limite et calcule des limites à l'aide d'encadrements.

1850 Weierstrass énonce la définition d'une limite avec des quantificateurs.

1872 Dans son *Nouveau précis d'analyse infinitésimale*, Méray précise le rôle et la place de la notion de limite en analyse.

1799 *Les Sabines* tableau de David

1804 Sacre de Napoléon 1er

1835 Balzac publie *La Fille aux yeux d'or*

1848 Abolition de l'esclavage en France

1857 Publication des *Fleurs du Mal* de Baudelaire

1880 *Liberté, Égalité, Fraternité* sur les frontons des institutions publiques

1800 — 1825 — 1850 — 1875 — 1900

Le Signal à Soulac-sur-Mer, en Gironde, en 1967 et en 2014

La résidence « Le Signal » fut construite en 1967 à 200 m du front de mer. Symbole de la montée des eaux, elle n'en est maintenant plus qu'à 10 m ! Du fait du réchauffement climatique le niveau des océans va certainement augmenter dans le futur. Les calculs de limites permettent de prévoir à long terme les possibles évolutions selon différents scénarios envisageables.

Les contenus et capacités travaillés dans ce chapitre

	Savoir-faire	Exercices
• Limite finie ou infinie en l'infini. Asymptotes parallèles à l'axe des abscisses.	1 à 4, 23, 24, 25	26 à 31
• Limite finie ou infinie en un point. Asymptotes parallèles à l'axe des ordonnées.	5 à 8	32 à 37
• Limites et comparaison.	9 à 14	38 à 47
• Opérations et limites. Lever des indéterminations.	15 à 18	48 à 63
• Limites en $+\infty$ et $-\infty$ de la fonction exponentielle. Croissance comparée de $x \mapsto x^n$ et exp en $+\infty$.	19 à 22	64 à 77

Bien démarrer

Calcul mental

Rappels utiles

• Suite de limite infinie

Dire qu'une suite (u_n) a pour limite $+\infty$ signifie que tout intervalle du type $]A\,;+\infty[$ (avec A nombre réel) contient toutes les valeurs u_n à partir d'un certain rang.

On note $\lim\limits_{n\to+\infty} u_n = +\infty$.

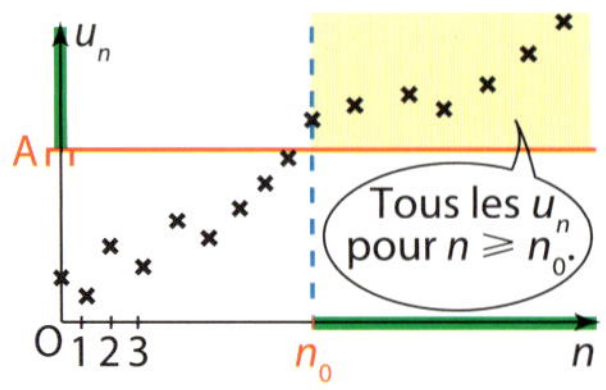

• Suite de limite finie

Dire qu'une suite (u_n) a pour limite un nombre réel ℓ signifie que tout intervalle ouvert contenant ℓ contient toutes les valeurs u_n à partir d'un certain rang.

On note $\lim\limits_{n\to+\infty} u_n = \ell$.

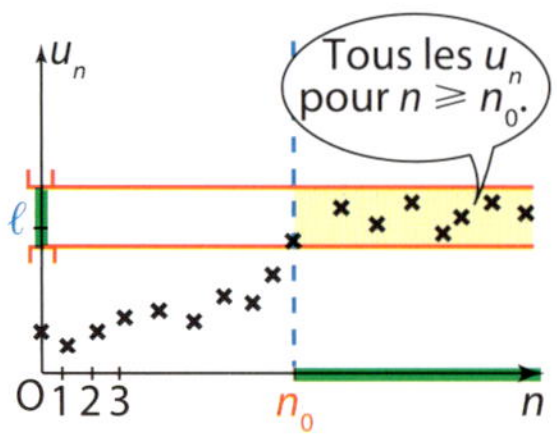

• Fonction exponentielle

Pour tous réels x et y, pour tout entier relatif n,

$e^0 = 1$ $\quad e^x > 0 \quad e^{-x} = \dfrac{1}{e^x}$

$e^{x+y} = e^x \times e^y \quad e^{x-y} = \dfrac{e^x}{e^y} \quad (e^x)^n = e^{nx}$

La fonction exponentielle est dérivable sur $\mathbb{R}$ et pour tout réel x,

$$\exp'(x) = e^x.$$

La fonction exponentielle est strictement croissante sur $\mathbb{R}$.

• Deux encadrements à connaître

Pour tout réel x,

$$-1 \leqslant \cos(x) \leqslant 1 \quad \text{et} \quad -1 \leqslant \sin(x) \leqslant 1.$$

• Majorer, minorer

f et g sont deux fonctions définies sur un intervalle I telles que pour tout réel x de I, $f(x) < g(x)$.

On dit que g **majore** f ou que f **minore** g.

À l'oral — Questions-Tests

Pour chaque question, il y a une seule réponse exacte.

1 (u_n) est la suite définie sur $\mathbb{N}$ par $u_n = n^2$.

a) Le plus petit entier naturel n tel que $u_n \geqslant 1\,000$ est :

(1) 30 (2) 31 (3) 32

b) À partir d'un certain rang, tous les termes de la suite (u_n) appartiennent à l'intervalle :

(1) $]-\infty\,;-100[$ (2) $]10^{100}\,;+\infty[$ (3) $]10^5\,;10^6[$

c) La limite de la suite (u_n) est :

(1) 2 (2) $+\infty$ (3) $-\infty$

2 (v_n) est la suite définie sur $\mathbb{N}^*$ par $v_n = 3 + \dfrac{1}{n}$.

a) Le plus petit entier n tel que $3 \leqslant u_n \leqslant 3{,}01$ est :

(1) 10 (2) 100 (3) 1 000

b) À partir d'un certain rang, tous les termes de la suite (u_n) appartiennent à l'intervalle :

(1) $]5\,;+\infty[$ (2) $]1\,;2[$ (3) $]3\,;3+10^{-6}[$

c) La limite de la suite (u_n) est :

(1) 1 (2) 3 (3) 4

3 f est la fonction définie sur $\mathbb{R}$ par :

$$f(x) = e^{3x}\left(\frac{1}{e^{-x}} - 2e^{-2x}\right).$$

Pour tout réel x, $f(x)$ est égal à :

(1) $e^3 - 2e^x$ (2) $e^{4x} - 2e^x$ (3) $e^{4x} - 2e^{-6x^2}$

4 g est la fonction définie sur $\mathbb{R}$ par $g(x) = xe^x$.

Pour tout réel x, $g'(x)$ est égal à :

(1) xe^x (2) $1 + xe^x$ (3) $(x+1)e^x$

5 f est la fonction définie sur $\mathbb{R}$ par :

$$f(x) = \frac{3+\cos(x)}{x^2+1}.$$

a) Une fonction qui majore f sur $\mathbb{R}$ est :

(1) $x \mapsto \dfrac{2}{x^2+1}$ (2) $x \mapsto \dfrac{3}{x^2+1}$ (3) $x \mapsto \dfrac{4}{x^2+1}$

b) Une fonction qui minore f sur $\mathbb{R}$ est :

(1) $x \mapsto \dfrac{2}{x^2+1}$ (2) $x \mapsto \dfrac{3}{x^2+1}$ (3) $x \mapsto \dfrac{4}{x^2+1}$

1 Tice Fonction de limite réelle en $+\infty$

Dans un repère orthonormé d'origine O, M est le point de coordonnées $(x\,;0)$ où x est un nombre réel strictement positif. N et P sont les points ci-contre d'ordonnée positive tels que MNPO est un rectangle d'aire 4.

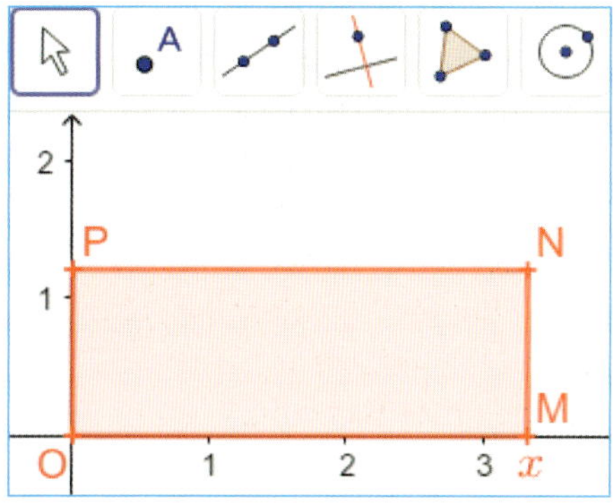

1 On note f la fonction qui au nombre réel $x > 0$ associe l'ordonnée du point N.

a) Donner l'expression de $f(x)$.

b) Réaliser cette figure avec un logiciel de géométrie et, en déplaçant le point M, conjecturer le comportement de $f(x)$ lorsque x prend de grandes valeurs.

2 **a)** Justifier l'écran de calcul formel ci-contre.

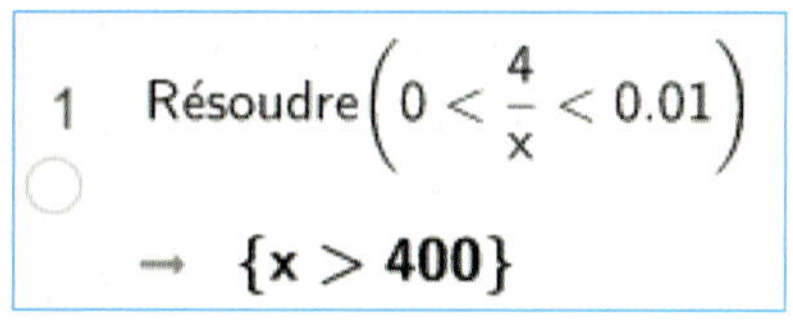

Ainsi, l'intervalle $]0\,;0{,}01[$ contient tous les $f(x)$ pour $x > 400$.

b) Dans chaque cas, est-il possible que tous les $f(x)$ appartiennent à l'intervalle I ? Si oui, pour quelles valeurs de x ?

- $\mathrm{I} =]0\,;0{,}001[$
- $\mathrm{I} =]0\,;0{,}000\,1[$
- $\mathrm{I} =]0\,;10^{-6}[$

c) a désigne un nombre réel strictement positif aussi proche de 0 qu'on le souhaite. Montrer que l'intervalle $]0\,;a[$ contient tous les $f(x)$ pour x assez grand.

On dit que **la fonction f a pour limite 0 en $+\infty$** et on note $\lim\limits_{x\to+\infty} f(x) = 0$.

2 Tice Fonction de limite $+\infty$ en un réel

Dans un repère orthonormé, on considère les points A(1 ; 2) et M(0 ; x) où x désigne un nombre réel tel que $x > 1$. N est le point d'intersection de la droite (AM) et de l'axe des ordonnées.

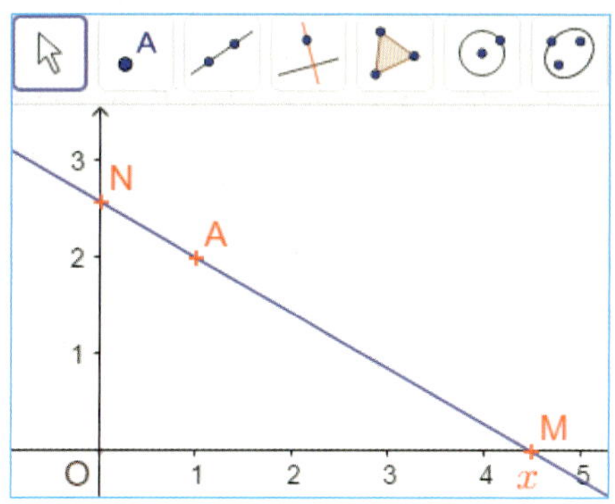

1 On note g la fonction qui à un nombre réel $x > 1$, associe l'ordonnée du point N.

a) Justifier que pour tout réel $x > 1$, $g(x) = \dfrac{2x}{x-1}$.

b) Réaliser cette figure avec un logiciel de géométrie et, en déplaçant le point M, conjecturer le comportement de $g(x)$ lorsque x se rapproche de 1.

2 Dans chaque cas, tabuler la fonction g à l'aide de la calculatrice afin de dire s'il est possible que tous les $g(x)$ appartiennent à l'intervalle I. Si oui, pour quelles valeurs de x ?

a) $\mathrm{I} =]10\,;+\infty[$ **b)** $\mathrm{I} =]100\,;+\infty[$ **c)** $\mathrm{I} =]10^4\,;+\infty[$

Conseil : choisir un pas de tabulation de plus en plus fin.

On admet ici, que tout intervalle $]A\,;+\infty[$ (avec $A > 0$ nombre réel aussi grand soit-il), contient tous les $g(x)$ pour $x > 1$, assez proche de 1. On dit que **la fonction g a pour limite $+\infty$ en 1** et on note $\lim\limits_{x\to 1} g(x) = +\infty$.

Exercices
- **1** à **4** (ci-contre)
- **26** à **31**

1 Limite finie ou infinie en l'infini

A Limite infinie en $+\infty$ ou en $-\infty$

Définition

Dire qu'une fonction *f* a pour **limite $+\infty$ en $+\infty$** signifie que tout intervalle $]A\,;+\infty[$ (avec A nombre réel) contient toutes les valeurs $f(x)$ pour x assez grand. On note $\lim\limits_{x\to+\infty} f(x)=+\infty$.

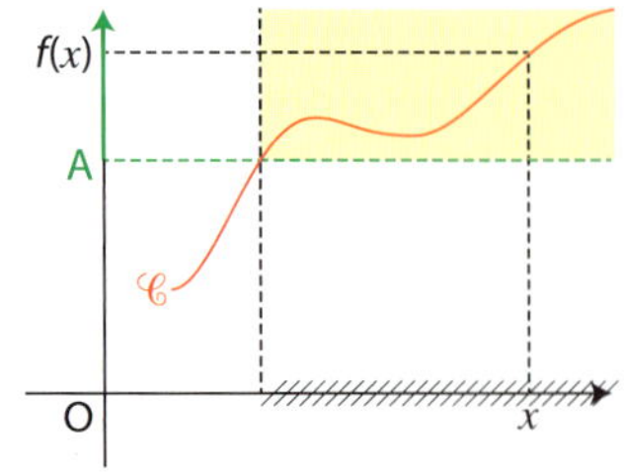

Exemples

Fonctions de référence de limite $+\infty$ en $+\infty$

$x\mapsto x$, $x\mapsto x^2$, $x\mapsto x^n$ (avec $n\in\mathbb{N}$, $n\geqslant 1$), $x\mapsto\sqrt{x}$ (voir exercice **1**).

Définition

Dire qu'une fonction *f* a pour **limite $-\infty$ en $+\infty$** signifie que tout intervalle $]-\infty\,;A[$ (avec A nombre réel) contient toutes les valeurs $f(x)$ pour x assez grand. On note $\lim\limits_{x\to+\infty} f(x)=-\infty$.

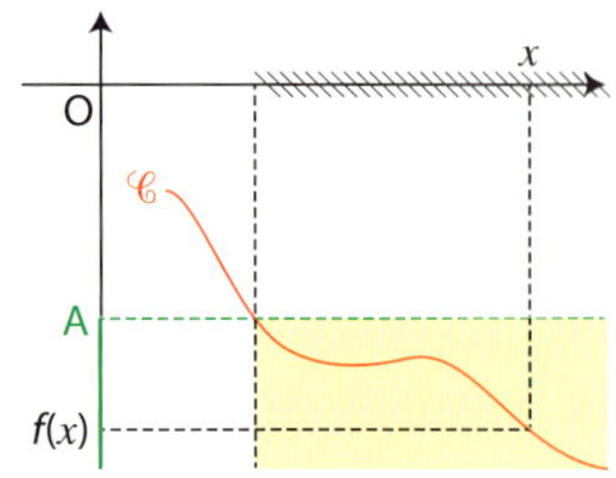

Exemples

Fonctions de référence de limite $-\infty$ en $+\infty$

$x\mapsto -x$, $x\mapsto -x^2$, $x\mapsto -x^n$ (avec $n\in\mathbb{N}$, $n\geqslant 1$), $x\mapsto -\sqrt{x}$.

Remarque : on définit de façon analogue les limites infinies en $-\infty$.
Par exemple, $\lim\limits_{x\to-\infty} x^2=+\infty$ et $\lim\limits_{x\to-\infty} x^3=-\infty$.

B Limite finie en $+\infty$ ou en $-\infty$

Définition

Dire qu'une fonction *f* a pour **limite le nombre réel ℓ en $+\infty$** signifie que tout intervalle ouvert contenant ℓ contient toutes les valeurs $f(x)$ pour x assez grand. On note $\lim\limits_{x\to+\infty} f(x)=\ell$.

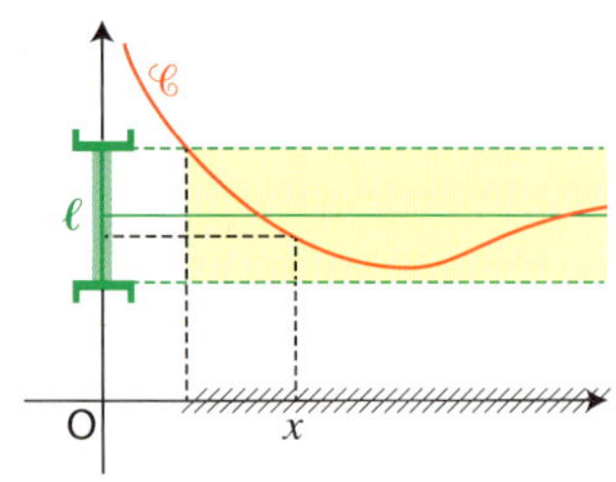

Exemples

Fonctions de référence de limite 0 en $+\infty$

$x\mapsto\dfrac{1}{x}$, $x\mapsto\dfrac{1}{x^2}$ (voir exercice **2**), $x\mapsto\dfrac{1}{x^n}$ (avec $n\in\mathbb{N}$, $n\geqslant 1$), $x\mapsto\dfrac{1}{\sqrt{x}}$.

Remarque : on définit de façon analogue une limite réelle en $-\infty$.

Interprétation graphique

Lorsque $\lim\limits_{x\to+\infty} f(x)=\ell$, on dit que, dans un repère orthonormé, la droite *d* d'équation $y=\ell$, est une **asymptote horizontale** en $+\infty$ à la courbe représentative $\mathscr{C}$ de *f*.

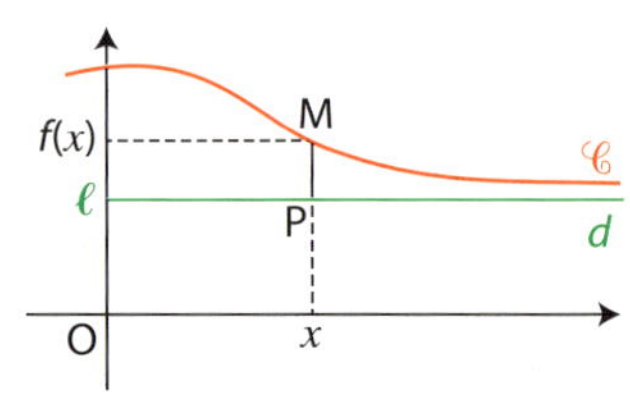

Cela signifie qu'en notant $M(x\,;f(x))$ un point de $\mathscr{C}$ et $P(x\,;\ell)$ un point de *d*, la distance MP tend vers 0 lorsque x tend vers $+\infty$.

Remarque : on définit de même une asymptote horizontale en $-\infty$ lorsque $\lim\limits_{x\to-\infty} f(x)=\ell$.

EXERCICES RÉSOLUS

1 Comprendre une limite infinie en $+\infty$

f est la fonction définie sur l'intervalle $[0\,;+\infty[$ par $f(x)=\sqrt{x}$.

a) Démontrer que pour tout réel $A \geqslant 0$, l'intervalle $]A\,;+\infty[$ contient toutes les valeurs $f(x)$ pour x assez grand.

b) Que peut-on en déduire pour la fonction f ?

Solution

a) Pour tout réel $x \geqslant 0$, $f(x) \in\,]A\,;+\infty[$ équivaut à $\sqrt{x} > A$.
La fonction carré étant strictement croissante sur $[0\,;+\infty[$, $\sqrt{x} > A$ équivaut à $x > A^2$.
Ainsi, l'intervalle $]A\,;+\infty[$ contient toutes les valeurs $f(x)$ pour tout réel $x > A^2$.

b) On en déduit que $\lim\limits_{x\to+\infty} f(x)=+\infty$.

> Pour démontrer que l'intervalle $]A\,;+\infty[$ contient toutes les valeurs $f(x)$ pour x assez grand, on résout dans $[0\,;+\infty[$, l'inéquation $f(x) > A$, c'est-à-dire $\sqrt{x} > A$.

2 Comprendre une limite finie en $+\infty$

g est la fonction définie sur l'intervalle $]0\,;+\infty[$ par $g(x)=\dfrac{1}{x^2}$.

a) Démontrer que pour tout réel $\alpha > 0$, l'intervalle $]0\,;\alpha[$ contient toutes les valeurs $g(x)$ pour x assez grand.

b) En déduire la limite de la fonction g en $+\infty$.

c) Interpréter graphiquement cette limite pour la courbe représentative $\mathscr{C}$ de g dans un repère orthonormé.

Solution

a) Pour tout réel $x > 0$, $g(x) \in\,]0\,;\alpha[$ équivaut à $0 < \dfrac{1}{x^2} < \alpha$.
La fonction inverse étant strictement décroissante sur $]0\,;+\infty[$, $0 < \dfrac{1}{x^2} < \alpha$ équivaut à $x^2 > \dfrac{1}{\alpha}$.

> Pour démontrer que l'intervalle $]0\,;\alpha[$ contient toutes les valeurs $g(x)$ pour x assez grand, on résout dans $]0\,;+\infty[$, l'inéquation $g(x) < \alpha$ c'est-à-dire $\dfrac{1}{x^2} < \alpha$.

La fonction racine étant strictement croissante sur $[0\,;+\infty[$, $x^2 > \dfrac{1}{\alpha}$ équivaut à $x > \dfrac{1}{\sqrt{\alpha}}$.
Ainsi, l'intervalle $]0\,;\alpha[$ contient toutes les valeurs $g(x)$ pour tout réel $x > \dfrac{1}{\sqrt{\alpha}}$.

b) On en déduit que $\lim\limits_{x\to+\infty} g(x)=0$.

c) La droite d d'équation $y=0$ (l'axe des abscisses) est une asymptote horizontale en $+\infty$ à $\mathscr{C}$.

EXERCICES D'APPLICATION DIRECTE

Sur le modèle de l'exercice résolu 1

3 f est la fonction définie sur $[0\,;+\infty[$ par :
$$f(x)=\sqrt{x}+2.$$
a) Démontrer que $f(x) > 100$ pour x assez grand.
b) Démontrer que pour tout réel $A > 2$, l'intervalle $]A\,;+\infty[$ contient toutes les valeurs $f(x)$ pour x assez grand.
c) Que peut-on en déduire pour la fonction f ?

Sur le modèle de l'exercice résolu 2

4 g est la fonction définie sur $]0\,;+\infty[$ par :
$$g(x)=\frac{1}{x}+1.$$
a) Démontrer que pour tout réel $\alpha > 1$, l'intervalle $]1\,;\alpha[$ contient toutes les valeurs $g(x)$ pour x assez grand.
b) En déduire la limite de la fonction g en $+\infty$.
c) Interpréter graphiquement cette limite pour la courbe $\mathscr{C}$ de g dans un repère orthonormé.

Cours

Exercices
- 5 à 8 (ci-contre)
- 32 à 37

2 Limite finie ou infinie en un réel

f est une fonction définie sur D (intervalle ou réunion d'intervalles). On étudie la limite de f en un nombre réel a que si $a \in$ D ou si $a \notin$ D lorsque a est une borne d'un intervalle de D.
Par exemple, on peut étudier la limite en 0 de :

- $x \mapsto x^2$ car $\mathrm{D} = \mathbb{R}$ et $0 \in \mathbb{R}$,
- $x \mapsto \dfrac{1}{x}$ car 0 est une borne de $\mathrm{D} =]-\infty\,;0[\,\cup\,]0\,;+\infty[$.

Vidéo JAICOMPRIS.COM

A Limite infinie en un nombre réel a

Définition

Dire qu'une fonction f a pour **limite** $+\infty$ **en** $\boldsymbol{a}$ signifie que tout intervalle $]\mathrm{A}\,;+\infty[$ (avec A nombre réel) contient toutes les valeurs $f(x)$ pour x assez proche de a.
On note $\lim\limits_{x \to a} f(x) = +\infty$.

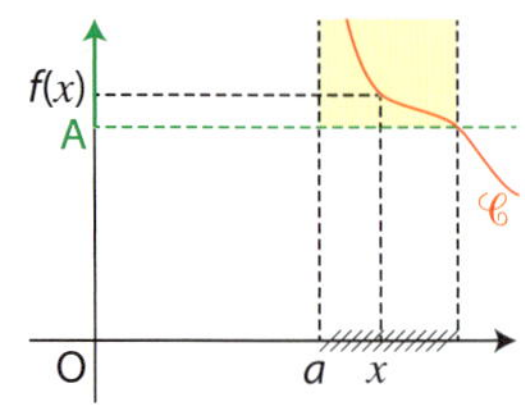

Remarque : on définit de façon analogue une limite $-\infty$ en a.

Exemple 1

f est la fonction définie sur $]-\infty\,;0[\,\cup\,]0\,;+\infty[$ par $f(x) = \dfrac{1}{x^2}$.

Pour tout réel $\mathrm{A} > 0$, $\dfrac{1}{x^2} > \mathrm{A}$ équivaut à $0 < x^2 < \dfrac{1}{\mathrm{A}}$, soit $-\dfrac{1}{\sqrt{\mathrm{A}}} < x < \dfrac{1}{\sqrt{\mathrm{A}}}$ et $x \neq 0$.

Donc $]\mathrm{A}\,;+\infty[$ contient tous les $f(x)$ pour x assez proche de 0 et $\lim\limits_{x \to 0} \dfrac{1}{x^2} = +\infty$.

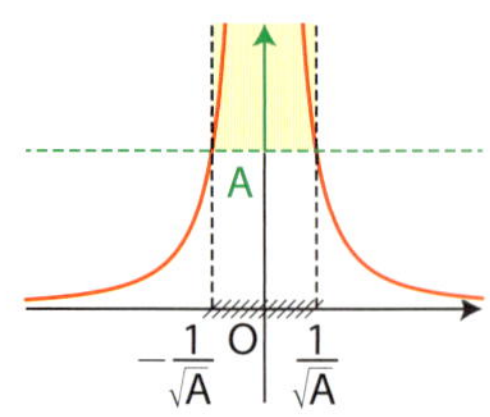

Exemple 2

g est la fonction définie sur $]-\infty\,;0[\,\cup\,]0\,;+\infty[$ par $g(x) = \dfrac{1}{x}$.

- Sur $]0\,;+\infty[$, on se donne un nombre réel $\mathrm{A} > 0$. $\dfrac{1}{x} > \mathrm{A}$ équivaut à $0 < x < \dfrac{1}{\mathrm{A}}$.

On dit que g a pour **limite** $+\infty$ **à droite en 0** et on note $\lim\limits_{\substack{x \to 0 \\ x > 0}} \dfrac{1}{x} = +\infty$.

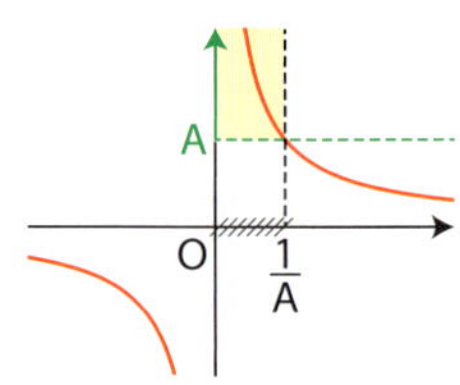

- Sur $]-\infty\,;0[$, on se donne un nombre réel $\mathrm{B} < 0$. $\dfrac{1}{x} < \mathrm{B}$ équivaut à $\dfrac{1}{\mathrm{B}} < x < 0$.

On dit que g a pour **limite** $-\infty$ **à gauche en 0** et on note $\lim\limits_{\substack{x \to 0 \\ x < 0}} \dfrac{1}{x} = -\infty$.

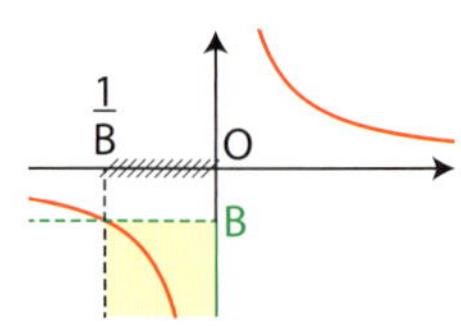

Interprétation graphique : lorsqu'une fonction f a pour limite $+\infty$ ou $-\infty$ en un nombre réel a (éventuellement à droite ou à gauche), on dit que, dans un repère orthonormé, la droite d d'équation $x = a$ est une **asymptote verticale** à la courbe représentative $\mathscr{C}$ de f.
Le graphique ci-contre illustre le cas où $\lim\limits_{x \to a} f(x) = +\infty$.

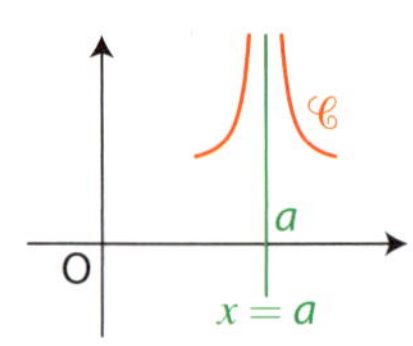

B Limite finie en un nombre réel a

Définition

Dire qu'une fonction f a pour **limite un réel** ℓ **en** $\boldsymbol{a}$ signifie que tout intervalle ouvert contenant ℓ contient toutes les valeurs $f(x)$ pour x assez proche de a.
On note $\lim\limits_{x \to a} f(x) = \ell$.

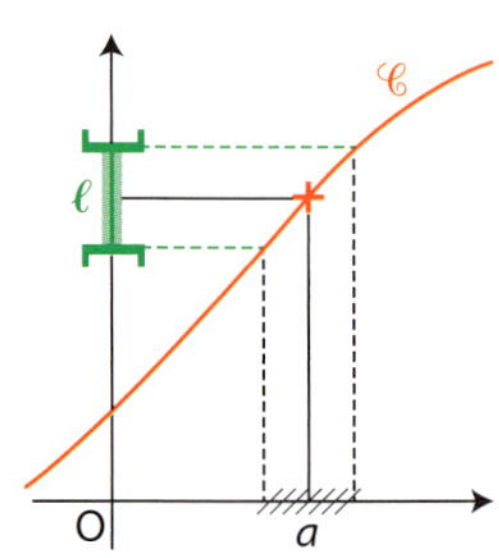

Remarque : si $a \in$ D et si f a une limite ℓ en a, alors $\ell = f(a)$.
Le graphique ci-contre illustre le cas où $a \in$ D et a n'est pas une borne de D.

EXERCICES RÉSOLUS

5 Comprendre une limite infinie en *a*

f est la fonction définie sur l'intervalle $]-1\,;+\infty[$ par $f(x)=\dfrac{1}{\sqrt{1+x}}$.

1 Simplifier(Résoudre($\dfrac{1}{\sqrt{1+x}}$ > A, x, A > 0))

→ $\left\{-1<x<-\dfrac{(A^2-1)}{A^2}\right\}$

a) Utiliser cet écran de calcul formel pour justifier que la limite de *f* en -1 est $+\infty$.

b) Interpréter graphiquement cette limite pour la courbe représentative $\mathscr{C}$ de *f* dans un repère orthonormé.

Solution

a) On se donne un nombre réel $A>0$.

Pour tout réel $x>-1$, $f(x)>A$ équivaut à $-1<x<-\dfrac{A^2-1}{A^2}$, c'est-à-dire $-1<x<-1+\dfrac{1}{A^2}$.

Ainsi, l'intervalle $]A\,;+\infty[$ contient tous les $f(x)$ pour $x>-1$ et assez proche de -1. Donc $\lim\limits_{x\to-1} f(x)=+\infty$.

b) Graphiquement, cela signifie que la droite d'équation $x=-1$ est asymptote verticale à $\mathscr{C}$.

Tabuler la fonction *f* pour des valeurs proches de -1 ou afficher sa courbe représentative permet de conjecturer sa limite en -1.

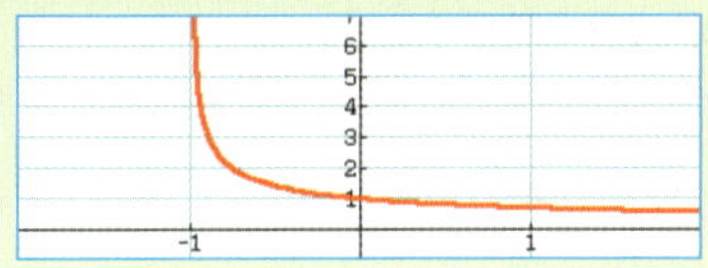

6 Comprendre le besoin d'envisager des limites à droite et à gauche

La fonction *g* représentée ci-contre est définie sur $[0\,;3]$.

a) Expliquer pourquoi la limite de *g* en 1 n'est pas 2.

b) Étudier graphiquement le comportement de *g* en 1.

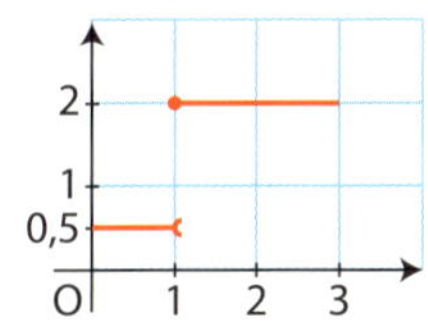

Solution

a) L'intervalle $J=]1{,}5\,;2{,}5[$ contient 2 mais ne contient pas toutes les valeurs $g(x)$ lorsque x est proche de 1.

En effet, J ne contient pas l'image 0,5 des nombres proches de 1 mais strictement inférieurs à 1.

b) Graphiquement, on lit que :

$$\lim_{\substack{x\to1\\x<1}} g(x)=0{,}5 \quad\text{et}\quad \lim_{\substack{x\to1\\x>1}} g(x)=2.$$

Pour démontrer que *g* n'a pas pour limite **2** en **1**, il suffit de trouver un intervalle contenant **2**, sur l'axe des ordonnées, qui ne contient pas tous les $g(x)$ pour x proche de **1**.

EXERCICES D'APPLICATION DIRECTE

Sur le modèle de l'exercice résolu 5

7 *f* est la fonction définie sur $]2\,;+\infty[$ par :

$$f(x)=\frac{1}{x-2}.$$

Utiliser cet écran de calcul formel pour justifier que la limite de *f* en 2 est $+\infty$.

1 Simplifier(Résoudre($\dfrac{1}{x-2}$ > A, x, A > 0))

→ $\left\{2<x<\dfrac{2A+1}{A}\right\}$

Sur le modèle de l'exercice résolu 6

8 La fonction *g* représentée ci-contre est définie sur l'intervalle $[-1\,;3]$.

a) Expliquer pourquoi la limite de *g* en 2 n'est pas 3.

b) Décrire graphiquement le comportement de *g* en 2.

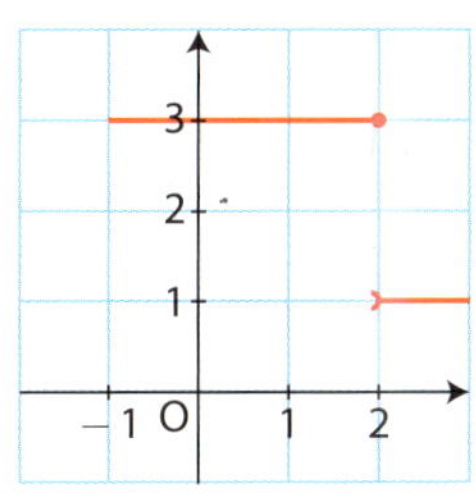

Exercices
- **9** à **14** (ci-contre)
- **38** à **47**

3 Limites et comparaison

Vidéo JAICOMPRIS.COM La démonstration est présentée en vidéo

A Théorèmes de comparaison : limite infinie

Propriété

Si f et g sont deux fonctions telles que :
(1) pour x assez grand, $f(x) \geqslant g(x)$, **(2)** $\lim\limits_{x \to +\infty} g(x) = +\infty$,
alors $\lim\limits_{x \to +\infty} f(x) = +\infty$.

Démonstration

• D'après **(2)**, tout intervalle $]A\,;+\infty[$ (avec A nombre réel) contient tous les $g(x)$ pour x supérieur à un nombre réel M.
Ainsi, pour tout réel $x > M$, $g(x) > A$.
• D'après **(1)**, pour tout réel $x > M'$, $f(x) \geqslant g(x)$ (avec M′ nombre réel).
• Donc, pour tout réel x supérieur à la fois à M et M′, $f(x) \geqslant g(x) > A$.
Donc, tout intervalle $]A\,;+\infty[$ contient tous les $f(x)$ pour x assez grand et $\lim\limits_{x \to +\infty} f(x) = +\infty$.

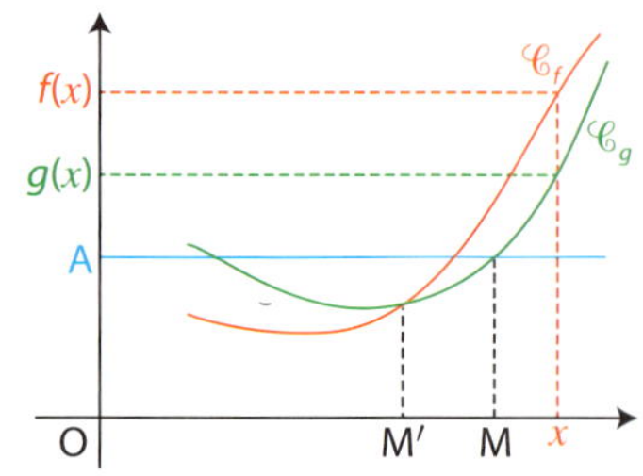

Propriété

Si f et g sont deux fonctions telles que :
(1) pour x assez grand, $f(x) \leqslant g(x)$, **(2)** $\lim\limits_{x \to +\infty} g(x) = -\infty$,
alors $\lim\limits_{x \to +\infty} f(x) = -\infty$.

La démonstration de cette propriété est analogue à celle de la propriété précédente.

Exemple

f est la fonction définie sur $\mathbb{R}$ par $f(x) = -2x + \sin(x)$.
Pour tout réel x, $\sin(x) \leqslant 1$, donc $f(x) \leqslant -2x + 1$. Or, $\lim\limits_{x \to +\infty} (-2x+1) = -\infty$, donc $\lim\limits_{x \to +\infty} f(x) = -\infty$.

Remarque : ces deux propriétés s'étendent aux cas des limites en $-\infty$ et en un point en changeant l'ensemble de validité de la condition **(1)**.

B Théorème des gendarmes : limite réelle

Théorème (admis)

Si f, g, h sont des fonctions et ℓ un nombre réel tels que :
(1) pour x assez grand, $g(x) \leqslant f(x) \leqslant h(x)$, **(2)** $\lim\limits_{x \to +\infty} g(x) = \ell$ et $\lim\limits_{x \to +\infty} h(x) = \ell$,
alors $\lim\limits_{x \to +\infty} f(x) = \ell$.

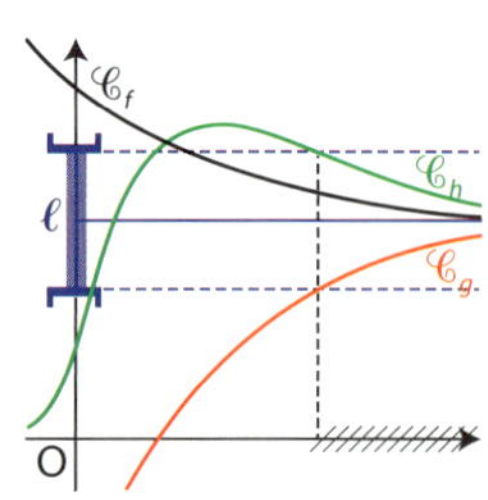

Exemple

f est la fonction définie sur l'intervalle $]0\,;+\infty[$ par $f(x) = \dfrac{\sin(x)}{x}$.
Pour tout réel x, $-1 \leqslant \sin(x) \leqslant 1$. Donc, pour tout réel $x > 0$, $-\dfrac{1}{x} \leqslant f(x) \leqslant \dfrac{1}{x}$.
Or, $\lim\limits_{x \to +\infty} \left(-\dfrac{1}{x}\right) = 0$ et $\lim\limits_{x \to +\infty} \dfrac{1}{x} = 0$, donc $\lim\limits_{x \to +\infty} f(x) = 0$.

Remarque : ce théorème s'étend aux cas de limites en $-\infty$ et en un point en changeant l'ensemble de validité de la condition **(1)**.

EXERCICES RÉSOLUS

9 Déterminer une limite par comparaison

f est la fonction définie sur $\mathbb{R}$ par $f(x) = x^2 - \sin(x)$.
Déterminer la limite de la fonction f en $-\infty$.

Solution

Pour tout réel x, $-\sin(x) \geqslant -1$,
donc $f(x) \geqslant x^2 - 1$.
Or, $\lim\limits_{x \to -\infty} (x^2 - 1) = +\infty$, donc d'après un théorème de comparaison : $\lim\limits_{x \to -\infty} f(x) = +\infty$.

Pour déterminer une limite par comparaison, on majore ou on minore f par une fonction convenable et on applique un théorème de comparaison.

10 Déterminer une limite par encadrement

g est la fonction définie sur $]0\,;+\infty[$ par $g(x) = \dfrac{3 + \cos(x)}{x^2}$.

a) Démontrer que pour tout réel $x > 0$, $\dfrac{2}{x^2} \leqslant g(x) \leqslant \dfrac{4}{x^2}$.

b) En déduire la limite de la fonction g en $+\infty$.

Solution

a) Pour tout réel x, $-1 \leqslant \cos(x) \leqslant 1$,
donc $2 \leqslant 3 + \cos(x) \leqslant 4$.
Or, pour tout réel $x > 0$, $\dfrac{1}{x^2} \geqslant 0$
donc $\dfrac{2}{x^2} \leqslant g(x) \leqslant \dfrac{4}{x^2}$.

b) $\lim\limits_{x \to +\infty} \dfrac{2}{x^2} = 0$ et $\lim\limits_{x \to +\infty} \dfrac{4}{x^2} = 0$.
Donc, d'après le théorème des gendarmes, $\lim\limits_{x \to +\infty} g(x) = 0$.

Pour déterminer une limite par encadrement, on encadre g par des fonctions convenables et on applique le théorème des gendarmes.

EXERCICES D'APPLICATION DIRECTE

Sur le modèle de l'exercice résolu 9

11 f est la fonction définie sur $\mathbb{R}$ par :
$$f(x) = 5x - 4\cos(x).$$
Déterminer la limite de la fonction f en $+\infty$.

12 h est la fonction définie sur $\mathbb{R}$ par :
$$h(x) = 2\sin(x) - x^2.$$
a) Utiliser la courbe de h affichée ci-contre pour conjecturer les limites de h en $+\infty$ et en $-\infty$.

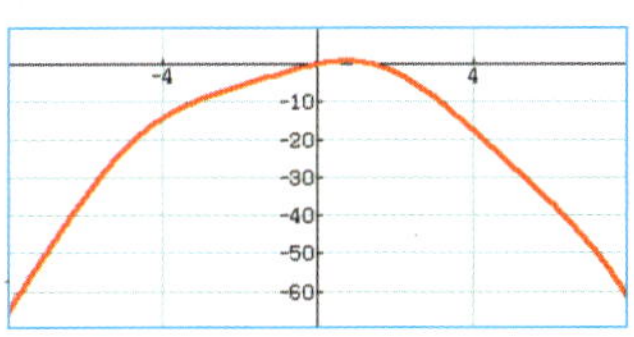

b) Démontrer ces conjectures.

Sur le modèle de l'exercice résolu 10

13 g est la fonction définie sur $]0\,;+\infty[$ par :
$$g(x) = \frac{\cos(x)}{x}.$$
a) Démontrer que pour tout réel $x > 0$,
$$-\frac{1}{x} \leqslant g(x) \leqslant \frac{1}{x}.$$
b) En déduire la limite de la fonction g en $+\infty$.

14 Une fonction h est telle que pour tout réel $x < -1$,
$$1 + \frac{1}{x} \leqslant 3 - 2h(x) \leqslant 1 - \frac{1}{x}.$$
Déterminer la limite de la fonction h en $-\infty$.

Cours

Exercices
- **15** à **18** (ci-contre)
- **48** à **63**

4 Opérations et limites

Vidéo JAICOMPRIS.COM Ces notions sont présentées en vidéo

f et g sont deux fonctions définies sur le même ensemble de définition.
a désigne un nombre réel ou $+\infty$ ou $-\infty$ et ℓ, ℓ' désignent des nombres réels.

A Somme et produit de deux fonctions : règles admises

Si $\lim\limits_{x \to a} f(x) = \dots$	ℓ	ℓ	ℓ	$+\infty$	$+\infty$	$-\infty$
et $\lim\limits_{x \to a} g(x) = \dots$	ℓ'	$+\infty$	$-\infty$	$+\infty$	$-\infty$	$-\infty$
alors $\lim\limits_{x \to a} (f(x)+g(x)) = \dots$	$\ell+\ell'$	$+\infty$	$-\infty$	$+\infty$	FI	$-\infty$

Si $\lim\limits_{x \to a} f(x) = \dots$	ℓ	$\ell>0$	$\ell>0$	$\ell<0$	$\ell<0$	$+\infty$	$+\infty$	$-\infty$	0
et $\lim\limits_{x \to a} g(x) = \dots$	ℓ'	$+\infty$	$-\infty$	$+\infty$	$-\infty$	$+\infty$	$-\infty$	$-\infty$	$+\infty$ ou $-\infty$
alors $\lim\limits_{x \to a} (f(x)\times g(x)) = \dots$	$\ell\times\ell'$	$+\infty$	$-\infty$	$-\infty$	$+\infty$	$+\infty$	$-\infty$	$+\infty$	FI

Dans les cas notés FI (Forme indéterminée), on ne peut pas conclure immédiatement et tout résultat est possible. Dans un tel cas, il faut lever l'indétermination en changeant l'écriture.

Exemples : cas de FI « $\infty - \infty$ »

Dans chaque cas, $\lim\limits_{x \to +\infty} f(x) = +\infty$ et $\lim\limits_{x \to +\infty} g(x) = +\infty$,

- $f(x) = x + \dfrac{1}{x}$ et $g(x) = x$, mais $f(x) - g(x) = \dfrac{1}{x}$, donc $\lim\limits_{x \to +\infty} (f(x) - g(x)) = 0$.
- $f(x) = x$ et $g(x) = 2x$, mais $f(x) - g(x) = -x$ donc $\lim\limits_{x \to +\infty} (f(x) - g(x)) = -\infty$.
- $f(x) = 2x$ et $g(x) = x$, mais $f(x) - g(x) = x$ donc $\lim\limits_{x \to +\infty} (f(x) - g(x)) = +\infty$.

B Quotient de deux fonctions : règles admises

- Cas où $\lim\limits_{x \to a} g(x) \neq 0$

Si $\lim\limits_{x \to a} f(x) = \dots$	ℓ	ℓ	$+\infty$	$+\infty$	$-\infty$	$-\infty$	$+\infty$ ou $-\infty$
et $\lim\limits_{x \to a} g(x) = \dots$	ℓ'	$+\infty$ ou $-\infty$	$\ell'>0$	$\ell'<0$	$\ell'>0$	$\ell'<0$	$+\infty$ ou $-\infty$
alors $\lim\limits_{x \to a} \dfrac{f(x)}{g(x)} = \dots$	$\dfrac{\ell}{\ell'}$	0	$+\infty$	$-\infty$	$-\infty$	$+\infty$	FI

- Cas où $\lim\limits_{x \to a} g(x) = 0$

Si $\lim\limits_{x \to a} f(x) = \dots$	$\ell>0$ ou $+\infty$	$\ell<0$ ou $-\infty$	$\ell>0$ ou $+\infty$	$\ell<0$ ou $-\infty$	0
et $\lim\limits_{x \to a} g(x) = \dots$	0 en restant positif	0 en restant positif	0 en restant négatif	0 en restant négatif	0
alors $\lim\limits_{x \to a} \dfrac{f(x)}{g(x)} = \dots$	$+\infty$	$-\infty$	$-\infty$	$+\infty$	FI

Exemples : cas de FI « $\dfrac{\infty}{\infty}$ »

- $f(x) = x^2$ et $g(x) = x$: $\lim\limits_{x \to +\infty} f(x) = +\infty$ et $\lim\limits_{x \to +\infty} g(x) = +\infty$, mais $\dfrac{f(x)}{g(x)} = x$, donc $\lim\limits_{x \to +\infty} \dfrac{f(x)}{g(x)} = +\infty$.
- $f(x) = x$ et $g(x) = x^2$: $\lim\limits_{x \to +\infty} f(x) = +\infty$ et $\lim\limits_{x \to +\infty} g(x) = +\infty$, mais $\dfrac{f(x)}{g(x)} = \dfrac{1}{x}$, donc $\lim\limits_{x \to +\infty} \dfrac{f(x)}{g(x)} = 0$.

EXERCICES RÉSOLUS

15 Étudier la limite d'une somme, d'un produit

f est la fonction définie sur $\mathbb{R}$ par $f(x) = x^3 - 5x + 2$.

a) Vérifier que l'étude de la limite de la fonction f en $+\infty$, avec les règles opératoires, mène à une forme indéterminée.

b) Étudier la limite de la fonction f en $+\infty$.

Solution

a) $\lim\limits_{x \to +\infty} x^3 = +\infty$ et $\lim\limits_{x \to +\infty} (-5x) = -\infty$, donc FI « $\infty - \infty$ ».

b) Pour tout réel $x \neq 0$, $f(x) = x^3\left(1 - \dfrac{5}{x^2} + \dfrac{2}{x^3}\right)$.

Or, $\lim\limits_{x \to +\infty} \dfrac{1}{x^2} = 0$ et $\lim\limits_{x \to +\infty} \dfrac{1}{x^3} = 0$ donc, d'après les règles opératoires, $\lim\limits_{x \to +\infty} \left(1 - \dfrac{5}{x^2} + \dfrac{2}{x^3}\right) = 1$.

D'autre part $\lim\limits_{x \to +\infty} x^3 = +\infty$, donc d'après la limite d'un produit $\lim\limits_{x \to +\infty} f(x) = +\infty$.

Pour déterminer la limite d'une **fonction polynôme en $+\infty$ ou en $-\infty$**, dans le cas d'une forme indéterminée, **on factorise par le terme de plus haut degré**, puis on applique les règles opératoires.

16 Étudier la limite d'un quotient

g est la fonction définie sur $]3\,;+\infty[$ par $g(x) = \dfrac{2x+1}{x-3}$.

Étudier la limite de la fonction g : **a)** en $+\infty$; **b)** en 3.

Solution

a) Pour tout réel $x > 3$,

$$g(x) = \frac{2x\left(1 + \dfrac{1}{2x}\right)}{x\left(1 - \dfrac{3}{x}\right)} = 2 \times \frac{1 + \dfrac{1}{2x}}{1 - \dfrac{3}{x}}.$$

D'après les règles opératoires $\lim\limits_{x \to +\infty} \dfrac{1 + \dfrac{1}{2x}}{1 - \dfrac{3}{x}} = 1$,

donc $\lim\limits_{x \to +\infty} g(x) = 2$.

b) $\lim\limits_{x \to 3} (2x+1) = 7$ et $\lim\limits_{x \to 3} (x-3) = 0$ avec $x - 3 > 0$ (car $x > 3$) donc $\lim\limits_{x \to 3} g(x) = +\infty$.

Pour déterminer la limite d'une **fonction rationnelle en $+\infty$ ou en $-\infty$**, dans le cas d'une forme indéterminée, **on factorise le numérateur et le dénominateur par leur terme de plus haut degré**, puis on simplifie et on applique les règles opératoires.

On est dans le cas de la colonne tramée en jaune du tableau du § B.

EXERCICES D'APPLICATION DIRECTE

Sur le modèle de l'exercice résolu 15

17 f est la fonction définie sur $\mathbb{R}$ par :

$$f(x) = -x^4 + 3x + 1.$$

a) Vérifier que l'étude de la limite de la fonction f en $+\infty$, avec les règles opératoires, mène à une forme indéterminée.

b) Étudier la limite de la fonction f en $+\infty$.

Sur le modèle de l'exercice résolu 16

18 f est la fonction définie sur $]-1\,;+\infty[$ par :

$$f(x) = \frac{4x+5}{x+1}.$$

Étudier la limite de la fonction f :

a) en $+\infty$; **b)** en -1.

Exercices
- 19 à 22 (ci-contre)
- 64 à 77

5 Fonction exponentielle et limites

Vidéo
JAICOMPRIS.COM
Les démonstrations sont présentées en vidéo

A Limites de la fonction exponentielle

Lemme

Pour tout réel x, $\mathbf{e^x \geqslant x + 1}$.

Pour une démonstration, voir l'exercice 19 p. 241.

Propriété

La fonction exponentielle a pour limite $+\infty$ en $+\infty$. Ainsi, $\lim\limits_{x \to +\infty} \mathbf{e^x} = +\infty$.

Démonstration

A est un nombre réel, $A \geqslant 0$. D'après le lemme précédent, pour avoir $e^x > A$, il suffit d'avoir $x + 1 > A$, c'est-à-dire $x > A - 1$. Donc $]A\,;+\infty[$ contient toutes les valeurs de e^x pour tout réel $x > A - 1$.

Propriété

La fonction exponentielle a pour limite 0 en $-\infty$. Ainsi, $\lim\limits_{x \to -\infty} \mathbf{e^x} = \mathbf{0}$.

Démonstration

On remarque que $e^x = e^{-(-x)} = \dfrac{1}{e^{-x}}$.

Avec le schéma de décomposition ci-contre :

$$x \longmapsto \underbrace{-x}_{X} \qquad X \longmapsto e^X = e^{-x}$$

$\lim\limits_{x \to -\infty} (-x) = +\infty$ et $\lim\limits_{X \to +\infty} e^X = +\infty$ donc $\lim\limits_{x \to -\infty} e^{-x} = +\infty$.

Ainsi, $\lim\limits_{x \to -\infty} e^x = \lim\limits_{x \to -\infty} \dfrac{1}{e^{-x}} = 0$.

B Croissance comparée de $x \mapsto x^n$ et exp en $+\infty$

Propriété

$$\lim_{x \to +\infty} \frac{\mathbf{e^x}}{\boldsymbol{x}} = +\infty$$

Pour une démonstration, voir l'exercice 19 p. 241.

Propriété

Pour tout entier naturel $n \geqslant 1$, $\lim\limits_{x \to +\infty} \dfrac{\mathbf{e^x}}{\boldsymbol{x^n}} = +\infty$.

Démonstration

D'après le lemme du paragraphe A, $e^{\frac{x}{n+1}} \geqslant \dfrac{x}{n+1} + 1$ et donc, $e^{\frac{x}{n+1}} \geqslant \dfrac{x}{n+1}$.

Or, la fonction $f : x \mapsto x^n$ est croissante sur $[0\,;+\infty[$, donc, pour tout réel $x \geqslant 0$,

$\left(e^{\frac{x}{n+1}}\right)^{n+1} \geqslant \left(\dfrac{x}{n+1}\right)^{n+1}$ c'est-à-dire $e^x \geqslant kx^{n+1}$ avec $k > 0$. On en déduit que pour tout $x > 0$, $\dfrac{e^x}{x^n} \geqslant kx$.

Or, $\lim\limits_{x \to +\infty} kx = +\infty$ (car $k > 0$), donc d'après un théorème de comparaison, $\lim\limits_{x \to +\infty} \dfrac{e^x}{x^n} = +\infty$.

Conséquence (admise)

Pour tout entier naturel $n \geqslant 1$, $\lim\limits_{x \to +\infty} \boldsymbol{x^n}\mathbf{e^{-x}} = \mathbf{0}$.

Remarque : on énonce souvent ces résultats à l'aide de la règle opératoire « **en $+\infty$, l'exponentielle (e^x) l'emporte sur les puissances (x^n)** ».

EXERCICES RÉSOLUS

19 Démontrer des propriétés énoncées en cours

Vidéo
JAICOMPRIS.COM
Ces démonstrations sont présentées en vidéo

1. f est la fonction définie sur $\mathbb{R}$ par $f(x) = e^x - x - 1$.

a) Étudier les variations de f.

b) En déduire que pour tout réel x, $e^x \geqslant x + 1$.

2. g est la fonction définie sur $[0\,;+\infty[$ par $g(x) = e^x - \frac{1}{2}x^2$.

a) Déterminer la fonction dérivée de g. Déduire de la question **1.** que g est croissante sur $[0\,;+\infty[$.

b) En déduire la limite en $+\infty$ de la fonction $x \mapsto \frac{e^x}{x}$.

Solution

1. a) f est dérivable sur $\mathbb{R}$ et pour tout réel x, $f'(x) = e^x - 1$.
Or, $e^x - 1 \geqslant 0$ équivaut à $e^x \geqslant 1$, c'est-à-dire $e^x \geqslant e^0$, soit $x \geqslant 0$.
Donc f est croissante sur $[0\,;+\infty[$ et décroissante sur $]-\infty\,;0]$.

x	$-\infty$		0		$+\infty$
$f'(x)$		$-$	0	$+$	
$f(x)$		↘	0	↗	

b) $f(0) = 0$, donc d'après le tableau de variations ci-contre, pour tout réel x, $f(x) \geqslant 0$ c'est-à-dire $e^x \geqslant x + 1$.

2. a) g est dérivable sur $[0\,;+\infty[$ et pour tout réel $x \geqslant 0$, $g'(x) = e^x - x$.
D'après la question **1.**, pour tout réel $x \geqslant 0$, $e^x \geqslant x + 1$ et donc $e^x \geqslant x$.
Donc, pour tout réel $x \geqslant 0$, $g'(x) \geqslant 0$ et la fonction g est croissante sur $[0\,;+\infty[$.

b) $g(0) = 1$, donc d'après le tableau de variations ci-contre, pour tout réel $x \geqslant 0$, $g(x) \geqslant 0$, c'est-à-dire $e^x \geqslant \frac{1}{2}x^2$.

x	0		$+\infty$
$g'(x)$		$+$	
$g(x)$	1	↗	

Donc pour tout réel $x > 0$, $\frac{e^x}{x} \geqslant \frac{1}{2}x$. Or, $\lim\limits_{x \to +\infty} \frac{1}{2}x = +\infty$, donc d'après un théorème de comparaison, $\lim\limits_{x \to +\infty} \frac{e^x}{x} = +\infty$.

20 Utiliser la croissance comparée de $x \mapsto x^n$ et exp en $+\infty$

h est la fonction définie sur $\mathbb{R}$ par $h(x) = e^x - x^3$. Étudier la limite de la fonction h en $+\infty$.

Solution

Pour tout réel $x \neq 0$, $h(x) = x^3\left(\frac{e^x}{x^3} - 1\right)$.

On sait que $\lim\limits_{x \to +\infty} \frac{e^x}{x^3} = +\infty$ donc $\lim\limits_{x \to +\infty}\left(\frac{e^x}{x^3} - 1\right) = +\infty$.

D'autre part, $\lim\limits_{x \to +\infty} x^3 = +\infty$ donc, d'après la limite d'un produit, $\lim\limits_{x \to +\infty} h(x) = +\infty$.

On est en présence d'une forme indéterminée « $\infty - \infty$ ». Mettre x^3 en facteur permet d'utiliser la croissance comparée de e^x et x^n en $+\infty$.

EXERCICES D'APPLICATION DIRECTE

Sur le modèle de l'exercice résolu 19

21 f est la fonction définie sur $\mathbb{R}$ par :

$$f(x) = e^x - \frac{1}{2}x^2 - x.$$

Étudier les variations de f. Déterminer $f(0)$ et en déduire le signe de $f(x)$ sur $\mathbb{R}$.

Sur le modèle de l'exercice résolu 20

22 h est la fonction définie sur $\mathbb{R}$ par :

$$h(x) = e^x - x^2 + 2x + 3.$$

Étudier la limite de la fonction h :

a) en $+\infty$; **b)** en $-\infty$.

Savoir-faire Algo python

Vidéo
JAICOMPRIS.COM
Un autre exercice Algo/python résolu en vidéo

EXERCICE RÉSOLU

23 Déterminer un seuil

Cours 1. et 2.

f est la fonction définie sur $\mathbb{R}$ par $f(x) = x^3 + x$.

1. Étudier les variations de la fonction f.

2. Au début de l'algorithme ci-contre, on affecte 0 à la variable x et on donne une valeur réelle positive à A.

```
Tant que f(x) ⩽ A
  | x ← x + 1
Fin Tant que
```

a) Dresser un tableau de suivi des variables lorsque A = 100.
Interpréter la valeur numérique de la variable x obtenue en fin d'exécution.

b) Pourquoi est-on certain que cet algorithme se termine, quelle que soit la valeur positive saisie pour A ?

c) Coder cet algorithme en langage Python.
Exécuter le programme obtenu avec A = 10 000 et interpréter le résultat renvoyé.

Solution

1. f est une fonction polynôme, donc f est dérivable sur $\mathbb{R}$ et pour tout réel x, $f'(x) = 3x^2 + 1$.
Pour tout réel x, $f'(x) > 0$ donc f est croissante sur $\mathbb{R}$.

2. a)

x	0	1	2	3	4	5
$f(x)$	0	2	10	30	68	130
$f(x) \leqslant A$	Vrai	Vrai	Vrai	Vrai	Vrai	Faux

Le plus petit entier naturel n tel que $f(n) > 100$ est 5.
f est croissante sur $\mathbb{R}$, donc pour tout réel $x \geqslant 5$, $f(x) > 100$.

b) On est certain que l'algorithme se termine.
En effet, $\lim_{x \to +\infty} f(x) = +\infty$, donc pour tout réel positif A, l'intervalle $]A\,;+\infty[$ contient tous les nombres $f(x)$ pour x assez grand.

c) En exécutant **Seuil(10000)**, la fonction ci-contre renvoie 22.
Ainsi, pour tout réel $x \geqslant 22$, $f(x) > 10\,000$.

```python
def f(x):
    y=x**3+x
    return y

def Seuil(A):
    x=0
    while f(x)<=A
        x=x+1
    return x
```

```
>>> Seuil(10000)
22
```

EXERCICES D'APPLICATION DIRECTE

Sur le modèle de l'exercice résolu 23

24 f est la fonction définie sur $\mathbb{R}$ par $f(x) = 1 - e^x$.

1. Étudier les variations de la fonction f.

2. Au début de l'algorithme ci-contre, on affecte 0 à la variable x et on donne une valeur réelle négative à A.

```
Tant que f(x) ⩾ A
  | x ← x + 1
Fin Tant que
```

a) Dresser un tableau de suivi des variables lorsque A = – 100. Interpréter la valeur numérique de x obtenue en fin d'exécution.

b) Pourquoi est-on certain que cet algorithme se termine quelle que soit la valeur négative saisie de A ?

25 g est la fonction définie sur $]0\,;+\infty[$ par :

$$g(x) = 2 + \frac{1}{x^2}.$$

1. Étudier les variations de la fonction g.

2. Au début de l'algorithme ci-contre, on affecte 1 à la variable x et on donne une valeur réelle positive à A.

```
Tant que g(x) ⩾ 2 + A
  | x ← x + 1
Fin Tant que
```

a) Dresser un tableau de suivi des variables lorsque A = 0,1. Interpréter la valeur numérique de x obtenue en fin d'exécution.

b) Pourquoi est-on certain que cet algorithme se termine quelle que soit la valeur positive saisie de A ?

Limite finie ou infinie en $+\infty$, en $-\infty$

Cours 1

Questions flash — À l'oral

26 Voici la courbe représentative d'une fonction f affichée à l'écran d'une calculatrice.
Conjecturer les limites de f en $-\infty$ et en $+\infty$ (*fenêtre* : $-10 \leqslant X \leqslant 10$, pas 1 et $-10 \leqslant Y \leqslant 10$, pas 1).

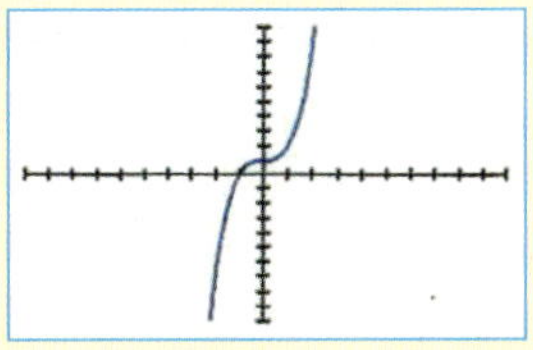

27 Voici, affichée à l'écran d'une calculatrice, la courbe représentative d'une fonction f.
Conjecturer les limites de f en $-\infty$ et en $+\infty$ (*fenêtre* : $-5 \leqslant X \leqslant 5$, pas 1 et $-2 \leqslant Y \leqslant 4$, pas 1).

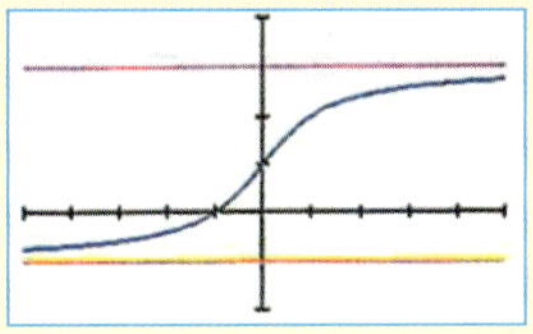

28 f est la fonction définie sur $\mathbb{R}$ par :
$$f(x) = 3x^2 - 1.$$
a) Conjecturer la limite de f en $+\infty$ à l'aide de la calculatrice.
b) Justifier cette conjecture à l'aide de l'écran de calcul formel ci-dessous.

1 Résoudre$(3x^2 - 1 > A, x, A > 0)$
$\rightarrow \left\{x < -\sqrt{A+1} \cdot \dfrac{\sqrt{3}}{3}, x > \sqrt{A+1} \cdot \dfrac{\sqrt{3}}{3}\right\}$

c) Dans chaque cas, en déduire les valeurs de $x > 0$ pour lesquelles :
- $f(x) > 1\,082$;
- $f(x) > 998\,786$.

29 g est la fonction définie sur $]0\,;+\infty[$ par :
$$g(x) = \frac{2x+1}{x}.$$
a) Conjecturer la limite de g en $+\infty$ à l'aide de la calculatrice.
b) Justifier cette conjecture à l'aide de l'écran de calcul formel ci-dessous.

1 Résoudre$\left(2 < \dfrac{2x+1}{x} < 2 + A, x, A > 0\right)$
$\rightarrow \left\{x > \dfrac{1}{A}\right\}$

c) Pour quels réels $x > 0$, a-t-on $2 < g(x) < 2{,}001$?

30 Voici le tableau de variations d'une fonction f.

x	$-\infty$		0		$+\infty$
$f(x)$	2	↘	0	↗	1

a) Lire les limites de f en $-\infty$ et en $+\infty$.
b) Interpréter géométriquement ces limites pour la courbe représentative $\mathscr{C}$ de f dans un repère orthonormé.
c) Tracer, à main levée, une courbe $\mathscr{C}$ susceptible de représenter la fonction f dans un repère.

31 Dans un repère orthonormé, $\mathscr{C}$ est la courbe représentative de la fonction h définie sur $]-\infty\,;0[$ par :
$$h(x) = 3 + \frac{4}{x}.$$
a) Conjecturer la limite de h en $-\infty$ à l'aide de la calculatrice.
b) Justifier cette conjecture à l'aide de l'écran de calcul formel ci-dessous.

1 Résoudre$\left(3 + A < 3 + \dfrac{4}{x} < 3, x, A < 0\right)$
$\rightarrow \left\{x < \dfrac{4}{A}\right\}$

c) Interpréter géométriquement cette limite.

Limite finie ou infinie en un point

Cours 2

Questions flash — À l'oral

32 f est la fonction définie sur $\mathbb{R} - \{-1\,;1\}$ par :
$$f(x) = \frac{1}{x^2 - 1}.$$
Indiquer oralement en quels points (un réel ou $+\infty$ ou $-\infty$) l'on peut étudier les limites de f.

33 Dans le repère ci-contre, la courbe $\mathscr{C}$ représente une fonction f définie sur $]-\infty\,;-1[\cup]-1\,;1[\cup]1\,;+\infty[$.
$\mathscr{C}$ admet deux asymptotes verticales.

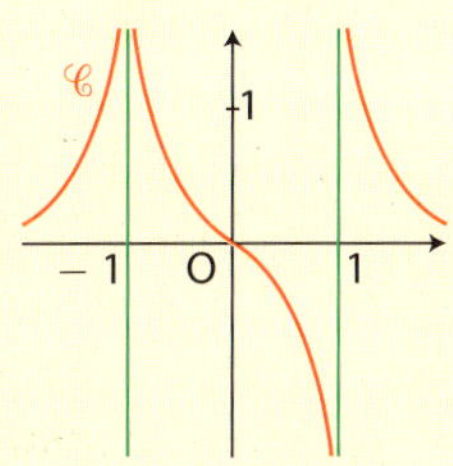

Lire sur le graphique :
a) la limite de f en -1 ;
b) la limite à droite et la limite à gauche de f en 1.

34 f est la fonction définie sur $]2\,;+\infty[$ par :
$$f(x)=\frac{1}{\sqrt{x-2}}.$$
a) Conjecturer la limite de f en 2 à l'aide de la calculatrice.
b) Justifier cette conjecture à l'aide de l'écran de calcul formel ci-dessous.

1 Simplifier$\left(\text{Résoudre}\left(\frac{1}{\sqrt{x-2}}>A, x, A>0\right)\right)$
→ $\left\{2<x<\frac{2A^2+1}{A^2}\right\}$

c) En déduire les réels $x>2$ pour lesquels $f(x)>100\,000$.

35 g est la fonction définie sur $]3\,;+\infty[$ par :
$$g(x)=\frac{2}{3-x}.$$
a) Conjecturer la limite de g en 3 à l'aide de la calculatrice.
b) Justifier cette conjecture à l'aide de l'écran de calcul formel ci-dessous.

1 Simplifier$\left(\text{Résoudre}\left(\frac{2}{3-x}<A, x, A<0\right)\right)$
→ $\left\{3<x<\frac{3A-2}{A}\right\}$

c) En déduire les réels $x>3$ pour lesquels :
$$g(x)<-10\,000.$$

36 Voici le tableau de variations d'une fonction f définie sur l'intervalle $]-1\,;3[$.

x	-1		3
$f(x)$	‖ $+\infty$	↘	0

a) Lire la limite de f en -1.
b) Interpréter géométriquement cette limite pour la courbe représentative $\mathscr{C}$ de f dans un repère orthonormé.
c) Tracer, à main levée, l'allure de la courbe $\mathscr{C}$.

37 Voici le tableau de variations d'une fonction f définie sur $[-2\,;0[\,\cup\,]0\,;3]$.

x	-2		0		3
$f(x)$	1	↗	$+\infty$ ‖ $-\infty$	↗	2

a) Lire la limite de f à gauche et à droite en 0.
b) Interpréter géométriquement cette limite pour la courbe représentative $\mathscr{C}$ de f dans un repère orthonormé.
c) Tracer, à main levée, l'allure de la courbe $\mathscr{C}$.

Limites et comparaison

Cours 3

Questions flash — À l'oral

38 f est une fonction définie sur $\mathbb{R}$ telle que pour tout réel $x\geqslant 3$, $f(x)\geqslant 2x+1$.
Déterminer mentalement la limite de f sur $+\infty$.

39 g est une fonction définie sur $\mathbb{R}$ telle que pour tout réel x, $g(x)\leqslant 3x$.
Déterminer mentalement la limite de g en $-\infty$.

40 h est une fonction définie sur $\mathbb{R}$ telle que pour tout réel $x>0$, $1-\frac{1}{x^2}\leqslant h(x)\leqslant 1+\frac{1}{x^2}$.
Déterminer mentalement la limite de h en $+\infty$.

41 f est la fonction définie sur $\mathbb{R}$ par :
$$f(x)=x^2-3\sin(x).$$
a) Démontrer que, pour tout réel x, $f(x)\geqslant x^2-3$.
b) En déduire la limite de f :
- en $+\infty$;
- en $-\infty$.

42 g est la fonction définie sur $[0\,;+\infty[$ par :
$$g(x)=\sqrt{x^2+x}.$$
a) Démontrer que pour tout réel $x\geqslant 0$:
$$g(x)\geqslant\sqrt{x}.$$
b) En déduire la limite de la fonction g en $+\infty$.

43 f est la fonction définie sur $\mathbb{R}$ par :
$$f(x)=2x+3\cos(x).$$
Voici sa courbe représentative dans un repère orthonormé.

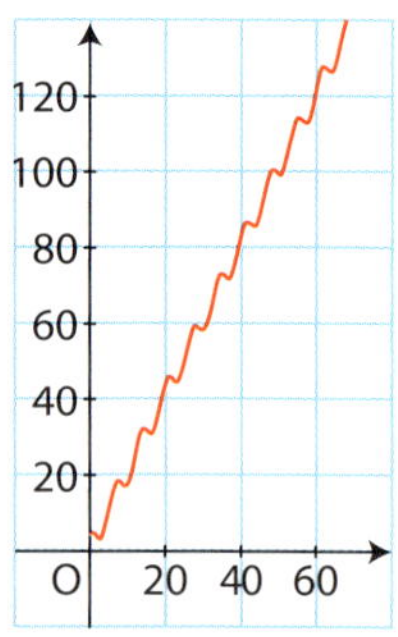

a) Conjecturer la limite de la fonction f en $+\infty$.
b) Démontrer cette conjecture à l'aide d'un théorème de comparaison.
c) Majorer f pour étudier sa limite en $-\infty$.

44 g est la fonction définie sur $]0\,;+\infty[$ par :
$$g(x)=\frac{e^{-x}}{x}.$$
a) Démontrer que pour tout réel $x>0$:
$$0\leqslant g(x)\leqslant\frac{1}{x}.$$
b) En déduire la limite de la fonction g en $+\infty$.

45 h est la fonction définie sur $\mathbb{R}^*$ par :

$$h(x) = 4 + \frac{\cos(x)}{x^2}.$$

a) Démontrer que pour tout réel $x \neq 0$:

$$4 - \frac{1}{x^2} \leqslant h(x) \leqslant 4 + \frac{1}{x^2}.$$

b) En déduire la limite de la fonction h en $+\infty$, puis en $-\infty$.

46 f est la fonction définie sur $]0\,;+\infty[$ par :

$$f(x) = \frac{\sqrt{x^2+1}}{x}.$$

a) Montrer que tout réel $x > 0$, $x^2 \leqslant x^2 + 1 \leqslant (x+1)^2$.
b) En déduire un encadrement de la fonction f.
c) Conclure alors sur la limite de la fonction f en $+\infty$.

47 g est la fonction définie sur $\mathbb{R}^*$ par :

$$g(x) = 2 + \frac{\cos^2(x)}{x}.$$

$\mathscr{C}$ est la courbe représentative de g dans un repère orthonormé.
Démontrer que la droite d'équation $y = 2$ est une asymptote à $\mathscr{C}$ en $+\infty$ et en $-\infty$.

Opérations et limites

Cours 4

Questions Flash À l'oral

48 Dans chaque cas, donner mentalement la limite de la fonction en $+\infty$.

a) $f : x \mapsto x^2 + x$ **b)** $g : x \mapsto \frac{1}{x} - \sqrt{x}$

c) $h : x \mapsto x\sqrt{x}$ **d)** $i : x \mapsto \left(\frac{1}{x^2} - 2\right)(1 - 3x^2)$

49 Dans chaque cas, donner mentalement la limite de la fonction en $-\infty$.

a) $f : x \mapsto x^2\left(\frac{2}{x} - 1\right)$ **b)** $g : x \mapsto x^3\left(\frac{1}{x} + 3\right)$

50 f est la fonction définie sur $\mathbb{R}$ par :

$$f(x) = x^2 - 5x + 2.$$

1. Étudier la limite de f en $-\infty$.
2. a) Vérifier que les règles opératoires ne permettent pas de conclure immédiatement pour la limite de f en $+\infty$.
b) Mettre x^2 en facteur dans l'écriture de $f(x)$, puis en déduire la limite de f en $+\infty$.

51 g est la fonction définie sur $\mathbb{R}$ par :

$$g(x) = x^3 - 100x^2 + 5.$$

a) À l'aide de la calculatrice, conjecturer les limites de g en $+\infty$ et en $-\infty$.
b) Justifier ces conjectures.

Vidéo

JAICOMPRIS.COM Cet exercice est corrigé en vidéo

52 h est la fonction définie sur $\mathbb{R}$ par :

$$h(x) = \frac{-x^3 + 3x - 1}{x^2 + 1}.$$

a) À l'aide de la calculatrice, conjecturer les limites de h en $+\infty$ et en $-\infty$.
b) Justifier ces conjectures en mettant en facteur le terme de plus haut degré au numérateur et au dénominateur.

Pour les exercices 53 à 56, étudier les limites en $-\infty$ et $+\infty$ de la fonction f définie sur D.

53 $f(x) = -2x^4 + 3x^2 + x$ $\quad$ $D = \mathbb{R}$

54 $f(x) = \frac{1}{4}x^3 + x^2 - 9x$ $\quad$ $D = \mathbb{R}$

55 $f(x) = \frac{x^2 + 5x - 9}{x - 3}$ $\quad$ $D =]-\infty\,;3[\,\cup\,]3\,;+\infty[$

56 $f(x) = \frac{3x - 5}{x^2 + 1}$ $\quad$ $D = \mathbb{R}$

57 f est la fonction définie sur $]0\,;+\infty[$ par :

$$f(x) = \sqrt{3 + \frac{1}{x}}.$$

Utiliser le schéma de décomposition ci-contre pour étudier la limite de f en $+\infty$.

$$x \longmapsto \underbrace{3 + \frac{1}{x}}_{X} \longmapsto \sqrt{X}$$

58 g est la fonction définie sur $\mathbb{R}$ par :

$$g(x) = \sqrt{x^2 + 3}.$$

Utiliser un schéma de décomposition pour étudier la limite de g en $+\infty$, puis en $-\infty$.

59 f est la fonction définie sur $]-\infty\,;2[\,\cup\,]2\,;+\infty[$ par

$$f(x) = \frac{-3x + 1}{x - 2}.$$

On se propose d'étudier la limite de f en 2.
a) Recopier et compléter :
- $\lim\limits_{x \to 2}(-3x + 1) = \ldots$
- $\lim\limits_{x \to 2}(x - 2) = \ldots$

b) Dresser le tableau de signes de $x - 2$.
c) Recopier et compléter :
- $\lim\limits_{\substack{x \to 2 \\ x < 2}} f(x) = \ldots$
- $\lim\limits_{\substack{x \to 2 \\ x > 2}} f(x) = \ldots$

Pour les exercices 60 et 61, étudier la limite en *a* de la fonction *f* définie sur D.

60 $f(x) = \dfrac{2x}{x+5}$ $\quad$ $D = \mathbb{R} - \{-5\}$ $\quad$ $a = -5$

61 $f(x) = \dfrac{x^2 - 5x + 2}{1 - x}$ $\quad$ $D = \mathbb{R} - \{1\}$ $\quad$ $a = 1$

62 f est la fonction définie sur $\mathbb{R}$ par :

$$f(x) = \frac{6x^2 + 3x - 5}{2x^2 + 7}.$$

Démontrer que, dans un repère orthonormé, la droite d'équation $y = 3$ est une asymptote horizontale à la courbe représentative de f.

63 f est la fonction définie sur $]-\infty\,;0\,[\,\cup\,]\,0\,;+\infty[$ par $f(x) = 2x^2 + 1 + \dfrac{1}{x}$.

Voici la courbe représentative de f obtenue à l'écran d'une calculatrice.

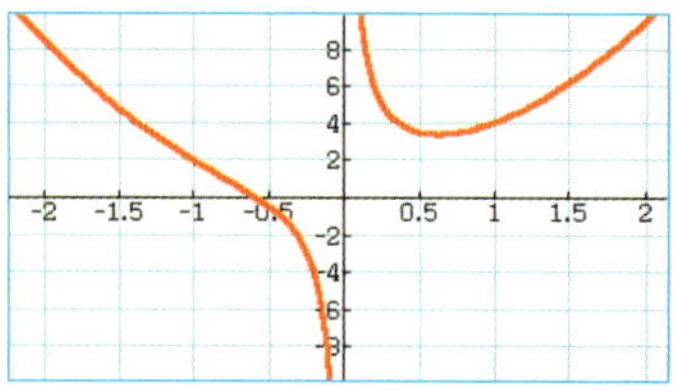

a) Conjecturer les limites de f en $+\infty$, en $-\infty$ et en 0.
b) Prouver ces conjectures.

Fonction exponentielle et limites

Cours 5

Questions flash

À l'oral

64 f est la fonction définie sur $\mathbb{R}$ par :

$$f(x) = 7 - e^x.$$

Déterminer mentalement la limite de f en $+\infty$, puis en $-\infty$.

65 Déterminer mentalement la limite de f en $+\infty$.

a) $f : x \mapsto \dfrac{e^x}{3x}$ $\qquad$ **b)** $f : x \mapsto \dfrac{x}{e^x}$

66 Dans chaque cas, étudier la limite de la fonction définie sur $\mathbb{R}$, en $+\infty$, puis en $-\infty$.

a) $f(x) = e^x + e^{-x}$ $\qquad$ **Conseil :** utiliser $e^{-x} = \dfrac{1}{e^x}$.
b) $g(x) = x(1 + e^{-x})$

67 h est la fonction définie sur $\mathbb{R}$ par :

$$h(x) = x + 1 + \frac{4}{e^x + 1}.$$

Étudier la limite de h en $+\infty$, puis en $-\infty$.

68 f est la fonction définie sur $\mathbb{R}$ par $f(x) = \dfrac{3e^x - 5}{2e^x + 7}$.

a) Étudier la limite de f en $-\infty$.
b) Démontrer que pour tout réel x, $f(x) = \dfrac{3 - 5e^{-x}}{2 + 7e^{-x}}$.
En déduire la limite de f en $+\infty$.
c) Interpréter graphiquement ces résultats.

69 f est la fonction définie sur $\mathbb{R}$ par $f(x) = \dfrac{e^x}{2 + e^x}$.

a) Conjecturer les limites de f en $+\infty$ et en $-\infty$ à l'aide de la calculatrice.
b) Étudier la limite de f en $-\infty$.
c) Étudier la limite de f en $+\infty$ après avoir mis e^x en facteur au dénominateur.
d) Interpréter graphiquement ces résultats.

70 g est la fonction définie sur $\mathbb{R}$ par $g(x) = e^{2x+1}$.

Déterminer la limite de f en $+\infty$, puis en $-\infty$ en utilisant ce schéma de décomposition.

$x \longmapsto \underbrace{2x + 1}_{X} \qquad X \longmapsto e^X$

71 h est la fonction définie sur $\mathbb{R}^*$ par :

$$h(x) = e^{\frac{1}{x}}.$$

Utiliser un schéma de décomposition pour étudier la limite de h en : • $+\infty$; • $-\infty$; • 0.

Conseil : étudier les limites à droite et à gauche en 0.

72 f est la fonction définie sur $\mathbb{R}$ par $f(x) = e^x - x$.

1. Étudier la limite de f en $-\infty$.
2. a) Vérifier que pour tout réel $x \neq 0$,

$$f(x) = x\left(\frac{e^x}{x} - 1\right).$$

b) En déduire la limite de f en $+\infty$.

73 g est la fonction définie sur $\mathbb{R}^*$ par :

$$g(x) = \frac{e^{2x}}{x}$$

1. Étudier la limite de g en $-\infty$.
2. a) Recopier et compléter pour tout réel $x \neq 0$,

$$g(x) = \ldots \frac{e^{2x}}{2x}.$$

b) À l'aide d'un schéma de décomposition, déterminer la limite de g en $+\infty$.

Pour les exercices 74 à 77, étudier la limite de la fonction en $+\infty$.

74 $f(x) = x + 2 - e^x$ $\qquad$ **75** $g(x) = xe^{-x}$

76 $h(x) = \dfrac{e^x}{\sqrt{x}}$ $\qquad$ **77** $k(x) = e^{2x} - xe^x$

78 QCM Dans chaque cas, donner la réponse exacte sans justifier.

		A	B	C	D
1	f est la fonction définie sur $\mathbb{R}$ par : $f(x) = x^2 - 4x + 5$. La limite de f en $+\infty$ est …	0	2	$+\infty$	$-\infty$
2	g est la fonction définie sur $]-\infty\,;0[\cup]0\,;+\infty[$ par $g(x) = \dfrac{2x-5}{x}$. La limite de g en $+\infty$ est …	0	2	$+\infty$	$-\infty$
3	g est la fonction définie ci-dessus. La limite à droite de g en 0 est …	0	2	$+\infty$	$-\infty$
4	f est une fonction telle que pour tout réel x, $-\dfrac{3}{e^x} \leqslant f(x) \leqslant 2e^{-x}$. Alors la limite de f en $+\infty$ est …	0	2	$+\infty$	$-\infty$

79 QCM Dans chaque cas, donner la (ou les) réponse(s) exacte(s) sans justifier.

		A	B	C	D
1	g est la fonction définie sur $\mathbb{R}$ par $g(x) = 4 - e^{3x+1}$. Alors g a pour limite …	$+\infty$ en $+\infty$	$-\infty$ en $+\infty$	4 en $-\infty$	$-\infty$ est $-\infty$
2	Dans un repère orthonormé, la courbe représentative de la fonction h définie sur $\mathbb{R}^*$ par $h(x) = \dfrac{2e^x+3}{e^x-1}$ admet pour asymptote …	l'axe des ordonnées	la droite d'équation $x = -3$	la droite d'équation $y = -3$	la droite d'équation $y = 2$
3	h est la fonction définie sur $\mathbb{R}$ par : $h(x) = e^x - 5x$. La fonction h a pour limite …	$+\infty$ en $+\infty$	$-\infty$ en $+\infty$	$+\infty$ en $-\infty$	$-\infty$ en $-\infty$

80 Vrai/Faux Dans chaque cas, dire si l'affirmation est vraie ou fausse en justifiant.

Voici le tableau de variation d'une fonction f définie sur l'ensemble $]-\infty\,;1[\cup]1\,;+\infty[$.
$\mathscr{C}$ est la courbe représentative de la fonction f dans un repère.

x	$-\infty$		0		1		3		$+\infty$
$f(x)$	2	↘	-3	↗	$+\infty$ ‖ $+\infty$	↘	0	↗	$+\infty$

1 **Affirmation :** la droite d'équation $y = 2$ est asymptote à $\mathscr{C}$.

2 **Affirmation :** la droite d'équation $y = 1$ est asymptote à $\mathscr{C}$.

3 **Affirmation :** $\lim\limits_{x \to +\infty} \dfrac{1}{f(x)} = 0$

4 **Affirmation :** $\lim\limits_{x \to -\infty} e^{f(x)} = +\infty$

Vérifiez vos réponses : p. 529

81 Déterminer la position relative d'une courbe par rapport à une asymptote horizontale

Dans un repère orthonormé, $\mathscr{C}$ est la courbe représentative de la fonction *f* définie sur $\mathbb{R}$ par :

$$f(x) = \frac{e^x - 1}{e^x + 1}.$$

a) Déterminer la limite en $-\infty$, puis en $+\infty$ de la fonction *f*.
En déduire les équations des asymptotes à la courbe $\mathscr{C}$.

b) On se propose d'étudier la position de la courbe $\mathscr{C}$ par rapport à la droite d'équation $y = 1$.
Lire et expliquer les passages en vert.

$$f(x) - 1 = \frac{-2}{e^x + 1}.$$

Donc pour tout réel x, $f(x) - 1 < 0$.
Ce qui signifie que la courbe $\mathscr{C}$ est au-dessous de la droite d'équation $y = 1$.

c) Étudier la position relative de la courbe $\mathscr{C}$ par rapport à la droite d'équation $y = -1$.

Vidéo JAICOMPRIS.COM
Toutes les démonstrations au programme en vidéo

Liste des démonstrations :
- Croissance comparée de $x \mapsto x^n$ et exp en $+\infty$.

Conseil
Pour étudier la position relative de la courbe représentative d'une fonction et d'une asymptote horizontale d'équation $y = b$, on étudie le signe de $f(x) - b$.

82 Déterminer une limite à l'aide du nombre dérivé

On se propose d'étudier la limite en 0 de la fonction *f* définie sur $\mathbb{R}^*$ par $f(x) = \frac{e^x - 1}{x}$.

1. a) Expliquer pourquoi les règles opératoires mènent à une forme indéterminée.
b) Utiliser la calculatrice pour conjecturer la limite de la fonction *f* en 0.

2. Rédiger la démonstration de cette conjecture en suivant le guide.

(1) Étudier la dérivabilité de la fonction exponentielle exp : la fonction exp est dérivable sur ... donc en particulier en 0.
(2) Utiliser le nombre dérivé de exp en 0 : exp est dérivable en 0 donc

$$\lim_{x \to 0} \frac{e^{0+x} - e^{\cdots}}{x} = \exp'(\ldots).$$

(3) Tirer des conséquences : $\exp'(0) = \ldots$ donc $\lim_{x \to 0} \frac{e^x - 1}{x} = \ldots$
(4) Conclure : rédiger une phrase de conclusion.

Conseil
Dire qu'une fonction *f* définie sur un intervalle I est dérivable en $a \in \mathrm{I}$ signifie que la fonction $h \mapsto \frac{f(a+h) - f(a)}{h}$ admet une limite réelle en 0 ; cette limite est $f'(a)$.

83 Choisir l'information utile

f est la fonction définie sur $]-\infty\,; 1[\cup]1\,; +\infty[$ par $f(x) = \frac{2 + \sin(x)}{x - 1}$.

1. Voici la courbe représentative de la fonction *f* affichée à l'écran d'une calculatrice. Conjecturer les limites de la fonction *f* en $-\infty$, en $+\infty$, en 1.

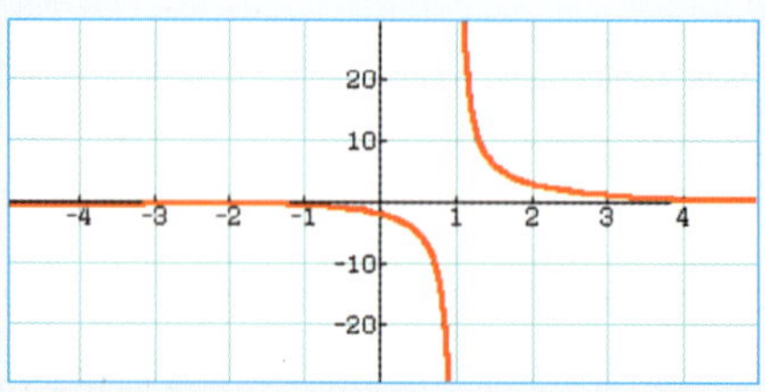

2. a) Démontrer que pour tout réel $x > 1$,

$$\frac{1}{x-1} \leqslant f(x) \leqslant \frac{3}{x-1}.$$

b) Démontrer que pour tout réel $x < 1$, $\frac{3}{x-1} \leqslant f(x) \leqslant \frac{1}{x-1}$.

3. À l'aide de ces inégalités et des théorèmes de comparaison justifier les conjectures émises à la question **1.**

Étudier des limites de fonctions

84 PARCOURS DIFFÉRENCIÉS

Parcours 1

Dans un repère orthonormé, $\mathscr{C}$ est la courbe représentative de la fonction f définie sur $\mathbb{R} - \{5\}$ par :

$$f(x) = 6 + \frac{1}{x-5}.$$

Déterminer les équations des asymptotes à la courbe $\mathscr{C}$.

Parcours 2

g est la fonction définie sur $]-\infty\,;1[\cup]1\,;+\infty[$ par :

$$g(x) = \frac{x+1}{x-1}.$$

$\mathscr{C}$ est la courbe représentative de f dans un repère orthonormé.

1. a) Étudier les limites de g en $+\infty$ et en $-\infty$ après avoir mis x en facteur au numérateur et au dénominateur.

b) En déduire l'équation d'une asymptote horizontale à $\mathscr{C}$.

2. a) Étudier la limite en 1 de $x \mapsto x+1$, puis de $x \mapsto x-1$.

b) Dresser le tableau de signes de $x-1$ et conclure sur les limites à droite et à gauche de la fonction g en 1.

c) Interpréter graphiquement ces résultats.

85 g est la fonction définie sur $\mathbb{R}$ par :

$$g(x) = x^4 \sin(x).$$

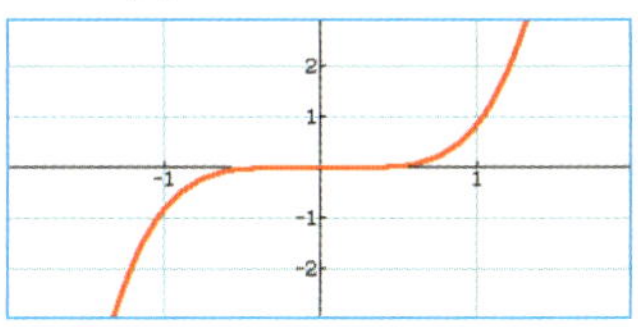

Louise a affiché la courbe représentative de g à l'écran de sa calculatrice.

Elle conjecture : « La fonction g a pour limite $+\infty$ en $+\infty$. »

a) k désigne un nombre entier naturel.
Calculer $g(k\pi)$.

b) Expliquer alors pourquoi Louise se trompe.

86 h est la fonction définie sur $\mathbb{R}$ par :

$$h(x) = \sqrt{x^2+5} - x^2.$$

a) Utiliser la calculatrice pour conjecturer la limite de h en $+\infty$.

b) Expliquer pourquoi pour tout réel $x > 0$,

$$h(x) = x\left(\sqrt{1+\frac{5}{x^2}} - x\right).$$

c) En déduire la limite de h en $+\infty$.

87 Voici dans un repère orthonormé la courbe représentative de la fonction f :

$$x \mapsto x - 1 + 5\sin^2(x)$$

et les droites d'équations

$$y = x - 1 \text{ et } y = x + 4.$$

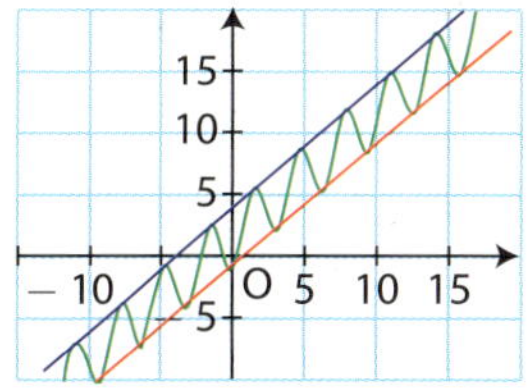

Étudier les limites de la fonction f en $-\infty$ et en $+\infty$.

88 a est un nombre réel et f est une fonction définie sur $]-\infty, a[\cup]a\,;+\infty[$.

Dans un repère orthonormé, $\mathscr{C}$ est la courbe représentative de f.

Juliette affirme : « Si la fonction f est définie sur $]-\infty, a[\cup]a\,;+\infty[$, alors la droite d'équation $x = a$ est une asymptote verticale à la courbe $\mathscr{C}$ ».

En étudiant la fonction $f : x \mapsto \dfrac{x^2-a^2}{x-a}$, montrer que l'affirmation de Juliette est fausse.

89 On se propose de déterminer la limite en 2 de la fonction f est la fonction définie sur $]-\infty\,;2[\cup]2\,;+\infty[$ par $f(x) = \dfrac{x^2-7x+10}{x-2}$.

a) Expliquer pourquoi les règles opératoires mènent à une forme indéterminée.

b) Déterminer les racines du polynôme $x^2 - 7x + 10$, puis le factoriser.

c) Simplifier alors l'expression de $f(x)$ pour tout réel $x \neq 2$ et en déduire la limite de f en 2.

90 Dans un repère orthonormé, $\mathscr{C}$ est la courbe représentative de la fonction f définie sur $]-2\,;+\infty[$ par :

$$f(x) = x - \frac{x^2-6x+5}{x+2}.$$

1. Démontrer que la courbe $\mathscr{C}$ admet une asymptote verticale d.

2. a) Déterminer l'équation de l'asymptote horizontale d' à la courbe $\mathscr{C}$.

b) Étudier la position relative de la courbe $\mathscr{C}$ et de la droite d'.

91 g est la fonction définie sur $]3\,;+\infty[$ par :

$$g(x) = \frac{x^3-9x}{x^2-5x+6}.$$

a) Factoriser le plus possible le numérateur.

b) Vérifier que 3 est une racine du polynôme $x^2 - 5x + 6$ et en déduire une factorisation.

c) Simplifier alors l'expression de $g(x)$ pour tout réel $x \neq 3$ et en déduire la limite de g en 3.

92 f et g sont les fonctions définies sur l'intervalle $]-2\,;+\infty[$ par :

$$f(x)=\frac{x^3-3x-6}{2(x+2)} \text{ et } g(x)=\frac{1}{2}(x-1)^2.$$

1. Étudier la limite en $+\infty$ de la fonction f, puis de la fonction g.

2. a) Afficher dans une même fenêtre de la calculatrice, les courbes représentatives des fonctions f et g.

b) Qu'observe-t-on pour les grandes valeurs de x ?

3. a) Justifier que pour tout réel $x>-2$,

$$f(x)-g(x)=\frac{-4}{x+2}.$$

b) En déduire la limite de la fonction $f-g$ en $+\infty$. Interpréter graphiquement ce résultat.

93 Voici la courbe représentative $\mathscr{C}$ d'une fonction f définie sur $]-\infty\,;-2[\cup]-2\,;+\infty[$.

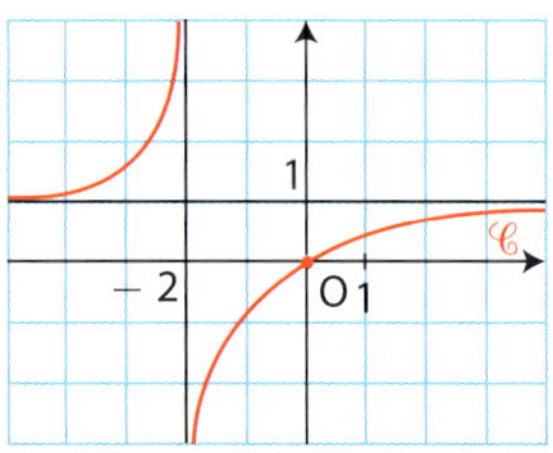

1. Lire sur le graphique, les limites de la fonction f en $-\infty$, en $+\infty$, à droite et à gauche en -2.

2. g est la fonction définie pour x différent de -2 et de 0 par $g(x)=\dfrac{1}{f(x)}$.

Déterminer la limite de la fonction g en :

a) $-\infty$ **b)** $+\infty$ **c)** -2

d) à droite et à gauche en 0.

3. h est la fonction définie sur $]-\infty\,;-2[\cup]0\,;+\infty[$ par $h(x)=\sqrt{f(x)}$.

Déterminer la limite de la fonction h en :

a) $-\infty$ **b)** $+\infty$ **c)** -2 **d)** 0

94 **1.** g est la fonction définie sur $\mathbb{R}-\{-3\}$ par :

$$g(x)=\frac{2x-1}{x+3}.$$

a) Déterminer l'ensemble D des nombres réels $x\neq-3$ tels que $g(x)\geqslant 0$.

b) Étudier la limite de la fonction g en $-\infty$, puis en $+\infty$.

c) Étudier les limites de g à droite et à gauche en -3.

2. f est la fonction définie sur D par :

$$f(x)=\sqrt{\frac{2x-1}{x+3}}.$$

a) Étudier la limite de la fonction f en $-\infty$, puis en $+\infty$.

b) Étudier la limite de la fonction f en -3.

95 g est la fonction définie sur $[0\,;+\infty[$ par :

$$g(x)=\frac{2x-1}{\sqrt{x^2+1}}.$$

a) Montrer que pour tout $x>0$,

$$g(x)=\frac{2-\frac{1}{x}}{\sqrt{1+\frac{1}{x^2}}}.$$

b) Déterminer l'équation de l'asymptote à la courbe représentative de g dans un repère orthonormé.

96 ABC est un triangle rectangle en A d'aire 1 cm^2. On note x la longueur AB, en cm et $f(x)$ la longueur BC, en cm.

a) Donner l'expression de $f(x)$.

b) Étudier la limite en 0, puis en $+\infty$ de la fonction f.

97 Une automobiliste a parcouru la première moitié de son trajet à la vitesse moyenne de 30 km.h^{-1}. On note, en km · h^{-1}, v la vitesse moyenne de cette automobiliste sur la seconde moitié du trajet et V sa vitesse moyenne sur la totalité du trajet.

a) Exprimer V en fonction de v.

b) Étudier la limite de V quand v tend vers $+\infty$.

c) Interpréter ce résultat pour l'automobiliste.

Utiliser les limites de la fonction exp

98 **PARCOURS DIFFÉRENCIÉS**

Parcours 1

f est la fonction définie sur $\mathbb{R}$ par :

$$f(x)=e^{2x}-(2x+1)e^x.$$

Déterminer la limite de la fonction f en $+\infty$.

Parcours 2

g est la fonction définie sur $\mathbb{R}$ par :

$$g(x)=3xe^x-e^{2x}.$$

a) Justifier que pour tout réel x,

$$g(x)=e^{2x}(3xe^{-x}-1).$$

b) Rappeler la limite en $+\infty$ de la fonction $x\mapsto xe^{-x}$. En déduire la limite de g en $+\infty$.

99 La vitesse instantanée verticale, en m.s^{-1}, d'une goutte en fonction de la durée de chute t, en s, peut-être estimée par la fonction v définie sur $]0\,;+\infty[$ par :

$$v(t)=15\left(1-e^{-\frac{1,3}{2}t}\right).$$

Déterminer la limite de v en $+\infty$.

100 Une usine fabrique des puces destinées aux appareils électroniques.
Le coût total de fabrication, en millier d'euros, est modélisé par la fonction C définie sur l'intervalle $[0\,;+\infty[$ par :
$$C(q)=\frac{8}{1+e^{-q}}.$$
1. a) Afficher la courbe représentative de la fonction C à l'écran de la calculatrice.
b) Étudier la limite de la fonction C en $+\infty$.
2. On note $C_M(q)$ le coût moyen de fabrication d'une puce lorsqu'on en fabrique q (avec $q>0$).
a) Exprimer $C_M(q)$ en fonction de q.
b) Afficher la courbe représentative de la fonction C_M à l'écran de la calculatrice.
c) Étudier la limite de la fonction C_M en $+\infty$.
Interpréter le résultat obtenu en termes économiques.

101 Algo python
On injecte, par piqûre intraveineuse, une dose de médicament dans le sang, à l'instant $t=0$.
On note $Q(t)$ la quantité de médicament, dans une unité adaptée, présente dans le sang à l'instant t, en heure.
On admet que :
$$Q(t)=1{,}8e^{-1{,}2t}.$$
1. Étudier le sens de variation de la fonction Q sur l'intervalle $[0\,;+\infty[$.
2. a) Étudier la limite de la fonction Q en $+\infty$.
b) Interpréter la limite obtenue.
3. Au début de l'algorithme ci-contre, on affecte la valeur 0 à la variable t et on donne une valeur strictement positive à R.

```
Tant que Q(t) ⩾ R
  | t ← t + 0,01
Fin Tant que
```

En fin d'exécution, l'algorithme renvoie la valeur de t.
a) Pourquoi est-on certain que cet algorithme se termine, quelle que soit la valeur saisie pour R ?
b) Coder et saisir cet algorithme en langage Python.
c) Quelle valeur de t le programme renvoie-t-il pour chacune des valeurs suivantes de R ?
• $R=0{,}9$ • $R=0{,}1$ • $R=0{,}01$

102 f est la fonction définie sur $\mathbb{R}$ par :
$$f(x)=\frac{e^x+e^{-x}}{e^x-e^{-2x}}.$$
1. Déterminer la limite de la fonction f :
a) en $+\infty$; **b)** en $-\infty$.
2. Déterminer la limite de la fonction f :
a) à gauche en 0 ; **b)** à droite en 0.
3. En déduire les équations des asymptotes à la courbe représentative de f dans un repère orthonormé.

103 g est la fonction définie sur $\mathbb{R}$ par :
$$g(x)=e^{-x}\sin(x).$$
On note $\mathscr{C}$ la courbe représentative de la fonction g dans un repère orthonormé.
1. a) Utiliser un encadrement de $g(x)$ pour étudier la limite de g en $+\infty$.
b) En déduire une asymptote d à la courbe $\mathscr{C}$.
c) Montrer que la courbe $\mathscr{C}$ coupe une infinité de fois son asymptote d.
2. Numa affirme : « La limite de la fonction g en $-\infty$ est $+\infty$ ».
Expliquer pourquoi Numa se trompe.

104 f est la fonction définie sur $\mathbb{R}$ par :
$$f(x)=e^x+2e^{-x}+x.$$
a) Étudier la limite de la fonction f en $+\infty$.
b) Démontrer que pour tout réel x,
$$f(x)=e^{-x}(e^{2x}+2+xe^x).$$
c) Déterminer alors la limite de f en $-\infty$.

105 g est la fonction définie sur $]2\,;+\infty[$ par :
$$g(x)=\frac{1}{(2-x)e^{-x}}.$$
$\mathscr{C}$ est la courbe représentative de la fonction g dans un repère orthonormé.
1. Étudier la limite de la fonction g :
a) en 2 ; **b)** en $+\infty$.
2. Interpréter les résultats pour la courbe $\mathscr{C}$.

106 **1.** h est la fonction définie $[0\,;+\infty[$ par :
$$h(x)=\frac{e^{2x}}{x+e^x}.$$
Voici la courbe représentative de la fonction h à l'écran d'une calculatrice.

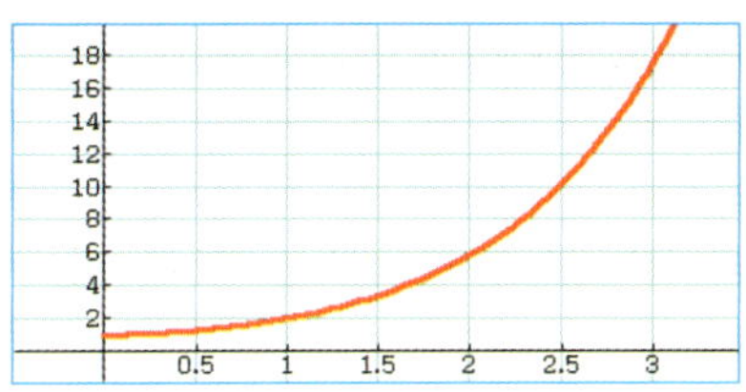

a) Conjecturer la limite de la fonction h en $+\infty$.
b) Démontrer cette conjecture.
Conseil : mettre e^x en facteur au dénominateur.
2. k est la fonction définie sur $]-\infty\,;-1]$ par :
$$k(x)=\frac{e^{2x}}{x+e^x}.$$
a) Afficher la courbe représentative de k à l'écran de la calculatrice et conjecturer la limite de k en $-\infty$.
b) Prouver cette conjecture.

107 Pour tout réel a, on note h_a la fonction définie sur $\mathbb{R}$ par $h_a(x) = \dfrac{ax + \frac{1}{2}}{e^x}$.

1. a) Déterminer la limite de la fonction h_a en $+\infty$.

b) Suivant les valeurs du nombre réel a, déterminer la limite de la fonction h_a en $-\infty$.

2. a) Démontrer que pour tout réel x :

$$h'_a(x) = \frac{-ax + a - \frac{1}{2}}{e^x}.$$

b) Démontrer que pour tout réel $a \neq 0$, la fonction h_a admet un extremum pour une valeur de x que l'on exprimera en fonction de a.

3. Dans un repère orthonormé, on note $\mathscr{C}_a$ la courbe représentative de la fonction h_a.

Voici les courbes $\mathscr{C}_a$ pour cinq valeurs de a :

$$-2\,;0\,;\frac{1}{4}\,;1\,;2.$$

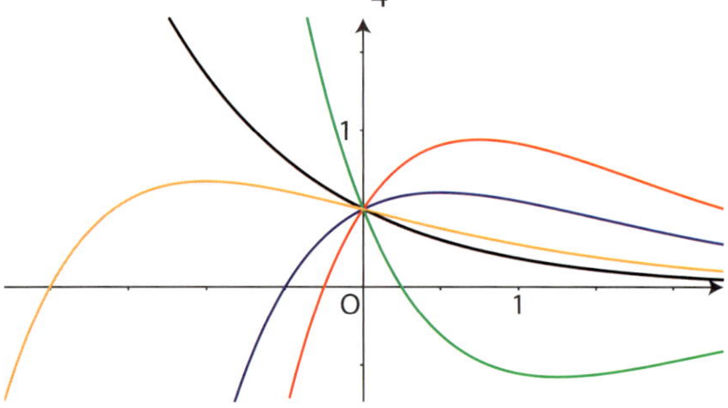

Déterminer, pour chacune des courbes $\mathscr{C}_a$ tracées, la valeur de a correspondante, en justifiant les réponses.

108 **Tice** Pour tout réel non nul λ, on désigne par f_λ la fonction définie sur $\mathbb{R}$ par :

$$f_\lambda(x) = \frac{e^{\lambda x} + e^{-\lambda x}}{2\lambda}.$$

1. a) Tracer, à l'aide d'un logiciel de géométrie, la courbe représentative de la fonction f_λ.

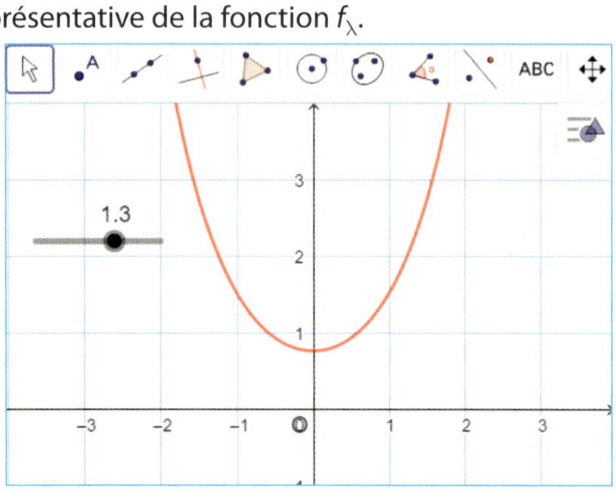

b) Conjecturer, suivant les valeurs de λ, les limites de la fonction f_λ en $-\infty$ et en $+\infty$.

2. Démontrer les conjectures précédentes.

Vidéo

JAICOMPRIS.COM — Cet exercice est corrigé en vidéo

109 f est la fonction définie sur $]1\,;+\infty[$ par :

$$f(x) = \frac{1}{(1-x)e^x}.$$

On note Γ la courbe représentative de la fonction f dans un repère orthonormé.

1. a) Étudier la limite de la fonction f en $+\infty$, puis en 1.

b) Interpréter graphiquement les résultats obtenus.

2. a) Démontrer que pour tout réel $x > 1$:

$$f'(x) = \frac{x}{(1-x)^2 e^x}.$$

b) Étudier les variations de f.

c) Dresser le tableau de variations de la fonction f.

3. Construire la courbe Γ et ses asymptotes.

S'ENTRAÎNER À LA LOGIQUE → p. 525

110 **Infirmer avec un contre-exemple**

Voici des propositions relevées dans des copies d'élèves. Elles sont fausses. Infirmer chacune d'elles à l'aide d'un contre-exemple.

a) f est une fonction définie sur $\mathbb{R}$ telle que : $\lim\limits_{x \to -\infty} f(x) = -\infty$ et $\lim\limits_{x \to +\infty} f(x) = +\infty$, donc f est croissante sur $\mathbb{R}$.

b) f est une fonction strictement croissante sur $\mathbb{R}$, donc $\lim\limits_{x \to +\infty} f(x) = +\infty$.

c) f est une fonction définie sur $[0\,;+\infty[$ telle que $f(0) = 0$ et $\lim\limits_{x \to +\infty} f(x) = +\infty$, donc f est positive sur $\mathbb{R}$.

111 **Des affirmations vraies ou fausses**

Dans chaque cas, dire si l'affirmation est vraie ou fausse. Justifier.

a) f est une fonction définie sur $]0\,;+\infty[$.

Si pour tout réel $x > 0$, $0 \leqslant f(x) \leqslant \sqrt{x}$, alors

$$\lim_{x \to +\infty} \frac{f(x)}{x} = 0.$$

b) f est une fonction définie sur $]0\,;+\infty[$.

Si $\lim\limits_{x \to +\infty} \dfrac{f(x)}{x} = 2$, alors $\lim\limits_{x \to +\infty} f(x) = +\infty$.

112 ÉTUDE D'UNE SUITE DE FONCTIONS

Tice

Objectif
Étudier une suite de fonctions f_n avec $n \in \mathbb{N}$.

n désigne un nombre entier naturel. On note f_n la fonction définie sur $\mathbb{R}$ par :

$$f_n(x) = \frac{e^{-nx}}{1+e^{-x}}.$$

On note $\mathscr{C}_n$ la courbe représentative de f_n dans un repère orthonormé.

1. a) Avec un logiciel de géométrie dynamique, afficher les courbes $\mathscr{C}_0$, $\mathscr{C}_1$ et $\mathscr{C}_2$.

b) Créer un curseur n allant de 0 à 10 avec un incrément de 1 et créer la courbe $\mathscr{C}_n$.

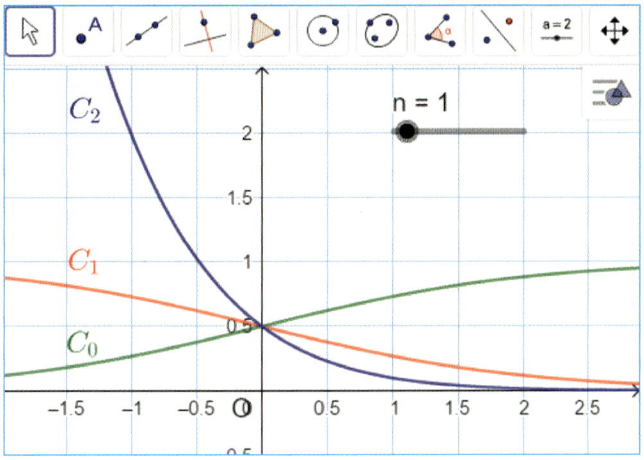

c) Déplacer le curseur et conjecturer :
- l'existence d'un point commun aux courbes $\mathscr{C}_n$;
- les limites en $-\infty$ et en $+\infty$ de la fonction f_n ainsi que son sens de variation.

2. Étude d'un point commun

Démontrer que pour tout entier naturel n, les courbes $\mathscr{C}_n$ ont un point A en commun. Préciser ses coordonnées.

On utilise les coordonnées du point A conjecturées à la question 1 et on vérifie que pour tout n, $y_A = f_n(x_A)$.

3. Étude de la fonction f_0

a) Étudier le sens de variation de la fonction f_0.

b) Préciser la limite de la fonction f_0 en $-\infty$, puis en $+\infty$.
Interpréter graphiquement ces limites.

c) Dresser le tableau de variations de la fonction f_0 sur $\mathbb{R}$.

4. Étude de la fonction f_1

a) Démontrer que, pour tout réel x, $f_0(x) = f_1(-x)$.

b) En déduire la limite de la fonction f_1 en $-\infty$, puis en $+\infty$.

c) Donner une interprétation géométrique de la question **4. a)** pour les courbes $\mathscr{C}_0$ et $\mathscr{C}_1$.

5. Étude de la fonction f_n pour $n \geqslant 2$

a) Vérifier que pour tout entier naturel $n \geqslant 2$ et pour tout nombre réel x :

$$f_n(x) = \frac{1}{e^{nx} + e^{(n-1)x}}.$$

b) Étudier la limite de la fonction f_n en $-\infty$, puis en $+\infty$.

c) Démontrer que la fonction f_n est décroissante sur $\mathbb{R}$ et dresser son tableau de variations.

113 Étudier un tableau de variations

Raisonner **Calculer** **Communiquer**

Voici le tableau de variations d'une fonction f définie sur $]-\infty\,;1[\cup]1\,;+\infty[$.

$\mathscr{C}$ est la courbe représentative de f dans un repère orthonormé.

x	$-\infty$		0		1		3		$+\infty$
$f(x)$	2	↘	-3	↗	$+\infty$ ‖ $+\infty$	↘	0	↗	$+\infty$

Indiquer pour chaque question la réponse exacte par **(1)**, **(2)** ou **(3)** sans justification.

a) (1) La droite d'équation $x=2$ est asymptote à $\mathscr{C}$.
(2) La droite d'équation $x=1$ est asymptote à $\mathscr{C}$.
(3) La droite d'équation $y=-3$ est asymptote à $\mathscr{C}$.

b) (1) $\lim\limits_{x\to-\infty}\dfrac{1}{f(x)}=-\infty$ **(2)** $\lim\limits_{x\to1}\dfrac{1}{f(x)}=0$

(3) $\lim\limits_{x\to3}\dfrac{1}{f(x)}=0$

c) $\lim\limits_{x\to-\infty}\mathrm{e}^{f(x)}$ est égale à : **(1)** 0 **(2)** $-\infty$ **(3)** e^2

114 Relier limites et courbes

Raisonner **Calculer**

L'emploi de la calculatrice est interdit.

Associer à chacune des fonctions suivantes définies sur $]-\infty\,;-2[\cup]-2\,;1[\cup]1\,;+\infty[$, l'écran sur lequel apparait sa courbe représentative.

$f_1: x\mapsto\dfrac{x^2+4x+3}{x^2+x-2}$ $f_2: x\mapsto\dfrac{-2x}{x^2+x-2}$

$f_3: x\mapsto\dfrac{-x^2+7}{x^2+x-2}$ $f_4: x\mapsto\dfrac{x^2+2}{x^2+x-2}$

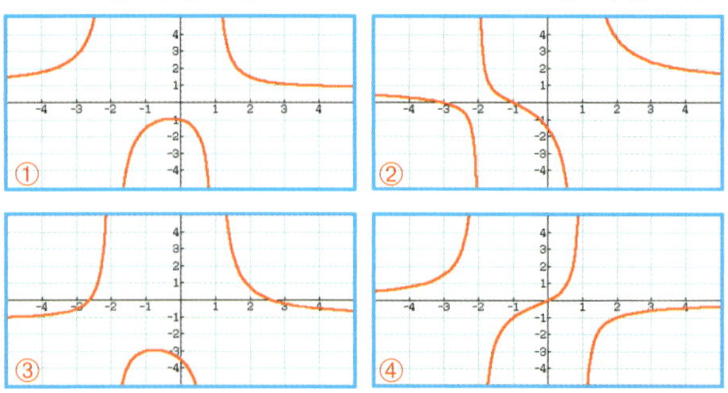

115 Calculate limits

Raisonner **Calculer** **Communiquer**

Find each of the following limits, giving the left and right limits if needed.

a) $f(x)=\dfrac{x-2}{4-x^2}$ in 2 **b)** $g(x)=\dfrac{x-2}{x+1}$ in -1

116 Étudier des conditions de validité

Chercher **Raisonner**

En quels points, peut-on étudier la limite de la fonction
$$f: x\mapsto\sqrt{x(x-2)}-\sqrt{x(x+2)}\ ?$$

117 Vérifier des conditions

Narration de recherche

Raisonner **Calculer**

Rédiger les différentes étapes de la recherche, sans omettre les fausses pistes et les changements de méthode.

Problème

f est la fonction définie sur $\mathbb{R}$ par :
$$f(x)=\frac{a\mathrm{e}^{-x}+bx}{\mathrm{e}^{-x}+2x}\ \text{avec } a \text{ et } b \text{ nombres réels.}$$
$\mathscr{C}$ est la courbe représentative de f dans un repère orthonormé.

$\mathscr{C}$ admet pour asymptote la droite d'équation $y=3$ en $-\infty$ et la droite d'équation $y=4$ en $+\infty$.

Déterminer les nombres réels a et b.

118 Imaginer une stratégie

Chercher **Raisonner**

f est la fonction définie sur $]-\infty\,;0[\cup]0\,;+\infty[$ par :
$$f(x)=\frac{\mathrm{e}^{2x}+4\mathrm{e}^{x}-5}{\mathrm{e}^{2x}-1}.$$
Étudier la limite de la fonction f en 0.

119 Étudier une limite en 0

Problème ouvert

Chercher **Raisonner**

f est la fonction définie sur $\mathbb{R}^*$ par $f(x)=\sin\left(\dfrac{1}{x}\right)$.

La fonction f a-t-elle une limite en 0 ?

120 Prendre des initiatives

Chercher **Raisonner**

f est la fonction définie sur $]0\,;+\infty[$ par $f(x)=\dfrac{x^2}{x+1}$.

Déterminer une fonction affine g telle que :
$$\lim_{x\to+\infty}(f(x)-g(x))=0.$$

121 Lever une indétermination

Chercher **Raisonner**

f est la fonction définie sur $\mathbb{R}$ par $f(x)=\sqrt{x^2+4}-x$.

Étudier la limite de f en $-\infty$, puis en $+\infty$.

Conseil : se souvenir que $(a-b)(a+b)=a^2-b^2$.

122 Étudier une proportion Algo

⏱ 40 min

D'après Bac, Antilles-Guyane 2019

Soit a et b des nombres réels. On considère une fonction f définie sur $[0\,;+\infty[$ par :

$$f(x)=\frac{a}{1+\mathrm{e}^{-bx}}.$$

La courbe $\mathscr{C}_f$ représentant la fonction f dans un repère orthogonal est donnée ci-dessous.

La courbe $\mathscr{C}_f$ passe par le point A(0 ; 0,5).

La tangente à la courbe $\mathscr{C}_f$ au point A passe par le point B(10 ; 1).

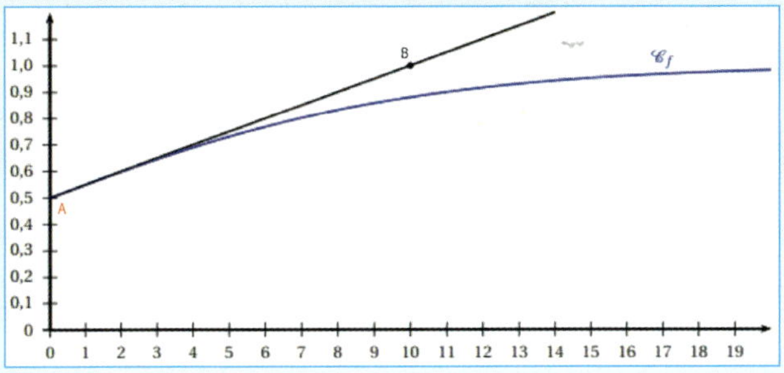

Partie A

1. Justifier que $a=1$.

On obtient alors, pour tout réel $x \geqslant 0$, $f(x)=\dfrac{1}{1+\mathrm{e}^{-bx}}$.

2. On admet que la fonction f est dérivable sur $[0\,;+\infty[$ et on note f' sa fonction dérivée.

Vérifier que pour tout réel $x \geqslant 0$, $f'(x)=\dfrac{b\mathrm{e}^{-bx}}{(1+\mathrm{e}^{-bx})^2}$.

3. En utilisant les données de l'énoncé, déterminer b.

Partie B

La proportion d'individus qui possèdent un certain type d'équipement dans une population est modélisée par la fonction p définie sur $[0\,;+\infty[$ par :

$$p(x)=\frac{1}{1+\mathrm{e}^{-0{,}2x}}.$$

Le réel x représente le temps écoulé, en année, depuis le 1er janvier 2000.

Le nombre $p(x)$ modélise la proportion d'individus équipés après x années.

Ainsi, pour ce modèle, $p(0)$ est la proportion d'individus équipés au 1er janvier 2000 et $p(3{,}5)$ est la proportion d'individus équipés au milieu de l'année 2003.

1. Quelle est, pour ce modèle, la proportion d'individus équipés au 1er janvier 2010 ? *On en donnera une valeur arrondie au centième.*

2. a) Déterminer le sens de variation de la fonction p sur $[0\,;+\infty[$.

b) Calculer la limite de la fonction p en $+\infty$.

c) Interpréter cette limite dans le contexte de l'exercice.

3. On considère que, lorsque la proportion d'individus équipés dépasse 95 %, le marché est saturé.

Pour déterminer l'année au cours de laquelle cela se produit, on utilise cet algorithme au début duquel on affecte la valeur 0 à la variable A.

a) Recopier et compléter cet algorithme.

b) Dresser un tableau de suivi des variables.

En quelle année le marché sera-t-il saturé ?

```
Tant que …
  | A ← A + 1
Fin Tant que
```

Guide de résolution
1. Calculer $f(0)$.

Guide de résolution
3. Écrire l'équation de la tangente à $\mathscr{C}_f$ en A et utiliser le fait que cette tangente passe par B.

Guide de résolution
2. a) Utiliser l'expression donnée à la question **2.** de la **partie A**.

Guide de résolution
3. b) On peut s'aider de la calculatrice pour compléter ce tableau.

123 Étudier une simulation

45 min

D'après Bac, Asie 2017

Un protocole de traitement d'une maladie, chez l'enfant, comporte une perfusion longue durée d'un médicament adapté. La concentration dans le sang du médicament au cours du temps est modélisée par la fonction C définie sur l'intervalle $[0\,;+\infty[$ par $C(t)=\dfrac{d}{a}\left(1-e^{-\frac{a}{80}t}\right)$ où :

- C désigne la concentration du médicament dans le sang, exprimée en micromole par litre,
- t le temps écoulé depuis le début de la perfusion, exprimé en heure,
- d le débit de la perfusion, exprimé en micromole par heure,
- a un paramètre réel strictement positif, appelé clairance, exprimé en litre par heure.

Le paramètre a est spécifique à chaque patient.

En médecine, on appelle « plateau » la limite en $+\infty$ de la fonction C.

Partie A : étude d'un cas particulier

La clairance a d'un certain patient vaut 7, et on choisit un débit d égal à 84.

Dans cette partie, la fonction C est donc définie sur $[0\,;+\infty[$ par :

$$C(t)=12\left(1-e^{-\frac{7}{80}t}\right).$$

1. Étudier le sens de variation de la fonction C sur $[0\,;+\infty[$.

2. Pour être efficace, le plateau doit être égal à 15. Le traitement est-il efficace ?

Partie B : étude de fonctions

1. Soit f la fonction définie sur $]0\,;+\infty[$ par $f(x)=\dfrac{105}{x}\left(1-e^{-\frac{3}{40}x}\right)$.

Démontrer que pour tout réel x de $]0\,;+\infty[$, $f'(x)=\dfrac{105g(x)}{x^2}$ où g est la fonction définie sur $[0\,;+\infty[$ par $g(x)=\dfrac{3x}{40}e^{-\frac{3}{40}x}+e^{-\frac{3}{40}x}-1$.

2. Voici le tableau de variations de la fonction g.

x	0	$+\infty$
$g(x)$	0 ↘	-1

En déduire le sens de variation de la fonction f.

On ne demande pas les limites de f.

3. On admet que l'équation $f(x)=5{,}9$ admet une unique solution dans $[1\,;80]$.

En déduire que l'équation admet une unique solution α sur l'intervalle $]0\,;+\infty[$.

Déterminer un encadrement d'amplitude 10^{-1} de α à l'aide de la calculatrice.

Partie C : détermination d'un traitement adéquat

On se propose de déterminer, pour un patient donné, la valeur du débit de la perfusion qui permet au traitement d'être efficace. Pour cela, on règle provisoirement le débit d à 105, avant de calculer le débit qui rend le traitement efficace.

1. On cherche à déterminer la clairance a d'un patient.

Le débit est provisoirement réglé à 105.

a) Exprimer en fonction de a la concentration du médicament 6 heures après le début de la perfusion.

b) Au bout de 6 heures, des analyses permettent de connaître la concentration du médicament dans le sang ; elle est égale à 5,9 micromoles par litre.

Déterminer une valeur approchée, au dixième de litre par heure, de la clairance.

2. Déterminer la valeur du débit d de la perfusion garantissant l'efficacité du traitement.

Guide de résolution
2. Calculer la limite de C en $+\infty$.

Guide de résolution
1. Utiliser les résultats de la **partie B.**

Guide de résolution
2. Utiliser $\lim\limits_{x\to+\infty} C(t)=105$.

124 Utiliser une fonction auxiliaire

35 min

D'après Bac, Nouvelle-Calédonie 2018

Partie A

g est la fonction définie et dérivable sur $\mathbb{R}$ par $g(x) = -2x^3 + x^2 - 1$.

1. Étudier les variations de la fonction g. Étudier les limites de g en $+\infty$ et $-\infty$.

2. On admet que l'équation $g(x) = 0$ admet une unique solution dans $\mathbb{R}$, notée α, et que α appartient à $[-1\,;0]$. En déduire le signe de g sur $\mathbb{R}$.

Partie B

f est la fonction définie et dérivable sur $\mathbb{R}$ par $f(x) = (1 + x + x^2 + x^3)e^{-2x+1}$.

1. a) Démontrer que pour tout réel $x > 1$, $1 < x < x^2 < x^3$.

b) En déduire que pour tout réel $x > 1$, $0 < f(x) < 4x^3e^{-2x+1}$. Vérifier que, pour tout réel x, $4x^3e^{-2x+1} = \frac{e}{2}(2x)^3e^{-2x}$, puis montrer que $\lim\limits_{x \to +\infty} 4x^3e^{-2x+1} = 0$.

c) On note $\mathscr{C}_f$ la courbe représentative de f dans un repère orthonormé $(O\,;\vec{i}, \vec{j})$. En utilisant la question précédente, déterminer la limite de f en $+\infty$ et en donner une interprétation graphique.

2. Démontrer que pour tout réel x, $f'(x) = (-2x^3 + x^2 - 1)e^{-2x+1}$.

3. À l'aide des résultats de la partie **A**, déterminer les variations de f sur $\mathbb{R}$.

Guide de résolution
1. Pour étudier la limite en $+\infty$, mettre x^3 en facteur.

Guide de résolution
1. b) Utiliser le schéma de décomposition
$x \longmapsto \underbrace{2x}_{X} \longmapsto X^3e^{-X}$
et le théorème des gendarmes.

Se préparer À L'ORAL

125 Présenter un exposé

a) Rappeler les théorèmes à connaître sur la croissance comparée des fonctions exp et $x \mapsto x^n$ en $+\infty$.

b) Dans un exposé oral de 10 min, présenter ces théorèmes et proposer une application de chacun d'eux.

126 Travailler l'oral en groupe

Résoudre cet exercice en petit groupe, puis en présenter les résultats à l'oral.

Dans un repère orthonormé, $\mathscr{C}$ est la courbe représentative de la fonction f définie sur $]-\infty\,;1[\,\cup\,]1\,;8[\,\cup\,]8\,;+\infty[$ par :

$$f(x) = \frac{x^2 - 10x + 16}{x^2 - 9x + 8}.$$

a) Étudier les limites de la fonction f aux bornes de son intervalle de définition.

b) En déduire les asymptotes à la courbe $\mathscr{C}$.

127 Travailler les compétences orales

▶ **ANTICIPER LES QUESTIONS DU JURY**

1. Préparation de la restitution orale (5 min)
Par groupe de 4, chaque élève traite une des propositions.

2. Jeu de rôle (30 min)
Chaque élève présente son résultat à l'oral (2 min), pendant que les trois autres composent le jury.
Chaque juré pose une question au candidat (5 min).

Énoncé : répondre par Vrai ou Faux en justifiant.
f est la définie sur $\mathbb{R}$ par $f(x) = xe^{-2x}$ et g est la fonction définie sur $]-\infty\,;-1[$ par $g(x) = \frac{x}{\sqrt{x^2 - 1}}$.

(1) La limite en $-\infty$ de la fonction f est $+\infty$.

(2) Dans un repère orthonormé, la courbe représentative de f admet une asymptote horizontale en $+\infty$.

(3) La limite en $-\infty$ de la fonction g est 1.

(4) Dans un repère orthonormé, la courbe représentative de g admet une unique asymptote.

128 Étude des branches infinies

Problème

f est une fonction telle que $\lim\limits_{x \to +\infty} f(x) = +\infty$.

Dans un repère orthonormé, $\mathscr{C}$ est la courbe représentative de f.

On se propose d'étudier le comportement de $f(x)$ et donc de $\mathscr{C}$ quand x tend vers $+\infty$.

Ce comportement dépend de $\dfrac{f(x)}{x}$ qui représente le coefficient directeur de la droite (OM) où M est le point de coordonnées $(x\,;f(x))$.

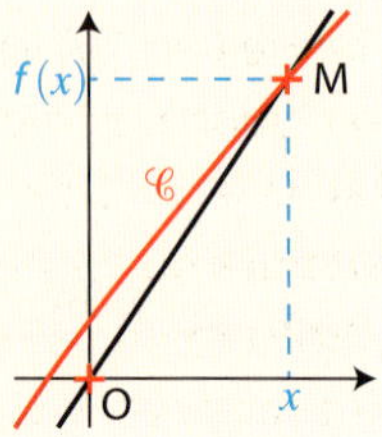

Partie A : asymptotes obliques

Définition

Lorsque $\lim\limits_{x \to +\infty} \dfrac{f(x)}{x} = a$ où a est un nombre réel différent de 0 et $\lim\limits_{x \to +\infty} (f(x) - ax) = b$ où b est un nombre réel, on dit que $\mathscr{C}$ admet en $+\infty$ une **asymptote oblique** d'équation $y = ax + b$.

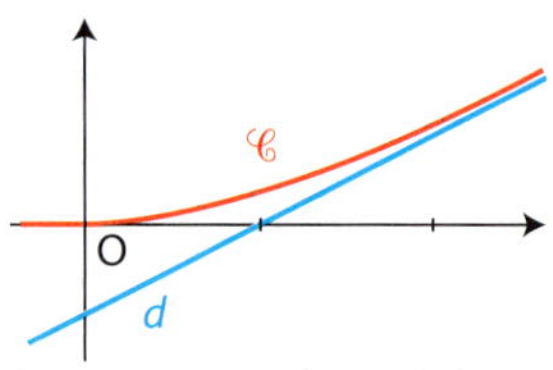

1. f est la fonction définie sur $]-\infty\,;4[\,\cup\,]4\,;+\infty[$ par :

$$f(x) = 2x - 1 + \frac{1}{x-4}.$$

a) Afficher la courbe représentative $\mathscr{C}$ de f à l'écran de la calculatrice, puis conjecturer le comportement de la courbe en $+\infty$.

b) Déterminer la limite en $+\infty$ de la fonction $x \mapsto f(x) - (2x - 1)$.

c) En déduire l'équation d'une asymptote oblique d à la courbe $\mathscr{C}$ en $+\infty$.

d) Démontrer que d est aussi une asymptote oblique à $\mathscr{C}$ en $-\infty$.

e) Étudier les positions relatives de $\mathscr{C}$ et de d.

2. Dans un repère, la droite Δ d'équation $y = ax + b$ est une asymptote oblique à la courbe représentative $\mathscr{C}$ d'une fonction g en $+\infty$.

a) Démontrer que $\lim\limits_{x \to +\infty} \dfrac{g(x)}{x} = a$.

b) Démontrer que $\lim\limits_{x \to +\infty} (g(x) - ax) = b$.

3. h est la fonction définie sur $]-\infty\,;-2[\,\cup\,]-2\,;+\infty[$ par $h(x) = \dfrac{3x^2 + 5x + 1}{x+2}$.

a) Étudier la limite en $+\infty$ de $x \mapsto \dfrac{h(x)}{x}$.

b) En déduire l'équation d'une asymptote oblique à la courbe représentative $\mathscr{C}$ de h en $+\infty$.

Partie B : branches paraboliques

Définitions

- Lorsque $\lim\limits_{x \to +\infty} \dfrac{f(x)}{x} = 0$, on dit que $\mathscr{C}$ admet en $+\infty$ une **branche parabolique d'axe (Ox)**.

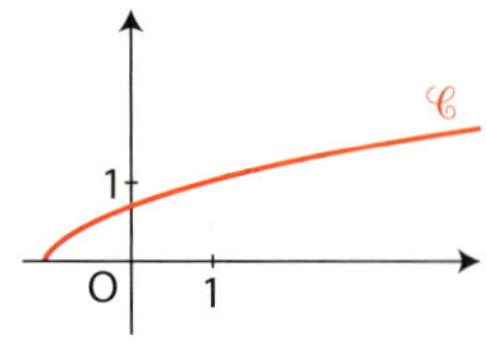

- Lorsque $\lim\limits_{x \to +\infty} \dfrac{f(x)}{x} = +\infty$, on dit que $\mathscr{C}$ admet en $+\infty$ une **branche parabolique d'axe (Oy)**.

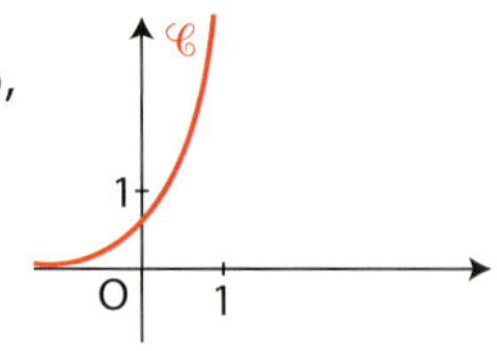

- Lorsque $\lim\limits_{x \to +\infty} \dfrac{f(x)}{x} = a$ et $\lim\limits_{x \to +\infty} (f(x) - ax) = +\infty$ (ou $-\infty$), on dit que $\mathscr{C}$ admet en $+\infty$ une **branche parabolique de direction $y = ax$**.

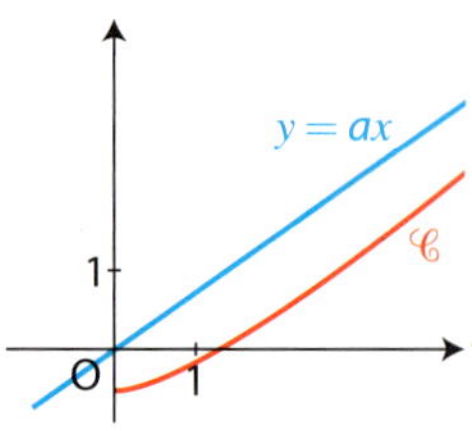

Voici dans un repère orthonormé les courbes représentatives des fonctions f, g, h et i définies sur $[0\,;+\infty[$ par :

- $f(x) = x^3 - 1$
- $g(x) = x - 2\sqrt{x}$
- $h(x) = \dfrac{x}{\sqrt{x+2}}$
- $i(x) = \dfrac{x^2 + 2}{x + 3}$

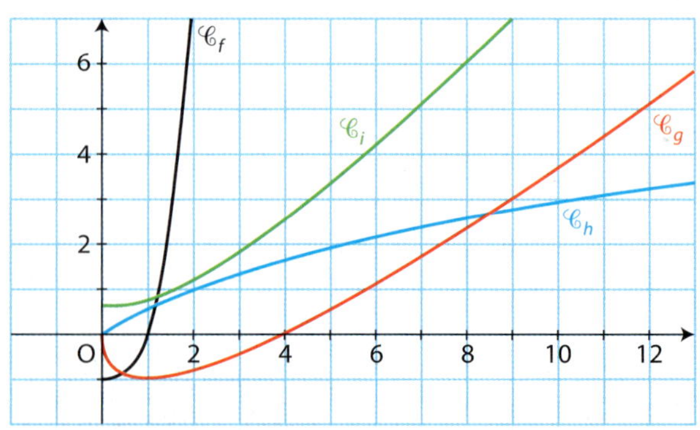

a) Conjecturer les branches infinies en $+\infty$ de ces fonctions.

b) Prouver ces conjectures.

129 Équivalents au voisinage de l'infini et de 0

Définition

f et g sont deux fonctions et a est un réel ou $+\infty$ ou $-\infty$.

Dire que les fonctions f et g sont équivalentes au voisinage de a signifie que $\lim\limits_{x \to a} \dfrac{f(x)}{g(x)} = 1$.

On note $f \underset{a}{\sim} g$.

1. Dans chaque cas déterminer si les fonctions f et g définies sur $\mathbb{R}$ sont équivalentes en $+\infty$.

a) $f(x) = 7x^2 + 2x + 4$ et $g(x) = 7x^2$.

b) $f(x) = 5x$ et $g(x) = \dfrac{x^3 + 3x - 2}{x^2 + 3}$.

c) $f(x) = \mathrm{e}^{2x}$ et $g(x) = \mathrm{e}^{2x-1}$.

2. Dans chaque cas déterminer une fonction du type $x \mapsto ax^n$ (avec $a \in \mathbb{R}^*$, $n \in \mathbb{N}$) équivalente à la fonction f en $+\infty$.

a) $f(x) = 4x^3 - 5x^2 + 3$ **b)** $f(x) = \dfrac{3x^2 + x + 5}{x + 3}$.

3. Dans chaque cas, déterminer si les fonctions f et g définies sur $\mathbb{R}$ sont équivalentes en 0.

a) $f(x) = \mathrm{e}^x - 1$ et $g(x) = x$.

b) $f(x) = 5x$ et $g(x) = \dfrac{5x^3 + 3x - 2}{x^2 + 3}$.

130 Tice Une fonction catastrophe

f est la fonction définie sur $]-\infty\,;0[\,\cup\,]0\,;+\infty[$ par :

$$f(x) = \frac{(x^{20} + 100)^2 - 10\,000}{x^{20}}.$$

a) À l'aide d'un logiciel de calcul formel, déterminer une valeur approchée de $f(x)$ pour des valeurs de x proches de 0, par exemple : 0,5 ; 0,4 ; 0,3 ; 0,2 ; 0,1 ; 0,05 ; 0,01.

On dit que f est une « fonction catastrophe » car une petite variation de x peut donner une variation considérable de $f(x)$.

b) Développer $(x^{20} + 100)^2$ et obtenir pour $x \neq 0$, une expression simplifiée de $f(x)$.

c) Déterminer alors la limite de la fonction f en 0.

HISTOIRE DES MATHS

Le mathématicien français René Thom (1923-2002) a développé la Théorie des catastrophes. Pour ces travaux, il obtint en 1958 la médaille Fields.

131 Tice La fonction de Gompertz

f est la fonction définie sur $[0\,;+\infty[$ par :

$$f(x) = a\exp(k\mathrm{e}^{-bx})$$

où a, b, k sont des constantes avec $a > 0$, $b \neq 0$ et $k \neq 0$.

1. Avec un logiciel de géométrie, créer trois curseurs a (entre 0 et 10), b (entre -5 et 5), k (entre -5 et 5), avec pour incrément 0,1.

Tracer la courbe représentative de f et observer certaines de ses propriétés en déplaçant les curseurs.

2. Voici la dérivée $f'(x)$ obtenue avec une calculatrice formelle. Expliquer pourquoi $f'(x)$ est du signe contraire de $b \times k$.

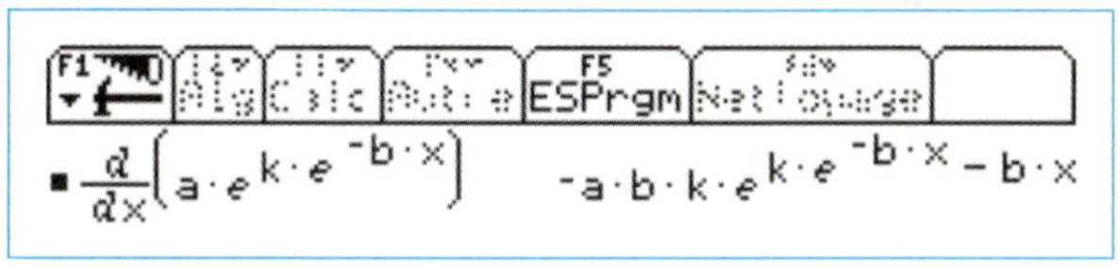

3. Dans chaque cas, étudier la limite de f en $+\infty$ et dresser le tableau de variations de f.

a) $b > 0$, $k > 0$ **b)** $b > 0$, $k < 0$

c) $b < 0$, $k > 0$ **d)** $b < 0$, $k < 0$

HISTOIRE DES MATHS

Cette fonction introduite par le mathématicien britannique Benjamin Gompertz en 1925, sert parfois de modèle en médecine, en écologie, en biologie pour décrire la croissance de certaines espèces.

Des Défis

132 Lever une indétermination

f est la fonction définie sur l'intervalle $]1\,;+\infty[$ par :

$$f(x) = \frac{x\sqrt{x} - 1 + (x-1)\sqrt{x-1}}{\sqrt{x^2 - 1}}.$$

Étudier la limite de f en $+\infty$, puis en 1.

133 Étudier une fonction périodique

f est la fonction définie sur $\mathbb{R}$ de la façon suivante :

- si $x \in [0\,;2]$, $f(x) = x^2(2 - x)$;
- pour tout réel x, $f(x + 2) = f(x)$.

La fonction f a-t-elle une limite en $+\infty$?

9 Compléments sur la dérivation

HISTOIRE DES MATHS

Au cours de la seconde guerre punique, en 213 avant notre ère, lors du siège de Syracuse, **Archimède** aurait orienté des miroirs concaves vers des navires romains pour y concentrer les rayons du soleil et enflammer leurs voiles.

Au début du 19e siècle, la convexité fait l'objet de travaux par **Augustin Cauchy**. Plus tard, à l'aide de fonctions convexes, des mathématiciens démontrent un grand nombre d'inégalités remarquables, dites inégalités de convexité. Ainsi, en 1906, **Jensen** démontre une inégalité qui permet notamment la comparaison entre la moyenne arithmétique et la moyenne géométrique de plusieurs nombres.

Dans les années 1930, **Hardy** étudie les fonctions convexes. Il consacre son ouvrage *Inégalités* à l'obtention d'inégalités grâce à la convexité.

Godfrey Hardy

Johan Jensen

▶ **Johan Jensen** (1859-1925) est un ingénieur danois. Employé dans une compagnie de téléphone, il consacre son temps libre à des recherches en mathématiques. Il est surtout connu pour l'inégalité de Jensen.

▶ **Godfrey Hardy** (1877-1947) est un mathématicien anglais qui a enseigné au Trinity College de Cambridge. Sa collaboration avec le mathématicien Littlewood, l'une des plus fructueuses dans l'histoire des mathématiques, donne lieu à des centaines de publications en analyse et en théorie des nombres.

1845 Verhulst définit une courbe avec un point d'inflexion pour décrire l'évolution d'une population.

1876 Jordan, auteur d'une inégalité sur une fonction concave, enseigne à Polytechnique.

1906 Jensen démontre l'inégalité portant son nom.

1930 Hardy publie *Inégalités*, ouvrage sur la convexité.

1848 Fin de la monarchie de Juillet

1867 Les États-Unis achètent l'Alaska

1883 *Au Bonheur des Dames* de Zola

1905 Einstein publie sa théorie de la relativité

1930 Découverte de Pluton

1945 Fin de la Seconde Guerre mondiale

1850 — 1875 — 1900 — 1925 — 1950

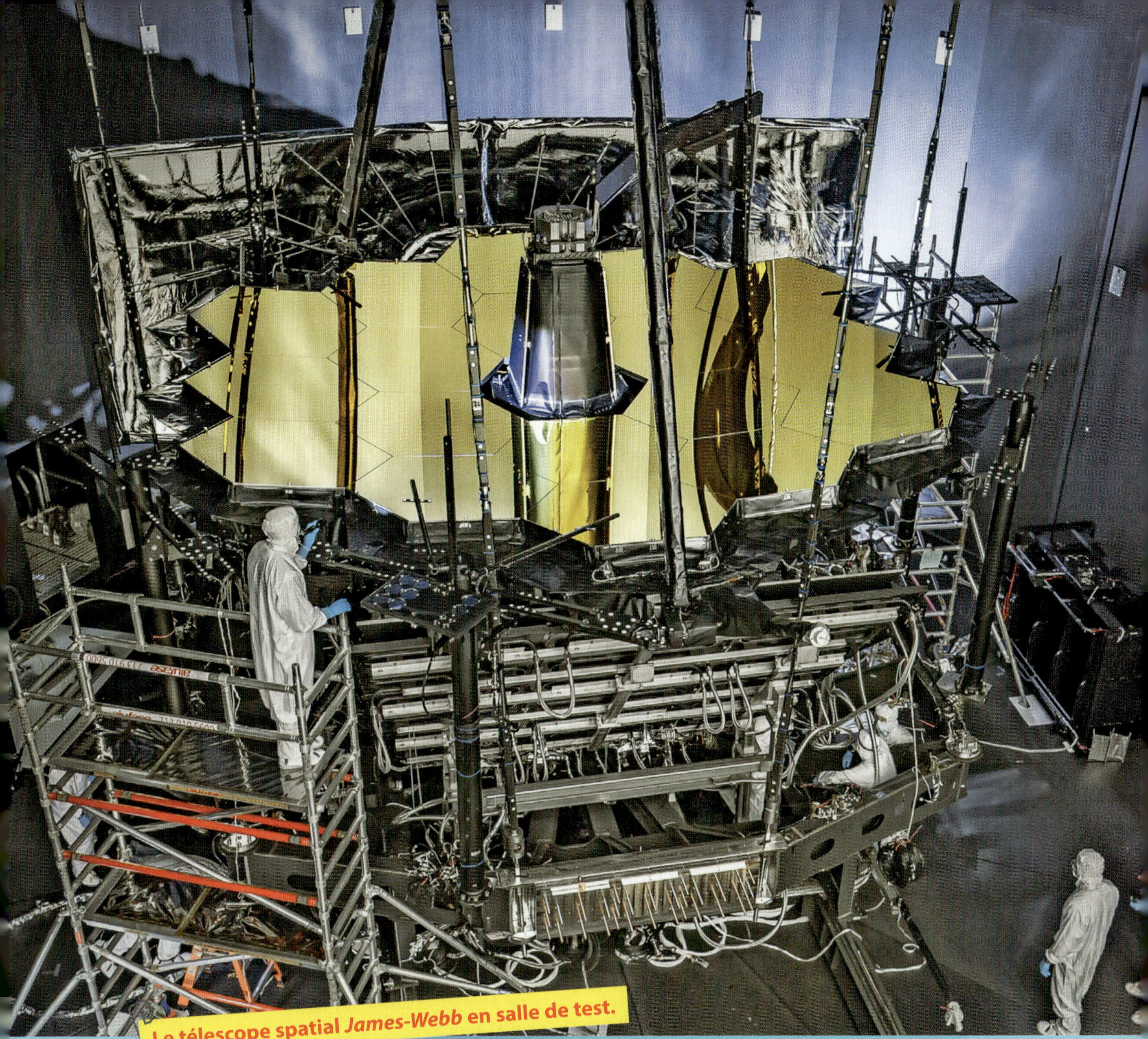

Le télescope spatial *James-Webb* en salle de test.

Le télescope spatial *James-Webb*, développé par la Nasa, est le successeur du télescope *Hubble*. Un télescope est un instrument d'optique composé d'un miroir concave qui joue le rôle d'objectif. Il fournit, d'un objet quelconque se trouvant à l'infini (par exemple d'une étoile ou d'une galaxie), une image réelle se trouvant dans le plan focal du miroir.

Les contenus et capacités travaillés dans ce chapitre

	Savoir-faire	Exercices
• Utiliser la dérivée pour déterminer une équation de tangente, étudier les variations d'une fonction.	1 à 4	22, 23, 27, 28
• Composée de deux fonctions. Calculer la dérivée d'une fonction donnée par une formule simple.	5 à 10	29 à 41
• Fonctions convexes sur un intervalle ; position d'une courbe par rapport à ses tangentes, points d'inflexion.	11 à 14	42, 43, 45 à 48
• Convexité et croissance de f', positivité de f''.	15 à 21	54 à 65
• Démontrer des inégalités en utilisant la convexité d'une fonction.		44, 49, 69, 71, 79
• Esquisser l'allure de la courbe d'une fonction f à partir de tableaux de variations de f, de f' ou de f''.		24 à 26, 50 à 53

Calcul mental

Rappels utiles

• La fonction exponentielle

Pour tout nombre réel x,

$\mathbf{e^0 = 1}$ $\mathbf{exp'(x) = e^x}$ $\mathbf{e^x > 0}$

La fonction exponentielle est strictement croissante sur $\mathbb{R}$.

• Dérivées de fonctions usuelles

$f(x)$	f est dérivable sur	$f'(x)$
$k \in \mathbb{R}$	$\mathbb{R}$	0
x	$\mathbb{R}$	1
x^n ($n \in \mathbb{Z}, n \neq 0$ et $n \neq 1$)	$\mathbb{R}$ si $n \geqslant 2$ $]-\infty\,;0[$ ou $]0\,;+\infty[$ si $n \leqslant -1$	nx^{n-1}
$\dfrac{1}{x}$	$]-\infty\,;0[$ ou $]0\,;+\infty[$	$-\dfrac{1}{x^2}$
$\sqrt{x}$	$]0\,;+\infty[$	$\dfrac{1}{2\sqrt{x}}$

• Sens de variation et dérivée

f est une fonction dérivable sur un intervalle I.
Si pour tout réel x de I, $f'(x) \geqslant 0$ (resp. $f'(x) \leqslant 0$), alors la fonction f est croissante (resp. décroissante) sur I.

• Dérivée de $x \mapsto g(ax+b)$

a et b désignent deux nombres réels avec $a \neq 0$.
Si g est une fonction dérivable sur un intervalle J, alors la fonction $f : x \mapsto g(ax+b)$ est dérivable sur l'intervalle I formé des nombres réels x tels que $ax+b$ appartient à J et $\mathbf{f'(x) = ag'(ax+b)}$.
En particulier, la fonction $f : x \mapsto e^{ax+b}$ est dérivable sur $\mathbb{R}$ et pour tout réel x, $f'(x) = ae^{ax+b}$.

• Équation de la tangente à une courbe

Dans un repère, une équation de la tangente à la courbe représentative de la fonction f au point d'abscisse a est $\mathbf{y = f'(a)(x-a) + f(a)}$.

À l'oral — Questions-Tests

Pour chaque question, il y a une seule réponse exacte.

1 f est la fonction définie sur $\mathbb{R}$ par $f(x) = 2 - 2e^x$.

a) $f(0)$ est égal à :
(1) -2 (2) 0 (3) 2

b) f est positive sur l'intervalle :
(1) $]-\infty\,;+\infty[$ (2) $[0\,;+\infty[$ (3) $]-\infty\,;0]$

c) Pour tout réel x, $f'(x)$ est égal à :
(1) $2e^x$ (2) $2-2e^x$ (3) $-2e^x$

2 **a)** f est la fonction définie sur $\mathbb{R}$ par :
$$f(x) = x^2 - 5x + 1.$$
$f'(0)$ est égal à :
(1) -5 (2) 0 (3) 1

b) g est la fonction définie sur $\mathbb{R}^*$ par $g(x) = \dfrac{1}{x} + x$.
Pour tout réel $x \neq 0$, $g'(x)$ est égal à :
(1) 2 (2) $\dfrac{1}{x^2}+1$ (3) $\dfrac{x^2-1}{x^2}$

c) h est la fonction définie sur l'intervalle $[0\,;+\infty[$ par $h(x) = -2\sqrt{x}$.
Le nombre dérivé de h en 1 est :
(1) $h'(1) = -2$ (2) $h'(1) = -1$ (3) $h'(1) = 0{,}5$

3 f est une fonction dérivable sur $\mathbb{R}$.
Pour tout réel x, $f'(x) = e^x(x-1)$.

a) f est croissante sur l'intervalle :
(1) $[0\,;+\infty[$ (2) $[1\,;+\infty[$ (3) $]-\infty\,;1]$

b) f est décroissante sur l'intervalle :
(1) $[0\,;+\infty[$ (2) $[1\,;+\infty[$ (3) $]-\infty\,;1]$

4 **a)** f est la fonction définie sur $\mathbb{R}$ par :
$$f(x) = e^{3x+1}.$$
Pour tout réel x, $f'(x)$ est égal à :
(1) e^{3x+1} (2) $3e^{3x+1}$ (3) $(3x+1)e^{3x+1}$

b) g est la fonction définie sur $\mathbb{R}$ par $g(x) = (5x+1)^3$.
Pour tout réel x, $g'(x)$ est égal à :
(1) $15(5x+1)^2$ (2) $3(5x+1)^2$ (3) 5^3

5 f est la fonction définie sur $\mathbb{R}$ par :
$$f(x) = 1 + e^{-x+2}.$$
$\mathscr{C}$ est la courbe représentative de f dans un repère.

a) $f(2)$ est égal à : (1) 0 (2) 1 (3) 2

b) $f'(2)$ est égal à : (1) -1 (2) 1 (3) 2

c) Une équation de la tangente à la courbe $\mathscr{C}$ au point d'abscisse 2 est :
(1) $y = -x+4$ (2) $y = x$ (3) $y = x+4$

1 Composée de deux fonctions

Un agriculteur possède 5 hectares de terre sur lesquelles il cultive du blé. Sa production, en quintal, lorsqu'il cultive x hectares de terre est modélisée par la fonction p définie sur l'intervalle $[0\,;5]$ par :

$$p(x) = 65x + 5.$$

Son revenu, en euro, lorsqu'il produit X quintaux de blé est donné par la fonction r définie par :

$$r(\mathrm{X}) = 90\mathrm{X} + 0{,}9\mathrm{e}^{-\mathrm{X}}.$$

1 Déterminer le revenu de l'agriculteur lorsqu'il cultive 2 hectares de terre. *Utiliser 1 q = 100 kg.*

2 On note $r \circ p$ la fonction qui à x hectares de terre cultivée associe le revenu, en euro, de l'agriculteur.

a) S'aider du schéma de composition ci-contre pour exprimer $(r \circ p)(x)$, c'est-à-dire $r(p(x))$ en fonction de x.

b) Vérifier le résultat obtenu à la question **1**.

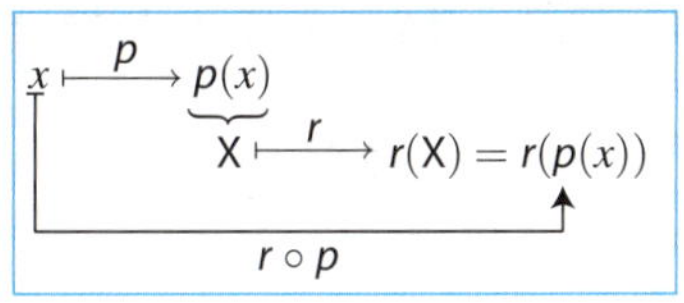

3 **a)** Pour tout réel x de $[0\,;5]$, déterminer : • $(r \circ p)'(x)$; • $(r' \circ p)(x)$, c'est-à-dire $r'(p(x))$.

b) Pour tout réel x de $[0\,;5]$, comparer alors $(r \circ p)'(x)$ et $(r' \circ p)(x) \times p'(x)$.

2 Tice Convexité d'une fonction

Lors de la propagation d'une rumeur, l'évolution du nombre d'individus d'une population propageant celle-ci, x jours après son commencement, peut être modélisée par la fonction f définie sur l'intervalle $[0\,;50]$ par :

$$f(x) = 100 + x^4\mathrm{e}^{-0{,}1x}.$$

La vitesse de propagation de la rumeur est assimilée à la fonction dérivée f' de f.

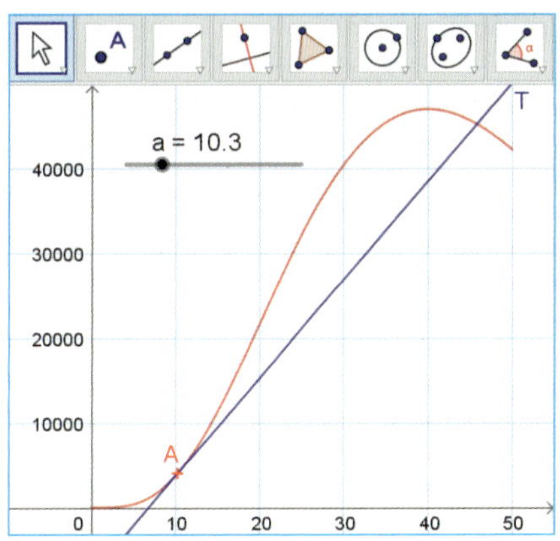

1 **a)** Avec un logiciel de géométrie, créer un curseur a allant de 0 à 50 avec un incrément de 0,1.

b) Dans la zone de saisie, taper :

```
• f(x):=Fonction(100+x^4*exp(-0,1x),0,50)
• A(a,f(a))     • T=Tangente(A,f)     • f'(a)
```

2 Faire varier le curseur a et conjecturer sur quel intervalle :

a) la vitesse de propagation de la rumeur augmente ;

b) la courbe représentative de f est située au-dessus de ses tangentes. Que remarque-t-on ?

On dit que la fonction f est **convexe** sur cet intervalle.

3 Faire varier le curseur a et conjecturer sur quel intervalle :

a) la vitesse de propagation de la rumeur diminue ;

b) la courbe représentative de f est située au-dessous de ses tangentes. Que remarque-t-on ?

On dit que la fonction f est **concave** sur cet intervalle.

Cours

Exercices
- 1 à 4 (ci-contre)
- 22 à 28

Vidéo
JAICOMPRIS.COM
Ces notions sont présentées en vidéo

1 Rappels sur la dérivation

f désigne une fonction définie sur un intervalle I.

A Nombre dérivé, fonction dérivée

Définitions

- a et $a+h$ désignent deux nombres réels de I avec $h \neq 0$.

Dire que *f* **est dérivable en *a*** signifie que la fonction $h \mapsto \dfrac{f(a+h)-f(a)}{h}$ admet un nombre réel pour limite en 0. Ce nombre réel est appelé **nombre dérivé de *f* en *a*** et on le note $f'(a)$.
Ainsi,

$$\boldsymbol{f'(a) = \lim_{h \to 0} \frac{f(a+h)-f(a)}{h}}.$$

- Dire que *f* est **dérivable sur I** signifie que *f* est dérivable en tout réel x de I.

La **fonction dérivée** de *f*, notée f', est la fonction qui, à tout x de I, associe le nombre $f'(x)$.

B Tangente à la courbe d'une fonction

Définition – Propriété

f est une fonction dérivable en un réel a de I.
Dans un repère, **la tangente** à la courbe représentative $\mathscr{C}$ de la fonction *f* au point A d'abscisse a est la droite T qui passe par le point A et de coefficient directeur $f'(a)$.
Une équation de T est $\boldsymbol{y = f'(a)(x-a) + f(a)}$.

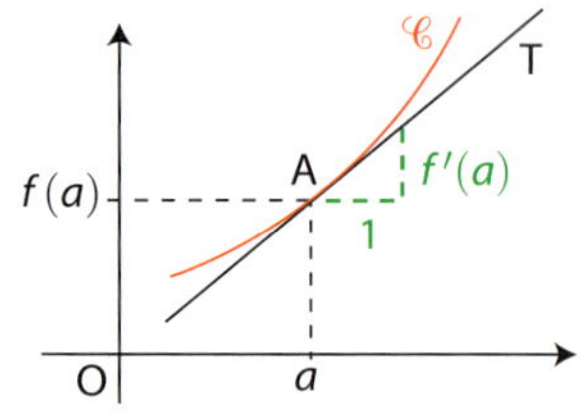

C Signe de la dérivée et sens de variation

Propriétés

f est une fonction dérivable sur I.
- Si, pour tout réel x de I, $\boldsymbol{f'(x) > 0}$ (resp. $f'(x) < 0$) sauf peut-être en un nombre fini de points où f' s'annule, alors *f* est **strictement croissante** (resp. décroissante) sur I.
- Si, pour tout réel x de I, $f'(x) = 0$, alors *f* est constante sur I.

D Dérivée et extremum local

Propriétés

f est une fonction dérivable sur un intervalle **ouvert I** et x_0 est un nombre réel de I.
Si $f(x_0)$ est un extremum local de *f*, alors $f'(x_0) = 0$.
Si f' s'annule en x_0 **en changeant de signe**, alors $f(x_0)$ est un extremum local.

x		x_0	
$f'(x)$	$-$	0	$+$
$f(x)$	↘	$f(x_0)$	↗

$f(x_0)$ est un minimum local.

x		x_0	
$f'(x)$	$+$	0	$-$
$f(x)$	↗	$f(x_0)$	↘

$f(x_0)$ est un maximum local.

EXERCICES RÉSOLUS

1 Déterminer l'équation d'une tangente

Sur cet écran de calculatrice, sont affichées les courbes représentatives des fonctions f et g définies sur $\mathbb{R}$ par :

$$f(x) = 3e^x - 2 \quad \text{et} \quad g(x) = -x^2 + 3x + 1.$$

Il semble que ces deux courbes admettent la même tangente au point d'abscisse 0.

Valider ou invalider cette conjecture par un calcul.

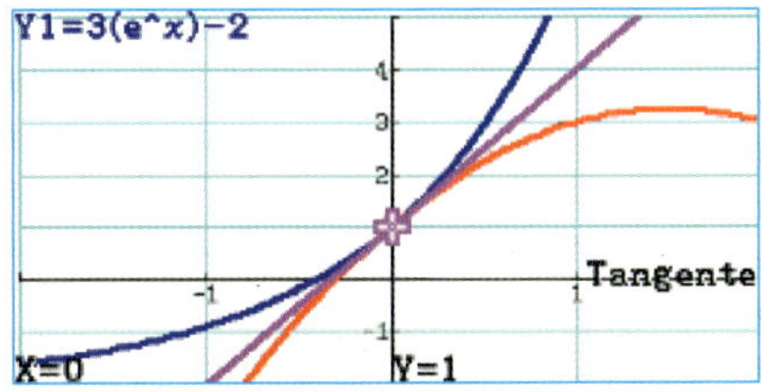

Solution

- $f(0) = g(0) = 1$ donc les deux courbes passent par le point A(0 ; 1).
- Pour tout réel x, $f'(x) = 3e^x$ et $g'(x) = -2x + 3$.
  Ainsi, $f'(0) = g'(0) = 3$ donc les tangentes en A à chacune des deux courbes ont le même coefficient directeur.
- Conclusion : les tangentes en A aux deux courbes sont confondues.

Deux droites qui ont le même coefficient directeur sont parallèles. Si de plus, elles ont un point en commun, alors elles sont confondues.

2 Associer graphiquement une fonction et sa dérivée

Voici, dans un repère orthonormé, les courbes représentatives d'une fonction f et de sa dérivée f' sur l'intervalle $[-1 ; 4]$.

Associer chaque fonction à sa courbe représentative.

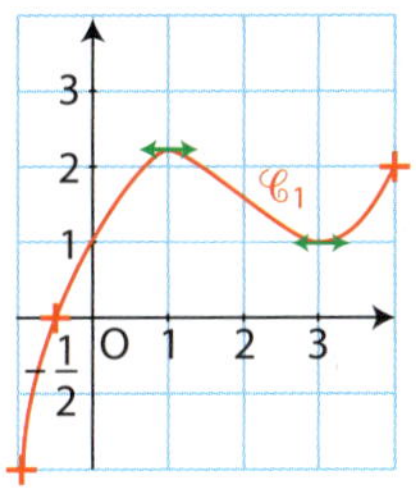

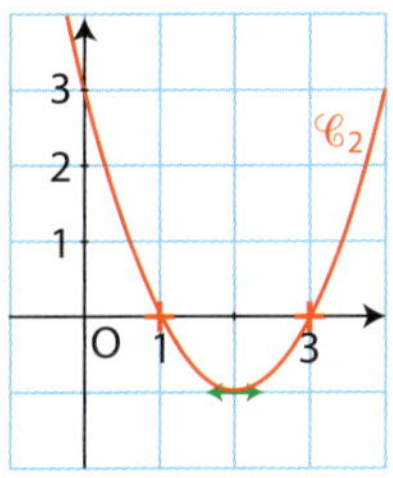

Solution

Si la courbe $\mathscr{C}_1$ représente la fonction f', alors $f'(x) \geqslant 0$ sur $[-0,5 ; 4]$ et f devrait être croissante sur cet intervalle, ce qui n'est pas cohérent avec la courbe $\mathscr{C}_2$.

$\mathscr{C}_2$ représente donc la fonction f' et $\mathscr{C}_1$ représente la fonction f.

En effet, $f'(x) \geqslant 0$ sur $[-1 ; 1]$ et $[3 ; 4]$, et $f'(x) \leqslant 0$ sur $[1 ; 3]$.

Cela est cohérent avec le fait que f est croissante sur $[-1 ; 1]$ et $[3 ; 4]$ et décroissante sur $[1 ; 3]$.

- On lit graphiquement le signe de chacune des fonctions.
- On vérifie la cohérence entre le signe lu sur l'une des courbes et les variations lues sur l'autre courbe.

EXERCICES D'APPLICATION DIRECTE

Sur le modèle de l'exercice résolu 1

3 Sur cet écran de calculatrice, sont affichées les courbes représentatives des fonctions f et g définies sur $\mathbb{R}$ par $f(x) = -e^{x-1} + 2$ et $g(x) = 2x^2 - 5x + 4$.

Démontrer que ces courbes ont une tangente commune au point d'abscisse 1.

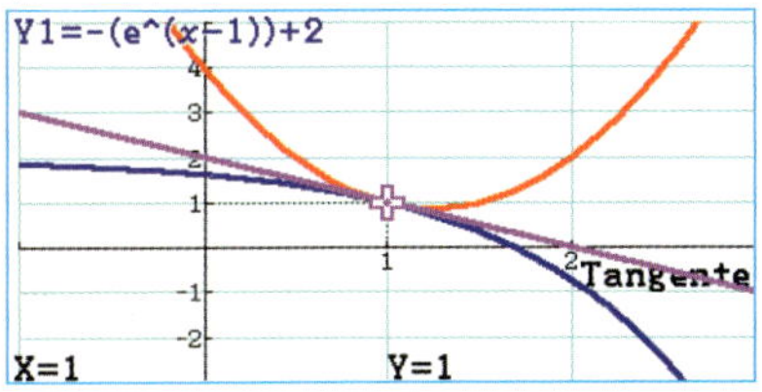

Sur le modèle de l'exercice résolu 2

4 Voici dans un repère orthonormé, les courbes représentatives d'une fonction f et de sa dérivée f' sur l'intervalle $[-3 ; 1]$.

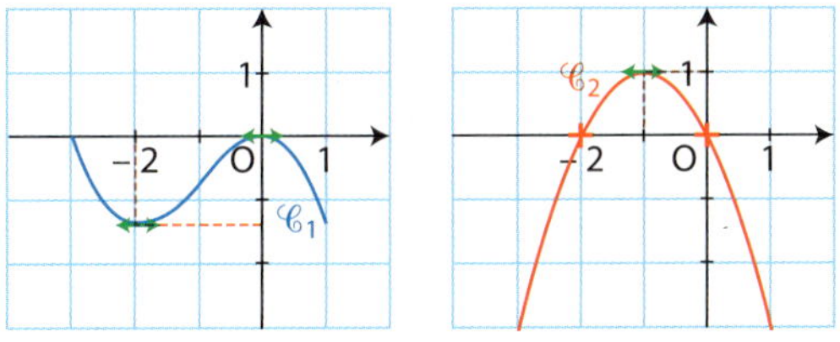

Associer chaque fonction à sa courbe représentative.

Cours

Exercices
- 5 à 10 (ci-contre)
- 29 à 41

2 Règles de dérivation

A Opérations et dérivation

u et v sont deux fonctions dérivables sur un intervalle I et k désigne un nombre réel.

- $(u+v)' = u' + v'$
- $(ku)' = ku'$
- $(uv)' = u'v + uv'$
- $(u^2)' = 2uu'$
- $\left(\dfrac{1}{v}\right)' = \dfrac{-v'}{v^2}$ ($v(x) \neq 0$ sur I)
- $\left(\dfrac{u}{v}\right)' = \dfrac{u'v - uv'}{v^2}$ ($v(x) \neq 0$ sur I)

B Composée de deux fonctions

Définition

u est une fonction définie sur un intervalle I et v est une fonction définie sur un intervalle J tel que pour tout x de I, on ait $v(x)$ dans J.
La **fonction composée** de u suivie de v, notée $\boldsymbol{v \circ u}$, (lire « v rond u »), est la fonction définie sur I par $(\boldsymbol{v \circ u})(x) = \boldsymbol{v}(\boldsymbol{u}(x))$.

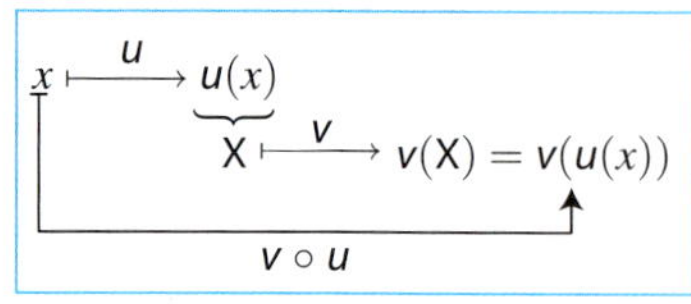

Exemple

u et v sont les fonctions dérivables sur $\mathrm{I} = \mathbb{R}$ par $u(x) = 2x - 1$ et sur $\mathrm{J} = \mathbb{R}$ par $v(x) = x^2$.
La fonction $v \circ u$ est définie sur $\mathbb{R}$ par $(v \circ u)(x) = v(u(x)) = v(2x-1) = (2x-1)^2$.
La fonction $u \circ v$ est définie sur $\mathbb{R}$ par $(u \circ v)(x) = u(v(x)) = u(x^2) = 2x^2 - 1$.

En général, $v \circ u \neq u \circ v$.

C Dérivée de la composée de deux fonctions

Propriété (admise)

u est une fonction définie sur un intervalle I et v est une fonction définie sur un intervalle J tel que pour tout x de I, on ait $v(x)$ dans J.
Si u est dérivable sur I et v est dérivable sur J, alors la fonction $v \circ u$ est dérivable sur I et pour tout réel x de I,

$$(\boldsymbol{v \circ u})'(x) = (v' \circ u)(x) \times u'(x) = \boldsymbol{v}'(\boldsymbol{u}(x)) \times \boldsymbol{u}'(x)$$

Exemple

u et v sont les fonctions définies sur $\mathrm{I} = \mathbb{R}$ par $u(x) = x^2 + 1$ et sur $\mathrm{J} =]0\,;+\infty[$ par $v(x) = \sqrt{x}$.

- Pour tout réel x, $x^2 + 1 > 0$ donc $x^2 + 1 \in \mathrm{J}$. Donc la fonction $v \circ u$ est définie sur $\mathrm{I} = \mathbb{R}$.
- u est dérivable sur $\mathrm{I} = \mathbb{R}$ et v est dérivable sur $\mathrm{J} =]0\,;+\infty[$, donc la fonction $v \circ u$ est dérivable sur $\mathrm{I} = \mathbb{R}$.

Pour tout réel x, $(v \circ u)'(x) = v'(u(x)) \times u'(x) = v'(2x+1) \times 2x = \dfrac{1}{2\sqrt{x^2+1}} \times 2x = \dfrac{x}{\sqrt{x^2+1}}$.

Conséquences

u est une fonction dérivable sur un intervalle I et n désigne un nombre entier relatif non nul.

La fonction …	(1) u^n avec $u(x) \neq 0$ lorsque $n \leqslant -1$	(2) $\sqrt{u}$ avec $u(x) > 0$	(3) e^u
est dérivable sur I et…	$(u^n)' = nu^{n-1}u'$	$(\sqrt{u})' = \dfrac{u'}{2\sqrt{u}}$	$(\mathrm{e}^u)' = u'\mathrm{e}^u$

(1) En effet, $u^n = f \circ u$ où f est la fonction définie sur $\mathbb{R}$ si $n \geqslant 1$ ou $\mathbb{R}^*$ si $n \leqslant -1$ par $f(x) = x^n$.
Pour tout réel x de I, $(u^n)'(x) = f'(u(x)) \times u'(x) = n[u(x)]^{n-1} \times u'(x) = nu^{n-1}(x)u'(x)$.
(2) et **(3)** se démontrent de façon analogue.

EXERCICES RÉSOLUS

5 Décomposer une fonction

f est la fonction définie sur $\mathbb{R} - \{1\}$ par $f(x) = \mathrm{e}^{\frac{x}{x-1}}$.
Décomposer f sous la forme $v \circ u$ en précisant les fonctions u et v.

Solution

Voici le schéma de décomposition de la fonction f :

$$x \overset{u}{\longmapsto} \underbrace{\frac{x}{x-1}}_{X} \qquad X \overset{\exp}{\longmapsto} \mathrm{e}^{X} = \mathrm{e}^{\frac{x}{x-1}}$$

> Pour tout réel $x \neq 1$, $\frac{x}{x-1} \in \mathbb{R}$,
> donc la fonction $\exp \circ u$ est définie sur chaque intervalle $]-\infty\,;1[$ et $]1\,;+\infty[$.

Ainsi, $f = v \circ u$ où u est la fonction définie sur $\mathbb{R} - \{1\}$ par $u(x) = \dfrac{x}{x-1}$ et v la fonction exponentielle définie sur $\mathbb{R}$.

6 Utiliser les formules de dérivées

f est la fonction définie sur $\mathbb{R}$ par $f(x) = x\sqrt{2x^2+1}$.
Justifier l'affichage obtenu ci-contre à l'aide d'un logiciel de calcul formel.

> 1 Simplifier(Dérivée($x\sqrt{2x^2+1}$))
> → $(4x^2+1)\cdot\dfrac{\sqrt{2x^2+1}}{2x^2+1}$

Solution

La fonction $x \mapsto 2x^2+1$ est dérivable et strictement positive sur $\mathbb{R}$, la fonction $v : x \mapsto \sqrt{2x^2+1}$ est donc dérivable sur $\mathbb{R}$. La fonction $u : x \mapsto x$ est dérivable sur $\mathbb{R}$.
f est le produit des fonctions u et v dérivables sur $\mathbb{R}$ donc f est dérivable sur $\mathbb{R}$. Pour tout réel x :

> Pour dériver la fonction v on utilise la formule :
> $(\sqrt{w})' = \dfrac{w'}{2\sqrt{w}}$ avec $w(x) = 2x^2+1$.

$u(x) = x \qquad u'(x) = 1$

$v(x) = \sqrt{2x^2+1} \qquad v'(x) = \dfrac{4x}{2\sqrt{2x^2+1}} = \dfrac{2x}{\sqrt{2x^2+1}}$

Ainsi $f'(x) = 1 \times \sqrt{2x^2+1} + x \times \dfrac{2x}{\sqrt{2x^2+1}} = \dfrac{\left(\sqrt{2x^2+1}\right)^2 + 2x^2}{\sqrt{2x^2+1}} = \dfrac{4x^2+1}{\sqrt{2x^2+1}} = (4x^2+1)\dfrac{\sqrt{2x^2+1}}{2x^2+1}$.

EXERCICES D'APPLICATION DIRECTE

Sur le modèle de l'exercice résolu 5

7 Dans chaque cas, décomposer la fonction f sous la forme $v \circ u$ en précisant les fonctions u et v.
a) f est la fonction définie sur $\mathbb{R}$ par $f(x) = (x^2 - 5x)^3$.
b) f est la fonction définie sur $\mathbb{R}$ par $f(x) = \sqrt{5x^2+7}$.

8 Dans chaque cas, décomposer la fonction g sous la forme $v \circ u$ en précisant les fonctions u et v.
a) g est la fonction définie sur $\mathbb{R}$ par :
$$g(x) = \frac{\mathrm{e}^x}{\mathrm{e}^x + 1}.$$
b) g est la fonction définie sur $\mathbb{R}$ par :
$$g(x) = \mathrm{e}^{2x} - 4\mathrm{e}^x.$$

Sur le modèle de l'exercice résolu 6

9 f est la fonction définie sur $\mathbb{R}$ par :
$$f(x) = (x-1)\sqrt{x^2+1}.$$
Justifier l'affichage obtenu ci-dessous.

> 1 Simplifier(Dérivée($(x-1)\sqrt{x^2+1}$))
> → $(2x^2 - x + 1)\cdot\dfrac{\sqrt{x^2+1}}{x^2+1}$

10 h est la fonction définie sur $\mathbb{R}$ par :
$$h(x) = \mathrm{e}^{x^2-3x+1}.$$
Déterminer la fonction dérivée de h.

Cours

Exercices
- 11 à 14 (ci-contre)
- 42 à 49

3 Fonctions convexes

A Convexité et lecture graphique

Définition

f est une fonction définie sur un intervalle I.
$\mathscr{C}$ est sa courbe représentative sur l'intervalle I dans un repère.

- Dire que f est convexe sur I signifie que pour tous points A et B distincts de $\mathscr{C}$, le segment [AB] est au-dessus de la courbe $\mathscr{C}$ entre A et B.

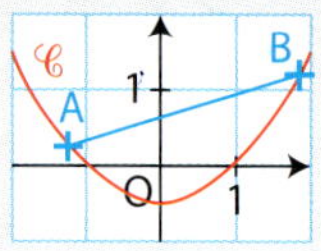

- Dire que f est concave sur I signifie que pour tous points A et B distincts de $\mathscr{C}$, le segment [AB] est au-dessous de la courbe $\mathscr{C}$ entre A et B.

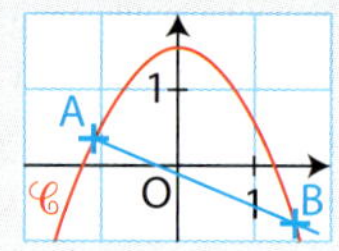

Propriétés (admises)

f est une fonction dérivable sur un intervalle I et $\mathscr{C}$ est sa courbe représentative dans un repère.

- Dire que f est convexe sur I signifie que, sur I, la courbe $\mathscr{C}$ est entièrement au-dessus de chacune de ses tangentes.
- Dire que f est concave sur I signifie que, sur I, la courbe $\mathscr{C}$ est entièrement au-dessous de chacune de ses tangentes.

Exemples

- La fonction carré et la fonction exponentielle sont convexes sur $\mathbb{R}$.

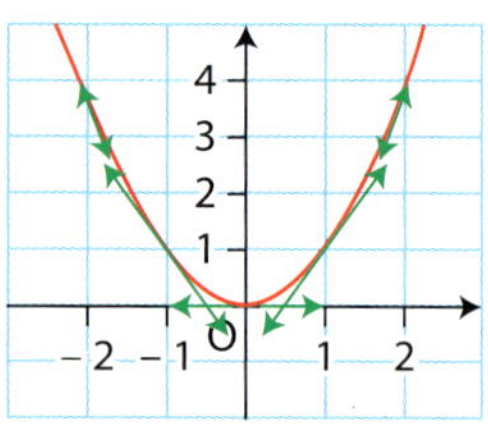
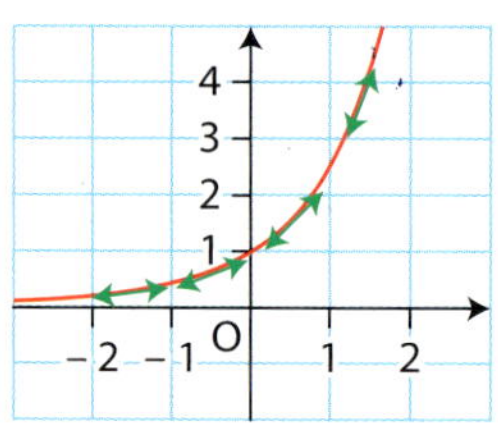

- La fonction racine carrée et la fonction ln sont concaves sur $]0\,;+\infty[$.

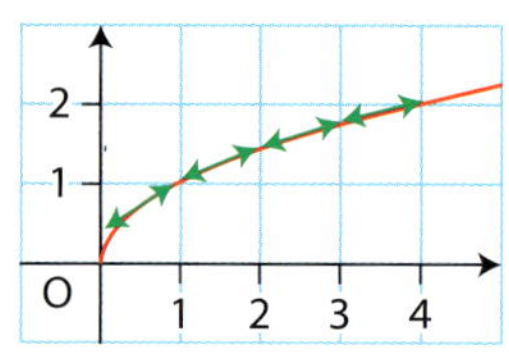
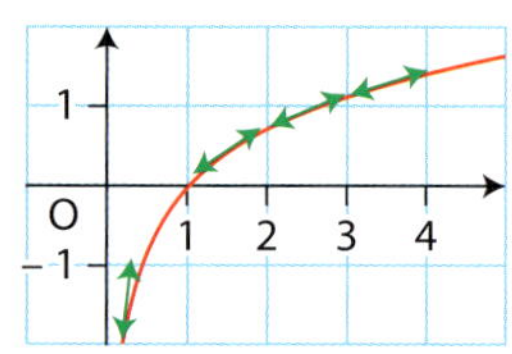

B Point d'inflexion

Définition

f est une fonction dérivable sur un intervalle I.
$\mathscr{C}$ est sa courbe représentative dans un repère et $a \in$ I.
Dire que $A(a\,;f(a))$ est **un point d'inflexion** de $\mathscr{C}$ signifie qu'au point A, la courbe $\mathscr{C}$ traverse sa tangente.

La courbe $\mathscr{C}$ est au-dessus de la tangente T en A, puis au-dessous.

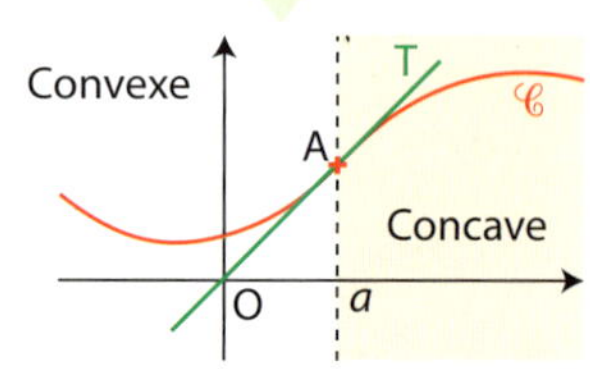

Conséquence : en l'abscisse a d'un point d'inflexion, la fonction f passe de convexe à concave ou de concave à convexe.

Exemple

u est la fonction définie sur $\mathbb{R}$ par $u(x) = x^3$.
L'origine O du repère est un point d'inflexion de la courbe $\mathscr{C}$ représentative de u.
u est concave sur $]-\infty\,;0]$ et convexe sur $[0\,;+\infty[$.

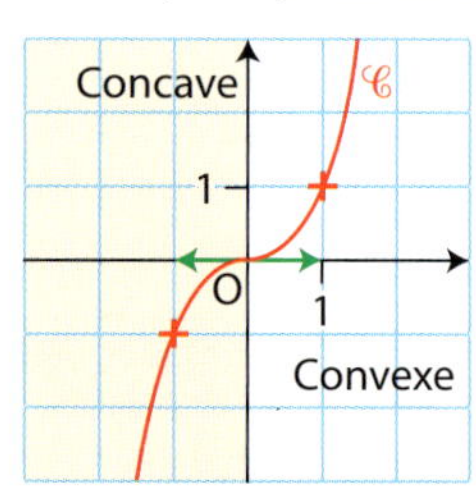

EXERCICES RÉSOLUS

11 Reconnaître graphiquement la convexité

Voici, dans un repère, la courbe $\mathscr{C}$ représentative d'une fonction f dérivable sur l'intervalle $[-1\,;10]$.
Lire graphiquement les intervalles sur lesquels la fonction f est convexe ou concave.

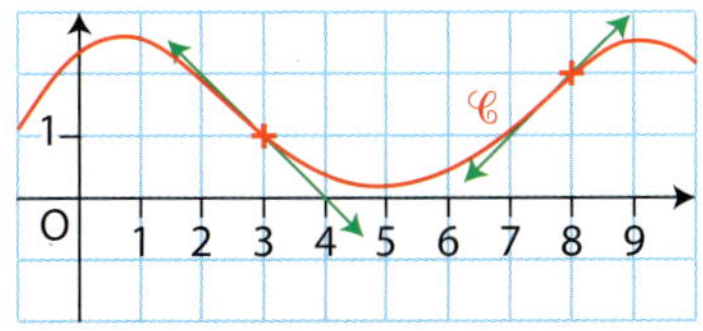

Solution

- La courbe $\mathscr{C}$ est au-dessous de ses tangentes sur les intervalles $[-1\,;3]$ et $[8\,;10]$. La fonction f est donc concave sur chacun de ces intervalles.
- La courbe $\mathscr{C}$ est au-dessus de ses tangentes sur l'intervalle $[3\,;8]$. La fonction f est donc convexe sur cet intervalle.

Intuitivement, une fonction convexe sur un intervalle est représentée par un « creux », alors qu'une fonction concave est représentée par une « bosse ».

12 Reconnaître un point d'inflexion

Dans le repère ci-contre, $\mathscr{C}$ est la courbe représentative d'une fonction f définie sur l'intervalle $[-3\,;4]$. Les droites tracées en vert sont des tangentes à la courbe $\mathscr{C}$.
Lire graphiquement les points d'inflexion de la courbe $\mathscr{C}$.

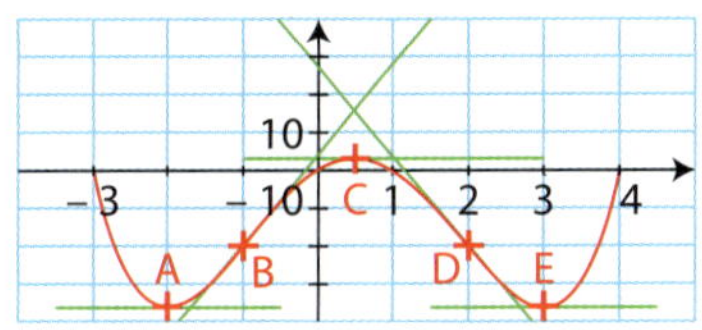

Solution

D'après le graphique, il y a deux points où la courbe traverse sa tangente.
Ce sont :

- le point B de $\mathscr{C}$ d'abscisse -1 ;
- le point D de $\mathscr{C}$ d'abscisse 2.

Ces points sont les points d'inflexion de $\mathscr{C}$.

En B, la courbe $\mathscr{C}$ passe de convexe à concave.
En D, la courbe $\mathscr{C}$ passe de concave à convexe.

EXERCICES D'APPLICATION DIRECTE

Sur le modèle de l'exercice résolu 11

13 Dans chaque cas, la fonction f, dérivable sur $[-3\,;3]$, est définie par sa courbe $\mathscr{C}$ dans un repère.
Lire graphiquement les intervalles sur lesquels f est convexe ou concave.

a)
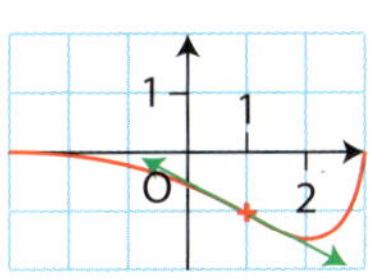

b)
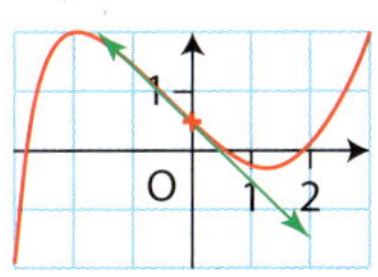

c)
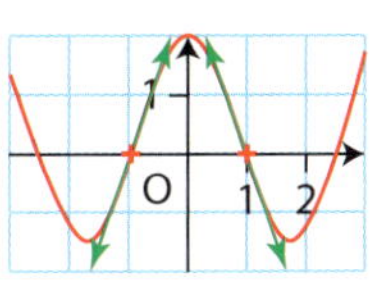

d)
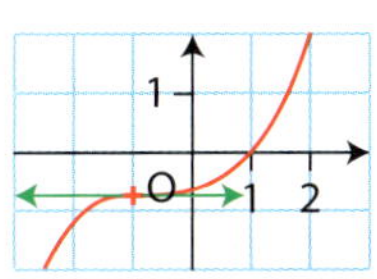

Sur le modèle de l'exercice résolu 12

14 Dans le repère ci-dessous, $\mathscr{C}$ est la courbe représentative d'une fonction f définie sur l'intervalle $[-4\,;2{,}5]$.
Lire graphiquement le point ou les points d'inflexion de la courbe $\mathscr{C}$.

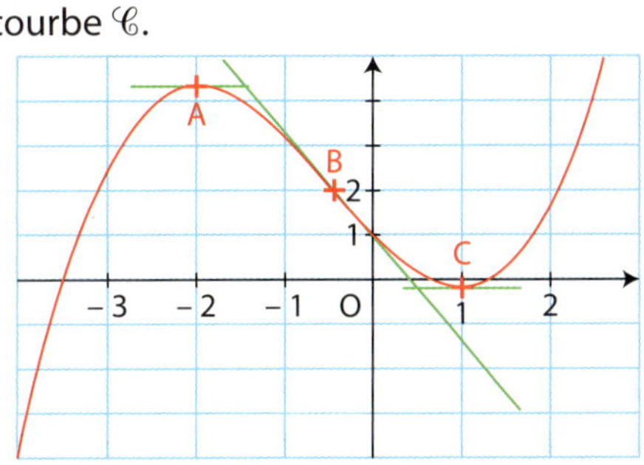

Exercices
- **15** à **18** (ci-contre)
- **50** à **65**

4 Convexité et dérivées

A Convexité et sens de variation de f'

Propriétés (admises)

f est une fonction dérivable sur un intervalle I.
- f est convexe sur I si, et seulement si, f' est croissante sur I.
- f est concave sur I si, et seulement si, f' est décroissante sur I.

Exemples

$f : x \mapsto x^2$ est convexe sur $\mathbb{R}$.
Pour tout réel x, $f'(x) = 2x$ et la fonction affine $f' : x \mapsto 2x$ est croissante sur $\mathbb{R}$.

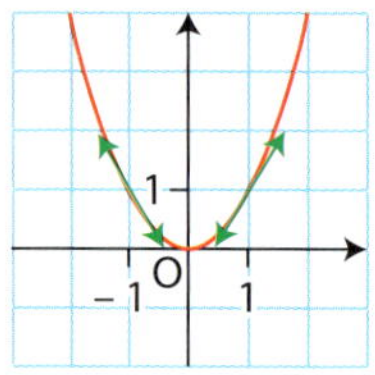

$g : x \mapsto \ln x$ est concave sur $]0 ; +\infty[$.
Pour tout réel $x > 0$, $g'(x) = \dfrac{1}{x}$ et la fonction inverse g' est décroissante sur $]0 ; +\infty[$.

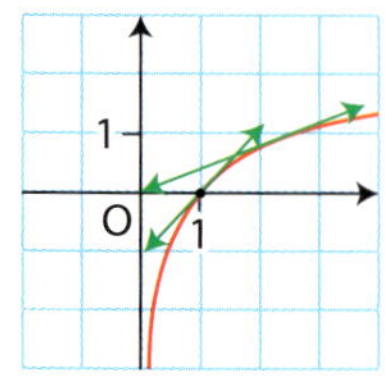

B Convexité et signe de f''

Définition

f est une fonction dérivable sur un intervalle I.
Dire que f est deux fois dérivable sur I signifie que f' est elle-même dérivable sur I.
La fonction dérivée de f', notée f'', est appelée fonction **dérivée seconde** de f.

On déduit immédiatement les propriétés suivantes de celles énoncées au paragraphe A :

Propriétés

f est une fonction deux fois dérivable sur un intervalle I.
- f est convexe sur I si, et seulement si, pour tout réel x de I, $\boldsymbol{f''(x) \geqslant 0}$.
- f est concave sur I si, et seulement si, pour tout réel x de I, $\boldsymbol{f''(x) \leqslant 0}$.

Vidéo
JAICOMPRIS.COM
La démonstration est présentée en vidéo

Exemple

f est la fonction définie sur $\mathbb{R}$ par $f(x) = 1 - e^x$.
Pour tout réel x, $f'(x) = -e^x$ et $f''(x) = -e^x$.
Donc, pour tout réel x, $f''(x) < 0$ et f est concave sur $\mathbb{R}$.

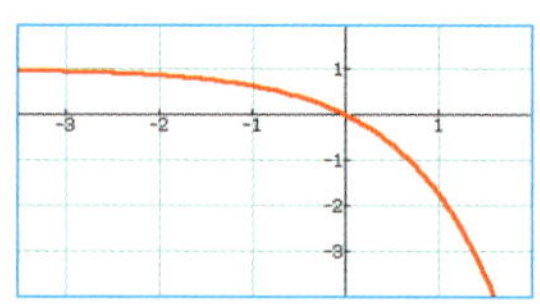

Conséquence : si f'' est positive, alors la courbe $\mathscr{C}$ est au-dessus de ses tangentes.
En effet, si $f'' \geqslant 0$, alors f' est croissante sur I donc f est convexe sur I et la courbe $\mathscr{C}$ est au-dessus de ses tangentes.

C Point d'inflexion et dérivée seconde

Propriété (admise)

f est une fonction deux fois dérivable sur I. $\mathscr{C}$ est sa courbe représentative dans un repère et $a \in$ I.
Le point A$(a ; f(a))$ est un point d'inflexion de $\mathscr{C}$ si, et seulement si, **f'' s'annule en a en changeant de signe.**

Exemple

Pour tout réel x, $f(x) = x^3$, $f'(x) = 3x^2$ et $f''(x) = 6x$.
Avec le tableau de signes ci-contre, on retrouve le fait que l'origine O du repère est un point d'inflexion de la courbe représentative de f.

x	$-\infty$		0		$+\infty$
$f''(x)$		$-$	0	$+$	

EXERCICES RÉSOLUS

15 Lire la convexité d'une fonction sur la courbe de sa dérivée

f est une fonction dérivable sur l'intervalle $[-7\,;8]$.
Voici la courbe représentative de sa fonction dérivée f'.
Lire graphiquement les intervalles sur lesquels la fonction f est convexe ou concave ainsi que les points d'inflexion de la courbe représentative $\mathscr{C}$ de f dans un repère.

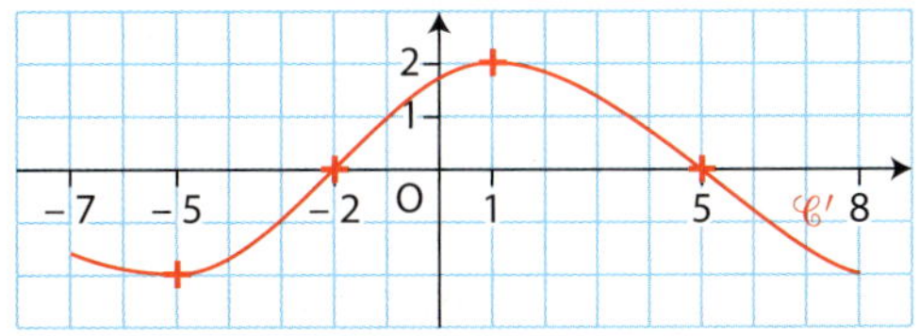

Solution

• On observe que la fonction dérivée f' est décroissante sur chacun des intervalles $[-7\,;-5]$ et $[1\,;8]$. La fonction f est donc concave sur ces intervalles.
• D'autre part, la fonction dérivée f' est croissante sur l'intervalle $[-5\,;1]$, donc la fonction f est convexe sur cet intervalle.
• La courbe $\mathscr{C}$ admet donc deux points d'inflexion, d'abscisses -5 et 1.

16 Étudier la convexité d'une fonction avec la dérivée seconde

f est la fonction définie sur $\mathbb{R}$ par $f(x) = xe^x$. $\mathscr{C}$ est la courbe représentative de f dans un repère.
a) Déterminer la fonction dérivée seconde de la fonction f.
b) Étudier le signe de $f''(x)$ selon les valeurs de x.
c) En déduire les intervalles sur lesquels la fonction f est convexe ou concave.

Solution

a) Pour tout réel x, $f'(x) = 1 \times e^x + x \times e^x = (x+1)e^x$,
$f''(x) = 1 \times e^x + (x+1)e^x = (x+2)e^x$.
b) Pour tout réel x, $e^x > 0$ donc $f''(x)$ est du signe de $x+2$.
D'où le tableau de signes ci-contre.

x	$-\infty$		-2		$+\infty$
$f''(x)$		$-$	0	$+$	

Pour déterminer f'' :
– on détermine d'abord la fonction dérivée f',
– ensuite on dérive f'.

c) Sur $]-\infty\,;-2]$, $f''(x) \leqslant 0$ donc f est concave. Sur $[-2\,;+\infty[$, $f''(x) \geqslant 0$ donc f est convexe.
La dérivée seconde s'annule en -2 en changeant de signe, donc $\mathscr{C}$ admet le point $A(-2\,;-2e^{-2})$ pour point d'inflexion.

EXERCICES D'APPLICATION DIRECTE

Sur le modèle de l'exercice résolu 15

17 Voici, dans un repère, la courbe représentative de la fonction dérivée f' d'une fonction f définie sur $[-6\,;5]$.
Étudier la convexité de la fonction f, ainsi que les points d'inflexion de sa courbe.

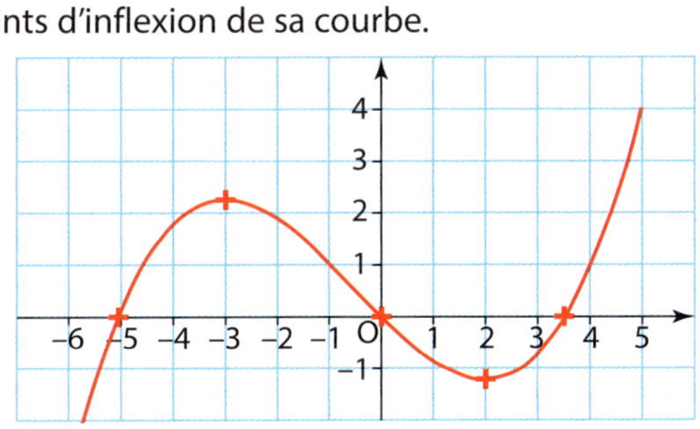

Sur le modèle de l'exercice résolu 16

Vidéo
JAICOMPRIS.COM
Cet exercice est corrigé en vidéo

18 f est la fonction définie sur $\mathbb{R}$ par :
$$f(x) = (x-1)e^x.$$
a) Déterminer la dérivée seconde f'' de f.
b) Étudier le signe de $f''(x)$ selon les valeurs de x.
c) En déduire les intervalles sur lesquels la fonction f est convexe ou concave.
Préciser les points d'inflexion de la courbe représentative $\mathscr{C}$ de f dans un repère.

EXERCICE RÉSOLU

19 Rechercher un point d'inflexion

Cours 4. C

f est la fonction définie sur l'intervalle $[-2\,;2]$ par $f(x) = xe^x - 2x^2$. $\mathscr{C}$ est la courbe représentative de la fonction f dans un repère. On admet que la courbe $\mathscr{C}$ admet un unique point d'inflexion d'abscisse i.

a) Justifier que pour tout réel x de l'intervalle $[-2\,;2]$,

$$f''(x) = (2 + x)e^x - 4.$$

b) On considère l'algorithme ci-contre.

Au début, on affecte la valeur -2 à la variable x.

En fin d'exécution, il renvoie les valeurs numériques de $x - 0{,}01$ et x.

Expliquer le rôle de cet algorithme.

```
Tant que f''(x) ⩽ 0
    x ← x + 0,01
Fin Tant que
```

c) Coder cet algorithme en langage Python, le saisir, l'exécuter et interpréter l'affichage.

Solution

a) La fonction f est deux fois dérivable sur l'intervalle $[-2\,;2]$.

Pour tout réel x de l'intervalle $[-2\,;2]$,

$f'(x) = 1 \times e^x + x \times e^x - 4x = (x+1)e^x - 4x$

$f''(x) = 1 \times e^x + (x+1) \times e^x - 4 = (x+2)e^x - 4.$

Pour dériver les fonctions f et f', on utilise la formule $(uv)' = u'v + uv'$

b) Cet algorithme tabule la fonction f'' avec le pas 0,01 à partir de -2 jusqu'à obtenir une valeur de x telle que $f''(x) > 0$.

Au départ, $f''(-2) = -4$ donc $f''(-2) < 0$.

Donc cet algorithme permet d'obtenir un encadrement d'amplitude 0,01 de l'abscisse i du point d'inflexion de la courbe $\mathscr{C}$.

c) Voici un programme en langage Python qui renvoie un encadrement de i d'amplitude 0,01.

```python
from math import *

def fseconde(x):
    y=(2+x)*exp(x)-4
    return y

def Inflexion():
    x=-2
    while fseconde(x)<=0:
        x=x+0.01
    x1=round(x-0.01,2)
    x2=round(x,2)
    return x1,x2
```

Après exécution, on obtient l'affichage :

```
>>> Inflexion()
(0.47, 0.48)
```

Ainsi, le point d'inflexion de la courbe $\mathscr{C}$ a une abscisse i telle que $0{,}47 < i < 0{,}48$.

Remarque : en langage Python, la fonction **round** renvoie un arrondi d'un nombre réel. Par exemple **round(x;2)** renvoie l'arrondi au centième de x.

EXERCICES D'APPLICATION DIRECTE

Sur le modèle de l'exercice résolu 19

20 f est la fonction définie sur l'intervalle $[-3\,;3]$ par :

$$f(x) = \frac{1}{20}x^5 - \frac{1}{3}x^3 + \frac{5}{2}x^2.$$

$\mathscr{C}$ est la courbe représentative de la fonction f dans un repère. On admet que la courbe $\mathscr{C}$ admet un unique point d'inflexion d'abscisse i.

a) Déterminer $f''(x)$.

b) Écrire un programme en langage Python qui renvoie un encadrement d'amplitude 10^{-2} de i.

Le saisir et l'exécuter, puis interpréter l'affichage.

21 f est la fonction définie sur l'intervalle $[-1\,;1]$ par :

$$f(x) = -xe^x - x^3.$$

$\mathscr{C}$ est la courbe représentative de la fonction f dans un repère.

On admet que la courbe $\mathscr{C}$ admet un unique point d'inflexion d'abscisse i.

a) Déterminer $f''(x)$. Observer le signe de $f''(-1)$.

b) Écrire un programme en langage Python qui renvoie un encadrement d'amplitude 0,001 de i.

Le saisir et l'exécuter, puis interpréter l'affichage.

Rappels sur la dérivation

Cours 1

Questions flash À l'oral

22 f est une fonction dérivable en -1 telle que $f(-1) = 2$ et $f'(-1) = -3$.
$\mathscr{C}$ est la courbe représentative de f dans un repère.
L'équation de la tangente à $\mathscr{C}$ au point d'abscisse -1 est :
(1) $y = -3x + 5$ **(2)** $y = -3x - 1$ **(3)** $y = 2x - 1$

23 Ce graphique représente une fonction f dérivable sur $\mathbb{R}$.
Lire le signe de $f'(x)$, selon les valeurs de x.

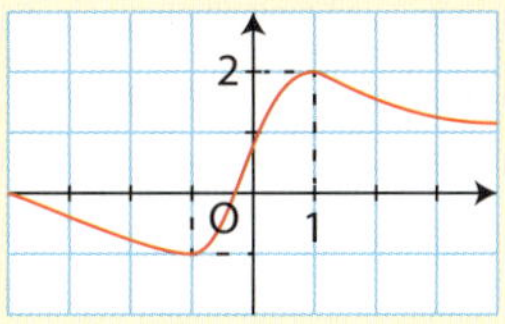

24 Ce graphique représente une fonction dérivable sur $\mathbb{R}$.
Laquelle des courbes pourrait représenter sa fonction dérivée ? Justifier la réponse.

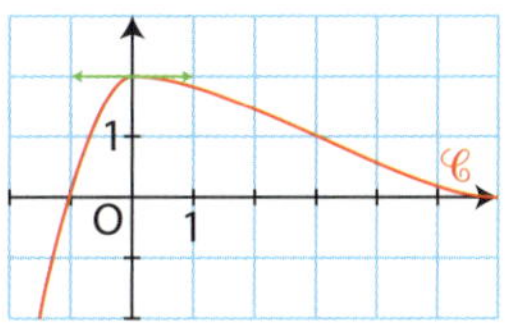

①
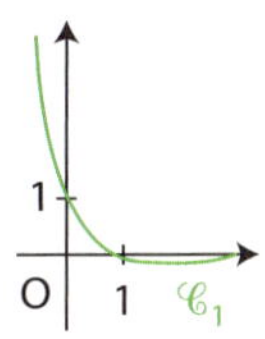

②
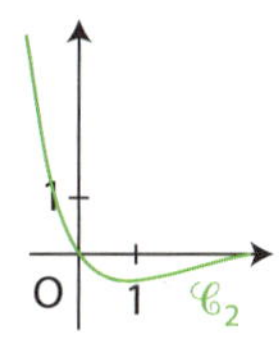

③
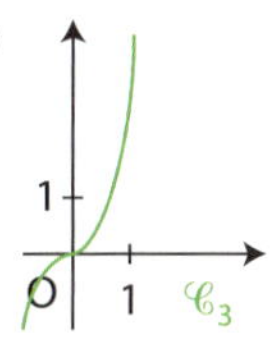

25 f est une fonction dérivable sur $\mathbb{R}$.
Voici, dans un repère, la courbe représentative $\mathscr{C}'$ de sa fonction dérivée f'.

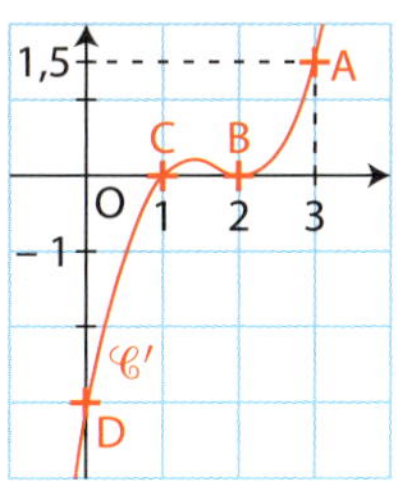

a) Quelles informations sur la courbe représentative $\mathscr{C}$ de f peut-on déduire des points A, B, C, D ?
b) Tracer une allure possible de $\mathscr{C}$.

26 f est une fonction dérivable sur $[-5\,;5]$.
Voici le tableau de variations de sa fonction dérivée f'.

x	-5	-1	0	1	5
$f'(x)$	$-0{,}1$ ↘	$-0{,}5$ ↗	0 ↗	$0{,}5$ ↘	$0{,}1$

a) Déterminer le sens de variation de la fonction f.
b) Esquisser dans un repère une courbe susceptible de représenter la fonction f sur l'intervalle $[-5\,;5]$.

27 f est la fonction définie sur $\mathbb{R}$ par :
$$f(x) = x^3 - 3x^2 + x - 1.$$
a) Étudier les limites de f en $+\infty$ et en $-\infty$.
b) Déterminer $f'(x)$ et étudier son signe selon les valeurs de x.

28 g est la fonction définie sur $\mathbb{R}$ par :
$$g(x) = \frac{-2x}{x^2+1}.$$
a) Utiliser la calculatrice pour conjecturer les limites de g en $+\infty$ et en $-\infty$. Démontrer ces conjectures.
b) Justifier que pour tout réel x, $g'(x) = \dfrac{2x^2-2}{(x^2+1)^2}$.
c) Dresser le tableau de variations de g.

Règles de dérivation

Cours 2

Questions flash À l'oral

29 f et g sont les fonctions définies sur $\mathbb{R}$ par :
$$f(x) = \mathrm{e}^x \quad \text{et} \quad g(x) = 2x.$$
Déterminer mentalement :
a) $g'(1)$ **b)** $(f' \circ g)(1)$ **c)** $(f \circ g)'(1)$

30 f est la fonction définie sur $\mathbb{R}$ par :
$$f(x) = (x^2+1)^4.$$
Voici un écran de calcul formel. Expliquer oralement le résultat affiché.

1 Dérivée$\left((x^2+1)^4\right)$
→ $8\,x\,(x^2+1)^3$

31 u et v sont les fonctions définies sur $\mathbb{R}$ par :
$$u(x) = -3x + 4 \quad \text{et} \quad v(x) = x^3.$$
a) Exprimer pour tout réel x, $(v \circ u)(x)$ en fonction de x.
b) Déterminer de deux façons différentes $(v \circ u)'(x)$.

32 f est la fonction dérivable sur $\mathbb{R}$ définie par :
$$f(x) = \mathrm{e}^{\frac{x}{x^2+1}}.$$
a) Décomposer la fonction f sous la forme $v \circ u$ en précisant les fonctions u et v.
b) Déterminer les fonctions dérivées de u et v, puis de f.

33 f est une fonction dérivable sur l'intervalle $[1\,;10]$.
Dans chaque cas, déterminer $f'(1)$.
a) $f(x) = \sqrt{5x+1}$ **b)** $f(x) = (2-x)^5$
c) $f(x) = \mathrm{e}^{x^2+1}$ **d)** $f(x) = (1 + \mathrm{e}^{-x+1})^2$

Pour les exercices 34 à 37, déterminer la fonction dérivée de la fonction f définie sur l'intervalle I.

34 **a)** $f(x) = (x^2 + 5x)^4$ $\qquad$ $\mathrm{I} = \mathbb{R}$
b) $f(x) = (x - 5)(1 - 8x)^2$ $\qquad$ $\mathrm{I} = \mathbb{R}$

35 **a)** $f(x) = \dfrac{1}{(4 - x)^2}$ $\qquad$ $\mathrm{I} =]4 ; +\infty[$
b) $f(x) = \dfrac{x + 1}{(1 + x^2)^3}$ $\qquad$ $\mathrm{I} = \mathbb{R}$

36 **a)** $f(x) = \sqrt{1 - x^2}$ $\qquad$ $\mathrm{I} =]-1 ; 1[$
b) $f(x) = (x + 1)\sqrt{x^2 + 1}$ $\qquad$ $\mathrm{I} = \mathbb{R}$

37 **a)** $f(x) = \mathrm{e}^{-x} - 8\mathrm{e}^{x+3}$ $\qquad$ $\mathrm{I} = \mathbb{R}$
b) $f(x) = (x^2 + 5)\mathrm{e}^{x^2 - 1}$ $\qquad$ $\mathrm{I} = \mathbb{R}$

38 g est la fonction définie sur $[0 ; +\infty[$ par :

$$g(x) = (1 - 2x)^3.$$

a) Étudier la limite de g en $+\infty$.
b) Démontrer que la fonction g est décroissante sur l'intervalle $[0 ; +\infty[$.
c) En déduire le tableau de variations de g.

39 f est la fonction définie sur $\mathbb{R}$ par $f(x) = \mathrm{e}^{-2x^2+1}$.
Voici, dans un repère, la courbe représentative $\mathscr{C}$ de la fonction f.

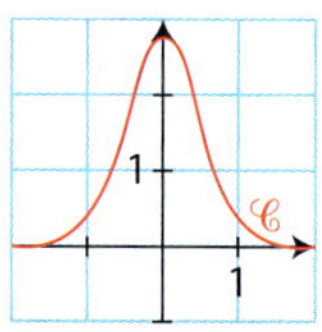

a) Conjecturer les limites de f en $+\infty$ et en $-\infty$.
Démontrer ces conjectures.
b) Étudier les variations de la fonction f sur $\mathbb{R}$.
c) Déterminer une équation de la tangente T à la courbe $\mathscr{C}$ au point d'abscisse 1.

40 g est la fonction définie sur $\mathbb{R}$ par $g(x) = \mathrm{e}^{x^2 - x}$.
$\mathscr{C}$ est sa courbe représentative dans un repère et a désigne un nombre réel.
a) Déterminer une équation de la tangente à la courbe $\mathscr{C}$ au point d'abscisse a.
b) Existe-t-il une tangente à la courbe $\mathscr{C}$ passant par le point A(1 ; 0) ?
Si oui, préciser l'équation de cette tangente.

41 f est la fonction définie et dérivable sur l'intervalle $]0 ; +\infty[$ par :

$$f(x) = \frac{x^2 + 4}{\sqrt{2x}}.$$

a) Vérifier que, pour tout réel $x > 0$:

$$f'(x) = \frac{3x^2 - 4}{2x\sqrt{2x}}.$$

b) Montrer que f admet un minimum local.

Fonctions convexes

Cours 3

Questions flash — À l'oral

42 Voici, dans un repère, la courbe représentative $\mathscr{C}$ d'une fonction f dérivable sur l'intervalle $[-4 ; 1]$.

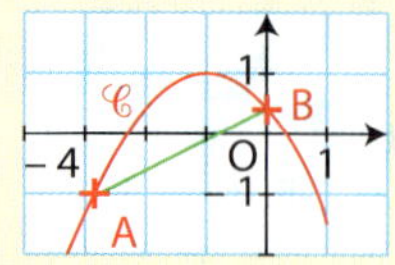

Wassila affirme : « La fonction f est convexe sur l'intervalle $[-4 ; 1]$ ». A-t-elle raison ?

43 Dans chaque cas, la courbe tracée dans le repère représente une fonction f.
Lire les intervalles sur lesquels f est convexe ou concave et préciser les éventuels points d'inflexion.

a)

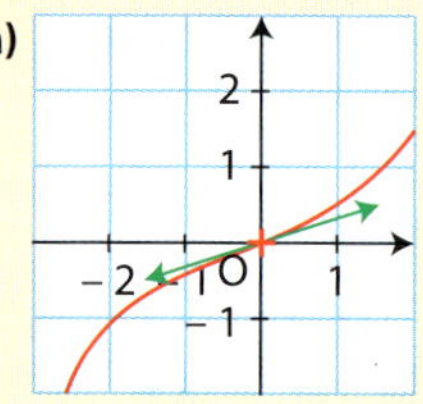

b)

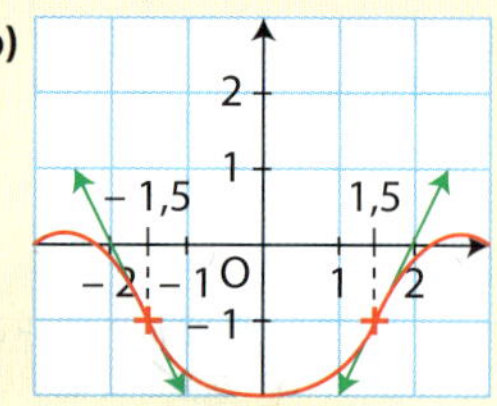

44 f est une fonction dérivable et concave sur $\mathbb{R}$. $\mathscr{C}$ est sa courbe représentative dans un repère. La tangente T à la courbe $\mathscr{C}$ au point d'abscisse 0 a pour équation $y = -2x + 3$.
Expliquer oralement pourquoi $f(1) \leqslant 1$.

45 Voici le tableau de variations d'une fonction f dérivable sur l'intervalle $[-1 ; 5]$.

x	-1		3		5
$f(x)$	-1	↗	2	↘	-1

Tracer dans un repère, une courbe $\mathscr{C}$ pouvant représenter la fonction f sachant qu'elle est convexe sur l'intervalle $[-1 ; 2]$ et concave sur l'intervalle $[2 ; 5]$.

46 Voici le tableau de variations d'une fonction f dérivable sur l'intervalle $[-2 ; 3]$.

x	-2		-1		2		3
$f(x)$	$\frac{5}{3}$	↘	$-\frac{1}{6}$	↗	$\frac{13}{3}$	↘	$\frac{5}{2}$

Tracer dans un repère une courbe $\mathscr{C}$ pouvant représenter la fonction f, sachant que f est convexe sur l'intervalle $[-2 ; 0{,}5]$ et concave sur l'intervalle $[0{,}5 ; 3]$.

47 Parmi les trois courbes ci-dessous, déterminer celle qui représente une fonction f vérifiant :

- f est concave sur $[-4\,;-2]$ et sur $[4\,;5]$;
- f' s'annule trois fois ;
- la courbe de f admet quatre points d'inflexion.

①

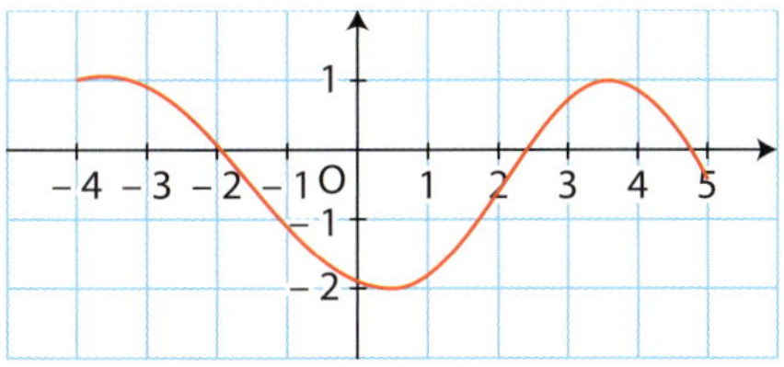

②

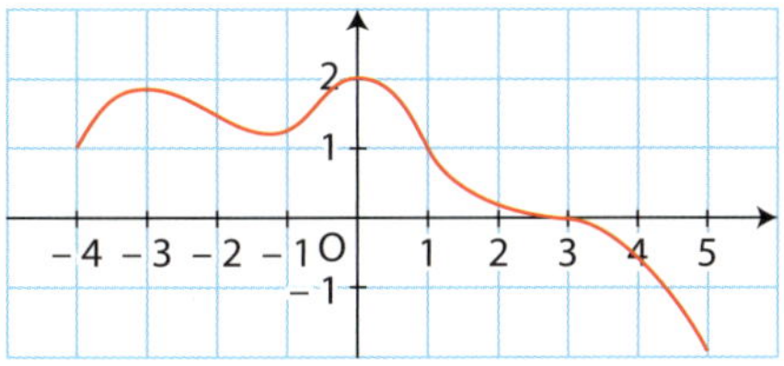

③

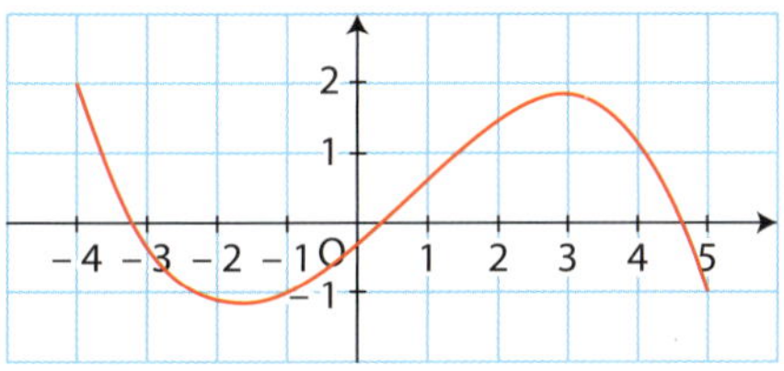

48 g est la fonction définie sur l'intervalle $\left]-\dfrac{1}{2}\,;+\infty\right[$ par :

$$g(x)=\sqrt{2x+1}.$$

On admet que la fonction g est concave sur l'intervalle $\left]-\dfrac{1}{2}\,;+\infty\right[$ et on note $\mathscr{C}$ sa courbe représentative dans un repère.

a) Déterminer une équation de la tangente à la courbe $\mathscr{C}$ au point d'abscisse 24.

b) En déduire sans calculatrice que $\sqrt{51}\leqslant\dfrac{50}{7}$.

49 Voici dans un repère, la courbe représentative $\mathscr{C}$ de la fonction f définie sur l'intervalle $[-1\,;6]$ par :

$$f(x)=0{,}5(x-2)^2-1.$$

La tangente T à la courbe $\mathscr{C}$ au point A$(4\,;1)$ passe par le point B$(3\,;-1)$.

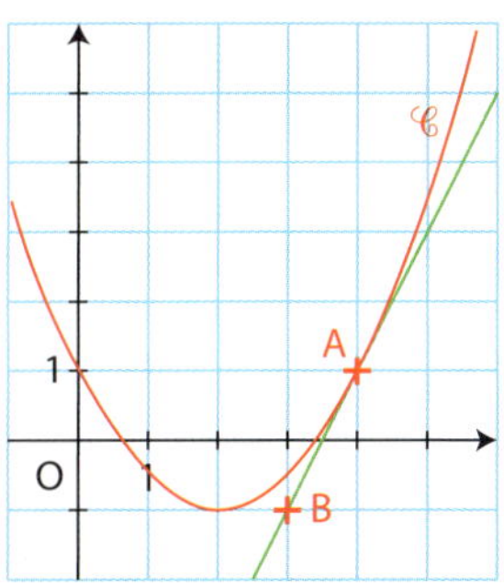

a) Lire graphiquement la convexité de la fonction f sur l'intervalle $[-1\,;6]$.

b) Déterminer une équation de la tangente T.

c) En déduire que pour tout réel x de l'intervalle $[-1\,;6]$:

$$(x-2)^2\geqslant 4x-12.$$

Convexité et dérivées

Cours 4

Questions flash À l'oral

50 f est une fonction dérivable sur l'intervalle $[-4\,;2]$.

Voici, dans un repère, la courbe représentative $\mathscr{C}'$ de sa fonction dérivée f'.

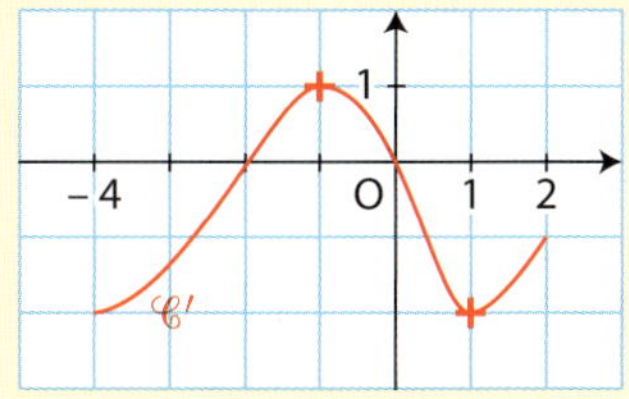

Lire graphiquement la convexité de f'.

51 h est une fonction deux fois dérivable sur l'intervalle $[-1\,;5]$.

Voici, dans un repère, la courbe représentative $\mathscr{C}''$ de sa fonction dérivée seconde f''.

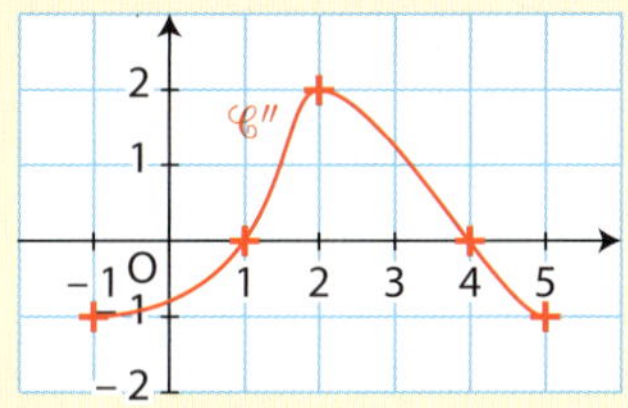

Laquelle de ces affirmations est exacte ?

(1) La fonction h est convexe sur l'intervalle $[0\,;1]$.

(2) La fonction h est concave sur l'intervalle $[1\,;5]$.

(3) La fonction h est convexe sur l'intervalle $[1\,;4]$.

52 Voici le tableau de variations de la fonction dérivée d'une fonction f dérivable sur l'intervalle $[-3\,;7]$.

x	-3		-1		3		7
$f'(x)$	2	↘	-1	↗	2	↘	-1

a) Déterminer la convexité de la fonction f.

b) Sachant que $f(-1)=1$ et $f(3)=1$, tracer dans un repère une courbe pouvant représenter f.

53 Voici le tableau de signes de la fonction dérivée seconde f'' d'une fonction f deux fois dérivable sur l'intervalle $[-2\,;6]$.

x	-2		0		4		6
$f''(x)$		$+$	0	$-$	0	$+$	

a) Déterminer la convexité de la fonction f.

b) Est-il possible que :

- $f'(-2)=1$ et $f'(0)=0$?
- $f'(0)=0$ et $f'(4)=-1$?

c) Sachant que $f(0)=1$ et $f(4)=1$, tracer dans un repère une courbe pouvant représenter f.

54 f est une fonction deux fois dérivable sur $\mathbb{R}$.

Déterminer la convexité de la fonction f lorsque la courbe tracée dans le repère ci-contre est celle :

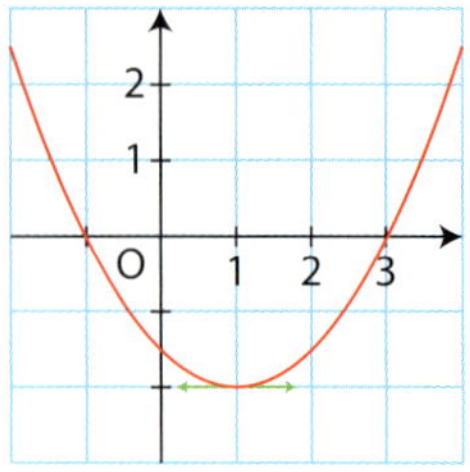

a) de la fonction f ;

b) de la fonction f' ;

c) de la fonction f''.

55 f est une fonction deux fois dérivable sur $[0 ; 4]$.

Voici la courbe représentative $\mathscr{C}'$ de sa fonction dérivée f' et la courbe représentative $\mathscr{C}''$ de sa fonction dérivée seconde f''.

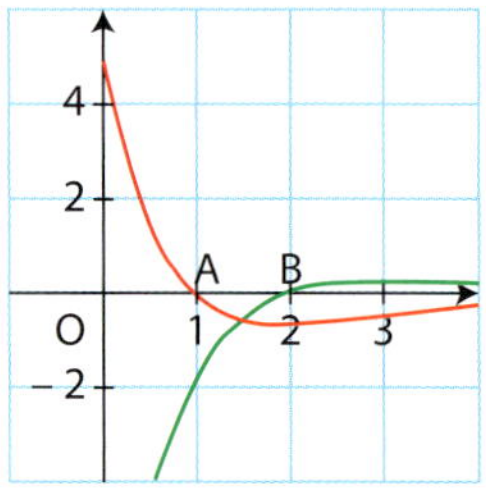

$A(1 ; 0)$ est un point appartenant à l'une de ces courbes et $B(2 ; 0)$ un point appartenant à l'autre courbe.

a) Identifier chaque courbe sur le graphique. Justifier.

b) En déduire la convexité de la fonction f et préciser les abscisses des éventuels points d'inflexion.

56 Dans un repère, voici la courbe représentative d'une fonction f deux fois dérivable sur $[-1 ; 3]$.

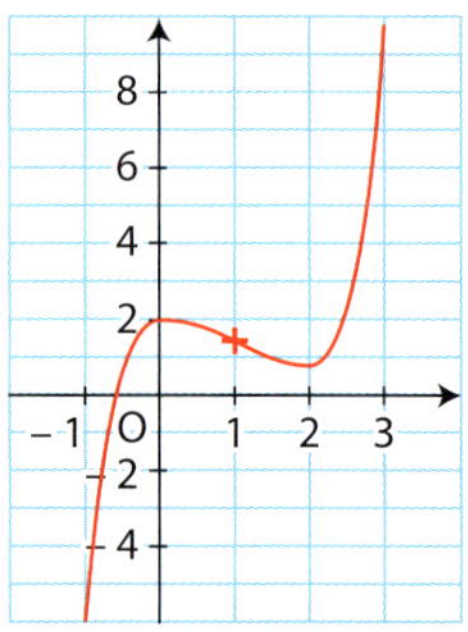

a) Étudier graphiquement la convexité de la fonction f.

b) En déduire les variations de la fonction dérivée f'.

c) Parmi les trois courbes suivantes, laquelle représente la fonction f'', dérivée seconde de f ?

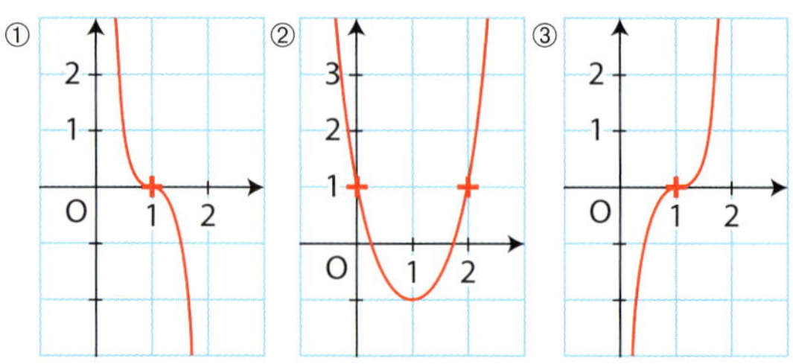

57 f est la fonction définie sur $\mathbb{R}$ par :

$$f(x) = (2 - x)e^{2x}.$$

a) Justifier l'affichage ci-dessous obtenu à l'aide d'un logiciel de calcul formel.

b) En déduire la convexité de la fonction f.

1	Dérivée(Dérivée($(2 - x)\,e^{2x}$))
	Factoriser: $\mathbf{-4\,e^{2x}\,(x - 1)}$

▶ **Vidéo**

JaiCompris.com — Cet exercice est corrigé en vidéo

58 Dans chaque cas, f est une fonction deux fois dérivable sur I.

Étudier le signe de $f''(x)$ sur I. En déduire la convexité de f et l'abscisse du point d'inflexion.

a) $f''(x) = \dfrac{3x^2 - 3x - 6}{(x-1)^3}$ $\quad I =]1 ; +\infty[$

b) $f''(x) = (-0{,}08x + 0{,}4)e^{0{,}2x - 3}$ $\quad I = \mathbb{R}$

c) $f''(x) = (4x - 10)\sqrt{5x + 2}$ $\quad I =]0 ; +\infty[$

59 k est une fonction deux fois dérivable sur $\mathbb{R}$ dont la fonction dérivée k' est définie par :

$$k'(x) = (3x - 12)^3 e^x.$$

a) Vérifier que pour tout x, $k''(x) = (3x - 12)^2(3x - 3)e^x$.

b) Étudier le signe de $k''(x)$, puis déterminer la convexité de k et l'abscisse du point d'inflexion.

60 f est la fonction définie sur $[0 ; 1]$ par :

$$f(x) = (1 - x)e^{3x}.$$

Dans chaque cas, indiquer la réponse exacte.

a) La fonction f est concave sur l'intervalle :

(1) $\left[0 ; \dfrac{1}{3}\right]$ **(2)** $[0 ; 1]$ **(3)** $\left[\dfrac{1}{3} ; 1\right]$

b) La courbe représentative de la fonction f admet comme point d'inflexion le point :

(1) $I\left(\dfrac{1}{3} ; \dfrac{2}{3}e\right)$ **(2)** $I\left(\dfrac{2}{3} ; \dfrac{1}{3}e^2\right)$ **(3)** $I(1 ; 0)$

61 f est la fonction définie sur $\mathbb{R}$ par :

$$f(x) = -x^4 - 2x^3 - 12x^2 + 8x + 6.$$

a) Conjecturer la convexité de f à l'aide de la calculatrice.

b) Déterminer le signe de $f''(x)$ suivant les valeurs de x.

c) Infirmer ou confirmer la conjecture émise au **a)**.

62 f est la fonction définie sur $\mathbb{R}$ par :

$$f(x) = \frac{1}{5}(e^x - e^{-x}).$$

a) Déterminer le signe de $f''(x)$ suivant les valeurs de x.

b) En déduire la convexité de la fonction f.

c) Vérifier le résultat à l'aide de la calculatrice.

Pour les exercices 63 à 65, étudier la convexité de la fonction f définie sur $\mathbb{R}$ et préciser les abscisses des éventuels points d'inflexion.

63 $f(x) = -2x^3 - 3x^2 - 12x + 4$

64 $f(x) = \dfrac{2}{x^2 + 2}$

65 $f(x) = xe^{0{,}4x - 1}$

66 QCM **Dans chaque cas, donner la réponse exacte sans justifier.**

		A	B	C	D
1	f est la fonction définie sur $\mathbb{R}$ par : $f(x) = (x^2 - 5)^4$. Pour tout réel x, $f'(x)$ est égal à …	$4(x^2 - 5)^3$	$6x(x^2 - 5)^3$	$(2x)^4$	$8x(x^2 - 5)^3$
2	Pour tout réel $x > 0$, $f(x) = \sqrt{x}$ et $g(x) = \dfrac{1}{3x^2}$. Pour tout $x > 0$, $(g \circ f)(x)$ est égal à …	$\dfrac{1}{3x}$	$\dfrac{1}{3x^2}$	$\sqrt{\dfrac{1}{3x^2}}$	$\dfrac{1}{9x^2}$
3	f est la fonction définie sur $\mathbb{R}$ par : $f(x) = e^{-0{,}1x+1}$. Pour tout réel x, $f''(x)$ est égal à …	$-0{,}1e^{-0{,}1x+1}$	$0{,}01e^{-0{,}1x+1}$	$e^{-0{,}1x+1}$	$0{,}01e^{-0{,}1}$
4	La fonction représentée par la courbe tracée dans ce repère est … 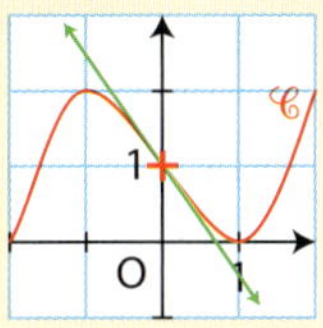	convexe sur $[-2 ; 2]$	convexe sur $[0 ; 2]$	concave sur $[-1 ; 1]$	concave sur $[-2 ; 1]$
5	f est la fonction définie sur $\mathbb{R}$ par : $f(x) = x^3 + 3x^2 + x + 1$. La fonction f est …	convexe sur $[-1 ; +\infty[$	concave sur $[-1 ; +\infty[$	concave sur $[-2 ; 0]$	convexe sur $[-2 ; +\infty[$

67 QCM **Dans chaque cas, donner la (ou les) réponse(s) exacte(s) sans justifier.**

f est une fonction deux fois dérivable sur l'intervalle $[-4 ; 4]$.
On note $\mathscr{C}$ sa courbe représentative dans un repère.
Voici, dans un repère, la courbe représentative $\mathscr{C}'$ de sa fonction dérivée f'.

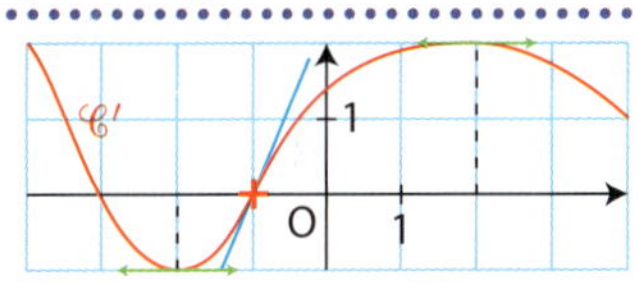

		A	B	C	D
1	La fonction f est convexe sur l'intervalle …	$[-2 ; 2]$	$[-1 ; 4]$	$[-4 ; -1]$	$[-1 ; 0]$
2	La fonction dérivée seconde f'' de f …	s'annule deux fois	est positive sur $[-4 ; -3]$	a pour image 1 en $x = 4$	est négative sur $[2 ; 4]$
3	La courbe $\mathscr{C}$ …	traverse sa tangente au point d'abscisse -2	admet un seul point d'inflexion	admet deux points d'inflexion	est au-dessus de ses tangentes sur $[-2 ; 2]$

68 Vrai/Faux **Dans chaque cas, dire si l'affirmation est vraie ou fausse en justifiant.**

1 g est une fonction deux fois dérivable sur $\mathbb{R}$ telle que g est concave sur l'intervalle $]-\infty ; -1]$ et convexe sur l'intervalle $[-1 ; +\infty[$.
Affirmation : la dérivée seconde g'' de g est négative sur l'intervalle $[0 ; 2]$.

2 h est une fonction dérivable et convexe sur $\mathbb{R}$.
Dans un repère, la tangente à la courbe représentative $\mathscr{C}$ de h au point d'abscisse 1 a pour équation $y = -7x + 4$.
Affirmation : $h(-2) \geqslant 10$.

Vérifiez vos réponses : p. 529

69 Compléter une démonstration

f est une fonction dérivable sur un intervalle I. Dans un repère, $\mathscr{C}$ est sa courbe représentative. A et B sont les points de $\mathscr{C}$ d'abscisses respectives *a* et *b*.

1. On se propose de démontrer la propriété :

> Si *f* est convexe sur I, alors pour tous réels *a* et *b* de I :
> $$f\left(\frac{a+b}{2}\right) \leqslant \frac{f(a)+f(b)}{2}$$

Recopier et compléter la démonstration ci-dessous de cette propriété.

(1) Chercher les coordonnées du milieu M du segment [AB] : M(**...** ; **...**)

(2) Exploiter la convexité de *f* sur I : pour tous points A et B distincts de $\mathscr{C}$, le segment [AB] est **...**

(3) Utiliser le point M′ d'abscisse $\frac{a+b}{2}$ de $\mathscr{C}$: l'ordonnée de M′ est **...**

(4) Comparer les ordonnées de M et M′ : $f\left(\frac{\dots}{2}\right) \dots \frac{\dots}{2}$

(5) Conclure : rédiger une phrase de conclusion.

2. Énoncer, puis démontrer une propriété analogue lorsque la fonction *f* est concave sur un intervalle I.

Vidéo

JAICOMPRIS.COM

Toutes les démonstrations au programme en vidéo

Liste des démonstrations :

- Si f'' est positive, alors la courbe représentative de *f* est au-dessus de ses tangentes.

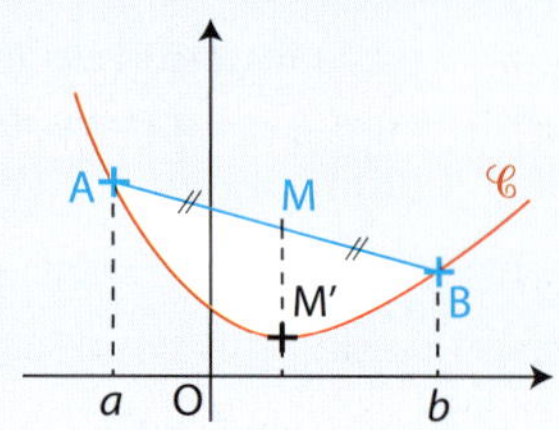

70 Comprendre une démonstration

f est une fonction convexe sur un intervalle I. $\mathscr{C}$ est sa courbe dans un repère.
On souhaite démontrer que pour tous réels *a*, *b*, *c* de I avec $a < b < c$:

$$\frac{f(b)-f(a)}{b-a} \leqslant \frac{f(c)-f(a)}{c-a} \leqslant \frac{f(c)-f(b)}{c-b}.$$

1. Lire la démonstration ci-dessous et expliquer les passages en vert.

> A, B, C sont les points de $\mathscr{C}$ d'abscisses respectives a, b, c.
>
> Une équation de la sécante (AC) est $y = \frac{f(c)-f(a)}{c-a}(x-a)+f(a)$.
>
> Le point B est au-dessous de (AC) donc $f(b) \leqslant \frac{f(c)-f(a)}{c-a}(b-a)+f(a)$
>
> c'est-à-dire $\frac{f(b)-f(a)}{b-a} \leqslant \frac{f(c)-f(a)}{c-a}$.
>
> Une équation de la sécante (AC) est aussi $y = \frac{f(c)-f(a)}{c-a}(x-c)+f(c)$.
>
> En utilisant le point B, on obtient aussi $\frac{f(c)-f(a)}{c-a} \leqslant \frac{f(c)-f(b)}{c-b}$.

2. Interpréter géométriquement les inégalités précédentes.

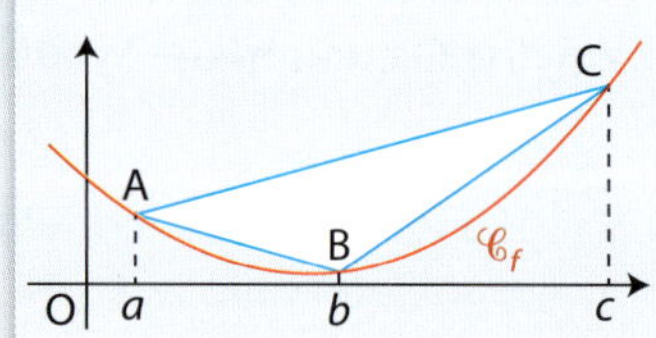

Commentaire
Ces inégalités sont dites « inégalités des trois pentes ».

71 Démontrer des inégalités avec la convexité

$\mathscr{C}$ est la courbe représentative dans un repère de la fonction exponentielle.

a) Déterminer une équation de la tangente à $\mathscr{C}$ au point d'abscisse 0.

b) Utiliser la convexité de la fonction exponentielle pour démontrer que pour tout réel x, $e^x > x$.

Utiliser les règles de dérivation

72 PARCOURS DIFFÉRENCIÉS

Parcours 1

f est la fonction définie sur $\mathbb{R}$ par :

$$f(x) = (-0{,}1x^2 + x - 1)^3.$$

Démontrer que f admet un maximum que l'on précisera.

Parcours 2

g est la fonction définie sur $\mathbb{R}$ par :

$$g(x) = (x^2 - 2)^3.$$

a) Justifier que pour tout réel x,

$$g'(x) = 6x(x^2 - 2)^2.$$

b) Étudier le sens de variation de g.

c) En déduire que la fonction g admet un minimum sur $\mathbb{R}$ que l'on précisera.

73 Une entreprise est chargée par l'office de tourisme d'une station de ski de la conception d'un panneau publicitaire ayant la forme d'une piste de ski.

Le profil de cette piste est modélisé, dans un repère, par la courbe représentative $\mathscr{C}$ de la fonction f définie sur l'intervalle $[0\,;2]$ par :

$$f(x) = \mathrm{e}^{-x^2}.$$

Cette courbe $\mathscr{C}$ est tracée dans le repère orthonormé d'origine O ci-dessous.

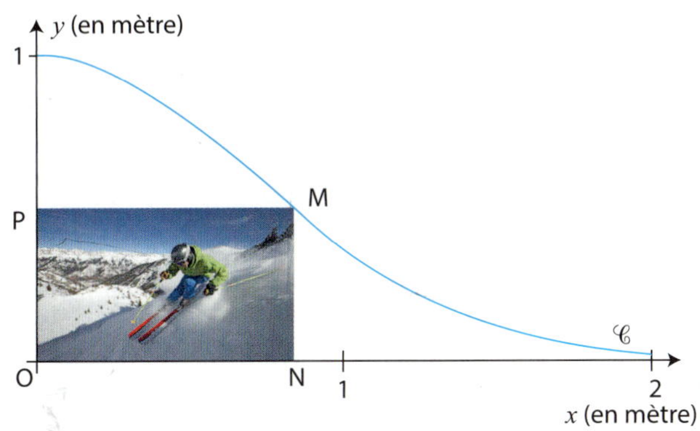

Afin de donner des informations sur la station, une zone rectangulaire ONMP est insérée sur le panneau publicitaire.

M appartient à la courbe $\mathscr{C}$, N appartient à l'axe des abscisses, P appartient à l'axe des ordonnées.

a) Exprimer pour tout réel x de l'intervalle $[0\,;2]$, l'aire $\mathscr{A}(x)$, en unité d'aire, de la zone rectangulaire ONMP.

b) Déterminer la position du point M sur la courbe $\mathscr{C}$ pour laquelle l'aire du rectangle ONMP est maximum.

74 f est la fonction définie sur $[-10\,;10]$ par :

$$f(x) = (0{,}1x + 0{,}5\mathrm{e}^{-0{,}2x})^3.$$

Voici sa courbe $\mathscr{C}$ obtenue avec une calculatrice (*fenêtre* : $-10 \leqslant X \leqslant 10$, pas 2 et $-5 \leqslant Y \leqslant 15$, pas 5).

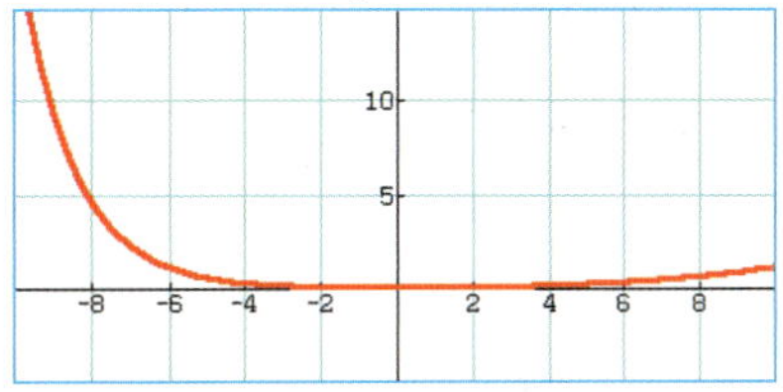

a) Conjecturer l'équation de la tangente à la courbe $\mathscr{C}$ au point d'abscisse 0.

b) Déterminer $f'(x)$ pour tout réel x de $[-10\,;10]$.

c) Valider ou infirmer alors la conjecture émise à la question **a)**.

75 **1.** g est la fonction définie sur $\mathbb{R}$ par :

$$g(t) = 1 + \mathrm{e}^t + t\mathrm{e}^t.$$

a) Déterminer $g'(t)$ pour tout réel t.

b) Démontrer que g admet un minimum sur $\mathbb{R}$.

c) En déduire le signe de la fonction g.

2. f est la fonction définie sur $\mathbb{R}^*$ par :

$$f(t) = \frac{t}{1 + \mathrm{e}^{\frac{1}{t}}}$$

a) Déterminer $f'(t)$ pour tout réel $t \neq 0$.

b) Étudier le sens de variation de la fonction f.

Utiliser la convexité

76 PARCOURS DIFFÉRENCIÉS

Parcours 1

f est la fonction définie sur $\mathbb{R}$ par :

$$f(x) = x^5 - 2x^3 - 4x + 1.$$

Étudier la convexité de la fonction f.

Parcours 2

g est la fonction définie sur $\mathbb{R}$ par :

$$g(x) = \frac{12}{5}x^5 - 2x^3.$$

a) Vérifier que pour tout réel x,

$$g'(x) = 12x^4 - 6x^2.$$

b) Vérifier que pour tout réel x,

$$g''(x) = 12x(2x - 1)(2x + 1).$$

c) Déterminer le signe de $g''(x)$ suivant les valeurs de x.

d) En déduire la convexité de g sur $\mathbb{R}$.

77 Le nombre de pains produits à l'heure dans une entreprise, en dizaine de milliers, en fonction du nombre n de travailleurs employés, en centaine d'employés, vérifie $\mathrm{P}(n) = \frac{3}{8}n^2 - \frac{1}{32}n^3$.
Voici, dans un repère, la courbe représentative $\mathscr{C}$ de la fonction f définie sur $[0\,;10]$ par :

$$f(x) = \frac{3}{8}x^2 - \frac{1}{32}x^3.$$

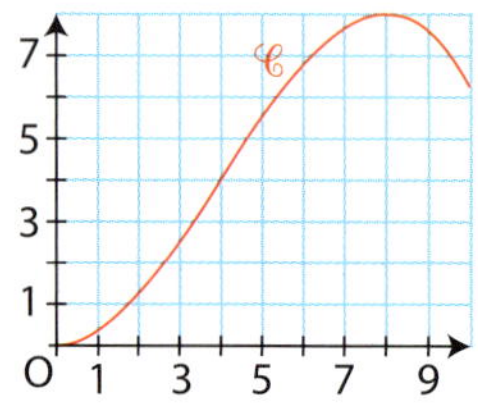

a) Conjecturer graphiquement le nombre d'employés à partir duquel la croissance de production diminue.
b) Déterminer la fonction dérivée seconde de f et démontrer la conjecture précédente.

78 On appelle fonction « *satisfaction* » toute fonction dérivable qui prend ses valeurs entre 0 et 100. Lorsque la fonction « *satisfaction* » atteint la valeur 100, on dit qu'il y a « *saturation* ».
On définit aussi la fonction « *envie* » comme la fonction dérivée de la fonction « *satisfaction* ».
On dit qu'il y a « *souhait* » lorsque la fonction « *envie* » est positive ou nulle et qu'il y a « *rejet* » lorsque la fonction « *envie* » est strictement négative.
La direction des ressources humaines d'une entreprise modélise la satisfaction d'un salarié en fonction du salaire annuel qu'il perçoit. On admet que la fonction « *satisfaction* » h, est définie sur l'intervalle $[10\,;50]$ par :

$$h(x) = \frac{90}{1+\mathrm{e}^{-0{,}25x+6}} \quad (x \text{ en millier d'euros}).$$

Un logiciel de calcul formel donne les résultats suivants :

1 Dérivée$\left(\text{Dérivée}\left(\frac{90}{1+\mathrm{e}^{-0.25x+6}}\right)\right)$

Factoriser: $45\,\mathrm{e}^{\frac{-x+24}{4}} \cdot \frac{\mathrm{e}^{\frac{-x+24}{4}} - 1}{8\left(\mathrm{e}^{\frac{-x+24}{4}}+1\right)^3}$

a) Donner sans justification une expression de $h''(x)$.
b) Résoudre dans l'intervalle $[10\,;50]$ l'inéquation :

$$\mathrm{e}^{-0{,}25x+6} - 1 > 0.$$

c) Étudier la convexité de la fonction h sur l'intervalle $[10\,;50]$.
d) À partir de quel salaire annuel peut-on estimer que la fonction « *envie* » décroît ? Justifier.
e) Déterminer, en le justifiant, pour quel salaire annuel, en millier d'euros, la fonction « *satisfaction* » atteint 80.
Arrondir à l'unité.

79 Voici, dans un repère, la courbe représentative $\mathscr{C}$ de la fonction f définie sur $\mathbb{R}$ par $f(x) = -4x\mathrm{e}^{-x}$.

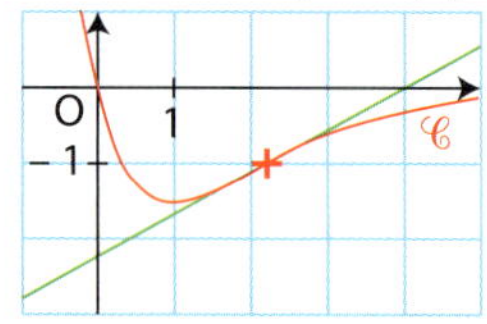

a) Déterminer graphiquement la convexité de f.
b) Déterminer $f'(x)$ pour tout réel x, puis une équation de la tangente à $\mathscr{C}$ au point d'abscisse 2.
c) Sur quel intervalle a-t-on $f(x) \geqslant 4\mathrm{e}^{-2}(x-4)$?
d) En déduire sans calculatrice que $\mathrm{e}^{0{,}5} \leqslant \frac{5}{3}$.
Le vérifier ensuite à la calculatrice.

80 On se propose de déterminer de deux façons différentes le signe de la fonction f définie sur $\mathbb{R}$ par :

$$f(x) = \mathrm{e}^{-2x+1} + 2x - 2.$$

1. a) Démontrer que f est convexe sur $\mathbb{R}$.
b) Dans un repère orthonormé, déterminer une équation de la tangente à la courbe de f au point d'abscisse $\frac{1}{2}$.
2. Étudier le signe de $f(x)$ suivant les valeurs de x :
a) en utilisant la question **1** ;
b) en dressant le tableau de variations de f.

S'entraîner à la logique → p. 525

81 Implications et réciproques

Pour chaque implication, indiquer si elle est vraie ou fausse, puis rédiger sa réciproque et dire si elle est vraie ou fausse.
f est une fonction deux fois dérivable sur un intervalle I et $\mathscr{C}_f$ est sa courbe représentative dans un repère.
a) Si f'' s'annule en un réel α de I, alors $\mathscr{C}_f$ admet un point d'inflexion d'abscisse α.
b) Si f est convexe, puis concave sur I, alors $\mathscr{C}_f$ admet un point d'inflexion sur I.

82 Contre-exemple

Les implications suivantes sont fausses.
Infirmer chacune d'elles à l'aide d'un contre-exemple.
a) La composée de deux fonctions décroissantes est une fonction décroissante.
b) Si une fonction f n'est pas convexe sur un intervalle, alors elle est concave sur cet intervalle.

83 L'ÉVOLUTION D'UNE POPULATION

En 1798, l'économiste britannique Malthus publie un essai où il prédit que la population d'un pays croît indéfiniment, de façon exponentielle. En pratique, on observe souvent que la population atteint un plafond, tout environnement ayant une capacité d'accueil limitée. Vers 1840, le mathématicien belge Verhulst élabore un nouveau modèle où l'évolution de la population suit une « courbe logistique », en forme de S. La courbe trouvera par la suite de nombreuses applications ; au milieu du 20e siècle, par exemple, les responsables du parc Kruger (Afrique du Sud) ont décidé de gérer la population d'éléphants selon le modèle logistique.

Partie A : étude de la modélisation

Dans son modèle, Verhulst cherche les fonctions définies et positives sur l'intervalle $[0\,;+\infty[$, vérifiant une condition initiale donnée et l'équation (dite « différentielle ») :

$$\textbf{(E)} \quad y' = ry\left(1 - \frac{y}{\mathrm{K}}\right)$$

où y est une fonction de la variable x et où r et K sont des constantes positives dépendant de la population et du milieu.

HISTOIRE DES MATHS

Pierre-François Verhulst est né en 1804 à Bruxelles. Sous l'impulsion d'Adolphe Quetelet, son ancien professeur et ami, il étudie les évolutions de population et propose, dans trois publications (1838, 1845 et 1847), un nouveau modèle qui n'est pas exponentiel. Il appliquera son modèle à l'étude de l'évolution de la population en Belgique et en France jusqu'en 1833.

1. Vérifier que la fonction f définie sur l'intervalle $[0\,;+\infty[$ par :

$$f(x) = \frac{\mathrm{K}}{1 + \mathrm{e}^{-r(x-a)}}$$

où a est un nombre réel, est solution de l'équation **(E)** ci-dessus.

2. Étudier le sens de variation de la fonction f sur l'intervalle $[0\,;+\infty[$.

3. Étudier la convexité de f sur l'intervalle $[0\,;+\infty[$.

Partie B : application

Le graphique ci-contre montre l'évolution de la population des États-Unis entre 1790 et 1930 (rang 0 en 1790) ainsi que la courbe représentative de la fonction f avec $\mathrm{K} = 197\,273\,000$, $r = 0{,}031\,34$ et $a = 123{,}25$.

On constate que le modèle est bien adapté sur cette période.

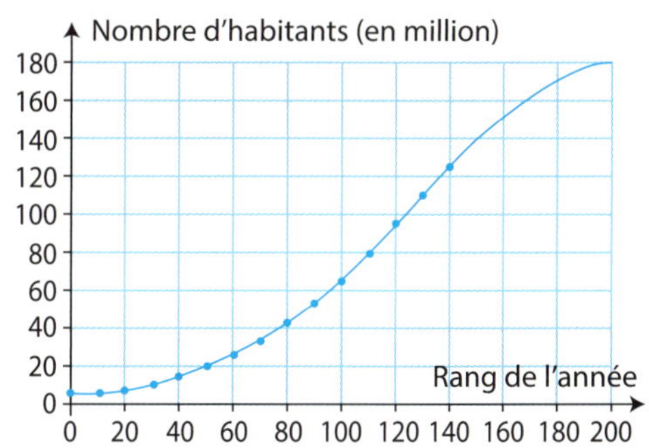

1. Estimer graphiquement l'année durant laquelle le nombre d'habitants a dépassé 100 millions.

2. Selon cette modélisation, la croissance de la population semble s'être ralentie.

a) Conjecturer graphiquement l'année durant laquelle cela s'est produit.

b) En utilisant les résultats obtenus dans la **Partie A**, justifier que pour tout réel x positif, $f''(x)$ est du signe de $\mathrm{e}^{-0{,}031\,43(x-123{,}25)} - 1$.

c) Préciser alors la conjecture émise.

3. Ce modèle était-il encore adapté en 1960, sachant que la population des États-Unis était d'environ 189 323 000 habitants cette année-là ?

84 Prendre des initiatives

Chercher **Raisonner** **Calculer**

Une route de montagne reliant deux villages A et B est modélisée par la fonction f définie sur $[0\,;5]$ par :

$$f(x)=\frac{0{,}5}{\mathrm{e}^{-x+1}+1}$$

et représentée ci-dessous (x représente la distance horizontale, en km, et $f(x)$ l'altitude, en km).

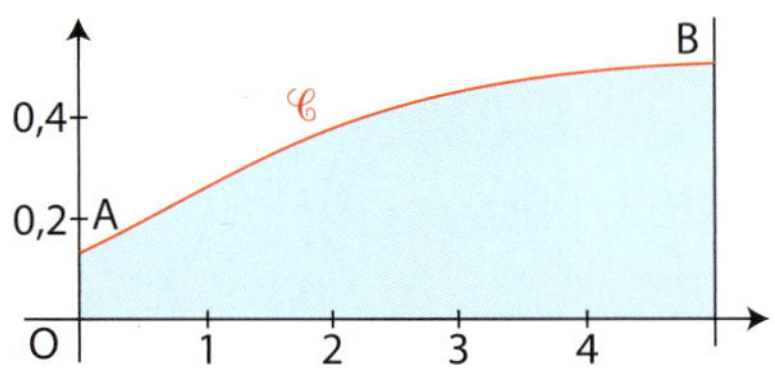

Le coefficient directeur de la tangente à $\mathscr{C}$ en un point M est appelé « pente en M ». Les maires de ces villages affirment : « En aucun point de la route, la pente ne dépasse 12 %. » Ont-ils raison ? Justifier.

85 Démontrer une inégalité

Problème ouvert

Raisonner **Calculer**

Démontrer que pour tout réel x de l'intervalle $[0\,;1]$,
$$\mathrm{e}^x \leqslant 1+x(\mathrm{e}-1).$$

86 Déterminer un nombre d'objets

Narration de recherche

Raisonner **Calculer** **Communiquer**

Rédiger les différentes étapes de la recherche, sans omettre les fausses pistes et les changements de méthode.

Problème

Le bénéfice, en million d'euros, réalisé par une entreprise lorsqu'elle produit et vend x tonnes de farine, $0 \leqslant x \leqslant 8$, est donné par :
$$\mathrm{B}(x)=(20x+10)\mathrm{e}^{-0{,}5x}-10.$$
Déterminer la masse de farine à produire et à vendre à partir de laquelle l'évolution du bénéfice décélère, c'est-à-dire la masse à partir de laquelle le bénéfice commence à décroître de moins en moins vite.

87 Respect conditions

Calculer **Communiquer**

Find numbers a and b such that the graph of the function $f(x)=ax^3+bx^2$ passes through $(-1\,;1)$ and has an inflexion point at $x=0{,}5$.

88 Imaginer une stratégie

Raisonner **Calculer**

Pour tout entier naturel non nul n, f_n est la fonction définie sur $\mathbb{R}$ par :
$$f_n(x)=10x^2\,\mathrm{e}^{nx-1}.$$
On note $\mathscr{C}_n$ la courbe représentative de la fonction f_n dans un repère.
Montrer que $\mathscr{C}_n$ admet deux points d'inflexion dont on donnera les abscisses.

89 Déterminer une vitesse minimum

Modéliser **Raisonner** **Calculer**

Lorsque la queue d'un lézard casse, elle repousse toute seule en une soixantaine de jours.
Lors de la repousse, on modélise la longueur, en centimètre, de la queue du lézard en fonction de la durée, en jour, par la fonction f définie sur $[0\,;+\infty[$ par :
$f(x)=10\,\mathrm{e}^{u(x)}$ où u est la fonction définie sur $[0\,;+\infty[$ par $u(x)=-\mathrm{e}^{-2-\frac{x}{10}}$.
On admet que la fonction f est dérivable sur l'intervalle $[0\,;+\infty[$ et on note f' sa fonction dérivée.

1. Vérifier que pour tout réel $x \geqslant 0$,
$$f'(x)=-u(x)\,\mathrm{e}^{u(x)}.$$
En déduire le sens de variation de f sur $[0\,;+\infty[$.

2. a) Calculer $f(20)$.
En déduire une estimation de la longueur, en cm, de la queue du lézard après 20 jours de repousse. *Arrondir au dixième.*

b) Selon cette modélisation, la queue du lézard peut-elle mesurer 11 cm ?

3. On se propose de déterminer au bout de combien de jours la vitesse de croissance est maximum.
On admet que la vitesse de croissance au bout de x jours est donnée par $f'(x)$.
On admet que la fonction dérivée f' est dérivable sur l'intervalle $[0\,;+\infty[$, on note f'' la fonction dérivée de f'.

a) Vérifier que tout réel $x \geqslant 0$,
$$f''(x)=\frac{1}{10}u(x)\mathrm{e}^{u(x)}(1+u(x)).$$

b) Étudier les variations de f' sur l'intervalle $[0\,;+\infty[$.

c) En déduire au bout de combien de jours la vitesse de croissance de la longueur de la queue du lézard est maximum.

90 Étudier la convexité d'une fonction

30 min

D'après Bac, Antilles-Guyane 2019

On a représenté dans le repère orthogonal ci-dessous, la courbe $\mathscr{C}$ représentative d'une fonction f définie sur l'intervalle $[-10 ; 5]$, la tangente T à $\mathscr{C}$ au point A d'abscisse -5 et la droite d d'équation $y = x$.

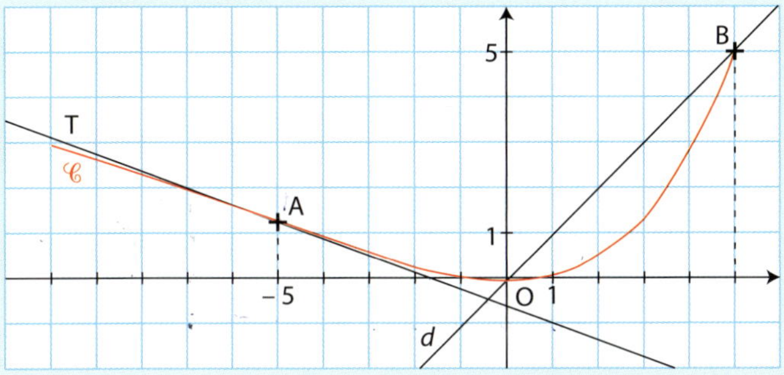

Partie A

Dans cette partie les estimations seront obtenues par lecture graphique.

Cette partie A est un questionnaire à choix multiples.

Pour chacune des questions suivantes, une seule des quatre réponses proposées est exacte. Aucune justification n'est demandée.

1. Parmi les quatre valeurs ci-dessous, la meilleure valeur approchée du coefficient directeur de la tangente T est :

a) $-\dfrac{1}{3}$ **b)** -3

c) 3 **d)** $\dfrac{1}{3}$

2. La fonction f semble :

a) concave sur $[-5 ; 0]$ **b)** concave sur $[-10 ; 0]$

c) convexe sur $[-10 ; 5]$ **d)** convexe sur $[-5 ; 5]$

Guide de résolution
1. Procéder par élimination.

Partie B

La fonction f précédente, est la fonction définie et dérivable sur l'intervalle $[-10 ; 5]$ par :

$$f(x) = (x - 5)e^{0,2x} + 5.$$

1. On note f' la fonction dérivée de f sur l'intervalle $[-10 ; 5]$.

a) Montrer que $f'(x) = 0{,}2xe^{0,2x}$.

b) Dresser le tableau de variations de la fonction f sur l'intervalle $[-10 ; 5]$.

c) Déterminer la valeur exacte du coefficient directeur de la tangente T à $\mathscr{C}$ au point A d'abscisse -5.

Guide de résolution
1. b) Expliquer pourquoi $f'(x)$ est du même signe que x.

2. Un logiciel de calcul formel donne les résultats ci-contre.

a) En utilisant ces résultats, justifier que la dérivée seconde de f, notée f'', est définie par :

$$f''(x) = (0{,}2 + 0{,}04x)e^{0,2x}.$$

b) Étudier la convexité de la fonction f sur l'intervalle $[-10 ; 5]$.

1	g(x) := 0.2 x e^0.2x → $g(x) := \dfrac{1}{5} \times e^{\frac{1}{5}x}$
2	Dérivée(g) → $\dfrac{1}{25} \times e^{\frac{1}{5}x} + \dfrac{1}{5} e^{\frac{1}{5}x}$

Guide de résolution
2. b) Étudier le signe de $f''(x)$.

Objectif **BAC**

91 **Déterminer une proportion d'individus** 40 min

D'après Bac, Antilles-Guyane 2019

Partie A

Soit a et b des nombres réels.

On considère une fonction f définie sur $[0\,;+\infty[$ par :

$$f(x)=\frac{a}{1+\mathrm{e}^{-bx}}.$$

La courbe $\mathscr{C}_f$ représentant la fonction f dans un repère orthogonal est donnée ci-dessous.

La courbe $\mathscr{C}_f$ passe par le point A(0 ; 0,5). La tangente à la courbe $\mathscr{C}_f$ au point A passe par le point B(10 ; 1).

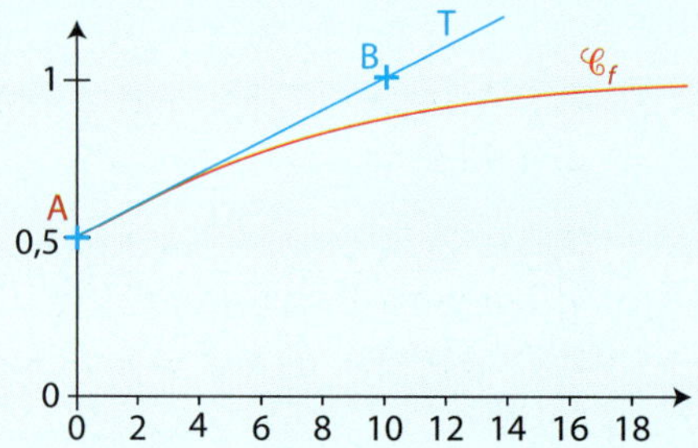

a) Justifier que $a=1$. On obtient alors, pour tout réel $x\geqslant 0$, $f(x)=\dfrac{1}{1+\mathrm{e}^{-bx}}$.

b) On admet que la fonction f est dérivable sur l'intervalle $[0\,;+\infty[$ et on note f' sa fonction dérivée. Vérifier que pour tout réel $x\geqslant 0$,

$$f'(x)=\frac{b\mathrm{e}^{-bx}}{(1+\mathrm{e}^{-bx})^2}.$$

c) En utilisant les données de l'énoncé, déterminer b.

Guide de résolution
c) Déterminer le coefficient directeur de la tangente T.

Partie B

La proportion d'individus qui possèdent un certain type d'équipement dans une population est modélisée par la fonction p définie sur l'intervalle $[0\,;+\infty[$ par :

$$p(x)=\frac{1}{1+\mathrm{e}^{-0,2x}}.$$

Le réel x représente le temps écoulé, en année, depuis le 1er janvier 2000.

Le nombre $p(x)$ modélise la proportion d'individus équipés après x années. Ainsi, pour ce modèle, $p(0)$ est la proportion d'individus équipés au 1er janvier 2000 et $p(3,5)$ est la proportion d'individus équipés au milieu de l'année 2003.

1. Quelle est, pour ce modèle, la proportion d'individus équipés au 1er janvier 2010 ? *On en donnera une valeur arrondie au centième.*

2. a) Déterminer le sens de variation de la fonction p sur l'intervalle $[0\,;+\infty[$.

b) Calculer la limite de la fonction p en $+\infty$.

c) Interpréter cette limite dans le contexte de l'exercice.

3. On considère que, lorsque la proportion d'individus équipés dépasse 95 %, le marché est saturé.

Déterminer, en expliquant la démarche, l'année au cours de laquelle cela se produit.

4. a) Déterminer $p''(x)$ pour tout réel x.

b) Alice affirme que la croissance de la proportion d'individus qui possèdent ce type d'équipement ne fait que ralentir. Que penser de cette affirmation ? Justifier.

Guide de résolution
2. a) Utiliser les résultats établis dans la **Partie A**.

Guide de résolution
4. b) Déterminer et interpréter la convexité de p.

Se préparer À L'ORAL

92 Présenter un exposé

a) Se souvenir comment utiliser la notion de convexité des fonctions pour établir des inégalités.

b) Dans un exposé oral de 10 min, présenter cette recherche et proposer des exemples d'application.

93 Travailler l'oral en groupe (1)

Résoudre cet exercice en petit groupe, puis présenter les résultats à l'oral.

f est la fonction définie sur l'intervalle $[0\,;200]$ par :

$$f(t) = (t - 10)(1 - \mathrm{e}^{-0{,}02t}) + 200.$$

Déterminer en quel point la vitesse de croissance de cette fonction décroit.

94 Travailler l'oral en groupe (2)

Résoudre cet exercice en petit groupe, puis présenter les résultats à l'oral.

On donne ci-dessous la courbe $\mathscr{C}_f$ représentative dans un repère donné d'une fonction f définie et dérivable sur l'intervalle $[0\,;5]$ ainsi que les courbes représentatives $\mathscr{C}_{f'}$ et $\mathscr{C}_{f''}$ respectivement de la dérivée f' et de la dérivée seconde f'' de la fonction f.

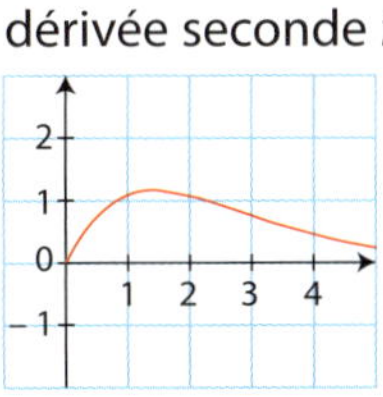

Courbe $\mathscr{C}_f$

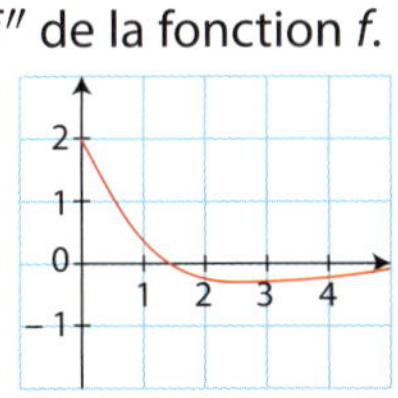

Courbe $\mathscr{C}_{f'}$

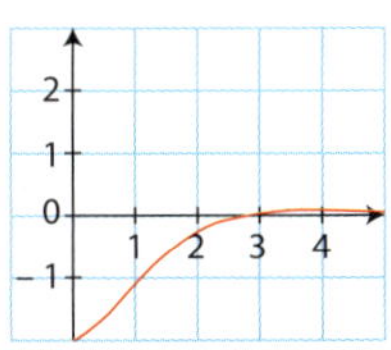

Courbe $\mathscr{C}_{f''}$

1. Répondre à chacune des questions suivantes à l'aide de lectures graphiques.

a) Donner un encadrement par deux entiers consécutifs du nombre réel pour lequel la fonction f semble atteindre son maximum.

b) Donner un intervalle défini par deux entiers sur lequel la fonction f semble convexe.

c) Expliquer pourquoi on peut conjecturer que la courbe $\mathscr{C}_f$ admet un point d'inflexion. Donner un encadrement par deux entiers consécutifs de l'abscisse de ce point d'inflexion.

2. Expliquer comment retrouver chacune des réponses précédentes à l'aide de lectures sur les courbes $\mathscr{C}_{f'}$ ou $\mathscr{C}_{f''}$.

95 Travailler en binôme

On note $f^{(3)}$ la fonction dérivée de f'', $f^{(4)}$ la fonction dérivée de $f^{(3)}$; et ainsi de suite.

f est la fonction définie sur $\mathbb{R}$ par $f(x) = x\mathrm{e}^x$.

Le binôme effectue les tâches décrites ci-dessous.

Élève 1

a) Pour tout réel x, déterminer :

- $f'(x)$
- $f''(x)$
- $f^{(3)}(x)$
- $f^{(4)}(x)$

b) Présenter ses réponses à l'élève 2 dans un exposé oral de 5 min.

Élève 2

a) Conjecturer l'expression de $f^{(5)}(x)$ pour tout réel x.

b) Au tableau, présenter la validation de sa conjecture à l'élève 1.

96 Travailler les compétences orales

▶ **ANTICIPER LES QUESTIONS DU JURY**

1. Préparation de la restitution orale (5 min)
Par groupe de 4, résoudre l'exercice ci-dessous, chaque élève travaillant sur une des quatre propositions.

2. Jeu de rôle (30 min)
Chaque élève présente son résultat à l'oral (2 min), pendant que les trois autres composent le jury. Chaque juré pose une question au candidat (5 min).

Énoncé : f est la fonction définie sur l'intervalle $[0\,;+\infty[$ par :

$$f(x) = (x^2 + 2x)\,\mathrm{e}^{-x}.$$

$\mathscr{C}_f$ est la courbe représentative de f dans un repère.
Pour chaque affirmation, dire si elle est vraie ou fausse. Justifier.

a) Pour tout réel x de l'intervalle $[0\,;+\infty[$,

$$f(x) = (-x^2 + 2)\,\mathrm{e}^{-x}.$$

b) La fonction f admet sur l'intervalle $[0\,;+\infty[$ un maximum en $x = 1{,}4$.

c) La courbe $\mathscr{C}_f$ admet un unique point d'inflexion d'abscisse $1 + \sqrt{3}$.

d) Une équation de la tangente à la courbe $\mathscr{C}_f$ au point d'abscisse 0 est $y = x$.

97 Courbe de Lorenz

Partie A : lecture d'une courbe de Lorenz

La courbe $\mathscr{C}_f$ représentée ci-dessous, dite **courbe de Lorenz**, illustre la répartition des salaires dans une entreprise. $f(x)$ représente la proportion de la masse salariale (somme de tous les salaires) correspondant à la proportion x des employés ayant les salaires les plus faibles de l'entreprise.

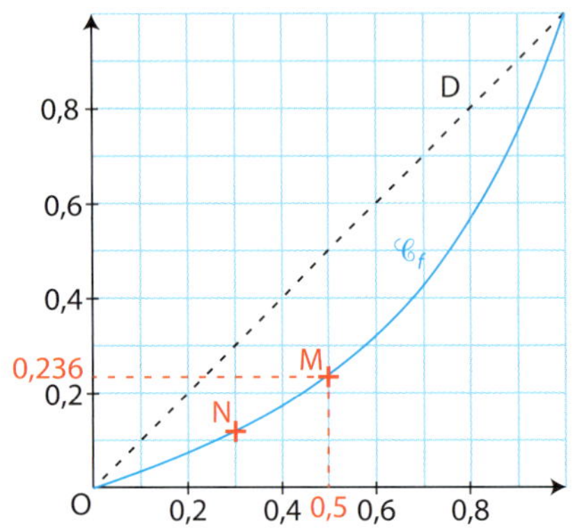

Ainsi environ 50 % des employés aux revenus les plus faibles se partagent 23,6 % de la masse salariale.

1. Interpréter le point N(0,3 ; 0,121) de $\mathscr{C}_f$.

2. Déterminer graphiquement quel pourcentage de la masse salariale, se partagent :

a) les 60 % des employés aux revenus les plus faibles ;

b) les 20 % des employés aux revenus les plus élevés.

Partie B : fonction associée à une courbe de Lorenz

De façon plus générale, une courbe de Lorenz est la représentation graphique d'une fonction f dérivable sur l'intervalle $[0 ; 1]$ et possédant les propriétés suivantes :

(1) $f(0) = 0$, $f(1) = 1$;

(2) f est croissante sur l'intervalle $[0 ; 1]$;

(3) pour tout réel x de l'intervalle $[0 ; 1]$, $f(x) \leqslant x$.

La fonction f, représentée dans la partie A est la fonction définie sur l'intervalle $[0 ; 1]$ par $f(x) = xe^{x^2-1}$.

1. Montrer que f possède les propriétés **(1)**, **(2)** et **(3)**.

2. Calculer le pourcentage de la masse salariale détenue par 20 % des employés ayant les salaires les plus élevés. *Arrondir au dixième.*

98 Dérivée *n*-ième d'une fonction

f est la fonction définie sur $\mathbb{R}$ par $f(x) = (1 - 2x)e^{2x}$.

On définit les dérivées successives de f par : $f^{(1)} = f'$ et pour tout entier naturel $n \geqslant 1$, $f^{(n+1)} = (f^{(n)})'$.

1. Montrer par récurrence que pour tout réel x et tout entier naturel n non nul :

$$f^{(n)}(x) = 2^n(1 - n - 2x)e^{2x}.$$

2. Pour tout entier naturel n non nul, la courbe représentative de $f^{(n)}$, dans un repère, admet une tangente parallèle à l'axe des abscisses en un point M_n.

a) Calculer les coordonnées $(x_n ; y_n)$ de M_n.

b) Vérifier que la suite (x_n) est une suite arithmétique dont précisera le premier terme et la raison.

c) Vérifier que la suite (y_n) est une suite géométrique dont précisera le premier terme et la raison.

99 Inégalité arithmético-géométrique

Définition

Pour tout réel $x \geqslant 0$, le nombre y tel que $x = y^n$ est la racine n-ième de x ; on la note $\sqrt[n]{x}$.

Pour tous réels positifs $x_1, x_2 \dots x_n$ et tout entier naturel n non nul,

$$\sqrt[n]{x_1 x_2 \dots x_n} \leqslant \frac{x_1 + x_2 + \dots + x_n}{n}.$$

Cette inégalité est appelée l'inégalité arithmético-géométrique.

On se propose de démontrer de différentes façons cette inégalité dans le cas où $n = 2$, c'est-à-dire de démontrer que pour tous réels positifs a et b,

$$\sqrt{ab} \leqslant \frac{a+b}{2}.$$

1. Analytiquement

On admet que pour tous réels positifs a et b, il existe deux réels A et B tels que $e^A = a$ et $e^B = b$.

a) En utilisant la convexité de la fonction exponentielle, justifier que pour tous réels A et B,

$$e^{\frac{A+B}{2}} \leqslant \frac{e^A + e^B}{2}.$$

b) Conclure.

2. Algébriquement

Développer l'expression $(\sqrt{a} - \sqrt{b})^2$, puis en déduire l'inégalité souhaitée.

3. Géométriquement

ABC est un triangle rectangle en A, inscrit dans le demi-cercle de centre le milieu O de $[BC]$. H est le pied de la hauteur issue de A dans le triangle ABC.

On note BH $= a$ et HC $= b$.

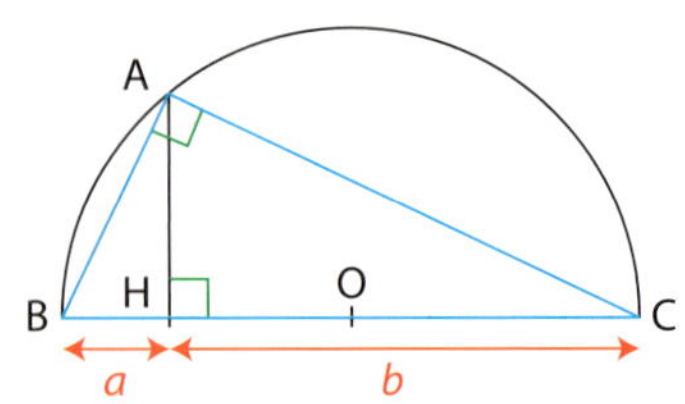

a) Exprimer la longueur AH en fonction de a et b.

b) Déterminer le maximum de la longueur AH et conclure.

100 Algo python

Limite d'une suite

f est la fonction définie sur $\mathbb{R}$ par :

$$f(x) = x\mathrm{e}^{-\frac{x^2}{2}}.$$

On note $\mathscr{C}$ la courbe représentative de la fonction f dans un repère orthonormé du plan.

1. Étude de la fonction

a) Étudier la parité de la fonction f.

b) Établir le tableau de variations de la fonction f sur l'intervalle $[0\,;+\infty[$.

c) Montrer que la courbe $\mathscr{C}$ admet une asymptote horizontale et préciser la position de $\mathscr{C}$ par rapport à cette asymptote.

d) Déterminer une équation de la tangente T_0 à la courbe $\mathscr{C}$ au point d'abscisse 0.

e) Étudier la convexité de f et déterminer les éventuels points d'inflexion.

f) Tracer T_0 et $\mathscr{C}$ dans un repère orthonormé du plan, en choisissant une unité graphique adaptée.

2. Étude d'une suite

On considère la suite (u_n) définie par $u_0 = 1$ et pour tout entier naturel n, $u_{n+1} = f(u_n)$.

a) Montrer que pour tout entier naturel n, $0 \leqslant u_n \leqslant 1$.

b) Déduire de la convexité de la fonction f le sens de variation de la suite (u_n).

c) Justifier que la suite (u_n) est convergente et déterminer sa limite L.

d) Écrire un algorithme en langage naturel de sorte qu'il détermine le plus petit rang n_0 à partir duquel, pour tout entier naturel $n \geqslant n_0$,

$$|u_n - \mathrm{L}| \leqslant 10^{-1}.$$

e) Coder cet algorithme en langage Python, le saisir et en déduire la valeur de n_0.

101 Famille de fonctions

Pour tout entier naturel n non nul, f_n est la fonction définie sur $\mathbb{R}$ par :

$$f_n(x) = \frac{1}{1+\mathrm{e}^x} + nx.$$

On note $\mathscr{C}_n$ sa courbe représentative dans un repère orthonormé.

a) Déterminer pour tout réel x, $f_n'(x)$ et $f_n''(x)$.

b) En déduire que la fonction f_n est strictement croissante sur $\mathbb{R}$.

c) Démontrer que la courbe $\mathscr{C}_n$ admet un seul point d'inflexion, noté A.

Déterminer les coordonnées de A.

102 Des fonctions polynômes

1. Polynômes de degré 3

P est une fonction définie sur $\mathbb{R}$ par :

$$\mathrm{P}(x) = ax^3 + bx^2 + cx + d$$

où a, b, c, d sont des nombres réels avec $a \neq 0$.

Étudier la convexité de la fonction P.

Conseil : envisager deux cas, $a > 0$ et $a < 0$.

2. Polynômes de degré 4

f est une fonction définie sur $\mathbb{R}$ par :

$$f(x) = ax^4 + bx^3 + cx^2 + dx + e$$

où a, b, c, d et e sont des nombres réels avec $a > 0$.

a) Démontrer que la fonction f n'est jamais concave sur $\mathbb{R}$.

Conseil : utiliser un raisonnement par l'absurde.

b) Déterminer une condition nécessaire et suffisante sur a, b, c pour que f soit convexe sur $\mathbb{R}$.

c) Montrer que si f n'est pas convexe sur $\mathbb{R}$, alors sa courbe admet deux points d'inflexion.

Préciser les abscisses de ces points d'inflexion.

Des Défis

103 Composer deux fonctions

Déterminer deux fonctions f et g distinctes, définies sur l'intervalle $[1\,;2]$ telles que pour tout réel x de l'intervalle $[1\,;2]$,

$$(f \circ g)(x) = (g \circ f)(x).$$

104 Étudier un polynôme de degré 4

f est une fonction définie sur $\mathbb{R}$ par :

$$f(x) = ax^4 + bx^3 + cx^2 + dx + e$$

où a, b, c, d et e sont des nombres réels avec $a \neq 0$.

Déterminer les réels a, b, c, d et e tels que, dans un repère, la courbe représentative $\mathscr{C}$ de la fonction f admet :

- deux points d'inflexion d'abscisses 2 et $-0,5$;
- la droite d'équation $y = -x + 5$ comme tangente au point d'abscisse 0 ;
- une tangente au point d'abscisse -1 de coefficient directeur $-0,5$.

10 Continuité des fonctions d'une variable réelle

HISTOIRE DES MATHS

Au 16e siècle, le principe de continuité (« si a et b sont tels que $p(a) \times p(b) < 0$, alors le polynôme p admet un zéro entre a et b ») est considéré comme géométriquement évident. Un exemple simple concerne les courbes que l'on trace *sans lever le crayon*. Cette première approche ne suffit pas pour définir la continuité.

En 1769, **Joseph-Louis Lagrange** propose deux démonstrations du principe de continuité, mais ces preuves ne sont pas convaincantes. C'est près de 50 ans plus tard, en 1817, que **Bernard Bolzano** donne la première définition moderne d'une fonction continue.

En 1821, **Augustin Cauchy** énonce à son tour le principe connu de nos jours sous le nom de théorème des valeurs intermédiaires. Mais il invoque comme preuve l'évidence géométrique (ce qui déplaît à Bolzano) et repousse en fin d'ouvrage une démonstration analytique.

Augustin Cauchy

Bernard Bolzano

▶ **Bernard Bolzano** (1781-1848) est un mathématicien qui vécut à Prague. Également philosophe et théologien, il est aussi considéré comme un des fondateurs de la logique moderne. Ses recherches, pourtant novatrices, restent souvent méconnues de ses contemporains.

▶ **Augustin Cauchy** (1789-1857) est le mathématicien français le plus prolifique de l'histoire, avec près de 800 articles et 7 ouvrages. Son œuvre a fortement influencé le développement des mathématiques au 19e siècle.

1817 Bolzano donne la première définition moderne d'une fonction continue.

1821 Cauchy formalise le théorème des valeurs intermédiaires.

1861 Weierstrass démontre le théorème des valeurs extrêmes (une fonction continue possède un minimum et un maximum sur un segment).

1874 Dedekind publie sa construction des réels dans son article *Continuité et nombres irrationnels*.

1804 Sacre de Napoléon 1er

1815 Défaite de Waterloo

1830 Hernani de Victor Hugo

1848 Abolition de l'esclavage

1870 Guerre franco-prussienne

1882 École laïque, gratuite et obligatoire (lois Ferry)

1800 — 1825 — 1850 — 1875 — 1900

Massif du Mont-Blanc, France.

La notion de continuité est très intuitive. Un alpiniste qui part du refuge du Goûter à 3 835 m d'altitude pour le sommet du Mont-Blanc à 4 809 m, sait bien qu'il passera au moins une fois à toute altitude entre 3 835 m et 4 809 m. La notion de fonction **continue** a été formalisée au 19e siècle en particulier par Bernard Bolzano.

Les contenus et capacités travaillés dans ce chapitre

	Savoir-faire	Exercices
• Fonction continue en un point (définition par les limites), sur un intervalle. Toute fonction dérivable est continue.	1 à 4	19 à 29
• Image d'une suite convergente par une fonction continue. Pour une fonction continue f de I dans I, étudier une suite du type $u_{n+1} = f(u_n)$	5 à 8	30 à 42
• Théorème des valeurs intermédiaires.	9 à 12	43 à 50
• Cas des fonctions continues strictement monotones. Étudier les solutions d'une équation du type $f(x) = k$: existence, unicité, encadrement.	13 à 18	51 à 57

Bien démarrer

Calcul mental

Rappels utiles

• Limite d'une fonction en un réel

ℓ et a désignent des nombres réels. f est une fonction définie sur un intervalle I tel que $a \notin \mathrm{I}$.

Si $\lim\limits_{\substack{x \to a \\ x<a}} f(x) = \ell$ et $\lim\limits_{\substack{x \to a \\ x>a}} f(x) = \ell$, alors la fonction f admet une limite en a et $\lim\limits_{x \to a} f(x) = \ell$.

• Dérivée et sens de variation

f est une fonction dérivable sur un intervalle I.

Si pour tout réel x de I, **$f'(x)$ est strictement positif** (resp. négatif) **ou s'annule seulement en un nombre fini de points**, alors **f est strictement croissante** (resp. décroissante) **sur I**.

• Suites convergentes

Dire qu'une suite est **convergente** signifie qu'elle admet une limite et que sa limite est un réel.

Si une suite est **croissante et majorée** (ou **décroissante et minorée**), alors cette suite est **convergente**.

• Suite du type $u_{n+1} = f(u_n)$

f est une fonction définie sur un intervalle I tel que **pour tout $x \in \mathrm{I}$, $f(x) \in \mathrm{I}$.**

On peut définir alors une suite (u_n) par la donnée d'un nombre réel u_0 de I et par la relation de récurrence : pour tout entier naturel n, $u_{n+1} = f(u_n)$.

À l'oral Questions-Tests

Pour chaque question, il y a une seule réponse exacte.

1 f est la fonction définie sur $\mathbb{R}^*$ par :

$$f(x) = \begin{cases} 2x+1 & \text{si } x<0 \\ -3x+4 & \text{si } x>0 \end{cases}.$$

a) La limite de la fonction f lorsque x tend vers 0 par valeurs négatives est : **(1)** 4 **(2)** 1 **(3)** 0

b) La limite de la fonction f lorsque x tend vers 0 par valeurs positives est : **(1)** 4 **(2)** 1 **(3)** 0

c) La limite de la fonction f en 0 :

(1) est 4 **(2)** est 1 **(3)** n'existe pas

2 g est la fonction définie sur $\mathbb{R}$ par :

$$g(x) = x^3 + x^2 - x + 1.$$

a) D'après cet écran de calcul formel, le tableau de signes de $g'(x)$ est :

2	g'(x)
	Factoriser: $(x+1)(3x-1)$

(1)

x	$-\infty$		$\frac{1}{3}$		-1		$+\infty$
$g'(x)$		+	0	−	0	+	

(2)

x	$-\infty$		-1		$\frac{1}{3}$		$+\infty$
$g'(x)$		+	0	−	0	+	

(3)

x	$-\infty$		-1		$\frac{1}{3}$		$+\infty$
$g'(x)$		−	0	+	0	−	

b) g est strictement monotone sur l'intervalle :

(1) $\mathbb{R}$ **(2)** $\left[-1\,;\frac{1}{3}\right]$ **(3)** $[-1\,;+\infty[$

3 (u_n) est la suite sur $\mathbb{N}$ par :

$$u_n = \frac{n-1}{n+1}.$$

a) D'après cet écran de calcul formel, la suite (u_n) est :

(1) non monotone

(2) décroissante

(3) croissante

	u(n + 1) − u(n)
2	Factoriser: $\dfrac{2}{(n+1)(n+2)}$

b) La suite (u_n) est : **(1)** majorée par 1 **(2)** minorée par 0 **(3)** majorée par -1

c) La suite (u_n) converge vers :

(1) -1 **(2)** 0 **(3)** 1

4 $u_0 = -1$

On définit une suite (u_n) avec pour relation de récurrence :

pour tout entier naturel n, u_{n+1} est égal à :

(1) $\dfrac{1}{u_n} + 1$ **(2)** $\dfrac{1}{u_n} - 2$ **(3)** $u_n^2 + \dfrac{1}{u_n}$

1 Notion de fonction continue sur un intervalle

Une municipalité a commencé l'installation d'une nouvelle piste de skateboard. Ce graphique modélise la partie de la piste installée.

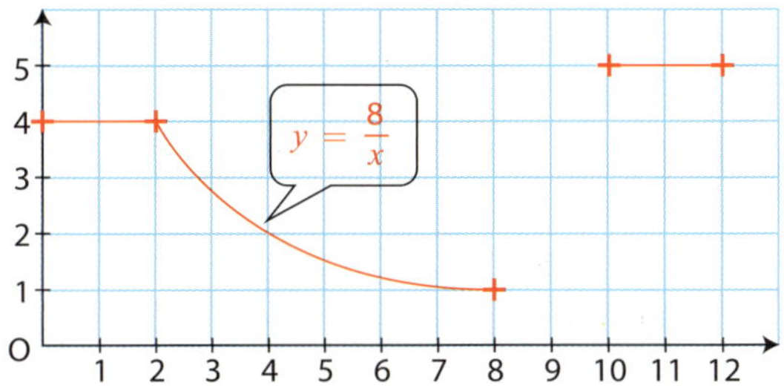

Cette piste ne doit pas avoir de coupure c'est-à-dire que l'on doit pouvoir la représenter ci-dessus sur l'intervalle [0 ; 12] sans lever le crayon.

1 Lesquelles des équations de courbes données permettent de compléter la piste sur l'intervalle [8 ; 10] ?

(1) $y = 2x - 15$ **(2)** $y = \frac{1}{64}x^2$ **(3)** $y = -\frac{160}{x} + 21$ **(4)** $y = 0{,}01x^3 - 5$

2 **a)** En fait les organisateurs souhaitent compléter la piste sur l'intervalle [8 ; 10] par une courbe d'équation $y = a(x-8)^2 + b$. Déterminer les nombres réels a et b.

b) Réaliser le graphique ci-dessus et le compléter par la courbe obtenue à la question **a)**.

c) Écrire l'expression de la fonction f ainsi représentée sur l'intervalle [0 ; 12].

On dit que cette fonction ***f* est continue sur l'intervalle [0 ; 12]** pour indiquer que sa courbe représentative se trace sans lever le crayon.

2 Vers le théorème des valeurs intermédiaires

1 f est une fonction définie sur l'intervalle $\mathrm{I} = [-1 ; 3]$ telle que $f(-1) = 1$ et $f(3) = 4$.
Dans chaque cas, dans un repère tel que celui proposé ci-contre, tracer une courbe représentative possible de la fonction f sachant que :

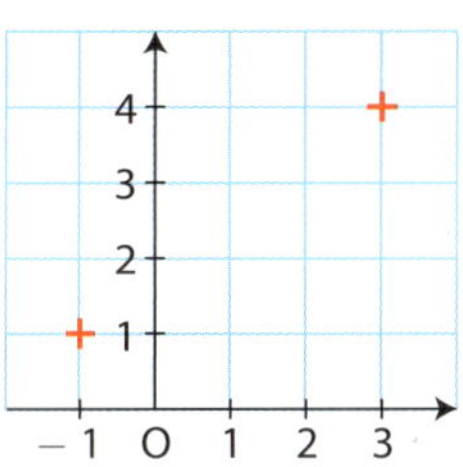

a) l'équation $f(x) = 2$ a trois solutions dans l'intervalle I ;
b) l'équation $f(x) = 2$ n'a pas de solution dans l'intervalle I ;
c) l'équation $f(x) = 2$ a une seule solution dans l'intervalle I ;
d) pour tout nombre réel k compris entre $f(-1)$ et $f(3)$, l'équation $f(x) = k$ a une seule solution dans l'intervalle I.

2 g est une fonction définie sur un intervalle $\mathrm{I} = [a ; b]$ avec a et b nombres réels tels que $a < b$.
Dans chaque cas, imposer des conditions à la fonction g afin que pour tout réel k compris entre $g(a)$ et $g(b)$:
a) l'équation $g(x) = k$ ait au moins une solution dans l'intervalle I ;
b) l'équation $g(x) = k$ ait une seule solution dans l'intervalle I.

Cours

Exercices
- 1 à 4 (ci-contre)
- 19 à 29

Vidéo
JAICOMPRIS.COM
Cette notion est présentée en vidéo

1 Langage de la continuité

A Continuité sur un intervalle

Définitions

f est une fonction définie sur un intervalle I et *a* est un nombre réel de I.

- Dire que *f* est **continue en *a*** signifie que *f* a une limite en *a* égale à *f*(*a*), soit $\lim\limits_{x \to a} f(x) = f(a)$.
- Dire que *f* est **continue sur l'intervalle I** signifie que *f* est continue en tout réel *a* de I.

Vocabulaire : une fonction non continue en *a* est dite **discontinue** en *a*.

Graphiquement, la continuité d'une fonction *f* sur un intervalle I se traduit par le fait que la courbe représentative de *f* sur I peut se tracer **sans lever le crayon**.

Exemples

- La fonction *f* représentée ci-dessous est continue sur l'intervalle $[-2\,;3]$.

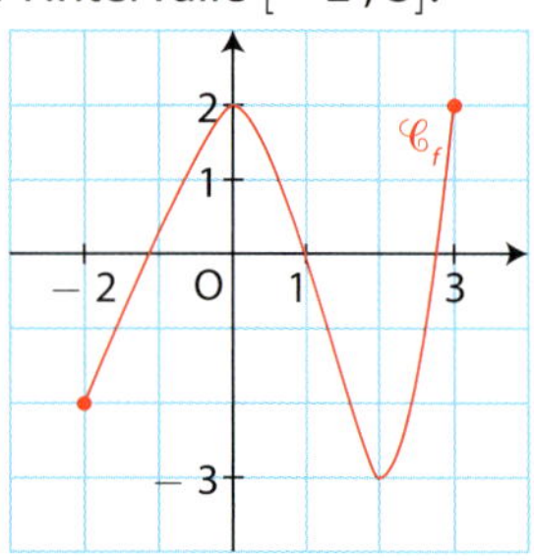

- La fonction *g* représentée ci-dessous n'est pas continue sur l'intervalle $[-2\,;3]$.

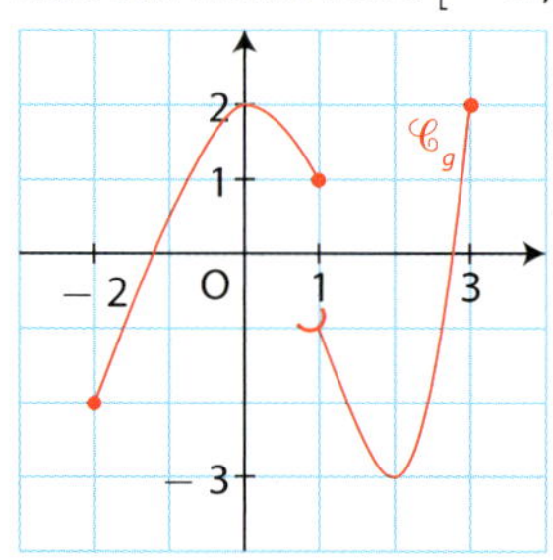

En effet, *g* est discontinue en 1 car *g* n'a pas de limite en 1 :

$\lim\limits_{\substack{x \to 1 \\ x<1}} g(x) = 1$

$\lim\limits_{\substack{x \to 1 \\ x>1}} g(x) = -1$

Propriétés (admises)

f est une fonction définie sur un intervalle I et *a* est un nombre réel de I.

- Si *f* est dérivable en *a*, alors *f* est continue en *a*.
- Si *f* est dérivable sur I, alors *f* est continue sur I.

Remarque : une fonction peut être continue en *a* sans être dérivable en *a*. Par exemple, la fonction $x \mapsto \sqrt{x}$ est continue en 0 car $\lim\limits_{x \to 0} \sqrt{x} = \sqrt{0} = 0$ mais n'est pas dérivable en 0.

B Continuité des fonctions usuelles

Propriétés (admises)

- Les fonctions **polynômes** sont **continues sur** $\mathbb{R}$.
- La fonction **exponentielle** est **continue sur** $\mathbb{R}$.
- La fonction **racine carrée** est **continue sur** $[0\,; +\infty[$.
- Toute fonction définie sur un intervalle I et obtenue par opérations ou composition à partir des fonctions précédentes est continue sur I.

En particulier, les fonctions **rationnelles** (quotients de deux polynômes) sont **continues** sur tout intervalle contenu dans leur ensemble de définition.

- La fonction **valeur absolue** est **continue sur** $\mathbb{R}$.

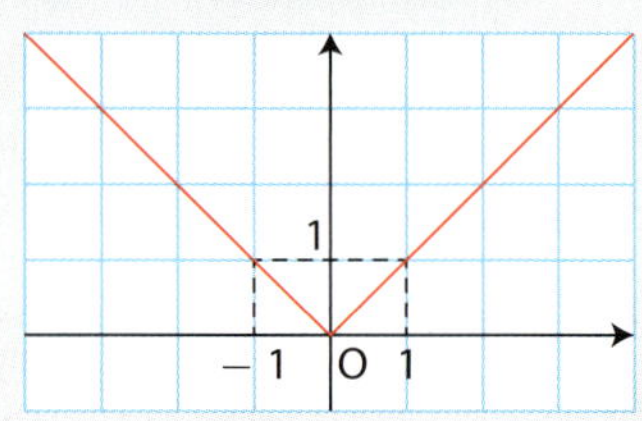

Exemple

La fonction *f* définie sur l'intervalle $]5\,; +\infty[$ par $f(x) = \dfrac{4e^x + 1}{x - 5}$ est le quotient des fonctions $x \mapsto 4e^x + 1$ et $x \mapsto x - 5$ continues sur $]5\,; +\infty[$ donc *f* est continue sur $]5\,; +\infty[$.

EXERCICES RÉSOLUS

1 Étudier graphiquement la continuité d'une fonction

Ce graphique représente les tarifs postaux 2020 en France métropolitaine pour une lettre verte.
À toute masse x, en gramme, on associe le tarif d'envoi $f(x)$, en euro.
Étudier graphiquement la continuité de la fonction f sur l'intervalle $]0\,;500]$.

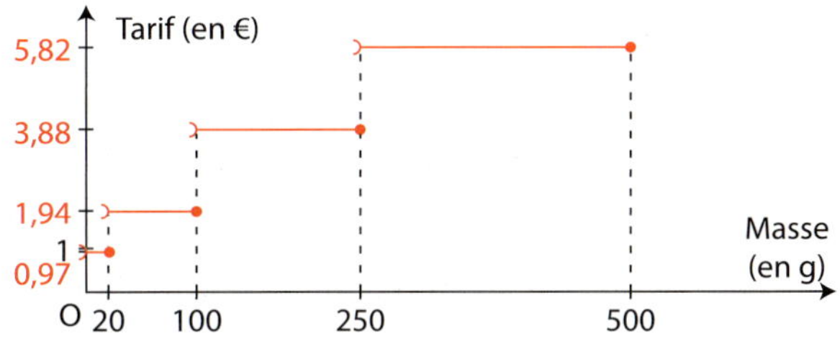

Solution

Pour tracer la courbe représentative de la fonction f, on doit lever le crayon pour $x = 20$, $x = 100$, $x = 250$. Donc la fonction f n'est pas continue sur l'intervalle $]0\,;500]$.
Plus précisément, la fonction f est discontinue en 20, 100 et 250, mais elle est continue sur chacun des intervalles $]0\,;20[$, $]20\,;100[$, $]100\,;250[$ et $]250\,;500]$.

Sur le graphique, le codage indique que l'image de 20 est 0,97 (•) et non pas 1,94 (>–).

2 Comprendre la notion de continuité

m désigne un nombre réel et f est la fonction définie sur $\mathbb{R}$ par $f(x) = \begin{cases} x^2 & \text{si } x \leqslant 0 \\ x+m & \text{si } x > 0 \end{cases}$.

Déterminer la valeur de m pour laquelle la fonction f est continue sur $\mathbb{R}$.

Solution

- La fonction $x \mapsto x^2$ est continue sur $\mathbb{R}$ donc sur l'intervalle $]-\infty\,;0]$.
La fonction affine $x \mapsto x+m$ est continue sur $\mathbb{R}$ donc sur l'intervalle $]0\,;+\infty[$.
- $\lim\limits_{\substack{x\to 0\\ x<0}} f(x) = \lim\limits_{\substack{x\to 0\\ x<0}} x^2 = 0$ et $\lim\limits_{\substack{x\to 0\\ x>0}} f(x) = \lim\limits_{\substack{x\to 0\\ x>0}} (x+m) = m$.

Donc, la fonction f est continue en 0 dans le seul cas où $\lim\limits_{\substack{x\to 0\\ x<0}} f(x) = \lim\limits_{\substack{x\to 0\\ x>0}} f(x) = f(0)$, c'est-à-dire $m = 0$.

Conclusion : la fonction f est continue sur $\mathbb{R}$ lorsque $m = 0$.

Ce graphique illustre le fait que pour $m \neq 0$, la fonction f est discontinue en 0.

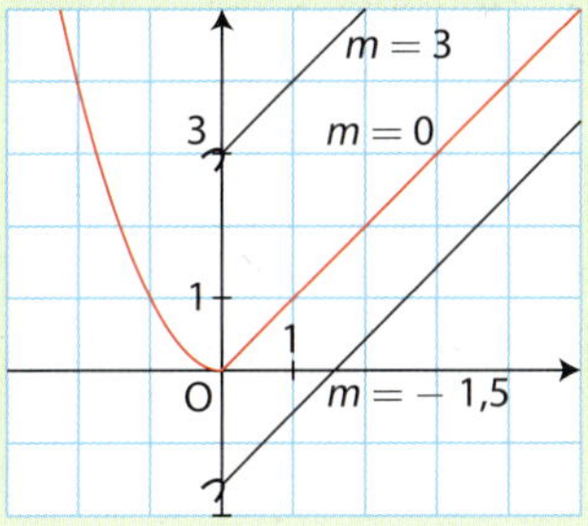

EXERCICES D'APPLICATION DIRECTE

Sur le modèle de l'exercice résolu 1

3 f est la fonction f définie sur $\mathbb{R}$ par :
$f(x) = -1$ si $x < 1$ et $f(x) = 0$ si $x \geqslant 1$.
Étudier graphiquement la continuité de la fonction f sur $\mathbb{R}$.

Vidéo

JAICOMPRIS.COM Cet exercice est corrigé en vidéo

Sur le modèle de l'exercice résolu 2

4 f est la fonction définie sur $\mathbb{R}$ par :
$f(x) = -2x$ si $x < 2$ et $f(x) = mx - 6$ si $x \geqslant 2$.
Pour quelle valeur de m la fonction f est-elle continue sur $\mathbb{R}$?

Exercices
- **5** à **8** (ci-contre)
- **30** à **42**

2 Fonctions continues et suites convergentes

A Image d'une suite par une fonction

Définition

(u_n) est une suite définie sur $\mathbb{N}$.
f est une fonction définie sur un intervalle I contenant tous les termes u_n.
L'image de la suite (u_n) par la fonction f est la suite $(f(u_n))$.

$$\mathbb{N} \xrightarrow{(u_n)} \mathrm{I} \xrightarrow{f} \mathbb{R}$$
$$n \longmapsto u_n \longmapsto f(u_n)$$

Exemple

(u_n) est la suite définie sur $\mathbb{N}$ par $u_n = 2n + 1$ et f est la fonction définie sur $[0\,;+\infty[$ par $f(x) = \sqrt{x}$.
Pour tout entier naturel n, $2n + 1 \in [1\,;+\infty[$ et $[1\,;+\infty[\, \subset [0\,;+\infty[$.
Ainsi, l'image de la suite (u_n) par la fonction f est la suite définie sur $\mathbb{N}$ par $f(u_n) = \sqrt{2n+1}$.

B Image d'une suite convergente par une fonction continue

Propriété (admise)

(u_n) est une suite qui **converge** vers un nombre réel ℓ.
I est un intervalle tel que $\ell \in \mathrm{I}$ et pour tout entier naturel n, $u_n \in \mathrm{I}$.
Pour toute fonction f définie sur l'intervalle I et **continue en** ℓ, la **suite** $(\boldsymbol{f(u_n)})$ **converge** vers le nombre réel $\boldsymbol{f(\ell)}$.

Exemple

(v_n) est la suite définie sur $\mathbb{N}^*$ par $v_n = \cos\left(\dfrac{\pi}{3} + \dfrac{1}{n}\right)$.

- Pour tout entier naturel $n \geqslant 1$, on pose $u_n = \dfrac{1}{n}$ et on note f la fonction définie sur $\mathbb{R}$ par $f(x) = \cos\left(\dfrac{\pi}{3} + x\right)$.

Pour tout entier naturel $n \geqslant 1$, $\dfrac{1}{n} \in\,]0\,;+\infty[$ et $]0\,;+\infty[\, \subset \mathbb{R}$, donc $v_n = f(u_n)$.

- $\lim\limits_{n \to +\infty} \dfrac{1}{n} = 0$, la suite (u_n) converge vers $\ell = \mathbf{0}$. La fonction f est continue sur $\mathbb{R}$ donc en particulier en $\mathbf{0}$.

Ainsi, la suite (v_n) converge vers $f(\mathbf{0})$: $\lim\limits_{n \to +\infty} v_n = \cos\left(\dfrac{\pi}{3}\right) = \dfrac{1}{2}$.

C Suites du type $u_{n+1} = f(u_n)$

f est une fonction définie et **continue** sur un intervalle I tel que **pour tout réel** $\boldsymbol{x \in \mathrm{I}, f(x) \in \mathrm{I}}$.
(u_n) est une suite définie par la donnée de $\boldsymbol{u_0 \in \mathrm{I}}$ et pour tout entier naturel n, $\boldsymbol{u_{n+1} = f(u_n)}$.
Lorsque la suite (u_n) converge vers un nombre réel $\boldsymbol{\ell}$ **de I**, alors, d'après le paragraphe **B**, la suite $(f(u_n))$ converge vers le nombre réel $f(\ell)$.
Or, $\lim\limits_{n \to +\infty} u_n = \ell$, donc $\lim\limits_{n \to +\infty} u_{n+1} = \ell$ (la suite (u_{n+1}), excepté u_0, prend les mêmes valeurs que la suite (u_n) : $u_1, u_2, \ldots$).
Donc, l'unicité de la limite d'une suite permet d'affirmer que $\ell = \boldsymbol{f(\ell)}$.

Ainsi, **si la suite** $(\boldsymbol{u_n})$ **converge vers un réel** $\boldsymbol{\ell}$ **de I et si** $\boldsymbol{f}$ **est continue sur I**, donc en particulier **en** $\boldsymbol{\ell}$**, alors** $\boldsymbol{\ell = f(\ell)}$. Autrement dit, ℓ est une solution dans I de l'équation $f(x) = x$.

EXERCICES RÉSOLUS

5 Étudier une suite du type $(f(u_n))$

(v_n) est la suite définie pour tout entier naturel $n \geqslant 1$, par $v_n = \sqrt{\frac{1}{n^2}+1}$.

Expliquer pourquoi la suite (v_n) est du type $(f(u_n))$ et étudier sa limite.

Solution

• On note, pour tout $n \geqslant 1$, $u_n = \frac{1}{n^2}+1$ et f la fonction racine carrée définie sur $\mathrm{I} = [0\,;+\infty[$.

Pour $n \geqslant 1$, $\frac{1}{n^2} \geqslant 0$, soit $u_n \geqslant 1$. Ainsi, pour tout $n \geqslant 1$, $u_n \in \mathrm{I}$, donc $v_n = f(u_n)$.

• $\lim\limits_{n\to+\infty} \frac{1}{n^2} = 0$ donc $\lim\limits_{n\to+\infty} u_n = 1$. Ainsi, la suite (u_n) converge vers $\ell = 1$.

La fonction f est continue sur l'intervalle $[0\,;+\infty[$ donc la suite (v_n) converge vers $f(\ell)$ c'est-à-dire $\sqrt{1}$.

Ainsi, $\lim\limits_{n\to+\infty} v_n = 1$.

6 Étudier une suite du type $u_{n+1} = f(u_n)$

(u_n) est la suite définie par $u_0 = 0$ et pour tout entier naturel n, $u_{n+1} = \sqrt{3u_n+4}$.

a) Expliquer pourquoi cette suite est du type $u_{n+1} = (f(u_n))$.

b) On admet ici (voir exercice 70 p. 308) que la suite (u_n) converge vers un réel $\ell \geqslant 0$. Déterminer ℓ.

Solution

a) f est la fonction définie sur l'intervalle $\mathrm{I} = [0\,;+\infty[$ par $f(x) = \sqrt{3x+4}$.

• Pour tout réel $x \geqslant 0$, $\sqrt{3x+4} \geqslant 0$, c'est-à-dire $f(x) \in \mathrm{I}$.

• $u_0 = 0$ donc $u_0 \in \mathrm{I}$.

Donc pour tout n de $\mathbb{N}$, $u_{n+1} = f(u_n)$.

> Pour établir qu'une suite est du type $u_{n+1} = f(u_n)$, il suffit de montrer que f est définie sur un intervalle I tel que pour tout x de I, $f(x) \in \mathrm{I}$ et que $u_0 \in \mathrm{I}$ (voir exercice 66 p. 216).

b) La fonction f est continue sur I donc en particulier en ℓ. Donc $\lim\limits_{n\to+\infty} f(u_n) = f(\ell)$.

Or, $\lim\limits_{n\to+\infty} u_{n+1} = \ell$, donc d'après l'unicité de la limite d'une suite, $\ell = f(\ell)$, c'est-à-dire ℓ est une solution dans l'intervalle I de l'équation $f(x) = x$, c'est-à-dire $\sqrt{3x+4} = x$.

Dans l'intervalle I, $\sqrt{3x+4} = x$ équivaut à $3x+4 = x^2$, c'est-à-dire $x^2 - 3x - 4 = 0$.

$\Delta = (-3)^2 - 4\times1\times(-4) = 25$ donc $x = \frac{3+5}{2} = 4$ ou $x = \frac{3-5}{2} = -1$. Or, $-1 \notin \mathrm{I}$ donc $\ell = 4$.

Ainsi, la suite (u_n) converge vers $\ell = 4$.

EXERCICES D'APPLICATION DIRECTE

Sur le modèle de l'exercice résolu 5

7 (v_n) est la suite pour tout entier naturel $n \geqslant 1$, par :

$$v_n = \mathrm{e}^{\frac{2}{n}+1}.$$

a) Expliquer pourquoi cette suite est du type $f((u_n))$.

b) Étudier la limite de la suite (v_n).

Sur le modèle de l'exercice résolu 6

8 (u_n) est la suite définie par $u_0 = 0$ et pour tout entier naturel n, $u_{n+1} = \frac{1}{2}(1+u_n^2)$.

a) Pourquoi cette suite est-elle du type $u_{n+1} = f(u_n)$?

b) On admet ici que la suite (u_n) converge vers un réel ℓ. Déterminer ce réel ℓ.

Exercices
- 9 à 12 (ci-contre)
- 43 à 50

3 Théorème des valeurs intermédiaires

A Propriété fondamentale des fonctions continues

Vidéo JaiCompris.com Cette notion est présentée en vidéo

Théorème des valeurs intermédiaires (admis)

f est une fonction **continue** sur un intervalle I.
a et b désignent deux nombres réels de I avec $a < b$.
Pour tout réel $\boldsymbol{k}$ compris entre $f(a)$ et $f(b)$, **il existe au moins** un réel $\boldsymbol{c}$ compris entre a et b tel que $\boldsymbol{f(c) = k}$.

Remarque : en d'autres termes, si x varie entre a et b avec $a < b$ et si la fonction f est continue sur I, alors $f(x)$ prend au moins une fois toute valeur intermédiaire comprise entre $f(a)$ et $f(b)$.
Une démonstration de ce théorème est proposée à l'exercice 95 page 316.

Interprétation graphique : on note $\mathscr{C}$ la courbe représentative de la fonction f dans un repère.
Pour tout réel k compris entre $f(a)$ et $f(b)$, la droite d'équation $y = k$ coupe **au moins une fois** la courbe $\mathscr{C}$ en un point d'abscisse comprise entre a et b.

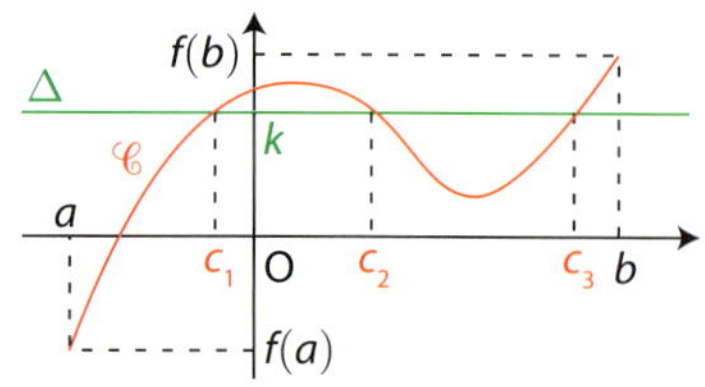

Conséquence : théorème de Bolzano

f est une fonction **continue** sur un intervalle I.
a et b désignent deux nombres réels de I avec $a < b$.
Si $\mathbf{0}$ est compris entre $f(a)$ et $f(b)$, c'est-à-dire si $\boldsymbol{f(a)}$ **et** $\boldsymbol{f(b)}$ **sont de signes contraires**, alors **il existe au moins** un réel $\boldsymbol{c}$ compris entre a et b tel que $\boldsymbol{f(c) = 0}$.

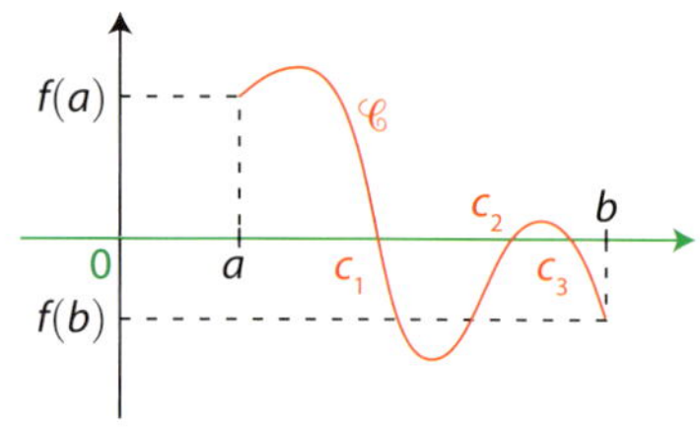

B Application aux équations

f est une fonction **continue** sur un intervalle I.
a et b désignent deux nombres réels de I avec $a < b$.
Le théorème des valeurs intermédiaires permet alors d'affirmer que pour tout réel k compris entre $f(a)$ et $f(b)$, **l'équation $\boldsymbol{f(x) = k}$ admet au moins une solution $\boldsymbol{c}$ comprise entre $\boldsymbol{a}$ et $\boldsymbol{b}$.**

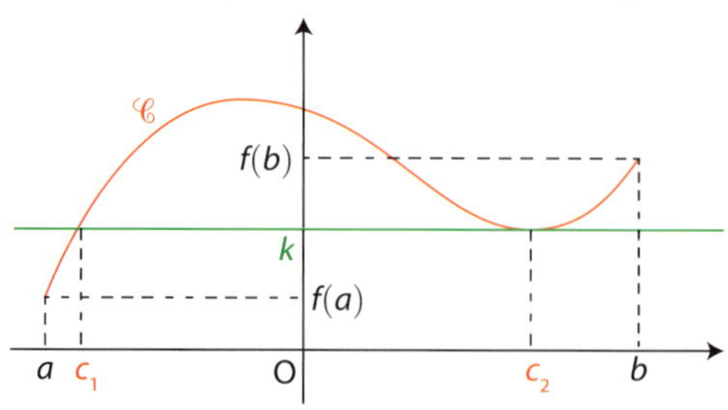

Remarques :
- Le théorème des valeurs intermédiaires est un théorème d'existence : il affirme l'existence d'au moins une solution d'une équation $f(x) = k$ mais il ne permet pas de connaître ni le nombre exact de solutions ni les valeurs exactes de ces solutions.
- Lorsqu'on ne peut pas déterminer algébriquement les solutions d'une équation $f(x) = k$, on obtient des valeurs approchées de ces solutions avec des méthodes algorithmiques (voir exercices 16, 81, 82).

EXERCICES RÉSOLUS

9 Utiliser le théorème des valeurs intermédiaires

f est la fonction définie sur $\mathbb{R}$ par $f(x) = x^3 + 4x^2 + 4x$.
Démontrer qu'il existe au moins un réel c compris entre -3 et 0 tel que $f(c) = -1$.

Solution

- La fonction f est une fonction polynôme, donc f est une fonction continue sur $\mathbb{R}$.
- $f(-3) = (-3)^3 + 4 \times (-3)^2 + 4 \times (-3) = -3$
  $f(0) = 0$
  Ainsi, -1 est compris entre $f(-3)$ et $f(0)$.
- Donc, d'après le théorème des valeurs intermédiaires, il existe au moins un réel c compris entre -3 et 0 tel que $f(c) = -1$.

La calculatrice permet de visualiser cette situation.
L'équation $f(x) = -1$ a en fait trois solutions exactement (voir exercice 13).

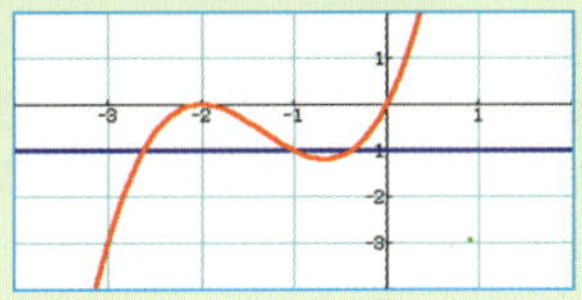

10 Se ramener à une équation du type $f(x) = 0$

Démontrer que l'équation $e^{2x+1} = x + 5$ admet au moins une solution dans $\mathbb{R}$.

Solution

L'équation $e^{2x+1} = x + 5$ est équivalente à l'équation $e^{2x+1} - (x + 5) = 0$.
On note f la fonction définie sur $\mathbb{R}$ par $f(x) = e^{2x+1} - (x + 5)$.

- La fonction f est la différence des fonctions $x \mapsto e^{2x+1}$ (composée de la fonction exponentielle et d'une fonction affine) et $x \mapsto x + 5$ continues sur $\mathbb{R}$ donc la fonction f est continue sur $\mathbb{R}$.
- $f(0) = e^1 - 5$ et $f(0) \approx -2{,}3$.
  $f(1) = e^3 - 6$ et $f(1) \approx 14{,}1$.
  Donc 0 est compris entre $f(0)$ et $f(1)$.
- Ainsi, d'après le théorème de Bolzano, l'équation $f(x) = 0$ admet au moins une solution dans l'intervalle $[0\,;1]$.
  Donc l'équation $e^{2x+1} = x + 5$ admet au moins une solution dans $\mathbb{R}$.

On détermine deux nombres réels a et b tels que **$f(a)$ et $f(b)$ sont de signes contraires**. La calculatrice aide à faire ce choix.

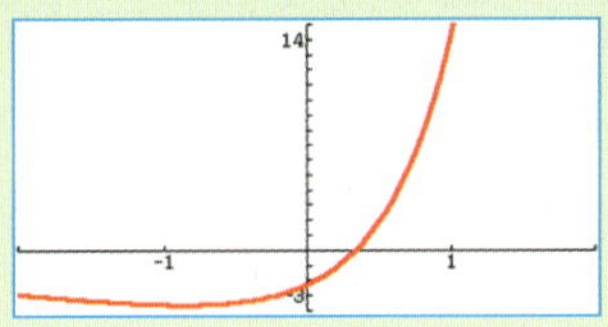

EXERCICES D'APPLICATION DIRECTE

Sur le modèle de l'exercice résolu 9

11 f est la fonction définie sur $\mathbb{R}$ par :
$$f(x) = 2 + 3e^{-x}.$$
Démontrer qu'il existe au moins un réel c compris entre 0 et 1 tel que $f(c) = 4$.

Sur le modèle de l'exercice résolu 10

12 Démontrer que l'équation :
$$x^3 - x = 2x^2 - 1.$$
admet au moins une solution dans $\mathbb{R}$.
Conseil : s'aider de la calculatrice.

Cours

Exercices
- **13** à **18** (ci-contre)
- **51** à **57**

Vidéo JAICOMPRIS.COM Cette notion est présentée en vidéo

4 Fonctions continues et strictement monotones

A Localisation d'une solution d'une équation dans un intervalle

Propriété

Si f est une fonction **continue** et **strictement monotone** sur un intervalle $[a\,;b]$, alors pour tout réel $\boldsymbol{k}$ compris entre $f(a)$ et $f(b)$, l'équation $f(x) = \boldsymbol{k}$ admet **une unique solution** dans l'intervalle $[a\,;b]$.

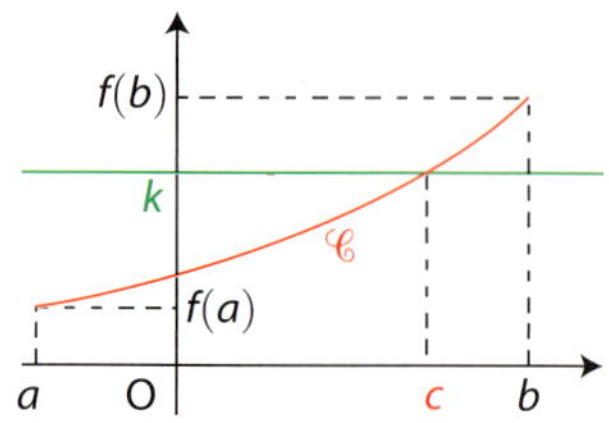

Démonstration

Cas où f est continue et **strictement croissante** sur l'intervalle $[a\,;b]$.
D'après le théorème des valeurs intermédiaires, il existe au moins un réel $\boldsymbol{c}$ de l'intervalle $[a\,;b]$ tel que $f(\boldsymbol{c}) = \boldsymbol{k}$.
f est strictement croissante sur l'intervalle $[a\,;b]$ donc,
- si x est un réel de $[a\,;b]$ tel que $x < \boldsymbol{c}$, alors $f(x) < f(\boldsymbol{c})$, c'est-à-dire $f(x) < \boldsymbol{k}$,
- si x est un réel de $[a\,;b]$ tel que $x > \boldsymbol{c}$, alors $f(x) > f(\boldsymbol{c})$, c'est-à-dire $f(x) > \boldsymbol{k}$.

Donc, $\boldsymbol{c}$ est l'unique réel de l'intervalle $[a\,;b]$ solution de l'équation $f(x) = \boldsymbol{k}$.

x	a	c	b
$f(x)$	$f(a)$ ↗	k	↗ $f(b)$

Remarque : on démontre cette propriété de façon analogue lorsque f est strictement décroissante sur l'intervalle $[a\,;b]$.

Exemple

L'équation $e^x = 2$ a une unique solution dans l'intervalle $I = [0\,;1]$. En effet :
- la fonction exponentielle est continue et strictement croissante sur l'intervalle I,
- 2 est compris entre e^0 $(= 1)$ et e^1 $(\approx 2{,}718)$.

x	0	c	1
e^x	1 ↗	2	↗ e

Conséquence

Si f est une fonction **continue** et **strictement monotone** sur un intervalle $[a\,;b]$ et si $\boldsymbol{f(a) \times f(b) < 0}$, alors l'équation $f(x) = 0$ admet **une unique solution** dans l'intervalle $[a\,;b]$.

B Extensions à d'autres types d'intervalles

La propriété précédente admet diverses extensions dans le cas où la fonction est continue et strictement monotone sur un intervalle I ouvert ou semi-ouvert, borné ou non. Voici trois exemples.

- $I = [a\,;+\infty[$

$\lim\limits_{x \to +\infty} f(x) = +\infty$

x	a	c	$+\infty$
$f(x)$	$f(a)$ ↗	k	↗ $+\infty$

Pour tout réel $\boldsymbol{k}$ tel que $\boldsymbol{k} \geqslant f(a)$, l'équation $f(x) = \boldsymbol{k}$ admet une unique solution $\boldsymbol{c}$ dans l'intervalle $[a\,;+\infty[$.

- $I = [a\,;b[$

$\lim\limits_{x \to b} f(x) = \ell$

x	a	c	b
$f(x)$	$f(a)$ ↗	k	↗ ℓ ‖

Pour tout réel $\boldsymbol{k}$ dans $[f(a)\,;\ell[$ l'équation $f(x) = \boldsymbol{k}$ admet une unique solution $\boldsymbol{c}$ dans l'intervalle $[a\,;b[$.

- $I =]-\infty\,;b[$

$\lim\limits_{x \to -\infty} f(x) = \ell$ et $\lim\limits_{x \to b} f(x) = -\infty$

x	$-\infty$	c	b
$f(x)$	ℓ ↘	k	↘ $-\infty$ ‖

Pour tout réel $\boldsymbol{k}$ tel que $\boldsymbol{k} < \ell$, l'équation $f(x) = \boldsymbol{k}$ admet une unique solution $\boldsymbol{c}$ dans l'intervalle $]-\infty\,;b[$.

EXERCICE RÉSOLU

13 Localiser une solution d'une équation

f est la fonction définie sur $\mathbb{R}$ par $f(x) = x^3 + 4x^2 + 4x$.

a) Étudier le sens de variation de la fonction *f*.

b) Étudier la limite de la fonction *f* en $+\infty$, puis en $-\infty$. Dresser le tableau de variations de *f*.

c) Démontrer que l'équation $f(x) = -1$ admet exactement trois solutions dans $\mathbb{R}$.

d) Avec la calculatrice, donner la valeur exacte ou l'arrondi au centième de chaque solution.

Solution

a) *f* est une fonction polynôme donc *f* est dérivable sur $\mathbb{R}$.

Pour tout réel x, $f'(x) = 3x^2 + 8x + 4$.

$\Delta = 8^2 - 4 \times 3 \times 4 = 16$ donc les racines de f' sont $x_1 = \dfrac{-8+4}{6} = -\dfrac{2}{3}$ et $x_2 = \dfrac{-8-4}{6} = -2$.

Donc, $f'(x) \geqslant 0$ pour $x \leqslant -2$ ou pour $x \geqslant -\dfrac{2}{3}$ et $f'(x) \leqslant 0$ pour $-2 \leqslant x \leqslant -\dfrac{2}{3}$.

Ainsi, la fonction *f* est strictement croissante sur chacun des intervalles $]-\infty\,;-2]$ et $\left[-\dfrac{2}{3}\,;+\infty\right[$,

la fonction *f* est strictement décroissante sur l'intervalle $\left[-2\,;-\dfrac{2}{3}\right]$.

b) Pour tout réel $x \neq 0$, $f(x) = x^3\left(1 + \dfrac{4}{x} + \dfrac{4}{x^2}\right)$.

$\lim\limits_{x \to +\infty}\left(1 + \dfrac{4}{x} + \dfrac{4}{x^2}\right) = 1$ et $\lim\limits_{x \to +\infty} x^3 = +\infty$

donc $\lim\limits_{x \to +\infty} f(x) = +\infty$.

$\lim\limits_{x \to -\infty}\left(1 + \dfrac{4}{x} + \dfrac{4}{x^2}\right) = 1$ et $\lim\limits_{x \to -\infty} x^3 = -\infty$

donc $\lim\limits_{x \to -\infty} f(x) = -\infty$. D'où le tableau de variations de la fonction *f*.

x	$-\infty$		-2		$-\dfrac{2}{3}$		$+\infty$
$f'(x)$		$+$	0	$-$	0	$+$	
$f(x)$	$-\infty$	↗ -1	0	↘ -1	$-\dfrac{32}{27}$	↗ -1	$+\infty$

c) D'après le tableau de variations :

$-1 \in]-\infty\,;0]$ donc l'équation $f(x) = -1$ a une unique solution α dans l'intervalle $]-\infty\,;-2]$.

$-1 \in \left[-\dfrac{32}{27}\,;0\right]$ donc l'équation $f(x) = -1$ a une unique solution β dans l'intervalle $\left[-2\,;-\dfrac{2}{3}\right]$.

$-1 \in \left[-\dfrac{32}{27}\,;+\infty\right[$ donc l'équation $f(x) = -1$ a une unique solution γ dans l'intervalle $\left[-\dfrac{2}{3}\,;+\infty\right[$.

d) Avec la calculatrice (*fenêtre* : $-3 \leqslant X \leqslant 1$, pas 1 et $-3 \leqslant Y \leqslant 9$, pas 1), on obtient :

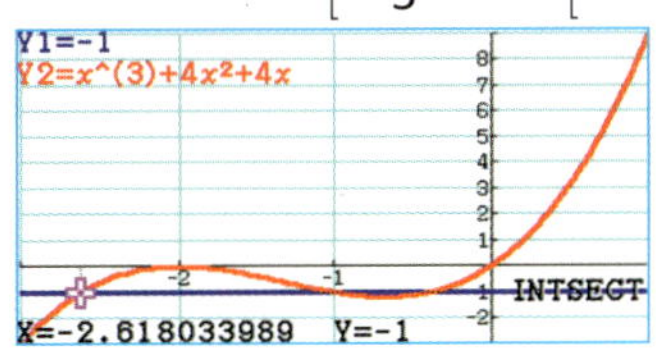

• $\alpha \approx -2{,}62$ • $\beta = -1$ • $\gamma \approx -0{,}38$

EXERCICES D'APPLICATION DIRECTE

Sur le modèle de l'exercice résolu 13

14 *f* est la fonction définie sur $\mathbb{R}$ par :

$$f(x) = x^3 - 3x + 1.$$

a) Dresser le tableau de variations de *f*.

b) Démontrer que l'équation $f(x) = 0$ admet une unique solution dans l'intervalle $[0\,;1]$.

15 *g* est la fonction définie sur $\mathbb{R}$ par :

$$g(x) = \mathrm{e}^x - (x + 2).$$

a) Dresser le tableau de variations de *g*.

b) Démontrer que l'équation $g(x) = 0$ admet exactement deux solutions dans $\mathbb{R}$.

c) Avec la calculatrice, donner l'arrondi au millième de chaque solution.

Savoir-faire **Algo** python™

Vidéo
JAICOMPRIS.COM
Un autre exercice Algo/python résolu en vidéo

EXERCICE RÉSOLU

16 Utiliser un algorithme de dichotomie

Cours 4. B

L'équation $x^3-3x+1=0$ admet une unique solution x_0 dans l'intervalle $[-1\,;1]$ (voir exercice 14).

L'algorithme ci-contre permet d'obtenir une valeur approchée de x_0 à 10^{-n} près où n est un nombre entier naturel.

a) Exécuter cet algorithme pas à pas en complétant un tableau de valeurs lorsqu'on affecte au début la valeur -1 à la variable a, la valeur 1 à la variable b et la valeur 1 à la variable n. Interpréter la valeur de la variable m à la fin de l'exécution de l'algorithme.

b) Coder cet algorithme en langage Python.
Saisir et exécuter le programme obtenu avec $n=4$ et interpréter le résultat renvoyé.

```
Tant que b – a > 10^(–n)
    m = (a + b)/2
    Si f(a) × f(m) < 0 alors
        b = m
    sinon
        a = m
    Fin Si
Fin Tant que
```

Solution

a)

a	-1	0	0	0,25	0,25	0,312 5
b	1	1	0,5	0,5	0,375	0,375
$b-a>10^{-1}$	Vrai	Vrai	Vrai	Vrai	Vrai	Faux
m	0	0,5	0,25	0,375	0,312 5	
$f(a)\times f(m)<0$	Faux	Vrai	Faux	Vrai	Faux	

Avec la calculatrice, on détermine les signes de $f(a)$ et $f(m)$.

Lorsqu'à la dernière étape, $b-a\leqslant 10^{-1}$ (ici, $0{,}375-0{,}312\,5=0{,}062\,5$) l'algorithme renvoie la valeur de m obtenue à l'étape précédente. Donc, ici l'algorithme renvoie $m=$ **0,312 5**.
Cela signifie qu'une valeur approchée de x_0 à 10^{-1} près est 0,312 5.

b)

```
def f(x):
    y=x**3-3*x+1
    return y

def Dichotomie(n):
    a=-1
    b=1
    while b-a>10**(-n):
        m=(a+b)/2
        if f(a)*f(m)<0:
            b=m
        else:
            a=m
    return m
```

Le résultat, renvoyé ci-contre par le programme, fournit une valeur approchée au dix-millième près de x_0.

```
>>> Dichotomie(4)
0.34735107421875
```

Le mot « dichotomie » provient du grec *dikhotomia* qui signifie « division en deux parties ».
L'algorithme de dichotomie consiste à répéter le partage en deux d'un intervalle à l'aide de son centre puis à sélectionner celui des deux « demi-intervalles » dans lequel est localisée la solution x_0.

EXERCICES D'APPLICATION DIRECTE

Sur le modèle de l'exercice résolu 16

17 Adapter, puis exécuter le programme Python de l'exercice 16 pour déterminer une valeur approchée à 10^{-6} près de l'unique solution de l'équation $e^x-x-2=0$ dans l'intervalle $[0\,;2]$.

18 **(E)** est l'équation $3x^3-x^2-3=0$.
a) Démontrer que cette équation **(E)** a une unique solution x_0 dans $\mathbb{R}$, puis que $1<x_0<2$.
b) Utiliser un programme de dichotomie pour donner une valeur approchée à 10^{-3} près de x_0.

Langage de la continuité

Cours 1

Questions flash — À l'oral

19 Maryna affirme : « La fonction $x \mapsto \dfrac{1}{x}$ est continue en 0. »
Expliquer oralement l'erreur de Maryna.

20 Dans un repère, $\mathscr{C}_f$, $\mathscr{C}_g$, $\mathscr{C}_h$ sont les courbes respectives des fonctions f, g, h sur l'intervalle $[-2\,;3]$.
Décrire oralement la continuité de chacune de ces fonctions sur cet intervalle.

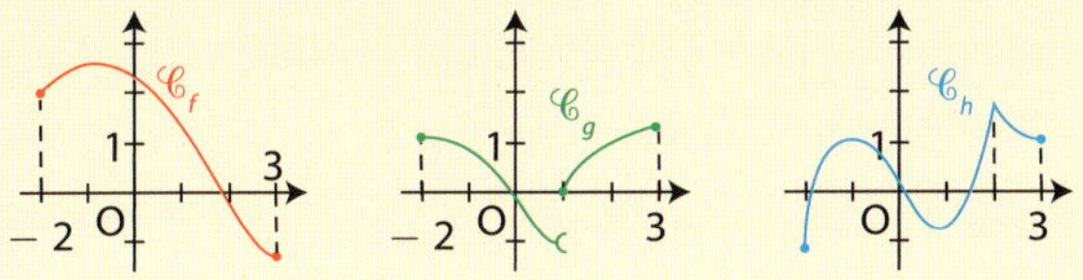

21 Pour chaque affirmation, dire si elle est vraie ou fausse. Expliquer.
a) La fonction $x \mapsto x^3 - x^2$ est continue sur $\mathbb{R}$.
b) La fonction $x \mapsto e^x$ est continue sur $[0\,;1]$.
c) La fonction racine carrée est continue sur $\mathbb{R}$.
d) La fonction $x \mapsto \dfrac{x}{x-1}$ est continue sur $[0\,;2]$.

22 La **fonction de Heaviside**, notée H, du nom d'un physicien anglais (1850-1925) est couramment utilisée en automatisme.
Pour tout réel x, $\mathrm{H}(x) = \begin{cases} 0 & \text{si } x < 0 \\ 1 & \text{si } x \geqslant 0 \end{cases}$.
a) Dans un repère, tracer la courbe représentative de la fonction H.
b) Sur quels intervalles, les plus grands possibles, la fonction H est-elle continue ?

23 La **fonction porte**, notée Π, est définie sur $\mathbb{R}$ par :
$$\Pi(x) = \begin{cases} 0 & \text{si } x < -\dfrac{1}{2} \text{ ou } x > \dfrac{1}{2} \\ 1 & \text{si } -\dfrac{1}{2} \leqslant x \leqslant \dfrac{1}{2} \end{cases}.$$
a) Dans un repère, tracer la courbe de la fonction Π.
b) Sur quels intervalles, les plus grands possibles, la fonction Π est-elle continue ?

24 Une médiathèque a fixé ses tarifs annuels en fonction de l'âge de ses adhérents.

Âge (en année)	< 7	$[7\,;18[$	$[18\,;25[$	$[25\,;65[$	$\geqslant 65$
Tarif (en euro)	0	5	10	20	15

Ce tableau définit une fonction T qui à tout âge associe le tarif annuel payé à cet âge-là.
a) Dans un repère, tracer la courbe de cette fonction T.
b) Étudier graphiquement la continuité de la fonction T sur l'intervalle $[0\,;+\infty[$.

25 La partie entière d'un nombre réel x, notée $\mathrm{E}(x)$, est l'unique entier relatif n tel que :
$$n \leqslant x < n+1.$$
1. Déterminer :
a) $\mathrm{E}(2{,}6)$ **b)** $\mathrm{E}(0{,}3)$ **c)** $\mathrm{E}(4)$ **d)** $\mathrm{E}(-1{,}2)$
2. Déterminer $\mathrm{E}(x)$ pour tout réel x de l'intervalle :
a) $[0\,;1[$ **b)** $[1\,;2[$ **c)** $[-1\,;0[$ **d)** $[-2\,;-1[$
3. a) Dans un repère, tracer la courbe représentative de la fonction E sur l'intervalle $[-5\,;5[$.
b) Étudier graphiquement la continuité de la fonction E sur l'intervalle $[-5\,;5[$.
c) De façon plus générale, en quels nombres réels la fonction E est-elle discontinue ?

26 f est la fonction définie sur $\mathbb{R}$ par :
$$f(x) = \begin{cases} 1-2x & \text{si } x \geqslant 2 \\ e^{x-2} - 4 & \text{si } x < 2 \end{cases}.$$
a) Expliquer pourquoi la fonction f est continue sur l'intervalle $]2\,;+\infty[$, puis sur l'intervalle $]-\infty\,;2[$.
b) Expliquer pourquoi :
$$\lim_{\substack{x \to 2 \\ x > 2}} f(x) = -3 \quad \text{et} \quad \lim_{\substack{x \to 2 \\ x < 2}} f(x) = -3.$$
Que peut-on en déduire pour la fonction f ?
c) Conclure pour la continuité de la fonction f sur $\mathbb{R}$.

27 g est la fonction définie sur $\mathbb{R}$ par :
$$g(x) = \begin{cases} 2+x & \text{si } x < -1 \\ x^2 - x & \text{si } x \geqslant -1 \end{cases}.$$
a) Expliquer pourquoi la fonction g est continue sur l'intervalle $]-\infty\,;-1[$, puis sur l'intervalle $]-1\,;+\infty[$.
b) Expliquer pourquoi :
$$\lim_{\substack{x \to -1 \\ x < -1}} g(x) = 1 \quad \text{et} \quad \lim_{\substack{x \to -1 \\ x > -1}} g(x) = 2.$$
Que peut-on en déduire pour la fonction g ?
c) Conclure pour la continuité de la fonction g sur $\mathbb{R}$.

28 Algo python

Voici une fonction écrite en langage Python.

```
from math import *

def F(x):
    if x<0:
        y=exp(x)
    else:
        if x<=1:
            y=x**2
        else:
            y=2*x-1
    return y
```

a) Déterminer l'image par la fonction F de chacun des nombres réels :

• 0 • – 2 • 5 • 1 • 0,5

b) Recopier et compléter :

$$F(x) = \begin{cases} \ldots \text{ si } x < \ldots \\ \ldots \text{ si } \ldots \leqslant x \leqslant \ldots. \\ \ldots \text{ si } x > \ldots \end{cases}$$

c) La fonction F est-elle continue sur $\mathbb{R}$? Expliquer.

d) Sur quels intervalles, les plus grands possibles, la fonction F est-elle continue ?

29 Un designer a dessiné une partie d'un logo dans le repère ci-dessous.

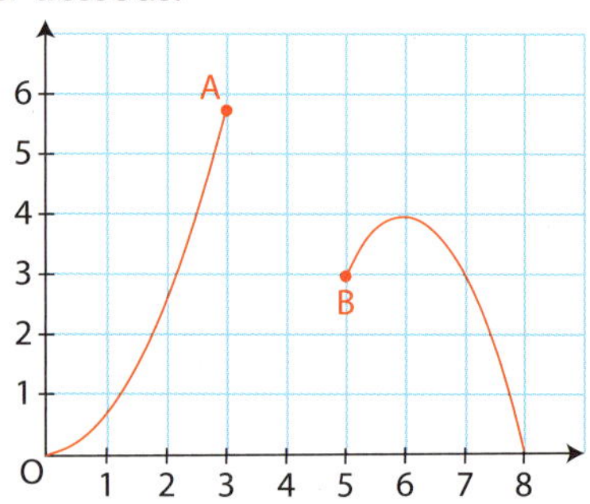

Ce logo est la courbe représentative de la fonction f définie sur l'intervalle $[0 ; 8]$ par :

$$f(x) = \begin{cases} 0{,}64x^2 & \text{si } 0 \leqslant x \leqslant 3 \\ ax + b & \text{si } 3 < x < 5\,. \\ 4-(x-6)^2 & \text{si } 5 \leqslant x \leqslant 8 \end{cases}$$

a) Déterminer les nombres réels a et b afin que la fonction f soit continue sur l'intervalle $[0 ; 8]$.

b) Déterminer le nombre dérivé en 3 de la fonction polynôme $x \mapsto 0{,}64x^2$, puis de la fonction affine $x \mapsto -1{,}38x + 9{,}9$.

La fonction f est-elle dérivable en 3 ?

c) Étudier la dérivabilité de la fonction f en 5.

Fonctions continues et suites convergentes

Cours 2

Questions flash À l'oral

30 (v_n) est la suite définie sur $\mathbb{N}$ par :

$$v_n = \sqrt{n^2 + 1}.$$

Expliciter une suite (u_n) et une fonction f telles que pour tout entier naturel n, $v_n = f(u_n)$.

31 (u_n) est la suite définie sur $\mathbb{N}^*$ par :

$$u_n = \frac{1}{n^2} + 1.$$

f est la fonction exponentielle.

Expliquer oralement pourquoi la suite $(f(u_n))$ est convergente et préciser sa limite.

32 (u_n) est la suite définie par $u_0 = -1$ et pour tout entier naturel n, $u_{n+1} = \frac{1}{2}u_n - 1$.

On admet que cette suite converge vers un nombre réel ℓ.

Expliquer oralement pourquoi ℓ est solution de l'équation $x = \frac{1}{2}x - 1$. Déterminer ℓ.

Pour les exercices 33 à 35, expliquer pourquoi l'on peut définir l'image (v_n) de la suite (u_n) donnée par la fonction f donnée. Exprimer v_n en fonction de n.

33 Pour tout entier naturel n, $u_n = \pi n - \frac{\pi}{4}$.

f est la fonction sinus.

34 Pour tout entier naturel $n \geqslant 4$, $u_n = n - 4$.

f est la fonction racine carrée.

35 Pour tout entier naturel n, $u_n = 2n + 5$.

f est la fonction définie sur $]0 ; +\infty[$ par $f(x) = \frac{1}{x}$.

Pour les exercices 36 et 37, expliquer pourquoi la suite donnée est de la forme $(f(u_n))$ en précisant une suite (u_n) et une fonction f qui conviennent.

36 Pour tout entier naturel $n \geqslant 1$, $v_n = e^{\frac{1}{n}+3}$.

37 Pour tout entier naturel $n \geqslant 2$,

$$v_n = 1 + \sqrt{n^2 - 4}.$$

38 (v_n) est la suite définie pour tout entier naturel $n \geqslant 2$ par $v_n = \sqrt{\dfrac{n+1}{n-1}}$.

a) Proposer une suite (u_n) et une fonction f telles que pour tout entier naturel $n \geqslant 2$, $v_n = f(u_n)$.

b) Démontrer que la suite (v_n) est convergente et préciser sa limite.

39 (w_n) est la suite définie sur $\mathbb{N}$ par :

$$w_n = \cos\left(\frac{\pi n^2 - 1}{n^2 + 1}\right).$$

a) Proposer une suite (u_n) et une fonction f telles que pour tout entier naturel n, $w_n = f(u_n)$.

b) Démontrer que la suite (w_n) est convergente et préciser sa limite.

40 (u_n) est la suite définie par $u_0 = 2$ et pour tout entier naturel n, $u_{n+1} = \dfrac{1}{2}u_n + 4$.

a) Tabuler la suite (u_n) avec la calculatrice et conjecturer le comportement de cette suite.

b) Démontrer par récurrence que la suite (u_n) :

- est croissante ;
- est majorée par 8.

c) En déduire que la suite (u_n) converge vers un réel ℓ.

d) Expliquer pourquoi ℓ est solution de l'équation $x = \dfrac{1}{2}x + 4$. Déterminer ℓ.

41 f est la fonction définie sur $\mathrm{I} = [1 ; 2]$ par :

$$f(x) = 5 - \frac{16}{3+x}.$$

1. a) Étudier le sens de variation de la fonction f sur l'intervalle I et dresser son tableau de variations.

b) Vérifier que pour tout réel x de I, $f(x) \in \mathrm{I}$.

2. (u_n) est la suite définie par $u_0 = 2$ et pour tout entier naturel n, $u_{n+1} = f(u_n)$.

a) Démontrer par récurrence que la suite (u_n) :

- est décroissante ;
- est minorée par 1.

b) En déduire que la suite (u_n) converge vers un réel ℓ.

c) Expliquer pourquoi ℓ est solution dans I de l'équation $f(x) = x$. Déterminer ℓ.

42 (u_n) est la suite définie par $u_0 = 1$ et pour tout entier naturel n, $u_{n+1} = u_n e^{-u_n}$.

1. Démontrer par récurrence que pour tout entier naturel n,

a) $u_n \in [0 ; 1]$; **b)** $u_{n+1} \leqslant u_n$.

2. En déduire que la suite (u_n) converge vers un réel ℓ. Déterminer ℓ en résolvant une équation.

Théorème des valeurs intermédiaires

Cours 3

Questions flash — À l'oral

43 f est la fonction définie sur $\mathbb{R}$ par :

$$f(x) = x^3 + 2x^2 - 1.$$

Expliquer oralement pourquoi il existe au moins un réel c compris entre -2 et 1 tel que $f(c) = -0{,}5$.

44 Expliquer oralement pourquoi l'équation $\cos(x) = 0{,}7$ admet au moins une solution comprise entre 0 et $\dfrac{\pi}{2}$.

45 Expliquer oralement pourquoi l'équation $x^3 - 4x - 1 = 0$ admet au moins une solution dans l'intervalle $[-2 ; 3]$.

46 Dans chaque cas, démontrer que l'équation a au moins une solution dans l'intervalle $[0 ; 1]$.

a) $x^3 - x^2 + 3x = 1$ **b)** $x^3 = 5x - 2$

c) $\dfrac{1}{(x+1)^2} = x + 0{,}5$ **d)** $x - \cos(x) = 0{,}25$

47 Démontrer que l'équation $e^x = x + 2$ admet au moins une solution dans l'intervalle $[-1 ; 2]$.

48 Démontrer que l'équation $x\sin(x) = 1$ admet au moins une solution dans l'intervalle $\left[-\pi ; \dfrac{\pi}{2}\right]$.

49 f est la fonction définie sur l'intervalle $[-4 ; 4]$ par :

$$f(x) = x^3 - 12x.$$

a) Justifier que la fonction f est continue sur l'intervalle $[-4 ; 4]$.

b) Démontrer que pour tout réel k tel que $-16 \leqslant k \leqslant 16$, l'équation $f(x) = k$ admet au moins une solution dans l'intervalle $[-4 ; 4]$.

50 f est la fonction définie sur $\mathbb{R}$ par :

$$f(x) = x^4 - x^3 + x^2 - 5.$$

a) À l'aide de la calculatrice, déterminer deux nombres réels a et b tels que $f(a) \times f(b) < 0$.

b) Augustin affirme : « L'équation $f(x) = 0$ admet au moins une solution dans $\mathbb{R}$. »

A-t-il raison ? Expliquer.

Fonctions continues et strictement monotones

Cours 4

Questions Flash — À l'oral

51 Voici le tableau de variations d'une fonction f continue sur $\mathbb{R}$.

x	$-\infty$	0	1	$+\infty$
$f(x)$	-2 ↗	3 ↘	-1 ↗	$\frac{1}{2}$

Manon affirme : « L'équation $f(x) = 0$ admet exactement deux solutions dans $\mathbb{R}$. »
A-t-elle raison ? Expliquer oralement.

52 Jason affirme : « L'équation $x^3 = 10{,}25$ a une unique solution dans l'intervalle $[2\,;3]$. »
A-t-il raison ? Expliquer oralement.

53 Elias a tabulé ci-contre une fonction g avec sa calculatrice. Il affirme « L'équation $g(x) = 0$ a une seule solution comprise entre 2,6 et 2,7. »
Quelles conditions doit vérifier la fonction g pour qu'Elias ait obligatoirement raison ?

X	Y1
2	19
2.1	16.888
2.2	14.544
2.3	11.956
2.4	9.112
2.5	6
2.6	2.608
2.7	-1.076
2.8	-5.064
2.9	-9.368
3	-14

54 **Résoudre par balayage**

f est la fonction définie sur $\mathbb{R}$ par :

$$f(x) = x^3 - 3x + 1.$$

a) Démontrer que l'équation $f(x) = 0$ admet une unique solution α dans l'intervalle $[-2\,;-1]$.

b) À l'aide de la calculatrice, tabuler la fonction f sur l'intervalle $[-2\,;-1]$ avec le pas 0,1.
En déduire un intervalle I de longueur 0,1 auquel α appartient.

c) Tabuler la fonction f sur l'intervalle I avec le pas 0,01 et en déduire un encadrement d'amplitude 0,01 de α.

d) Tabuler la fonction f sur un intervalle convenable avec le pas 0,001 et en déduire un encadrement d'amplitude 0,001 de α.

e) Poursuivre ce procédé afin d'obtenir un encadrement d'amplitude 10^{-6} de α.

55 **Algo** python

Algorithme de balayage

a) L'équation $x^3 - 3x + 1 = 0$ admet une unique solution α dans l'intervalle $[-2\,;-1]$ (voir exercice **54**).
Ce programme incomplet se propose d'obtenir par balayage un encadrement d'amplitude 10^{-n} (avec $n \in \mathbb{N}^*$) de α.

```
def f(x):
    y=[          ]
    return y

def Balayage(n):
    s=-2
    while f(s)<=[ ]:
        s=s+10**(-n)
    s=round(s,n)
    t=round([          ],n)
    return t,s
```

Compléter ce programme et le saisir. L'exécuter avec $n = 6$ et interpréter les résultats obtenus.

b) g est la fonction exponentielle.
Adapter le programme précédent pour obtenir un encadrement d'amplitude 10^{-4} de l'unique solution de l'équation $g(x) = 10$ dans l'intervalle $[2\,;3]$.

c) h est la fonction définie sur $\mathbb{R}$ par :

$$h(x) = -x^3 + x + 2.$$

Afficher la courbe de h à l'écran de la calculatrice, puis adapter le programme du **a)** pour obtenir un encadrement d'amplitude 10^{-5} de l'unique solution de l'équation $h(x) = 0$ dans l'intervalle $[1\,;2]$.

56 f est la fonction définie sur $\mathbb{R}$ par :

$$f(x) = \frac{e^x - e^{-x}}{2}.$$

a) Dresser le tableau de variations de la fonction f.

b) Démontrer que l'équation $f(x) = 2$ admet une unique solution α dans $\mathbb{R}$.

c) Expliquer pourquoi $1 < \alpha < 2$.

d) Avec le menu **G-Solv** (ou **calculs** ou …) de la calculatrice, déterminer l'arrondi au centième de α.

57 f est la fonction définie sur $\mathbb{R}$ par :

$$f(x) = 3x^4 - 8x^3 - 6x^2 + 24x.$$

Voici le tableau de variations de la fonction f.

x	$-\infty$		-1		1		2		$+\infty$
$f'(x)$		$-$	0	$+$	0	$-$	0	$+$	
$f(x)$	$+\infty$	↘	-19	↗	13	↘	8	↗	$+\infty$

a) Démontrer que l'équation $f(x) = 0$ admet deux solutions α et β dans $\mathbb{R}$ avec $\alpha < \beta$.

b) Donner la valeur exacte de β et un encadrement d'amplitude 10^{-2} de α à l'aide de la calculatrice.

58 QCM Dans chaque cas, donner la réponse exacte sans justifier.

		A	B	C	D
1	Une fonction continue sur $\mathbb{R}$ est …	$x \mapsto \sqrt{x}$	$x \mapsto \dfrac{e^x}{x^2+1}$	$x \mapsto \dfrac{e^x}{x-2}$	$x \mapsto \dfrac{1}{x}$
2	Pour tout entier naturel n, $u_n = n^2 + 1$. Pour tout réel x, $f(x) = \cos(x)$. Alors, pour tout n, $f(u_n)$ est égal à …	$\cos^2(n) + 1$	$\cos(n^2) + 1$	$\cos^2(n^2+1)$	$\cos(n^2+1)$
3	La suite définie pour tout entier naturel $n > 1$ par $u_n = \sqrt{\dfrac{n+3}{n-1}}$ …	diverge vers $+\infty$	converge vers 0	n'a pas de limite	converge vers 1
4	f est une fonction continue sur $\mathbb{R}$ telle que $f(-1) = 2$ et $f(2) = 5$. Alors, il est certain que l'équation $f(x) = 4$ …	n'a pas de solution dans $\mathbb{R}$	a au moins une solution dans l'intervalle $]-1 ; 2[$	a une unique solution dans l'intervalle $]-1 ; 2[$	a au moins une solution dans l'intervalle $]2 ; 5[$
5	D'après ce tableau de variations, dans $]-\infty ; 4[$, l'équation $f(x) = -1$ … (tableau ci-dessous)	n'a pas de solution	a une unique solution	a exactement deux solutions	a exactement trois solutions

Tableau de variations de la question 5 :

x	$-\infty$		0		4
$f(x)$	-2	↗	$2{,}7$	↘	$-\infty$ ‖

59 QCM Dans chaque cas, donner la (ou les) réponse(s) exacte(s) sans justifier.

		A	B	C	D
1	Pour qu'une fonction f définie sur un intervalle I soit continue en un nombre réel a, il est nécessaire que …	$a \in \mathrm{I}$	f admette une limite en a	$\lim\limits_{x \to +\infty} f(x) = a$	$\lim\limits_{x \to a} f(x) = f(a)$
2	La fonction inverse est continue sur l'intervalle …	$]-\infty ; 1]$	$[-1 ; 2]$	$[10 ; 100]$	$]0 ; +\infty[$
3	La suite (u_n) définie par $u_0 = 1$ et pour tout entier naturel n, $u_{n+1} = \dfrac{1}{1+u_n}$, est convergente. Sa limite est …	$\dfrac{\sqrt{5}-1}{2}$	0,6	$\dfrac{-(\sqrt{5}+1)}{2}$	0,618 03

60 Vrai/Faux Dans chaque cas, dire si l'affirmation est vraie ou fausse en justifiant.

Voici le tableau de variations d'une fonction f continue sur $\mathbb{R}$.

x	$-\infty$		-7		10		$+\infty$
$f(x)$	$+\infty$	↘	-1	↗	30	↘	0

1 **Affirmation :** l'équation $f(x) = k$ admet exactement deux solutions négatives pour tout réel k de l'intervalle $[-1 ; 0]$.

2 **Affirmation :** l'équation $f(x) = k$ admet exactement trois solutions pour tout réel k de $]0 ; 30]$.

3 **Affirmation :** l'équation $f(x) = k$ admet une seule solution pour tout réel $k > 30$.

Vérifiez vos réponses : p. 529

61 Suivre un guide pour rédiger une démonstration

On a admis en cours au paragraphe **1. A** la propriété suivante :

> f est une fonction définie sur un intervalle I et a est un nombre réel de I.
> **Si** f est dérivable en a, **alors** f est continue en a.

Rédiger la démonstration de cette propriété en suivant le guide ci-dessous.

(1) Préciser l'hypothèse : f est **...** en a.

(2) Traduire l'hypothèse à l'aide d'une définition : $\lim\limits_{x \to a} \dfrac{f(x) - f(a)}{x - a} = \dots$.

(3) Tirer des conséquences : pour tout réel x de I avec $x \neq a$, on pose :

$$\varphi(x) = \frac{f(x) - f(a)}{x - a} - f'(a).$$

Alors $f(x) - f(a) = \dots$ avec $\lim\limits_{x \to a} \varphi(x) = \dots$.

(4) Conclure : expliquer pourquoi alors $\lim\limits_{x \to a} f(x) = f(a)$ et rédiger une phrase de conclusion.

62 Comprendre les rôles d'une implication et de sa contraposée

1. La propriété admise au paragraphe **2. B** peut s'énoncer de la façon suivante :

> f est une fonction définie sur un intervalle I et ℓ est un nombre réel de I.
> **Si** la fonction f est continue en ℓ,
> **alors** pour toute suite (u_n) qui prend ses valeurs dans I et qui **converge** vers ℓ, la **suite** $(f(u_n))$ **converge vers** $f(\ell)$.

Énoncer **la contraposée** de cette propriété.

2. Problème 1 : (v_n) est la suite définie pour tout entier naturel $n \geqslant 1$ par :

$$v_n = \sin\left(\frac{\pi}{6} - \frac{3}{n^2}\right).$$

a) Entre la propriété rappelée ci-dessus et sa contraposée, laquelle est la mieux adaptée pour étudier la convergence de la suite (v_n) ?

b) Conclure sur la convergence de la suite (v_n) en rédigeant la réponse.

3. Problème 2 : on se propose de démontrer que la fonction f définie sur $\mathbb{R}$ par

$$f(x) = \begin{cases} \cos\left(\dfrac{1}{x}\right) & \text{si } x \neq 0 \\ 0 & \text{si } x = 0 \end{cases}$$ n'est pas continue en 0.

a) Entre la propriété rappelée ci-dessus et sa contraposée, laquelle est la mieux adaptée pour résoudre ce problème ?

b) Considérer la suite (u_n) définie pour tout entier naturel $n \geqslant 1$ par $u_n = \dfrac{1}{n}$ et rédiger la démonstration.

P et Q désignent des propositions.
La contraposée de l'implication « Si P, alors Q » est l'implication « Si (non Q), alors (non P) ».
Une implication et sa contraposée sont équivalentes (toutes les deux vraies ou toutes les deux fausses), mais elles n'ont pas le même rôle dans une démonstration.

63 Utiliser le théorème des valeurs intermédiaires dans une démonstration

f est une fonction définie et continue sur un intervalle $[a\,;b]$ et à valeurs dans l'intervalle $[a\,;b]$.

a) Semble-t-il possible de tracer la courbe d'une telle fonction f dans un repère orthonormé sans couper le segment d'équation $y = x$ avec $a \leqslant x \leqslant b$?

b) Utiliser le théorème des valeurs intermédiaires pour démontrer que l'équation $f(x) = x$ admet au moins une solution dans l'intervalle $[a\,;b]$.

c) Énoncer le théorème ainsi démontré (il s'agit d'un **théorème du point fixe**).

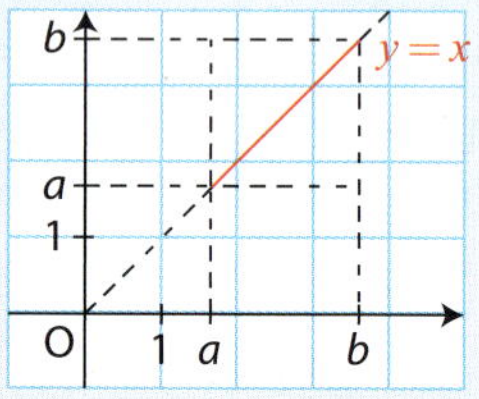

Conseil
Considérer la fonction g définie sur l'intervalle $[a\,;b]$ par $g(x) = x - f(x)$.

Étudier la continuité

64 **PARCOURS DIFFÉRENCIÉS**

Parcours 1

f est la fonction définie sur $\mathbb{R}$ par :

$$f(x) = \frac{|x|}{x} \text{ si } x \neq 0 \quad \text{et} \quad f(x) = 0 \text{ si } x = 0.$$

Étudier la continuité de la fonction f sur $\mathbb{R}$.

Parcours 2

g est la fonction définie sur $\mathbb{R}$ par :

$$\begin{cases} g(x) = x - 1 & \text{si } x < 0 \\ g(0) = 0 \\ g(x) = -x + 1 & \text{si } x > 0 \end{cases}.$$

a) Expliquer pourquoi g est continue sur chacun des intervalles $]-\infty\,;0[$ et $]0\,;+\infty[$.

b) Déterminer les limites de g en 0 par valeurs inférieures et par valeurs supérieures.

La fonction g est-elle continue en 0 ?

c) Conclure l'étude de la continuité de g sur $\mathbb{R}$ par une phrase.

65 g est la fonction définie sur l'intervalle $[0\,;+\infty[$ par :

$$g(x) = \frac{\sqrt{1+x}-1}{x} \text{ si } x > 0 \quad \text{et} \quad g(0) = \frac{1}{2}.$$

a) Expliquer pourquoi pour tout réel $x > 0$,

$$g(x) = \frac{1}{\sqrt{1+x}+1}.$$

b) Étudier alors la continuité de g sur $[0\,;+\infty[$.

66 h est la fonction définie sur $\mathbb{R}$ par :

$$h(x) = \frac{x^3+1}{x+1} \text{ si } x \neq -1 \quad \text{et} \quad h(-1) = 1.$$

a) Expliquer pourquoi pour tout réel $x \neq -1$,

$$h(x) = x^2 - x + 1.$$

b) Étudier alors la continuité de la fonction h sur $\mathbb{R}$.

67 k est la fonction définie sur $\mathbb{R}$ par :

$$k(x) = \begin{cases} x^2 - 3x & \text{si } x \leqslant -1 \\ ax + b & \text{si } -1 < x < 3 \text{ avec } a \in \mathbb{R}, b \in \mathbb{R}. \\ x^3 - 1 & \text{si } x \geqslant 3 \end{cases}$$

Déterminer a et b pour que la fonction k soit continue sur $\mathbb{R}$.

68 f est la fonction définie sur $\mathbb{R}$ par :

$$f(x) = \begin{cases} -x^2 & \text{si } x < 2 \\ x^2 - 8 & \text{si } x \geqslant 2 \end{cases}.$$

1. a) Afficher, à l'écran de la calculatrice, la courbe représentative de la fonction f.

- **TI :** f(x) math sélectionner avec les flèches
B↓parmorceaux(entrer
Renseigner la boîte de dialogue avec le nombre de « morceaux » de la fonction, puis OK.
Saisir la fonction (<, ⩾, … sont dans tests).
- **Casio :** saisir Y1▤-x², [-10,2] [—] puis EXE
Saisir l'autre « morceau » dans Y2.
- **NumWorks :** *à ce jour, ne trace pas les fonctions définies par morceaux.*

b) Conjecturer :
- la continuité de f en 2,
- la dérivabilité de f en 2.

2. Démontrer que la fonction f est continue sur $\mathbb{R}$.

3. a) Justifier que la fonction f est dérivable :
- sur $]-\infty\,;2[$,
- sur $]2\,;+\infty[$.

b) g et h sont les fonctions définies sur $\mathbb{R}$ par :

$$g(x) = -x^2 \quad \text{et} \quad h(x) = x^2 - 8.$$

- Déterminer $g'(2)$ et $h'(2)$.
- En déduire que la courbe représentative de f n'admet pas une tangente au point d'abscisse 2.
- Conclure sur la dérivabilité de la fonction f en 2.

Étudier une suite du type $u_{n+1} = f(u_n)$

69 **PARCOURS DIFFÉRENCIÉS**

Parcours 1

(u_n) est la suite définie par $u_0 = 3$ et pour tout entier naturel n, $u_{n+1} = \frac{1}{4}u_n + 1$.

Démontrer que la suite (u_n) est décroissante et minorée par 1, puis étudier sa limite.

Parcours 2

(v_n) est la suite définie par $v_0 = -3$ et pour tout entier naturel n, $v_{n+1} = 0{,}5v_n - 1$.

a) Déterminer une fonction f telle que pour tout entier naturel n, $v_{n+1} = f(v_n)$.

b) Démontrer par récurrence que pour tout entier naturel n, $v_n \leqslant v_{n+1} \leqslant -2$.

c) En déduire que (v_n) converge vers un réel ℓ.

Déterminer ℓ en résolvant une équation.

JaiCompris.com — Vidéo — Cet exercice est corrigé en vidéo

70 (v_n) est la suite définie par $v_0 = 0$ et pour tout entier naturel n, $v_{n+1} = \sqrt{3v_n + 4}$.

1. a) Déterminer une fonction f définie sur l'intervalle $\left[-\frac{4}{3}\,;+\infty\right[$ telle que pour tout n de $\mathbb{N}$, $v_{n+1} = f(v_n)$.

b) Dans ce repère orthonormé, voici la courbe de la fonction f et la droite d'équation $y = x$.

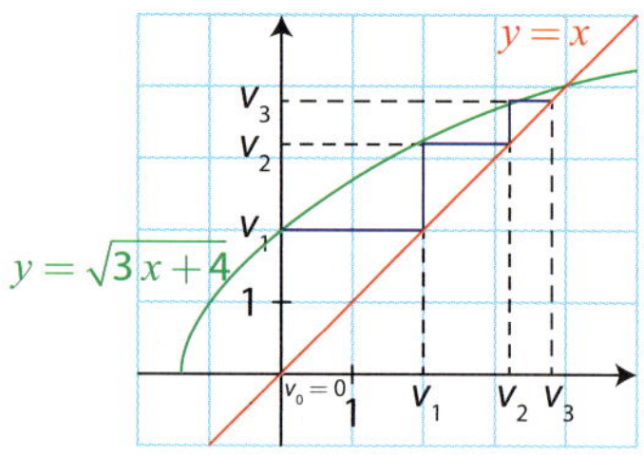

Observer ce graphique et expliquer comment représenter v_1, v_2, v_3 sur l'axe des abscisses.

2. a) Imaginer poursuivre ces constructions et conjecturer le sens de variation et un majorant de la suite (v_n).

b) Démontrer par récurrence les deux conjectures émises à la question **2. a)**.

3. En déduire que la suite (v_n) est convergente et déterminer algébriquement sa limite ℓ.

71 Algo python

f est la fonction définie sur l'intervalle $[1\,;+\infty[$ par :

$$f(x) = \frac{x^2}{2x-1}.$$

1. a) Dresser le tableau de variations de f.

b) En déduire que pour tout réel $x \geqslant 1$, $f(x) \geqslant 1$.

2. (u_n) est la suite définie par $u_0 = 2$ et pour tout entier naturel n, $u_{n+1} = f(u_n)$.

a) Démontrer que (u_n) est décroissante et minorée.

b) En déduire que la suite (u_n) est convergente et déterminer algébriquement sa limite ℓ.

3. a) Au début de cet algorithme, on affecte 2 à la variable U, 0 à N et un entier naturel à p.

```
Tant que U − 1 > 10^(−p)
  | U ← f(U)
  | N ← N + 1
Fin Tant que
```

Il renvoie les valeurs de N et U en fin d'exécution. Quel est son rôle ?

b) Coder cet algorithme en langage Python, saisir le programme, puis l'exécuter pour $p = 6$.

Interpréter le résultat obtenu.

72 (w_n) est la suite définie par $w_0 = 0$ et pour tout entier naturel n, $w_{n+1} = 0{,}3w_n - 2$.

1. a) Afficher la représentation graphique de la suite (w_n) à l'écran de la calculatrice (*fenêtre :* $-4 \leqslant X \leqslant 1$, pas 1 et $-4 \leqslant Y \leqslant 1$, pas 1).

Conseil : si besoin, voir exercice 56 p. 214.

b) Conjecturer son sens de variation et un minorant.

2. a) Démontrer les deux conjectures émises à la question **1. b)**.

b) En déduire que la suite (w_n) converge vers un réel ℓ.

c) Expliquer pourquoi ℓ est solution de l'équation $x = 0{,}3x - 2$. Déterminer ℓ.

73 (a_n) est la suite définie par $a_0 = 1$ et pour tout entier naturel n, $a_{n+1} = \dfrac{a_n}{1 + a_n^2}$.

a) Démontrer que pour tout entier naturel n,

$$0 \leqslant a_{n+1} \leqslant a_n.$$

b) En déduire que (a_n) converge et déterminer sa limite.

Localiser des solutions d'équations

74 **PARCOURS DIFFÉRENCIÉS**

Parcours 1

(E) est l'équation $\dfrac{x^3}{x+1} = 5$ avec $x \in \,]-1\,;+\infty[$.

Démontrer que l'équation **(E)** admet une unique solution α dans l'intervalle $]-1\,;+\infty[$.

Parcours 2

(F) est l'équation $x^3 - 2x^2 + x = 3$ avec $x \in \mathbb{R}$.

1. g est la fonction définie sur $\mathbb{R}$ par :

$$g(x) = x^3 - 2x^2 + x.$$

a) Étudier les variations de la fonction g sur $\mathbb{R}$.

b) Étudier la limite de g en $+\infty$, puis en $-\infty$.

Conseil : mettre x^3 en facteur dans l'expression de $g(x)$.

c) Dresser le tableau de variations de g.

2. a) Expliquer pourquoi l'équation **(F)** n'a pas de solution dans l'intervalle $]-\infty\,;1]$.

b) Expliquer pourquoi l'équation **(F)** a une unique solution α dans l'intervalle $[1\,;+\infty[$.

c) Avec le menu **G-Solv** (ou **calculs** ou …) de la calculatrice, déterminer l'arrondi au centième de α.

75 f est la fonction définie sur $\mathbb{R}$ par :

$$f(x) = 4x^3 - 12x^2 + 4.$$

a) Démontrer que l'équation $f(x) = 0$ admet trois solutions α, β, γ dans $\mathbb{R}$ avec $\alpha < \beta < \gamma$.

b) Expliquer pourquoi :
- $-1 < \alpha < 0$
- $0 < \beta < 1$
- $2 < \gamma < 3$

c) Utiliser la calculatrice pour déterminer un encadrement d'amplitude 10^{-2} de chaque solution.

76 **Algo** python

g est la fonction définie sur $\mathbb{R}$ par :

$$g(x) = \sqrt{1 + e^x}.$$

1. a) Démontrer que l'équation $g(x) = 7$ admet une unique solution x_0 dans $\mathbb{R}$.

b) Expliquer pourquoi $0 < x_0 < 5$.

2. Voici un programme écrit en langage Python.

À la ligne 7, la fonction **round** renvoie l'arrondi du nombre avec p chiffres après la virgule.

```
1 from math import *
2
3 p=int(input("p ="))
4 a=0
5 while sqrt(1+exp(a))<7:
6     a=a+10**(-p)
7 a=round(a,p)
8 print(a)
```

a) Expliquer le rôle de ce programme.

b) Saisir ce programme et l'exécuter avec $p = 6$. Donner un encadrement d'amplitude 10^{-6} de x_0.

77 Un vase cylindrique de base un disque de rayon 1 dm, contient de l'eau sur une hauteur de 0,5 dm.

On plonge une bille de diamètre d dm dans ce cylindre et on constate que le niveau de l'eau est tangent à la bille.

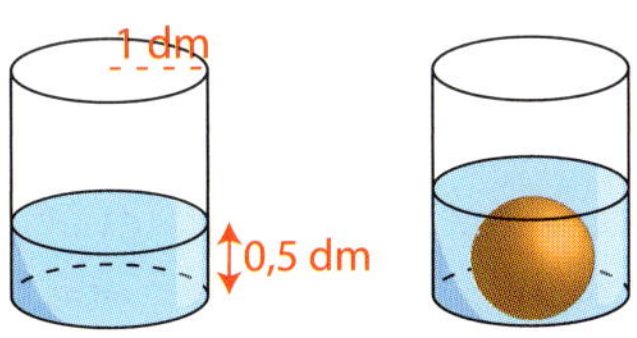

1. a) Exprimer en fonction de d le volume, en dm^3 :
- d'eau versé initialement,
- de la bille.

b) Exprimer de deux façons différentes le volume du cylindre de hauteur d contenu dans le vase après avoir plongé la bille.

c) En déduire que d vérifie $0 < d < 2$ et :

$$d^3 - 6d + 3 = 0.$$

2. a) Démontrer que l'équation $x^3 - 6x + 3 = 0$ admet une unique solution dans l'intervalle $]0\,;2[$.

b) À l'aide de la calculatrice, donner un encadrement d'amplitude 10^{-2} du diamètre d de la bille.

78 **Algo** python

Une randonneuse roule à vélo dans une descente rectiligne et très longue.

Sa vitesse, en $m.s^{-1}$, à l'instant t, en s, est donnée sur $[0\,;+\infty[$ par :

$$v(t) = 30\left(1 - e^{-\frac{t}{10}}\right).$$

On considère que la vitesse de la randonneuse est stabilisée lorsque son accélération est inférieure à $0{,}1\ m.s^{-2}$.

> L'accélération de la randonneuse à l'instant t est $v'(t)$.

a) Démontrer qu'il existe un instant t_0 à partir duquel la vitesse de la randonneuse est stabilisée.

b) Recopier et compléter l'algorithme ci-dessous afin qu'en affectant la valeur 0 à la variable t au début, il renvoie une valeur approchée de t_0 au dixième de seconde près.

```
Tant que ... > ...
  | t ← ...
Fin Tant que
```

c) Coder cet algorithme en langage Python, saisir le programme et l'exécuter. Interpréter le résultat.

S'ENTRAÎNER À LA LOGIQUE

→ p. 525

79 **Conjonction et négation**

f est une fonction définie sur un intervalle I et a est un nombre réel de I.

Dans chaque cas, dire s'il existe une fonction f pour laquelle la proposition est vraie. Si oui, donner un exemple à l'aide d'un graphique, si non, justifier à l'aide d'une propriété énoncée en cours.

a) f est continue en a et dérivable en a.

b) f est continue en a et non dérivable en a.

c) f est discontinue en a et non dérivable en a.

d) f est discontinue en a et dérivable en a.

80 **Réciproque d'une implication**

On sait que « Si une fonction f est continue sur un intervalle I, alors pour tous réels a et b de I avec $a < b$ et tout $k \in]f(a)\,;f(b)[$, l'équation $f(x) = k$ admet au moins une solution $c \in]a\,;b[$ ».

a) Énoncer la réciproque de cette implication.

b) Cette réciproque est fausse. En donner un contre-exemple graphique.

Travaux pratiques

Pour les exercices 81 et 82, f est une fonction continue et strictement monotone sur un intervalle $[a\,;b]$ (avec a et b nombres réels) telle que $f(a) \times f(b) < 0$. Donc, d'après la conséquence énoncée p. 298, l'équation $f(x) = 0$ admet une unique solution α dans l'intervalle $[a\,;b]$.

81 MÉTHODE DE LA SÉCANTE

Algo python

Objectif

Présenter un procédé algorithmique, la méthode de la sécante, qui permet d'obtenir des approximations de plus en plus proches de α.

Principe de la méthode

On suppose ici que **$f(a) < 0$, $f(b) > 0$ et f strictement croissante et convexe sur l'intervalle $[a\,;b]$.**

Dans le repère orthonormé ci-contre, la courbe rouge représente la fonction f et $A(a\,;f(a))$, $B(b\,;f(b))$.

1re étape : on trace le segment [AB], il coupe l'axe des abscisses en un point d'abscisse x_1.

2e étape : On trace le segment $[A_1B]$ où $A_1(x_1\,;f(x_1))$, il coupe l'axe des abscisses en un point d'abscisse x_2.

⋮

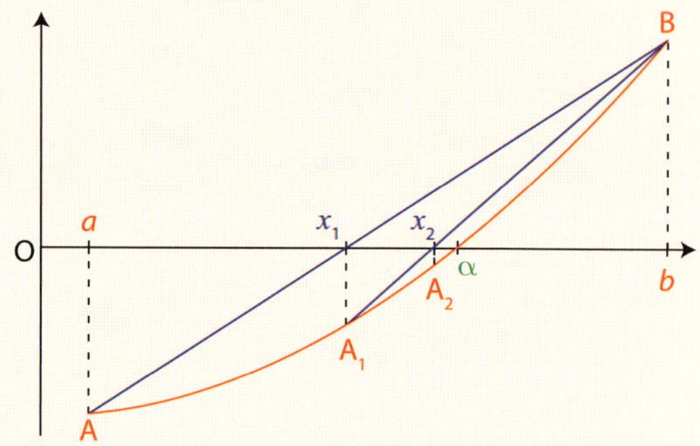

On note x_n l'abscisse du point A_n. On définit ainsi une suite (x_n) de réels de $[a\,;b]$ et on admet que pour tout entier naturel n, $f(x_n) \leqslant 0$.

1. Relation entre x_{n+1} et x_n

a) Justifier qu'une équation de la droite (A_nB) est $y = (x - x_n)\dfrac{f(b) - f(x_n)}{b - x_n} + f(x_n)$.

b) En déterminant le point d'intersection de (A_nB) avec l'axe des abscisses, justifier que

$$x_{n+1} = x_n - \frac{b - x_n}{f(b) - f(x_n)} f(x_n).$$

2. Étude de la suite (x_n)

(x_n) est la suite définie par $x_0 = a$ et pour tout entier naturel n, $x_{n+1} = x_n - \dfrac{b - x_n}{f(b) - f(x_n)} f(x_n)$.

a) Démontrer que la suite (x_n) est croissante et majorée.

b) En déduire que la suite (x_n) est convergente et déterminer algébriquement sa limite.

3. Un programme en langage Python

Voici un programme incomplet écrit en langage Python qui met en œuvre la suite (x_n) définie ci-dessus.

On choisit $|f(x_n)| \leqslant 10^{-p}$ pour critère d'arrêt où p désigne un entier naturel non nul donné.

```
def f(x):
    y=[     ]
    return y

def Secante(a,b,p):
    X=[ ]
    n=0
    while abs(f(X))>10**(-p):
        X=[                    ]
        n=n+1
    return n,X
```

a) Indiquer les expressions cachées par les deux cadres verts.

b) f est la fonction définie sur $\mathbb{R}$ par $f(x) = x^3 + x - 1$.

Vérifier que f est strictement croissante et convexe sur $[0\,;1]$ et que l'équation $f(x) = 0$ admet une unique solution α dans $[0\,;1]$.

c) Saisir le programme pour cette fonction f et l'exécuter avec $p = 6$.

4. Complément

Adapter la suite (x_n) dans le cas où : $f(a) > 0$, $f(b) < 0$, f strictement décroissante et convexe sur $[a\,;b]$.

82 MÉTHODE DE NEWTON

Algo python

Objectif
Présenter un procédé algorithmique, la méthode de Newton, qui permet d'obtenir des approximations de plus en plus proches de α.

Principe de la méthode

On suppose ici que $f(a) < 0$, $f(b) > 0$, **f dérivable, strictement croissante et convexe sur l'intervalle $[a\,;b]$ ainsi que $f'(\alpha) \neq 0$.**

Dans le repère orthonormé ci-contre, la courbe rouge représente la fonction f et $A(a\,;f(a))$, $B(b\,;f(b))$.

1re étape : on trace la tangente en B à la courbe, elle coupe l'axe des abscisses en un point d'abscisse x_1.

2e étape : on trace la tangente en $B_1(x_1\,;f(x_1))$ à la courbe, elle coupe l'axe des abscisses en un point d'abscisse x_2. ⋮

⋮

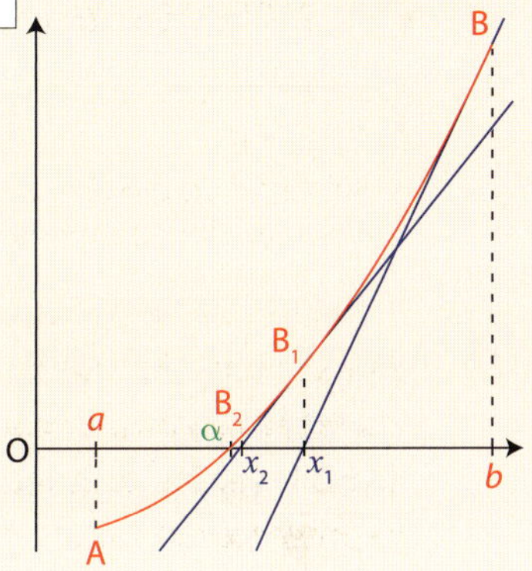

On note x_n l'abscisse du point B_n. On définit ainsi une suite (x_n) de réels de $[a\,;b]$ et on admet que pour tout entier naturel n, $f(x_n) \leqslant 0$.

1. Relation entre x_{n+1} et x_n

On note x_n l'abscisse du point B_n.

a) Justifier qu'une équation de la tangente à la courbe en B_n est $y = f'(x_n)(x - x_n) + f(x_n)$.

b) En déterminant le point d'intersection de la tangente en B_n avec l'axe des abscisses, justifier que $x_{n+1} = x_n - \dfrac{f(x_n)}{f'(x_n)}$.

2. Étude de la suite (x_n)

(x_n) est la suite définie par $x_0 = b$ et pour tout entier naturel n, $x_{n+1} = x_n - \dfrac{f(x_n)}{f'(x_n)}$.

a) Démontrer que la suite (x_n) est décroissante et minorée.

b) En déduire que la suite (x_n) est convergente et déterminer algébriquement sa limite.

3. Un programme en langage Python

Voici un programme incomplet écrit en langage Python qui met en œuvre la suite (x_n) définie ci-dessus. On choisit $|f(x_n)| \leqslant 10^{-p}$ pour critère d'arrêt où p désigne un entier naturel non nul donné.

```
def f(x):
    y=
    return y

def df(x):
    y=
    return y

def Newton(a,b,p):
    X=b
    n=0
    while abs(f(X))>10**(-p):
        X=
        n=n+1
    return n,X
```

a) Indiquer l'expression cachée par le cadre vert.

b) f est la fonction définie sur $\mathbb{R}$ par $f(x) = x^3 + x - 1$.

L'équation $f(x) = 0$ a une unique solution α dans l'intervalle $[0\,;1]$ (voir **81** question **3. b)**).

Saisir le programme pour cette fonction f et l'exécuter avec $p = 6$. Comparer éventuellement le nombre d'étapes nécessaires avec les méthodes de Newton et de la sécante.

La méthode de Newton converge, en général, plus rapidement que la méthode la sécante.

HISTOIRE DES MATHS

Cette méthode de Newton est présentée en 1736, après sa mort, dans son ouvrage *Method of Fluxions*.

Bien que Joseph Raphson ait déjà utilisé cette méthode en 1690, il semble que Newton ait écrit cet ouvrage en 1671.

Tous deux n'appliquent cette méthode qu'à des polynômes, c'est Thomas Simpson qui la généralise en 1740.

83 Étudier le signe d'une fonction

Narration de recherche

Chercher | Raisonner | Calculer

Rédiger les différentes étapes de la recherche, sans omettre les fausses pistes et les changements de méthode.

Problème

f est la fonction définie sur $[-10\,;+\infty[$ par :

$$f(x)=(x+1)\mathrm{e}^x-3.$$

Étudier le signe de $f(x)$ selon les valeurs de x.

84 Imaginer une stratégie

Chercher | Raisonner

Un polynôme P de degré n, avec $n \in \mathbb{N}$ et $n \geqslant 1$, est défini sur $\mathbb{R}$ par :

$$\mathrm{P}(x)=a_nx^n+a_{n-1}x^{n-1}+\ldots a_1x+a_0$$

où a_n, a_{n-1}, …, a_1, a_0 désignent des nombres réels et $a_n \neq 0$.

Démontrer que pour tout polynôme P de degré impair, l'équation $\mathrm{P}(x)=0$ admet au moins une solution dans $\mathbb{R}$.

Conseil : envisager les cas $a_n>0$ et $a_n<0$.

85 Study the evolution of a population

Raisonner | Calculer | Communiquer

Biologists estimate that the evolution of an animal population that settles in a new environment obeys the law: $u_{n+1}=1{,}5u_n-0{,}01u_n^2$ where u_n is the population size in the year n.
It is assumed that the initial size is $u_0=40$.

a) f is the function defined on $[0\,;+\infty[$ by $f(x)=1{,}5x-0{,}01x^2$. Demonstrate that for every x in $[40\,;50]$, $f(x)$ also belongs to $[40\,;50]$.

b) Demonstrate that the sequence (u_n) is growing and increased.

c) Study the convergence of the sequence (u_n) and interpret its limit for the situation.

86 Imaginer une fonction

Problème ouvert

Chercher | Représenter | Raisonner

Proposer une fonction f continue en 0 telle que f' soit continue en 0 et f'' soit discontinue en 0.

87 Étudier un modèle de croissance

Modéliser | Calculer | Communiquer

Un cultivateur repique des plants de 10 cm de haut sous une serre. Ces plants pourront atteindre jusqu'à 1 m de haut.

On modélise cette situation par la fonction f définie sur l'intervalle $[0\,;+\infty[$ par $f(t)=\dfrac{1}{\mathrm{C}\mathrm{e}^{-at}+1}$ où t désigne la durée, en jour, et $f(t)$ la hauteur, en m, de la plante (a et C désignent des constantes).

1. Expliquer pourquoi $\mathrm{C}=9$.

2. Le cultivateur observe qu'au bout de 15 jours, la plante mesure 19 cm de haut.

a) En déduire que $\mathrm{e}^{-15a}=\dfrac{9}{19}$.

b) Démontrer que l'équation $\mathrm{e}^{-15x}=\dfrac{9}{19}$ admet une unique solution dans l'intervalle $[0\,;+\infty[$.

c) Avec la calculatrice, déterminer l'arrondi de a au centième. Par la suite, on prend cet arrondi pour a.

2. a) Dresser le tableau de variations de la fonction f.

b) Le cultivateur souhaite savoir à partir de quel jour, la plante dépassera 90 cm de haut.

Démontrer que l'équation $f(t)=0{,}9$ admet une unique solution dans l'intervalle $[0\,;+\infty[$ et répondre au souhait du cultivateur.

La fonction f est une **fonction logistique**.
Ce type de fonction a été introduit vers 1840 par le mathématicien belge Pierre François Verhulst pour modéliser l'évolution d'une population.

88 Prendre des initiatives

Représenter | Raisonner | Communiquer

La partie entière d'un réel x, notée $\mathrm{E}(x)$, est l'unique entier relatif n tel que $n \leqslant x < n+1$.

Gabin a affiché ci-dessous, à l'écran de sa calculatrice, la courbe de la fonction f définie sur $\mathbb{R}$ par :

$$f(x)=x-\mathrm{E}(x).$$

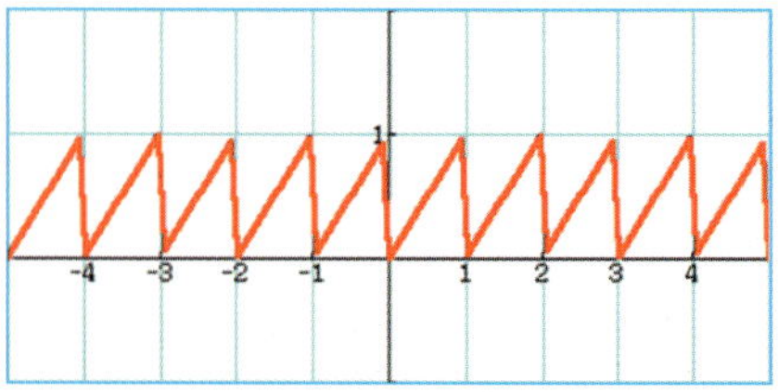

a) Critiquer cette courbe.

b) Étudier la continuité de f sur $\mathbb{R}$.

89 Étudier deux modélisations Algo

40 min

D'après Bac, Asie 2019

La loi de refroidissement de Newton stipule que le taux d'évolution de la température d'un corps est proportionnel à la différence entre la température de ce corps et celle du milieu ambiant.

Une tasse de café est servie à une température initiale de 80 °C dans un milieu dont la température exprimée en degré Celsius, supposée constante, est notée M.

Les parties A et B sont indépendantes.

Partie A

Dans cette partie, pour tout entier naturel n, on note T_n la température du café à l'instant n, avec T_n exprimé en degré Celsius et n en minute. On a ainsi $T_0 = 80$.

On modélise la loi de Newton entre deux minutes consécutives quelconques n et $n+1$ par l'égalité $T_{n+1} - T_n = -0{,}2(T_n - 10)$.

1. D'après le contexte, peut-on conjecturer le sens de variation de la suite (T_n) ?

2. Montrer que pour tout entier naturel n, $T_{n+1} = 0{,}8T_n + 2$.

3. a) Démontrer que la suite (T_n) est décroissante et minorée.

b) En déduire que la suite (T_n) est convergente et déterminer sa limite.

4. On considère l'algorithme ci-contre.

a) Au début, on affecte la valeur 80 à la variable T et la valeur 0 à la variable n. Quelle est la valeur de la variable n à la fin de l'exécution de l'algorithme ?

b) Interpréter cette valeur dans le contexte de l'exercice.

```
Tant que T ⩾ 40
  | T ← 0,8T + 2
  | n ← n + 1
Fin Tant que
```

Partie B

Dans cette partie, pour tout réel t positif ou nul, on note $\theta(t)$ la température du café à l'instant t, avec $\theta(t)$ exprimé en degré Celsius et t en minute.

On a ainsi $\theta(0) = 80$.

Dans ce modèle, plus précis que celui de la **partie A**, on suppose que θ est une fonction dérivable sur l'intervalle $[0\,;+\infty[$ et que, pour tout réel t de cet intervalle, la loi de Newton se modélise par l'égalité :

$$\theta'(t) = -0{,}2(\theta(t) - M) \text{ où M est une constante réelle.}$$

1. Dans cette question, on choisit $M = 0$. On cherche alors une fonction θ dérivable sur l'intervalle $[0\,;+\infty[$ vérifiant $\theta(0) = 80$ et, pour tout réel t de cet intervalle : $\theta'(t) = -0{,}2\theta(t)$.

a) Si θ est une telle fonction, on pose pour tout t de l'intervalle $[0\,;+\infty[$, $f(t) = \dfrac{\theta(t)}{e^{-0{,}2t}}$. Montrer que la fonction f est dérivable sur $[0\,;+\infty[$ et que, pour tout réel t de cet intervalle, $f'(t) = 0$.

b) En conservant l'hypothèse du **a)**, calculer $f(0)$. En déduire, pour tout réel t de l'intervalle $[0\,;+\infty[$, une expression de $f(t)$, puis $\theta(t)$.

c) Vérifier que la fonction θ trouvée au **b)** est solution du problème.

2. Dans cette question, on choisit $M = 10$. On admet qu'il existe une unique fonction g dérivable sur $[0\,;+\infty[$, modélisant la température du café à tout instant positif t, et que pour tout t de l'intervalle $[0\,;+\infty[$, $g(t) = 10 + 70e^{-0{,}2t}$, où t est exprimé en minute et $g(t)$ en degré Celsius.

Une personne aime boire son café à 40 °C.

Montrer qu'il existe un unique réel t_0 dans $[0\,;+\infty[$ tel que $g(t_0) = 40$. Donner l'arrondi de t_0 à la seconde.

Guide de résolution

3. a) Sens de variation : utiliser un raisonnement par récurrence.
Minorant : penser au signe de T_n qui exprime une température dans le milieu ambiant.

Guide de résolution

1. b) Une fonction f dont la dérivée est nulle sur $I = [0\,;+\infty[$ est une fonction constante. Pour tout réel t de I, $f(t) = f(0)$.

1. c) Vérifier que $\theta(0) = 80$ et, pour tout réel $t \geqslant 0$:
$\theta'(t) = -0{,}2\,\theta(t)$.

90 Relier les probabilités et les suites

40 min

D'après Bac, Métropole – La Réunion 2019

Une plateforme informatique propose deux types de jeux vidéo : un jeu de type A et un jeu de type B.

Partie A

On admet que, dès que le joueur achève une partie, la plateforme lui propose une nouvelle partie selon le modèle suivant :

– si le joueur achève une partie A, la plateforme lui propose de jouer à nouveau une partie de type A avec une probabilité de 0,8 ;

– si le joueur achève une partie B, la plateforme lui propose de jouer à nouveau une partie de type B avec une probabilité de 0,7.

Pour un entier naturel n supérieur ou égal à 1, on note A_n et B_n les événements :

A_n : « La n-ième partie est une partie du type A. »

B_n : « La n-ième partie est une partie du type B. »

Pour tout entier naturel n supérieur ou égal à 1, on note a_n la probabilité de l'événement A_n.

1. Recopier et compléter l'arbre pondéré ci-contre.

2. Montrer que pour tout entier naturel $n \geqslant 1$, $a_{n+1} = 0{,}5a_n + 0{,}3$.

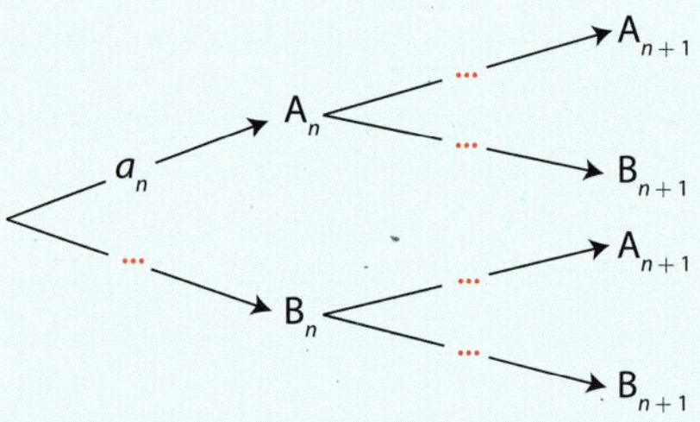

> **Guide de résolution**
> **2.** Utiliser la formule des probabilités totales.

Partie B

Dans la suite de l'exercice, on note a la probabilité que le joueur joue au jeu A lors de sa première partie, où a est un nombre réel appartenant à l'intervalle $[0 ; 1]$. La suite (a_n) est donc définie par $a_1 = a$ et pour tout entier naturel $n \geqslant 1$.

$$a_{n+1} = 0{,}5a_n + 0{,}3.$$

1. Étude d'un cas particulier

Dans cette question, on suppose que $a = 0{,}5$.

a) Démontrer par récurrence, que pour tout entier naturel $n \geqslant 1$, $0 \leqslant a_n \leqslant 0{,}6$.

b) Montrer que la suite (a_n) est croissante.

c) Montrer que la suite (a_n) converge vers un réel ℓ.

d) Expliquer pourquoi ℓ est solution de l'équation $x = 0{,}5x + 0{,}3$.
Déterminer ℓ.

> **Guide de résolution**
> **1. b)** Étudier le signe de $a_{n+1} - a_n$.

2. Étude du cas général

Dans cette question, le réel a appartient à l'intervalle $[0 ; 1]$.

On considère la suite (u_n) définie pour tout entier naturel $n \geqslant 1$ par $u_n = a_n - 0{,}6$.

a) Montrer que la suite (u_n) est une suite géométrique.

b) En déduire que pour tout entier naturel $n \geqslant 1$,

$$a_n = (a - 0{,}6) \times 0{,}5^{n-1} + 0{,}6.$$

c) Déterminer la limite de la suite (a_n). Cette limite dépend-elle de la valeur de a ?

d) La plateforme insère une publicité en début de chacune des parties de type A et de type B.
Quelle devrait être la publicité la plus vue par un joueur s'adonnant intensivement aux jeux vidéo ?

> **Guide de résolution**
> **2. b)** Exprimer d'abord u_n en fonction de n.

> **Guide de résolution**
> **2. d)** Étudier la limite de la suite (a_n) et interpréter le résultat.

91 Étudier un taux d'alcoolémie Algo

30 min

D'après Bac, Polynésie 2016

Paul, étudiant de 19 ans, de corpulence moyenne et jeune conducteur, boit deux verres de rhum. La concentration C d'alcool dans son sang (taux d'alcoolémie), en $g \cdot L^{-1}$, est modélisée en fonction du temps t, exprimé en heure, par la fonction f définie sur $[0\,;+\infty[$ par $f(t) = 2te^{-t}$.

1. Étudier les variations de la fonction f sur l'intervalle $[0\,;+\infty[$.

2. À quel instant la concentration d'alcool dans le sang de Paul est-elle maximale ? Quelle est alors sa valeur ? *Arrondir au centième.*

3. Déterminer la limite de $f(t)$ lorsque t tend vers $+\infty$. Interpréter le résultat.

4. Paul veut savoir au bout de combien de temps il peut prendre sa voiture (taux d'alcoolémie maximal de $0{,}2\ g \cdot L^{-1}$ pour un jeune conducteur).

a) Démontrer qu'il existe deux nombres réels t_1 et t_2 tels que $f(t_1) = f(t_2) = 0{,}2$.

b) Quelle durée minimale (en min) doit-il attendre avant de prendre le volant ?

5. a) La concentration minimale d'alcool détectable dans le sang est estimée à $5 \times 10^{-3}\ g \cdot L^{-1}$. Justifier qu'il existe un instant T à partir duquel l'alcool dans le sang n'est plus détectable.

b) Au début de l'algorithme ci-contre, on affecte 3,5 à t, 0,21 à C et on prend $p = 0{,}25$. Quelle est la valeur de la variable t à la fin de l'exécution de cet algorithme ? L'interpréter dans le contexte de l'exercice.

```
Tant que C > 5 × 10^(-3)
   t ← t + p
   C ← f(t)
Fin Tant que
```

Guide de résolution

1. Déterminer $f'(t)$ et étudier son signe.

2. Rappeler $\lim\limits_{t \to +\infty} \dfrac{e^t}{t}$ et en déduire la limite de $f(t)$.

Guide de résolution

4. a) Utiliser une extension de la propriété énoncée au § B p. 298.

Se préparer À L'ORAL

92 Présenter un exposé

a) Énoncer le théorème des valeurs intermédiaires. Quelle est son utilité dans la résolution des équations ?

b) Exposer oralement ses réponses durant 10 min et proposer un exemple d'application.

93 Travailler l'oral en groupe

Résoudre cet exercice en petit groupe, puis en présenter les résultats à l'oral.

(u_n) est la suite à termes positifs définie par $u_0 = 5$ et pour tout entier naturel n, $u_{n+1} = \sqrt{u_n + 12}$.

1. a) Démontrer que pour tout entier naturel n, $u_n \geqslant 4$.

b) Démontrer que pour tout entier naturel n,

- $u_{n+1} - 4 \leqslant \dfrac{1}{4}(u_n - 4)$
- $0 \leqslant u_n - 4 \leqslant \dfrac{1}{4^n}$.

c) En déduire la convergence de (u_n) et sa limite.

2. Imaginer une autre méthode pour étudier la convergence de la suite (u_n).

94 Travailler les compétences orales

▶ **ANTICIPER LES QUESTIONS DU JURY**

1. Préparation de la restitution orale (5 min)

Par groupe de 4, résoudre l'exercice ci-dessous, chaque élève travaillant sur une des quatre propositions.

2. Jeu de rôles (30 min)

Chaque élève présente son résultat à l'oral (2 min), pendant que les trois autres composent le jury. Chaque juré pose une question au candidat (5 min).

Énoncé : f est la fonction définie sur $\mathbb{R}$ par :

$$f(x) = \begin{cases} x^2 - 2x - 3 & \text{si } x \leqslant 1 \\ \dfrac{x-5}{x} & \text{si } x > 1 \end{cases}.$$

Répondre par Vrai ou Faux en justifiant.

a) f est continue sur $\mathbb{R}$.

b) L'équation $f(x) = 0$ admet exactement 3 solutions.

c) Dans un repère orthonormé, les droites d'équations $x = 0$ et $y = 1$ sont asymptotes à la courbe de f.

95 Démonstration par dichotomie du théorème des valeurs intermédiaires

f est une fonction continue sur un intervalle $[a ; b]$.

On se propose de démontrer le théorème des valeurs intermédiaires (paragraphe 3 A p. 296) en deux étapes.

Partie A : première étape

On suppose ici, que :

- $k = 0$
- $f(a) < 0$ et $f(b) > 0$

On définit par dichotomie deux suites (u_n) et (v_n) par $u_0 = a$ et $v_0 = b$ et pour tout entier naturel n :

- $u_{n+1} = u_n$ et $v_{n+1} = \dfrac{u_n + v_n}{2}$ si $f\left(\dfrac{u_n + v_n}{2}\right) \geqslant 0$;
- $u_{n+1} = \dfrac{u_n + v_n}{2}$ et $v_{n+1} = v_n$ si $f\left(\dfrac{u_n + v_n}{2}\right) < 0$.

1. a) Démontrer que les suites (u_n) et (v_n) sont adjacentes (voir exercice 102 p. 226).

Conseil : pour établir que la limite de la suite $(u_n - v_n)$ est 0, démontrer par récurrence que pour tout entier naturel n, $u_n - v_n = \dfrac{a - b}{2^n}$.

b) En déduire que les suites (u_n) et (v_n) ont la même limite. On note c cette limite.

2. a) Démontrer que la suite $(f(u_n))$ converge vers $f(c)$, puis que $f(c) \leqslant 0$.

b) Démontrer que la suite $(f(v_n))$ converge vers $f(c)$, puis que $f(c) \geqslant 0$.

c) En déduire qu'il existe au moins un réel c de l'intervalle $[a ; b]$ tel que $f(c) = 0$.

Partie B : seconde étape

1. On suppose ici, que :

- $f(a) < f(b)$
- $f(a) < k < f(b)$

On note g la fonction définie sur l'intervalle $[a ; b]$ par :

$$g(x) = f(x) - k.$$

a) Expliquer pourquoi la fonction g est continue sur l'intervalle $[a ; b]$.

b) Justifier avec la **partie A** qu'il existe au moins un réel c de l'intervalle $[a ; b]$ tel que $f(c) = k$.

2. Reprendre la question **1.** dans le cas où :

- $f(a) > f(b)$
- $f(a) > k > f(b)$

Conseil : on peut considérer la fonction $h = -f$.

La dichotomie intervient en biologie, en économie, en philosophie, … En médecine, c'est le partage clandestin d'honoraires entre professionnels de santé (interdit par le Code de la santé publique).

96 Fonctions continues de $\mathbb{R}$ dans $\mathbb{R}$ telles que $f(x + y) = f(x) + f(y)$

Problème

Déterminer l'ensemble des fonctions définies sur $\mathbb{R}$, continues sur $\mathbb{R}$ vérifiant la propriété **(P)** : pour tous réels x et y, $f(x + y) = f(x) + f(y)$.

Méthode : raisonnement par analyse-synthèse

- Dans la partie « **analyse** », on suppose qu'il existe une fonction f solution du problème et on trouve des conditions nécessaires que doit vérifier f.
- Dans la partie « **synthèse** », on prouve l'existence en vérifiant que le type de fonctions trouvées dans la première partie est bien solution du problème.

1. Analyse

On suppose que f est une fonction continue sur $\mathbb{R}$ et qui vérifie la propriété **(P)**.

a) Avec $x = 0$ et $y = 0$, démontrer que $f(0) = 0$.

b) Avec $y = -x$, démontrer que $f(-x) = -f(x)$. Que peut-on dire alors de la fonction f ?

c) Démontrer par récurrence que, pour tout entier naturel n, $f(nx) = nf(x)$.

d) Démontrer que pour tout entier relatif k,

$$f(kx) = kf(x).$$

Conseil : d'après **c)**, il reste à envisager le cas $k < 0$. Pour cela, poser $k = -n$ avec $n \in \mathbb{N}^*$ et utiliser **b)**.

e) Démontrer que pour tout entier relatif p et tout entier naturel q non nul,

$$f\left(\frac{p}{q}\right) = \frac{p}{q} f(1).$$

Conseil : utiliser **c)** avec $n = q$ et $x = \dfrac{p}{q}$, puis **d)**.

f) *On admet que tout réel x est la limite d'une suite (u_n) de nombres rationnels.*

- Étudier la limite de la suite $(f(u_n))$:
  – en utilisant **e)** ; – avec la continuité de f en x.
- En déduire que, pour tout réel x, $f(x) = xf(1)$.

g) En déduire que si f est continue sur $\mathbb{R}$ et vérifie **(P)**, alors f est d'un type particulier. Lequel ?

2. Synthèse

a) Vérifier que toutes les fonctions linéaires sont bien solutions du problème initial.

b) Conclure en répondant au problème par une phrase.

97 Prolongement par continuité

1. Exemple 1

f est la fonction définie sur $\mathbb{R}^*$ par :

$$f(x) = \begin{cases} x-1 & \text{si } x<0 \\ 2x+3 & \text{si } x>0 \end{cases}.$$

a) Dans un repère orthonormé, tracer la courbe représentative de la fonction *f*.

b) Déterminer les limites de *f* en 0 par valeurs inférieures et par valeurs supérieures.

c) Existe-t-il une fonction *g* définie sur $\mathbb{R}$ par :

$$g(x) = \begin{cases} f(x) & \text{si } x \neq 0 \\ a & \text{si } x=0 \end{cases} \text{ avec } a \in \mathbb{R}$$

qui soit continue en 0 ?

2. Exemple 2

h est la fonction définie sur $\mathbb{R} - \{1\}$ par :

$$h(x) = \begin{cases} e^{x-1} & \text{si } x<1 \\ 3x-2 & \text{si } x>1 \end{cases}.$$

a) Dans un repère orthonormé, tracer la courbe représentative de la fonction *h*.

b) Déterminer les limites de *h* en 1 par valeurs inférieures et par valeurs supérieures.

c) Existe-t-il une fonction *k* définie sur $\mathbb{R}$ par :

$$k(x) = \begin{cases} h(x) & \text{si } x \neq 1 \\ a & \text{si } x=1 \end{cases} \text{ avec } a \in \mathbb{R}$$

qui soit continue en 1 ?

3. Cas général

x_0 est un nombre réel et *f* est une fonction définie sur $\mathbb{R} - \{x_0\}$.

Si *f* admet une limite réelle ℓ en x_0, alors on peut prolonger *f* par une fonction continue en x_0 en posant :

$$g(x) = \begin{cases} f(x) & \text{si } x \neq x_0 \\ \ell & \text{si } x = x_0 \end{cases}.$$

On dit que ***g* est le prolongement par continuité de *f* en x_0**.

Application

f est la fonction définie sur $\mathbb{R} - \{2\}$ par :

$$f(x) = \frac{x^2-3x+2}{(x-2)e^x}.$$

Peut-on prolonger *f* par continuité en 2 ?

98 Utiliser une dérivée seconde

f est la fonction définie sur $\mathbb{R}$ par :

$$f(x) = \frac{x^4}{4} - \frac{3}{2}x^2 + 4x.$$

1. Déterminer la fonction dérivée f' et la fonction dérivée seconde f'' de la fonction *f*.

2. a) Étudier les variations de la fonction f'.

b) Dresser le tableau de variations de f' et en déduire que l'équation $f'(x) = 0$ admet une unique solution α dans l'intervalle $]-\infty\,;-1]$.

c) À l'aide de la calculatrice, donner un encadrement d'amplitude 10^{-2} de α.

3. a) Déterminer le signe de la fonction f'.

b) Dresser le tableau de variations de la fonction *f*.

c) Expliquer pourquoi $f(\alpha) = \frac{3}{4}\alpha(4-\alpha)$.

d) Déterminer le nombre de racines du polynôme *f*.

99 Résoudre une équation

g est la fonction définie sur $\mathbb{R}$ par :

$$g(x) = 577x^3 - 816x^2 - 1\,154x + 1\,632.$$

Combien l'équation $g(x) = 0$ a-t-elle de solutions ?
Donner les valeurs exactes des solutions éventuelles.

Conseil : on peut remarquer que $1\,154 = 2 \times 577$ et que $1\,632 = 2 \times 816$.

Des Défis

100 Avec la fonction partie entière

f est la fonction définie sur $\mathbb{R}$ par :

$$f(x) = [x - \mathrm{E}(x)][x - \mathrm{E}(x) - 1].$$

(voir exercice **25** pour la définition de la fonction E).
La fonction *f* est-elle continue sur $\mathbb{R}$?

101 Un nombre inconnu

A est le nombre défini par l'écriture illimitée :

$$A = \cfrac{1}{2+\cfrac{1}{2+\cfrac{1}{2+\cfrac{1}{2+\dots}}}}$$

Déterminer ce nombre A.

11 Fonction logarithme

HISTOIRE DES MATHS

À la fin du 16e siècle, les calculs pour la navigation, les banques ou l'astronomie sont très lourds, car fondés essentiellement sur des multiplications de nombres aux très nombreux chiffres avant et après la virgule.

En 1614, **Jean Neper** publie un traité dans lequel il introduit la notion de logarithme (du grec logos, « rapport », et arithmos, « nombre ») à partir d'un exemple cinématique. Il y écrit des tables numériques à deux colonnes, où il remplace des multiplications et divisions par des additions et soustractions.

En 1617, **Henry Briggs** publie sa première table de logarithmes décimaux : 1000 valeurs sont données avec quatorze décimales.

Vers 1905, **Bouvart** et **Ratinet** publient une table de logarithmes qui donne le logarithme décimal de nombres de 1 à 10000. Cette table sera utilisée dans les lycées, puis remplacée par la calculatrice vers 1980.

Frontispice du traité de Neper

Jean Neper

▶ **Jean Neper** (ou **John Napier**) (1550-1617) est un mathématicien écossais, à l'origine des premières machines à calculer, avec la création de ses « bâtons ». Il est surtout connu pour son invention des logarithmes.

▶ **Henry Briggs** (1561-1630) est un mathématicien anglais. Il est le co-inventeur, avec Neper, des logarithmes décimaux.

1614 Neper introduit la notion de logarithme.

1624 Briggs publie une table de 30 000 logarithmes décimaux.

1650 Grégoire de Saint-Vincent calcule l'aire sous l'hyperbole et la relie au logarithme.

1697 Leibniz met en évidence les fonctions logarithme et exponentielle.

1610 Mort d'Henri IV et règne de Louis XIII

1648 Fin de la Guerre de Trente Ans

1670 Première représentation de *Tite et Bérénice* de Corneille

1687 Découverte par Newton de la loi de la gravitation universelle

1600 — 1625 — 1650 — 1675 — 1700

Vue d'artiste de la mission *InSight* sur Mars.

Le 25 juillet 2019, sur la planète Mars, les instruments de la sonde *InSight* ont enregistré un séisme de magnitude 3,3. Pour faciliter la comparaison entre des événements dont les amplitudes couvrent de nombreux ordres de grandeur, l'intensité du séisme est exprimée à l'aide d'une échelle logarithmique, le plus souvent l'échelle de Richter.

Les contenus et capacités travaillés dans ce chapitre

	Savoir-faire	Exercices
• Relier la fonction logarithme népérien et la fonction exponentielle. Résolution d'équations du type $\ln(u(x)) = m$ et $\ln(u(x)) = \ln(v(x))$.	1 à 6	26 à 52
• Propriétés algébriques du logarithme ; résolution d'équations et d'inéquations.	7 à 15, 24, 25	53 à 72
• Fonction dérivée du logarithme, variations, limites en 0 et $+\infty$, courbe représentative.	16 à 19	73 à 86
• Croissance comparée du logarithme népérien et de $x \mapsto x^n$ en 0 et en $+\infty$.	20, 22	87, 88, 92 à 95
• Fonctions $x \mapsto \ln(u(x))$.	21, 23	89 à 91, 96 à 105

Calcul mental

Rappels utiles

• La fonction exponentielle exp

La fonction exponentielle, notée exp, est l'unique fonction dérivable sur $\mathbb{R}$ telle que $\exp' = \exp$ et $\exp(0) = 1$. Donc la fonction exp est continue sur $\mathbb{R}$.

Notation : $\exp(1)$ est noté e, avec **e ≈ 2,718** et pour tout réel x, $\mathbf{exp(x) = e^x}$.

$e^0 = 1$ et pour tout réel x, $\mathbf{exp'(x) = e^x}$.

• Propriétés algébriques de la fonction exp

Pour tous réels x et y, pour tout entier relatif n,

$e^x > 0$ $\quad$ $e^{-x} = \dfrac{1}{e^x}$ $\quad$ $e^{x+y} = e^x \times e^y$

$e^{x-y} = \dfrac{e^x}{e^y}$ $\quad$ $(e^x)^n = e^{nx}$

$e^x = e^y$ **si, et seulement si,** $x = y$.

• Étude de la fonction exp

La fonction exponentielle est **strictement croissante** sur $\mathbb{R}$.

$\lim\limits_{x\to-\infty} e^x = 0$ $\qquad$ $\lim\limits_{x\to+\infty} e^x = +\infty$

x	$-\infty$ $\qquad$ $+\infty$
$\exp'(x)$	$+$
$\exp(x)$	0 ↗ $+\infty$

• Fonction dérivée de $x \mapsto \exp(u(x))$

Si u est une fonction dérivable sur $\mathbb{R}$, alors la fonction e^u qui à x associe $\exp(u(x))$ est dérivable sur $\mathbb{R}$.

Pour tout réel x, $(e^u)'(x) = u'(x)e^{u(x)}$.

À l'oral — Questions-Tests

Pour chaque question, il y a une seule réponse exacte.

1 f est la fonction définie sur $\mathbb{R}$ par :

$$f(x) = x(e^x - 1).$$

Pour tout réel x, $f'(x)$ est égal à :

(1) $(x+1)e^x$ **(2)** $(x+1)e^x - 1$ **(3)** $xe^x - 1$

2 Pour tout réel x,

a) $e^{2x} \times e^{-3x}$ est égal à :

(1) e^{-6x^2} **(2)** $\dfrac{1}{e^x}$ **(3)** $-e^x$

b) $(e^x)^2$ est égal à :

(1) e^{2x} **(2)** $e^{(x^2)}$ **(3)** $2e^x$

c) $(e^x + e^{-x})^2$ est égal à :

(1) $e^{2x} + e^{-2x}$ **(2)** $e^{2x} + e^{-2x} + 2$ **(3)** 1

3 g est une fonction dérivable sur $\mathbb{R}$ telle que pour tout réel x, $g'(x) = 3 + e^x$.

Alors, sur $\mathbb{R}$, g est :

(1) croissante **(2)** décroissante **(3)** non monotone

4 L'ensemble des solutions de l'équation $e^{2x+1} = e^{x^2+1}$ est :

(1) $\{1\}$ **(2)** $\{2\}$ **(3)** $\{0 ; 2\}$

5 g est la fonction définie sur $\mathbb{R}^*$ par :

$$g(x) = \frac{e^x}{e^x - 1}$$

a) La limite de g en $-\infty$ est :

(1) 0 **(2)** 1 **(3)** $+\infty$

b) La courbe représentative de g, dans un repère orthonormé, admet pour asymptote horizontale en $-\infty$ la droite d'équation :

(1) $y = 0$ **(2)** $x = 0$ **(3)** $x = 1$

6 f est la fonction définie sur $\mathbb{R}$ par $f(x) = e^{x^2+3}$.

a) f est dérivable sur $\mathbb{R}$, et pour tout réel x, $f'(x)$ est égal à :

(1) e^{x^2+3} **(2)** $2x\,e^{x^2+3}$ **(3)** $x^2e^{x^2+3}$

b) La fonction f est :

(1) croissante sur $\mathbb{R}$;

(2) croissante sur $]-\infty ; 0]$ et décroissante sur $[0 ; +\infty[$;

(3) décroissante sur $]-\infty ; 0]$ et croissante sur $[0 ; +\infty[$.

c) Sur $\mathbb{R}$, la fonction f admet :

(1) un maximum égal à e^3 ;

(2) un minimum supérieur à 20 ;

(3) un minimum compris entre 0 et 20.

1 Tice Équations $e^x = a$ avec $a > 0$

On se propose d'introduire la fonction logarithme népérien à partir de la fonction exponentielle étudiée en Première.

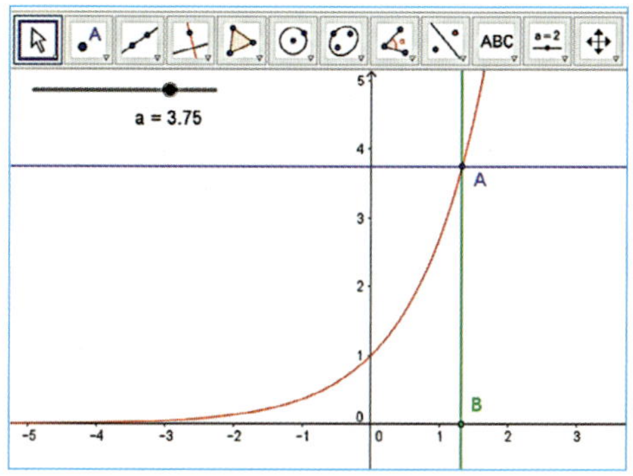

1 **a)** Démontrer que l'équation $e^x = a$ avec $a > 0$ admet une solution unique b dans $\mathbb{R}$.
b) Par la suite, on note s la fonction qui à tout réel $a > 0$, associe la solution b.
Sur quel intervalle la fonction s est-elle définie ?
Donner la valeur exacte de $s(1)$, puis de $s(e)$. Justifier la réponse.

2 **a)** Avec un logiciel de géométrie dynamique, afficher un repère orthonormé et créer un curseur a allant de 0 à 5 avec un incrément de 0,01.
b) Créer la courbe représentative de la fonction exponentielle, la droite d'équation $y = a$ et le point d'intersection A de la courbe et de la droite.
c) Créer la droite passant par le point A, perpendiculaire à l'axe des abscisses, et le point B intersection de cette droite et de l'axe des abscisses.
d) Où lit-on $s(a)$ sur le graphique ?

3 **a)** Saisir $b=x(B)$ et $M=(a,b)$. Comparer les coordonnées des points A et M.
Ces deux points sont symétriques par rapport à une droite. Laquelle ?
b) Afficher la trace du point M.
Le point M se déplace sur la courbe représentative d'une fonction. Quelle est cette fonction ?
c) Conjecturer le sens de variation de la fonction s, ainsi que ses limites en 0 et en $+\infty$.

La fonction s est appelée **fonction logarithme népérien**, on la note **ln**. Ainsi, pour tout réel a strictement positif, $\ln(a)$ désigne l'unique solution de l'équation $e^x = a$.

2 Fonctionnement d'une table de logarithmes

a et b désignent deux nombres réels strictement positifs.

1 **a)** Utiliser le fait que $\ln(a)$ est la solution de $e^x = a$ pour écrire plus simplement $e^{\ln(a)}$.
b) Déterminer l'exponentielle de $\ln(ab)$, puis de $\ln(a) + \ln(b)$ et en déduire que $\ln(ab) = \ln(a) + \ln(b)$.
c) Utiliser le fait que $b \times \frac{1}{b} = 1$ pour démonter que $\ln\left(\frac{1}{b}\right) = -\ln(b)$.
En déduire que $\ln\left(\frac{a}{b}\right) = \ln(a) - \ln(b)$.

2 **a)** Démonter par récurrence que pour tout entier naturel $n \geqslant 1$, $\ln(a^n) = n\ln(a)$.
b) En remarquant de $(\sqrt{a})^2 = a$, exprimer $\ln(\sqrt{a})$ en fonction de $\ln(a)$.

3 **a)** À l'aide de cet extrait de table de logarithmes, calculer à la main une valeur approchée de :
• $\ln(6)$ • $\ln(4)$ • $\ln(10)$ • $\ln(0{,}1)$ • $\ln(0{,}25)$
b) En utilisant la touche ln de la calculatrice, comparer les valeurs obtenues avec celles affichées par la calculatrice.

x	$\ln(x)$
1	0
2	0,693 147
3	1,098 612
4	
5	1,609 437
6	
7	1,945 910

Cours

Exercices
- **1** à **6** (ci-contre)
- **26** à **52**

1 La fonction logarithme népérien

A Liens avec la fonction exponentielle

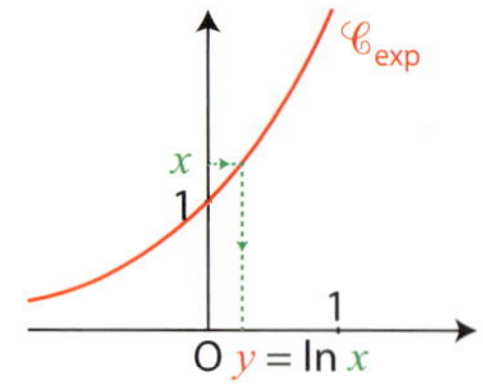

La fonction exponentielle est continue et strictement croissante sur $\mathbb{R}$.
De plus $\lim\limits_{x \to -\infty} e^x = 0$ et $\lim\limits_{x \to +\infty} e^x = +\infty$, donc d'après une extension de la propriété énoncée p. 298, pour tout réel x de $]0\,;+\infty[$, il existe un unique réel y tel que $e^y = x$.

Définition

La fonction **logarithme népérien**, notée **ln**, est la fonction définie sur $]0\,;+\infty[$ qui, à tout réel $x > 0$, associe l'unique solution de l'équation $e^y = x$ d'inconnue y. On note $y = \ln(x)$.

Vidéo JAICOMPRIS.COM Ces notions sont présentées en vidéo

Conséquences : elles découlent directement de la définition précédente.
(1) Pour tout réel $x > 0$ et tout réel y, $\boldsymbol{x = e^y}$ équivaut à $\boldsymbol{y = \ln(x)}$.
(2) Pour tout réel $x > 0$, $\boldsymbol{e^{\ln(x)} = x}$.
(3) Pour tout réel x, $\boldsymbol{\ln(e^x) = x}$. En effet, d'après la définition, $\ln(e^x)$ est l'unique solution de l'équation $e^y = e^x$ d'inconnue y, c'est-à-dire $y = x$.

(4) • $\boldsymbol{\ln(1) = 0}$ (car $e^0 = 1$) • $\boldsymbol{\ln(e) = 1}$ (car $e^1 = e$) • $\boldsymbol{\ln\left(\frac{1}{e}\right) = -1}$ $\left(\text{car } e^{-1} = \frac{1}{e}\right)$

Propriété

Dans un repère orthonormé, les courbes représentatives des fonctions exponentielle et logarithme népérien sont symétriques par rapport à la droite d'équation $y = x$.

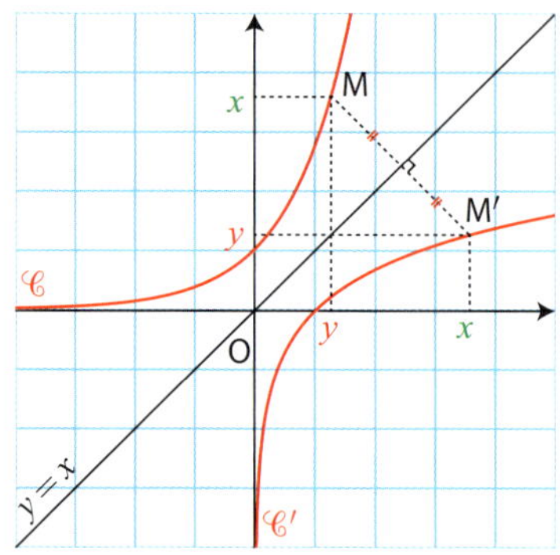

Démonstration

On note respectivement $\mathscr{C}$ et $\mathscr{C}'$ les courbes représentatives des fonctions exp et ln. Pour tous réels $x > 0$ et y, dire que $M'(x\,;y)$ appartient à $\mathscr{C}'$ équivaut à $y = \ln(x)$, c'est-à-dire $x = e^y$, ce qui équivaut à dire que $M(y\,;x)$ appartient à $\mathscr{C}$.
$\mathscr{C}$ et $\mathscr{C}'$ sont donc symétriques par rapport à la droite d'équation $y = x$.

Vocabulaire : on dit que les fonctions ln et exp sont **réciproques** l'une de l'autre.

B Sens de variation de la fonction ln

Propriété

La fonction logarithme népérien est **strictement croissante** sur $]0\,;+\infty[$.

Démonstration

a et b désignent deux nombres réels tels que $0 < a < b$,
c'est-à-dire tels que $e^{\ln(a)} < e^{\ln(b)}$.
La fonction exponentielle est strictement croissante sur $\mathbb{R}$ donc :
$$\ln(a) < \ln(b).$$

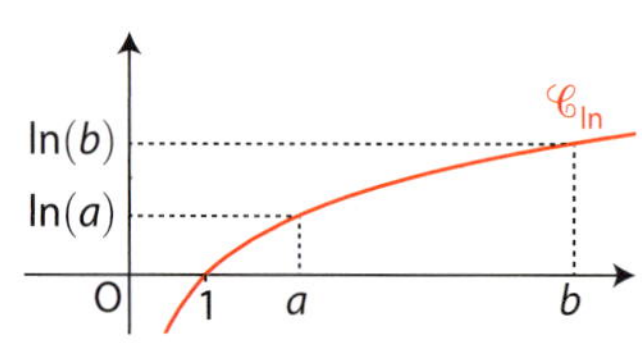

Conséquences

Pour tous réels $a > 0$ et $b > 0$,
- $\boldsymbol{\ln(a) = \ln(b)}$ équivaut à $\boldsymbol{a = b}$; • $\boldsymbol{\ln(a) < \ln(b)}$ équivaut à $\boldsymbol{a < b}$;
- $\boldsymbol{\ln(a) > 0}$ équivaut à $\boldsymbol{a > 1}$ et $\boldsymbol{\ln(a) < 0}$ équivaut à $\boldsymbol{0 < a < 1}$.

EXERCICES RÉSOLUS

1 Résoudre des équations

Dans chaque cas, résoudre l'équation.

a) $e^x = 5$ **b)** $\ln(x) = -2$ **c)** $\ln(3x-6) = \ln(12+x)$

Solution

a) Pour tout réel x, $e^x = 5$ équivaut à $x = \ln(5)$. Donc, l'ensemble des solutions est $\mathcal{S} = \{\ln 5\}$.

b) Pour tout réel $x > 0$, $\ln(x) = -2$ équivaut à $x = e^{-2}$. Donc, l'ensemble des solutions est $\mathcal{S} = \{e^{-2}\}$.

c) On résout l'équation dans l'ensemble E des nombres réels x tels que $3x-6>0$ **et** $12+x>0$, c'est-à-dire $x>2$ **et** $x>-12$, soit $E =]2\,;+\infty[$.

Pour tout réel x de E, $\ln(3x-6) = \ln(12+x)$ équivaut à $3x-6 = 12+x$ soit $x = 9$.

$9 \in E$, donc l'ensemble des solutions est $\mathcal{S} = \{9\}$.

> Pour résoudre une équation du type $\ln(u(x)) = \ln(v(x))$:
> – on détermine l'ensemble E des nombres réels x tels que $u(x) > 0$ **et** $v(x) > 0$;
> – on résout dans E l'équation $u(x) = v(x)$.

2 Résoudre des inéquations

Dans chaque cas, résoudre l'inéquation.

a) $e^{5x} \leqslant 2$ **b)** $\ln(3x+1) > 0$ **c)** $\ln(2x) \leqslant \ln(6-x)$

Solution

a) Pour tout réel x, $e^{5x} \leqslant 2$ équivaut à $5x \leqslant \ln(2)$, c'est-à-dire $x \leqslant \frac{1}{5}\ln(2)$. Donc l'ensemble des solutions est $\mathcal{S} = \left]-\infty\,;\frac{1}{5}\ln(2)\right]$.

b) On résout l'inéquation dans l'ensemble E des nombres réels x tels que $3x+1>0$, donc $E = \left]-\frac{1}{3}\,;+\infty\right[$.

Pour tout réel x de E, $\ln(3x+1) > 0$ équivaut à $3x+1 > e^0$, c'est-à-dire $x > 0$.

Tous ces nombres appartiennent à E, donc l'ensemble des solutions est $\mathcal{S} =]0\,;+\infty[$.

> Pour résoudre une inéquation du type $\ln(u(x)) > \ln(v(x))$, on procède de la même façon que pour résoudre $\ln(u(x)) = \ln(v(x))$.

c) On résout l'inéquation dans l'ensemble E des nombres réels x tels que $2x > 0$ **et** $6-x>0$, c'est-à-dire $x>0$ **et** $x<6$ soit $E =]0\,;6[$.

Pour tout réel x de E, $\ln(2x) \leqslant \ln(6-x)$ équivaut à $2x \leqslant 6-x$, c'est-à-dire $x \leqslant 2$.

L'ensemble des solutions est l'ensemble des réels de E inférieurs ou égaux à 2, soit $\mathcal{S} =]0\,;2]$.

EXERCICES D'APPLICATION DIRECTE

Sur le modèle de l'exercice résolu 1

3 Dans chaque cas, résoudre l'équation.

a) $e^{7x} = 5$

b) $\ln(x) = 5$

c) $\ln(6x-1) = \ln(2x+17)$

4 Dans chaque cas, résoudre l'équation.

a) $4e^{3x} - 10 = 0$

b) $3\ln(x) = 7$

c) $\ln(8x) = \ln(3x-7)$

Sur le modèle de l'exercice résolu 2

Vidéo

JAICOMPRIS.COM Cet exercice est corrigé en vidéo

5 Dans chaque cas, résoudre l'inéquation.

a) $e^{3x} \leqslant 4$ **b)** $\ln(6x+1) > 2$

c) $\ln(3x) < \ln(2-5x)$

6 Dans chaque cas, résoudre l'inéquation.

a) $e^{2x+7} - 5 < 0$ **b)** $\ln(x-7) \leqslant 1$

c) $\ln(5x-2) > \ln(x-3)$

Exercices
- 7 à 15 (ci-contre)
- 53 à 72

2 Propriétés algébriques

Vidéo
JAICOMPRIS.COM
Ces démonstrations sont présentées en vidéo

A Relation fonctionnelle

Propriété

Pour tous réels $a > 0$ et $b > 0$, $\mathbf{ln}(ab) = \mathbf{ln}(a) + \mathbf{ln}(b)$.

Démonstration

a et b sont deux nombres réels strictement positifs. On note $A = \ln(ab)$ et $B = \ln(a) + \ln(b)$.
Alors $e^A = ab$ et $e^B = e^{\ln(a)+\ln(b)} = e^{\ln(a)} \times e^{\ln(b)} = ab$. Donc $e^A = e^B$, d'où $A = B$.

B Logarithme d'un inverse, d'un quotient

Propriétés

Pour tous réels $a > 0$ et $b > 0$:

(1) $\mathbf{ln}\left(\frac{1}{b}\right) = -\mathbf{ln}(b)$ **(2)** $\mathbf{ln}\left(\frac{a}{b}\right) = \mathbf{ln}(a) - \mathbf{ln}(b)$

Démonstrations

(1) Pour $b > 0$, $b \times \frac{1}{b} = 1$, donc $\ln\left(b \times \frac{1}{b}\right) = 0$, c'est-à-dire $\ln(b) + \ln\left(\frac{1}{b}\right) = 0$, d'où $\ln\left(\frac{1}{b}\right) = -\ln(b)$.

(2) Pour $a > 0$ et $b > 0$, $\ln\left(\frac{a}{b}\right) = \ln\left(a \times \frac{1}{b}\right) = \ln(a) + \ln\left(\frac{1}{b}\right) = \ln(a) - \ln(b)$.

C Logarithme d'une puissance, d'une racine carrée

Propriété

Pour tout réel $a > 0$ et pour tout entier relatif n, $\mathbf{ln}(a^n) = n\,\mathbf{ln}(a)$.

Démonstration

a est un nombre réel strictement positif et n un nombre entier relatif.
On pose $A = \ln(a^n)$ et $B = n\ln(a)$ alors $e^A = a^n$ et $e^B = e^{n\ln(a)} = (e^{\ln(a)})^n = a^n$.
Ainsi $e^A = e^B$ donc $A = B$.

Exemple

Pour tout réel $x > 0$, $\ln(x^2) = 2\ln(x)$.

Propriété

Pour tout réel $a > 0$, $\mathbf{ln}(\sqrt{a}) = \frac{1}{2}\mathbf{ln}(a)$.

Démonstration

Pour $a > 0$, $(\sqrt{a})^2 = a$, donc $\ln\left((\sqrt{a})^2\right) = \ln(a)$, soit $2\ln(\sqrt{a}) = \ln(a)$, d'où $\ln(\sqrt{a}) = \frac{1}{2}\ln(a)$.

Exemple

$\ln(\sqrt{2}) - \frac{1}{3}\ln(4) = \frac{1}{2}\ln(2) - \frac{1}{3}\ln(2^2) = \frac{1}{2}\ln(2) - \frac{2}{3}\ln(2) = -\frac{1}{6}\ln(2)$

EXERCICES RÉSOLUS

7 Utiliser les propriétés algébriques de ln

Dans chaque cas, exprimer le nombre en fonction de $\ln(3)$.

a) $\ln(2)+\ln(1{,}5)$ **b)** $\ln\left(\frac{1}{9}\right)$ **c)** $\ln(63)-\ln(7)$ **d)** $\ln(81)$ **e)** $\ln(\sqrt{27})$

Solution

a) $\ln(2)+\ln(1{,}5)=\ln(2\times 1{,}5)=\ln(3)$

b) $\ln\left(\frac{1}{9}\right)=-\ln(9)=-\ln(3^2)=-2\ln(3)$

c) $\ln(63)-\ln(7)=\ln\left(\frac{63}{7}\right)=\ln(9)=\ln(3^2)=2\ln(3)$

d) $\ln(81)=\ln(9^2)=\ln((3^2)^2)=\ln(3^4)=4\ln(3)$

e) $\ln(\sqrt{27})=\frac{1}{2}\ln(27)=\frac{1}{2}\ln(3^3)=\frac{1}{2}\times 3\ln(3)=\frac{3}{2}\ln(3)$

Les égalités écrites page précédente **se lisent dans les deux sens.**
Par exemple : $\ln(ab)=\ln(a)+\ln(b)$, mais aussi $\ln(a)+\ln(b)=\ln(ab)$.

8 Démontrer une égalité

a) Démontrer que pour tout réel x, $-x+\ln(1+2e^x)=\ln(2+e^{-x})$.
b) Résoudre l'équation $-x+\ln(1+2e^x)=3$.

Solution

a) Pour tout réel x,
$-x+\ln(1+2e^x)=\ln(e^{-x})+\ln(1+2e^x)$
$-x+\ln(1+2e^x)=\ln(e^{-x}(1+2e^x))$
$-x+\ln(1+2e^x)=\ln(e^{-x}+2e^{-x+x})$
$-x+\ln(1+2e^x)=\ln(2+e^{-x})$.

b) On déduit de **a)** que résoudre l'équation $-x+\ln(1+2e^x)=3$ équivaut à résoudre $\ln(2+e^{-x})=3$ c'est-à-dire $2+e^{-x}=e^3$, soit $e^{-x}=e^3-2$.
Or $e^3-2>0$, donc $\ln(2+e^{-x})=3$ équivaut à $-x=\ln(e^3-2)$, c'est-à-dire $x=-\ln(e^3-2)$.
Donc l'ensemble des solutions est $\mathcal{S}=\{-\ln(e^3-2)\}$.

Lors de certaines transformations d'écriture, il peut être utile de remplacer un nombre réel a par $\ln(e^a)$. C'est le cas au **a)** : $-x=\ln(e^{-x})$.

EXERCICES D'APPLICATION DIRECTE

Sur le modèle de l'exercice résolu 7

9 Dans chaque cas, exprimer le nombre en fonction de $\ln(2)$.

a) $\ln(5)+\ln(0{,}4)$ **b)** $\ln\left(\frac{1}{16}\right)$ **c)** $\ln(52)-\ln(13)$
d) $\ln(8)$ **e)** $\ln(\sqrt{32})$

10 Dans chaque cas, exprimer le nombre en fonction de $\ln(2)$ et $\ln(3)$.

a) $\ln(72)$ **b)** $\ln\left(\frac{9}{4}\right)$ **c)** $\ln\left(\frac{3e}{8}\right)$

11 Simplifier l'écriture de chaque nombre.

a) $\ln(e^2\sqrt{e})$ **b)** $\ln(e^3)+\ln(e^{-2})$ **c)** $\ln\left(\frac{1}{e^2}\right)$

Sur le modèle de l'exercice résolu 8

12 **a)** Démontrer que pour tout réel x,
$x+\ln(1+3e^{-x})=\ln(3+e^x)$.
b) Résoudre l'équation $x+\ln(1+3e^{-x})=2$.

13 **a)** Démontrer que pour tout réel x,
$4x+\ln(1+e^{-4x})=\ln(e^{4x}+1)$.
b) Résoudre l'équation $4x+\ln(1+e^{-4x})=7$.

14 Démontrer que pour tout réel $x>0$,
$\ln(x^3)-6\ln(\sqrt{x})=0$.

15 Démontrer que pour tout réel $x>0$,
$\ln(2x+3)=\ln(x)+\ln\left(2+\frac{3}{x}\right)$.

Exercices
- 16 à 19 (ci-contre)
- 73 à 86

3 Étude de la fonction ln

A Dérivabilité et continuité de ln

Propriétés

(1) La fonction ln est dérivable sur $]0\,;+\infty[$.

(2) Pour tout réel $x>0$, $\ln'(x)=\dfrac{1}{x}$.

Vidéo JAICOMPRIS.COM
La démonstration est présentée en vidéo

Démonstration

(2) f est la fonction définie sur $]0\,;+\infty[$ par $f(x)=\mathrm{e}^{\ln(x)}=x$.
ln est dérivable sur $]0\,;+\infty[$ donc f est dérivable sur $]0\,;+\infty[$ et pour tout réel $x>0$:

$$f'(x)=\exp'(\ln x)\times\ln'(x)=\mathrm{e}^{\ln(x)}\times\ln'(x)=x\ln'(x).$$

Or $f(x)=x$, donc $f'(x)=1$. Par conséquent, pour tout réel $x>0$, $\ln'(x)=\dfrac{1}{x}$.

Remarque : la propriété **(1)** est admise.

Conséquence

La fonction ln est continue sur $]0\,;+\infty[$.

En effet, toute fonction dérivable sur un intervalle est continue sur cet intervalle (voir p. 292).

B Limites de ln en 0 et en $+\infty$

Propriétés

(1) $\lim\limits_{x\to+\infty}\ln(x)=+\infty$ **(2)** $\lim\limits_{x\to0}\ln(x)=-\infty$

Vidéo JAICOMPRIS.COM
La démonstration est présentée en vidéo

Démonstrations

(1) Pour tout réel A, $\ln(x)>\mathrm{A}$ équivaut à $x>\mathrm{e}^{\mathrm{A}}$. Ainsi, tout intervalle $]\mathrm{A}\,;+\infty[$ contient toutes les valeurs de $\ln(x)$ pour x assez grand, donc $\lim\limits_{x\to+\infty}\ln(x)=+\infty$.

(2) D'après le schéma de décomposition ci-contre, $\lim\limits_{\substack{x\to0\\x>0}}\left(\dfrac{1}{x}\right)=+\infty$ et $\lim\limits_{\mathrm{X}\to+\infty}-\ln(\mathrm{X})=-\infty$, donc $\lim\limits_{x\to0}\ln(x)=-\infty$.

$$x\longmapsto\underbrace{\frac{1}{x}}_{\mathrm{X}}\qquad \mathrm{X}\longmapsto-\ln(\mathrm{X})=-\ln\left(\frac{1}{x}\right)=\ln(x)$$

C Tableau de variations et courbe représentative

x	0	$+\infty$
$\ln'(x)$	‖	$+$
$\ln(x)$	‖ $-\infty$	↗ $+\infty$

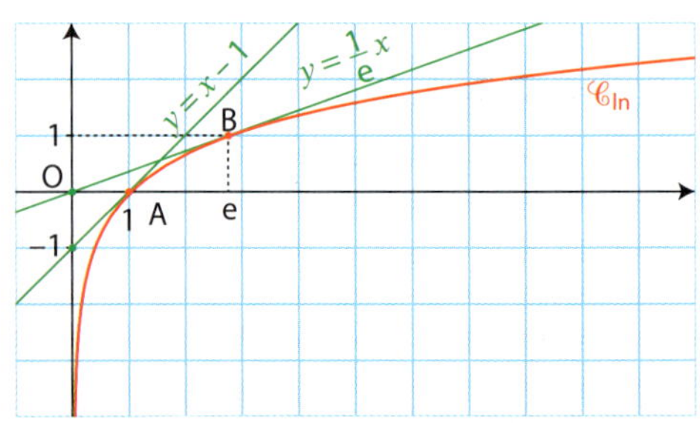

Dans un repère orthonormé, l'axe des ordonnées est asymptote verticale à la courbe représentative de la fonction ln.
Pour établir les équations des tangentes à cette courbe aux points A d'abscisse 1 et B d'abscisse e, se reporter à l'exercice 16 ci-contre.

EXERCICES RÉSOLUS

16 Déterminer une équation de tangente

Dans un repère orthonormé, $\mathscr{C}$ est la courbe représentative de la fonction ln.
Déterminer une équation de la tangente à la courbe $\mathscr{C}$:
a) au point A d'abscisse 1 ; **b)** au point B d'abscisse e.

Solution

a) Une équation de la tangente T à la courbe $\mathscr{C}$ en A est
$y = \ln'(1)(x-1) + \ln(1)$.
Or, $\ln(1) = 0$ et $\ln'(1) = 1$
donc une équation de T est $y = x - 1$.
b) Une équation de la tangente T′ à la courbe $\mathscr{C}$ en B est
$y = \ln'(\text{e})(x-\text{e}) + \ln(\text{e})$. Or, $\ln(\text{e}) = 1$ et $\ln'(\text{e}) = \frac{1}{\text{e}}$
donc une équation de T′ est $y = \frac{1}{\text{e}}(x-\text{e}) + 1$, soit $y = \frac{1}{\text{e}}x$.

Dans un repère orthonormé, l'équation de la tangente en un point d'abscisse a à la courbe d'une fonction f est :

$$y = f'(a)(x-a) + f(a).$$

On l'applique ici à la fonction ln avec $a = 1$, puis avec $a = \text{e}$.

17 Utiliser la concavité de la fonction ln

Dans un repère orthonormé, $\mathscr{C}$ est la courbe représentative de la fonction ln.
Démontrer que $\mathscr{C}$ est au-dessous de toutes ses tangentes.

Solution

La fonction ln est dérivable sur $]0\,;+\infty[$.
Pour tout réel $x > 0$, $\ln'(x) = \frac{1}{x}$.
La fonction inverse est dérivable sur $]0\,;+\infty[$, donc la fonction ln est deux fois dérivable sur $]0\,;+\infty[$.
Pour tout réel $x > 0$, $\ln''(x) = -\frac{1}{x^2}$.
Or, pour tout réel $x > 0$, $-\frac{1}{x^2} < 0$ donc $\ln''(x) < 0$.
Donc, **la fonction ln est concave sur $]0\,;+\infty[$.**
Ainsi, la courbe $\mathscr{C}$ de ln est au-dessous de toutes ses tangentes.

On utilise, ici, la propriété énoncée au paragraphe **B**, p. 270 : f est concave si, et seulement si, pour tout réel x de I, $f''(x) \leqslant 0$.

Remarque : pour établir que ln est concave, on peut aussi utiliser le fait que la fonction inverse, c'est-à-dire ln′, est décroissante sur $]0\,;+\infty[$ (paragraphe **A** p. 270).

EXERCICES D'APPLICATION DIRECTE

Sur le modèle de l'exercice résolu 16

18 Dans un repère orthonormé, $\mathscr{C}$ est la courbe représentative de la fonction ln.
Déterminer une équation de la tangente :
a) T à la courbe $\mathscr{C}$ au point A d'abscisse $\frac{1}{\text{e}}$;
b) T′ à la courbe $\mathscr{C}$ au point B d'abscisse e^2.

Sur le modèle de l'exercice résolu 17

19 f est la fonction définie sur $]0\,;+\infty[$ par :

$$f(x) = x\ln(x).$$

Dans un repère orthonormé, $\mathscr{C}$ est la courbe représentative de f.
Démontrer que $\mathscr{C}$ est au-dessus de toutes ses tangentes.

Exercices

- 20 à 23 (ci-contre)
- 87 à 105

4 Compléments sur la fonction ln

Vidéo JaiCompris.com
Ces démonstrations sont présentées en vidéo

A Croissance comparée de $x \mapsto x^n$ et de ln en $+\infty$

Propriété

$$\lim_{x \to +\infty} \frac{\ln(x)}{x} = 0$$

Démonstration

D'après le schéma de décomposition ci-contre : $\lim\limits_{x \to +\infty} \ln(x) = +\infty$ et $\lim\limits_{X \to +\infty} \frac{X}{e^X} = 0$ (d'après **B** p. 240), donc, $\lim\limits_{x \to +\infty} \frac{\ln(x)}{x} = 0$.

$$x \longmapsto \underbrace{\ln(x)}_{X} \qquad X \longmapsto \frac{X}{e^X} = \frac{\ln(x)}{e^{\ln(x)}} = \frac{\ln(x)}{x}$$

Propriété (admise)

Pour tout entier naturel n avec $n \geqslant 1$, $\lim\limits_{x \to +\infty} \frac{\ln(x)}{x^n} = 0$.

Remarque : cette propriété se traduit souvent par « en $+\infty$, les puissances (x^n) l'emportent sur le logarithme népérien $(\ln(x))$ ».

B Croissance comparée de $x \mapsto x^n$ et de $\ln(x)$ en 0

Propriété

$$\lim_{x \to 0} x\ln(x) = 0$$

Démonstration

D'après le schéma de décomposition ci-contre : $\lim\limits_{\substack{x \to 0 \\ x>0}} \frac{1}{x} = +\infty$ et $\lim\limits_{X \to +\infty} -\frac{\ln(X)}{X} = 0$ (d'après **A**), donc, $\lim\limits_{x \to 0} x\ln(x) = 0$.

$$x \longmapsto \underbrace{\frac{1}{x}}_{X} \qquad X \longmapsto -\frac{\ln(X)}{X} = -\frac{\ln\left(\frac{1}{x}\right)}{\frac{1}{x}} = x\ln(x)$$

Propriété (admise)

Pour tout entier naturel $n \geqslant 1$, $\lim\limits_{x \to 0} x^n \ln(x) = 0$.

C Fonctions $x \mapsto \ln(u(x))$

Notation : u désigne une fonction strictement positive sur un intervalle I.
La fonction $x \mapsto \ln(u(x))$ définie sur I est notée $\ln(u)$.

$$x \overset{u}{\longmapsto} u(x) \overset{\ln}{\longmapsto} \ln(u(x))$$
$\ln(u)$

Propriété (admise)

u est une fonction strictement positive et dérivable sur un intervalle I.

La fonction $\ln(u)$ est dérivable sur I et $(\ln(u))' = \frac{u'}{u}$.

Remarque : les fonctions u et $\ln(u)$ ont le même sens de variation sur I.
En effet, $(\ln(u))'$ a le même signe que u' car u est strictement positive sur I.

EXERCICES RÉSOLUS

20 Se ramener à une limite connue

Étudier la limite en $+\infty$ de la fonction définie sur $]0\,;+\infty[$ par :

a) $f(x) = x - \ln(x)$ **b)** $g(x) = \ln(x) - x^2 + 3x - 1$

Solution

a) Pour tout réel $x > 0$, $f(x) = x\left(1 - \dfrac{\ln(x)}{x}\right)$.

$\lim\limits_{x \to +\infty} \dfrac{\ln(x)}{x} = 0$ donc $\lim\limits_{x \to +\infty} \left(1 - \dfrac{\ln(x)}{x}\right) = 1$.

D'autre part $\lim\limits_{x \to +\infty} x = +\infty$.

Donc, d'après la limite d'un produit, $\lim\limits_{x \to +\infty} f(x) = +\infty$.

b) Pour tout réel $x > 0$, $g(x) = x^2\left(\dfrac{\ln(x)}{x^2} - 1 + \dfrac{3}{x} - \dfrac{1}{x^2}\right)$.

$\lim\limits_{x \to +\infty} \dfrac{\ln(x)}{x^2} = 0$ et $\lim\limits_{x \to +\infty} \left(\dfrac{3}{x} - \dfrac{1}{x^2}\right) = 0$.

Donc $\lim\limits_{x \to +\infty} \left(\dfrac{\ln(x)}{x^2} - 1 + \dfrac{3}{x} - \dfrac{1}{x^2}\right) = -1$. D'autre part $\lim\limits_{x \to +\infty} x^2 = +\infty$.

Donc, d'après la limite d'un produit, $\lim\limits_{x \to +\infty} g(x) = -\infty$.

Dans chacun des deux exemples, on remarque que la forme est indéterminée. Pour lever l'indétermination, on factorise par x ou x^2 pour faire apparaître une limite remarquable.

21 Étudier les variations d'une fonction ln(u)

f est la fonction définie sur $\mathbb{R}$ par $f(x) = \ln(1 + e^x)$.

a) Justifier que la fonction *f* est définie sur $\mathbb{R}$.

b) Déterminer la fonction dérivée de la fonction *f*.

c) Étudier le sens de variation de la fonction *f*.

Solution

a) La fonction ln est définie sur l'intervalle $]0\,;+\infty[$.
Or, pour tout réel x, $1 + e^x > 0$, donc la fonction *f* est définie sur $\mathbb{R}$.

b) On note u la fonction définie sur $\mathbb{R}$ par $u(x) = 1 + e^x$; alors $f = \ln(u)$. La fonction u est dérivable et strictement positive sur $\mathbb{R}$, donc *f* est dérivable sur $\mathbb{R}$.

Pour tout réel x, $f'(x) = \dfrac{u'(x)}{u(x)} = \dfrac{e^x}{1 + e^x}$.

c) Pour tout réel x, $e^x > 0$ donc $f'(x) > 0$.
Ainsi, la fonction *f* est strictement croissante sur $\mathbb{R}$.

Courbe de la fonction *f* à l'écran de la calculatrice.

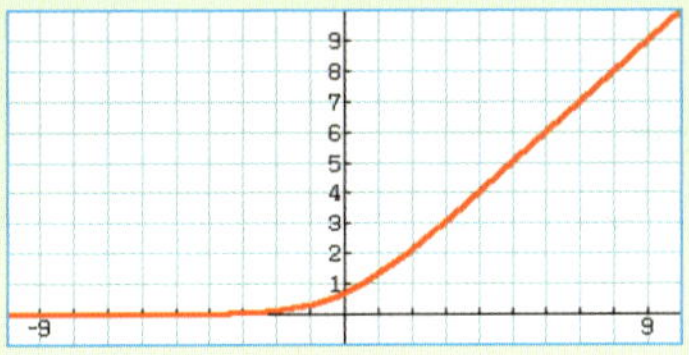

EXERCICES D'APPLICATION DIRECTE

Sur le modèle de l'exercice résolu 20

22 Étudier la limite en $+\infty$ de la fonction définie sur $]0\,;+\infty[$ par :

a) $f(x) = \ln(x) - 2x + 1$

b) $g(x) = x^2 - 5 - 2\ln(x)$

Sur le modèle de l'exercice résolu 21

23 g est la fonction définie sur $\mathbb{R}$ par :

$$g(x) = \ln(x^2 + x + 1).$$

a) Justifier que la fonction g est définie sur $\mathbb{R}$.

b) Déterminer la fonction dérivée de la fonction g.

c) Étudier le sens de variation de la fonction g.

EXERCICE RÉSOLU

24 Déterminer un seuil et résoudre une inéquation $q^n \leqslant a$

Cours 1. et 2.

On estime que le nombre de poissons d'un lac diminue de 5 % par an.
Cette population est actuellement estimée à 50 000.
On note u_n, avec $n \in \mathbb{N}$, le nombre de poissons dans le lac dans n années.
Ainsi, $u_0 = 50\,000$.

1. a) Justifier que la suite (u_n) est géométrique et préciser sa raison.

b) Pour tout entier naturel n, exprimer u_n en fonction de n.

2. La fonction ci-contre, écrite en langage Python, a pour paramètre un nombre k et renvoie le nombre d'années minimum au bout duquel le nombre de poissons dans le lac est inférieur ou égal à k.

a) Compléter les trois cases de ce programme.

b) Saisir ce programme et l'exécuter avec $k = 20\,000$.
Interpréter le résultat obtenu dans le contexte de la situation.

3. Retrouver le résultat obtenu à la question **2. b)** en résolvant une inéquation.

```
def Seuil(k):
    n=0
    u=50000
    while [ ]:
        n=[ ]
        u=[ ]
    return n
```

Solution

1. a) Diminuer une quantité de 5 % revient à la multiplier par $1 - \frac{5}{100}$, c'est-à-dire par 0,95.
Donc pour tout entier naturel n, $u_{n+1} = 0{,}95u_n$.
La suite (u_n) est géométrique de 1er terme $u_0 = 50\,000$ et de raison $q = 0{,}95$.

b) Pour tout entier naturel n, $u_n = 50\,000 \times 0{,}95^n$.

2. a) Case rouge : $u > k$ Case verte : $n + 1$ Case bleue : $0{,}95 * u$

b)
```
>>> Seuil(20000)
18
```

Le résultat obtenu signifie donc qu'au bout de 18 ans, le nombre de poissons dans le lac est, pour la première année, inférieur ou égal à 20 000.

> $u_{18} = 50\,000 \times 0{,}95^{18}$ soit $u_{18} \approx 19\,861$.
> Alors que $u_{17} \approx 20\,906$.

3. $u_n \leqslant 20\,000$ équivaut à $50\,000 \times 0{,}95^n \leqslant 20\,000$ c'est-à-dire $0{,}95^n \leqslant 0{,}4$.
La fonction ln est strictement croissante sur $]0\,;+\infty[$, ainsi $0{,}95^n \leqslant 0{,}4$ équivaut à $\ln(0{,}95^n) \leqslant \ln(0{,}4)$, c'est-à-dire $n\ln(0{,}95) \leqslant \ln(0{,}4)$.
Or, $0 < 0{,}95 < 1$ et $\ln(0{,}95) < 0$. Donc $u_n \leqslant 20\,000$ équivaut à $n \geqslant \frac{\ln(0{,}4)}{\ln(0{,}95)}$. Or, $\frac{\ln(0{,}4)}{\ln(0{,}95)} \approx 17{,}9$.
Donc $u_n \leqslant 20\,000$ si, et seulement si, $n \geqslant 18$.

> a et q sont des nombres strictement positifs donnés avec $q \neq 1$.
> Résoudre dans $\mathbb{N}$ l'inéquation $q^n \leqslant a$ équivaut à résoudre $n\ln(q) \leqslant \ln(a)$.
> Il faut alors observer le signe de $\ln(q)$, c'est-à-dire savoir si q est plus grand ou plus petit que 1.

EXERCICE D'APPLICATION DIRECTE

Sur le modèle de l'exercice résolu 24

25 Une entreprise propose un salaire annuel de 17 000 € avec une augmentation de 0,7 % par an.
On note S_n, avec $n \in \mathbb{N}$, le salaire annuel, en euro, après n années. Ainsi, $S_0 = 17\,000$.

a) Pour tout entier naturel n, exprimer S_n en fonction de n.

b) Utiliser une fonction **Seuil** écrite en langage Python pour déterminer le nombre d'années minimum au bout duquel $S_n \geqslant 19\,000$.

c) Retrouver algébriquement ce résultat.

La fonction logarithme

Cours 1

Questions flash — À l'oral

26 Louise affirme « ln(2) est un nombre inférieur à 0 ». Expliquer pourquoi Louise se trompe.

27 Donner mentalement la valeur de chaque nombre.

a) $\ln(1)$ **b)** $\ln(\mathrm{e})$ **c)** $\ln(\mathrm{e}^3)$ **d)** $\ln\left(\dfrac{1}{\mathrm{e}^2}\right)$

28 Armelle affirme : « Dans un repère le point $A(10\,;\mathrm{e}^{10})$ appartient à la courbe représentative de la fonction exponentielle, donc le point $(-\mathrm{e}^{10}\,;10)$ appartient à la courbe représentative de la fonction ln ».
Cette affirmation est-elle vraie ou fausse ?
Si elle est fausse, la corriger.

29 Donner mentalement la valeur de chaque nombre.

a) $\mathrm{e}^{\ln(5)}$ **b)** $\mathrm{e}^{2\ln(7)}$ **c)** $\mathrm{e}^{-\ln(2)}$ **d)** $\ln(\mathrm{e}^{-3})$

30 Résoudre mentalement chaque équation.

a) $\mathrm{e}^x = 7$ **b)** $\mathrm{e}^x = -5$ **c)** $\ln(x) = 5$ **d)** $\ln(x) = 0{,}5$

31 Résoudre mentalement l'inéquation $\ln(x) > 4$.

32 Dans chaque cas, écrire plus simplement :

a) $\mathrm{e}^{\ln(3)} + \mathrm{e}^{-\ln(5)}$ **b)** $\dfrac{\mathrm{e}^{\ln(8)}}{\mathrm{e}^{3\ln(2)}}$ **c)** $\dfrac{\mathrm{e}^{1+\ln(2)}}{\mathrm{e}^{1+\ln(3)}}$

33 Joanie affirme « Pour tout réel $x > 1$,
$$\mathrm{e}^{\ln(x-1)+\ln(x)} = x^2 - x. »$$
A-t-elle raison ? Justifier.

Pour les exercices 34 à 36, écrire dans chaque cas l'ensemble des réels x pour lesquels l'expression a un sens.

34 **a)** $\ln(x-3)$ **b)** $\ln(2-x)$ **c)** $\dfrac{1}{\ln(x)}$

35 **a)** $\ln(x^2)$ **b)** $\ln(x^2+1)$ **c)** $\ln(x^2-1)$

36 **a)** $\ln\left(\dfrac{x}{x-1}\right)$ **b)** $\ln(x^2-3x+2)$

37 Résoudre chaque équation.

a) $\mathrm{e}^{5x} = \dfrac{3}{2}$ **b)** $\ln(2x) = 3$ **c)** $\ln\left(\dfrac{1}{2} - x\right) = -4$

38 Résoudre chaque inéquation.

a) $\mathrm{e}^{1-4x} \leqslant 9$ **b)** $\ln(x) < -0{,}2$
c) $\ln(4x) > 5$ **d)** $\ln(x) < 1$

Pour les exercices 39 et 40, résoudre chaque équation de la forme $\ln((u(x)) = m$.

39 **a)** $\ln(x+3) = 1$ **b)** $\ln(x+1) = -3$
c) $\ln(1-x) = 2$ **d)** $\ln(2+5x) = 0$

40 **a)** $\ln(2-5x) = 0$ **b)** $\ln(\sqrt{x}) = -1$
c) $\ln(x^2) = 9$ **d)** $\ln\left(\dfrac{1}{x^2-9}\right) = -2$

41 Résoudre chaque inéquation.

a) $\ln(-2-5x) \geqslant 4$ **b)** $\ln(2x-1) > -1$
c) $\ln(3\mathrm{e}^x - 4) < 0$ **d)** $\ln(1-\mathrm{e}^{-x}) \leqslant 2$

42 La température θ (en °C) d'un liquide peut être modélisée en fonction du temps t, en min, par :
$$\theta(t) = 25 - 10\,\mathrm{e}^{0{,}1t}.$$
Donner les réponses arrondies au dixième.

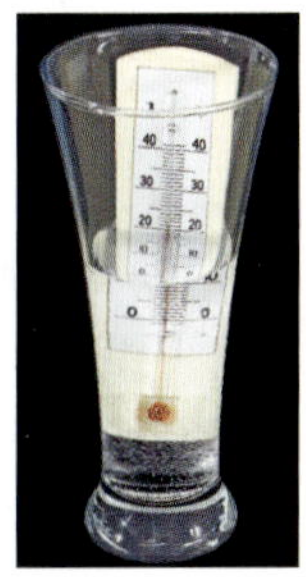

a) Au bout de combien de temps la température atteindra-t-elle 12,5 °C ?
b) Au bout de combien de temps la température atteindra-t-elle 0 °C ?

43 La tension, en volt, aux bornes d'un condensateur en fonction du temps t, en ms, écoulé depuis le début de la décharge, est donné par $V(t) = 5\,000\,\mathrm{e}^{-8{,}3t}$.
a) Quelle est la tension initiale ?
b) Au bout de combien de temps la tension initiale sera-t-elle divisée par 2 ? *Arrondir au centième.*

44 À l'aide d'un logiciel de calcul formel, on a obtenu l'écran ci-dessous.

1	ln(2x – 1) = ln(x – 5)
	Résoudre : {x = –4}

a) Que peut-on en penser ?
b) Résoudre correctement cette équation.

Pour les exercices 45 à 47, résoudre chaque équation de la forme $\ln(u(x)) = \ln(v(x))$.

45 **a)** $\ln(3x-1) = \ln(2x)$ **b)** $\ln(2-5x) = \ln(3x+4)$

46 **a)** $\ln(x^2) = \ln(3x)$ **b)** $\ln(1-4x) = \ln(x^2-4)$

47 **a)** $\ln(x) = \ln(x^2-x)$ **b)** $\ln(-2x) = \ln(1+x^2)$

Pour les exercices 48 et 49, résoudre chaque inéquation.

48 **a)** $\ln(3+2x) > \ln(1-x)$
b) $\ln(x+2) \leqslant \ln(x^2-4)$

49 **a)** $(2-x)\ln(x+3) > 0$
b) $(1+\ln(x))(2-\ln(x)) \leqslant 0$

Utiliser un tableau de signes.

50 Résoudre le système :
$$\begin{cases} -\ln(x)+2\ln(y)=1 \\ 3\ln(x)-5\ln(y)=-1 \end{cases}.$$

51 Dans un repère, $\mathscr{C}$ et $\mathscr{C}'$ sont les courbes représentatives respectives des fonctions :
$$x \mapsto \ln(x^2+9) \text{ et } x \mapsto \ln(6x).$$
a) À l'aide de la calculatrice, conjecturer la position relative des courbes $\mathscr{C}$ et $\mathscr{C}'$ sur $]0\,;+\infty[$.
b) Justifier cette conjecture.

52 À l'aide de la calculatrice, on a affiché la courbe représentative de la fonction f définie sur $]0\,;+\infty[$ par
$$f(x) = (\ln(x)-1)(3-\ln(x)).$$

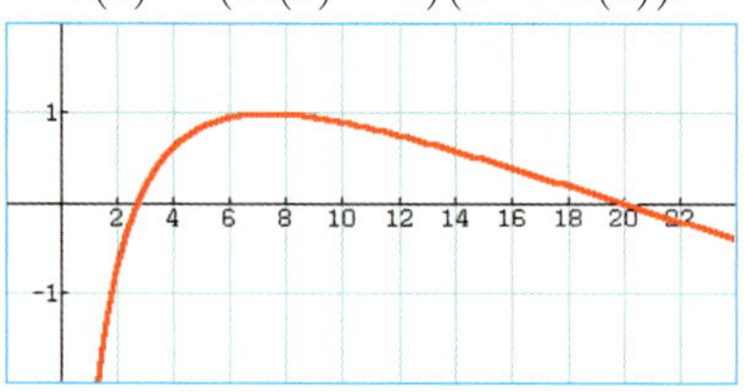

a) Déterminer l'abscisse de chacun des points d'intersection de cette courbe avec l'axe des abscisses.
b) Étudier le signe de la fonction f sur $]0\,;+\infty[$.

Propriétés algébriques

Cours 2

Questions flash — À l'oral

53 Numa affirme « $\ln(10)-\ln(8)-\ln(2)=0$. » A-t-il raison ? Expliquer.

54 Exprimer mentalement à l'aide de $\ln(9)$.
a) $\ln\left(\frac{1}{9}\right)$ **b)** $\ln(81)$ **c)** $\ln(3)$ **d)** $\ln(45)-\ln(5)$

55 Lire chaque égalité en la complétant.
a) $\ln(7)+\ln(8)=\ln(\ldots)$ **b)** $\ln(24)-\ln(4)=\ln(\ldots)$
c) $\ln(25)=\ldots\ln(5)$ **d)** $\ln(7)=\ldots\ln(49)$

56 Simplifier l'écriture de chaque nombre.
a) $\ln(5^8)+\ln(5^3)$ **b)** $\ln(6^{11})-\ln(6^7)$

57 Exprimer en fonction de $\ln(2)$.
a) $\ln(8)$ **b)** $\ln\left(\frac{1}{2}\right)$ **c)** $\ln(\sqrt{2})$ **d)** $\ln(40)-\ln(10)$

58 Exprimer en fonction de $\ln(5)$.
a) $\ln\left(\frac{1}{25}\right)$ **b)** $\ln(35)-\ln(7)$ **c)** $\ln(125)+\ln(\sqrt{5})$

59 Simplifier chaque expression.
$A = \ln(567)-\ln(72)-\ln\left(\frac{7}{8}\right)+\ln\left(\frac{1}{27}\right)$
$B = \ln(\sqrt{135})+\ln(\sqrt{75})-\ln(\sqrt{15})-\ln(\sqrt{27})$

60 Voici la copie d'Alisson.

$x^2-1>0$ si, seulement si, $x<-1$ ou $x>1$.
Donc pour tout $x \in]-\infty\,;-1[\cup]1\,;+\infty[$,
$\ln(x^2-1)=\ln(x+1)+\ln(x-1)$.

Alisson se trompe. Corriger son erreur.

61 Pour tout $x \in E$,
$$\ln\left(\frac{x-1}{x+2}\right) = \ln(x-1)-\ln(x+2).$$
Déterminer l'ensemble E.

Pour les exercices 62 à 66, résoudre l'équation.

62 **a)** $\ln(9x)+\ln(x)=25$
b) $\ln(x+4)+\ln(2x-1)=\ln(x+10)$

63 **a)** $2\ln(x)=\ln(x+4)+\ln(2x)$
b) $\ln(x^2)=\ln(2x^2+8x)$

64 **a)** $\ln(x-2)-\ln(x-3)=1$
b) $\ln(2x-3)-2\ln(x+1)=\ln(x-3)$

65 **a)** $\ln(x)-\ln(x+1)=\ln(x-1)$
b) $\ln(5-x)-\ln 3+\ln(x-1)=0$

66 **a)** $\ln(\sqrt{3x-1})+\ln(\sqrt{x})=\ln(1-x)$
b) $2\ln(x)-\ln(x-2)=\ln(2)$

67 Résoudre chaque inéquation.
a) $\ln(x+3) < 2\ln(x+1)$
b) $\ln(x-2)+\ln(x+4) \geqslant \ln(3x+2)$

Pour les exercices 68 et 69, résoudre dans $\mathbb{N}$ chaque inéquation.

68 **a)** $2^n \leqslant 10^6$ **b)** $\left(\frac{1}{5}\right)^n \leqslant 10^{-3}$

69 **a)** $\left(1+\frac{2}{100}\right)^n \geqslant 10$ **b)** $\left(1-\frac{3}{100}\right)^n < 10^{-4}$

70 (u_n) est la suite géométrique de premier terme $u_0 = 4$ et de raison 1,5.
À partir de quel rang n les termes de la suite sont-ils strictement supérieurs à 10^4 ?

71 Le nombre de bactéries dans un bouillon de culture est multiplié chaque heure par 1,6.
Au bout de combien d'heures, la population de bactéries est-elle multipliée par 16 ?

72 La probabilité d'obtenir au moins un six en lançant n fois un dé non truqué est $p_n = 1 - \left(\frac{5}{6}\right)^n$.
Déterminer le nombre minimum de lancers pour que cette probabilité soit supérieure à 0,99.

Étude de la fonction ln

Cours 3

Questions flash

À l'oral

73 Dans chaque cas, déterminer mentalement la fonction dérivée de la fonction f définie sur $]0\,;+\infty[$.
a) $f(x) = 4 - \ln(x)$ **b)** $f(x) = 3\ln(x) - 7$

74 Déterminer mentalement la dérivée de la fonction g définie sur $]0\,;+\infty[$ par $g(x) = (\ln(x))^2$.

75 f est la fonction définie sur $]0\,;+\infty[$ par :
$$f(x) = 5 - \ln(x).$$
Étudier mentalement sa limite en 0, puis en $+\infty$.

Pour les exercices 76 et 77, déterminer la fonction dérivée de la fonction *f* définie sur l'intervalle I donné.

76 **a)** $f(x) = x\ln(x)$ $\quad$ $I =]0\,;+\infty[$
b) $f(x) = (\ln(x))^2 - 2\ln(x) + 1$ $\quad$ $I =]0\,;+\infty[$

77 **a)** $f(x) = \dfrac{\ln(x)}{x}$ $\quad$ $I =]0\,;+\infty[$
b) $f(x) = \dfrac{1+\ln(x)}{1-\ln(x)}$ $\quad$ $I =]0\,;\mathrm{e}[$

78 f est la fonction définie sur $]0\,;+\infty[$ par :
$$f(x) = \ln(x) + x.$$
Montrer que f est croissante sur $]0\,;+\infty[$.

79 g est la fonction définie sur $[1\,;+\infty[$ par :
$$g(x) = \ln(x) - x.$$
Montrer que g est décroissante sur $[1\,;+\infty[$.

80 h est la fonction définie sur $]0\,;+\infty[$ par :
$$h(x) = (\ln(x))^2 - \ln(x).$$
a) Justifier que pour tout $x > 0$, $h'(x) = \dfrac{2\ln(x) - 1}{x}$.
b) Expliquer pourquoi $h'(x)$ est du signe de $2\ln(x) - 1$.
c) Étudier le sens de variation de h.

81 k est la fonction définie sur $]0\,;+\infty[$ par :
$$k(x) = \frac{1}{x} - \ln(x).$$
a) Justifier que pour tout $x > 0$, $k'(x) = \dfrac{-1-x}{x^2}$.
b) Étudier le sens de variation de k sur $]0\,;+\infty[$.

82 f est la fonction définie sur $]0\,;+\infty[$ par :
$$f(x) = x - \ln(x).$$
$\mathscr{C}$ est la courbe représentative de f dans un repère.
Déterminer une équation de la tangente à $\mathscr{C}$ au point A d'abscisse e.

83 f est la fonction définie sur $]0\,;+\infty[$ par :
$$f(x) = (\ln(x))^2 - \ln(x).$$
1. Étudier la limite de f en 0.
2. a) Vérifier que l'étude de la limite de f en $+\infty$ conduit à une forme indéterminée.
b) Pour tout $x > 0$, $f(x) = \ln(x)\,(\ln(x) - 1)$.
En déduire la limite de f en $+\infty$.

84 g est la fonction définie sur $]1\,;+\infty[$ par :
$$g(x) = \frac{3+\ln(x)}{\ln(x)}.$$
1. a) Quel est le signe de $\ln(x)$ lorsque $x > 1$?
b) En déduire la limite de g en 1.
2. Expliquer pourquoi pour tout réel $x > 1$,
$$g(x) = \frac{3}{\ln(x)} + 1.$$
En déduire la limite de g en $+\infty$.

85 f est la fonction définie sur $]0\,;+\infty[$ par :
$$f(x) = x^2 + 2\ln(x).$$
a) Déterminer la limite de f en 0, puis en $+\infty$.
b) Déterminer la fonction dérivée de la fonction f.
c) Dresser le tableau de variations de la fonction f.
d) Démontrer que l'équation $g(x) = 0$ admet une unique solution α dans $]0\,;+\infty[$.
Déterminer l'arrondi au centième de α.

86 g est la fonction définie sur $]0\,;+\infty[$ par :
$$g(x) = \ln(x) + \frac{\mathrm{e}}{x}.$$
a) Déterminer la fonction dérivée de la fonction g.
b) Étudier les variations de la fonction g.
c) En déduire le signe de la fonction g.

Compléments sur la fonction ln

Cours 4

Questions flash — À l'oral

87 Dans chaque cas, donner mentalement la limite en 0, puis en $+\infty$, de la fonction f définie sur $]0\,;+\infty[$ par :

a) $f(x)=\dfrac{\ln(x)}{5x}$ **b)** $f(x)=5+x\ln(x)$

88 Dans chaque cas, dire si l'affirmation est vraie ou fausse. Expliquer.

a) $\lim\limits_{x\to 0} x^2\ln(x)=-\infty$ **b)** $\lim\limits_{x\to+\infty}\dfrac{\ln(x)}{x^2}=0$

89 f et g sont les fonctions définies sur $]0\,;+\infty[$ par $f(x)=\ln(3x)$ et $g(x)$c$=\ln(7x)$.
Mathis affirme : « Pour tout réel $x>0, f'(x)=g'(x)$ ».
A-t-il raison ? Expliquer.

90 f est la fonction définie sur $\mathbb{R}$ par :
$$f(x)=\ln(x^2+5).$$
Déterminer mentalement la fonction dérivée de f.

91 f est la fonction définie sur $\left]-\infty\,;\dfrac{1}{3}\right[$ par :
$$f(x)=\ln(1-3x).$$
a) Étudier la limite de la fonction $u: x\mapsto 1-3x$ en $-\infty$, puis en $\dfrac{1}{3}$ $\left(\text{en précisant son signe pour } x<\dfrac{1}{3}\right)$.
b) En déduire la limite de f en $-\infty$, puis en $\dfrac{1}{3}$.

92 g est la fonction définie sur $]0\,;+\infty[$ par :
$$g(x)=\sqrt{x}\ln(x).$$
a) Étudier la limite de la fonction g en $+\infty$.
b) Justifier que pour tout $x>0$, $g(x)=2\sqrt{x}\ln(\sqrt{x})$.
Utiliser un schéma de décomposition pour étudier la limite de g en 0.

Pour les exercices 93 à 95, étudier la limite de la fonction f en 0, puis en $+\infty$.

93 **a)** $f(x)=\ln(x)-x^2$ **b)** $f(x)=\dfrac{x}{\ln(x)}$

94 **a)** $f(x)=x^2-3x-\ln(x)$
b) $f(x)=(e^x-1)\ln(e^x-1)$

95 **a)** $f(x)=\dfrac{\ln(x)}{\sqrt{x}}$ **b)** $f(x)=\dfrac{x\ln(x)}{x^2+1}$

Pour les exercices 96 à 101, déterminer la fonction dérivée de la fonction f définie sur l'intervalle I.

96 $\ln\left(x+\dfrac{1}{x}\right)$ $\quad$ $I=]0\,;+\infty[$

97 $f(x)=\ln(x+e^{-x})$ $\quad$ $I=\mathbb{R}$

98 $f(x)=\ln\left(\dfrac{x+2}{x-3}\right)$ $\quad$ $I=]3\,;+\infty[$

99 $f(x)=\ln(\sqrt{1-x})$ $\quad$ $I=]-\infty\,;1[$

100 $f(x)=\ln(\ln(x))$ $\quad$ $I=]1\,;+\infty[$

101 $f(x)=x\ln(1+e^x)$ $\quad$ $I=\mathbb{R}$

102 g est la fonction définie sur $\mathbb{R}$ par :
$$g(x)=\ln(e^{x^2-5x}+1).$$
a) Déterminer la fonction dérivée de g.
b) Étudier les variations de la fonction g.

103 f est la fonction définie sur $I=]-1\,;+\infty[$ par :
$$f(x)=\ln(x^2+4x+3).$$
a) Justifier que f est dérivable sur I.
b) Déterminer la fonction dérivée de f.
c) Étudier les variations de la fonction f sur I.

104 f est la fonction définie sur $]0\,;+\infty[$ par :
$$f(x)=\ln\left(\frac{x+1}{x}\right)-\frac{1}{x+1}.$$
a) Vérifier le résultat obtenu dans l'écran de calcul formel ci-contre.

1	Dérivée$\left(\ln\left(\dfrac{x+1}{x}\right)-\dfrac{1}{x+1}\right)$
	Factoriser: $-\dfrac{1}{x\,(x+1)^2}$

b) En déduire le sens de variation de f sur $]0\,;+\infty[$.
c) Étudier la limite de la fonction f en 0, puis en $+\infty$.
d) Dresser le tableau de variations de la fonction f.

Vidéo — JaiCompris.com — Cet exercice est corrigé en vidéo

105 f est la fonction définie sur $\mathbb{R}$ par :
$$f(x)=\ln(x^2+1)-x.$$
a) Déterminer la fonction dérivée de f.
b) Étudier les variations de la fonction f.
c) Étudier la limite de f en $-\infty$.
d) On admet que $\lim\limits_{x\to+\infty} f(x)=-\infty$.
Dresser le tableau de variations de la fonction f.
e) En déduire le signe de la fonction f.

106 QCM **Dans chaque cas, donner la réponse exacte sans justifier.**

		A	B	C	D
1	L'ensemble des solutions de l'inéquation $e^{2x} \leqslant 3$ est l'intervalle …	$\left]-\infty\,;\,\frac{3}{2}\right]$	$\left[0\,;\,\frac{1}{2}\ln(3)\right]$	$\left]-\infty\,;\,\frac{1}{2}\ln(3)\right]$	$\left]-\infty\,;\,\ln\left(\frac{3}{2}\right)\right]$
2	L'écriture $\ln(1-2x)$ n'a de sens que lorsque x appartient à l'intervalle …	$]0\,;+\infty[$	$\left]-\infty\,;\,\frac{1}{2}\right]$	$\left]-\infty\,;\,\frac{1}{2}\right[$	$\left]\frac{1}{2}\,;+\infty\right[$
3	L'ensemble des solutions de l'inéquation $\ln(3-x)<1$ est l'intervalle …	$]3\,;+\infty[$	$]3-e\,;3[$	$]3-e\,;+\infty[$	$]e-3\,;+\infty[$
4	$\ln(20)-\ln(4)+\ln(25)$ est égal à…	$\ln(41)$	$3\ln(5)$	$-\ln(2\,000)$	$21\ln(5)$
5	$\ln\left(\frac{2^5}{7^3}\right)$ est égal à…	$5\ln(2)-3\ln(7)$	$\ln(10)-\ln(21)$	$2\ln(5)-7\ln(3)$	$\ln(10)+\ln(21)$
6	f est la fonction définie sur $]0\,;+\infty[$ par $f(x)=x\ln(x)-x$. Pour tout réel $x>0$, $f'(x)$ est égal à…	$\ln(x)$	$\frac{1}{x}-1$	$\ln(x)-1$	$1-x$
7	La limite en $+\infty$ de la fonction $x\mapsto x^2+1-\frac{\ln(x)}{x}$ est égale à…	2	0	$+\infty$	1

107 QCM **Dans chaque cas, donner la (ou les) réponse(s) exacte(s) sans justifier.**

		A	B	C	D
1	n est un nombre entier naturel. L'inégalité $\left(\frac{1}{2}\right)^n<10^{-3}$ est vraie …	pour $n=3$	pour $n=12$	à partir de $n=9$	à partir de $n=10$
2	g est la fonction définie pour tout réel $x>-\frac{1}{2}$ par $g(x)=\ln(2x+1)$. Alors …	$g(4)=2\ln(3)$ et $g'(4)=\frac{2}{9}$	$g(1)=\ln(3)$ et $g'(1)=\frac{1}{3}$	$g(0)=0$ et $g'(0)=2$	$g(2)=\ln(5)$ et $g'(2)=\frac{4}{5}$
3	f est la fonction définie sur l'intervalle $]0\,;+\infty[$ par $f(x)=\frac{x\ln(x)-1}{x^2}$. Alors …	$\lim\limits_{x\to0}f(x)=0$	$\lim\limits_{x\to0}f(x)=-\infty$	$\lim\limits_{x\to+\infty}f(x)=+\infty$	$\lim\limits_{x\to+\infty}f(x)=-\infty$

108 Vrai/Faux **Dans chaque cas, dire si l'affirmation est vraie ou fausse en justifiant.**

1 **Affirmation** : l'ensemble des solutions de l'équation $\ln(6x-2)+\ln(2x-1)=\ln(x)$ est l'intervalle $\left]\frac{1}{2}\,;\,+\infty\right[$.

2 **Affirmation** : la fonction $x\mapsto\ln\left(\frac{x-1}{x+3}\right)$ est croissante sur l'intervalle $]-\infty\,;-3[$.

3 **Affirmation** : pour tout réel $x>0$, $\ln(x)\leqslant x-1$.

Vérifiez vos réponses : p. 529

109 Étudier des positions relatives

Dans un repère orthonormé, $\mathscr{C}$ est la courbe représentative de la fonction ln et d est la droite d'équation $y = \frac{1}{2}x$.

On se propose d'étudier la position relative de la courbe $\mathscr{C}$ et de la droite d.

1. Avec le signe de la différence
Lire la démonstration suivante et justifier les affirmations en vert.

On considère la fonction f définie sur $]0\,;+\infty[$ par :

$$f(x) = \ln(x) - \frac{1}{2}x.$$

f est dérivable sur $]0\,;+\infty[$ et pour tout réel $x > 0$,

$$f'(x) = \frac{1}{x} - \frac{1}{2} = \frac{2-x}{2x}.$$

Sur $]0\,;+\infty[$, $f'(x)$ est du signe de $2 - x$.
D'où le tableau de variations de f sur $]0\,;+\infty[$.

x	0		2		$+\infty$
$f'(x)$	‖	+	0	−	
$f(x)$	‖	↗	$\ln(2) - 1$	↘	

f admet un maximum en 2, donc pour tout réel $x > 0$, $f(x) \leqslant f(2)$.
Or, $\ln(2) - 1 < 0$, donc pour tout réel $x > 0$, $f(x) < 0$.
Donc la courbe $\mathscr{C}$ est au-dessous de la droite d.

2. Application
Dans un repère orthonormé, $\mathscr{C}$ est la courbe représentative de la fonction ln et d est la droite d'équation $y = \mathrm{e}x - 1$.
Étudier la position relative de $\mathscr{C}$ et d.

Vidéo
JAICOMPRIS.COM
Toutes les démonstrations au programme en vidéo

Liste des démonstrations :
- Calcul de la fonction dérivée de la fonction logarithme népérien.
- Limite en 0 de $x \mapsto \ln(x)$.

Conseil
Ici, on ne sait pas résoudre l'inéquation $\ln(x) - \frac{1}{2}x \geqslant 0$.
D'où l'idée de considérer la fonction $f : x \mapsto \ln(x) - \frac{1}{2}x$ et d'étudier ses variations.
C'est sur le tableau de variations de f qu'on lit son signe.

110 Lever une indétermination avec la définition d'un nombre dérivé

On se propose d'étudier la limite en 0 de la fonction $x \mapsto \dfrac{\ln(1+x)}{x}$.

a) Expliquer pourquoi l'étude de cette limite conduit à une forme indéterminée.
b) Recopier et compléter les pointillés.
La fonction ln est dérivable sur …, donc en particulier en 1.
Donc, $\displaystyle\lim_{x\to 0} \frac{\ln(1+x) - \ln(\dots)}{x} = \ln'(\dots)$.
Or, pour tout $x > 0$, $\ln'(x) = \dots$ donc $\ln'(1) = \dots$
Conclusion : $\displaystyle\lim_{x\to 0} \frac{\ln(1+x)}{x} = \dots$

Conseil
f est une fonction dérivable sur un intervalle I.
$a \in \mathrm{I}$, $a + h \in \mathrm{I}$ avec $h \neq 0$.
Alors : $\displaystyle\lim_{h\to 0} \frac{f(a+h) - f(a)}{h} = f'(a)$.

111 Comparer deux nombres

a et b désignent deux nombres réels tels que $0 < a < b$.

On se propose de comparer les nombres $\mathrm{A} = \ln\left(\dfrac{a+1}{a}\right)$ et $\mathrm{B} = \ln\left(\dfrac{b+1}{b}\right)$.

a) Proposer une fonction f définie sur $]0\,;+\infty[$ telle que $f(a) = \mathrm{A}$ et $f(b) = \mathrm{B}$.
b) Étudier les variations de cette fonction f et en déduire la comparaison de A et B.

Connaître la fonction logarithme

112 **PARCOURS DIFFÉRENCIÉS**

Parcours 1

Résoudre l'équation $(\ln(x))^2 - \ln(x) - 6 = 0$.

Parcours 2

(E) est l'équation $2(\ln(x))^2 - \ln(x) - 1 = 0$.

a) Résoudre dans $\mathbb{R}$ l'équation :

$$2X^2 - X - 1 = 0.$$

b) Expliquer pourquoi x est solution de **(E)** si, et seulement si, $\ln(x) = 1$ ou $\ln(x) = -\frac{1}{2}$.

c) En déduire l'ensemble des solutions de **(E)**.

113 Dans un repère orthonormé, $\mathscr{C}$ et $\mathscr{C}'$ sont les courbes représentatives respectives des fonctions :

$$x \mapsto \ln(x^2 + 4) \text{ et } x \mapsto \ln(13x - 26).$$

a) À l'aide de la calculatrice, conjecturer la position relative des courbes $\mathscr{C}$ et $\mathscr{C}'$.

b) Justifier cette conjecture.

114 **a)** Résoudre l'inéquation $(\ln(x))^2 + \ln(x) > 0$.

b) **(I)** est l'inéquation $2(\ln(x))^2 - 5\ln(x) - 3 > 0$.

Poser $X = \ln(x)$, résoudre une inéquation de degré 2 d'inconnue X, puis résoudre **(I)**.

115 Dans un repère orthonormé, A et B sont deux points de la courbe représentative de la fonction ln d'abscisses respectives a et b.

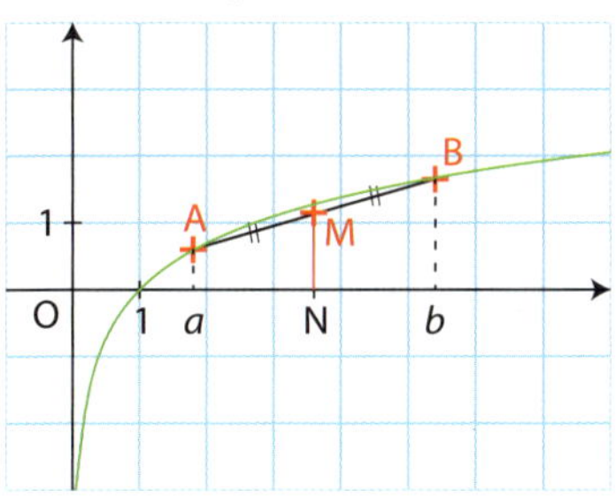

M est le milieu du segment [AB] et N est le projeté orthogonal de M sur l'axe des abscisses.

Démontrer que $MN = \ln(\sqrt{ab})$.

116 (u_n) est la suite définie par $u_0 = e^2$ et pour tout entier naturel n, $u_{n+1} = \sqrt{e \times u_n}$.

1. Montrer par récurrence que pour tout n, $u_n > 0$.

2. (v_n) est la suite définie sur $\mathbb{N}$ par $v_n = \ln(u_n) - 1$.

a) Démontrer que la suite (v_n) est géométrique.

b) Exprimer v_n, puis u_n en fonction de n.

c) Étudier la limite de la suite (u_n).

117 n désigne un nombre entier naturel, $n \geqslant 1$.

On tire successivement et avec remise n boules d'une urne contenant 3 boules blanches et 7 boules noires. Combien faut-il effectuer de tirages pour que la probabilité de n'obtenir aucune boule blanche soit inférieure à 0,01 ?

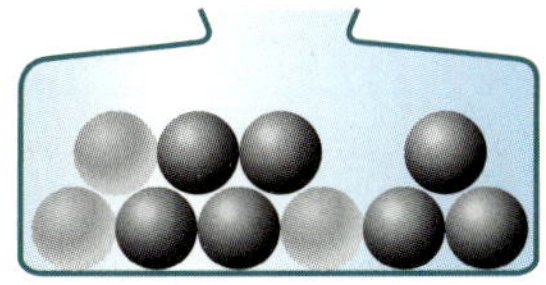

118 a désigne un nombre réel strictement positif. On note A le point d'abscisse a de la courbe représentative Γ de la fonction logarithme népérien dans un repère orthonormé $(O ; \vec{i}, \vec{j})$.

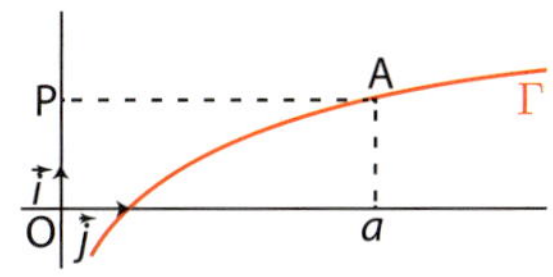

P est le projeté orthogonal du point A sur l'axe des ordonnées.

a) Q est le point d'intersection de la tangente T au point A à la courbe Γ et de l'axe des ordonnées.

Calculer la longueur PQ.

b) En déduire une construction simple de la tangente T.

Vidéo

JAICOMPRIS.COM — Cet exercice est corrigé en vidéo

119 f est la fonction définie sur $]0 ; +\infty[$ par :

$$f(x) = \frac{x-1}{x}\ln(x).$$

$\mathscr{C}$ est la courbe représentative de f dans un repère orthonormé.

1. a) Étudier le sens de variation de la fonction g définie sur $]0 ; +\infty[$ par $g(x) = x - 1 + \ln(x)$.

b) Vérifier que $g(1) = 0$. En déduire, selon les valeurs de x, le signe de $g(x)$.

2. a) Montrer que pour tout $x > 0$, $f'(x) = \frac{g(x)}{x^2}$.

b) En déduire les variations de f.

c) Étudier la limite de f en 0, puis en $+\infty$.

d) Dresser le tableau de variations de f.

120 **Algo** A est un nombre réel strictement positif.

On considère l'algorithme ci-contre.

```
Tant que 2^I ⩽ A
  I ← I + 1
Fin Tant que
```

On suppose que la variable I contient la valeur 0 au début et la valeur 16 en fin d'exécution.

L'affirmation « $15\ln(2) \leqslant \ln(A) < 16\ln(2)$ » est-elle exacte ? Justifier.

121 Dans chaque cas, construire, dans un repère orthonormé, l'ensemble des points $M(x ; y)$ tels que :

a) $\ln(x) + \ln(y) = 0$ **b)** $\ln(y) - 2\ln(x) = 0$

ÉTUDIER DES FONCTIONS

122 PARCOURS DIFFÉRENCIÉS

Parcours 1

f est la fonction définie sur $]0\,;+\infty[$ par :

$$f(x)=x^2-2+\ln(x).$$

Démontrer que l'équation $f(x)=0$ admet une solution unique α dans $]0\,;+\infty[$.

Parcours 2

g est la fonction définie sur $]0\,;1]$ par :

$$g(x)=\ln(x)+\sqrt{x}.$$

a) Étudier la limite de la fonction *g* en 0.

b) Étudier les variations de *g* sur $]0\,;1]$.

c) En déduire que l'équation $g(x)=0$ admet une solution unique α dans $]0\,;1]$.

123 *g* est la fonction définie sur $[0\,;+\infty[$ par :

$$g(x)=\ln(3x+1)+x-5.$$

a) Étudier la limite de la fonction *g* en $+\infty$.

b) Dresser le tableau de variations de la fonction *g*.

c) Démontrer alors que l'équation $g(x)=0$ admet une unique solution α dans $[0\,;+\infty[$.

d) Justifier que $2<\alpha<3$.

e) Déterminer un encadrement de α d'amplitude 10^{-2}.

124 *h* est la fonction définie sur $]0\,;4]$ par :

$$h(x)=-4\ln(x)+\frac{1}{x}+3x-5.$$

a) Étudier la limite de *h* en 0.

b) Dresser le tableau de variations de la fonction *h*.

c) Démontrer que l'équation $h(x)=0$ admet deux solutions α et β, avec $\alpha<\beta$, dans $]0\,;4[$.

d) Déterminer un encadrement de α d'amplitude 10^{-3}.

125 Dans un repère orthonormé, $\mathscr{C}$ est la courbe représentative de la fonction *f* définie sur $]-\infty\,;0[$ par :

$$f(x)=\ln(\mathrm{e}^{-2x}-1).$$

a) Étudier la limite de la fonction *f* en 0.
Que peut-on en déduire pour la courbe $\mathscr{C}$?

b) Étudier la limite de la fonction *f* en $-\infty$.

c) Dresser le tableau de variations de la fonction *f*.

d) Démontrer que la courbe $\mathscr{C}$ coupe l'axe des abscisses en un unique point A.

e) Déterminer un encadrement d'amplitude 0,1 de l'abscisse de A.

126 *f* est la fonction définie sur $[0\,;+\infty[$ par :

$$f(x)=\begin{cases}0 & \text{si } x=0\\ x^2(\ln(x)-1) & \text{si } x>0\end{cases}.$$

Dans chaque cas, dire si l'affirmation est vraie ou fausse et justifier.

a) *f* n'est pas continue en 0.

b) Le minimum de *f* sur $[0\,;+\infty[$ est $-\dfrac{2}{\mathrm{e}}$.

127 **1.** *f* est une fonction définie sur $]0\,;+\infty[$ par :
$f(x)=ax+(bx+c)\ln(x)$
où *a*, *b*, *c* sont des réels. La courbe représentative $\mathscr{C}$ de *f* est donnée ci-contre.

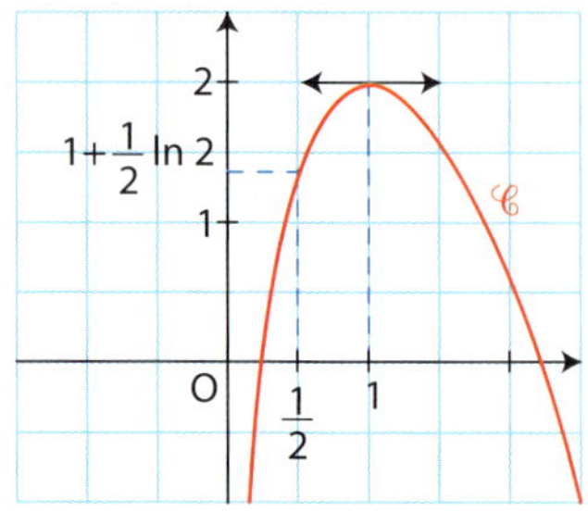

Utiliser les informations données sur le graphique pour déterminer *a*, *b*, *c*.

2. *g* est la fonction définie sur $]0\,;+\infty[$ par :

$$g(x)=2x+(1-3x)\ln(x).$$

a) Étudier la limite de *g* en 0, puis en $+\infty$.

b) Déterminer la fonction dérivée de *g* et étudier son signe en remarquant que $\dfrac{1-x}{x}$ et $-3\ln(x)$ ont le même signe sur $]0\,;1[$ et sur $]1\,;+\infty[$.

c) Dresser le tableau de variations de *g*.

128 *f* est la fonction définie sur $[-1\,;+\infty[$ par :

$$f(x)=1+x\ln(x+2).$$

$\mathscr{C}$ est la courbe représentative de *f* dans un repère orthonormé $(\mathrm{O}\,;\vec{i},\vec{j})$.

1. Étude des variations de la dérivée f'

a) f' désigne la fonction dérivée première de *f* et f'' la fonction dérivée seconde.
Calculer $f'(x)$, puis $f''(x)$ pour tout réel $x\geqslant-1$.

b) Étudier les variations de f' sur l'intervalle $[-1\,;+\infty[$.

c) Déterminer la limite de f' en $+\infty$.

2. Étude du signe de $f'(x)$

a) Montrer que dans l'intervalle $[-1\,;+\infty[$, l'équation $f'(x)=0$ admet une solution unique α appartenant à l'intervalle $]-0{,}6\,;-0{,}5[$.

b) En déduire le signe de $f'(x)$ selon les valeurs de x.

3. Étude des variations de *f*

a) Étudier les variations de *f* sur l'intervalle $[-1\,;+\infty[$.

b) Déterminer la limite de *f* en $+\infty$.

c) Dresser le tableau de variations de *f*.

Connaître la fonction logarithme décimal

La fonction **logarithme décimal**, notée **log**, est la fonction définie sur l'intervalle $]0\,;+\infty[$ par :

$$\log(x)=\frac{\ln(x)}{\ln(10)}.$$

129 **1. Propriétés algébriques**

a) Calculer $\log(1)$; $\log(10)$; $\log(0{,}1)$; $\log(10^n)$ où n est un nombre entier relatif.

b) a et b désignent deux nombres réels strictement positifs. Démontrer que :

- $\log(ab)=\log(a)+\log(b)$ • $\log\left(\frac{a}{b}\right)=\log(a)-\log(b)$

2. Étude et représentation graphique

a) Dresser le tableau de variations de la fonction log.

b) Tracer la courbe représentative de la fonction log dans un repère orthonormé, ainsi que ses tangentes aux points d'abscisses 1 et 10.

130 Le niveau d'intensité sonore, en décibel (dB), d'un son d'intensité I est $S=10\log\left(\frac{I}{I_0}\right)$, où I_0 est l'intensité du seuil d'audibilité pour l'oreille humaine.

a) Une conversation a une intensité de $10^6 I_0$ dB.
Quel est son niveau d'intensité sonore ?

b) Le niveau sonore atteint lors d'un concert est 100 dB. Calculer $\frac{I}{I_0}$.

131 La magnitude d'un séisme d'amplitude maximum A est mesurée sur l'échelle Richter par $M=\log\left(\frac{A}{A_0}\right)$, où A_0 est une amplitude de référence.

a) Déterminer la magnitude sur l'échelle de Richter des séismes suivants :

- Barcelonnette (France 2014), $A=2\times10^5\,A_0$;
- Tohoku (Japon 2011), $A=1{,}26\times10^9\,A_0$.

b) À quelle amplitude correspond la magnitude 6,2 atteinte par le tremblement de terre qui s'est produit à Amatrice, en Italie, au mois d'août 2016 ?

132 L'acidité d'une solution aqueuse est mesurée par son pH défini par $pH=-\log[H_3O^+]$ où $[H_3O^+]$ désigne le nombre de moles par litre d'ions H_3O^+.

a) Quel est le pH d'une solution contenant 6×10^{-5} mole par litre de H_3O^+ ? *Arrondir au dixième.*

b) Le pH d'un jus de citron est 2,4.
Quel est le nombre de moles d'ions H_3O^+ dans un litre de jus de citron ?

c) Comment varie le pH lorsque la concentration en H_3O^+ double ?

133 Le gain, en décibel (dB), d'une antenne parabolique de 1 m de diamètre peut se calculer par la formule :

$$G=20\log(7{,}4\times10^{-9}f)$$

où f est la fréquence d'utilisation, en hertz (Hz).

a) Calculer le gain de l'antenne pour une fréquence d'utilisation de 9×10^9 Hz. *Arrondir au centième.*

b) À partir de quelle fréquence peut-on utiliser une telle antenne sachant que le gain doit être supérieur ou égal à 20 dB ? *Arrondir à 10^7 Hz.*

134 Le nombre $N=2^{82\,589\,933}-1$ est le plus grand nombre premier connu depuis décembre 2018.

a) Exprimer $\log(N+1)$ en fonction de $\log(2)$.

b) Déterminer, à l'aide de la calculatrice, la partie entière de $\log(N+1)$.

c) En déduire l'encadrement :

$$10^{24\,862\,047}<2^{82\,589\,933}<10^{24\,862\,048}$$

d) Indiquer le nombre de chiffres de l'écriture décimale de N.

S'entraîner à la logique → p. 525

135 **Quantificateurs**

Chacune des propositions suivantes est-elle vraie ou fausse ? Justifier la réponse.

a) Pour tout réel $x>0$, $\ln(x)<100$.

b) Pour tout réel $x>0$, $\ln(x)\leqslant x$.

c) Il existe un unique réel $x>0$ tel que :

$$\ln(x)=-100.$$

d) Il existe un réel $x>0$ tel que $\ln(x)\geqslant10^{10}$.

136 **Implication et réciproque**

x désigne un nombre réel strictement positif.

a) La proposition « Si $\ln(x^2)=2$, alors $(\ln(x))^2=1$ » est-elle vraie ?

b) Sa réciproque est-elle vraie ?

137 L'ALGORITHME DE BRIGGS

Algo python

En 1624, Henry Briggs, dans son grand-œuvre *Arithmetica Logarithmica*, calcule (à la main) le logarithme décimal de 30 000 entiers (de 1 à 20 000 et de 90 001 à 100 000) avec 14 décimales.

Objectif
On se propose de mettre en place un algorithme utilisant les procédés de calcul de Briggs.

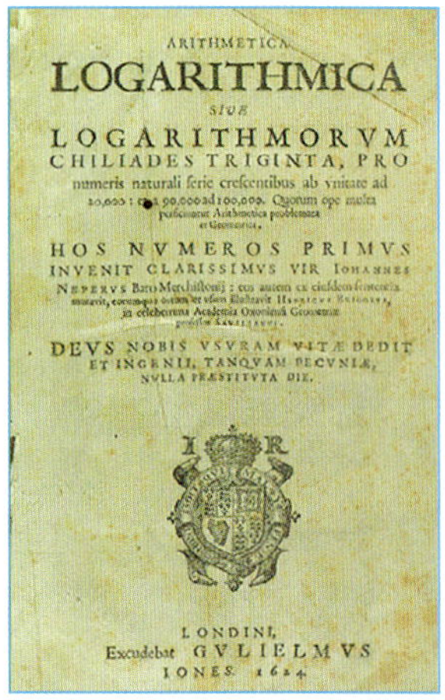

A = 1,000000 ; lA = 0, 0000000
B = 10,000000 ; lB = 1, 0000000 ;
C = 3,162277 ; lC = 0, 5000000 ;
D = 5,623413 ; lD = 0, 7500000 ;
E = 4,216964 ; lE = 0, 6250000 ;
F = 4,869674 ; lF = 0, 6875000 ;
G = 5,232991 ; lG = 0, 7187500 ;
H = 5,048065 ; lH = 0, 7031250 ;
I = 4,958069 ; lI = 0, 6 53'25 ;
K = 5,002865 ; lK = 0, 6992187 ;
L = 4,980416 ; lL = 0, 6972656 ;
M = 4,991627 ; lM = 0, 6982421 ;
N = 4,997242 ; lN = 0, 6987304 ;
O = 5,000052 ; lO = 0, 6989745 ;
P = 4,998647 ; lP = 0, 6988525 ;
Q = 4,999350 ; lQ = 0, 6989135 ;
R = 4,999701 ; lR = 0, 6989440 ;
S = 4,999876 ; lS = 0, 6989592 ;
T = 4,999963 ; lT = 0, 6989668 ;
V = 5,000008 ; lV = 0, 6989707 ;
W = 4,999984 ; lW = 0, 6989687 ;
X = 4,999997 ; lX = 0, 6989697 ;
Y = 5,000003 ; lY = 0, 6989702 ;
Z = 5,000000 ; lZ = 0, 6989700 ;

1. L'algorithme de Briggs expliqué par Euler

Dans *Introduction à l'analyse infinitésimale* (1748), Euler explique la méthode de Briggs pour calculer une valeur approchée de log(5). Voici ses calculs.

La colonne de gauche est initialisée par $A = 1$ et $B = 10$; la colonne de droite par $\ell A = \log(1) = 0$ et $\ell B = \log(10) = 1$.

La méthode de Briggs s'appuie sur la relation que l'on écrit de nos jours : $\log(\sqrt{AB}) = \frac{1}{2}(\log(A) + \log(B))$ pour poursuivre les calculs.

Dans la colonne de gauche $C = \sqrt{AB}$ et dans la colonne de droite $\ell C = \frac{1}{2}(\ell A + \ell B)$.

a) Vérifier les valeurs de C et ℓC.

b) On donne ci-dessous l'algorithme de Briggs pour calculer $\log(x)$ où x désigne un nombre entier naturel tel que $1 < x < 10$.

On initialise l'algorithme avec les valeurs de A, B, ℓA, ℓB indiquées ci-dessus et il donne ℓB en sortie.

Recopier ce tableau et le compléter en exécutant l'algorithme pas à pas avec $x = 5$.

Utiliser la calculatrice et vérifier les valeurs de D et E obtenues par Euler.

A	B	ℓA	ℓB	$\sqrt{AB}$	$\lvert B-5\rvert > 10^{-5}$
1	10	0	1	3,162 277	Faux

Tant que $|B - x| > 10^{-5}$
 Si $\sqrt{AB} \leqslant x$ alors
  $A \leftarrow \sqrt{AB}$
  $\ell A \leftarrow \dfrac{\ell A + \ell B}{2}$
 sinon
  $B \leftarrow \sqrt{AB}$
  $\ell B \leftarrow \dfrac{\ell A + \ell B}{2}$
 Fin Si
Fin Tant que

2. Une fonction en langage Python

a) Traduire cet algorithme par une fonction **Briggs**, de paramètres x et p, écrite en langage Python où p est l'entier naturel non nul de la condition $|B - x| > 10^{-p}$.

b) Exécuter **Briggs(5,7)** et comparer à la valeur de ℓZ obtenue par Euler.

c) Utiliser cette fonction pour déterminer une valeur approchée à 10^{-14} près de log(62).

Pour cela initialiser avec $A = 10$, $B = 100$, $\ell A = 1$, $\ell B = 2$.

HISTOIRE DES MATHS

Lorsqu'il découvre les travaux de Neper sur le logarithme, en 1615, Briggs est émerveillé ! Pendant l'été, il entreprend un long voyage pour rencontrer Neper à Edimbourg, en Écosse. Au cours de leurs échanges, Briggs convainc Neper de l'intérêt du logarithme en base 10.

138 ÉTUDE D'UNE ÉQUATION Tice

Problème : existe-t-il des nombres entiers naturels non nuls n et p différents tels que $n^p = p^n$?

Objectif
On se propose de conjecturer avec le tableur, puis de résoudre ce problème à l'aide de la fonction logarithme népérien.

1. Avec le tableur

a) Réaliser la feuille de calcul ci-dessous en inscrivant les valeurs de n de 1 à 20 en colonne A, les valeurs de p de 1 à 20 en ligne 1, en saisissant la formule =$A2^B$1-B$1^$A2 en cellule B2 et en étendant cette formule dans la plage B2:U21.

	A	B	C	D	E	F
1		**1**	**2**	**3**	**4**	**5**
2	**1**	0	-1	-2	-3	-4
3	**2**	1	0	-1	0	7
4	**3**	2	1	0	17	118
5	**4**	3	0	-17	0	399
6	**5**	4	-7	-118	-399	0
7	**6**	5	-28	-513	-2800	-7849
8	**7**	6	-79	-1844	-13983	-61318
9	**8**	7	-192	-6049	-61440	-357857
10	**9**	8	-431	-18954	-255583	-1894076
11	**10**	9	-924	-58049	-1038576	-9665625

b) Lire les valeurs de n et p solutions du problème.

2. Avec une fonction

a) Expliquer pourquoi pour tous entiers naturels $n \geqslant 1$ et $p \geqslant 1$, $n^p = p^n$ équivaut à :

$$\frac{\ln(n)}{n} = \frac{\ln(p)}{p}.$$

b) On note f la fonction définie sur $[1\,;+\infty[$ par $f(x) = \frac{\ln(x)}{x}$. Voici sa courbe représentative affichée à l'écran de la calculatrice.

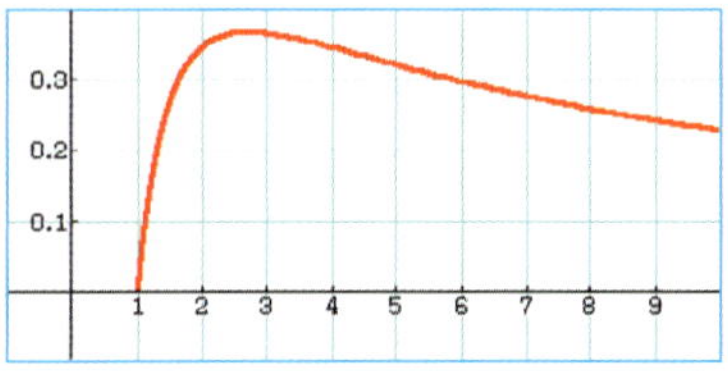

Déterminer la fonction dérivée de f, étudier son signe et dresser le tableau de variations de f en précisant la valeur exacte du maximum et la limite en $+\infty$.

c) p désigne un nombre entier naturel, $p \geqslant 1$.

- On note $\lambda = \frac{\ln(p)}{p}$. Expliquer pourquoi $\lambda \in \left[0\,;\,\frac{1}{\mathrm{e}}\right]$.
- Expliquer pourquoi lorsque $p = 1$, il n'existe pas de solution dans l'intervalle $[\mathrm{e}\,;+\infty[$ de l'équation $f(x) = \lambda$.
- On suppose $p > 1$. Expliquer pourquoi l'équation $f(x) = \lambda$ admet une unique solution a dans $[1\,;\mathrm{e}]$ et une unique solution b dans $[\mathrm{e}\,;+\infty[$.

d) Quels sont les nombres entiers naturels de l'intervalle $[1\,;\mathrm{e}]$?

En déduire les nombres entiers naturels distincts tels que $\frac{\ln(n)}{n} = \frac{\ln(p)}{p}$.

3. Conclusion

Quels sont les nombres entiers naturels non nuls et distincts n et p tels que $n^p = p^n$?

139 Prendre des initiatives

Représenter **Raisonner** **Calculer**

f et g sont les fonctions définies sur $]0\,;+\infty[$ par :

$$f(x) = x\ln(2) \text{ et } g(x) = 2\ln(x).$$

Déterminer la position relative des courbes représentatives des fonctions f et g dans un repère orthonormé.

140 Imaginer une stratégie

Raisonner **Calculer**

Démontrer que, pour tous réels $a > 0$ et $b > 0$:

$$\ln\left(\frac{a+b}{2}\right) \geqslant \frac{1}{2}(\ln(a) + \ln(b)).$$

141 Find an intersection

Calculer **Communiquer**

Where does the graph of $x \mapsto \ln(x) - \ln(7-x) + 2$ cross the x-axis ?

142 Minimiser une distance

Narration de recherche

Chercher **Raisonner** **Communiquer**

Rédiger les différentes étapes de la recherche, sans omettre les fausses pistes et les changements de méthode.

Problème

Dans un repère orthonormé, voici la courbe représentative $\mathscr{C}$ de la fonction ln.

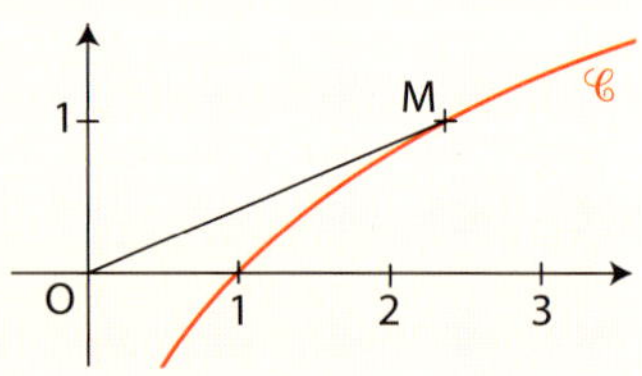

En quel point M de $\mathscr{C}$, la distance OM est-elle minimum ?

143 Maximiser une aire

Problème ouvert

Chercher **Raisonner**

Dans un repère orthonormé, $\mathscr{C}$ est la courbe représentative de la fonction f définie sur $[0\,;9]$ par $f(x) = \ln(10-x)$.

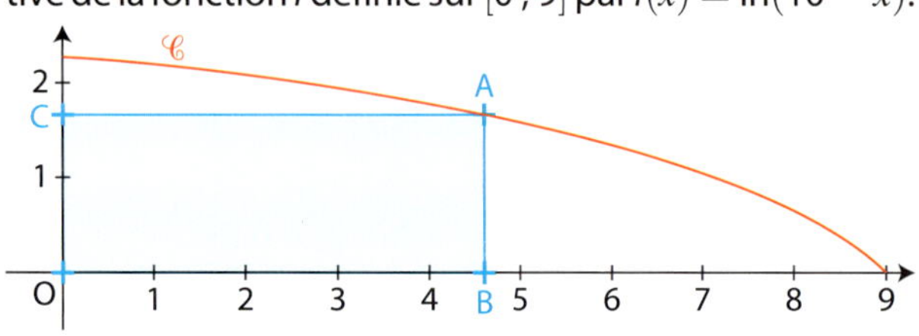

A est un point de la courbe $\mathscr{C}$.

B et C sont les projetés orthogonaux respectifs du point A sur l'axe des abscisses et sur l'axe des ordonnées.

Déterminer la position du point A de $\mathscr{C}$ pour que l'aire du rectangle OBAC soit maximum.

144 Algo python Étudier une limite

Chercher **Raisonner** **Calculer**

(v_n) est la suite définie par $v_1 = \ln(2)$ et pour tout entier naturel $n \geqslant 1$,

$$v_{n+1} = \ln(2 - e^{-v_n}).$$

On admet l'existence de cette suite.

On définit la suite (S_n) en posant pour tout entier naturel $n \geqslant 1$,

$$S_n = v_1 + v_2 + \ldots + v_n.$$

On se propose d'étudier la limite de la suite (S_n).

1. Conjecture avec Python

a) Voici une fonction **Somme** écrite en langage Python qui renvoie la valeur de S_n pour une valeur n du paramètre.

```
from math import *

def Somme(n):
    v=log(2)
    S=log(2)
    for k in range(      ):
        v=
        S=
    return S
```

En langage Python, la fonction logarithme népérien ln est notée log et la fonction logarithme décimal log est notée log10.

Compléter chacune des cases colorées du programme.

b) Saisir ce programme et l'exécuter pour compléter ce tableau après l'avoir recopié.

n	10	100	1 000	10 000	100 000	1 000 000
S_n						

c) Émettre une conjecture concernant le comportement de la suite (S_n).

2. Étude d'une suite auxiliaire

(u_n) est la suite définie, pour tout entier naturel $n \geqslant 1$, par $u_n = e^{v_n}$.

a) Vérifier que $u_1 = 2$ et que pour tout entier naturel $n \geqslant 1$,

$$u_{n+1} = 2 - \frac{1}{u_n}.$$

b) Calculer u_2, u_3 et u_4. *Donner les résultats sous forme fractionnaire.*

c) Démontrer que pour tout entier naturel $n \geqslant 1$,

$$u_n = \frac{n+1}{n}.$$

3. Étude de la suite (S_n)

a) Pour tout entier naturel $n \geqslant 1$, exprimer v_n en fonction de u_n, puis v_n en fonction de n.

b) Vérifier que $S_3 = \ln(4)$.

c) Pour tout entier naturel $n \geqslant 1$, exprimer S_n en fonction de n.

En déduire la limite de la suite (S_n).

145 Étudier les solutions d'une équation

60 min

D'après Bac, Antilles-Guyane 2017

Dans tout l'exercice, n désigne un entier naturel strictement positif.
Le but de l'exercice est d'étudier l'équation d'inconnue le nombre réel strictement positif x,

$$(\mathbf{E}_n) : \frac{\ln(x)}{x} = \frac{1}{n}.$$

Partie A

Soit f la fonction définie sur l'intervalle $]0\,;+\infty[$ par $f(x) = \dfrac{\ln(x)}{x}$.

On admet que la fonction f est dérivable sur l'intervalle $]0\,;+\infty[$.
On a donné en **annexe**, qui n'est pas à rendre, la courbe représentative $\mathscr{C}_f$ de la fonction f dans un repère orthogonal.
Étudier les variations de la fonction f. Déterminer son maximum.

Partie B

1. Montrer que, pour $n \geqslant 3$, l'équation $f(x) = \dfrac{1}{n}$ possède une unique solution sur $[1\,;\mathrm{e}]$ notée α_n.
2. D'après ce qui précède, pour tout entier $n \geqslant 3$, le nombre réel α_n est solution de l'équation $(\mathbf{E}_n)$.
a) Sur le graphique sont tracées les droites D_3, D_4 et D_5 d'équations respectives $y = \dfrac{1}{3}$, $y = \dfrac{1}{4}$, $y = \dfrac{1}{5}$. Conjecturer le sens de variation de la suite (α_n).
b) Comparer, pour tout entier $n \geqslant 3$, $f(\alpha_n)$ et $f(\alpha_{n+1})$.
Déterminer le sens de variation de la suite (α_n).
c) En déduire que la suite (α_n) converge. *Il n'est pas demandé de calculer sa limite.*
3. On admet que, pour $n \geqslant 3$, l'équation $(\mathbf{E}_n)$ possède une autre solution β_n telle que $1 \leqslant \alpha_n \leqslant \mathrm{e} \leqslant \beta_n$.
a) On admet que la suite (β_n) est croissante.
Établir que pour tout entier naturel n supérieur ou égal à 3,

$$\beta_n \geqslant n\frac{\beta_3}{3}.$$

b) En déduire la limite de la suite (β_n).

Annexe :

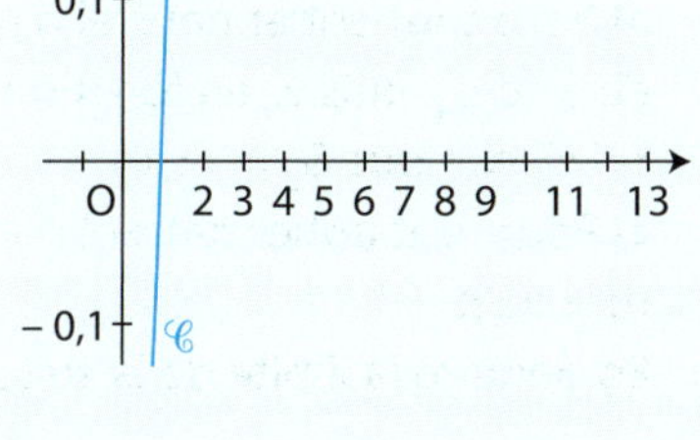

Guide de résolution
A. Les limites en 0 et en $+\infty$ ne sont pas demandées par l'énoncé.

Guide de résolution
2. b) Pour déterminer le sens de variation de la suite (α_n), on peut raisonner par l'absurde en supposant $\alpha_n \leqslant \alpha_{n+1}$.

Guide de résolution
3. b) Penser à utiliser un théorème de comparaison.

146 Valider des conjectures

⏱ 30 min

D'après Bac, Antilles-Guyane 2019

Soit g la fonction définie sur $]0\,;+\infty[$ par $g(x) = 4x - x\ln(x)$.

On admet que la fonction g est dérivable sur $]0\,;+\infty[$ et on note g' sa dérivée.

Partie A

Le graphique ci-contre représente une partie de la courbe représentative de la fonction g obtenue par un élève sur sa calculatrice.

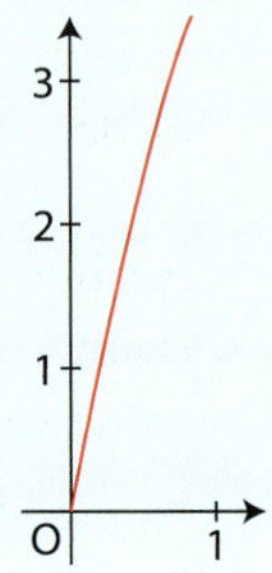

Cet élève émet les deux conjectures suivantes :

- il semble que la fonction g soit positive ;
- il semble que la fonction g soit strictement croissante.

L'objectif de cette partie est de valider ou d'invalider chacune de ces conjectures.

1. Résoudre l'équation $g(x) = 0$ sur l'intervalle $]0\,;+\infty[$.

2. Déterminer le signe de $g(x)$ sur l'intervalle $]0\,;+\infty[$.

3. Les conjectures de l'élève sont-elles vérifiées ?

Partie B

1. a) On rappelle que $\lim\limits_{t\to+\infty} \frac{\ln(t)}{t} = 0$. En déduire que $\lim\limits_{x\to 0} x\ln(x) = 0$.

b) Calculer la limite de g en 0, puis en $+\infty$.

2. a) Démontrer que pour tout réel x strictement positif, $g'(x) = 3 - \ln(x)$.

b) Dresser le tableau de variations de la fonction g.

Guide de résolution
A. 3. Pour la seconde conjecture, utiliser un contre-exemple.

Guide de résolution
B. 1. a) Cette démonstration est proposée en cours p. 328.

147 Étudier une simulation

⏱ 30 min

D'après Bac, Amérique du Nord 2018

Lors d'une expérience en laboratoire, on lance un projectile dans un milieu fluide.

Comme le projectile ne se déplace pas dans l'air mais dans un fluide, le modèle parabolique habituel n'est pas adapté.

On modélise ici le projectile par un point qui se déplace, dans un plan vertical, sur la courbe représentative de la fonction f définie sur l'intervalle $[0\,;1[$ par :

$$f(x) = bx + 2\ln(1-x)$$

où b est un paramètre réel supérieur ou égal à 2, x est l'abscisse du projectile, $f(x)$ son ordonnée, toutes les deux exprimées en mètre.

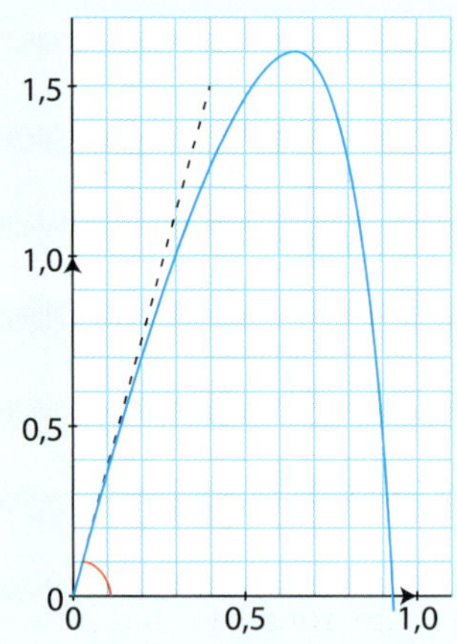

1. La fonction f est dérivable sur l'intervalle $[0\,;1[$. On note f' sa fonction dérivée.

On admet que la fonction f possède un maximum sur l'intervalle $[0\,;1[$, et que pour tout réel de l'intervalle $[0\,;1[$, $f'(x) = \frac{-bx+b-2}{1-x}$.

Montrer que le maximum de f est égal à $b - 2 + 2\ln\left(\frac{2}{b}\right)$.

2. Déterminer pour quelles valeurs du paramètre b la hauteur maximale du projectile ne dépasse pas 1,6 mètre.

3. Dans cette question, on choisit $b = 5{,}69$.

L'angle de tir θ correspond à l'angle entre l'axe des abscisses et la tangente à la courbe de la fonction f au point d'abscisse 0, comme indiqué sur le schéma.

Déterminer une valeur approchée, au dixième de degré près, de l'angle θ.

Guide de résolution
3. Le coefficient directeur de la tangente à la courbe au point d'abscisse 0 est celui de la tangente à la courbe qui fait un angle θ avec l'axe des abscisses.

148 Relier tangente et aire

40 min

D'après Bac, Liban 2019

Le plan est muni d'un repère orthogonal (O ; I, J).

1. On considère la fonction f définie sur l'intervalle $]0\,;1]$ par $f(x)=x(1-\ln(x))^2$.

a) Vérifier que pour tout $x\in\,]0\,;1]$, $f'(x)=(\ln(x)+1)(\ln(x)-1)$.

b) Étudier les variations de la fonction f et dresser son tableau de variations sur l'intervalle $]0\,;1[$. (On admettra que la limite de la fonction f en 0 est nulle).

2. On note Γ la courbe représentative de la fonction g définie sur l'intervalle $]0\,;1]$ par $g(x)=\ln(x)$.

Soit a un réel de l'intervalle $]0\,;1]$. On note M_a le point de la courbe Γ d'abscisse a et d_a la tangente à la courbe Γ au point M_a. Cette droite d_a coupe l'axe des abscisses au point N_a et l'axe des ordonnées au point P_a.

a) Justifier que pour tout réel a de l'intervalle $]0\,;1]$, l'aire du triangle ON_aP_a, en unité d'aire, est donnée par $\mathscr{A}(a)=\dfrac{1}{2}a(1-\ln(a))^2$.

b) Déterminer pour quelle valeur de a l'aire $\mathscr{A}(a)$ est maximum.

Déterminer cette aire maximum.

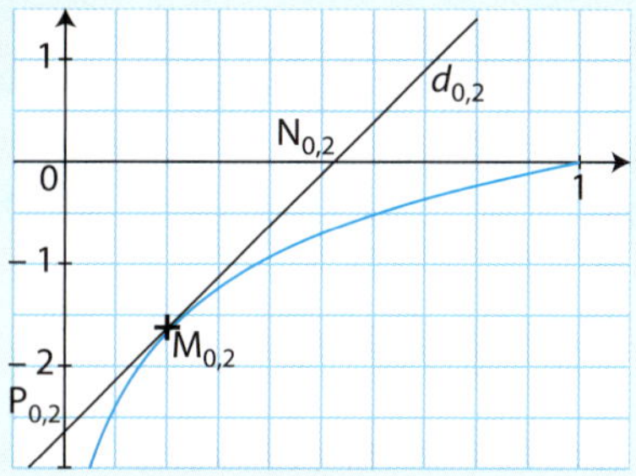

Guide de résolution

1. a) Factoriser l'expression obtenue de $f'(x)$ par $(1-\ln(x))$.

Guide de résolution

2. a) L'aire du triangle ON_aP_a est $\dfrac{ON_a\times OP_a}{2}$.

2. b) Utiliser les résultats de la question **1.**

Se préparer À L'ORAL

149 Présenter un exposé

a) Recenser ses connaissances sur la fonction logarithme décimal et sur ses applications concrètes.

b) Dans un exposé oral de 10 min, présenter cette fonction et un exemple d'application.

150 Travailler l'oral en groupe

Résoudre cet exercice en petit groupe, puis en présenter les résultats à l'oral.

Quand on emprunte une somme C, en euro, à un taux annuel de t % et que l'on rembourse cette somme C en n mois, le montant M d'une mensualité, en euro, est donné par :

$$M=\frac{C\times\dfrac{t}{1200}\times\left(1+\dfrac{t}{1200}\right)^n}{\left(1+\dfrac{t}{1200}\right)^n-1}$$

Louise veut emprunter 150 000 € au taux annuel de 1,8 % en remboursant chaque mois 1 000 €.

Calculer la durée minimum de son prêt.

151 Jouer différents rôles

▶ **ANTICIPER LES QUESTIONS DU JURY**

1. Préparation de la restitution orale (5 min)

Par groupe de 5, résoudre l'exercice ci-dessous, chaque élève travaillant sur une des cinq propositions.

2. Jeu de rôle (30 min)

Chaque élève présente son résultat à l'oral (2 min), pendant que les quatre autres composent le jury.

Chaque juré pose une question au candidat (5 min).

Énoncé : Répondre par Vrai ou Faux en justifiant.

f est la fonction définie sur $]0\,;+\infty[$ par :

$$f(x)=\ln(x)-2x^2+5.$$

(1) La limite en $+\infty$ de la fonction f est $-\infty$.

(2) La limite en 0 de la fonction f est $-\infty$.

(3) L'équation $f(x)=0$ a une unique solution dans $]0\,;+\infty[$.

(4) Dans un repère orthonormé, la courbe représentative $\mathscr{C}$ de f admet une asymptote verticale.

(5) La tangente à la courbe $\mathscr{C}$ au point d'abscisse $\dfrac{1}{2}$ a pour équation $y=4$.

152 Fonctions $x \mapsto x^{\alpha}$ avec $\alpha \in \mathbb{R}$

x désigne un nombre réel et n un nombre entier naturel $n \geqslant 1$. On sait que :

- $x^n = \underbrace{x \times x \times \ldots \times x}_{n \text{ fois}}$;
- si $x \neq 0$, $x^{-n} = \dfrac{1}{x^n}$.

En revanche, jusqu'à présent, on n'a pas donné de sens à des écritures telles que $2^{1,3}$ ou $5^{-\sqrt{2}}$ ou… C'est ce que l'on fait ci-dessous.

> **Définition**
> Pour tout réel $x > 0$ et pour tout réel α,
> $$x^{\alpha} = e^{\alpha \ln(x)}.$$

1. Cohérence de la définition

Vérifier que lorsque $\alpha = n$ $(n \in \mathbb{N})$ et $x > 0$, on retrouve bien avec $e^{\alpha \ln(x)}$ les définitions de x^n et x^{-n} rappelées ci-dessus.

2. Quelques calculs

a) Utiliser les touches e^x et ln de la calculatrice pour déterminer une valeur approchée de $2^{1,3}$.

b) Vérifier que l'on obtient le même affichage pour $2^{1,3}$ en utilisant la touche x^y.

c) Avec la calculatrice, déterminer une valeur approchée de $5^{-\sqrt{2}}$.

3. Étude des fonctions puissances

Pour tout réel α, f_{α} est la fonction définie sur $]0\,;+\infty[$ par $f_{\alpha}(x) = x^{\alpha} = e^{\alpha \ln(x)}$.

a) Expliquer pourquoi f_{α} est dérivable sur $]0\,;+\infty[$.
Utiliser l'expression $e^{\alpha \ln(x)}$ pour déterminer $f'_{\alpha}(x)$ et vérifier que pour tout $x > 0$, $f'_{\alpha}(x) = \alpha x^{\alpha - 1}$.

b) Cas où $\alpha > 0$

- Expliquer pourquoi f_{α} est strictement croissante sur $]0\,;+\infty[$.
- Justifier que $\lim\limits_{x \to +\infty} x^{\alpha} = +\infty$ et $\lim\limits_{x \to 0} x^{\alpha} = 0$.

Dresser le tableau de variations de f_{α}.

- On note g_{α} la fonction définie sur $]0\,;+\infty[$ par :
$$g_{\alpha}(x) = \begin{cases} 0 & \text{si } x = 0 \\ x^{\alpha} & \text{si } x > 0 \end{cases}.$$

Vérifier que g_{α} est continue en 0.
Étudier la limite en 0 de la fonction $x \mapsto \dfrac{g_{\alpha}(x) - g_{\alpha}(0)}{x - 0}$ en envisageant les deux cas :
$$\alpha > 1 \quad \text{et} \quad 0 < \alpha < 1.$$

Que peut-on en déduire pour la dérivabilité de g_{α} en 0 ?
Que peut-on en déduire pour la tangente au point d'abscisse 0 à la courbe représentative de g_{α} dans un repère orthonormé ?

c) Cas où $\alpha < 0$

- Étudier le sens de variation de f_{α} sur $]0\,;+\infty[$.
- Justifier que $\lim\limits_{x \to +\infty} x^{\alpha} = 0$ et $\lim\limits_{x \to 0} x^{\alpha} = +\infty$.

Interpréter graphiquement ces limites pour la courbe représentative de f_{α} dans un repère orthonormé.

d) Courbes représentatives

Quels types de valeurs de α correspondent à la courbe représentative de f_{α} dans un repère orthonormé, selon sa couleur ?

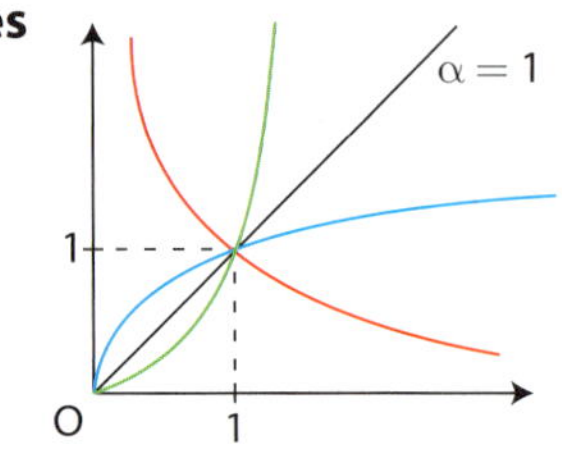

153 Limite de la suite $\left(\left(1 + \dfrac{x}{n}\right)^n\right)$

x désigne un nombre réel.

Pour tout entier naturel $n \geqslant 1$, $u_n = \left(1 + \dfrac{x}{n}\right)^n$.

1. Étudier la limite de (u_n) lorsque $x = 0$.

2. Par la suite, on suppose que $x \neq 0$.

a) Justifier que pour tout $n \in \mathbb{N}$, $n \geqslant 1$:
$$u_n = e^{x \frac{\ln\left(1 + \frac{x}{n}\right)}{\frac{x}{n}}}$$

b) On admet ici que $\lim\limits_{x \to 0} \dfrac{\ln(1 + x)}{x} = 1$ (voir exercice 110).
Utiliser un schéma de décomposition pour étudier la limite de la suite $\left(x \dfrac{\ln\left(1 + \frac{x}{n}\right)}{\frac{x}{n}}\right)$ en posant $N = \dfrac{x}{n}$.

c) Recopier et compléter : $\lim\limits_{n \to +\infty} \left(1 + \dfrac{x}{n}\right)^n = \ldots$

154 Étudier une équation fonctionnelle

On se propose de caractériser les fonctions f vérifiant pour tous réels a et b, $f(ab) = f(a) + f(b)$.

1. a) On suppose que f est définie en 0.
Que vaut $f(0)$?

b) En déduire que f est nécessairement nulle, c'est-à-dire que pour tout réel x, $f(x) = 0$.

2. On suppose que f est définie et dérivable sur $]0\,;+\infty[$, a désigne un nombre réel strictement positif et on note g la fonction définie sur $]0\,;+\infty[$ par $g(x) = f(ax) - f(x)$.

a) Justifier que g est une fonction constante.

b) Donner deux expressions de $g'(x)$ pour tout $x > 0$.

c) En déduire que $af'(a) - f'(1) = 0$.

3. a) On pose $f'(1) = k$.

Exprimer $f'(a)$ en fonction de k et de a.

b) Déduire que pour tout réel $x > 0$,

$$f'(x) = \frac{k}{x} \qquad \textbf{(1)}$$

c) • Vérifier que la fonction f_1 définie sur $]0\,;+\infty[$ par $f_1(x) = k\ln(x)$ réalise la condition **(1)**.

• On suppose que f_2 est une autre fonction telle que pour tout réel $x > 0$, $f_2'(x) = \dfrac{k}{x}$.

Expliquer pourquoi la fonction $f_2 - f_1$ est constante.

d) En déduire l'ensemble des fonctions définies sur $]0\,;+\infty[$ vérifiant la condition **(1)** et donc l'ensemble des fonctions f définies sur $]0\,;+\infty[$ telles que pour tous réels $a > 0$ et $b > 0$, $f(ab) = f(a) + f(b)$.

155 Algo python

Étudier les encadrements de Neper

1. Par des procédés cinématiques dont on ne parlera pas ici, Neper a établi que pour tout réel $x > 0$,

$$\frac{x-1}{x} \leqslant \ln(x) \leqslant x - 1$$

a) Démontrer cet encadrement.

b) Neper prend pour approximation de $\ln(x)$, le milieu de l'intervalle $\left[\dfrac{x-1}{x}\,;x-1\right]$.

Vérifier qu'il obtient $\ln(x) \approx \dfrac{x^2-1}{2x}$.

c) Pour son procédé, Neper avait besoin d'approximations de $\ln(0{,}99)$ et $\ln(0{,}999\,5)$.

Quelles approximations a-t-il prises ?

2. Voici comment Neper procédait pour obtenir une approximation de $\ln(0{,}7)$ à partir de celles obtenues pour $\ln(0{,}99)$ et $\ln(0{,}999\,5)$.

a) Vérifier que $0{,}99^{36} < 0{,}7 < 0{,}99^{35}$.

b) Vérifier que :

$$0{,}99^{35} \times 0{,}999\,5^{10} < 0{,}7 < 0{,}99^{35} \times 0{,}999\,5^{9}$$

c) En déduire l'encadrement de $\ln(0{,}7)$ obtenu par Neper.

d) Comparer avec la valeur approchée de $\ln(0{,}7)$ donnée par la calculatrice.

3. Écrire une fonction **Neper** en langage Python qui renvoie l'approximation de $\ln(x)$ obtenue à la question **1. b)** pour un réel $x > 0$ donné en paramètre.

156 Relier exponentielle et logarithme

Dans tous les calculs et expressions, la lettre « e » désigne l'exponentielle de 1. On donne $e \approx 2{,}7$.

1. a) Montrer que pour tout réel x,

$$x^2 - xe + e > 0.$$

b) On note pour tout réel x,

$$P(x) = 2x^2 - (2e)x + 2(e-1).$$

Calculer les racines de P, notées α et β, et en déduire le signe de $P(x)$ en fonction des différentes valeurs de x.

2. On considère alors la fonction f définie sur $\mathbb{R}$ par :

$$f(x) = 1 - \ln(x^2 - xe + e).$$

On note $\mathscr{C}$, la courbe de f dans un repère orthonormé.

a) Calculer $f(0)$, $f(1)$, $f(e-1)$ et $f(e)$.

Vérifier que $f\left(\dfrac{e}{2}\right) = -\ln\left(1 - \dfrac{e}{4}\right)$.

Étudier la limite de f en $-\infty$, puis en $+\infty$.

b) Calculer $f'(x)$, puis étudier son signe

Vérifier que $f'(0) = 1$ et $f'(e) = -1$.

c) En utilisant $e \approx 2{,}7$, ordonner les nombres $0\,;1\,;$ $e-1\,;e\,;\dfrac{e}{2}$, puis dresser le tableau de variations de f en faisant figurer les valeurs étudiées en **2. a)**.

3. Donner l'allure de $\mathscr{C}$, dans un repère orthonormé d'unité 5 cm, en faisant figurer les résultats obtenus aux questions précédentes.

Des Défis

157 Vérifier une propriété

$\mathscr{C}$ est la courbe représentative de la fonction ln dans un repère orthonormé.

A est le sommet de la parabole $\mathscr{P}$ représentative de $x \mapsto -x^2 + a$ où a est un nombre réel fixé.

Démontrer que le point d'intersection des courbes $\mathscr{C}$ et $\mathscr{P}$ est celui qui réalise le minimum de la distance de A à tout point de $\mathscr{C}$.

158 Étudier un grand nombre

Le nombre $10^{10^{10^{10^{10^{10}}}}}$ s'appelle nombre de Folkman ; il intervient en théorie des graphes.

Calculer son logarithme décimal.

12 Fonctions sinus et cosinus

HISTOIRE DES MATHS

Vers l'an 150 avant notre ère, **Hipparque de Nicée** pose les principes de la trigonométrie pour décrire avec précision la position de certains astres.

Au 2e siècle, **Ptolémée** reprend ses travaux et introduit des formules de trigonométrie.

Au 5e siècle, **Aryabhata l'Ancien** établit des tables du sinus.

Au 16e siècle, **Georg Joachim Rheticus** définit les fonctions trigonométriques dans un triangle rectangle au lieu d'un cercle. Il inspire **François Viète** qui fait évoluer la trigonométrie vers ce qu'on en connaît aujourd'hui.

Au 17e siècle, **Albert Girard** introduit les notations sin et cos, reprises ensuite par **Euler**. **René Descartes** étudie la déviation d'un rayon lumineux à l'aide du sinus.

Hipparque de Nicée

François Viète

▶ **Hipparque de Nicée** (– 190 ; – 120) est le plus grand astronome d'observation de l'Antiquité. Il est le premier Grec à modéliser le mouvement de la Lune et du Soleil. On le considère comme l'inventeur de la trigonométrie.

▶ **François Viète** (1540-1603) est un mathématicien français, fondateur des notations de l'algèbre contemporaine. Dans *Canon mathematicus*, il présente des formules de trigonométrie et établit des tables en utilisant des nombres décimaux.

- 150 Hipparque fonde la trigonométrie.

150 Ptolémée écrit un traité de trigonométrie.

1460 La trigonométrie devient une branche autonome des mathématiques.

1551 Rheticus définit des fonctions trigonométriques dans un triangle rectangle.

1571 Viète établit des formules de trigonométrie.

1637 Descartes étudie les lois de la réfraction.

- 52 Siège d'Alesia

161 Début du règne de l'empereur Marc Aurèle

1453 Fin de la guerre de Cent ans

1550 *Les Odes* de Ronsard

1572 Massacre de la Saint-Barthélemy

1642 Mazarin succède à Richelieu

0 200 1400 1500 1600 1700

La Philharmonie de Paris

Avec sa scène située au cœur du public, la grande salle Pierre Boulez se démarque sur le plan acoustique des **modèles habituels** de salles de concert en renforçant le sentiment d'intimité entre l'interprète et l'auditoire. Le volume de la salle a été étudié pour permettre une excellente réverbération du son le plus pur possible, c'est-à-dire **sinusoïdal**, tel celui d'un diapason.

Les contenus et capacités travaillés dans ce chapitre

	Savoir-faire	Exercices
• Fonction sinus : parité, périodicité et interprétation graphique, dérivée, variations, courbe représentative.	1, 3, 4, 14	15 à 26, 28 à 30, 32
• Fonction cosinus : parité, périodicité et interprétation graphique, dérivée, variations, courbe représentative.	6, 8, 9, 12, 13	33 à 43, 45 à 47, 50, 51
• Résolution d'une équation du type $\cos(x) = a$, d'une inéquation de la forme $\cos(x) \leqslant a$ dans $[-\pi\ ;\ \pi]$.	7, 10, 11	52 à 63, 75 à 80
• Étude d'une fonction simple définie à partir de fonctions trigonométriques pour déterminer des variations, un optimum.	2, 5	27, 31, 44, 48, 49, 70 à 73

Calcul mental

Rappels utiles

• Mesure d'un angle et cercle trigonométrique

Le **radian** (symbole : rad) est la mesure d'un angle au centre qui intercepte un arc de longueur 1 sur un cercle de rayon 1.

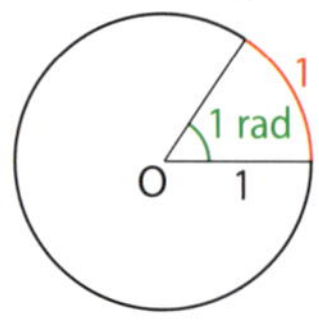

Les mesures a en degré et α en radian d'un même angle sont **proportionnelles**.

$$\alpha = \frac{\pi}{180} \times a$$

Le **cercle trigonométrique** de centre O a pour rayon 1 et est muni d'un repère de sens direct.

Si M est l'image d'un réel x, alors M est aussi l'image des réels $x + k \times 2\pi (k \in \mathbb{Z})$.

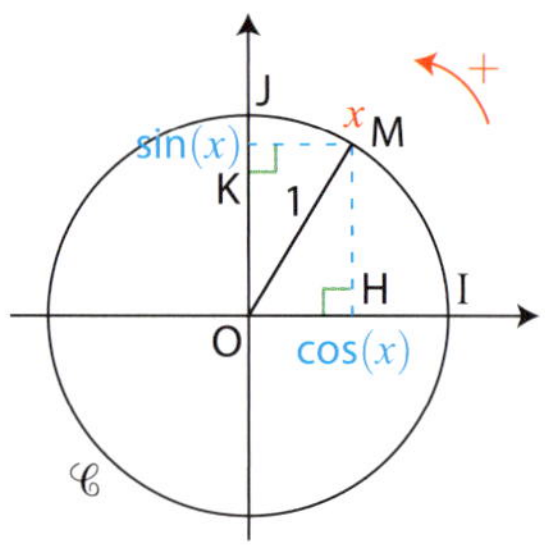

• Formules

Pour tout réel x, • $-1 \leqslant \cos(x) \leqslant 1$ • $-1 \leqslant \sin(x) \leqslant 1$

• $\cos^2(x) + \sin^2(x) = 1$

• Valeurs remarquables

Angle x (en rad)	0	$\frac{\pi}{6}$	$\frac{\pi}{4}$	$\frac{\pi}{3}$	$\frac{\pi}{2}$	π	$\frac{3\pi}{2}$	2π
$\sin(x)$	0	$\frac{1}{2}$	$\frac{\sqrt{2}}{2}$	$\frac{\sqrt{3}}{2}$	1	0	-1	0
$\cos(x)$	1	$\frac{\sqrt{3}}{2}$	$\frac{\sqrt{2}}{2}$	$\frac{1}{2}$	0	-1	0	1

• Parité

La **fonction sinus** est **impaire** :

pour tout réel x, $\sin(-x) = -\sin(x)$.

La **fonction cosinus** est **paire** :

pour tout réel x, $\cos(-x) = \cos(x)$.

• Périodicité

Les fonctions sinus et cosinus sont **périodiques de période** 2π.

Pour tout réel x,

$\sin(x + 2\pi) = \sin(x)$ et $\cos(x + 2\pi) = \cos(x)$.

À l'oral — Questions-Tests

Il y a une seule réponse exacte.

1 **a)** Un angle a pour mesure 80°. Sa mesure en radian est :

(1) $\frac{\pi}{80}$ rad (2) $\frac{8\pi}{9}$ rad (3) $\frac{4\pi}{9}$ rad

b) Un angle a pour mesure $\frac{2\pi}{3}$ rad.

Sa mesure en degré est :

(1) 60° (2) 120° (3) 75°

2 x désigne un nombre réel.

Répondre en s'aidant du cercle trigonométrique.

a) $\sin(x + \pi)$ est égal à :

(1) $\sin(x)$ (2) $\cos(x)$ (3) $-\sin(x)$

b) $\cos\left(x + \frac{\pi}{2}\right)$ est égal à :

(1) $\sin(x)$ (2) $\cos(x)$ (3) $-\sin(x)$

c) $\cos(\pi - x)$ est égal à :

(1) $\sin(x)$ (2) $\cos(x)$ (3) $-\cos(x)$

d) $\sin\left(\frac{\pi}{2} - x\right)$ est égal à :

(1) $\sin(x)$ (2) $\cos(x)$ (3) $-\cos(x)$

3 Pour tout réel x, $\sin^2(x)$ est égal à :

(1) $1 - \cos^2(x)$ (2) $\cos^2(x) - 1$ (3) $1 + \cos^2(x)$

4 $\cos\left(\frac{7\pi}{6}\right)$ est égal à :

(1) $\frac{\sqrt{3}}{2}$ (2) $-\frac{\sqrt{3}}{2}$ (3) $-\frac{1}{2}$

5 **a)** Pour tout réel x, $f(x) = -\sin(x)$.

La fonction f :

(1) est paire (2) est impaire (3) n'est ni paire ni impaire

b) Pour tout réel x, $g(x) = -2\cos(x)$.

La fonction g est :

(1) est paire (2) est impaire (3) n'est ni paire ni impaire

6 x désigne un nombre réel.

a) $\sin(x + 4\pi)$ est égal à :

(1) $\sin(x)$ (2) $\cos(x)$ (3) $-\sin(x)$

b) $\cos(x + 3\pi)$ est égal à :

(1) $\sin(x)$ (2) $\cos(x)$ (3) $-\cos(x)$

1 Variations des fonctions sinus et cosinus

Voici, dans un repère, les courbes représentatives des fonctions f et g, définies sur $\mathbb{R}$ par :

$f(x) = \sin(x)$ et $g(x) = \cos(x)$.

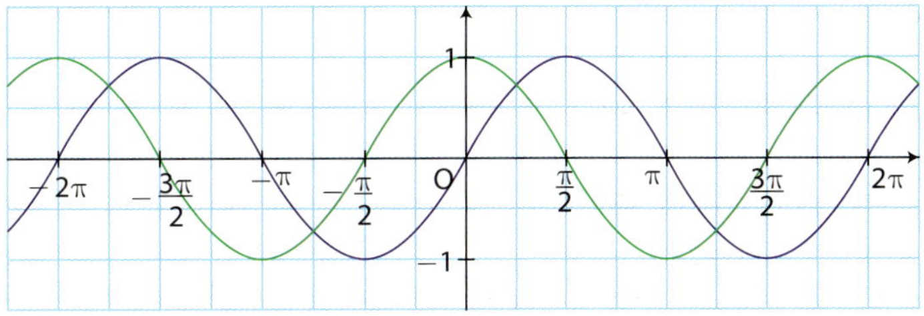

1 **a)** Indiquer la couleur de la courbe représentant : • la fonction f ; • la fonction g.

b) Donner des raisons de ce choix.

2 **a)** Indiquer des intervalles de $[-2\pi ; 2\pi]$ sur lesquels la fonction f est : • croissante • décroissante

b) Indiquer des intervalles de $[-2\pi ; 2\pi]$ sur lesquels la fonction g est : • croissante • décroissante

3 On admet que les fonctions sinus et cosinus sont dérivables sur $\mathbb{R}$ et que pour tout réel x :

$$\sin'(x) = \cos(x) \text{ et } \cos'(x) = -\sin(x).$$

a) Les réponses à la question **2** sont-elles en accord avec les définitions des dérivées des fonctions sinus et cosinus ?

b) Recopier et compléter les tableaux de variations des fonctions sinus et cosinus sur l'intervalle $[-\pi ; \pi]$.

x	$-\pi$ π
$\sin'(x)$	
$\sin(x)$	

x	$-\pi$ π
$\cos'(x)$	
$\cos(x)$	

2 Étude de variations et recherche d'un optimum

Dans le repère orthonormé d'origine O ci-contre, $\mathscr{C}$ est le cercle trigonométrique de centre O et M est le point de $\mathscr{C}$ image d'un réel x de l'intervalle $\left[0 ; \frac{\pi}{2}\right]$.

P et Q sont les projetés orthogonaux de M sur les axes comme indiqué ci-contre.

On s'intéresse à l'aire $S(x)$ du rectangle OPMQ, en unité d'aire.

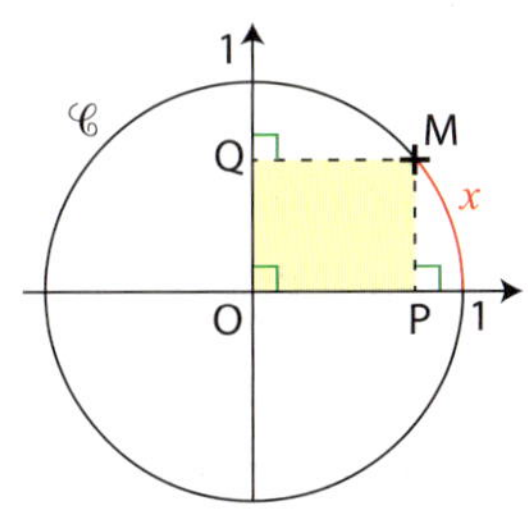

1 Exprimer $S(x)$ en fonction de x.

2 On admet que la fonction S est dérivable sur $\left[0 ; \frac{\pi}{2}\right]$.

a) Déterminer la fonction dérivée S′ de la fonction S (voir **Découvrir 1**.)

b) Justifier que pour tout réel x de $\left[0 ; \frac{\pi}{2}\right]$, $S'(x) = 2\cos^2(x) - 1$.

c) Utiliser l'écran de calcul formel ci-contre pour expliquer pourquoi $S'(x)$ est du signe de $\sqrt{2}\cos(x) - 1$ sur $\left[0 ; \frac{\pi}{2}\right]$.

```
■ factor(2·(cos(x))^2 − 1, x)
                 (√2·cos(x) − 1)·(√2·cos(x) + 1)
```

d) En s'aidant du cercle trigonométrique, résoudre l'inéquation $\cos(x) \geqslant \frac{\sqrt{2}}{2}$ dans l'intervalle $\left[0 ; \frac{\pi}{2}\right]$.

3 Dresser le tableau de variations de la fonction S sur $\left[0 ; \frac{\pi}{2}\right]$. En déduire la position du point M pour laquelle l'aire $S(x)$ est maximum. Quelle est alors la nature du rectangle OPMQ ?

Exercices
- 1 à 5 (ci-contre)
- 15 à 32

1 Étude de la fonction sinus

A Propriétés de la fonction sinus

Propriétés connues de la fonction sinus

- La fonction sinus est **impaire** : pour tout réel x, $\sin(-x) = -\sin(x)$.
- La fonction sinus est **périodique de période 2π** : pour tout réel x, $\sin(x + 2\pi) = \sin(x)$.

Continuité et dérivabilité de la fonction sinus

Propriétés (admises)

- La fonction sinus est continue sur $\mathbb{R}$.
- La fonction sinus est dérivable sur $\mathbb{R}$, et pour tout réel x, $\mathbf{\sin'(x) = \cos(x)}$.

B Étude de la fonction sinus sur l'intervalle $[0\,;\pi]$

Pour tout réel x, $\sin'(x) = \cos(x)$.

Or, $\cos(x) \geqslant 0$ sur $\left[0\,;\dfrac{\pi}{2}\right]$ et $\cos(x) \leqslant 0$ sur $\left[\dfrac{\pi}{2}\,;\pi\right]$.

Donc, la fonction sinus est croissante sur $\left[0\,;\dfrac{\pi}{2}\right]$ et décroissante sur $\left[\dfrac{\pi}{2}\,;\pi\right]$.

Tableau de variations sur $[0\,;\pi]$

x	0		$\dfrac{\pi}{2}$		π
$\sin'(x)$		$+$	0	$-$	
$\sin(x)$	0	↗	1	↘	0

Courbe représentative sur $[0\,;\pi]$

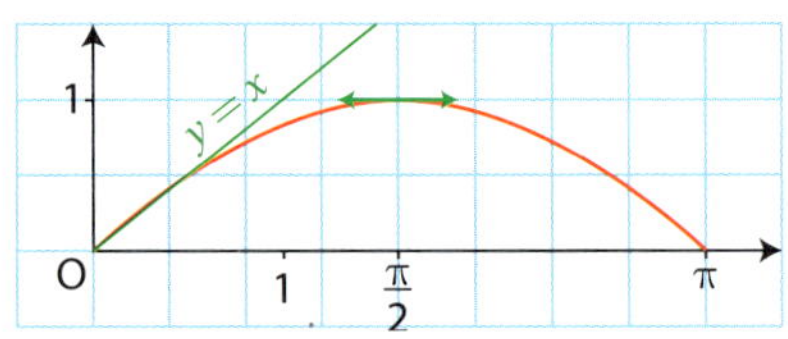

Dans un repère d'origine O, une équation de la tangente à la courbe représentative de la fonction sinus en l'origine O est $y = \sin'(0)\,(x - 0) + 0$, c'est-à-dire $y = \cos(0)x$, soit $y = x$.

C Courbe représentative de la fonction sinus

La parité de la fonction sinus permet de tracer la courbe sur l'intervalle $[-\pi\,;\pi]$.

Dans un repère $(\mathrm{O}\,;\vec{i},\vec{j})$, d'après la périodicité de la fonction sinus, les translations de vecteurs $-2\pi\vec{i}$, $2\pi\vec{i}$, … permettent de tracer la courbe sur les intervalles $[-3\pi\,;-\pi]$, $[\pi\,;3\pi]$, …

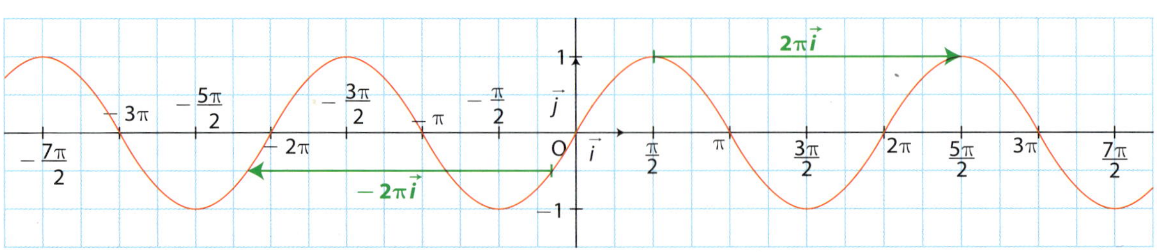

La courbe de la fonction sinus est appelée **une sinusoïde**.

EXERCICES RÉSOLUS

1 Déterminer une fonction dérivée

Dans le repère orthonormé d'origine O ci-contre, $\mathscr{C}$ est le cercle trigonométrique de centre O et M est le point de $\mathscr{C}$ image d'un réel x de $[0\,;\pi]$.
On note P le projeté orthogonal de M sur l'axe des abscisses.
On s'intéresse au rectangle MPQR tel que PQ = MP + 1.
On note $\mathscr{A}(x)$ l'aire, en unité d'aire, de ce rectangle ($x \in [0\,;\pi]$).
a) Exprimer $\mathscr{A}(x)$ en fonction de x.
b) Justifier que pour tout réel x de $[0\,;\pi]$, $\mathscr{A}'(x) = (2\sin(x) + 1)\cos(x)$.

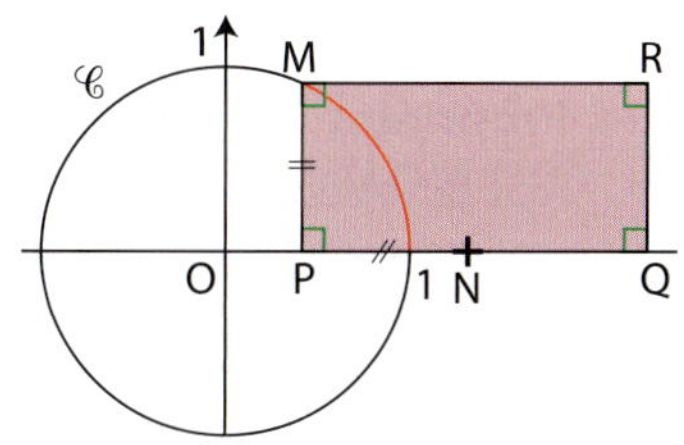

Solution

a) Pour tout réel x de $[0\,;\pi]$, $\mathscr{A}(x) = \text{MP} \times \text{PQ}$. Ainsi, $\mathscr{A}(x) = \sin(x) \times (\sin(x) + 1)$.
b) La fonction sinus est dérivable sur $\mathbb{R}$, donc la fonction $\mathscr{A}$ est dérivable sur $[0\,;\pi]$.
Pour tout réel x de $[0\,;\pi]$, on pose $u(x) = \sin(x)$ et $v(x) = \sin(x) + 1$.
Alors, $u'(x) = \cos(x)$ et $v'(x) = \cos(x)$.
Donc, pour tout réel x de $[0\,;\pi]$,
$\mathscr{A}'(x) = \cos(x) \times (\sin(x) + 1) + \sin(x) \times \cos(x)$
$\mathscr{A}'(x) = \cos(x) \times (\sin(x) + 1 + \sin(x)) = \cos(x) \times (2\sin(x) + 1)$.

Pour dériver un produit, on utilise la formule : $(uv)' = u'v + uv'$.

2 Étudier le sens de variation d'une fonction

On reprend la situation de l'exercice 1.
a) Étudier le signe de $\mathscr{A}'(x)$ pour $x \in [0\,;\pi]$.
b) En déduire le sens de variation de la fonction $\mathscr{A}$ sur $[0\,;\pi]$.

Solution

a) Pour tout réel x de $[0\,;\pi]$, $0 \leqslant \sin(x) \leqslant 1$.
Donc, $2\sin(x) + 1$ est un nombre réel positif.
Ainsi, $\mathscr{A}'(x)$ est du signe de $\cos(x)$. Donc :
$\mathscr{A}'(x) \geqslant 0$ sur $\left[0\,;\frac{\pi}{2}\right]$ et $\mathscr{A}'(x) \leqslant 0$ sur $\left[\frac{\pi}{2}\,;\pi\right]$.
b) La fonction $\mathscr{A}$ est croissante sur $\left[0\,;\frac{\pi}{2}\right]$ et décroissante sur $\left[\frac{\pi}{2}\,;\pi\right]$.

Le signe de $\cos(x)$ peut se lire sur un cercle trigonométrique.

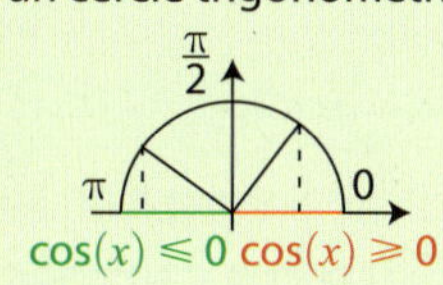

EXERCICES D'APPLICATION DIRECTE

Sur le modèle de l'exercice résolu 1

3 Pour tout réel x, $f(x) = \sin(x) \times (\sin(x) - 1)$.
a) Déterminer la fonction dérivée de f.
b) Justifier que pour tout réel x,
$$f'(x) = (2\sin(x) - 1)\cos(x).$$

4 Dans chaque cas, déterminer la fonction dérivée de la fonction définie sur $\mathbb{R}$ par :
a) $g(x) = x + \sin(x)$ **b)** $h(x) = x\sin(x)$.

Sur le modèle de l'exercice résolu 2

5 On reprend la situation de l'exercice 1.
On note $p(x)$ le périmètre du rectangle MPQR, avec $x \in [0\,;\pi]$.
a) Exprimer $p(x)$ en fonction de x.
b) Déterminer la fonction dérivée de p.
c) Étudier le signe de $p'(x)$ sur l'intervalle $[0\,;\pi]$.
d) En déduire le sens de variation de la fonction p sur l'intervalle $[0\,;\pi]$.

Exercices
- 6 à 11 (ci-contre)
- 33 à 63

2 Étude de la fonction cosinus

A Propriétés de la fonction cosinus

Propriétés connues de la fonction cosinus

- La fonction cosinus est **paire** : pour tout réel x, $\cos(-x) = \cos(x)$.
- La fonction cosinus est **périodique de période 2π** : pour tout réel x, $\cos(x + 2\pi) = \cos(x)$.

Continuité et dérivabilité de la fonction cosinus

Propriétés (admises)

- La fonction cosinus est continue sur $\mathbb{R}$.
- La fonction cosinus est dérivable sur $\mathbb{R}$, et pour tout réel x, $\mathbf{\cos'(x) = -\sin(x)}$.

B Étude de la fonction cosinus sur l'intervalle $[0 ; \pi]$

Pour tout réel x, $\cos'(x) = -\sin(x)$.
Or, $\sin(x) \geqslant 0$ sur $[0 ; \pi]$, donc $\cos'(x) \leqslant 0$ sur $[0 ; \pi]$.
Donc, la fonction cosinus est décroissante sur $[0 ; \pi]$.

Tableau de variations sur $[0 ; \pi]$

x	0	$\frac{\pi}{2}$	π
$\cos'(x)$	0	$-$	0
$\cos(x)$	1 ↘	0	↘ -1

Courbe représentative sur $[0 ; \pi]$

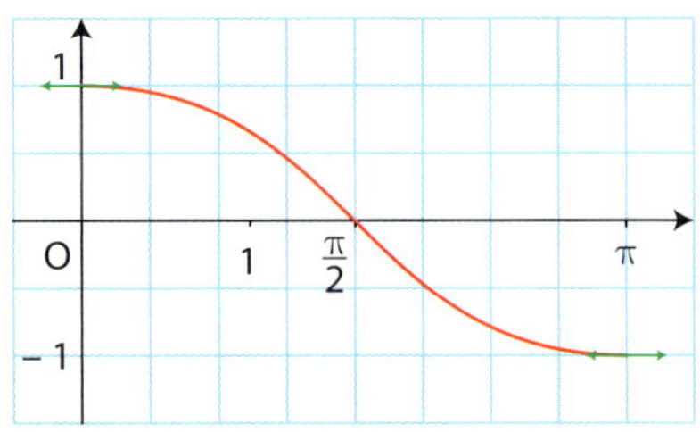

C Courbe représentative de la fonction cosinus

La parité de la fonction cosinus permet de tracer la courbe sur l'intervalle $[-\pi ; \pi]$.
Dans un repère $(O ; \vec{i}, \vec{j})$, d'après la périodicité de la fonction cosinus, les translations de vecteurs $-2\pi\vec{i}$, $2\pi\vec{i}$, … permettent de tracer la courbe sur les intervalles $[-3\pi ; -\pi]$, $[\pi ; 3\pi]$, …

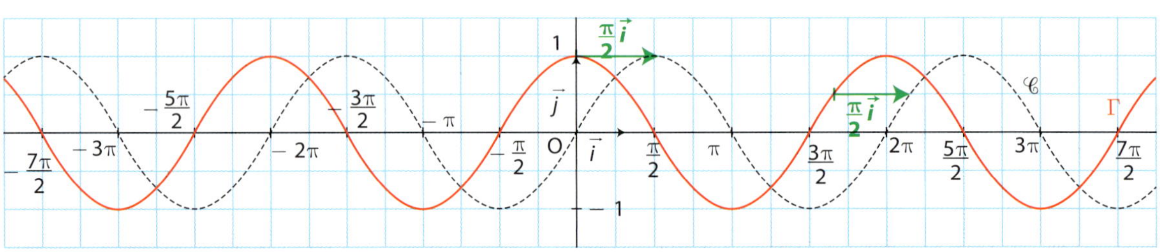

La courbe représentative $\mathscr{C}$ de la fonction sinus se déduit de celle Γ de la fonction cosinus par la translation de vecteur $\frac{\pi}{2}\vec{i}$ (voir exercice 40). Ainsi, la courbe Γ est aussi **une sinusoïde**.

EXERCICES RÉSOLUS

6 Déterminer une fonction dérivée

f est la fonction définie sur $\mathbb{R}$ par $f(x) = \cos^2(x)$.
Déterminer la fonction dérivée de la fonction *f*.

Solution

La fonction cosinus est dérivable sur $\mathbb{R}$ donc la fonction *f* l'est aussi.
Pour tout réel x, $f'(x) = 2\cos(x) \times \cos'(x)$
c'est-à-dire $f'(x) = -2\cos(x) \times \sin(x)$.

$f = u^2$ où u est la fonction cosinus.
Pour dériver *f*, on applique la formule :
$$(u^2)' = 2uu'.$$

7 Résoudre une équation (resp. inéquation) du type $\cos(x) = a$ (resp. $\cos(x) \leqslant a$)

Résoudre dans l'intervalle $[-\pi\,;\pi]$:

a) l'équation $\cos(x) = \frac{1}{2}$;　　**b)** l'inéquation $\cos(x) \leqslant \frac{1}{2}$.

Solution

a) Dans l'intervalle $[-\pi\,;\pi]$,
$$\cos(x) = \frac{1}{2} \text{ équivaut à } x = \frac{\pi}{3} \text{ ou } x = -\frac{\pi}{3}.$$
L'ensemble des solutions est $\mathcal{S} = \left\{-\frac{\pi}{3}\,;\frac{\pi}{3}\right\}$.

b) Dans $[-\pi\,;\pi]$, $\cos(x) \leqslant \frac{1}{2}$ équivaut à $-\pi \leqslant x \leqslant -\frac{\pi}{3}$ ou $\frac{\pi}{3} \leqslant x \leqslant \pi$. Donc $\mathcal{S} = \left[-\pi\,;-\frac{\pi}{3}\right] \cup \left[\frac{\pi}{3}\,;\pi\right]$.

$\cos^{-1}\left(\frac{1}{2}\right)$
$\frac{\pi}{3}$

Au **a)**, la touche cos⁻¹ (ou Acs ou Acos) renvoie le nombre x de $[0\,;\pi]$ tel que $\cos(x) = a$.

Pour répondre aux questions ci-dessus, on peut utiliser un cercle trigonométrique ou la courbe représentative de la fonction cosinus (et des valeurs remarquables).

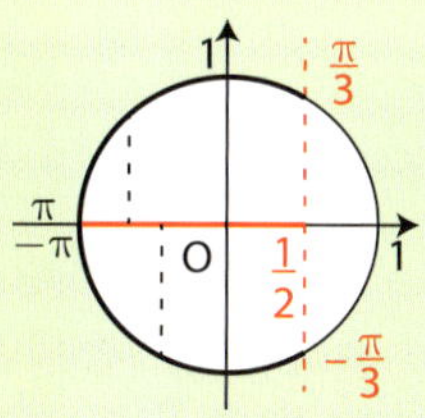

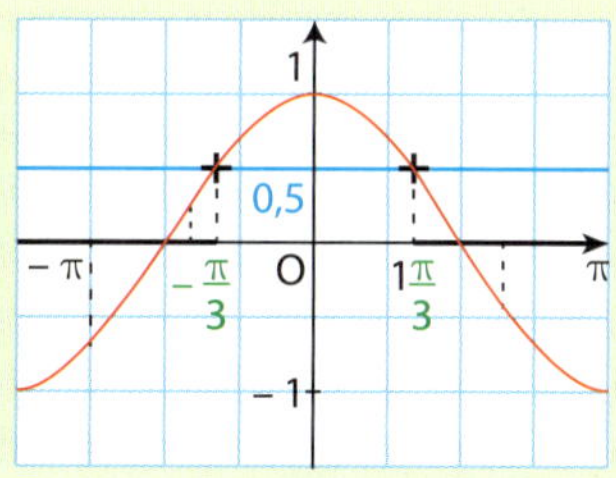

EXERCICES D'APPLICATION DIRECTE

Sur le modèle de l'exercice résolu 6

8 Dans chaque cas, déterminer la fonction dérivée de la fonction définie sur $\mathbb{R}$ par :
a) $f(x) = x + \cos(x)$　　**b)** $g(x) = x\cos(x)$

9 Dans chaque cas, déterminer la fonction dérivée de la fonction définie sur $\mathbb{R}$ par :
a) $f(x) = \sin(x) + \cos(x)$　　**b)** $g(x) = \sin(x) - \cos(x)$

Sur le modèle de l'exercice résolu 7

10 Résoudre dans l'intervalle $[-\pi\,;\pi]$:
a) $\cos(x) = \frac{\sqrt{2}}{2}$　　**b)** $\cos(x) \leqslant \frac{\sqrt{2}}{2}$

11 Résoudre dans l'intervalle $[-\pi\,;\pi]$:
a) $\cos(x) = -\frac{1}{2}$　　**b)** $\cos(x) \geqslant -\frac{1}{2}$

Algo python™

Vidéo
JAICOMPRIS.COM
Un autre exercice Algo/python résolu en vidéo

EXERCICE RÉSOLU

12 Utiliser un algorithme de balayage

Cours 2

1. Démontrer que l'équation $\cos(x) = x$ admet une unique solution x_0 dans $\left[0\ ;\ \frac{\pi}{2}\right]$.

2. On étudie la fonction **Balayage** ci-contre, écrite en langage Python.

a) Exécuter pas à pas ce programme et compléter un tableau de suivi de la variable a pour $p = 0{,}1$. Faire apparaître également $\cos(a)$ dans ce tableau. *Arrondir au centième.*

Quelles sont les valeurs obtenues ?

b) Expliquer le rôle de ce programme.

c) Saisir ce programme et l'exécuter avec $p = 0{,}000\,1$. Interpréter le résultat obtenu.

```
from math import*

def Balayage(p):
    a=0
    while cos(a)>a:
        a=a+p
    return a-p,a
```

Solution

1. On note f la fonction définie sur $\mathrm{I} = \left[0\ ;\ \frac{\pi}{2}\right]$ par $f(x) = \cos(x) - x$.

f est dérivable sur I et pour tout réel x de I, $f'(x) = -\sin(x) - 1$.

Sur $\left[0\ ;\ \frac{\pi}{2}\right]$, $\sin(x) \geqslant 0$ donc $f'(x) < 0$. De plus $f(0) = 1$ et $f\left(\frac{\pi}{2}\right) = -\frac{\pi}{2}$.

La fonction f est continue et strictement décroissante sur I et $f(0) \times f\left(\frac{\pi}{2}\right) < 0$, donc l'équation $f(x) = 0$, c'est-à-dire l'équation $\cos(x) = x$, admet une seule solution x_0 dans I.

2. a) Voici le tableau de suivi de la variable a et les valeurs successives de $\cos(a)$ arrondies au centième.

a	0	0,1	0,2	0,3	0,4	0,5	0,6	0,7	0,8
$\cos(a)$	1	1	0,98	0,96	0,92	0,88	0,83	0,76	0,70

On sort de la boucle dès que $\cos(a) \leqslant a$.

On obtient les valeurs 0,7 et 0,8.

b) Ce programme permet d'obtenir par balayage un encadrement de la solution x_0 de l'équation $\cos(x) = x$ dans l'intervalle $\left[0\ ;\ \frac{\pi}{2}\right]$.

c) Voici l'affichage obtenu dans la console :

```
>>> Balayage(0.0001)
(0.7389999999999349, 0.7390999999999349)
```

La solution x_0 de l'équation $\cos(x) = x$ dans $\left[0\ ;\ \frac{\pi}{2}\right]$ est telle que $0{,}738\,9 < x_0 < 0{,}739\,1$.

On visualise ci-dessous une résolution graphique de l'équation $\cos(x) = x$.

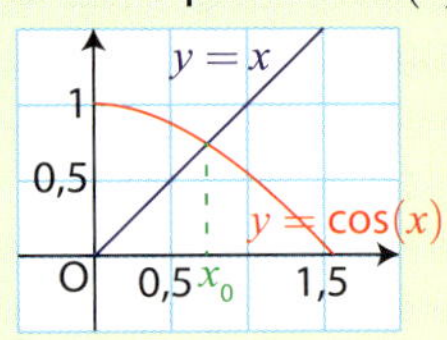

EXERCICES D'APPLICATION DIRECTE

Sur le modèle de l'exercice résolu 12

13 **a)** Démontrer que l'équation $\cos(x) = \frac{x}{2}$ admet une unique solution α dans $\left[0\ ;\ \frac{\pi}{2}\right]$.

b) Adapter le programme de l'exercice **12** pour déterminer un encadrement de α.

Exécuter ce programme avec $p = 0{,}0001$.

14 **a)** Démontrer que l'équation $\sin(x) = \frac{x}{2}$ admet une unique solution β dans $\left[\frac{\pi}{3}\ ;\ \pi\right]$.

b) Adapter le programme de l'exercice **12** pour déterminer un encadrement de β.

Exécuter ce programme avec :

- $p = 0{,}0001$
- $p = 10^{-6}$

Étude de la fonction sinus

Cours 1

Questions flash — À l'oral

15 f est la fonction définie sur $\mathbb{R}$ par :
$$f(x) = -2\sin(x).$$
Laquelle de ces affirmations est exacte ?
(1) La fonction f est paire.
(2) La fonction f est impaire.
(3) La fonction f n'est ni paire ni impaire.

16 Voici la courbe représentative de la fonction sinus sur $[-\pi\,;0]$ dans un repère.
Expliquer oralement comment compléter cette courbe pour l'obtenir sur $[-\pi\,;2\pi]$.

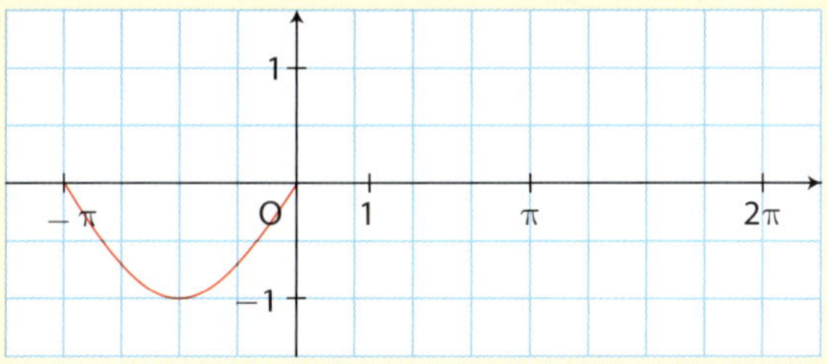

17 On sait que la fonction sinus est croissante sur $\left[0\,;\dfrac{\pi}{2}\right]$. Quel est son sens de variation sur $\left[\dfrac{\pi}{2}\,;\dfrac{3\pi}{2}\right]$?

18 Déterminer la fonction dérivée de la fonction g définie sur $\mathbb{R}$ par $g(x) = \sin(2x)$.

19 f est la fonction définie sur $\mathbb{R}$ par :
$$f(x) = \sin\left(\frac{3}{2}x\right).$$
Exprimer $f\left(x + \dfrac{4\pi}{3}\right)$ en fonction de x et démontrer que la fonction f est périodique de période $\dfrac{4\pi}{3}$.

20 Voici la courbe représentative de la fonction g définie sur $\mathbb{R}$ par $g(x) = -2\sin(2x)$.

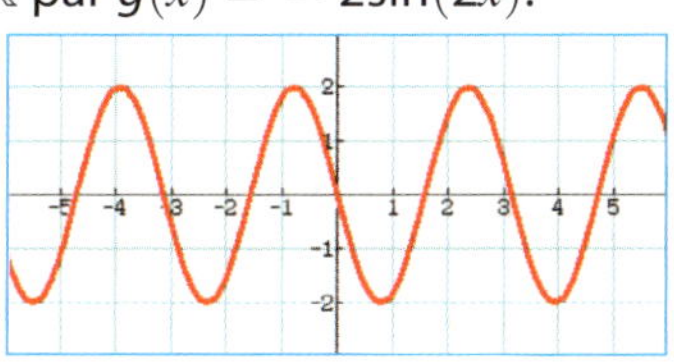

1. a) Conjecturer graphiquement la parité de g.
b) Exprimer $g(-x)$ en fonction de x et démontrer cette conjecture.
2. Exprimer $g(x + \pi)$ en fonction de x et démontrer que la fonction g est périodique de période π.

21 h est la fonction définie sur $\mathbb{R}$ par :
$$h(x) = \sin(x) + \sin(2x).$$
a) Démontrer que la fonction h est impaire.
b) Qu'en déduit-on pour sa courbe représentative $\mathscr{C}$ dans un repère ?
c) Afficher la courbe $\mathscr{C}$ à l'écran de la calculatrice et vérifier cette conjecture.

22 k est la fonction définie sur $\mathbb{R}$ par :
$$k(x) = \sin(\pi x).$$
a) Afficher la courbe représentative de la fonction k à l'écran de la calculatrice.
b) Conjecturer que la fonction k est périodique de période T. Indiquer T.
c) Démontrer cette conjecture.

Pour les exercices 23 et 24, f est la fonction définie sur $\mathbb{R}$ par $f(x) = \sin(x)$ et $\mathscr{C}$ est sa courbe représentative dans un repère orthogonal.

23 a) M et M′ sont des points de $\mathscr{C}$ d'abscisses respectives $\dfrac{\pi}{2} - x$ et $\dfrac{\pi}{2} + x$ (avec x nombre réel).
Démontrer que M et M′ ont la même ordonnée.
b) Qu'en déduit-on pour la droite d'équation $x = \dfrac{\pi}{2}$?

24 a) P et P′ sont des points de $\mathscr{C}$ d'abscisses respectives $\pi - x$ et $\pi + x$ (avec x nombre réel).
Démontrer que le point $A(\pi\,;0)$ est le milieu du segment [PP′].
b) Qu'en déduit-on pour le point A ?

25 Dans chaque cas, déterminer la fonction dérivée de la fonction définie sur $\mathbb{R}$.
a) $f(x) = \sin^3(x)$ **b)** $g(x) = (\sin(x) - 2)(\sin(x) + 1)$

26 Dans chaque cas, déterminer la fonction dérivée de la fonction définie sur I.
a) $g(x) = \dfrac{\sin(x)}{x}$ $\quad \mathrm{I} =]0\,;+\infty[$
b) $h(x) = \dfrac{1}{\sin(x)}$ $\quad \mathrm{I} =]0\,;\pi[$

27 f est la fonction définie sur $\mathbb{R}$ par :
$$f(x) = \sin^2(x) + 2\sin(x).$$
1. Montrer que pour tout x, $f'(x) = 2(\sin(x) + 1)\cos(x)$.
2. a) Expliquer pourquoi $f'(x)$ est du signe de $\cos(x)$ sur $[0\,;\pi]$.
En déduire le signe de $f'(x)$ sur $[0\,;\pi]$.
b) Dresser le tableau de variations de f sur $[0\,;\pi]$.

Pour les exercices 28 à 30, déterminer la fonction dérivée de la fonction f et étudier son signe sur I.

28 **a)** $f(x) = 2\sin(x) - 1$ $\quad$ $I = [0\,;\pi]$
b) $f(x) = 2x + 2\sin(x)$ $\quad$ $I = \mathbb{R}$

Vidéo

JaiCompris.com — Cet exercice est corrigé en vidéo

29 **a)** $f(x) = \sin(x) - x$ $\quad$ $I = \mathbb{R}$
b) $f(x) = \sin^2(x)$ $\quad$ $I = [0\,;\pi]$

30 **a)** $f(x) = \dfrac{1}{1+\sin(x)}$ $\quad$ $I = [0\,;\pi]$
b) $f(x) = (\sin(x) + 2)\sin(x)$ $\quad$ $I = \left[-\dfrac{\pi}{2}\,;\dfrac{\pi}{2}\right]$

31 h est la fonction définie sur $[0\,;2\pi]$ par :
$$h(x) = (2 - \sin(x))\sin(x).$$
a) Déterminer $h'(x)$.
b) Expliquer pourquoi $h'(x)$ a le même signe que $\cos(x)$.
c) Dresser le tableau de variations de h sur $[0\,;2\pi]$.

32 $\mathscr{C}$ est la courbe représentative de la fonction sinus dans un repère orthonormé.
Dans chaque cas, déterminer une équation de la tangente à la courbe $\mathscr{C}$ au point d'abscisse a.

a) $a = \dfrac{\pi}{2}$ $\quad$ **b)** $a = \pi$ $\quad$ **c)** $a = 2\pi$

Étude de la fonction cosinus

Cours 2

Questions flash À l'oral

33 f est la fonction définie sur $\mathbb{R}$ par :
$$f(x) = -2\cos(x) + 1.$$
Justifier mentalement que la fonction f est paire.

34 On a tracé ci-dessous la courbe représentative de la fonction cosinus sur l'intervalle $[0\,;\pi]$.
Expliquer oralement comment compléter cette courbe pour l'obtenir sur $[-\pi\,;2\pi]$.

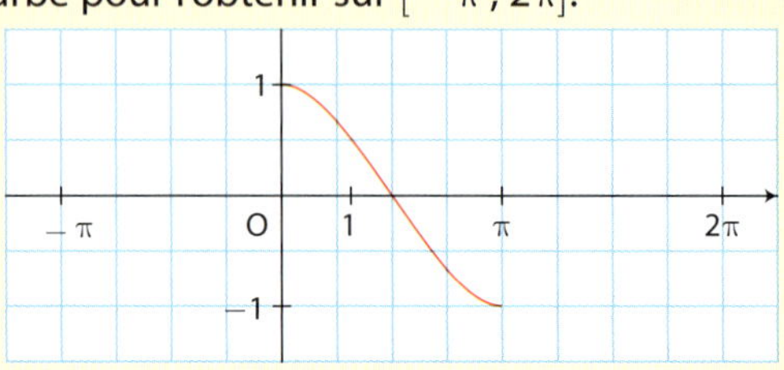

35 La fonction cosinus est décroissante sur $[0\,;\pi]$.
Quel est son sens de variation sur $\left[-\dfrac{3\pi}{2}\,;-\pi\right]$?

36 θ est un nombre réel de l'intervalle $\left]-\dfrac{\pi}{4}\,;\dfrac{3\pi}{4}\right[$.
Donner un encadrement de $\theta - \dfrac{\pi}{4}$ et en déduire le signe de $\cos\left(\theta - \dfrac{\pi}{4}.\right)$

37 f est la fonction définie sur $\mathbb{R}$ par :
$$f(x) = \cos(\pi x + 3).$$
Exprimer $f(x+2)$ en fonction de x et démontrer que la fonction f est périodique de période 2.

38 Juliette affirme : « La fonction g définie sur $\mathbb{R}$ par $g(x) = \cos(4x)$ est périodique de période $\dfrac{\pi}{2}$ ».
A-t-elle raison ? Justifier.

39 f est la fonction définie sur $\mathbb{R}$ par :
$$f(x) = \cos(2x) + \cos(3x).$$
Voici ci-contre un écran de calcul formel.

```
1  f(x) := cos(2x) + cos(3x)
   → f(x) := cos(2 x) + cos(3 x)
2  f(−x)
   → cos(2 x) + cos(3 x)
3  f(x + 2π)
   → cos(2 x) + cos(3 x)
```

a) Vérifier les résultats.
b) Quelles propriétés de la fonction f observe-t-on ainsi ?
c) Qu'en déduit-on pour la courbe représentative de f ?

40 Dans un repère orthogonal $(O\,;\vec{i},\vec{j})$, $\mathscr{C}$ est la courbe représentative de la fonction sinus et Γ celle de la fonction cosinus.
a) M est un point de Γ d'abscisse x et M′ un point de $\mathscr{C}$ d'abscisse $x + \dfrac{\pi}{2}$ (avec x nombre réel).
Déterminer les coordonnées du vecteur $\overrightarrow{MM'}$.
b) En déduire que $\mathscr{C}$ est l'image de Γ par une translation de vecteur à préciser.

41 Dans chaque cas, déterminer la fonction dérivée de la fonction définie sur $\mathbb{R}$.
a) $f(x) = 2x - \cos(x)$ $\quad$ **b)** $g(x) = x^2\cos(x)$
c) $h(x) = (\cos(x) - 1)\sin(x)$ $\quad$ **d)** $k(x) = x + \cos^2(x)$

42 Démontrer que la fonction dérivée de la fonction g définie sur $\mathbb{R}$ par $g(x) = \sin(x)\cos(x)$ peut s'écrire sous la forme $g'(x) = 2\cos^2(x) - 1$.

43 Dans chaque cas, déterminer la fonction dérivée de la fonction définie sur I.
a) $g(x) = \dfrac{\cos(x)}{x}$ $\quad$ $I =]0\,;+\infty[$
b) $h(x) = \dfrac{1}{\cos(x)}$ $\quad$ $I = \left]-\dfrac{\pi}{2}\,;\dfrac{\pi}{2}\right[$

44 f est la fonction définie sur $[0\,;2\pi]$ par :

$$f(x) = \cos^2(x) - 2\cos(x) + 1.$$

1. Vérifier le résultat affiché sur cet écran de calcul formel.

1	Dérivée$(\cos^2(x) - 2\cos(x) + 1)$
	Factoriser : $\mathbf{-2\sin(x)(\cos(x) - 1)}$

2. a) Expliquer pourquoi $f'(x)$ est du signe de $\sin(x)$ sur $[0\,;2\pi]$. En déduire le signe de $f'(x)$ sur $[0\,;2\pi]$.

b) Dresser le tableau de variations de f sur $[0\,;2\pi]$.

Pour les exercices 45 et 46, déterminer la fonction dérivée de la fonction *f* et étudier son signe sur I.

45 **a)** $f(x) = \cos(x) + 1$ $\quad \mathrm{I} = [0\,;2\pi]$

b) $f(x) = 2x + 2\cos(x)$ $\quad \mathrm{I} = \mathbb{R}$

46 **a)** $f(x) = \cos(x) - x$ $\quad \mathrm{I} = \mathbb{R}$

b) $f(x) = 3\cos^2(x)$ $\quad \mathrm{I} = [0\,;\pi]$

47 f et g sont les fonctions définies par :

$f(x) = \dfrac{\sin(x)}{\cos(x)}$ sur $\left]-\dfrac{\pi}{2}\,;\dfrac{\pi}{2}\right[$ et $g(x) = \dfrac{\cos(x)}{\sin(x)}$ sur $]0\,;\pi[$.

Dana affirme : « $f'(x) = \dfrac{1}{\cos^2(x)}$ et $g'(x) = \dfrac{1}{\sin^2(x)}$ ».

A-t-elle raison ? Justifier.

48 f est la fonction définie sur $[0\,;\pi]$ par :

$$f(x) = -\cos(x)\,(3 + \cos(x)).$$

a) Déterminer la fonction dérivée de la fonction f.

b) Donner un encadrement de $3 + 2\cos(x)$ sur $[0\,;\pi]$.

c) En déduire le signe de $f'(x)$ sur $[0\,;\pi]$.

d) Dresser le tableau de variations de f sur $[0\,;\pi]$.

49 g est la fonction définie sur $[-\pi\,;\pi]$ par :

$$g(x) = \frac{1}{\cos(x) + 2}.$$

a) Déterminer la fonction dérivée de g.

b) Étudier le signe de $g'(x)$ sur $[-\pi\,;\pi]$.

c) Dresser le tableau de variations de g sur $[-\pi\,;\pi]$.

50 $\mathscr{C}$ est la courbe représentative de la fonction cosinus dans un repère orthonormé.

Dans chaque cas, déterminer une équation de la tangente à la courbe $\mathscr{C}$ au point d'abscisse a.

a) $a = -\dfrac{\pi}{2}$ **b)** $a = 0$ **c)** $a = \pi$

51 Déterminer une équation de la tangente au point d'abscisse $\dfrac{\pi}{2}$ à la courbe $\mathscr{C}$ qui représente, dans un repère orthonormé, la fonction f définie sur $\mathbb{R}$ par :

$$f(x) = \frac{\cos(x)}{2 - \cos(x)}.$$

Équations et inéquations

Cours 1 et 2

Questions flash À l'oral

52 Donner mentalement la valeur exacte de :

a) $\cos(\pi)$ **b)** $\cos\left(\dfrac{\pi}{4}\right)$ **c)** $\cos\left(\dfrac{\pi}{3}\right)$ **d)** $\cos\left(\dfrac{\pi}{2}\right)$ **e)** $\cos\left(\dfrac{\pi}{6}\right)$

53 Donner mentalement la valeur exacte de :

a) $\sin\left(\dfrac{\pi}{2}\right)$ **b)** $\sin\left(\dfrac{\pi}{4}\right)$ **c)** $\sin\left(\dfrac{\pi}{3}\right)$ **d)** $\sin(\pi)$ **e)** $\sin\left(\dfrac{\pi}{6}\right)$

54 S'aider de ce cercle trigonométrique pour indiquer mentalement les solutions dans $\left[-\dfrac{\pi}{2}\,;\dfrac{\pi}{2}\right]$ de l'équation :

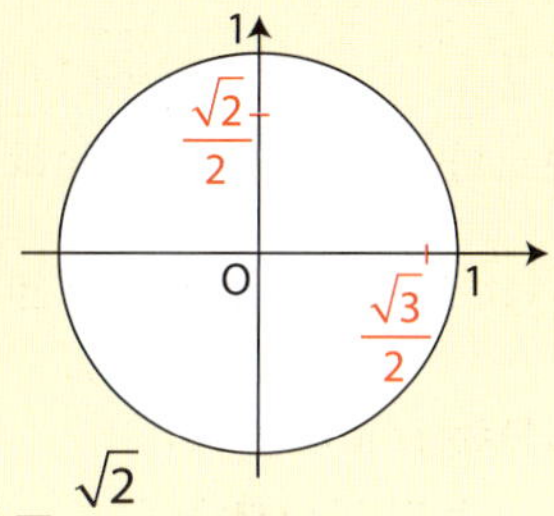

a) $\cos(x) = \dfrac{\sqrt{3}}{2}$ **b)** $\sin(x) = \dfrac{\sqrt{2}}{2}$

Pour les exercices 55 et 56, résoudre chaque équation dans l'intervalle $[-\pi\,;\pi]$.

55 **a)** $\cos(x) = -1$ **b)** $\cos(x) = 2$ **c)** $\cos(x) = -\dfrac{\sqrt{3}}{2}$

56 **a)** $\sin(x) = -1$ **b)** $\sin(x) = 0$ **c)** $\sin(x) = \dfrac{1}{2}$

Pour les exercices 57 et 58, utiliser la calculatrice pour déterminer l'arrondi au dixième de la solution dans $[0\,;\pi]$ de chaque équation :

57 **a)** $\cos(x) = 0{,}1$ **b)** $\cos(x) = -\dfrac{3}{4}$

58 **a)** $\sin(x) = 0{,}3$ **b)** $\sin(x) = \dfrac{2}{3}$

59 Résoudre chaque équation dans $[-\pi\,;\pi]$.

a) $1 + 2\sin(x) = 0$ **b)** $2\cos(x) - \sqrt{3} = 0$

60 Résoudre dans l'intervalle $[-\pi\,;\pi]$ l'équation :

$$\sin(x)\cos(x) = 0$$

Vidéo

JAICOMPRIS.COM — Cet exercice est corrigé en vidéo

61 Résoudre dans l'intervalle $[-\pi\,;\pi]$:

a) $\cos(x) = -\dfrac{1}{2}$ **b)** $\cos(x) < -\dfrac{1}{2}$

Pour les exercices 62 et 63, résoudre chaque inéquation dans l'intervalle $[-\pi\,;\pi]$.

62 **a)** $\cos(x) \geqslant 0$ **b)** $\cos(x) < \dfrac{\sqrt{2}}{2}$ **c)** $\cos(x) > -\dfrac{\sqrt{3}}{2}$

63 **a)** $\sin(x) \leqslant 0$ **b)** $\sin(x) > \dfrac{1}{2}$ **c)** $\sin(x) < \dfrac{\sqrt{3}}{2}$

EXO Exercices interactifs

Pour se tester

64 QCM **Dans chaque cas, donner la réponse exacte sans justifier.**

		A	B	C	D
1	Les fonctions sinus et cosinus sont périodiques de période …	2	π	$\frac{\pi}{2}$	2π
2	Dans un repère orthogonal, la courbe représentative de la fonction sinus admet un axe de symétrie d'équation …	$x = -2\pi$	$x = -\pi$	$x = \frac{3\pi}{2}$	$x = 3\pi$
3	g est la fonction définie sur $\mathbb{R}$ par : $g(x) = \sin(x) + \cos(x)$. Pour tout réel x, $g'(x)$ est égal à …	$\cos(x) + \sin(x)$	$\cos(x) - \sin(x)$	$\sin(x) - \cos(x)$	$2\sin(x)$
4	Dans l'intervalle $[-\pi ; \pi]$, l'équation $\cos(x) = \frac{3}{4}$ …	n'a pas de solution	a une seule solution	a deux solutions	a une infinité de solutions

65 QCM **Dans chaque cas, donner la (ou les) réponse(s) exacte(s) sans justifier.**

		A	B	C	D
1	La fonction sinus est …	croissante sur $\left[0 ; \frac{\pi}{2}\right]$	croissante sur $\left[\frac{3\pi}{2} ; \frac{5\pi}{2}\right]$	croissante sur $\left[-\frac{\pi}{2} ; \frac{\pi}{2}\right]$	croissante sur $\left[-\frac{3\pi}{2} ; -\frac{\pi}{2}\right]$
2	La fonction cosinus est …	croissante sur $[0 ; \pi]$	croissante sur $[-\pi ; 0]$	décroissante sur $[2\pi ; 3\pi]$	décroissante sur $[-\pi ; 0]$
3	f est la fonction définie sur $\mathbb{R}$ par $f(x) = \sin^2(x) - 2\sin(x)$. Pour tout réel x, $f'(x)$ est égal à …	$\cos^2(x) - 2\cos(x)$	$2\sin(x)\cos(x) + 2\cos(x)$	$2\cos(x)(\sin(x) - 1)$	$2\sin(x)\cos(x) - 2\cos(x)$
4	h est la fonction définie sur $[0 ; \pi]$ par : $h(x) = \frac{\sin(x)}{2 + \sin(x)}$. Alors …	$h'(x) \geqslant 0$ sur $[0 ; \pi]$	$h'(x) \geqslant 0$ sur $\left[0 ; \frac{\pi}{2}\right]$	$h'(x) \leqslant 0$ sur $\left[\frac{\pi}{2} ; \pi\right]$	$h'(x) \leqslant 0$ sur $[0 ; \pi]$

66 Vrai/Faux **Dans chaque cas, dire si l'affirmation est vraie ou fausse en justifiant.**

f est la fonction définie sur $[-\pi ; \pi]$ par $f(x) = \sin(x) - \frac{x}{2}$. $\mathscr{C}$ est sa courbe représentative dans un repère.

1. **Affirmation** : la fonction f est dérivable sur l'intervalle $[-\pi ; \pi]$, et $f'(x) = \cos(x) - \frac{1}{2}$.
2. **Affirmation** : la fonction f est croissante sur $[0 ; \pi]$.
3. **Affirmation** : la tangente à $\mathscr{C}$ au point d'abscisse $\frac{\pi}{2}$ a pour équation $y = -\frac{1}{2}x + 1$.
4. **Affirmation** : dans l'intervalle $]0 ; \pi]$, l'équation $f(x) = 0$ admet une unique solution.

Vérifiez vos réponses : p. 529

67 Mettre en évidence des translations

1. a désigne un nombre réel.
f et g sont les fonctions définies sur $\mathbb{R}$ par :

$$f(x) = \sin(x) \quad \text{et} \quad g(x) = a + \sin(x).$$

$\mathscr{C}_f$ et $\mathscr{C}_g$ sont les courbes représentatives de f et g dans un repère orthogonal $(\text{O} ; \vec{i}, \vec{j})$.
On se propose de démontrer qu'il existe une translation qui transforme la courbe $\mathscr{C}_f$ en la courbe $\mathscr{C}_g$.

Rédiger cette démonstration en suivant le guide ci-dessous.

(1) Préciser les données : M est le point de $\mathscr{C}_f$ d'abscisse x et M′ est le point de $\mathscr{C}_g$ d'abscisse x, donc $\text{M}(x ; \ldots)$ et $\text{M}'(x ; \ldots)$.

(2) Étudier un vecteur : alors $\overrightarrow{\text{MM}'}(\ldots ; \ldots)$.

(3) En tirer une conséquence : donc le point M′ est l'image du point M par la translation de vecteur $\ldots \vec{j}$.

(4) Conclure : la courbe $\mathscr{C}_g$ est l'image de la courbe $\mathscr{C}_f$ par la translation de vecteur $\ldots$.

2. b désigne un nombre réel et h est la fonction définie sur $\mathbb{R}$ par $h(x) = \sin(x + b)$.
$\mathscr{C}_h$ est la courbe représentative de h dans le repère précédent.
Démontrer que $\mathscr{C}_h$ est l'image de $\mathscr{C}_f$ par une translation de vecteur à préciser.

Conseil
2. Noter M le point d'abscisse x de $\mathscr{C}_f$ et M′ le point d'abscisse $x - b$ de $\mathscr{C}_h$.
Puis déterminer leurs coordonnées.

3. Application
Voici la courbe représentative de la fonction f sur $[-\pi ; \pi]$.

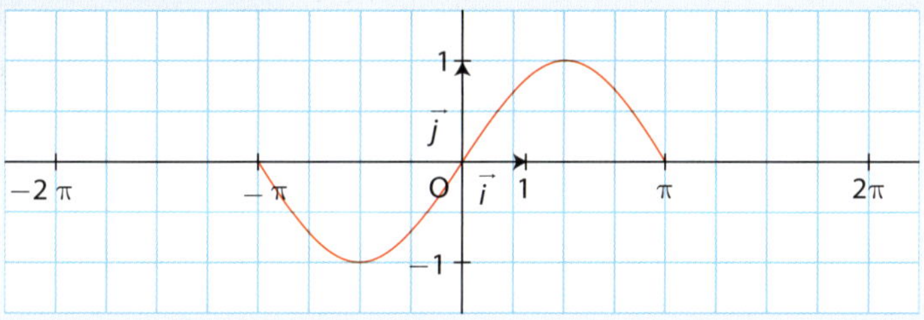

Reproduire ce graphique et compléter la courbe de la fonction f sur l'intervalle $[-2\pi ; 2\pi]$.
Tracer ensuite les courbes des fonctions $g : x \mapsto 2 + \sin(x)$ et $h : x \mapsto \sin\left(x - \frac{\pi}{4}\right)$.

68 Étudier la position d'une courbe par rapport à l'une de ses tangente

Dans un repère orthonormé, $\mathscr{C}$ est la courbe représentative de la fonction f définie sur $\mathbb{R}$ par $f(x) = \cos(x)$.
On se propose d'étudier la position de la courbe $\mathscr{C}$ par rapport à sa tangente T au point d'abscisse $\frac{\pi}{2}$.

Résoudre ce problème en suivant le guide ci-dessous.

(1) Déterminer une équation de la tangente T.

(2) On considère la fonction g définie sur $\mathbb{R}$ par $g(x) = f(x) - \left(-x + \frac{\pi}{2}\right)$.
Étudier les variations de la fonction g et en déduire son signe.

(3) Conclure : expliquer pourquoi la courbe $\mathscr{C}$ traverse la tangente T au point d'abscisse $\frac{\pi}{2}$ et rédiger une phrase de conclusion.

Conseils
(1) Une équation de la tangente à la courbe $\mathscr{C}$ au point d'abscisse a est :
$y = f'(a)(x - a) + f(a)$
(2) Déterminer $g'(x)$ et ne pas oublier que sur $\mathbb{R}$, $-1 \leqslant \sin(x) \leqslant 1$.

Étudier des situations

69 **PARCOURS DIFFÉRENCIÉS**

Parcours 1

Le déplacement, en m, d'un piston dans un moteur à partir de sa position de départ est modélisé par la fonction h définie sur $\left[0\,;\frac{2\pi}{13}\right]$ par $h(t) = 0{,}05\cos(13t)$ où t est le temps, en s.
La vitesse du piston à l'instant t est $V(t) = h'(t)$.
Déterminer les vitesses maximum et minimum du piston et les instants où elles sont atteintes.

Parcours 2

La vitesse du flux d'air, en $L.s^{-1}$, au cours de la respiration chez une personne au repos est modélisée par la fonction f définie sur $[0\,;5]$ par $f(t) = 0{,}6\sin\left(\frac{2\pi}{5}t\right)$ où t est le temps, en s.
La vitesse du flux est positive lorsque la personne inspire.

a) Résoudre dans $[0\,;2\pi]$ l'inéquation $\sin(X) \geqslant 0$.
b) Résoudre dans $[0\,;5]$ l'inéquation $f(t) \geqslant 0$.
c) À quels instants cette personne inspire-t-elle ?

70 A est un point donné d'un cercle $\mathscr{C}$ de centre O et rayon 1. B et C sont deux points variables du cercle $\mathscr{C}$ tels que le triangle ABC soit isocèle en A. H est le pied de la hauteur issue de A.

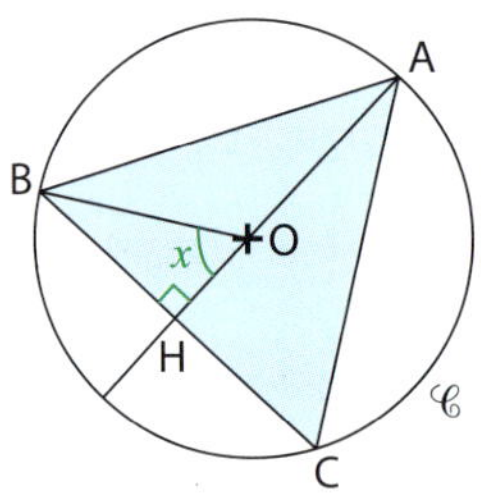

On note $x = \widehat{HOB}$ avec x en radian et $x \in \left[0\,;\frac{\pi}{2}\right]$.

1. a) Exprimer BC et AH en fonction de $\sin(x)$ et $\cos(x)$.
b) En déduire, en fonction de x, l'aire $S(x)$ du triangle ABC, en unité d'aire.

2. a) Montrer que pour tout réel x de $\left[0\,;\frac{\pi}{2}\right]$,

$$S'(x) = (1 + \cos(x))\,(2\cos(x) - 1).$$

b) Expliquer pourquoi $2\cos(x) - 1$ est positif sur $\left[0\,;\frac{\pi}{3}\right]$ et négatif sur $\left[\frac{\pi}{3}\,;\frac{\pi}{2}\right]$.
c) Dresser le tableau de variations de S.
d) Pour quelle valeur de x l'aire du triangle ABC est-elle maximum ? Indiquer ce maximum.
Quelle est alors la nature du triangle ABC ?

71 Au cours d'une expérience, on a enregistré l'abscisse angulaire θ d'un pendule en fonction du temps t.

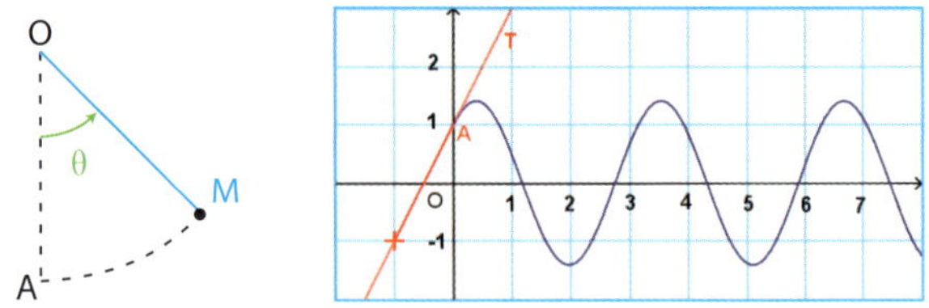

On a tracé la courbe représentative de la fonction θ et sa tangente T à l'instant $t = 0$ dans le repère ci-dessus.

1. Lire graphiquement $\theta(0)$ et $\theta'(0)$.
2. La loi d'isochronisme des petites oscillations du pendule permet d'établir que pour tout réel $t \geqslant 0$,

$$\theta(t) = \sqrt{2}\sin(at + b)$$

où a et b sont des nombres réels $\left(0 \leqslant b \leqslant \frac{\pi}{2}\right)$.

a) Déterminer $\theta'(t)$.
b) S'aider de la question **1.** pour calculer b, puis a.
c) Démontrer que pour tout réel $t \geqslant 0$, $\theta(t + \pi) = \theta(t)$.

72 L'université de Manchester a mis au point une plate-forme équipée de flotteurs pour capturer l'énergie des vagues.

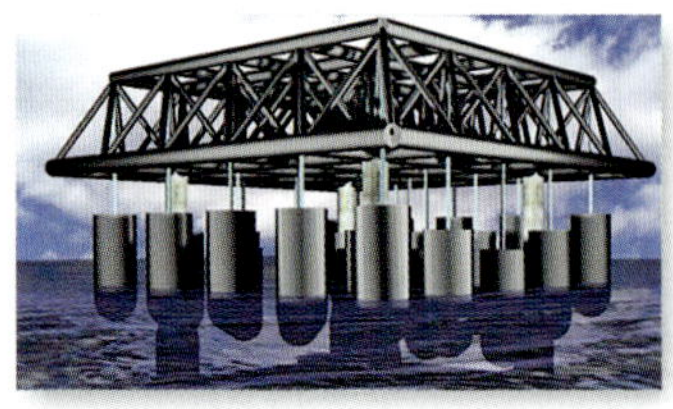

L'oscillation de la houle à la surface de l'eau induit l'oscillation verticale des flotteurs. La distance d du fond marin au centre de flottaison d'un flotteur est donnée en fonction du temps t sur $[0\,;4]$ par :

$$d(t) = 1{,}5\cos\left(\frac{\pi}{2}t\right) + 50$$

où $d(t)$ est exprimé en mètre et t en seconde.

1. Déterminer l'amplitude du mouvement du flotteur.

2. a) Déterminer $d'(t)$ sur $[0\,;4]$.
b) Expliquer pourquoi $d'(t)$ est négatif sur $[0\,;2]$ et positif sur $[2\,;4]$.
c) Dresser le tableau de variations de d sur $[0\,;4]$.
d) Sur quel intervalle de temps le flotteur monte-t-il ?

3. On se propose de déterminer à quel(s) instant(s) de l'intervalle $[0\,;4]$, la vitesse du flotteur est maximum.
On rappelle que la vitesse à l'instant t est $v(t) = d'(t)$.
a) Déterminer la dérivée seconde $d''(t)$ sur $[0\,;4]$.
b) Donner un encadrement de $\frac{\pi}{2}t$ pour $t \in [0\,;4]$, puis résoudre l'équation $\cos\left(\frac{\pi}{2}t\right) = 0$ dans cet intervalle.
c) Dresser le tableau de variations de la vitesse du flotteur sur $[0\,;4]$. En déduire l'instant t de $[0\,;4]$ où la vitesse du flotteur est maximum.

73 Un battement de cœur se décompose en deux phases :

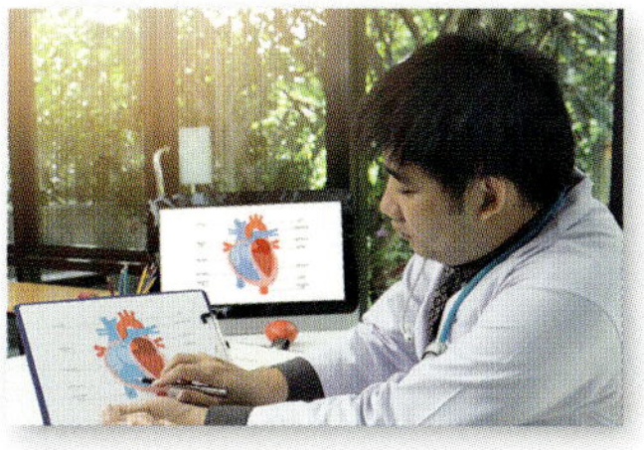

- la systole, période de contraction du cœur, avec éjection du sang dans les artères,
- la diastole, période de relâchement du cœur.

Chez un patient, le débit de sang pendant la systole est donné en fonction du temps t, en seconde, écoulé depuis la fin du cycle précédent par :

$d(t) = 0{,}1 \sin(4\pi t)$ où $d(t)$ est exprimé en L.s^{-1}.

1. Montrer que la fonction d est périodique de période $\frac{1}{2}$.

2. Durant la systole, le débit croit puis revient à 0 L.s^{-1}.

a) Déterminer la durée de la systole et celle de la diastole.

b) Déterminer l'instant t où le débit est maximum.

3. a) Dresser le tableau de variations de d sur $\left[0 ; \frac{1}{4}\right]$.

b) Afficher à l'écran de la calculatrice la courbe de la fonction d sur $[0 ; 1]$.

74 g est la fonction définie sur $\mathbb{R}$ par :

$$g(x) = \sin(x) \cos(x).$$

1. a) Démontrer que g est périodique de période π.

b) Démontrer que g est une fonction impaire.

2. a) Étudier le sens de variation de g sur $\left[0 ; \frac{\pi}{2}\right]$.

b) Dresser le tableau de variations de g sur $\left[-\frac{\pi}{2} ; \frac{3\pi}{2}\right]$.

Résoudre des équations et inéquations

75 **PARCOURS DIFFÉRENCIÉS**

Parcours 1

Dresser le tableau de signes de $\sqrt{3} - 2\cos(x)$ sur l'intervalle $[-\pi ; \pi]$.

Parcours 2

(E) est l'inéquation $1 + 2\sin(x) \geqslant 0$ où x désigne un nombre réel de $[-\pi ; \pi]$.

a) Utiliser un cercle trigonométrique pour déterminer les réels x de $[-\pi ; \pi]$ tels que $\sin(x) = -\frac{1}{2}$.

b) S'aider du cercle trigonométrique pour résoudre l'inéquation **(E)**.

76 Résoudre chaque inéquation dans $[-\pi ; \pi]$.

a) $2\cos(x) - 1 \leqslant 0$ **b)** $\sqrt{2}\sin(x) + 1 > 0$

77 Résoudre dans $[-\pi ; \pi]$ l'équation :

$$(2\sin(x) + \sqrt{3})(\cos^2(x) - 1) = 0.$$

78 **a)** Utiliser un cercle trigonométrique pour résoudre l'équation $\cos(x) = \sin(x)$ dans $[-\pi ; \pi]$.

b) En déduire l'ensemble des solutions de l'inéquation $\cos(x) > \sin(x)$ dans $[-\pi ; \pi]$.

79 f est la fonction définie sur $\mathbb{R}$ par :

$$f(x) = x - \cos(x).$$

a) Montrer que f est une fonction croissante sur $\mathbb{R}$.

b) Démontrer que l'équation $x - \cos(x) = 0$ admet une unique solution α dans l'intervalle $\left[0 ; \frac{\pi}{2}\right]$.

Donner l'arrondi au centième de α.

80 On se propose de résoudre dans $[-\pi ; \pi]$ l'inéquation $(\mathbf{I})$: $(2\cos(x) + \sqrt{3})(1 + \sin(x)) \leqslant 0$.

a) Utiliser un cercle trigonométrique pour déterminer le signe de $2\cos(x) + \sqrt{3}$ sur $[-\pi ; \pi]$.

b) En déduire le tableau de signes sur $[-\pi ; \pi]$ du produit $(2\cos(x) + \sqrt{3})(1 + \sin(x))$.

c) Donner l'ensemble des solutions de l'inéquation $(\mathbf{I})$.

S'entraîner à la logique → p. 525

81 **Quantificateurs universel et existentiel**

f est la fonction définie sur $\left[0 ; \frac{\pi}{2}\right]$ par $f(x) = \sin(x)$.

Chacune des propositions suivantes est-elle vraie ou fausse ? Justifier la réponse.

a) Pour tout réel x de $\left[0 ; \frac{\pi}{2}\right]$, $f(x) \geqslant x$.

b) Il existe un réel positif a tel que l'équation $f(x) = a\,x$ n'admet aucune solution.

c) Il existe une solution strictement positive à l'équation $f(x) = x$.

82 **Implications**

On considère l'équation **(E)** : $\sin(x) = \frac{x}{2}$ $(x \in \mathbb{R})$.

a) Démontrer que si x_0 est solution de **(E)**, alors x_0 appartient à l'intervalle $[-2 ; 2]$.

b) Démontrer que si x_0 est solution de **(E)**, alors $-x_0$ est solution de **(E)**.

83 MODÉLISATION AVEC LE TABLEUR

Tice

Objectif
Modéliser une situation, puis comparer les modèles.

Ce tableau indique la durée moyenne d'ensoleillement par jour dans une ville durant une année.

Mois	Janv	Fév	Mars	Avril	Mai	Juin
Durée moyenne d'ensoleillement	08:30	09:59	11:51	13:49	15:32	16:27

Mois	Juillet	Août	Sept	Oct	Nov	Déc
Durée moyenne d'ensoleillement	16:01	14:30	12:40	10:42	08:58	08:01

1. Modèle 1

a) Réaliser et compléter la feuille de calcul ci-dessous.

	A	B	C	D
1	**Mois**	**Rang du mois**	**Durée d'ensoleillement**	**Durée** (en h)
2	janvier	1	08:30	8,5
3	février	2	09:59	9,983

Pour convertir le format « heure:minute » (cellule C2) en heure, saisir la formule =C2*24 en cellule D2.

b) Insérer un diagramme de type XY (dispersion) avec les colonnes B en abscisse et D en ordonnée.

c) Cliquer sur un point du nuage, cliquer sur Insérer une courbe de tendance… et choisir l'option Polynomiale de degré 2.

Afficher son équation, cliquer sur cette équation et dans Format d'étiquette choisir Nombre 3 décimales.

2. Modèle 2

a) Cette fois, insérer une courbe de tendance en choisissant l'option Polynomiale de degré 4.

Afficher son équation (en affichant les coefficients avec 3 décimales).

b) Cet ajustement paraît-il meilleur que le modèle 1 ?

3. Modèle 3

La forme du nuage peut donner à penser à un ajustement par une sinusoïde.

On modélise désormais la situation à l'aide de la fonction g, définie sur $[1\,;12]$ par :

$$g(x) = 4\sin\left(\frac{\pi}{6}(x-p)\right) + 11{,}983$$ où p est un réel de l'intervalle $[0\,;3]$.

a) Déterminer p en utilisant l'ensoleillement du mois de février arrondi au millième.

b) Déterminer une période de g.

4. Comparaison des modèles

a) Déterminer les durées obtenues avec les modèles 1, 2 et 3 dans les colonnes E, F, G de la feuille de calcul.

	A	B	C	D	E	F	G
1	**Mois**	**Rang du mois**	**Durée d'ensoleillement**	**Durée** (en h)	**Modèle 1**	**Modèle 2**	**Modèle 3**
2	janvier	1	08:30	8,5	8,041	8,523	8,519
3	février	2	09:59	9,983			

b) Quel modèle semble être le plus approprié ? Avec ce modèle, estimer la durée moyenne d'ensoleillement dans cette ville en juin de l'année suivante.

84 Trouver des axes de symétrie

Représenter Raisonner Calculer

f est la fonction définie sur $\mathbb{R}$ par :

$$f(x) = \cos^2(x) + 2\cos(x) + 2.$$

1. À l'aide d'une identité remarquable, démontrer que pour tout réel x, $f(x) \geqslant 1$.

2. On note $\mathscr{C}$ la courbe représentative de la fonction f dans un repère orthogonal.

a) Vérifier que la fonction f est périodique de période 2π.

b) Montrer que l'axe des ordonnées et la droite d'équation $x = \pi$ sont des axes de symétrie de $\mathscr{C}$.

3. a) Étudier les variations de la fonction f sur $[0\,;\pi]$. Tracer la courbe $\mathscr{C}$ sur l'intervalle $[0\,;\pi]$.

b) À l'aide de transformations, compléter la courbe $\mathscr{C}$ sur l'intervalle $[-2\pi\,;2\pi]$.

85 Étudier une limite

Raisonner Communiquer

Voici dans un repère, la courbe représentative de la fonction g définie sur $[0\,;+\infty[$ par $g(x) = \dfrac{\sin(x)}{x}$.

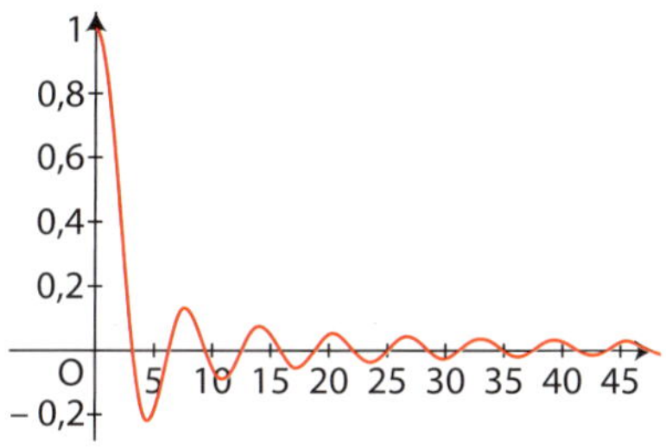

a) Conjecturer la limite de la fonction g en $+\infty$.

b) Montrer que pour tout réel $x > 0$, $-\dfrac{1}{x} \leqslant g(x) \leqslant \dfrac{1}{x}$.

Justifier alors la conjecture émise en **a)**.

86 Localiser un point

Problème ouvert

Chercher Modéliser Raisonner

$\mathscr{C}$ est un demi-cercle de diamètre [AB], de centre O et de rayon R. M est un point de $\mathscr{C}$ (M ≠ B) et P est le point de la tangente en B au demi-cercle $\mathscr{C}$ tel que la droite (PM) soit perpendiculaire à cette tangente.

Existe-t-il un point M de $\mathscr{C}$ tel que AM = 2 MP ?

87 Studying the sign of a product

Raisonner Calculer Communiquer

h is the function defined on $[0\,;2\pi]$ by :

$$h(x) = \cos^2(x) - \cos(x).$$

a) Draw the representative curve of the function h on the calculator screen and conjecture the direction of variation this function.

b) Check this conjecture by drawing up the variations table of the function h.

88 Imaginer une stratégie

Chercher Raisonner Communiquer

Pour tout réel $x \geqslant 0$, $g(x) = x^2 - 2\cos(x)$.

Démontrer que la fonction g est croissante sur $[0\,;+\infty[$.

89 Porter un regard critique

Raisonner Calculer Communiquer

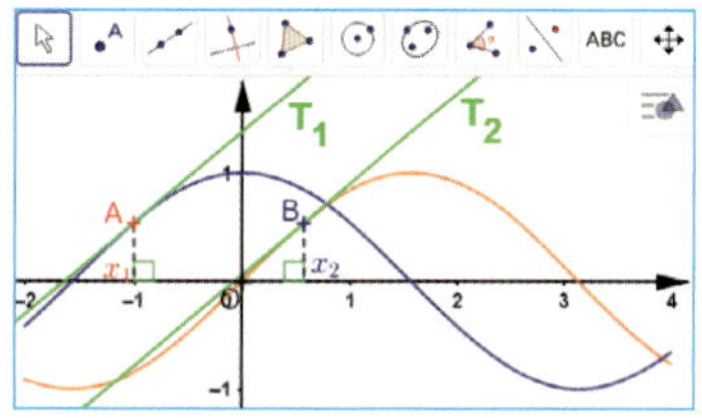

Félix affirme : « Je pense, comme l'indique ma construction ci-dessus sur $[-2\,;4]$ que, pour deux tangentes parallèles T_1 et T_2 à chacune des courbes des fonctions cosinus et sinus, en deux points A et B d'abscisses respectives x_1 et x_2, l'écart entre x_1 et x_2 est toujours $\dfrac{\pi}{2}$ ».

A-t-il raison ? Expliquer.

90 Prendre des initiatives

Chercher Représenter Raisonner

Démontrer que l'équation $\sin(x) = 3x + 2$ admet une unique solution dans l'intervalle $\left[-\dfrac{\pi}{2}\,;0\right]$.

91 Utiliser un contre-exemple

Chercher Calculer Communiquer

(**E**) est l'équation $\sin(x)\,(2\cos^2(x) - 1) = 0$.

Lalie affirme : « Cette équation admet exactement quatre solutions dans $[-\pi\,;\pi]$, qui sont $-\dfrac{\pi}{4}$, 0, $\dfrac{\pi}{4}$, π ».

A-t-elle raison ? Justifier.

92 Assembler des briques

Narration de recherche

Chercher Modéliser Communiquer

Rédiger les différentes étapes de la recherche, sans omettre les fausses pistes et les changements de méthode.

Problème

Deux briques de dimensions identiques $1 \times \sqrt{3}$ sont disposées comme l'indique la figure ci-contre.

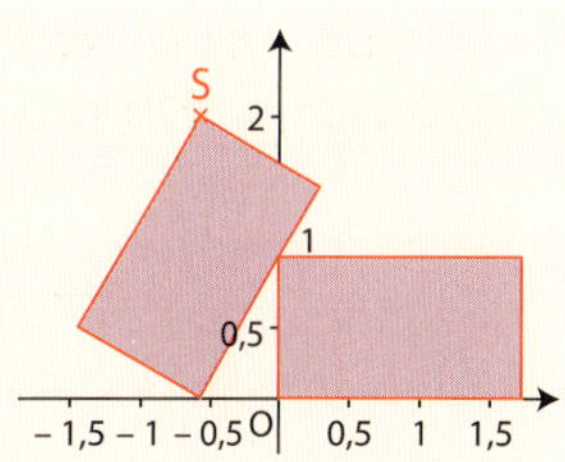

Déterminer la hauteur maximum que l'on peut atteindre.

93 Déterminer un volume Algo

60 min

D'après Bac, Polynésie 2018

Partie A : modélisation de la forme de l'ampoule

Dans le plan muni d'un repère orthonormé $(O ; \vec{i}, \vec{j})$, on considère les points :

$A(-1 ; 1)$, $B(0 ; 1)$, $C(4 ; 3)$, $D(7 ; 0)$, $E(4 ; -3)$, $F(0 ; -1)$ et $G(-1 ; -1)$.

On modélise la section d'une ampoule par un plan passant par son axe de révolution à l'aide de la figure ci-dessous.

La courbe est symétrique par rapport à l'axe des abscisses.

La partie située au-dessus de l'axe des abscisses se décompose en trois portions :

- entre A et B : représentation graphique de la fonction constante h définie sur $[-1 ; 0]$ par $h(x) = 1$;
- entre B et C : représentation graphique d'une fonction f définie sur $[0 ; 4]$ par $f(x) = a + b\sin\left(c + \dfrac{\pi}{4}x\right)$, où a, b et c sont des réels non nuls $\left(c \in \left[0 ; \dfrac{\pi}{2}\right]\right)$;
- entre C et D : un quart de cercle de diamètre [CE].

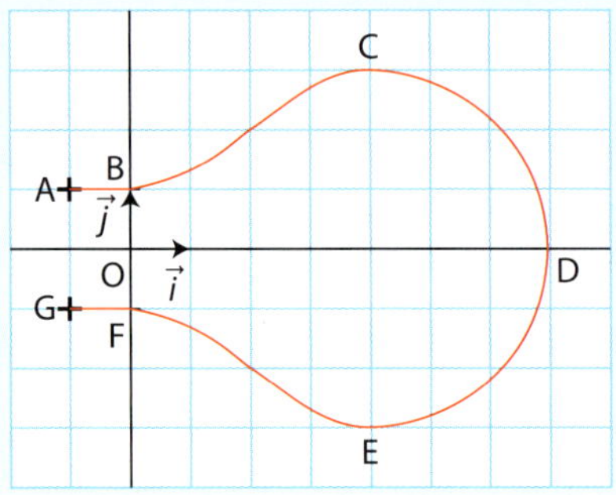

1. a) Pour tout réel x de l'intervalle $[0 ; 4]$, déterminer $f'(x)$.

b) On impose que les tangentes en B et C à la représentation graphique de la fonction f soient parallèles à l'axe des abscisses. Déterminer la valeur du réel c.

2. Déterminer les réels a et b.

Partie B : approximation du volume de l'ampoule

Par rotation de la figure précédente autour de l'axe des abscisses, on obtient un modèle de l'ampoule.

On la décompose en trois parties comme illustré ci-contre (vue dans le plan (BCE)).

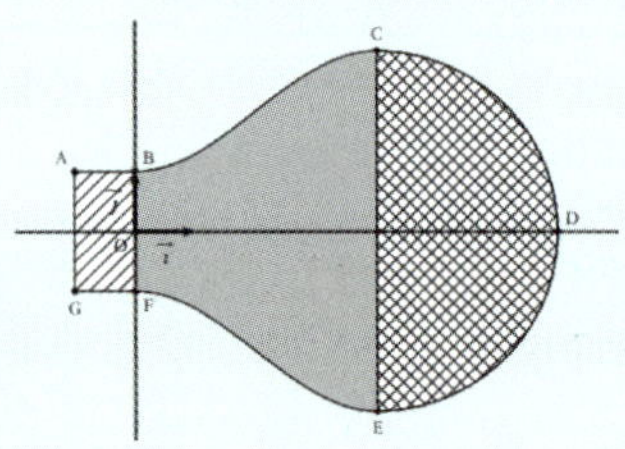

On admet que, pour tout réel x de l'intervalle $[0 ; 4]$,

$$f(x) = 2 - \cos\left(\frac{\pi}{4}x\right)$$

1. Calculer le volume :

a) du cylindre de section le rectangle ABFG,

b) de la demi-sphère de section le demi-disque de diamètre [CE].

2. On partage le segment [OO′] en n segments de même largeur $\dfrac{4}{n}$, puis on construit n cylindres de même hauteur $\dfrac{4}{n}$.

a) Cas particulier : on choisit $n = 5$.

Calculer le volume du troisième cylindre, en gris foncé. *Arrondir au centième.*

b) Cas général : n désigne un entier naturel quelconque non nul.

On approche le volume du solide de section BCEF par la somme des volumes des n cylindres créés en choisissant une valeur de n suffisamment grande.

Au début de cet algorithme, on affecte la valeur 0 à la variable V. Comment le compléter de sorte qu'à la fin de son exécution, la variable V contienne la somme des volumes des n cylindres créés lorsque l'on saisit n ?

```
Pour k allant de … à …
  | V ← V + …
Fin Pour
```

Guide de résolution

1. b) Traduire les positions des tangentes en B et C par $f'(0) = 0$ et $f'(4) = 0$.

2. La courbe qui représente la fonction f passe par les points B et C. Écrire puis résoudre un système de deux équations dont les inconnues sont a et b.

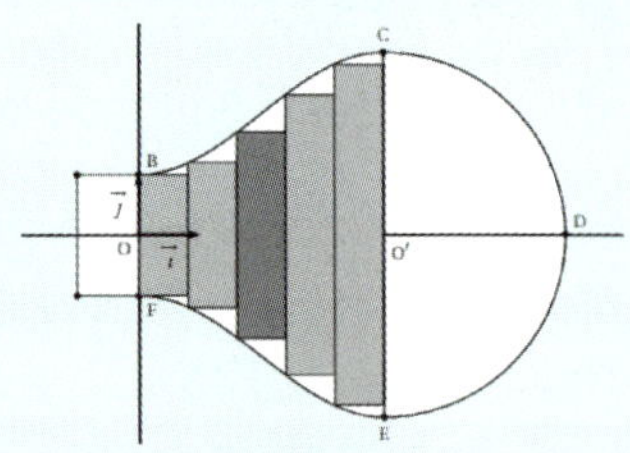

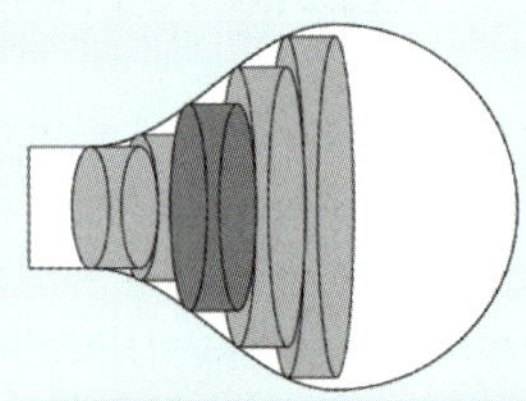

Guide de résolution

2. a) Le volume d'un cylindre est $\pi r^2 h$.

Ici, la hauteur est $h = \dfrac{4}{5}$, le rayon r est l'image par f du réel $\dfrac{4}{5} \times 2$.

Se préparer À L'ORAL

94 Présenter un exposé

a) Quelles sont les ressemblances, quelles sont les différences, entre les fonctions sinus et cosinus ?
b) Dans un exposé oral de 10 min, présenter ces idées en illustrant par des propriétés ou des exemples précis.

95 Travailler les compétences orales

▸ ANTICIPER LES QUESTIONS DU JURY

1. Préparation de la restitution orale (5 min)
Par groupe de 4, résoudre l'exercice ci-dessous ; chaque élève travaille sur l'une des propositions.
2. Jeu de rôle (30 min)
Chaque élève présente son résultat à l'oral (2 min), pendant que les trois autres composent le jury. Chaque juré pose une question au candidat (5 min).

Énoncé : *f* est la fonction définie sur $[-\pi\,;\pi]$ par :

$$f(x) = \sin(x) - \frac{3x}{4}.$$

Répondre par Vrai ou Faux en justifiant.
a) *f* est une fonction impaire.
b) Pour tout réel x de $[-\pi\,;\pi]$,

$$f'(x) = \cos(x).$$

c) *f* est une fonction croissante sur $[0\,;\pi]$.
d) L'équation $f(x) = 0$ admet trois solutions dans l'intervalle $[-\pi\,;\pi]$.

96 Travailler l'oral en binôme

En binôme, lire l'exercice ci-dessous puis se répartir les deux propositions.
Chaque élève présente sa réponse à l'oral (3 min) à l'autre élève qui valide ou non la réponse. En cas de non-validation, les deux élèves étudient ensemble la proposition pour accord.

Énoncé : dans un repère, $\mathscr{C}$ est la courbe représentative de la fonction *f* définie sur $\mathbb{R}$ par :

$$f(x) = \sin(x)\cos(x).$$

Répondre par Vrai ou Faux en justifiant.
a) L'origine du repère est un centre de symétrie de la courbe $\mathscr{C}$.
b) Le point A de coordonnées $\left(\frac{\pi}{2}\,;0\right)$ est un centre de symétrie de la courbe $\mathscr{C}$.

97 Travailler l'oral en groupe

Résoudre cet exercice en petit groupe, puis désigner un rapporteur qui présente les résultats à l'oral.

Énoncé : *f* est la fonction définie sur $]0\,;\pi[$ par :

$$f(x) = \frac{\cos(x)}{\sin(x)}.$$

f est le quotient de deux fonctions dérivables sur $]0\,;\pi[$ donc elle est dérivable sur $]0\,;\pi[$.
Démontrer que pour tout réel x de $]0\,;\pi[$,

$$f'(x) = -\frac{1}{\sin^2(x)}.$$

98 Communiquer en groupe

Par groupe de 4, résoudre l'exercice ci-dessous puis se répartir les questions.
Chaque élève présente la réponse à sa question à l'oral (3 min) au groupe des trois autres qui l'écoutent et veillent à la précision de la réponse, du vocabulaire, des notations.

Énoncé : *f* est la fonction définie sur $[0\,;\pi]$ par :

$$f(x) = 2\sin(x) - 1.$$

a) Dresser le tableau de variations de la fonction *f*.
b) Résoudre l'équation $f(x) = 0$.

99 Présenter une résolution en trinôme

Résoudre cet exercice en trinôme, puis se répartir les questions et en présenter les résultats à l'oral.

Pendant les mois de juillet et août, la consommation, en m^3, en eau d'un village est modélisée par la fonction C définie sur $[1\,;62]$ par :

$$C(t) = 500 - \frac{1\,000}{\pi}\cos\left(\frac{1}{30}\pi t\right)$$ où *t* est l'instant, en jour.

a) Déterminer la quantité d'eau consommée le 1er juillet. *Arrondir à l'unité.*
b) Tracer la courbe représentative de la fonction C à l'écran d'une calculatrice sur $[1\,;62]$. Justifier la présence d'un maximum que l'on déterminera.
c) Démontrer que l'équation $C(t) = 313$ admet deux solutions distinctes α et β dans l'intervalle $[1\,;62]$. *Donner l'arrondi à l'unité de α, puis de β.*

100 Fonction tangente

Partie A

(O ; I, J) est un repère orthonormé direct d'origine O et $\mathscr{C}$ est le cercle trigonométrique de centre O.

Δ est la perpendiculaire à (OI) en I et M est le point de $\mathscr{C}$ image d'un réel $x \neq \frac{\pi}{2}$.

Déterminer, en fonction de x, les coordonnées du point d'intersection T des droites (OM) et Δ.

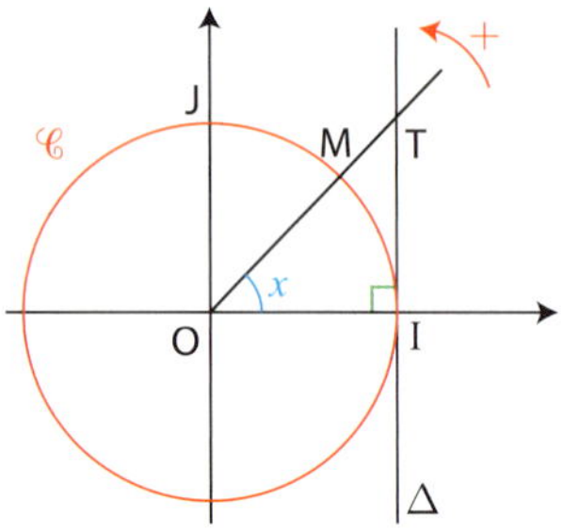

Partie B

La fonction tangente est définie pour $x \neq \frac{\pi}{2} + k\pi$ (avec $k \in \mathbb{Z}$) par $\tan(x) = \frac{\sin(x)}{\cos(x)}$.

On se propose d'étudier des propriétés de cette fonction.

1. Un élément de symétrie

On note Γ la courbe représentative de la fonction tangente dans un repère orthogonal $(O ; \vec{i}, \vec{j})$.

Démontrer que le point O est un centre de symétrie de Γ.

2. Étude sur l'intervalle $\left[0 ; \frac{\pi}{2}\right[$

a) La fonction tangente est dérivable sur $\left[0 ; \frac{\pi}{2}\right[$ comme quotient de deux fonctions dérivables sur cet intervalle.

Montrer que $\tan'(x) = 1 + \tan^2(x)$ pour tout x de l'intervalle $\left[0 ; \frac{\pi}{2}\right[$.

b) Déduire de la question **a)** le sens de variation de la fonction tangente sur $\left[0 ; \frac{\pi}{2}\right[$.

c) Étudier la limite de la fonction tangente en $\frac{\pi}{2}$, puis dresser son tableau de variations sur $\left[0 ; \frac{\pi}{2}\right[$.

3. Courbe représentative

a) Dans un repère orthogonal, représenter à la main une allure de la courbe Γ sur l'intervalle $\left[0 ; \frac{\pi}{2}\right[$.

b) En déduire la courbe représentative de la fonction tangente sur l'intervalle $\left]-\frac{\pi}{2} ; \frac{\pi}{2}\right[$.

c) Montrer que la fonction tangente est périodique de période π.

d) Compléter la courbe Γ sur $\left]-\frac{3\pi}{2} ; -\frac{\pi}{2}\right[$ et sur $\left]\frac{\pi}{2} ; \frac{3\pi}{2}\right[$.

101 Application de la fonction tangente

Lors d'un match de rugby de la Coupe du Monde en 2019 au Japon, un joueur doit transformer un essai qui a été marqué au point E situé sur la droite (AB), à l'extérieur du segment [AB].

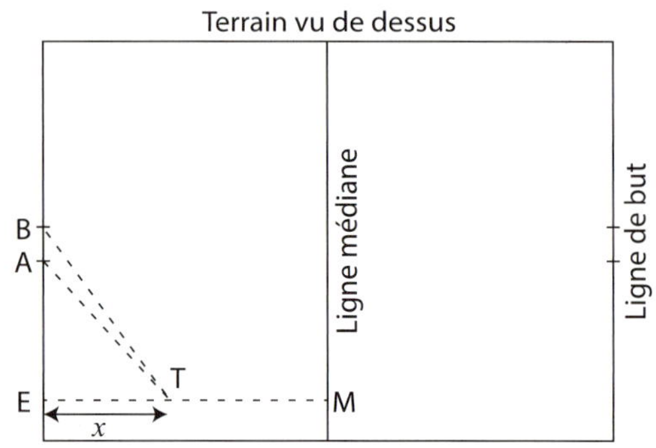

La transformation est réussie si le ballon passe entre les poteaux repérés par les points A et B.

Le joueur place le ballon en un point T qu'il peut choisir n'importe où sur le segment [EM] perpendiculaire à la droite (AB), sauf en E.

Voici les dimensions du terrain :

$$EM = 50 \text{ m}, EA = 25 \text{ m}, AB = 5{,}6 \text{ m}.$$

On se propose de rechercher s'il existe une position du point T sur le segment [EM] pour laquelle l'angle $\widehat{ATB}$ est maximum, et, si c'est le cas, de déterminer une mesure approchée de cet angle.

On note x la longueur ET cherchée, en mètre.

On note α la mesure, en radian, de l'angle $\widehat{ATB}$ $\left(\alpha \in \left]0 ; \frac{\pi}{2}\right[\right)$.

a) On admet que pour tous réels a et b de $\left]0 ; \frac{\pi}{2}\right[$,

$$\tan(a-b) = \frac{\tan(a) - \tan(b)}{1 + \tan(a)\tan(b)}.$$

Exprimer $\tan(\widehat{ETB})$ et $\tan(\widehat{ETA})$ en fonction de x.

En déduire que $\tan(\alpha) = \frac{5{,}6x}{x^2 + 765}$.

b) Utiliser le sens de variation de la fonction tangente sur $\left[0 ; \frac{\pi}{2}\right[$ pour justifier que l'angle $\widehat{ATB}$ est maximum lorsque $\tan(\alpha)$ est maximum.

c) Montrer qu'il existe une unique valeur x_0 de x de $]0 ; 50]$ pour laquelle l'angle $\widehat{ATB}$ est maximum. Donner un encadrement d'amplitude 10^{-1} de x_0.

Indiquer alors la mesure de l'angle $\widehat{ATB}$, en radian, puis en degré. *Arrondir au centième dans chaque cas.*

102 Tice **Les polynômes de Taylor**

Les polynômes de Taylor permettent d'approcher de manière très précise des fonctions non polynomiales par des fonctions polynomiales.
On se propose ici de visualiser l'approximation de la fonction cosinus (notée f dans ce qui suit) à l'aide de polynômes et de comprendre leur construction.

Partie A : expérimentation graphique en 0

a) Avec un logiciel de géométrie :
- créer la courbe représentative de f ;
- créer un curseur n de 0 à 5 avec un incrément de 1 ;
- saisir PolynômeTaylor(f, 0, n).

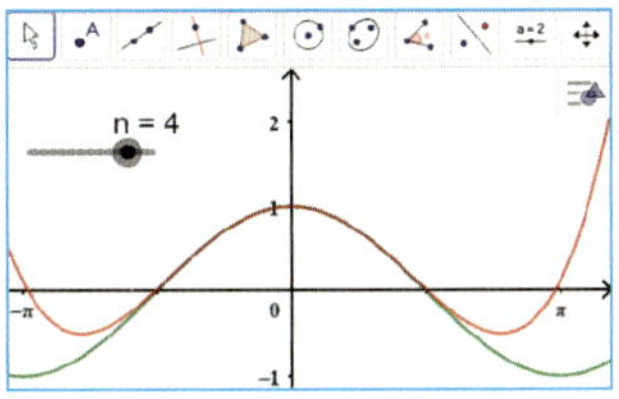

b) Déplacer le curseur n et observer la forme des courbes obtenues et l'expression des fonctions g_n obtenues.

c) Que remarque-t-on :
- graphiquement entre les courbes de f et de g_n ?
- pour $g_n(x)$ entre deux valeurs successives de n ?

Partie B : construction des polynômes de Taylor

On admet la propriété suivante :
f est une fonction définie sur un intervalle I, $a \in \mathrm{I}$ et les dérivées successives f', f'', f''' et $f^{(4)}$ de f sont continues sur I. Pour tout réel x de I,

$$f(x) \approx f(a) + (x-a)f'(a) + \frac{(x-a)^2}{2}f''(a) + \frac{(x-a)^3}{6}f'''(a).$$

Le membre de droite est appelé polynôme de Taylor de f en a à l'ordre 3.

a) Utiliser cette propriété pour retrouver les expressions successives de g_n avec $a = 0$ et $n \in \{0 ; 1 ; 2 ; 3\}$.

b) Que représente $g_1(x)$?

c) Sans calculatrice, donner une valeur approchée de $\cos(0{,}1)$ à 10^{-3} près.

HISTOIRE DES MATHS

Brook Taylor (1685-1731) est un homme de science anglais. Surtout connu comme mathématicien, il s'intéresse aussi à la musique, la peinture et la philosophie.

En 1715, membre de la Royal Society de Londres, il publie ses travaux sur les polynômes dans *Methodus incrementorum directa et inversa*.

103 **Encadrements de sin(x) et cos(x)**

1. f_1 est la fonction définie sur $\mathbb{R}$ par $f_1(x) = x - \sin(x)$.

a) Étudier les variations de la fonction f_1.

b) En déduire que $\sin(x) \leqslant x$ pour $x \in [0 ; +\infty[$.

2. f_2 est la fonction définie sur $\mathbb{R}$ par :

$$f_2(x) = 1 - \frac{x^2}{2} - \cos(x).$$

a) Déduire de la question **1.** le sens de variation de la fonction f_2 sur $[0 ; +\infty[$.

b) En déduire que, pour tout réel x, $1 - \frac{x^2}{2} \leqslant \cos(x)$.

3. a) Étudier le sens de variation de chacune des fonctions définies sur $\mathbb{R}$ par :

$$f_3(x) = x - \frac{x^3}{6} - \sin(x) \text{ et } f_4(x) = 1 - \frac{x^2}{2} + \frac{x^4}{24} - \cos(x).$$

b) Montrer que :
- pour tout réel $x \geqslant 0$, $x - \frac{x^3}{6} \leqslant \sin(x) \leqslant x$;
- pour tout réel x, $1 - \frac{x^2}{2} \leqslant \cos(x) \leqslant 1 - \frac{x^2}{2} + \frac{x^4}{24}$.

c) En déduire un encadrement de $\sin(0{,}01)$, puis de $\cos(0{,}01)$.

Des Défis

104 **Une équation trigonométrique**

Résoudre dans $[-\pi ; \pi]$ l'équation :

$$2\sin^2(x) - \sin(x) - 1 = 0.$$

105 **Un panneau solaire**

Pour le concours Lépine, Jamil souhaite présenter un panneau solaire de 3 m de hauteur, orientable à l'aide d'un vérin. Le panneau solaire s'oriente dès 6 h du matin perpendiculairement aux rayons du soleil comme l'indique la figure ci-dessous.

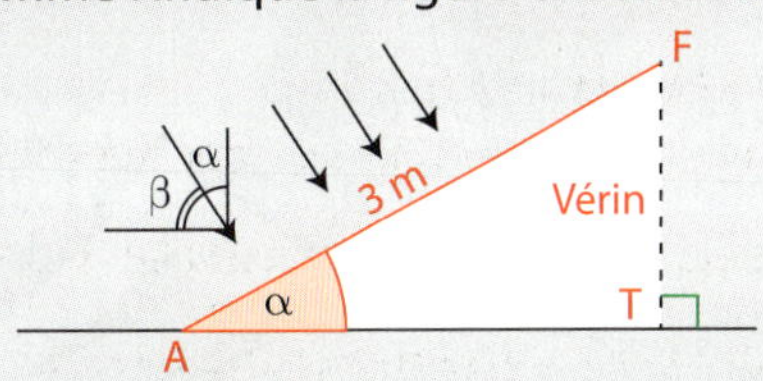

Jamil estime les variations de β, l'angle entre les rayons du Soleil et la Terre, à $\frac{\pi}{12}$ radian par heure.

On note α l'angle que fait le panneau solaire par rapport au sol.

Déterminer la vitesse du vérin en fonction du temps.

13 Primitives. Équations différentielles

HISTOIRE DES MATHS

Vers 1680, le mathématicien anglais **Isaac Newton** définit la dérivation de manière intuitive. Il conçoit la recherche de primitives d'une fonction comme « une dérivation à l'envers ».

Avec les travaux de Newton et ceux du mathématicien allemand **Gottfried Leibniz** qui, en 1684, expose la résolution de certaines équations différentielles, l'analyse mathématique devient un outil pour la physique moderne. En particulier, elle sert à décrire la loi de gravitation universelle et le mouvement des planètes du système solaire.

À la fin du 19e siècle, des mathématiciens tels que **Henri Poincaré** et **Lazarus Fuchs** réalisent des progrès considérables en résolvant des équations différentielles plus variées. Ils montrent l'importance des conditions initiales dans la stabilité des solutions.

Joseph-Louis Lagrange

Georges Birkhoff

▶ **Joseph-Louis Lagrange** (1736-1813) est sarde, naturalisé français. Il est considéré comme l'un des plus grands mathématiciens du 18e siècle ; il introduit de nouvelles méthodes pour le calcul des variations et l'étude des équations différentielles.

▶ **Georges Birkhoff** (1884-1944) est un mathématicien américain. Il fait progresser l'étude des équations différentielles, et développe la théorie des systèmes dynamiques différentiels.

Vers 1680 Newton et Leibniz développent le calcul différentiel.

1711 Newton et Leibniz se disputent l'antériorité de leurs travaux.

1739 Euler résout des équations différentielles du type $y' = ay$.

1746 D'Alembert résout des équations différentielles à plusieurs variables.

1680 Papin invente l'autocuiseur

1696 Signature du traité de Turin

1718 Les colons français fondent la Nouvelle-Orléans

1724 *Passion selon St-Jean* de Bach

1741 *La vie de Marianne* de Marivaux

1680 — 1700 — 1720 — 1740 — 1760

L'ouragan Katrina au-dessus de la Louisiane, en 2005.

L'équation différentielle de Navier-Stokes permet de modéliser l'atmosphère, et donc de faire des prévisions météorologiques.

Seule une résolution approchée par des méthodes numériques est possible.

De nos jours, l'équation n'a toujours pas été résolue ; elle fait partie des « sept problèmes du millénaire » posés par l'Institut de mathématiques Clay en 2000.

Les contenus et capacités travaillés dans ce chapitre

	Savoir-faire	Exercices
• Équation différentielle $y' = f$ et notion de primitive d'une fonction continue.	1 à 4	16 à 36
• Calculer une primitive à l'aide de primitives de fonctions de référence.	5, 7, 8	37, 39 à 43
• Calculer une primitive à l'aide de primitives de fonctions de la forme $(v' \circ u) \times u'$.	6, 9, 10	38, 44 à 56
• Résoudre une équation différentielle du type $y' = ay$ ou $y' = ay + b$ avec $a \neq 0$.	11 à 14	57 à 84
• Résoudre une équation différentielle du type $y' = ay + f$ à partir de la donnée d'une solution particulière.		85 à 87
• Résoudre par la méthode d'Euler $y' = f$, $y' = ay + b$.	15	113, 123

Bien démarrer

Calcul mental

Vidéo
JaiCompris.com
Ces notions sont expliquées en vidéo

Rappels utiles

• Tableau des dérivées usuelles

$f(x)$	$f'(x)$	Ensemble
$k \in \mathbb{R}$	0	$\mathbb{R}$
x^n $n \in \mathbb{Z} - \{0\,;1\}$	nx^{n-1}	$\mathbb{R}$ si $n \geqslant 2$ $\mathbb{R}^*$ si $n \leqslant -1$
$\dfrac{1}{x}$	$-\dfrac{1}{x^2}$	$\mathbb{R}^*$
$\sqrt{x}$	$\dfrac{1}{2\sqrt{x}}$	$]0\,;+\infty[$
$\ln(x)$	$\dfrac{1}{x}$	$]0\,;+\infty[$
e^x	e^x	$\mathbb{R}$
$\cos(x)$	$-\sin(x)$	$\mathbb{R}$
$\sin(x)$	$\cos(x)$	$\mathbb{R}$

• Règles de dérivation

u et v sont deux fonctions dérivables sur I et $k \in \mathbb{R}$.

$(u+v)' = u' + v'$ $\quad (ku)' = ku'$ $\quad (u \times v)' = u'v + uv'$

$\left(\dfrac{u}{v}\right)' = \dfrac{u'v - uv'}{v^2}$ (si $v(x) \neq 0$ pour tout x de I)

• Dérivée de $v \circ u$

u est une fonction dérivable sur un intervalle I à valeurs dans un intervalle J et v une fonction dérivable sur l'intervalle J.

$$(v \circ u)' = u' \times (v' \circ u)$$

Conséquences

Fonction	Dérivée	Condition
u^n $n \in \mathbb{Z} - \{0\,;1\}$	$nu^{n-1}u'$	$u(x) \neq 0$ pour tout x de I si $n \leqslant -1$
$\dfrac{1}{u}$	$-\dfrac{u'}{u^2}$	$u(x) \neq 0$ pour tout x de I
$\sqrt{u}$	$\dfrac{u'}{2\sqrt{u}}$	$u(x) > 0$ pour tout x de I
$\ln(u)$	$\dfrac{u'}{u}$	$u(x) > 0$ pour tout x de I
e^u	$u'e^u$	
$\cos(u)$	$-u'\sin(u)$	
$\sin(u)$	$u'\sin(u)$	

À l'oral

Questions-Tests

Pour chaque question, il y a une seule réponse exacte.

1 **a)** Pour tout réel x, $g(x) = 3 - 2e^x$.
Pour tout réel x, $g'(x)$ est égal à :
(1) $3 - 2e^x$ **(2)** $-2e^x$ **(3)** $2e^x$

b) Pour tout réel x, $h(x) = \cos(x) + \sin(x)$.
Pour tout réel x, $h'(x)$ est égal à :
(1) $\cos(x) + \sin(x)$ **(2)** $\cos(x) - \sin(x)$ **(3)** $-\sin(x) + \cos(x)$

2 **a)** Pour tout réel $x > 0$, $f(x) = x\sqrt{x}$.
Pour tout réel $x > 0$, $f'(x)$ est égal à :
(1) $\dfrac{1}{2\sqrt{x}}$ **(2)** 1 **(3)** $\dfrac{3\sqrt{x}}{2}$

b) Pour tout réel x, $g(x) = (3x - 1)e^x$.
Pour tout réel x, $g'(x)$ est égal à :
(1) $3e^x$ **(2)** $(3x + 2)e^x$ **(3)** $3e$

c) Pour tout réel $x > 0$, $h(x) = \dfrac{3x - 4}{2x + 1}$.
Pour tout réel $x > 0$, $h'(x)$ est égal à :
(1) $\dfrac{11}{(2x+1)^2}$ **(2)** $\dfrac{12x - 5}{(2x+1)^2}$ **(3)** $\dfrac{3}{2}$

3 **a)** Pour tout réel x, $f(x) = (7x + 1)^3$.
Pour tout réel x, $f'(x)$ est égal à :
(1) $21(7x + 1)^2$ **(2)** $3(7x + 1)^2$ **(3)** 7^3

b) Pour tout réel x, $h(x) = \cos(3x - 4)$.
Pour tout réel x, $h'(x)$ est égal à :
(1) $3\sin(3x - 4)$ **(2)** $3\cos(3x - 4)$ **(3)** $-3\sin(3x - 4)$

4 **a)** Pour tout réel x, $f(x) = \sqrt{x^2 + 3}$.
Pour tout réel x, $f'(x)$ est égal à :
(1) $\dfrac{x}{\sqrt{x^2 + 3}}$ **(2)** $\dfrac{1}{2\sqrt{x^2 + 3}}$ **(3)** $\sqrt{2x}$

b) Pour tout réel x, $g(x) = 5e^{2x}$.
Pour tout réel x, $g'(x)$ est égal à :
(1) $5e^{2x}$ **(2)** $7e^{2x}$ **(3)** $10e^{2x}$

c) Pour tout réel $x > 1$, $h(x) = \ln(5x - 4)$.
Pour tout réel $x > 1$, $h'(x)$ est égal à :
(1) $\dfrac{1}{5x - 4}$ **(2)** $5\ln(5x - 4)$ **(3)** $\dfrac{5}{5x - 4}$

1 Déterminer une primitive d'une fonction

Un train roulant en ligne droite passe dans un tunnel à une vitesse de 50 $m.s^{-1}$ et commence à freiner à la sortie.
On note :
- $d(t)$ la distance, en m, parcourue par le train, t secondes après sa sortie du tunnel. Ainsi $d(0) = 0$;
- $v(t)$ la vitesse du train, en $m.s^{-1}$, à l'instant t. Ainsi $v(0) = 50$.

1 On admet que pour tout réel t de $[0\,;+\infty[$, $v(t) = k\dfrac{t^2}{2} + C$ où k et C sont deux constantes réelles.

a) Déterminer la valeur de C en utilisant $v(0) = 50$.
b) Sachant que le train s'arrête en 20 secondes, déterminer la valeur de k. Exprimer alors $v(t)$ en fonction de t.

2 On sait que $v = d'$, on dit que d est **une primitive** de la fonction v sur l'intervalle $[0\,;+\infty[$.

a) Recopier et compléter : la fonction f : $t \mapsto -0{,}125\dfrac{t^{\cdots}}{\cdots} + 50\ldots$ est une primitive de la fonction v sur l'intervalle $[0\,;+\infty[$.

b) On admet que toutes les primitives de v sur $[0\,;+\infty[$ sont les fonctions $t \mapsto f(t) + K$ avec $K \in \mathbb{R}$.
Parmi toutes ces primitives, déterminer celle, d, telle que $d(0) = 0$.
c) Calculer la distance d'arrêt, en m, du train. *Arrondir au centième.*

2 Résolution d'une équation différentielle

En 1950, un pays comptait 30,5 millions d'habitants.
P(t) est la population de ce pays, en million d'habitants, à l'instant $1950 + t$, en année, avec $t \geqslant 0$. Ainsi $P(0) = 30{,}5$.
On suppose que la fonction P est dérivable sur $[0\,;+\infty[$.
Une étude a montré que la fonction P vérifie, pour tout réel $t \geqslant 0$, l'équation $P'(t) = 0{,}005P(t)$.
On dit que la fonction P est solution de l'**équation différentielle (E)** : $y' = 0{,}005y$.

a) Démontrer qu'il existe un réel a pour lequel la fonction $t \mapsto e^{at}$ est solution de l'équation différentielle (**E**).
b) On sait que la fonction P est une solution sur $[0\,;+\infty[$ de (**E**).
On note f la fonction définie sur $[0\,;+\infty[$ par $f(t) = \dfrac{P(t)}{e^{0{,}005t}}$.
Démontrer que pour tout réel $t \geqslant 0$, $f'(t) = 0$. Que peut-on en déduire pour la fonction f ?
c) Expliquer pourquoi pour tout réel $t \geqslant 0$, $P(t) = ke^{0{,}005t}$ avec $k \in \mathbb{R}$.
d) Sachant que $P(0) = 30{,}5$, déterminer k et exprimer $P(t)$ en fonction de t.
e) Estimer la population, en million d'habitants, de ce pays en 2050 si l'évolution se poursuit ainsi.
Arrondir au millier.

Cours

Exercices
- **1** à **4** (ci-contre)
- **16** à **36**

1 Primitives et équations différentielles $y' = f$

A Lien entre équation différentielle $y' = f$ et primitive de f

Vocabulaire

• Une **équation différentielle** est une équation où l'inconnue est une fonction et où interviennent des dérivées de cette fonction.

• **Résoudre** une équation différentielle, c'est trouver toutes les fonctions solutions de l'équation.

Définition

f est une fonction définie sur un intervalle I.
Dire que F est **une primitive** de f sur I signifie que F est dérivable sur I et **F′ = *f***.

Autrement dit, une primitive de la fonction f sur I est une solution sur I de l'équation différentielle $y' = f$.

Exemple

f est la fonction définie sur $\mathbb{R}$ par $f(x) = e^x + 2$.
La fonction F définie sur $\mathbb{R}$ par $F(x) = e^x + 2x$ est une primitive de f sur $\mathbb{R}$.
En effet, F est dérivable sur $\mathbb{R}$ et pour tout réel x, $F'(x) = e^x + 2 = f(x)$.
Ainsi, la fonction F est solution sur $\mathbb{R}$ de l'équation différentielle $y' = e^x + 2$.

Propriété (admise)

Toute fonction continue sur un intervalle I admet des primitives sur I.

B Primitives d'une même fonction

Propriétés

F est une primitive sur un intervalle I d'une fonction f continue sur I.
(1) Pour tout réel C, la fonction G : $x \mapsto F(x) + C$ est aussi une primitive de f sur I.
(2) Toute primitive de la fonction f sur I est de ce type.

On dit aussi que « deux primitives d'une même fonction sur un intervalle diffèrent d'une constante ».

Démonstrations

(1) G est dérivable sur I et pour tout réel x de I, $G'(x) = F'(x) = f(x)$ donc G est aussi une primitive de f sur I.
(2) On suppose que H est une primitive de f sur I, alors H est dérivable sur I et $H' = f$.
Or, $F' = f$ donc $(H - F)' = 0$ sur I. Ainsi, la fonction H − F est constante sur I.
Donc il existe un réel C tel que pour tout réel x de I, $H(x) - F(x) = C$ soit $H(x) = F(x) + C$.

Vidéo
JAICOMPRIS.COM
Cette démonstration est présentée en vidéo

Conséquence : l'équation différentielle $y' = f$ **a pour solutions toutes les primitives de *f* sur I.**

Propriété

f est une fonction continue sur un intervalle I.
Il existe une **unique primitive** G de f sur l'intervalle I telle que $\mathbf{G(x_0) = y_0}$ où x_0 est un nombre réel donné de I et y_0 un nombre réel donné.

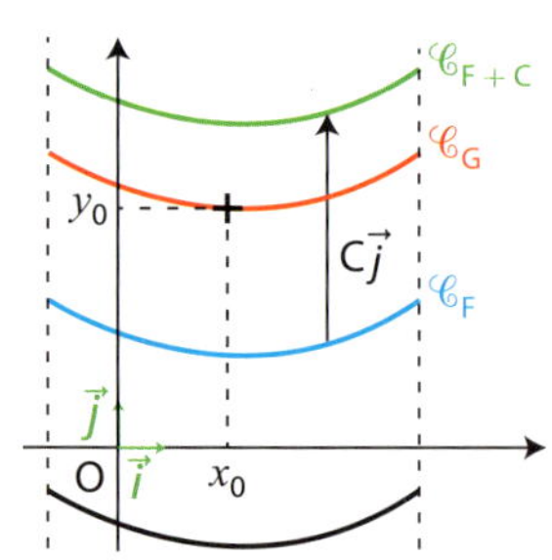

Démonstration

Avec les notations précédentes, $G(x_0) = y_0$ s'écrit $F(x_0) + C = y_0$ soit $C = y_0 - F(x_0)$.
Donc $G(x) = F(x) + y_0 - F(x_0)$ et G est définie de façon unique.

EXERCICES RÉSOLUS

1 Utiliser des langages différents

a) f est la fonction définie sur $I = [0\,;+\infty[$ par $f(x) = \dfrac{3x^2+6x+4}{(x+1)^2}$.

Vérifier que la fonction F définie sur l'intervalle I par $F(x) = \dfrac{3x^2+4x}{x+1}$ est une primitive de f sur I.

b) Vérifier que la fonction G définie sur $\mathbb{R}$ par $G(x) = (x-1)e^x$ est une solution sur $\mathbb{R}$ de l'équation différentielle $y' = xe^x$.

Solution

a) La fonction F est dérivable sur I et, pour tout réel x de I :

$$F'(x) = \frac{(6x+4)(x+1)-(3x^2+4x)\times 1}{(x+1)^2} = \frac{3x^2+6x+4}{(x+1)^2}.$$

Donc F est une primitive de f sur I.

b) La fonction G est dérivable sur $\mathbb{R}$ et, pour tout réel x :

$$G'(x) = 1\times e^x + (x-1)e^x = xe^x.$$

Donc G est une solution sur $\mathbb{R}$ de l'équation différentielle $y' = xe^x$.

> Pour démontrer que F est une primitive de f sur I, on calcule $F'(x)$ et on vérifie que pour tout x de I, $F'(x) = f(x)$.

> Autrement dit, G est une primitive sur $\mathbb{R}$ de la fonction $x \mapsto xe^x$.

2 Utiliser une condition initiale

D'après l'exercice 1, la fonction G définie sur $\mathbb{R}$ par $G(x) = (x-1)e^x$ est une primitive de la fonction g définie sur $\mathbb{R}$ par $g(x) = xe^x$.

a) Déterminer l'ensemble des primitives de la fonction g sur $\mathbb{R}$.

b) Déterminer la primitive G_0 de g sur $\mathbb{R}$ qui prend la valeur -2 en 0.

Solution

a) L'ensemble des primitives de la fonction g sur $\mathbb{R}$ est constitué des fonctions $x \mapsto (x-1)e^x + C$ avec $C \in \mathbb{R}$, définies sur $\mathbb{R}$.

b) G_0 est une primitive de g sur $\mathbb{R}$ donc il existe un réel C tel que pour tout réel x, $G_0(x) = (x-1)e^x + C$.

$G_0(0) = -2$ signifie donc que $-1e^0 + C = -2$ soit $C = -1$.

Donc la primitive G_0 de g sur $\mathbb{R}$ qui prend la valeur -2 en 0 est définie par $G_0(x) = (x-1)e^x - 1$.

> Pour déterminer la primitive G de g vérifiant une condition initiale :
> - on détermine toutes les primitives de g ;
> - on détermine la constante pour laquelle la condition est vérifiée.

EXERCICES D'APPLICATION DIRECTE

Sur le modèle de l'exercice résolu 1

3 **a)** f est la fonction définie sur $\mathbb{R}$ par :

$$f(x) = \frac{e^x}{(e^x+1)^2}.$$

Vérifier que la fonction F définie sur $\mathbb{R}$ par :

$$F(x) = \frac{-1}{e^x+1}$$

est une primitive de f.

b) Vérifier que la fonction G définie sur $]0\,;+\infty[$ par $G(x) = x\ln(x) - x$ est une solution sur $]0\,;+\infty[$ de l'équation différentielle $y' = \ln(x)$.

Sur le modèle de l'exercice résolu 2

4 D'après l'exercice 3, la fonction G définie sur $]0\,;+\infty[$ par :

$$G(x) = x\ln(x) - x$$

est une primitive de la fonction g définie sur $]0\,;+\infty[$ par $g(x) = \ln(x)$.

a) Déterminer l'ensemble des primitives de la fonction g sur $]0\,;+\infty[$.

b) Déterminer la primitive G_1 de g sur $]0\,;+\infty[$ qui s'annule en 1.

Exercices
- 5 à 10 (ci-contre)
- 37 à 56

2 Formulaire de primitives

Vidéo
JAICOMPRIS.COM
Cette notion est présentée en vidéo

A Primitives de $f+g$, de αf avec $\alpha \in \mathbb{R}$

Ces propriétés se déduisent de la définition d'une primitive et des opérations sur les fonctions dérivables.

Propriétés

f et g sont deux fonctions continues sur un intervalle I et admettant respectivement les primitives F et G sur cet intervalle. Alors : **(1)** F + G est une primitive de $f+g$; **(2)** αF est une primitive de αf (avec $\alpha \in \mathbb{R}$).

B Primitives de fonctions de référence (lecture inverse des formules de dérivées)

f est une fonction définie sur un intervalle I, F est une primitive de f sur I et $C \in \mathbb{R}$.

Pour tout x de I, $f(x) = \dots$	Pour tout x de I, $F(x) = \dots$	L'intervalle I est égal à …
k (avec $k \in \mathbb{R}$)	$kx + C$	$\mathbb{R}$
x	$\frac{1}{2}x^2 + C$	$\mathbb{R}$
x^n (avec $n \in \mathbb{Z} - \{-1;0\}$)	$\frac{1}{n+1}x^{n+1} + C$	$\mathbb{R}$ si $n \geqslant 1$ $]-\infty;0[$ ou $]0;+\infty[$ si $n \leqslant -2$
$\frac{1}{x}$	$\ln(x) + C$	$]0;+\infty[$
$\frac{1}{x^2}$	$-\frac{1}{x} + C$	$]-\infty;0[$ ou $]0;+\infty[$
$\frac{1}{\sqrt{x}}$	$2\sqrt{x} + C$	$]0;+\infty[$
$\sin(x)$	$-\cos(x) + C$	$\mathbb{R}$
$\cos(x)$	$\sin(x) + C$	$\mathbb{R}$
e^x	$e^x + C$	$\mathbb{R}$

C Primitives et composition

Propriété

u est une fonction dérivable sur un intervalle I à valeurs dans un intervalle J et v une fonction dérivable sur l'intervalle J. **Une primitive** sur I de la fonction $\boldsymbol{u' \times (v' \circ u)}$ est la fonction $\boldsymbol{v \circ u}$.

u est une fonction dérivable sur un intervalle I. Par lecture inverse des formules de dérivées, on obtient :

Fonction f	Primitives de f sur I	Condition sur u
$u'u^n$ (avec $n \in \mathbb{Z} - \{-1;0\}$)	$\frac{1}{n+1}u^{n+1} + C$	$u(x) \neq 0$ pour tout x de I si $n \leqslant -2$
$\frac{u'}{u}$	$\ln(u) + C$	$u(x) > 0$ pour tout x de I
$\frac{u'}{u^2}$	$-\frac{1}{u} + C$	$u(x) \neq 0$ pour tout x de I
$\frac{u'}{\sqrt{u}}$	$2\sqrt{u} + C$	$u(x) > 0$ pour tout x de I
$u'\sin(u)$	$-\cos(u) + C$	
$u'\cos(u)$	$\sin(u) + C$	
$u'e^u$	$e^u + C$	

EXERCICES RÉSOLUS

5 Utiliser les primitives de fonctions usuelles

Dans chaque cas, déterminer une primitive sur I de la fonction définie sur I.

a) $f(x) = 2x^2 - 4x + 1$, $\quad I = \mathbb{R}$ **b)** $g(x) = \dfrac{2}{x} + 4\cos(x)$, $\quad I =]0\,;+\infty[$

Solution

a) Une primitive de $x \mapsto x^2$ sur $\mathbb{R}$ est $x \mapsto \dfrac{1}{3}x^3$,
une primitive de $x \mapsto x$ sur $\mathbb{R}$ est $x \mapsto \dfrac{1}{2}x^2$,
une primitive de $x \mapsto 1$ sur $\mathbb{R}$ est $x \mapsto x$.
Donc, une primitive de $x \mapsto 2x^2 - 4x + 1$ sur $\mathbb{R}$ est définie par $F(x) = 2 \times \dfrac{1}{3}x^3 - 4 \times \dfrac{1}{2}x^2 + x = \dfrac{2}{3}x^3 - 2x^2 + x$.

b) Une primitive de $x \mapsto \dfrac{1}{x}$ sur I est $x \mapsto \ln(x)$,
une primitive de $x \mapsto \cos(x)$ sur I est $x \mapsto \sin(x)$.
Donc, une primitive de $x \mapsto \dfrac{2}{x} + 4\cos(x)$ sur I est définie par :

$$G(x) = 2 \times \ln(x) + 4 \times \sin(x) = 2\ln(x) + 4\sin(x).$$

On utilise le formulaire des primitives des fonctions usuelles du § B.

Pour déterminer une primitive d'une fonction $\alpha f + \beta g$ (avec α, β nombres réels) sur un intervalle I, il suffit de déterminer une primitive F de f et G de g sur I.
Alors, une primitive de $\alpha f + \beta g$ sur I est :
$\alpha F + \beta G$

6 Déterminer une primitive

Dans chaque cas, déterminer une primitive sur I de la fonction définie sur I.

a) $f(x) = \dfrac{-3}{(5-3x)^4}$, $\quad I = [2\,;+\infty[$ **b)** $g(x) = e^{4x+7}$, $\quad I = \mathbb{R}$

Solution

a) Pour tout réel $x \geqslant 2$, $f(x) = -3(5-3x)^{-4}$.
On pose $u(x) = 5 - 3x$, alors $u'(x) = -3$.
Ainsi, $f(x) = u'(x)u^{-4}(x)$.
Donc une primitive F de f sur I est définie par :

$$F(x) = \frac{1}{-4+1}u^{-4+1}(x) = -\frac{1}{3}(5-3x)^{-3} = -\frac{1}{3(5-3x)^3}.$$

b) Pour tout réel x, on pose $u(x) = 4x + 7$; alors $u'(x) = 4$.
Ainsi, $g(x) = \dfrac{1}{4} \times 4e^{4x+7} = \dfrac{1}{4} \times u'(x)e^{u(x)}$.
Donc une primitive G de g sur I est définie par :

$$G(x) = \frac{1}{4} \times e^{u(x)} = \frac{1}{4}e^{4x+7}.$$

Compte tenu de l'expression de f, on pense à vérifier si f est de la forme $u'u^n$. C'est bien le cas, donc une primitive est $\dfrac{1}{n+1}u^{n+1}$.

Compte tenu de l'expression de g, on pense à vérifier si g est de la forme $u'e^u$.
C'est le cas mais à une constante multiplicative près : $g = \dfrac{1}{4}u'e^u$.

EXERCICES D'APPLICATION DIRECTE

Sur le modèle de l'exercice résolu 5
Pour les exercices 7 et 8, déterminer une primitive sur I de la fonction définie sur I.

7 **a)** $f(x) = 5x^4 - 3x + 7$, $\quad I = \mathbb{R}$
b) $g(x) = 2\sin(x) + 3\cos(x)$, $\quad I = \mathbb{R}$

8 **a)** $h(x) = 5e^x + 5$, $\quad I = \mathbb{R}$
b) $k(x) = 2x^3 - 1$, $\quad I = \mathbb{R}$

Sur le modèle de l'exercice résolu 6
Pour les exercices 9 et 10, déterminer une primitive sur I de la fonction définie sur I.

9 **a)** $f(x) = 4(3x-1)^5$, $\quad I = \mathbb{R}$
b) $g(x) = \dfrac{7x}{x^2+4}$, $\quad I = \mathbb{R}$

10 $h(x) = (1-2x)^3$, $\quad I = \mathbb{R}$

Exercices
- 11 à 14 (ci-contre)
- 57 à 87

3 Équations différentielles

A Équations différentielles $y' = ay$

Propriété

Les fonctions solutions de l'équation différentielle $\boldsymbol{y' = ay}$ (avec a nombre réel non nul) sont les fonctions f_k définies sur $\mathbb{R}$ par $\boldsymbol{f_k(x) = ke^{ax}}$ où k est un nombre réel.

Démonstration

- La fonction f_k définie sur $\mathbb{R}$ par $f_k(x) = ke^{ax}$, avec k nombre réel, est dérivable sur $\mathbb{R}$ et $f_k'(x) = kae^{ax}$, donc $f_k'(x) = af_k(x)$ et f_k est solution de l'équation différentielle $y' = ay$.
- Réciproquement, on considère une solution g sur $\mathbb{R}$ de $y' = ay$.
On note ϕ la fonction définie sur $\mathbb{R}$ par $\phi(x) = g(x)e^{-ax}$. La fonction ϕ est dérivable sur $\mathbb{R}$ et pour tout réel x, $\phi'(x) = g'(x)e^{-ax} - ag(x)e^{-ax} = (g'(x) - ag(x))e^{-ax}$.
Or, pour tout réel x, $g'(x) = ag(x)$ donc $\phi'(x) = 0$.
Ainsi ϕ est une fonction constante sur $\mathbb{R}$ et il existe un réel k tel que pour tout réel x, $\phi(x) = k$, soit $g(x)e^{-ax} = k$. On en déduit que pour tout réel x, $g(x) = ke^{ax}$.

Vidéo JaiCompris.com — Cette démonstration est présentée en vidéo

Allure des courbes des fonctions solutions selon les signes de *a* et de *k*

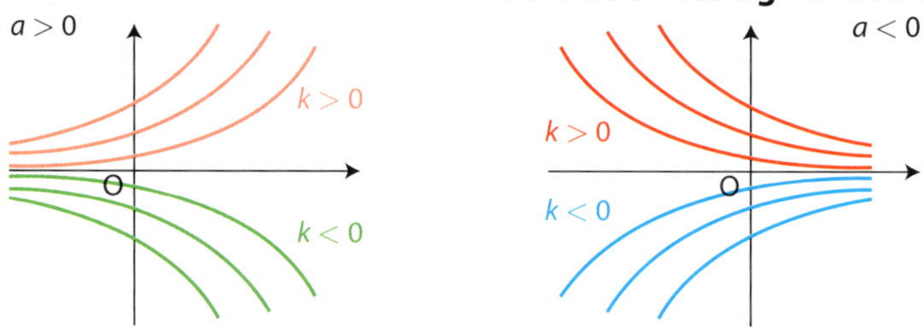

B Équations différentielles $y' = ay + b$

Propriété

Les fonctions solutions de l'équation différentielle $y' = ay + b$ (avec a et b nombres réels non nuls) sont les fonctions f_k définies sur $\mathbb{R}$ par $\boldsymbol{f_k(x) = ke^{ax} - \frac{b}{a}}$ où k est un nombre réel.

Démonstration

- On détermine d'abord une fonction constante $f : x \mapsto k$ solution particulière de $y' = ay + b$.
Pour tout réel x, $f'(x) = 0$. Ainsi, f est solution de $y' = ay + b$ si, et seulement si, $0 = ak + b$, soit $k = -\frac{b}{a}$.
Donc pour tout réel x, $f(x) = -\frac{b}{a}$.
- g est solution de $y' = ay + b$ si, et seulement si, $g' = ag + b$. Or, on sait que $f' = af + b$.
Ainsi, g est solution de $y' = ay + b$ si, et seulement si, $g' - f' = a(g - f)$, c'est-à-dire $(g - f)' = a(g - f)$.
Autrement dit, g est solution de $y' = ay + b$ si, et seulement si, $g - f$ est solution de $y' = ay$, c'est-à-dire pour tout réel x, $g(x) - f(x) = ke^{ax}$ avec $k \in \mathbb{R}$.
En conclusion, les solutions sur $\mathbb{R}$ de $y' = ay + b$ sont les fonctions $x \mapsto ke^{ax} - \frac{b}{a}$.

Remarque : on généralise la méthode de résolution vue dans la démonstration précédente aux équations différentielles du type $\boldsymbol{y' = ay + f}$ avec a nombre réel non nul et f fonction donnée.
Une solution particulière constante n'existant pas nécessairement, une autre solution particulière sera soit donnée, soit à déterminer à l'aide d'indications (voir exercice 85 p. 384).

EXERCICES RÉSOLUS

11 Résoudre une équation différentielle $y' = ay$

(**E**) est l'équation différentielle $y' - 7y = 0$.

a) Résoudre l'équation différentielle (**E**).

b) Déterminer la solution f de (**E**) vérifiant la condition $f(0) = 2$.

Solution

L'équation (**E**) s'écrit aussi $y' = 7y$.

a) Les solutions de l'équation différentielle (**E**) sur $\mathbb{R}$ sont les fonctions $x \mapsto k\mathrm{e}^{7x}$ où k est un nombre réel.

b) f est solution de (**E**), donc il existe un nombre réel k tel que $f(x) = k\mathrm{e}^{7x}$. Or, $f(0) = 2$, ainsi $k\mathrm{e}^{0} = 2$ d'où $k = 2$.

On en déduit que la fonction f est définie sur $\mathbb{R}$ par $f(x) = 2\mathrm{e}^{7x}$.

> Afin de déterminer la solution vérifiant la condition donnée, on détermine la valeur de k pour qu'il en soit ainsi en résolvant une équation.

12 Résoudre une équation différentielle $y' = ay + b$

(**E**) est l'équation différentielle $y' = 5y + 2$.

a) Déterminer la fonction constante f solution particulière de (**E**).

b) Démontrer qu'une fonction g est solution de (**E**) si, et seulement si, $g - f$ est solution de $y' = 5y$.

c) En déduire l'ensemble des solutions sur $\mathbb{R}$ de (**E**).

d) Déterminer la solution h de (**E**) dont la courbe représentative $\mathscr{C}$ dans un repère orthonormé admet une tangente au point d'abscisse 0 de coefficient directeur 2.

Solution

a) Pour tout réel x, $f(x) = c$ avec $c \in \mathbb{R}$, donc $f'(x) = 0$.

f est solution de (**E**) si, et seulement si $f' = 5f + 2$, c'est-à-dire $0 = 5c + 2$ soit $c = -\frac{2}{5}$.

b) g est solution de (**E**) si, et seulement si, $g' = 5g + 2$.

Or, $f' = 5f + 2$. Ainsi, g est solution de (**E**) si, et seulement si, $g' - f' = 5(g - f)$ c'est-à-dire $(g - f)' = 5(g - f)$.

Autrement dit, g est solution de (**E**) si, et seulement si, $g - f$ est solution de l'équation différentielle $y' = 5y$.

> Pour résoudre $y' = ay + b$:
> - on détermine la fonction constante f solution de $y' = ay + b$: soit $f(x) = -\frac{b}{a}$;
> - on résout $y' = ay$: soit $y_k(x) = k\mathrm{e}^{ax}$ avec $k \in \mathbb{R}$;
> - on conclut : les solutions de $y' = ay + b$ sont les fonctions $y_k + f$.

c) g est solution de (**E**) si, et seulement si, pour tout réel x, $g(x) - f(x) = k\mathrm{e}^{5x}$ avec $k \in \mathbb{R}$, c'est-à-dire $g(x) = k\mathrm{e}^{5x} - \frac{2}{5}$.

d) h est une solution de (**E**) donc il existe un réel k tel que pour tout réel x, $h(x) = k\mathrm{e}^{5x} - \frac{2}{5}$.

Pour tout réel x, $h'(x) = 5k\mathrm{e}^{5x}$. Or, $h'(0) = 2$ soit $5k = 2$ et $k = \frac{2}{5}$.

Donc pour tout réel x, $h(x) = \frac{2}{5}\mathrm{e}^{5x} - \frac{2}{5}$.

> La pente de la tangente à $\mathscr{C}$ au point A d'abscisse 0 est $h'(0)$.

EXERCICES D'APPLICATION DIRECTE

Sur le modèle de l'exercice résolu 11

13 (**E**) est l'équation différentielle $y' = 3y$.

a) Résoudre l'équation différentielle (**E**).

b) Déterminer la solution f de (**E**) vérifiant la condition $f(-1) = 2$.

Sur le modèle de l'exercice résolu 12

14 (**E**) est l'équation différentielle $y' = y + 1$.

a) Déterminer la fonction constante f solution de (**E**).

b) Déterminer l'ensemble des solutions de (**E**).

c) Déterminer la solution g de (**E**) telle que $g(1) = 2$.

Vidéo
JAICOMPRIS.COM
Un autre exercice Algo/python résolu en vidéo

EXERCICE RÉSOLU

15 Résoudre par la méthode d'Euler une équation du type $y' = f$

f est la fonction définie sur $[0\,;+\infty[$ par $f(x) = \dfrac{1}{x^2+1}$.

On se propose de déterminer la solution F de l'équation différentielle $y' = f$ telle que $F(0) = 0$.

Mais on ne connaît pas de primitive de f sur $[0\,;+\infty[$, aussi utilise-t-on une méthode d'approximation, nommée **méthode d'Euler**, qui consiste à construire une courbe proche de la courbe de la solution F cherchée.

Principe de la méthode

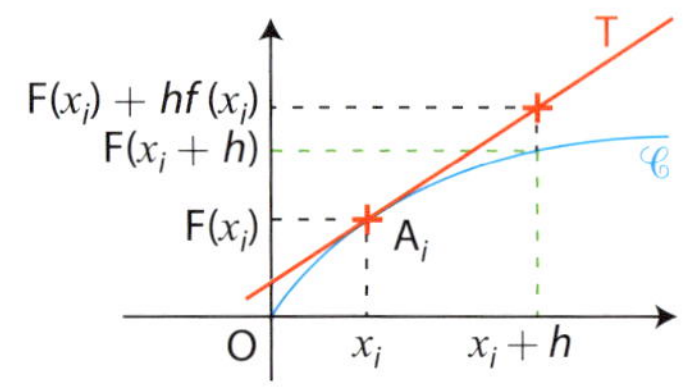

A_i est le point d'abscisse $x_i \geqslant 0$ de la courbe $\mathscr{C}$ représentative de F dans un repère. Alors, la tangente T à $\mathscr{C}$ en A_i est proche de $\mathscr{C}$ au voisinage de A_i.

Or, la tangente T à $\mathscr{C}$ en A_i a pour équation $y = F(x_i) + (x - x_i)F'(x_i)$.

Autrement dit, pour tout réel $h > 0$ assez petit :

$$F(x_i + h) \approx F(x_i) + hF'(x_i) \text{ soit } \mathbf{F(x_i + h) \approx F(x_i) + hf(x_i)}.$$

1. Premiers calculs

On choisit $h = 0{,}1$. (x_n) est la suite définie par $x_0 = 0$ et pour tout entier naturel n, $x_{n+1} = x_n + 0{,}1$.

On sait que $F(0) = 0$, on pose $y_0 = 0$.

a) Avec l'approximation ci-dessus, vérifier que $F(x_1) \approx 0{,}1$ c'est-à-dire $F(0{,}1) \approx 0{,}1$. On pose $y_1 = 0{,}1$.

b) Vérifier de même que $F(x_2) \approx 0{,}199$ c'est-à-dire $F(0{,}2) \approx 0{,}199$. On pose $y_2 = 0{,}199$.

c) Vérifier que $F(0{,}3) \approx 0{,}295$. On pose $y_3 = 0{,}295$.

d) Déterminer de même y_4.

Et ainsi de suite, on place les points $A_k(x_k\,;y_k)$ et on trace la ligne polygonale $A_0\,A_1\,A_2\,A_3\,\ldots$

2. Automatisation des calculs

On se propose de placer la suite de points A_n à l'aide d'un programme.

a) Compléter la fonction **Solution** ci-contre écrite en langage Python qui a pour paramètres le nombre N de points à placer et le pas h, et qui affiche les N premiers points obtenus avec la méthode d'Euler.

b) Saisir le programme et l'exécuter avec $N = 100$ et $h = 0{,}1$.

```
from pylab import *

def f(x):
    y=1/(1+x**2)
    return y

def Solution(N,h):
    x=0
    y=0
    plot(x,y,'r.')
    for i in range(1,N):
        y=
        x=
        plot(x,y,'r.')
    show()
    return
```

Solution

1. a) $F(x_1) = F(x_0 + h)$ donc $F(x_1) \approx F(x_0) + hf(x_0)$.

Ainsi, $F(0{,}1) \approx 0 + 0{,}1 \times f(0)$, soit $F(0{,}1) \approx 0{,}1$.

b) $F(x_2) = F(x_1 + h)$ donc $F(x_2) \approx F(x_1) + hf(x_1)$.

Ainsi, $F(0{,}2) \approx 0{,}1 + 0{,}1 \times f(0{,}1)$, soit $F(0{,}2) \approx 0{,}199$.

c) De même, $F(0{,}3) \approx 0{,}199 + 0{,}1 \times f(0{,}2)$ soit $F(0{,}3) \approx 0{,}295$.

d) $F(0{,}4) \approx 0{,}295 + 0{,}1 \times f(0{,}3)$, soit $F(0{,}4) \approx 0{,}387$. Ainsi, $y_4 = 0{,}387$.

2. a) Dans le cadre rouge, on saisit $\boldsymbol{y + h * f(x)}$.

Dans le cadre vert, on saisit $\boldsymbol{x + h}$.

b) On exécute **Solution(100,0.1)**. Voici la courbe obtenue ; cette courbe approche la courbe de la primitive de la fonction f sur $[0\,;10]$.

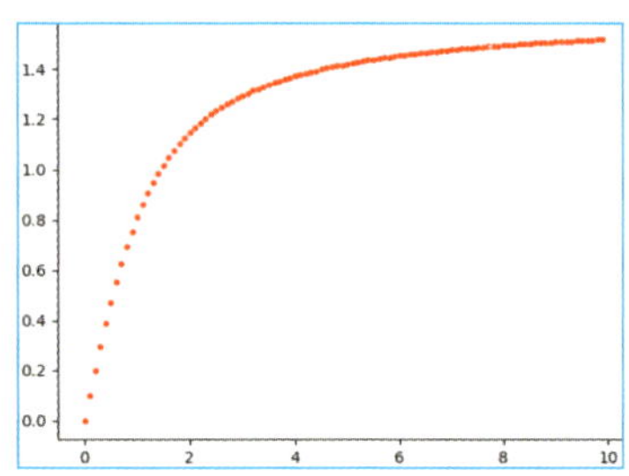

HISTOIRE DES MATHS

Leonhard Euler a présenté cette méthode d'approximation en 1768. 250 ans plus tard, elle est encore utilisée, en particulier lorsqu'on ne connaît f que par des données mesurées. Des avancées plus récentes ont été présentées en 2018 par Christian Lubich lors du Congrès International des Mathématiciens à Rio.

Équations différentielles $y' = f$ et primitives d'une fonction

Cours 1

Questions flash À l'oral

16 Lily affirme : « La fonction $x \mapsto 2x$ admet pour primitive sur $\mathbb{R}$ la fonction $x \mapsto 2$ ».
A-t-elle raison ?

17 Les solutions sur $\mathbb{R}$ de l'équation différentielle $y' = x^2$ sont les fonctions du type (avec $k \in \mathbb{R}$) :
(1) $x \mapsto \frac{1}{2}x^2 + k$ **(2)** $x \mapsto \frac{1}{3}x^3 + k$ **(3)** $x \mapsto 2x + k$

Pour les exercices 18 à 20, vérifier que la fonction F est une primitive de la fonction f sur l'intervalle I.

18 $f(x) = 3x^2 - 3x + 2$, $F(x) = x^3 - \frac{3}{2}x^2 + 2x$, $I = \mathbb{R}$

19 $f(x) = 7\cos(x) + 2$, $F(x) = 7\sin(x) + 2x$, $I = \mathbb{R}$

20 $f(x) = (x^2 + 2x + 2)e^x$, $F(x) = (x^2 + 2)e^x$, $I = \mathbb{R}$

21 À chacune des fonctions ci-dessous, associer une primitive sur $\mathbb{R}$.

Fonction f	Primitive F
$f_1(x) = 3x^2 - 2x + 2$	$F_1(x) = x^3 - 3x^2 - 24x + 1$
$f_2(x) = 3(x+2)(x-4)$	$F_2(x) = x^3 - 3x^2 + 2x + 1$
$f_3(x) = 3(x-1)^2 - 1$	$F_3(x) = x^3 - x^2 + 2x + 1$

22 **a)** Vérifier l'information donnée par l'écran de calcul formel ci-dessous.

1 Dérivée$\left(\frac{x-1}{x^2+1}\right)$
Factoriser: $\frac{-x^2+2x+1}{(x^2+1)^2}$

b) En déduire une primitive sur $\mathbb{R}$ de la fonction g définie par $g(x) = \frac{-x^2 + 2x + 1}{(x^2+1)^2}$.

Pour les exercices 23 à 25, vérifier que la fonction f définie sur l'intervalle I est une solution de l'équation différentielle.

23 $y' = \frac{10x^2 + 1}{x}$, $f(x) = \ln(x) + 5x^2 + 2$, $I =]0 ; +\infty[$

24 $y' = (2x+1)e^{2x-3}$, $f(x) = xe^{2x-3}$, $I = \mathbb{R}$

25 $y' = \sin(3x - 1)$, $f(x) = -\frac{1}{3}\cos(3x - 1)$, $I = \mathbb{R}$

26 f est la fonction définie sur $]0 ; +\infty[$ par :
$$f(x) = x(1 + 2\ln(x)).$$
a) Montrer que la fonction F définie sur $]0 ; +\infty[$ par $F(x) = x^2\ln(x)$ est une primitive de f sur $]0 ; +\infty[$.
b) En déduire l'ensemble des primitives de la fonction f sur l'intervalle $]0 ; +\infty[$.
c) Déterminer l'unique primitive G de la fonction f sur l'intervalle $]0 ; +\infty[$ qui vérifie $G(e) = 1$.

Pour les exercices 27 et 28,
a) Vérifier que la fonction F est une primitive de la fonction f sur l'intervalle I.
b) Déterminer la primitive de f sur I qui s'annule en x_0.

27 $F(x) = 3x^4 - \frac{2}{5}x^2 + x$, $I = \mathbb{R}$
$f(x) = 12x^3 - \frac{4}{5}x + 1$, $x_0 = 1$

28 $F(x) = \sqrt{x^2 + 1}$, $I = \mathbb{R}$
$f(x) = \frac{x}{\sqrt{x^2+1}}$, $x_0 = -1$

29 f est la fonction définie sur $]0 ; +\infty[$ par :
$$f(x) = \frac{\ln(x)}{x}.$$
a) Démontrer que les primitives de la fonction f sur $]0 ; +\infty[$ sont les fonctions F_k définies sur $]0 ; +\infty[$ par $F_k(x) = \frac{1}{2}(\ln(x))^2 + k$ avec $k \in \mathbb{R}$.
b) $(O ; \vec{i}, \vec{j})$ est un repère du plan.
Par quelle transformation obtient-on la courbe $\mathscr{C}_k$ représentant F_k à partir de la courbe $\mathscr{C}_0$ représentant F_0 ?

30 **a)** Démontrer que les fonctions :
- $x \mapsto \ln(5x)$
- $x \mapsto 1 + \ln x$
- $x \mapsto 3 - \ln\left(\frac{e}{x}\right)$

sont des primitives sur $]0 ; +\infty[$ d'une même fonction f à préciser.
b) Déterminer la primitive F de f sur $]0 ; +\infty[$ qui s'annule en e.

31 F et G sont deux fonctions définies sur $\mathbb{R}$ par :
$$F(x) = \frac{8 - e^x}{e^x + 2} \text{ et } G(x) = \frac{-5e^x}{e^x + 2} + 3.$$
a) Déterminer $F(x) - G(x)$ pour tout réel x.
b) Dans une phrase utilisant le mot « primitive », tirer une conséquence de **a)** pour F et G.

32 F et G sont les fonctions définies sur $]2 ; +\infty[$ par :
$$F(x) = \frac{x^2 + 3x - 1}{x - 2} \quad \text{et} \quad G(x) = \frac{x^2 + 7x}{x - 2}.$$
Les fonctions F et G sont-elles des primitives d'une même fonction sur $]2 ; +\infty[$?

33 Voici un écran de calcul formel.

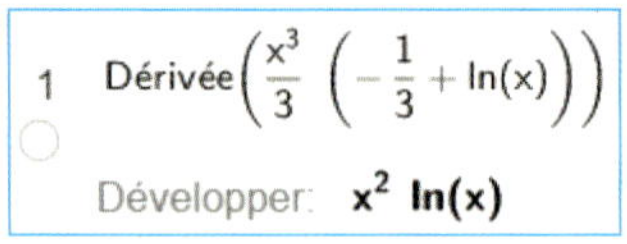

a) En déduire une primitive sur $]0\,;+\infty[$ de $f : x \mapsto 5x^2\ln(x) + 3x$.

b) Déterminer la primitive sur l'intervalle $]0\,;+\infty[$ de f valant 2 en 1.

34 f est la fonction définie sur $[-2\,;5]$ par la courbe tracée dans ce repère.
Déterminer le sens de variation d'une primitive de f sur l'intervalle $[-2\,;5]$.

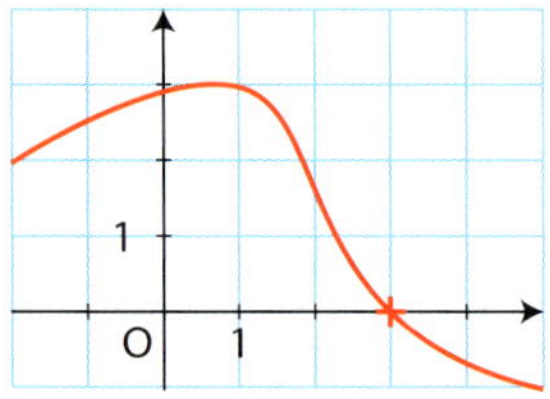

35 f est une fonction définie sur l'intervalle $[-3\,;4]$.
Les points A$(-1\,;0)$, B$(1\,;4)$ et C$(3\,;0)$ appartiennent à la courbe représentative de f donnée ci-contre.

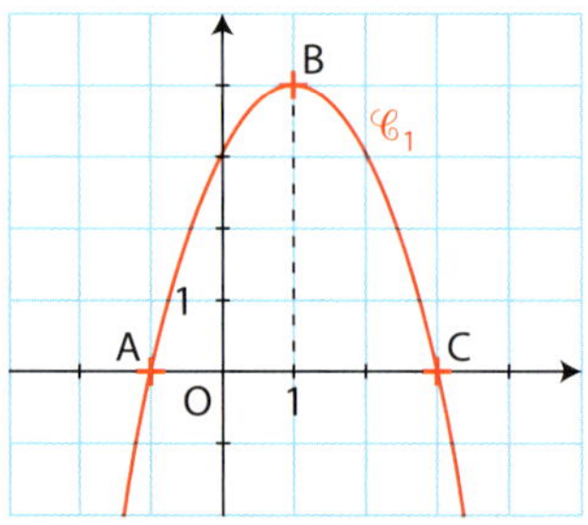

Parmi les deux courbes suivantes, laquelle est la représentation graphique d'une primitive de la fonction f ?

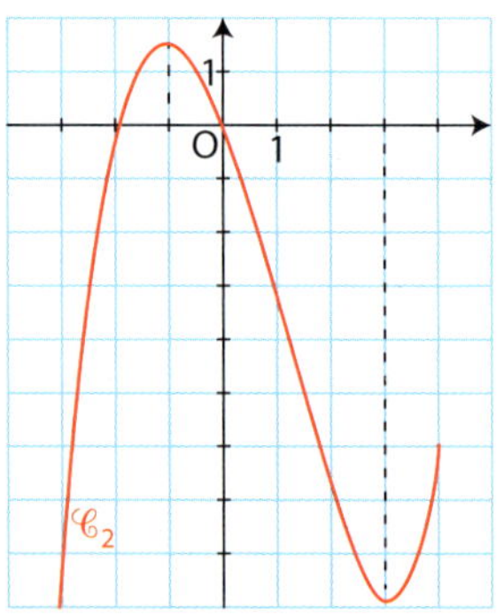

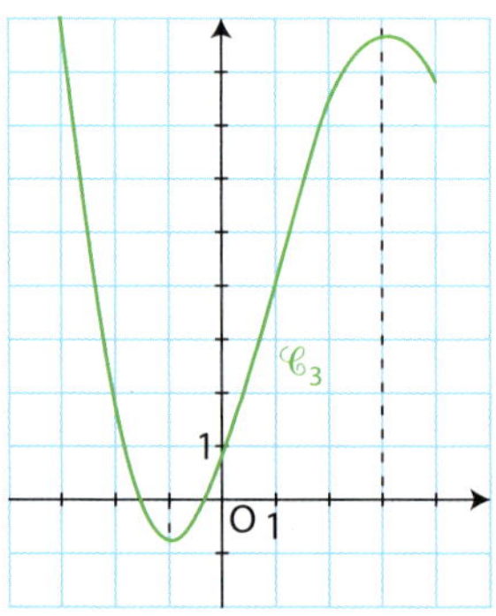

36 Dans les repères ci-dessous, une fonction f et une primitive F de f sont représentées graphiquement.
Pour chaque affirmation, dire si elle est vraie ou fausse.

a) La courbe rouge représente la fonction f.

b) La courbe verte représente la fonction F.

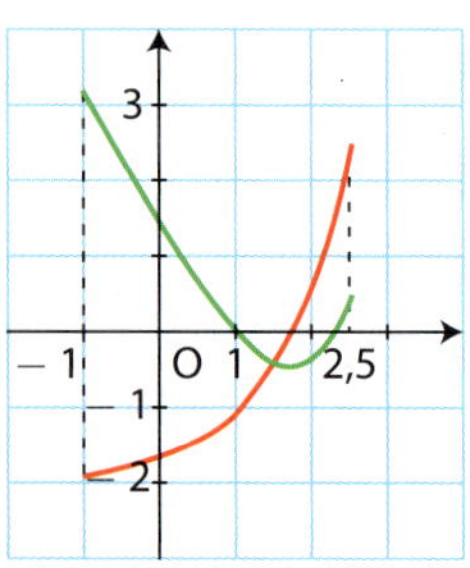

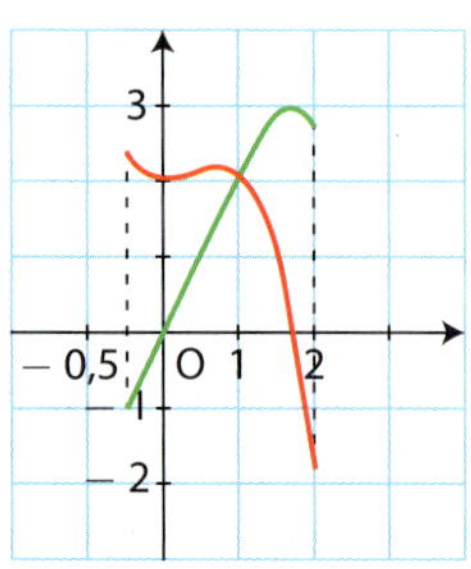

Détermination d'une primitive

Cours 2

Questions flash À l'oral

37 Dans chaque cas, déterminer oralement toutes les primitives sur $\mathbb{R}$ de la fonction.
a) $x \mapsto 2$ **b)** $x \mapsto x$ **c)** $x \mapsto x^2$ **d)** $x \mapsto e^x$

38 Une primitive sur $\mathbb{R}$ de la fonction $x \mapsto 2x(x^2+1)$ est :
(1) $x \mapsto x^2\left(\frac{1}{3}x^3 + x\right)$ **(2)** $x \mapsto 4x$ **(3)** $x \mapsto \frac{1}{2}(x^2+1)^2$

Pour les exercices 39 à 41, déterminer une primitive sur $\mathbb{R}$ de la fonction f définie sur $\mathbb{R}$.

39 **a)** $f(x) = x + 1$ **b)** $f(x) = x^2 + 3x + 2$

40 **a)** $f(x) = \cos(x) + \sin(x)$ **b)** $f(x) = 5\cos(x)$

41 **a)** $f(x) = 5e^x + 4$ **b)** $f(x) = -2(3x - e^x)$

42 Dans chaque cas, déterminer une primitive sur $]0\,;+\infty[$ de la fonction f définie par :
a) $f(x) = \frac{3}{x}$ **b)** $f(x) = \frac{2}{x^2} + 4$

43 Déterminer la primitive sur $]0\,;+\infty[$ qui s'annule en 1 de la fonction f définie par :
a) $f(x) = \frac{5}{\sqrt{x}} + 9e^x$ **b)** $f(x) = 3x^3 - 2x^2 + 5x - \frac{4}{x}$

44 Reconnaître la forme $u'u^n$ et déterminer une primitive sur l'intervalle I de la fonction définie par :
a) $f(x) = \frac{\ln(x)}{x}$ $\quad$ $\mathrm{I} =]0\,;+\infty[$
b) $h(x) = (2x-1)(x^2-x+4)^5$ $\quad$ $\mathrm{I} = \mathbb{R}$

45 Dans chaque cas, déterminer une primitive sur $\mathbb{R}$ de la fonction définie par :
a) $f(x) = (x-1)(x^2-2x+4)^3$ **b)** $g(x) = e^{3x}(e^{3x}+1)^4$

46 Reconnaître la forme $\frac{u'}{u}$ et déterminer une primitive sur l'intervalle I de la fonction définie par :
a) $f(x) = \frac{e^x}{1+e^x}$; $\quad$ $\mathrm{I} = \mathbb{R}$
b) $h(x) = \frac{1}{x\ln(x)}$; $\quad$ $\mathrm{I} =]1\,;+\infty[$

47 Dans chaque cas, déterminer une primitive sur $\mathbb{R}$ de la fonction définie par :
a) $f(x) = \frac{x+1}{x^2+2x+3}$ **b)** $g(x) = \frac{e^{5x}}{e^{5x}+1}$

48 Déterminer une primitive sur $\mathbb{R}$ de la fonction.
a) $f(x) = e^{-8x}$ **b)** $g(x) = 3e^{5x}$ **c)** $h(x) = (4x+4)e^{x^2+2x}$

49 Reconnaître la forme $\frac{u'}{\sqrt{u}}$ et déterminer une primitive sur l'intervalle I de la fonction définie par :
a) $f(x) = \frac{2x+1}{\sqrt{x^2+x+1}}$; $\quad$ $I = \mathbb{R}$
b) $g(x) = \frac{\cos(x)}{\sqrt{\sin(x)}}$; $\quad$ $I =]0\,;\pi[$

50 Déterminer une primitive sur $\mathbb{R}$ de la fonction.
a) $f(x) = \frac{x}{\sqrt{x^2+1}}$ $\quad$ **b)** $g(x) = \frac{9e^{3x}}{\sqrt{e^{3x}+4}}$

51 Reconnaître la forme $u'\cos(u)$ ou $u'\sin(u)$ et déterminer une primitive sur $\mathbb{R}$ de la fonction définie par :
a) $f(x) = 7\cos\left(7x + \frac{\pi}{3}\right)$ $\quad$ **b)** $g(x) = 9\sin(9x)$

52 Déterminer une primitive sur $\mathbb{R}$ de la fonction.
a) $f(x) = \cos\left(\frac{\pi}{4} - x\right)$ $\quad$ **b)** $g(x) = -2\sin(3x)$

53 *f* est la fonction définie sur $]1\,;+\infty[$ par :
$$f(x) = x + 2 - \frac{2}{x-1}.$$
Déterminer la primitive F sur l'intervalle $]1\,;+\infty[$ qui s'annule en 2 de la fonction *f*.

54 *g* est la fonction définie sur $\left]0\,;\frac{\pi}{2}\right[$ par :
$$g(x) = \frac{\sin(x)}{\cos(x)}.$$
Déterminer toutes les primitives sur l'intervalle $\left]0\,;\frac{\pi}{2}\right[$ de la fonction *g*.

55 *h* est la fonction définie sur $]-1\,;+\infty[$ par :
$$h(x) = \frac{2x+5}{x+1}.$$
a) Vérifier que pour tout réel $x > -1$,
$$h(x) = 2 + \frac{3}{x+1}.$$
b) Déterminer la primitive H sur l'intervalle $]-1\,;+\infty[$ qui s'annule en 1 de la fonction *h*.

56 *k* est la fonction définie sur $\mathbb{R}$ par :
$$k(x) = \frac{3e^x+8}{e^x+4}.$$
a) Vérifier que pour tout réel x,
$$k(x) = 2 + \frac{e^x}{e^x+4}.$$
b) Déterminer la primitive K sur $\mathbb{R}$ telle que $K(0) = 0$ de la fonction *k*.

Équations différentielles

Cours 3

Questions flash À l'oral

57 Alix affirme : « La fonction $x \mapsto e^{3x}$ est solution de l'équation différentielle $y' = -3y$ ». A-t-il raison ?

58 Laquelle de ces fonctions est solution sur $\mathbb{R}$ de l'équation différentielle $y' = 7y$?
(1) $x \mapsto 7x$ $\quad$ **(2)** $x \mapsto 7e^x$ $\quad$ **(3)** $x \mapsto 3e^{7x}$

59 Déterminer mentalement la solution particulière constante de l'équation différentielle $y' = 2y + 4$.

Pour les exercices 60 à 62, résoudre sur $\mathbb{R}$ chaque équation différentielle.

60 **a)** $y' = 5y$ $\quad$ **b)** $y' = \frac{3}{4}y$ $\quad$ **c)** $y' = -8{,}2y$

61 **a)** $2y' = -5y$ $\quad$ **b)** $\theta' = -\frac{1}{2}\theta$ $\quad$ **c)** $4u' = 3u$

62 **a)** $5g - 7g' = 0$ $\quad$ **b)** $y' = y$ $\quad$ **c)** $-y' + 2y = 0$

Pour les exercices 63 à 65, déterminer la solution *f* sur $\mathbb{R}$ de l'équation différentielle qui vérifie la condition initiale donnée.

63 $y' = 7y$ $\quad$ et $f(0) = 1$.

64 $y' + \frac{1}{4}y = 0$ $\quad$ et $f(3) = -1$.

65 $3y' = -7y$ $\quad$ et $f(2) = -5$.

66 *f* est la solution sur $\mathbb{R}$ de l'équation différentielle $y' = 3y$ telle que $f'(1) = 2$.
Justifier que $f(1) = \frac{2}{3}$, puis déterminer la fonction *f*.

67 Déterminer la solution *g* sur $\mathbb{R}$ de l'équation différentielle $2y' + 5y = 0$ telle que $g'(2) = 0$.

68 *f* est la fonction définie sur $\mathbb{R}$ par $f(x) = 5e^{-4x}$.
Déterminer l'équation différentielle de la forme $y' = ay$ dont *f* est une solution sur $\mathbb{R}$.

69 Dans ce repère, les courbes représentent des solutions d'équations différentielles du type $y' = ay$. Associer chacune de ces courbes à l'équation différentielle (E_1) : $y' = 2y$ ou (E_2) : $y' + 0{,}5y = 0$.

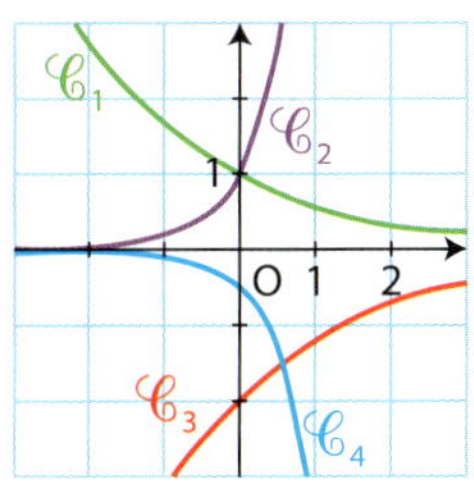

Acquérir des automatismes

70 Vérifier le résultat obtenu sur l'écran de calcul formel ci-dessous.

1	RésolEquaDiff($y' = 3y + 7$)
	$\rightarrow\ y = c_1 e^{3x} - \frac{7}{3}$

Pour les exercices 71 à 73, vérifier que la fonction *f* est une solution sur ℝ de l'équation différentielle.

71 $f(x) = 7e^{3x} - \frac{2}{3}$; $y' = 3y + 2$

72 $f(x) = 2e^{-7x} - 2$; $y' + 7y + 14 = 0$

73 $f(x) = 5e^{-3x} + 3$; $3y + y' = 9$

74 (**E**) est l'équation différentielle $y' = 2y + 1$.
a) Déterminer une solution particulière constante *g* de (**E**).
b) Démontrer qu'une fonction *f* est solution de (**E**) si, et seulement si, la fonction $f - g$ est solution de l'équation différentielle $y' = 2y$.
c) En déduire l'ensemble des solutions de (**E**).

75 (**E**) est l'équation différentielle $y' = -3y + 4$.
a) Déterminer une solution particulière constante *g* de (**E**).
b) Démontrer qu'une fonction *f* est solution de (**E**) si, et seulement si, la fonction $f - g$ est solution de l'équation différentielle $y' = -3y$.
c) En déduire l'ensemble des solutions de (**E**).
d) Déterminer la solution *f* de (**E**) vérifiant $f(-1) = 0$.

76 (**E**) est l'équation différentielle $y' = \frac{1}{4}y + 6$.
a) Déterminer une solution particulière constante *g* de (**E**).
b) Démontrer qu'une fonction *f* est solution de (**E**) si, et seulement si, la fonction $f - g$ est solution de l'équation différentielle $y' = \frac{1}{4}y$.
c) En déduire l'ensemble des solutions de (**E**).
d) Déterminer la solution *f* de (**E**) s'annulant en 4.

77 Dans chaque cas, résoudre sur ℝ l'équation différentielle.
a) $y' = 2y - 3$ **b)** $y' + 3y = -4$ **c)** $y' - 2 = y$

Pour les exercices 78 et 79, déterminer la solution *f* sur ℝ de l'équation différentielle qui vérifie la condition initiale donnée.

78 $y' = 7y - 5$ et $f(-2) = -3$

79 $y' = 0{,}2y - 100$ et $f(0) = -2$

Pour les exercices 80 à 82, déterminer la solution *f* sur ℝ de l'équation différentielle qui vérifie la condition donnée.

80 $y' = 4y - 3$ et $f'(0) = 3$

81 $-2y' + 11y = 4$ et $f'(-1) = 1$

82 $4y' - 5y = 2$ et $f'(0) = 0$

83 Vérifier le résultat affiché.

1	RésolEquaDiff($5y' + y = 2, (0, 4)$)
	$\rightarrow\ y = 2e^{-\frac{x}{5}} + 2$

84 Algo python
(**E**) est l'équation différentielle $y' = ay + b$ avec *a* et *b* deux nombres réels et $a \neq 0$.
a) *c* est un nombre réel. Déterminer, en fonction de *a*, *b* et *c*, la solution *f* sur ℝ de (**E**) s'annulant en *c*.
b) Écrire une fonction **Image**, en langage Python, de paramètres quatre nombres réels *a*, *b*, *c* et x ($a \neq 0$) et qui retourne l'image de x par la fonction *f* où *f* est la solution de $y' = ay + b$ telle que $f(c) = 0$.

85 (**E**) est l'équation différentielle $4y' - y = x$.
a) Démontrer que la fonction *g* définie sur ℝ par $g(x) = -x - 4$ est une solution particulière de (**E**).
b) Démontrer qu'une fonction *f* est solution de (**E**) si, et seulement si, la fonction $f - g$ est solution de l'équation différentielle $4y' - y = 0$.
c) En déduire l'ensemble des solutions de (**E**).

Vidéo
JAICOMPRIS.COM — Cet exercice est corrigé en vidéo

86 (**E**) est l'équation différentielle $y' + 2y = e^{3x}$.
a) Démontrer que la fonction *g* définie sur ℝ par $g(x) = \frac{1}{5}e^{3x}$ est une solution particulière de (**E**).
b) Démontrer qu'une fonction *f* est solution de (**E**) si, et seulement si, la fonction $f - g$ est solution de l'équation différentielle $y' + 2y = 0$.
c) En déduire l'ensemble des solutions de (**E**).

87 (**E**) est l'équation différentielle $y' + y = 2\cos(x)$.
a) Démontrer que la fonction *g* définie sur ℝ par $g(x) = \cos(x) + \sin(x)$ est une solution particulière de (**E**).
b) Démontrer qu'une fonction *f* est solution de (**E**) si, et seulement si, la fonction $f - g$ est solution de l'équation différentielle $y' + y = 0$.
c) En déduire l'ensemble des solutions de (**E**).

88 QCM Dans chaque cas, donner la réponse exacte sans justifier.

		A	B	C	D
1	Pour tout réel x, $f(x) = xe^{2x}$. Une primitive sur $\mathbb{R}$ de f est …	$x \mapsto \frac{x^2}{2}e^{2x}$	$x \mapsto (2x+1)e^{2x}$	$x \mapsto \left(\frac{1}{2}x - \frac{1}{4}\right)e^{2x}$	$x \mapsto \frac{x}{2}e^{2x}$
2	F est une primitive sur $\mathbb{R}$ de f. D'après ce tableau de variations, … x : $-\infty$; 1 ; $+\infty$ F(x) : décroissante jusqu'à 0 (en 1), puis croissante	f est positive sur $\mathbb{R}$	f est positive sur $]-\infty\,;1]$	f est négative sur $\mathbb{R}$	f est positive sur $[1\,;+\infty[$
3	La primitive sur $]0\,;+\infty[$ s'annulant en 1 de la fonction : $x \mapsto \frac{3x^2+2}{x}$ est …	$x \mapsto \frac{x^3+2x}{\frac{1}{2}x^2} - 6$	$x \mapsto 2 - \frac{2}{x^2}$	$x \mapsto 6x - 6$	$x \mapsto \frac{3}{2}x^2 + 2\ln(x) - \frac{3}{2}$
4	Une primitive sur $\mathbb{R}$ de la fonction $x \mapsto 4\cos(2x)$ est la fonction …	$x \mapsto -8\sin(x)$	$x \mapsto 2\sin(2x)$	$x \mapsto -2\cos(x)$	$x \mapsto -2\sin(2x)$

89 QCM Dans chaque cas, donner la (ou les) réponse(s) exacte(s) sans justifier.

		A	B	C	D
1	Une solution sur $\mathbb{R}$ de l'équation différentielle $y' = 3y$ est la fonction …	$x \mapsto 2e^{-3x}$	$x \mapsto 7e^{3x}$	$x \mapsto e^{3x} + 1$	$x \mapsto -10e^{3x}$
2	L'allure de la courbe représentative d'une solution sur $\mathbb{R}$ de l'équation différentielle $y' = -1{,}5y$ est …	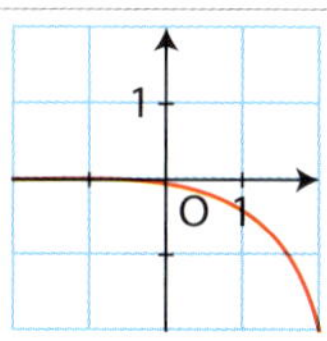	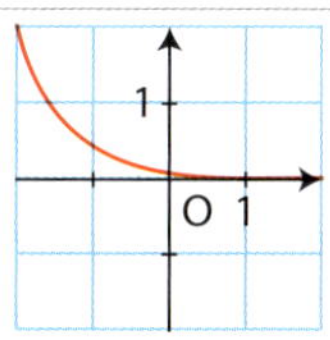	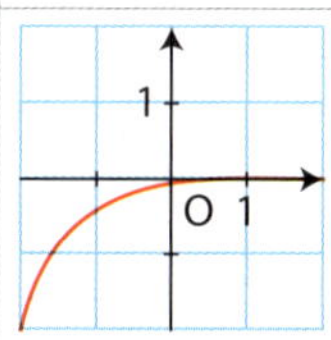	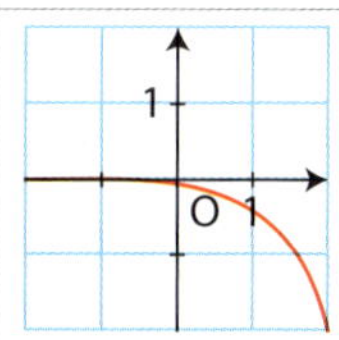
3	Une solution sur $\mathbb{R}$ de l'équation différentielle $y' = -2y + 4$ est la fonction …	$x \mapsto 2e^{-2x} + 2$	$x \mapsto e^{2x} + 2$	$x \mapsto 5e^{-2x} - 2$	$x \mapsto -e^{-2x} + 2$
4	Une solution particulière sur $\mathbb{R}$ de l'équation différentielle $y' = 3y + 6x$ est la fonction …	$x \mapsto e^{3x} - 2x - \frac{2}{3}$	$x \mapsto 7e^{3x} - 2x - \frac{2}{3}$	$x \mapsto 5e^{3x}$	$x \mapsto -2x - \frac{2}{3}$

90 Vrai/Faux Dans chaque cas, dire si l'affirmation est vraie ou fausse en justifiant.

1. (**E**) est l'équation différentielle $y' = 2y$.
Affirmation : la solution f sur $\mathbb{R}$ de (**E**) telle que $f(0) = 1$ vérifie $f(1) = 0$.

2. (**E**) est l'équation différentielle $y' - y = -\frac{e^x}{x^2}$ sur $]0\,;+\infty[$.
Affirmation : la fonction f définie sur $]0\,;+\infty[$ par $f(x) = \frac{x+1}{x}e^x$ est une solution de (**E**).

Vérifiez vos réponses : p. 529

91 Étudier une relation fonctionnelle

On se propose de démontrer la propriété suivante :

> *f* est une fonction dérivable sur $\mathbb{R}$ distincte de la fonction nulle sur $\mathbb{R}$.
> Si pour tous réels x et y, $f(x+y) = f(x) \times f(y)$, alors il existe un nombre réel a tel que pour tout réel x, $f(x) = \mathrm{e}^{ax}$.

Rédiger la démonstration de cette propriété en suivant et complétant le guide.

(1) Bien visualiser les hypothèses : *f* est une fonction … et non … sur $\mathbb{R}$.
Pour tous réels x et y, $f(x+y) = \ldots$

(2) Envisager le cas $y = 0$: pour tout réel x, $f(x) = \ldots$

(3) Déterminer $f(0)$: *f* n'est pas la fonction nulle donc il existe un réel c tel que $f(c) \ldots 0$.
En appliquant **(2)** pour $x = c$, il vient $f(0) = \ldots$.

(4) Dériver la fonction $g : y \mapsto f(x+y)$ de deux façons différentes :
- $g(y) = f(x+y)$ donc $g'(y) = \ldots$
- $g(y) = f(x) \times f(y)$ donc $g'(y) = \ldots$

(5) Tirer une conséquence : d'après **(4)**, pour tous réels x et y, $f'(x+y) = f(x) \times \ldots$ donc, en particulier, pour $y = 0$, $f'(x) = \ldots$

(6) Résoudre une équation différentielle : d'après **(5)**, *f* est solution de l'équation différentielle $y' = ay$ avec $a = \ldots$.

(7) Conclure : donner l'expression de $f(x)$ et conclure par une phrase.

Vidéo

JAICOMPRIS.COM

Toutes les démonstrations au programme en vidéo

Liste des démonstrations :
- Deux primitives d'une même fonction continue sur un intervalle diffèrent d'une constante.
- Résolution de l'équation différentielle $y' = ay$ où a est un nombre réel.

Conseil
Pour dériver la fonction $y \mapsto f(x+y)$, il faut considérer que x est une constante réelle et utiliser la formule de dérivée de $v \circ u$.

92 Comprendre l'importance de tous les mots

On a énoncé p. 374 la définition suivante :

> *f* est une fonction définie sur un intervalle I.
> Dire que F est une primitive de *f* sur I signifie que F est dérivable sur I et $F' = f$.

F et G sont les fonctions définies sur $]-\infty\,;0[\,\cup\,]0\,;+\infty[$ par :
- $F(x) = \dfrac{1}{x^2}$
- $G(x) = \dfrac{1}{x^2} + 2$ si $x < 0$ et $G(x) = \dfrac{1}{x^2} - 3$ si $x > 0$

a) Démontrer que F et G sont deux primitives d'une même fonction *f* sur $]0\,;+\infty[$, puis sur $]-\infty\,;0[$.

b) Loïc affirme : « Donc F et G sont des primitives de *f* sur $]-\infty\,;0[\,\cup\,]0\,;+\infty[$ ».
- Existe-t-il une constante réelle C telle que, pour tout réel $x \neq 0$, $G(x) = F(x) + C$?
- Expliquer alors en quoi l'affirmation de Loïc est erronée.

Cet exemple montre l'importance de l'hypothèse « **I est un intervalle** » dans la définition rappelée ci-dessus.

93 Utiliser la parité d'une fonction

f est une fonction continue sur un intervalle $I =]-a\,;a[$ avec $a \in \mathbb{R}^*$.
Démontrer que si *f* est impaire sur I, alors toute primitive F sur I de la fonction *f* est une fonction paire.

Conseil
On pourra étudier la fonction $x \mapsto F(-x) - F(x)$.

94 Modéliser une situation par une équation différentielle

$(O\,;\vec{i}\,;\vec{j})$ est un repère orthonormé du plan. Déterminer une équation de la courbe $\mathscr{C}$ passant par le point A(1 ; 1) et telle qu'en chacun de ses points M, la tangente ait une pente égale au double de l'ordonnée du point M.

Déterminer une primitive

95 **PARCOURS DIFFÉRENCIÉS**

Parcours 1

f est la fonction définie sur $]1\,;+\infty[$ par :

$$f(x)=\frac{1}{x\ln(x)}.$$

Déterminer la primitive F de f telle que $\mathrm{F}(\mathrm{e})=0$.

Parcours 2

g est la fonction définie sur $]0\,;+\infty[$ par :

$$g(x)=\frac{\mathrm{e}^{\frac{1}{x}}}{x^2}.$$

a) Expliquer pourquoi $g=-u'\mathrm{e}^u$ avec pour tout réel $x>0$, $u(x)=\dfrac{1}{x}$.

b) En déduire toutes les primitives sur $]0\,;+\infty[$ de g.

c) Déterminer la primitive G de g telle que $\mathrm{G}(1)=0$.

96 f est la fonction définie sur $\mathbb{R}$ par :

$$f(x)=\frac{\mathrm{e}^x-\mathrm{e}^{-x}}{\mathrm{e}^x+\mathrm{e}^{-x}}.$$

a) Justifier que la fonction f est définie sur $\mathbb{R}$.

b) Déterminer toutes les primitives sur $\mathbb{R}$ de f.

c) En déduire la primitive F de f telle que $\mathrm{F}(0)=-3$.

97 f est la fonction définie sur $\mathbb{R}$ par :

$$f(x)=\frac{1}{(\mathrm{e}^x+1)^2}.$$

a) Démontrer que pour tout réel x,

$$f(x)=1-\frac{\mathrm{e}^x}{\mathrm{e}^x+1}-\frac{\mathrm{e}^x}{(\mathrm{e}^x+1)^2}.$$

b) En déduire la primitive F sur $\mathbb{R}$ telle que $\mathrm{F}(0)=1$ de la fonction f.

98 g est la fonction définie sur $\mathrm{I}=]-1\,;0[$ par :

$$g(x)=\frac{1}{x(1+x)^2}.$$

a) Recopier et compléter : pour tout réel x de I,

$$\frac{a}{x}+\frac{b}{1+x}+\frac{c}{(1+x)^2}=\frac{\dots}{x(1+x)^2}.$$

b) Déterminer des nombres réels a, b et c tels que pour tout x de I, $g(x)=\dfrac{a}{x}+\dfrac{b}{1+x}+\dfrac{c}{(1+x)^2}$.

c) En déduire toutes les primitives sur l'intervalle $]-1\,;0[$ de la fonction g.

Vidéo

JAICOMPRIS.COM — Cet exercice est corrigé en vidéo

99 f est la fonction définie sur $]0\,;+\infty[$ par :

$$f(x)=\frac{x^2-5x+4}{x^2}.$$

a) Déterminer des nombres réels a, b et c tels que pour tout réel $x>0$, $f(x)=a+\dfrac{b}{x}+\dfrac{c}{x^2}$.

b) En déduire toutes les primitives sur l'intervalle $]0\,;+\infty[$ de la fonction f.

100 f et F sont les fonctions définies sur $\mathbb{R}$ par :

$$f(x)=4x^2\mathrm{e}^{2x} \text{ et } \mathrm{F}(x)=(ax^2+bx+c)\mathrm{e}^{2x}.$$

a) Déterminer $\mathrm{F}'(x)$ pour tout réel x.

b) Déterminer des nombres réels a, b et c tels que pour tout réel x, $\mathrm{F}'(x)=f(x)$.

c) En déduire une primitive sur $\mathbb{R}$ de la fonction f.

101 f est la fonction définie sur $\mathbb{R}$ par $f(x)=\mathrm{e}^{2x}\sin(x)$.

a) Pour tout réel x, déterminer $f'(x)$ et $f''(x)$ où f'' est la fonction dérivée de f'.

b) Déterminer des nombres réels a et b tels que pour tout réel x, $f(x)=af'(x)+bf''(x)$.

c) En déduire toutes les primitives sur $\mathbb{R}$ de la fonction f.

102 En Économie, la fonction coût marginal C_m est la fonction dérivée de la fonction coût total C.

Dans le repère ci-dessous, la parabole $\mathscr{P}$ représente la fonction coût marginal C_m d'une production sur l'intervalle $[0\,;6]$. Les tangentes aux points d'abscisses 0 et 3 de la courbe Γ sont tracées.

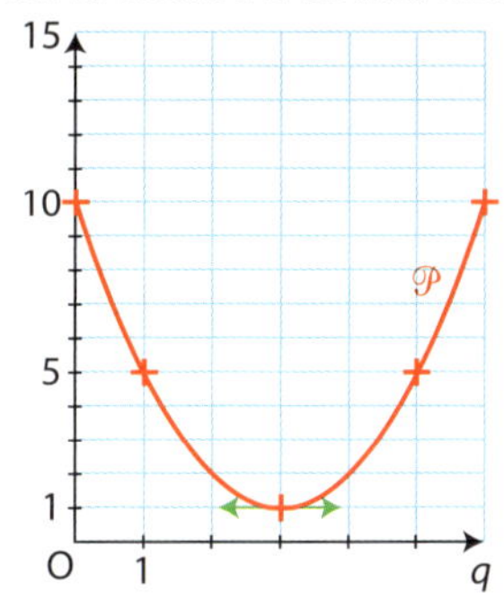

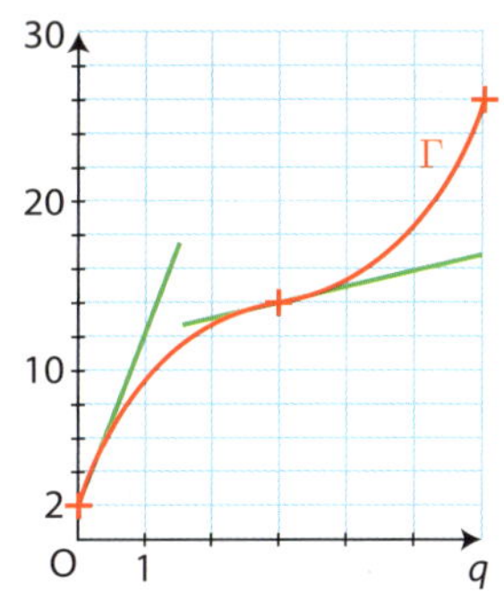

a) Expliquer pourquoi la courbe Γ peut représenter la fonction coût total C.

b) Déterminer les réels a, b et c tels que pour tout réel q de l'intervalle $[0\,;6]$:

$$\mathrm{C}_m(q)=aq^2+bq+c.$$

c) En déduire l'expression de $\mathrm{C}(q)$ pour tout réel q de l'intervalle $[0\,;6]$.

Résoudre une équation différentielle

103 **PARCOURS DIFFÉRENCIÉS**

Parcours 1

(E) est l'équation différentielle $2y' - 4y = 1$.
Déterminer la solution f de **(E)** telle que $f'(2) = 1$.

Parcours 2

(E′) est l'équation différentielle $5y' + 3y = 2$.
a) Présenter l'équation **(E′)** sous la forme $y' = ay + b$.
b) Déterminer la fonction constante f solution de **(E′)**.
c) Démontrer que g est solution de **(E′)** si, et seulement si, $g - f$ est solution de $y' = -\frac{3}{5}y$.
d) En déduire les solutions sur $\mathbb{R}$ de **(E′)**.
e) Déterminer la solution g de **(E′)** telle que $g'(0) = 1$.

104 Pour déterminer l'âge de résidus organiques, on utilise la méthode basée sur la désintégration radioactive. Les êtres vivants absorbent et assimilent du carbone de l'atmosphère. On considère que leur organisme comporte une proportion constante de carbone 14. Après leur mort, cette proportion de carbone 14 diminue lentement.

m est la fonction qui donne la masse résiduelle $m(t)$, en g, de carbone 14 dans un échantillon à la date t, en siècle. La vitesse de désintégration $m'(t)$ du carbone 14 à la date t est proportionnelle à la masse à cet instant. Ainsi, il existe un réel C tel que $m'(t) = C \times m(t)$.
Un corps organique contenait une masse m_0 de carbone 14 à l'instant $t = 0$ de sa mort.
a) Exprimer $m(t)$ en fonction de C et m_0.
b) On sait que la masse de carbone 14 dans un échantillon diminue de 1,24 % par siècle.
En déduire la valeur de C.
c) Aujourd'hui, ce corps organique ne contient plus que 14 % de sa masse m_0 de carbone 14.
Déterminer l'âge de ce corps. *Arrondir au centième.*

105 En 1980, 10 000 ménages vivant en France étaient équipés d'un ordinateur. On note $f(t)$ le nombre de ces ménages, en million, t années après 1980 ($t \geqslant 0$).
Le modèle de Verhulst estime que sur la période 1980-2020, f est solution sur $[0\,;40]$ de l'équation différentielle $(\mathbf{E_1}) : y' = 0{,}022y(20 - y)$.
1. a) On pose $u = \frac{1}{f}$. Démontrer que f est solution de $(\mathbf{E_1})$ si, et seulement si, u est solution sur $[0\,;40]$ de l'équation différentielle $(\mathbf{E_2}) : y' = -\,0{,}44y + 0{,}022$.
b) Déterminer l'ensemble des solutions de $(\mathbf{E_2})$.
c) En déduire l'ensemble des solutions de $(\mathbf{E_1})$.
d) Démontrer alors que la fonction f est définie sur l'intervalle $[0\,;40]$ par $f(t) = \frac{20}{1 + 1999e^{-0{,}44t}}$.
2. D'après l'Insee, en 2014, la France comptait 28 765,9 milliers de ménages dont 78,8 % étaient équipés d'un ordinateur. Expliquer pourquoi l'estimation faite par ce modèle est incorrecte.

106 Un circuit électrique comprend un générateur de force électromotrice E, un condensateur de capacité C et un conducteur ohmique de résistance R.

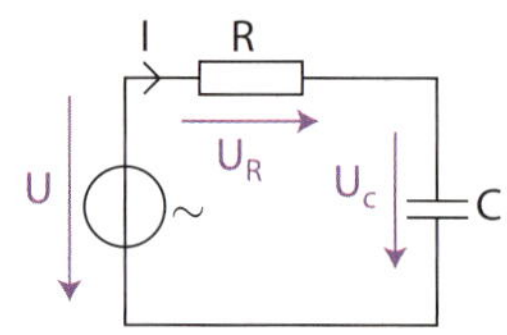

$q(t)$ est la charge du condensateur, en farad, t secondes après avoir établi le courant dans le circuit. On sait alors que la fonction q vérifie :

$$q' + \frac{1}{RC}q = \frac{E}{R}.$$

1. a) Déterminer alors l'ensemble des solutions sur $[0\,;+\infty[$ de l'équation différentielle $y' + \frac{1}{RC}y = \frac{E}{R}$.
b) On suppose que la charge initiale du condensateur est nulle, ainsi $q(0) = 0$.
Pour tout réel $t \geqslant 0$, exprimer $q(t)$ en fonction de t.
2. a) Déterminer la charge maximum Q du condensateur sachant que celle-ci est la limite de la fonction q en $+\infty$.
b) On note $\tau = RC$. À quel pourcentage de sa charge maximum Q le condensateur est-il chargé après une durée de charge égale à τ ? égale à 5τ ? *Arrondir à l'unité.*
3. a) $\mathscr{C}$ est la courbe représentative de la fonction q dans un repère d'origine O.
Vérifier que le point de coordonnées $(\tau\,;Q)$ appartient à la tangente à $\mathscr{C}$ en O.
b) À l'aide de la calculatrice, visualiser ce résultat lorsque $C = 1$ F, $R = 100\ \Omega$ et $E = 5$ V.

107 Un chariot de masse 200 kg se déplace à partir d'une origine O sur une voie rectiligne et horizontale.
$x(t)$ est la distance, en mètre, qui le sépare de l'origine en fonction du temps t, en seconde ($t \geqslant 0$).

D'après les lois de Newton, la fonction x vérifie $200x'' + 25x' = 50$ où x'' est la dérivée de la fonction dérivée x' par rapport au temps t.

1. Déterminer $x(0)$.

2. $v(t)$ est la vitesse du chariot à l'instant t et vérifie $v(t) = x'(t)$.

a) Démontrer que x vérifie $200x'' + 25x' = 50$ si, et seulement si, la fonction v vérifie $v' = -0{,}125v + 0{,}25$.

b) Résoudre sur $[0\,;+\infty[$ l'équation différentielle :

$$y' = -0{,}125y + 0{,}25.$$

c) La vitesse initiale du chariot est supposée nulle, ainsi $v(0) = 0$.
Déterminer alors la vitesse $v(t)$ pour tout réel t.

d) Étudier la limite de v en $+\infty$ et interpréter le résultat.

3. a) Démontrer alors que la fonction x est définie sur l'intervalle $[0\,;+\infty[$ par :

$$x(t) = 2t - 16 + 16e^{-0{,}125t}.$$

b) Quelle est la distance, en m, parcourue par le chariot au bout de 30 secondes ? *Arrondir au dixième.*

108 On laisse tomber un corps de masse $m = 4$ kg dans le champ de la pesanteur. La vitesse v, en m.s^{-1}, du centre d'inertie de ce corps est fonction du temps t de chute, en s, et vérifie $mv' + kv = mg$ où $g = 9{,}8$ N.kg^{-1} est l'accélération de la pesanteur et $k = 24$ est le coefficient de freinage.

1. a) Justifier que la fonction v est solution sur $[0\,;+\infty[$ de l'équation différentielle **(E)** : $y' = -6y + 9{,}8$.

b) Résoudre sur $[0\,;+\infty[$ l'équation **(E)**.

2. a) On suppose que la vitesse initiale du corps est nulle. Pour tout réel $t \geqslant 0$, exprimer $v(t)$ en fonction de t.

b) Déterminer la vitesse du corps après 20 s.
Arrondir au dixième.

109 **(E)** est l'équation différentielle $y' + 4y = xe^{-x}$.

a) Déterminer des nombres réels a et b tels que la fonction g définie sur $\mathbb{R}$ par $g(x) = (ax + b)e^{-x}$ soit une solution sur $\mathbb{R}$ de **(E)**.

b) Démontrer qu'une fonction f est solution de **(E)** si, et seulement si, la fonction $f - g$ est solution de l'équation différentielle $(\mathbf{E_0})$: $y' + 4y = 0$.

c) Déterminer l'ensemble des solutions de $(\mathbf{E_0})$.

d) En déduire l'ensemble des solutions de **(E)**.

e) Déterminer la solution f de **(E)** telle que $f(1) = 0$.

110 **(E)** est l'équation différentielle :

$$y' - y = \cos(x) - 3\sin(x).$$

a) Déterminer des nombres réels a et b tels que la fonction g définie sur $\mathbb{R}$ par $g(x) = a\cos(x) + b\sin(x)$ soit une solution de **(E)**.

b) Démontrer qu'une fonction f est solution de **(E)** si, et seulement si, la fonction $f - g$ est solution de l'équation différentielle $(\mathbf{E_0})$: $y' - y = 0$.

c) Déterminer l'ensemble des solutions de $(\mathbf{E_0})$.

d) En déduire l'ensemble des solutions de **(E)**.

e) Déterminer la solution f de **(E)** telle que $f\left(\frac{\pi}{3}\right) = 0$.

S'ENTRAÎNER À LA LOGIQUE → p. 525

111 **Implication et réciproque**

Dans chaque cas, l'implication énoncée est vraie. La démontrer, puis rédiger sa réciproque et dire si celle-ci est vraie ou fausse.
f est une fonction continue sur l'intervalle $[-5\,;5]$ et F est la primitive de la fonction f sur cet intervalle telle que $F(1) = 2$.

a) Si F est croissante sur l'intervalle $[-5\,;5]$, alors $f(0) \geqslant 0$.

b) Si G est une primitive de f sur l'intervalle $[-5\,;5]$ telle que $G(1) = 3$, alors, pour tout réel x de l'intervalle $[-5\,;5]$, $G(x) = F(x) + 1$.

112 **Avec un contre-exemple**

Dans chaque cas, l'affirmation est fausse. Expliquer pourquoi.

a) Il existe une unique fonction f dérivable sur $\mathbb{R}$ vérifiant $2f' + 3f = 1$.

b) Si les fonctions f et g sont solutions de l'équation différentielle $y' = 2y + 1$, alors $f + g$ l'est également.

113 MÉTHODE D'EULER ET ÉQUATION DIFFÉRENTIELLE DU TYPE $y' = ay + b$

Algo python

De l'eau salée se déverse dans un réservoir contenant de l'eau pure. Le mélange obtenu s'écoule du réservoir à la même vitesse, ainsi le niveau de liquide reste constant.
$f(t)$ est la masse de sel, en kg, contenu dans le réservoir au bout de t minutes. Ainsi $f(0) = 0$.
On suppose que f est dérivable sur $[0\,;+\infty[$ et est solution de l'équation différentielle :

$$y' = -0{,}2y + 0{,}6.$$

1. Approche de la solution à l'aide de la méthode d'Euler

On a vu p. 380 que si g est une fonction dérivable sur un intervalle I et a est un nombre de I, alors pour tout réel $h > 0$ assez petit, $\boldsymbol{g(a+h) \approx h \times g'(a) + g(a)}$.

a) On considère la suite (x_n) définie par $x_0 = 0$ et pour tout entier naturel n, $x_{n+1} = x_n + h$.
Démontrer que pour tout entier naturel i, $f(x_{i+1}) \approx (1 - 0{,}2h)f(x_i) + 0{,}6h$.

b) On choisit $h = 0{,}1$. On sait que $f(x_0) = 0$, on pose $y_0 = 0$.
Justifier que $f(x_1) \approx 0{,}98\, f(x_0) + 0{,}06$ puis que $f(0{,}1) \approx 0{,}06$.
On pose $y_1 = 0{,}06$.
Placer dans un repère tel que celui ci-contre, les points $A_0(x_0\,;y_0)$ et $A_1(x_1\,;y_1)$.

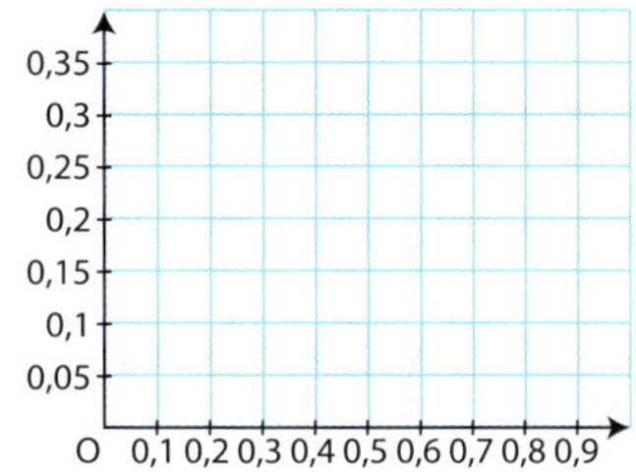

c) Justifier que $f(x_2) \approx 0{,}98\, f(x_1) + 0{,}06$ puis que $f(0{,}2) \approx 0{,}119$.
On pose $y_2 = 0{,}119$. Placer dans le repère le point $A_2(x_2\,;y_2)$.

d) Justifier que $f(0{,}3) \approx 0{,}177$. On pose $y_3 = 0{,}177$.
Placer dans le repère le point $A_3(x_3\,;y_3)$.

e) Ainsi de suite, on construit la suite (y_n) définie par $y_0 = 0$ et pour tout entier naturel n,

$$y_{n+1} = 0{,}98\, y_n + 0{,}06.$$

Puis, on place dans le repère les points $A_n(x_n\,;y_n)$, et on trace la ligne polygonale $A_0A_1A_2A_3A_4\ldots$
Plus on diminue la valeur de h, plus cette ligne polygonale est proche de la courbe de la solution f cherchée.
Recopier et compléter le tableau suivant puis placer les points A_4, A_5, A_6 et A_7.

n	0	1	2	3	4	5	6	7
x_n	0	0,1	0,2	0,3	0,4	0,5	0,6	0,7
y_n	0	0,06	0,119	0,177				

2. Automatisation des calculs

Voici une fonction **Solution** écrite en langage Python de paramètres le nombre N de points à placer et le pas h. Elle affiche les N premiers points obtenus avec la méthode d'Euler.

a) Indiquer le contenu manquant dans chacune des cases colorées.

b) Saisir le programme et exécuter **Solution(150,0.1)**.

c) Quelle conjecture peut-on émettre quant à la masse de sel dans le réservoir à long terme ?

```
from pylab import *

def Solution(N,h):
    x=0
    y=0
    plot(x,y,'r.')
    for i in range(1,N):
        x=
        y=
        plot(x,y,'r.')
    show()
    return
```

3. Vérification

a) Dans la console Python, saisir les commandes suivantes :

```
>>> from sympy import *
>>> var('x')
>>> y=Function('y')
>>> dsolve(diff(y(x),x,1)+0.2*y(x)-0.6,y(x))
```

La commande écrite ci-contre à la dernière ligne, permet d'afficher l'ensemble des solutions de l'équation différentielle $y' + 0{,}2y - 0{,}6 = 0$.

b) Démontrer le résultat affiché.

c) Exprimer alors $f(t)$ en fonction de t. Démontrer la conjecture émise à la question **2. c)**.

114 UN PROBLÈME DE LEIBNIZ

Tice

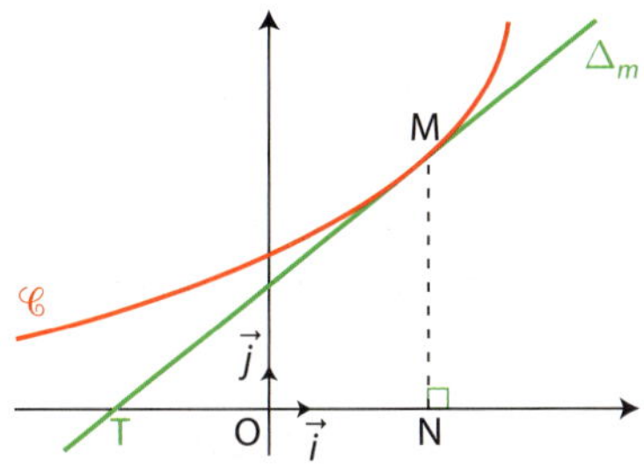

f est une fonction dérivable sur $\mathbb{R}$ telle que sa fonction dérivée ne s'annule pas sur $\mathbb{R}$.

$\mathscr{C}$ est sa courbe représentative dans un repère $(O\,;\vec{i},\vec{j})$.

Pour tout réel m, Δ_m est la tangente à la courbe $\mathscr{C}$ au point M d'abscisse m.

Δ_m coupe l'axe des abscisses en un point T, N est le projeté orthogonal du point M sur l'axe des abscisses.

Le vecteur $\overrightarrow{NT}$ est appelé **vecteur sous-tangent** à $\mathscr{C}$ au point M.

On se propose de déterminer les fonctions pour lesquelles le vecteur sous-tangent est constant.

Partie A : conjecturer

1. a) À l'aide d'un logiciel de géométrie dynamique, créer un curseur k allant de -10 à 10 avec un incrément de 0,1.

b) Créer la courbe représentative de la fonction $x \mapsto kx^2$.

c) Créer un point M sur la courbe, puis créer les points N et T.

d) Créer le vecteur sous-tangent $\overrightarrow{NT}$.

2. Déplacer le point M sur la courbe. Émettre une conjecture sur l'existence de valeurs de k $(k \neq 0)$ pour lesquelles le vecteur sous-tangent est constant.

3. Recommencer en remplaçant f par chacune des fonctions suivantes :

a) $x \mapsto \dfrac{k}{x}$ **b)** $x \mapsto k\sqrt{x}$ **c)** $x \mapsto \mathrm{e}^{kx}$

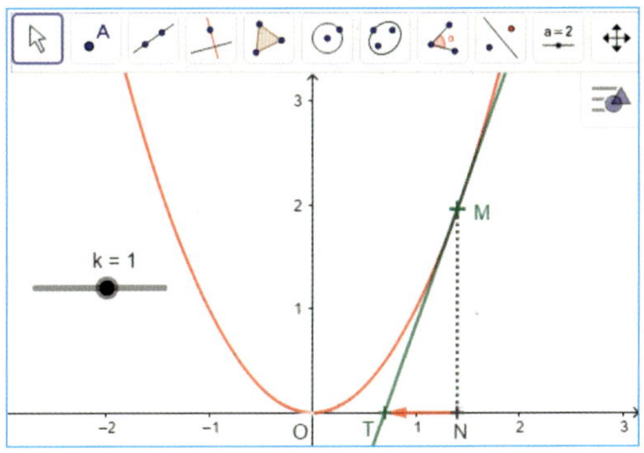

Partie B : démontrer

On envisage le cas général et on reprend les notations introduites au début du problème.

1. a) Écrire une équation de la tangente Δ_m.

b) Exprimer les coordonnées des points N et T en fonction de m, $f(m)$ et $f'(m)$.

c) En déduire que $\overrightarrow{NT} = \dfrac{f(m)}{f'(m)}\vec{i}$.

2. a) a est un nombre réel non nul.

Montrer que les fonctions dont la courbe représentative admet un vecteur sous-tangent constant égal à $a\vec{i}$ (avec a nombre réel non nul) sont les solutions sur $\mathbb{R}$ de l'équation différentielle :

$$y' = -\frac{1}{a}y.$$

b) En déduire l'ensemble des fonctions dont la courbe représentative admet un vecteur sous-tangent constant égal à $a\vec{i}$.

Partie C : appliquer

a) Démontrer qu'il existe une unique fonction dont la courbe a un vecteur sous-tangent constant égal à $2\vec{i}$ et passe par le point A$(0\,;1)$.

b) Tracer cette courbe à l'aide du logiciel de géométrie dynamique et vérifier graphiquement la propriété.

HISTOIRE DES MATHS

Leibniz a énoncé ce problème pour montrer l'insuffisance de l'algèbre : pour résoudre ce problème, il faut utiliser le calcul différentiel. Ce problème n'est pas spéculatif ; par exemple, en mécanique, l'étude de certaines situations amène à ce genre de questions.

115 Utiliser des lectures graphiques

Problème ouvert

Raisonner | Représenter

On considère les équations différentielles :

$(E_1) : y' = 2y$ et $(E_2) : y' = y$.

Dans le repère ci-contre, la courbe $\mathscr{C}$ représente une fonction f définie sur $\mathbb{R}$ par $f = f_1 + f_2$, où f_1 est une solution (E_1) et f_2 une solution (E_2).

La droite d est la tangente à $\mathscr{C}$ au point A d'abscisse 0.

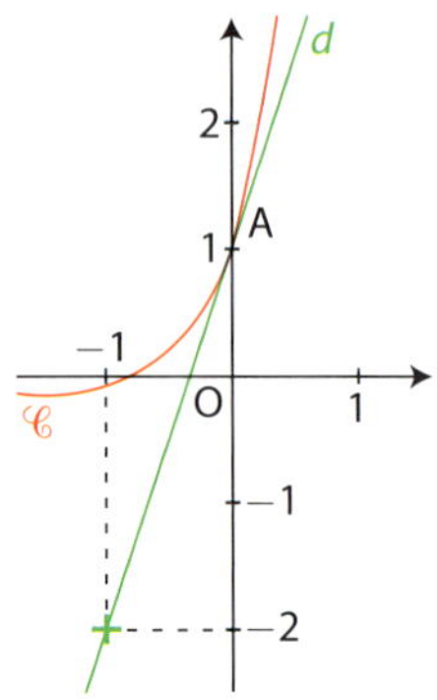

À partir des données lues sur le graphique, déterminer la fonction f.

116 Find a primitive function

Représenter | Calculer | Communiquer

The f function is defined on $\mathbb{R}$ by $f(x) = xe^{2x}$.

a) Find the real numbers a and b such that $f''(x) + af'(x) + bf(x) = 0$ for each real number x.

b) Deduce a primitive function of the function f on $\mathbb{R}$.

117 Prendre des initiatives

Modéliser | Raisonner | Calculer

Au début de la croissance, l'accroissement du poids d'une certaine espèce végétale sur un petit intervalle de temps est proportionnel à lui-même.

Ainsi, le poids P, en g, varie en fonction du temps t, en jour, selon l'équation $P'(t) = 0{,}3P(t)$.

Déterminer le poids, en kg, de la plante après 30 jours sachant qu'elle pesait 2 g le premier jour.

Arrondir à l'unité.

118 Trouver une ressemblance

Narration de recherche

Raisonner | Communiquer

Rédiger les différentes étapes de la recherche, sans omettre les fausses pistes et les changements de méthode.

Problème

Déterminer une primitive de la fonction f définie sur $\mathbb{R}$ par $f(x) = (x^2 + 2x + 2)e^{-x}$.

Conseil : chercher cette primitive parmi les fonctions du même type.

119 Imaginer une stratégie

Chercher | Représenter

f et g sont les fonctions définies sur $\mathbb{R}$ par :

$$f(x) = e^{-x^2} \quad \text{et} \quad g(x) = x^2e^{-x^2}.$$

F et G sont les primitives respectives des fonctions f et g s'annulant en 0.

Démontrer que pour tout réel x, $G(x) = \frac{1}{2}(F(x) - xe^{-x^2})$.

120 Déterminer une vitesse maximum

Modéliser | Raisonner | Calculer

Un parachutiste chutait à une vitesse de 66 m.s^{-1} avant d'ouvrir son parachute.

$v(t)$ est sa vitesse de chute, en m.s^{-1}, t secondes après l'ouverture de celui-ci. Les frottements de l'air croissent rapidement avec la vitesse, et pour tout réel $t \geqslant 0$,

$$v'(t) + \frac{g}{36}v^2(t) = g$$

où $g \approx 9{,}81$ est la constante gravitationnelle.

1. f est la fonction définie $[0\,;+\infty[$ par :

$$f(t) = \frac{1}{v(t) - 6}.$$

a) Exprimer $v(t)$ en fonction de $f(t)$.

b) Exprimer $v^2(t)$ en fonction de $f(t)$.

c) Exprimer $v'(t)$ en fonction de $f(t)$ et $f'(t)$.

d) En déduire que la fonction f est solution sur $[0\,;+\infty[$ de l'équation différentielle **(E)** :

$$y' = \frac{g}{3}y + \frac{g}{36}.$$

2. a) Déterminer l'ensemble des solutions de l'équation différentielle **(E)**.

b) Déterminer $f(0)$ puis, l'expression de la fonction f.

c) En déduire l'expression de la fonction v.

3. Étudier la limite de v en $+\infty$. Interpréter le résultat.

121 Résoudre à l'aide d'une primitive

Raisonner | Calculer

(E) est l'équation différentielle :

$$y' - 2y = \frac{-2}{1 + e^{-2x}}.$$

a) g est une fonction dérivable sur $\mathbb{R}$ et f est la fonction définie sur $\mathbb{R}$ par :

$$f(x) = e^{2x}g(x).$$

Démontrer que f est solution de **(E)** si, et seulement si, pour tout réel x, $g'(x) = \dfrac{-2e^{-2x}}{1 + e^{-2x}}$.

b) Déterminer l'ensemble des solutions de **(E)**.

122 Résoudre une équation différentielle

40 min

D'après Bac, Métropole 2012

f est une fonction dérivable sur $\mathbb{R}$.
Son tableau de variations est donné ci-dessous, où a et b désignent deux réels.

x	$-\infty$	a	$+\infty$
$f(x)$	$-\infty$ ↗	b	↘ $-\infty$

1. Déterminer le signe de $f'(x)$ selon les valeurs de x.

2. Dans le plan muni d'un repère orthonormé $(O ; \vec{i} ; \vec{j})$, on a tracé deux courbes $\mathscr{C}_1$ et $\mathscr{C}_2$.

Elles coupent l'axe des ordonnées aux points A et B d'ordonnées -2 et $\frac{1}{2}$ respectivement.

L'une de ces courbes est la courbe représentative de la fonction dérivée f' de f et l'autre la courbe représentative d'une primitive F de la fonction f sur $\mathbb{R}$.

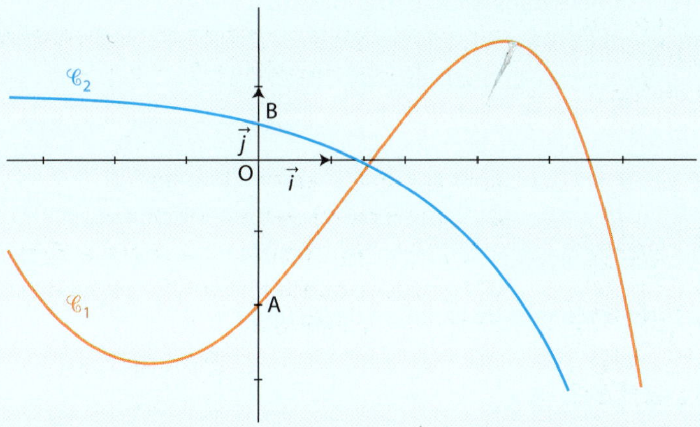

a) Indiquer laquelle de ces deux courbes est la courbe représentative de la fonction f. Justifier la réponse.

b) À l'aide des courbes $\mathscr{C}_1$ et $\mathscr{C}_2$, prouver que $1 < a < 2$ et $b > 0$.

3. Dans cette question, on admet que la fonction f est telle que pour tout réel x,

$$f(x) - 2f'(x) = x.$$

a) Déterminer une fonction affine g telle que pour tout réel x,

$$g(x) - 2g'(x) = x.$$

b) Démontrer que la fonction $f - g$ est une solution de l'équation différentielle $y' = \frac{1}{2}y$.

c) Résoudre cette équation différentielle et en déduire l'existence d'un réel k tel que pour tout réel x, $f(x) = ke^{\frac{1}{2}x} + x + 2$.

d) En utilisant les coordonnées des points A et B, déterminer les fonctions f et F ainsi que les réels a et b.

Guide de résolution
1. Utiliser le lien entre le signe de f' et le sens de variation de f.

Guide de résolution
2. a) Utiliser la question **1.**

Guide de résolution
3. a) Une fonction affine g a une expression de la forme :
$g(x) = \alpha x + \beta$.

Objectif BAC

123 **Utiliser la méthode itérative d'Euler** 45 min

D'après Bac, Amérique du Nord 2006

Le plan est muni d'un repère orthonormé $(O ; \vec{i}, \vec{j})$.
On s'intéresse aux fonctions f dérivables sur $[0 ; +\infty[$ solutions sur $[0 ; +\infty[$ de l'équation différentielle **(E)** : $y' = 4 - y^2$.
On admet qu'il existe une unique fonction f solution de cette équation différentielle vérifiant $f(0) = 0$.

Partie A : étude d'une suite

Afin d'obtenir une approximation de la courbe représentative de la fonction f, on utilise la méthode itérative d'Euler avec un pas égal à 0,2.
On pose alors $x_0 = 0$ et pour tout entier naturel n, $x_{n+1} = x_n + 0{,}2$.

1. a) On suppose que pour tout réel a de l'intervalle $[0 ; +\infty[$, $f(a + 0{,}2)$ est très proche de $0{,}2f'(a) + f(a)$.
Montrer que $f(x_{n+1})$ est très proche de $-0{,}2f(x_n)^2 + f(x_n) + 0{,}8$.

On obtient ainsi une suite de points notés (M_n), d'abscisse x_n et d'ordonnée y_n où $y_0 = 0$ et pour tout entier naturel n, $y_{n+1} = -0{,}2y_n^2 + y_n + 0{,}8$.

b) Les coordonnées des premiers points sont consignées dans le tableau ci-dessous.
Recopier et compléter ce tableau. *Arrondir au dix-millième.*

n	0	1	2	3	4	5	6	7
x_n	0	0,2	0,4					
y_n	0	0,800 0	1,472 0					

c) Placer dans un repère orthonormé d'unité 5 cm les points M_n pour n entier naturel inférieur ou égal à 7.

d) D'après ce graphique, que peut-on conjecturer sur le sens de variation de la suite (y_n) et sur sa convergence ?

2. a) Pour tout réel x, on pose $p(x) = -0{,}2x^2 + x + 0{,}8$.
Montrer que si $x \in [0 ; 2]$, alors $p(x) \in [0 ; 2]$.

b) Montrer que pour tout entier naturel n, $0 \leqslant y_n \leqslant 2$.

c) Étudier le sens de variation de la suite (y_n).

d) La suite (y_n) est-elle convergente ?

Partie B : étude d'une fonction

g est la fonction définie sur $[0 ; +\infty[$ par :

$$g(x) = 2\left(\frac{e^{4x} - 1}{e^{4x} + 1}\right)$$

$\mathscr{C}_g$ est la courbe représentative de g.

1. Montrer que la fonction g est solution de l'équation différentielle **(E)** et vérifie $g(0) = 0$.

2. a) Montrer que $\mathscr{C}_g$ admet une asymptote Δ dont on donnera une équation.

b) Étudier les variations de la fonction g sur $[0 ; +\infty[$.

3. Déterminer l'abscisse α du point d'intersection de Δ et de la tangente à $\mathscr{C}_g$ à l'origine du repère.

Guide de résolution
1. a) Utiliser le fait que la fonction f est solution de l'équation différentielle **(E)**.

Guide de résolution
1. Calculer $g'(x)$, puis $4 - g^2(x)$ afin de les comparer.

124 Étudier l'évolution d'une population

20 min

D'après Bac, Métropole 2005

Dans un secteur observé d'une région donnée, un prédateur empêche la trop forte croissance d'une population de petits de rongeurs.

$u(t)$ est le nombre de rongeurs, en centaine, vivants au temps t, en année, dans cette région. On admet que la fonction u vérifie, pour tout réel $t \geqslant 0$,

$$(\mathbf{E_1}) : \begin{cases} u'(t) = \dfrac{u(t)}{4} - \dfrac{[u(t)]^2}{12} \\ u(0) = 1 \end{cases}$$

a) On suppose que pour tout réel positif t, on a $u(t) > 0$.

h est la fonction définie sur $[0\,;+\infty[$ par $h = \dfrac{1}{u}$.

Démontrer que la fonction u vérifie $(\mathbf{E_1})$ si, et seulement si, la fonction h vérifie pour tout nombre réel t positif ou nul, $(\mathbf{E_2}) : \begin{cases} h'(t) = -\dfrac{1}{4}h(t) + \dfrac{1}{12}. \\ h(0) = 1 \end{cases}$

b) Donner les solutions de l'équation différentielle $y' = -\dfrac{1}{4}y + \dfrac{1}{12}$ et en déduire l'expression de la fonction h, puis celle de la fonction u.

c) Dans ce modèle, comment se comporte la taille de la population étudiée lorsque t tend vers $+\infty$?

Guide de résolution

a) Déterminer la dérivée de la fonction h et utiliser la relation vérifiée par la fonction u.

Se préparer À L'ORAL

125 Présenter un exposé

a) Faire le point sur la méthode de résolution d'une équation différentielle du type $y' = ay + b$ avec a et b réels, $a \neq 0$.

b) Dans un exposé oral de 10 min, présenter un exemple de situation concrète où intervient une telle équation et la résoudre.

126 Travailler l'oral en groupe

Résoudre cet exercice en petit groupe, puis en présenter les résultats à l'oral.

On admet que l'équation différentielle $(\mathbf{E})$ $y' = y^2$ admet une unique solution f sur $]0\,;+\infty[$ vérifiant $f(1) = 1$.

On suppose que pour tout réel $x > 0$, $f(x) \neq 0$.

a) On pose $g = \dfrac{1}{f}$.

Démontrer que la fonction f est solution de $(\mathbf{E})$ si, et seulement si, pour tout réel x, $g'(x) = -1$.

b) En déduire l'ensemble des solutions de l'équation différentielle $(\mathbf{E})$ et en déduire l'expression de la fonction f.

127 Travailler les compétences orales

▶ **ANTICIPER LES QUESTIONS DU JURY**

1. Préparation de la restitution orale (5 min)

Par groupe de 4, résoudre l'exercice ci-dessous, chaque élève travaillant sur une des quatre propositions.

2. Jeu de rôle (30 min)

Chaque élève présente son résultat à l'oral (2 min), pendant que les trois autres composent le jury. Chaque juré pose une question au candidat (5 min).

Énoncé : $(\mathbf{E})$ est l'équation différentielle $y' = 2y - 3$.

Répondre par Vrai ou Faux en justifiant.

a) Les solutions sur $\mathbb{R}$ de $(\mathbf{E})$ sont les fonctions $x \mapsto k\mathrm{e}^{2x}$ avec $k \in \mathbb{R}$.

b) La solution f de $(\mathbf{E})$ telle que $f'(0) = 0$ vérifie également $f(0) = 1{,}5$.

c) Toute solution f de $(\mathbf{E})$ admet la fonction $x \mapsto \dfrac{1}{2}(f(x) + 3x)$ pour primitive sur $\mathbb{R}$.

d) La fonction $g : x \mapsto \dfrac{3}{2}\mathrm{e}^x(1 + \mathrm{e}^x)$ est une solution sur $\mathbb{R}$ de $(\mathbf{E})$.

128 L'équation logistique de Verhulst

Le modèle de Verhulst décrit l'évolution d'une population (animale ou humaine).

On note $p(t)$ la population, en millier d'individus, au temps t, en année. Comme les ressources (place, nourriture, etc.) sont limitées, on suppose que cette population admet une valeur maximum m et que l'accroissement de la population pendant un petit intervalle de temps est « proportionnel » à la fois à :

- l'intervalle de temps,
- à la population $p(t)$ (plus il y a d'individus, plus il y a de naissances),
- à l'écart entre population théorique maximum et population actuelle $m - p(t)$ (quand on approche du maximum de la population, la nourriture disponible devient rare et la mortalité augmente).

On suppose donc que la fonction p est solution de l'équation différentielle, dite logistique :

$$(\mathbf{E_1}) : \quad y' = ay(m - y)$$

où a est une constante réelle positive.

On suppose que pour tout réel t, $p(t)$ et $m - p(t)$ sont des nombres réels strictement positifs.

1. On pose $g = \dfrac{1}{p}$. Démontrer que p est solution de l'équation différentielle $(\mathbf{E_1})$ si, et seulement si g est solution d'une équation différentielle $(\mathbf{E_2})$ de la forme $y' = \alpha y + \beta$ où α et β sont deux réels que l'on précisera.

2. Résoudre l'équation $(\mathbf{E_2})$ et en déduire que l'expression de la fonction p est de la forme :

$$p(t) = \frac{m}{1 + \mathrm{C}e^{-amt}} \quad \text{avec } \mathrm{C} \in \mathbb{R}.$$

3. La population des États-Unis de 1790 à 1910 a été étudiée par Pearl et Reed en 1920. Avec l'origine des temps en 1790, les valeurs des paramètres sont alors données par $m = 197\,273$, $\mathrm{C} = 49{,}2$ et $a = 158 \times 10^{-9}$.

a) Étudier les variations de la fonction p.

b) Déterminer la limite de p en $+\infty$ et donner l'allure de la courbe représentative de la fonction p.

c) Selon ce modèle, quand la population maximum sera-t-elle atteinte à un million près ?

129 Écoulement d'un fluide

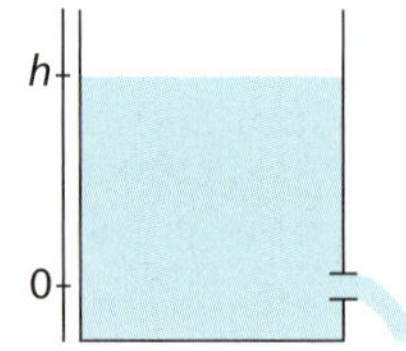

À l'instant $t = 0$, un réservoir cylindrique de rayon 1 m contient 4 m d'eau au-dessus d'un orifice. $h(t)$ est la hauteur de liquide contenu dans le réservoir au-dessus de cet orifice à l'instant t, en seconde.

La loi de Torricelli donne la relation : $\mathrm{A}h' = -k\sqrt{h}$ où A est l'aire, en m^2, de la base du cylindre et $k = 0{,}025$ est une constante positive dépendant de certains facteurs, comme la viscosité du liquide et l'aire de la section du trou d'écoulement.

On suppose que pour tout réel $t \geqslant 0$, $h(t) \neq 0$.

a) Préciser la valeur de A.

b) Démontrer que pour tout réel $t \geqslant 0$,

$$\frac{h'(t)}{\sqrt{h(t)}} = -\frac{0{,}025}{\pi}.$$

c) En déduire qu'il existe une constante réelle C telle que pour tout réel $t \geqslant 0$,

$$\sqrt{h(t)} = -\frac{0{,}025}{2\pi}t + \mathrm{C}.$$

d) En déduire l'expression de la fonction h.

e) Déterminer la valeur de C, puis l'instant, en s, à partir duquel le réservoir arrête de se vider. *Arrondir à l'unité.*

130 Les équations du type $y'' + \omega^2 y = 0$, $\omega \in \mathbb{R}$

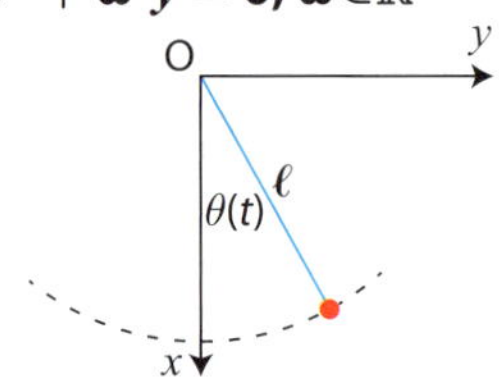

Un pendule simple est constitué d'un objet de masse m suspendu à un fil inextensible de longueur ℓ, en mètre. On le lâche dans le plan $(x\mathrm{O}y)$ d'un angle θ_0, en radian, avec l'axe $(\mathrm{O}x)$ (θ_0 assez petit).

$\theta(t)$ est l'angle, en radian, formé par l'axe $(\mathrm{O}x)$ et le fil après t secondes (avec $t \geqslant 0$).

Le principe fondamental de la dynamique permet d'écrire l'équation différentielle suivante :

$$\theta''(t) + \frac{g}{\ell}\theta(t) = 0 \quad \text{où} \quad g \approx 9{,}81.$$

1. Vérifier que les fonctions de la forme $t \mapsto \mathrm{A}\cos(\omega t) + \mathrm{B}\sin(\omega t)$, avec A et B réels, sont solutions sur $\mathbb{R}$ de l'équation différentielle $y'' + \omega^2 y = 0$.

On admet que toute solution de cette équation différentielle est de cette forme.

2. a) On donne $\ell = 0{,}2$ m et $\theta_0 = \dfrac{\pi}{36}$ rad. La vitesse initiale est supposée nulle, c'est-à-dire $\theta'(0) = 0$.

Déterminer l'expression de la fonction θ.

b) Représenter la fonction θ à l'aide de la calculatrice afin d'interpréter concrètement l'évolution de l'angle en fonction du temps t.

131 Équations différentielles du second ordre

(**E**) est l'équation différentielle $y'' + ay' + by = 0$ où a et b sont deux nombres réels.

1. Démontrer que si f_1 et f_2 sont deux solutions de l'équation différentielle (**E**), alors pour toutes constantes réelles C_1 et C_2, la fonction $C_1f_1 + C_2f_2$ est aussi solution de (**E**).

On admet que toutes les solutions de (**E**) sont de la forme $C_1f_1 + C_2f_2$ où f_1 et f_2 sont deux solutions de (**E**) indépendantes, c'est-à-dire qu'il n'existe pas de constante réelle k telle que $f_1 = kf_2$.

2. r est un nombre réel.

On cherche les solutions de (**E**) de la forme $x \mapsto e^{rx}$.

Démontrer que la fonction f définie sur $\mathbb{R}$ par $f(x) = e^{rx}$ est solution de (**E**) si, et seulement si, $r^2 + ar + b = 0$.

Cette équation est l'**équation caractéristique** associée à (**E**).

3. On suppose que l'équation caractéristique admet deux solutions réelles distinctes r_1 et r_2.

f est une fonction définie sur $\mathbb{R}$ et g est la fonction définie sur $\mathbb{R}$ par $g(x) = f(x)e^{-r_1x}$.

a) Démontrer que la fonction f est solution sur $\mathbb{R}$ de (**E**) si, et seulement si, la fonction g est solution sur $\mathbb{R}$ de l'équation différentielle $y'' + (2r_1 + a)y' = 0$.

b) Résoudre l'équation différentielle :

$$y' + (2r_1 + a)y = 0.$$

c) En déduire l'ensemble des solutions de l'équation différentielle $y'' + (2r_1 + a)y' = 0$.

d) Justifier que $r_1 + r_2 = -a$.

e) Déterminer alors l'ensemble des solutions de l'équation différentielle (**E**).

132 Existence d'une primitive

f est la fonction définie sur $\mathbb{R}$ par :

$$f(x) = \begin{cases} 1 & \text{si } x \neq 0 \\ 0 & \text{si } x = 0 \end{cases}$$

On suppose que F est la primitive de f sur $\mathbb{R}$ qui s'annule en 0.

1. Représenter la fonction f dans un repère.

2. a) Déterminer une expression de F sur $]-\infty\,;0[$.

b) Déterminer une expression de F sur $]0\,;+\infty[$.

3. a) Étudier alors la limite en 0 de la fonction $h \mapsto \dfrac{F(h)}{h}$.

b) En déduire que $F'(0) = 1$.

4. Démontrer que cela contredit l'hypothèse faite sur F et conclure quant à l'existence d'une primitive de f sur $\mathbb{R}$.

133 Équations différentielles et suites

Partie A

n est un entier naturel non nul et ($\mathbf{E}_n$) est l'équation différentielle :

$$y' + y = \frac{x^n}{n!}e^{-x}.$$

g et h sont deux fonctions dérivables sur $\mathbb{R}$ telles que pour tout réel x, $g(x) = h(x)e^{-x}$.

a) Démontrer que la fonction g est solution sur $\mathbb{R}$ de ($\mathbf{E}_n$) si, et seulement si, pour tout réel x, $h'(x) = \dfrac{x^n}{n!}$.

b) En déduire l'ensemble des solutions de ($\mathbf{E}_n$).

c) Déterminer la solution f de ($\mathbf{E}_n$) vérifiant $f(0) = 0$.

Partie B

f_0 et f_1 sont les fonctions définies sur $\mathbb{R}$ par :

$$f_0(x) = e^{-x} \text{ et } f_1(x) = xe^{-x}.$$

a) Vérifier que f_1 est solution sur $\mathbb{R}$ de l'équation différentielle $y' + y = f_0$.

b) Pour tout entier naturel $n \geqslant 1$, f_n est la solution de l'équation différentielle $y' + y = f_{n-1}$ vérifiant $f_n(0) = 0$.

En utilisant la **partie A**, démontrer par récurrence que pour tout réel x et tout entier naturel $n \geqslant 1$,

$$f_n(x) = \frac{x^n}{n!}e^{-x}.$$

Des Défis

134 Résoudre un système particulier

Déterminer les fonctions x, y et z dérivables sur $\mathbb{R}$ telles que pour tout réel t,

$$\begin{cases} x'(t) = y(t) + z(t) - 2x(t) \\ y'(t) = z(t) + x(t) - 2y(t) \\ z'(t) = x(t) + y(t) - 2z(t) \end{cases}$$

et $x(0) = 0$, $y(0) = -1$ et $z(0) = 4$.

135 Modéliser une situation

Un réservoir contient 20 L d'air.

Chaque seconde, il reçoit 0,1 L d'azote et perd 0,1 L de mélange supposé homogène.

Sachant que l'air contient 80 % d'azote, déterminer le temps au bout duquel le réservoir contiendra 95 % d'azote.

14 Calcul intégral

HISTOIRE DES MATHS

Dès l'Antiquité, le problème du calcul de grandeurs (aire d'une surface, longueur d'une courbe) est posé. **Archimède** développe la méthode d'exhaustion : il approche l'aire délimitée par un arc de parabole à l'aide d'aires géométriques simples. Cette méthode reste la seule connue pendant 20 siècles !

Au 17e siècle, l'invention du calcul infinitésimal permet de nouvelles avancées. À l'origine du calcul intégral, il est développé par **Leibniz** et **Newton** (indépendamment l'un de l'autre). Désormais l'intégration est vue comme problème inverse de la dérivation.

Cette approche est poursuivie par de nombreux mathématiciens pendant deux siècles. La formalisation arrive avec la célèbre intégrale de **Riemann**, à l'origine des développements ultérieurs de la théorie, notamment celui de l'intégrale de **Lebesgue** au début du 20e siècle. L'intégration est encore un sujet pour la recherche contemporaine.

Bernhard Riemann

Gottfried Wilhelm Leibniz

▶ **Gottfried Wilhelm Leibniz** (1646-1716) est un philosophe, juriste et scientifique allemand. En philosophie, il est l'un des principaux représentants du rationalisme. Initié tardivement aux mathématiques (à 26 ans), il devient tout de même l'un des pères de l'analyse moderne.

▶ **Bernhard Riemann** (1826-1866) est un mathématicien allemand. Il est le premier à utiliser des dimensions supérieures à 3 ou 4 pour décrire la réalité physique (espace à *n* dimensions), ouvrant ainsi la voie aux géométries non euclidiennes et à la théorie de la relativité générale.

1629 Cavalieri invente la méthode des indivisibles.

vers 1670 Leibniz et Newton établissent un lien entre dérivée, primitive et aire sous la courbe.

1823 Cauchy travaille sur la notion d'intégrale sur un intervalle fermé.

1854 Riemann publie une théorie rigoureuse de l'intégration.

1906 Lebesgue précise l'intérêt de son intégrale pour calculer les coefficients d'une série de Fourier.

1668 1er tome des *Fables de La Fontaine*

1715 Mort de Louis XIV

1789 Révolution française

1826 Découverte de la loi d'Ohm

1876 Invention du téléphone

1914 Première Guerre mondiale

1600 — 1700 — 1800 — 1900

Vue aérienne de parcelles agricoles en Chine

Le calcul des aires (superficie d'un champ, surface d'une pièce d'eau, etc.) est l'un des problèmes mathématiques les plus anciens. Lorsque l'aire est délimitée par une forme géométrique élémentaire (triangle, trapèze, etc.) le calcul est simple, mais lorsque le contour est une courbe alors le problème est plus ardu.

Les contenus et capacités travaillés dans ce chapitre

	Savoir-faire	Exercices
• Intégrale d'une fonction continue et positive sur un intervalle.	1, 3	21 à 26, 28, 29
• Calculer une intégrale à l'aide d'une primitive.	2, 4, 5, 7, 8	30 à 33, 36 à 42
• Intégrale et aire. Estimer graphiquement une intégrale. Calculer l'aire d'un domaine entre deux courbes.	6, 9, 18 à 20	27, 34, 35, 43, 44
• Propriétés des intégrales.	10 à 13	45 à 48, 51 à 61
• Valeur moyenne d'une fonction.		49, 50, 62 à 65
• Méthode d'intégration par parties.	14 à 17	66 à 72

Bien démarrer

Calcul mental

Rappels utiles

• Formules d'aires

Aire d'un triangle

$\mathscr{A} = \dfrac{b \times h}{2}$

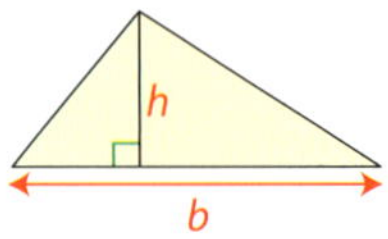

Aire d'un trapèze

$\mathscr{A} = \dfrac{(b + \mathrm{B}) \times h}{2}$

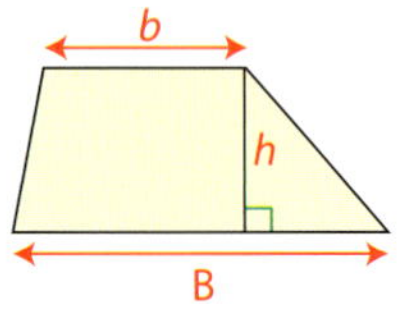

• Primitives d'une fonction

• f et F sont deux fonctions définies sur un intervalle I. F est une primitive de f sur I, c'est-à-dire F est dérivable sur I et $\mathrm{F}' = f$.

• L'ensemble des primitives de f sur I est constitué par les fonctions G définies sur I par $\mathrm{G}(x) = \mathrm{F}(x) + \mathrm{C}$ où C décrit $\mathbb{R}$.

• Il existe une primitive de f sur I et une seule telle que $\mathrm{G}(x_0) = y_0$ où x_0 est un nombre réel de I et y_0 un nombre réel donné.

• Quelques primitives usuelles

I = …	$f(x)$ = …	$\mathrm{F}(x)$ = …
$]0\,;+\infty[$	$\dfrac{1}{x}$	$\ln(x)$
$\mathbb{R}$	e^x	e^x
$\mathbb{R}$	$\sin(x)$	$-\cos(x)$
$\mathbb{R}$	$\cos(x)$	$\sin(x)$

À l'oral

Questions-Tests

Pour chaque question, il y a une seule réponse exacte.

1 L'unité graphique du repère orthonormé ci-contre est 0,5 cm.

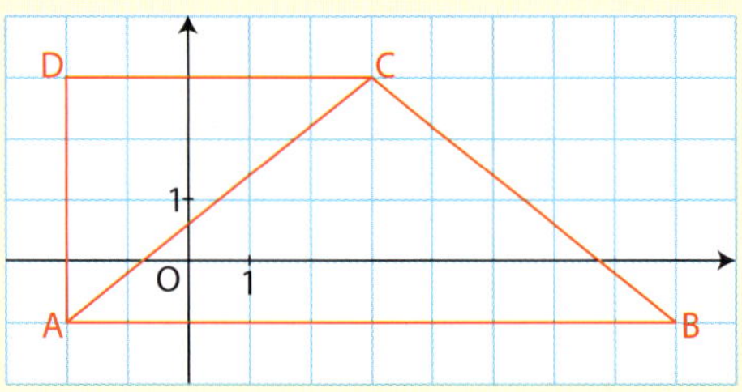

a) L'aire, en cm², du triangle ABC est égale à :

(1) 5 **(2)** 20 **(3)** 40

b) L'aire, en cm², du trapèze ABCD est égale à :

(1) 32 **(2)** 7,5 **(3)** 16

2 f est la fonction définie sur $]2\,;+\infty[$ par :

$$f(x) = \frac{7}{(x-2)^2}.$$

Une primitive F de la fonction f sur $]2\,;+\infty[$ est définie par :

(1) $\mathrm{F}(x) = \dfrac{7}{x-2}$ **(2)** $\mathrm{F}(x) = \dfrac{2x+3}{2-x}$

(3) $\mathrm{F}(x) = \dfrac{2x+3}{x-2}$

3 g est la fonction définie sur $\mathbb{R}$ par :

$$g(x) = 3x^4 - 3x^2 + 5x - 1.$$

Une primitive G de la fonction g sur $\mathbb{R}$ est définie par :

(1) $\mathrm{G}(x) = 12x^3 - 6x + 5$

(2) $\mathrm{G}(x) = \dfrac{3}{5}x^5 - x^3 + \dfrac{5}{2}x^2 - x + 10$

(3) $\mathrm{G}(x) = 3x^5 - 3x^3 + 5x^2 - x$

4 f est la fonction définie sur $\mathbb{R}$ par $f(x) = 1 - \mathrm{e}^x$. L'ensemble des primitives de la fonction f sur $\mathbb{R}$ est l'ensemble des fonctions définies sur $\mathbb{R}$ par (où C est un nombre réel) :

(1) $\mathrm{F}(x) = -\mathrm{e}^x + \mathrm{C}$

(2) $\mathrm{F}(x) = x - \mathrm{e}^x + \mathrm{C}$

(3) $\mathrm{F}(x) = \mathrm{C}(x - \mathrm{e}^x)$

5 g est la fonction définie sur $]0\,;+\infty[$ par :

$$g(x) = \frac{2}{x}.$$

L'unique primitive G de la fonction g sur $]0\,;+\infty[$ telle que $\mathrm{G}(\mathrm{e}) = 1$ est définie par …

(1) $\mathrm{G}(x) = 2\ln(x)$

(2) $\mathrm{G}(x) = 2\ln(x) + 1$

(3) $\mathrm{G}(x) = 2\ln(x) - 1$

1 Tice Encadrement d'une aire

On munit le plan d'un repère orthogonal $(O ; \overrightarrow{OI}, \overrightarrow{OJ})$.
L'unité d'aire est l'aire du rectangle OIKJ avec K(1 ; 1).
On note $\mathscr{A}$ l'aire du domaine délimité par la courbe représentative de la fonction $f : x \mapsto e^x$, l'axe des abscisses et les droites d'équations $x = 0$, $x = 1$.
Dans la suite, on réalise une construction à l'aide d'un logiciel de géométrie afin d'obtenir des encadrements de l'aire $\mathscr{A}$.

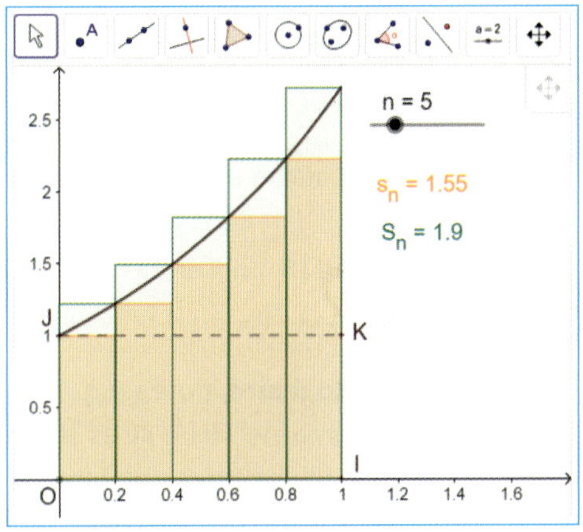

1 **a)** Pour réaliser la figure ci-contre :
- saisir $f(x)$=Fonction[exp(x), 0,1] ;
- créer un curseur allant de 1 à 20 avec pour incrément 1 ;
- saisir :

s_n = SommeInférieure(f, 0,1, n)
S_n = SommeSupérieure(f, 0,1, n)

b) Expliquer comment sont construits les rectangles obtenus à l'écran.
c) Que représentent les valeurs s_n et S_n affichées à l'écran ?

2 **a)** Déplacer le curseur jusqu'à obtenir un encadrement d'amplitude inférieure à 10^{-1} de l'aire $\mathscr{A}$.
b) En déduire une valeur approchée de l'aire $\mathscr{A}$ à 10^{-1} près.

L'aire $\mathscr{A}$, exprimée en unité d'aire, est l'**intégrale de 0 à 1 de la fonction f**, on la note $\int_0^1 f(x)\mathrm{d}x$.

HISTOIRE DES MATHS

La notation des intégrales est due à Leibniz (1646-1716), c'est un S étiré pour rappeler l'analogie avec les sommes.

2 Aire et primitive

La vitesse instantanée, en $\mathrm{m \cdot s^{-1}}$, d'une particule à un instant t, en s, est donnée par $v(t) = t^2$ pour $t \in [0 ; 5]$.
Dans un repère orthogonal, $\mathscr{C}$ est la courbe représentative de la fonction v. Pour tout réel $t \in [0 ; 5]$, on note $\mathscr{A}(t)$ l'aire du domaine délimité par la courbe $\mathscr{C}$, l'axe des abscisses et la droite d'équation $x = t$.

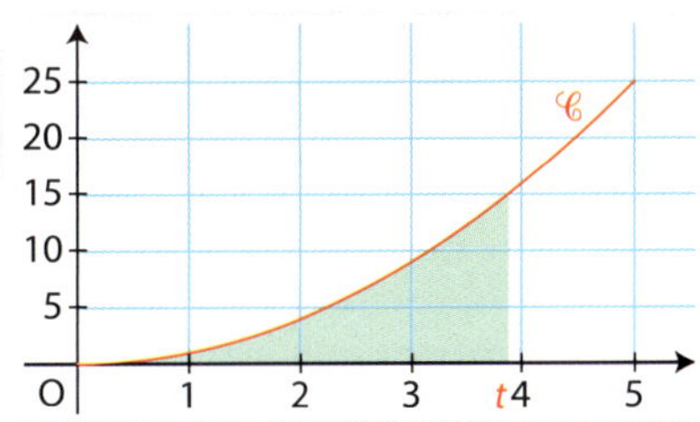

1 **a)** Pour t_0 et $t_0 + h$ dans $[0 ; 5]$ avec $h > 0$, quel est le domaine d'aire $\mathscr{A}(t_0 + h) - \mathscr{A}(t_0)$?
Démontrer alors que $t_0^2 \leqslant \dfrac{\mathscr{A}(t_0 + h) - \mathscr{A}(t_0)}{h} \leqslant (t_0 + h)^2$.
b) Pour t_0 et $t_0 + h$ dans $[0 ; 5]$ avec $h < 0$, démontrer de même que $(t_0 + h)^2 \leqslant \dfrac{\mathscr{A}(t_0 + h) - \mathscr{A}(t_0)}{h} \leqslant t_0^2$.
c) En déduire que la fonction $\mathscr{A}$ est dérivable en t_0 ($t_0 \in [0 ; 5]$) et que $\mathscr{A}'(t_0) = v(t_0)$.

2 **a)** Que représente la fonction $\mathscr{A}$ pour la fonction v sur l'intervalle $[0 ; 5]$?
b) Pour tout réel $t \in [0 ; 5]$, interpréter $\mathscr{A}(t)$ pour le mouvement de la particule.

Cours

Exercices
- 1 à 4 (ci-contre)
- 21 à 31

1 Intégrale d'une fonction continue et positive sur un intervalle

Vidéo
JAICOMPRIS.COM
Les démonstrations sont présentées en vidéo

f est une fonction **continue** et **positive** sur un intervalle $[a\,;b]$.
$\mathscr{C}$ est sa courbe représentative dans un repère orthogonal (O ; I, J).

A Aire sous la courbe représentative de la fonction *f*

Définitions

- **L'unité d'aire**, notée *u.a.*, est l'aire du rectangle OIKJ où K(1 ; 1).
- **Le domaine situé sous la courbe** $\mathscr{C}$ est la partie du plan délimitée par la courbe $\mathscr{C}$, l'axe des abscisses et les droites d'équations $x = a$ et $x = b$.
- **L'intégrale de *a* à *b* de la fonction *f*** est l'aire, exprimée en *u.a.*, du domaine situé sous la courbe $\mathscr{C}$. On la note $\int_a^b f(x)\mathrm{d}x$ (lire « intégrale de *a* à *b* de *f* »).

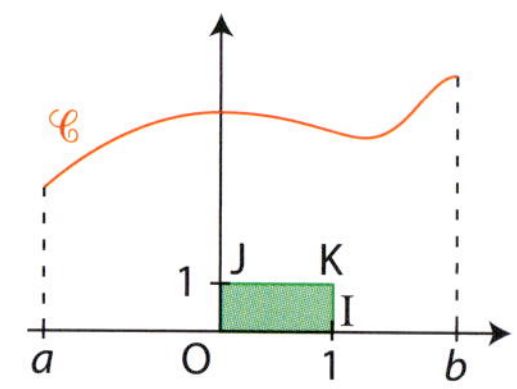

B Expression d'une primitive à l'aide d'une intégrale

Théorème

La fonction $F_a : x \mapsto \int_a^x f(t)\mathrm{d}t$ est **la** primitive de la fonction f sur l'intervalle $[a\,;b]$ telle que $F_a(a) = 0$.

Démonstration

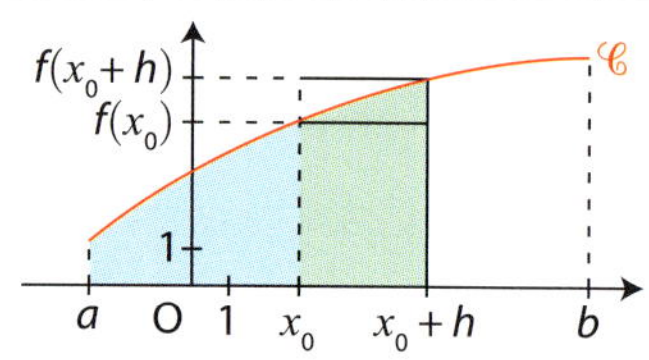

On étudie le cas où f est croissante sur $[a\,;b]$.
x_0 et $x_0 + h$, avec $h \neq 0$, sont deux nombres réels de l'intervalle $[a\,;b]$.

- **Si $h > 0$**, alors d'après la propriété d'additivité des aires :

$$\int_a^{x_0+h} f(t)\mathrm{d}t = \int_a^{x_0} f(t)\mathrm{d}t + \int_{x_0}^{x_0+h} f(t)\mathrm{d}t,\ \text{soit}\ F_a(x_0+h) - F_a(x_0) = \int_{x_0}^{x_0+h} f(t)\mathrm{d}t.$$

f est croissante sur $[a\,;b]$ donc on peut encadrer $\int_{x_0}^{x_0+h} f(t)\mathrm{d}t$ par les aires des rectangles de largeur h et de hauteurs $f(x_0)$ et $f(x_0 + h)$.

Ainsi, $f(x_0) \times h \leqslant F_a(x_0+h) - F_a(x_0) \leqslant f(x_0+h) \times h$ et $f(x_0) \leqslant \dfrac{F_a(x_0+h) - F_a(x_0)}{h} \leqslant f(x_0+h)$.

- **Si $h < 0$**, alors on établit de la même façon que $f(x_0+h) \leqslant \dfrac{F_a(x_0+h) - F_a(x_0)}{h} \leqslant f(x_0)$.

- **Conclusion :** f est continue en x_0 donc $\lim\limits_{h\to 0} f(x_0+h) = f(x_0)$ et le théorème des gendarmes permet de conclure que $\lim\limits_{h\to 0} \dfrac{F_a(x_0+h) - F_a(x_0)}{h} = f(x_0)$. Ainsi, F_a est dérivable en x_0 et $F'_a(x_0) = f(x_0)$. Avec la définition de l'intégrale, $F_a(a) = 0$ et finalement F_a est la primitive de la fonction f sur $[a\,;b]$ telle que $F_a(a) = 0$.

Propriété

Pour toute primitive F de f sur l'intervalle $[a\,;b]$, $\int_a^b f(x)\mathrm{d}x = \mathrm{F}(b) - \mathrm{F}(a)$.

Démonstration

F et F_a sont deux primitives de f sur l'intervalle $[a\,;b]$ donc il existe un réel C tel que pour tout réel x de $[a\,;b]$, $F_a(x) = F(x) + C$. Or, $F_a(a) = 0$ donc $C = -F(a)$. Alors $\int_a^b f(x)\mathrm{d}x = F_a(b) = F(b) + C = F(b) - F(a)$.

EXERCICES RÉSOLUS

1 Calculer l'aire d'un domaine sous une courbe

f est la fonction définie sur l'intervalle $[-2\,;3]$ par :

$$f(x)=\begin{cases}-x+1 & \text{si } -2\leqslant x\leqslant 0\\ x+1 & \text{si } 0<x\leqslant 3\end{cases}.$$

a) Tracer la courbe représentative de la fonction *f* dans un repère orthogonal.

b) Calculer $\int_{-2}^{3} f(x)\mathrm{d}x$.

Solution

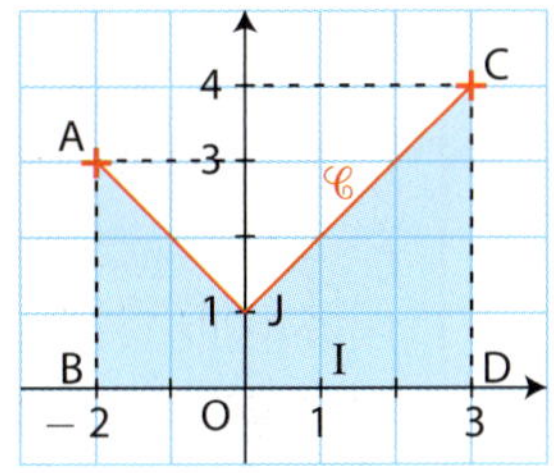

a) Dans le repère (O ; I, J) ci-contre, la courbe représentative $\mathscr{C}$ de la fonction *f* est formée des segments [AJ] et [JC].

b) *f* est continue et positive sur $[-2\,;3]$ donc $\int_{-2}^{3} f(x)\mathrm{d}x$ est l'aire, en unité d'aire, du domaine situé sous la courbe $\mathscr{C}$, soit la somme des aires des trapèzes rectangles OJAB et OJCD.

Donc $\int_{-2}^{3} f(x)\mathrm{d}x=\dfrac{(3+1)\times 2}{2}+\dfrac{(4+1)\times 3}{2}=4+\dfrac{15}{2}=\dfrac{23}{2}$.

2 Calculer une intégrale à l'aide d'une primitive

f est la fonction définie sur l'intervalle $\mathrm{I}=[0\,;+\infty[$ par $f(x)=\dfrac{x^2+6x}{(x+3)^2}$.

a) Vérifier que la fonction F définie par $\mathrm{F}(x)=\dfrac{x^2}{x+3}$ est une primitive de *f* sur I.

b) Calculer $\int_{1}^{3} f(x)\mathrm{d}x$.

Solution

a) La fonction F est dérivable sur I et pour tout réel x de I,

$\mathrm{F}'(x)=\dfrac{2x(x+3)-x^2\times 1}{(x+3)^2}=\dfrac{x^2+6x}{(x+3)^2}$ donc $\mathrm{F}'(x)=f(x)$.

Ainsi F est une primitive de *f* sur I.

b) *f* est continue sur I, car *f* est une fonction rationnelle.

De plus *f* est positive sur I, donc $\int_{1}^{3} f(x)\mathrm{d}x=\mathrm{F}(3)-\mathrm{F}(1)$.

Or, $\mathrm{F}(3)=\dfrac{3^2}{3+3}=\dfrac{3}{2}$ et $\mathrm{F}(1)=\dfrac{1^2}{1+3}=\dfrac{1}{4}$, donc $\int_{1}^{3} f(x)\mathrm{d}x=\dfrac{3}{2}-\dfrac{1}{4}=\dfrac{5}{4}$.

> Pour tout $x\geqslant 0$, $x^2+6x\geqslant 0$ et $(x+3)^2\geqslant 0$, donc $f(x)\geqslant 0$.

EXERCICES D'APPLICATION DIRECTE

Sur le modèle de l'exercice résolu 1

3 *g* est la fonction définie sur $[-3\,;1]$ par :

$$g(x)=\begin{cases}x+3 & \text{si } -3\leqslant x\leqslant 0\\ -2x+3 & \text{si } 0<x\leqslant 1\end{cases}.$$

a) Tracer la courbe représentative de la fonction *g* dans un repère orthogonal.

b) Calculer $\int_{-3}^{1} g(x)\mathrm{d}x$.

Sur le modèle de l'exercice résolu 2

4 *f* est la fonction définie sur $\mathrm{I}=[0\,;+\infty[$ par :

$$f(x)=\frac{3x^2+24x}{(x+4)^2}.$$

a) Vérifier que la fonction F définie par $\mathrm{F}(x)=\dfrac{3x^2}{x+4}$ est une primitive de *f* sur I.

b) Calculer $\int_{2}^{4} f(x)\mathrm{d}x$.

Exercices
- **5** à **9** (ci-contre)
- **32** à **44**

2 Intégrale d'une fonction continue de signe quelconque sur un intervalle

A Extension de la définition de l'intégrale

Théorème

Toute fonction continue sur un intervalle I admet des primitives sur I.

Démonstration

On étudie le cas où $I = [a\,;b]$ et où f admet un minimum m sur I.
La fonction g définie sur $[a\,;b]$ par $g(x) = f(x) - m$ est continue et positive sur $[a\,;b]$.
D'après le théorème du § B p. 402, la fonction $G_a : x \mapsto \int_a^x g(t)\mathrm{d}t$ est une primitive de la fonction g sur l'intervalle $[a\,;b]$.
La fonction F définie sur $[a\,;b]$ par $F(x) = G_a(x) + mx$ est une primitive de f sur $[a\,;b]$. En effet, pour tout réel x de $[a\,;b]$, $F'(x) = G'_a(x) + m = g(x) + m = f(x)$.
Ainsi, la fonction f admet des primitives sur $[a\,;b]$.

Définition

f est une fonction **continue** de signe quelconque sur un intervalle I.
Pour a et b deux nombres réels de I, **l'intégrale de a à b de f** est le nombre réel $\mathbf{F(b) - F(a)}$ où F est une primitive de f sur I. On la note encore $\int_a^b f(x)\mathrm{d}x$.

Remarque : la valeur de l'intégrale ne dépend pas de la primitive choisie F de f sur I.

Notation : on écrit $\int_a^b f(x)\mathrm{d}x = [F(x)]_a^b = F(b) - F(a)$.

Conséquence : pour tous réels a et b de I, $\int_b^a f(x)\mathrm{d}x = -\int_a^b f(x)\mathrm{d}x$.

En effet, si F est une primitive de f sur I, alors $\int_b^a f(x)\mathrm{d}x = F(a) - F(b) = -(F(b) - F(a)) = -\int_a^b f(x)\mathrm{d}x$.

B Intégrale et aire

f est une fonction définie et continue sur un intervalle $[a\,;b]$.
Dans un repère orthogonal, D est le domaine délimité par la courbe représentative $\mathscr{C}_f$ de f, l'axe des abscisses et les droites d'équations $x = a$, $x = b$.

Si f est négative sur $[a\,;b]$, alors l'aire de D est $\mathscr{A}(D) = -\int_a^b f(x)\mathrm{d}x$.

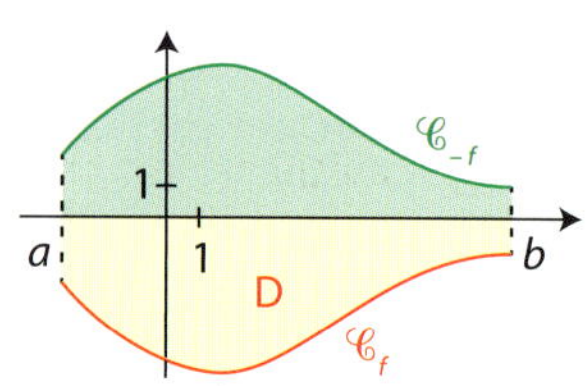

En effet, par symétrie par rapport à l'axe des abscisses, l'aire de D est égale à l'aire du domaine situé sous la courbe de $-f$.
Si F est une primitive de f sur $[a\,;b]$, alors $-$F est une primitive de $-f$ sur $[a\,;b]$ et $\mathscr{A}(D) = \int_a^b -f(x)\mathrm{d}x = [-F(x)]_a^b = -(F(b) - F(a)) = -\int_a^b f(x)\mathrm{d}x$.

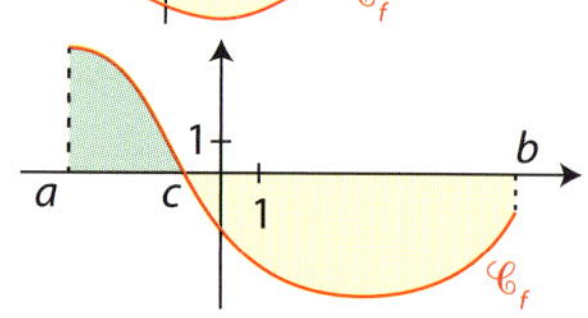

Remarque : dans la situation représentée ci-contre, la fonction f change de signe sur $[a\,;b]$ et l'aire de D est $\mathscr{A}(D) = \int_a^c f(x)\mathrm{d}x - \int_c^b f(x)\mathrm{d}x$.

EXERCICES RÉSOLUS

5 Calculer une intégrale

Calculer $\int_0^2 (e^x - 2x - 1)dx$.

Solution

La fonction F : $x \mapsto e^x - x^2 - x$ est une primitive de la fonction $f : x \mapsto e^x - 2x - 1$ sur $\mathbb{R}$.

Alors $\int_0^2 (e^x - 2x - 1)dx = [F(x)]_0^2 = F(2) - F(0)$.

Or, $F(0) = e^0 = 1$ et $F(2) = e^2 - 2^2 - 2 = e^2 - 6$,

donc $\int_0^2 (e^x - 2x - 1)dx = e^2 - 6 - 1 = e^2 - 7$.

Pour calculer $\int_a^b f(x)dx$, on détermine d'abord une primitive F de f sur $[a\,;b]$ et on écrit :

$$\int_a^b f(x)dx = [F(x)]_a^b = F(b) - F(a)$$

6 Calculer une aire

Voici, affichée à l'écran d'une calculatrice, la courbe représentative $\mathscr{C}$ de la fonction f définie sur l'intervalle $[0\,;\pi]$ par $f(x) = \sin(x+\pi)$.

a) Justifier que pour tout réel x de $[0\,;\pi]$, $f(x) \leqslant 0$.

b) On note D le domaine délimité par la courbe $\mathscr{C}$, l'axe des abscisses et les droites d'équations $x = 0$, $x = \pi$.
Calculer l'aire $\mathscr{A}$, en unité d'aire, du domaine D.

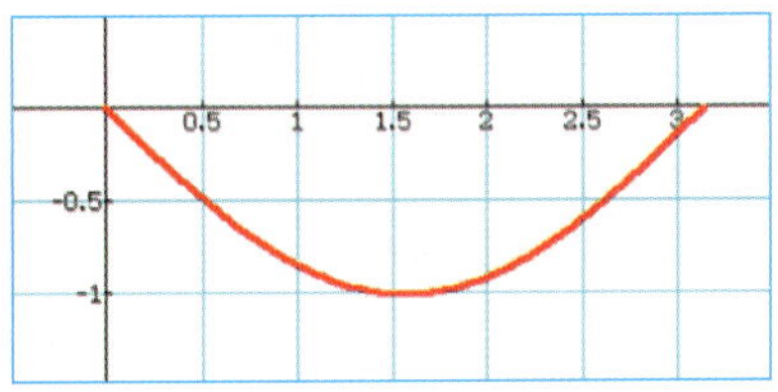

Solution

a) Pour tout réel x de $[0\,;\pi]$, $\pi \leqslant x + \pi \leqslant 2\pi$ donc $\sin(x+\pi) \leqslant 0$, c'est-à-dire $f(x) \leqslant 0$.

b) La fonction f est continue et négative sur l'intervalle $[0\,;\pi]$ donc l'aire de D, en unité d'aire, est :

$$\mathscr{A} = -\int_0^\pi f(x)dx.$$

La fonction $x \mapsto -\cos(x+\pi)$ est une primitive de f sur $[0\,;\pi]$

donc $\int_0^\pi f(x)dx = [-\cos(x+\pi)]_0^\pi = -\cos(2\pi) + \cos(\pi) = -2$.

Ainsi, $\mathscr{A} = -(-2)$ *u.a.* $= 2$ *u.a.*

La fonction $g : x \mapsto \cos(x+\pi)$ est de la forme $\cos(u)$ avec pour tout réel x, $u(x) = x + \pi$.
Pour tout réel x,
$g'(x) = \cos'(u(x)) \times u'(x)$
$g'(x) = -\sin(x+\pi) \times 1$,
soit $g'(x) = -\sin(x+\pi)$.

EXERCICES D'APPLICATION DIRECTE

Sur le modèle de l'exercice résolu 5

7 Calculer $\int_{-2}^0 (2e^x + x)dx$.

8 Calculer chacune des intégrales.

a) $\int_{-1}^1 (1 - t - e^t)dt$

b) $\int_{-2}^1 (e^{2u} - u - 2)du$

c) $\int_0^2 (-3e^{-x} + 1)dx$

Sur le modèle de l'exercice résolu 6

9 f est la fonction définie sur $\left[-\frac{\pi}{2}\,;\frac{\pi}{2}\right]$ par :

$$f(x) = \cos(x+\pi).$$

$\mathscr{C}$ est la courbe représentative de f dans un repère orthogonal.

a) Justifier que pour tout réel x de $\left[-\frac{\pi}{2}\,;\frac{\pi}{2}\right]$, $f(x) \leqslant 0$.

b) Calculer, en *u.a.*, l'aire $\mathscr{A}$ du domaine D délimité par $\mathscr{C}$, l'axe des abscisses et les droites d'équations $x = -\frac{\pi}{2}$, $x = \frac{\pi}{2}$.

Cours

Exercices
- 10 à 13 (ci-contre)
- 45 à 65

3 Propriétés des intégrales

f et g sont des fonctions continues sur un intervalle $[a\,;b]$.

A Propriétés algébriques

Propriété : linéarité de l'intégrale

- $\displaystyle\int_a^b (f+g)(x)\mathrm{d}x = \int_a^b f(x)\mathrm{d}x + \int_a^b g(x)\mathrm{d}x.$
- Pour tout réel λ, $\displaystyle\int_a^b \lambda f(x)\mathrm{d}x = \lambda\int_a^b f(x)\mathrm{d}x.$

Ces propriétés découlent immédiatement de l'écriture de primitives de $f+g$ et λf.

Propriété : relation de Chasles

Pour tous réels c, d, e de l'intervalle $[a\,;b]$, $\displaystyle\int_c^d f(x)\mathrm{d}x + \int_d^e f(x)\mathrm{d}x = \int_c^e f(x)\mathrm{d}x.$

Démonstration

On note F une primitive de la fonction f sur $[a\,;b]$. Alors :

$$\int_c^d f(x)\mathrm{d}x + \int_d^e f(x)\mathrm{d}x = \mathrm{F}(d) - \mathrm{F}(c) + \mathrm{F}(e) - \mathrm{F}(d) = \mathrm{F}(e) - \mathrm{F}(c) = \int_c^e f(x)\mathrm{d}x.$$

B Intégrales et inégalités

Propriété : positivité

- Si pour tout réel x de $[a\,;b]$, $f(x) \geqslant 0$, alors $\displaystyle\int_a^b f(x)\mathrm{d}x \geqslant 0$.
- Si pour tout réel x de $[a\,;b]$, $f(x) \leqslant 0$, alors $\displaystyle\int_a^b f(x)\mathrm{d}x \leqslant 0$.

Ces propriétés découlent immédiatement de la définition de l'intégrale.

Propriété : intégration des inégalités

Si pour tout réel x de $[a\,;b]$, $f(x) \leqslant g(x)$, alors $\displaystyle\int_a^b f(x)\mathrm{d}x \leqslant \int_a^b g(x)\mathrm{d}x$.

Démonstration

Si pour tout réel x de $[a\,;b]$, $f(x) \leqslant g(x)$, alors $g(x) - f(x) \geqslant 0$.

Donc $\displaystyle\int_a^b (g(x) - f(x))\mathrm{d}x \geqslant 0$ et par linéarité $\displaystyle\int_a^b f(x)\mathrm{d}x \leqslant \int_a^b g(x)\mathrm{d}x$.

C Valeur moyenne d'une fonction

Définition

La valeur moyenne d'une fonction f continue sur un intervalle $[a\,;b]$ est le nombre réel μ défini par :

$$\mu = \frac{1}{b-a}\int_a^b f(x)\mathrm{d}x.$$

Interprétation graphique dans le cas où f est positive sur $[a\,;b]$

Dans un repère orthogonal, $\mathscr{C}$ est la courbe représentative de la fonction f.

Alors $\displaystyle\int_a^b f(x)\mathrm{d}x = \mu(b-a)$, donc l'aire du domaine situé sous la courbe $\mathscr{C}$ est égale à l'aire du rectangle de dimensions μ et $b-a$.

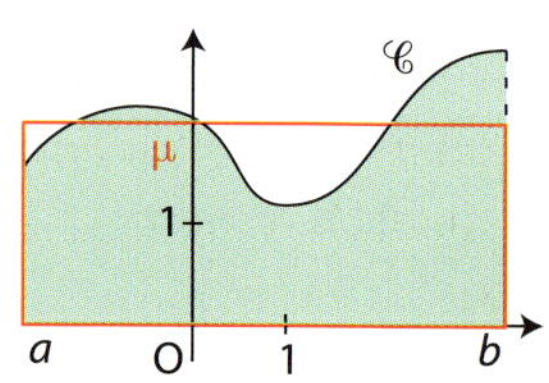

EXERCICES RÉSOLUS

10 Utiliser la relation de Chasles

f est la fonction définie sur l'intervalle $[-2\,;1]$ par :

$$f(x)=\begin{cases}x+2 & \text{si} \quad -2\leqslant x\leqslant 0\\ 2-x^2 & \text{si} \quad 0<x\leqslant 1\end{cases}.$$

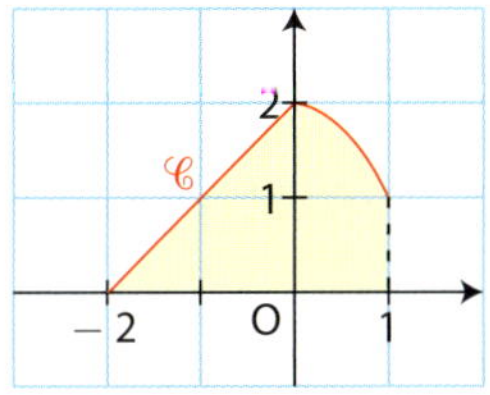

Voici la courbe représentative $\mathscr{C}$ de la fonction *f* dans un repère orthonormé.
Calculer l'aire, en unité d'aire, du domaine D situé sous la courbe $\mathscr{C}$.

Solution

L'aire du domaine D situé sous la courbe $\mathscr{C}$ est, en *u.a.*, $\mathscr{A}(\text{D})=\int_{-2}^{1}f(x)\text{d}x$.

D'après la relation de Chasles : $\int_{-2}^{1}f(x)\text{d}x=\int_{-2}^{0}f(x)\text{d}x+\int_{0}^{1}f(x)\text{d}x$.

$\int_{-2}^{0}(x+2)\text{d}x=\left[\frac{1}{2}x^2+2x\right]_{-2}^{0}=0-(-2)=2$ et $\int_{0}^{1}(2-x^2)\text{d}x=\left[2x-\frac{1}{3}x^3\right]_{0}^{1}=\frac{5}{3}-0=\frac{5}{3}$

Donc $\int_{-2}^{1}f(x)\text{d}x=2+\frac{5}{3}=\frac{11}{3}$ et $\mathscr{A}(\text{D})=\frac{11}{3}$*u.a.*

11 Encadrer une intégrale

a) Démontrer que pour tout réel $x\geqslant 1$, $0\leqslant \text{e}^{-x^2}\leqslant \text{e}^{-x}$.

b) En déduire que $0\leqslant\int_{1}^{2}\text{e}^{-x^2}\text{d}x\leqslant\frac{\text{e}-1}{\text{e}^2}$.

Solution

a) Pour tout réel $x\geqslant 1$, $x2\geqslant x$ donc $-x2\leqslant -x$.
La fonction exp est croissante et positive sur $\mathbb{R}$ donc pour tout réel $x\geqslant 1$, $0\leqslant \text{e}-^{x}2\leqslant \text{e}-^{x}$.

b) Les propriétés de positivité et d'intégration des inégalités permettent d'écrire :

$$0\leqslant\int_{1}^{2}\text{e}^{-x^2}\text{d}x\leqslant\int_{1}^{2}\text{e}^{-x}\text{d}x.$$

Or, $\int_{1}^{2}\text{e}^{-x}\text{d}x=[-\text{e}^{-x}]_1^2=-\text{e}^{-2}+\text{e}^{-1}=\frac{\text{e}-1}{\text{e}^2}$

donc $0\leqslant\int_{1}^{2}\text{e}^{-x^2}\text{d}x\leqslant\frac{\text{e}-1}{\text{e}^2}$.

Avec la calculatrice :

$\int_1^2 \text{e}^{-x^2}\text{d}x$
0.135257258

- **TI** : math 9 (intégrFonct)
- **Casio** : F4 (MATH) F6 (▷) F1 ($\int$ dx)
- **NumWorks** : Calcul ▷ int (f(x),a,b) OK

puis, on saisit l'intégrale.

EXERCICES D'APPLICATION DIRECTE

Sur le modèle de l'exercice résolu 10

12 *g* est la fonction définie sur $[-2\,;2]$ par :

$$g(x)=\begin{cases}-x+1 & \text{si} \quad -2\leqslant x\leqslant 1\\ x^2-1 & \text{si} \quad 1<x\leqslant 2\end{cases}$$

a) Tracer la courbe représentative $\mathscr{C}$ de la fonction *g* dans un repère orthonormé.

b) Calculer l'aire, en *u.a.*, du domaine D situé sous la courbe $\mathscr{C}$.

Sur le modèle de l'exercice résolu 11

13 **a)** Démontrer que tout réel x de $[0\,;\pi]$,

$$0\leqslant x^2\sin(x)\leqslant x^2.$$

b) En déduire que :

$$0\leqslant\int_{\frac{\pi}{4}}^{\frac{\pi}{2}}x^2\sin(x)\text{d}x\leqslant\frac{7\pi^3}{192}.$$

Cours

Exercices
- 14 à 17 (ci-contre)
- 66 à 72

4 Intégration par parties

A La méthode d'intégration par parties

Théorème

u et v sont deux fonctions dérivables sur un intervalle I.
On suppose leurs fonctions dérivées u' et v' **continues** sur I.
Alors, pour tous réels a et b de I :

$$\int_a^b u(x)v'(x)dx = [u(x)v(x)]_a^b - \int_a^b u'(x)v(x)dx.$$

Démonstration

Les fonctions u et v sont dérivables sur I donc le produit uv est dérivable sur I et $(uv)' = u'v + uv'$.
Les fonctions u, u', v, v' étant continues sur I, les fonctions $u'v$, uv', $(uv)'$ le sont également.

Pour tous réels a et b : $\int_a^b (uv)'(x)dx = \int_a^b (u'(x)v(x) + u(x)v'(x))dx$

et d'après la propriété de linéarité : $\int_a^b (uv)'(x)dx = \int_a^b u'(x)v(x)dx + \int_a^b u(x)v'(x)dx$.

La fonction uv est une primitive de la fonction $(uv)'$ donc :

$$\int_a^b (uv)'(x)dx = [u(x)v(x)]_a^b.$$

On obtient alors $[u(x)v(x)]_a^b = \int_a^b u'(x)v(x)dx + \int_a^b u(x)v'(x)dx$

et donc $\int_a^b u(x)v'(x)dx = [u(x)v(x)]_a^b - \int_a^b u'(x)v(x)dx$.

Vidéo
JAICOMPRIS.COM
Cette démonstration est présentée en vidéo

B Un exemple d'application de la méthode

Avec la méthode d'intégration par parties, on calcule $I = \int_0^\pi x\sin(x)dx$.
Pour tout réel x de l'intervalle $I = [0\,;\pi]$, on pose :

$u(x) = x$ $\quad$ $u'(x) = 1$

$v'(x) = \sin(x)$ $\quad$ $v(x) = -\cos(x)$

Les fonctions u et v sont dérivables sur I, les fonctions u' et v' sont continues sur I.
D'après la formule d'intégration par parties :

$$\int_0^\pi u(x)v'(x)dx = [u(x)v(x)]_0^\pi - \int_0^\pi u'(x)v(x)dx$$

$$\int_0^\pi x\sin(x)dx = [-x\cos(x)]_0^\pi - \int_0^\pi 1\times(-\cos(x))dx$$

$$\int_0^\pi x\sin(x)dx = [-x\cos(x)]_0^\pi - [-\sin(x)]_0^\pi$$

$$\int_0^\pi x\sin(x)dx = -\pi\cos(\pi) - [-\sin(\pi) + \sin(0)]$$

$$\int_0^\pi x\sin(x)dx = -\pi\times(-1) - [-0 + 0]$$

$$\int_0^\pi x\sin(x)dx = \pi.$$

EXERCICES RÉSOLUS

14 Calculer une intégrale à l'aide d'une intégration par parties

Appliquer la méthode d'intégration par parties pour calculer $\int_1^e (2x-1)\ln(x)dx$.

Solution

Pour tout réel x de $I = [1\ ;\ e]$, on pose :

$u(x) = \ln(x)$ $\qquad u'(x) = \frac{1}{x}$

$v'(x) = 2x - 1$ $\qquad v(x) = x^2 - x$

Les fonctions u et v sont dérivables sur I, les fonctions u' et v' sont continues sur I.

D'après la formule d'intégration par parties :

$$\int_1^e (2x-1)\ln(x)dx = [(x^2-x)\ln(x)]_1^e - \int_1^e (x-1)dx$$

$$\int_1^e (2x-1)\ln(x)dx = [(x^2-x)\ln(x)]_1^e - \left[\frac{1}{2}x^2 - x\right]_1^e$$

Donc $\int_1^e (2x-1)\ln(x)dx = (e^2 - e) - \left(\frac{1}{2}e^2 - e - \left(-\frac{1}{2}\right)\right) = \frac{1}{2}e^2 - \frac{1}{2}$.

Lorsqu'on applique la méthode d'intégration par parties, il faut veiller à choisir $u(x)$ et $v'(x)$ de la façon la plus pertinente.
Ici, le choix $u(x) = 2x - 1$ et $v'(x) = \ln(x)$ ne permet pas d'aboutir car ln ne fait pas partie des fonctions usuelles dont on connaît une primitive sur $]0\ ;+\infty[$.

15 Déterminer une primitive à l'aide d'une intégration par parties

a) x est un nombre réel strictement positif.

À l'aide de la méthode d'intégration par parties, calculer $\int_1^x \ln(t)dt$.

b) En déduire une primitive de la fonction logarithme népérien sur $]0\ ;+\infty[$.

Solution

a) Pour tout réel t de $I =]0\ ;+\infty[$, on pose :

$u(t) = \ln(t)$ $\qquad u'(t) = \frac{1}{t}$

$v'(t) = 1$ $\qquad v(t) = t$

Les fonctions u et v sont dérivables sur I, les fonctions u' et v' sont continues sur I.

D'après la formule d'intégration par parties, pour tout réel $x > 0$,

$$\int_1^x \ln(t)dt = [t\ln(t)]_1^x - \int_1^x \frac{1}{t} \times t dt = [t\ln(t)]_1^x - [t]_1^x = [t\ln(t) - t]_1^x = x\ln(x) - x + 1.$$

b) Par exemple, la fonction $x \mapsto x\ln(x) - x$ est une primitive de la fonction ln sur $]0\ ;+\infty[$.

Ici, pour appliquer la méthode, on pense à écrire $\ln(t) = 1 \times \ln(t)$

EXERCICES D'APPLICATION DIRECTE

Sur le modèle de l'exercice résolu 14

16 Appliquer la méthode d'intégration par parties pour calculer chacune des intégrales.

a) $\int_1^e (-x+3)\ln(x)dx$

b) $\int_1^e x^2\ln(x)dx$

Sur le modèle de l'exercice résolu 15

17 **a)** x est un nombre réel strictement positif.

À l'aide de la méthode d'intégration par parties, calculer $\int_1^x \frac{\ln(t)}{t^2}dt$.

b) En déduire une primitive de la fonction $x \mapsto \frac{\ln(x)}{x^2}$ sur $]0\ ;+\infty[$.

Savoir-faire **Algo** python™

Vidéo JAICOMPRIS.COM
Un autre exercice Algo/python résolu en vidéo

EXERCICE RÉSOLU

18 Appliquer la méthode des rectangles

f est la fonction définie sur $[0\,;1]$ par $f(x)=\dfrac{1}{1+x^2}$.

$\mathscr{C}$ est la courbe représentative de f dans un repère orthogonal.

On découpe l'intervalle $[0\,;1]$ en n intervalles ($n \in \mathbb{N}^*$) à l'aide des nombres $x_0=0, \ldots, x_k=\dfrac{k}{n}, \ldots, x_n=1$ (avec $0 \leqslant k \leqslant n$).

Sur chaque intervalle $[x_k\,;x_{k+1}]$, on construit les rectangles indiqués sur la figure.

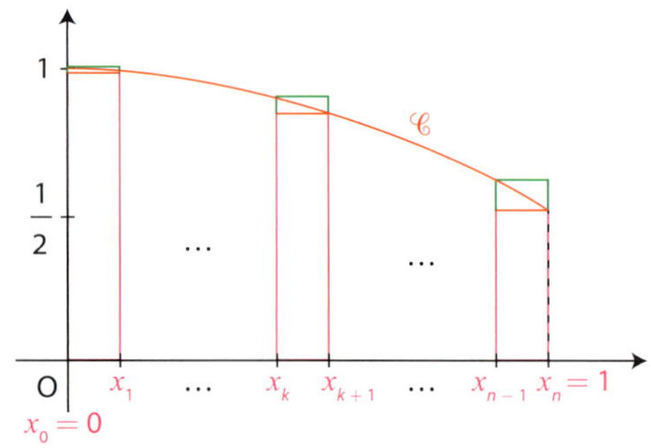

1. a) Interpréter ces sommes S et S′, en termes d'aires.

$$S=\frac{1}{n}(f(x_1)+f(x_2)+\ldots+f(x_n))$$

$$S'=\frac{1}{n}(f(x_0)+f(x_1)+\ldots+f(x_{n-1}))$$

b) Justifier l'encadrement $S \leqslant \int_0^1 f(x)dx \leqslant S'$.

2. Voici ci-contre une fonction **Rectangles** écrite en langage Python.

a) Quelles sont les valeurs des variables Som1 et Som2 renvoyées par cette fonction ?

b) Donner à l'aide de cette fonction un encadrement d'amplitude 0,01 de $\int_0^1 f(x)\mathrm{d}x$.

```python
from math import *

def f(x):
    y=1/(1+x**2)
    return y

def Rectangles(n):
    Som=0
    for k in range(1,n):
        Som=Som+f(k/n)
    Som1=1/n*(Som+f(1))
    Som2=1/n*(Som+f(0))
    return Som1,Som2
```

Solution

1. a) S est la somme des aires des rectangles représentés en rose sur la figure, S′ est celle des aires des rectangles représentés en vert sur la figure.

b) Les rectangles roses se trouvent au-dessous de $\mathscr{C}$ et les rectangles verts au-dessus donc l'aire, en *u.a.*, du domaine sous la courbe $\mathscr{C}$ est comprise entre S et S′, soit $S \leqslant \int_0^1 f(x)\mathrm{d}x \leqslant S'$.

> $S=\dfrac{1}{n}\displaystyle\sum_{i=1}^{n} f(x_i)$ et S′ sont des valeurs approchées de $\int_0^1 f(x)\mathrm{d}x$

2. a) À la sortie de la boucle, on obtient $\text{Som}=f(x_1)+f(x_2)+\ldots+f(x_{n-1})$, donc la fonction **Rectangles** renvoie Som1 = S et Som2 = S′.

b) D'après l'affichage ci-contre : $0{,}78 \leqslant \int_0^1 f(x)\mathrm{d}x \leqslant 0{,}79$.

```
>>> Rectangles(100)
(0.7828939967307822, 0.7878939967307822)
```

EXERCICES D'APPLICATION DIRECTE

Sur le modèle de l'exercice résolu 18

19 g est la fonction définie sur $[1\,;2]$ par :

$$g(x)=\frac{1}{1+x^2}.$$

a) Adapter la fonction **Rectangles** de l'exercice 18 à cette nouvelle fonction g.

b) Donner un encadrement d'amplitude 0,01 de $\int_1^2 g(x)\mathrm{d}x$.

20 h est la fonction définie sur $[-1\,;0]$ par :

$$h(x)=\mathrm{e}^{-x^2}.$$

Remarquer que la fonction h est croissante sur l'intervalle $[-1\,;0]$.

a) Adapter la fonction **Rectangles** de l'exercice 18 à cette nouvelle fonction h.

b) Donner un encadrement d'amplitude 0,001 de $\int_{-1}^0 h(x)\mathrm{d}x$.

Intégrale d'une fonction continue et positive sur un intervalle

Cours 1

Questions flash À l'oral

21 Dans un repère orthonormé, voici la courbe représentative $\mathscr{C}$ d'une fonction f sur l'intervalle $[0\,;7]$.

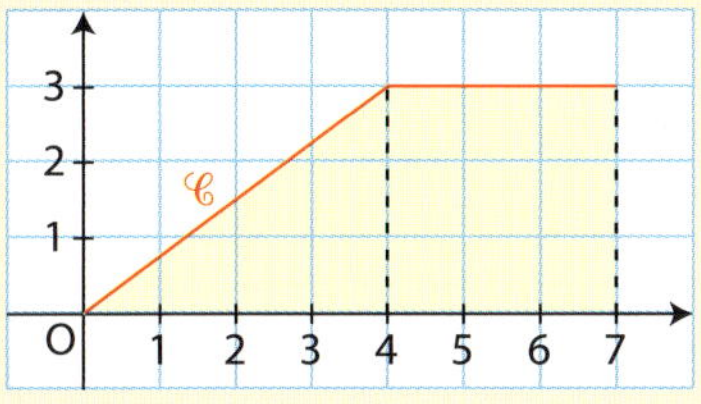

Calculer mentalement la valeur de $\int_0^7 f(x)\mathrm{d}x$.

22 Dans un repère orthonormé, A et D sont les points d'abscisses respectives 2 et 6 de la droite d'équation $y = \frac{1}{2}x$.

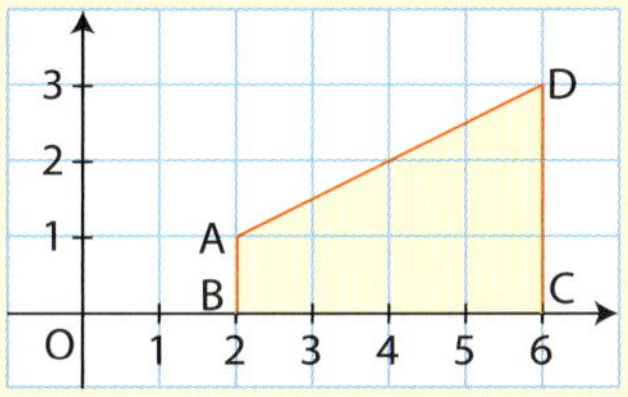

Exprimer oralement l'aire du trapèze ABCD, en unité d'aire, à l'aide d'une intégrale.

23 Déterminer mentalement la valeur de :

$$\mathrm{I} = \int_0^1 \mathrm{e}^x \mathrm{d}x.$$

24 Dans chaque cas, dire si l'égalité est vraie ou fausse.

a) $\int_0^1 x^2 \mathrm{d}x = \frac{1}{3}$ **b)** $\int_{-1}^1 x^2 \mathrm{d}x = 0$

25 Dans le repère orthonormé ci-dessous, on a tracé la courbe représentative $\mathscr{C}$ d'une fonction f définie sur l'intervalle $[-5\,;5]$.

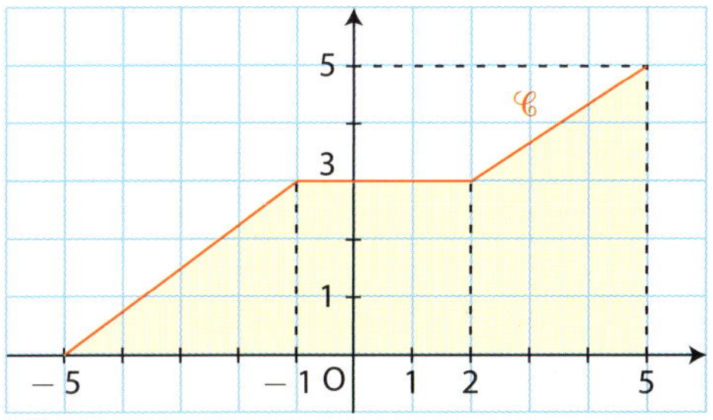

a) Déterminer l'aire, en *u.a.*, du domaine D situé sous la courbe $\mathscr{C}$.
b) Exprimer cette aire à l'aide d'une intégrale.

26 f est la fonction définie sur $[-2\,;1]$ par :

$$f(x) = |x|.$$

$\mathscr{C}$ est la courbe représentative de la fonction f dans un repère orthonormé.
a) Tracer la courbe $\mathscr{C}$.
b) Déterminer l'aire, en *u.a.*, du domaine D situé sous la courbe $\mathscr{C}$.

27 f est la fonction définie sur $[0\,;2]$ par $f(x) = (2-x)\mathrm{e}^x$.
Dans un repère orthogonal, voici la courbe représentative $\mathscr{C}$ de la fonction f.

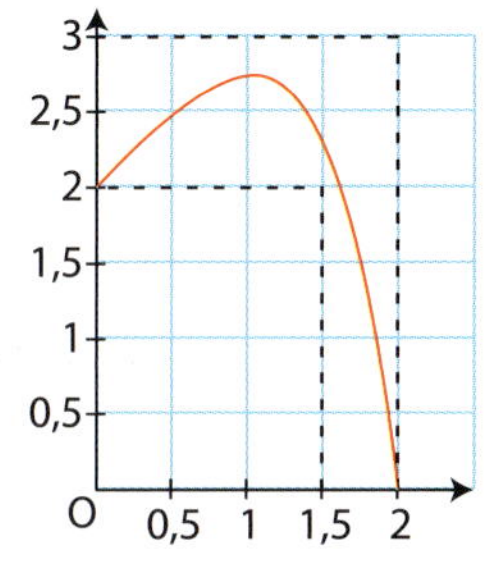

On s'intéresse au nombre :

$$\mathrm{I} = \int_0^2 f(x)\mathrm{d}x.$$

a) Proposer un encadrement du nombre I par deux nombres entiers.
b) Déterminer le nombre I avec la calculatrice.

28 g est la fonction définie sur $[-3\,;4]$ par :

$$g(x) = \begin{cases} -x+2 & \text{si} \quad -3 \leqslant x \leqslant 1 \\ 3x-2 & \text{si} \quad 1 < x \leqslant 4 \end{cases}.$$

a) Tracer la courbe représentative de la fonction g dans un repère orthogonal.
b) La fonction g est-elle positive, continue sur l'intervalle $[-3\,;4]$? Justifier graphiquement.
c) Déterminer $\int_{-3}^4 g(x)\mathrm{d}x$.

29 F est la fonction définie sur $[1\,;+\infty[$ par :

$$\mathrm{F}(x) = \int_1^x \ln(t)\mathrm{d}t.$$

a) Donner une interprétation graphique du nombre $\mathrm{F}(x)$.
b) Déterminer la dérivée de la fonction F.
c) Quel est le sens de variation de la fonction F ?

30 f est la fonction définie sur $[0\,;+\infty[$ par :

$$f(x) = \frac{x^2+2x}{(x+1)^2}.$$

a) Vérifier que la fonction $\mathrm{F} : x \mapsto \frac{x^2}{x+1}$ est une primitive de la fonction f sur $[0\,;+\infty[$.
b) Déterminer $\int_0^5 f(x)\mathrm{d}x$.

31 Dans chaque cas, déterminer l'intégrale à l'aide d'une primitive.

a) $\int_1^2 x^3 \mathrm{d}x$ **b)** $\int_{-1}^1 \mathrm{e}^{-x}\mathrm{d}x$ **c)** $\int_0^{\frac{\pi}{2}} \cos(x)\mathrm{d}x$

Intégrale d'une fonction continue de signe quelconque

Cours 2

Questions flash — À l'oral

32 Calculer mentalement la valeur de :

$$\int_0^1 (e^x + 1)dx$$

33 Justine affirme que $\int_{-1}^1 x^5 dx = 0$.
A-t-elle raison ?

34 Dans le repère orthonormé ci-dessous, $\mathscr{C}$ est la courbe représentative de la fonction sinus sur l'intervalle $[-\pi ; 0]$.

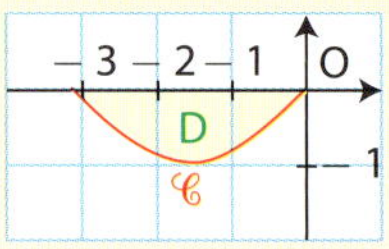

Exprimer l'aire, en u.a., du domaine D à l'aide d'une intégrale.

35 Dans un repère orthonormé, $\mathscr{C}$ est la courbe représentative de la fonction $x \mapsto -\frac{1}{x}$ sur l'intervalle $]0 ; +\infty[$.

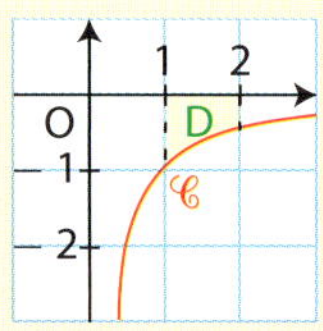

Calculer mentalement l'aire, en u.a., du domaine D délimité par la courbe $\mathscr{C}$, l'axe des abscisses et les droites d'équations $x = 1$, $x = 2$.

Pour les exercices 36 à 39, calculer chaque intégrale à l'aide d'une primitive.

36 **a)** $\int_{-2}^{2} (3x^2 + x - 4)dx$ **b)** $\int_{-2}^{-1} t(t^2 - 1)dt$

37 **a)** $\int_0^{\frac{\pi}{2}} (\sin(x) - \cos(x))dx$ **b)** $\int_{-\pi}^{0} \cos(2x)dx$

38 **a)** $\int_{-1}^{1} (1 - e^{2x})dx$ **b)** $\int_{-2}^{0} e^{1-2x}dx$

39 **a)** $\int_{\frac{1}{2}}^{2} \left(-u + \frac{1}{u}\right)du$ **b)** $\int_{\frac{1}{3}}^{1} \frac{\ln(x)}{x}dx$

40 Avec sa calculatrice, Marie a obtenu une valeur approchée d'une intégrale :

$$\int_{-1}^{0} 3xe^{x^2} dx$$
-2.577422743

Déterminer la valeur exacte de cette intégrale.

41 Voici un écran de calcul formel.
Vérifier les résultats obtenus aux lignes 2 et 3.
À la ligne 2, la borne inférieure de l'intégrale est $\frac{3}{2}$.

1 $f(x) := x + 2 - \frac{2}{x-1}$
→ $f(x) := x + 2 - \frac{2}{x-1}$

2 $\int_{\frac{3}{2}}^{2} f(x)\,dx$
→ $\frac{-16\ln(2) + 15}{8}$

3 $\int_{3}^{4} f(x)\,dx$
→ $\frac{4\ln(2) - 4\ln(3) + 11}{2}$

42 L'intensité du courant qui circule dans un circuit est donnée, en ampère, en fonction du temps t, en s, par :

$$i(t) = 1{,}5 - 1{,}5e^{-50t}.$$

a) Déterminer l'instant t_0 auquel l'intensité est égale à 0,75 A.
b) Calculer la quantité d'électricité Q, exprimée en coulomb, mise en jeu entre les instants 0 et t_0, c'est-à-dire :

$$Q = \int_0^{t_0} i(t)dt.$$

43 f est la fonction définie sur l'intervalle $]-2 ; +\infty[$ par :

$$f(x) = \frac{-4}{(x+2)^2}.$$

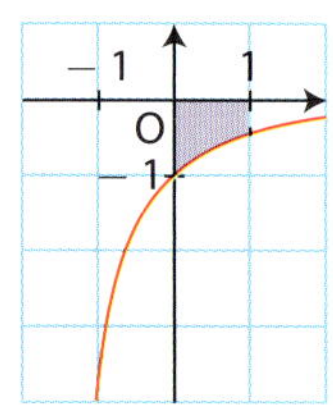

Sa courbe représentative est tracée dans le repère ci-dessus (*unité* : 0,5 cm sur chaque axe).
a) Déterminer, en unité d'aire, l'aire du domaine coloré en violet.
b) Exprimer cette aire en cm^2.

44 f est la fonction définie sur $[0 ; 2]$ par :

$$f(x) = -\frac{1}{2}x^2 + 2x - \frac{3}{2}.$$

La courbe représentative $\mathscr{C}$ de la fonction f est tracée dans le repère ci-dessous.

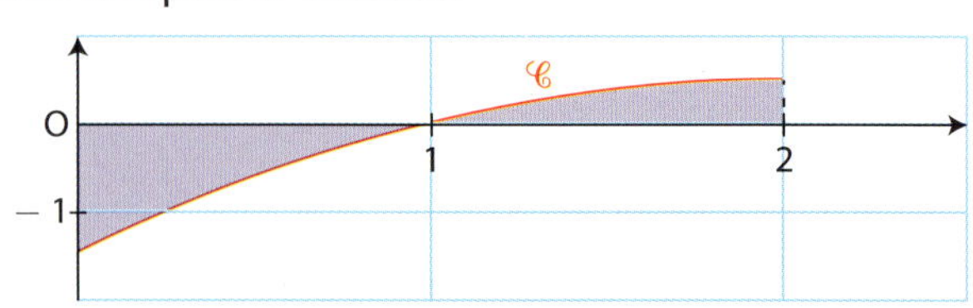

Calculer l'aire $\mathscr{A}$, en unité d'aire, du domaine coloré.

Propriétés des intégrales

Cours 3

Questions flash — À l'oral

45 Voici un écran de calcul formel. En déduire mentalement la valeur de chaque intégrale.

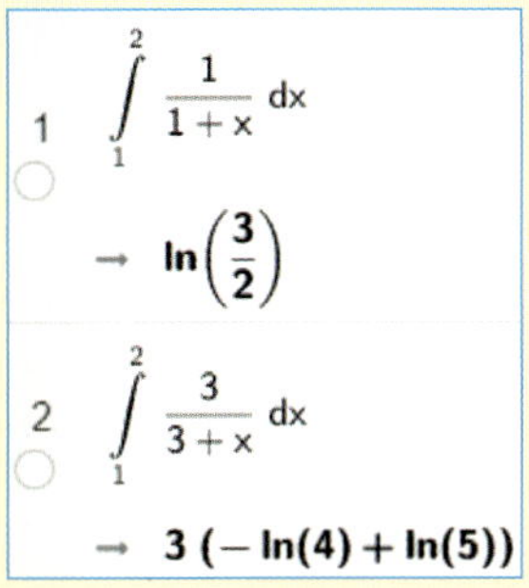

a) $\int_1^2 \frac{3}{1+x}\mathrm{d}x$

b) $\int_1^2 \left(\frac{3}{1+x}+\frac{3}{3+x}\right)\mathrm{d}x$

46 f est une fonction continue sur $\mathbb{R}$ telle que :

$$\int_{-5}^{0} f(t)\mathrm{d}t = 3,\quad \int_{0}^{5} f(t)\mathrm{d}t = 4 \text{ et } \int_{0}^{10} f(t)\mathrm{d}t = 9$$

Déterminer mentalement :

a) $\int_{-5}^{5} f(t)\mathrm{d}t$ **b)** $\int_{-5}^{10} f(t)\mathrm{d}t$ **c)** $\int_{5}^{10} f(t)\mathrm{d}t$

47 Donner mentalement le signe de chaque intégrale.

a) $\int_0^1 x\mathrm{e}^x\mathrm{d}x$ **b)** $\int_{\frac{1}{2}}^1 x\ln(x)\mathrm{d}x$ **c)** $\int_{-\pi}^0 x^2\sin(x)\mathrm{d}x$

48 **a)** x est un nombre réel de l'intervalle $[0\,;1]$. Ranger par ordre croissant les nombres x, x^2, x^3.
b) En déduire mentalement un rangement par ordre croissant des nombres :

- $\int_0^1 x\mathrm{d}x$
- $\int_0^1 x^2\mathrm{d}x$
- $\int_0^1 x^3\mathrm{d}x$

49 Dans un repère orthonormé, on trace la courbe représentative d'une fonction f définie et continue sur l'intervalle $[1\,;9]$.

Déterminer mentalement la valeur moyenne de f sur $[1\,;9]$.

50 Déterminer mentalement la valeur moyenne de la fonction sinus sur l'intervalle $[0\,;\pi]$.

51 f et g sont deux fonctions continues sur l'intervalle $[-1\,;3]$ telles que :

$$\int_{-1}^{3} f(x)\mathrm{d}x = 2 \text{ et } \int_{-1}^{3} g(x)\mathrm{d}x = -2.$$

Déterminer $\int_{-1}^{3}(3f(x)+4g(x))\mathrm{d}x$.

52 Voici deux intégrales :

$$\mathrm{A} = \int_0^{\pi} \mathrm{e}^x\cos^2(x)\mathrm{d}x \text{ et } \mathrm{B} = \int_0^{\pi} \mathrm{e}^x\sin^2(x)\mathrm{d}x.$$

Calculer A + B (sans calculer ni A ni B).

53 On pose $\mathrm{I}_1 = \int_0^1 \frac{x}{1+x^2}\mathrm{d}x$ et $\mathrm{I}_2 = \int_0^1 \frac{x^3}{1+x^2}\mathrm{d}x$

a) À l'aide d'une primitive, démontrer que $\mathrm{I}_1 = \frac{1}{2}\ln(2)$.
b) Calculer $\mathrm{I}_1 + \mathrm{I}_2$. En déduire la valeur de I_2.

54 Utiliser la relation de Chasles pour calculer :

$$\mathrm{I} = \int_{-3}^{4} |x|\mathrm{d}x.$$

55 f est la fonction définie sur $\mathbb{R}$ par :

$$f(x) = \begin{cases} 2x+1 & \text{si } x \leqslant 1 \\ 2+x^2 & \text{si } x > 1 \end{cases}.$$

a) Justifier la continuité de la fonction f sur $\mathbb{R}$.

b) Calculer $\int_{-2}^{3} f(x)\mathrm{d}x$ avec la relation de Chasles.

56 **1.** Étudier le signe de la fonction f définie sur $\mathbb{R}$ par $f(x) = x^2 - x - 2$.
2. Dans chaque cas, en déduire le signe de l'intégrale.

a) $\int_{-2}^{-1} f(x)\mathrm{d}x$ **b)** $\int_{-1}^{2} f(x)\mathrm{d}x$ **c)** $\int_{3}^{5} f(x)\mathrm{d}x$

57 Dans chaque cas, déterminer le signe de l'intégrale sans la calculer.

a) $\int_{-1}^{0}(x+1)\mathrm{e}^{-x}\mathrm{d}x$ **b)** $\int_{-2}^{0} x(x^2+1)\mathrm{d}x$

58 On donne le tableau de variations suivant :

x	-4		-1		0		1		5
$f(x)$	2	↘	-1	↗	0	↗	2	↘	1

1. Dans chaque cas, déterminer le signe de l'intégrale.

a) $\int_{-\frac{1}{2}}^{0} f(x)\mathrm{d}x$ **b)** $\int_{0}^{3} f(x)\mathrm{d}x$

2. Dans chaque cas, déterminer un encadrement de l'intégrale.

a) $\int_{-4}^{-1} f(x)\mathrm{d}x$ **b)** $\int_{0}^{1} f(x)\mathrm{d}x$

59 **a)** Démontrer que pour tout réel x de $[0 ; 1]$,

$$\frac{1}{2} \leqslant \frac{1}{1+x^2} \leqslant 1.$$

b) En déduire un encadrement de $\int_0^1 \frac{1}{1+x^2}\,\mathrm{d}x$.

60 **a)** Démontrer que pour tout réel t de $[-1 ; 1]$,

$$0 \leqslant t^2\mathrm{e}^t \leqslant \mathrm{e} \times t^2.$$

b) En déduire un encadrement de $\int_{-1}^1 t^2\mathrm{e}^t\,\mathrm{d}t$.

61 f est la fonction définie sur l'intervalle $[0 ; 1]$ par :

$$f(x) = \frac{3x+2}{x+1}.$$

a) Étudier les variations de la fonction f sur $[0 ; 1]$.

b) Démontrer que tout réel x de $[0 ; 1]$,

$$2 \leqslant f(x) \leqslant \frac{5}{2}.$$

c) En déduire un encadrement de $\int_0^1 f(x)\mathrm{e}^x\,\mathrm{d}x$.

62 Dans chaque cas, calculer la valeur moyenne de la fonction sur l'intervalle I donné.

a) $f(x) = -x^2 + x - 3$ $\quad \mathrm{I} = [-2 ; 0]$

b) $g(x) = \frac{x}{x^2+1}$ $\quad \mathrm{I} = [0 ; 1]$

c) $h(x) = \mathrm{e}^{-3x+1}$ $\quad \mathrm{I} = [-1 ; 1]$

63 f est la fonction définie sur $\mathbb{R}$ par :

$$f(x) = x^2 + x - 2.$$

a) Calculer la valeur moyenne μ de f sur $[0 ; 1]$.

b) Déterminer un nombre réel c de $[0 ; 1]$ tel que $f(c) = \mu$.

64 Pour tout réel x, $f(x) = x\mathrm{e}^{-\frac{x}{10}}$.

$\mathscr{C}$ est la courbe représentative de f dans un repère orthonormé.

a) À l'aide du graphique ci-contre, donner un encadrement de la valeur moyenne μ de f sur l'intervalle $[0 ; 2]$.

b) Déterminer le nombre μ avec la calculatrice.

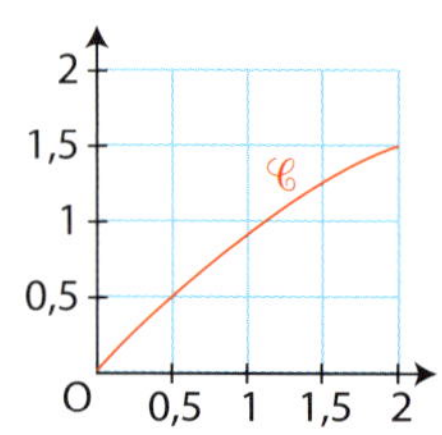

65 Dans une usine, un four cuit des céramiques à la température de 1 000 °C. On note t le temps, en heure, écoulé depuis l'instant où le four a été éteint.

La température du four (en °C) à l'instant t est :

$$f(t) = 980\mathrm{e}^{-\frac{t}{5}} + 20.$$

Calculer la température moyenne du four sur les 15 premières heures de refroidissement.

Intégration par parties

Cours 4

Questions flash À l'oral

66 Julie calcule une intégrale avec la méthode d'intégration par parties :

$$\int_0^\pi x\cos(x)\mathrm{d}x = [x\sin(x)]_0^\pi - \int_0^\pi \boxed{}\,\mathrm{d}x$$

Compléter oralement la formule écrite par Julie.

67 Afin de calculer $\int_0^x t\mathrm{e}^{3t}\mathrm{d}t$ (avec $x \in \mathbb{R}$), Bernard pose pour tout réel t :

$u(t) = t$ $\quad u'(t) = 1$

$v'(t) = \boxed{}$ $\quad v(t) = \boxed{}$

Compléter oralement les choix de Bernard.

Pour les exercices 68 et 69, calculer chaque intégrale en intégrant par parties.

68 **a)** $\int_0^\pi x\cos(x)\mathrm{d}x$ **b)** $\int_{-1}^3 (t+2)\mathrm{e}^t\mathrm{d}t$

69 **a)** $\int_0^2 (3x+1)\mathrm{e}^{-x}\mathrm{d}x$ **b)** $\int_1^{\mathrm{e}} (2x+1)\ln(x)\mathrm{d}x$

Vidéo

JaiCompris.com — Cet exercice est corrigé en vidéo

70 On pose $\mathrm{I} = \int_0^1 x\mathrm{e}^x\mathrm{d}x$ et $\mathrm{J} = \int_0^1 x^2\mathrm{e}^x\mathrm{d}x$.

a) À l'aide d'une première intégration par parties, établir que $\mathrm{J} = \mathrm{e} - 2\mathrm{I}$.

b) Calculer I à l'aide d'une deuxième intégration par parties.

c) En déduire la valeur de l'intégrale J.

71 Voici un écran de calcul formel.

Vérifier ce résultat en appliquant deux fois successivement la méthode d'intégration par parties.

1 $\quad \int_0^{\frac{\pi}{2}} x^2 \cos(x)\,\mathrm{d}x$

$\to \quad \frac{\pi^2 - 8}{4}$

72 **a)** x est un nombre réel strictement positif.

À l'aide de la méthode d'intégration par parties, calculer :

$$\int_1^x t^2\ln(t)\mathrm{d}t$$

b) En déduire une primitive de la fonction $x \mapsto x^2\ln(x)$ sur l'intervalle $]0 ; +\infty[$.

73 QCM Dans chaque cas, donner la réponse exacte sans justifier.

		A	B	C	D
1	$\mathscr{C}$ est la courbe représentative de la fonction $x \mapsto x^2$ sur $[0\,;1]$ dans un repère orthonormé. L'aire, en *u.a.*, du domaine coloré est égale à … 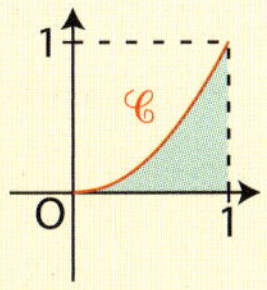	$\frac{1}{4}$	$\frac{1}{3}$	$\frac{1}{2}$	$\frac{2}{3}$
2	L'intégrale $\int_0^2 (\mathrm{e}^x + x - 3)\mathrm{d}x$ est égale à …	$\mathrm{e}^2 - 1$	$\mathrm{e}^2 - 3$	$\mathrm{e}^2 - 5$	$\mathrm{e}^2 + 5$
3	La valeur moyenne de la fonction $t \mapsto \frac{1}{2+t}$ sur l'intervalle $[-1\,;1]$ est égale à …	$\frac{1}{2}$	$\frac{2}{3}$	$\frac{1}{2}\ln(3)$	$\ln(3)$

74 QCM Dans chaque cas, donner la (ou les) réponse(s) exacte(s) sans justifier.

		A	B	C	D
1	$\mathscr{C}$ est la courbe représentative de $g : x \mapsto x^2 - 2x$ sur $[0\,;2]$ dans un repère orthonormé. L'aire, en *u.a.*, du domaine coloré est égale à … 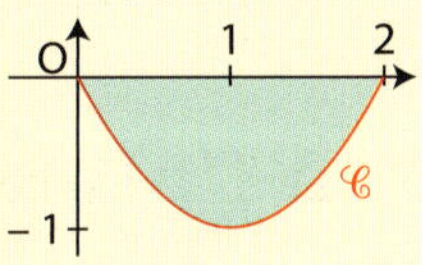	$\int_0^2 g(x)\mathrm{d}x$	$-\int_0^2 g(x)\mathrm{d}x$	$\frac{4}{3}$	$-\frac{4}{3}$
2	Sur l'intervalle $[0\,;+\infty[$, la fonction $\mathrm{F} : x \mapsto \int_0^x \mathrm{e}^{t^2}\mathrm{d}t$ …	est positive	est croissante	est décroissante	change de sens de variation
3	f est une fonction telle que pour tout réel x de $[1\,;2]$, $0 \leqslant f(x) \leqslant \frac{1}{x}$. Alors $\mathrm{I} = \int_1^2 f(x)\mathrm{d}x$ vérifie …	$\mathrm{I} \geqslant 0$	$\mathrm{I} < 0$	$\mathrm{I} \leqslant \ln(2)$	$\mathrm{I} \leqslant 1$

75 Vrai/Faux Dans chaque cas, dire si l'affirmation est vraie ou fausse en justifiant.

1 La courbe $\mathscr{C}$ ci-contre représente une fonction h dans un repère orthonormé.

Affirmation : $13 \leqslant \int_{-3}^{7} h(x)\mathrm{d}x \leqslant 23$

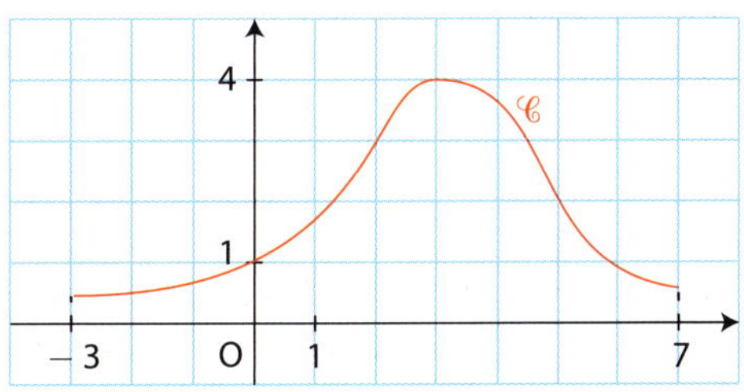

2 f est une fonction continue sur l'intervalle $[0\,;2]$.

Affirmation : $\int_0^2 (f(x)+3)\mathrm{d}x = \int_0^2 f(x)\mathrm{d}x + 3$

3 g est la fonction définie sur $\mathbb{R}$ par $g(x) = (1-2x)\mathrm{e}^{-x}$.

Affirmation : $\int_0^1 g(x)\mathrm{d}x = \frac{3-\mathrm{e}}{\mathrm{e}}$

Vérifiez vos réponses : p. 529

76 Distinguer les étapes d'une démonstration

f et g sont deux fonctions définies et continues sur un intervalle $[a\,;b]$.
On suppose que pour tout réel x de l'intervalle $[a\,;b]$, $f(x) \leqslant g(x)$.
$\mathscr{C}_f$ et $\mathscr{C}_g$ sont les courbes représentatives des fonctions f et g dans un repère orthogonal.
On se propose d'établir une formule afin de calculer l'aire, en unité d'aire, du domaine D compris entre les courbes $\mathscr{C}_f$ et $\mathscr{C}_g$ et les droites d'équations $x = a$, $x = b$.

1. Quelle est la position relative des courbes $\mathscr{C}_f$ et $\mathscr{C}_g$?

2. Première étape

On suppose dans cette question que la fonction f est positive sur l'intervalle $[a\,;b]$.

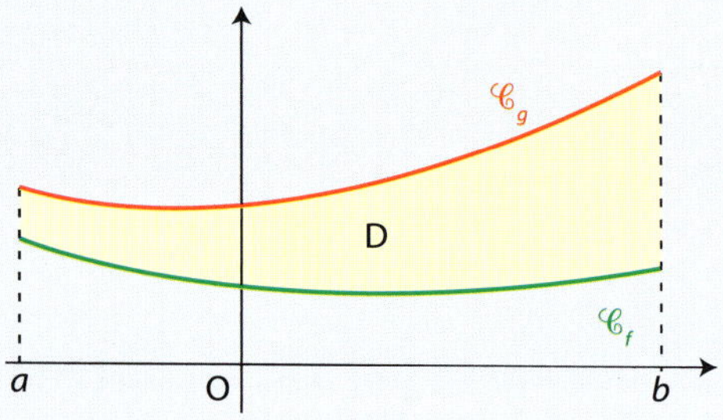

a) Écrire l'aire, en *u.a.*, de chacun des domaines situés sous la courbe $\mathscr{C}_g$ et sous la courbe $\mathscr{C}_f$ à l'aide d'une intégrale.

b) Justifier alors que l'aire, en *u.a.*, du domaine D est donnée par :

$$\mathscr{A}(\mathrm{D}) = \int_a^b (g(x) - f(x))\mathrm{d}x.$$

3. Deuxième étape

On abandonne l'hypothèse concernant le signe de la fonction f.
On admet l'existence d'un nombre m tel que pour tout réel x de $[a\,;b]$,

$$f(x) \geqslant m.$$

On définit les fonctions f_1 et g_1 sur l'intervalle $[a\,;b]$ par :

$$f_1(x) = f(x) - m \text{ et } g_1(x) = g(x) - m.$$

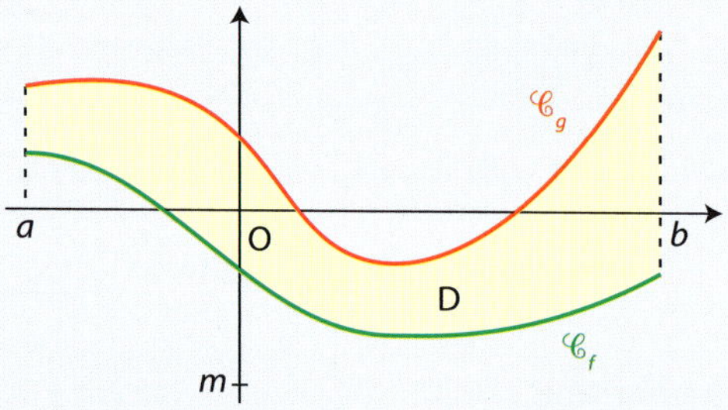

a) Justifier que l'aire, en *u.a.*, du domaine D_1 délimité par $\mathscr{C}_{f_1}$, $\mathscr{C}_{g_1}$ et les droites d'équations $x = a$, $x = b$ est égale à l'aire du domaine D.

b) Vérifier que la fonction f_1 est positive sur l'intervalle $[a\,;b]$.

c) À l'aide du résultat de la question **2** appliqué aux fonctions f_1 et g_1, démontrer qu'en u.a. :

$$\mathscr{A}(\mathrm{D}) = \int_a^b (g(x) - f(x))\mathrm{d}x.$$

77 Intégration et parité

I est un intervalle centré en 0 et f est une fonction définie et continue sur I.

φ est la fonction définie sur I par $\varphi(x) = \displaystyle\int_{-x}^{x} f(t)\mathrm{d}t$.

1. On note F la primitive de f sur I telle que $\mathrm{F}(0) = 0$.

a) Justifier que pour tout réel x de I, $\varphi(x) = \mathrm{F}(x) - \mathrm{F}(-x)$.

b) Démontrer que φ est dérivable sur I et que pour tout x de I, $\varphi'(x) = f(x) + f(-x)$.

2. On suppose que f est une fonction impaire sur I.
Démontrer que pour tout réel x de I, $\varphi(x) = 0$.

3. On suppose que f est une fonction paire sur I.
Démontrer que pour tout réel x de I, $\displaystyle\int_{-x}^{x} f(t)\mathrm{d}t = 2\int_0^x f(t)\mathrm{d}t$

Vidéo

JAICOMPRIS.COM

Toutes les démonstrations au programme en vidéo

Liste des démonstrations :

- La fonction $x \mapsto \displaystyle\int_a^x f(t)\mathrm{d}t$ est une primitive de f.
- La relation $\displaystyle\int_a^b f(x)\mathrm{d}x = \mathrm{F}(b) - \mathrm{F}(a)$.
- Intégration par parties.

Conseil
3. a) Le domaine D_1 est l'image du domaine D par une translation.

Conseil
1. b) La primitive F de f sur I telle que $\mathrm{F}(0) = 0$ est définie par :

$$\mathrm{F}(x) = \int_0^x f(t)\mathrm{d}t.$$

CALCULER UNE INTÉGRALE

78 **PARCOURS DIFFÉRENCIÉS**

Parcours 1

f est la fonction définie sur $\mathbb{R}$ par :

$$f(x) = x\cos(x) + \sin(x).$$

On pose $\mathrm{I} = \int_0^{\frac{\pi}{2}} f(x)\mathrm{d}x$.
Calculer I.

Parcours 2

g est la fonction définie sur $\mathbb{R}$ par :

$$g(x) = 2x\cos(x) - x^2\sin(x).$$

a) Démontrer que la fonction G définie sur $\mathbb{R}$ par $\mathrm{G}(x) = x^2\cos(x)$ est une primitive de g sur $\mathbb{R}$.

b) En déduire $\int_0^{\frac{\pi}{2}} g(x)\mathrm{d}x$.

79 f et g sont les fonctions définies sur $\left]\frac{1}{2}\,;+\infty\right[$ par :

$$f(x) = \frac{3}{2x-1} \text{ et } g(x) = \frac{9-6x}{4x-2}.$$

1. Calculer $\int_1^2 f(x)\mathrm{d}x$.

2. a) Vérifier que pour tout réel x de $\left]\frac{1}{2}\,;+\infty\right[$,

$$g(x) - f(x) = -\frac{3}{2}.$$

b) En déduire la valeur de $\int_1^2 g(x)\mathrm{d}x$.

80 f est la fonction définie sur $\mathbb{R}$ par $f(x) = \dfrac{3\mathrm{e}^x + 8}{\mathrm{e}^x + 4}$.

a) Vérifier que pour tout réel x, $f(x) = 2 + \dfrac{\mathrm{e}^x}{\mathrm{e}^x + 4}$.

b) Calculer $\int_{-1}^0 f(x)\mathrm{d}x$.

81 Voici un écran de calcul formel.

1 $\int x^3 \ln(x)\,dx$

$\rightarrow \frac{1}{4} x^4 \ln(x) - \frac{1}{16} x^4 + c_1$

a) Interpréter et vérifier le résultat affiché.

b) F est la fonction définie sur $]0\,;+\infty[$ par :

$$\mathrm{F}(x) = \int_1^x t^3 \ln(t)\mathrm{d}t.$$

Déterminer l'expression explicite de $\mathrm{F}(x)$.

82 Démontrer l'égalité :

$$\int_{-1}^2 \frac{x}{\sqrt{x^2+1}}\mathrm{d}x = \sqrt{5} - \sqrt{2}.$$

83 f est la fonction définie sur $]-\infty\,;1[\,\cup\,]1\,;+\infty[$ par :

$$f(x) = \frac{x^3 - 6x^2 + x}{1-x}.$$

1. a) Déterminer des nombres réels a, b, c et d tels que pour tout réel $x \neq 1$,

$$f(x) = ax^2 + bx + c + \frac{d}{1-x}.$$

b) Calculer $\int_0^{\frac{1}{2}} f(x)\mathrm{d}x$.

2. Calculer, à l'aide de la méthode d'intégration par parties, l'intégrale :

$$\mathrm{I} = \int_0^{\frac{1}{2}} (3x^2 - 12x + 1)\ln(1-x)\mathrm{d}x.$$

84 On pose :

$$\mathrm{I} = \int_0^1 \frac{x\mathrm{e}^x}{(1+\mathrm{e}^x)^2}\mathrm{d}x \text{ et } \mathrm{J} = \int_0^1 \frac{1}{1+\mathrm{e}^x}\mathrm{d}x.$$

1. À l'aide de la méthode d'intégration par parties, exprimer I en fonction de J.

2. a) Démontrer que pour tout réel x,

$$\frac{1}{1+\mathrm{e}^x} = \frac{\mathrm{e}^{-x}}{\mathrm{e}^{-x}+1}.$$

b) En déduire la valeur de J.

3. Déterminer alors la valeur de I.

85 On souhaite calculer $\mathrm{I} = \int_0^2 x^3\mathrm{e}^{2x}\mathrm{d}x$.

a) Déterminer une primitive F sur $\mathbb{R}$ de la fonction $x \mapsto x^3\mathrm{e}^{2x}$ telle que $\mathrm{F}(x) = \mathrm{P}(x)\mathrm{e}^{2x}$ où P est un polynôme de degré 3.

b) En déduire la valeur de I.

86 La hauteur, en mètre, d'une ligne électrique peut être modélisée par la fonction h définie sur $[-100\,;100]$ par :

$$h(x) = 68{,}5\left(\mathrm{e}^{\frac{x}{137}} + \mathrm{e}^{-\frac{x}{137}}\right).$$

Déterminer la hauteur moyenne de la ligne électrique.

87 Une maladie épizootique s'est développée dans un cheptel de bovins. Une zoologiste a modélisé le nombre de bêtes atteintes par cette maladie, t jours après l'apparition de celle-ci, par $\mathrm{N}(t) = 30t^2 - t^3$ pour $0 \leqslant t \leqslant 30$.

a) Calculer le nombre moyen de bovins malades durant les dix premiers jours.

b) Calculer le nombre moyen de bovins malades durant les dix jours où il y a eu le plus de malades.

Calculer une aire

88 PARCOURS DIFFÉRENCIÉS

Parcours 1

f est la fonction définie sur $\mathbb{R}$ par :

$$f(x) = 3x^2 + x - 2.$$

Voici la courbe présentative de la fonction f dans un repère orthonormé.

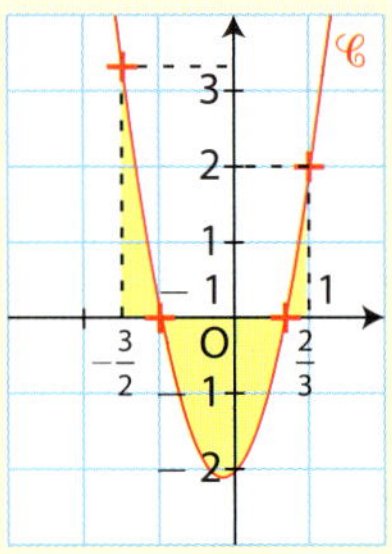

On note $\mathscr{D}$ le domaine coloré sur le graphique. Calculer l'aire de $\mathscr{D}$ en unité d'aire.

Parcours 2

Voici la courbe représentative de la fonction g définie sur $[0\,;2]$ par $g(x) = x^2 - 1$.

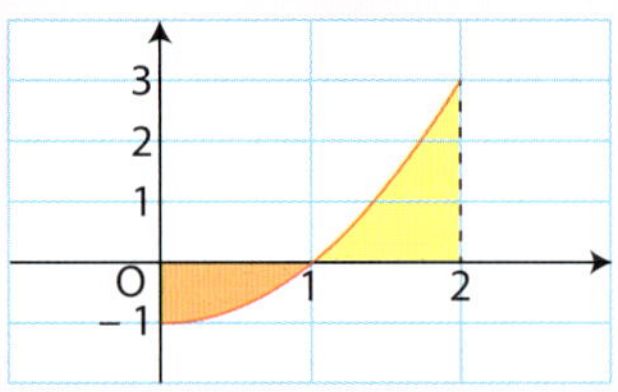

Calculer l'aire, en u.a., du domaine.

a) coloré en orange ;

b) coloré en jaune ;

c) coloré en orange et en jaune.

89 g est la fonction définie sur $\mathbb{R}$ par :

$$g(x) = (2\cos(x) - 1)\sin(x).$$

Voici la courbe représentative de la fonction g dans un repère orthogonal.

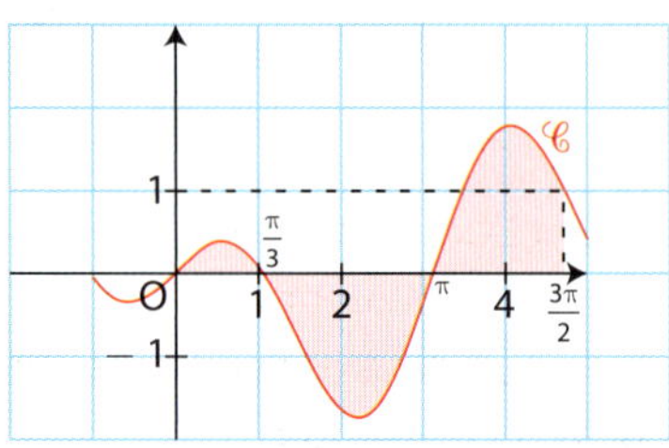

Calculer l'aire, en unité d'aire, du domaine coloré sur le graphique.

90 f et g sont les fonctions définies sur $\mathbb{R}$ par :

$$f(x) = 4 - x^2 \text{ et } g(x) = 1 - \frac{1}{4}x^2.$$

$\mathscr{C}_f$ et $\mathscr{C}_g$ sont les courbes représentatives de f et g dans un repère orthogonal.

1. a) Déterminer les points d'intersection de $\mathscr{C}_f$ et $\mathscr{C}_g$.

b) Démontrer que pour tout réel x de $[-2\,;2]$,

$$g(x) \leqslant f(x).$$

2. Calculer l'aire, en unité d'aire, du domaine délimité par les courbes $\mathscr{C}_f$, $\mathscr{C}_g$ et les droites d'équations $x = -2$, $x = 2$.

91 f et g sont les fonctions définies sur $]0\,;+\infty[$ par :

$$f(x) = \ln(x) \text{ et } g(x) = \frac{2}{\mathrm{e}}\sqrt{x}.$$

1. h est la fonction définie sur $]0\,;+\infty[$ par :

$$h(x) = g(x) - f(x).$$

a) Dresser le tableau de variations de la fonction h.

b) En déduire que pour tout réel $x > 0$, $f(x) \leqslant g(x)$.

2. Démontrer que les fonctions $x \mapsto x\ln(x) - x$ et $x \mapsto \frac{4}{3\mathrm{e}}x\sqrt{x}$ sont respectivement des primitives de f et g sur $]\,0\,;+\infty\,[$.

3. $\mathscr{C}_f$ et $\mathscr{C}_g$ sont les courbes représentatives des fonctions f et g dans un repère orthogonal.

D est le domaine délimité par $\mathscr{C}_f$, $\mathscr{C}_g$ et les droites d'équations $x = 1$, $x = \mathrm{e}^2$.

a) Justifier que l'aire, en *u.a.*, de D est donnée par :

$$\mathscr{A}(\mathrm{D}) = \int_1^{\mathrm{e}^2} (g(x) - f(x))\mathrm{d}x.$$

b) Calculer $\mathscr{A}(\mathrm{D})$.

92 f est la fonction définie sur $[0\,;+\infty[$ par :

$$f(x) = x\mathrm{e}^{-x}.$$

On note $\mathscr{C}$ sa courbe représentative dans un repère orthogonal.

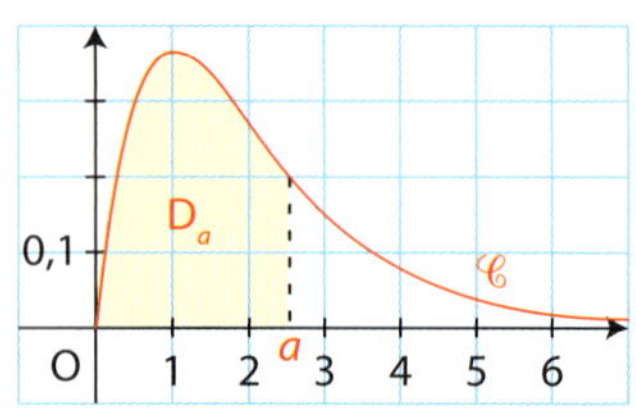

a) Justifier que la courbe $\mathscr{C}$ est au-dessus de l'axe des abscisses.

b) Pour tout réel $a \geqslant 0$, on note D_a le domaine situé sous la courbe $\mathscr{C}$ sur l'intervalle $[0\,;a]$.

À l'aide d'une intégration par parties, exprimer l'aire, en *u.a.*, du domaine D_a en fonction de a.

c) Déterminer la limite de cette aire lorsque a tend vers $+\infty$.

Majorer, minorer une intégrale. Étudier une suite d'intégrales

93 **PARCOURS DIFFÉRENCIÉS**

Parcours 1

f est la fonction définie sur $\left[0;\frac{\pi}{2}\right]$ par $f(x)=x^2\mathrm{e}^{\cos(x)}$.

On pose $\mathrm{I}=\int_0^{\frac{\pi}{2}} f(x)\mathrm{d}x$.

Démontrer l'encadrement : $\frac{\pi^3}{24}\leqslant \mathrm{I}\leqslant\frac{\mathrm{e}\pi^3}{24}$.

Parcours 2

g est la fonction définie sur $\left[0;\frac{\pi}{2}\right]$ par $g(x)=x\mathrm{e}^{\sin(x)}$.

On pose $\mathrm{J}=\int_0^{\frac{\pi}{2}} g(x)\mathrm{d}x$.

a) Démontrer que pour tout réel x de $\left[0;\frac{\pi}{2}\right]$,

$$x\leqslant g(x)\leqslant \mathrm{e}\times x.$$

b) En déduire un encadrement de l'intégrale J.

94 **a)** Démontrer que pour tout réel t :

$$1-t^2\leqslant\frac{1}{1+t^2}\leqslant 1.$$

b) En déduire un encadrement de l'intégrale :

$$\mathrm{I}=\int_0^1\frac{1}{1+t^2}\mathrm{d}t.$$

c) À l'aide de la calculatrice, obtenir la valeur exacte de I.

95 g est la fonction définie sur $]0\,;+\infty[$ par :

$$g(x)=\frac{\mathrm{e}^x}{x^2}.$$

a) Étudier le sens de variation de la fonction g.

b) Démontrer que pour tout réel x de l'intervalle $[1\,;2]$,

$$\frac{\mathrm{e}^2}{4}\leqslant g(x)\leqslant \mathrm{e}.$$

c) En déduire un encadrement de $\int_1^2 g(x)\mathrm{d}x$.

96 Yolanda a affiché à l'écran de sa calculatrice les courbes représentatives des fonctions $f : x\mapsto\frac{\sin x}{x}$, $x\mapsto\frac{1}{x}$ et $x\mapsto-\frac{1}{x}$ sur l'intervalle $\mathrm{I}=\left[\frac{\pi}{2};2\pi\right]$.

a) Elle écrit que pour tout réel x de I,

$$-\frac{1}{x}\leqslant f(x)\leqslant\frac{1}{x}.$$

Justifier cet encadrement.

b) En déduire un encadrement de $\int_{\frac{\pi}{2}}^{2\pi} f(x)\mathrm{d}x$.

97 Pour tout entier naturel n non nul, on pose :

$$\mathrm{I}_n=\int_0^1\mathrm{e}^{-nt}\mathrm{d}t.$$

a) Pour tout entier naturel n non nul, déterminer une primitive de la fonction $t\mapsto\mathrm{e}^{-nt}$ sur $[0\,;1]$, puis en déduire l'expression de I_n en fonction de n.

b) Déterminer la limite de la suite (I_n).

Vidéo

JAICOMPRIS.COM — Cet exercice est corrigé en vidéo

98 (u_n) est la suite définie pour tout entier naturel $n\geqslant 1$ par : $u_n=\int_0^1 t^n\mathrm{e}^t\mathrm{d}t$.

a) Justifier que pour tout $n\geqslant 1$, $u_n\geqslant 0$.

b) Démontrer que la suite (u_n) est décroissante.

c) Démontrer que la suite (u_n) est convergente.

d) À l'aide de la calculatrice, donner l'arrondi au centième de u_{10}.

99 Pour tout entier naturel $n\geqslant 1$, on pose :

$$\mathrm{I}_n=\int_n^{n+1}\frac{1}{x}\mathrm{d}x.$$

a) Démontrer que pour tout n de $\mathbb{N}^*$, $\frac{1}{n+1}\leqslant\mathrm{I}_n\leqslant\frac{1}{n}$.

b) La suite (I_n) est-elle convergente ?

S'entraîner à la logique

→ p. 525

100 **Implication, équivalence**

f et g sont deux fonctions continues sur un intervalle $[a\,;b]$ $(a<b)$. Dans chaque cas, justifier :

– si la proposition P implique la proposition Q ;
– si la proposition Q implique la proposition P ;
– si les propositions P et Q sont équivalentes.

a) P : « f est une fonction positive sur $[a\,;b]$ ».

Q : « $\int_a^b f(x)\mathrm{d}x\geqslant 0$ ».

b) P : « $\int_a^b f(x)\mathrm{d}x=0$ ».

Q : « Pour tout réel x de $[a\,;b]$, $f(x)=0$ ».

c) P : « Pour tout réel t de $[a\,;b]$, $f(t)\geqslant 0$ ».

Q : « Pour tout réel x de $[a\,;b]$, $\int_a^x f(t)\mathrm{d}t\geqslant 0$ ».

101 **Contre-exemple**

f est une fonction continue sur un intervalle $\mathrm{I}=[a\,;b]$ et μ est sa valeur moyenne sur I.

Dans chaque cas, utiliser un contre-exemple pour montrer que l'égalité est fausse.

a) $\mu=\frac{f(a)+f(b)}{2}$ **b)** $\mu=f\left(\frac{a+b}{2}\right)$

102 UN ALGORITHME DE BROUNCKER

Algo python

f est la fonction définie sur l'intervalle $[1 ; 2]$ par $f(x) = \dfrac{1}{x}$.

$\mathscr{C}$ est la courbe représentative de la fonction f dans un repère orthogonal.

On se propose d'estimer $\ln(2)$ en utilisant l'aire sous une hyperbole.

1. Premières étapes

À chacune des étapes i ($i \in \{1, 2, 3, 4\}$) suivantes, S_i désigne la somme des aires, en u.a., des rectangles coloriés sur la figure.

a) Étape 1

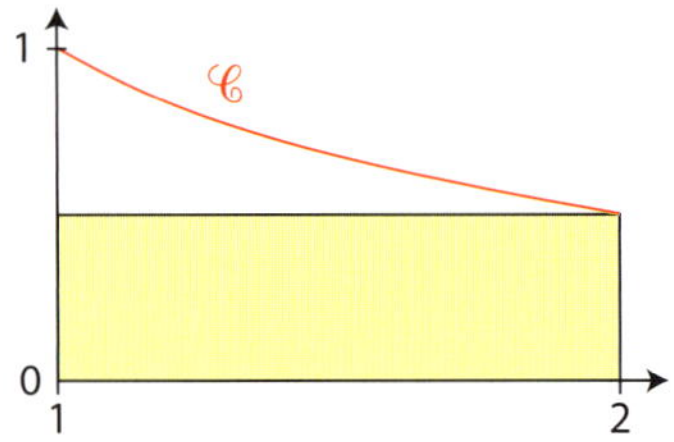

- Justifier que $S_1 = \dfrac{1}{1 \times 2}$

b) Étape 2

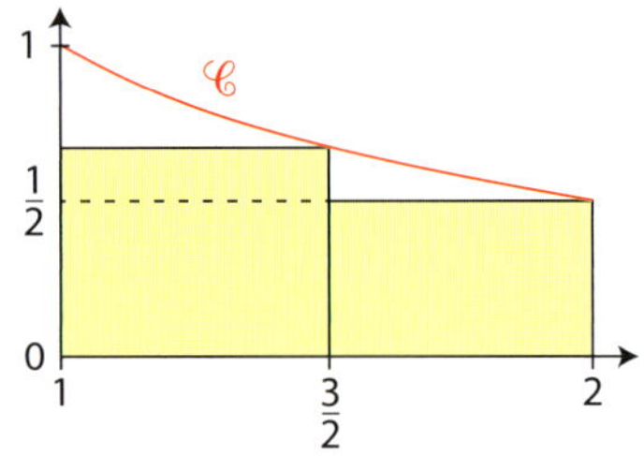

- Établir que $S_2 = S_1 + \dfrac{1}{3 \times 4}$

c) Étape 3

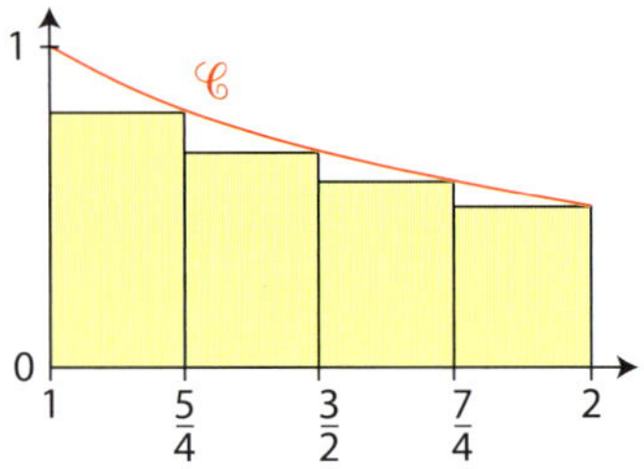

- Établir que $S_3 = S_2 + \dfrac{1}{5 \times 6} + \dfrac{1}{7 \times 8}$

d) Étape 4

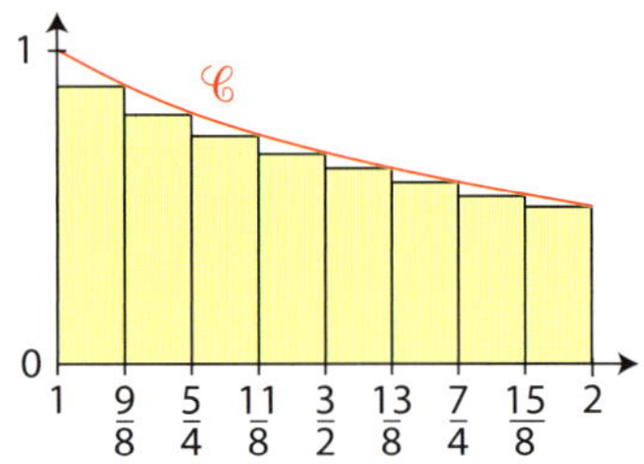

- Établir que $S_4 = S_3 + \dfrac{1}{9 \times 10} + \dfrac{1}{11 \times 12} + \dfrac{1}{13 \times 14} + \dfrac{1}{15 \times 16}$

2. Une fonction en langage Python

On poursuit la construction précédente, on obtient pour tout entier naturel $n \geqslant 1$,

$$S_n = \frac{1}{1 \times 2} + \frac{1}{3 \times 4} + \frac{1}{5 \times 6} + \ldots + \frac{1}{(2^n - 1) \times 2^n}.$$

a) Justifier que la suite (S_n) converge vers $\ln(2)$.

b) Voici une fonction **Br** écrite en langage Python.

Expliquer que, pour une valeur donnée n du paramètre, la fonction **Br** renvoie pour résultat S_n.

c) Saisir et exécuter cette fonction pour les valeurs suivantes du paramètre :

- $n = 5$
- $n = 10$
- $n = 20$

À chaque passage dans la boucle, le compteur k est incrémenté de 2.

```
def Br(n):
    S=0
    for k in range(2,2**n+1,2):
        S=S+1/((k-1)*k)
    return S
```

HISTOIRE DES MATHS

William Brouncker (1620-1684) est un mathématicien anglais. Ses travaux portent en particulier sur la rectification, c'est-à-dire le calcul des longueurs de certaines courbes.

Il étudie également la mesure des aires délimitées par l'hyperbole.

103 LA MÉTHODE DE MONTE-CARLO

Algo python

f est la fonction définie sur l'intervalle $[0\,;2]$ par $f(x)=\mathrm{e}^{-x^2}$.

$\mathscr{C}$ est sa courbe représentative dans un repère orthonormé $(\mathrm{O}\,;\overrightarrow{\mathrm{OI}},\overrightarrow{\mathrm{OJ}})$ et D est le domaine situé sous la courbe $\mathscr{C}$.

On note A et B les points de coordonnées respectives $(2\,;0)$ et $(2\,;1)$.

Vidéo JAICOMPRIS.COM Cette méthode est expliquée en vidéo

Voici une fonction **M_C** écrite en langage Python.

Elle effectue N choix au hasard d'un point dans le rectangle OABJ et compte le nombre L de points qui sont situés dans le domaine D.

Le rapport $\frac{\mathrm{L}}{\mathrm{N}}$ est alors une approximation du rapport de l'aire du domaine D à l'aire du rectangle OABJ.

```
1 from math import *
2 from random import *
3
4 def M_C(N):
5     L=0
6     for k in range(1,N+1):
7         x= 2*random()
8         y=random()
9         if y<=exp(-x**2):
10            L=L+1
11    I=2*L/N
12    return I
```

1. Étudier un programme

a) Que représentent les variables x et y dans le contexte de la méthode décrite.

b) Expliquer le rôle de la condition $y\leqslant \mathrm{e}^{-x^2}$ du test de la ligne 9 du programme.

c) La fonction **M_C** renvoie pour résultat le contenu de la variable I.

Que représente-t-il ?

2. Obtenir des résultats

a) Saisir ce programme.

b) Exécuter la fonction avec des valeurs du paramètre N de plus en plus grandes.

Comparer les résultats à la valeur de $\int_0^2 \mathrm{e}^{-x^2}\,\mathrm{d}x$ obtenue ci-contre avec une calculatrice.

$\int_0^2 \mathrm{e}^{-x^2}\,\mathrm{d}x$

0.8820813908

HISTOIRE DES MATHS

La méthode de Monte-Carlo permet en particulier de déterminer une valeur approchée d'une aire à l'aide d'un programme qui effectue des choix aléatoires de points dans le plan.

Elle est donc basée sur des principes probabilistes et s'applique à d'autres situations : calculs de volumes, physique des particules, calcul du risque en statistique …

Le nom de cette méthode rappelle les jeux de hasard pratiqués au casino de Monte-Carlo ; elle a été inventée en 1947 par le physicien gréco-américain Nicholas Metropolis.

104 Étudier la convergence d'une suite

Raisonner | Calculer

(u_n) est la suite définie pour tout entier naturel $n \geqslant 1$ par $u_n = \int_0^1 \frac{x^n}{1+x}\mathrm{d}x$.

1. Démontrer que la suite (u_n) est décroissante et minorée.

2. a) Démontrer que pour tout entier naturel $n \geqslant 1$,

$$u_{n+1} + u_n = \frac{1}{n+1}.$$

b) En déduire que la suite (u_n) converge vers 0.

105 Calculer une aire

Raisonner | Calculer

f est la fonction définie sur $]0\,;+\infty[$ par :

$$f(x) = x(1 - \ln(x)).$$

Voici la courbe représentative $\mathscr{C}$ de la fonction f dans un repère orthonormé.

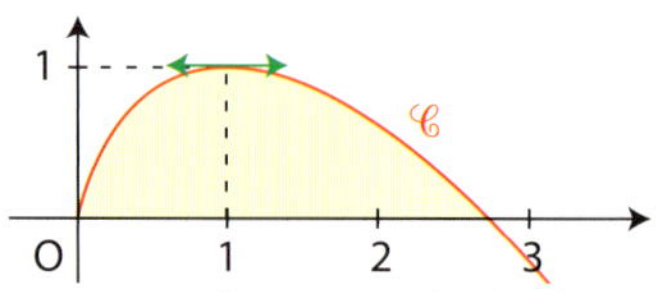

1. a) Conjecturer les variations et le signe de la fonction f sur l'intervalle $]0\,;+\infty[$.

b) Démontrer les conjectures émises au **a)**.

2. a est un nombre réel strictement positif.

On note $\mathscr{A}(a)$ l'aire, en unité d'aire, du domaine délimité par la courbe $\mathscr{C}$, l'axe des abscisses et les droites d'équations $x = a$, $x = \mathrm{e}$.

a) Justifier que $\mathscr{A}(a) = \int_a^{\mathrm{e}} f(x)\mathrm{d}x$ en distinguant les cas $a \leqslant \mathrm{e}$ et $a > \mathrm{e}$.

b) À l'aide de la méthode d'intégration par parties, exprimer $\mathscr{A}(a)$ en fonction de a.

c) Pour quelle(s) valeur(s) de a, a-t-on $\mathscr{A}(a) = \frac{\mathrm{e}^2}{4}$?

106 Prendre des initiatives

Chercher | Raisonner | Calculer

a et b sont deux nombres réels strictement positifs tels que $a < b$. On considère les droites d et d' d'équations respectives $y = ax$ et $y = bx$ dans un repère orthonormé. f et g sont les fonctions définies sur l'intervalle $]0\,;+\infty[$ par $f(x) = \frac{1}{x}$ et $g(x) = \frac{2}{x}$ de courbes respectives $\mathscr{H}$ et $\mathscr{H}'$.

Exprimer en fonction de a et b l'aire, en unité d'aire, du domaine coloré en violet ci-contre.

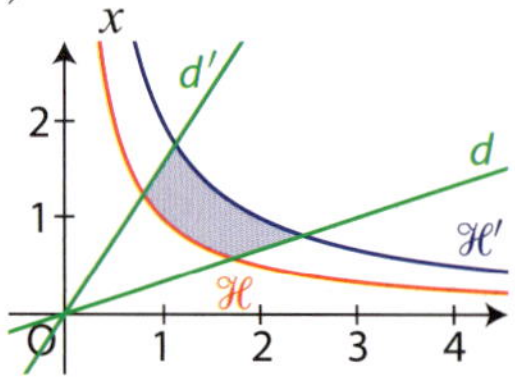

107 Chercher une parabole

Narration de recherche

Chercher | Raisonner | Calculer

Rédiger les différentes étapes de la recherche, sans omettre les fausses pistes et les changements de méthode.

Problème

Dans un repère orthonormé d'origine O, on donne :

$$A\left(\frac{1}{2};0\right),\ B\left(\frac{1}{2};1\right),\ C\left(-\frac{1}{2};1\right) \text{ et } D\left(-\frac{1}{2};0\right).$$

Déterminer la fonction dont la courbe est la parabole de sommet O et qui sépare le carré ABCD en trois parties d'aires $\frac{1}{4}$, $\frac{1}{2}$ et $\frac{1}{4}$.

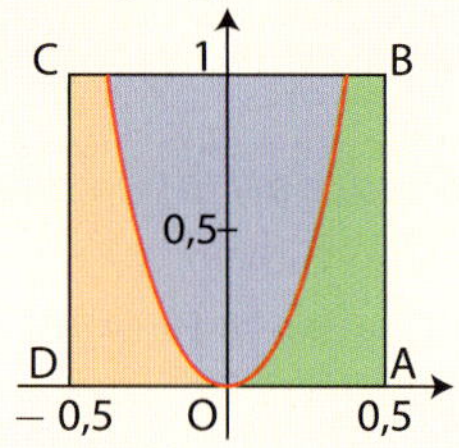

108 Imaginer une stratégie

Chercher | Raisonner | Calculer

Dans un repère orthogonal, on a tracé la courbe représentative de la fonction f définie sur $[0\,;6]$ par :

$$f(x) = x(6 - x).$$

$\mathscr{A}$ est l'aire du domaine coloré, en unité d'aire.

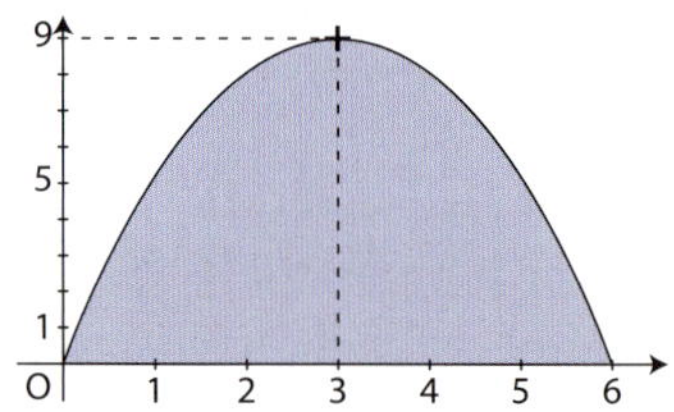

Pour tout réel m, on note $\mathscr{D}_m$ la droite d'équation $y = mx$.

Déterminer, si elles existent, les valeurs de m pour lesquelles l'aire du domaine compris entre $\mathscr{C}$ et $\mathscr{D}_m$ est égale à un huitième de $\mathscr{A}$.

109 Approcher une courbe

Problème ouvert

Chercher | Calculer | Communiquer

f est la fonction définie sur $[0\,;1]$ par $f(x) = \mathrm{e}^{-\sin(\pi x)}$.

$\mathscr{C}$ est sa courbe représentative dans un repère orthonormé.

a) Déterminer une fonction polynôme du second degré g dont la courbe $\mathscr{P}$ « approche » $\mathscr{C}$ sur $[0\,;1]$.

b) En déduire une valeur approchée de $\int_0^1 f(x)\mathrm{d}x$.

110 Find a limit

Calculer **Communiquer**

(u_n) is the sequence defined for n in $\mathbb{N}$ by :

$$u_n = \int_0^q nx^n \mathrm{d}x$$

where q is a real positive number.

Find $\lim\limits_{n \to +\infty} u_n$.

Pour les exercices 111 et 112, *f* est une fonction continue et positive sur un intervalle $[a\,;b]$.
$\mathscr{C}$ est la courbe représentative de la fonction *f*.
On découpe l'intervalle $[a\,;\,b]$ en *n* intervalles ($n \in \mathbb{N}^*$) de même longueur $\dfrac{b-a}{n}$ à l'aide des nombres réels $x_0, x_1, \ldots, x_k, \ldots, x_n$.

111 Algo python La méthode des milieux

Raisonner **Calculer**

On note $x'_0, x'_1, \ldots, x'_{n-1}$ les milieux respectifs des intervalles $[x_0\,;\,x_1]$, $[x_1\,;x_2]$, …, $[x_{n-1}\,;x_n]$.

Sur chaque intervalle $[x_k\,;\,x_{k+1}]$ (avec $0 \leqslant k \leqslant n-1$), on construit le rectangle de dimensions $\dfrac{b-a}{n}$ et $f(x'_k)$.

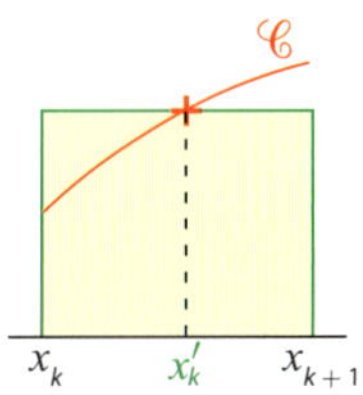

La somme I_n des aires des rectangles est donnée par :

$$\mathrm{I}_n = \frac{b-a}{n}\left[f(x'_0) + f(x'_1) + \ldots + f(x'_{n-1})\right].$$

Cette somme est une approximation de l'aire, en *u.a.*, du domaine sous la courbe $\mathscr{C}$, c'est-à-dire de $\displaystyle\int_a^b f(x)\mathrm{d}x$.

Voici une fonction **Milieux** écrite en langage Python qui renvoie pour résultat la somme I_n des aires des rectangles.

```
1  from math import *
2
3  def f(x):
4      y=exp(x)
5      return y
6
7  def Milieux(a,b,n):
8      p=(b-a)/n
9      I=0
10     for k in range(0,n):
11         I=I+f(a+(2*k+1)*p/2)
12     I=p*I
13     return I
```

a) Expliquer le calcul de la variable I et en particulier l'instruction d'affectation de la ligne 11.

b) Saisir et tester cette fonction dans différentes situations.

112 Algo python La méthode des trapèzes

Raisonner **Calculer**

Sur chaque intervalle $[x_k\,;\,x_{k+1}]$ (avec $0 \leqslant k \leqslant n-1$), on construit le trapèze T_k comme le montre la figure ci-contre.

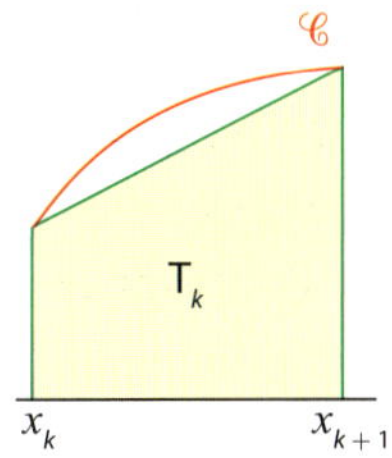

1. a) Déterminer l'aire du trapèze T_k.

b) Démontrer que la somme des aires des trapèzes T_k est donnée par :

$$\mathrm{K}_n = \frac{b-a}{n}\left[\frac{f(x_0)}{2} + f(x_1) + \ldots + f(x_{n-1}) + \frac{f(x_n)}{2}\right].$$

Cette somme est une approximation de l'aire, en *u.a.*, du domaine sous la courbe $\mathscr{C}$, c'est-à-dire de $\displaystyle\int_a^b f(x)\mathrm{d}x$.

2. La fonction **Trapèzes** écrite en langage Python renvoie pour résultat la somme K_n des aires des trapèzes.

```
from math import *

def f(x):
    y=exp(x)
    return y

def Trapèzes(a,b,n):
    p=(b-a)/n
    K=(f(a)+f(b))/2
    for k in range(1,n):
        K=K+f(a+k*p)
    K=p*K
    return K
```

a) Expliquer le calcul de la variable K.

b) Saisir et tester cette fonction dans différentes situations.

113 Évaluer une quantité constante

Raisonner **Calculer**

a est un nombre réel strictement positif.

Dans un repère orthonormé, $\mathscr{C}$ est la courbe représentative de la fonction f définie sur $\mathbb{R}$ par $f(x) = \mathrm{e}^{1-x}$.

A est le point de coordonnées $(a\,;0)$ et B le point de $\mathscr{C}$ d'abscisse a.

On note $\mathscr{A}_1$ l'aire du domaine limité par la courbe $\mathscr{C}$, l'axe des abscisses et les droites d'équations $x = 0$ et $x = a$.

La tangente à la courbe $\mathscr{C}$ en B coupe l'axe des abscisses en C et on note $\mathscr{A}_2$ l'aire du triangle ABC.

Démontrer que $\mathscr{A}_1 + 2\mathscr{A}_2$ est indépendant de a.

114 Calculer une longueur, puis une aire

⏱ 45 min

D'après Bac, Métropole-La Réunion 2019

On considère la fonction f définie sur l'ensemble des nombres réels par :

$$f(x) = \frac{7}{2} - \frac{1}{2}(\mathrm{e}^{x} + \mathrm{e}^{-x}).$$

On admet que l'équation $f(x) = 0$ admet deux solutions sur $\mathbb{R}$: $-\alpha$ et α avec $\alpha \approx 1{,}92$.

Partie A

Les **serres en forme de tunnel** sont fréquemment utilisées pour la culture des plantes fragiles ; elles limitent les effets des intempéries ou des variations de température.

Elles sont construites à partir de plusieurs arceaux métalliques identiques qui sont ancrés au sol et supportent une bâche en plastique.

Le plan est rapporté à un repère orthonormé (unité : 1 m).

On modélise un arceau de serre par la courbe représentative $\mathscr{C}$ de la fonction f sur l'intervalle $[-\alpha\,;\alpha]$.

On admettra que la courbe $\mathscr{C}$ admet l'axe des ordonnées pour axe de symétrie.

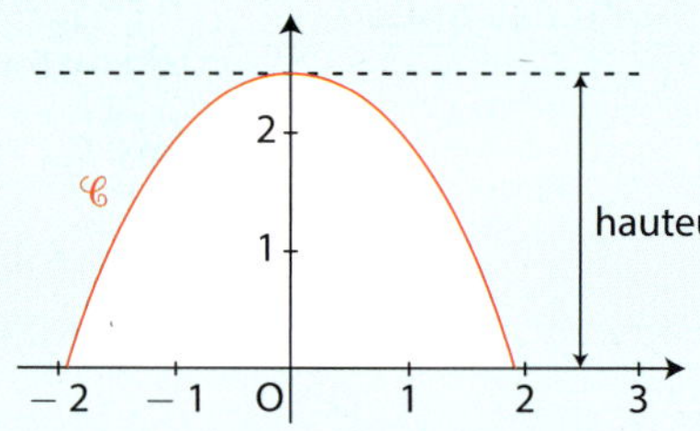

1. Calculer la hauteur d'un arceau.

2. On admet que la longueur, en mètre, de la courbe $\mathscr{C}$ sur l'intervalle $[0\,;\alpha]$ est donnée par l'intégrale $\mathrm{I} = \int_0^{\alpha} \sqrt{1 + (f'(x))^2}\,\mathrm{d}x$.

a) Montrer que pour tout réel x, $1 + (f'(x))^2 = \frac{1}{4}(\mathrm{e}^{x} + \mathrm{e}^{-x})^2$.

b) En déduire l'expression de l'intégrale I en fonction de α.

Justifier que la longueur d'un arceau, en mètre, est égale à $\mathrm{e}^{\alpha} - \mathrm{e}^{-\alpha}$.

Partie B

On souhaite construire une serre de jardin en forme de tunnel.

On fixe au sol quatre arceaux métalliques, dont la forme est celle décrite dans la partie précédente, espacés de 1,5 mètre, comme indiqué sur le schéma ci-contre.

Sur la façade sud, on prévoit une ouverture modélisée sur le schéma par le rectangle ABCD de largeur 1 mètre et de longueur 2 mètres.

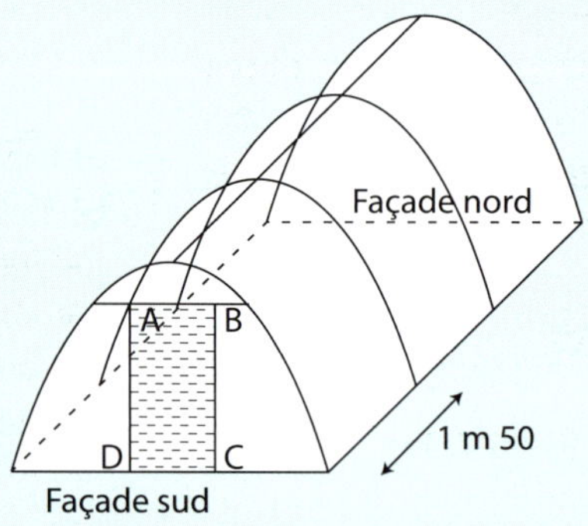

On souhaite connaître la quantité, exprimée en m², de bâche plastique nécessaire pour réaliser cette serre.

Cette bâche est constituée de trois parties, l'une recouvrant la façade nord, l'autre la façade sud (sauf l'ouverture), la troisième partie de forme rectangulaire recouvrant le toit de la serre.

1. Montrer que, la quantité de bâche nécessaire pour recouvrir les façades sud et nord est donnée, en m², par $\mathscr{A} = 4\int_0^{\alpha} f(x)\,\mathrm{d}x - 2$.

2. Déterminer, au m² près, l'aire totale de la bâche plastique nécessaire pour réaliser cette serre. *On prendra 1,92 pour valeur approchée de α.*

Guide de résolution

1. b) La courbe $\mathscr{C}$ admet l'axe des ordonnées pour axe de symétrie car la fonction f est paire.

Guide de résolution

1. La quantité de bâche nécessaire pour recouvrir la façade nord est l'aire sous la courbe $\mathscr{C}$ sur $[-\alpha\,;\alpha]$, soit $\int_{-\alpha}^{\alpha} f(x)\mathrm{d}x = 2\int_0^{\alpha} f(x)\mathrm{d}x$.

2. L'aire de la forme rectangulaire est donnée par :

$4{,}5 \times (\mathrm{e}^{\alpha} - \mathrm{e}^{-\alpha})$.

115 Étudier la limite d'une suite Algo

30 min

D'après Bac, Polynésie 2019

On considère la suite (I_n) définie par $I_0 = \int_0^{\frac{1}{2}} \frac{1}{1-x}\mathrm{d}x$ et pour tout entier naturel $n \geqslant 1$:

$$I_n = \int_0^{\frac{1}{2}} \frac{x^n}{1-x}\mathrm{d}x.$$

1. Montrer que $I_0 = \ln(2)$.

2. Calculer $I_0 - I_1$. En déduire I_1.

3. a) Montrer que pour tout entier naturel $n \geqslant 1$, $I_n - I_{n+1} = \frac{\left(\frac{1}{2}\right)^{n+1}}{n+1}$.

b) Proposer un algorithme permettant de déterminer, pour un nombre entier naturel non nul donné n, la valeur de I_n.

4. Soit n un nombre entier naturel non nul.

On admet que si x appartient à l'intervalle $\left[0 ; \frac{1}{2}\right]$, alors $0 \leqslant \frac{x^n}{1-x} \leqslant \frac{1}{2^{n-1}}$.

a) Montrer que $0 \leqslant I_n \leqslant \frac{1}{2^n}$.

b) En déduire la limite de la suite (I_n).

5. Pour tout entier naturel non nul n, on pose $S_n = \frac{1}{2} + \frac{\left(\frac{1}{2}\right)^2}{2} + \frac{\left(\frac{1}{2}\right)^3}{3} + \ldots + \frac{\left(\frac{1}{2}\right)^n}{n}$.

a) Montrer que pour tout entier naturel non nul n, $S_n = I_0 - I_n$.

b) En déduire la limite de la suite (S_n).

Se préparer À L'ORAL

116 Présenter un exposé

a) Rappeler la formule d'intégration par parties et ses conditions d'utilisation.

b) Dans un exposé oral de 10 min, présenter cette formule et un exemple d'application.

117 Travailler l'oral en groupe

Résoudre cet exercice en petit groupe, puis en présenter les résultats à l'oral.

F est la fonction dérinie sur $\mathbb{R}$ par :

$$F(x) = \int_x^{2x} te^t \mathrm{d}t$$

On note G la primitive de la fonction $t \mapsto te^t$ sur $\mathbb{R}$ qui s'annule en 0.

a) Expliquer pourquoi pour tout réel x,

$$F(x) = G(2x) - G(x).$$

b) En déduire que la fonction F est dérivable sur $\mathbb{R}$ et déterminer sa dérivée F'.

118 Travailler les compétences orales

▶ **ANTICIPER LES QUESTIONS DU JURY**

1. Préparation de la restitution orale (5 min)

Par groupe de 4, résoudre l'exercice ci-dessous, chaque élève travaillant sur une des quatre propositions.

2. Jeu de rôle (30 min)

Chaque élève présente son résultat à l'oral (2 min), pendant que les trois autres composent le jury. Chaque juré pose une question au candidat (5 min).

Énoncé : (u_n) est la suite définie sur $\mathbb{N}^*$ par :

$$u_n = \int_0^1 x^n e^{-x} \mathrm{d}x.$$

Répondre par Vrai ou Faux en justifiant.

a) $u_1 = 1 - 2e^{-1}$.

b) Pour tout $n \in \mathbb{N}^*$, $u_n \geqslant 0$.

c) La suite (u_n) est croissante.

d) Pour tout $n \in \mathbb{N}^*$, $u_n \leqslant \frac{1}{n+1}$.

119 Avec des suites adjacentes

f est la fonction définie sur l'intervalle $[0\ ;\ 1]$ par $f(x) = x^3$. $\mathscr{C}$ est la courbe représentative de f dans un repère orthonormé et on note $\mathscr{A}$ l'aire, en unité d'aire, du domaine D situé sous la courbe $\mathscr{C}$.

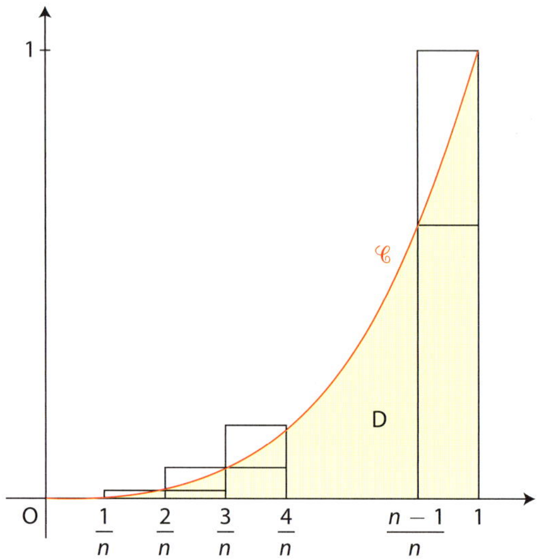

Pour un nombre entier naturel $n \geqslant 2$, on découpe l'intervalle $[0\ ;\ 1]$ à l'aide des nombres $a_k = \dfrac{k}{n}$ avec $k \in \{0, 1, 2, \dots, n\}$.

Sur chaque intervalle $[a_k\ ;\ a_{k+1}]$ (avec $0 \leqslant k \leqslant n - 1$), on construit le rectangle R_k de hauteur $f(a_k)$ et le rectangle R'_k de hauteur $f(a_{k+1})$.

On note u_n la somme des aires des rectangles R_k et v_n la somme des aires des rectangles R'_k.

1. Pour tout entier naturel $n \geqslant 2$:

a) Justifier que $u_n \leqslant \mathscr{A} \leqslant v_n$;

b) Vérifier que $u_n = \dfrac{1}{n^4}(1^3 + 2^3 + \dots + (n-1)^3)$ et $v_n = \dfrac{1}{n^4}(1^3 + 2^3 + \dots + n^3)$.

2. a) Démontrer par récurrence que pour tout n de $\mathbb{N}^*$,

$$1^3 + 2^3 + \dots + n^3 = \left(\frac{n(n+1)}{2}\right)^2.$$

b) En déduire une expression de u_n et v_n en fonction de n (avec $n \geqslant 2$).

3. Démontrer que :

a) la suite (u_n) est croissante ;

b) la suite (v_n) est décroissante ;

c) $\lim\limits_{n \to +\infty} (v_n - u_n) = 0$.

On dit, dans cette situation, que les suites (u_n) et (v_n) sont **adjacentes**.

3. a) Établir que les suites (u_n) et (v_n) convergent et ont même limite.

b) Interpréter cette limite en terme d'aire.

120 Algo python

Étude de la somme $\sum\limits_{k=1}^{n} \dfrac{1}{k}$

La suite (H_n) est définie pour tout entier naturel $n \geqslant 1$ par :

$$H_n = 1 + \frac{1}{2} + \frac{1}{3} + \dots + \frac{1}{n}.$$

1. a) À l'aide de la figure ci-dessous, justifier que pour tout entier naturel $k \geqslant 1$,

$$\frac{1}{k+1} \leqslant \int_k^{k+1} \left(\frac{1}{x}\right) \mathrm{d}x \leqslant \frac{1}{k} \quad \textbf{[1]}$$

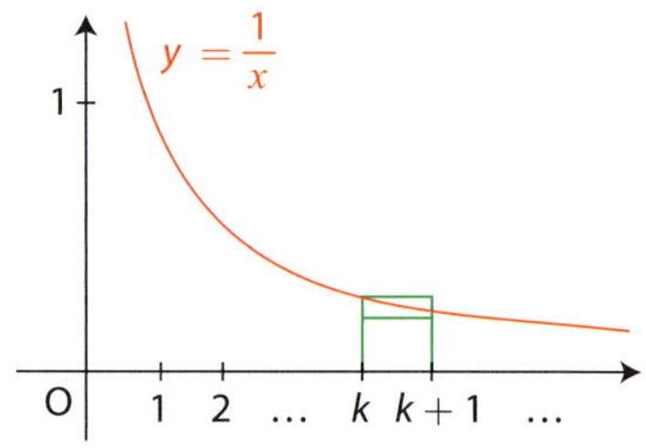

b) En effectuant la somme membre à membre des termes des inégalités **[1]** obtenues pour $k \in \{1, 2, \dots, n\}$ avec $n \in \mathbb{N}^*$, démontrer que :

$$\int_1^{n+1} \left(\frac{1}{x}\right) \mathrm{d}x \leqslant H_n \leqslant \int_1^{n+1} \left(\frac{1}{x}\right) \mathrm{d}x + \frac{n}{n+1}.$$

c) En déduire que pour tout entier naturel $n \geqslant 1$,

$$\ln(n+1) \leqslant H_n \leqslant \ln(n+1) + \frac{n}{n+1}.$$

d) Démontrer que $\lim\limits_{n \to +\infty} H_n = +\infty$.

2. Voici une fonction **H** écrite en langage Python.

```
1 def H(n):
2     u=0
3     for k in range(1,n+1):
4         u=u+[ ]
5     return u
```

Cette fonction renvoie pour une valeur n du paramètre, le terme H_n.

a) Compléter la ligne 4 du programme.

b) Saisir et tester cette fonction.

Donner une valeur de n pour laquelle $H_n \geqslant 10$.

121 Algo python

La formule de Wallis

Pour tout entier naturel $n \geqslant 1$, on pose :

$$I_n = \int_0^{\frac{\pi}{2}} \sin^n(x)\mathrm{d}x.$$

1. Calculer I_1 et I_2.

2. n est un nombre entier naturel tel que $n \geqslant 3$.

a) Démontrer que $I_n = (n-1)\,(I_{n-2} - I_n)$.

b) Exprimer I_n en fonction de I_{n-2}.

3. k est un nombre entier naturel tel que $k \geqslant 1$.

a) Exprimer I_{2k} en fonction de k ;

b) Exprimer I_{2k+1} en fonction de k.

4. a) Démontrer que pour tout entier naturel $n \geqslant 1$ et tout réel x de $\left[0\,;\,\frac{\pi}{2}\right]$,

$$0 \leqslant \sin^{2n+1}(x) \leqslant \sin^{2n}(x) \leqslant \sin^{2n-1}(x).$$

b) En déduire que pour tout entier naturel $n \geqslant 1$,

$$1 \leqslant \frac{\mathrm{I}_{2n}}{\mathrm{I}_{2n+1}} \leqslant \frac{2n+1}{2n}.$$

c) Démontrer que $\lim\limits_{n \to +\infty} \frac{\mathrm{I}_{2n}}{\mathrm{I}_{2n+1}} = 1$.

5. (u_n) est la suite définie pour tout entier naturel $n \geqslant 1$ par :

$$u_n = \left[\frac{1 \times 3 \times 5 \times \ldots \times (2n-1)}{2 \times 4 \times \ldots \times (2n)}\right]^2 (2n+1).$$

Démontrer que la suite (u_n) converge vers $\frac{2}{\pi}$.

> Ce résultat est connu sous le nom de formule de Wallis. Il a permis le calcul de valeurs approchées du nombre π.

6. Voici une fonction écrite en langage Python.

```python
def W(n):
    w=1
    k=1
    while k<=2*n-1:
        w=w*(k/(k+1))**2
        k=k+2
    w=w*(2*n+1)
    return w
```

a) Justifier que pour une valeur n du paramètre, elle renvoie le terme u_n défini à la question **5**.

b) Saisir et tester cette fonction.

122 Irrationnalité du nombre e

Pour tout entier naturel $n \geqslant 1$, on note :

$$\mathrm{I}_n = \int_0^1 x^n \mathrm{e}^{1-x}\,\mathrm{d}x.$$

1. Calculer I_1.

2. n est un nombre entier naturel tel que $n \geqslant 1$.

a) Démontrer que pour tout réel x de $[0\,;1]$,

$$x^n \leqslant x^n \mathrm{e}^{1-x} \leqslant \mathrm{e}x^n.$$

b) En déduire que :

$$\frac{1}{n+1} \leqslant \mathrm{I}_n \leqslant \frac{\mathrm{e}}{n+1}.$$

3. À l'aide de la méthode d'intégration par parties, démontrer que pour tout entier naturel $n \geqslant 1$,

$$\mathrm{I}_{n+1} = (n+1)\,\mathrm{I}_n - 1.$$

4. Pour tout entier naturel $n \geqslant 1$, on note :

$$k_n = n!\,\mathrm{e} - \mathrm{I}_n.$$

a) Exprimer k_{n+1} en fonction de k_n.

b) Calculer k_1. Démontrer par récurrence que pour tout nombre n de $\mathbb{N}^*$, k_n est un nombre entier naturel.

c) Avec les questions **4. b)** et **2. b)**, démontrer que pour tout entier naturel $n \geqslant 2$, le nombre $n!\,\mathrm{e} = k_n + \mathrm{I}_n$ n'est pas un entier naturel.

5. a) p et q sont deux nombres entiers naturels non nuls.

Démontrer que pour tout entier naturel $n \geqslant q$, le nombre $\frac{n!\,p}{q}$ est un entier naturel.

b) En déduire alors que le nombre e est irrationnel.

> La découverte des nombres irrationnels (ou incommensurables) remonte sans doute à l'époque de Pythagore avec le calcul de la longueur de la diagonale du carré de côté 1, cette longueur étant égale à $\sqrt{2}$. L'irrationnalité du nombre e a été prouvée par Leonhard Euler en 1737.

Des Défis

123 Calculer l'aire d'un segment de parabole

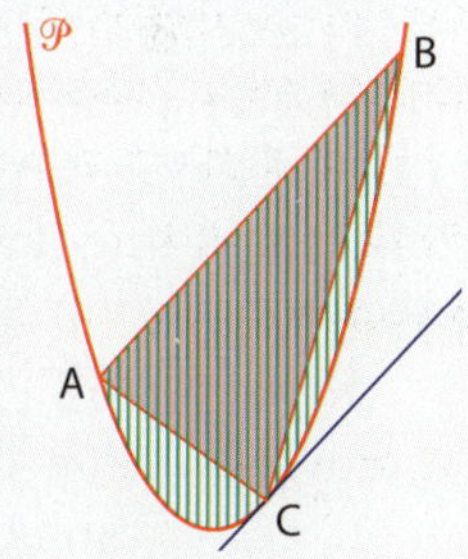

Archimède a mis en place de nouvelles méthodes pour étudier l'aire sous un arc de parabole. Dans un repère orthonormé, $\mathscr{P}$ est la parabole représentative de la fonction $x \mapsto \alpha x^2$ où α désigne un nombre réel non nul.

A et B sont deux points de $\mathscr{P}$ d'abscisses respectives a et b avec $a < b$.

C est le point de $\mathscr{P}$ en lequel la tangente à $\mathscr{P}$ est parallèle à la droite (AB).

Démontrer que l'aire, en unité d'aire, du segment de parabole ACBA (hachuré) est égale aux $\frac{4}{3}$ de l'aire du triangle ABC (rose).

On pourra s'aider d'un logiciel de calcul formel.

124 Calculer une intégrale

Calculer l'intégrale $\mathrm{I} = \int_0^{2\pi} (\pi - |2x - \pi|)\sin(x)\,\mathrm{d}x$.

15 Succession d'épreuves indépendantes. Schéma de Bernoulli

HISTOIRE DES MATHS

Au 17e siècle, les jeux de hasard, notamment de cartes et de dés, se pratiquent couramment. Dès lors les mathématiciens s'emparent du sujet. **Pierre de Fermat** et **Blaise Pascal** entretiennent une correspondance au sujet du problème des parties. En 1657 paraît le premier traité sur les probabilités, *Raisonnement sur les jeux de dés*, du Néerlandais **Christiaan Huygens**.

S'appuyant sur les travaux de Huygens, le mathématicien suisse **Jacques Bernoulli** écrit *Ars conjectandi*, ouvrage qui a un grand retentissement en raison de ses nombreux apports. Il y parle pour la première fois de *probabilitas* (probabilité), introduit la notion d'espérance, le schéma d'une urne, et traite de la loi binomiale et d'estimation.

Du milieu du 17e siècle à la fin du 18e, d'autres membres de la famille Bernoulli, répartis sur trois générations, s'illustrent dans les sciences.

Karl Pearson

Daniel Bernoulli

▶ **Daniel Bernoulli** (1700-1782), neveu de Jacques Bernoulli, est un savant suisse. Il est considéré aujourd'hui par certains économistes de la finance comme fondateur des bases de la théorie économique et financière de l'aversion au risque.

▶ **Karl Pearson** (1857-1936) est un mathématicien britannique. Il est l'un de ceux qui ont développé l'utilisation des lois de probabilité dans les sciences appliquées, dans son cas en biométrie.

1654 Correspondance entre Pascal et Fermat sur les jeux de hasard.

1713 Publication de *Ars conjectandi* de J. Bernoulli après sa mort.

1792 Condorcet souhaite développer l'enseignement des probabilités.

1816 Lacroix édite le 1er ouvrage d'enseignement des probabilités.

1933 Kolmogorov formule les axiomes des probabilités.

1670 Dom Pérignon invente le champagne

1707 Premiers essais du navire à vapeur, par Denis Papin

1795 La Convention cède la place au Directoire

1850 *La Tulipe noire*, roman d'A. Dumas

1890 Naissance de Charles de Gaulle

1700 — 1750 — 1800 — 1850 — 1900

Le caloptéryx éclatant, plus communément appelé libellule bleue.

Selon les scientifiques, l'un des prédateurs les plus efficaces du monde animal est… la libellule ! Lorsqu'elle a repéré une proie, son taux de réussite de prédation moyen avoisine les 95 %. Grâce à la loi binomiale, on peut estimer la probabilité que, sur les dix dernières proies repérées, une libellule en ait attrapé au moins huit.

Les contenus et capacités travaillés dans ce chapitre

	Savoir-faire	Exercices
• Modéliser une situation par une succession d'épreuves indépendantes, ou une succession de deux ou trois épreuves quelconques. La représenter par un arbre.	1 à 3	10 à 12
• Calculer une probabilité en utilisant l'indépendance, des probabilités conditionnelles, la formule des probabilités totales.		13 à 16, 53 à 55
• Modéliser une situation par un schéma de Bernoulli.	4 à 6	17 à 27
• Modéliser une situation par une loi binomiale. Calculer numériquement $P(X = k)$, $P(X \leqslant k)$, $P(k \leqslant X \leqslant k')$ en s'aidant au besoin d'un algorithme.	7, 8	28 à 45
• Chercher un intervalle I tel que la probabilité $P(X \in I)$ est inférieure à une valeur donnée α ou supérieure à $1 - \alpha$.	9	50, 57, 61, 74

Bien démarrer

Calcul mental

Vidéo JaiCompris.com Ces notions sont expliquées en vidéo

Rappels utiles

• E désigne un ensemble à n éléments et k un nombre entier naturel, $0 \leqslant k \leqslant n$.
Une **combinaison de k éléments de E** est une partie à k éléments de E.

• Nombre de chemins avec k succès

Dans un arbre « succès-échec » à n niveaux, le **nombre de chemins avec k succès** est le nombre de combinaisons de k éléments parmi n. On le note $\binom{n}{k}$.

• Propriétés des combinaisons

Pour tous entiers naturels n et k :

- $\binom{n}{0} = \binom{n}{n} = 1$
- $\binom{n}{k} = \binom{n}{n-k}$ avec $0 \leqslant k \leqslant n$
- $\binom{n}{k} = \binom{n-1}{k-1} + \binom{n-1}{k}$ avec $1 \leqslant k \leqslant n-1$

• Probabilité conditionnelle de B sachant A

A et B sont deux événements et $P(B) \neq 0$.
La probabilité conditionnelle de B sachant A est :

$$\mathbf{P_A(B) = \frac{P(A \cap B)}{P(A)}}.$$

Ainsi : $\mathbf{P(A \cap B) = P_A(B) \times P(A)}$

• Formule des probabilités totales

A, B, C sont trois événements qui forment une **partition** d'un univers E.
D est un événement de E.

$P(D) = P(A \cap D) + P(B \cap D) + P(C \cap D)$

$P(D) = P_A(D) \times P(A) + P_B(D) \times P(B) + P_C(D) \times P(C)$

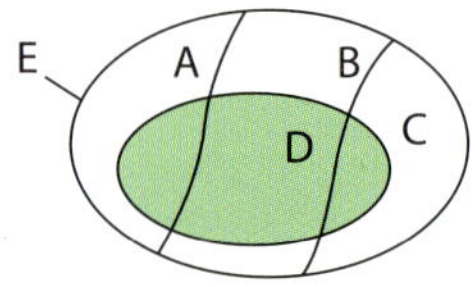

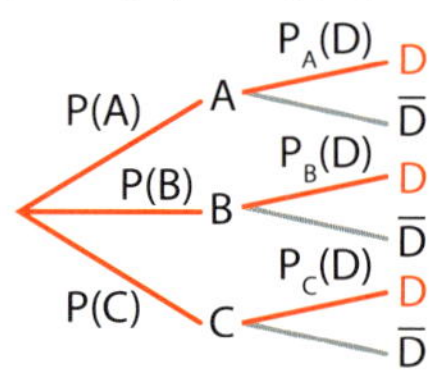

À l'oral Questions-Tests

Pour chaque question, il y a une seule réponse exacte.

1 Une combinaison de trois éléments de $E = \{a\,;b\,;c\,;d\}$ est :

(1) $(a\,;b\,;c)$ (2) $\{c\,;a\,;d\}$ (3) $\{b\,;c\}$

2

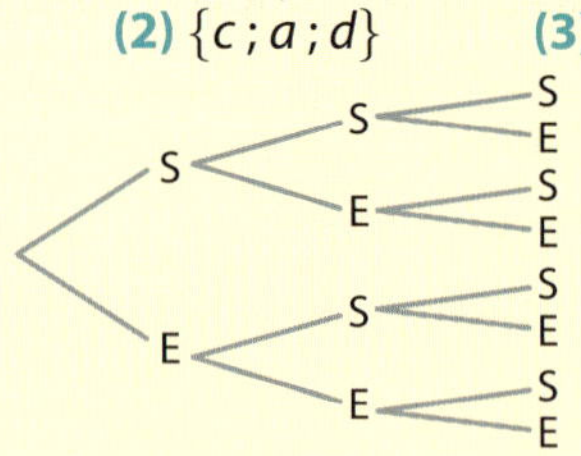

D'après cet arbre, $\binom{3}{2}$ est égal à :

(1) 1 (2) 2 (3) 3

3 À l'aide de la calculatrice (nCr, combinaison, ...), on sait que $\binom{10}{3}$ est égal à :

(1) 7 (2) 120 (3) 1 000

4 $\binom{15}{7}$ est égal à :

(1) $\binom{8}{0}$ (2) $\binom{20}{12}$ (3) $\binom{15}{8}$

5 A et B sont deux événements d'un univers E tels que $P(A) = 0{,}4$, $P(A \cap B) = 0{,}1$, $P_B(A) = 0{,}3$.

a) $P_A(B)$ est égal à : (1) $\frac{1}{4}$ (2) 4 (3) 0,04

b) $P(B)$ est égal à :

(1) $\frac{1}{3}$ (2) 0,03 (3) 0,1

6 Voici un arbre pondéré :

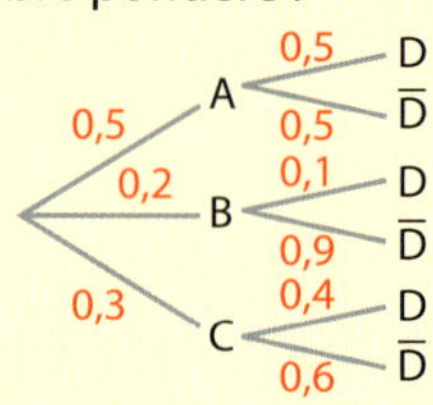

a) La probabilité de $\overline{D}$ sachant B est égale à :

(1) 0,18 (2) 0,2 (3) 0,9

b) La probabilité de $C \cap D$ est égale à :

(1) 0,12 (2) 0,4 (3) 0,6

c) La probabilité de D est égale à :

(1) $P(\overline{D}) - 1$ (2) 0,39 (3) 0,25

1 Succession d'épreuves indépendantes

Chez une espèce animale, la mutation de chacun des trois gènes A, B, C conduit à une modification de l'apparence.
Ces mutations sont indépendantes car les gènes sont situés sur des chromosomes différents.
Des scientifiques ont observé que :

- **2 % des individus présentent une mutation du gène A ;**
- **4 % des individus présentent une mutation du gène B ;**
- **10 % des individus présentent une mutation du gène C.**

On choisit au hasard un animal de cette espèce et on note A (resp. B, resp. C) l'issue « le gène A (resp. B, resp. C) a muté ».

1 **a)** Reproduire et compléter l'arbre pondéré ci-contre par les probabilités qui conviennent (pointillés rouges).
b) Compléter les pointillés bleus par les issues de cette succession de trois épreuves indépendantes.

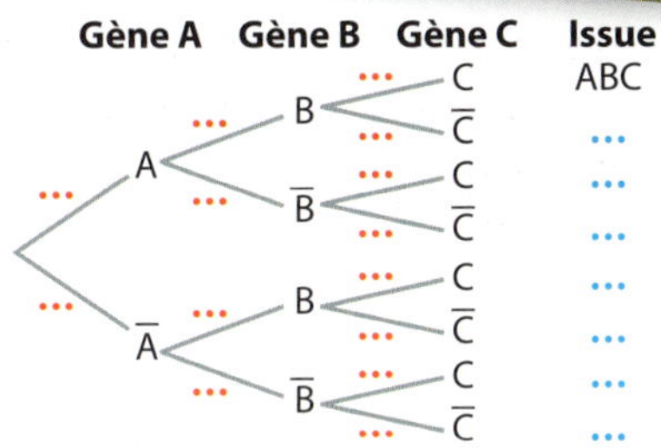

2 Calculer, puis interpréter la probabilité de chacune des issues :
a) ABC **b)** $\bar{A}\bar{B}\bar{C}$ **c)** $A\bar{B}C$

2 Schéma de Bernoulli et loi binomiale

À la fête foraine, Aya joue à la loterie et fait tourner les trois roues ci-dessous. Chaque roue est divisée en cinq secteurs identiques ; un seul des cinq secteurs (G) est gagnant, les autres (P) sont perdants.
L'expérience aléatoire qui consiste à faire tourner une roue a deux issues, le succès S : « Aya obtient le secteur G » et l'échec $\bar{S}$: « Aya obtient un secteur P ». On dit qu'il s'agit d'une épreuve de Bernoulli.
Faire tourner les trois roues revient à répéter 3 fois cette même épreuve de Bernoulli, dans des conditions d'indépendance. On dit qu'il s'agit d'un schéma de Bernoulli.

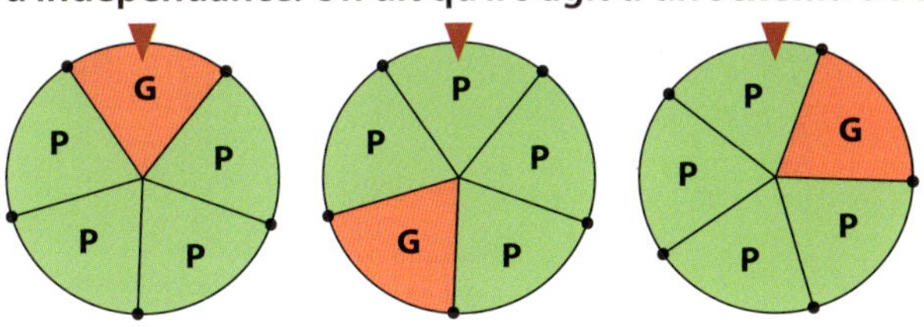

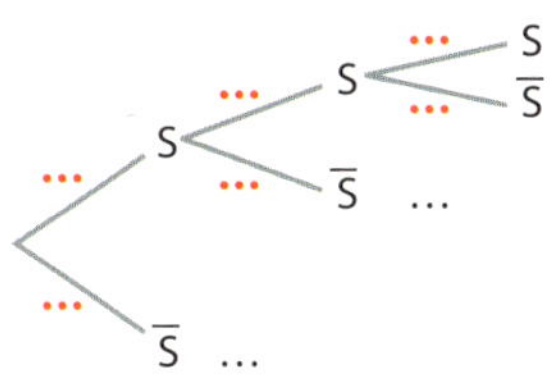

1 **a)** Quelle est la probabilité du succès S ?
b) L'arbre ci-dessus représente ce schéma de Bernoulli ; il n'est que partiel.
Recopier et terminer cet arbre, puis indiquer la probabilité qui convient sur chaque branche.

2 X est la variable aléatoire qui donne le nombre de succès.
À l'aide de l'arbre précédent, présenter la loi de probabilité de X dans un tableau tel que celui ci-contre.

k	0	1	2	3
$P(X=k)$				

Cette loi est appelée **loi binomiale de paramètres $n = 3$** (nombre d'épreuves répétées) et **$p = 0{,}2$** (probabilité du succès) ; on la note $\mathscr{B}(\mathbf{3\,;0{,}2})$.

Cours

Exercices
- **1** à **3** (ci-contre)
- **10** à **16**

1 Succession d'épreuves indépendantes

A Modélisation d'une succession d'épreuves indépendantes

Définition

Dans une succession d'épreuves, lorsque l'issue d'une épreuve ne dépend pas des épreuves précédentes, on dit que ces épreuves sont **indépendantes**.

Univers et issues d'une succession d'épreuves indépendantes

On considère n épreuves successives indépendantes d'univers $E_1, E_2, \dots, E_n$.
L'univers E de cette succession de n épreuves successives indépendantes est le **produit cartésien** :

$$E = E_1 \times E_2 \times \dots \times E_n.$$

Les issues de E sont les ***n*-uplets** $(x_1\,;x_2\,;\dots;x_n)$ où $x_i \in E_i$ pour tout entier naturel i, avec $1 \leqslant i \leqslant n$.

Propriété (admise)

Dans une succession de n épreuves indépendantes, la probabilité d'une issue $(x_1\,;x_2\,;\dots;x_n)$ est égale **au produit** des probabilités des issues de ses composantes $x_1, x_2, \dots, x_n$.

B Un exemple

On lance un dé tétraédrique équilibré dont les quatre sommets sont numérotés 1, 2, 3, 4.
L'univers de cette expérience aléatoire est $E_1 = \{1\,;2\,;3\,;4\}$.
Puis, on tire au hasard un jeton d'un sac contenant un jeton A et deux jetons B.
L'univers de cette expérience aléatoire est $E_2 = \{A\,;B\}$.
Voici la loi de probabilité de chacune de ces épreuves :

Issue	1	2	3	4
Probabilité	$\frac{1}{4}$	$\frac{1}{4}$	$\frac{1}{4}$	$\frac{1}{4}$

Issue	A	B
Probabilité	$\frac{1}{3}$	$\frac{2}{3}$

La succession de ces deux épreuves indépendantes a pour univers $E = E_1 \times E_2$.
On représente ces issues à l'aide de l'arbre ci-contre.
Par exemple :

$$P(1\,;A) = \frac{1}{4} \times \frac{1}{3} = \frac{1}{12}$$

$$P(3\,;A) = \frac{1}{4} \times \frac{1}{3} = \frac{1}{12}$$

$$P(1\,;B) = \frac{1}{4} \times \frac{2}{3} = \frac{1}{6}$$

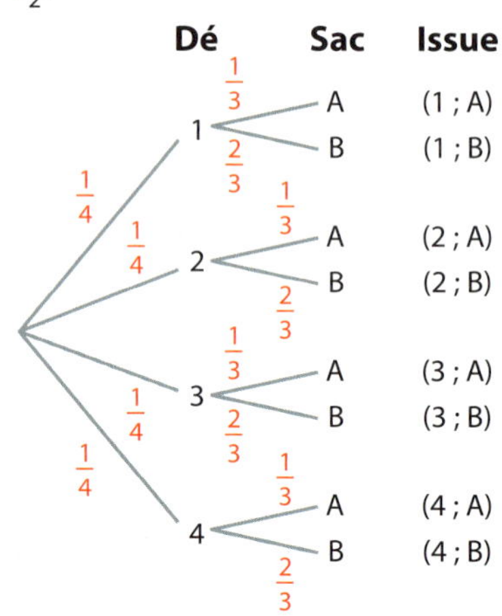

D'où la loi de probabilité de la succession de ces deux épreuves indépendantes.

Issue	(1 ; A)	(1 ; B)	(2 ; A)	(2 ; B)	(3 ; A)	(3 ; B)	(4 ; A)	(4 ; B)
Probabilité	$\frac{1}{12}$	$\frac{1}{6}$	$\frac{1}{12}$	$\frac{1}{6}$	$\frac{1}{12}$	$\frac{1}{6}$	$\frac{1}{12}$	$\frac{1}{6}$

EXERCICE RÉSOLU

1 Comprendre une succession d'épreuves indépendantes

Voici trois urnes. On tire au hasard une boule de l'urne 1 et on note sa couleur, puis on tire au hasard une boule de l'urne 2 et on note sa couleur, et enfin une boule de l'urne 3 et on note sa couleur (R : rouge, B : bleu, V : vert).

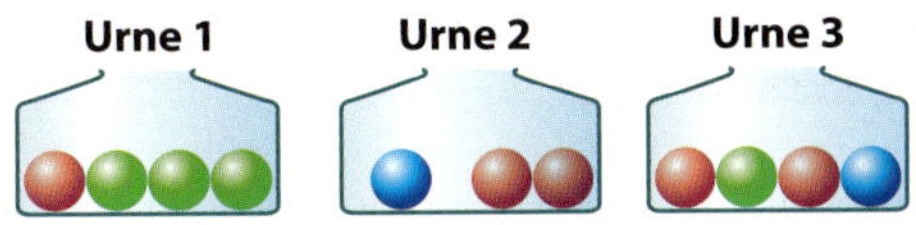

a) Représenter la situation par un arbre pondéré.

b) Déterminer la loi de probabilité sur l'ensemble des issues de cette expérience aléatoire.

c) On gagne à ce jeu lorsqu'on tire au moins deux boules rouges. Calculer la probabilité de gagner une partie.

Solution

a)

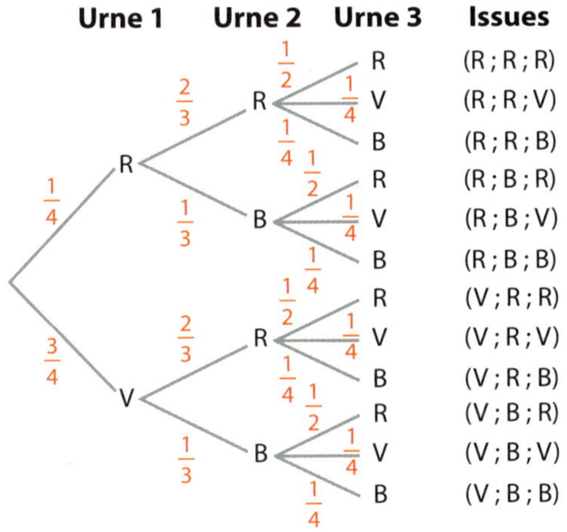

$E_1 = \{R ; V\}$
$E_2 = \{R ; B\}$
$E_3 = \{R ; V ; B\}$
Donc l'univers $E = E_1 \times E_2 \times E_3$ de cette expérience aléatoire possède 12 issues : $2 \times 2 \times 3 = 12$.

Par exemple, $P(V ; B ; R) = \frac{3}{4} \times \frac{1}{3} \times \frac{1}{2} = \frac{1}{8}$.

b) La loi de probabilité sur l'ensemble E des issues est donnée par le tableau :

Issue	(R ; R ; R)	(R ; R ; V)	(R ; R ; B)	(R ; B ; R)	(R ; B ; V)	(R ; B ; B)	(V ; R ; R)	(V ; R ; V)	(V ; R ; B)	(V ; B ; R)	(V ; B ; V)	(V ; B ; B)
Probabilité	$\frac{1}{12}$	$\frac{1}{24}$	$\frac{1}{24}$	$\frac{1}{24}$	$\frac{1}{48}$	$\frac{1}{48}$	$\frac{1}{4}$	$\frac{1}{8}$	$\frac{1}{8}$	$\frac{1}{8}$	$\frac{1}{16}$	$\frac{1}{16}$

c) La probabilité de gagner une partie est :

$$p = P(R ; R ; R) + P(R ; R ; V) + P(R ; R ; B) + P(R ; B ; R) + P(V ; R ; R) = \frac{1}{12} + \frac{1}{24} + \frac{1}{24} + \frac{1}{24} + \frac{1}{4} = \frac{11}{24}.$$

EXERCICES D'APPLICATION DIRECTE

Sur le modèle de l'exercice résolu 1

2 On lance un dé équilibré à six faces numérotées 1 à 6, puis on lance une pièce équilibrée dont les faces sont numérotées 1 et 2.

a) S'aider d'un arbre pour déterminer la loi de probabilité sur l'ensemble E des issues.

b) Calculer la probabilité d'obtenir un couple de numéros pairs.

3 On lance une pièce équilibrée dont les faces sont numérotées 1 et 2, puis on tire au hasard un papier de ce sac.

a) S'aider d'un arbre pour déterminer la loi de probabilité sur l'ensemble E des issues.

b) Calculer la probabilité d'obtenir au moins une fois le numéro 2.

Exercices
- 4 à 6 (ci-contre)
- 17 à 27

2 Épreuve et schéma de Bernoulli

A Épreuve de Bernoulli

Définition

Une **épreuve de Bernoulli** est une expérience aléatoire à deux issues.
L'une est souvent appelée **succès** et notée S, l'autre est souvent appelée **échec** et notée $\overline{S}$.

Exemple

Une urne contient dix boules indiscernables au toucher : 5 bleues, 2 jaunes et 3 rouges.
On tire une boule au hasard.
Cette expérience a trois issues, mais l'on peut considérer qu'il s'agit d'une épreuve de Bernoulli en prenant pour succès, par exemple, S : « Tirer une boule rouge » et pour échec $\overline{S}$: « Tirer une boule bleue ou jaune ».

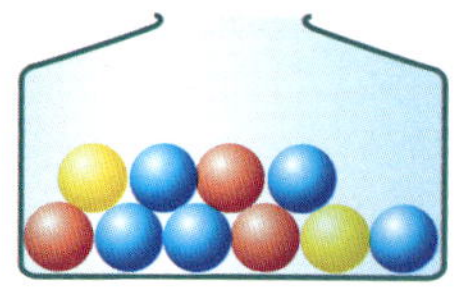

B Loi de Bernoulli

Définition

On considère une épreuve de Bernoulli où la probabilité du succès est p.
X est la variable aléatoire qui prend la valeur 1 en cas de succès et 0 en cas d'échec.
La loi de probabilité de X, présentée dans le tableau ci-contre, est appelée **loi de Bernoulli de paramètre p**.

a	0	1
$P(X=a)$	$1-p$	p

Exemple

On reprend l'exemple du paragraphe A.
$p = P(S) = \dfrac{3}{10} = 0{,}3.$
Voici ci-contre la loi de Bernoulli de paramètre 0,3.

a	0	1
$P(X=a)$	0,7	0,3

Conséquence : l'espérance et la variance de X sont $\mathbf{E(X)=p}$ et $\mathbf{V(X)=p(1-p)}$.
En effet, $E(X) = (1-p)\times 0 + p \times 1 = p$
et $V(X) = (1-p)\times(0-p)^2 + p\times(1-p)^2 = p(1-p)(p+1-p) = p(1-p)$.

C Schéma de Bernoulli

Définition

Un **schéma de Bernoulli** est une répétition d'épreuves de Bernoulli identiques et indépendantes.

Exemple

On reprend l'exemple du paragraphe A.
On répète deux fois l'épreuve de Bernoulli en replaçant la boule dans l'urne avant chaque nouveau tirage.
Le fait de replacer la boule dans l'urne assure que les tirages sont identiques et indépendants.
Cela constitue un schéma de Bernoulli qui peut être représenté par l'arbre pondéré ci-contre.

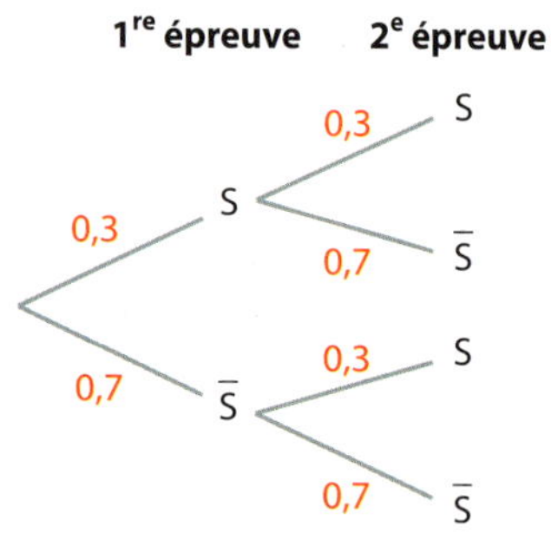

EXERCICE RÉSOLU

4 Modéliser une situation par un schéma de Bernoulli

Alex essaie trois fois de suite d'atteindre une cible à l'aide d'une arbalète.
On estime qu'elle atteint la cible dans 65 % des cas et on suppose que ses tirs sont indépendants.

a) Associer une épreuve de Bernoulli à chaque tir et donner la probabilité du succès S.

b) Expliquer pourquoi on peut associer un schéma de Bernoulli à cette situation.

c) Représenter ce schéma par un arbre pondéré.

Solution

a) Chaque tir est une expérience aléatoire à deux issues :
- le succès S : « Alex atteint la cible » ;
- l'échec $\overline{S}$: « Alex n'atteint pas la cible ».

On sait que $P(S) = 0{,}65$, donc on considère chaque tir comme une épreuve de Bernoulli de paramètre 0,65.

b) Cette épreuve de Bernoulli est répétée trois fois de manière indépendante.
La situation peut donc être associée à un schéma de Bernoulli.

> Pour justifier qu'il s'agit d'un schéma de Bernoulli, il faut préciser l'épreuve de Bernoulli qui est répétée et indiquer que les répétitions sont indépendantes.

c) Voici l'arbre pondéré représentant cette situation.

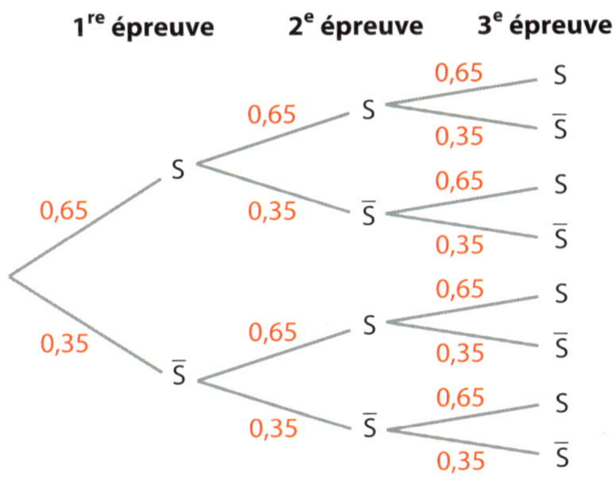

> $P(S) = 0{,}65$ donc $P(\overline{S}) = 1 - 0{,}65 = 0{,}35$.

EXERCICES D'APPLICATION DIRECTE

Sur le modèle de l'exercice résolu 4

5 Un bac de briques Lego contient 44 pièces jaunes et 56 pièces vertes.
Morgane prend une pièce au hasard, regarde sa couleur, puis la remet dans le bac.
Elle répète cette expérience aléatoire trois fois.

a) Associer une épreuve de Bernoulli à chaque tirage et donner la probabilité du succès S.

b) Expliquer pourquoi on peut associer un schéma de Bernoulli à cette situation.

c) Représenter ce schéma par un arbre pondéré.

6 En France, la probabilité de naissance d'un garçon est 0,51. On suppose que les sexes de nouveaux-nés successifs, au sein d'une même famille, sont indépendants.
On considère les familles de deux enfants.

a) Associer une épreuve de Bernoulli à chaque naissance et donner la probabilité du succès S.

b) Expliquer pourquoi on peut associer un schéma de Bernoulli à cette situation.

c) Représenter ce schéma par un arbre pondéré.

Exercices
- **7** et **8** (ci-contre)
- **28** à **45**

3 Loi binomiale $\mathcal{B}(n\,;p)$

A Loi du nombre de succès

Définition

On considère un schéma de Bernoulli constitué de n épreuves où la probabilité du succès est p.
X est la variable aléatoire qui donne le nombre de succès lors de ces n épreuves.
La loi de probabilité de la variable aléatoire X est appelée **loi binomiale** (ou loi du nombre de succès) **de paramètres n et p**. On la note $\mathcal{B}(n\,;p)$.

Remarque : la variable aléatoire X prend donc toutes les valeurs entières entre 0 (aucun succès) et n (uniquement des succès).

Propriété

X est une variable aléatoire qui suit la loi binomiale $\mathcal{B}(n\,;p)$.
Pour tout entier naturel k tel que $0 \leqslant k \leqslant n$,

$$\mathbf{P}(\mathbf{X}=k)=\binom{n}{k}p^k(1-p)^{n-k}.$$

Vidéo JAICOMPRIS.COM Cette notion est présentée en vidéo

Démonstration

Les n épreuves répétées sont identiques et indépendantes donc un chemin de l'arbre réalisant k succès de probabilité p, et $n-k$ échecs de probabilité $1-p$, conduit à une issue dont la probabilité est donnée par $p^k(1-p)^{n-k}$. Or, il y a $\binom{n}{k}$ chemins réalisant k succès (voir p. 60) donc $\mathrm{P}(\mathrm{X}=k)=\binom{n}{k}p^k(1-p)^{n-k}$.

B Exemple

On tire trois fois, successivement et avec remise, une boule de l'urne ci-contre.
Pour chaque tirage, on associe au succès S l'issue : « La boule tirée est rouge ».

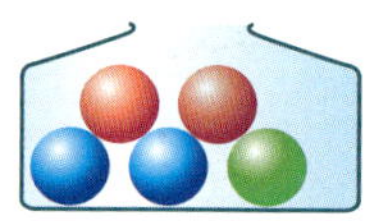

Donc $p=\frac{2}{5}=0{,}4$.

La variable aléatoire X qui compte le nombre de succès obtenus sur les $n=3$ tirages suit la loi binomiale de paramètres 3 et 0,4, c'est-à-dire $\mathcal{B}(3\,;0{,}4)$.

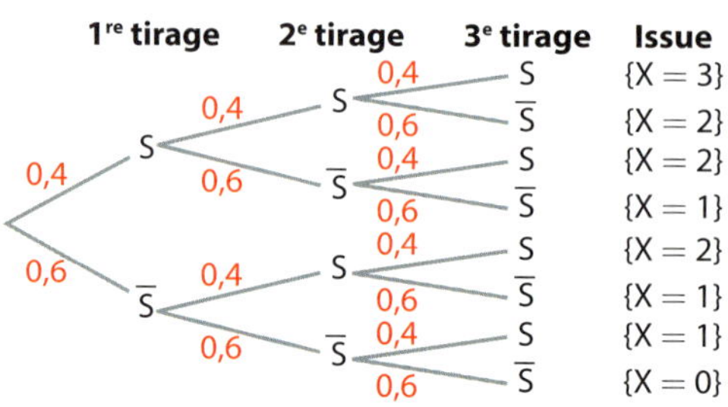

Par exemple,

$\mathrm{P}(\mathrm{X}=1)=\binom{3}{1}0{,}4^1(1-0{,}4)^{3-1}$

$\mathrm{P}(\mathrm{X}=1)=3\times0{,}4\times0{,}6^2$

$\mathrm{P}(\mathrm{X}=1)=0{,}432$

La loi de probabilité de X est donnée par le tableau :

k	0	1	2	3
$\mathrm{P}(\mathrm{X}=k)$	0,216	0,432	0,288	0,064

Voici ci-contre le diagramme en bâtons représentant graphiquement la loi binomiale de $\mathcal{B}(3\,;0{,}4)$.

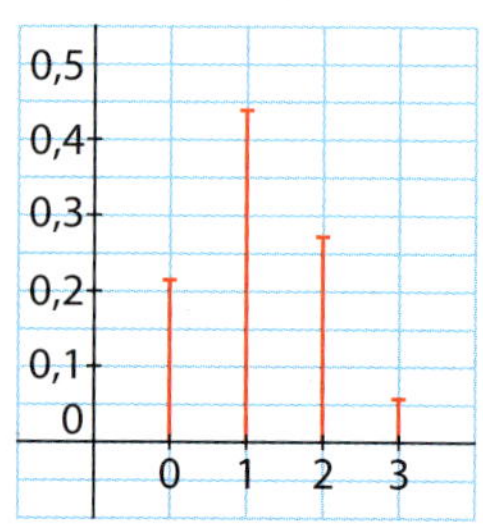

EXERCICE RÉSOLU

7 Reconnaître et utiliser une loi binomiale

Un QCM a trois questions avec quatre réponses proposées dont une seule est correcte.
Un élève répond au hasard et ses réponses sont indépendantes les unes des autres.
La variable aléatoire X compte le nombre de réponses correctes données par l'élève.

a) Justifier que la situation peut être modélisée par une loi binomiale dont on précisera les paramètres.

b) Calculer $P(X = 2)$ et interpréter le résultat. *Arrondir au millième.*

c) Calculer la probabilité que l'élève ait au plus deux réponses correctes. *Arrondir au millième.*

Solution

a) Épreuve de Bernoulli : choisir au hasard une réponse à une question.

Le succès est S : « La réponse est correcte » et $p = P(S) = \frac{1}{4}$.

Schéma de Bernoulli : on répète $n = 3$ fois cette épreuve de Bernoulli dans des conditions d'indépendance.

Loi binomiale : la variable aléatoire X qui donne le nombre de succès suit la loi binomiale de paramètres $n = 3$ et $p = \frac{1}{4}$.

b) $P(X = 2) = \binom{3}{2}\left(\frac{1}{4}\right)^2\left(\frac{3}{4}\right)^1 = 3 \times \left(\frac{1}{4}\right)^2 \times \frac{3}{4} = \frac{9}{64}$ soit $P(X = 2) \approx 0{,}141$.

La probabilité que l'élève ait exactement deux réponses correctes est environ 0,141.

c) $P(X \leqslant 2) = P(X = 0) + P(X = 1) + P(X = 2)$

$$P(X \leqslant 2) = \binom{3}{0}\left(\frac{1}{4}\right)^0\left(1-\frac{1}{4}\right)^{3-0} + \binom{3}{1}\left(\frac{1}{4}\right)^1\left(1-\frac{1}{4}\right)^{3-1} + \binom{3}{2}\left(\frac{1}{4}\right)^2\left(1-\frac{1}{4}\right)^{3-2}$$

$P(X \leqslant 2) \approx 0{,}984$.

La probabilité que l'élève ait au plus deux réponses correctes est environ 0,984.

> On décrit l'épreuve de Bernoulli (en précisant S et P(S)), puis le schéma de Bernoulli (en précisant n) et on conclut en disant que X suit la loi binomiale de paramètres n et p.

> Pour le calcul des coefficients $\binom{n}{k}$ voir p. 60 et 61.

> On traduit « au plus deux réponses correctes » par $\{X \leqslant 2\}$.

Avec la calculatrice

Casio : MENU 2 (STAT) F5 (DIST) F5 (BINOMIAL)

b) F1 (Bpd) puis renseigner la boîte de dialogue.

```
D.P. binomiale
   p=0.140625
```

c) F2 (Bcd) et renseigner : Lower=0, upper=2

```
D.C. binomiale
   p=0.984375
```

TI : 2nde var (distrib)

b) A:binomFdp(

```
binomFdp
nbreEssais:3
p:0.25
valeur de x:2
Coller
```

```
binomFdp(3,.25,2)
                0.140625
```

c) B:binomFRép(

```
binomFRép(3,0.25,2)
                0.984375
```

NumWorks : Probabilités EXE Binomiale EXE, renseigner n et p, Suivant.

b) Sélectionner [ ] et :

```
P(X= 2    )= 0.140625
```

c) Sélectionner [ ] et :

```
P(X≤ 2    )= 0.984375
```

EXERCICE D'APPLICATION DIRECTE

Sur le modèle de l'exercice résolu 7

8 On lance quatre fois de suite un dé équilibré à six faces numérotées de 1 à 6.
La variable aléatoire X compte le nombre de 6 obtenus.

a) Justifier que la situation peut être modélisée par une loi binomiale dont on précisera les paramètres.

b) Calculer $P(X = 3)$ et interpréter le résultat.

c) Calculer $P(X \leqslant 1)$ et interpréter le résultat.

Arrondir au millième.

EXERCICE RÉSOLU

9 Déterminer la plus petite valeur de k telle que $P(X \leqslant k) \geqslant 1-\alpha$

Cours 3

Une société de vente en ligne de matériel de jardinage propose à ses clients des lots de 80 asperseurs.

Une étude a montré que 5 % des asperseurs vendus sont défectueux.

On choisit un lot au hasard et on note X la variable aléatoire qui compte le nombre d'asperseurs défectueux sur les 80 du lot.

a) Modéliser la situation par une loi binomiale dont on précisera les paramètres.

b) La société souhaite déterminer le plus petit nombre entier naturel k tel que $P(X \leqslant k) \geqslant S$ où S est un nombre réel de l'intervalle $]0\,;1[$.

Au début de l'algorithme incomplet ci-contre, on affecte 0 à la variable k et $0{,}95^{80}$ à la variable P ; on donne une valeur de $]0\,;1[$ à la variable S.

À la fin de son exécution, l'algorithme renvoie la valeur de la variable k.

Compléter les pointillés verts et rouges.

c) Coder cet algorithme à l'aide d'une fonction **Seuil** en langage Python.

Saisir cette fonction et l'exécuter pour S = 0,99, puis pour S = 0,999.

```
Tant que P < S
    k ← ...
    P ← ...
Fin Tant que
```

Solution

a) On répète 80 fois dans des conditions d'indépendance l'épreuve de Bernoulli dont le succès est « L'asperseur est défectueux ». La variable aléatoire X suit la loi binomiale $\mathscr{B}(80\,;0{,}05)$.

b) Pointillés verts : $k+1$ Pointillés rouges : $P+\binom{80}{k}\times 0{,}05^k\times 0{,}95^{80-k}$.

c)

```python
from math import *

def Combi(n,k):
    C=factorial(n)//(factorial(k)*factorial(n-k))
    return C

def Seuil(S):
    k=0
    P=0.95**80
    while P<S:
        k=k+1
        P=P+Combi(80,k)*0.05**k*0.95**(80-k)
    return k
```

La fonction **Combi**, de paramètres n et k, calcule $\binom{n}{k}$ à l'aide de la formule :

$$\binom{n}{k}=\frac{n!}{k!(n-k)!}.$$

La variable P est initialisée à $0{,}95^{80}$ c'est-à-dire à $P(X=0)$.

La boucle donne successivement à P les valeurs $P(X=0)+P(X=1)$ soit $P(X\leqslant 1)$, puis $P(X\leqslant 2)$, … jusqu'à dépasser la valeur de S.

Ainsi, 9 est la plus petite valeur telle que $P(X\leqslant 9)\geqslant 0{,}99$ et 11 est la plus petite valeur telle que $P(X\leqslant 11)\geqslant 0{,}999$.

```
>>> Seuil(0.99)
9
>>> Seuil(0.999)
11
```

Avec la calculatrice : on cherche k tel que $P(X\leqslant k)\geqslant 0{,}999$.

Casio : MENU 2 (STAT) F5 (DIST) F5 (BINOMIAL) F3 (InvB)

TI : 2nde var (distrib) entrer C↓invBinom(entrer

NumWorks : Probabilités Binomiale, renseigner n et p, Suivant, sélectionner [icône] et saisir 0.999 dans $P(X\leqslant\ldots)=0{,}999$.

```
Binomial inverse
Data     :Variable
Area     :0.999
Numtrial:80
p        :0.05
Save Res:None
Execute
CALC
```

```
Binomial inverse
 xInv=11
```

Sucession d'épreuves indépendantes

Cours 1

Questions flash — À l'oral

10 Déterminer mentalement le nombre d'issues des expériences aléatoires suivantes.
Expérience 1 : On lance deux fois de suite une pièce de monnaie et on note les faces obtenues.
Expérience 2 : On lance deux fois de suite un dé cubique et on note les numéros obtenus.
Expérience 3 : On lance une pièce de monnaie, puis un dé à six faces numérotées de 1 à 6 et on note la face et le numéro obtenus.

11 E_1 et E_2 sont deux univers d'expériences aléatoires : $E_1 = \{A ; B ; C ; D\}$ et $E_2 = \{1 ; 3 ; 7\}$.
Dans chaque cas, citer deux issues de l'univers E indiqué : **a)** $E = E_1 \times E_2$ **b)** $E = E_1 \times E_1$

12 L'arbre pondéré ci-dessous illustre une expérience aléatoire à deux épreuves indépendantes.

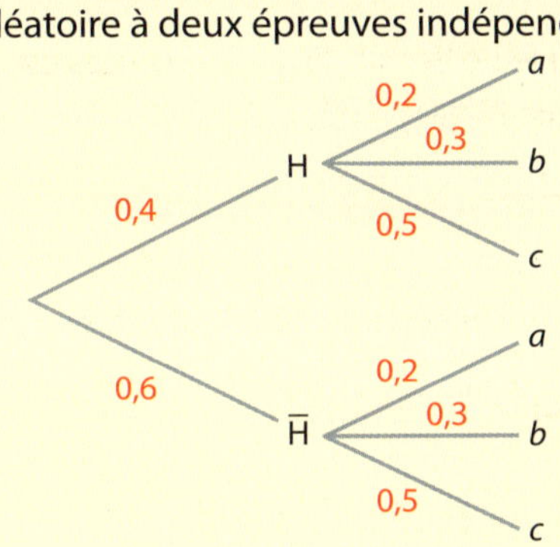

Calculer mentalement la probabilité de chaque issue : **a)** $(H ; a)$ **b)** $(\overline{H} ; b)$ **c)** $(\overline{H} ; c)$

13 Voici les patrons de deux dés équilibrés.

Dé 1 **Dé 2**

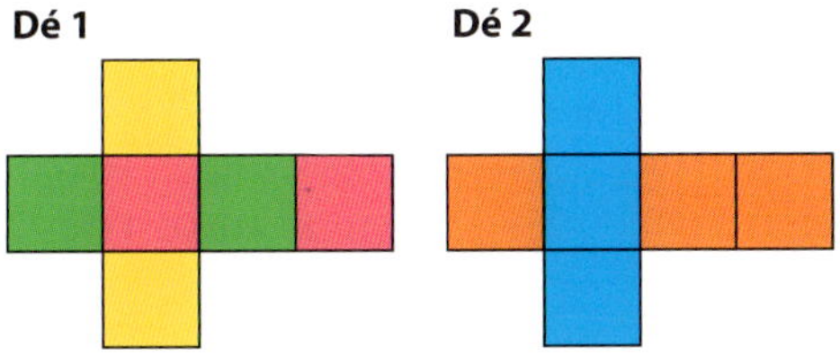

On lance le dé 1, puis le dé 2 et on note les couleurs obtenues (rose : R ; jaune : J ; vert : V ; bleu : B ; orange : O).
a) Quel est l'univers de cette expérience aléatoire ?
b) Représenter la situation par un arbre pondéré.
c) Dans chaque cas, déterminer la probabilité.
- P(V ; B)
- P(J ; O)
- P(R ; B)
- P(R ; O)

14 Les enfants de deux familles (qui ne possèdent ni jumeaux, ni triplés, ni quadruplés) se retrouvent un dimanche pour jouer des matchs de tennis.
La première famille compte quatre enfants (notés *a*, *b*, *c*, *d* de l'aîné au cadet) et la seconde famille compte deux enfants (notés *e* et *f* de l'aîné au cadet).
Pour le premier match, on choisit au hasard un enfant de la première famille, puis un enfant de la seconde famille.
a) Quel est l'univers de cette expérience aléatoire ?
b) Représenter la situation par un arbre pondéré.
c) Calculer la probabilité que les aînés des deux familles jouent ce premier match.

15 Un contrôle comporte quatre questions.
Pour chacune d'elles, le professeur propose deux réponses : l'une juste (J), l'autre fausse (F).
Un élève n'ayant pas appris sa leçon répond au hasard à chacune des questions.
On suppose que les réponses qu'il donne sont indépendantes les unes des autres.
a) Représenter cette situation par un arbre pondéré.
Combien y a-t-il de réponses possibles à ce contrôle ?
b) Que peut-on dire de la loi de probabilité sur l'ensemble des réponses ?
c) Donner la probabilité de chacun des événements suivants, sous forme d'une fraction irréductible :
- A : « L'élève a donné quatre réponses justes » ;
- B : « L'élève a donné une seule réponse juste ».

d) Déterminer la probabilité de l'événement C : « L'élève a donné au moins 2 réponses justes ».

Vidéo
JAICOMPRIS.COM — Cet exercice est corrigé en vidéo

16 On tire successivement une boule de chacune des urnes ci-dessous et on note les couleurs obtenues (B : bleu ; G : gris ; R : rose ; J : jaune).

Urne 1 **Urne 2** **Urne 3**

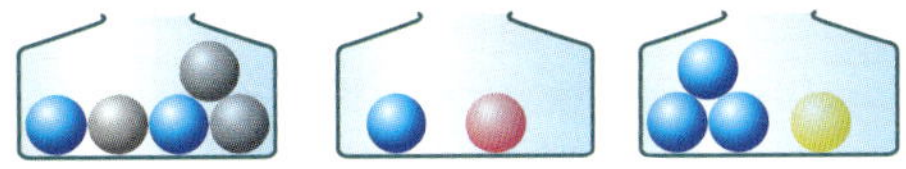

a) Déterminer le nombre d'issues de cette expérience aléatoire.
b) Représenter la situation par un arbre pondéré.
c) Déterminer la probabilité de l'événement : « Les trois boules sont de couleurs différentes. »
d) Donner deux issues différentes dont la probabilité est égale à $\frac{3}{40}$.

Épreuves et schéma de Bernoulli

Cours 2

Questions flash — À l'oral

17 Un sac opaque contient sept jetons numérotés de 1 à 7. On tire au hasard un jeton du sac et on regarde si le numéro obtenu est pair ou impair.
Axelle : « On peut associer cet énoncé à une épreuve de Bernoulli de paramètre $\frac{3}{7}$ ».
Kylian : « On peut associer cet énoncé à une épreuve de Bernoulli de paramètre $\frac{4}{7}$ ».
Qui a raison ? Expliquer oralement.

18 Décrire un schéma de Bernoulli dont l'arbre ci-dessous serait une représentation.

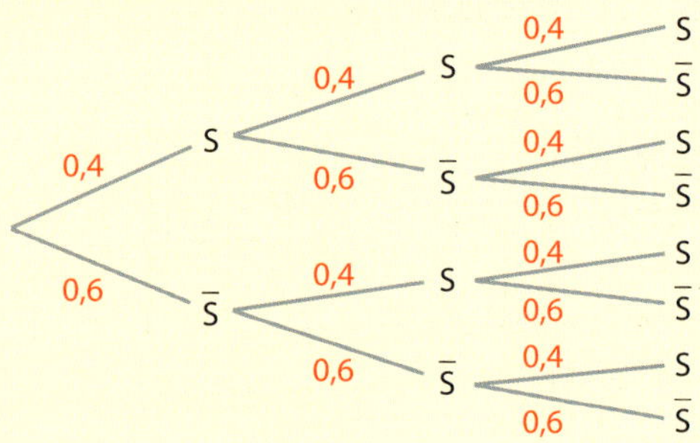

19 Donner oralement deux raisons pour lesquelles l'arbre pondéré ci-dessous ne peut pas représenter un schéma de Bernoulli.

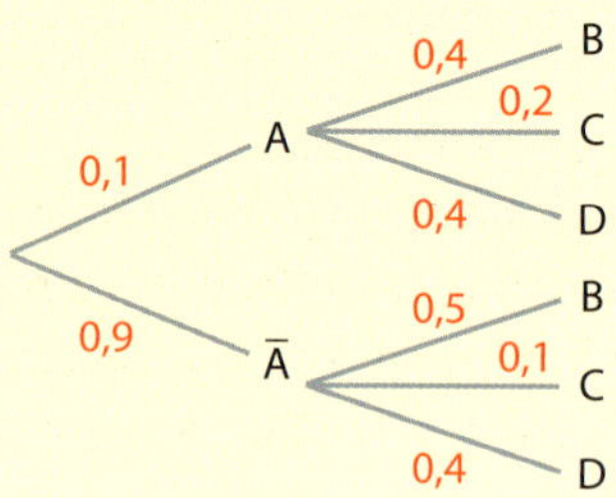

Pour les exercices 20 à 22, reconnaître une épreuve de Bernoulli, définir le succès, l'échec et donner la loi de probabilité associée.

20 Une classe de Terminale compte 34 élèves dont 18 filles. On choisit au hasard la fiche d'un élève et on observe s'il s'agit d'un garçon.

21 On tire au hasard une boule de l'urne ci-contre et on observe s'il s'agit d'une boule rouge.

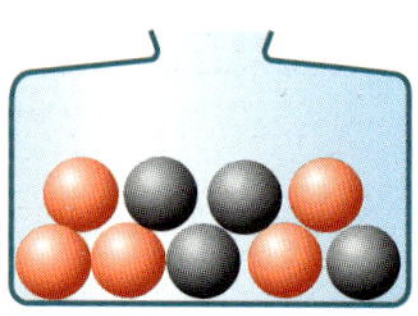

22 On lance un dé tétraédrique équilibré dont les sommets sont numérotés de 1 à 4, et on note si le 3 est sorti sur le sommet supérieur.

23 Selon la Sécurité routière, en 2019, environ 1,8 % des véhicules roulaient sans assurance. Depuis, de nouveaux radars capables de détecter le défaut d'assurance ont été mis en service.
Trois véhicules passent devant l'un de ces radars qui interroge alors les fichiers d'assurance.

a) Expliquer pourquoi on peut associer un schéma de Bernoulli à cette situation.
b) Représenter ce schéma par un arbre pondéré.

24 Le jeu de tarot est un jeu de cartes comportant 78 cartes dont 21 atouts. On tire successivement et avec remise quatre cartes d'un jeu de tarot.
a) Expliquer pourquoi on peut associer un schéma de Bernoulli à cette situation.
b) Représenter ce schéma par un arbre pondéré.

Pour les exercices 25 à 27, indiquer si l'on peut associer un schéma de Bernoulli à la situation. Si oui, représenter ce schéma par un arbre pondéré.

25 Un chapeau contient cinq cartes : deux portent la lettre X, trois la lettre Y.
Une partie consiste à tirer au hasard une carte du chapeau ; la partie est gagnée si la carte porte un X.
On réalise trois parties successives avec remise de la carte.

26 Dans son téléphone, Maxime a 140 morceaux de musique dont 32 de rap français.
Lorsqu'il est en mode lecture aléatoire, le téléphone choisit au hasard un morceau de la liste (sans répéter deux fois de suite le même morceau).
On note R l'événement : « Le morceau est du rap français ».
On s'intéresse aux deux premiers morceaux diffusés.

27 Une pièce de monnaie est truquée selon les modalités indiquées dans le tableau.

Issue	Pile	Face
Probabilité	$\frac{1}{9}$	$\frac{8}{9}$

On lance cette pièce trois fois de suite.

Loi binomiale $\mathcal{B}(n\,;p)$

Cours 3

Questions flash — À l'oral

28 X est la variable aléatoire qui compte le nombre de succès dans le schéma de Bernoulli ci-dessous.

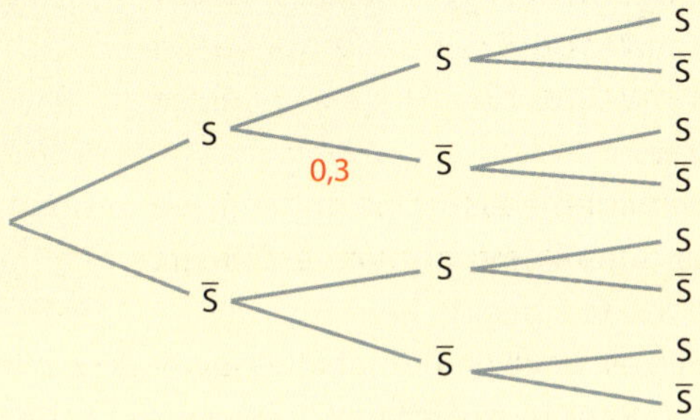

Indiquer oralement le nombre d'épreuves répétées, la probabilité du succès, les valeurs prises par X.

29 L'arbre pondéré ci-dessous représente un schéma de Bernoulli.

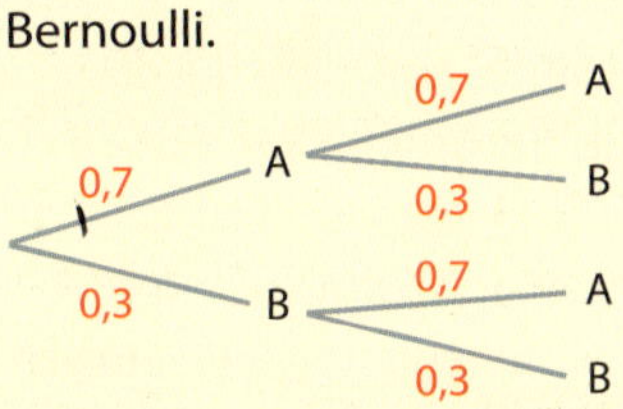

Léa : « On peut utiliser la loi binomiale $\mathcal{B}(2\,;0{,}7)$ ».
Jean-Philippe : « On peut utiliser la loi binomiale $\mathcal{B}(2\,;0{,}3)$ ».
Qui a raison ? Justifier oralement.

30 On tire successivement avec remise dix boules de l'urne ci-contre.
X est la variable aléatoire qui compte le nombre de boules rouges tirées.
Quelle est la loi de probabilité suivie par X ?

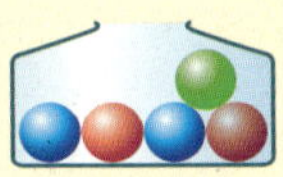

Pour les exercices 31 à 33, X est la variable aléatoire qui compte le nombre de succès. Indiquer, en justifiant, la loi de probabilité suivie par X.

31 On lance vingt fois de suite un dé équilibré à six faces numérotées de 1 à 6. Pour chaque lancer, on associe au succès l'obtention du 6.

32 On lance cinq fois de suite une pièce équilibrée. Pour chaque lancer, on associe au succès l'obtention de Pile.

33 Une urne contient dix billes numérotées de 1 à 10. On tire, successivement et avec remise, trois billes de cette urne. Pour chaque tirage, on associe au succès le fait que le numéro obtenu soit entre 3 et 5 inclus.

34 On tire au hasard une carte d'un jeu de 32 cartes. On note s'il s'agit d'un As, puis on la remet dans le jeu.
On répète ce tirage trois fois de suite.
X est la variable aléatoire qui donne le nombre d'As obtenus.
a) Quelle est la loi de probabilité suivie par X ?
b) Dans chaque cas, déterminer :
- $P(X = 1)$
- $P(1 \leqslant X < 3)$

35 X est une variable aléatoire qui suit une loi binomiale. Voici le tableau incomplet qui résume cette loi.

k	0	1	2	3
$P(X = k)$	$\frac{27}{125}$	…	…	…

a) Quels sont les paramètres de cette loi ?
b) Recopier et compléter le tableau. Donner les résultats sous forme de fractions.

36 On a représenté graphiquement ci-contre une loi binomiale de paramètres n et p.
Déterminer les valeurs de ces paramètres.

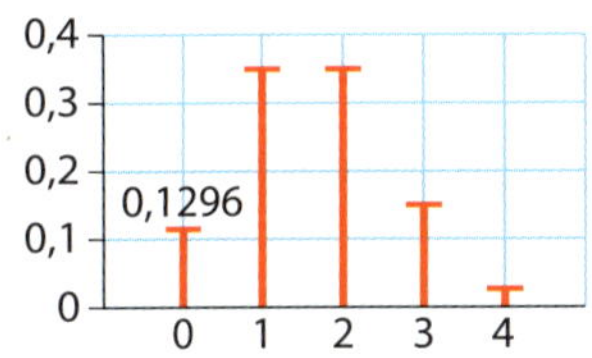

37 Algo python

Un dé est truqué selon les modalités suivantes.

Issue	1	2	3	4	5	6
Probabilité	0,1	0,05	0,2	0,05	0,3	0,3

1. a) On lance ce dé une fois.
Déterminer la probabilité d'obtenir un numéro pair.
b) n désigne un nombre entier naturel non nul.
On lance n fois le dé et on note X_n la variable aléatoire qui compte le nombre de fois où un numéro pair est sorti.
Exprimer $P(X_n = 1)$ en fonction de n.
2. Voici un programme incomplet en langage Python.
Il permet de calculer $P(X = 1)$ pour n allant de 1 à 10.

```
for i in range(1,11):
    p=[          ]
    print("n =",i,"P(X = 1) =",p)
```

a) Indiquer l'expression cachée dans la case rouge.
b) Saisir ce programme et l'exécuter afin de compléter le tableau ci-dessous. *Arrondir au millième.*

n	1	2	3	4	5	6	7	8	9	10
$P(X = 1)$										

Acquérir des automatismes

38 **Tice** Une variable aléatoire X suit la loi binomiale de paramètres $n = 5$ et $p = 0{,}6$.
À l'aide du tableur, réaliser le tableau qui donne la loi de probabilité de X et sa représentation graphique.

	A	B
1		
2		
3	k	$P(X=k)$
4	0	0,01024
5	1	0,0768
6	2	0,2304
7	3	0,3456
8	4	0,2592
9	5	0,07776

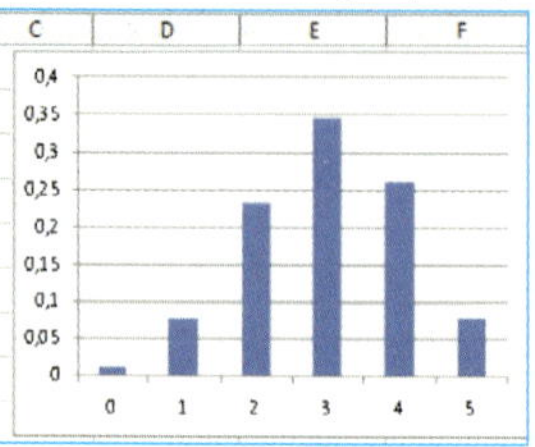

Conseil : dans la cellule B4, saisir la formule =LOI.BINOMIALE(A4;5;0,6;0).

39 Déterminer l'arrondi au centième de $P(X \leqslant 2)$:
a) lorsque X suit la loi binomiale $\mathscr{B}(5\,;0{,}3)$;
b) lorsque X suit la loi binomiale $\mathscr{B}\left(10\,;\dfrac{1}{4}\right)$.

40 Déterminer l'arrondi au centième de $P(3 \leqslant X < 6)$:
a) lorsque X suit la loi binomiale $\mathscr{B}(10\,;0{,}2)$;
b) lorsque X suit la loi binomiale $\mathscr{B}\left(11\,;\dfrac{2}{5}\right)$.

41 **Algo** python
X est une variable aléatoire qui suit une loi binomiale de paramètres n et p. a et b désignent deux nombres entiers naturels tels que $0 \leqslant a < b \leqslant n$. Voici un algorithme :

Pour i allant de a à b
$$p \leftarrow p + \binom{n}{i} p^i (1-p)^{n-i}$$
Fin Pour

Au début de cet algorithme, on affecte la valeur 0 à la variable p. En fin d'exécution, l'algorithme renvoie la valeur de la variable p.
a) Quel est le rôle de cet algorithme ?
b) Coder cet algorithme en langage Python, le saisir et l'exécuter pour $n = 20$, $p = 0{,}7$, $a = 8$, $b = 15$.

Vidéo
JAICOMPRIS.COM — Cet exercice est corrigé en vidéo

42 Un service de livraison a constaté que 3 % des colis livrés sont abîmés.
Un livreur doit acheminer 20 colis.
On note X la variable aléatoire qui donne le nombre de colis abîmés parmi les 20.
a) Quelle est la loi de probabilité suivie par X ?
b) Déterminer $P(X = 0)$ et en déduire $P(X \geqslant 1)$. *Arrondir au centième.*

43 Pour décorer la terrasse, le gérant d'un hôtel a acheté cinq lampes extérieures.
Ces lampes changent de couleur de manière aléatoire, indépendamment les unes des autres : rouge, bleu, vert et rose.

X est la variable aléatoire qui compte le nombre de lampes qui s'illuminent en vert lorsque le gérant les allume à la tombée du jour.
a) Quelle est la loi de probabilité suivie par X ?
b) Déterminer la probabilité, arrondie au centième, de chacun des événements :
A : « Moins de deux lampes s'illuminent en vert » ;
B : « Au moins deux lampes s'illuminent en vert ».

44 À la naissance, une mère qui possède un caractère génétique C, le transmet à son enfant dans un cas sur dix.
On suppose que la transmission à un enfant est indépendante de la transmission à un autre enfant.
Une femme, qui présente le caractère C, souhaite fonder une famille de 4 enfants.
On note X la variable aléatoire qui prend pour valeur le nombre d'enfants parmi les 4, présentant le caractère C.
a) Quelle est la loi suivie par la variable aléatoire X ?
b) Calculer la probabilité de l'événement : « Au moins un enfant sur les quatre présente le caractère C ». *Arrondir au centième.*

45 Lors d'une fête foraine, une attraction fait fureur. 250 cordelettes sont proposées au joueur dont 30 sont reliées à un gros lot.
Un joueur achète le droit de tirer 3 cordelettes et on considère qu'il s'agit d'une répétition de trois expériences identiques et indépendantes.
X est la variable aléatoire qui donne le nombre de gros lots gagnés par le joueur.
a) Justifier que X suit une loi binomiale.
Quels sont ses paramètres ?
b) Quelle est la probabilité de ne pas gagner de gros lot ? *Arrondir au centième.*
c) Quelle est la probabilité de gagner au moins un gros lot ? *Arrondir au centième.*
d) Quelle est la probabilité de gagner exactement deux gros lots ? *Arrondir au centième.*

EXO Exercices interactifs

46 QCM **Dans chaque cas, donner la réponse exacte sans justifier.**

Urne 1 : 3 boules rouges (R) et 2 blanches (B) **Urne 2 :** 1 boule rouge, 2 vertes (V), 3 blanches

On tire au hasard une boule de l'urne 1, on note sa couleur, puis une boule de l'urne 2, on note sa couleur.

		A	B	C	D
1	Cette expérience aléatoire possède …	15 issues	11 issues	6 issues	5 issues
2	La probabilité de l'issue (B ; R) est …	$\frac{3}{10}$	$\frac{1}{15}$	$\frac{1}{5}$	$\frac{2}{15}$
3	X est la variable aléatoire qui compte le nombre de boules rouges tirées. $P(X = 1)$ est égal à …	$\frac{17}{30}$	$\frac{13}{30}$	$\frac{2}{5}$	$\frac{23}{30}$

47 QCM **Dans chaque cas, donner la (ou les) réponse(s) exacte(s) sans justifier.**

		A	B	C	D
1	X est une variable aléatoire qui suit la loi binomiale $\mathscr{B}\left(10\,;\frac{1}{4}\right)$. Alors $P(X \geqslant 1)$ est égal à …	$1 - P(X < 1)$	environ 0,056	$1 - P(X = 0)$	environ 0,944
2	X est une variable aléatoire qui suit une loi binomiale $\mathscr{B}(3\,;p)$. On donne $P(X = 0) = \frac{1}{64}$. Alors …	$p = \frac{1}{4}$	$p = \frac{3}{4}$	$(1-p)^3 = \frac{1}{64}$	$p^3 = \frac{1}{64}$
3	X est une variable aléatoire qui suit la loi binomiale $\mathscr{B}(3\,;0{,}2)$. Alors $P(X = 3)$ est égal à …	$\left(\frac{1}{5}\right)^3$	$\left(\frac{4}{5}\right)^3$	$P(X = 0)$	$1 - P(X \leqslant 2)$
4	X est une variable aléatoire qui suit la loi binomiale $\mathscr{B}(6\,;0{,}2)$. Alors $P(2 \leqslant X < 4)$ est égal à …	$P(X = 2) + P(X = 3)$	$P(X < 4) - P(X < 1)$	0,328 environ	0,672 environ

48 Vrai/Faux **Dans chaque cas, dire si l'affirmation est vraie ou fausse en justifiant.**

Voici la répartition des licenciés d'un club de sport selon le sexe et la catégorie d'âge.

On choisit au hasard une licence dans chacune des trois catégories d'âge et on note le sexe de chaque licencié.

	Femme	Homme
Moins de 18 ans	45	55
De 18 à 60 ans	30	45
60 ans et plus	18	12

1. **Affirmation** : l'univers de cette expérience aléatoire comporte 6 issues.
2. **Affirmation** : la probabilité que les trois licenciés soient du même sexe est égale à 0,24.
3. **Affirmation** : la probabilité qu'au moins deux des trois licenciés soient des femmes est égale à 0,474.

Vérifiez vos réponses : p. 529

49 Étudier une propriété des lois binomiales

1. X est une variable aléatoire qui suit la loi binomiale $\mathscr{B}(2\,;p)$. On pose $q = 1 - p$.
Recopier le tableau et la somme ci-dessous, puis compléter les pointillés.

k	0	1	2
$P(X = k)$	q^2	...	...

$P(X = 0) + P(X = 1) + P(X = 2) = q^2 + \dots + \dots$
$P(X = 0) + P(X = 1) + P(X = 2) = (\dots)^2 = \dots$

2. X est une variable aléatoire qui suit la loi binomiale $\mathscr{B}(3\,;p)$.
a) Recopier le tableau et la somme ci-dessous, puis compléter les pointillés.

k	0	1	2	3
$P(X = k)$	q^3	...	...	...

$P(X = 0) + P(X = 1) + P(X = 2) + P(X = 3)$ est égal à :
$q^3 + \dots + \dots + \dots$

b) Développer l'expression $(p + q)^3$.
En déduire que $P(X = 0) + P(X = 1) + P(X = 2) + P(X = 3) = 1$.

3. Cas général
X est une variable aléatoire qui suit la loi binomiale $\mathscr{B}(n\,;p)$.
On conjecture que pour tout entier naturel n, $\sum_{k=0}^{n}\binom{n}{k}p^k q^{n-k} = (p+q)^n = 1$.
Voici la démonstration par récurrence de cette propriété.

- **Initialisation** : pour $n = 0$, $\binom{0}{0}p^0q^{0-0} = 1$ et $(p+q)^0 = 1$
- **Hérédité** : on suppose que pour un entier n, $\sum_{k=0}^{n}\binom{n}{k}p^k q^{n-k} = (p+q)^n = 1$.

On démontre qu'alors $\sum_{k=0}^{n+1}\binom{n+1}{k}p^k q^{n+1-k} = (p+q)^{n+1} = 1$.
Or, $(p+q)^{n+1} = (p+q)^n(p+q) = p(p+q)^n + q(p+q)^n$.
Donc d'après l'hypothèse de récurrence :

$$p(p+q)^n = p^{n+1} + \binom{n}{n-1}p^nq + \dots + \binom{n}{k-1}p^kq^{n+1-k} + \dots + \binom{n}{1}p^2q^{n-1} + \binom{n}{0}pq^n$$

$$q(p+q)^n = \binom{n}{n}p^nq + \dots + \binom{n}{k}p^kq^{n+1-k} + \dots + \binom{n}{2}p^2q^{n-1} + \binom{n}{1}pq^n + q^{n+1}$$

$$(p+q)^{n+1} = p^{n+1} + \binom{n+1}{n}p^nq + \dots + \binom{n+1}{k}p^kq^{n+1-k} + \dots + \binom{n+1}{2}p^2q^{n-1} + \binom{n+1}{1}pq^n + q^{n+1}$$

Ainsi $(p+q)^{n+1} = \sum_{k=0}^{n+1}\binom{n+1}{k}p^kq^n$

- **Conclusion :** pour tout entier naturel n, $\sum_{k=0}^{n+1}\binom{n}{k}p^kq^{n-k} = 1$.

Expliquer les trois lignes écrites en vert.

50 Travailler avec des expressions littérales

X est une variable aléatoire qui suit la loi binomiale $\mathscr{B}(n\,;p)$.
S est un nombre réel de l'intervalle $]0\,;1[$.
Déterminer, en fonction de S et de p, la plus petite valeur de n telle que $P(X \geqslant 1) \geqslant S$.

Vidéo
JAICOMPRIS.COM
Toutes les démonstrations au programme en vidéo

Liste des démonstrations :
- Expression de la probabilité de k succès dans le schéma de Bernoulli.

Conseil
Penser que $(p+q)^3$ est égal à $(p+q)(p+q)^2$.

Conseil
La notation $\sum_{k=0}^{n}P(X = k)$ signifie $P(X = 0) + P(X = 1) + \dots + P(X = n)$

Conseil
Penser à utiliser la relation de Pascal.

Étudier une succession d'épreuves indépendantes ou non

51 PARCOURS DIFFÉRENCIÉS

Parcours 1

L'alphabet latin compte 26 lettres dont 6 voyelles, et l'alphabet grec compte 24 lettres dont 5 voyelles.
On choisit au hasard une lettre dans chacun des deux alphabets.
Déterminer la probabilité que sur les deux lettres tirées il y ait au moins une voyelle.

Parcours 2

Un code secret est composé de deux chiffres ■▲ avec ■ $\in \{1\,;2\,;3\}$ et ▲ $\in \{0\,;1\,;2\,;3\}$.
Alex a oublié le code et il le compose au hasard.
a) Représenter la situation par un arbre pondéré.
b) Repasser en rouge les chemins de l'arbre qui réalisent l'événement A : « Au moins l'un des deux chiffres tapés par Alex est pair ».
c) Calculer P(A).

52 Algo python

On lance successivement deux dés équilibrés : l'un à six faces numérotées de 1 à 6 et l'autre tétraédrique dont les sommets sont numérotés de 1 à 4.
X est la variable aléatoire qui donne la somme des numéros obtenus.
1. Voici une fonction incomplète écrite en langage Python qui renvoie pour résultat un échantillon de n expériences et qui indique la fréquence de sortie de l'issue $\{X = k\}$.

```
from random import *

def Echantillon(n,k):
    som=0
    for i in range(0,n):
        a=randint(1,6)
        b=[          ]
        x=a+b
        if [     ]
            som=som+1
    f=[      ]
    return f
```

a) Indiquer les expressions cachées dans les cadres colorés.
b) Saisir et exécuter cette fonction pour :
- $n = 1\,000$, $k = 5$;
- $n = 5\,000$, $k = 6$.

2. a) Utiliser un tableau croisé pour lister toutes les issues possibles pour la variable aléatoire X.
b) Déterminer $P(X = 5)$, puis $P(X = 6)$.
Comparer ces résultats théoriques aux fréquences observées sur les échantillons de la question **1. b)**.

53 On prélève au hasard une boule de chacune des urnes ci-dessous.

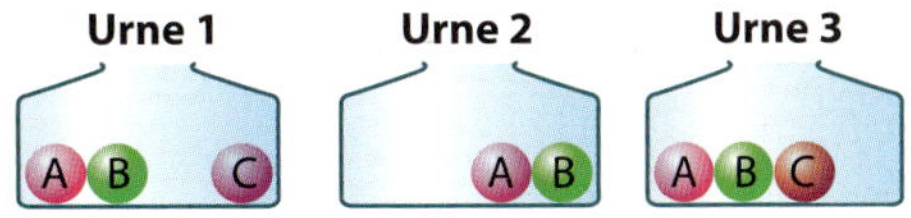

Situation 1 : on note la couleur des boules tirées.
V est l'événement « La boule tirée est verte ».
a) Reproduire et compléter l'arbre ci-dessous.

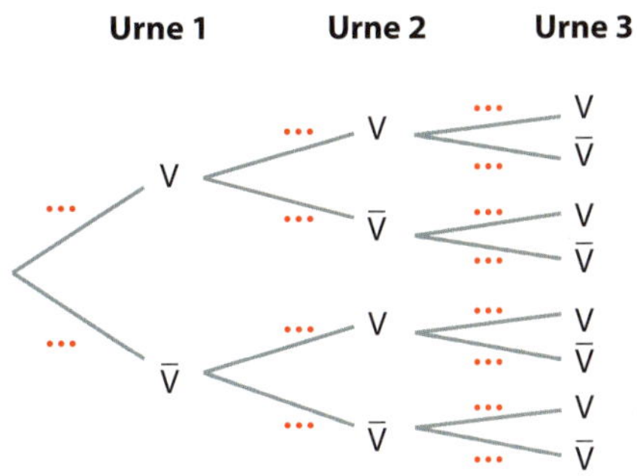

b) Déterminer la probabilité de tirer au moins une boule verte.
Situation 2 : on note la lettre indiquée sur chaque boule tirée.
A est l'événement : « La boule tirée porte la lettre A ».
a) Représenter la situation par un arbre pondéré.
b) Déterminer la probabilité d'obtenir A une fois au plus.

54 L'efficacité du vaccin contre la grippe peut diminuer en fonction des caractéristiques des personnes vaccinées, ou en raison du vaccin, qui n'est pas toujours totalement adapté aux souches du virus qui circulent. Il est donc possible de contracter la grippe en étant vacciné.
Une étude menée à l'issue de la période hivernale a montré que :
- 40 % de la population est vaccinée
- 8 % des personnes vaccinées et 28 % des personnes non vaccinées ont contracté la grippe.

On choisit une personne au hasard dans la population.
V est l'événement : « La personne est vaccinée » ;
G est l'événement : « La personne a contracté la grippe ».
a) Représenter la situation par un arbre pondéré.
b) Déterminer la probabilité que la personne choisie ait contracté la grippe.
c) La personne choisie a contracté la grippe.
Déterminer la probabilité qu'elle soit vaccinée.
d) Déterminer la probabilité que la personne choisie ait contracté la grippe ou soit vaccinée.

55 Voici la répartition des membres d'une association humanitaire selon leur âge et leur spécialité.

	Médecin (M)	Infirmier (I)	Administratif (A)
Femme (F)	8	14	3
Homme (H)	7	15	8

Pour chacune des situations ci-dessous, construire un arbre pondéré, puis calculer la probabilité P(S).

Situation 1

On prélève au hasard la fiche d'un membre de chacune des spécialités.

S est l'événement : « L'un des trois membres est une femme ».

Situation 2

On prélève au hasard la fiche d'une femme, puis celle d'un homme.

S est l'événement : « L'un des deux membres au moins est médecin ».

Situation 3

On prélève au hasard successivement et sans remise les fiches de deux membres de l'association.

S est l'événement : « Les deux membres sont du même sexe ».

Modéliser avec une loi binomiale

56 **PARCOURS DIFFÉRENCIÉS**

Parcours 1

On a constaté que 0,4 % d'une population est touchée par une certaine maladie.

On prélève au hasard la fiche médicale de 50 individus de cette population.

La population est suffisamment grande pour assimiler ces prélèvements à des tirages avec remise.

A est l'événement : « L'échantillon compte au moins deux personnes malades ».

Déterminer P(A). *Arrondir au millième.*

Parcours 2

Dans une société de démarchage téléphonique, un opérateur appelle 10 personnes par jour. On estime que 40 % des personnes appelées répondent.

X est la variable aléatoire qui compte le nombre de personnes qui répondent.

a) Quelle est la loi de probabilité suivie par X ?

b) Déterminer $P(X = 0)$ et $P(X = 1)$. *Arrondir au millième.*

c) En déduire la probabilité qu'au moins deux personnes répondent.

57 **Algo** python

Une roseraie livre des fleuristes par lots de 100 roses. Afin de fidéliser ses clients, elle rembourse un lot lorsqu'il contient strictement plus de 5 roses fanées.

Une étude a montré que 4 % des roses livrées sont fanées.

On choisit un lot au hasard.

X est la variable aléatoire qui donne le nombre de roses fanées de ce lot.

1. a) Quelle est la loi de probabilité suivie par X ?

b) Calculer la probabilité que le lot soit remboursé au fleuriste. *Arrondir au centième.*

2. Le chef des ventes de la roseraie souhaite réduire le nombre de lots remboursés. Pour cela, il décide d'augmenter le nombre *k* de roses fanées à partir duquel le lot est remboursé.

a) Écrire une fonction **Seuil** en langage Python qui détermine la plus petite valeur *k* telle que la probabilité de rembourser le lot soit inférieure ou égale à 0,01.

b) Saisir et exécuter cet algorithme.

58 Au casino, le jeu de la roulette contient 37 numéros (de 0 à 36).

On a détaillé ci-dessous cinq façons de jouer une partie à la roulette.

(1) Miser sur l'un des 37 numéros.

(2) Miser sur « Impair ».

(3) Miser sur « 1 à 18 ».

(4) Miser sur « Rouge ».

(5) Miser sur « 1er 12 », c'est-à-dire sur les 12 premiers numéros de 1 à 12.

Un joueur décide de jouer quatre parties successives en misant, à chaque fois, de la même façon.

X est la variable aléatoire qui compte le nombre de parties gagnées sur les quatre parties jouées.

Pour chaque façon de miser :

a) modéliser la situation par une loi binomiale dont on précisera les paramètres ;

b) déterminer la probabilité que le joueur gagne au moins une partie. *Arrondir au millième.*

59 Un serveur a étudié les pourboires laissés par ses clients durant l'année écoulée.
Il a constaté que 25 % des clients ne laissent pas de pourboire et que les autres laissent un pourboire moyen de 1,80 €.
On prélève au hasard un échantillon de 50 clients de ce restaurant. On suppose que les paiements des clients sont indépendants.
X est la variable aléatoire qui compte le nombre de clients ayant laissé un pourboire.
Les résultats seront arrondis au millième.
a) Déterminer et interpréter $P(X = 35)$.
b) Déterminer la probabilité de l'événement : « Avec ces 50 clients, le restaurateur a reçu 72 € de pourboires ».
c) Déterminer $P(35 \leqslant X \leqslant 40)$.
Interpréter le résultat obtenu.

60 **Tice** On lance un dé tétraédrique équilibré dont les faces portent les numéros 1, 2, 3 et 4 ; on note le numéro inscrit sur la face cachée.
1. On lance dix fois de suite le dé.
On note X la variable aléatoire qui compte le nombre de fois où le numéro 2 est obtenu.
X suit une loi binomiale.
a) Saisir dans une feuille de calcul, la loi de probabilité de X et sa représentation graphique.
b) Calculer la probabilité de l'événement $(X \geqslant 1)$. *Arrondir au millième.*
2. n désigne un nombre entier naturel non nul.
On lance n fois le dé.
On note U_n la probabilité d'obtenir pour la première fois le numéro 2 au n-ième lancer.
a) Expliquer pourquoi pour tout entier naturel $n \geqslant 1$,
$$U_n = \left(\frac{5}{6}\right)^{n-1} \times \frac{1}{6}.$$
b) Démontrer que (U_n) est une suite géométrique.
c) Pour quelles valeurs de n, a-t-on $U_n < 0{,}1$?

61 On considère un dé pipé dont les six faces sont numérotées de 1 à 6.
On note p_i la probabilité d'apparition de la face numérotée i.
a) Sachant que $p_1 = p_3 = p_5$; $p_2 = p_4 = p_6$; $p_2 = 2p_3$, déterminer p_i pour tout entier i compris entre 1 et 6.
b) On lance le dé n fois de suite.
Exprimer en fonction de n la probabilité q_n de l'événement : « On obtient au moins une fois un résultat pair ».
Utiliser la calculatrice pour déterminer les valeurs de n telles que $q_n > 0{,}999$.

62 Voici un jeu proposé sur une application smartphone.

Les trois rouleaux de la machine sont identiques et constitués de :
deux  ; trois  ; quatre  ; cinq  ;
six  ; huit  ; dix .
Les gains sont indiqués en points sur la machine.
a) Calculer la probabilité d'obtenir chacun des gains indiqués. *Arrondir au millième.*
b) Pour jouer, le joueur doit miser 10 points.
Calculer la probabilité que la partie ne soit pas perdante.

S'ENTRAÎNER À LA LOGIQUE → p. 525

63 **Événements contraires**

Un schéma de Bernoulli est constitué de cinq répétitions.
Dans chaque cas, définir l'événement contraire.
a) « Obtenir au moins un succès ».
b) « Obtenir au plus deux succès ».
c) « Obtenir au plus trois échecs ».

64 **Propositions vraies ou fausses**

X est une variable aléatoire qui suit une loi binomiale de paramètres n et p (avec n nombre entier naturel, $n \geqslant 2$ et $0 < p < 1$).
Pour chaque proposition, dire si elle est vraie ou fausse. Justifier.
a) Si $P(X = 0) \leqslant 0{,}1$, alors $P(X \geqslant 1) \geqslant 0{,}9$.
b) Pour tout entier naturel k avec $0 \leqslant k \leqslant n$,
$$P(X = k) \leqslant P(X = n - k).$$
c) La variable aléatoire Y qui donne le nombre d'échecs suit la loi binomiale de paramètres n et $1 - p$.

65 SIMULATION ET UNE PLANCHE DE GALTON

Algo python

Objectif
Utiliser un algorithme pour simuler une expérience aléatoire associée à un schéma de Bernoulli, puis modéliser cette expérience aléatoire.

Principe

La planche de Galton est un appareil permettant de simuler un schéma de Bernoulli.
Celle reproduite ci-contre est composée de cinq rangées de 1, 2, 3, 4 puis 5 clous. Une bille est lâchée à la verticale du premier clou. À chaque fois qu'elle rencontre un clou, la bille tombe à gauche ou à droite de façon équiprobable.
En bas de la planche se trouvent des compartiments numérotés de 0 à 5 pour réceptionner la bille.

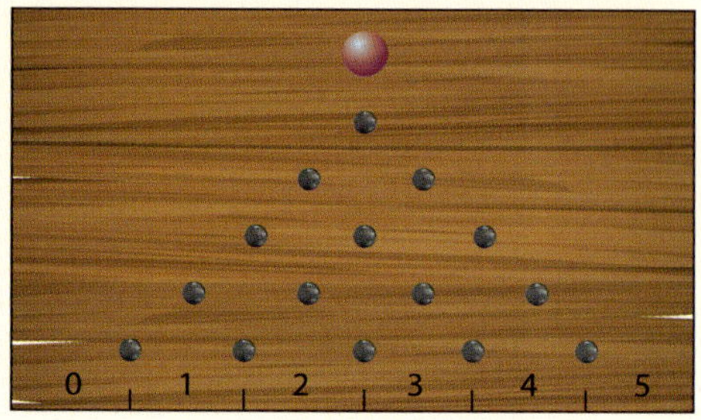

1. Simulation par un algorithme

À chaque fois que la bille rencontre un clou, on note 0 lorsqu'elle part sur la gauche et 1 lorsqu'elle part sur la droite du clou.
On effectue ensuite la somme des cinq numéros obtenus au passage des cinq rangées. Cette somme correspond au numéro du compartiment.

a) À quel numéro de compartiment correspond le trajet 0-0-1-1-0 ? le trajet 1-1-0-1-0 ?

b) Voici une fonction incomplète écrite en langage Python qui renvoie la fréquence d'obtention du compartiment numéro *k* lors de *n* lancers.
Indiquer l'expression cachée par le cadre rouge.
Saisir ce programme et exécuter **Simulation(10000,3).**

c) Utiliser ce programme afin d'obtenir la fréquence de chacun des numéros de compartiments pour 10 000 lancers.

```
from random import *

def Simulation(n,k):
    som=0
    for i in range(n):
        a=randint(0,1)
        b=randint(0,1)
        c=randint(0,1)
        d=randint(0,1)
        e=randint(0,1)
        S=a+b+c+d+e
        if S==k:
            som=som+1
    f=[   ]
    return f
```

2. Modélisation

a) À chaque rangée de clous, on note succès lorsque la bille part à droite.
Modéliser cette situation par une épreuve de Bernoulli dont on précisera le paramètre.

b) On note X la variable aléatoire qui donne le nombre de succès obtenus lors du lâcher de la bille.
Déterminer la loi de probabilité de X.

c) Calculer $P(X = 3)$, puis comparer le résultat à celui obtenu au **1. b)**. Expliquer cette différence.

d) Pour chacun des autres compartiments, calculer la probabilité que la bille tombe dans ce compartiment.

HISTOIRE DES MATHS

Ce procédé a été imaginé par le savant anglais Sir Francis Galton (1822-1911). Écrivain, météorologue, statisticien ..., il est également connu pour avoir mis en place la méthode d'identification des individus par leurs empreintes digitales.

66 SURRÉSERVATION AÉRIENNE

Algo python™

Objectif
Modéliser une situation à l'aide de la loi binomiale, puis utiliser un algorithme afin d'optimiser les recettes d'une entreprise.

Principe

Une compagnie aérienne assure une ligne régulière avec un avion d'une capacité de 70 passagers. Les clients réservent gratuitement par Internet, sans obligation d'achat et sans pénalité en cas de non présentation.

La compagnie propose n places à la réservation (n nombre entier naturel, $n \geqslant 70$) et on suppose que les n places sont réservées mais seuls 95 % des voyageurs se présentent à l'embarquement et achètent effectivement leur billet.

Le prix du billet s'élève à 90 €.

Du point de vue de la compagnie, la présence ou non d'un client à l'embarquement est une épreuve de Bernoulli et les n clients représentent n répétitions identiques et indépendantes de cette épreuve.

X est la variable aléatoire qui donne le nombre de passagers achetant effectivement leur billet parmi les n ayant réservé.

1. Sans surréservation

On suppose dans cette question que $n = 70$.

a) Déterminer la loi de probabilité de X et préciser ses paramètres.

b) Calculer la probabilité qu'il y ait au moins une place libre dans l'avion.

Arrondir au millième.

2. Avec surréservation

On suppose dans cette question que $n = 80$ (la capacité restant de 70 passagers).

Si un voyageur ayant réservé arrive pour embarquer alors que l'avion est déjà complet, la compagnie lui verse un dédommagement de 45 €.

a) Dans cette situation, quelle est la loi de probabilité de X ?

b) Calculer la probabilité qu'il y ait au moins une place libre dans l'avion ?

Arrondir au millième.

c) Calculer la probabilité qu'il y ait au moins un voyageur ayant réservé et ne pouvant pas embarquer.

Arrondir au millième.

3. Un programme en langage Python

Voici une fonction incomplète écrite en langage Python qui, pour n places offertes à la réservation en entrée, renvoie la recette de la compagnie aérienne.

```
def Recette(n):
    if 0.95*n>=70:
        R=▭
    else:
        R=▭
    return R
```

a) Indiquer les expressions cachées par les cadres.

b) Saisir ce programme et le tester afin de déterminer le nombre de places à offrir à la réservation afin que la recette soit maximum.

67 Comparer des probabilités

Narration de recherche

Raisonner **Calculer**

Rédiger les différentes étapes de la recherche, sans omettre les fausses pistes et les changements de méthode.

Problème

Voici les patrons de deux dés équilibrés.

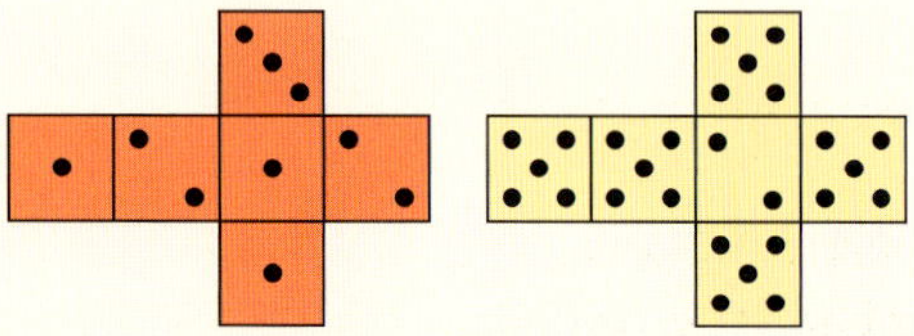

Yanis lance le dé rouge deux fois et fait la somme des numéros obtenus. Elia lance le dé jaune trois fois et fait la somme des numéros obtenus.
Yanis dit à Elia : « J'ai plus de chances d'obtenir 5 que toi d'obtenir 12 ». Yanis a-t-il raison ?

68 Prendre des initiatives

Raisonner **Calculer**

n désigne un nombre entier naturel non nul.
Dans une loterie, un ticket sur n est gagnant.
Alyssia décide d'acheter n tickets.
Déterminer la plus petite valeur de n pour laquelle la probabilité qu'Alyssia ait au moins un ticket gagnant soit inférieure à 0,64. *S'aider de la calculatrice.*

69 Déterminer une probabilité maximum

Modéliser **Raisonner** **Calculer**

1. f est la fonction définie sur $[0\,;100]$ par :

$$f(x)=\frac{x}{50}\left(1-\frac{x}{100}\right).$$

Démontrer que f admet un maximum sur $[0\,;100]$ et préciser sa valeur.

2. Un sac contient 100 jetons indiscernables au toucher dont m jetons sont gagnants (avec m nombre entier naturel, $0 < m < 100$).
On tire successivement et avec remise deux jetons du sac.
X est la variable aléatoire qui donne le nombre de jetons gagnants parmi les deux.
A est l'événement : « Obtenir exactement un jeton gagnant sur les deux. »

a) Pour quelle valeur de m, la probabilité P(A) est-elle maximum ?

b) Calculer cette probabilité pour la valeur de m trouvée.

70 Modéliser une situation

Problème ouvert

Raisonner **Calculer** **Communiquer**

Sur l'année qui vient de s'écouler, une compagnie aérienne affiche des retards sur 4 % de ses vols courte distance ($<$ 1 500 km). Parmi ces retards, 22 % sont des retards de plus de 3 h.
Une loi de 2004 de l'Union européenne prévoit une indemnisation de 250 € par passager lorsqu'un vol courte distance est retardé de plus de 3 h.
Alexandra effectue 10 allers-retours courte distance par an avec cette compagnie aérienne.
Quelle est la probabilité que, sur l'année écoulée, elle ait reçu 750 € d'indemnisation ?

71 Penny's wins

Raisonner **Calculer** **Communiquer**

Penny, Alex and Leonard regularly play table football.
Penny wins eighty times out of hundred against Alex and three times out of ten against Leonard.
Today, she will play four consecutive games against Alex and five consecutive games against Leonard.
We assume that the results are independent.
Let X (resp. Y) be the random variable that counts the number of games Penny wins against Alex (resp. against Leonard).

a) What is the probability distribution of X? of Y?

b) Compare $P(X \geqslant 1)$ and $P(Y \geqslant 2)$.

72 Imaginer une stratégie

Modéliser **Raisonner** **Calculer**

Un mage se présente aux portes d'une cité pour y offrir ses services de divination.
Les habitants sceptiques lui font passer un test au cours duquel il devra deviner les résultats de dix lancers d'une pièce d'argent équilibrée.

Il se trouve qu'il donne huit fois la bonne réponse.
Les habitants de la cité peuvent-ils faire confiance à ce mage ?

73 Déceler des erreurs dans un échange d'information

35 min

D'après Bac, Polynésie 2019

Dans cet exercice, les probabilités demandées seront précisées à 10^{-4} près.

Lors d'une communication électronique, tout échange d'information se fait par l'envoi d'une suite de 0 ou de 1, appelés bits, et cela par le biais d'un canal qui est généralement un câble électrique, des ondes radio, …
Une suite de 8 bits est appelé un octet. Par exemple 10010110 est un octet.

Partie A

On se place dans le cas où l'on envoie, sur le canal, successivement 8 bits qui forment un octet.
On envoie un octet au hasard. On suppose la transmission de chaque bit indépendantes de la transmission des bits précédents. On admet que la probabilité qu'un bit soit mal transmis est égale à 0,01.
On note X la variable aléatoire égale au nombre de bits mal transmis dans l'octet lors de cette communication.

1. Quelle est la loi de probabilité suivie par la variable aléatoire X ? Justifier.
2. Déterminer la probabilité qu'exactement deux bits de l'octet soient mal transmis.
3. Que peut-on penser de l'affirmation suivante : « La probabilité que le nombre de bits mal transmis de l'octet soit au moins égal à trois est négligeable » ? Argumenter.

Guide de résolution
3. Négligeable signifie très proche de zéro.

Partie B

Afin de détecter si un ou plusieurs bits de l'octet sont mal transmis, on utilise un protocole de détection d'erreur. Il consiste à ajouter, à la fin de l'octet à transmettre, un bit, appelé bit de parité, et qui est transmis après les huit bits de l'octet.
On s'intéresse désormais à la transmission de l'octet suivi de son bit de parité.
Une étude statistique a permis d'obtenir que :

- la probabilité que les huit bits (octet) soient transmis sans erreur vaut 0,922 ;
- la probabilité que les huit bits (octet) soient transmis avec exactement une erreur vaut 0,075 ;
- si les huit bits (octet) ont été transmis sans erreur, la probabilité que le bit de parité soit envoyé sans erreur vaut 0,99 ;
- si les huit bits (octet) ont été transmis avec exactement une erreur, la probabilité que le bit de parité ait été envoyé sans erreur vaut 0,9 ;
- si les huit bits (octet) ont été transmis avec au moins deux erreurs, la probabilité que le bit de parité soit envoyé sans erreur vaut 0,99.

Guide de résolution
B. Les chapitres vus en classe de Première sont au programme du Bac. Ici, les probabilités conditionnelles.

On choisit au hasard un octet suivi de son bit de parité. On considère les événements suivants :

- Z : « Les huit bits de l'octet sont transmis sans erreur »
- E : « Les huit bits de l'octet sont transmis avec exactement une erreur »
- D : « Les huit bits de l'octet sont transmis avec au moins deux erreurs »
- B : « Le bit de parité est transmis sans erreur »

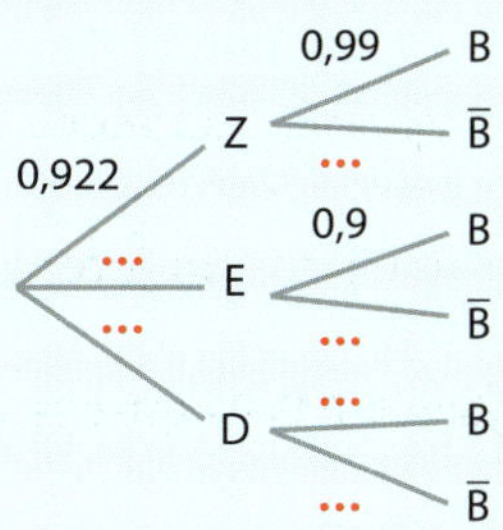

1. Recopier et compléter l'arbre pondéré ci-contre.
2. Quelle est la probabilité que l'octet soit transmis avec une erreur exactement et que le bit de parité soit transmis sans erreur ?
3. Calculer la probabilité de l'événement B.

Guide de résolution
3. Utiliser la formule des probabilités totales : trois chemins de l'arbre mènent à l'événement B.

74 Compléter un algorithme pour répondre à un problème

Algo python™ 45 min

D'après Bac, Métropole 2012

Pour embaucher ses cadres, une entreprise fait appel à un cabinet de recrutement. La procédure retenue est la suivante. Le cabinet effectue une première sélection de candidats sur dossier.

40 % des dossiers reçus sont validés et transmis à l'entreprise.

Les candidats ainsi sélectionnés passent un premier entretien à l'issue duquel 70 % d'entre eux sont retenus.

Ces derniers sont convoqués à un ultime entretien avec le directeur des ressources humaines qui recrutera 25 % des candidats rencontrés.

1. On choisit au hasard le dossier d'un candidat.

On considère les événements suivants :

- D : « Le candidat est retenu sur dossier »,
- E_1 : « Le candidat est retenu à l'issue du premier entretien »,
- E_2 : « Le candidat est recruté ».

a) Recopier et compléter l'arbre pondéré ci-dessous.

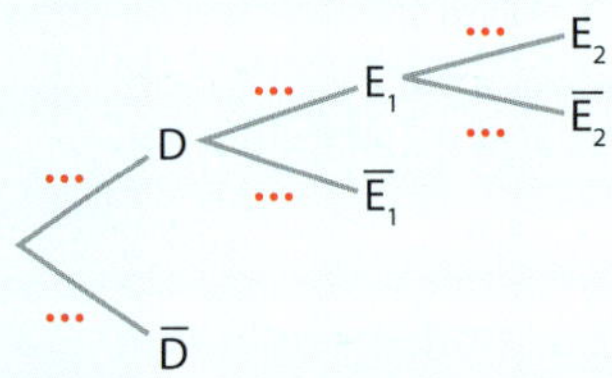

b) Calculer la probabilité de l'événement E_1.

c) On note F l'événement : « Le candidat n'est pas recruté ».

Démontrer que la probabilité de l'événement F est égale à 0,93.

2. Cinq amis postulent pour devenir cadre dans cette entreprise.

Les études de leur dossier sont faites indépendamment les unes des autres.

On admet que la probabilité que chacun d'eux soit recruté est égale à 0,07.

On désigne par X la variable aléatoire donnant le nombre de personnes recrutées parmi ces cinq candidats.

a) Justifier que X suit une loi binomiale et préciser les paramètres de cette loi.

b) Calculer la probabilité que deux exactement des cinq amis soient recrutés. On arrondira au millième.

3. On note n le nombre de dossiers traités par le cabinet de recrutement. On admet que les dossiers sont étudiés indépendamment les uns des autres. On admet que la probabilité que le candidat correspondant à un dossier soit recruté est égale à 0,07. On désigne par X la variable aléatoire donnant le nombre de personnes recrutées parmi ces n candidats.

a) Exprimer la probabilité $P(X \geqslant 1)$ en fonction de n.

b) Voici un programme incomplet écrit en langage Python qui permet d'obtenir le nombre minimum de dossiers que le cabinet de recrutement doit traiter pour que la probabilité de recruter au moins un candidat soit supérieure ou égale à 0,999. Indiquer les expressions cachées par les cadres en couleur.

```
n=0
while [                    ]:
    n=[   ]
print("L'entier n cherché est",n)
```

c) Déterminer par le calcul la valeur affichée en sortie par le programme.

Guide de résolution
3. a) Penser à l'événement contraire.

Guide de résolution
3. c) Utiliser les propriétés de la fonction ln.

75 **Passer des lois binomiales aux probabilités conditionnelles** 20 min

D'après Bac, Nouvelle Calédonie 2018

Un QCM a 20 questions avec une seule réponse correcte parmi les 4 proprosées. Le candidat ou la candidate gagne un point par réponse correcte et ne perd aucun point si la réponse est fausse. On considère trois candidats :

- Anselme répond complètement au hasard à chacune des vingt questions ;
- Barbara est un peu mieux préparée : pour chacune des questions, la probabilité qu'elle réponde correctement est de $\frac{1}{2}$;
- Camille fait encore mieux : pour chacune des questions, la probabilité qu'elle réponde correctement est de $\frac{2}{3}$.

1. On note X, Y et Z les variables aléatoires égales aux notes respectivement obtenues par Anselme, Barbara et Camille.

a) Quelle est la loi de probabilité de la variable aléatoire X ? Justifier.

b) À l'aide de la calculatrice, donner l'arrondi au millième de la probabilité $P(X \geqslant 10)$.

Dans la suite, on admettra que $P(Y \geqslant 10) \approx 0{,}588$ et $P(Z \geqslant 10) \approx 0{,}962$.

2. On choisit au hasard la copie d'un de ces trois candidats. On constate, après l'avoir corrigée, que la copie obtient une note supérieure ou égale à 10 sur 20.

Quelle est la probabilité qu'il s'agisse de la copie de Barbara ? Arrondir au millième.

Guide de résolution
2. Illustrer la situation par un arbre pondéré. Utiliser la formule des probabilités totales.

Se préparer À L'ORAL

76 **Présenter un exposé**

a) X est une variable aléatoire qui suit la loi binomiale $\mathcal{B}(n\,;p)$.

k désigne un nombre entier naturel tel que $0 \leqslant k \leqslant n$.

Rappeler comment calculer la probabilité d'avoir k succès :

- exactement ;
- au moins ;
- au plus.

b) Dans un exposé oral de 10 min, présenter ces résultats et les appliquer à une situation.

77 **Travailler l'oral en groupe**

Résoudre cet exercice en petit groupe, puis présenter les résultats à l'oral.

Dans un centre d'accrobranche, un tiers des participants tentent le parcours sportif. On choisit trois participants au hasard à l'entrée du parc.

On assimile ce choix à des tirages identiques et indépendants.

Le responsable du parcours affirme : « Il y a huit fois plus de chances de ne voir aucun des trois tenter le parcours que de les voir tous le tenter ». A-t-il raison ?

78 **Travailler les compétences orales**

▶ **ANTICIPER LES QUESTIONS DU JURY**

1. Préparation de la restitution orale (5 min)

Par groupe de 3, résoudre l'exercice ci-dessous, chaque élève travaillant sur une des trois propositions.

2. Jeu de rôle (15 min)

Chaque élève présente son résultat à l'oral (2 min), pendant que les deux autres composent le jury.

Chaque juré pose une question au candidat (5 min).

Énoncé : Un dé est truqué selon les modalités suivantes.

Numéro	1	2	3	4	5	6
Probabilité	0,1	0,2	0,3	0,3	0,05	0,05

On lance ce dé deux fois successivement et on note les numéros obtenus. Répondre par Vrai ou Faux en justifiant.

a) Léa : « J'ai autant de chances d'obtenir deux ❻ que d'obtenir une seule fois le ❶ ».

b) La probabilité que la somme des deux numéros fasse 7 est égale à 0,2.

c) La probabilité d'obtenir deux numéros différents est égale à 0,5.

79 Loi géométrique

On considère une épreuve de Bernoulli de paramètre p et dont le succès est noté S.

On répète cette épreuve de Bernoulli jusqu'à l'obtention du premier succès.

On note X la variable aléatoire qui indique le rang du premier succès. On dit que X suit la **loi géométrique de paramètre p**.

1. Le cas général

a) Quelles sont les valeurs possibles pour X ?

b) Reproduire et compléter l'arbre pondéré ci-dessous jusqu'à la cinquième épreuve.

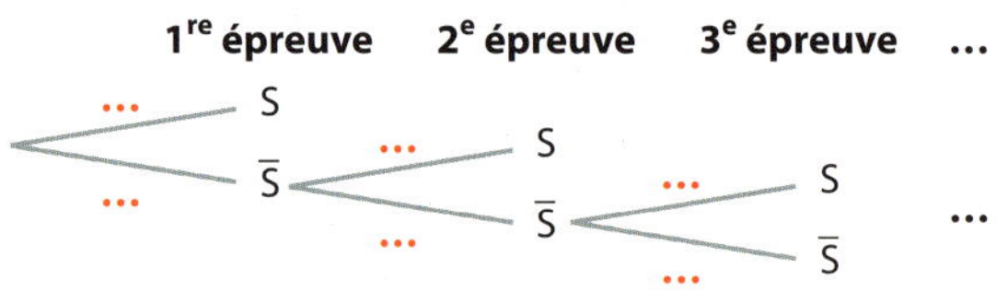

c) Dans chaque cas, exprimer la probabilité en fonction de p.

• $P(X = 3)$ • $P(X = 5)$

d) Pour tout entier naturel $k \geqslant 1$, exprimer $P(X = k)$ en fonction de p et de k.

e) Pour tout entier naturel $k \geqslant 1$, exprimer $P(X \leqslant k)$ en fonction de p et de k.

Conseil : utiliser la formule donnant la somme de termes consécutifs d'une suite géométrique.

f) Étudier la limite de la fonction $k \mapsto P(X \leqslant k)$ lorsque k tend vers $+\infty$.

2. Un exemple

À chaque utilisation, un produit bon marché a une chance sur 50 de tomber en panne.

On note X la variable aléatoire qui indique au bout de combien d'utilisations ce produit est tombé en panne.

a) Justifier que la situation relève d'une loi géométrique dont on précisera le paramètre.

b) Dans chaque cas, calculer et interpréter la probabilité.

• $P(X = 30)$ • $P(X \leqslant 75)$

Arrondir au millième.

80 Tice Introduction de la loi de Poisson

La loi de Poisson est une loi de probabilité pour laquelle la variable aléatoire X compte le nombre de fois où un événement rare se produit.

Pour un nombre réel $\lambda > 0$ donné, on a, pour tout entier naturel k,

$$\mathbf{P}(\mathbf{X} = \boldsymbol{k}) = \mathbf{e}^{-\lambda} \times \frac{\lambda^{k}}{\boldsymbol{k}!}$$

Partie A : comparaisons graphiques avec la loi binomiale

Lorsqu'une variable aléatoire X suit la loi binomiale de paramètres n et p, pour calculer $P(X = k)$ dans une feuille de calcul, on saisit :

=LOI.BINOMIALE(k;n;p;0)

Lorsqu'une variable aléatoire X suit la loi de Poisson de paramètre λ, pour calculer $P(X = k)$ dans une feuille de calcul, on saisit :

=LOI.POISSON(k;λ;0)

1. Dans cette question $n = 8$, $p = 0{,}05$ et $\lambda = n \times p$.

a) Réaliser et compléter la feuille de calcul, puis le graphique en bâtons ci-dessous.

	A	B	C
1		P(X=k)	
2	k	Loi binomiale	Loi de Poisson
3	0	0,6634204313	0,670320046
4	1		
5	2		
6	3		
7	4		
8	5		
9	6		
10	7		
11	8		

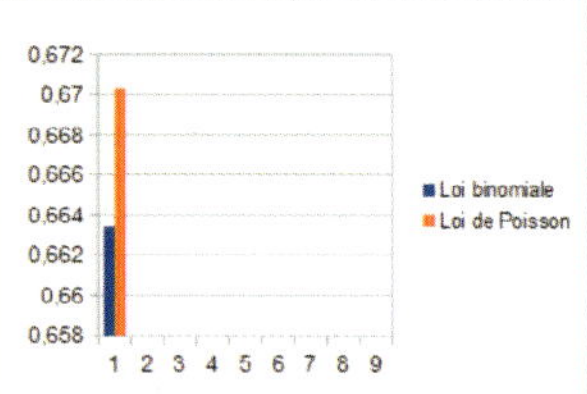

b) Que remarque-t-on ?

2. Reprendre la question **1.** avec :

a) $n = 50$ et $p = 0{,}2$; **b)** $n = 80$ et $p = 0{,}01$.

Partie B : un exemple

Dans une chaîne de fabrication, 2 % des pièces sont défectueuses.

On prélève au hasard et avec remise 40 pièces de cette chaîne de fabrication.

1. X est la variable aléatoire qui compte le nombre de pièces défectueuses parmi les 40 pièces prélevées.

a) Montrer que X suit une loi binomiale.

b) Calculer et interpréter $P(X \leqslant 2)$.

2. On admet qu'en moyenne, il y a 0,8 pièce défectueuse dans cet échantillon de 40 pièces.

Y est la variable aléatoire qui suit la loi de Poisson de paramètre 0,8.

Calculer $P(Y \leqslant 2)$. Que remarque-t-on ?

HISTOIRE DES MATHS

Denis Poisson (1781-1840) abandonne ses études de médecine pour devenir mathématicien. En 1837, il publie *Recherches sur la probabilité des jugements en matière criminelle et en matière civile*. Il y propose la loi qui porte son nom. Le domaine d'application de cette loi a longtemps été restreint aux événements rares (suicides, nombre d'étoiles filantes, etc.). Aujourd'hui, elle est utilisée en télécommunications, biologie, météorologie, finance, …

81 **Fonction de répartition**

X est une variable aléatoire qui suit une loi binomiale de paramètres n et p (avec n nombre entier naturel, $n \geqslant 2$ et $0 < p < 1$).

F est la fonction définie sur $\mathbb{R}$ par $\mathbf{F}(x) = \mathbf{P}(\mathbf{X} \leqslant x)$.

On dit que F est la **fonction de répartition** de X.

Partie A : étude des propriétés de F

a) Justifier que pour tout réel x,
$$0 \leqslant \mathrm{F}(x) \leqslant 1.$$

b) Prouver que pour tout réel x,
$$\mathrm{P}(\mathrm{X} > x) = 1 - \mathrm{F}(x).$$

c) Démontrer que, pour tous réels x et x' avec $x \leqslant x'$,
$$\mathrm{F}(x') - \mathrm{F}(x) = \mathrm{P}(x < \mathrm{X} \leqslant x').$$
En déduire que F est croissante sur $\mathbb{R}$.

d) Démontrer que, pour tout entier naturel k avec $1 \leqslant k \leqslant n$, $\quad \mathrm{P}(\mathrm{X} = k) = \mathrm{F}(k) - \mathrm{F}(k-1)$.

Partie B : représentation graphique de F sur un exemple

Dans cette partie, on donne $n = 5$ et $p = 0{,}4$.

a) Reproduire et compléter le tableau ci-dessous à l'aide de la calculatrice. *Arrondir au millième.*

Issue de X	0	1	2	3	4	5
Probabilité						

b) Justifier que $\mathrm{F}(1{,}7) \approx 0{,}338$.

c) Reproduire et compléter le tableau de valeurs de la fonction F.

x	-3	-1	0	0,2	1	1,7	2	2,1	2,8
$\mathrm{F}(x)$						0,338			

d) Dans un repère orthogonal (*unités* : 2 cm en abscisse et 5 cm en ordonnée), construire la courbe représentative de F.

Partie C : une autre application

Dans cette partie, $p = \dfrac{2}{5}$ et on donne $\mathrm{F}(0{,}85) = 0{,}129\,6$.

a) Calculer la valeur de n.

b) En déduire $\mathrm{F}(1{,}2)$.

82 **Évaluation de la rentabilité**

Pour donner de la visibilité à son entreprise, le gérant d'une start-up a décidé de faire de la publicité sur Internet.

Il a contacté deux sites connus pour leur demander leurs tarifs pour un encart publicitaire.

Site 1 : 8 000 € par an **Site 2 :** 9 000 € par an

Des études sur les fréquentations de ces deux sites ont donné les résultats suivants.

Site 1 : en moyenne, pour 600 personnes qui se rendent sur le site, 20 personnes cliquent sur l'encart publicitaire et parmi elles, 1 seule personne effectuera un achat.

Site 2 : en moyenne, pour 1 500 personnes qui se rendent sur le site, 45 personnes cliquent sur l'encart publicitaire et parmi elles, 3 personnes effectueront un achat.

1. Les clics sur la publicité

Chaque jour, on estime que le site 1 est visité par 80 internautes et que le site 2 est visité par 100 internautes.

X_1 (resp. X_2) est la variable aléatoire qui compte le nombre de visiteurs du site 1 (resp. du site 2) qui cliquent sur l'encart publicitaire dans la journée.

a) Déterminer la loi de probabilité de X_1, puis de X_2.

b) Dans chaque cas, calculer et interpréter la probabilité.

- $\mathrm{P}(\mathrm{X}_1 < 1)$
- $\mathrm{P}(\mathrm{X}_2 > 1)$.

c) Le gérant aimerait que, sur une année, au moins 1 000 personnes cliquent sur son encart publicitaire. Que peut-on en penser ?

Répondre pour chacun des sites internet.

2. La rentabilité

Le gérant estime qu'un client qui effectuera un achat grâce à son encart publicitaire dépensera, en moyenne, 150 €.

L'investissement du gérant pour l'encart publicitaire est-il rentable : **a)** pour le site 1 ? **b)** pour le site 2 ?

Des Défis

83 **Évaluer un nombre de balles**

Une urne contient dix balles de couleur rouge ou bleue. Lorsqu'on tire successivement trois balles avec remise de l'urne, on a environ 19 % de chances d'avoir exactement une balle rouge.

Peut-on évaluer le nombre de balles rouges contenues dans l'urne ?

84 **Critiquer**

Que peut-on penser de cette publicité pour un jeu de hasard ?

~~~~~~NÉO-BINGO~~~~~~
1 billet gagnant sur 2 !
Achetez 4 billets pour gagner au moins 2 fois avec 80 % de chances !
~~~~~~

16 Sommes de variables aléatoires

HISTOIRE DES MATHS

En 1657, dans son traité *Raisonnement sur les jeux de hasard*, **Christian Huygens** introduit la notion fondamentale d'espérance (du latin *expectatio*, attente) dans une situation d'incertitude. Il faut attendre deux siècles plus tard pour que l'Anglais **William Whitworth** utilise la lettre E pour noter l'espérance.

La notion de variable aléatoire apparaît quelques années plus tard, en 1713, dans l'ouvrage majeur de **Jacques Bernoulli**, *Ars Conjectandi*.

En 1718, **Abraham de Moivre** étudie les sommes de variables aléatoires qui suivent des lois de Bernoulli. C'est grâce à ses travaux précurseurs que, cent ans plus tard, **Pierre-Simon de Laplace** applique des techniques d'analyse dans le domaine des probabilités dans sa *Théorie analytique*.

Christian Huygens

Andreï Kolmogorov

▶ **Christian Huygens** (1629-1695) est un mathématicien et astronome hollandais. En 1656, il découvre les anneaux de Saturne pressentis par Galilée, et son satellite Titan. On lui doit le premier traité de probabilités.

▶ **Andreï Kolmogorov** (1903-1987) est un mathématicien russe. Il est principalement connu pour avoir fondé, en 1929, dans le cadre de ses recherches en électrostatique, une théorie axiomatique des probabilités.

1654 Le Chevalier de Méré pose à Blaise Pascal le *problème des partis*, qui donne naissance à la pensée probabiliste.

1666 Création de l'Académie des sciences

1718 De Moivre étudie les sommes de variables aléatoires.

1740 Système métrique obligatoire en France

1789 Déclaration des droits de l'homme et du citoyen

1812 Laplace publie sa *Théorie Analytique des probabilités*.

1885 Vaccin antirabique de Louis Pasteur

1933 Kolmogorov pose les fondements des probabilités modernes.

1600 — 1700 — 1800 — 1900

Les ventes de CD se sont effondrées de moitié entre le début et la fin des années 2000.

En 2005, Apple lance un lecteur MP3 muni d'une nouvelle fonctionnalité : la lecture aléatoire. Jusqu'alors, on écoutait de la musique dans l'ordre décidé par l'artiste. La lecture aléatoire est un des éléments qui a ainsi révolutionné la façon d'écouter de la musique.

Les contenus et capacités travaillés dans ce chapitre

	Savoir-faire	Exercices
• Somme de deux variables aléatoires.	1 et 3	16 à 18, 20 à 24
• Linéarité de l'espérance.	2 et 4	19, 25 à 28
• Succession d'épreuves indépendantes et variables indépendantes.	5 et 7	29, 33 à 35
• Propriétés de la variance.	6 et 8	30, 31, 36 à 40
• Application à l'espérance, la variance, l'écart-type d'une loi binomiale.		32, 41 à 44
• Échantillon de taille n d'une loi de probabilité. Somme S_n et moyenne M_n.	9 à 15	45 à 50

Calcul mental

Vidéo
JAICOMPRIS.COM
Ces notions sont expliquées en vidéo

Rappels utiles

• Indépendance de deux événements

Dire que deux événements A et B sont **indépendants** signifie que $\mathbf{P(A \cap B) = P(A) \times P(B)}$.

• Loi de probabilité d'une variable aléatoire

Définir la loi de probabilité d'une variable aléatoire X prenant les valeurs $a_1, a_2, \dots, a_n$, c'est associer à chaque valeur a_i (avec $1 \leqslant i \leqslant n$), la probabilité $p_i = \mathrm{P}(\mathrm{X} = a_i)$.

a	a_1	a_2	...	a_n
$\mathrm{P}(\mathrm{X} = a)$	p_1	p_2	...	p_n

• Espérance d'une variable aléatoire X

$$\mathbf{E(X)} = \boldsymbol{p_1 a_1 + \dots + p_n a_n}.$$

Pour un jeu d'argent, l'espérance est le gain moyen par partie que l'on peut espérer, si l'on joue un grand nombre de fois.

Dire qu'un jeu est **équitable** signifie que $\mathbf{E(X) = 0}$.

• Variance, écart-type d'une variable aléatoire X

La variance :

$$\mathbf{V(X)} = \boldsymbol{p_1(a_1 - \mathrm{E(X)})^2 + \dots + p_n(a_n - \mathrm{E(X)})^2}$$

L'écart-type : $\sigma(\mathbf{X}) = \sqrt{\mathbf{V(X)}}$.

• Loi binomiale

Une **épreuve de Bernoulli** est une expérience aléatoire à deux issues (succès, échec).

Un **schéma de Bernoulli** est la répétition de n épreuves de Bernoulli identiques et indépendantes dont la probabilité du succès est p.

La variable aléatoire X qui compte le nombre de succès obtenus parmi les n épreuves suit alors la **loi binomiale** $\mathscr{B}(n, p)$.

Pour tout entier naturel k tel que $0 \leqslant k \leqslant n$,

$$\mathrm{P}(\mathrm{X} = k) = \binom{n}{k} p^k q^{n-k}.$$

À l'oral — Questions-Tests

Pour chaque question, il y a une seule réponse exacte.

1 A et B sont deux événements indépendants tels que $\mathrm{P(A)} = 0{,}8$ et $\mathrm{P(B)} = 0{,}2$.

Alors :

(1) $\mathrm{A} \cap \mathrm{B}$ est l'événement certain

(2) $\mathrm{P(A \cap B)} = 0{,}16$

(3) $\mathrm{P(A \cup B)} = 0{,}16$

2 Un jeu de hasard consiste à piocher un jeton dans un sac qui contient 5 jetons numérotés de 1 à 5. On paie 1 € pour jouer une partie, et on reçoit 4 € si on pioche le jeton 1, on reçoit 2 € si on pioche un jeton avec un numéro pair, et rien sinon.

X est la variable aléatoire qui donne le gain (éventuellement négatif) après une partie.

a) Les valeurs prises par X sont :

(1) 1, 2, 3, 4 et 5 (2) 0, 2 et 4 (3) -1, 1 et 3

b) La loi de probabilité de X est telle que :

(1) $\mathrm{P}(\mathrm{X} = -1) = \dfrac{2}{5}$ (2) $\mathrm{P}(\mathrm{X} = 1) = \dfrac{3}{5}$ (3) $\mathrm{P}(\mathrm{X} = 3) = \dfrac{2}{5}$

3 Voici la loi de probabilité d'une variable aléatoire X.

a	-2	0	2
$\mathrm{P}(\mathrm{X} = a)$	0,2	0,5	0,3

a) L'espérance de X est :

(1) 0 (2) 0,7 (3) 0,2

b) À l'aide de la calculatrice, l'écart-type de X est environ égal à :

(1) 1,4 (2) 1,96 (3) 2

4 Émilie effectue 10 commandes de pizzas à domicile. La probabilité qu'il y ait une erreur dans la commande est 0,1 et chaque commande est indépendante des autres. X est la variable aléatoire qui compte le nombre d'erreurs parmi ces 10 commandes.

a) La variable aléatoire X suit une loi :

(1) de Bernoulli (2) binomiale (3) géométrique

b) La probabilité qu'il n'y ait aucune erreur est :

(1) 0,9 (2) $0{,}1^{10}$ (3) $0{,}9^{10}$

1 Somme de deux variables aléatoires, espérance

Alenka joue à un jeu de hasard. Elle lance un jeton dont les faces sont numérotées 1 et 2, puis un dé équilibré à quatre faces dont les sommets sont numérotés de 1 à 4.
Le résultat du jeu est la somme des deux numéros visibles, sur le jeton et au sommet supérieur du dé.
X est la variable aléatoire qui donne le numéro visible sur le jeton, et Y celle qui donne le numéro visible sur le sommet supérieur du dé.

1 **a)** Établir la loi de probabilité de la variable aléatoire X, puis calculer son espérance E(X).
b) Établir la loi de probabilité de la variable aléatoire Y, puis calculer son espérance E(Y).

2 Pour modéliser le résultat de ce jeu, on note X + Y la variable aléatoire qui donne la somme des deux numéros visibles.
a) Recopier et compléter le tableau ci-contre pour déterminer les valeurs possibles prises par X + Y.
b) Déduire du tableau précédent la loi de probabilité de la variable aléatoire X + Y.
c) Calculer l'espérance E(X + Y) de la variable aléatoire somme X + Y.

Jeton \ Dé	1	2	3	4
1				
2				

3 Comparer les espérances E(X), E(Y) et E(X + Y). Qu'observe-t-on ?

2 Propriétés de la variance

Amalia et Lucie disposent d'un sac opaque contenant 5 papiers portant les numéros de 1 à 5.
Elles doivent utiliser ce sac pour obtenir un nombre aléatoire compris entre 1 et 10.

1 Amalia propose de tirer deux papiers du sac, successivement et avec remise.
X est la variable aléatoire qui donne le numéro inscrit sur le premier papier, et Y celle qui donne le numéro inscrit sur le second papier.
a) Déterminer la loi de probabilité de X.
Utiliser la calculatrice pour déterminer la variance V(X).
b) Que peut-on dire de la loi de probabilité de Y ? En déduire, sans aucun calcul, la variance V(Y).
c) Sur le modèle de **Découvrir 1**, utiliser un tableau croisé pour établir la loi de probabilité de la variable aléatoire somme X + Y.
d) Utiliser la calculatrice pour déterminer la variance V(X + Y).
Comparer avec les variances V(X) et V(Y). Que constate-t-on ?

2 Lucie propose de tirer un unique papier du sac et de multiplier le numéro obtenu par 2.
Z est la variable aléatoire qui donne le résultat ainsi obtenu.
a) Exprimer la variable aléatoire Z en fonction de la variable X définie à la question 1.
b) En déduire la loi de probabilité de Z.
c) Utiliser la calculatrice pour déterminer la variance V(Z).
Comparer avec V(X). Que constate-t-on ?

Exercices
- 1 à 4 (ci-contre)
- 16 à 28

1 Variables aléatoires X + Y et *a*X

X et Y sont deux variables aléatoires définies sur l'univers d'une expérience aléatoire.
X prend les valeurs $a_1, a_2, \ldots, a_n$ et Y prend les valeurs $b_1, b_2, \ldots, b_m$ (avec n et m entiers naturels non nuls).

A Variable aléatoire X + Y

Définitions

- La variable aléatoire X + Y prend toutes les valeurs possibles $a_i + b_j$ avec $1 \leqslant i \leqslant n$, $1 \leqslant j \leqslant m$.
- Loi de probabilité de X + Y : pour toute valeur w prise par X + Y, $\mathbf{P(X + Y = w)}$ est la somme de toutes les probabilités $\mathbf{P(\{X = a_i\} \cap \{Y = b_j\})}$ où $a_i + b_j = w$.

Exemple

En période de réglage de ses machines, le contrôleur qualité d'une usine effectue de nombreux prélèvements dans la production et relève, pour chaque pièce, si elle a un défaut A, un défaut B. Compte tenu du grand nombre de pièces prélevées, les fréquences indiquées dans ce tableau peuvent être assimilées à des probabilités.

X (resp. Y) est la variable aléatoire qui compte le nombre de défauts A (resp. B). Dans le tableau figurent en rouge les valeurs prises par la variable aléatoire somme S = X + Y.

Voici ci-contre sa loi de probabilité.

s	0	1	2	3
P(X = s)	0,07	0,33	0,37	0,23

X \ Y	0	1	2	Loi de X
0	0 0,07	1 0,18	2 0,17	0,42
1	1 0,15	2 0,20	3 0,23	0,58
Loi de Y	0,22	0,38	0,40	1

B Variable aléatoire *a*X

Définitions

a désigne un nombre réel différent de 0.

- La variable aléatoire aX prend toutes les valeurs possibles $a \times a_i$ avec $1 \leqslant i \leqslant n$.
- Loi de probabilité de aX : pour toute valeur w prise par aX, $\mathbf{P(aX = w)}$ est la somme de toutes les probabilités $P(\{X = a_i\})$ où $a \times a_i = w$.

Exemple

On lance un dé équilibré à six faces numérotées de 1 à 6. X est la variable aléatoire qui donne le numéro obtenu et Y celle qui donne le double de ce numéro. Alors Y = 2X.

C Linéarité de l'espérance

Propriétés (admises)

- $\mathbf{E(X + Y) = E(X) + E(Y)}$
- $\mathbf{E(aX) = a\,E(X)}$, avec a nombre réel, $a \neq 0$.

Exemple

On reprend l'exemple du paragraphe A.
$E(X) = 0{,}42 \times 0 + 0{,}58 \times 1 = 0{,}58$ et $E(Y) = 0{,}22 \times 0 + 0{,}38 \times 1 + 0{,}4 \times 2 = 1{,}18$.
Donc $E(X) + E(Y) = 1{,}76$.
$E(X + Y) = 0{,}07 \times 0 + 0{,}33 \times 1 + 0{,}37 \times 2 + 0{,}23 \times 3 = 1{,}76$. On constate que $E(X + Y) = E(X) + E(Y)$.

EXERCICES RÉSOLUS

1 Représenter une variable comme somme de variables aléatoires

On dispose de deux sacs opaques. L'un contient trois papiers portant les numéros 0, 2 et 4, l'autre contient cinq papiers : deux portant le numéro 1 et trois portant le numéro 3.
On tire un papier de chaque sac et on additionne les numéros obtenus.
Z est la variable aléatoire qui donne le résultat.
a) Définir deux variables aléatoires X et Y telles que $Z = X + Y$.
b) Déterminer les valeurs prises par Z et sa loi de probabilité.

Solution

a) X est la variable aléatoire qui donne le numéro tiré dans le premier sac et Y est celle qui donne le numéro tiré dans le second sac.
b) On représente la situation par un arbre pondéré.
Les valeurs prises par Z sont donc 1, 3, 5 et 7.
$P(Z = 3) = P(\{X = 0\} \cap \{Y = 3\}) + P(\{X = 2\} \cap \{Y = 1\})$
$P(Z = 3) = \frac{1}{3} \times \frac{3}{5} + \frac{1}{3} \times \frac{2}{5} = \frac{1}{3}$
Loi de probabilité de Z : on calcule de même les autres probabilités.

c	2	3	5	7
$P(Z = c)$	$\frac{2}{15}$	$\frac{1}{3}$	$\frac{1}{3}$	$\frac{1}{5}$

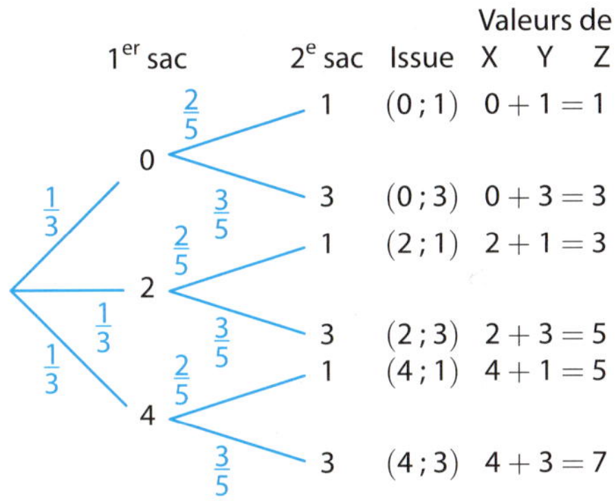

2 Utiliser la linéarité de l'espérance

Voici les lois de probabilité de deux variables aléatoires X et Y définies sur l'univers d'une expérience aléatoire.

a	0	10	25
$P(X = a)$	0,20	0,28	0,30

b	10	15
$P(Y = b)$	0,4	0,6

Déterminer l'espérance de la variable aléatoire somme $S = X + Y$.

Solution

$E(X) = 0{,}2 \times 0 + 0{,}28 \times 10 + 0{,}3 \times 25 = 10{,}3$
$E(Y) = 0{,}4 \times 10 + 0{,}6 \times 15 = 13$
Donc $E(S) = E(X + Y) = E(X) + E(Y) = 11{,}3 + 13 = 24{,}3$.

Pour calculer l'espérance de S, il n'est pas utile de déterminer sa loi de probabilité.

EXERCICES D'APPLICATION DIRECTE

Sur le modèle de l'exercice résolu 1

3 José lance un jeton portant les numéros 0 et 1, puis lance un dé équilibré dont les faces sont numérotées de 1 à 6. Z est la variable aléatoire qui donne la somme des deux numéros obtenus.
Déterminer la loi de probabilité de Z.

Sur le modèle de l'exercice résolu 2

4 Les variables aléatoires X et Y sont définies sur un même univers. On sait que $E(X) = 2{,}5$ et $E(Y) = 3{,}4$.
Dans chaque cas, déterminer l'espérance de la variable aléatoire :
a) $X + Y$ **b)** $4X$ **c)** $4X + Y$

Exercices
• 5 à 8 (ci-contre)
• 29 à 44

2 Variables aléatoires indépendantes

A Succession d'épreuves aléatoires indépendantes

On effectue successivement deux épreuves aléatoires indépendantes l'une de l'autre. Ainsi, l'issue de la première épreuve n'influence pas l'issue de la seconde.
On note X (resp. Y) la variable aléatoire qui donne le résultat de la première (resp. seconde) épreuve.
On dit que les variables aléatoires X et Y sont **indépendantes**.

Conséquence : les événements $\{X = a_i\}$ et $\{Y = b_j\}$ sont indépendants, donc :

$$\mathbf{P(\{X = a_i\} \cap \{Y = b_j\}) = P(X = a_i) \times P(Y = b_j)}.$$

Exemple

On lance successivement deux dés équilibrés, l'un à quatre faces numérotées de 1 à 4 et l'autre à six faces numérotées 0, 3, 3, 6, 6 et 6.
X (resp. Y) est la variable aléatoire qui donne le numéro obtenu avec le premier (resp. second) dé.
Les variables aléatoires X et Y sont indépendantes, car les deux lancers de dés le sont.
Ainsi, par exemple, $P(\{X = 1\} \cap \{Y = 3\}) = P(X = 1) \times P(Y = 3) = \frac{1}{4} \times \frac{1}{3} = \frac{1}{12}$.

B Variance

Propriétés (admises)

X et Y sont deux variables aléatoires définies sur un même univers et a est un nombre réel différent de 0.
Si X et Y sont **indépendantes**, alors :
- $\mathbf{V(X + Y) = V(X) + V(Y)}$
- $\mathbf{V(aX) = a^2 V(X)}$

Exemple

X et Y sont deux variables aléatoires indépendantes telles que $V(X) = 1{,}25$ et $V(Y) = 5$.
Donc, $V(X + Y) = 1{,}25 + 5 = 6{,}25$ et $V(3X) = 3^2 \times 1{,}25 = 11{,}25$.

C Application à la loi binomiale

Propriétés

X est une variable aléatoire qui suit la **loi binomiale** $\mathscr{B}(n\,;p)$.
- $\mathbf{E(X) = np}$
- $\mathbf{V(X) = np(1 - p)}$
- $\sigma(\mathbf{X}) = \sqrt{\mathbf{np(1 - p)}}$

Démonstrations

On note X_i (avec $1 \leqslant i \leqslant n$) la variable aléatoire qui prend la valeur 1 en cas de succès à la i-ème épreuve et 0 sinon.
Chaque variable aléatoire X_i suit la loi de Bernoulli de paramètre p.

a	0	1
$P(X_i = a)$	$1 - p$	p

$E(X_i) = (1 - p) \times 0 + p \times 1 = p$ et $V(X) = (1 - p)(0 - p)^2 + p(1 - p)^2 = (1 - p)(p^2 + p(1 - p)) = p(1 - p)$
Or, $X = X_1 + X_2 + \ldots + X_n$ et $X_1, X_2, \ldots, X_n$ sont indépendantes.
En généralisant les propriétés de l'espérance et de la variance d'une somme de deux variables au cas de n variables, on obtient :
- $E(X) = E(X_1) + E(X_2) + \ldots + E(X_n) = np$
- $V(X) = V(X_1) + V(X_2) + \ldots + V(X_n) = np(1 - p)$.

On en déduit que $\sigma(X) = \sqrt{np(1 - p)}$.

EXERCICES RÉSOLUS

5 Reconnaître et utiliser des variables aléatoires indépendantes

Dans une fête foraine, un jeu de hasard se déroule en deux temps.
Le joueur fait d'abord tourner la roue ci-contre et gagne le montant indiqué dans le secteur obtenu. Puis, il pioche un jeton bonus dans un sac qui contient 25 jetons marqués 0 €, 20 jetons marqués 2 € et 5 jetons marqués 5 €.
Calculer la probabilité p d'obtenir le même gain avec la roue et avec le jeton bonus.

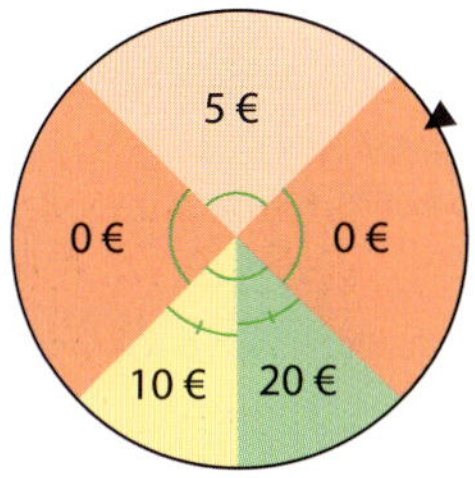

Solution

X est la variable aléatoire qui donne le gain obtenu avec la roue.
Y est la variable aléatoire qui donne le gain obtenu avec le jeton bonus.
X et Y sont indépendantes, car les deux tirages le sont.
Il y a deux gains communs à la roue et au sac : 0 € et 5 €.

$P(\{X=0\}\cap\{Y=0\}) = P(X=0)\times P(Y=0) = \frac{1}{2}\times\frac{1}{2} = \frac{1}{4}$

$P(\{X=5\}\cap\{Y=5\}) = P(X=5)\times P(Y=5) = \frac{1}{4}\times\frac{1}{10} = \frac{1}{40}$

Donc la probabilité demandée est $\frac{1}{4}+\frac{1}{40}=\frac{11}{40}$.

a	0	5	10	20
$P(X=a)$	$\frac{1}{2}$	$\frac{1}{4}$	$\frac{1}{8}$	$\frac{1}{8}$

b	0	2	5
$P(Y=b)$	$\frac{1}{2}$	$\frac{2}{5}$	$\frac{1}{10}$

On utilise l'indépendance des variables aléatoires pour calculer chacune de ces deux probabilités.

6 Utiliser l'additivité de la variance

On reprend la situation de l'exercice 5.
On note Z la variable aléatoire qui donne le gain final du joueur.
Déterminer la variance de Z.

Solution

Z est la somme des variables aléatoires X et Y, soit $Z = X + Y$.
Avec la calculatrice, on obtient (voir ci-contre) :

$$V(X) = 43{,}75 \text{ et } V(Y) = 2{,}41.$$

Les variables X et Y sont indépendantes, donc :

$$V(Z) = V(X) + V(Y) = 43{,}75 + 2{,}41 = 46{,}16.$$

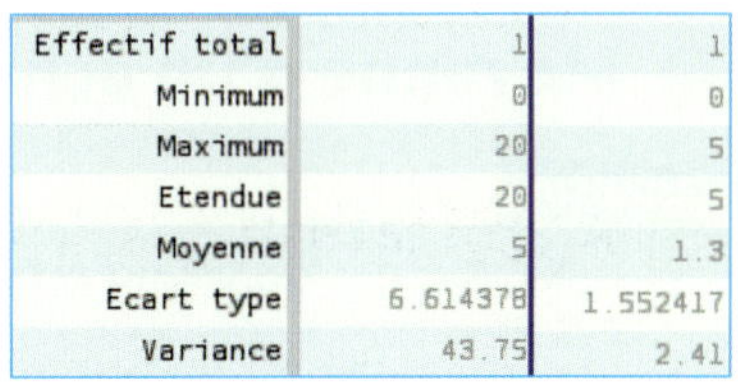

Effectif total	1	1
Minimum	0	0
Maximum	20	5
Etendue	20	5
Moyenne	5	1.3
Ecart type	6.614378	1.552417
Variance	43.75	2.41

Remarque : la calculatrice NumWorks affiche la variance d'une série. Les autres calculatrices affichent σ et on utilise $V=\sigma^2$.

EXERCICES D'APPLICATION DIRECTE

Sur le modèle de l'exercice résolu 5

7 On lance un dé équilibré à quatre faces numérotées de 1 à 4, puis un dé équilibré à six faces numérotées de 1 à 6.
Calculer la probabilité d'obtenir avec le dé à six faces le double du numéro obtenu avec le dé à quatre faces.

Sur le modèle de l'exercice résolu 6

8 On lance deux dés équilibrés à 10 faces. Sur l'un, les faces sont numérotées de 1 à 10. Sur l'autre, elles sont numérotées 0, 0, 0, 0, 10, 10, 10, 20, 20 et 30.
Z est la variable aléatoire qui donne la somme des deux numéros obtenus.
Déterminer la variance de Z. Expliquer.

Exercices
- 9 à 15 (ci-contre)
- 45 à 50

3 Somme et moyenne d'un échantillon

A Échantillon de taille *n* d'une loi de probabilité

Définition

Un échantillon de taille n d'une loi de probabilité est une liste $(X_1 ; X_2 ; \dots ; X_n)$ de n variables aléatoires **indépendantes** et **identiques** qui suivent toutes cette loi.

Exemple

Laëtitia prend le même train cinq jours par semaine. On admet que la variable aléatoire X qui compte le nombre de retards suit la loi binomiale $\mathcal{B}(5 ; 0{,}1)$. En répétant cette expérience pendant 8 semaines, on construit un échantillon $(X_1 ; X_2 ; X_3 ; X_4 ; X_5 ; X_6 ; X_7 ; X_8)$ de taille 8 de cette loi de probabilité.

B Somme d'un échantillon

Définition

$(X_1 ; X_2 ; \dots ; X_n)$ est un échantillon de taille n de la loi de probabilité suivie par une variable aléatoire X.
La **somme** de cet échantillon est la variable aléatoire $\mathbf{S_n = X_1 + X_2 + \dots + X_n}$.

Propriétés

S_n est la somme d'un échantillon de taille n de la loi de probabilité suivie par une variable aléatoire X.

- $\mathbf{E(S_n) = nE(X)}$
- $\mathbf{V(S_n) = nV(X)}$
- $\mathbf{\sigma(S_n) = \sqrt{n} \times \sigma(X)}$

Démonstrations

- $E(S_n) = E(X_1) + E(X_2) + \dots + E(X_n)$. Or, les variables aléatoires $X_1, X_2, \dots, X_n$ suivent toutes la même loi que X, et donc $E(X_1) = E(X_2) = \dots = E(X_n) = E(X)$. On en déduit que $E(S_n) = nE(X)$.
- Les variables aléatoires $X_1, X_2, \dots, X_n$ sont indépendantes, donc $V(S_n) = V(X_1) + V(X_2) + \dots + V(X_n) = nV(X)$.
On en déduit que $\sigma(S_n) = \sqrt{n} \times \sigma(X)$.

C Moyenne d'un échantillon

Définition

$(X_1 ; X_2 ; \dots ; X_n)$ est un échantillon de taille n de la loi de probabilité suivie par une variable aléatoire X.
La **moyenne** de cet échantillon est la variable aléatoire $\mathbf{M_n = \dfrac{S_n}{n}}$.

Propriétés

M_n est la moyenne d'un échantillon de taille n de la loi de probabilité suivie par une variable aléatoire X.

- $\mathbf{E(M_n) = E(X)}$
- $\mathbf{V(M_n) = \dfrac{V(X)}{n}}$
- $\mathbf{\sigma(M_n) = \dfrac{\sigma(X)}{\sqrt{n}}}$

Démonstrations

- On sait que pour tout réel $a \neq 0$, $E(aX) = aE(X)$. Donc, $E(M_n) = E\left(\dfrac{1}{n}S_n\right) = \dfrac{1}{n}E(S_n) = \dfrac{1}{n} \times nE(X) = E(X)$.
- On sait aussi que pour tout réel $a \neq 0$, $V(aX) = a^2V(X)$.
Par conséquent, $V(M_n) = V\left(\dfrac{1}{n}S_n\right) = \dfrac{1}{n^2}V(S_n) = \dfrac{1}{n^2} \times nV(X) = \dfrac{V(X)}{n}$.
On en déduit que $\sigma(M_n) = \dfrac{\sqrt{V(X)}}{\sqrt{n}} = \dfrac{\sigma(X)}{\sqrt{n}}$.

EXERCICES RÉSOLUS

9 Étudier la somme d'un échantillon

Le Yam's est un jeu dans lequel on lance cinq dés équilibrés à six faces numérotées de 1 à 6, pour obtenir certaines combinaisons particulières. Pour l'une de ces combinaisons, appelée Chance, on marque la somme des numéros obtenus avec les cinq dés.
Déterminer l'espérance et l'écart-type du nombre de points que l'on peut ainsi obtenir.
Arrondir au centième si besoin.

Solution

X est la variable aléatoire qui donne le numéro obtenu avec un dé. Voici ci-contre sa loi de probabilité.
Un lancer de cinq dés est alors un échantillon $(X_1 ; X_2 ; X_3 ; X_4 ; X_5)$ de taille 5 de la loi de probabilité suivie par X.
La variable aléatoire S_5 somme de cet échantillon compte ainsi le nombre total de points obtenus.
À l'aide de la calculatrice, on obtient $E(X) = 3{,}5$ et $\sigma(X) \approx 1{,}71$.
Donc $E(S_5) = 5 \times 3{,}5 = 17{,}5$ et $\sigma(S_5) \approx \sqrt{5} \times 1{,}71$ soit $\sigma(S_5) \approx 3{,}82$.

a	1	2	3	4	5	6
$P(X = a)$	$\frac{1}{6}$	$\frac{1}{6}$	$\frac{1}{6}$	$\frac{1}{6}$	$\frac{1}{6}$	$\frac{1}{6}$

Le résultat de chaque dé est indépendant des autres. Donc les variables aléatoires $X_1, X_2, \dots, X_5$ sont indépendantes.

10 Étudier la moyenne d'un échantillon

Pendant la fête de l'école, Constantine a prévu de jouer 10 fois au jeu de la grenouille, dans lequel elle peut gagner un certain nombre de points, noté X.
Voici la loi de probabilité de X.

a	0	5	10	20	50	100
$P(X = a)$	0,6	0,2	0,1	0,06	0,03	0,01

Déterminer l'espérance et l'écart-type du gain moyen par partie pour une série de 10 parties.

Solution

Les 10 parties sont indépendantes les unes des autres, donc elles constituent un échantillon $(X_1 ; X_2 ; \dots ; X_{10})$ de taille 10 de la loi de probabilité de X. La variable aléatoire M_{10} moyenne de cet échantillon modélise alors le gain moyen.
À l'aide de la calculatrice, on obtient $E(X) = 5{,}7$ et $\sigma(X) \approx 13{,}47$.
Donc $E(M_{10}) = 5{,}7$ et $\sigma(M_{10}) \approx \dfrac{13{,}47}{\sqrt{10}}$ soit $\sigma(M_{10}) \approx 4{,}26$.

Le gain moyen par partie est : $\dfrac{X_1 + X_2 + \dots + X_{10}}{10}$ c'est-à-dire M_{10}.

EXERCICES D'APPLICATION DIRECTE

Sur le modèle de l'exercice résolu 9

11 Paul lance six dés tétraédriques équilibrés dont les sommets sont numérotés de 1 à 4.
Il marque la somme des numéros obtenus sur les six sommets supérieurs.
Déterminer l'espérance et l'écart-type du nombre de points qu'il peut ainsi obtenir.
Arrondir au centième si besoin.

Sur le modèle de l'exercice résolu 10

12 Chaque jour, Damien résout une fois le Rubik's Cube. X est l'écart, en s, entre le temps qu'il réalise et son meilleur temps. Voici la loi de probabilité de X.

a	0	1	2	10	20
$P(X = a)$	0,5	0,25	0,1	0,1	0,05

Déterminer l'espérance et l'écart-type de l'écart quotidien moyen sur une série de 30 jours.

Vidéo
JAICOMPRIS.COM
Un autre exercice Algo/python résolu en vidéo

EXERCICE RÉSOLU

13 Simuler un échantillon d'une loi de probabilité

Cours 3

On dispose d'un dé équilibré à six faces, sur lequel la moitié des faces sont numérotées 0, un tiers des faces sont numérotées 1 et la dernière face est numérotée 2.

X est la variable aléatoire qui donne le numéro obtenu quand on lance ce dé.

a) Établir la loi de probabilité de la variable aléatoire X.

b) Voici une fonction écrite en langage Python qui simule un lancer de ce dé. Compléter les cadres rouge et vert.

c) Modifier ce programme afin d'obtenir un échantillon de taille n où n est un nombre entier, $n \geqslant 1$.

d) Saisir ce nouveau programme et l'exécuter pour $n = 5$.

```
from random import *

def X():
    r=random()
    d=1
    if r<=1/2:
        d=☐
    if r>=☐:
        d=2
    return d
```

Solution

a) Voici la loi de probabilité de X :

a	0	1	2
$P(X = a)$	$\frac{1}{2}$	$\frac{1}{3}$	$\frac{1}{6}$

b) Cadre rouge : 0 Cadre vert : $\frac{5}{6}$

Selon la valeur de r comprise entre 0 et 1, on affecte la valeur de d ainsi :

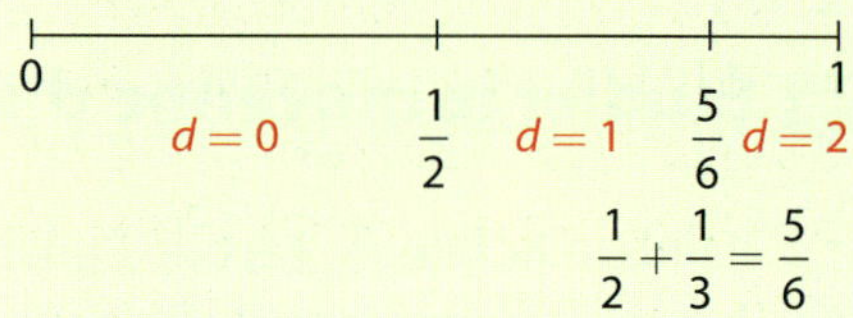

c) On effectue n lancers du dé, les numéros obtenus sont rangés dans une liste L.

La fonction X de paramètre n renvoie pour résultat cette liste.

d) On exécute **X(5)**.

Voici un affichage obtenu.

```
>>> X(5)
[0, 1, 2, 1, 0]
```

```
from random import *

def X(n):
    L=[]
    for i in range(n):
        r=random()
        d=1
        if r<=1/2:
            d=0
        if r>=5/6:
            d=2
        L=L+[d]
    return L
```

EXERCICES D'APPLICATION DIRECTE

Sur le modèle de l'exercice résolu 13

14 On dispose d'un dé équilibré à 10 faces, dont une face est numérotée 10, deux faces sont numérotées 20, trois faces sont numérotées 30 et les autres faces sont numérotées 40.

X est la variable aléatoire qui donne le numéro obtenu quand on lance ce dé.

a) Établir la loi de probabilité de la variable aléatoire X.

b) Écrire une fonction en langage Python pour simuler un échantillon de taille n de la loi de probabilité de X.

c) Saisir ce programme et l'exécuter pour $n = 8$.

15 On reprend la situation de l'exercice 13

1. Calculer l'espérance de la variable aléatoire X.

2. Voici une fonction en langage Python à saisir à la suite du programme de l'énoncé de l'exercice 13.

```
def Moyenne(n):
    som=0
    for i in range(n):
        som=som+X()
    m=som/n
    return m
```

a) Quel est son rôle ?

b) La saisir, puis l'exécuter pour des valeurs de n de plus en plus grandes.

Qu'observe-t-on ?

Somme de deux variables aléatoires

Cours 1

Questions flash — À l'oral

16 X est une variable aléatoire qui vaut 0 ou 1.
Y est une variable aléatoire qui vaut 0 ou 2.
Donner oralement les valeurs prises par la variable aléatoire somme $X + Y$.

17 X et Y sont des variables aléatoires définies sur un même univers, qui prennent respectivement n et m valeurs différentes.
On suppose que toutes les valeurs prises par la somme $X + Y$ sont différentes. Dans chaque cas, indiquer oralement combien il y a de telles valeurs.
a) $n = 5$ et $m = 12$. **b)** $n = 15$ et $m = 6$.

18 X et Y sont deux variables aléatoires.
Ce tableau donne les probabilités des événements $\{X = a\} \cap \{Y = b\}$ pour toutes les valeurs de a prises par X et b prises par Y.
Dans chaque cas, calculer mentalement la probabilité.
a) $P(X + Y = 0)$
b) $P(X + Y = 5)$
c) $P(X + Y = 7)$

X \ Y	0	1	2
0	0,3	0,15	0,15
5	0,2	0,15	0,05

19 X et Y sont deux variables aléatoires définies sur un même univers telles que $E(X) = 8$ et $E(Y) = 0,5$.
Déterminer mentalement
a) $E(X + Y)$ **b)** $E(4Y)$ **c)** $E(X + 4Y)$

20 Amanda lance deux pièces de monnaie, l'une de 1 €, l'autre de 2 €.
X est la variable aléatoire qui vaut 1 si elle obtient Pile avec la pièce de 1 € et 0 sinon.
Y est la variable aléatoire qui vaut 2 si elle obtient Pile avec la pièce de 2 € et 1 sinon.
a) Représenter cette situation à l'aide d'un arbre pondéré.
b) Recopier ce tableau.
Compléter les pointillés rouges par les valeurs prises par la somme $X + Y$ et les pointillés noirs par les probabilités qui conviennent.

X \ Y	1	2
0	… …	… …
1	… …	… …

c) En déduire la loi de probabilité de $X + Y$.

21 On lance un dé équilibré à quatre faces numérotées de 1 à 4.
Si l'on obtient un nombre impair, on relance le même dé, sinon on lance un autre dé équilibré à quatre faces numérotées 2, 2, 4 et 4.
X (resp. Y) est la variable aléatoire qui donne le numéro obtenu au 1er (resp. 2e) lancer.
a) Représenter cette situation à l'aide d'un arbre pondéré.
b) Réaliser un tableau croisé, analogue à celui de l'exercice **20**, afin de déterminer $P(\{X = a\} \cap \{Y = b\})$ avec $a \in \{1 ; 2 ; 3 ; 4\}$, $b \in \{1 ; 2 ; 3 ; 4\}$.
c) En déduire la loi de probabilité de $X + Y$.

22 Dans un supermarché, Dimitri prend au hasard une boisson et un sandwich.
X (resp. Y) est la variable aléatoire qui donne le prix, en euro, de la boisson (resp. du sandwich).
Voici les lois de probabilités de X et Y :

a	1,5	2	2,5
$P(X = a)$	0,2	0,5	0,3

b	4,5	5	5,5
$P(Y = b)$	0,4	0,4	0,2

a) Représenter cette situation par un arbre pondéré.
Faire figurer à la suite les issues, les valeurs de X, de Y, de $X + Y$ (voir exercice **1**).
b) Dans ce contexte, que représente la variable aléatoire $X + Y$? Établir la loi de probabilité de $X + Y$.

23 Esmée lance deux dés équilibrés rouge et vert, à quatre faces numérotées de 1 à 4.
a) Représenter cette situation par un arbre pondéré et noter les issues.
b) Esmée multiplie le résultat du dé rouge par 2, le résultat du dé vert par 0,5, puis additionne ces deux nombres.
Z est la variable aléatoire qui donne la somme obtenue.
Définir deux variables aléatoires X et Y telles que $Z = X + Y$.
c) Compléter l'arbre du **a)** avec les valeurs de X, de Y et de $X + Y$.
d) Établir la loi de probabilité de Z.

24 Anaïs a dans son porte-monnaie trois pièces de 1 € et cinq pièces de 2 €. Elle pioche deux pièces l'une après l'autre, sans remise. Z est la variable aléatoire qui donne la somme des deux montants obtenus.
a) Définir deux variables aléatoires X et Y telles que $Z = X + Y$.
b) Représenter la situation par un arbre pondéré.
c) Établir la loi de probabilité de Z.

25 Lors d'une opération commerciale dans un magasin, chaque client obtient un numéro au hasard entre 1 et 50. Si le numéro est pair il gagne un bon d'achat de 5 €, et si le numéro est un multiple de 4, il gagne en plus un bon d'achat de 10 €.
Z est la variable aléatoire qui donne le gain total du client.
a) Définir deux variables aléatoires X et Y telles que $Z = X + Y$.
b) Calculer l'espérance de X et celle de Y.
c) En déduire l'espérance de Z.

26 Ali appelle le service client d'un magasin en ligne. Il devra attendre une première fois avant qu'un agent prenne son appel. Ce premier temps d'attente est modélisé par une variable aléatoire X.
Il devra ensuite attendre une deuxième fois pour que l'agent consulte son dossier. Ce second temps d'attente est modélisé par une variable aléatoire Y.
Voici les lois de probabilités de X et Y, où le temps est exprimé en minute.

a	2	5	7	10	12
$P(X = a)$	0,1	0,22	0,28	0,25	0,15

b	2	4	6	8
$P(Y = b)$	0,6	0,25	0,11	0,04

Z est la variable aléatoire qui donne le temps d'attente total.
a) Calculer l'espérance de chacune des variables X et Y.
b) En déduire l'espérance de Z. Interpréter le résultat.

27 Après un test, un professeur montre aux élèves de la classe la répartition des notes.

Note	4	6	8	9	10	12	13	15
Fréquence	0,05	0,05	0,1	0,25	0,2	0,2	0,1	0,05

Avant de connaître son résultat, Rayen se demande quelle note elle peut espérer. Elle considère pour cela une variable aléatoire X qui représente sa note, et dont la loi de probabilité est la distribution des notes.
a) Calculer l'espérance de X.
b) Le professeur dit : « Le test est mal réussi, je vais multiplier toutes les notes par 1,2 ». Quelle est la nouvelle valeur de l'espérance de la note de Rayen ?

28 Dans un jeu de hasard, on doit lancer un dé équilibré à douze faces numérotées de 1 à 12, puis multiplier le numéro obtenu par 10. On définit ainsi une variable aléatoire Y.
a) Définir une variable aléatoire X et un nombre réel a tels que $Y = aX$.
b) Calculer l'espérance de X et en déduire celle de Y.

Variables aléatoires indépendantes

Cours 2

Questions flash — À l'oral

29 X et Y sont deux variables aléatoires indépendantes définies sur un même univers.
Dans chaque cas, calculer mentalement la probabilité de l'événement $\{X = 1\} \cap \{Y = 2\}$.
a) $P(X = 1) = \frac{1}{4}$ et $P(Y = 2) = \frac{2}{3}$.
b) $P(X = 1) = 0{,}2$ et $P(Y = 2) = 0{,}4$.

30 X et Y sont deux variables aléatoires indépendantes définies sur un même univers.
Dans chaque cas, donner $V(X + Y)$.
a) $V(X) = 16$ et $V(Y) = 9$ **b)** $V(X) = 3{,}7$ et $V(Y) = 2{,}3$

31 X est une variable aléatoire.
Dans chaque cas, donner $V(aX)$.
a) $V(X) = 10$ et $a = 2$ **b)** $V(X) = 5{,}2$ et $a = -10$

32 Dans chaque cas, donner oralement l'espérance et la variance de la variable aléatoire X qui suit la loi binominale $\mathcal{B}(n, p)$.
a) $n = 5$ et $p = 0{,}2$ **b)** $n = 10$ et $p = 0{,}7$

33 On dispose d'un dé équilibré à quatre faces numérotées de 1 à 4. On lance ce dé deux fois successivement. X est le numéro obtenu au premier lancer, Y le numéro obtenu au second lancer.
a) Établir la loi de probabilité de X, puis de Y.
b) Dans le tableau croisé ci-contre, on détermine les probabilités des événements $\{X = a\} \cap \{Y = b\}$ avec $1 \leqslant a \leqslant 4$ et $1 \leqslant b \leqslant 4$.
Expliquer la probabilité indiquée dans ce tableau.

X \ Y	1	2	3	4
1	$\frac{1}{16}$			
2				
3				
4				

c) Recopier et compléter ce tableau croisé.

34 Un sac opaque contient 20 jetons : huit jetons marqués 5, sept jetons marqués 2 et cinq jetons marqués 0. On pioche successivement et avec remise deux jetons dans ce sac.
X est la variable aléatoire qui donne le premier numéro obtenu, et Y celle qui donne le second numéro.
a) Établir la loi de probabilité de X, puis de Y.
b) Dans un tableau croisé, donner les probabilités des événements $\{X = a\} \cap \{Y = b\}$ pour toutes les valeurs possibles de a et b dans $\{0 ; 2 ; 5\}$.

35 Elliot joue au jeu Pokémon GO sur son téléphone. Pendant une promenade, il rencontre successivement deux Pokémons, dont les points de combats (PC) sont aléatoires. On admet que chaque Pokémon est indépendant de l'autre et on note X le nombre de PC du premier, Y le nombre de PC du second.

Voici la loi de probabilité des PC (arrondis à la centaine supérieure) d'un Pokémon choisi aléatoirement.

a	100	200	300	400	500	600
$P(X = a)$	0,4	0,25	0,15	0,1	0,07	0,03

a) Que peut-on dire des lois de probabilité de X et de Y ?

b) Calculer la variance de X, puis de Y.

c) En déduire la variance de $X + Y$.

36 Le biathlon est une épreuve de sports d'hiver dans laquelle l'athlète alterne entre des courses de ski de fond et des tirs à la carabine. Lors d'un entrainement, une athlète effectue une course de 3 km suivie de 4 tirs. On considère, ici, que chaque tir raté donne une pénalité d'une minute.

X est la variable aléatoire qui donne son temps pour la course, Y celle qui donne son temps de pénalité et Z celle qui donne le temps total. Les temps sont en min. Voici les lois de probabilité de X et Y.

a	7,5	8	8,5	9	9,5	10
$P(X = a)$	0,03	0,1	0,5	0,2	0,1	0,07

b	0	1	2	3	4
$P(Y = b)$	0,6	0,2	0,1	0,05	0,05

a) Calculer les variances de X et Y. *Arrondir au millième.*

b) En déduire la variance de Z.

Vidéo

JaiCompris.com Cet exercice est corrigé en vidéo

37 Lors d'une partie de Donjons & Dragons, Will doit lancer successivement un dé équilibré à dix faces numérotées de 1 à 10 et un dé équilibré à vingt faces numérotées de 1 à 20. Z est la variable aléatoire qui donne la somme des deux numéros obtenus.

a) Définir deux variables aléatoires X et Y telles que $Z = X + Y$.

b) Établir la loi de probabilité de X, puis de Y.

c) Calculer la variance de X, puis de Y.

d) En déduire la variance de Z.

38 Asia et Gabriel partent à la découverte d'une ville. Ils décident de visiter un musée choisi au hasard, puis de manger dans un restaurant, lui aussi choisi au hasard. Le prix individuel d'entrée, en euro, du musée est représenté par une variable aléatoire X, dont voici la loi de probabilité :

a	5	8	12	15	19
$P(X = a)$	0,12	0,16	0,24	0,28	0,2

Le coût moyen, en euro, d'un repas pour deux dans un restaurant est représenté par une variable aléatoire Y, dont voici la loi de probabilité :

b	25	30	35	40	50
$P(Y = b)$	0,15	0,25	0,27	0,23	0,1

Z est la variable aléatoire qui donne le coût total de la journée, pour ces deux personnes.

a) Calculer l'espérance et la variance de X, puis de Y.

b) En déduire l'espérance et la variance de Z.

39 Émeline s'interroge sur la hauteur de précipitations pour un jour du mois de décembre dans sa ville. On représente cette hauteur, en mm, par la variable aléatoire X. Voici la loi de probabilité de X :

a	0	1	3	6	8	10
$P(X = a)$	$\frac{1}{2}$	$\frac{2}{15}$	$\frac{1}{10}$	$\frac{1}{10}$	$\frac{1}{10}$	$\frac{1}{15}$

a) Calculer l'espérance et la variance de X.

b) Pour comparer avec une amie anglaise, Émeline doit convertir les hauteurs en pouce.
Sachant que 1 cm vaut environ 0,4 pouce, calculer la variance de la hauteur de précipitations en pouce.

40 Dans un magasin, Adrien prend un bonnet au hasard dans un bac. X est la variable aléatoire qui donne le prix, en euro, de ce bonnet. Voici la loi de probabilité de X.

a	5	8	10	15	20	30
$P(X = a)$	0,25	0,3	0,28	0,1	0,05	0,02

a) Calculer la variance de X.

b) Comme on est en période de soldes, une réduction de 20 % est appliquée à la caisse.
Déterminer la variance du prix Y, en euro, payé par Adrien.

41 On lance 200 fois une pièce équilibrée.
X est le nombre d'apparitions de Pile.

a) Quelle est la loi suivie par X ? Préciser ses paramètres.

b) Expliquer pourquoi il serait fastidieux de donner la loi de probabilité sous forme de tableau.

c) Calculer l'espérance de X. Interpréter le résultat.

d) Calculer la variance et l'écart-type de X.

42 Un amateur de musique a une large bibliothèque musicale qui contient 80 % de titres chantés et 20 % de morceaux instrumentaux. Il écoute 20 morceaux à la suite en mode aléatoire. On considère que ces 20 morceaux sont obtenus par des tirages avec remise. X est la variable aléatoire qui compte le nombre de morceaux chantés.
a) Justifier que la variable aléatoire X suit une loi binomiale et préciser ses paramètres.
b) Calculer l'espérance de X. Interpréter le résultat.
c) Calculer la variance et l'écart-type de X.

43 Dans une grande ville de Chine, les femmes représentent 49 % de la population. Pour un projet scolaire, des élèves interrogent 50 passants dans cette ville.
On peut considérer qu'il s'agit de tirages avec remise.
X est la variable aléatoire qui compte le nombre de femmes interrogées.
a) Justifier que la variable aléatoire X suit une loi binomiale et préciser ses paramètres.
b) Calculer l'espérance de X. Interpréter le résultat.
c) Calculer la variance et l'écart-type de X.

44 Léonard joue au jeu 2048, dans lequel il faut réussir à atteindre ce nombre. Il y parvient 3 fois sur 4.
X est la variable aléatoire qui donne le nombre de réussites en 80 tentatives indépendantes.
a) Justifier que la variable aléatoire X suit une loi binomiale et préciser ses paramètres.
b) Calculer l'espérance de X. Interpréter le résultat.
c) Calculer la variance et l'écart-type de X.

Échantillons d'une loi de probabilité

Cours 3

Questions flash À l'oral

45 X est une variable aléatoire.
Dans chaque cas, calculer mentalement l'espérance, la variance et l'écart-type de la somme S_n d'un échantillon de taille n de la loi de probabilité de X.
a) $E(X) = 5$, $V(X) = 25$ et $n = 100$
b) $E(X) = 12{,}5$, $V(X) = 9$ et $n = 400$
c) $E(X) = 12{,}4$, $V(X) = 45$ et $n = 20$

46 X est une variable aléatoire dont la variance V(X) est égale à 25. M_{100} est la moyenne d'un échantillon de taille 100 de la loi de probabilité de X.
Dire oralement la bonne réponse.
a) $V(M_{100})$ est égale à : **(1)** 25 **(2)** 2,5 **(3)** 0,25
b) $\sigma(M_{100})$ est égal à : **(1)** 5 **(2)** 0,5 **(3)** 0,25

47 Quand elle va au restaurant, Nelly a l'habitude de poster un avis sur un site Internet. X est la variable aléatoire qui donne le nombre d'étoiles qu'elle attribue à un restaurant. En se basant sur les statistiques de ses avis précédents, on a pu établir la loi de probabilité de X.

a	1	2	3	4	5
$P(X = a)$	0,03	0,12	0,2	0,35	0,3

On considère une série de dix futurs avis, que l'on peut considérer comme un échantillon de la loi de X.
a) Quelle est la taille de cet échantillon ?
b) Calculer l'espérance, la variance et l'écart-type de X.
c) En déduire l'espérance, la variance et l'écart-type de la somme S_{10} des étoiles attribuées pour une telle série.

48 On lance 20 fois de suite un dé équilibré à huit faces numérotées de 1 à 8. X est la variable aléatoire qui donne le résultat d'un lancer et S_{20} celle qui donne la somme des numéros obtenus pour les 20 lancers.
a) Établir la loi de probabilité de X.
b) Calculer l'espérance, la variance et l'écart-type de X.
c) En déduire l'espérance, la variance et l'écart-type de la somme S_{20}.

49 Un producteur conditionne 40 mandarines par caisse. Les masses de mandarines, en gramme, sont réparties selon le tableau ci-dessous.

Masse	58	59	60	61	62
Fréquence	0,15	0,20	0,25	0,21	0,19

X est la variable aléatoire qui donne la masse d'une mandarine prise au hasard dans le stock.
La quantité produite est assez grande pour considérer qu'une caisse de 40 est un échantillon de taille 40 de la loi de probabilité de X.
a) Calculer l'espérance, la variance et l'écart-type de X.
b) En déduire l'espérance, la variance et l'écart-type de la moyenne M_{40}.

50 Dans une région, on a recensé la fréquence du nombre de personnes par foyers. Voici les résultats.

Nombre	1	2	3	4	$\geqslant 5$
Fréquence	0,36	0,22	0,24	0,12	0,06

X est la variable aléatoire qui donne le nombre de personnes dans un foyer pris au hasard.
On veut interroger 100 foyers de cette région, que l'on considère comme un échantillon de taille 100 de la loi de probabilité de X.
a) Calculer l'espérance, la variance et l'écart-type de X.
b) En déduire l'espérance, la variance et l'écart-type de la moyenne M_{100} pour un tel échantillon.

51 QCM **Dans chaque cas, donner la réponse exacte sans justifier.**

On lance successivement un dé équilibré à dix faces numérotées de 0 à 9 et un jeton qui porte le numéro 10 d'un côté et 20 de l'autre côté. X est la variable aléatoire qui donne le numéro obtenu avec le dé, Y celle qui donne le numéro obtenu avec le jeton et Z celle qui donne la somme des deux nombres.

		A	B	C	D
1	Les variables aléatoires vérifient …	$Z = X + 10Y$	$Z = X + Y$	$Z = X \times Y$	$Z = 10X + Y$
2	L'espérance de X est égale à …	5	9	4,5	45
3	L'espérance de Z est égale à …	19,5	15	20	75
4	Les variables aléatoires X et Y …	sont égales à Z	ont la même loi de probabilité	ne sont pas indépendantes	sont indépendantes
5	L'écart-type de Z est …	environ 4,42	environ 5,77	25	40

52 QCM **Dans chaque cas, donner la (ou les) réponse(s) exacte(s) sans justifier.**

Deux sacs contiennent des papiers numérotés de 0 à 9. On tire indépendamment un papier de chaque sac. X (resp. Y) est la variable aléatoire qui donne le numéro tiré du premier (resp. second) sac.

		A	B	C	D
1	$E(X + 3Y)$ est égal à …	$E(X) + E(3Y)$	$4E(X)$	$E(X) + 3E(Y)$	$3E(X + Y)$
2	$\sigma(X + Y)$ est égal à …	$\sigma(X) + \sigma(Y)$	$\sqrt{V(X + Y)}$	$\sqrt{V(X) + V(Y)}$	$\sqrt{\sigma^2(X) + \sigma^2(Y)}$
3	$V(2X + 0{,}5Y)$ est égal à …	$V(X) + V(Y)$	$2{,}5[V(X) + V(Y)]$	$4V(X) + 0{,}25V(Y)$	$2V(X) + 0{,}5V(Y)$
4	Si $V(X) = V(Y)$, alors …	$V(X + Y) = 2V(X)$	$V(X + Y) = V(X)^2$	$\sigma(X + Y) = 2\,\sigma(X)$	$\sigma(X + Y) = \sqrt{2}\sigma(X)$

53 Vrai/Faux **Dans chaque cas, dire si l'affirmation est vraie ou fausse en justifiant.**

1 On lance deux fois successivement un dé équilibré à six faces numérotées de 1 à 6.
Z est la somme des numéros obtenus.
Affirmation : $P(Z = 10) = \frac{1}{18}$.

2 On reprend la situation de la question **1**. X est le résultat obtenu au premier lancer, Y celui du second lancer.
Affirmation : $P(\{X = 4\} \cap \{Y = 6\}) = \frac{1}{36}$.

3 On considère un schéma de Bernoulli avec 12 épreuves pour lesquelles 0,3 est la probabilité de succès.
X compte le nombre de succès.
Affirmation : l'espérance de X est $E(X) = 3{,}6$.

4 On constitue un échantillon de taille 50 d'une variable aléatoire X.
Affirmation : l'écart-type de la somme S_{50} est égal à $7\sigma(X)$.

Vérifiez vos réponses : p. 529

54 Découvrir un autre cas

Z est une variable aléatoire définie sur un univers E.
Dire que Z est constante signifie que pour toute issue de l'expérience aléatoire, Z prend une même valeur réelle b. Sa loi de probabilité est alors $P(Z = b) = 1$.

> X est une variable aléatoire sur un univers E et a désigne un nombre réel.
> On multiplie chaque valeur de X par a et on ajoute b au produit. La variable aléatoire qui prend ces nouvelles valeurs est la variable aléatoire $aX + Z$.
> Le plus souvent, par abus d'écriture, on note cette variable aléatoire $aX + b$.

On se propose de déterminer l'espérance E(Y) et la variance V(Y).

Rédiger la démonstration en suivant le guide ci-dessous.

(1) Déterminer E(Z) et V(Z) : $E(Z) = \dots \times b = \dots$ et $V(Z) = \dots \times (b - \dots)^2 = \dots$
(2) Appliquer les formules du cours pour aX : $E(aX) = \dots$ et $V(aX) = \dots$
(3) Tirer des conséquences pour Y : $E(Y) = E(aX + Z) = \dots + \dots = \dots$
Les variables aX et Z sont … donc $V(Y) = V(aX + Z) = \dots + \dots = \dots V(X)$
(4) Conclure par une phrase.

55 Démontrer la formule E(X + Y) = E(X) + E(Y) dans un cas particulier

X et Y sont deux variables aléatoires indépendantes définies sur un même univers.
X prend les valeurs a_1, a_2 et a_3, Y prend les valeurs b_1 et b_2.
Voici les lois de probabilité de X et de Y.

a	a_1	a_2	a_3
$P(X = a)$	p_1	p_2	p_3

b	b_1	b_2
$P(Y = b)$	q_1	q_2

Voici la démonstration de la formule $E(X + Y) = E(X) + E(Y)$ dans ce cas particulier.

> Voici la loi de probabilité de la variable aléatoire X + Y :
>
> | c | $a_1 + b_1$ | $a_2 + b_1$ | $a_3 + b_1$ | $a_1 + b_2$ | $a_2 + b_2$ | $a_3 + b_2$ |
> |---|---|---|---|---|---|---|
> | $P(X + Y) = c$ | p_1q_1 | p_2q_1 | p_3q_1 | p_1q_2 | p_2q_2 | p_3q_2 |
>
> $$E(X+Y) = \sum_{i=1}^{3}\left(\sum_{j=1}^{2}(a_i + b_j)p_iq_j\right) = \sum_{i=1}^{3}\left(\sum_{j=1}^{2}(a_ip_iq_j + b_jp_iq_j)\right)$$
> $$E(X+Y) = \sum_{i=1}^{3}\left(a_ip_i\sum_{j=1}^{2}q_j + p_i\sum_{j=1}^{2}b_jq_j\right) = \sum_{i=1}^{3}(a_ip_i + p_iE(Y))$$
> $$E(X+Y) = \sum_{i=1}^{3}a_ip_i + E(Y)\sum_{i=1}^{3}p_i = E(X) + E(Y)$$

a) Justifier la loi de probabilité de X + Y.
b) Expliquer chacune des expressions écrites en vert.

56 Comprendre une erreur courante

Énoncé : X est une variable aléatoire telle que $V(X) = 20{,}25$. Déterminer la variance de 2X.
Voici la réponse de Jara :

> $2X = X + X$ donc $V(X + X) = V(X) + V(X) = 40{,}5$.

a) Trouver l'erreur dans ce raisonnement.
b) Déterminer la valeur correcte de la variance de la variable aléatoire 2X.

Vidéo

JAICOMPRIS.COM

Toutes les démonstrations au programme en vidéo

Liste des démonstrations :
- Espérance et variance de la loi binomiale.

Conseil
- Écrire $\sum_{j=1}^{2}(a_i + b_j)p_iq_j$ sans sigma, puis de même pour $\sum_{i=1}^{3}(\dots)$.
- Exprimer E(X + Y) sans utiliser sigma et comparer les réponses.

Additionner deux variables aléatoires. Utiliser l'indépendance

57 **PARCOURS DIFFÉRENCIÉS**

Parcours 1

Dans une fête foraine, un jeu consiste à faire tourner les deux roues ci-contre. On gagne un nombre de tickets égal à la somme des nombres obtenus, qui est représenté par la variable aléatoire Z.

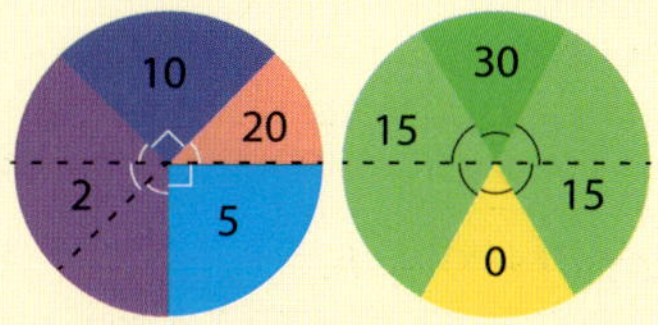

Calculer l'espérance et la variance de Z.

Parcours 2

Dans un jeu de hasard, un palet tombe au hasard sur un numéro de la bande du haut, puis sur un numéro de la bande du bas.

Z donne la somme des deux numéros obtenus.

0	0	2	2	5	10	20	10	5	2	2	0	0

0	0	0	5	5	25	25	5	5	0	0	0

a) Définir deux variables aléatoires X et Y telles que $Z = X + Y$. Établir les lois de probabilités de X et Y.

b) Calculer l'espérance et la variance de X, puis de Y.

c) En déduire l'espérance et la variance de Z.

58 À l'approche des fêtes de fin d'année, un confiseur propose à ses clients de constituer des lots personnalisés contenant des pralines au chocolat au lait (A) et au chocolat noir (N).

Pendant la saison 2019, il a relevé les nombres de chocolats de chaque type choisis par 50 clients pris au hasard.

A \ N	20	30	40	50	60	Total
40	1	2	0	1	0	
50	3	4	5	3	2	
60	3	4	2	6	5	
70	2	1	3	2	1	
Total						

Le confiseur utilise ces statistiques pour anticiper les ventes de la nouvelle saison.

X (resp. Y) est la variable aléatoire qui donne le nombre de pralines au chocolat au lait (resp. chocolat noir).

a) Recopier et compléter le tableau. En déduire la loi de probabilité de X, puis de Y. Calculer $E(X)$ et $E(Y)$.

b) En déduire l'espérance du nombre de total de pralines achetées par les clients.

59 Chaque soir, Olga communique avec ses amis par mail et par SMS. Le nombre de mails qu'elle peut recevoir en une heure est modélisé par une variable aléatoire X telle que pour tout entier naturel k, avec $1 \leqslant k \leqslant 12$, la probabilité qu'elle reçoive k appels est :

$$P(X = k) = \frac{6^k}{k!}e^{-6}.$$

On néglige les probabilités des autres nombres d'appels. De même, le nombre de SMS qu'elle peut recevoir en une heure est modélisé par une variable aléatoire X telle que pour tout entier naturel m, avec $3 \leqslant m \leqslant 18$, la probabilité qu'elle reçoive m SMS est :

$$P(Y = m) = \frac{10^m}{m!}e^{-10}.$$

On néglige les probabilités des autres nombres de SMS. On admet que les variables aléatoires X et Y sont indépendantes.

a) Établir la loi de probabilité de X, puis de Y. *Arrondir au millième.*

b) Calculer la probabilité qu'Olga reçoive exactement 5 appels et 10 SMS.

c) Calculer la probabilité qu'elle reçoive exactement quatre fois plus de SMS que d'appels.

d) Z est la variable aléatoire qui compte le nombre total de communications, appels ou SMS, qu'elle reçoit en une heure. Calculer l'espérance et la variance de Z. *Arrondir à l'unité.*

60 Alina joue à un jeu d'énigmes en ligne.

Chaque énigme est indépendante des autres et, pour chaque énigme, la probabilité qu'Alina la résolve est 0,8. Elle joue tant qu'elle résout les énigmes, avec un maximum de 4 énigmes.

1. X est la variable aléatoire qui compte le nombre d'énigmes résolues.

a) Représenter la situation par un arbre pondéré.

b) Déterminer la loi de probabilité de X.

c) Calculer l'espérance et la variance de X.

Info : Dans ce cas, on dit que la variable aléatoire X suit une loi géométrique tronquée de paramètres $n = 4$ et $p = 0{,}8$.

2. Alina joue deux jours de suite, selon le principe indiqué ci-dessus. Z est la variable aléatoire qui donne le nombre d'énigmes résolues au cours de ces deux jours.

a) Définir deux variables aléatoires indépendantes X et Y telles que $Z = X + Y$.

b) Préciser la loi de probabilité de X, puis de Y.

c) Déterminer l'espérance et la variance de Z. *Arrondir au centième.*

61 Alexandre affirme : « Quand on lance une fois un dé équilibré à quatre faces numérotées de 0 à 3, l'espérance et la variance du numéro obtenu sont les mêmes que si on lance trois fois une pièce de monnaie équilibrée et qu'on compte le nombre de succès ».
Pour vérifier cette affirmation, on considère deux variables aléatoires X et Y qui correspondent respectivement à ces deux expériences aléatoires.
a) Déterminer la loi de probabilité de X.
b) Calculer l'espérance et la variance de X.
c) Quelle est la loi de probabilité de Y ?
d) Calculer l'espérance et la variance de Y.
e) L'affirmation d'Alexandre est-elle exacte ?

62 Une urne contient deux boules rouges et une boule jaune. On tire une boule de l'urne : le gain est de 10 € si la boule est rouge, 20 € si elle est jaune.
On réalise 10 tirages successifs avec remise.
On note X la variable aléatoire égale au gain obtenu à l'issue des 10 tirages.
On se propose de déterminer E(X) de deux manières différentes.

1. Première méthode
Pour tout entier i tel que $1 \leqslant i \leqslant 10$, X_i est la variable aléatoire égale au gain lors du i-ième tirage.
a) Calculer $E(X_i)$ pour $1 \leqslant i \leqslant 10$.
b) Exprimer la variable aléatoire X en fonction des X_i et en déduire la valeur de E(X).

2. Deuxième méthode
Y est la variable aléatoire égale au nombre de boules jaunes tirées.
a) Justifier que $X = 10Y + 100$.
b) Calculer E(Y).
c) En déduire la valeur de E(X).

63 Véronique joue à deux jeux d'argent dans un casino. Pour l'un de ces jeux, la probabilité de gagner une partie est 0,4, et pour chaque partie gagnée elle remporte 5 €. Pour l'autre jeu, la probabilité de gagner une partie est 0,2, et pour chaque partie gagnée elle remporte 20 €.
Z est la variable aléatoire qui donne le montant total gagné pour 10 parties du premier jeu et 8 parties du second jeu.
a) Définir deux variables aléatoires indépendantes X et Y telles que $Z = 5X + 20Y$.
b) Préciser la loi de probabilité de X, puis de Y.
c) En déduire l'espérance et la variance de X, puis de Y.
d) Calculer l'espérance et la variance de Z.

Utiliser des échantillons d'une variable aléatoire

64 **PARCOURS DIFFÉRENCIÉS**

Parcours 1
Cyprien a acheté un dé truqué, pour lequel les probabilités d'obtention des faces sont données ci-dessous.

Face	1	2	3	4	5	6
Probabilité	0,04	0,08	0,08	0,2	0,2	0,4

Afin de tester le dé, il envisage de le lancer 100 fois.
M_{100} est la variable aléatoire qui donne la moyenne des numéros obtenus pour 100 lancers.
Déterminer l'espérance et l'écart-type de M_{100}.

Parcours 2
Une fonction Python renvoie un nombre entier aléatoire selon les probabilités ci-dessous :

Nombre	1	2	3	4	5
Probabilité	0,35	0,25	0,15	0,15	0,1

Pour tester cette fonction, on l'exécute 200 fois.
M_{200} est la variable aléatoire qui donne la moyenne des numéros obtenus pour 200 exécutions.
a) Définir une variable aléatoire X telle que :
$M_{200} = \frac{1}{200}(X_1 + X_2 + \ldots + X_{200})$ où $(X_1 ; \ldots ; X_{200})$ est un échantillon de la loi de probabilité de X.
b) Déterminer l'espérance et l'écart-type de X.
c) En déduire l'espérance et l'écart-type de M_{200}.

65 Un service de streaming musical offre un catalogue de plusieurs millions de titres.
Les durées, arrondies à la minute entière, de ces titres sont réparties selon la distribution ci-dessous.

Durée	2	3	4	5	6	7
Fréquence	0,12	0,43	0,18	0,13	0,09	0,05

1. X est la variable aléatoire qui donne la durée d'un titre pris au hasard dans ce catalogue. Calculer E(X) et $\sigma(X)$.
2. Calculer l'espérance et l'écart-type de la durée totale d'une playlist de 20 titres, dont certains peuvent se répéter.
3. On considère une playlist aléatoire de n titres qui autorise les répétitions. S_n est la variable aléatoire qui donne la durée totale d'une telle playlist.
a) Dans un repère, représenter graphiquement $E(S_n)$ en fonction de n. De quel type de relation s'agit-il ?
b) Dans un autre repère, représenter graphiquement $\sigma(S_n)$ en fonction de n. De quel type de relation s'agit-il ?

66 Anissa est abonnée à un magazine. Chaque numéro contient 40 pages, et elle a remarqué que la probabilité qu'une page contienne un encart publicitaire est 0,2.
On admet que chaque page est indépendante des autres et on définit la variable aléatoire X qui compte le nombre total de pages contenant un encart publicitaire dans un numéro de ce magazine.
a) Quelle est la loi de probabilité suivie par X ?
b) Calculer la probabilité qu'un numéro ait exactement 10 pages avec un encart publicitaire.
c) Calculer la probabilité que, pour un numéro donné, au moins un quart des pages contient un encart publicitaire.
d) Calculer l'espérance et l'écart-type de X.
e) Anissa reçoit 52 numéros de ce magazine en une année. On admet que ces numéros sont, en ce qui concerne les pages publicitaires, indépendants les uns des autres. Déterminer l'espérance et l'écart-type du nombre total de pages publicitaires sur un tel ensemble de 52 numéros.

Vidéo
JAICOMPRIS.COM Cet exercice est corrigé en vidéo

67 Chaque jour de la semaine, Jochen prend le train pour se rendre sur son lieu de travail.
Des études statistiques ont montré que, pour un jour donné, la probabilité que le train arrive avec 2 min de retard est égale à la probabilité qu'il arrive à l'heure, et au double de la probabilité qu'il arrive avec 5 min de retard.
On considère qu'il n'y a pas d'autres cas possibles.
X est la variable aléatoire qui donne le temps de retard pour un jour donné.
a) Quelle est la loi de probabilité suivie par X ?
b) Calculer l'espérance et l'écart-type de X.
c) Jochen prend le train 20 jours dans un mois.
Déterminer l'espérance et l'écart-type de son retard moyen par jour sur une telle série de 20 jours.

68 On dispose d'une urne qui contient 10 boules indiscernables au toucher : cinq boules vertes, trois boules rouges et deux boules noires.
On pioche simultanément 3 boules de cette urne. X est la variable aléatoire qui donne la valeur absolue de la différence entre le nombre de boules rouges et le nombre de boules vertes obtenues lors du tirage.
a) Calculer la probabilité de l'événement $\{X = 0\}$, puis celle de l'événement $\{X = 1\}$.
b) Établir la loi de probabilité de X.
c) Calculer l'espérance et l'écart-type de X. Interpréter l'espérance.
d) On répète cette expérience 100 fois, en replaçant toutes les boules dans l'urne entre chaque répétition.
Déterminer l'espérance et l'écart-type de la différence moyenne entre le nombre de boules rouges et le nombre de boules vertes.

S'ENTRAÎNER À LA LOGIQUE → p. 525

69 **Repérer et vérifier des implications réciproques**

Voici plusieurs implications, où X, Y et Z sont des variables aléatoires définies sur un même univers.
A : Si $Z = X + Y$, alors $E(Z) = E(X) + E(Y)$.
B : Si $Z = X + Y$, alors $V(Z) = V(X) + V(Y)$.
C : Si $E(Z) = E(X) + E(Y)$, alors $V(Z) = V(X) + V(Y)$.
D : Si $V(Z) = V(X) + V(Y)$, alors $E(Z) = E(X) + E(Y)$.
E : Si $E(Z) = E(X) + E(Y)$, alors $Z = X + Y$.
F : Si $V(Z) = V(X) + V(Z)$, alors $Z = X + Y$.
a) Associer par deux les implications qui sont réciproques l'une de l'autre.
b) Lesquelles, parmi ces implications, sont vraies ?

70 **Contre-exemple**

Pour chacune des affirmations ci-dessous, justifier qu'elle est fausse à l'aide d'un contre-exemple ou d'une propriété du cours.
a) Si X est une variable aléatoire qui suit une loi binomiale, alors la variable aléatoire 2X suit une loi binomiale.
b) Quand on augmente la taille d'un échantillon d'une loi de probabilité, on ne modifie pas l'écart-type de la somme de cet échantillon.
c) Quand on augmente la taille d'un échantillon d'une loi de probabilité, on augmente l'écart-type de la moyenne de cet échantillon.

71 ÉCHANTILLONS DE LANCERS

Tice

Objectif
Observer l'impact de l'augmentation de la taille d'un échantillon.

On dispose d'un dé équilibré à six faces numérotées de 1 à 6 et on s'intéresse à l'expérience aléatoire qui consiste à le lancer et à noter le numéro obtenu.

1. Simuler des échantillons de taille 10

Dans la feuille de calcul ci-dessous, on a simulé 50 échantillons de 10 lancers et calculé dans chaque cas la moyenne des numéros obtenus sur ces 10 lancers.

	A	B	C	D	E	F	G	H	I	J	K	L	M	N	O	P	Q	R	S	T	U	V	W	X	Y	Z
1	**Échantillon**	**1**	**2**	**3**	**4**	**5**	**6**	**7**	**8**	**9**	**10**	**11**	**12**	**13**	**14**	**15**	**16**	**17**	**18**	**19**	**20**	**21**	**22**	**23**	**24**	**25**
2	**Lancer 1**	3	5	3	5	5	2	4	5	1	6	2	2	5	4	4	5	1	3	1	1	5	5	2	1	4
3	**Lancer 2**	1	5	3	2	6	1	3	4	2	4	4	6	6	1	3	6	4	1	6	3	5	4	6	5	3
4	**Lancer 3**	4	6	1	2	6	3	4	2	5	5	1	3	4	6	5	3	4	2	1	4	5	4	6	4	1
5	**Lancer 4**	6	6	6	5	3	1	2	4	3	4	3	6	2	6	4	2	1	3	4	6	2	3	2	6	5
6	**Lancer 5**	6	3	2	3	5	4	4	3	2	6	3	2	5	6	4	4	3	3	5	1	6	4	1	6	6
7	**Lancer 6**	1	5	4	3	6	2	6	3	2	2	1	2	6	4	5	4	2	3	6	1	1	2	2	4	3
8	**Lancer 7**	5	2	6	1	6	6	2	2	6	5	6	4	1	4	1	4	6	3	4	2	5	6	5	4	5
9	**Lancer 8**	6	2	3	5	6	6	1	2	2	1	5	4	5	5	4	2	6	5	6	3	2	6	4	3	6
10	**Lancer 9**	3	3	1	6	2	3	2	4	1	2	6	3	3	6	3	2	6	3	4	2	2	2	4	6	4
11	**Lancer 10**	6	2	6	1	4	6	4	5	3	1	2	5	4	6	6	6	3	6	1	3	4	1	4	2	5
12	**Moyenne**	4,1	3,9	3,5	3,3	4,9	3,4	3,2	3,4	2,7	3,6	3,3	3,7	4,1	4,8	3,9	3,8	3,6	3,2	3,8	2,6	3,7	3,7	3,6	4,1	4,2
13																										
14	**Moyenne des moyennes**					3,62																				
15	**Écart-type des moyennes**					0,50																				

a) Réaliser cette feuille de calcul.
Pour cela :
- dans la plage B1 : AY1, saisir les entiers de 1 à 50 ;
- dans la cellule B2, saisir =ALEA.ENTRE.BORNES(1;6), puis recopier jusqu'à la ligne 11 et jusqu'à la colonne AY ;
- dans la cellule B12, saisir =MOYENNE(B2:B11) et recopier vers la droite ;
- dans la cellule F14, saisir =MOYENNE(B12:AY12) et dans la cellule F15, saisir =ECARTYPEP(B12:AY12).

b) Réinitialiser plusieurs fois cette feuille de calcul avec la touche F9. Commenter les valeurs obtenues dans les cellules F14 et F15.

2. Des échantillons de taille 100, de taille 1 000

a) Modifier la feuille de calcul afin d'obtenir 50 échantillons de taille 100.
Réinitialiser la feuille à plusieurs reprises et commenter les valeurs affichées pour la moyenne et l'écart-type des moyennes.

b) Modifier la feuille de calcul afin d'obtenir 50 échantillons de taille 1 000.
Réinitialiser la feuille et commenter les valeurs affichées pour la moyenne et l'écart-type des moyennes.

3. Comprendre les propriétés observées

a) X est la variable aléatoire qui donne le numéro obtenu en lançant le dé.
Retrouver l'espérance et l'écart-type de X.

b) M_{10} est la variable aléatoire moyenne d'un échantillon de taille 10 de la loi de probabilité de X.
Déterminer les valeurs de l'espérance et de l'écart-type de M_{10}.

c) De même, déterminer les valeurs de l'espérance et de l'écart-type des variables aléatoires M_{100} et $M_{1\,000}$, moyennes d'échantillons de taille 100 et 1 000.

d) Comparer les résultats théoriques à ceux obtenus avec les simulations.

72 LA LOI DES SÉRIES

Algo python

Objectif
Étudier une somme de variables aléatoires indépendantes.

On lance n fois une pièce de monnaie équilibrée. Une série est une suite ininterrompue de Pile ou de Face. Par exemple, la liste de lancers F F P F F F P F P P P est constituée de six séries de longueurs respectives 2, 1, 3, 1, 1, 3.
On se propose d'étudier l'espérance du nombre de séries dans une liste de n lancers.

1. Simulation de 10 lancers avec Python

La fonction ci-contre est écrite en langage Python. Elle simule 10 lancers de la pièce de monnaie et renvoie pour résultat le nombre de séries.

```
1 from random import *
2
3 def Series():
4     s=1
5     p=int(random()+0.5)
6     for i in range(9):
7         r=int(random()+0.5)
8         if r!=p:
9             s=s+1
10        p=r
11    return s
```

a) Expliquer les formules des lignes 5 et 7.

b) Exécuter ce programme à la main et compléter un tableau de suivi des valeurs successives des variables s, p et r.

c) Que représente la variable s ? Pourquoi est-elle initialisée à 1 et non à 0 ?

d) Saisir et exécuter ce programme. Noter le résultat affiché.

e) Écrire une nouvelle fonction en langage Python qui simule 1 000 répétitions de 10 lancers et calcule la moyenne du nombre de séries sur ces 1 000 répétitions.
Conjecturer alors l'espérance du nombre de séries en 10 lancers.

2. Étude théorique pour des séries de 10 lancers

On considère une suite de 10 lancers.
Pour tout entier naturel i avec $2 \leqslant i \leqslant 10$, X_i est la variable aléatoire égale à 1 si l'issue du i-ième lancer est différente du précédent et à 0 sinon.
S_{10} est la variable aléatoire qui compte le nombre de séries sur ces 10 lancers.

a) Quelle est la loi suivie par chacune des variables aléatoires X_i ?

b) Calculer l'espérance de chacune des variables aléatoires X_i.

c) Justifier que $S_{10} = 1 + X_2 + \ldots + X_{10}$.

d) En déduire la valeur de l'espérance de S_{10}.

3. Cas général

On considère maintenant une suite de n lancers.
On reprend les notations de la question précédente, avec S_n la variable aléatoire qui compte le nombre de séries sur ces n lancers.

a) Modifier la fonction écrite en langage Python de la question **1. e)** pour simuler 1 000 répétitions de n lancers, où le nombre n est donné en paramètre.

b) En exécutant plusieurs fois la nouvelle fonction, conjecturer l'expression de l'espérance du nombre de séries pour n lancers, en fonction de n.

c) Démontrer cette conjecture en s'inspirant de la démonstration dans le cas de 10 lancers.

73 Calculer de deux façons

Narration de recherche

Calculer Communiquer

Rédiger les différentes étapes de la recherche, sans omettre les fausses pistes et les changements de méthode.

Problème

X et Y sont deux variables aléatoires définies sur un même univers qui prennent les valeurs entières de 1 à 10, de façon équiprobable.

Déterminer l'espérance de la variable somme $X + Y$ de deux façons : à partir des espérances de X et Y, puis à partir de la loi de probabilité de $X + Y$.

74 Prendre des initiatives

Modéliser Raisonner Calculer

Aaron s'entraîne à faire des Speed Runs des deux premiers niveaux d'un jeu vidéo, c'est-à-dire qu'il essaie de réussir ces niveaux le plus rapidement possible.

Voici la loi de probabilité du temps, en minute, pour le premier niveau.

Temps	1	2	3	4	5
Probabilité	0,12	0,15	0,25	0,28	0,2

Quelle doit être l'espérance du temps du deuxième niveau pour qu'il puisse espérer faire mieux que le record mondial, qui est de 7 min ?

75 Étudier une somme

Modéliser Calculer

Le bilan financier quotidien d'un commerçant, en centaine d'euros, est donné dans le tableau ci-dessous.

Montant	3	4	5	7	9	12
Probabilité	0,13	0,18	0,18	0,19	0,17	0,15

On suppose que chaque jour est indépendant des autres.

Au bout de combien de jours le commerçant peut-il espérer avoir réalisé un bilan total supérieur à 10 000 € ?

76 Modifier un écart-type

Problème ouvert

Modéliser Calculer

Un institut de sondage prévoit de réaliser une enquête avant une élection, pour estimer le pourcentage de la population qui envisage de voter pour un certain candidat. On suppose que ce pourcentage, inconnu, est en fait égal à 52 %.

a) Calculer l'écart-type pour les échantillons de taille 1 000.

b) Comment faut-il modifier la taille de l'échantillon pour diviser l'écart-type par 2 ?

77 Algo python Écrire un programme

Raisonner Communiquer

X et Y sont deux variables aléatoires indépendantes dont les lois de probabilité sont connues.

Écrire une fonction en langage Python qui calcule la probabilité de l'événement $\{X = a\} \cap \{Y = b\}$ pour toutes les valeurs a et b prises respectivement par X et Y.

78 Estimate a probability distribution

Raisonner Calculer Communiquer

A six-sided die is loaded: the numbers 2, 3, 4, 5 appear with the usual probability, but the probabilities of numbers 1 and 6 are different.

Megan has done many series of 100 throws and computed the sum of the numbers obtained. She noticed that the sum is usually close to $\frac{1\,100}{3}$.

Use that information to estimate the probability distribution of this loaded die.

79 Résoudre le problème des chapeaux

Modéliser Raisonner Calculer

n personnes mélangent leurs n chapeaux (avec n nombre entier naturel, $n \geqslant 2$).

On s'intéresse à l'espérance du nombre de personnes retrouvant leur chapeau s'ils les reprennent au hasard.

Pour cela, on numérote les personnes de 1 à n.

Pour tout entier naturel i tel que $1 \leqslant i \leqslant n$, X_i est la variable aléatoire égale à 1 si la personne retrouve son chapeau et à 0 sinon.

a) Déterminer la loi de probabilité des variables X_i, puis calculer leur espérance.

b) En déduire la réponse au problème posé.

80 Imaginer une stratégie

Raisonner Communiquer

Voici la loi de probabilité du gain X obtenu, en euro, avec un jeu d'argent à gratter.

Montant	0	1	2	5	20	100
Probabilité	0,5	0,3	0,175	0,015	0,009	0,001

Un joueur régulier a remarqué que, pour des séries de 5 tickets à gratter indépendants, l'écart-type du gain moyen dépasse 1,50 €.

Quel devrait être le nombre de tickets pour que l'écart-type du gain moyen soit inférieur à 0,10 € ?

81 Étudier un temps de trajet

40 min

D'après Bac, Antilles-Guyane 2017

Romane utilise deux modes de déplacement pour se déplacer entre son domicile et son lieu de travail : le vélo ou les transports en commun.

Partie A : choisir un mode de transport

- Lorsque la journée est ensoleillée, Romane se déplace en vélo 9 fois sur 10.
- Lorsque la journée n'est pas ensoleillée, elle se déplace en vélo 6 fois sur 10.

La probabilité qu'une journée soit ensoleillée, dans la ville où habite Romane, est notée p.

Pour une journée donnée, on note :

- E l'évènement : « La journée est ensoleillée » ;
- V l'évènement : « Romane se déplace en vélo ».

1. Construire l'arbre pondéré représentant la situation.

2. Montrer que la probabilité que Romane se déplace en vélo lors d'une journée donnée est :

$$P(V) = 0{,}3p + 0{,}6.$$

3. On constate que dans 67,5 % des cas, c'est en vélo que Romane se déplace entre son domicile et son lieu de travail.

a) En déduire la valeur de p.

b) Sachant que Romane s'est déplacée en vélo, montrer que la probabilité que la journée soit ensoleillée est $\frac{1}{3}$.

Guide de résolution
1. Dans l'arbre pondéré, on inscrit la probabilité inconnue p que la journée soit ensoleillée, et la probabilité $1 - p$ de l'événement contraire.

Guide de résolution
3. b) On doit calculer une probabilité conditionnelle, en utilisant la définition vue en Première.

Partie B : calculer l'espérance et la variance du temps de trajet

Quand Romane se déplace en vélo, son trajet est composé de deux parties indépendantes :

- une première partie sur une voie verte, qu'elle parcourt généralement sans interruption ;
- une seconde partie sur des pistes cyclables citadines, avec des feux et des croisements de routes.

X est la variable aléatoire qui donne la durée, en minute, de la première partie d'un trajet.

Y est celle qui donne la durée, en minute, de la seconde partie.

1. Voici la loi de probabilité de la variable aléatoire X.

a	7	7,25	7,5	7,75	8
$P(X = a)$	0,23	p_1	0,21	0,14	p_2

a) La probabilité que cette partie du trajet dure 7,25 min est deux fois plus élevée que la probabilité qu'elle dure 8 min.

En déduire les valeurs des probabilités p_1 et p_2.

b) Calculer l'espérance et la variance de X.

2. L'espérance et la variance de Y sont respectivement :

$$E(Y) = 5{,}3 \text{ et } V(Y) \approx 0{,}42.$$

En déduire l'espérance et la variance du temps de trajet total.

Guide de résolution
1. a) La somme des probabilités est toujours égale à 1.

82 Travailler avec plusieurs variables aléatoires discrètes

⏱ 40 min

D'après Bac, Antilles-Guyane 2019

Une grande enseigne décide d'organiser dans ses magasins un jeu permettant de gagner un bon d'achat. Le jeu se déroule en deux étapes.

- **Étape 1**

Chaque client tire au hasard une carte sur laquelle figure un nombre de 1 à 50, chaque numéro ayant la même probabilité d'être découvert.

- **Étape 2**

– Si le client découvre un numéro compris entre 1 et 15, il fait tourner une roue divisée en 10 secteurs de même taille dont 8 secteurs contiennent une étoile.
– Sinon, il fait tourner une autre roue divisée elle aussi en 10 secteurs de même taille dont un seul secteur contient une étoile.

Un bon d'achat est gagné par le client si la roue qu'il a fait tourner s'arrête sur une étoile.

Partie A : vérifier un budget

Dans un premier temps, on peut gagner des bons d'achats de 10 €.
Pour ce jeu, le directeur de l'hypermarché a prévu un budget de 250 € par tranche de 100 clients y participant.
Pour vérifier que son budget est suffisant, il simule 100 répétitions indépendantes du jeu.
On appelle X la variable aléatoire qui, à 100 jeux simulés, associe le nombre de bons d'achat gagnés.
On admet que X suit une loi binomiale.
1. Préciser les paramètres de X.
2. Calculer la probabilité pour qu'il y ait exactement 30 bons d'achat gagnés.
3. Calculer la probabilité que 20 bons d'achats soient gagnés ou moins.
4. Calculer la probabilité qu'au moins la moitié des jeux fassent gagner un bon d'achat.
5. Quel est le montant moyen de la somme totale offerte en bons d'achat ? Le budget prévisionnel est-il suffisant ?

Guide de résolution
1. Pour calculer le paramètre p de la loi binomiale, on peut s'aider d'un arbre pondéré.

Partie B : calculer l'espérance et la variance du gain

Lors de la dernière semaine de l'action, les règles du jeu changent : on tire toujours une carte et on gagne un bon d'achat d'un montant égal à la moitié du montant indiqué.
Puis, on tourne systématiquement la roue qui n'affiche qu'une seule étoile et on gagne un bon d'achat supplémentaire d'un montant de 50 € si la roue s'arrête sur l'étoile.
X et Y sont les variables aléatoires qui donnent les montants des bons d'achat gagnés respectivement pendant la première et la deuxième étape, avec ces nouvelles règles.
1. Établir les lois de probabilités de X, puis de Y.
2. Calculer l'espérance et la variance de X et de Y. *Arrondir au centième.*
3. Calculer l'espérance et la variance de la somme des montants des bons d'achat obtenus.

Guide de résolution
1. La variable aléatoire X peut prendre 50 valeurs différentes et sa loi est équirépartie.
La variable aléatoire Y ne peut prendre que deux valeurs distinctes.

83 Effectuer des sondages

40 min

D'après Bac, Métropole 2019

Un laboratoire pharmaceutique mène des études sur la vaccination contre la grippe dans une ville.
Après la période hivernale, on interroge au hasard 40 habitants de la ville, on admet que ce choix se ramène à n tirages successifs avec remise.
On suppose que la probabilité qu'une personne choisie au hasard dans la ville soit vaccinée contre la grippe est égale à 0,4.
On note X la variable aléatoire qui donne le nombre de personnes vaccinées parmi les 40 interrogées.

1. a) Quelle est la loi de probabilité suivie par la variable aléatoire X ?

b) Déterminer la probabilité qu'au moins la moitié des personnes interrogées soit vaccinée. *Arrondir au centième.*

c) Calculer l'espérance et l'écart-type du nombre de personnes vaccinées parmi les 40 personnes interrogées. *Arrondir au centième si besoin.*

2. Le laboratoire effectue n fois cette étude, sans enregistrer les noms des habitants interrogés.
M_n est la moyenne du nombre de personnes vaccinées sur ces n sondages.

a) Préciser l'espérance de M_n, puis exprimer l'écart-type de M_n en fonction de n.

b) Quelle est la valeur minimum de n telle que l'écart-type de M_n soit inférieur à 0,5 ?

Guide de résolution
2. b) Il faut résoudre une inéquation où intervient la formule trouvée à la question **a)**.

Se préparer À L'ORAL

84 Présenter un exposé

a) Réfléchir à des situations où interviennent des lois binomiales dans la vie de tous les jours ainsi qu'au lien entre lois binomiales et variables aléatoires indépendantes.

b) Dans un exposé oral de 10 min, présenter cette recherche.

85 Travailler l'oral en groupe

Résoudre cet exercice en petit groupe, puis présenter les résultats à l'oral.

On dispose de deux dés truqués à six faces numérotées de 1 à 6. Pour l'un des dés, les faces 1, 2, 3 ont deux fois moins de chances d'apparaître que les faces 4, 5, 6. Pour l'autre, les faces 1 et 2 ont deux fois moins de chances d'apparaître que les faces 3 et 4, et trois fois moins que les faces 5 et 6. Les faces mentionnées ensemble ont la même probabilité d'apparaître. On lance ces deux dés et on additionne les numéros obtenus.

a) Déterminer la loi de probabilité de chaque dé.

b) En déduire l'espérance et la variance de la somme des deux dés. *Arrondir au dixième si besoin.*

86 Travailler les compétences orales

▶ **ANTICIPER LES QUESTIONS DU JURY**

1. Préparation de la restitution orale (5 min)
Par groupe de 3, résoudre l'exercice ci-dessous, chaque élève travaillant sur une des trois propositions.

2. Jeu de rôle (30 min)
Chaque élève présente son résultat à l'oral (2 min) pendant que les deux autres composent le jury.
Chaque juré pose une question au candidat (5 min).

Énoncé : Un portefeuille contient cinq pièces de 1 € et trois pièces de 2 €.
On pioche simultanément, deux fois de suite, 3 pièces de ce portefeuille.
X est la somme des pièces du premier tirage, Y celle du second tirage.
Répondre par vrai ou faux. Justifier.

a) L'énoncé permet d'affirmer que X et Y suivent la même loi de probabilité.

b) L'énoncé permet d'affirmer que $E(X+Y) = E(X) + E(Y)$.

c) L'énoncé permet d'affirmer que $V(X+Y) = V(X) + V(Y)$.

87 Espérance d'un produit de variables aléatoires indépendantes. Applications

Partie A : un exemple

On dispose d'une pièce équilibrée dont les côtés sont marqués 1 et 2, et d'un dé équilibré à six faces numérotées 1, 1, 1, 4, 4 et 10.

X est la variable aléatoire qui donne le numéro obtenu quand on lance la pièce, Y celle qui donne le numéro obtenu avec le dé.

Dans cette partie on s'intéresse à la variable aléatoire produit XY qui prend toutes les valeurs $a \times b$ avec $a \in \{1\,;2\}$ et $b \in \{1\,;4\,;10\}$.

1. a) Établir les lois de probabilités de X et de Y.

b) En déduire les espérances E(X) et E(Y) des variables aléatoires X et Y. *Donner les résultats sous forme de fractions irréductibles.*

2. a) Recopier et compléter le tableau croisé ci-dessous pour déterminer les valeurs prises par la variable aléatoire XY.

X \ Y	1	4	10
1			
2			

b) Recopier une seconde fois le tableau ci-dessus, mais y faire apparaître la probabilité de chaque événement de la forme $\{X = a\} \cap \{Y = b\}$ pour toutes les valeurs a et b prises respectivement par X et Y.

c) Déduire des questions précédentes la loi de probabilité de la variable aléatoire XY.

d) Calculer l'espérance E(XY) de la variable aléatoire XY. *Donner le résultat sous forme de fraction irréductible.*

e) Conjecturer une relation simple entre E(XY), E(X) et E(Y).

Partie B : preuve dans un cas particulier

X et Y sont des variables aléatoires **indépendantes** dont voici les lois de probabilités.

a	a_1	a_2
$P(X = a)$	p_1	p_2

b	b_1	b_2
$P(X = b)$	q_1	q_2

Dans cette partie, on se propose de démontrer que l'espérance de la variable produit XY vérifie :

$$E(XY) = E(X)E(Y).$$

1. Donner les expressions des espérances E(X) et E(Y) des variables aléatoires X et Y.

2. a) Quelles sont les valeurs prises par la variable aléatoire produit XY ? Dans la suite, on ne tiendra pas compte du fait que certaines de ces valeurs peuvent être égales.

b) a est une valeur prise par X et b est une valeur prise par Y.

Quel résultat du cours permet de déterminer la probabilité de l'événement $\{X = a\} \cap \{Y = b\}$?

c) Déduire des questions précédentes la loi de probabilité de la variable aléatoire XY.

d) Donner l'expression développée de l'espérance de la variable aléatoire XY.

e) Comparer cette expression à celle du produit $E(X) \times E(Y)$ et conclure.

Dans la suite, on admet que si X et Y sont deux variables aléatoires indépendantes, alors :

$$E(XY) = E(X)E(Y).$$

Partie C : application à la variance d'une somme de variables aléatoires

X et Y sont des variables aléatoires **indépendantes** et X + Y est la variable aléatoire somme de X et Y.

Dans cette partie, on se propose de démontrer la propriété de la variance admise p. 462 :

$$V(X + Y) = V(X) + V(Y).$$

1. Selon la formule de Koenig-Huygens, la variance d'une variable aléatoire X est :

$$V(X) = E(X^2) - E(X)^2.$$

Appliquer cette formule à la variable aléatoire Y.

2. Pour cette question, on reprend les variables aléatoires de la **partie A**.

Indiquer les valeurs prises par chacune des variables aléatoires ci-dessous :

a) X^2 **b)** Y^2 **c)** $X + Y$ **d)** $(X + Y)^2$ **e)** XY

3. Utiliser la formule de Koenig-Huygens pour exprimer la variance de la variable aléatoire X + Y.

4. En utilisant les propriétés de l'espérance pour deux variables aléatoires **indépendantes** X et Y, justifier que :

$$E((X + Y)^2) = E(X^2) + 2E(X)E(Y) + E(Y^2).$$

5. De même, utiliser les propriétés de l'espérance pour développer l'expression $(E(X + Y))^2$.

6. À l'aide des deux questions précédentes, simplifier autant que possible l'expression de V(X + Y).

7. Conclure.

On a vu à l'exercice 56 qu'il est **incorrect** d'écrire $V(2X) = V(X + X) = V(X) + V(X) = 2V(X)$, car la variable aléatoire X n'est pas indépendante avec elle-même.
De même, il serait donc **incorrect** d'écrire $E(X^2) = E(XX) = E(X)E(X) = E(X)^2$. Si cette égalité était correcte, alors la formule de Koenig-Huygens donnerait toujours 0.

88 Reconnaître des variables aléatoires indépendantes

Dire que deux variables aléatoires X et Y définies sur un même univers sont indépendantes signifie que, pour toute valeur a prise par X et toute valeur b prise par Y,

$$P(\{X = a\} \cap \{Y = b\}) = P(X = a) \times P(Y = b).$$

1. Le tableau croisé ci-dessous donne les probabilités des événements de la forme $\{X = a\} \cap \{Y = b\}$ pour deux variables aléatoires X et Y.

X \ Y	0	2	4
1	$\frac{1}{8}$	$\frac{1}{12}$	$\frac{1}{24}$
3	$\frac{1}{4}$	$\frac{1}{6}$	$\frac{1}{12}$
5	$\frac{1}{8}$	$\frac{1}{12}$	$\frac{1}{24}$

a) À l'aide du tableau croisé, établir les lois de probabilités de X et de Y.

b) Calculer le produit $P(X = 1) \times P(Y = 0)$ et comparer le résultat avec la probabilité de l'événement $\{X = 1\} \cap \{Y = 0\}$.

c) De même, comparer $P(X = a) \cap P(Y = b)$ et $P(\{X = a\} \cap \{Y = b\})$ pour tous les couples $(a\,;b)$ possibles.

d) Les variables X et Y sont-elles indépendantes ?

2. Dans chacun des cas ci-dessous, le tableau croisé donne les probabilités des événements de la forme $\{X = a\} \cap \{Y = b\}$ pour deux variables aléatoires X et Y. Déterminer les cas où les variables aléatoires sont indépendantes.

a)

X \ Y	10	20
0	$\frac{1}{4}$	$\frac{1}{2}$
5	$\frac{1}{8}$	$\frac{1}{8}$

b)

X \ Y	0	4
1	$\frac{1}{4}$	$\frac{1}{12}$
10	$\frac{1}{2}$	$\frac{1}{6}$

c)

X \ Y	1	2	3
5	$\frac{1}{20}$	$\frac{1}{10}$	$\frac{1}{10}$
10	$\frac{3}{10}$	$\frac{3}{20}$	$\frac{3}{10}$

d)

X \ Y	0	1	2
0	$\frac{1}{16}$	$\frac{1}{16}$	$\frac{1}{24}$
1	$\frac{1}{16}$	$\frac{1}{16}$	$\frac{1}{24}$
2	$\frac{1}{6}$	$\frac{1}{4}$	$\frac{1}{4}$

e)

X \ Y	0	1	2
0	$\frac{3}{10}$	$\frac{1}{20}$	$\frac{1}{20}$
1	$\frac{9}{20}$	$\frac{3}{40}$	$\frac{3}{40}$

89 De la loi du couple (X ; Y) aux lois de X et Y

Dans chaque cas, le tableau croisé donne les probabilités $P(\{X = a\} \cap \{Y = b\})$ pour deux variables aléatoires X et Y définies sur un même univers.

- Déterminer la loi de probabilité de X, puis de Y. Qu'observe-t-on ?
- Préciser si les variables aléatoires X et Y sont indépendantes.
- Commenter le phénomène illustré.

a)

X \ Y	1	2	3
1	0,1	0,2	0,2
2	0,1	0,3	0,1

b)

X \ Y	1	2	3
1	0,1	0,25	0,15
2	0,1	0,25	0,15

Des Défis

90 Construire un échantillon

Dans un pays, avant une élection, une candidate s'interroge sur ses chances d'être élue. Pour cela, elle commande un sondage auprès d'un échantillon de la population. p est la proportion, inconnue, des électeurs de ce pays qui vont voter pour cette candidate.
X est la variable aléatoire qui, pour un électeur choisi au hasard, prend la valeur 1 avec la probabilité p et la valeur 0 sinon.
On admet que p est compris entre 0,4 et 0,6.
Quelle doit être la taille d'un échantillon de la loi de probabilité de X pour être certain que l'écart-type de la moyenne de l'échantillon soit inférieur à 0,5 % ?

91 Étudier des combinaisons linéaires

X et Y sont deux variables aléatoires définies sur un même univers, telles que E(X) est un nombre entier naturel et $E(Y) = 5$.
Justifier que pour tous entiers naturels a et b, $E(10aX + bY)$ est un nombre entier multiple de 5.
Que peut-on alors dire de $V(10aX + bY)$?

92 Prouver une nouvelle formule

X et Y sont des variables aléatoires indépendantes définies sur un même univers.
Justifier que les variables aléatoires $(XY)^2$ et X^2Y^2 ont la même loi, puis démontrer que :

$$V(XY) = V(X)V(Y) + V(X)E(Y)^2 + V(Y)E(X)^2.$$

17 Concentration. Loi des grands nombres

HISTOIRE DES MATHS

En probabilités, la loi faible des grands nombres énonce que la moyenne m des valeurs d'un échantillon d'une variable aléatoire est proche de l'espérance μ de cette variable aléatoire lorsque la taille N de l'échantillon est assez grande. Plus précisément, elle affirme que ceux dont l'écart $|m - \mu|$ dépasse une valeur donnée sont de plus en plus rares lorsque N augmente. Ce phénomène est remarqué assez tôt en statistiques, en particulier dans les jeux de hasard.

Jacques Bernoulli dans son *Ars Conjectandi* publié en 1713, l'étudie dans le cas de la loi binomiale. Plus tard, **Siméon Denis Poisson** généralise les résultats obtenus par **Bernoulli** à d'autres lois de probabilité.

Au milieu du 19e siècle, **Bienaymé** et **Tchebychev** énoncent et démontrent l'inégalité qui permettra de prouver de façon rigoureuse cette loi des grands nombres.

Irénée-Jules Bienaymé

Pafnouti Tchebychev

▶ **Irénée-Jules Bienaymé** (1796-1878) est un mathématicien français.
Il contribue au développement de la statistique et à ses applications à différents domaines (calculs financiers, démographie, …).
Il traduit les travaux de son ami russe Tchebychev.

▶ **Pafnouti Tchebychev** (1821-1894) est un mathématicien russe.
Connu pour ses travaux en probabilités, il poursuit les recherches de Bernoulli et Poisson.
Il démontre des théorèmes limites comme la loi des grands nombres.

1713 N. Bernoulli publie *Ars Conjectandi* de J. Bernoulli.

1837 Poisson utilise l'expression « loi des grands nombres » dans *Sur la probabilité des jugements*.

1853 Bienaymé énonce l'inégalité de Bienaymé-Tchebychev.

1869 Tchebychev démontre la loi des grands nombres.

1709 Grand hiver en Europe

1748 Voltaire publie *Zadig ou la Destinée*

1801 Jacquard invente le métier à tisser mécanique

1851 Première exposition universelle à Londres

1870 Bataille de Sedan face à la Prusse

1700 — 1750 — 1800 — 1850 — 1900

Flashmob rassemblant à Tournai plus de 800 élèves.

Dans une population, le sex-ratio exprime la proportion des femmes et des hommes. À la naissance, le rapport est environ de 105 garçons pour 100 filles mais ce rapport s'inverse au fil des années. On évalue cette proportion par sondages et on compare les valeurs effectives obtenues à la valeur théorique attendue.

Les contenus et capacités travaillés dans ce chapitre

	Savoir-faire	Exercices
• Inégalité de Bienaymé-Tchebychev	1 à 3	9 à 13
• Inégalité de concentration. Appliquer l'inégalité de Bienaymé-Tchebychev pour définir une taille d'échantillon	4 à 6	15 à 18, 26
• Loi des grands nombres		19, 28
• Comprendre des algorithmes de simulation d'échantillons	7, 8	14, 29

Bien démarrer

Calcul mental

Rappels utiles

• Inégalités et intervalles

a, x, r désignent des nombres réels avec $r > 0$.

$|x - a| < r$ équivaut à $a - r < x < a + r$,

c'est-à-dire $x \in]a - r\,; a + r[$.

$|x - a| \geqslant r$ équivaut à $x \leqslant a - r$ ou $x \geqslant a + r$,

c'est-à-dire $x \notin]a - r\,; a + r[$.

• Loi binomiale

On considère une expérience aléatoire à deux issues appelées succès et échec où le succès a pour probabilité p (avec $0 < p < 1$).

On répète n fois cette expérience et on note X la variable aléatoire qui donne le nombre de succès.

X suit la loi binomiale de paramètres n et p, on la note $\mathscr{B}(n, p)$.

Espérance : $\mathbf{E(X)} = \boldsymbol{np}$

Variance : $\mathbf{V(X)} = \boldsymbol{np(1 - p)}$

• Échantillon de taille *n* d'une loi de probabilité

$X_1, X_2, \ldots, X_n$ sont n variables aléatoires indépendantes, identiques, qui suivent la même loi d'espérance μ, de variance V et d'écart-type σ.

On considère les variables aléatoires :

$$S_n = X_1 + X_2 + \ldots + X_n \text{ et } M_n = \frac{S_n}{n}.$$

Alors :

$$E(S_n) = n\mu, \quad V(S_n) = nV \quad \text{et} \quad \sigma(S_n) = \sigma\sqrt{n}$$

$$E(M_n) = \mu, \quad V(M_n) = \frac{V}{n} \quad \text{et} \quad \sigma(S_n) = \frac{\sigma}{\sqrt{n}}$$

À l'oral — Questions-Tests

Pour chaque question, il y a une seule réponse exacte.

1 x désigne un nombre réel.

a) $|x - 2| < 0{,}1$ équivaut à :

(1) $x < 2{,}1$ (2) $1{,}9 < x < 2{,}1$ (3) $x < 1{,}9$

b) $|x - 5| \geqslant 0{,}01$ équivaut à :

(1) $x \leqslant 4{,}99$ (2) $x \geqslant 5{,}01$ (3) $x \leqslant 4{,}99$ ou $x \geqslant 5{,}01$

2 Un QCM comporte dix questions.

Pour chacune d'elles, quatre réponses sont proposées dont une seule est correcte. Un élève choisit au hasard une réponse à chaque question.

La variable aléatoire X compte le nombre de réponses correctes données par l'élève.

a) La loi de X est :

(1) la loi binomiale $\mathscr{B}\left(4, \frac{1}{10}\right)$

(2) la loi binomiale $\mathscr{B}\left(10, \frac{1}{4}\right)$

(3) la loi géométrique de paramètre $\frac{1}{4}$.

b) L'espérance de X est égale à :

(1) 2,5 (2) 4 (3) 10

c) La variance de X est égale à :

(1) 0,1875 (2) 1,875 (3) 2,5

3 On donne n variables aléatoires $X_1, X_2, \ldots, X_n$ indépendantes et identiques qui suivent la loi binomiale $\mathscr{B}\left(100, \frac{1}{5}\right)$.

On pose $S_n = X_1 + X_2 + \ldots + X_n$.

a) L'espérance de S_n est égale à :

(1) 20 (2) $20n$ (3) $\frac{n}{5}$

b) La variance de S_n est égale à :

(1) 16 (2) $16n$ (3) $4\sqrt{n}$

4 X est la variable aléatoire qui donne le gain, en euro, d'un joueur à un jeu de hasard.

a	-5	0	10	50
$P(X = a)$	0,5	0,2	0,2	0,1

La variable aléatoire G donne le gain moyen du joueur au cours de 10 parties.

a) L'espérance de G est égale à :

(1) 4 (2) 4,5 (3) 7,5

b) La variance de G est égale à :

(1) 26,225 (2) 262,25 (3) 26

c) L'écart-type de G, arrondi au dixième, est égal à :

(1) 26,2 (2) 5,1 (3) 16,2

1 Vers l'inégalité de Bienaymé-Tchebychev

X est une variable aléatoire qui suit la loi binomiale de paramètres $n = 100$ et $p = \frac{1}{2}$.

1 Déterminer l'espérance μ et la variance V de X.

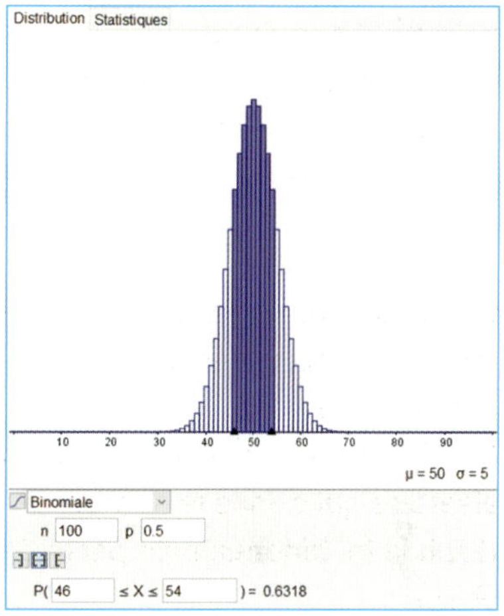

2 Dans l'inégalité de Bienaymé-Tchebychev, on compare pour tout réel $\delta > 0$, $P(|X - \mu| \geqslant \delta)$ et $\frac{V}{\delta^2}$.

a) Recopier et compléter le tableau ci-dessous à l'aide de la calculatrice ou d'un logiciel de calcul formel.

δ	5	8	10	12
$P(\lvert X - \mu\rvert \geqslant \delta)$	0,37			
$\frac{V}{\delta^2}$	1			

Arrondir au centième.

b) Effectuer d'autres essais et proposer une conjecture.

2 Calculer l'écart entre la moyenne d'un échantillon et l'espérance

On lance une pièce équilibrée deux fois de suite.
X est la variable aléatoire qui donne le nombre de Pile obtenus.

1 **a)** Déterminer la loi de probabilité de la variable aléatoire X.
b) Calculer l'espérance de X.

2 Voici ci-contre les fonctions **X**, **Moyenne** et **Ecart** écrites en langage Python.
a) La fonction **X** réalise une simulation de la variable aléatoire X.
Expliquer le programme.
b) Pour un échantillon de taille n de la variable aléatoire X, quel résultat chacune des fonctions **Moyenne** et **Ecart** renvoie-t-elle ?

```
from random import *

def X():
    a=random()
    x=1
    if a<=0.25:
        x=0
    if a>=0.75:
        x=2
    return x

def Moyenne(n):
    som=0
    for i in range(n):
        som=som+X()
    m=som/n
    return m

def Ecart(n):
    d=abs(Moyenne(n)-1)
    return d
```

3 **a)** Voici des résultats renvoyés par la fonction **Ecart** :

```
>>> Ecart(100)
0.08000000000000007
>>> Ecart(1000)
0.01200000000000001
>>> Ecart(10000)
0.0020000000000000018
>>> Ecart(100000)
0.0007299999999998974
```

Commenter les valeurs obtenues.
b) Saisir le programme.
c) Exécuter la fonction **Ecart** avec des valeurs de n de plus en plus grandes et observer les résultats obtenus.

Exercices
- **1** à **3** (ci-contre)
- **9** à **14**

1 Inégalité de Bienaymé-Tchebychev

A Inégalité et interprétation

Propriété

X est une variable aléatoire d'espérance μ et de variance V.

Pour tout réel $\delta > 0$, $\mathbf{P(|X - \mu| \geqslant \delta) \leqslant \frac{V}{\delta^2}}$.

Remarques : • Pour une démonstration, voir exercice **23** page 496.

• Pour $\delta \leqslant \sigma$ où σ est l'écart-type de X, $\frac{V}{\delta^2} \geqslant 1$ et l'inégalité est évidente.

Vidéo
JaiCompris.com
Cette notion est présentée en vidéo

Exemple et interprétation

• On lance une pièce équilibrée 100 fois de suite, la variable aléatoire X donne le nombre de Pile obtenus.
X suit la loi binomiale de paramètres $n = 100$ et $p = \frac{1}{2}$,
l'espérance de X est $\mu = 100 \times \frac{1}{2} = 50$ et sa variance est $V = 100 \times \frac{1}{2} \times \frac{1}{2} = 25$.
D'après l'inégalité de Bienaymé-Tchebychev, pour tout réel $\delta > 0$,

$$P(|X - 50| \geqslant \delta) \leqslant \frac{25}{\delta^2}.$$

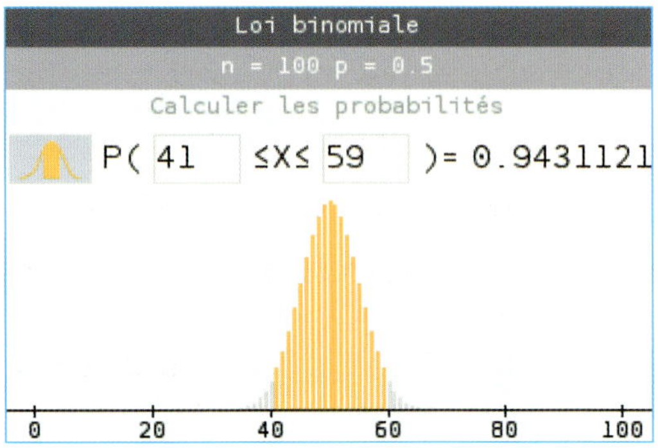

• Par exemple pour $\delta = 10$, $P(|X - 50| \geqslant 10) \leqslant 0{,}25$.
La probabilité que l'écart de X à $\mu = 50$ soit supérieur ou égal à 10 est inférieure à 0,25.
Or, $P(|X - 50| < 10) = 1 - P(|X - 50| \geqslant 10)$,
donc $P(|X - 50| < 10) \geqslant 0{,}75$.
La probabilité que X prenne une valeur dans l'intervalle $]40\,;60[$ est supérieure à 0,75.

B Des situations particulières

X est une variable aléatoire d'espérance μ et d'écart-type σ.
On applique l'inégalité de Bienaymé-Tchebychev avec $\delta = k\sigma$ où k est un nombre entier naturel, $k \geqslant 2$:

$$P(|X - \mu| \geqslant k\sigma) \leqslant \frac{\sigma^2}{k^2\sigma^2}, \text{ soit } P(|X - \mu| \geqslant k\sigma) \leqslant \frac{1}{k^2}.$$

Par exemple :

• $k = 2$, $\mathbf{P(|X - \mu| \geqslant 2\sigma) \leqslant 0{,}25}$
La probabilité que l'écart de X à μ soit supérieur ou égal à 2σ est inférieure ou égale à 0,25.

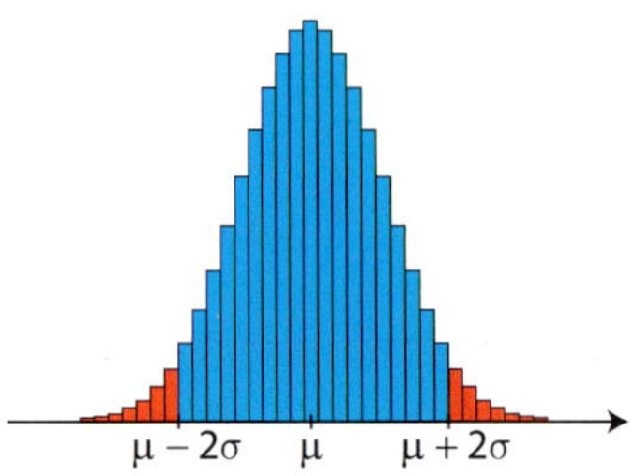

• $k = 4$, $\mathbf{P(|X - \mu| \geqslant 4\sigma) \leqslant 0{,}0625}$
Obtenir un écart de X à μ supérieur ou égal à 4σ est un événement improbable.

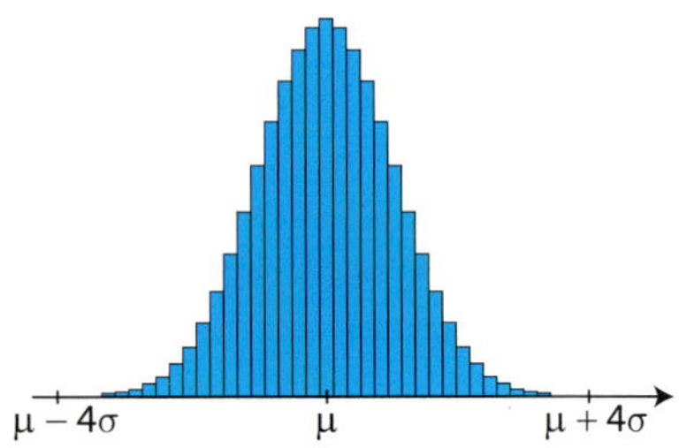

EXERCICE RÉSOLU

1 Simuler un échantillon de taille *n* d'une variable aléatoire

Au basket, lorsqu'elle tente un lancer franc, Claire marque le panier dans 70 % des cas.

À l'entraînement sur une série de 100 lancers, on note X le nombre de paniers réussis par Claire.

1. a) Donner la loi de probabilité de la variable aléatoire X.

b) Déterminer l'espérance μ et l'écart-type σ de X.

c) Établir à l'aide de l'inégalité de Bienaymé-Tchebychev que :

$$P(|X-\mu| \geqslant 2\sigma) \leqslant 0{,}25.$$

2. On écrit un programme en langage Python afin de simuler un échantillon de taille *n* de la variable aléatoire X.

Interpréter le résultat renvoyé par :

a) la fonction **Distance** ; **b)** la fonction **Echantillon**.

3. a) Saisir ce programme et exécuter **Echantillon(1000)**.

b) Comparer au résultat obtenu avec l'inégalité de Bienaymé-Tchebychev.

```
from random import *

def Distance():
    e=70
    x=0
    for k in range(100):
        a=random()
        if a<=0.7:
            x=x+1
    d=abs(x-e)
    return d

def Echantillon(n):
    s=4.58
    y=0
    for j in range(n):
        if Distance()>=2*s:
            y=y+1
    p=y/n
    return p
```

Solution

1. a) La variable aléatoire X suit la loi binomiale de paramètres 100 et 0,7.

b) $\mu = 100 \times 0{,}7 = 70$ et $\sigma = \sqrt{100 \times 0{,}7 \times 0{,}3} = \sqrt{21}$ soit $\sigma = 4{,}58$.

c) Pour tout réel $\delta > 0$, $P(|X-\mu| \geqslant \delta) \leqslant \dfrac{\sigma^2}{\delta^2}$.

Avec $\delta = 2\sigma$, on obtient $P(|X-\mu| \geqslant 2\sigma) \leqslant 0{,}25$.

2. a) Lors d'une simulation de X, la fonction **Distance** renvoie l'écart $|x-70|$ où x est la valeur prise par la variable aléatoire X.

b) Pour un échantillon de taille *n* de X, la fonction **Echantillon** renvoie la proportion des valeurs x prises par X telles que $|x-70| \geqslant 2\sigma$.

3. a) Par exemple, on obtient :

```
>>> Echantillon(1000)
0.038
>>> Echantillon(1000)
0.043
>>> Echantillon(1000)
0.048
```

b) On observe que dans moins de 5 % des cas $|x-70| \geqslant 2\sigma$.

L'inégalité de Bienaymé-Tchebychev donne donc un résultat qui n'est pas optimal.

EXERCICES D'APPLICATION DIRECTE

Sur le modèle de l'exercice résolu 1

Reprendre le travail de l'exercice 1 dans chacune des situations suivantes.

2 Claire marque le panier dans 65 % des cas.

3 Claire marque le panier dans 50 % des cas et effectue une série de 50 lancers à l'entraînement.

Exercices
- **4** à **6** (ci-contre)
- **15** à **19**

2 Loi des grands nombres

On donne n variables aléatoires (avec $n \geqslant 2$) $X_1, X_2, \ldots, X_n$ indépendantes, identiques, suivant une même loi de probabilité d'espérance μ et de variance V.

On note $M_n = \dfrac{X_1 + X_2 + \ldots + X_n}{n}$ la variable aléatoire moyenne.

A Inégalité de concentration

Propriété

Pour tout réel $\delta > 0$, $\mathbf{P(|M_n - \mu| \geqslant \delta) \leqslant \dfrac{V}{n\delta^2}}$.

Démonstration

L'espérance de M_n est $E(M_n) = \dfrac{1}{n} \times n\mu = \mu$ et sa variance est $V(M_n) = \dfrac{1}{n^2} \times nV = \dfrac{V}{n}$.

D'après l'inégalité de Bienaymé-Tchebychev, pour tout réel $\delta > 0$, $P(|M_n - \mu| \geqslant \delta) \leqslant \dfrac{V(M_n)}{\delta^2}$, soit $P(|M_n - \mu| \geqslant \delta) \leqslant \dfrac{V}{n\delta^2}$.

Exemple

Dans une société de démarchage par téléphone, on estime que 40 % des personnes appelées répondent effectivement.

On appelle n personnes, la variable aléatoire X_k donne 1 si la k-ième personne appelée répond et 0 sinon.

Les variables aléatoires $X_1, X_2, \ldots, X_n$ sont indépendantes, identiques, de même loi d'espérance $\mu = 0{,}6 \times 0 + 0{,}4 \times 1 = 0{,}4$ et de variance $V = 0{,}6 \times (0 - 0{,}4)^2 + 0{,}4 \times (1 - 0{,}4)^2 = 0{,}24$.

Alors, pour tout réel $\delta > 0$, $P(|M_n - 0{,}4| \geqslant \delta) \leqslant \dfrac{0{,}24}{n\delta^2}$.

Par exemple, pour $\delta = 0{,}1$, $P(|M_n - 0{,}4| \geqslant 0{,}1) \leqslant \dfrac{24}{n}$.

- Pour $n = 1\,000$, $P(|M_n - 0{,}4| \geqslant 0{,}1) \leqslant 0{,}024$.

On dit que l'on obtient pour M_n **une précision** de 0,1 avec **un risque** de 0,024.

Lorsqu'on appelle 1 000 personnes, la probabilité que le nombre de personnes qui répondent soit en dehors de l'intervalle $]300\,;500[$ est inférieure à 0,024.

B Loi des grands nombres

Propriété

Pour tout réel $t > 0$, $\mathbf{\lim\limits_{n \to +\infty} P(|M_n - \mu| \geqslant t) = 0}$.

Démonstration

Pour tout réel $t > 0$ donné, l'inégalité de concentration, permet d'écrire :

$$0 \leqslant P(|M_n - \mu| \geqslant t) \leqslant \frac{V}{nt^2}.$$

Or, $\lim\limits_{n \to +\infty} \dfrac{V}{nt^2} = 0$, donc d'après le théorème des gendarmes $\lim\limits_{n \to +\infty} P(|M_n - \mu| \geqslant t) = 0$.

EXERCICE RÉSOLU

4 Rechercher une taille d'échantillon

Dans une ville moyenne de 20 000 habitants, lors d'une consultation portant sur la rénovation du théâtre municipal, 75 % des personnes consultées ont émis un avis positif.

1. On interroge n personnes. Pour $1 \leqslant k \leqslant n$, la variable aléatoire X_k donne 1 si la k-ième personne interrogée est favorable au projet et 0 sinon.

Donner la loi de probabilité de X_k, son espérance μ et sa variance V.

2. On note M_n la variable aléatoire moyenne de $X_1, X_2, \ldots, X_n$.

a) Déterminer une taille n d'échantillon afin d'obtenir pour M_n une précision de 0,05 et un risque de 0,1, c'est-à-dire telle que $P(|M_n - \mu| \geqslant 0{,}05) \leqslant 0{,}1$.

b) De même, déterminer une taille n d'échantillon afin d'obtenir pour M_n une précision de 0,01 et un risque de 0,05. Peut-on envisager raisonnablement cette situation ?

Solution

1. La loi de probabilité de la variable aléatoire X_k est donnée par :

a	0	1
$P(X_k = a)$	0,25	0,75

Son espérance est : $\mu = 0{,}25 \times 0 + 0{,}75 \times 1 = 0{,}75$.

Sa variance est : $V = 0{,}25(0 - 0{,}75)^2 + 0{,}75(1 - 0{,}75)^2 = 0{,}1875$.

2. D'après l'inégalité de concentration, pour tout réel $\delta > 0$,

$$P(|M_n - 0{,}75| \geqslant \delta) \leqslant \frac{0{,}1\,875}{n\delta^2}.$$

L'inégalité de concentration permet de définir une taille d'échantillon n pour une précision et un risque choisis de M_n.

a) Avec $\delta = 0{,}05$, on obtient $P(|M_n - 0{,}75| \geqslant 0{,}05) \leqslant \frac{75}{n}$.

Il suffit de choisir n tel que $\frac{75}{n} \leqslant 0{,}1$, c'est-à-dire $n \geqslant 750$.

b) Avec $\delta = 0{,}01$, on obtient $P(|M_n - 0{,}75| \geqslant 0{,}01) \leqslant \frac{1\,875}{n}$.

Il suffit de choisir n tel que $\frac{1\,875}{n} \leqslant 0{,}05$, c'est-à-dire $n \geqslant 37\,500$.

La ville compte 20 000 habitants, une telle enquête ne peut donc pas être réalisée. Une précision de 0,01 et un risque de 0,05 ne peuvent donc pas être envisagés.

EXERCICES D'APPLICATION DIRECTE

Sur le modèle de l'exercice résolu 4

5 Reprendre le travail de l'exercice 4 dans le cas où le nombre de personnes favorables au projet de rénovation du théâtre est de 60 %.

6 M_n est la moyenne d'un échantillon de taille n d'une variable aléatoire.

Pour tout réel $\delta > 0$, $P(|M_n - 16| \geqslant \delta) \leqslant \frac{24}{n\delta^2}$.

Déterminer une taille d'échantillon afin d'obtenir pour M_n, une précision de 0,5 et un risque de 0,1.

Savoir-faire Algo python

Vidéo JAICOMPRIS.COM
Un autre exercice Algo/python résolu en vidéo

EXERCICE RÉSOLU

7 Déterminer une proportion d'échantillons

Cours 1

S_n est une variable aléatoire qui suit une loi binomiale $\mathcal{B}(n\,;p)$ (n entier naturel, $n \geqslant 1$ et $p \in]0\,;1[$).

a) Démontrer que $P(|S_n - np| \geqslant \sqrt{n}) \leqslant p(1-p)$.

b) On a écrit ci-contre en langage Python une fonction **S** de paramètres n et p.
Quel est son rôle ? Quel résultat renvoie-t-elle ?

c) La fonction **P** permet de simuler un échantillon de taille N de la variable aléatoire S_n.
Cette fonction renvoie une proportion d'échantillons. Laquelle ?

d) Saisir ces fonctions, exécuter **P(100, 0.4, 1000)** plusieurs fois et comparer au résultat obtenu à la question **1**.

```python
from math import *
from random import *

def S(n,p):
    s=0
    for i in range(n):
        a=random()
        if a<=p:
            s=s+1
    return s

def P(n,p,N):
    b=0
    for i in range(N):
        if abs(S(n,p)-n*p)>=sqrt(n):
            b=b+1
    p=b/N
    return p
```

Solution

a) La variable aléatoire S_n a pour espérance $\mu = np$ et pour variance $V = np(1-p)$.
D'après l'inégalité de Bienaymé-Tchebychev, pour tout réel $\delta > 0$, $P(|S_n - np| \geqslant \delta) \leqslant \dfrac{np(1-p)}{\delta^2}$.
Pour $\delta = \sqrt{n}$, on obtient $P(|S_n - np| \geqslant \sqrt{n}) \leqslant p(1-p)$.

b) La fonction **S** de paramètres n et p réalise une simulation de la variable aléatoire S_n.
Elle renvoie pour résultat la valeur prise par S_n.

c) Lors de la simulation d'un échantillon de taille N de S_n, on obtient N issues $s_1, s_2, \dots, s_N$ de S_n et la fonction **P** renvoie la proportion d'échantillons tels que $|s_K - np| \geqslant \sqrt{n}$.

d)

```
>>> P(100,0.4,1000)
0.049
>>> P(100,0.4,1000)
0.047
>>> P(100,0.4,1000)
0.039
```

L'intérêt de l'inégalité de Bienaymé-Tchebychev est surtout théorique. Elle permet par exemple de déterminer des tailles d'échantillons par conditions suffisantes.

Avec $n = 100$ et $p = 0{,}4$, l'inégalité de la question **1** s'écrit $P(|S_{100} - 40| \geqslant 10) \leqslant 0{,}24$, elle ne présente donc pas un caractère optimal.

EXERCICE D'APPLICATION DIRECTE

Sur le modèle de l'exercice résolu 7

8 On reprend le programme de l'exercice 7.
Réaliser différentes expérimentations en changeant les valeurs de p, n et N.
Comparer les résultats obtenus à ceux que donne l'inégalité de Bienaymé-Tchebychev.

Inégalité de Bienaymé-Tchebychev

Cours 1

Questions flash — À l'oral

9 X est une variable aléatoire d'espérance $\mu = 50$.
Pour tout réel δ, laquelle de ces probabilités l'inégalité de Bienaymé-Tchebychev permet-elle de majorer ?

(1) $P(|X - 50| = \delta)$ **(2)** $P(|X - 50| \geqslant \delta)$
(3) $P(|X - 50| \leqslant \delta)$ **(4)** $P(|X| \leqslant 50)$

10 X est une variable aléatoire d'espérance μ et d'écart-type σ.
Laquelle de ces inégalités obtient-on avec l'inégalité de Bienaymé-Tchebychev ?

(1) $P(|X - \mu| \geqslant 2\sigma) \leqslant 0{,}05$
(2) $P(|X - \mu| \geqslant 2\sigma) \leqslant 0{,}25$
(3) $P(|X - \mu| \leqslant 2\sigma) \leqslant 0{,}25$

11 Une variable aléatoire X a pour espérance $\mu = 250$ et pour variance $V = 125$.

a) À l'aide de l'inégalité de Bienaymé-Tchebychev, établir que :
$$P(|X - 250| \geqslant 20) \leqslant 0{,}3125.$$
b) En déduire alors que :
$$P(|X - 250| < 20) \geqslant 0{,}6875.$$
c) Interpréter cette dernière inégalité.

12 La roue équilibrée ci-contre est partagée en cinq secteurs identiques numérotés de 1 à 5.
On fait tourner la roue 100 fois de suite, X est la variable aléatoire qui donne le nombre de fois où le 1 est sorti.

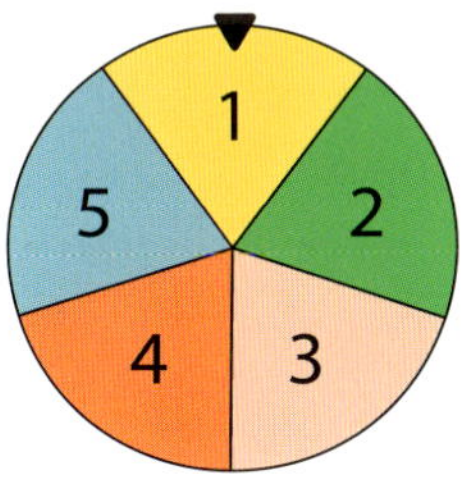

a) Donner la loi de probabilité de X.
b) Déterminer l'espérance et la variance de X.
c) Justifier que pour tout réel $\delta > 0$,
$$P(|X - 20| \geqslant \delta) \leqslant \frac{16}{\delta^2}.$$
d) En déduire que la probabilité de l'événement « X prend une valeur en dehors de l'intervalle $[11 ; 29]$ » est inférieure ou égale à 0,16.

Vidéo — JaiCompris.com — Cet exercice est corrigé en vidéo

13 X est une variable aléatoire d'espérance μ et d'écart-type σ.

1. Justifier que pour tout entier naturel $k \geqslant 1$,
$$P(|X - \mu| \geqslant k\sigma) \leqslant \frac{1}{k^2}.$$
2. a) Déterminer une valeur de k pour laquelle
$$P(|X - \mu| \geqslant k\sigma) \leqslant 0{,}1.$$
b) Interpréter la valeur de k obtenue.

14 Algo — python

Un service de livraison constate que 5 % des colis livrés sont abîmés.
Pendant sa journée de travail, Louis livre 100 colis. On note X le nombre de colis abîmés parmi ces 100 colis.

1. a) Donner la loi de probabilité de X.
b) Déterminer l'espérance μ et l'écart-type σ de X.
c) Établir que :
$$P(|X - 5| \geqslant 2\sigma) \leqslant 0{,}25.$$
2. Avec le programme suivant, on réalise une simulation d'un échantillon de taille n de la variable aléatoire X.

```python
from random import *
from math import *

def Ecart():
    x=0
    for k in range(100):
        a=random()
        if a<=0.05:
            x=x+1
    d=abs(x-5)
    return d

def Echantillon(n):
    s=sqrt(4.75)
    y=0
    for j in range(n):
        if Ecart()>=2*s:
            y=y+1
    p=y/n
    return p
```

Interpréter le résultat renvoyé par la fonction **Echantillon**.

3. a) Saisir le programme.
b) Exécuter plusieurs fois **Echantillon(1000)**.
Commenter les résultats obtenus.

4. Comparer les résultats obtenus par simulation avec celui donné par l'inégalité de Bienaymé-Tchebychev.

Acquérir des automatismes

Loi des grands nombres

Cours 2

Questions flash À l'oral

15 On lance un dé n fois de suite.
La variable aléatoire X_k donne le numéro obtenu au k-ième lancer.

On pose $M_n = \dfrac{X_1 + X_2 + \ldots + X_n}{n}$.

Interpréter oralement la valeur prise par la variable aléatoire M_n.

16 $X_1, X_2, \ldots, X_n$ sont n variables aléatoires identiques, indépendantes d'espérance μ.

On pose $M_n = \dfrac{X_1 + X_2 + \ldots + X_n}{n}$.

Expliquer pourquoi, pour n assez grand :

$$P(|M_n - \mu| \geqslant 0{,}1) \leqslant 10^{-3}.$$

Vidéo

JAICOMPRIS.COM — Cet exercice est corrigé en vidéo

17 Une urne contient 3 boules rouges et 2 boules vertes. On tire au hasard successivement et avec remise deux boules de l'urne.

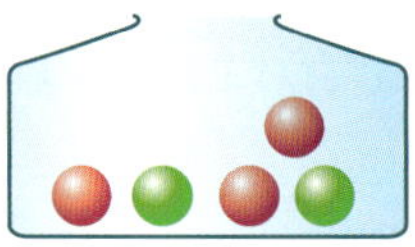

1. X est la variable aléatoire qui donne le nombre de boules rouges tirées.

a) Donner la loi de probabilité de X.

b) Déterminer l'espérance et la variance de X.

2. On répète n fois l'expérience.

X_k donne le nombre de boules rouges tirées lors de la k-ième expérience $(1 \leqslant k \leqslant n)$.

On pose $M_n = \dfrac{X_1 + X_2 + \ldots + X_n}{n}$.

a) Que représente la variable aléatoire M_n ?
Déterminer son espérance et sa variance.

b) Justifier que pour tout réel $\delta > 0$,

$$P(|M_n - 1{,}2| \geqslant \delta) \leqslant \frac{0{,}48}{n\delta^2}.$$

c) Écrire l'inégalité précédente dans le cas où $\delta = 0{,}1$ et $n = 100$. Interpréter cette inégalité.

d) On prend $\delta = 0{,}01$. Choisir alors une valeur de n telle que $P(|M_n - 1{,}2| \geqslant 0{,}01) \leqslant 0{,}48$.
Donner une interprétation de cette valeur.

18 On tire au hasard un nombre dans l'ensemble

$$E = \{0, 1, 2, 3, 4, 5, 6, 7, 8, 9\}.$$

1. X est la variable aléatoire qui donne ce nombre.

a) Déterminer la loi de probabilité de X.

b) Vérifier que X a pour espérance 4,5 et pour variance 8,25.

2. On répète n fois l'expérience.

Les variables aléatoires $X_1, X_2, \ldots, X_n$ donnent les n nombres obtenus et on pose :

$$M_n = \frac{X_1 + X_2 + \ldots + X_n}{n}.$$

a) Interpréter la valeur prise par la variable aléatoire M_n.

b) Justifier que :

$$P(|M_n - 4{,}5| \geqslant 0{,}5) \leqslant \frac{33}{n}.$$

c) En déduire que :

$$P(|M_n - 4{,}5| < 0{,}5) \geqslant 1 - \frac{33}{n}.$$

3. a) Trouver une valeur de n telle que :

$$P(|M_n - 4{,}5| < 0{,}5) \geqslant 0{,}99.$$

b) Interpréter la valeur trouvée.

c) Recopier et compléter : « Pour $n \geqslant$ **...**, M_n donne une valeur de 4,5 à une précision de **...** avec un risque de **...** ».

19 Un chapeau contient cinq cartes, deux de couleur rouge, trois de couleur noire.

On tire au hasard une carte du chapeau.

1. La variable aléatoire X donne :

- 1 si la carte tirée est rouge ;
- 0 si elle est noire.

a) Donner la loi de probabilité de X.

b) Déterminer l'espérance et la variance de X.

2. On réalise n tirages.

$X_1, X_2, \ldots, X_n$ donne les n valeurs (0 ou 1) obtenues et on pose :

$$M_n = \frac{X_1 + X_2 + \ldots + X_n}{n}.$$

a) Justifier l'inégalité :

$$P(|M_n - 0{,}4| \geqslant 0{,}1) \leqslant \frac{24}{n}.$$

b) Démontrer que :

$$\lim_{n \to +\infty} P(|M_n - 0{,}4| \geqslant 0{,}1) = 0.$$

Interpréter ce résultat.

c) Déterminer un entier naturel N tel que pour tout entier naturel $n \geqslant N$,

$$P(|M_n - 0{,}4| \geqslant 0{,}1) \leqslant 10^{-5}.$$

d Recopier et compléter : « Pour $n \geqslant$ **...**, M_n donne une valeur de 0,4 à une **...** de 0,1 avec un **...** de 10^{-5} ».

20 QCM **Dans chaque cas, donner la réponse exacte sans justifier.**

X est une variable aléatoire d'espérance $\mu = 10$ et de variance $V = 9$

		A	B	C	D
1	Pour tout réel $\delta > 0$, $P(\lvert X - 10\rvert \geqslant \delta) \leqslant \ldots$	$\frac{3}{\delta}$	$\frac{9}{\delta}$	$\frac{3}{\delta^2}$	$\frac{9}{\delta^2}$
2	$P(\lvert X - 10\rvert \geqslant 6) \leqslant \ldots$	0,05	0,1	0,2	0,25
3	$P(5 < X < 15) \geqslant \ldots$	0,64	0,65	0,84	0,99

21 QCM **Dans chaque cas, donner la (ou les) réponse(s) exacte(s) sans justifier.**

$X_1, X_2, \ldots, X_n$ sont n variables aléatoires indépendantes, identiques, suivant une même loi d'espérance $\mu = 6{,}5$ et de variance $V = 7{,}25$.

On note $M_n = \frac{X_1 + X_2 + \ldots + X_n}{n}$ la variable aléatoire moyenne.

		A	B	C	D
1	$P(\lvert M_n - 6{,}5\rvert \geqslant 0{,}5) \leqslant \ldots$	$\frac{29}{n}$	$\frac{7{,}25}{n}$	$\frac{7{,}25}{n \times 0{,}5^2}$	$\frac{29}{n^2}$
2	$P(\lvert M_n - 6{,}5\rvert \geqslant 0{,}5) \leqslant 0{,}1$ pour …	$n \geqslant 10$	$n \geqslant 100$	n tel que $\frac{29}{n} \leqslant 0{,}1$	$n \geqslant 290$
3	$\lim\limits_{n \to +\infty} P(\lvert M_n - 6{,}5\rvert < 0{,}5) = \ldots$	0	0,5	1	2

22 Vrai/Faux **Dans chaque cas, dire si l'affirmation est vraie ou fausse en justifiant.**

1 X est une variable aléatoire d'espérance μ et d'écart-type σ.
Affirmation : $P(\lvert X - \mu\rvert \geqslant 3\sigma) \leqslant 0{,}15$.

2 X est une variable aléatoire d'espérance μ et de variance V.
Affirmation : pour tout réel $\delta > 0$, $P(\lvert X - \mu\rvert < \delta) \geqslant 1 - \frac{V}{\delta^2}$.

3 $X_1, X_2, \ldots, X_n$ sont n variables aléatoires indépendantes suivant une même loi d'espérance μ.
Affirmation : Il existe un réel $t > 0$ tel que pour tout entier naturel $n \geqslant 1$,

$$P\left(\left|\frac{X_1 + X_2 + \ldots + X_n}{n} - \mu\right| \geqslant t\right) > 10^{-10}.$$

4 S est une variable aléatoire de loi de probabilité la loi binomiale $\mathcal{B}(100 ; p)$ où p est un nombre réel de $]0 ; 1[$.
Affirmation : $P(\lvert S - 100p\rvert < 10) \geqslant p^2 - p + 1$.

Vérifiez vos réponses : p. 529

23 Démontrer l'inégalité de Bienaymé-Tchebychev

On a admis en cours au paragraphe **1. A** la propriété suivante :

> X est une variable aléatoire d'espérance μ et de variance V.
> Pour tout réel $\delta > 0$, $P(|X - \mu| \geqslant \delta) \leqslant \frac{V}{\delta^2}$.

Rédiger la démonstration de cette propriété en suivant le guide ci-dessous.

On donne un nombre réel $\delta > 0$, on note $x_1, x_2, \ldots, x_n$ les valeurs prises par la variable aléatoire X et on désigne par H l'ensemble des valeurs x_k telles que $|x_k - \mu| \geqslant \delta$.

(1) Écrire la définition de la variance de X : $V = \sum_{i=1}^{n} P(X = x_i)(\ldots)^2$

(2) Minorer V : $V \geqslant \sum_{x_k \in H} P(X = x_k)(\ldots)^2$

(3) Tirer une conséquence : $V \geqslant \ldots^2 \sum_{x_k \in H} P(X = x_k)$

(4) Compléter : Or, $\sum_{x_k \in H} P(X = x_k) = \ldots$ donc $V \geqslant \ldots$

(5) Conclure : $P(H) \leqslant \ldots$. Rédiger une phrase de conclusion.

Conseil

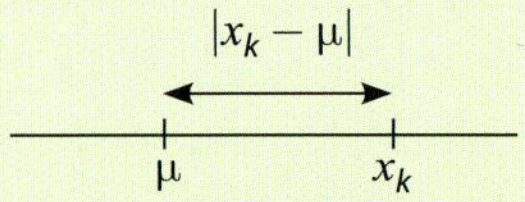

$x_k \in H$ si, et seulement si, $|x_k - \mu| \geqslant \delta$.

Conseil

$\sum_{x_k \in H} \ldots$ signifie qu'on effectue la somme des quantités indiquées pour chacune des valeurs x_k de H.

24 Estimer une probabilité

p est la probabilité inconnue du succès d'une épreuve de Bernoulli.
On répète 4 040 fois cette épreuve et on obtient 2 049 succès.
Voici le raisonnement qui permet d'estimer p avec une probabilité au moins égale à 0,95.

> Lorsqu'on répète 4 040 fois l'épreuve, on note F la fréquence des succès.
> L'espérance de la variable aléatoire F est égale à p.
> La variance de la variable aléatoire F est égale à $\frac{p(1-p)}{4\,040}$
> D'après l'inégalité de Bienaymé-Tchebychev, pour tout réel $\delta > 0$,
> $$P(|F - p| < \delta) \geqslant 1 - \frac{p(1-p)}{4\,040\,\delta^2}$$
> Le maximum de la fonction $f : x \mapsto x(1-x)$ sur l'intervalle $[0 ; 1]$ est $\frac{1}{4}$.
> On en déduit alors que pour tout réel $\delta > 0$,
> $$P(|F - p| < \delta) \geqslant 1 - \frac{1}{16\,160\,\delta^2}.$$
> Puis, on en déduit que $P(|F - p| < 0{,}05) \geqslant 0{,}95$.
> $p \approx \frac{2\,049}{4\,040}$ à 0,05 près avec une probabilité supérieure à 0,95.

Expliquer les passages écrits en vert.

25 Variable aléatoire de variance nulle

X est une variable aléatoire d'espérance μ dont la variance est nulle.

a) Démontrer que pour tout réel $t > 0$, $P(|X - \mu| \geqslant t) = 0$.

b) En déduire que $P(X = \mu) = 1$.

c) Interpréter ce dernier résultat pour la variable aléatoire X.

Conseil

On a aussi pour tout réel $t > 0$, $P(|X - \mu| < t) = 1$.

Utiliser les inégalités de Bienaymé-Tchebychev et de concentration

26 **PARCOURS DIFFÉRENCIÉS**

Parcours 1

On lance un dé équilibré n fois de suite ($n \in \mathbb{N}$, $n \geqslant 1$).

La variable aléatoire M_n donne la proportion de 6 sortis au cours des n lancers.

Déterminer une valeur de n telle que :

$$P\left(\left|M_n - \frac{1}{6}\right| \geqslant 0{,}05\right) \leqslant 0{,}1.$$

Parcours 2

On lance une pièce équilibrée n fois de suite, avec n nombre entier naturel, $n \geqslant 1$.

La variable aléatoire M_n donne la proportion de Pile obtenus au cours des n lancers.

a) Déterminer l'espérance et la variance de M_n.

b) Justifier que :

$$P(|M_n - 0{,}5| \geqslant 0{,}1) \leqslant \frac{25}{n}.$$

c) Déterminer une valeur de n telle que :

$$P(|M_n - 0{,}5| \geqslant 0{,}1) \leqslant 0{,}05.$$

27 On écrit au hasard une suite de n chiffres.

X est la variable aléatoire qui donne le nombre de fois où le chiffre 5 apparaît.

1. a) Donner la loi de probabilité de X.

b) Déterminer l'espérance et la variance de X.

2. F est la variable aléatoire qui donne la fréquence du chiffre 5 dans l'écriture.

a) Justifier que $F = \dfrac{X}{n}$.

b) Déterminer l'espérance de la variable aléatoire F.

c) Démontrer que la variance de F est $\dfrac{0{,}09}{n}$.

d) Que dire de la variance de F lorsque n prend des valeurs de plus en plus grandes.

3. a) Écrire l'inégalité de Bienaymé-Tchebychev pour la variable aléatoire F.

b) En déduire que :

$$P(0{,}05 < F < 0{,}15) \geqslant 1 - \frac{36}{n}.$$

c) Déterminer n tel que la fréquence d'apparition du chiffre 5 soit comprise entre 5 % et 15 % avec une probabilité supérieure à 0,9.

28 On tire au hasard une boule de cette urne et on note sa couleur. Si la boule tirée est bleue, on gagne 10 points, si elle est verte, 2 points et on perd 1 point si la boule est rouge.

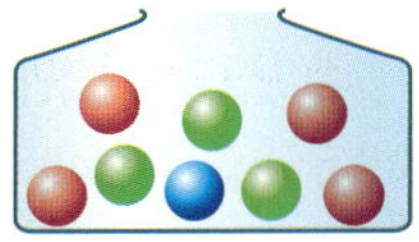

X est la variable aléatoire qui donne le nombre de points obtenus.

1. a) Donner la loi de probabilité de X.

b) Déterminer l'espérance et la variance de X.

2. On réalise n tirages. La variable aléatoire M_n donne le nombre moyen de points obtenus lors des n tirages.

Démontrer l'inégalité :

$$P(|M_n - 1{,}5| < 0{,}1) \geqslant 1 - \frac{1225}{n}.$$

3. a) Démontrer que :

$$\lim_{n \to +\infty} P(|M_n - 1{,}5| < 0{,}1) = 1$$

b) Déterminer un entier naturel n tel que

$$P(|M_n - 1{,}5| < 0{,}1) \geqslant 0{,}9.$$

29 **Algo** python

On tire au hasard et avec remise dix cartes dans un jeu de 32 cartes.

X est la variable aléatoire qui donne le nombre d'as tirés.

1. Écrire en langage Python une fonction qui simule la variable aléatoire X.

2. Programmer une fonction **Echantillon** qui simule un échantillon de taille n de X et qui renvoie la proportion des échantillons pour lesquels $|x - \mu| \geqslant 2\sigma$ où μ est la moyenne de X et σ son écart-type.

3. a) Exécuter la fonction **Echantillon** avec différentes valeurs de n.

b) Écrire l'inégalité de Bienaymé-Tchebychev pour la variable aléatoire X.

Comparer le résultat donné par cette inégalité aux proportions obtenues à la question **a)**.

S'entraîner à la logique

→ p. 525

30 **Quantificateurs**

X est une variable aléatoire d'espérance μ.

Pour chaque proposition dire si elle est vraie ou fausse. Justifier.

P : « Il existe un réel $t > 0$ tel que :

$$P(|X - \mu| \geqslant t) \leqslant 0{,}01. »$$

Q : « Pour tout réel $t > 0$,

$$P(|X - \mu| < t) \leqslant 0{,}5. »$$

31 SIMULATION DE N ÉCHANTILLONS DE TAILLE *n* D'UNE VARIABLE ALÉATOIRE. CALCUL DE L'ÉCART-TYPE DE LA SÉRIE DES MOYENNES DES ÉCHANTILLONS

Algo python

Dans une enveloppe, on place cinq cartons indiscernables portant les numéros -2, -1, 0, 1 et 2. On tire au hasard un carton et on relève son numéro. La variable aléatoire X donne pour valeur le carré du numéro tiré.

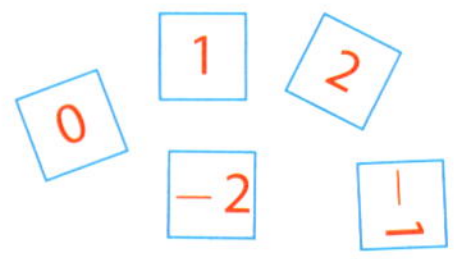

1. Loi de probabilité de X

a) Déterminer la loi de probabilité de X.

b) Calculer l'espérance μ et l'écart-type σ de X.

c) Quel résultat la fonction **X** écrite en langage Python renvoie-t-elle ?

```
from random import *
from math import *

def X():
    a=randint(-2,2)
    x=a**2
    return x

def Moyenne(n):
    somme=0
    for i in range(n):
        somme=somme+X()
    m=somme/n
    return m

def Ecart_type(n,N):
    e=2
    v=0
    for j in range(N):
        v=v+(Moyenne(n)-e)**2
    v=v/N
    s=sqrt(v)
    return s
```

2. Simulation d'un échantillon de taille *n* de X

La fonction **Moyenne** a pour paramètre la taille n d'un échantillon de la variable aléatoire X.

Interpréter le résultat renvoyé par cette fonction.

3. Simulation de N échantillons de taille *n* de X

On réalise une simulation de N échantillons de taille n de X, on obtient les N moyennes $m_1, m_2, \dots, m_N$ de ces échantillons et on calcule l'écart-type de cette série de moyennes observées.

La fonction **Ecart_type** ci-contre renvoie ce résultat.

Expliquer le calcul réalisé par cette fonction.

4. Comparaison de l'écart-type obtenu à $\dfrac{\sigma}{\sqrt{n}}$

a) Saisir les programmes précédents.

b) Exécuter **Ecart_type(100,1000)** plusieurs fois et observer les valeurs obtenues.

c) Pour un échantillon de taille n, on note X_k la variable aléatoire qui donne le résultat de la k-ième ($1 \leqslant k \leqslant n$) réalisation de l'expérience.

Démontrer que l'écart-type de la variable aléatoire $\dfrac{X_1 + X_2 + \dots + X_n}{n}$ est $\dfrac{\sigma}{\sqrt{n}}$.

En donner l'arrondi au millième pour $n = 100$.

d) Comparer alors cette valeur aux écarts-type obtenus par simulation à la question **b)**.

e) Réaliser d'autres comparaisons en modifiant la taille n de l'échantillon et le nombre N d'échantillons.

32 SIMULATION DE N ÉCHANTILLONS DE TAILLE *n* D'UNE VARIABLE ALÉATOIRE X. OBSERVATION DE L'ÉCART ENTRE LA MOYENNE DE L'ÉCHANTILLON ET L'ESPÉRANCE DE X

Algo python

On lance une pièce équilibrée trois fois de suite. La variable aléatoire X donne le nombre de fois où l'on obtient Face.

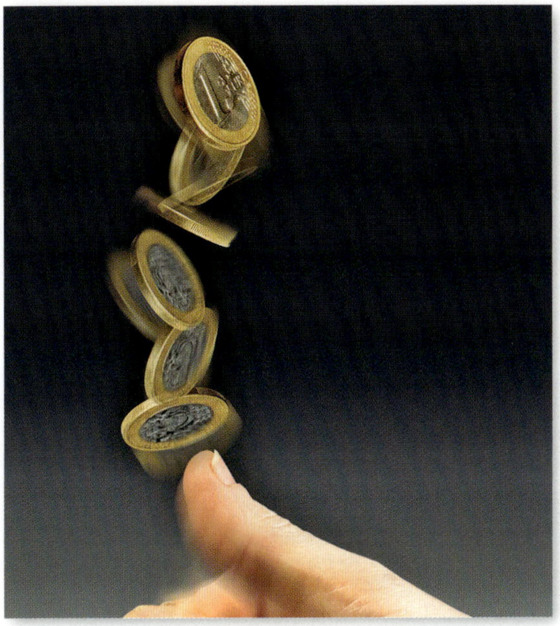

```python
from random import *
from math import *

def X():
    x=0
    for j in range(3):
        x=x+randint(0,1)
    return x

def Ecart(n):
    somme=0
    for i in range(n):
        somme=somme+X()
    m=somme/n
    d=abs(m-1.5)
    return d

def Proportion(n,N,k):
    s=sqrt(0.75)
    l=0
    for j in range(N):
        if Ecart(n)<=k*s/sqrt(n):
            l=l+1
    p=l/N
    return p
```

1. Loi de probabilité de X

a) Déterminer la loi de probabilité de X

b) Calculer l'espérance μ et l'écart-type σ de X.

c) Quel résultat la fonction **X** ci-contre, écrite en langage Python renvoie-t-elle ?

2. Simulation d'un échantillon de taille *n* de X

Ecart est une fonction dont le paramètre n est la taille d'un échantillon de la variable aléatoire X. Interpréter le résultat renvoyé par cette fonction.

3. Simulation de N échantillons de taille *n* de X

On simule N échantillons de taille n de X, on obtient les N moyennes $m_1, m_2, \ldots, m_N$ de ces échantillons et les N écarts $d_1 = |m_1 - \mu|, d_2 = |m_2 - \mu|, \ldots, d_N = |m_N - \mu|$.

La fonction **Proportion** renvoie la proportion des échantillons pour lesquels $d_j \leqslant \frac{k\sigma}{\sqrt{n}}$.

Que représente chacune des variables s, ℓ et p ?

4. Observation des résultats

a) Saisir les fonctions précédentes.

b) On prend $k = 1$. Exécuter **Proportion(100,1000,1)** plusieurs fois de suite. Qu'observe-t-on ? Interpréter les proportions obtenues.

c) Réaliser le même travail que celui effectué à la question **b)** avec $k = 2$, puis $k = 3$.

d) Comparer ces résultats à ceux que donne l'inégalité de Bienaymé-Tchebychev.

33 SIMULATION D'UNE MARCHE ALÉATOIRE

Algo python

Une puce se déplace par sauts successifs sur une droite munie d'un repère $(O\,;I)$.

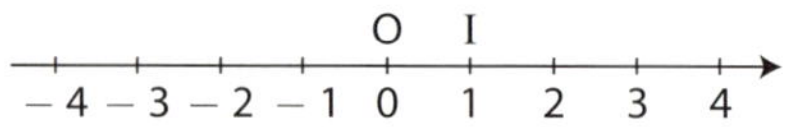

Au départ, elle se trouve à l'origine et à chaque étape, elle se déplace de façon aléatoire, soit d'un saut $(+1)$ vers la droite, soit d'un saut (-1) vers la gauche.
Après n sauts, on note D_n le nombre de fois où la puce a effectué un saut vers la droite et X_n l'abscisse de la puce dans le repère $(O\,;I)$.

1. Étude de la variable aléatoire X_n

a) Justifier que la variable aléatoire D_n suit la loi binomiale de paramètres n et $\frac{1}{2}$.
b) Exprimer l'espérance et la variance de D_n en fonction de n.
c) Expliquer pourquoi $X_n = 2D_n - n$.
d) En déduire que la variable aléatoire X_n a pour espérance $\mu = 0$ et pour écart-type $\sigma = \sqrt{n}$.

2. Simulation de Q échantillons de taille N de X_n

Voici un programme écrit en langage Python.

```python
from random import *
from math import *

def X(n):
    x=0
    for j in range(n):
        a=random()
        if a<0.5:
            x=x-1
        else:
            x=x+1
    return x

def Moyenne(n,N):
    som=0
    for i in range(N):
        som=som+X(n)
    m=som/N
    return m

def Proportion(n,N,Q,delta):
    l=0
    for j in range(Q):
        if abs(Moyenne(n,N))>=delta:
            l=l+1
    p=l/Q
    return p
```

a) Expliquer pourquoi la fonction **X** de paramètre n permet de simuler la variable aléatoire X_n.
b) On réalise une simulation d'un échantillon de taille N de X_n.
Quel résultat la fonction **Moyenne** renvoie-t-elle ?
c) Lors d'une simulation de Q échantillons de taille N de X_n, on obtient Q moyennes : $m_1, m_2, \ldots, m_Q$.
Dans le programme de la fonction **Proportion**, que représente la variable ℓ ?
Interpréter le résultat renvoyé par cette fonction.

3. Observation des résultats

a) Saisir les fonctions précédentes.
b) Exécuter **Proportion(100,100,1000,2)** plusieurs fois de suite.
Interpréter les valeurs obtenues.
c) Dans un échantillon de taille N, on note M_N la moyenne des N valeurs prises par X_n.
Démontrer, avec l'inégalité de concentration, que pour tout réel $\delta > 0$, $P(|M_N| \geqslant \delta) \leqslant \frac{n}{N\delta^2}$.
d) Comparer les résultats obtenus par simulation à celui donné par l'inégalité de concentration.

34 Minorer une probabilité

Narration de recherche

Raisonner | Communiquer

Rédiger les différentes étapes de la recherche sans omettre les fausses pistes et les changements de méthode.

Problème

X est une variable aléatoire d'espérance μ et d'écart-type σ.

Démontrer que pour tout réel $\lambda \geqslant 1$,

$$P(\mu - \lambda\sigma < X < \mu + \lambda\sigma) \geqslant \frac{\lambda^2 - 1}{\lambda^2}.$$

35 Lancer une pièce truquée

Problème ouvert

Modéliser | Représenter | Raisonner

Un joueur dispose d'une pièce de monnaie truquée. Lorsqu'il lance la pièce, la probabilité d'obtenir Face est $\frac{1}{4}$.

Le joueur lance n fois la pièce.

Déterminer une valeur de n telle que la fréquence d'apparition de Pile soit comprise entre 70 % et 80 % avec une probabilité supérieure à 0,95.

36 Simulate hundred games

Chercher | Modéliser | Communiquer

Penny and Leonard play table football.

Penny wins eighty times out of a hundred.

They decide to play hundred consecutive games.

Let X be the random variable that counts the number of games Leonard wins.

a) Demonstrate that $P(|X - 20| \geqslant 5) \leqslant 0{,}64$.

b) Using a program written in Python programming language, simulate a sample of size n of X and obtain the proportion of the x_k values of the sample such that $|x_k - 20| \geqslant 5$.

c) Compare this proportion to the result given by the inequality of question **a)**.

37 Algo python Imaginer une stratégie

Chercher | Modéliser

Dans le plan muni d'un repère orthonormé d'origine O, un point M se déplace sur le quadrillage ci-dessous. Au départ, il se trouve en O, puis il se déplace d'un pas (c'est-à-dire d'une unité) dans l'une des quatre directions (droite, gauche, haut, bas).

Les déplacements sont aléatoires.

Le point M s'arrête lorsqu'il atteint le bord du quadrillage et la variable aléatoire K donne le nombre de pas effectués.

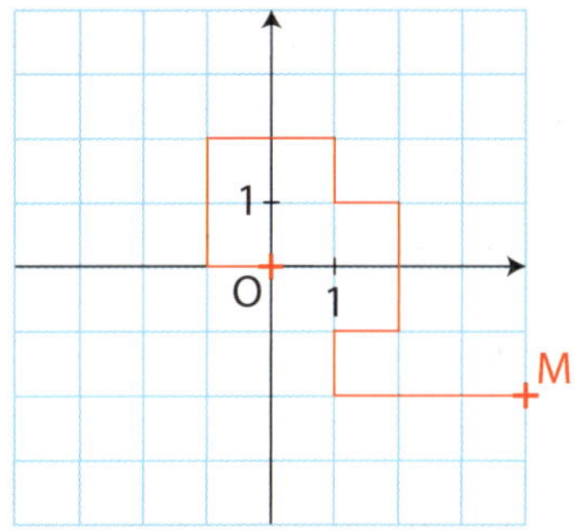

a) Écrire en langage Python une fonction **Moyenne** qui simule un échantillon de taille n de la variable aléatoire K et donne pour résultat la moyenne de cet échantillon.

b) Proposer une valeur de l'espérance de K.

38 Prendre des initiatives

Modéliser | Représenter

Un tireur tire n fois sans viser sur la cible ci-contre formée d'un carré de côté 20 cm et d'un disque de rayon 10 cm.

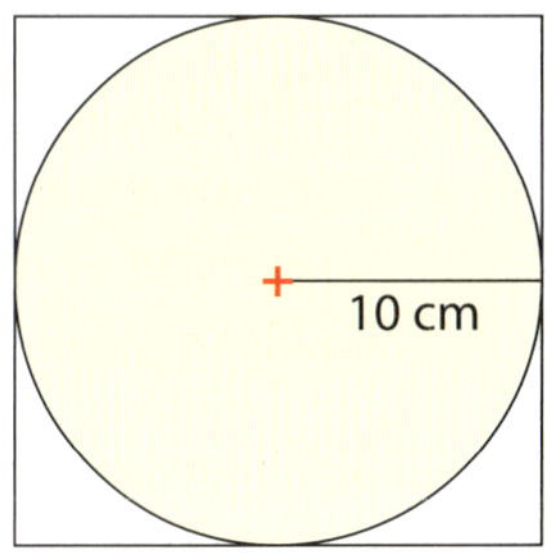

La variable aléatoire S_n donne le nombre de fois où le tireur atteint le disque.

On note μ l'espérance de S_n et σ son écart-type.

a) Réaliser à l'aide d'un programme écrit en langage Python, une simulation d'un échantillon de taille N de la variable aléatoire S_n.

Pour les N valeurs $s_1, s_2, \ldots, s_N$ obtenues, déterminer la proportion de celles qui sont telles que $|s_k - \mu| \geqslant 2\sigma$.

b) Exécuter plusieurs fois ce programme avec $n = 100$ et $N = 10\,000$.

Interpréter les résultats obtenus.

c) Quel majorant de $P(|S_n - \mu| \geqslant 2\sigma)$ obtient-on avec l'inégalité de Bienaymé-Tchebychev ?

Ce majorant présente-t-il un intérêt ?

39 Étudier une variable aléatoire Algo python — 45 min

D'après Bac, Antilles-Guyane 2018

L'exploitant d'une forêt communale décide d'abattre des arbres afin de les vendre, soit aux habitants, soit à des entreprises. On admet que :

- parmi les arbres abattus, 30 % sont des chênes, 50 % sont des sapins et les autres sont des arbres d'essence secondaire (ce qui signifie qu'ils sont de moindre valeur) ;
- 45,9 % des chênes et 80 % des sapins abattus sont vendus aux habitants de la commune ;
- les trois quarts des arbres d'essence secondaire abattus sont vendus à des entreprises.

Partie A

Parmi les arbres abattus, on choisit un arbre au hasard.

On considère les événements suivants :

- C : « L'arbre abattu est un chêne » ;
- S : « L'arbre abattu est un sapin » ;
- E : « L'arbre abattu est un arbre d'essence secondaire » ;
- H : « L'arbre abattu est vendu à un habitant de la commune ».

a) Construire un arbre pondéré complet traduisant la situation.

b) Calculer la probabilité que l'arbre abattu soit un chêne vendu à un habitant de la commune.

c) Justifier que la probabilité que l'arbre abattu soit vendu à un habitant de la commune est égale à 0,587 7.

d) Quelle est la probabilité qu'un arbre abattu vendu à un habitant de la commune soit un sapin ? On donnera le résultat arrondi au millième.

Guide de résolution
c) On calcule $P(H)$ à l'aide de la formule des probabilités totales.

Partie B

Dans un lot de 100 arbres abattus, la variable aléatoire X donne le nombre d'arbres vendus aux habitants de la commune.

1. Justifier que la variable aléatoire X suit une loi binomiale.
Quels sont ses paramètres ?

2. Déterminer l'espérance μ et la variance V de la variable aléatoire X.
On donnera le résultat de V arrondi au centième.

3. a) Démontrer avec l'inégalité de Bienaymé-Tchebychev que :

$$P(|X-\mu| \geqslant 10) \leqslant 0{,}25.$$

b) En déduire que $P(49 \leqslant X \leqslant 68) \geqslant 0{,}75$.

Guide de résolution
b) $P(|X-\mu| < 10) = 1 - P(|X-\mu| \geqslant 10)$

Partie C

Avec le programme ci-contre écrit en langage Python, on réalise une simulation d'un échantillon de taille N de la variable aléatoire X.

```python
from random import *
from math import *

def X():
    x=0
    for k in range(100):
        a=random()
        if a<=0.5877:
            x=x+1
    return x

def Proportion(N):
    y=0
    for j in range(N):
        if 49<=X()<=68:
            y=y+1
    p=y/N
    return p
```

1. a) Quel est le rôle de la fonction **X** ?

b) Quel résultat la fonction **Proportion** renvoie-t-elle ?

2. On exécute **Proportion(10000)** et on obtient :

```
>>> Proportion(10000)
0.9588
```

Comparer ce résultat à celui obtenu à la question **3. b)** de la **partie B**.

40 Réaliser un sondage

30 min

D'après Bac, Métropole – La Réunion 2018

Dans une ville, la probabilité qu'une personne choisie au hasard soit vaccinée contre la grippe est égale à 0,4.

Un laboratoire envisage d'interroger au hasard n habitants de cette ville.

On note X la variable aléatoire qui donne le nombre de personnes vaccinées parmi les n interrogées.

1. a) Donner la loi de probabilité de la variable aléatoire X.

b) Déterminer l'espérance μ et l'écart-type σ de X.

c) Avec l'inégalité de Bienaymé-Tchebychev, démontrer que :

$$P(|X - \mu| < 2\sigma) \geqslant 0{,}75.$$

2. On réalise à l'aide d'un programme une simulation d'un échantillon de taille N de la variable aléatoire X.

On note $x_1, x_2, \dots, x_N$ les N valeurs obtenues, la fonction **Fréquence** de paramètres n et N renvoie la proportion des valeurs x_k telles que $|x_k - \mu| < 2\sigma$.

Voici quelques valeurs obtenues :

```
>>> Fréquence(500,1000)
0.962
>>> Fréquence(500,1000)
0.959
>>> Fréquence(500,1000)
0.958
```

Commenter et interpréter ces résultats dans le contexte du sondage.

3. Comparer ces fréquences observées au résultat fourni par l'inégalité de Bienaymé-Tchebychev. Commenter.

Guide de résolution

c) $P(|X - \mu| < 2\sigma)$
$= 1 - P(|X - \mu| \geqslant 2\sigma)$

Se préparer À L'ORAL

41 Présenter un exposé

a) Énoncer la loi des grands nombres et expliquer sa signification en précisant le rôle de chaque intervenant de cette loi.

b) Dans un exposé oral de 10 min, présenter ce travail.

42 Travailler l'oral en groupe

Résoudre cet exercice en petit groupe, puis en présenter les résultats à l'oral.

X est une variable aléatoire d'espérance $\mu = 3$ et de variance $V = 2{,}1$.

On réalise un échantillon de taille n de cette variable aléatoire et on note M_n la variable aléatoire moyenne.

Déterminer une valeur de n telle que :

$$P(|M_n - 3| < 0{,}1) \geqslant 0{,}9.$$

43 Travailler les compétences orales

▶ **ANTICIPER LES QUESTIONS DU JURY**

1. Préparation de la restitution orale (5 min)

Par groupe de 4, résoudre l'exercice ci-dessous, chaque élève travaillant sur une des quatre propositions.

2. Jeu de rôle (30 min)

Chaque élève présente son résultat à l'oral (2 min), pendant que les trois autres composent le jury. Chaque juré pose une question au candidat (5 min).

Énoncé : X est une variable aléatoire d'espérance $\mu = 80$ et de variance $V = 16$.

Répondre par vrai ou faux en justifiant.

a) $P(|X - 80| < 5) \geqslant 0{,}36$

b) $P(70 < X < 90) \leqslant 0{,}8$

c) $P(X \geqslant 88) \leqslant 0{,}25$

d) $P(X \leqslant 72) \leqslant 0{,}25$

44 Algo python Estimation

Partie A : exemple 1

On lance un dé plusieurs fois de suite jusqu'à ce que l'on obtienne la face numérotée 6.

X est la variable aléatoire qui donne le rang de la première apparition de cette face, on note μ son espérance.

1. On réalise une simulation d'un échantillon de taille n de X avec ce programme écrit en langage Python.

```
from random import *

def X():
    a=randint(1,6)
    x=1
    while a!=6:
        a=randint(1,6)
        x=x+1
    return x

def Moyenne(n):
    som=0
    for i in range(n):
        som=som+X()
    m=som/n
    return m
```

a) Quel est le rôle de la fonction **X** ?

b) Quel résultat la fonction **Moyenne** de paramètre n renvoie-t-elle ?

2. Lors d'une réalisation d'un échantillon de taille n de la variable aléatoire X, on obtient n valeurs effectives $x_1, x_2, \ldots, x_n$ prises par X. La moyenne $\overline{x} = \dfrac{x_1 + x_2 + \ldots + x_n}{n}$ de ces n valeurs est un estimateur de l'espérance μ de X.

a) Justifier que pour tout réel $t > 0$,

$$\lim_{n \to +\infty} \mathrm{P}(|\overline{x} - \mu| \geqslant t) = 0.$$

On dit que $\overline{x}$ est un estimateur convergent.

b) Interpréter ce résultat.

3. a) À l'aide du programme, donner des valeurs de l'estimateur $\overline{x}$ pour $n = 100$, $n = 1\,000$, $n = 10^4$ et $n = 10^5$.

b) Proposer alors une valeur μ de l'espérance de X.

Partie B : exemple 2

Y est la variable aléatoire qui donne le nombre de lancers d'un dé équilibré qu'il faut effectuer pour obtenir six fois le nombre 6.

a) Écrire un programme en langage Python qui réalise une simulation d'un échantillon de taille n de la variable aléatoire Y.

b) Proposer, à l'aide de ce programme, une estimation de la valeur de l'espérance de Y.

45 Algo python Étude du sex-ratio

Le sex-ratio est le rapport du nombre de garçons au nombre de filles. On le détermine sur une période donnée pour une population définie.

Dans un pays imaginaire, on suppose qu'il est égal à 1,05.

1. a) Dans ce pays, montrer que la probabilité, lors d'une naissance, que l'enfant soit un garçon est environ $p = 0{,}512$.

b) On observe n naissances, on note F_n la fréquence des garçons nés pendant l'étude.

Exprimer l'espérance, la variance et l'écart-type σ de la variable aléatoire F_n en fonction de n et p.

2. On réalise une simulation d'un échantillon de taille N de F_n avec le programme suivant écrit en langage Python.

```
from random import *
from math import *

def F(n):
    p=0.512
    x=0
    for i in range(n):
        a=random()
        if a<=p:
            x=x+1
        f=x/n
    return f

def Proportion(n,N):
    p=0.512
    delta=2*sqrt(p*(1-p)/n)
    m=0
    for i in range(N):
        if abs(F(n)-p)>=delta:
            m=m+1
    pr=m/N
    return pr
```

a) Quel est le rôle de la fonction **F** de paramètre n ?

b) Quel résultat la fonction **Proportion** de paramètres n et N renvoie-t-elle ?

3. a) Saisir le programme et exécuter plusieurs fois de suite **Proportion**($\mathbf{10^6}$,**100**).

b) À l'aide de l'inégalité de Bienaymé-Tchebychev, obtenir un majorant de $\mathrm{P}(|\mathrm{F}_n - p| \geqslant 2\sigma)$.

c) Comparer et commenter ces différents résultats.

46 L'inégalité de Markov

X est une variable aléatoire dont les valeurs $x_1, x_2, \ldots, x_n$ sont positives.

α désigne un nombre réel strictement positif.

a) Justifier l'écriture :

$$\mathrm{E(X)} = \sum_{x_i \geqslant \alpha} \mathrm{P(X} = x_i)x_i + \sum_{x_i < \alpha} \mathrm{P(X} = x_i)x_i.$$

b) En déduire que $\mathrm{E(X)} \geqslant \sum_{x_i \geqslant \alpha} \mathrm{P(X} = x_i)x_i$.

c) Établir l'inégalité de Markov :

$$\mathrm{P(X} \geqslant \alpha) \leqslant \frac{\mathrm{E(X)}}{\alpha}$$

47 Une variante de l'inégalité de Bienaymé-Tchebychev

X est une variable aléatoire d'espérance μ et d'écart-type σ.

On donne un nombre réel fixé $a > 0$.

1. Pour tout réel $\lambda \geqslant 0$, on pose $\mathrm{Y} = \mathrm{X} - \mu + \lambda$.

a) Démontrer que :

$$\mathrm{P(X} - \mu \geqslant a) \leqslant \mathrm{P(Y^2} \geqslant (a + \lambda)^2).$$

b) Établir que :

$$\mathrm{E(Y^2)} = \sigma^2 + \lambda^2.$$

c) En déduire avec l'inégalité de Markov (voir exercice 46) que pour tout réel $\lambda > 0$,

$$\mathrm{P(X} - \mu \geqslant a) \leqslant \frac{\sigma^2 + \lambda^2}{(a + \lambda)^2}$$

2. φ est la fonction définie sur $[0 ; +\infty[$ par :

$$\varphi(x) = \frac{\sigma^2 + x^2}{(a + x)^2}.$$

a) Étudier le sens de variation de la fonction φ.

b) Démontrer que φ admet un minimum en $x = \dfrac{\sigma^2}{a}$. Quelle est sa valeur ?

c) En déduire que :

$$\mathrm{P(X} - \mu \geqslant a) \leqslant \frac{\sigma^2}{\sigma^2 + a^2}.$$

3. a) Démontrer que :

$$\mathrm{P(|X} - \mu| \geqslant a) \leqslant \frac{2\sigma^2}{\sigma^2 + a^2}.$$

b) On rappelle l'inégalité de Bienaymé-Tchebychev :

$$\mathrm{P(|X} - \mu| \geqslant a) \leqslant \frac{\sigma^2}{a^2}.$$

Démontrer que :

$$\frac{\sigma^2}{a^2} - \frac{2\sigma^2}{\sigma^2 + a^2} = \frac{\sigma^2\left(\sigma^2 - a^2\right)}{a^2\left(\sigma^2 + a^2\right)}.$$

c) L'inégalité obtenue à la question **3. a)** est-elle meilleure que l'inégalité de Bienaymé-Tchebychev ?

48 Une proportion inconnue

Une usine fabrique des roulettes en plastique dont une proportion inconnue p est défectueuse ; on souhaite trouver une valeur approchée de p.

On effectue un prélèvement de n roulettes, on assimile ce prélèvement à n tirages indépendants avec remise. On note X_n la variable aléatoire égale au nombre de pièces défectueuses dans le lot.

1. a) Donner la loi de probabilité de X_n.

b) Déterminer son espérance et sa variance.

2. a) Démontrer que pour tout réel $\varepsilon > 0$,

$$\mathrm{P}\left(\left|\frac{\mathrm{X}_n}{n} - p\right| \geqslant \varepsilon\right) \leqslant \frac{p(1-p)}{n\varepsilon^2}.$$

b) Étudier le sens de variation de la fonction f définie sur l'intervalle $[0 ; 1]$ par $f(x) = x(1 - x)$.

En déduire que $p(1-p) \leqslant \dfrac{1}{4}$.

c) Démontrer alors que pour tout réel $\varepsilon > 0$,

$$\mathrm{P}\left(\left|\frac{\mathrm{X}_n}{n} - p\right| \geqslant \varepsilon\right) \leqslant \frac{1}{4n\varepsilon^2}.$$

3. En déduire une condition sur n pour qu'une valeur effective de $\dfrac{\mathrm{X}_n}{n}$ soit une valeur approchée de p à 10^{-2} près avec une probabilité supérieure à 95 %.

Des défis

49 Obtenir un roi ou une dame

On effectue n tirages successifs avec remise d'une carte dans un jeu de 32 cartes.

Déterminer une valeur de n telle que la fréquence d'apparition d'un roi ou d'une dame soit comprise entre 20 % et 30 % avec une probabilité supérieure à 0,8.

Objectif **BAC**

BAC BLANC : sujet n° 1

Corrigés des exercices

Durée de l'épreuve : 4 heures.
Le sujet comporte quatre exercices indépendants. L'usage de la calculatrice est autorisé.

Exercice 1

4 points

Dans un repère orthonormé de l'espace, on considère les points :

$$A(5\,;-5\,;2),\quad B(-1\,;1\,;0),\quad C(0\,;1\,;2)\quad \text{et}\quad D(6\,;6\,;-1).$$

1. Déterminer la nature du triangle BCD et calculer son aire, en unité d'aire.

2. a) Montrer que le vecteur $\vec{n}(-2\,;3\,;1)$ est un vecteur normal au plan (BCD).

b) Déterminer une équation cartésienne du plan (BCD).

3. Déterminer une représentation paramétrique de la droite *d* orthogonale au plan (BCD) et passant par le point A.

4. H est le projeté orthogonal du point A sur le plan (BCD). Déterminer les coordonnées du point H.

5. a) Démontrer que $AB = \sqrt{76}$ et $AC = \sqrt{61}$.

b) En déduire la mesure, en degré, de l'angle $\widehat{BAC}$. *Arrondir au dixième.*

Exercice 2

5 points

Dans le repère orthogonal ci-dessous, la courbe $\mathscr{C}$ représente une fonction *f* définie et dérivable sur l'intervalle $]0\,;+\infty[$ et T est la tangente à $\mathscr{C}$ au point A d'abscisse 1.

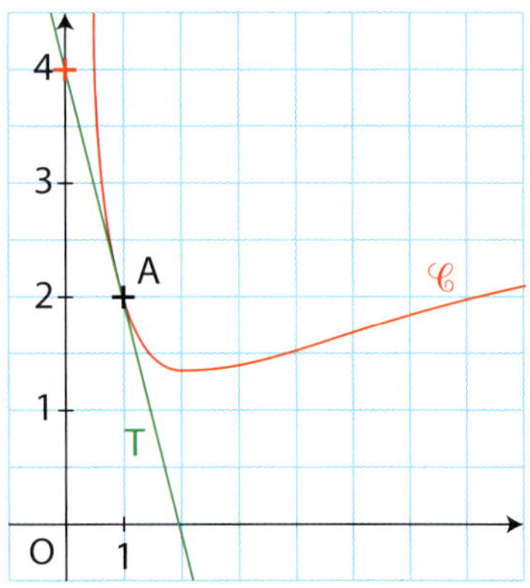

Partie A

Voici un questionnaire à choix multiples.
Pour chaque question, une seule des quatre réponses proposées est exacte.
Aucune justification n'est demandée.

a) Le nombre dérivé de *f* en 1 est égal à :

(1) 2 **(2)** -2 **(3)** 0 **(4)** -4

b) La fonction dérivée f' est :

(1) positive sur $]0\,;+\infty[$; **(2)** négative sur $]5\,;+\infty[$;
(3) croissante sur $[1\,;3]$; **(4)** décroissante sur $[1\,;3]$.

Partie B

u est la fonction définie sur $]0\,;+\infty[$ par $u(x) = \ln(x) + x - 3$.

a) Justifier que la fonction *u* est strictement croissante sur l'intervalle $]0\,;+\infty[$.

b) Démontrer que l'équation $u(x) = 0$ admet une unique solution α dans l'intervalle $]0\,;+\infty[$.

c) Déterminer un encadrement d'amplitude 10^{-2} de α.

d) En déduire le signe de $u(x)$ en fonction de x.

Partie C

f est la fonction définie sur l'intervalle $]0\,;+\infty[$ par :

$$f(x) = \left(1 - \frac{1}{x}\right)(\ln(x) - 2) + 2.$$

1. Déterminer la limite de la fonction *f* en 0.

2. a) Justifier que pour tout réel x de l'intervalle $]0\,;+\infty[$, $f'(x) = \dfrac{u(x)}{x^2}$ où *u* est la fonction définie dans la **partie B**.

b) En déduire le sens de variation de la fonction *f* sur l'intervalle $]0\,;+\infty[$.

Exercice 3

4 points

Dans un supermarché, on réalise une étude sur la vente de bouteilles de jus de fruits sur une période d'un mois.

- **40 % des bouteilles vendues sont des bouteilles de jus d'orange ;**
- **25 % des bouteilles de jus d'orange vendues possèdent l'appellation "pur jus".**

Parmi les bouteilles qui ne sont pas de jus d'orange, la proportion des bouteilles de "pur jus" est notée *p*, où *p* est un nombre réel de l'intervalle $[0 ; 1]$.

Par ailleurs, 20 % des bouteilles de jus de fruits vendues possèdent l'appellation "pur jus".

On prélève au hasard une bouteille de jus de fruits passée en caisse. On définit les événements suivants :

R : « La bouteille prélevée est une bouteille de jus d'orange » ;

J : « La bouteille prélevée est une bouteille de "pur jus" ».

1. a) Représenter cette situation à l'aide d'un arbre pondéré.

b) Déterminer la valeur exacte de p.

c) Une bouteille passée en caisse et prélevée au hasard est une bouteille de "pur jus".
Calculer la probabilité que ce soit une bouteille de jus d'orange.

2. Afin d'avoir une meilleure connaissance de sa clientèle, le directeur du supermarché fait une étude sur un lot des 500 dernières bouteilles de jus de fruits vendues.
On note X la variable aléatoire égale au nombre de bouteilles de "pur jus" dans ce lot.
On admet que le stock de bouteilles présentes dans le supermarché est suffisamment important pour que le choix de ces 500 bouteilles puisse être assimilé à un tirage au sort avec remise.

a) Déterminer la loi de probabilité suivie par la variable aléatoire X. Préciser ses paramètres.

b) Déterminer la probabilité pour qu'au moins 75 bouteilles de cet échantillon de 500 bouteilles soient de "pur jus". *Arrondir au millième.*

Exercice 4

7 points

a est un nombre réel non nul. Le but de cet exercice est d'étudier la suite (u_n) définie par $u_0 = a$ et pour tout entier naturel n, $u_{n+1} = e^{2u_n} - e^{u_n}$.

1. g est la fonction définie sur $\mathbb{R}$ par $g(x) = e^{2x} - e^x - x$.

a) Pour tout réel x, justifier que $g'(x) = (e^x - 1)(2e^x + 1)$.

b) Déterminer les variations de la fonction g et donner la valeur de son minimum.

c) En remarquant que pour tout entier naturel n, $u_{n+1} - u_n = g(u_n)$, étudier le sens de variation de la suite (u_n).

2. Dans cette question, on suppose que $a \leqslant 0$.

a) Justifier que pour tout entier naturel n, $u_{n+1} = e^{u_n}(e^{u_n} - 1)$.

b) Démontrer par récurrence que pour tout entier naturel n, $u_n \leqslant 0$.

c) Déduire des questions précédentes que la suite (u_n) est convergente.

d) Dans le cas où $a = 0$, donner la limite de la suite (u_n).

3. Dans cette question, on suppose que $a > 0$.

a) Justifier que pout entier naturel n, $u_n \geqslant a$.

b) Démontrer que pour tout entier naturel n, $u_{n+1} - u_n \geqslant g(a)$.

c) Démontrer par récurrence que pour tout entier n, $u_n \geqslant a + n \times g(a)$.

d) Déterminer la limite de la suite (u_n).

4. Dans cette question, on prend $a = 0{,}02$.
La fonction **Seuil** ci-contre, écrite en langage Python, a pour paramètre un réel $M > 0$ et renvoie le plus petit entier naturel n tel que $u_n > M$.

```
from math import *

def Seuil(M):
    u=0.02
    n=0
    while      :
        u=
        n=n+1
    return n
```

a) Indiquer ce que cache chacun des cadres colorés.

b) À l'aide de la calculatrice, déterminer la valeur affichée lorsque $M = 60$.

BAC BLANC : sujet n° 2

Corrigés des exercices

Durée de l'épreuve : 4 heures.
Le sujet comporte quatre exercices indépendants. L'usage de la calculatrice est autorisé.

Exercice 1

4 points

(u_n) est la suite définie par $u_0 = 2$ et pour tout entier naturel n, $u_{n+1} = \frac{1}{5}u_n + 3 \times 0{,}5^n$.

1. a) Recopier et compléter ce tableau de valeurs de la suite (u_n). *Arrondir au centième.*

n	0	1	2	3	4	5	6	7	8
u_n	2								

b) D'après ce tableau, énoncer une conjecture sur le sens de variation de la suite (u_n).

2. a) Démontrer par récurrence que pour tout entier naturel n non nul, $u_n \geqslant \frac{15}{4} \times 0{,}5^n$.

b) En déduire que pour tout entier naturel n non nul, $u_{n+1} - u_n \leqslant 0$.

c) Démontrer que la suite (u_n) est convergente.

3. (v_n) est la suite définie sur $\mathbb{N}$ par $v_n = u_n - 10 \times 0{,}5^n$.

a) Démontrer que la suite (v_n) est une suite géométrique de raison $\frac{1}{5}$. Préciser son premier terme.

b) En déduire que pour tout entier naturel n, $u_n = -8 \times \left(\frac{1}{5}\right)^n + 10 \times 0{,}5^n$, puis la limite de la suite (u_n).

Exercice 2

4 points

Une entreprise fabrique des billes en bois sphériques grâce à deux machines de production A et B.

Partie A

Une étude du fonctionnement des machines a permis d'établir les résultats suivants :

- 96 % de la production journalière est vendable ;
- la machine A fournit 60 % de la production journalière ;
- la proportion de billes vendables parmi la production de la machine A est égale à 98 %.

On choisit une bille au hasard dans la production d'un jour donné. On définit les événements suivants :

A : « La bille a été fabriquée par la machine A » ; B : « La bille a été fabriquée par la machine B » ;
V : « La bille est vendable ».

a) Déterminer la probabilité que la bille choisie soit vendable et provienne de la machine A.

b) Justifier que $P(B \cap V) = 0{,}372$ et en déduire la probabilité que la bille choisie soit vendable sachant qu'elle provient de la machine B.

c) Un technicien affirme que 70 % des billes non vendables proviennent de la machine B. A-t-il raison ?

Partie B

Les billes vendables passent ensuite dans une machine qui les teinte de manière aléatoire et équiprobable en blanc, noir, bleu, jaune ou rouge. Après avoir été mélangées, les billes sont conditionnées en sachets.

La quantité produite est suffisamment importante pour que le remplissage d'un sachet puisse être assimilé à un tirage successif avec remise de billes dans la production journalière.

Une étude montre que les enfants apprécient particulièrement les billes de couleur noire.

1. Dans cette question seulement, les sachets sont tous composés de 40 billes.

a) On choisit au hasard un sachet de billes. Déterminer la probabilité que le sachet choisi contienne exactement 10 billes noires. *Arrondir au millième.*

b) Dans un sachet de 40 billes, on a compté 12 billes noires. Ce constat permet-il de remettre en cause le réglage de la machine qui teinte les billes ?

2. Si l'entreprise souhaite que la probabilité d'obtenir au moins une bille noire dans un sachet soit supérieure ou égale à 99 %, quel nombre minimum de billes chaque sachet doit-il contenir pour atteindre cet objectif ?

Exercice 3

4 points

ABCDEFGH est le cube d'arête 1 présenté ci-contre. I, J, K et L sont les milieux respectifs des arêtes [AB], [EH], [BC] et [CG]. On munit l'espace du repère orthonormé $(A\ ;\ \overrightarrow{AB}, \overrightarrow{AD}, \overrightarrow{AE})$.

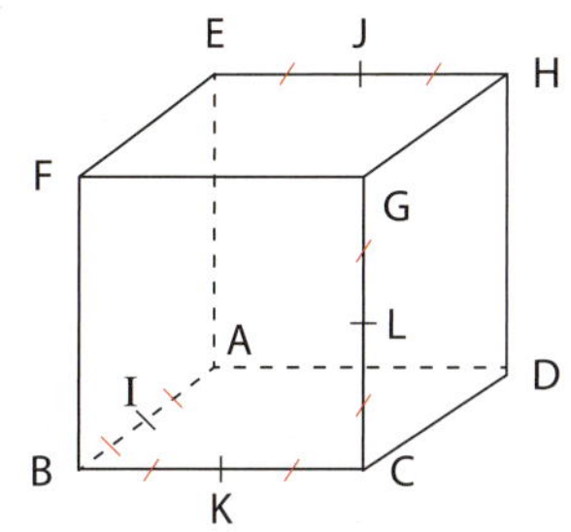

1. a) Démontrer que la droite (FD) est orthogonale au plan (IJK).

b) En déduire une équation cartésienne du plan (IJK).

2. Déterminer une représentation paramétrique de la droite (FD).

3. a) M est le projeté orthogonal du point F sur le plan (IJK).
Déterminer les coordonnées du point M.

b) En déduire la distance du point F au plan (IJK).

4. Déterminer la nature du triangle IJK et calculer son aire, en unité d'aire.

5. Calculer le volume, en unité de volume, du tétraèdre FIJK.

6. Les droites (IJ) et (KL) sont-elles sécantes ? Justifier.

Exercice 4

8 points

Partie A

1. f est la fonction définie sur l'intervalle $[0\ ;+\infty[$ par $f(x)=\dfrac{1}{2}xe^{-\frac{1}{2}x}$.

a) Étudier la limite de la fonction f en $+\infty$.

b) Pour tout réel $x \geqslant 0$, déterminer $f'(x)$, puis dresser le tableau de variations de f sur $[0\ ;+\infty[$.

2. a) Pour tout réel $x \geqslant 0$, déterminer $f''(x)$.

b) Étudier la convexité de la fonction f sur l'intervalle $[0\ ;+\infty[$.

Partie B

On fait absorber à un animal un médicament dosé à 1 mg de principe actif. Ce médicament libère peu à peu le principe actif qui passe dans le sang. On note $g(t)$ la quantité de principe actif, exprimée en mg, présente dans le sang à l'instant t exprimé en heure ($t \geqslant 0$). On constate expérimentalement que la fonction g est solution de l'équation différentielle (**E**) : $y'+\dfrac{1}{2}y=\dfrac{1}{2}e^{-\frac{1}{2}t}$.

1. a) Démontrer que la fonction u définie sur $[0\ ;+\infty[$ par $u(t)=\dfrac{1}{2}te^{-\frac{1}{2}t}$ est solution de l'équation (**E**).

b) Montrer qu'une fonction v est solution de l'équation (**E**) si, et seulement si, la fonction $h=v-u$ est solution de l'équation différentielle $y'+\dfrac{1}{2}y=0$.

c) En déduire l'ensemble des solutions de l'équation (**E**).

2. On suppose qu'à l'instant $t=0$, la quantité de principe actif présente dans le sang est nulle.
Montrer que la solution de l'équation différentielle (**E**) qui vérifie cette condition initiale est la fonction f étudiée dans la partie A.

3. Donner l'instant t pour lequel la quantité de principe actif est maximum.

4. Voici un programme écrit en langage Python.

```
from math import *

def f(x):
    y=0.5*x*exp(-0.5*x)
    return y

n=3
while f(n)>0.1:
    n=n+1
print(n)
```

a) À l'aide de la question **1. b)** de la partie A, expliquer pourquoi il est certain que ce programme affiche une valeur en sortie.

b) Quelle est la valeur n_0 affichée à la fin de son exécution ?

c) L'absorption du médicament par l'animal a lieu un matin à 8 h.
À quelle question ce programme permet-il de répondre ?

5. Déterminer l'instant à partir duquel la diminution de principe actif ralentit.

BAC BLANC : sujet n° 3

Corrigés des exercices

Durée de l'épreuve : 4 heures.
Le sujet comporte quatre exercices indépendants. L'usage de la calculatrice est autorisé.

Exercice 1

4 points

Dans un repère orthonormé de l'espace, on considère les points :

$$A(1\,;\,-2\,;\,4),\quad B(-2\,;\,-6\,;\,5),\quad C(-4\,;\,0\,;\,-3).$$

1. a) Démontrer que les points A, B et C ne sont pas alignés.

b) Démontrer que le vecteur $\vec{n}(1\,;-1\,;-1)$ est un vecteur normal au plan (ABC).

c) Déterminer une équation cartésienne du plan (ABC).

2. a) Déterminer une représentation paramétrique de la droite *d* passant par le point O et orthogonale au plan (ABC).

b) Déterminer les coordonnées du point O′ projeté orthogonal du point O sur le plan (ABC).

c) En déduire la distance du point O au plan (ABC).

3. H est le projeté orthogonal du point O sur la droite (BC) et *t* est le nombre réel tel que $\overrightarrow{BH} = t\overrightarrow{BC}$.

a) Démontrer que $t = \dfrac{\overrightarrow{BO} \cdot \overrightarrow{BC}}{\|\overrightarrow{BC}\|^2}$.

b) Déterminer les coordonnées du point H, puis en déduire la distance du point O à la droite (BC).

Exercice 2

4 points

Un groupe de 50 coureurs, portant des dossards numérotés de 1 à 50, participe à une course cycliste qui comprend 10 étapes, et au cours de laquelle aucun abandon n'est constaté. À la fin de chaque étape, un groupe de 5 coureurs est choisi au hasard pour subir un contrôle antidopage.
Ces désignations de 5 coureurs à l'issue de chacune des étapes sont indépendantes. Un même coureur peut donc être contrôlé à l'issue de plusieurs étapes.

1. À l'issue de chaque étape, combien peut-on former de groupes différents de 5 coureurs ?

2. À l'issue d'une étape, on choisit au hasard un coureur parmi les 50 participants.
Justifier que la probabilité pour qu'il subisse le contrôle prévu pour cette étape est égale à 0,1.

3. On note X la variable aléatoire qui comptabilise le nombre de contrôles subis par un coureur sur l'ensemble des 10 étapes de la course.

a) Déterminer la loi de probabilité suivie par la variable aléatoire X. Préciser ses paramètres.

b) On choisit au hasard un coureur à l'arrivée de la course.
Calculer la probabilité qu'il ait été contrôlé au moins une fois. *Arrondir au dix-millième.*

4. On choisit au hasard un coureur qui a subi un contrôle parmi les 50 coureurs. On définit les événements suivants :
T : « Le contrôle est positif » ;
D : « Le coureur est dopé ».

D'après des statistiques, on admet que $P(T) = 0{,}05$.
Le contrôle anti-dopage n'étant pas fiable à 100 %, on sait que :
- si un coureur est dopé, le contrôle est positif dans 97 % des cas ;
- si un coureur n'est pas dopé, le contrôle est positif dans 1 % des cas.

a) Calculer P(D).

b) Le coureur a un contrôle positif. Quelle est la probabilité qu'il ne soit pas dopé ?

Exercice 3

4 points

1. f est la fonction définie sur l'intervalle $]1\,;+\infty[$ par $f(x)=\dfrac{x}{\ln(x)}$.

a) Étudier la limite de la fonction f en 1, puis en $+\infty$.

b) Étudier le sens de variation de la fonction f sur l'intervalle $]1\,;+\infty[$.

c) En déduire que si $x \geqslant \mathrm{e}$, alors $f(x) \geqslant \mathrm{e}$.

2. (u_n) est la suite définie par $u_0=5$ et pour tout entier naturel n, $u_{n+1}=f(u_n)$.

a) Montrer que pour tout entier naturel n, $u_n \geqslant \mathrm{e}$.

b) Déterminer le sens de variation de la suite (u_n).

c) En déduire que la suite (u_n) est convergente et déterminer sa limite ℓ.

3. Au début de cet algorithme, on affecte 5 à la variable u et 0 à la variable n.
Quelle est la valeur de la variable n à la fin de l'exécution de l'algorithme ?
Arrondir au millième.

```
Tant que u > 2,72
    u ← u / ln(u)
    n ← n + 1
Fin Tant que
```

Exercice 4

8 points

Partie A

f est la fonction définie sur l'intervalle $[0\,;+\infty[$ par $f(t)=200\mathrm{e}^{-\frac{t}{2}}+20$.
$\mathscr{C}$ est sa courbe représentative dans un repère.

a) Étudier la limite de la fonction f en $+\infty$. Interpréter graphiquement.

b) Pour tout réel $x \geqslant 0$, déterminer $f'(x)$, puis dresser le tableau de variations de f sur l'intervalle $[0\,;+\infty[$.

c) Étudier la convexité de la fonction f sur l'intervalle $[0\,;+\infty[$.

Partie B

La température, en degré Celsius (°C), de refroidissement d'un objet fabriqué industriellement est une fonction g du temps t exprimé en heure $(t \geqslant 0)$.

On admet que g est solution de l'équation différentielle **(E)** : $y'+\dfrac{1}{2}y=10$.

1. a) Justifier que la fonction constante u définie sur $[0\,;+\infty[$ par $u(t)=20$ est solution de **(E)**.

b) Montrer qu'une fonction v est solution de **(E)** si, et seulement si, la fonction $h=v-u$ est solution de l'équation différentielle $y'+\dfrac{1}{2}y=0$.

c) En déduire l'ensemble des solutions de l'équation **(E)**.

2. On suppose qu'à l'instant $t=0$, la température de l'objet est égale à 220 °C. Montrer que la solution de l'équation différentielle **(E)** qui vérifie cette condition initiale est la fonction f étudiée dans la **partie A**.

3. Déterminer la valeur exacte, puis une valeur approchée, en heure et minute, du moment où la température de l'objet est égale à 50 °C.

4. Camille affirme que la diminution de la température ne fait que ralentir.
Que penser de cette affirmation ? Justifier.

Partie C

(d_n) est la suite définie sur $\mathbb{N}$ par $d_n=f(n)-f(n+1)$.
Pour tout entier n, d_n représente l'abaissement de température de l'objet entre l'heure n et l'heure $n+1$.

1. a) Calculer d_0, d_1 et d_2 en °C. *Arrondir au dixième.*

b) Quelle est la limite de la suite (d_n) quand n tend vers $+\infty$?

2. Déterminer la plus petite valeur de n à partir de laquelle l'abaissement de température est inférieur à 5 °C.

BAC BLANC : sujet n° 4

Corrigés des exercices

Durée de l'épreuve : 4 heures.
Le sujet comporte quatre exercices indépendants. L'usage de la calculatrice est autorisée.

Exercice 1

4 points

Les rues d'une ville sont toutes parallèles ou perpendiculaires. On identifie le plan de cette ville au quadrillage d'un carré de 10 unités sur 10 dans lequel on se repère avec des points à coordonnées entières qui correspondent aux carrefours.
On s'intéresse aux chemins partant de O et arrivant à un autre point M de coordonnées $(p ; q)$ où p et q sont des entiers naturels tels que $p \leqslant 10$ et $q \leqslant 10$.
À chaque intersection, on ne peut aller que vers le nord (N) ou vers l'est (E). On décrit un chemin à l'aide d'un mot composé successivement des lettres N ou E et on appelle longueur d'un chemin le nombre de lettres employées pour le décrire.
Ainsi, le chemin ENEEE allant de O(0 ; 0) à A(4 ; 1) est de longueur 5.

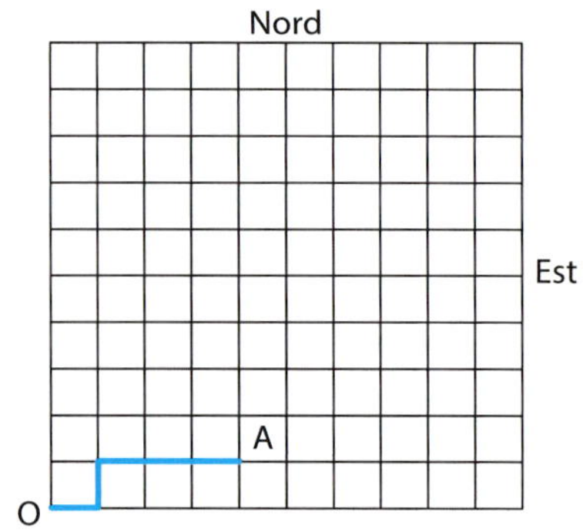

1. a) Donner la liste de tous les chemins permettant de se rendre en A.

b) M est un point de coordonnées $(p ; q)$ où p et q sont des entiers naturels tels que $p \leqslant 10$ et $q \leqslant 10$. Exprimer, en fonction de p et q, la longueur des chemins qui permettent d'arriver en M.

c) Montrer qu'il y a $\binom{p+q}{p}$ chemins différents qui permettent d'arriver en M.

d) Dénombrer les chemins qui permettent d'arriver au point C de coordonnées $(7 ; 5)$.

e) Dénombrer les chemins pour arriver en C en passant par A.

2. On considère, dans cette question, que tous les chemins sont de longueur 5 et qu'à chaque intersection, un promeneur partant de O va vers le nord avec une probabilité de $\frac{2}{3}$ et va vers l'est avec une probabilité de $\frac{1}{3}$ indépendamment de son choix précédent.
On note X la variable aléatoire qui à tout chemin suivi par le promeneur associe le nombre de fois où il va vers le nord.

a) Déterminer la loi de probabilité suivie par X et préciser ses paramètres.

b) Calculer la probabilité que le promeneur arrive en A.

Exercice 2

4 points

Dans un repère orthonormé de l'espace, on considère le point S de coordonnées $(1 ; 3 ; 5)$ et le plan $\mathcal{P}$ d'équation cartésienne $2x - y + 3z - 1 = 0$.
Pour chacune des affirmations suivantes, dire si elle est vraie ou fausse. Justifier.

1. La droite d_1 de représentation paramétrique $\begin{cases} x = 1 + t \\ y = 5 - 4t \\ z = 2 - 2t \end{cases}$ $(t \in \mathbb{R})$ est incluse dans le plan $\mathcal{P}$.

2. La droite d_2 de représentation paramétrique $\begin{cases} x = -t' \\ y = 7 + 4t' \\ z = 7 + 2t' \end{cases}$ $(t' \in \mathbb{R})$ est la droite parallèle à la droite d_1 passant par le point S.

3. Le projeté orthogonal du point S sur le plan $\mathcal{P}$ a pour coordonnées $\left(-\frac{6}{7} ; \frac{55}{14} ; \frac{31}{14}\right)$.

4. Le plan $\mathcal{P}$ coupe la sphère de centre S et de rayon 3.

Exercice 3

4 points

Partie A

f est la fonction définie sur l'intervalle $[0\,;+\infty[$ par $f(x)=x+\mathrm{e}^{-x}$.
Étudier les variations de la fonction f sur l'intervalle $[0\,;+\infty[$.

Partie B

On considère la suite (u_n) définie par $u_1=0$ et pour tout entier naturel n non nul, $u_{n+1}=f(u_n)$.

1. a) Recopier et compléter la fonction **U** ci-contre écrite en langage Python qui prend pour paramètre un entier naturel n et qui renvoie le terme u_n.

```
from math import *

def U(n):
    u=0
    for i in range(2,...):
        u=...
    return u
```

b) Que renvoie **U(4)** ? *Arrondir au centième.*

2. g est la fonction définie sur l'intervalle $[0\,;+\infty[$ par $g(x)=\ln(1+x)$.
$\mathscr{C}_g$ est sa courbe représentative dans un repère orthonormé.

a) Étudier la convexité de la fonction g sur l'intervalle $[0\,;+\infty[$.

b) Déterminer une équation de la tangente T à la courbe $\mathscr{C}_g$ au point d'abscisse 0.

c) En déduire que pour tout réel $x\geqslant 0$, $\ln(1+x)\leqslant x$.

3. a) Démontrer que pour tout entier naturel $n\geqslant 1$, $\ln(n+1)\leqslant \ln(n)+\dfrac{1}{n}$.

b) Démontrer que pour tout entier naturel $n\geqslant 1$, $f(\ln(n))=\ln(n)+\dfrac{1}{n}$.

c) Démontrer par récurrence que pour tout entier naturel $n\geqslant 1$, $\ln(n)\leqslant u_n$.

d) En déduire la limite de la suite (u_n).

Exercice 4

8 points

Partie A. Résolution d'une équation différentielle

(E) est l'équation différentielle $y'+2y=2\mathrm{e}^{-2t}$ avec t nombre réel de l'intervalle $[0\,;+\infty[$.

a) Déterminer l'ensemble des solutions sur l'intervalle $[0\,;+\infty[$ de l'équation différentielle $(\mathbf{E_0})$: $y'+2y=0$.

b) Démontrer que la fonction h définie sur l'intervalle $[0\,;+\infty[$ par $h(t)=2t\,\mathrm{e}^{-2t}$ est une solution de **(E)**.

c) Montrer qu'une fonction g est solution de **(E)** si, et seulement si, la fonction $u=g-h$ est solution de l'équation $(\mathbf{E_0})$.

d) En déduire l'ensemble des solutions de **(E)**.

e) Déterminer la solution f de **(E)** qui prend la valeur 1 pour $t=0$.

Partie B. Étude d'une fonction

f est la fonction définie sur l'intervalle $[0\,;+\infty[$ par $f(t)=(1+2t)\mathrm{e}^{-2t}$.
$\mathscr{C}$ est la courbe représentative de la fonction f dans un repère orthonormé.

1. a) Étudier la limite de la fonction f en $+\infty$. Que peut-on en déduire pour la courbe $\mathscr{C}$?

b) Pour tout réel $t\geqslant 0$, déterminer $f'(t)$, puis dresser le tableau de variations de f sur l'intervalle $[0\,;+\infty[$.

2. a) Démontrer que l'équation $f(t)=0{,}25$ admet une unique solution α dans l'intervalle $[0\,;+\infty[$.

b) Donner un encadrement de α au centième.

Partie C. Application

Dans les régions de production, on peut contrôler le taux de sucre des melons avec un réfractomètre à mesure rapide. Le taux de défaillance du réfractomètre, à l'instant t, en heure, est modélisé par la fonction g définie sur l'intervalle $[0\,;+\infty[$ par $g(t)=1-f(t)=1-(1+2t)\mathrm{e}^{-2t}$.

a) Quel est le taux de défaillance du réfractomètre au bout d'une heure ? *Arrondir au centième.*

b) Pour des raisons de fiabilité, on doit changer le réfractomètre lorsque le taux de défaillance est supérieur ou égal à 0,75.
Déterminer la durée d'utilisation du réfractomètre. *Arrondir au centième.*

1 Les instructions d'entrée-sortie, l'affectation, les variables

A Notion de variable

Dans un programme, une variable est repérée par son nom et possède une valeur qui évolue au cours de l'exécution du programme.
On peut la schématiser par une boîte qui porte une étiquette et son contenu.

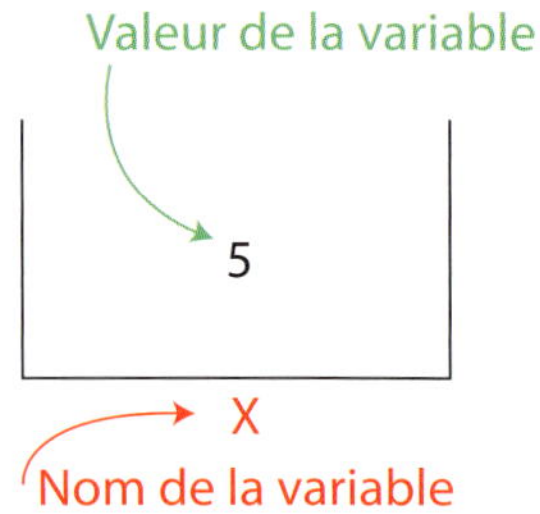

B Type d'une variable

Les langages de programmation distinguent différents types de variables.
Par exemple, une variable peut être de type :
- **nombre entier** ;
- **nombre flottant**, c'est-à-dire nombre à virgule ;
- **chaîne de caractères**, sa valeur est alors une suite ordonnée de caractères ;
- **liste**, c'est-à-dire une suite ordonnée d'objets du langage.

Par exemple : L = [1, 3, 5, 7, 9] ou M = ["a", "e", "i", "o", "u", "y"].
- **booléen**, elle n'a alors que deux valeurs possibles : True (Vrai) et False (Faux).

Par exemple $a < 5$ est un booléen qui a la valeur True si a est strictement inférieur à 5 ou False sinon.
Des opérateurs et des fonctions du langage permettent de travailler avec chaque type de variables.

C L'affectation

L'instruction d'affectation permet d'attribuer une valeur à une variable.

Algorithme	Programme Python
$X \leftarrow 2$	X=2

La variable X est affectée de la valeur 2.

D Les instructions d'entrée-sortie

Les instructions d'entrée-sortie permettent de saisir en entrée et d'afficher en sortie les valeurs des variables.

Algorithme	Programme Python
Saisir X	X=float(input())
Afficher X	print(X)

Ces instructions permettent aussi d'afficher un message, par exemple :
- n=int(input("Nombre d'essais:")) ;
- print("Surface=",S).

INFO

Dans le langage Python, l'instruction d'entrée précise le type de la variable : int (nombre entier), float (nombre à virgule) ou chaîne de caractères lorsque rien n'est précisé.

2 Notion de fonction

A Fonction en programmation

Les langages de programmation donnent la possibilité de définir des fonctions.
Une fonction réalise un traitement et renvoie un résultat, elle peut être appelée à plusieurs reprises par un programme.

Programme Python

```
def f(x,y):
    ...
    return z
```

paramètres : x et y

Une fonction peut admettre aucun, un ou plusieurs paramètres.

B Paramètres

Lors d'un appel à la fonction, des valeurs particulières (arguments) sont données aux paramètres de la fonction.

C Intérêt des fonctions

Programmer des fonctions facilite l'écriture des programmes, permet de les structurer et les rend plus lisibles.

Exemple 1

Écrire une fonction qui renvoie l'aire d'un triangle

- On connaît la longueur *c* d'un côté d'un triangle, la hauteur *h* relative à ce côté et on calcule son aire.
- La fonction **Triangle** a pour paramètres la longueur *c* et la hauteur *h*. Elle renvoie pour résultat l'aire S du triangle.
- Voici le codage de cette fonction en langage Python.

Programme Python

```
def Triangle(c,h):
    S=c*h/2
    return S
```

- Par exemple, dans la console, on effectue un appel à la fonction **Triangle** lorsque *c* a pour valeur 7 et *b* a pour valeur 9.
Ainsi, un triangle dont la longueur d'un côté est 7 et la hauteur relative à ce côté est 9 a une aire égale à 31,5.

```
>>> Triangle(7,9)
31.5
```

Remarque : on peut également écrire un programme qui fait appel à cette fonction.

Programme Python

```
4
5 côté=float(input("Côté ="))
6 hauteur=float(input("Hauteur ="))
7 aire=Triangle(côté,hauteur)
8 print("Aire =",aire)
```

Sur la ligne 7, le programme fait appel à la fonction **Triangle** avec les arguments côté et hauteur.

3 Les instructions conditionnelles

A Condition

Une **condition** est un énoncé qui peut être vrai ou faux.
Par exemple, $a = b$, $x \geqslant 0$, n est pair sont des conditions vraies ou fausses suivant les valeurs des variables a, b, x et n.

B Traitements conditionnels

Dans un programme, on peut tester une condition et, selon que celle-ci est vraie ou fausse, effectuer un traitement ou un autre.
On parle alors de **traitements conditionnels**.

Algorithme	Programme Python

Si condition alors
Traitement 1
sinon
Traitement 2
Fin Si
	if X==2:
	…
	else:
	…

Ici, la condition X==2 est vraie lorsque X est égal à 2 et fausse sinon.

C Une situation particulière

Dans un test, on peut ne pas effectuer de traitement dans le cas où la condition est fausse. Dans cette situation, on omet « sinon ».

Algorithme	Programme Python
Si condition alors Traitement Fin Si	if X==2: …

Exemple 2

- n désigne un entier naturel.
- Voici un algorithme qui teste si ce nombre est divisible par 11.
- L'algorithme est codé par une fonction **Divise** écrite en langage Python.

Algorithme	Programme Python
Si n est divisible par 11 alors C ← "Ce nombre est divisible par 11" sinon C ← "Ce nombre n'est pas divisible par 11" Fin Si	voir ci-dessous

```
def Divise(n):
    if n%11==0:
        C="Ce nombre est divisible par 11"
    else:
        C="Ce nombre n'est pas divisible par 11"
    return C
```

- On exécute la fonction **Divise** avec $n = 86\,834$.
On obtient dans la console :

```
>>> Divise(86834)
'Ce nombre est divisible par 11'
```

INFO
La condition n%11==0 peut aussi être considérée comme une variable B de type booléen. B prend la valeur True lorsque n est divisible par 11 et la valeur False sinon.

Exemple 3

Programmer une fonction définie par intervalles

- f est la fonction qui, à tout nombre réel x, associe le nombre réel $f(x)$ défini par :

$$\begin{cases} f(x) = 1 + \sqrt{x} & \text{si } x \geqslant 0 \\ f(x) = (x-1)^2 & \text{si } x < 0 \end{cases}$$

- Voici un algorithme qui détermine le nombre réel y image de x par la fonction f.
- L'algorithme est codé par une fonction **F** écrite en langage Python.

Algorithme

Si $x \geqslant 0$ alors
  $y \leftarrow 1 + \sqrt{x}$
sinon
  $y \leftarrow (x-1)^2$
Fin Si

Programme Python

```
from math import *

def F(x):
    if x>=0:
        y=1+sqrt(x)
    else:
        y=(1-x)**2
    return y
```

On importe le module math car on utilise la fonction sqrt (racine carrée).

- On exécute la fonction **F**.

Avec $x = 2$, on obtient :

```
>>> F(2)
2.414213562373095
```

Ainsi $f(2) \approx 2{,}4$.

Avec $x = -3$, on obtient :

```
>>> F(-3)
16
```

Ainsi $f(-3) = 16$.

Exemple 4

Programmer des instructions conditionnelles

- Un magasin de reprographie applique le tarif suivant :

Nombre de photocopies	Tarif à l'unité
De 1 à 50	0,15 €
À partir de 51	0,10 €

- Voici un algorithme qui détermine le prix dû pour n photocopies réalisées.
- L'algorithme est codé par une fonction **Prix** écrite en langage Python.

Algorithme

Si $n \leqslant 50$ alors
  $x \leftarrow 0{,}15x$
sinon
  $n \leftarrow 7{,}5 + 0{,}1(n - 50)$
Fin Si

Programme Python

```
def Prix(n):
    if n<=50:
        x=0.15*n
    else:
        x=7.5+0.1*(n-50)
    return x
```

n%11 renvoie pour résultat le reste de la division de n par 11

- On exécute la fonction Prix.

Avec $n = 45$, on obtient :

```
>>> Prix(45)
6.75
```

Ainsi le prix dû pour 45 photocopies est 6,75 €.

Avec $n = 72$, on obtient :

```
>>> Prix(72)
9.7
```

Ainsi le prix dû pour 72 photocopies est de 9,70 €.

INFO

Dans le langage Python, l'indentation, c'est-à-dire le décalage vers la droite, permet de repérer les instructions qui font partie d'un traitement conditionnel.

4 Boucle bornée

A Répéter *n* fois

Une boucle permet de répéter plusieurs fois de suite un même traitement.
Lorsque le nombre *n* d'itérations est connu à l'avance, on parle de **boucle bornée**.

B Compteur

Afin de compter le nombre d'itérations, on utilise un compteur initialisé par exemple à 1 et qui s'incrémente automatiquement de 1 à chaque itération jusqu'à la valeur n.

Algorithme	Programme Python
Pour *i* allant de 1 à *n* |Traitement Fin Pour	for i in range (1, n+1): …

Par exemple, dans la boucle
for i in range (1,6):
…
le compteur i prend successivement les valeurs 1, 2, 3, 4, 5.

Exemple 5

Étudier l'évolution d'une population

• Deux chercheurs étudient l'évolution d'une population de truites dans un lac de montagne.
Ils constatent une diminution annuelle moyenne de 20 % de cette population.
Afin de sauvegarder l'espèce, ils décident d'introduire chaque année 50 nouvelles truites.
On estime la population initiale du lac à 500 truites.

• Voici :
– un algorithme qui détermine le nombre de truites au bout de *n* années ($n \geqslant 1$). La variable X est initialisée à 500 ;
– son codage par une fonction **Population** écrite en langage Python.

Algorithme	Programme Python

Pour *i* allant de 1 à *n*
| $X \leftarrow 0{,}8X + 50$
Fin Pour
	def Population(n):
	    X=500
	    for i in range(1,n+1):
	        X=0.8*X+50
	    return X

• On exécute la fonction **Population**.

Avec $n = 12$, on obtient :

```
>>> Population(12)
267.17986918400004
```

Ainsi, après 12 années, le lac compte environ 267 truites.

Avec $n = 25$, on obtient :

```
>>> Population(25)
250.94447329657396
```

Après 25 années, le lac compte environ 251 truites.

Lorsqu'on donne à *n* des valeurs de plus en plus grandes, on remarque que le nombre de truites de ce lac tend à se stabiliser à 250.

INFO

Dans le langage Python, la fin de l'indentation marque la fin du traitement effectué dans la boucle.

Exemple 6

Calculer une somme à l'aide d'une boucle

• L'algorithme suivant calcule la somme S des carrés des nombres entiers de 1 à n, avec n nombre entier naturel, $n \geqslant 1$.

Pour tout nombre entier naturel $n \geqslant 1$, on pose $S = 1^2 + 2^2 + \ldots + n^2$.

La variable S est initialisée à 0.

• L'algorithme est codé par une fonction **Somme** écrite en langage Python.

Algorithme

Pour i allant de 1 à n
  $S \leftarrow S + i^2$
Fin Pour

Programme Python

```
def Somme(n):
    S=0
    for i in range(1,n+1):
        S=S+i**2
    return S
```

• On exécute le programme avec $n = 5$, voici le tableau de suivi des variables :

i		1	2	3	4	5
S	0	1	5	14	30	55

On obtient dans la console :

```
>>> Somme(5)
55
```

Ainsi $1^2 + 2^2 + 3^2 + 4^2 + 5^2 = 55$.

Exemple 7

Compter le nombre d'occurrences d'un caractère

• Il s'agit de compter dans une phrase le nombre de fois où l'on rencontre un caractère donné.

• Voici :

– un algorithme qui détermine le nombre d'occurrences du caractère dans la phrase. La variable ℓ a pour valeur la longueur de la phrase et la variable n est initialisée à 0 ;

– son codage par une fonction **Nbr** écrite en langage Python.

Algorithme

Pour k allant de 0 à $\ell - 1$
  Si phrase[k] = car alors
    $n \leftarrow n + 1$
  Fin Si
Fin Pour

Programme Python

```
def Nbr(phrase,car):
    l=len(phrase)
    n=0
    for k in range(0,l):
        if phrase[k]==car:
            n=n+1
    return n
```

La variable n compte le nombre d'apparitions du caractère car dans phrase.

• On exécute la fonction avec phrase="Je programme en Python" et car="e".

Voici le tableau de suivi des variables :

k		0	1	2	3	4	5	6	7	8	9	10	11	12	13	14	15	16	17	18	19	20	21
phrase[*k*]		J	e		p	r	o	g	r	a	m	m	e		e	n		P	y	t	h	o	n
n	0	0	1	1	1	1	1	1	1	1	1	1	2	2	3	3	3	3	3	3	3	3	3

On obtient dans la console :

```
>>> Nbr("Je programme en Python","e")
3
```

Ainsi, la lettre e est présente 3 fois dans la phrase saisie.

INFO

La variable phrase est du type chaîne de caractères.

La fonction len renvoie le nombre de caractères *l* de phrase.

Les caractères sont repérés par phrase[0], phrase[1], …, phrase [ℓ–1].

5 Boucle non bornée

A Répéter tant que …

Dans une boucle, le nombre d'itérations peut dépendre d'une condition.
Le traitement est alors répété tant que la condition est vraie.
Lorsque la condition est fausse, on sort de la boucle et la suite des instructions du programme s'applique.

B Nombre d'itérations

Le nombre d'itérations n'est donc en général pas prévu à l'avance et on parle de **boucle non bornée**.

Algorithme	Programme Python
Tant que condition │Traitement Fin Tant que	while X<2: …

Ici, tant que la condition X<2 est vraie, on exécute les instructions de la boucle.

Exemple 8

Simuler une expérience aléatoire

- Au jeu des petits chevaux, pour sortir de l'écurie, on effectue des lancers successifs d'un dé équilibré jusqu'à ce que l'on obtienne 6.
- Voici :

– un algorithme qui effectue une simulation de cette expérience aléatoire et donne le nombre n de lancers effectués. La variable n est initialisée à 1 ;
– son codage par une fonction **L** écrite en langage Python.

Algorithme

$x \leftarrow$ nombre entier aléatoire de 1 à 6
Tant que $x \neq 6$
│ $n \leftarrow n+1$
│ $x \leftarrow$ nombre entier aléatoire de 1 à 6
Fin Tant que

Programme Python

```
from random import *

def L():
    n=1
    x=randint(1,6)
    while x!=6:
        n=n+1
        x=randint(1,6)
    return n
```

On importe le module random car on utilise la fonction randint

La condition « x différent de 6 » est notée : x!=6

- On exécute la fonction **L**, on obtient dans la console :

```
>>> L()
4
```

Cela signifie que pour cette expérience, on a lancé le dé 4 fois pour sortir le cheval de l'écurie.

INFO

Dans le langage Python, randint(1,6) renvoie un nombre entier aléatoire compris entre 1 et 6.
random() renvoie un nombre aléatoire de l'intervalle [0 ; 1[.

Remarque :

Pour écrire ce programme, on peut aussi utiliser la fonction random.
En effet, pour x=random(), la probabilité de l'événement « x<1/6 » est 1/6 et celle de l'événement « x>=1/6 » est 5/6.

```
from random import *

def L():
    n=1
    x=random()
    while x>=1/6:
        n=n+1
        x=random()
    return n
```

INFO

Dans le langage Python, la fin de l'indentation marque la fin des instructions de la boucle.

Exemple 9

Déterminer un nombre d'années

- Louis a placé une somme de 1 500 € sur son livret d'épargne à un taux de 1,5 % par an.
- L'algorithme suivant détermine le nombre d'années N au bout duquel Louis disposera d'une somme supérieure à 1 600 €. Les variables S et N sont respectivement initialisées à 1 500 et 0.
- L'algorithme est codé par une fonction **A** écrite en langage Python.

Algorithme

Tant que $S \leqslant 1600$
  $S \leftarrow 1{,}015 \times S$
  $N \leftarrow N+1$
Fin Tant que

Programme Python

```
def A():
    S=1500
    N=0
    while S<=1600:
        S=1.015*S
        N=N+1
    return N
```

Chaque année, le montant S du livret de Louis augmente de 1,5 %, il est donc multiplié par 1,015.

- On exécute la fonction **A**, on obtient dans la console :

```
>>> A()
5
```

Ainsi, au bout de 5 ans, Louis disposera d'une somme supérieure à 1 600 €.

Exemple 10

Tracer des points aléatoires dans un repère

- Une puce effectue des sauts aléatoires. Au départ, elle se situe à l'origine d'un repère du plan.
- Voici :

– un algorithme qui construit les points de coordonnées $(x\,;y)$ qui correspondent aux positions successives de la puce. Les variable x et y sont initialisées à 0. Les sauts ont lieu tant que $x \leqslant 10$ et $y \leqslant 10$.

– son codage en langage Python.

Algorithme

Tant que $x \leqslant 10$ et $y \leqslant 10$
  Tracer le point de coordonnées $(x\,;y)$
  $x \leftarrow x +$ nombre aléatoire de $[0\,;\,1[$
  $y \leftarrow y +$ nombre aléatoire de $[0\,;\,1[$
Fin Tant que

Programme Python

```
from pylab import *
x=0
y=0
while x<=10 and y<=10:
    plot(x,y,'r.')
    x=x+random()
    y=y+random()
show()
```

La condition x<=10 and y<=10 est vraie lorsque x<=10 et y<=10 sont vraies toutes les deux.

INFO

x<=10, y<=10 sont des variables booléennes.
Les opérateurs logiques and (et), or (ou) et not (non) s'appliquent aux variables de ce type.

- On exécute le programme, voici ci-contre un affichage des positions successives de la puce.

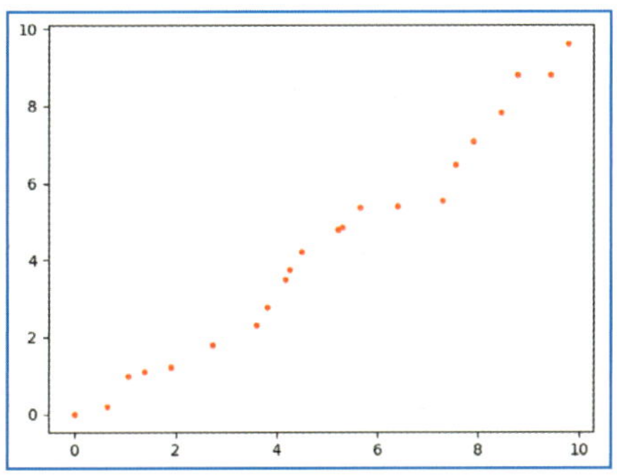

INFO

Dans le langage Python, on importe le module pylab pour réaliser des constructions graphiques. L'instruction plot(x,y,'r.') trace le point de coordonnées $(x\,;y)$ en rouge.
L'instruction show() affiche la figure à l'écran.

6 Le type liste

A Éléments d'une liste

La fonction len renvoie le nombre n d'éléments d'une liste L.
Les éléments de L sont notés à l'aide d'un indice : L[0], L[1], …, L[n-1].

Exemple
L=[1,3,5,7,9] est une liste.
L'élément d'indice 3 de L est 7. Ainsi, L[3]=7 , L[0]=1 est l'élément d'indice 0 de L.

B Ajouter un élément à une liste

- Pour ajouter un élément x à la fin d'une liste, on écrit L=L+[x] ou L.append(x).
- On peut aussi insérer un élément à un indice précisé.

```
>>> L=[1,3,7,9]
>>> L.insert(2,5)
>>> L
[1, 3, 5, 7, 9]
```

Exemple
Ci-contre, on insère l'élément 5 à l'indice 2 dans la liste L.

C Supprimer un élément d'une liste

```
>>> L=[1,3,4,5,7,9]
>>> del L[2]
>>> L
[1, 3, 5, 7, 9]
```

Exemple
Ci-contre, on supprime l'élément d'indice 2 de la liste L.

D Parcourir une liste

Voici deux rédactions d'une fonction **Somme**.
Cette fonction a pour paramètre une liste L de nombres et elle renvoie pour résultat la somme des nombres de L.

Programme Python

```
def Somme(L):
    l=len(L)
    S=0
    for i in range(0,l):
        S=S+L[i]
    return S
```

Programme Python

```
def Somme(L):
    S=0
    for x in L:
        S=S+x
    return S
```

Exemple

```
>>> L=[1,3,5,7,9]
>>> Somme(L)
25
```

E Liste en compréhension

La fonction **Ecarts** a pour paramètres une liste L de nombres et un nombre e. Elle renvoie la liste des écarts abs(x-e) entre les nombres x de L et le nombre e.

Programme Python

```
def Ecarts(L,e):
    E=[abs(x-e) for x in L]
    return E
```

Exemple

```
>>> L=[1,3,5,7,9]
>>> Ecarts(L,3)
[2, 0, 2, 4, 6]
```

Ici, les éléments de la liste E ne sont pas énumérés, ils sont caractérisés par des propriétés mathématiques et logiques

F Liste en compréhension avec une condition

La fonction **Proches** a pour paramètres une liste L de nombres et deux nombres e et r. Elle renvoie la liste des éléments x de L tels que abs(x-e)⩽r.

Programme Python

```
def Proches(L,e,r):
    E=[x for x in L if abs(x-e)<=r]
    return E
```

Exemple

```
>>> L=[1,3,5,7,9]
>>> Proches(L,5,3)
[3, 5, 7]
```

Exemple 11

Travailler avec des listes et leurs indices

• Une roue de loterie est divisée en dix secteurs identiques numérotés de 1 à 10. Une expérience aléatoire consiste à faire tourner la roue et à noter le numéro obtenu.

• Voici :

– un algorithme qui réalise n simulations de cette expérience aléatoire et donne pour résultat la liste des n numéros obtenus. La variable L est initialisée à la liste vide ;

– son codage par la fonction **Loterie** écrite en langage Python.

Algorithme

```
Pour i allant de 0 à n − 1
    a ← nombre entier aléatoire de 1 à 10
    L ← L + [a]
Fin Pour
```

Programme Python

```python
from random import *

def Loterie(n):
    L=[]
    for i in range(0,n):
        a=randint(1,10)
        L=L+[a]
    return L
```

L'instruction L=[] initialise la liste L à la liste vide.

• Par exemple dans la console, on obtient :

```
>>> Loterie(5)
[4, 8, 2, 10, 9]
```

Ainsi on a simulé 5 fois l'expérience aléatoire et obtenu les numéros 4, 8, 2, 10 et 9.

• On souhaite également obtenir le plus grand et le plus petit des n numéros obtenus.

Pour cela, on écrit une fonction **Max** et une fonction **Min** qui renvoient respectivement le plus grand et le plus petit des nombres d'une liste L de n nombres ($n \geqslant 2$).

• Voici leurs algorithmes et le codage en langage Python à la suite du précédent.

La variable n a pour valeur la longueur de la liste L.

Les variables M et m sont initialisées à L[0].

Algorithme de la fonction Max

```
Pour i allant de 1 à n − 1
    Si M < L[i] alors
        M ← L[i]
    Fin Si
Fin Pour
```

Algorithme de la fonction Min

```
Pour i allant de 1 à n − 1
    Si L[i] < m alors
        m ← L[i]
    Fin Si
Fin Pour
```

Programme Python

```python
from random import *

def Loterie(n):
    L=[]
    for i in range(0,n):
        a=randint(1,10)
        L=L+[a]
    return L

def Max(L):
    n=len(L)
    M=L[0]
    for i in range(1,n):
        if M<L[i]:
            M=L[i]
    return M

def Min(L):
    n=len(L)
    m=L[0]
    for i in range(1,n):
        if L[i]<m:
            m=L[i]
    return m
```

• Par exemple, dans la console, on obtient :

```
>>> Max(Loterie(5))
8
>>> Min(Loterie(5))
2
```

Ainsi pour une première simulation de 5 expériences, on a obtenu 8 pour plus grand nombre et pour une seconde simulation de 5 expériences, on a obtenu 2 pour plus petit nombre.

Exemple 12

Déterminer une liste d'images

• *f* est la fonction cube.

La fonction **F** écrite en langage Python a pour paramètre un nombre x et renvoie pour résultat l'image de x par la fonction *f*.

La fonction **Images** a pour paramètre une liste L de nombres. Elle renvoie pour résultat la liste des images des nombres x de L par la fonction *f*.

Programme Python

```
def F(x):
    y=x**3
    return y

def Images(L):
    I=[F(x) for x in L]
    return I
```

• Par exemple, dans la console on obtient la liste des cubes des nombres entiers de 1 à 9.

```
>>> L=[1,2,3,4,5,6,7,8,9]
>>> Images(L)
[1, 8, 27, 64, 125, 216, 343, 512, 729]
```

Remarque :

Pour une autre fonction *f*, on adapte l'écriture de la fonction Python **F** et on obtient de même la liste des images par *f* des nombres d'une liste donnée.

Exemple 13

Travailler avec des listes en compréhension

• La fonction **Moyenne** écrite en langage Python a pour paramètre une liste L de nombres.

Elle renvoie la moyenne des nombres de cette liste.

Programme Python

```
def Moyenne(L):
    n=len(L)
    S=0
    for x in L:
        S=S+x
    m=S/n
    return m
```

• Par exemple, dans la console, on obtient :

```
>>> S=[1,2,5,7,7,8,9,11,15,20]
>>> Moyenne(S)
8.5
```

• La fonction **Diff** saisie à la suite a également pour paramètre une liste L de nombres.

Elle renvoie la liste E des différences x-m où x désigne un nombre L et m est la moyenne de la liste L.

Programme Python

```
def Diff(L):
    m=Moyenne(L)
    E=[x-m for x in L]
    return E
```

• Par exemple, dans la console, on obtient :

```
>>> S
[1, 2, 5, 7, 7, 8, 9, 11, 15, 20]
>>> Diff(S)
[-7.5, -6.5, -3.5, -1.5, -1.5, -0.5, 0.5, 2.5, 6.5, 11.5]
```

• La fonction **Inter** ci-contre a pour paramètres une liste L et un nombre a ($a > 0$).

Elle renvoie pour résultat une nouvelle liste I formée des nombres x de la liste L tels que $m - a \leqslant x$ et $x \leqslant m + a$, c'est-à-dire qui se trouvent dans l'intervalle $[m - a \,;\, m + a]$.

Programme Python

```
def Inter(L,a):
    m=Moyenne(L)
    I=[x for x in L if m-a<=x and x<=m+a]
    return I
```

Ici, m désigne toujours la moyenne des nombres de L.

• Par exemple, dans la console, Inter(S,7) renvoie la liste formée des nombres x de S tels que $8{,}5 - 7 \leqslant x \leqslant 8{,}5 + 7$, soit $1{,}5 \leqslant x \leqslant 15{,}5$.

```
>>> S
[1, 2, 5, 7, 7, 8, 9, 11, 15, 20]
>>> Inter(S,7)
[2, 5, 7, 7, 8, 9, 11, 15]
```

Logique et raisonnement

Une **proposition** mathématique est un énoncé qui est soit **vrai**, soit **faux**.

Exemples

- « 1 025 est un nombre impair » est une proposition vraie.
- « 275 est divisible par 3 » est une proposition fausse.
- « $x^2 \leqslant 16$ » est une proposition vraie pour certaines valeurs du nombre réel x et fausse pour les autres valeurs

1 Les connecteurs logiques « et », « ou »

A Conjonction

La **conjonction** de deux propositions P et Q est la proposition, notée **P et Q**, qui est vraie uniquement lorsque les propositions P et Q sont toutes les deux vraies.

Exemples

- a désigne un nombre réel.
« $a^2 \geqslant 0$ et $|a| \geqslant 0$ » est une proposition vraie.
- « $5 < 2^3$ et $2^3 < 7$ » est une proposition fausse. En effet, la proposition « $2^3 < 7$ » est fausse.

B Disjonction

La **disjonction** de deux propositions P et Q est la proposition, notée **P ou Q**, qui est :
– vraie lorsque l'**une au moins** des propositions P et Q est vraie ;
– fausse lorsque les propositions P et Q sont toutes les deux fausses.

Exemples

- « 65 est divisible par 2 ou 262 est divisible par 2 » est une proposition vraie.
En effet, la proposition « 262 est divisible par 2 » est vraie.
- « 25 est premier ou 49 est premier » est une proposition fausse. En effet, chacune des propositions « 25 est premier », « 49 est premier » est fausse.

2 La négation « non »

La **négation** d'une proposition P est la proposition, notée **non P**, qui est vraie lorsque P est fausse et fausse lorsque P est vraie.

Exemples

- a désigne un nombre réel.
La négation de la proposition « $a < 5$ » est la proposition « $a \geqslant 5$ ».
- x désigne un nombre réel.
La négation de la proposition « $x \neq 13$ » est la proposition « $x = 13$ ».

3 L'implication « Si ..., alors ... »

A Implication

• Une **implication** est une proposition de la forme « **Si P, alors Q** » où P est une proposition appelée **hypothèse** et Q une proposition appelée **conclusion**.
• On suppose la proposition P vraie, alors :
– si la proposition Q est vraie, l'implication « Si P, alors Q » est vraie ;
– si la proposition Q est fausse, l'implication « Si P, alors Q » est fausse.

Exemple

x désigne un nombre réel.
« Si $x = 3$, alors $x^2 = 9$ » est une implication vraie.
« Si $x = -13$ alors $x^2 < 0$ » est une implication fausse.

B Réciproque

La **réciproque** de l'implication « Si P, alors Q » est l'implication « **Si Q, alors P** ».

Exemple

x désigne un nombre réel.
La réciproque de l'implication « Si $x = 3$, alors $x^2 = 9$ » est l'implication :
« Si $x^2 = 9$, alors $x = 3$ ».
Cette réciproque est fausse pour $x = -3$, en effet $(-3)^2 = 9$ et $-3 \neq 3$.

C Contraposée

• La **contraposée** de l'implication « Si P, alors Q » est l'implication « **Si non Q, alors non P** ».
• Une implication et sa contraposée sont soit toutes les deux vraies, soit toutes les deux fausses.

Exemple

x désigne un nombre réel.
La contraposée de « Si $x = 3$, alors $x^2 = 9$ » est l'implication « Si $x^2 \neq 9$, alors $x \neq 3$ » et cette implication est vraie.
En effet, si on suppose $x^2 \neq 9$ alors x ne peut pas être égal à 3.

4 L'équivalence « ... si, et seulement si ... »

Une **équivalence** est la conjonction de deux implications réciproques :
« Si P, alors Q » et « Si Q, alors P ».
On la note « **P si, et seulement si, Q** » ou « **P équivaut à Q** ».

Exemple

ABCD est un quadrilatère.
« ABCD est un parallélogramme si, et seulement si, ses diagonales se coupent en leur milieu » est une proposition vraie.

5 Condition nécessaire suffisante

A Lorsqu'une implication « Si P, alors Q » est vraie, on dit que :
- Q est une **condition nécessaire à P**. En effet, il faut que la proposition Q soit vraie pour que la proposition P soit vraie.
- P est une **condition suffisante à Q**. En effet, il suffit que la proposition P soit vraie pour que la proposition Q soit vraie.

Exemple

ABCD est un quadrilatère. « Si ABCD est un losange, alors ABCD est un parallélogramme » est une implication vraie.
« ABCD est un parallélogramme » est une condition nécessaire à « ABCD est un losange » et « ABCD est un losange » est une condition suffisante à « ABCD est un parallélogramme ».

B Lorsqu'une équivalence « P si, et seulement si, Q » est vraie, P est une **condition nécessaire et suffisante** à Q.

Exemple

x et y désignent deux nombres réels.
L'équivalence « Le produit xy est nul si, et seulement si, l'un des facteurs x ou y est nul » est vraie. La proposition « Le produit xy est nul » est une condition nécessaire et suffisante à la proposition « L'un des facteurs x ou y est nul ».

6 Les quantificateurs

A Le quantificateur « Pour tout », « Quel que soit »

- L'expression « Pour tout » est appelée **quantificateur universel**.
- On l'emploie pour exprimer que tous les éléments d'un ensemble vérifient une certaine propriété. On dit aussi « Quel que soit ».

Exemple

« Pour tout nombre réel x, $x^2 \geqslant 0$ » est une proposition vraie.

B Le quantificateur existentiel « Il existe »

- L'expression « Il existe » est appelée **quantificateur existentiel**.
- On l'emploie pour exprimer qu'au moins un élément d'un ensemble vérifie une certaine propriété.

Exemple

« Il existe un nombre entier naturel non nul n tel que $\frac{1}{n} - \frac{1}{n+1} < 0{,}01$ » est une proposition vraie.

En effet, pour $n = 10$, $\frac{1}{10} - \frac{1}{11} = \frac{1}{110}$. Or, $\frac{1}{110} \approx 0{,}0091$ donc $\frac{1}{10} - \frac{1}{11} < 0{,}01$.

7 Raisonnements

A Démonstration par disjonction des cas

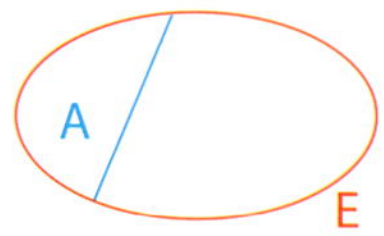

Pour démontrer qu'une proposition est vraie pour tout x d'un ensemble E, on peut démontrer qu'elle est vraie pour tout x de A (partie de E) puis qu'elle est vraie pour tout x de E n'appartenant pas à A.

Énoncé : Démontrer que pour tout nombre n de $\mathbb{Z}$, $n(n+3)$ est pair.

Solution

1er cas : n est pair, c'est-à-dire $n = 2k$ avec $k \in \mathbb{Z}$.
Alors $n(n+3) = 2k(2k+3) = 2\text{K}$ avec $\text{K} = k(2k+3)$. Or, $\text{K} \in \mathbb{Z}$ donc $n(n+3)$ est pair.
2e cas : n est impair, c'est-à-dire $n = 2k+1$ avec $k \in \mathbb{Z}$.
Alors $n(n+3) = (2k+1)(2k+4) = 2(2k+1)(k+2) = 2\text{K}'$
avec $\text{K}' = (2k+1)(k+2)$. Or, $\text{K}' \in \mathbb{Z}$ donc $n(n+3)$ est pair.
Finalement, pour tout nombre n de $\mathbb{Z}$, $n(n+3)$ est pair.

B Démonstration par contraposée

Une implication et sa contraposée sont soit toutes les deux vraies, soit toutes les deux fausses. Pour démontrer « Si P, alors Q », on peut démontrer « Si non Q, alors non P ». Ainsi, on suppose non Q vraie et on prouve non P vraie.

Énoncé : Démontrer que si le carré d'un nombre n de $\mathbb{Z}$ est pair, alors n est pair.

Solution

On démontre la contraposée « Si n est impair, alors n^2 est impair ».
On suppose n impair, c'est-à-dire $n = 2k+1$ avec $k \in \mathbb{Z}$.
Alors $n^2 = (2k+1)^2 = 4k^2 + 4k + 1 = 2(2k^2 + 2k) + 1 = 2\text{K} + 1$
avec $\text{K} = 2k^2 + 2k$. Or, $\text{K} \in \mathbb{Z}$ donc n^2 est impair ».
La contraposée est vraie donc la proposition de l'énoncé est vraie.

C Démonstration par l'absurde

Pour démontrer qu'une proposition P est vraie, on suppose que la proposition non P est vraie et on en déduit une contradiction.

Énoncé : Démontrer que $\sqrt{2} \neq 1{,}414$.

Solution

On suppose que $\sqrt{2} = 1{,}414$. Deux nombres égaux ont le même carré donc $2 = 1{,}414^2$. Or $1{,}414^2 = 1{,}999396$, on obtient ainsi une contradiction.
Donc la proposition $\sqrt{2} = 1{,}414$ est fausse.

D Démonstration par contre-exemple

$\text{P}(x)$ est une proposition définie pour les éléments x d'un ensemble E.
Pour démontrer que la proposition « Pour tout x de E, $\text{P}(x)$ » est fausse, il suffit de trouver un contre-exemple, c'est-à-dire un élément x de E pour lequel $\text{P}(x)$ est fausse.

Énoncé : La proposition « Pour tout nombre réel $x > 0$, $\dfrac{1}{x} \leqslant x$ » est-elle vraie ou fausse ?

Solution

Pour $x = 0{,}5$, $\dfrac{1}{x} = 2$ donc $\dfrac{1}{x} > x$ et la proposition énoncée est fausse.

1 Dénombrement. Récurrence

SAVOIR-FAIRE

3 **a)** $24 + 15 - 6 = 33$
33 personnes du centre pratiquent au moins l'un des deux sports.
b) $120 - 33 = 87$ donc 87 personnes du centre ne pratiquent aucun des deux sports.
c) D'après le diagramme de Venn ci-contre :
$18 + 9 = 27$ personnes pratiquent un seul de ces deux sports.

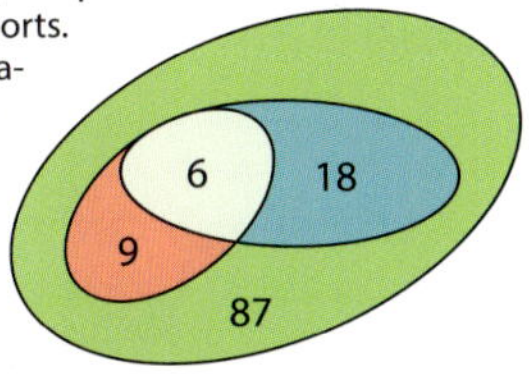

4 **a)** E peut être l'ensemble constitué des 5 ordinateurs et F l'ensemble constitué des 10 sacs.
b) $5 \times 10 = 50$ ainsi, Jeanne a 50 possibilités.

7 Pour tout entier naturel n, $P(n)$ est la propriété : « $v_n = n(n+1)$ ».
• **Initialisation** : pour $n = 0$, $v_0 = 0$ et $0(0+1) = 0$.
La propriété $P(0)$ est donc vraie.
• **Hérédité** : on suppose que pour un entier naturel k, la propriété $P(k)$ est vraie c'est-à-dire que $v_k = k(k+1)$ (hypothèse de récurrence).
Or, $v_{k+1} = v_k + 2k + 2 = k(k+1) + 2k + 2$
$v_{k+1} = (k+1)(k+2)$.
La propriété $P(k+1)$ est donc vraie.
• **Conclusion** : pour tout entier naturel n, $v_n = n(n+1)$.

9 **a)** $(0\,;3\,;3\,;7)$ est un 4-uplet de E.
b) L'ensemble E contient 10 éléments.
Ainsi, le nombre d'éléments de E^4 est 10^4 soit 10 000.
On peut écrire 10 000 numéros de 4 chiffres.

13 **Situation 1 :** le nombre d'éléments de E est 2^8 soit 256.
Situation 2 : chacun des 8 lancers pris dans l'ensemble $\{P\,;F\}$ est un 8-uplet d'éléments de $\{P\,;F\}$.
Donc Mia peut obtenir 2^8 soit 256 résultats.

14 E est l'ensemble constitué des noms des 5 surprises. Chaque lot est une partie de E. On peut donc réaliser 2^5 soit 32 lots de surprises.

16 **a)** Les deux termes suivants sont $u_4 = 6$ et $u_5 = 10$.
b) À l'étape $n+1$, on ajoute un sommet à la base à partir duquel on peut construire les triangles formés par le sommet A et chacun des n premiers sommets, c'est-à-dire n triangles supplémentaires. On en déduit que pour tout $n \geqslant 2$, $u_{n+1} = u_n + n$.
c) Voici la fonction **U** écrite en langage Python qui a pour paramètre un nombre entier naturel n et qui affiche les n premiers points de la suite (u_n).

```
from pylab import *

def U(n):
    u=1
    plot(1,u,'r.')
    for i in range(2,n):
        u=u+i
        plot(i,u,'r.')
    show()
    return
```

On exécute **U(100)** et on obtient le graphique ci-dessous.

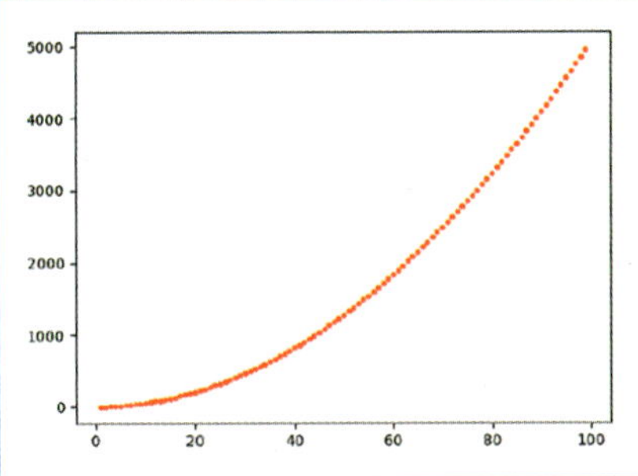

L'allure de la courbe permet de conjecturer que u_n est de la forme $an^2 + bn + c$.
d) Pour tout entier naturel $n \geqslant 2$, $P(n)$ est la propriété : « $u_n = \frac{1}{2}n^2 - \frac{1}{2}n$ ».
• **Initialisation** : pour $n = 2$, $u_2 = 1$ et $\frac{1}{2}2^2 - \frac{1}{2}2 = 1$.
La propriété $P(2)$ est donc vraie.
• **Hérédité** : on suppose que pour un entier naturel $k \geqslant 2$, la propriété $P(k)$ est vraie c'est-à-dire que $u_k = \frac{1}{2}k^2 - \frac{1}{2}k$ (hypothèse de récurrence).
$u_{k+1} = u_k + k = \frac{1}{2}k^2 + \frac{1}{2}k$.
Or, $\frac{1}{2}(k+1)^2 - \frac{1}{2}(k+1) = \frac{1}{2}k^2 + k + \frac{1}{2} - \frac{1}{2}k - \frac{1}{2}$.
$\frac{1}{2}(k+1)^2 - \frac{1}{2}(k+1) = \frac{1}{2}k^2 + \frac{1}{2}k$.
Ainsi $u_{k+1} = \frac{1}{2}(k+1)^2 - \frac{1}{2}(k+1)$.
La propriété $P(k+1)$ est donc vraie.
• **Conclusion** : pour tout entier naturel $n \geqslant 2$, $u_n = \frac{1}{2}n^2 - \frac{1}{2}n$.

POUR SE TESTER

72	1. B	2. B	3. C	4. A	5. D
73	1. B, C	2. A, B, C	3. C	4. B, D	5. B, D

74 **1. Vrai**. En effet, pour tout entier naturel n, $P(n)$ est la propriété : « $u_n \leqslant 2$ ».
• **Initialisation** : pour $n = 0$, $u_0 = 0$, donc $u_0 \leqslant 2$.
La propriété $P(0)$ est donc vraie.
• **Hérédité** : on suppose que pour un entier naturel k, la propriété $P(k)$ est vraie c'est-à-dire que $u_k \leqslant 2$.
$u_{k+1} = 0{,}5u_k + 1$ donc $u_{k+1} \leqslant 0{,}5 \times 2 + 1$. On en déduit que $u_{k+1} \leqslant 2$.
La propriété $P(k+1)$ est donc vraie.
• **Conclusion** : pour tout entier naturel n, $u_n \leqslant 2$.
2. Faux. En effet, le nombre de 4-uplets d'éléments de l'ensemble $\{1\,;2\,;3\,;4\}$ est égal à $4^4 = 256$.
3. Vrai. En effet, le nombre de parties de E et le nombre d'éléments de F^n sont égaux à 2^n.

2 Combinatoire et dénombrement

SAVOIR-FAIRE

3 L'ordre est important, donc il s'agit de dénombrer les 5-uplets d'éléments distincts d'un ensemble à 10 éléments. $10 \times 9 \times 8 \times 7 \times 6 = 30\,240$.
Donc il y a 30 240 rangements différents.

5 Il s'agit d'ordonner les cinq devoirs, c'est-à-dire de dénombrer les permutations d'un ensemble à 5 éléments.
Le nombre de façons de s'organiser est donc :
$$5! = 5 \times 4 \times 3 \times 2 \times 1 = 120.$$

8 **a)** On tire les boules simultanément, donc l'ordre n'intervient pas. On modélise un tirage de 6 boules par une combinaison de 6 boules parmi les 12 que contient l'urne.
Le nombre de tirages différents est donc $\binom{12}{6} = 924$.
b) Le nombre de tirages de 3 boules parmi les 4 boules rouges est $\binom{4}{3} = 4$. Pour chacun de ces tirages, on complète avec 3 boules parmi les 8 boules qui ne sont pas rouges. Le nombre de possibilités pour cela est $\binom{8}{3} = 56$.
Le nombre total de tirages de ce type est donc $\binom{4}{3} \times \binom{8}{3} = 4 \times 56 = 224$.
c) Le contraire de « au moins une boule rouge » est « aucune boule rouge ».
Le nombre de tirages ne comportant aucune boule rouge est $\binom{8}{6} = 28$.
Le nombre de tirages en comportant au moins une est donc $924 - 28 = 896$.

12 **a)** D'après la relation de Pascal,
$$\binom{11}{2} = \binom{10}{1} + \binom{10}{2} = 10 + 45 = 55.$$
b) Par symétrie des nombres de combinaisons,
$$\binom{11}{9} = \binom{11}{11-9} = \binom{11}{2} = 55.$$

13 Ces lignes utilisent la symétrie des nombres de combinaisons et réduisent ainsi le nombre d'itérations dans la boucle.

16

```
def Parties_3(L):
    n=len(L)
    for i in range(0,n):
        for j in range(i+1,n):
            for k in range(j+1,n):
                print(L[i],L[j],L[k])
    return
```

17 On peut par exemple obtenir :

```
>>> L=[1,2,3,4,5]
>>> PermutAlea(L)
[5, 3, 2, 1, 4]
```

POUR SE TESTER

55 1. C 2. C 3. A 4. B 5. A

56 1. A, C 2. A, B 3. B, D 4. A, C 5. B, C, D

57 1. **Faux**. En effet, le nombre de 7-uplets d'éléments distincts est $8 \times 7 \times \ldots \times 2$, le nombre de permutations est $8! = 8 \times 7 \times 6 \times \ldots \times 2 \times 1$ et ces deux nombres sont égaux.
2. **Faux**. En effet, le nombre d'alignements possibles est 10! qui n'est pas égal à 10.
3. **Faux**. En effet, $\binom{8}{5} = 56$, donc la propriété n'est pas vraie pour $n = 5$.
4. **Vrai**. En effet, le nombre de façons de choisir les 5 messages parmi les 20 reçus est $\binom{20}{5} = 15\,504$, qui est bien supérieur à dix-mille.

3 Vecteurs, drosites et plans de l'espace

SAVOIR-FAIRE

3 a) $\overrightarrow{HJ} = \overrightarrow{IB}$.

B est l'image de I par la translation de vecteur $\overrightarrow{HJ}$.

b) $\overrightarrow{GB} - \overrightarrow{CD} = \overrightarrow{HA} - \overrightarrow{BA} = \overrightarrow{HA} + \overrightarrow{AB} = \overrightarrow{HB}$

4 a) $\overrightarrow{AD} = -\overrightarrow{HE}$ et $\overrightarrow{EB} = \overrightarrow{HD} + \overrightarrow{HG}$.

On en déduit alors : $\overrightarrow{AD} + \overrightarrow{EB} = -\overrightarrow{HE} + \overrightarrow{HD} + \overrightarrow{HG}$.

b) D'après la relation de Chasles :

$\overrightarrow{DF} = \overrightarrow{DH} + \overrightarrow{HG} + \overrightarrow{GF}$

$\overrightarrow{DF} = -\overrightarrow{HD} + \overrightarrow{HG} + \overrightarrow{HE}$

c) $\overrightarrow{HB} = \overrightarrow{HD} + \overrightarrow{DA} + \overrightarrow{AB}$

$\overrightarrow{HB} = \overrightarrow{HD} + \overrightarrow{HE} + \overrightarrow{HG}$

d) $\overrightarrow{GA} = \overrightarrow{GH} + \overrightarrow{HD} + \overrightarrow{DA}$

$\overrightarrow{GA} = -\overrightarrow{HG} + \overrightarrow{HD} + \overrightarrow{HE}$

7 a) • $\overrightarrow{FH} = \overrightarrow{FA} + \overrightarrow{AH} = \frac{1}{2}\overrightarrow{AC} + \frac{1}{4}\overrightarrow{AB}$

• $\overrightarrow{FJ} = \overrightarrow{FA} + \overrightarrow{AB} + \overrightarrow{BJ} = \frac{1}{2}\overrightarrow{AC} + \overrightarrow{AB} + \frac{1}{2}\overrightarrow{BC}$

$\overrightarrow{FJ} = \frac{1}{2}\overrightarrow{AC} + \overrightarrow{AB} + \frac{1}{2}\overrightarrow{BA} + \frac{1}{2}\overrightarrow{AC}$

$\overrightarrow{FJ} = \frac{1}{2}\overrightarrow{AB} + \overrightarrow{AC}$

b) D'après **a)**, on remarque que $\overrightarrow{FH} = \frac{1}{2}\overrightarrow{FJ}$. Les vecteurs $\overrightarrow{FH}$ et $\overrightarrow{FJ}$ sont colinéaires donc les points F, H et J sont alignés.

8 a) • $\overrightarrow{MH} = \overrightarrow{MA} + \overrightarrow{AH} = -\frac{2}{3}\overrightarrow{AB} + \frac{1}{3}\overrightarrow{AI}$

Or, d'après la règle du parallélogramme :

$$\overrightarrow{AI} = \frac{1}{2}(\overrightarrow{AC} + \overrightarrow{AD})$$

On en déduit : $\overrightarrow{MH} = -\frac{2}{3}\overrightarrow{AB} + \frac{1}{6}\overrightarrow{AC} + \frac{1}{6}\overrightarrow{AD}$

• $\overrightarrow{BJ} = \overrightarrow{BA} + \overrightarrow{AJ} = -\overrightarrow{AB} + \frac{1}{2}\overrightarrow{AI}$

$\overrightarrow{BJ} = -\overrightarrow{AB} + \frac{1}{4}\overrightarrow{AC} + \frac{1}{4}\overrightarrow{AD}$

b) D'après **a)**, $\overrightarrow{BJ} = \frac{3}{2}\overrightarrow{MH}$. Les vecteurs $\overrightarrow{BJ}$ et $\overrightarrow{MH}$ sont colinéaires donc les droites (BJ) et (MH) sont parallèles.

11 $\overrightarrow{IJ} = \overrightarrow{IA} + \overrightarrow{AC} + \overrightarrow{CJ}$

$\overrightarrow{IJ} = \frac{1}{2}\overrightarrow{HA} + \overrightarrow{AC} + \frac{1}{2}\overrightarrow{CF}$

$\overrightarrow{IJ} = \frac{1}{2}\overrightarrow{HA} + \overrightarrow{AC} + \frac{1}{2}\overrightarrow{CA} + \frac{1}{2}\overrightarrow{AF} = \frac{1}{2}\overrightarrow{HF} + \frac{1}{2}\overrightarrow{AC}$

Les vecteurs $\overrightarrow{AC}$, $\overrightarrow{HF}$ et $\overrightarrow{IJ}$ sont coplanaires.

12 a)

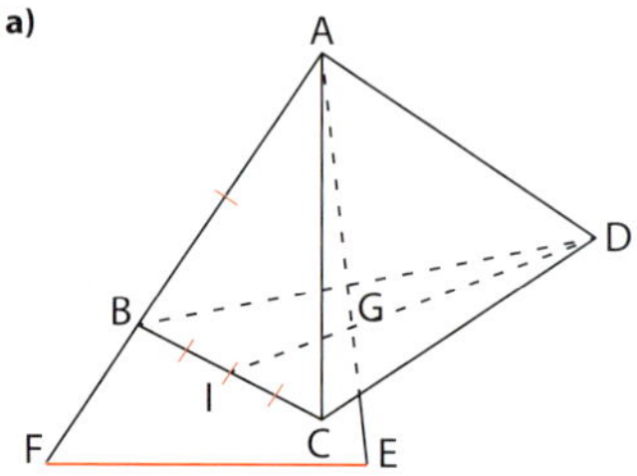

b) $\overrightarrow{EF} = \overrightarrow{EA} + \overrightarrow{AF} = -\frac{3}{2}\overrightarrow{AG} + \frac{3}{2}\overrightarrow{AB} = \frac{3}{2}\overrightarrow{GB}$

$\overrightarrow{EF} = \frac{3}{2}(\overrightarrow{GD} + \overrightarrow{DB}) = \frac{3}{2}\overrightarrow{DB} + \frac{3}{2} \times \left(-\frac{2}{3}\overrightarrow{DI}\right)$

Or d'après la règle du parallélogramme :

$$\overrightarrow{DI} = \frac{1}{2}\overrightarrow{DB} + \frac{1}{2}\overrightarrow{DC}$$

On en déduit que :

$$\overrightarrow{EF} = -\overrightarrow{BD} - \frac{1}{2}\overrightarrow{DB} - \frac{1}{2}\overrightarrow{BC} = -\frac{1}{2}\overrightarrow{BD} - \frac{1}{2}\overrightarrow{BC}$$

c) $(\overrightarrow{BC}\,;\overrightarrow{BD})$ est un couple de vecteurs directeurs du plan (BCD). D'après **b)**, $\overrightarrow{EF}$, $\overrightarrow{BC}$ et $\overrightarrow{BD}$ sont coplanaires donc la droite (EF) est parallèle au plan (BCD).

15 a) Le point E n'appartient pas au plan (ABD) donc les vecteurs $\overrightarrow{AB}$, $\overrightarrow{AD}$ et $\overrightarrow{AE}$ sont non coplanaires et $(\overrightarrow{AB}, \overrightarrow{AD}, \overrightarrow{AE})$ est une base de l'espace.

b) • $\overrightarrow{BK} = \frac{1}{2}\overrightarrow{BH} = \frac{1}{2}\overrightarrow{BA} + \frac{1}{2}\overrightarrow{AH}$

$\overrightarrow{BK} = -\frac{1}{2}\overrightarrow{AB} + \frac{1}{2}\overrightarrow{AD} + \frac{1}{2}\overrightarrow{AE}$

• $\overrightarrow{KD} = \overrightarrow{KH} + \overrightarrow{HD} = \frac{1}{2}\overrightarrow{BH} - \overrightarrow{AE}$

$\overrightarrow{KD} = \frac{1}{2}(\overrightarrow{BA} + \overrightarrow{AE} + \overrightarrow{EH}) - \overrightarrow{AE}$

$\overrightarrow{KD} = -\frac{1}{2}\overrightarrow{AB} + \frac{1}{2}\overrightarrow{AD} - \frac{1}{2}\overrightarrow{AE}$

16 a)

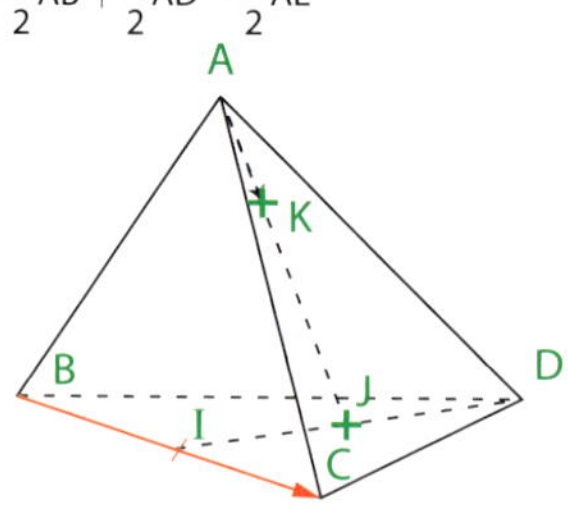

b) $\overrightarrow{AI} = \frac{1}{2}(\overrightarrow{AB} + \overrightarrow{AC})$ donc $I\left(\frac{1}{2}\,;\frac{1}{2}\,;0\right)$.

J est le milieu de [ID] donc $J\left(\frac{1}{4}\,;\frac{1}{4}\,;\frac{1}{2}\right)$.

$\overrightarrow{AK} = \frac{1}{3}\overrightarrow{AJ}$ donc $K\left(\frac{1}{12}\,;\frac{1}{12}\,;\frac{1}{6}\right)$.

c) $\overrightarrow{AK}\left(\frac{1}{12}\,;\frac{1}{12}\,;\frac{1}{6}\right)$, $\overrightarrow{BC}(-1\,;1\,;0)$ et $\overrightarrow{CD}(0\,;-1\,;1)$.

On cherche s'il existe deux réels x et y tels que :

$$\overrightarrow{AK} = x\overrightarrow{BC} + y\overrightarrow{CD},$$

c'est-à-dire

$$\begin{cases} \frac{1}{12} = -x \\ \frac{1}{12} = x - y \\ \frac{1}{6} = y \end{cases}$$

Or $-\frac{1}{12} - \frac{1}{6} = -\frac{1}{4} \neq \frac{1}{12}$.

Il n'existe donc pas deux réels x et y tels que $\overrightarrow{AK} = x\overrightarrow{BC} + y\overrightarrow{CD}$: les vecteurs $\overrightarrow{AK}$, $\overrightarrow{BC}$ et $\overrightarrow{CD}$ ne sont pas coplanaires.

18 a)

```python
def Droite(x,y,z):
    r=x+1
    s=y-1
    t=z-3
    if s==0 and t==-r/2:
        bool=True
    else:
        bool=False
    return bool
```

b)

```python
def Droite(x,y,z):
    r=x-4
    s=y+3
    t=z
    if r/3==s/2 and r/3==t/5:
        bool=True
    else:
        bool=False
    return bool
```

POUR SE TESTER

81 1. C 2. B 3. D 4. A 5. C

82 1. B et C 2. A et C 3. C et D

83 1. **Faux**. En effet, $\overrightarrow{AB}(2\,;-4\,;-3)$ et $\overrightarrow{AC}(6\,;-5\,;2)$.

Or $\frac{6}{2} \neq \frac{-5}{-4}$ donc $\overrightarrow{AB}$ et $\overrightarrow{AC}$ ne sont pas colinéaires.

2. **Faux**. En effet, $\overrightarrow{AD}(3\,;-6\,;5)$. On cherche s'il existe x, y tels que $\overrightarrow{AD} = x\overrightarrow{AB} + y\overrightarrow{AC}$, c'est-à-dire :

$$\begin{cases} 2x + 6y = 3 \\ -4x - 5y = -6. \\ -3x + 2y = 5 \end{cases}$$

Or, ce système n'a pas de solution (le système formé par les deux premières équations a pour solution $\left(\frac{3}{2}\,;0\right)$, mais $-3 \times \frac{3}{2} + 2 \times 0 \neq 5$). Les vecteurs $\overrightarrow{AB}$, $\overrightarrow{AC}$ et $\overrightarrow{AD}$ ne sont pas coplanaires.

3. **Vrai**. En effet, $\overrightarrow{DE}(-4\,;1\,;-5)$

On cherche s'il existe x, y tels que :

$$\overrightarrow{DE} = x\overrightarrow{AB} + y\overrightarrow{AC},$$

c'est-à-dire : $\begin{cases} 2x + 6y = -4 \\ -4x - 5y = 1 \\ -3x + 2y = -5 \end{cases}$.

Ce système a pour unique solution $(1\,;-1)$, donc $\overrightarrow{DE} = \overrightarrow{AB} - \overrightarrow{AC}$.

Le point E appartient au plan qui passe par D et de vecteurs directeurs $\overrightarrow{AB}$ et $\overrightarrow{AC}$.

4 Orthogonalité et distances dans l'espace

SAVOIR-FAIRE

3 **a)** $\overrightarrow{BE}\cdot\overrightarrow{CG}=\overrightarrow{BE}\cdot\overrightarrow{BF}$

Donc $\overrightarrow{BE}\cdot\overrightarrow{CG}=\overrightarrow{BF}\cdot\overrightarrow{BF}=\overrightarrow{BF}^2=1$.

b) $\overrightarrow{BH}\cdot\overrightarrow{CG}=(\overrightarrow{BE}+\overrightarrow{EH})\cdot\overrightarrow{CG}$.

Donc $\overrightarrow{BH}\cdot\overrightarrow{CG}=\overrightarrow{BE}\cdot\overrightarrow{CG}+\overrightarrow{EH}\cdot\overrightarrow{CG}$.

Or, $\overrightarrow{EH}\cdot\overrightarrow{CG}=\overrightarrow{EH}\cdot\overrightarrow{DH}=0$.

Donc $\overrightarrow{BH}\cdot\overrightarrow{CG}=1+0=1$.

4 **a)** $\overrightarrow{DA}\cdot\overrightarrow{DI}=\overrightarrow{DA}\cdot\frac{1}{2}(\overrightarrow{DB}+\overrightarrow{DC})$.

Donc $\overrightarrow{DA}\cdot\overrightarrow{DI}=\frac{1}{2}(\overrightarrow{DA}\cdot\overrightarrow{DB}+\overrightarrow{DA}\cdot\overrightarrow{DC})$.

Or $\overrightarrow{DA}\cdot\overrightarrow{DB}=\frac{1}{2}(DA^2+DB^2-AB^2)=18$

et $\overrightarrow{DA}\cdot\overrightarrow{DC}=\overrightarrow{DA}\cdot\overrightarrow{DB}=18$.

On en déduit que $\overrightarrow{DA}\cdot\overrightarrow{DI}=\frac{1}{2}(18+18)=18$.

b) D'autre part, $\overrightarrow{DA}\cdot\overrightarrow{DI}=DA\times DI\times\cos(\widehat{ADI})$.
Dans le triangle BDI rectangle en I,
$DI^2=BD^2-BI^2=6^2-3^2=27$ et $DI=3\sqrt{3}$.
Ainsi $18=18\times3\sqrt{3}\times\cos(\widehat{ADI})$.

D'où $\cos(\widehat{ADI})=\frac{1}{3\sqrt{3}}$.

Avec la calculatrice, on obtient $\widehat{ADI}\approx78{,}9°$.

7 **a)** ABCDEFGH est un parallélépipède rectangle donc les vecteurs $\overrightarrow{CB}$, $\overrightarrow{CJ}$ et $\overrightarrow{CG}$ sont orthogonaux deux à deux. De plus, $CB=CJ=CG=1$, donc le repère $(C\,;\overrightarrow{CB},\overrightarrow{CJ},\overrightarrow{CG})$ est orthonormé.

b) $\overrightarrow{CK}=\frac{1}{2}\overrightarrow{CB}+\overrightarrow{CJ}+\overrightarrow{CG}$ donc $K\left(\frac{1}{2};1;1\right)$.

$\overrightarrow{CL}=\frac{1}{2}\overrightarrow{CB}+\frac{1}{2}\overrightarrow{CG}$ donc $L\left(\frac{1}{2};0;\frac{1}{2}\right)$.

Ainsi $\overrightarrow{KL}\left(0;-1;-\frac{1}{2}\right)$.

On en déduit que $KL=\sqrt{0^2+(-1)^2+\left(-\frac{1}{2}\right)^2}$

D'où $KL=\frac{\sqrt{5}}{2}$.

8 **a)** B(0 ; 0 ; 0) A(1 ; 0 ; 0) C(0 ; 1 ; 0)
F(0 ; 0 ; 1) D(1 ; 1 ; 0) E(1 ; 0 ; 1)
G(0 ; 1 ; 1) H(1 ; 1 ; 1)

b) $\overrightarrow{CA}(1;-1;0)$ et $\overrightarrow{BH}(1;1;1)$.

Donc $\overrightarrow{CA}\cdot\overrightarrow{BH}=1\times1+(-1)\times1+0\times1$.

D'où $\overrightarrow{CA}\cdot\overrightarrow{BH}=0$.

Les vecteurs $\overrightarrow{CA}$ et $\overrightarrow{BH}$ sont donc orthogonaux.

c) $\overrightarrow{HA}(0;-1;-1)$ et $\overrightarrow{EC}(-1;1;-1)$.

Donc $\overrightarrow{HA}\cdot\overrightarrow{EC}=0\times(-1)+(-1)\times1+(-1)\times(-1)$.

D'où $\overrightarrow{HA}\cdot\overrightarrow{EC}=0$.

Les vecteurs $\overrightarrow{HA}$ et $\overrightarrow{EC}$ sont donc orthogonaux.

11 **a)** • $\overrightarrow{DA}\cdot\overrightarrow{BG}=\overrightarrow{CB}\cdot\overrightarrow{BG}$

$\overrightarrow{DA}\cdot\overrightarrow{BG}=\overrightarrow{CB}\cdot\overrightarrow{BC}=-BC^2$

$\overrightarrow{DA}\cdot\overrightarrow{BG}=-a^2$.

• $\overrightarrow{DH}\cdot\overrightarrow{BG}=\overrightarrow{CB}\cdot\overrightarrow{BG}$

$\overrightarrow{DH}\cdot\overrightarrow{BG}=\overrightarrow{BG}\cdot\overrightarrow{BG}=BG^2$

$\overrightarrow{DH}\cdot\overrightarrow{BG}=a^2$.

b) $\overrightarrow{DF}\cdot\overrightarrow{BG}=(\overrightarrow{DA}+\overrightarrow{DC}+\overrightarrow{DH})\cdot\overrightarrow{BG}$.

Donc $\overrightarrow{DF}\cdot\overrightarrow{BG}=\overrightarrow{DA}\cdot\overrightarrow{BG}+\overrightarrow{DC}\cdot\overrightarrow{BG}+\overrightarrow{DH}\cdot\overrightarrow{BG}$.

Or $\overrightarrow{DC}\cdot\overrightarrow{BG}=\overrightarrow{AB}\cdot\overrightarrow{BG}=0$

donc $\overrightarrow{DF}\cdot\overrightarrow{BG}=-a^2+0+a^2=0$.
Ainsi, les droites (DF) et (BG) sont orthogonales.

12 **a)** Dans le triangle ABD isocèle en A, la droite (AI) est aussi médiatrice du segment [BD]. Ainsi les droites (AI) et (BD) sont orthogonales.
De même, les droites (CI) et (BD) sont orthogonales.
La droite (BD) est donc orthogonale à deux droites sécantes du plan (AIC).
La droite (BD) est donc orthogonale au plan (AIC).
b) La droite (BD) est orthogonale au plan (AIC), donc elle est orthogonale à toute droite de ce plan. En particulier, la droite (BD) est orthogonale à la droite (AC).

15 **a)** I est le centre de la face ABCD.
Dans le rectangle EGCA, la droite (MI) est perpendiculaire à la droite (AC).
De même, dans le rectangle HFDB, la droite (MI) est perpendiculaire à la droite (DB).
La droite (MI) est donc orthogonale à deux droites sécantes du plan (ABC).
Ainsi la droite passant par M et orthogonale au plan (ABC) est la droite (MI).
Elle coupe le plan (ABC) en I. Ainsi, le point I est le projeté orthogonal du point M sur le plan (ABC).
b) La droite (FB) est orthogonale à deux droites sécantes (EF) et (FG) du plan (EFG).
La droite (FB) est donc orthogonale au plan (EFG).
De plus, M appartient à ce plan, donc (EFG) est le plan passant par M et orthogonal à la droite (FB). Il coupe la droite (FB) en F.
Ainsi F est le projeté orthogonal du point M sur la droite (FB).

16 **a)** Le triangle CDI est isocèle en I. La droite (IJ) est donc une médiatrice. Les droites (IJ) et (CD) sont donc orthogonales.
b) Ainsi, le projeté orthogonal du point I sur la droite (CD) est le point J. La distance du point I à la droite (CD) est donc égale à IJ.
Or le triangle IJC est rectangle en J donc :
$$IJ^2=IC^2-JC^2$$
De plus, le triangle AIC est rectangle en I donc :
$$IC^2=AC^2-AI^2$$
D'où $IJ^2=AC^2-AI^2-JC^2$

Donc $IJ^2=1^2-\left(\frac{1}{2}\right)^2-\left(\frac{1}{2}\right)^2=\frac{1}{2}$

On en déduit que la distance du point I à la droite (CD) est donc $\frac{1}{\sqrt{2}}=\frac{\sqrt{2}}{2}$.

18

```python
def Est_rectangle(xE,yE,zE,xF,yF,zF,xG,yG,zG):
    a=xE-xF
    b=yE-yF
    c=zE-zF
    d=xE-xG
    e=yE-yG
    f=zE-zG
    g=xF-xG
    h=yF-yG
    i=zF-zG
    u=a*d+b*e+c*f
    v=a*g+b*h+c*i
    w=d*g+e*h+f*i
    if u==0:
        M='Le triangle EFG est rectangle en E'
    elif v==0:
        M='Le triangle EFG est rectangle en F'
    elif w==0:
        M='Le triangle EFG est rectangle en G'
    else:
        M='Le triangle EFG est non rectangle'
    return M
```

```
>>> Est_rectangle(0,0,0,1,1,1,1,1,0)
'Le triangle est rectangle en G'
```

POUR SE TESTER

74 **1.** B **2.** C **3.** C **4.** B **5.** B **6.** C

75 **1.** C, D **2.** B, C **3.** A, B, D **4.** B, C

76 **1. Faux.** En effet, une droite d contenue elle aussi dans le plan $\mathscr{P}$ et orthogonale à la droite d' ne peut être orthogonale au plan $\mathscr{P}$.

2. Faux. En effet, $\overrightarrow{AB}\cdot\overrightarrow{AC}=AB\times AC\times\cos(\widehat{BAC})$.

Donc $-3=2\times3\times\cos(\widehat{BAC})$.

D'où, $\cos(\widehat{BAC})=-\frac{1}{2}$ et $\widehat{BAC}=\frac{2\pi}{3}$ rad.

3. Vrai. En effet, $\overrightarrow{AB}(1;1;0)$,
$\overrightarrow{AC}(1;-1;0)$, $\overrightarrow{AD}(1;0;-1)$.

Ainsi $\|\overrightarrow{AB}\|=\sqrt{2}$ donc $\left\|\frac{1}{\sqrt{2}}\overrightarrow{AB}\right\|=1$.

De même $\left\|\frac{1}{\sqrt{2}}\overrightarrow{AC}\right\|=\left\|\frac{1}{\sqrt{2}}\overrightarrow{AD}\right\|=1$.

De plus, $\overrightarrow{AB}\cdot\overrightarrow{AC}=1\times1+1\times(-1)+0\times0=0$.

De même, $\overrightarrow{AB}\cdot\overrightarrow{AD}=\overrightarrow{AC}\cdot\overrightarrow{AD}=0$.

Ainsi les vecteurs $\frac{1}{\sqrt{2}}\overrightarrow{AB}$, $\frac{1}{\sqrt{2}}\overrightarrow{AC}$ et $\frac{1}{\sqrt{2}}\overrightarrow{AD}$ sont orthogonaux deux à deux.
On en déduit que le repère

$\left(A\,;\frac{1}{\sqrt{2}}\overrightarrow{AB},\frac{1}{\sqrt{2}}\overrightarrow{AC},\frac{1}{\sqrt{2}}\overrightarrow{AD}\right)$ est orthonormé.

5 Représentations paramétriques et équations cartésiennes

SAVOIR-FAIRE

3 **a)** $\overrightarrow{IJ}(4;4;-3)$ est un vecteur directeur de la droite (IJ). I$(-1;0;2)$ est un point de la droite (IJ). Une représentation paramétrique de la droite (IJ)

est $\begin{cases} x=-1+4t \\ y=4t \\ z=2-3t \end{cases}$ $(t\in\mathbb{R})$

b) • S ∈ (IJ) équivaut à dire qu'il existe un nombre réel t tel que :

$\begin{cases} 1=-1+4t \\ 4=4t \\ 2=2-3t \end{cases}$ c'est-à-dire $\begin{cases} t=\frac{1}{2} \\ t=1 \\ t=0 \end{cases}$.

Donc le point S n'appartient pas à (IJ).

• T ∈ (IJ) équivaut à dire qu'il existe un nombre réel t tel que :

$\begin{cases} 7=-1+4t \\ 8=4t \\ -4=2-3t \end{cases}$ c'est-à-dire $\begin{cases} t=2 \\ t=2 \\ t=2 \end{cases}$.

Donc le point T appartient à (IJ).

4 **a)** Pour $t=0$, on obtient le point A$(-2;0;3)$ de d.

Pour $t=2$, on obtient le point B$(2;10;-11)$ de d.

b) $\vec{u}(2;5;-4)$ est un vecteur directeur de d.

$\vec{v}=\frac{1}{2}\vec{u}$ de coordonnées $\left(1;\frac{5}{2};-2\right)$ en est un autre.

Et le vecteur $\overrightarrow{AB}(4;10;-8)$ en est un troisième.

7 **a)** $\vec{n}(5;4;1)$ est un vecteur normal de $\mathcal{P}$, donc une équation cartésienne de $\mathcal{P}$ est de la forme $5x+4y+z+d=0$.

De plus, le point A$(-2;1;3)$ appartient au plan $\mathcal{P}$, donc $5\times(-2)+4\times1+3+d=0$ d'où $-3+d=0$ et $d=3$.

Ainsi, une équation cartésienne du plan $\mathcal{P}$ est $5x+4y+z+3=0$.

b) $5\times2+4\times0-7+3=6$ et $6\neq0$, donc le point B n'appartient pas au plan $\mathcal{P}$.

8 **a)** $\vec{n}(5;-1;1)$ est un vecteur normal à $\mathcal{P}$.

b) En remplaçant, par exemple, x par 2 et y par 1, on obtient, $5\times2-1+z+2=0$ soit $11+z=0$ et $z=-11$.

Ainsi, le point A$(2;1;-11)$ appartient au plan $\mathcal{P}$.

10 L'énoncé demande le point d'intersection de d et d', c'est donc qu'elles sont sécantes. On est conduit à résoudre le système :

$\begin{cases} 1+t=2t' \\ 3+t=1+t' \\ -4-2t=3+t' \end{cases}$ c'est-à-dire $\begin{cases} t-2t'=-1 \\ t-t'=-2 \\ -2t-t'=7 \end{cases}$.

Les deux premières équations ont pour solution $(t;t')=(-3;-1)$.

Or, $-2\times(-3)-(-1)=6+1=7$.

Donc d et d' sont sécantes en A$(-2;0;2)$ (on remplace t par -3 ou t' par -1 dans les représentations paramétriques de d et d').

14 **a)** $\vec{n}(-1;2;1)$ est un vecteur normal au plan $\mathcal{P}$, c'est donc un vecteur directeur de la droite Δ passant par A et orthogonale à $\mathcal{P}$.

Δ a pour représentation paramétrique :

$$\begin{cases} x=2-t \\ y=-3+2t \\ z=5+t \end{cases} \quad (t\in\mathbb{R})$$

b) Le projeté orthogonal H du point A sur $\mathcal{P}$ est le point d'intersection de Δ et de $\mathcal{P}$. Pour trouver ses coordonnées, on résout le système :

$$\begin{cases} x=2-t \\ y=-3+2t \\ z=5+t \\ -x+2y+z+5=0 \end{cases}$$

c'est-à-dire

$$\begin{cases} x=2-t \\ y=-3+2t \\ z=5+t \\ -(2-t)+2\times(-3+2t)+(5+t)+5=0 \end{cases}$$

On obtient : $t=-\frac{1}{3}$ et donc $x=\frac{7}{3}$, $y=-\frac{11}{3}$, $z=\frac{14}{3}$.

D'où H$\left(\frac{7}{3};-\frac{11}{3};\frac{14}{3}\right)$.

15 **a)** $\vec{u}(2;-1;-3)$ est un vecteur directeur de la droite d, donc c'est un vecteur normal au plan $\mathcal{P}$ passant par A et perpendiculaire à d.

Le plan $\mathcal{P}$ a donc une équation cartésienne de la forme $2x-y-3z+d=0$. Or B ∈ $\mathcal{P}$ c'est-à-dire $2\times(-1)-2-3\times4+d=0$ soit $-16+d=0$ et $d=16$.

Ainsi, $\mathcal{P}$ a pour équation cartésienne $2x-y-3z+16=0$.

b) Le projeté orthogonal K du point B sur la droite d est le point d'intersection de d et $\mathcal{P}$.

On résout le système :

$$\begin{cases} x=1+2t \\ y=-t \\ z=2-3t \\ 2x-y-3+16=0 \end{cases}$$ c'est-à-dire

$$\begin{cases} x=1+2t \\ y=-t \\ z=2-3t \\ 2(1+2t)-(-t)-3(2-3t)+16=0 \end{cases}$$

On obtient $t=-\frac{6}{7}$ et donc $x=-\frac{5}{7}$, $y=\frac{6}{7}$, $z=-\frac{4}{7}$.

D'où H$\left(-\frac{5}{7};-\frac{6}{7};-\frac{4}{7}\right)$.

POUR SE TESTER

63 **1.** C **2.** D **3.** B

64 **1.** A, B, C **2.** A, C

65 **1. Vrai**. En effet, C$(1;1;0)$, F$(1;0;1)$, A$(0;0;0)$.

$\overrightarrow{FC}(0;1;-1)$ est normal au plan (ABG). Donc le plan (ABG) a une équation de la forme $y-z+d=0$.

Or, A ∈ (ABG), donc $d=0$. Finalement, le plan (ABG) a pour équation cartésienne $y-z=0$.

2. Vrai. En effet, si on note d la droite dont la représentation paramétrique est donnée, on vérifie si C ∈ d.

$\begin{cases} 1=1-2t \\ 1=1-2t \\ 0=2t \end{cases}$ qui est équivalent à $t=0$, donc C ∈ d.

On vérifie ensuite si E ∈ d.

$\begin{cases} 0=1-2t \\ 0=1-2t \\ 1=2t \end{cases}$ qui est équivalent à $t=\frac{1}{2}$, donc E ∈ d.

Finalement, la droite d est bien la droite (CE).

3. Faux. En effet, si on note $\mathcal{P}$ le plan passant par I$\left(\frac{3}{4};0;1\right)$ et orthogonal à la droite (CE), c'est-à-dire de vecteur normal $\overrightarrow{CE}(-1;-1;1)$, alors $\mathcal{P}$ a une équation cartésienne de la forme $-x-y+z+d=0$.

Or I ∈ $\mathcal{P}$, donc $-\frac{3}{4}-0+1+d=0$ d'où $d=-\frac{1}{4}$ et $\mathcal{P}$ a une équation cartésienne de la forme $-x-y+z-\frac{1}{4}=0$.

Le point H est le point d'intersection de d et de $\mathcal{P}$, on résout donc le système :

$$\begin{cases} x=1-2t \\ y=1-2t \\ z=2t \\ -x-y+z-\frac{1}{4}=0 \end{cases}$$

c'est-à-dire

$$\begin{cases} x=1-2t \\ y=1-2t \\ z=2t \\ -(1-2t)-(1-2t)+2t-\frac{1}{4}=0 \end{cases}$$

On obtient $t=\frac{3}{8}$ et donc $x=\frac{1}{4}$, $y=\frac{1}{4}$, $z=\frac{3}{4}$.

Finalement, le projeté orthogonal du point sur la droite (CE) a pour coordonnées $\left(\frac{1}{4};\frac{1}{4};\frac{3}{4}\right)$.

6 Limites des suites

SAVOIR-FAIRE

3 **a)** Pour tout entier naturel n, $4n^2 > 10^9$ équivaut à $n > \sqrt{250\ 000\ 000}$.
Or $\sqrt{250\ 000\ 000} \approx 15\,811{,}4$, donc $u_n > 10^9$ pour tout $n > 15\,812$.
b) On se donne un intervalle $]A\,;+\infty[$ avec $A \geqslant 0$; pour tout entier naturel n, $u_n \in\,]A\,;+\infty[$ équivaut à $n^2 > \frac{A}{4}$, c'est-à-dire $n > \sqrt{\frac{A}{4}}$.
On note N le plus petit nombre entier supérieur ou égal à $\sqrt{\frac{A}{4}}$. Ainsi l'intervalle $]A\,;+\infty[$ contient tous les termes u_n pour tout $n > N$. Donc $\lim\limits_{n\to+\infty} u_n = +\infty$. .

4 **a)** Pour tout entier naturel n, $-10\sqrt{n} < -10^7$ équivaut à $\sqrt{n} > 10^6$, c'est-à-dire $n > 10^{12}$.
b) On se donne un intervalle $]-\infty\,; A[$ avec $A \leqslant 0$; pour tout entier naturel n, $v_n \in\,]-\infty\,; A[$ équivaut à $-10\sqrt{n} < A$, c'est-à-dire $n > \frac{A^2}{100}$.
On note N le plus petit nombre entier supérieur ou égal à $n > \frac{A^2}{100}$. Ainsi l'intervalle contient tous les termes pour tout $n > N$. Donc $\lim\limits_{n\to+\infty} v_n = -\infty$.

7 On se donne un intervalle $]-\alpha\,;\beta[$ (avec $\alpha > 0$ et $\beta > 0$). Pour tout entier naturel $n \geqslant 1$, $u_n \in\,]-\alpha\,;\beta[$ équivaut à $-\alpha < \frac{2}{\sqrt{n}} < \beta$, c'est-à-dire $0 < \frac{1}{\sqrt{n}} < \frac{1}{2}\beta$, soit $\sqrt{n} > \frac{2}{\beta}$. Cette inégalité équivaut à $n > \frac{4}{\beta^2}$.
On note N le plus petit nombre entier supérieur ou égal à $\frac{4}{\beta^2}$. Ainsi l'intervalle $]-\alpha\,;\beta[$ contient tous les termes u_n pour tout $n > N$. Donc $\lim\limits_{n\to+\infty} u_n = 0$.

8 On conjecture que la limite de la suite (v_n) est 5.

	A	B
1	n	v_n
2	0	4
3	1	4,5
4	2	4,8
5	3	4,9
6	4	4,94117647
7	5	4,96153846

	A	B
1	n	v_n
102	100	4,99990001
103	101	4,99990198
104	102	4,99990389
105	103	4,99990575
106	104	4,99990755
107	105	4,99990931

11 **a)** Pour tout entier naturel n, $\frac{2n+1}{3n+2} \geqslant 0$ donc $u_n \geqslant n^2$.
b) $\lim\limits_{n\to+\infty} n^2 = +\infty$ donc, d'après un théorème de comparaison, $\lim\limits_{n\to+\infty} u_n = +\infty$.

12 **a)** Pour tout entier naturel n, $-1 \leqslant \cos(n) \leqslant 1$ et $-1 \leqslant \sin(n) \leqslant 1$.
Donc $-2 \leqslant 2\sin(n) \leqslant 2$ et $-3 \leqslant \cos(n) + 2\sin(n) \leqslant 3$.
Ainsi, pour tout entier naturel n, $\frac{-3}{n^2} \leqslant w_n \leqslant \frac{3}{n^2}$.
b) $\lim\limits_{n\to+\infty} \frac{-3}{n^2} = 0$ et $\lim\limits_{n\to+\infty} \frac{3}{n^2} = 0$ (suites de référence), donc d'après le théorème des gendarmes, $\lim\limits_{n\to+\infty} w_n = 0$.

14 **a)** $\lim\limits_{n\to+\infty} 13n = +\infty$ et $\lim\limits_{n\to+\infty} \sqrt{n} = +\infty$ donc $\lim\limits_{n\to+\infty} 13n - 6 + \sqrt{n} = +\infty$ (limite d'une somme)
b) Pour tout entier naturel $n \geqslant 1$,
$$v_n = 2n - 30\sqrt{n} + 4 = n\left(2 - \frac{30}{\sqrt{n}} + \frac{4}{n}\right).$$
$\lim\limits_{n\to+\infty}\left(-\frac{30}{\sqrt{n}}\right) = 0$ et $\lim\limits_{n\to+\infty} \frac{4}{n} = 0$
donc $\lim\limits_{n\to+\infty}\left(2 - \frac{30}{\sqrt{n}} + \frac{4}{n}\right) = 2$ (limite d'une somme).
De plus, $\lim\limits_{n\to+\infty} n = +\infty$ donc $\lim\limits_{n\to+\infty} v_n = +\infty$ (limite d'un produit).
c) Pour tout entier naturel $n \geqslant 1$,
$$w_n = \frac{100n}{n\left(2+\frac{3}{n}\right)} = \frac{100}{2+\frac{3}{n}}.$$
$\lim\limits_{n\to+\infty} \frac{3}{n} = 0$ donc $\lim\limits_{n\to+\infty}\left(2+\frac{3}{n}\right) = 2$ (limite d'une somme). Donc $\lim\limits_{n\to+\infty} w_n = \frac{100}{2} = 50$ (limite d'un quotient).

17 **a)** $\lim\limits_{n\to+\infty} (0{,}0001\mathrm{e}^n) = +\infty$ (suite de référence), donc par quotient
$\lim\limits_{n\to+\infty} \frac{80}{0{,}0001\mathrm{e}^n + 2{,}0966} = 0$ et $\lim\limits_{n\to+\infty} e_n = 4{,}3$.
b)
```
from math import *

def D(n):
    y=4.3+80/(0.0001*exp(n)+2.0966)
    return y

def Seuil(S):
    n=0
    while D(n)>S:
        n=n+1
    return n
```
```
>>> Seuil(4.5)
16
```
On exécute **Seuil(4.5)** et on obtient 16. Cela signifie que l'entreprise rejettera moins de 4 500 tonnes de déchets après 16 ans, soit en 2036.

POUR SE TESTER

62 **1.** A **2.** D **3.** C **4.** B

63 **1.** A, C **2.** B, C, D **3.** C, D

64 **1. Faux**. En effet, si pour tout entier naturel n, $u_n = 19n - 11$ et $v_n = 20 - 19n$, alors $u_n + v_n = 9$. Ainsi, la suite $(u_n + v_n)$ est convergente alors que $\lim\limits_{n\to+\infty} u_n = +\infty$ et $\lim\limits_{n\to+\infty} v_n = -\infty$.
2. Vrai. En effet, on peut poser pour tout entier naturel n, $u_n = n + 1$ et $v_n = \frac{10}{n+1}$.
3. Faux. En effet, si pour tout entier naturel n, $u_n = \frac{1}{n+1}$, alors $u_n + \frac{1}{u_n} = \frac{1}{n+1} + n + 1$.
Or, $\lim\limits_{n\to+\infty} \frac{1}{n+1} = 0$ et $\lim\limits_{n\to+\infty} (n+1) = +\infty$ donc $\left(u_n + \frac{1}{u_n}\right)$ diverge vers $+\infty$.
4. Vrai. En effet, pour tout entier naturel n, $w_n^{\,4} + n - 500 \geqslant n - 500$, donc $w_{n+1} \geqslant n - 500$.
Or, $\lim\limits_{n\to+\infty} (n - 500) = +\infty$ donc, d'après un théorème de comparaison, $\lim\limits_{n\to+\infty} w_{n+1} = +\infty$, soit $\lim\limits_{n\to+\infty} w_n = +\infty$.

7 Compléments sur les suites

SAVOIR-FAIRE

3 **a)** Pour tout entier naturel n, $u_{n+1} - u_n = 2n^2$ donc $u_{n+1} - u_n \geqslant 0$.
Ainsi, la suite (u_n) est croissante.
b) Pour tout entier naturel n, $v_n = f(n)$ où f est la fonction définie sur $[0\,;+\infty[$ par $f(x) = \mathrm{e}^{2-3x}$.
Pour tout réel x, $f'(x) = -3\mathrm{e}^{2-3x}$ et $f'(x) < 0$.
D'où le sens de variation de la fonction f.

x	0 $+\infty$
$f'(x)$	$-$
$f(x)$	e^2 ↘

La fonction f est décroissante sur $[0\,;+\infty[$, donc la suite (v_n) est décroissante.

4 • **Initialisation** : $v_0 = 2$, donc $v_0 \geqslant -3{,}75$.
• **Hérédité** : on suppose que pour un nombre entier naturel k, $v_k \geqslant -3{,}75$.
Alors $0{,}2v_k \geqslant -0{,}75$ et $0{,}2v_k - 3 \geqslant -3{,}75$.
Ainsi $v_{k+1} \geqslant -3{,}75$.
• **Conclusion** : pour tout entier naturel n, $v_n \geqslant -3{,}75$.
La suite (v_n) est minorée par $-3{,}75$.

7 **a)** $\frac{3}{2} > 1$ donc $\lim\limits_{n\to+\infty}\left(\frac{3}{2}\right)^{n+1} = +\infty$
et $\lim\limits_{n\to+\infty}\left(2 - \left(\frac{3}{2}\right)^{n+1}\right) = -\infty$.
b) Pour tout entier naturel n, $v_n = 1 \times (1 - \sqrt{2})^n$. Or, $1 - \sqrt{2} \approx -0{,}4$.
$-1 < 1 - \sqrt{2} < 1$, donc $\lim\limits_{n\to+\infty} (1 - \sqrt{2})^n = 0$
et $\lim\limits_{n\to+\infty} v_n = 0$

8 Pour tout entier naturel n,
$$u_n = \frac{7}{10} + \frac{7}{100} + \ldots + \frac{7}{10^n}$$
$$u_n = 7\left(\frac{1}{10} + \frac{1}{100} + \ldots + \frac{1}{10^n}\right)$$
$$u_n = 7\left(1 + \frac{1}{10} + \frac{1}{10^2} + \ldots + \frac{1}{10^n}\right) - 7$$
$$u_n = 7 \times \frac{1 - \left(\frac{1}{10}\right)^{n+1}}{1 - \frac{1}{10}} - 7$$
$$u_n = \frac{70}{9}\left(1 - \left(\frac{1}{10}\right)^{n+1}\right) - 7$$
Or, $\lim\limits_{n\to+\infty}\left(\frac{1}{10}\right)^{n+1} = 0$ donc $\lim\limits_{n\to+\infty} u_n = \frac{70}{9} - 7 = \frac{7}{9}$

11 **a)** Pour tout entier naturel $n \geqslant 1$,
$a_{n+1} - a_n = n^2$ donc $a_{n+1} - a_n \geqslant 0$.
Ainsi, la suite (a_n) est croissante.
b) On raisonne par l'absurde.
On suppose que la suite (a_n) est majorée.
(a_n) étant croissante, elle converge alors vers un nombre réel ℓ.
$\lim\limits_{n\to+\infty} a_n = \ell$ donc $\lim\limits_{n\to+\infty} a_{n+1} = \ell$.
Or, $\lim\limits_{n\to+\infty} (a_n + n^2) = +\infty$.
La limite de la suite (a_n) étant unique, on aboutit à une contradiction, donc la suite (a_n) n'est pas majorée.
c) La suite (a_n) est une suite croissante non majorée donc elle admet pour limite $+\infty$.

12 **a)** • **Initialisation** : $v_0 = 100$
$v_1 = 0{,}4 \times 100 + 40 = 80$
Donc $65 \leqslant v_1 \leqslant v_0$.
• **Hérédité** : on suppose que pour un nombre entier naturel k, $65 \leqslant v_{k+1} \leqslant v_k$.
On démontre alors que $65 \leqslant v_{k+2} \leqslant v_{k+1}$.

De l'hypothèse de récurrence $65 \leqslant v_{k+1} \leqslant v_k$ on déduit $66 \leqslant 0{,}4v_{k+1} + 40 \leqslant 0{,}4v_k + 40$ soit

$$65 \leqslant 66 \leqslant v_{k+2} \leqslant v_{k+1}.$$

• **Conclusion** : pour tout entier naturel n,

$$65 \leqslant v_{n+1} \leqslant v_n$$

b) La suite (u_n) est donc décroissante et minorée par 65, donc elle converge vers un nombre réel ℓ tel que $\ell \geqslant 65$.

14 **a)** • **Initialisation** : $u_0 = -1 ; 4 - 5\left(\frac{1}{2}\right)^0 = -1$.

Donc $u_0 = 4 - 5\left(\frac{1}{2}\right)^0$.

• **Hérédité** : on suppose que pour un nombre entier naturel k, $u_k = 4 - 5\left(\frac{1}{2}\right)^k$.

On démontre alors que $u_{k+1} = 4 - 5\left(\frac{1}{2}\right)^{k+1}$.

De l'hypothèse de récurrence $u_k = 4 - 5\left(\frac{1}{2}\right)^k$, on déduit

$$u_{k+1} = \frac{1}{2}\left(4 - 5\left(\frac{1}{2}\right)^k\right) + 2$$

$$u_{k+1} = 2 - 5\left(\frac{1}{2}\right)^{k+1} + 2$$

$$u_{k+1} = 4 - 5\left(\frac{1}{2}\right)^{k+1}$$

• **Conclusion** : pour tout entier naturel n,

$$u_n = 4 - 5\left(\frac{1}{2}\right)^n$$

b) $-1 < \frac{1}{2} < 1$ donc $\lim\limits_{n \to +\infty} \left(\frac{1}{2}\right)^n = 0$ et

$$\lim_{n \to +\infty} u_n = 4$$

c) Voici une fonction **Seuil** écrite en langage Python qui traduit cet algorithme.

```python
from math import *

def Seuil(p):
    n=0
    u=-1
    while 4-u>=10**(-p):
        n=n+1
        u=4-5*0.5**n
    return n,u
```

On obtient :

```
>>> Seuil(5)
(19, 3.999990463256836)
```

Donc la valeur cherchée est $n = 19$.

POUR SE TESTER

62 **1.** A **2.** B **3.** D **4.** C

63 **1.** A, B, C, D **2.** B, D **3.** A **4.** A, B, C

64 **1. Faux**. En effet, par exemple, la suite (u_n) définie sur $\mathbb{N}$ par $u_n = (-2)^n$ n'est pas majorée et elle n'a pas de limite.

2. Faux. En effet, par exemple, la suite (u_n) définie sur $\mathbb{N}$ par $u_n = 2 + \cos(n)$ est bornée par 1 et 3 et elle n'est pas convergente.

3. Faux. En effet, $S_n = 1 + 2 + 2^2 + \ldots + 2^{n-1}$

$$S_n = \frac{1 - 2^n}{1 - 2} = 2^n - 1.$$

Comme $2 > 1$, $\lim\limits_{n \to +\infty} 2^n = +\infty$ et

$$\lim_{n \to +\infty} 2^n - 1 = +\infty.$$

4. Vrai. En effet, la suite (u_n) est décroissante et minorée par 1. Elle converge donc vers un nombre réel $\ell \geqslant 1$.

8 Limites des fonctions

SAVOIR-FAIRE

3 **a)** $f(x) > 100$ équivaut à $\sqrt{x} + 2 > 100$ c'est-à-dire $\sqrt{x} > 98$.

La fonction carré étant strictement croissante sur $]0 ; +\infty[$, $\sqrt{x} > 98$ équivaut à $x > 98^2$ soit $x > 9\,604$.

Ainsi, l'intervalle $]100 ; +\infty[$ contient toutes les valeurs $f(x)$ pour tout réel $x > 9\,604$.

b) $f(x)$ appartient à l'intervalle $]\mathrm{A} ; +\infty[$ équivaut à $\sqrt{x} + 2 > \mathrm{A}$ c'est-à-dire $\sqrt{x} > \mathrm{A} - 2$.

La fonction carré étant strictement croissante sur $[0 ; +\infty[$, $\sqrt{x} > \mathrm{A} - 2$ (avec $\mathrm{A} > 2$) équivaut à $x > (\mathrm{A} - 2)^2$.

Ainsi, l'intervalle $]\mathrm{A} ; +\infty[$ contient toutes les valeurs $f(x)$ pour tout réel $x > (\mathrm{A} - 2)^2$.

c) On en déduit que $\lim\limits_{x \to +\infty} f(x) = +\infty$.

4 **a)** $g(x)$ appartient à l'intervalle $]1 ; \alpha[$ équivaut à $1 < \frac{1}{x} + 1 < \alpha$ c'est-à-dire $0 < \frac{1}{x} < \alpha - 1$. La fonction inverse étant strictement décroissante sur $]0 ; +\infty[$, $0 < \frac{1}{x} < \alpha - 1$ (avec $\alpha > 1$) équivaut à $x > \frac{1}{\alpha - 1}$.

Ainsi, l'intervalle $]1 ; \alpha[$ contient toutes les valeurs $g(x)$ pour tout réel $x > \frac{1}{\alpha - 1}$.

b) On en déduit que $\lim\limits_{x \to +\infty} g(x) = 1$.

c) La droite d d'équation $y = 1$, est une asymptote horizontale en $+\infty$ à $\mathscr{C}$.

7 D'après l'écran de calcul formel, pour tout réel $\mathrm{A} > 0$, $f(x) > \mathrm{A}$ équivaut à $2 < x < \frac{2\mathrm{A} + 1}{\mathrm{A}}$ c'est-à-dire $2 < x < 2 + \frac{1}{\mathrm{A}}$.

Ainsi, l'intervalle $]\mathrm{A} ; +\infty[$ contient toutes les valeurs $f(x)$ pour tout réel $x > 2$ et x assez proche de 2. Donc $\lim\limits_{x \to 2} f(x) = +\infty$.

8 **a)** L'intervalle $\mathrm{J} =]2{,}5 ; 3{,}5[$ qui contient 3, ne contient pas toutes les valeurs $g(x)$ lorsque x est proche de 2.

En effet, J ne contient pas l'image 1 des nombres proches de 2 mais strictement supérieurs à 2.

b) Graphiquement, on lit que $\lim\limits_{\substack{x \to 2 \\ x < 2}} g(x) = 3$ et $\lim\limits_{\substack{x \to 2 \\ x > 2}} g(x) = 1$.

11 Pour tout réel x, $\cos(x) \leqslant 1$, alors $-4\cos(x) \geqslant -4$. Donc $f(x) \geqslant 5x - 4$.

Or, $\lim\limits_{x \to +\infty} (5x - 4) = +\infty$, donc d'après un théorème de comparaison, $\lim\limits_{x \to +\infty} f(x) = +\infty$.

13 **a)** Pour tout réel $x > 0$, $-1 \leqslant \cos(x) \leqslant 1$.

Or, pour tout réel $x > 0$, $\frac{1}{x} > 0$ donc $-\frac{1}{x} \leqslant g(x) \leqslant \frac{1}{x}$.

b) $\lim\limits_{x \to +\infty} \left(-\frac{1}{x}\right) = 0$ et $\lim\limits_{x \to +\infty} \left(\frac{1}{x}\right) = 0$.

Donc, d'après le théorème des gendarmes, $\lim\limits_{x \to +\infty} g(x) = 0$.

17 **a)** $\lim\limits_{x \to +\infty} (-x^4) = -\infty$ et $\lim\limits_{x \to +\infty} (3x) = +\infty$,

donc FI du type « $\infty - \infty$ ».

b) Pour tout réel $x \neq 0$:

$$f(x) = x^4\left(-1 + \frac{3}{x^3} + \frac{1}{x^4}\right).$$

Or, $\lim\limits_{x \to +\infty} \frac{3}{x^3} = 0$ et $\lim\limits_{x \to +\infty} \frac{1}{x^4} = 0$ donc, d'après les règles opératoires $\lim\limits_{x \to +\infty} \left(-1 + \frac{3}{x^3} + \frac{1}{x^4}\right) = -1$.

D'autre part $\lim\limits_{x \to +\infty} x^4 = +\infty$.

Donc d'après la limite d'un produit

$$\lim_{x \to +\infty} f(x) = -\infty.$$

18 **a)** Pour tout réel $x > -1$,

$$f(x) = \frac{4x\left(1 + \frac{5}{4x}\right)}{x\left(1 + \frac{1}{x}\right)} = 4 \times \frac{1 + \frac{5}{4x}}{1 + \frac{1}{x}}.$$

D'après les règles opératoires $\lim\limits_{x \to +\infty} \frac{1 + \frac{5}{4x}}{1 + \frac{1}{x}} = 1$.

Donc, $\lim\limits_{x \to +\infty} f(x) = 4$.

b) $\lim\limits_{x \to -1} (4x + 5) = 1$ et $\lim\limits_{x \to -1} (x + 1) = 0$ avec $x + 1 > 0$ (car $x > -1$). Donc, $\lim\limits_{x \to -1} f(x) = +\infty$.

21 f est dérivable sur $\mathbb{R}$ et pour tout réel x,

$$f'(x) = \mathrm{e}^x - x - 1.$$

f' est dérivable sur $\mathbb{R}$ et pour tout réel x,

$$f''(x) = \mathrm{e}^x - 1.$$

Or, $\mathrm{e}^x - 1 > 0$ équivaut à $\mathrm{e}^x > 1$, c'est-à-dire $\mathrm{e}^x > \mathrm{e}^0$, soit $x > 0$.

Donc f' est croissante sur $[0 ; +\infty[$ et décroissante sur $]-\infty ; 0]$.

$f'(0) = 0$, donc d'après le tableau de variations ci-dessous, pour tout réel x, $f'(x) \geqslant 0$.

x	$-\infty$		0		$+\infty$
$f''(x)$		$-$	0	$+$	
$f'(x)$		↘	0	↗	

Donc, pour tout réel x, $f'(x) \geqslant 0$ et la fonction f est croissante sur $\mathbb{R}$.

$f(0) = 0$ donc f est négative sur $]-\infty ; 0[$ et f est positive sur $]0 ; +\infty[$.

22 **a)** Pour tout réel $x \neq 0$,

$$h(x) = x^2\left(\frac{\mathrm{e}^x}{x^2} - 1 + \frac{2}{x} + \frac{3}{x^2}\right).$$

On sait que $\lim\limits_{x \to +\infty} \frac{\mathrm{e}^x}{x^2} = +\infty$ donc :

$$\lim_{x \to +\infty} \left(\frac{\mathrm{e}^x}{x^2} - 1 + \frac{2}{x} + \frac{3}{x^2}\right) = +\infty.$$

D'autre part $\lim\limits_{x \to +\infty} x^2 = +\infty$ donc d'après la limite d'un produit, $\lim\limits_{x \to +\infty} h(x) = +\infty$.

b) $\lim\limits_{x \to -\infty} \mathrm{e}^x = 0$ et $\lim\limits_{x \to -\infty} (-x^2 + 2x + 3) = -\infty$

donc $\lim\limits_{x \to -\infty} h(x) = -\infty$.

24 **1.** La fonction f est dérivable sur $\mathbb{R}$ et pour tout réel x, $f'(x) = -\mathrm{e}^x$.

Pour tout réel x, $f'(x) < 0$ et la fonction f est décroissante sur $\mathbb{R}$.

2. a)

x	0	1	2	3	4	5
$f(x)$	0	$1 - \mathrm{e}$	$1 - \mathrm{e}^2$	$1 - \mathrm{e}^3$	$1 - \mathrm{e}^4$	$1 - \mathrm{e}^5$
$f(x) \geqslant \mathrm{A}$	Vrai	Vrai	Vrai	Vrai	Vrai	Faux

Le plus petit entier naturel n tel que $f(n) < -100$ est 5.

f est décroissante sur $\mathbb{R}$, donc pour tout réel $x \geqslant 5$, $f(x) < -100$.

b) On est certain que l'algorithme se termine.

En effet, $\lim\limits_{x \to +\infty} f(x) = -\infty$ donc pour tout réel $\mathrm{A} < 0$, l'intervalle $]-\infty ; \mathrm{A}[$ contient tous les nombres $f(x)$ pour x assez grand.

POUR SE TESTER

78 1. C 2. B 3. D 4. A

79 1. B, C 2. A, C, D 3. A, C

80 1. **Vrai**. En effet, $\lim\limits_{x \to -\infty} f(x) = 2$ donc la droite d'équation $y = 2$ est une asymptote horizontale en $-\infty$ à la courbe $\mathscr{C}$.

2. **Faux**. En effet, $\lim\limits_{x \to +\infty} f(x) = +\infty$ donc la seule asymptote horizontale à la courbe $\mathscr{C}$ est la droite d'équation $y = 2$ (voir 1.).

3. **Vrai**. En effet, $\lim\limits_{x \to +\infty} f(x) = +\infty$.

D'après la limite d'un quotient $\lim\limits_{x \to +\infty} \dfrac{1}{f(x)} = 0$.

4. **Faux**. En effet, on utilise le schéma de décomposition ci-contre :

$$x \longmapsto \underbrace{f(x)}_{X} \longmapsto e^X$$

$\lim\limits_{x \to -\infty} X = 2$ et $\lim\limits_{X \to 2} e^X = e^2$.

Donc $\lim\limits_{x \to -\infty} e^{f(x)} = e^2$.

9 Compléments sur la dérivation

SAVOIR-FAIRE

3 • $f(1) = g(1) = 1$, les deux courbes passent donc par le point A(1 ; 1).

• Pour tout réel x, $f'(x) = -e^{x-1}$ et $g'(x) = 4x - 5$.
Ainsi $f'(1) = g'(1) = -1$.

• Les tangentes en A à chacune des deux courbes ont le même coefficient directeur ; les tangentes sont donc confondues.

4 La courbe $\mathscr{C}_2$ représente f' et la courbe $\mathscr{C}_1$ représente f.
En effet, $f'(x) \geqslant 0$ sur $[-2 ; 0]$ et $f'(x) \leqslant 0$ sur $[-3 ; -2]$ et $[0 ; 1]$. Cela est cohérent avec le fait que f est croissante sur $[-2 ; 0]$ et décroissante sur $[-3 ; -2]$ et sur $[0 ; 1]$.

7 a) $x \overset{u}{\longmapsto} \underbrace{x^2 - 5x}_{X} \overset{v}{\longmapsto} X^3$

f est donc la composée de la fonction u définie sur $\mathbb{R}$ par $u(x) = x^2 - 5x$ suivie de la fonction cube v définie sur $\mathbb{R}$.

b) $x \overset{u}{\longmapsto} \underbrace{5x^2 + 7}_{X} \overset{v}{\longmapsto} \sqrt{X}$

f est donc la composée de la fonction u définie sur $\mathbb{R}$ par $u(x) = 5x^2 + 7$ suivie de la fonction racine carrée v définie sur $[0 ; +\infty[$.

9 La fonction $x \mapsto x^2 + 1$ est dérivable et strictement positive sur $\mathbb{R}$, la fonction $v : x \mapsto \sqrt{x^2+1}$ est donc dérivable sur $\mathbb{R}$. La fonction $u : x \mapsto x - 1$ est dérivable sur $\mathbb{R}$.
f est le produit de deux fonctions dérivables sur $\mathbb{R}$ donc f est dérivable sur $\mathbb{R}$ et pour tout réel x,

$u(x) = x - 1$ $\quad$ $u'(x) = 1$

$v(x) = \sqrt{x^2+1}$ $\quad$ $v'(x) = \dfrac{2x}{2\sqrt{x^2+1}} = \dfrac{x}{\sqrt{x^2+1}}$

Ainsi $f'(x) = 1 \times \sqrt{x^2+1} + (x-1) \times \dfrac{x}{\sqrt{x^2+1}}$

$$f'(x) = \frac{(\sqrt{x^2+1})^2 + x^2 - x}{\sqrt{x^2+1}} = \frac{2x^2 - x + 1}{\sqrt{x^2+1}}$$

et $f'(x) = (2x^2 - x + 1) \times \dfrac{\sqrt{x^2+1}}{x^2+1}$.

13 a) La courbe $\mathscr{C}$ est au-dessous de ses tangentes sur l'intervalle $[-3 ; 1]$, f est donc concave sur cet intervalle.
La courbe $\mathscr{C}$ est au-dessus de ses tangentes sur l'intervalle $[1 ; 3]$, f est donc convexe sur cet intervalle.

b) La courbe $\mathscr{C}$ est au-dessous de ses tangentes sur l'intervalle $[-3 ; 0]$, f est donc concave sur cet intervalle.
La courbe $\mathscr{C}$ est au-dessus de ses tangentes sur l'intervalle $[0 ; 3]$, f est donc convexe sur cet intervalle.

c) La courbe $\mathscr{C}$ est au-dessus de ses tangentes sur les intervalles $[-3 ; 1]$ et $[1 ; 3]$, f est donc convexe sur chacun de ces intervalles.
La courbe $\mathscr{C}$ est au-dessous de ses tangentes sur l'intervalle $[-1 ; 1]$, f est donc concave sur cet intervalle.

d) La courbe $\mathscr{C}$ est au-dessous de ses tangentes sur l'intervalle $[-3 ; -1]$, f est donc concave sur cet intervalle.
La courbe $\mathscr{C}$ est au-dessus de ses tangentes sur l'intervalle $[-1 ; 3]$, f est donc convexe sur cet intervalle.

14 D'après le graphique, la courbe $\mathscr{C}$ traverse sa tangente au point B dont l'abscisse est égale à $-0{,}5$.
Le point B est le point d'inflexion de $\mathscr{C}$.

17 La fonction f' est croissante sur les intervalles $[-6 ; -3]$ et $[2 ; 5]$, la fonction f est donc convexe sur chacun de ces intervalles.
La fonction f' est décroissante sur l'intervalle $[-3 ; 2]$, la fonction f est donc concave sur cet intervalle.
La courbe représentative de f admet donc deux points d'inflexion, d'abscisses -3 et 2.

18 a) Pour tout réel x,
$f'(x) = 1 \times e^x + (x - 1) \times e^x = xe^x$
$f''(x) = 1 \times e^x + x \times e^x = (x + 1)e^x$

b) Pour tout réel x, $e^x > 0$ donc $f''(x)$ est du signe de $x + 1$.
On obtient le tableau de signes suivant :

x	$-\infty$		-1		$+\infty$
$f''(x)$		$-$	0	$+$	

c) Sur l'intervalle $]-\infty ; -1]$, $f''(x) \leqslant 0$ donc f est concave.
Sur l'intervalle $[-1 ; +\infty[$, $f''(x) \geqslant 0$ donc f est convexe.
f'' s'annule en -1 en changeant de signe, donc $\mathscr{C}$ admet le point $A(-1 ; -2e^{-1})$ pour point d'inflexion.

20 a) La fonction f est deux fois dérivable sur l'intervalle $[-3 ; 3]$.
Pour tout réel x de l'intervalle $[-3 ; 3]$,

$$f'(x) = \frac{1}{4}x^4 - x^2 + 5x \text{ et } f''(x) = x^3 - 2x + 5.$$

b) Le programme ci-dessous, écrit en langage Python, renvoie un encadrement d'amplitude 10^{-2} de i.

```python
from math import *

def fseconde(x):
    y=x**3-2*x+5
    return y

def Inflexion():
    x=-3
    while fseconde(x)<=0:
        x=x+0.01
    x1=round(x-0.01,2)
    x2=round(x,2)
    c="i compris entre", x1,"et", x2
    return c
```

Après exécution, on obtient l'affichage :

```
>>> Inflexion()
('i compris entre', -2.1, 'et', -2.09)
```

Le point d'inflexion de la courbe $\mathscr{C}$ a donc une abscisse i telle que $-2{,}10 \leqslant i \leqslant -2{,}09$.

POUR SE TESTER

66 1. D 2. A 3. B 4. B 5. A

67 1. A, D 2. A, D 3. A, C, D

68 1. **Faux**. En effet, la fonction g est convexe sur l'intervalle $[-1 ; +\infty[$, donc également sur l'intervalle $[0 ; 2]$.
Ainsi, pour tout réel x de l'intervalle $[0 ; 2]$, $g''(x) \geqslant 0$.

2. **Vrai**. En effet, la fonction h est convexe sur $\mathbb{R}$, sa courbe représentative $\mathscr{C}$ est donc située au-dessus de ses tangentes sur $\mathbb{R}$.
Ainsi, pour tout réel x, $h(x) \geqslant -7x + 4$.
En particulier, $h(-2) \geqslant -7 \times (-2) + 4$, soit $h(-2) \geqslant 18 \geqslant 10$.

10 Continuité des fonctions d'une variable réelle

SAVOIR-FAIRE

3

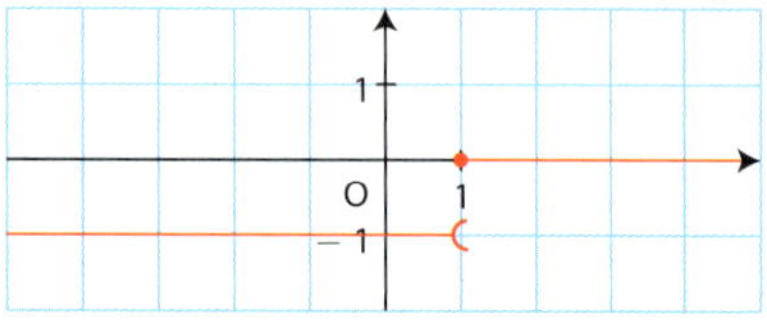

La fonction f est continue sur l'intervalle $]-\infty\,;1[$ et sur l'intervalle $]1\,;+\infty[$.
La fonction f est discontinue en 1.

4 La fonction $x \mapsto -2x$ est continue sur $\mathbb{R}$ donc sur $]-\infty\,;2[$ et la fonction $x \mapsto mx-6$ est continue sur $\mathbb{R}$ donc sur $]2\,;+\infty[$.

$$\lim_{\substack{x\to 2\\ x<2}} f(x) = -4 \quad\text{et}\quad \lim_{\substack{x\to 2\\ x>2}} f(x) = 2m-6.$$

Donc f est continue en 2 si, et seulement si, $2m-6=-4$, c'est-à-dire $m=1$.

Alors, $f(x)=\begin{cases} -2x & \text{si } x<2 \\ x-6 & \text{si } x\geqslant 2\end{cases}$.

Ainsi, la fonction f est continue sur $\mathbb{R}$ pour $m=1$

7 a) On note pour tout $n \geqslant 1$, $u_n = \dfrac{2}{n}+1$ et f la fonction exponentielle définie sur $\mathrm{I}=[0\,;+\infty[$.

Pour $n \geqslant 1$, $\dfrac{2}{n} \geqslant 0$ donc $u_n \geqslant 1$ et $u_n \in \mathrm{I}$.

Ainsi, pour tout $n \geqslant 1$, $v_n = f(u_n)$.

b) $\displaystyle\lim_{n\to+\infty} \frac{2}{n} = 0$ donc $\displaystyle\lim_{n\to+\infty} u_n = 1$ et la suite (u_n) converge vers $\ell = 1$.
La fonction f est continue sur l'intervalle I donc la suite (v_n) converge vers $f(\ell)$, c'est-à-dire vers e^1, soit e.

8 a) f est la fonction définie sur $\mathrm{I}=\mathbb{R}$ par :

$$f(x)=\frac{1}{2}(1+x^2).$$

- Pour tout réel x, $f(x) \in \mathrm{I}$.
- $u_0 = 0$ donc $u_0 \in \mathrm{I}$.

Donc pour tout n de $\mathbb{N}$, $u_{n+1} = f(u_n)$.
b) La fonction f est continue sur $\mathbb{R}$ donc en particulier en ℓ. Donc $\displaystyle\lim_{n\to+\infty} f(u_n) = f(\ell)$.

Or, $\displaystyle\lim_{n\to+\infty} u_{n+1} = \ell$, donc d'après l'unicité de la limite d'une suite, $\ell = f(\ell)$ c'est-à-dire, est une solution dans l'intervalle I de l'équation $f(x)=x$, c'est-à-dire $\dfrac{1}{2}(1+x^2)=x$.

Dans l'intervalle I, l'équation $\dfrac{1}{2}(1+x^2)=x$ équivaut à $x^2-2x+1=0$, c'est-à-dire $(x-1)^2=0$. Sa solution est $x=1$; or, $1\in\mathrm{I}$, donc la suite (u_n) converge vers $\ell=1$.

11 La fonction f est continue sur $\mathbb{R}$.
$f(0)=5$ et $f(1)=2+3\mathrm{e}^{-1}$ soit $f(1)\approx 3{,}1$.
Ainsi, 4 est compris entre $f(1)$ et 5.
Donc, d'après le théorème des valeurs intermédiaires, il existe au moins un nombre réel c compris entre 0 et 1 tel que $f(c)=4$.

12 L'équation $x^3-x=2x^2-1$ est équivalente à l'équation :

$$x^3-2x^2-x+1=0.$$

On note f la fonction définie sur $\mathbb{R}$ par :

$$f(x)=x^3-2x^2-x+1.$$

f est continue sur $\mathbb{R}$.
$f(0)=1$ et $f(1)=-1$.

Or, 0 est compris entre -1 et 1, donc d'après le théorème de Bolzano, l'équation $f(x)=0$ admet au moins une solution dans l'intervalle $[0\,;1]$.
Donc l'équation $x^3-x=2x^2-1$ admet au moins une solution dans $\mathbb{R}$.

14 a) • f est une fonction polynôme donc f est dérivable sur $\mathbb{R}$.
Pour tout réel x, $f'(x)=3x^3-3$, c'est-à-dire $f'(x)=3(x^2-1)$.
On utilise le signe de x^2-1 pour dresser le tableau de variations ci-dessous de f.
• De plus, pour tout $x\neq 0$,

$$f(x)=x^3\left(1-\frac{3}{x^2}+\frac{1}{x^3}\right).$$

Or, $\displaystyle\lim_{x\to+\infty}\left(1-\frac{3}{x^2}+\frac{1}{x^3}\right)=1$ et $\displaystyle\lim_{x\to+\infty} x^3=+\infty$ donc

$$\lim_{x\to+\infty} f(x)=+\infty.$$

• On montre de même $\displaystyle\lim_{x\to-\infty} f(x)=-\infty$.

x	$-\infty$		-1		0		1		$+\infty$
$f'(x)$		+	0	–		–	0	+	
$f(x)$	$-\infty$	↗	3	↘	1	↘	-1	↗	$+\infty$

b) $f(0)=1$ et $f(1)=-1$.
$0\in[-1\,;1]$ donc d'après le tableau de variations, l'équation $f(x)=0$ a une unique solution dans l'intervalle $[0\,;1]$.

17

```
from math import *

def f(x):
    y=exp(x)-x-2
    return y

def Dichotomie(n):
    a=0
    b=2
    while b-a>10**(-n):
        m=(a+b)/2
        if f(a)*f(m)<0:
            b=m
        else:
            a=m
    return m
```

```
>>> Dichotomie(6)
1.146193504333496
```

POUR SE TESTER

58 1. B 2. D 3. D 4. B 5. C

59 1. A, B, D 2. C, D 3. A

60 **1. Faux**. En effet, pour $k=-1$, l'équation $f(x)=-1$ admet -7 pour unique solution.
2. Faux. En effet, pour $k=30$, l'équation $f(x)=30$ admet deux solutions.
3. Vrai. En effet, si l'on note a le nombre réel de l'intervalle $]-\infty\,;-7]$ tel que $f(a)=30$, alors f est continue et strictement décroissante sur $]-\infty\,;a]$.
Or, $k\in]30\,;+\infty[$, donc l'équation $f(x)=k$ admet une unique solution dans $]-\infty\,;a]$.

11 Fonction logarithme

SAVOIR-FAIRE

3 a) Pour tout nombre réel x, $\mathrm{e}^{7x}=5$ équivaut à $7x=\ln(5)$ c'est-à-dire $x=\dfrac{1}{7}\ln(5)$.

Donc, l'ensemble des solutions est $\mathrm{S}=\left\{\dfrac{1}{7}\ln 5\right\}$.

b) Pour tout nombre réel $x>0$, $\ln(x)=5$ équivaut à $x=\mathrm{e}^5$.
Donc, l'ensemble des solutions est $\mathrm{S}=\{\mathrm{e}^5\}$.
c) On résout l'équation dans l'ensemble E des nombres réels x tels que $6x-1>0$ et $2x+17>0$, c'est-à-dire $x>\dfrac{1}{6}$ et $x>-\dfrac{17}{2}$ soit $\mathrm{E}=\left]\dfrac{1}{6}\,;+\infty\right[$.

Pour tout x de E, $\ln(6x-1)=\ln(2x+17)$ équivaut à $6x-1=2x+17$ soit $x=\dfrac{9}{2}$.

$\dfrac{9}{2}\in\mathrm{E}$ donc, l'ensemble des solutions est $\mathrm{S}=\left\{\dfrac{9}{2}\right\}$.

5 a) Pour tout nombre réel x, $\mathrm{e}^{3x}\leqslant 4$ équivaut à $3x\leqslant\ln(4)$ c'est-à-dire $x\leqslant\dfrac{1}{3}\ln(4)$.

Donc, l'ensemble des solutions est

$$\mathrm{S}=\left]-\infty\,;\frac{1}{3}\ln(4)\right].$$

b) On résout l'inéquation dans l'ensemble E des nombres réels x tels que $6x+1>0$ c'est-à-dire $x>-\dfrac{1}{6}$ donc $\mathrm{E}=\left]-\dfrac{1}{6}\,;+\infty\right[$.

Pour tout x de E, $\ln(6x+1)>2$ équivaut à $6x+1>\mathrm{e}^2$, c'est-à-dire $x>\dfrac{\mathrm{e}^2-1}{6}$.

Tous ces nombres sont dans E, donc l'ensemble des solutions est $\mathrm{S}=\left]\dfrac{\mathrm{e}^2-1}{6}\,;+\infty\right[$.

c) On résout l'inéquation dans l'ensemble E des nombres réels x tels que $3x>0$ et $2-5x>0$, c'est-à-dire $x>0$ et $x<\dfrac{2}{5}$ soit $\mathrm{E}=\left]0\,;\dfrac{2}{5}\right[$.

Pour tout x de E, $\ln(3x)<\ln(2-5x)$ équivaut à $3x<2-5x$, c'est-à-dire $x<\dfrac{1}{4}$.

L'ensemble des solutions est l'ensemble des réels de E inférieurs à $\dfrac{1}{4}$ donc $\mathrm{S}=\left]0\,;\dfrac{1}{4}\right[$.

9 a) $\ln(5)+\ln(0{,}4)=\ln(5\times 0{,}4)=\ln(2)$

b) $\ln\left(\dfrac{1}{16}\right)=-\ln(16)=-\ln(2^4)=-4\ln(2)$

c) $\ln(52)-\ln(13)=\ln\left(\dfrac{52}{13}\right)=\ln(4)=\ln(2^2)=2\ln(2)$

d) $\ln(8)=\ln(2^3)=3\ln(2)$

e) $\ln(\sqrt{32})=\dfrac{1}{2}\ln(32)=\dfrac{1}{2}\ln(2^5)=\dfrac{5}{2}\ln(2)$

12 a) $x+\ln(1+3\mathrm{e}^{-x})=\ln(\mathrm{e}^x)+\ln(1+3\mathrm{e}^{-x})$
$x+\ln(1+3\mathrm{e}^{-x})=\ln(\mathrm{e}^x\times(1+3\mathrm{e}^{-x}))$
$x+\ln(1+3\mathrm{e}^{-x})=\ln(\mathrm{e}^x+3\mathrm{e}^{x-x})$
$x+\ln(1+3\mathrm{e}^{-x})=\ln(3+\mathrm{e}^x)$.
b) On déduit de **a)** que résoudre l'équation $x+\ln(1+3\mathrm{e}^{-x})=2$ revient à résoudre l'équation $\ln(3+\mathrm{e}^x)=2$ c'est-à-dire $3+\mathrm{e}^x=\mathrm{e}^2$, soit

$$\mathrm{e}^x=\mathrm{e}^2-3.$$

$\mathrm{e}^2-3>0$ donc $x=\ln(\mathrm{e}^2-3)$.
Donc l'ensemble des solutions est $\mathscr{S}=\{\ln(\mathrm{e}^2-3)\}$.

18 a) Une équation de la tangente T à la courbe $\mathscr{C}$ au point A est $y=\ln'\left(\dfrac{1}{\mathrm{e}}\right)\left(x-\dfrac{1}{\mathrm{e}}\right)+\ln\left(\dfrac{1}{\mathrm{e}}\right)$.

Or $\ln\left(\dfrac{1}{\mathrm{e}}\right)=-1$ et $\ln'\left(\dfrac{1}{\mathrm{e}}\right)=\mathrm{e}$ donc une équation de T est $y=\mathrm{e}x-2$.

b) Une équation de la tangente T′ à la courbe $\mathscr{C}$ au point B est $y = \ln'(e^2)(x - e^2) + \ln(e^2)$.

Or $\ln(e^2) = 2$ et $\ln'(e^2) = \dfrac{1}{e^2}$ donc une équation de T′ est $y = \dfrac{1}{e^2}x + 1$.

19 Pour tout nombre réel $x > 0$,

$f'(x) = 1 \times \ln(x) + x \times \dfrac{1}{x}$

$f'(x) = \ln(x) + 1$.

La fonction ln est dérivable sur $]0\,;+\infty[$, donc la fonction f est deux fois dérivable sur $]0\,;+\infty[$.

Pour tout réel $x > 0$, $f''(x) = \dfrac{1}{x}$.

Or, pour tout réel $x > 0$, $\dfrac{1}{x} > 0$ c'est-à-dire $f''(x) > 0$.

Donc, la fonction f est convexe sur $]0\,;+\infty[$.

Ainsi, la courbe $\mathscr{C}$ de f est au-dessus de toutes ses tangentes.

22 **a)** Pour tout nombre réel $x > 0$,

$$f(x) = x\left(\frac{\ln(x)}{x} - 2 + \frac{1}{x}\right).$$

$\lim\limits_{x\to+\infty} \dfrac{\ln(x)}{x} = 0$ et $\lim\limits_{x\to+\infty}\left(\dfrac{1}{x}\right) = 0$ donc

$$\lim_{x\to+\infty}\left(\frac{\ln(x)}{x} - 2 + \frac{1}{x}\right) = -2.$$

D'autre part $\lim\limits_{x\to+\infty} x = +\infty$.

Donc d'après la limite d'un produit, $\lim\limits_{x\to+\infty} f(x) = -\infty$.

b) Pour tout nombre réel $x > 0$,

$$g(x) = x^2\left(1 - \frac{5}{x^2} - 2\frac{\ln(x)}{x^2}\right).$$

$\lim\limits_{x\to+\infty} \dfrac{\ln(x)}{x^2} = 0$ et $\lim\limits_{x\to+\infty}\left(-\dfrac{5}{x^2}\right) = 0$ donc

$$\lim_{x\to+\infty}\left(1 - \frac{5}{x^2} - 2\frac{\ln(x)}{x^2}\right) = 1.$$

D'autre part $\lim\limits_{x\to+\infty} x^2 = +\infty$.

Donc d'après la limite d'un produit,

$$\lim_{x\to+\infty} g(x) = +\infty.$$

23 **a)** • La fonction ln est définie sur $]0\,;+\infty[$.

• On étudie le signe de $x^2 + x + 1$.

$\Delta = 1^2 - 4 \times 1 = -3$ et $-3 < 0$ ce qui implique que pour tout réel x, $x^2 + x + 1 > 0$.

Donc la fonction g est définie sur $\mathbb{R}$.

b) On note u la fonction définie sur $\mathbb{R}$ par

$u(x) = x^2 + x + 1$ alors $g = \ln(u)$.

La fonction u est dérivable et strictement positive sur $\mathbb{R}$, donc g est dérivable sur $\mathbb{R}$.

Pour tout réel x, $g'(x) = \dfrac{u'(x)}{u(x)} = \dfrac{2x+1}{x+1}$.

c) $g'(x)$ est du signe de $2x + 1$ donc $g'(x) < 0$ sur $\left]-\infty\,;-\dfrac{1}{2}\right[$ et $g'(x) > 0$ sur $\left]-\dfrac{1}{2}\,;+\infty\right[$.

g est décroissante sur $\left]-\infty\,;-\dfrac{1}{2}\right[$ et g est croissante sur $\left]-\dfrac{1}{2}\,;+\infty\right[$.

25 **a)** Augmenter une quantité de 0,7 % revient à la multiplier par $1 + \dfrac{0{,}7}{100}$ c'est-à-dire par 1,007.

Donc pour tout entier n, $S_{n+1} = 1{,}007\ S_n$.

La suite (S_n) est géométrique de 1er terme $S_0 = 17\,000$ et de raison 1,007 donc pour tout entier n, $S_n = 17\,000 \times 1{,}007^n$.

b) • Voici un programme en langage Python.

```
def Seuil(k):
    n=0
    S=17000
    while S<k:
        n=n+1
        S=1.007*S
    return n
```

Le programme renvoie 16.

c) $S_n \geqslant 19\,000$ équivaut à $17\,000 \times 1{,}007^n \geqslant 19\,000$ c'est-à-dire $1{,}007^n \geqslant \dfrac{19}{17}$.

La fonction ln est strictement croissante sur $]0\,;+\infty[$, ainsi $1{,}007^n \geqslant \dfrac{19}{17}$ équivaut à $\ln(1{,}007^n) \geqslant \ln\left(\dfrac{19}{17}\right)$ c'est-à-dire $n\ln(1{,}007) \geqslant \ln\left(\dfrac{19}{17}\right)$.

Or, $1 < 1{,}007$ et $\ln(1{,}007) > 0$. Ainsi, $S_n \geqslant 19\,000$ équivaut à $n \geqslant \dfrac{\ln\left(\frac{19}{17}\right)}{\ln(1{,}007)}$.

Or $\dfrac{\ln\left(\frac{19}{17}\right)}{\ln(1{,}007)} \approx 15{,}9$.

Ainsi $S_n \geqslant 19\,000$ si et seulement si $n \geqslant 16$.

POUR SE TESTER

106 **1.** C **2.** C **3.** B **4.** B **5.** A **6.** A **7.** C

107 **1.** B et D **2.** A et C **3.** B

108 **1. Faux**. On résout l'équation dans l'ensemble E des nombres réels tels que $6x - 2 > 0$, $2x - 1 > 0$ et $x > 0$ c'est-à-dire $x > \dfrac{1}{3}$, $x > \dfrac{1}{2}$ et $x > 0$. Donc $E = \left]\dfrac{1}{2}\,;+\infty\right[$.

Pour tout réel x de E, l'équation

$\ln(6x - 2) + \ln(2x - 1) = \ln(x)$ s'écrit

$\ln((6x - 2)(2x - 1)) = \ln(x)$ soit

$\ln(12x^2 - 10x + 2) = \ln(x)$.

L'équation $\ln(12x^2 - 10x + 2) = \ln(x)$ équivaut à $12x^2 - 10x + 2 = x$ c'est-à-dire $12x^2 - 11x + 2 = 0$.

$\Delta = 11^2 - 4 \times 12 \times 2 = 25$.

$\Delta > 0$ donc l'équation $12x^2 - 11x + 2 = 0$ a deux solutions $x_1 = \dfrac{11-5}{24} = \dfrac{1}{4}$ et $x_2 = \dfrac{11+5}{24} = \dfrac{2}{3}$.

Seul $\dfrac{2}{3}$ appartient à E.

Donc $S = \left\{\dfrac{2}{3}\right\}$.

Remarque : on pouvait aussi tout simplement remarquer que 1 n'est pas solution de cette équation.

2. Vrai. On note u la fonction définie sur $]-\infty\,;-3[$ par

$u(x) = \dfrac{x-1}{x+3}$; alors $f = \ln(u)$.

La fonction u est dérivable et strictement positive sur $]-\infty\,;-3[$ donc f est dérivable sur $]-\infty\,;-3[$.

Pour tout réel x de $]-\infty\,;-3[$,

$f'(x) = \dfrac{u'(x)}{u(x)}$

$f'(x) = \dfrac{\dfrac{1\times(x+3)-(x-1)\times 1}{(x+3)^2}}{\dfrac{x-1}{x+3}}$

$f'(x) = \dfrac{4}{(x-1)(x+3)}$

$f'(x)$ est du signe de $(x-1)(x+3)$ sur $]-\infty\,;-3[$,

Or pour tout nombre réel de $]-\infty\,;-3[$,

$(x-1)(x+3) > 0$.

Donc $f'(x) > 0$ sur $]-\infty\,;-3[$.

La fonction f est croissante sur $]-\infty\,;-3[$.

3. Vrai. f est la fonction définie sur $]0\,;+\infty[$ par $f(x) = x - 1 - \ln(x)$.

f est dérivable sur $]0\,;+\infty[$ et pour tout réel $x > 0$: $f'(x) = 1 - \dfrac{1}{x} = \dfrac{x-1}{x}$.

$f'(x)$ est du signe de $x - 1$, d'où le sens de variation de f.

x	0	1	$+\infty$
$f'(x)$	‖ −	0	+
$f(x)$	‖ ↘	0	↗

On déduit de ce tableau de variations que pour tout réel $x > 0$, $f(x) \geqslant 0$ c'est-à-dire $x - 1 - \ln(x) \geqslant 0$.

Donc pour tout réel $x > 0$, $\ln(x) \leqslant x - 1$.

12 Fonctions sinus et cosinus

SAVOIR-FAIRE

3 **a)** La fonction sinus est dérivable sur $\mathbb{R}$, donc la fonction f est dérivable sur $\mathbb{R}$.

Pour tout réel x, on pose :

$u(x) = \sin(x)$ et $v(x) = \sin(x) - 1$.

$u'(x) = \cos(x)$ et $v'(x) = \cos(x)$.

Donc, pour tout réel x,

$f'(x) = \cos(x) \times (\sin(x) - 1) + \sin(x) \times \cos(x)$.

b) On factorise : $f'(x) = \cos(x) \times (\sin(x) - 1 + \sin(x))$

Ainsi, pour tout réel x, $f'(x) = \cos(x) \times (2\sin(x) - 1)$.

5 **a)** Pour tout réel x de $[0\,;\pi]$,

$p(x) = 2(MP + PQ) = 2(\sin(x) + \sin(x) + 1)$

$p(x) = 2(2\sin(x) + 1)$

Ainsi, $p(x) = 4\sin(x) + 2$.

b) La fonction sinus est dérivable sur $\mathbb{R}$, donc la fonction p est dérivable sur $\mathbb{R}$, donc sur $[0\,;\pi]$.

Pour tout réel x de $[0\,;\pi]$, $p'(x) = 4\cos(x)$.

c) $p'(x)$ est du signe de $\cos(x)$.

Or, pour tout réel x de $\left[0\,;\dfrac{\pi}{2}\right]$, $\cos(x) \geqslant 0$ et pour tout réel x de $\left[\dfrac{\pi}{2}\,;\pi\right]$, $\cos(x) \leqslant 0$.

Donc, pour tout réel x de $\left[0\,;\dfrac{\pi}{2}\right]$, $p'(x) \geqslant 0$ et pour tout réel de $\left[\dfrac{\pi}{2}\,;\pi\right]$, $p'(x) \leqslant 0$.

d) La fonction p est croissante sur $\left[0\,;\dfrac{\pi}{2}\right]$ et décroissante sur $\left[\dfrac{\pi}{2}\,;\pi\right]$.

8 **a)** La fonction f est la somme de deux fonctions dérivables sur $\mathbb{R}$, donc elle est dérivable sur $\mathbb{R}$.

Pour tout réel x, on pose $u(x) = x$ et $v(x) = \cos(x)$.

Alors, $u'(x) = 1$ et $v'(x) = -\sin(x)$.

Donc, pour tout réel x, $f'(x) = 1 - \sin(x)$.

b) La fonction g est le produit de deux fonctions dérivables sur $\mathbb{R}$, donc elle est dérivable sur $\mathbb{R}$.

Pour tout réel x, on pose $u(x) = x$ et $v(x) = \cos(x)$.

Alors, $u'(x) = 1$ et $v'(x) = -\sin(x)$.

Pour tout réel x, $g'(x) = 1 \times \cos(x) + x \times (-\sin(x))$

$g'(x) = \cos(x) - x\sin(x)$.

10 **a)** Dans l'intervalle $[-\pi\,;\pi]$, $\cos(x) = \dfrac{\sqrt{2}}{2}$ équivaut à $x = \dfrac{\pi}{4}$ ou $x = -\dfrac{\pi}{4}$.

L'ensemble des solutions est $\left\{-\dfrac{\pi}{4}\,;\dfrac{\pi}{4}\right\}$.

b) On peut s'aider d'un cercle trigonométrique.

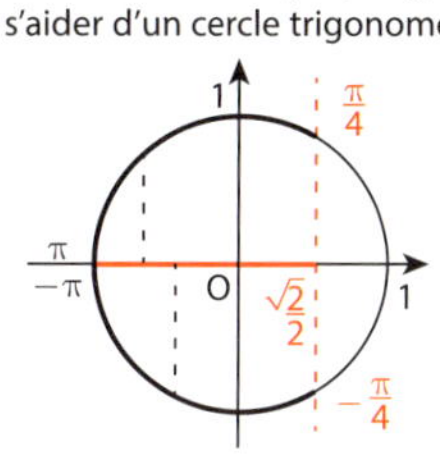

Dans l'intervalle $[-\pi\,;\pi]$, $\cos(x) \leqslant \dfrac{\sqrt{2}}{2}$ équivaut à $-\pi \leqslant x \leqslant -\dfrac{\pi}{4}$ ou $\dfrac{\pi}{4} \leqslant x \leqslant \pi$.

L'ensemble des solutions est

$$\mathscr{S} = \left[-\pi\,;-\frac{\pi}{4}\right] \cup \left[\frac{\pi}{4}\,;\pi\right].$$

13 **a)** On note f la fonction définie sur l'intervalle $I = \left[0\,;\dfrac{\pi}{2}\right]$ par $f(x) = \cos(x) - \dfrac{x}{2}$.

f est dérivable sur I et pour tout réel x de I,

$$f'(x) = -\sin(x) - \frac{1}{2}$$

Sur $\left[0\,;\dfrac{\pi}{2}\right]$, $\sin(x) \geqslant 0$ donc $f'(x) < 0$.

La fonction f est continue et strictement décroissante sur I ; de plus $f(0) = 1$, $f\left(\frac{\pi}{2}\right) = -\frac{\pi}{4}$ et $f(0) \times f\left(\frac{\pi}{2}\right) < 0$ donc l'équation $f(0) = 0$, c'est-à-dire l'équation $\cos(x) = \frac{x}{2}$, admet une seule solution α dans $\left[0\,;\frac{\pi}{2}\right]$.

b) Voici le programme en langage Python.

```
from math import*

def Balayage(p):
    a=0
    while cos(a)>a/2:
        a=a+p
    return a-p,a
```

Voici l'affichage obtenu.

```
>>> Balayage(0.0001)
(1.029799999999903, 1.029899999999903)
```

La solution α de l'équation $\cos(x) = \frac{x}{2}$ dans $\left[0\,;\frac{\pi}{2}\right]$ est telle que $1{,}029\,7 < \alpha < 1{,}029\,9$.

POUR SE TESTER

64 **1.** D **2.** C **3.** B **4.** C

65 **1.** A B C **2.** B C **3.** C D **4.** B C

66 **1. Vrai**. En effet, f est la différence de deux fonctions dérivables sur $\mathbb{R}$ donc elle est dérivable sur $\mathbb{R}$, donc sur $[-\pi\,;\pi]$.
Pour tout réel x de $[-\pi\,;\pi]$,

$$f'(x) = \sin'(x) - \frac{1}{2} = \cos(x) - \frac{1}{2}.$$

2. Faux. En effet, $f(0) = 0$ et $f(\pi) = -\frac{\pi}{2}$. Or, $-\frac{\pi}{2} < 0$ donc la fonction f ne peut pas être croissante sur $[0\,;\pi]$.

3. Vrai. En effet, dans un repère orthonormé, une équation de la tangente à la courbe représentative de la fonction f au point d'abscisse $\frac{\pi}{2}$ est

$$y = f'\left(\frac{\pi}{2}\right)\left(x - \frac{\pi}{2}\right) + f\left(\frac{\pi}{2}\right).$$

$f\left(\frac{\pi}{2}\right) = \sin\left(\frac{\pi}{2}\right) - \frac{\frac{\pi}{2}}{2} = 1 - \frac{\pi}{4}$

et $f'\left(\frac{\pi}{2}\right) = \cos\left(\frac{\pi}{2}\right) - \frac{1}{2} = -\frac{1}{2}$.

Ainsi, $y = -\frac{1}{2}\left(x - \frac{\pi}{2}\right) + 1 - \frac{\pi}{4}$,

soit $y = -\frac{1}{2}x + \frac{\pi}{4} + 1 - \frac{\pi}{4}$,

c'est-à-dire $y = -\frac{1}{2}x + 1$.

4. Vrai. En effet, le tableau de variations de f sur $[0\,;\pi]$ est :

x	0		$\frac{\pi}{3}$		π
$f'(x)$		$+$	0	$-$	
$f(x)$	0	↗	$f\left(\frac{\pi}{3}\right)$	↘	$-\frac{\pi}{2}$

• Pour tout réel $x \in \left]0\,;\frac{\pi}{3}\right]$, $f(x) > 0$.

• f est continue, strictement décroissante sur $\left[\frac{\pi}{3}\,;\pi\right]$ et $f\left(\frac{\pi}{3}\right) \times f(\pi) < 0$, donc l'équation $f(x) = 0$ admet une seule solution dans $\left[\frac{\pi}{3}\,;\pi\right]$.

Ainsi, l'équation $f(x) = 0$ admet une unique solution dans l'intervalle $]0\,;\pi]$.

13 Primitives. Équations différentielles

SAVOIR-FAIRE

3 **a)** La fonction F est dérivable sur $\mathbb{R}$ pour tout réel x,

$$F'(x) = -1 \times \left(-1\frac{e^x}{(e^x+1)^2}\right) = \frac{e^x}{(e^x+1)^2}.$$

Donc, pour tout réel x, $F'(x) = f(x)$ et F est une primitive de f sur $\mathbb{R}$.

b) La fonction G est dérivable sur $]0\,;+\infty[$ et pour tout réel x de $]0\,;+\infty[$.

$$G'(x) = 1 \times \ln(x) + x \times \frac{1}{x} - 1 = \ln(x).$$

Donc G est une solution sur $]0\,;+\infty[$ de l'équation différentielle $y' = \ln(x)$.

4 **a)** L'ensemble des primitives de la fonction g sur $]0\,;+\infty[$ est constitué des fonctions $x \mapsto G(x) + C$ où C est une constante réelle.

b) G_1 est une primitive de g sur $]0\,;+\infty[$ donc il existe une constante réelle C telle que pour tout réel x de $]0\,;+\infty[$, $G_1(x) = x\ln(x) - x + C$.
$G_1(1) = 0$ signifie que $-1 + C = 0$, soit $C = 1$.
Donc la fonction G_1 est définie sur $]0\,;+\infty[$ par $G_1(x) = x\ln(x) - x + 1$.

7 **a)** Une primitive de f sur $\mathbb{R}$ est définie par :

$$F(x) = 5 \times \frac{1}{5}x^5 - 3 \times \frac{1}{2}x^2 + 7x = x^5 - \frac{3}{2}x^2 + 7x$$

b) Une primitive de g sur $\mathbb{R}$ est définie par :
$G(x) = 2(-\cos(x)) + 3\sin(x) = -2\cos(x) + 3\sin(x)$.

9 **a)** On pose $u(x) = 3x - 1$, alors $u'(x) = 3$.

Ainsi, $f(x) = \frac{4}{3} \times 3(3x-1)^5 = \frac{4}{3}u'(x)u^5(x)$.

Donc une primitive de f sur $\mathbb{R}$ est définie par :

$$F(x) = \frac{4}{3} \times \frac{1}{5+1}u^{5+1}(x) = \frac{2}{9}(3x-1)^6.$$

b) On pose $u(x) = x^2 + 4$, alors $u'(x) = 2x$.

Ainsi, $g(x) = \frac{7}{2} \times \frac{2x}{x^2+4} = \frac{7}{2} \times \frac{u'(x)}{u(x)}$.

Donc une primitive sur $\mathbb{R}$ de g est définie par :

$$G(x) = \frac{7}{2} \times \ln(u(x)) = \frac{7}{2}\ln(x^2+4).$$

13 **a)** Les solutions de l'équation différentielle **(E)** sur $\mathbb{R}$ sont les fonctions $x \mapsto ke^{3x}$ où k est un nombre réel.

b) f est solution de **(E)** donc il existe un réel k tel que pour tout réel x, $f(x) = ke^{3x}$. Or, $f(-1) = 2$, ainsi $ke^{-3} = 2$ d'où $k = 2e^3$.
On en déduit que la fonction f est définie sur $\mathbb{R}$ par $f(x) = 2e^3e^{3x} = 2e^{3+3x}$.

14 **a)** Pour tout réel x, $f(x) = c$ avec $c \in \mathbb{R}$, donc $f'(x) = 0$. f est solution de **(E)** si, et seulement si, $f' = f + 1$, c'est-à-dire $0 = c + 1$ soit $c = -1$.

b) Les solutions sur $\mathbb{R}$ de **(E)** sont les fonctions f_k définies sur $\mathbb{R}$ par $f_k(x) = ke^x - 1$ avec k réel.

c) g est solution de **(E)** donc il existe un réel k tel que pour tout réel x, $g(x) = ke^x - 1$. Or, $g(1) = 2$, ainsi $ke^1 - 1 = 2$ d'où $k = 3e^{-1}$.
On en déduit que la fonction g est définie sur $\mathbb{R}$ par $g(x) = 3e^{-1}e^x - 1 = 3e^{x-1} - 1$.

POUR SE TESTER

88 **1.** C **2.** D **3.** D **4.** B

89 **1.** B,D **2.** B, C **3.** A, D **4.** A, B, D

90 **1. Faux**. f est solution sur $\mathbb{R}$ de l'équation différentielle $y' = 2y$ donc il existe un réel k tel que $f(x) = ke^{2x}$. Or, $f(0) = 1$, ainsi $ke^0 = 1$ soit $k = 1$.
Donc la solution sur $\mathbb{R}$ de l'équation différentielle $y' = 2y$ qui vérifie $f(0) = 1$ est la fonction f définie sur $\mathbb{R}$ par $f(x) = e^{2x}$. On en déduit que $f(1) = e^2 \neq 0$.

2. Vrai. En effet, la fonction f est dérivable sur $]0\,;+\infty[$ et pour tout réel $x > 0$,

$$f'(x) = \frac{1 \times x - (x+1) \times 1}{x^2}e^x + \frac{x+1}{x}e^x$$

Ainsi $f'(x) - f(x) = -\frac{e^x}{x^2}$.

On en déduit que f est solution sur $]0\,;+\infty[$ de **(E)**.

14 Calcul intégral

SAVOIR-FAIRE

3 a)

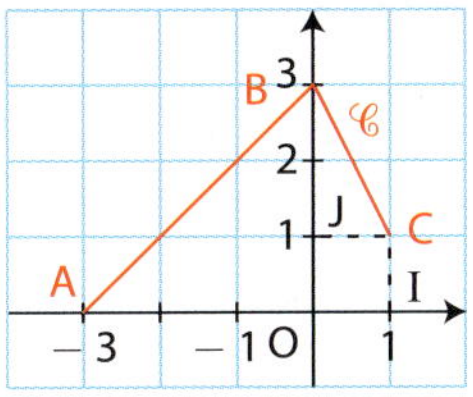

b) g est continue et positive sur $[-3\,;1]$ donc $\int_{-3}^{1} g(x)\mathrm{d}x$ est l'aire, en unité d'aire, du domaine situé sous la courbe $\mathscr{C}$, soit la somme de l'aire du triangle AOB et du trapèze rectangle OBCI. Donc

$$\int_{-3}^{1} g(x)\mathrm{d}x = \frac{3\times 3}{2} + \frac{(3+1)\times 1}{2} = \frac{9}{2} + 2 = \frac{13}{2}.$$

4 a) La fonction F est dérivable sur I et pour tout réel x de I,

$$F'(x) = \frac{6x(x+4) - 3x^2\times 1}{(x+4)^2} = \frac{3x^2 + 24x}{(x+4)^2}$$

donc $F'(x) = f(x)$. Ainsi F est une primitive de f sur I.

b) f est continue car f est une fonction rationnelle et f est positive sur I donc :

$$\int_{2}^{4} f(x)\mathrm{d}x = F(4) - F(2).$$

Or, $F(4) = \frac{3\times 4^2}{4+4} = 6$ et $F(2) = \frac{3\times 2^2}{2+4} = 2$, donc :

$$\int_{2}^{4} f(x)\mathrm{d}x = 6 - 2 = 4.$$

7 La fonction $F : x \mapsto 2e^x + \frac{1}{2}x^2$ est primitive de la fonction $f : x \mapsto 2e^x + x$ sur $\mathbb{R}$.

Alors :

$$\int_{-2}^{0} (2e^x + x)\mathrm{d}x = [F(x)]_{-2}^{0} = F(0) - F(-2).$$

Or $F(0) = 2e^0 = 2$ et $F(-2) = 2e^{-2} + 2$ donc

$$\int_{-2}^{0} (2e^x + x)\mathrm{d}x = 2 - 2e^{-2} - 2 = -2e^{-2}.$$

12 a)

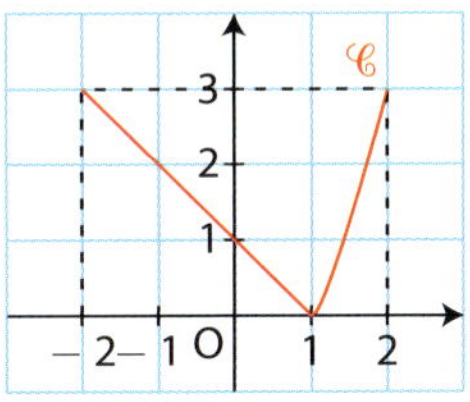

b) L'aire, en u.a., du domaine D situé sous la courbe $\mathscr{C}$ est :

$$A(D) = \int_{-2}^{2} g(x)\mathrm{d}x. .$$

D'après la relation de Chasles :

$$\int_{-2}^{2} g(x)\mathrm{d}x = \int_{-2}^{1} (-x+1)\mathrm{d}x + \int_{1}^{2} (x^2 - 1)\mathrm{d}x$$

$$\int_{-2}^{1} (-x+1)\mathrm{d}x = \left[-\frac{1}{2}x^2 + x\right]_{-2}^{1} = \frac{1}{2} - (-4) = \frac{9}{2}$$

$$\int_{1}^{2} (x^2 - 1)\mathrm{d}x = \left[\frac{1}{3}x^3 - x\right]_{1}^{2} = \frac{2}{3} - \left(-\frac{2}{3}\right) = \frac{4}{3}$$

Donc

$$\int_{-2}^{2} g(x)\mathrm{d}x = \frac{9}{2} + \frac{4}{3} = \frac{35}{6}$$

et $A(D) = \frac{35}{6}$ *u.a.*

13 a) Pour tout réel x de $[0\,;\pi]$, $0 \leqslant \sin(x) \leqslant 1$ et $x^2 \geqslant 0$ donc $0 \leqslant x^2\sin(x) \leqslant x^2$.

b) Les propriétés de positivité et d'intégration des inégalités permettent d'écrire :

$$0 \leqslant \int_{\frac{\pi}{4}}^{\frac{\pi}{2}} x^2\sin(x)\mathrm{d}x \leqslant \int_{\frac{\pi}{4}}^{\frac{\pi}{2}} x^2\mathrm{d}x.$$

Or, $\int_{\frac{\pi}{4}}^{\frac{\pi}{2}} x^2\mathrm{d}x = \left[\frac{1}{3}x^3\right]_{\frac{\pi}{4}}^{\frac{\pi}{2}} = \frac{1}{3}\left(\frac{\pi^3}{8} - \frac{\pi^3}{64}\right) = \frac{7\pi^3}{192}.$

Donc $0 \leqslant \int_{\frac{\pi}{4}}^{\frac{\pi}{2}} x^2\sin(x)\mathrm{d}x \leqslant \frac{7\pi^3}{192}.$

Remarque : la calculatrice donne

$$\int_{\frac{\pi}{4}}^{\frac{\pi}{2}} x^2\sin(x)\mathrm{d}x \approx 1{,}053.$$

16 a) Pour tout réel x de $I = [1\,;e]$, on pose :

$u(x) = \ln(x)$ $\quad u'(x) = \frac{1}{x}$

$v'(x) = -x + 3$ $\quad v(x) = -\frac{1}{2}x^2 + 3x$

Les fonctions u et v sont dérivables sur I, les fonctions u' et v' sont continues sur I.

D'après la formule d'intégration par parties :

$$\int_{1}^{e} (-x+3)\ln(x)\mathrm{d}x = \left[\left(-\frac{1}{2}x^2 + 3x\right)\ln(x)\right]_{1}^{e} - \int_{1}^{e}\left(-\frac{1}{2}x + 3\right)\mathrm{d}x$$

$$\int_{1}^{e} (-x+3)\ln(x)\mathrm{d}x = -\frac{1}{2}e^2 + 3e - \left[-\frac{1}{4}x^2 + 3x\right]_{1}^{e}$$

$$\int_{1}^{e} (-x+3)\ln(x)\mathrm{d}x = -\frac{1}{2}e^2 + 3e + \frac{1}{4}e^2 - 3e + \frac{11}{4}$$

$$\int_{1}^{e} (-x+3)\ln(x)\mathrm{d}x = -\frac{1}{4}e^2 + \frac{11}{4}$$

b) Pour tout réel x de $I = [1\,;e]$, on pose :

$u(x) = \ln(x)$ $\quad u'(x) = \frac{1}{x}$

$v'(x) = x^2$ $\quad v(x) = \frac{1}{3}x^3$

Les fonctions u et v sont dérivables sur I, les fonctions u' et v' sont continues sur I.

D'après la formule d'intégration par parties :

$$\int_{1}^{e} x^2\ln(x)\mathrm{d}x = \left[\frac{1}{3}x^3\ln(x)\right]_{1}^{e} - \int_{1}^{e}\frac{1}{3}x^2\mathrm{d}x$$

$$\int_{1}^{e} x^2\ln(x)\mathrm{d}x = \frac{1}{3}e^3 - \left[\frac{1}{9}x^3\right]_{1}^{e}$$

$$\int_{1}^{e} x^2\ln(x)\mathrm{d}x = \frac{1}{3}e^3 - \frac{1}{9}e^3 + \frac{1}{9}$$

$$\int_{1}^{e} x^2\ln(x)\mathrm{d}x = \frac{2}{3}e^3 + \frac{1}{9}$$

17 a) Pour tout réel t de $I =]0\,;+\infty[$, on pose :

$u(t) = \ln(t)$ $\quad u'(t) = \frac{1}{t}$

$v'(t) = \frac{1}{t^2}$ $\quad v(t) = -\frac{1}{t}$

Les fonctions u et v sont dérivables sur I, les fonctions u' et v' sont continues sur I.

D'après la formule d'intégration par parties, pour tout réel x de I :

$$\int_{1}^{x} \frac{\ln(t)}{t^2}\mathrm{d}t = \left[-\frac{1}{t}\ln(t)\right]_{1}^{x} - \int_{1}^{x} -\frac{1}{t^2}\mathrm{d}t$$

$$\int_{1}^{x} \frac{\ln(t)}{t^2}\mathrm{d}t = -\frac{1}{x}\ln(x) - \left[\frac{1}{t}\right]_{1}^{x}$$

$$\int_{1}^{x} \frac{\ln(t)}{t^2}\mathrm{d}t = -\frac{1}{x}\ln(x) - \frac{1}{x} + 1$$

b) Par exemple, la fonction $x \mapsto -\frac{1}{x}\ln(x) - \frac{1}{x}$ est une primitive de la fonction $x \mapsto \frac{\ln(x)}{x^2}$ sur $]0\,;+\infty[$.

19 a) le programme devient :

```
from math import *

def f(x):
    y=1/(1+x**2)
    return y

def Rectangles(n):
    Som=0
    for k in range(1,n):
        Som=Som+f(1+k/n)
    Som1=1/n*(Som+f(2))
    Som2=1/n*(Som+f(1))
    return Som1,Som2
```

b)

```
>>> Rectangles(100)
(0.32025338773317485, 0.32325338773317486)
```

D'après cet affichage :

$$0{,}32 \leqslant \int_{1}^{2} g(x)\mathrm{d}x \leqslant 0{,}33$$

POUR SE TESTER.

73 **1.** B **2.** C **3.** C

74 **1.** B, C **2.** A, B **3.** A, C, D

75 **1. L'affirmation est vraie.**

En effet, cet encadrement découle de la représentation graphique de la fonction h.

2. L'affirmation est fausse.

En effet,

$$\int_{0}^{2} (f(x) + 3)\mathrm{d}x = \int_{0}^{2} f(x)\mathrm{d}x + \int_{0}^{2} 3\mathrm{d}x = \int_{0}^{2} f(x)\mathrm{d}x + 6.$$

3. L'affirmation est vraie.

En effet, pour tout réel x de $I = [0\,;1]$, on pose :

$u(x) = 1 - 2x$ $\quad u'(x) = -2$

$v'(x) = e^{-x}$ $\quad v(x) = -e^{-x}$

Les fonctions u et v sont dérivables sur I, les fonctions u' et v' sont continues sur I.

D'après la formule d'intégration par parties :

$$\int_{0}^{1} (1-2x)e^{-x}\mathrm{d}x = [-(1-2x)e^{-x}]_{0}^{1} - \int_{0}^{1} 2e^{-x}\mathrm{d}x$$

$$\int_{0}^{1} (1-2x)e^{-x}\mathrm{d}x = e^{-1} + 1 - 2[-e^{-x}]_{0}^{1}$$

$$\int_{0}^{1} (1-2x)e^{-x}\mathrm{d}x = e^{-1} + 1 - 2(-e^{-1} + 1) = 3e^{-1} - 1 = \frac{3-e}{e}$$

15 Succession d'épreuves indépendantes. Schéma de Bernoulli

SAVOIR-FAIRE

2 **a)** Les issues de cette expérience sont tous les couples $(k\,;a)$ d'entiers naturels tels que $k \in \{1\,;2\,;3\,;4\,;5\,;6\}$ et $a \in \{1\,;2\}$. Il y a donc 12 issues.
Chacune de ces issues a la même probabilité de se réaliser : $\frac{1}{6} \times \frac{1}{2} = \frac{1}{12}$.

b) $p = \mathrm{P}(2\,;2) + \mathrm{P}(4\,;2) + \mathrm{P}(6\,;2) = \frac{1}{12} + \frac{1}{12} + \frac{1}{12}$
$= \frac{1}{4}$.
La probabilité d'obtenir un couple de numéros pairs est égale à $\frac{1}{4}$.

5 **a)** Les deux issues de cette expérience aléatoire sont le succès S : « La brique est jaune » et l'échec $\overline{\mathrm{S}}$: « La brique est verte ».
On sait que $\mathrm{P(S)} = 0{,}44$, donc on considère chaque tirage comme une épreuve de Bernoulli de paramètre $p = 0{,}44$.
b) Cette épreuve de Bernoulli est répétée trois fois, de manière indépendante. La situation peut donc être associée à un schéma de Bernoulli.
c)

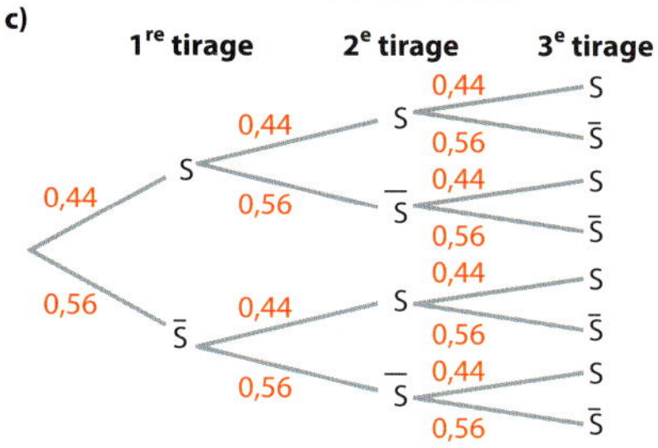

8 **a) Épreuve de Bernoulli** : lancer de dé. Le succès S est : « Le numéro obtenu est le 6 » et $p = \mathrm{P(S)} = \frac{1}{6}$.
Schéma de Bernoulli : on répète $n = 4$ fois cette épreuve de Bernoulli dans des conditions d'indépendance.
Loi binomiale : la variable aléatoire X qui donne le nombre de succès obtenus sur les quatre lancers, suit la loi binomiale $\mathfrak{B}\left(4\,;\frac{1}{6}\right)$.

b) $\mathrm{P}(\mathrm{X} = 3) = \binom{4}{3}\left(\frac{1}{6}\right)^3\left(\frac{5}{6}\right)^1 = 4 \times \left(\frac{1}{6}\right)^3 \times \frac{5}{6} = \frac{5}{324}$
soit $\mathrm{P}(\mathrm{X} = 3) \approx 0{,}015$.
La probabilité d'obtenir exactement trois fois le 6 en quatre lancers est environ égale à 0,015.

c) $\mathrm{P}(\mathrm{X} \leqslant 1) = \mathrm{P}(\mathrm{X} = 0) + \mathrm{P}(\mathrm{X} = 1) = \binom{4}{0}\left(\frac{1}{6}\right)^0\left(\frac{5}{6}\right)^4 + \binom{4}{1}\left(\frac{1}{6}\right)^1\left(\frac{5}{6}\right)^3$
soit $\mathrm{P}(\mathrm{X} \leqslant 1) \approx 0{,}868$.
La probabilité d'obtenir au plus une fois le 6 en quatre lancers est environ égale à 0,868.

POUR SE TESTER

46 **1.** C **2.** B **3.** A

47 **1.** A, C, D **2.** B, C **3.** A, D **4.** A, C

48 **1. Faux**. En effet, pour les moins de 18 ans, l'univers est $\mathrm{E_1} = \{\mathrm{F}\,;\mathrm{H}\}$; pour les 18 à 60 ans, l'univers est $\mathrm{E_2} = \mathrm{E_1}$; pour les 60 ans et plus, l'univers est $\mathrm{E_3} = \mathrm{E_1} = \mathrm{E_2}$.
Donc l'univers de cette expérience aléatoire est $\mathrm{E} = \mathrm{E_1} \times \mathrm{E_2} \times \mathrm{E_3}$ et il comporte $2 \times 2 \times 2$ soit 8 issues.

2. Vrai. En effet,
$p = \mathrm{P(F\,;F\,;F)} + \mathrm{P(H\,;H\,;H)}$
$p = \frac{45}{100} \times \frac{30}{75} \times \frac{18}{30} + \frac{55}{100} \times \frac{45}{75} \times \frac{12}{30} = 0{,}24.$

3. Faux. En effet,
$p' = \mathrm{P(F\,;F\,;F)} + \mathrm{P(F\,;F\,;H)} + \mathrm{P(F\,;H\,;F)} + \mathrm{P(H\,;F\,;F)}$
$p' = \frac{45}{100} \times \frac{30}{75} \times \frac{18}{30} + \frac{45}{100} \times \frac{30}{75} \times \frac{12}{30} + \frac{45}{100} \times \frac{45}{75} \times \frac{18}{30} + \frac{55}{100} \times \frac{30}{75} \times \frac{18}{30}$
$p' = 0{,}474.$

16 Sommes de variables aléatoires

SAVOIR-FAIRE

3 On représente la situation par un arbre des possibles.

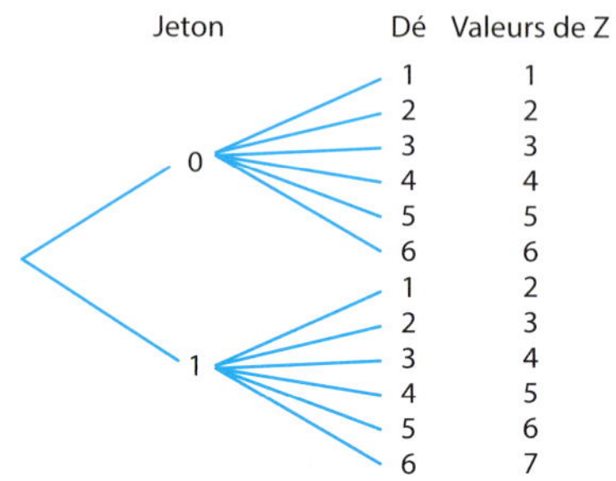

Les valeurs prises par Z sont les nombres entiers de 1 à 7 et on peut établir la loi de probabilité de Z :

c	1	2	3	4	5	6	7
$\mathrm{P}(\mathrm{Z} = c)$	$\frac{1}{12}$	$\frac{2}{12}$	$\frac{2}{12}$	$\frac{2}{12}$	$\frac{2}{12}$	$\frac{2}{12}$	$\frac{1}{12}$

4 **a)** $\mathrm{E(X + Y)} = \mathrm{E(X)} + \mathrm{E(Y)} = 2{,}5 + 3{,}4 = 5{,}9$
b) $\mathrm{E(4X)} = 4\mathrm{E(X)} = 4 \times 2{,}5 = 10$
c) $\mathrm{E(4X + Y)} = 4\mathrm{E(X)} + \mathrm{E(Y)} = 10 + 3{,}4 = 13{,}4$

7 X est la variable aléatoire qui donne le numéro obtenu avec le dé à quatre faces et Y celle qui donne le numéro obtenu avec le dé à six faces.
X et Y sont indépendantes, car les lancers des deux dés le sont.
Il y a trois cas où on obtient avec le dé à six faces le double du numéro obtenu avec le dé à quatre faces : 1 et 2 ; 2 et 4 ; 3 et 6.
$\mathrm{P}(\{\mathrm{X} = 1\} \cap \{\mathrm{Y} = 2\}) = \mathrm{P}(\mathrm{X} = 1) \times \mathrm{P}(\mathrm{Y} = 2) = \frac{1}{4} \times \frac{1}{6} = \frac{1}{24}$
$\mathrm{P}(\{\mathrm{X} = 2\} \cap \{\mathrm{Y} = 4\}) = \mathrm{P}(\mathrm{X} = 2) \times \mathrm{P}(\mathrm{Y} = 4) = \frac{1}{4} \times \frac{1}{6} = \frac{1}{24}$
$\mathrm{P}(\{\mathrm{X} = 3\} \cap \{\mathrm{Y} = 6\}) = \mathrm{P}(\mathrm{X} = 3) \times \mathrm{P}(\mathrm{Y} = 6) = \frac{1}{4} \times \frac{1}{6} = \frac{1}{24}$
Donc la probabilité demandée est $\frac{3}{24} = \frac{1}{8}$.

8 X est la variable aléatoire qui donne le numéro obtenu avec le premier dé et Y celle qui donne le numéro obtenu avec le second dé.
Avec la calculatrice, on obtient $\mathrm{V(X)} = 8{,}25$ et $\mathrm{V(Y)} = 100$
Les variables X et Y sont indépendantes, donc $\mathrm{V(X + Y)} = \mathrm{V(X)} + \mathrm{V(Y)} = 108{,}25$.

11 X est la variable aléatoire qui donne le numéro obtenu avec un dé.
Voici la loi de probabilité de X :

a	1	2	3	4
$\mathrm{P}(\mathrm{X} = a)$	$\frac{1}{4}$	$\frac{1}{4}$	$\frac{1}{4}$	$\frac{1}{4}$

Un lancer de six dés est alors un échantillon $(\mathrm{X_1}, \mathrm{X_2}, \mathrm{X_3}, \mathrm{X_4}, \mathrm{X_5}, \mathrm{X_6})$ de taille 6 de la loi de probabilité suivie par X.

La variable aléatoire S_6 somme de cet échantillon compte alors le nombre de points obtenus.
À la main ou à l'aide de la calculatrice, on obtient $E(X) = 2{,}5$ et $\sigma(X) \approx 1{,}12$.
Par conséquent, $E(S_6) = 6 \times 2{,}5 = 15$ et $\sigma(S_6) \approx \sqrt{6} \times 1{,}12$, c'est-à-dire $\sigma(S_6) \approx 2{,}74$.

12 Les 30 tentatives quotidiennes sont indépendantes les unes des autres, donc elles constituent un échantillon $(X_1, X_2, \dots, X_{30})$ de taille 30 de la loi de probabilité de X.
La variable aléatoire M_{30} moyenne de cet échantillon modélise alors le gain quotidien moyen.
À la main ou à l'aide de la calculatrice, on obtient $E(X) = 2{,}45$ et $\sigma(X) \approx 4{,}96$.
Par conséquent, $E(M_{30}) = 2{,}45$ et $\sigma(M_{30}) \approx \dfrac{4{,}96}{\sqrt{30}}$, c'est-à-dire $\sigma(M_{30}) \approx 0{,}91$.

14 **a)** Voici la loi de probabilité de X :

a	10	20	30	40
$P(x = a)$	$\frac{1}{10}$	$\frac{2}{10}$	$\frac{3}{10}$	$\frac{4}{10}$

b) c) Voici le programme et un exemple d'exécution.

```
from random import *

def X(n):
    L=[]
    for i in range(n):
        r=random()
        d=1
        if r>=1/10 and r<3/10:
            d=2
        if r>=3/10 and r<6/10:
            d=3
        if r>=6/10:
            d=4
        L=L+[d]
    return L
```

```
>>> X(8)
[2, 4, 2, 3, 2, 4, 2, 3]
```

POUR SE TESTER

54 **1.** B **2.** C **3.** A **4.** D **5.** B

55 **1.** A, B, C **2.** B, C, D **3.** C **4.** A, D

56 **1. Faux**. En effet, si on note X le résultat du premier dé et Y le résultat du second, alors

$$P(Z = 10) = P(X = 4) \times P(Y = 6) + P(X = 5) \times P(Y = 5) + P(X = 6) \times P(Y = 4)$$

Donc $P(Z = 10) = \dfrac{1}{36} + \dfrac{1}{36} + \dfrac{1}{36} = \dfrac{1}{12}$.

2. Vrai. En effet, les variables X et Y sont indépendantes donc

$$P(\{X = 4\} \cap \{X = 6\}) = P(X = 4) \times P(Y = 6) = \frac{1}{6} \times \frac{1}{6} = \frac{1}{36}.$$

3. Vrai. En effet, les paramètres de cette loi binomiale sont $n = 12$ et $p = 0{,}3$ donc

$$E(X) = 12 \times 0{,}3 = 3{,}6.$$

4. Faux. En effet, l'écart-type de la somme S_{50} est égal à $\sqrt{50}\,\sigma(X)$ et $\sqrt{50} \neq 7$.

17 Concentration. Loi des grands nombres

SAVOIR-FAIRE

2 **1. a)** La variable aléatoire X suit la loi binomiale de paramètres 100 et 0,65.
b) $\mu = 100 \times 0{,}65 = 65$ et
$\sigma = \sqrt{100 \times 0{,}65 \times 0.35} = \sqrt{22{,}75}$ soit $\sigma \approx 4{,}77$.
c) Pour tout réel $\delta > 0$, $P(|X - \mu| \geqslant \delta) \leqslant \dfrac{\sigma^2}{\delta^2}$.
Avec $\delta = 2\sigma$, on obtient $P(|X - \mu| \geqslant 2\sigma) \leqslant 0{,}25$.
2. Voici le programme dans ce cas.

```
from random import *

def Distance():
    e=65
    x=0
    for k in range(100):
        a=random()
        if a<=0.65:
            x=x+1
    d=abs(x-e)
    return d

def Echantillon(n):
    s=4.77
    y=0
    for j in range(n):
        if Distance()>=2*s:
            y=y+1
    p=y/n
    return p
```

3. a) Par exemple, on obtient :

```
>>> Echantillon(1000)
0.046
```

b) On observe que dans moins de 5 % des cas $|x - 65| \geqslant 2\sigma$.
L'inégalité de Bienaymé-Tchebychev donne donc un résultat qui n'est pas optimal.

5 **1.** La loi de probabilité de la variable aléatoire X_k est donnée par :

a	0	1
$P(X_k = a)$	0,4	0,6

Son espérance est : $\mu = 0{,}4 \times 0 + 0{,}6 \times 1 = 0{,}6$.
Sa variance est :

$$V = 0{,}4 \times (0 - 0{,}6)^2 + 0{,}6 \times (1 - 0{,}6)^2 = 0{,}24.$$

2. Pour tout réel $\delta > 0$,

$$P(|M_n - 0{,}6| \geqslant \delta) \leqslant \frac{0{,}24}{n\delta^2}.$$

a) Avec $\delta = 0{,}05$, on obtient :

$$P(|M_n - 0{,}6| \geqslant 0{,}05) \leqslant \frac{96}{n}.$$

Il suffit de choisir n tel que $\dfrac{96}{n} \leqslant 0{,}1$, c'est-à-dire $n \geqslant 960$.
b) Avec $\delta = 0{,}01$, on obtient :

$$P(|M_n - 0{,}6| \geqslant 0{,}01) \leqslant \frac{2\,400}{n}.$$

Il suffit de choisir n tel que $\dfrac{2\,400}{n} \leqslant 0{,}05$, c'est-à-dire $n \geqslant 48\,000$.
La ville compte 20 000 habitants, une telle enquête ne peut donc pas être réalisée.
Une précision de 0,01 et un risque de 0,05 ne peuvent donc pas être envisagés.

8 Voici différentes expérimentations.

	$p(1-p)$
`>>> P(100,0.1,1000)` `0.003`	0,09
`>>> P(100,0.8,1000)` `0.02`	0,16
`>>> P(10,0.5,1000)` `0.021`	0,25
`>>> P(100,0.5,1000)` `0.066`	0,25
`>>> P(100,0.6,1000)` `0.067`	0,24
`>>> P(100,0.6,10000)` `0.0524`	0,24

Dans tous les cas, on constate que l'inégalité de Bienaymé-Tchebychev ne présente pas un caractère optimal.

POUR SE TESTER

20 **1.** D **2.** D **3.** A

21 **1.** A, C **2.** C, D **3.** C

22 **1. Vrai**. En effet, d'après l'inégalité de Bienaymé-Tchebychev :

$$P(|X - \mu| \geqslant 3\sigma) \leqslant \frac{1}{9} \text{ et } \frac{1}{9} \leqslant 0{,}15.$$

2. Vrai. En effet, d'après l'inégalité de Bienaymé-Tchebychev, pour tout réel $\delta > 0$:

$$P(|X - \mu| \geqslant \delta) \leqslant \frac{V}{\delta^2},$$

or $P(|X - \mu| < \delta) = 1 - P(|X - \mu| \geqslant \delta)$ donc :

$$P(|X - \mu| < \delta) \geqslant 1 - \frac{V}{\delta^2}$$

3. Faux. En effet, s'il existe un réel t tel que pour tout entier naturel $n \geqslant 1$,
$P(|M_n - \mu| \geqslant t) > 10^{-10}$, alors on ne peut pas avoir $\lim\limits_{n \to +\infty} P(|M_n - \mu| \geqslant t) = 0$
et on obtient une contradiction avec la loi des grands nombres.
4. Vrai. En effet,

$$P(|S - 100p| \geqslant 10) \leqslant \frac{100 \times p \times (1-p)}{100},$$

soit $P(|S - 100p| \geqslant 10) \leqslant p(1-p)$
donc $P(|S - 100p| < 10) \geqslant 1 - p(1-p)$
et $P(|S - 100p| < 10) \geqslant p^2 - p + 1$.

Index

Crédits photographiques

Couverture GETTY IMAGES/Oxford Scientific/Photolibrary
15 REA/Nicolas Tavernier ; **26 d** AKG-Images / SPL ; **26 g** Wikimédia / School of mathematics and Statistic, Unviversity of St Andrew, Scotland ; **27** PHOTO12.COM / ALAMY ; **29** GETTY IMAGES France / Matthew Ward ; **32** ADOBE STOCK PHOTO / elnur ; **35** PHOTO12.COM / ALAMY ; **37** PHOTONONSTOP / Alain Le Bot ; **40** ADOBE STOCK PHOTO ; **43** BNF ; **45** ADOBE STOCK PHOTO ; **54 g** AKG-Images ; **54** Droits Réservés ; **55** SCALA GROUP, Florence. ; **57** ADOBE STOCK PHOTO ; **65** ADOBE STOCK PHOTO ; **65 bas** GETTY IMAGES France / Istock ; **67 ht** GETTY IMAGES France / Istock ; **67 bas** GETTY IMAGES France / Istock ; **68** PHOTO12.COM / ALAMY ; **71 ht** Droits Réservés / Makeblock ; **71 bas** GETTY IMAGES France / Istock ; **72** ADOBE STOCK PHOTO ; **74** BIS / Ph. Coll. Archives Larbor ; **77** AGE-FOTOSTOCK / ImageBROKER / Günter Lenz ; **80** SHUTTERSTOCK ; **82 g** AKG-Images / SPL ; **82 d** AKG-Images / SPL ; **83** AFP / dpa Picture-Alliance / GES-Sportfoto / Helge Prang ; **112 g** Leemage / Selva ; **112 d** Droits réservés ; **113** SpaceX ; **115** SHUTTERSTOCK / Madam Kaye ; **133** Antoine DOROTTE ; **139** ADOBE STOCK PHOTO / Andrzej Tokarski ; **142 g** GAMMA RAPHO / Keystone France ; **142 d** GAMMA RAPHO / Keystone France ; **143** COSMOS / SPL / David Nunuk ; **145** ADOBE STOCK PHOTO ; **162** Triton Submarines / Nick Verola ; **163 ht** CHRISTOPHE L COLLECTION ; **163 bas** BSIP / Visuals Unlimited ; **170 g** BIS / Ph. Coll. Archives Larbor ; **170 d** AKG-Images / ; **171** HEMIS / Jon Arnold Images ; **173** Romain Houette ; **186** ADOBE STOCK PHOTO ; **190** ADOBE STOCK PHOTO ; **192** ADOBE STOCK PHOTO ; **194 d** SHUTTERSTOCK ; **194 g** REA / François Henry ; **200 g** Leemage ; **200 d** GETTY IMAGES France / De Agostini Picture Library ; **201** HEMIS / ImageBROKER ; **203** COSMOS / SPL / Bjorn Svensson ; **213** COSMOS / SPL ; **214** BSIP / Godong ; **217** GETTY IMAGES France / Tim Thompson ; **228 g** BRIDGEMAN IMAGES / Mary Evans Picture Library ; **228 d** BNF ; **229** MAXPPP ; **229 ht** Patrice Blot / photo-aérienne-France.fr ; **259** Droits Réservés ; **260 g** PHOTO12.COM / ALAMY ; **260 d** COSMOS / SPL / American Philosophical Society ; **261** Nasa / Chris Gunn ; **263** Biosphoto / Angélique & Guy Bescond ; **279** GETTY IMAGES France / Istock ; **281** Biosphoto / Patrice Correia ; **282** SHUTTERSTOCK ; **288 d** BIS / Ph. Coll. Archives Larbor ; **288 g** PHOTO12.COM / ALAMY ; **289** SHUTTERSTOCK ; **291** GETTY IMAGES France / MediaNews Group / Pasadena Star-News ; **309** ADOBE STOCK PHOTO / Alexander Rochau ; **312** ADOBE STOCK PHOTO ; **312** ADOBE STOCK PHOTO / Dusan Kostic ; **318 g** Leemage / De Agostini ; **318 d** Leemage / SSPL ; **319** Nasa / JPL-Caltech ; **330** BIOSPHOTO/Michel Loup ; **331** ADOBE STOCK PHOTO ; **339** GAMMA RAPHO / Maurix ; **340 m** BNF ; **340 ht** Linderman Library, Lehigh University, Bethlehem, Pennsylvanie ; **348 g** PHOTO12.COM / ALAMY ; **348 d** ROGER-VIOLLET ; **349** Philharmonie de Paris ; **362** Droits Réservés ; **363** ADOBE STOCK PHOTO ; **364** ADOBE STOCK PHOTO ; **368** AFP / Jacques Demarthon ; **369** AKG-Images / SPL ; **370 g** CHRISTOPHE L COLLECTION / Heritage Images / Fine Art Images ; **370 d** Leemage ; **371** COSMOS / SPL / NOAA ; **373 ht** GETTY IMAGES France / Construction Photography / Avalon ; **373 bas** SHUTTERSTOCK ; **388** BIS / Ph. C. Roux © Archives Larbor ; **389** PHOTO12.COM / ALAMY ; **392** ADOBE STOCK PHOTO ; **396** GETTY IMAGES France / Archive Photos ; **398 g** GAMMA RAPHO / Keystone-France ; **398 d** PHOTO12.COM / ALAMY ; **399** GETTY IMAGES France / VCG 2019 ; **417** ADOBE STOCK PHOTO ; **420** Leemage ; **428 g** BIS / Ph. Schwitter © Archives Larbor ; **428 d** AKG-Images / SPL ; **429** ADOBE STOCK PHOTO ; **431** GETTY IMAGES France / Ed-Ni-Photo ; **435** SHUTTERSTOCK / Dmitry Naumov ; **438** Droits Réservés ; **440 ht** ADOBE STOCK PHOTO ; **440** ANDIA / ABC / Le Tellec ; **442** Lumisky Luminaires 2020 ; **446** SHUTTERSTOCK ; **447** Droits Réservés ; **448** AKG-IMAGES ; **449** REA / Pascal Sittler ; **450 bas** ADOBE STOCK PHOTO ; **456 g** SHUTTERSTOCK ; **456 d** AFP / Sputnik ; **457** GETTY IMAGES France / Yuri Arcurs ; **459** SHUTTERSTOCK ; **465** Droits Réservés ; **469 ht** PHOTONONSTOP / Philippe Turpin ; **469 bas** SHUTTERSTOCK ; **475** SHUTTERSTOCK ; **478** ADOBE STOCK PHOTO ; **484 g** PHOTO12.COM / ALAMY ; **484 d** BIS / Ph. DR Coll. Archives Larbor ; **485** Collège de Tournai / Droits Réservés ; **491** GETTY IMAGES France / Istock ; **499** PHOTO12.COM / ALAMY ; **501** ADOBE STOCK PHOTO ; **504** GETTY IMAGES France / Istock ; **505** GETTY IMAGES France / Istock.

Contenus éditoriaux fournis par l'ONISEP :
Coordination : Emmanuel Percq. **Édition :** Isabelle Dussouet.

Pages Grand oral : Olivier Jaoui / Directeur de Mission-Admission / Spécialiste de la préparation des étudiants à l'oral et aux entretiens.

Vidéo jaicompris.com : Nicolas Halpern-Herla, Stéphane Chenevière

Édition : Romain Houette
Mise en page : DESK (www.desk53.com.fr)
Conception graphique : Marc Henry
Couverture : Jean-Marc Denglos
Schémas : DESK
Iconographie : Juliette Barjon
Photogravure : DESK

N° Projet : 10266604
Dépôt légal : Avril 2020
Achevé d'imprimer en juillet 2020
par l'imprimerie Pollina à Luçon, France - 13001

CALCULATRICE NUMWORKS

Fonctions

f est la fonction définie sur $\mathbb{R}$ par $f(x) = 3x^2 - 12x + 5$.

① Saisir la fonction

Fonctions OK (Ajouter une fonction) OK

Saisir l'expression de $f(x)$ en utilisant la touche x,n,t puis OK

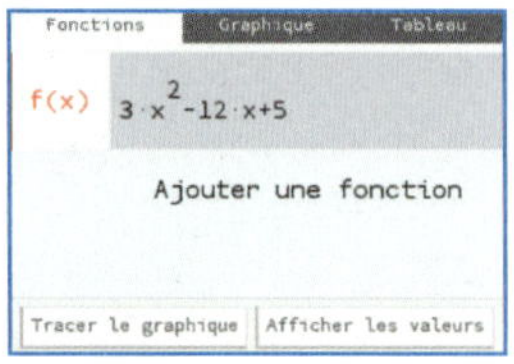

② Régler la fenêtre

Graphique OK Axes OK Saisir les valeurs

Valider OK

③ Tracer la courbe

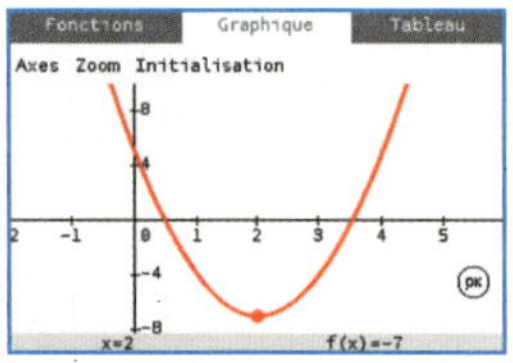

④ Lire les coordonnées de points de la courbe

▶ et ◀

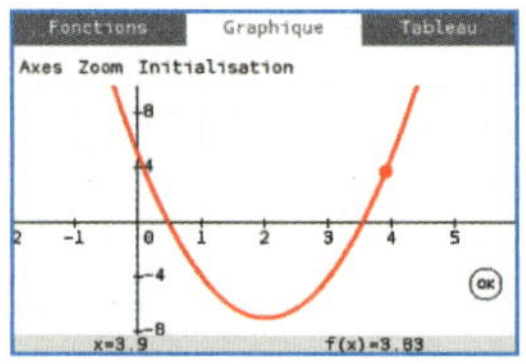

⑤ Tabuler la fonction

Tableau OK Regler l'intervalle OK

On règle le début, la fin et le pas de la table

Valider OK

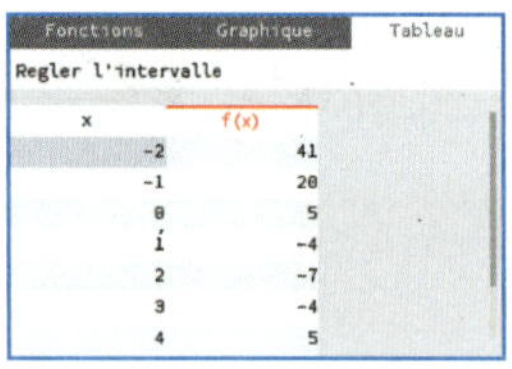

⑥ Étudier l'intersection de deux courbes

g est la fonction définie sur $\mathbb{R}$ par :

$$g(x) = -x^2 + 4x + 1$$

On trace les courbes représentatives de *f* et *g* dans un même repère.

OK Calculer OK Intersection OK

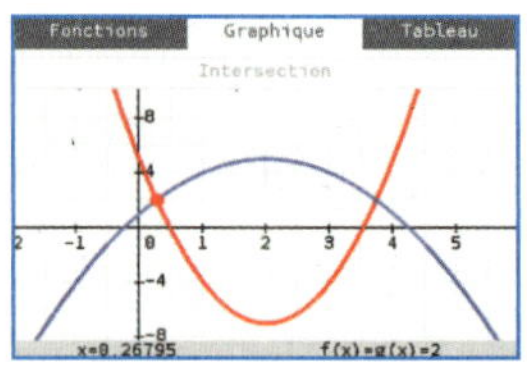

Pour passer d'un point à l'autre ▶ et ◀

Écrire un programme en langage Python

① Donner le nom du script

Python OK Ajouter un script OK

Saisir le nom du script OK

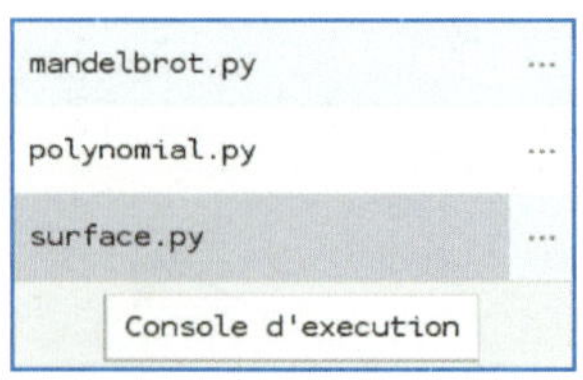

② Saisir le programme dans l'éditeur

surface.py OK

```
from math import *
def Rectangle(x,y):
  s=x*y
  return s
def Carre(x):
  s=x**2
  return s
```

③ Exécuter le programme dans la console

OK surface.py ... OK

Executer le script OK

```
>>> from surface import *
>>> Rectangle(2.5,7)
17.5
>>> Carre(8.3)
68.89000000000002
```